# Das besetzte Polen (September 1939 bis Sommer 1941)

- Staatsgrenzen von 1937
- Republik Polen 1937
- Staatsgrenzen und Grenzen der Unionsrepubliken der UdSSR 1938–1941
- Deutsch-sowjetische Demarkationslinie im besetzten Polen vom 28. Sept.1939
- Grenze zwischen den eingegliederten Gebieten und dem Generalgouvernement
- Grenzen der (Reichs-)Gaue bzw. der Distrikte im Generalgouvernement
- Polizeigrenze in Ostoberschlesien
- Grenze zwischen Ober- und Niederschlesien (v... 1934/38
- ...Litaui- ...eiß- ... 1941
- ...ten, Gauen und Distrikten
- Sitz der Regierung des Generalgouvernements
- Hauptstädte von Regierungsbezirken (Kalisz bis 15. 2.1941/ von da an Litzmannstadt)
- Kreisstädte im deutsch besetzten Polen
- Andere Ortschaften
- SLOWAKEI Staatsnamen
- Pommern Provinznamen, Namen der sog. „Nebenländer" des Deutschen Reiches, Landschaftsnamen
- [ ] Zeitpunkt der Änderung der territorialen Zugehörigkeit

0 20 40 60 80 100 km

Verfolgung und Ermordung der Juden 1933–1945

# Die Verfolgung und Ermordung der europäischen Juden durch das nationalsozialistische Deutschland 1933–1945

Herausgegeben im Auftrag des
Bundesarchivs, des Instituts für Zeitgeschichte und des
Lehrstuhls für Neuere und Neueste Geschichte an der
Albert-Ludwigs-Universität Freiburg
von
Susanne Heim, Ulrich Herbert,
Hans-Dieter Kreikamp, Horst Möller,
Dieter Pohl und Hartmut Weber

R. Oldenbourg Verlag München 2011

Die Verfolgung und Ermordung der europäischen Juden durch das nationalsozialistische Deutschland 1933–1945

Band 4

# Polen
# September 1939 – Juli 1941

Bearbeitet von Klaus-Peter Friedrich

Mitarbeit: Andrea Löw

R. Oldenbourg Verlag München 2011

*Bibliografische Information der Deutschen Nationalbibliothek*

Die Deutsche Nationalbibliothek verzeichnet diese Publikation in der Deutschen Nationalbibliografie; detaillierte bibliografische Daten sind im Internet über <http://dnb.d-nb.de> abrufbar.


Rosenheimer Straße 145, D-81671 München
Internet: oldenbourg.de



Einband und Schutzumschlag: Frank Ortmann und Martin Z. Schröder
Gedruckt auf säurefreiem, alterungsbeständigem Papier (chlorfrei gebleicht).
Lektorat: Andrea Böltken, Berlin
Satz: Ditta Ahmadi, Berlin
Karte: Peter Palm, Berlin, nach einer Vorlage von Giles Wesley Bennett
Druck: Memminger MedienCentrum, Memmingen
Bindung: Buchbinderei Klotz, Jettingen-Scheppach

ISBN: 978-3-486-58525-4

# Inhalt

# Vorwort

Die Edition „Die Verfolgung und Ermordung der europäischen Juden durch das nationalsozialistische Deutschland 1933–1945" ist auf insgesamt 16 Bände angelegt, die in den nächsten Jahren erscheinen werden. In ihnen wird eine thematisch umfassende, wissenschaftlich fundierte Auswahl von Quellen publiziert. Der Schwerpunkt wird auf den Regionen liegen, in denen vor Kriegsbeginn die meisten Juden gelebt haben: insbesondere auf Polen und den besetzten Teilen der Sowjetunion. So dokumentiert der vorliegende vierte Band der Edition die Entrechtung, Enteignung und Gettoisierung der Juden im besetzten Polen in der Zeit zwischen dem deutschen Überfall am 1. September 1939 und der Ausweitung des Kriegs im Sommer 1941. Die Verfolgung und Ermordung der polnischen Juden in den Jahren bis 1945 sind Thema zweier weiterer Bände.

Im Vorwort zum ersten Band der Edition sind die Kriterien der Dokumentenauswahl detailliert dargelegt. Die wichtigsten werden im Folgenden noch einmal zusammengefasst:

Quellen im Sinne der Edition sind Schrift- und gelegentlich auch Tondokumente aus den Jahren 1933–1945. Fotografien wurden nicht einbezogen, vor allem, weil sich die Umstände ihrer Entstehung oft nur schwer zurückverfolgen lassen. Auch Lebenserinnerungen, Berichte und juristische Unterlagen, die nach Ende des Zweiten Weltkriegs entstanden sind, werden aus quellenkritischen Gründen nicht in die Edition aufgenommen. Allerdings wird von ihnen in der Kommentierung vielfältiger Gebrauch gemacht. Dokumentiert werden die Aktivitäten und Reaktionen von Menschen mit unterschiedlichen Lebenserfahrungen, Überzeugungen und Absichten, an verschiedenen Orten, mit jeweils begrenzten Horizonten und Handlungsspielräumen – Behördenschreiben ebenso wie private Briefe und Tagebuchaufzeichnungen, Zeitungsartikel und die Berichte ausländischer Beobachter. Innerhalb der Bände sind die Dokumente chronologisch angeordnet; von wenigen Ausnahmen abgesehen, werden die Quellen ungekürzt wiedergegeben.

Die Dokumentation wechselt vom Bericht eines jüdischen Jugendlichen über die Demütigungen nach dem deutschen Einmarsch zu Hitlers Plan einer Neuordnung der ethnischen Verhältnisse in Europa. Der Brief einer jungen Jüdin, die die Not der aus Bromberg vertriebenen Juden schildert, steht neben dem Plakat, auf dem Juden, die verbotswidrig mit Textilien handeln, die Todesstrafe angedroht wird; das Bittschreiben an die Besatzungsbehörden oder jüdischen Hilfsorganisationen neben dem Aufruf der polnischen Untergrundbewegung und den Notizen des Judenrats über die Lage im Getto.

Der häufige Perspektivenwechsel ist gewollt: Das zufällige und widersprüchliche Nebeneinander der Ereignisse entspricht eher der zeitgenössischen Wahrnehmung als ein nachträglich konstruierter Aufbau. Ein Sachgruppenindex soll die thematische Zuordnung der Dokumente erleichtern und Zusammenhänge verdeutlichen.

Die Herausgeber danken der Deutschen Forschungsgemeinschaft für die großzügige Förderung des Editionsprojekts. Ferner schulden sie einer großen Zahl von Fachleuten und Privatpersonen Dank, die durch Quellenhinweise, biographische Informationen über die in den Dokumenten erwähnten Personen und Auskünfte zur Kommentierung die Arbeit unterstützt haben. Die polnischsprachigen Dokumente hat Ruth Henning ins Deutsche übertragen, die englischsprachigen Birgit Kolboske bzw. Britta Grell; die Übersetzungen aus dem Jiddischen hat Sabine Boehlich, die aus dem Hebräischen haben Antje Naujoks und Anke Wisch angefertigt. Als studentische oder wissenschaftliche Hilfskräfte haben an diesem Band mitgearbeitet: Romina Becker, Giles Bennett, Natascha Butzke, Florian Danecke, Miriam Schelp, Remigius Stachowiak, als wissenschaftliche Mitarbeiterin Dr. Gudrun Schroeter.

Hinweise auf abgelegene oder noch nicht erschlossene Quellen zur Judenverfolgung, insbesondere auf private Briefe und Tagebuchaufzeichnungen, nehmen die Herausgeber für die künftigen Bände gerne entgegen. Da sich trotz aller Sorgfalt gelegentliche Ungenauigkeiten nicht gänzlich vermeiden lassen, sind sie für entsprechende Mitteilungen dankbar. Die Adresse des Herausgeberkreises lautet: Institut für Zeitgeschichte, Edition Judenverfolgung, Finckensteinallee 85–87, D-12205 Berlin.

Berlin, München, Freiburg i. Br. im Januar 2011

# Editorische Vorbemerkung

Die Quellenedition zur Verfolgung und Ermordung der europäischen Juden soll in der wissenschaftlichen Literatur als VEJ abgekürzt zitiert werden. Das geschieht im Fall von Querverweisen zwischen den einzelnen Bänden auch in dem Werk selbst. Die Dokumente sind – mit jedem Band neu beginnend – fortlaufend nummeriert. Demnach bedeutet „VEJ 4/200" Dokument Nummer 200 im 4. Band dieser Edition. Die Drucklegung der einzelnen Schriftzeugnisse folgt dem Schema: Überschrift, Kopfzeile, Dokument, Anmerkungen.

Die halbfett gesetzte, von den Bearbeitern der Bände formulierte Überschrift gibt Auskunft über das Entstehungsdatum des folgenden Schriftstücks, dessen Kernbotschaft, Verfasser und Adressaten. Die darunter platzierte Kopfzeile ist Teil des Dokuments. Sie enthält Angaben über die Gattung der Quelle (Brief, Gesetzentwurf, Protokoll usw.), den Namen des Verfassers, den Entstehungsort, gegebenenfalls Aktenzeichen, Geheimhaltungsvermerke und andere Besonderheiten. Die in Berlin seinerzeit ansässigen Ministerien und zentralen Behörden, etwa das Reichssicherheitshauptamt oder die Kanzlei des Führers, bleiben ohne Ortsangabe. Die Kopfzeile enthält ferner Angaben über den Adressaten, gegebenenfalls das Datum des Eingangsstempels, sie endet mit dem Entstehungsdatum und Hinweisen auf Bearbeitungsstufen der überlieferten Quelle, etwa „Entwurf", „Durchschlag" oder „Abschrift".

Anschließend folgt der Text. Anrede- und Grußformeln werden mitgedruckt, Unterschriften jedoch nur einmal in die Kopfzeile aufgenommen. Hervorhebungen der Verfasser in den Originaltexten werden übernommen. Sie erscheinen unabhängig von der in der Vorlage verwendeten Hervorhebungsart im Druck immer kursiv. Fallweise erforderliche Zusatzangaben finden sich in den Anmerkungen.

Während die von den Editoren formulierten Überschriften und Fußnoten der heutigen Rechtschreibung folgen, gilt für die Quellen die zeitgenössische. Dies führt dazu, dass in den Überschriften und Fußnoten „Erlass" stehen kann, im Text der Quelle „Erlaß". Eigennamen von Institutionen bleiben von veränderten Rechtschreibregeln unberührt. Offensichtliche Tippfehler in der Vorlage und kleinere Nachlässigkeiten sowie besondere Schreibweisen, die auf das Fehlen entsprechender Typen auf der Schreibmaschine zurückzuführen sind (Ae statt Ä, ss statt ß) werden stillschweigend korrigiert, widersprüchliche Schreibweisen und Zeichensetzungen innerhalb eines Dokuments vereinheitlicht. Versehentlich ausgelassene Wörter oder Ergänzungen infolge unlesbarer Textstellen fügen die Editoren in eckigen Klammern ein. Bilden jedoch bestimmte orthographische und grammatikalische Eigenheiten ein Charakteristikum der Quelle, vermerken sie „Grammatik und Rechtschreibung wie im Original". Abkürzungen, auch unterschiedliche (z. B. J.S.S., JSS., JSS und ŻSS für die Jüdische Soziale Selbsthilfe), werden im Dokument nicht vereinheitlicht. Sie werden im Abkürzungsverzeichnis erklärt. Ungebräuchliche Abkürzungen werden bei der ersten Nennung in eckigen Klammern aufgelöst oder in Fußnoten erläutert.

Handschriftliche Zusätze in maschinenschriftlichen Originalen übernehmen die Editoren ohne weitere Kennzeichnung, sofern es sich um formale Korrekturen und um Einfügungen handelt, die mit hoher Wahrscheinlichkeit vom Verfasser stammen. Verändern sie die Aussage in beachtlicher Weise – schwächen sie ab oder radikalisieren sie –, wird das in den Fußnoten vermerkt und, soweit feststellbar, der Urheber mitgeteilt. Auf die in den Originalen häufigen, von den Empfängern oder auch von späteren Lesern vorgenommenen Unterstreichungen mit Blei- oder Farbstift wird im Allgemeinen pauschal, in interessanten Einzelfällen speziell in der Fußnote hingewiesen.

In der Regel werden die Dokumente im vollen Wortlaut abgedruckt. Nur ausnahmsweise, sofern einzelne Dokumente sehr umfangreich sind, etwa bei ausführlichen, längere Zeiträume betreffenden Lageberichten, erfolgt der Abdruck nur teilweise. Dasselbe gilt für Sitzungsprotokolle, die nicht insgesamt, sondern nur in einem abgeschlossenen Teil von der nationalsozialistischen Judenpolitik oder den damit verbundenen Reaktionen handeln. Solche Kürzungen sind mit eckigen Auslassungsklammern gekennzeichnet; der Inhalt wird in der Fußnote skizziert. Undatierte Monats- oder Jahresberichte erscheinen am Ende des jeweiligen Zeitraums. Von der strikten Einordnung der Dokumente nach ihrer Entstehungszeit wird nur in wenigen Ausnahmen abgewichen, etwa im Fall von Zeugenaussagen jüdischer Flüchtlinge, die 1940 in Palästina die ersten Wochen und Monate der deutschen Besatzung Polens beschrieben, oder bei den Berichten, die 1941 für das Untergrundarchiv des Warschauer Gettos aufgezeichnet wurden, aber sich auf die vorangegangenen Jahre beziehen. Diese zwar zeitnah, doch schon retrospektiv abgefassten Beschreibungen werden zum Teil nicht unter dem Entstehungsdatum, sondern unter dem Datum des geschilderten Ereignisses eingereiht.

Insbesondere bei den Dokumenten, die ursprünglich für das Untergrundarchiv des Warschauer Gettos (Ringelblum-Archiv) gesammelt wurden, lassen sich Entstehungszeitpunkt und -zusammenhang manchmal nicht zweifelsfrei bestimmen. Auf mögliche Unsicherheiten bei der zeitlichen Einordnung sowie bei der Frage, ob es sich bei einigen dieser Dokumente um Originale oder Abschriften handelt, wird in den Anmerkungen hingewiesen.

In der ersten, der Überschrift angehängten Fußnote stehen der Fundort, sofern er ein Archiv bezeichnet, auch die Aktensignatur und, falls vorhanden, die Blattnummer. Hinweise auf Kopien von Archivdokumenten in Forschungseinrichtungen und im Bundesarchiv Berlin werden immer dann verzeichnet, wenn die an den ursprünglichen Fundorten befindlichen Originale dort nicht eingesehen wurden. Handelt es sich um gedruckte Quellen, etwa Zeitungsartikel oder Gesetzestexte, finden sich in dieser Fußnote die üblichen bibliographischen Angaben. Wurde eine Quelle schon einmal in einer Dokumentation zum Nationalsozialismus beziehungsweise zur Judenverfolgung veröffentlicht, wird sie nach dem Original ediert, doch wird neben dem ursprünglichen Fundort auch auf die erste Publikation verwiesen. In einer weiteren Fußnote werden die Entstehungsumstände des Dokuments erläutert, gegebenenfalls damit verbundene Diskussionen, die besondere Rolle von Verfassern und Adressaten, begleitende oder sich unmittelbar anschließende Aktivitäten.

Die folgenden Fußnoten erläutern sachliche und personelle Zusammenhänge. Sie verweisen auf andere – unveröffentlichte oder veröffentlichte – Dokumente, sofern das für die geschichtliche Einordnung hilfreich erscheint. Weiterhin finden sich in den Fußnoten Erläuterungen zu einzelnen Details, etwa zu handschriftlichen Randnotizen, Unterstreichungen, Streichungen. Bearbeitungsvermerke und Vorlageverfügungen werden entweder in der weiteren Fußnote als vorhanden erwähnt oder aber in den späteren Fußnoten entschlüsselt, sofern sie nach Ansicht der Editoren wesentliche Aussagen enthalten. Für die im Quellentext genannten Abkommen, Gesetze und Erlasse werden die Fundorte nach Möglichkeit in den Fußnoten angegeben, andere Bezugsdokumente mit ihrer Archivsignatur. Konnten diese nicht ermittelt werden, wird das angemerkt.

Für die in den Schriftstücken angeführten Absender und Adressaten wurden, soweit möglich, die biographischen Daten ermittelt und angegeben. Dasselbe gilt für die im Text erwähnten Personen, sofern sie als handelnde Personen eingestuft werden. Die Angaben stehen in der Regel in der Fußnote zur jeweils ersten Nennung des Namens innerhalb eines Bandes und lassen sich so über den Personenindex leicht auffinden.

Die Kurzbiographien beruhen auf Angaben, die sich in Nachschlagewerken, in der Fachliteratur und in der Datenbank der Opfer der Schoa von Yad Vashem finden. In einigen Fällen wurden Personalakten und -karteien eingesehen, Stadt- und Firmenarchive, Standesämter und Spezialisten befragt. Für denselben Zweck wurden die auf die NS-Zeit bezogenen Personenkarteien und -dossiers einschlägiger Archive benutzt: in erster Linie die des ehemaligen Berlin Document Center und der Zentralen Stelle der Landesjustizverwaltungen (Ludwigsburg), die heute im Bundesarchiv verwahrt werden.

Trotz aller Mühen gelang es nicht immer, die biographischen Daten vollständig zu ermitteln. In solchen Fällen enthält die jeweilige Fußnote nur die gesicherten Angaben, wie z.B. das Geburtsjahr. Waren Personen nicht zu identifizieren, wird auf eine entsprechende Anmerkung verzichtet; desgleichen bei allseits bekannten Personen wie Adolf Hitler oder Heinrich Himmler.

In der Regel setzen die Editoren die zeitüblichen Begriffe des nationalsozialistischen Deutschlands nicht in Anführungszeichen. Dazu gehören Wörter wie Judenrat, Judenältester etc. Der Kontext macht deutlich, dass keines der Wörter affirmativ gebraucht wird. Die Begriffe Jude, Jüdin, jüdisch werden folglich, den Umständen der Zeit entsprechend, auch für Menschen verwandt, die sich nicht als jüdisch verstanden haben, aber aufgrund der Rassengesetze so definiert wurden und daher der Verfolgung ausgesetzt waren. Begriffe wie „Arisierung" oder „arisch", die eigentlich auch Termini technici der Zeit waren, werden in Anführungszeichen gesetzt. Ein solcher nicht klar zu definierender Gebrauch der Anführungszeichen lässt sich nicht systematisch begründen. Er bildet einen gewiss anfechtbaren Kompromiss zwischen historiographischer Strenge und dem Bedürfnis, wenigstens gelegentlich ein Distanzsignal zu setzen.

Ein großer Teil der Dokumente wurde aus dem Polnischen übersetzt. Dabei ist bei Straßennamen an den polnischen Namen der Zusatz „-Straße" angefügt worden. Die Ortsnamen wurden aus den Dokumenten übernommen, es sei denn, die deutsche Ortsbezeichnung ist seit alters gebräuchlich (z.B. Auschwitz, Breslau, Bromberg, Gdingen, Graudenz, Kattowitz, Krakau, Lodz, Posen, Tschenstochau, Warschau). Im Fall von Orten, die seit 1919 Teil der Zweiten Polnischen Republik waren, sowie bei Namen, die im Zeichen systematischer Germanisierung zwischen 1939 und 1945 eingedeutscht wurden, steht gegebenenfalls der landesübliche Name in Klammern, z.B. Zichenau (Ciechanów). In deutschen Dokumenten, deren Verfasser von der polnischen Sprache und Kultur in der Regel keine Kenntnis hatten, stehen polnische Ortsnamen häufig in einer mehr oder weniger verballhornten Form. Sofern nicht nur die polnischen Sonderzeichen zu korrigieren wären, wird die Schreibweise in der Regel in einer Fußnote verbessert. Im Register, das zugleich als Konkordanz der deutschen und polnischen Ortsnamensformen dient, werden alle Orte einschließlich der korrekten Sonderzeichen aufgeführt. Die im damaligen Polen diskutierte „jüdische Frage" (kwestia żydowska) wird – auch um eine Unter-

scheidung zur nationalsozialistischen Judenfrage zu treffen – im Allgemeinen so übersetzt.
Ein besonderes Problem bildet die wechselnde Schreibweise des Begriffs Getto bzw. Ghetto. Im Deutschen waren damals beide Formen gebräuchlich. Sie werden daher wie im Original belassen. In übersetzten Dokumenten wird die Schreibweise Getto benutzt, desgleichen in der Einleitung und im Kommentierungstext.
Hebräische und zeitgenössische polnische Begriffe werden in einer Fußnote, bei Mehrfachnennung im Glossar erläutert.
In der Gesamtedition sind drei Bände für das deutsch besetzte Polen vorgesehen. Die Aufteilung orientiert sich an chronologischen und verwaltungsmäßigen Aspekten, wobei der erste Polen-Band die Entwicklung von September 1939 bis Juli 1941 im gesamten Gebiet abdeckt. Für den Zeitraum von August 1941 bis 1945 behandelt der zweite Polen-Band (Band 9 der Edition) das Generalgouvernement und der dritte (Band 10 der Edition) die in das Reich eingegliederten westpolnischen Gebiete. Das Geschehen in den 1939 von der Sowjetunion eroberten Gebieten im Osten der Zweiten Polnischen Republik spiegelt Band 7 der Edition über die Sowjetunion und annektierte Gebiete (I) wider. Außerdem ist ein abschließender 16. Band geplant, der sich mit dem Konzentrationslager Auschwitz zwischen 1942 und 1945 und mit den Todesmärschen der Jahre 1944 und 1945 befasst.

# Einleitung

Nach dem deutschen Angriff auf Polen am 1. September 1939 gerieten binnen weniger Wochen etwa zwei Millionen polnischer Juden unter deutsche Herrschaft.[1] Als die Besatzer fünf Jahre später Polen räumen mussten, lebten nur noch zehn Prozent von ihnen. Insgesamt drei Bände dieser Edition sind der Judenverfolgung in Polen gewidmet. Der vorliegende Band dokumentiert die Verfolgung in den polnischen Gebieten vom deutschen Einmarsch in Polen bis zum Angriff auf die Sowjetunion im Sommer 1941. Band 9 behandelt die Situation im Generalgouvernement von August 1941 bis 1945, Band 10 die Lage in den eingegliederten Gebieten im selben Zeitraum.

Im Zentrum dieses Bandes stehen der Terror, den Wehrmacht und SS unmittelbar nach dem Einmarsch entfalteten, die Demütigung der jüdischen Bevölkerung, ihre sukzessive Entrechtung unter der Besatzungsherrschaft, ihre wirtschaftliche Ausplünderung und schließlich die Gettoisierung. Befehle, Verordnungen, Verlautbarungen, Tätigkeitsberichte und Sitzungsprotokolle der beteiligten Behörden verdeutlichen die Dimensionen der Verfolgung, mit der die polnischen Juden sich konfrontiert sahen. Sie zeigen auch, welche Konfusion insbesondere in den ersten Wochen nach Kriegsbeginn herrschte. Mit der Besetzung Polens erhöhte sich die Zahl der Juden im deutschen Machtbereich um ein Vielfaches. Zugleich schien die Ostexpansion neue Möglichkeiten zur „Lösung der Judenfrage“ zu eröffnen. Es ging nunmehr um groß angelegte Projekte zur Umsiedlung von Juden und anderen Bevölkerungsgruppen, um die „Ostgebiete“ nach „rassischen“ Gesichtspunkten neu zu ordnen. Mit Deportationen von Juden in den Ostteil der soeben besetzten Gebiete und der Umsiedlung deutschstämmiger Gruppen aus den Gebieten, die die Sowjetunion beanspruchte, sollte die „Germanisierung“ der annektierten westpolnischen Gebiete vorangetrieben werden. Diese verschiedenen Umsiedlungs- und Deportationsvorhaben, die Probleme, die sie aus deutscher Sicht aufwarfen, und die Folgerungen, die daraus abgeleitet wurden, sind im vorliegenden Band ebenso dokumentiert wie die aggressive antijüdische Propaganda in den deutsch besetzten Gebieten.

Hunderttausende polnische Juden flohen nach Kriegsbeginn in sowjetisch besetztes Gebiet, in der Hoffnung, so der Verfolgung zu entgehen. Die meisten blieben jedoch, wo sie waren, versuchten, sich zu arrangieren, Daseins- und schließlich Überlebenschancen auszuloten. Die hier publizierten Quellen – Briefe, Tagebucheinträge, offizielle und geheime Dossiers, Flugblätter und andere Untergrundpublikationen – vermitteln einen Eindruck von der Ratlosigkeit, die unter den polnischen Juden herrschte, von ihren Deutungsversuchen und ihrem Umgang mit der Bedrohung. Sie zeugen von der ambivalenten Rolle der von den Deutschen eingesetzten Judenräte wie auch von den Bemühungen jüdischer Organisationen und Einzelpersonen, das Leben neu zu organisieren und Möglichkeiten der Selbsthilfe sowie Wege des Widerstands zu finden. Sie belegen die unterschiedlichen Reaktionen der ebenfalls vom Terror bedrohten nichtjüdischen Polen auf die Judenver-

1 Im Folgenden werden die Begriffe „Juden“ und „Polen“ verwendet, unabhängig davon, dass die polnischen Juden auch polnische Staatsbürger waren und sich nicht alle als Juden verstanden haben.

folgung, beleuchten die Rolle der polnischen Exilregierung und zeigen, welche Nachrichten aus dem besetzten Polen ins Ausland gelangten.
Am Ende dieser hier dokumentierten, nicht einmal zwei Jahre dauernden Zeitspanne waren die polnischen Juden gekennzeichnet, entrechtet, verarmt und die meisten von ihnen in überfüllten Gettos oder Arbeitslagern konzentriert. Zehntausende waren bereits ermordet worden, an Hunger oder Krankheiten gestorben. Im Sommer 1941, an der Schwelle zum Massenmord, war die Welt der polnischen Judenheit mit ihrer über Jahrhunderte entwickelten Kultur zerstört.

## Juden in Polen bis zum Ersten Weltkrieg

„Und es gibt welche, die glauben, daß auch der Name des Landes einer heiligen Quelle entspringt: der Sprache Israels. Denn so sprach Israel, als es dahinkam: po-lin, das heißt: hier nächtige! Und meinten: hier wollen wir nächtigen, bis Gott die Verstreuten Israels abermals sammeln läßt.“[2] Polen, das in dieser jüdischen Legende als neue Heimat gepriesen wird, galt jahrhundertelang als das Zentrum jüdischen Lebens, geprägt von kultureller und religiöser Vielfalt. Die jüdischen Gemeinden dort waren weitgehend autonom. Spätestens für das 11. Jahrhundert ist die Anwesenheit von Juden in diesem Raum belegt. Seitdem kamen immer mehr Aschkenasim – mittel- und westeuropäische Juden – ins Land, auf der Flucht vor wirtschaftlichen und beruflichen Einschränkungen in ihren Heimatländern oder vor den Pogromen, denen sie während der Kreuzzüge 1096 und 1146/47 sowie während der Schwarzen Pest 1348/49 in Europa ausgesetzt waren.
Die polnischen Herrscher begrüßten die Einwanderung von Juden, da sie sich von den Neuankömmlingen positive Impulse für die wirtschaftliche Entwicklung erhofften. Im Statut von Kalisz garantierte der großpolnische Herzog Bolesław der Fromme (1221–1279) den jüdischen Siedlern daher im Jahr 1264 freie Wirtschaftstätigkeit, Gleichberechtigung bei Zivilprozessen und das Recht auf Bildung eigener Gemeinden. Die Juden unterstanden fortan dem Herrscher und damit seiner Gesetzgebung und seinem Schutz. Auf diesen Privilegien, die sowohl erweitert als auch in ihrem territorialen Geltungsbereich bis in das seit 1569 mit Polen zu einer Union zusammengeschlossene Litauen ausgedehnt wurden, gründete bis zu den Teilungen Polens im ausgehenden 18. Jahrhundert die rechtliche Stellung der polnischen Juden. König und Adel, auf deren Ländereien Juden lebten, profitierten von starken und geschützten jüdischen Gemeinden, weil sie ihnen große wirtschaftliche Vorteile bei niedrigen Kosten einbrachten: Die Mitglieder belebten die Wirtschaft, zahlten hohe Steuern und gewährten günstige Darlehen. Außerdem unterlagen sie in den Städten nicht deren Gerichtsbarkeit. In Auseinandersetzungen mit den Stadtbürgern bildeten sie für den König ein nützliches Gegengewicht.
Unter diesen Bedingungen entstand eine einzigartige jüdische Selbstverwaltung. Auf lo-

2 S.J. Agnon, Polen – die Legende von der Ankunft, in: S.J. Agnon/Ahron Eliasberg (Hrsg.), Das Buch von den polnischen Juden, Berlin 1916, S. 3–5, hier S. 4f.; S. M. Dubnow, History of the Jews in Russia and Poland, from the Earliest Times Until the Present Day, Philadelphia 1916; Heiko Haumann, Geschichte der Ostjuden, 4. Aufl., München 1998; Antony Polonsky, The Jews in Poland-Lithania and Russia, 1350 to the Present Day, Bd. 1: 1350–1881, Oxford 2009; Moshe Rosman, Poland before 1795, in: Gershon David Hundert (Hrsg.), The YIVO Encyclopedia of Jews in Eastern Europe, 2 Bde., New Haven 2008, Bd. 2, S. 1381–1389.

kaler Ebene fungierte der jeweilige Gemeindevorstand als politische und religiöse Vertretung. Er bestimmte die Höhe der Steuern und trieb sie ein, finanzierte die jüdische Gerichtsbarkeit und unterhielt religiöse Institutionen sowie Fürsorge- und Bildungseinrichtungen. Die nächsthöhere Verwaltungsebene stellten die Landtage dar, und von 1581 an gab es mit dem Vierländersejm in Lublin (hebr.: Va'ad Arba' Aratsot) eine oberste Vertretung der gesamten jüdischen Bevölkerung in Polen und Litauen.[3] Die polnische Judenheit erlebte ein „Goldenes Zeitalter". 1534 wurde in Krakau die erste hebräische Druckerei in diesem Raum gegründet. Jede größere Stadt verfügte über eine höhere Talmud-Schule (Jeschiwa) sowie über Synagogenbauten; Polen entwickelte sich zu einem neuen religiösen und kulturellen Zentrum des europäischen Judentums.

Gleichwohl sahen sich die Juden auch in Polen seit dem Mittelalter mit Feindseligkeiten konfrontiert. Zunächst forderten insbesondere Vertreter der katholischen Kirche, Juden nur in gesonderten Vierteln wohnen zu lassen, sie mit einem „Schandfleck" zu kennzeichnen und von öffentlichen Ämtern und vom Finanzgeschäft auszuschließen. In der frühen Neuzeit erfasste der Antijudaismus breitere Gruppen der polnischen Bevölkerung. Seit dem 15. Jahrhundert wurden Juden immer häufiger des Ritualmords und Hostienfrevels beschuldigt. Christliche Kaufleute stießen sich an der Konkurrenz der jüdischen Händler mit ihren oft weitläufigen Verbindungen. Im Zuge gewalttätiger Angriffe kam es in verschiedenen Städten zur Vertreibung der ansässigen jüdischen Gemeinschaften.[4]

Die wichtige ökonomische Rolle und die herausgehobene rechtliche Position der polnischen Juden führten dazu, dass sie bei den sozialen Konflikten zwischen Adel und Bauern alsbald zwischen die Fronten gerieten. Als Schankwirte, Händler, Hausierer, Verwalter und Pächter bzw. Steuereintreiber agierten sie als Mittler zwischen Adel bzw. Gutsherren und Bauern, zwischen Stadt und Land. Diese Rolle wurde ihnen vor allem im Osten des Reichs zusehends zum Verhängnis. Als 1648 in der Ukraine Bauernaufstände gegen die polnische Grundherrschaft ausbrachen, richtete sich die Gewalt der Aufständischen unter Führung des Kosakenhetmans Bogdan Chmielnicki vor allem gegen die Juden, die als Repräsentanten der verhassten polnischen Adelsherrschaft wahrgenommen wurden. Schätzungen zufolge fielen mindestens 13 000 Juden Massakern zum Opfer. Unter den Überlebenden herrschte große Verunsicherung.

Doch zugleich inspirierte die Krise die Menschen zu einer religiösen Erneuerung und Neuorientierung. Im Chassidismus (von hebr.: Chassid, der Fromme) lebte jüdische Mystik wieder auf, zudem verband die Bewegung Frömmigkeit mit einer lebensbejahenden Fröhlichkeit. Bedeutende chassidische Gelehrte (Zaddikim) scharten bald viele Anhänger um sich. Sie unterhielten eigene Höfe. In dieser Zeit bildete sich eine spezifisch ostjüdische Lebensweise heraus, geprägt von Tradition und Erinnerung, ohne dass dies notwendigerweise mit einer konservativen Grundhaltung einhergehen musste.[5] Aber der Alltag war weitgehend von überlieferten Sitten und religiösen Gesetzen bestimmt, die Alltagssprache war das Jiddische, das seine Wurzeln im Mittelhochdeutschen hat.

3 Rosman, Poland before 1795 (wie Anm. 2), S. 1386 – 1388.

4 Maria Kłańska, Juden in Krakau und Kazimierz, in: dies., Jüdisches Städtebild Krakau, Frankfurt/M. 1994, S. 7 – 39; Haumann, Ostjuden (wie Anm. 2), S. 22 – 35; Gertrud Pickhan, Polen, in: Handbuch des Antisemitismus. Judenfeindschaft in Geschichte und Gegenwart, hrsg. von Wolfgang Benz, Bd. 1: Länder und Regionen, München 2008, S. 276 – 283.

5 Haumann, Ostjuden (wie Anm. 2), S. 58.

Zwischen 1772 und 1795 teilten Russland, Österreich und Preußen die polnisch-litauische Adelsrepublik unter sich auf. Die Gebiete, in denen die meisten Juden lebten, fielen an Russland: das vor allem von Polen bewohnte Königreich Polen (seit 1815 auch Kongresspolen genannt) und ein von Litauen bis zur Schwarzmeerküste reichendes Gebiet, das um 1790 zum sogenannten Ansiedlungsrayon wurde. Nur dort durften sich Juden dauerhaft niederlassen. Eine große jüdische Minderheit in Galizien kam unter die Herrschaft der Habsburgermonarchie.

Zwar hinderten die neuen politischen Grenzen in einer Zeit, in der Pässe und Visa unerschwinglich, Grenzwächter bestechlich und ortskundige Schmuggler leicht zu finden waren, viele Juden nicht daran, die alten Beziehungen auch weiterhin zu pflegen, wie dies Isaac B. Singer in einer Erzählung beschreibt: „Die Russen, Preußen und Österreicher hatten Polen unter sich aufgeteilt, aber die russischen Chassidim besuchten österreichische Rabbis, und die österreichischen Chassidim besuchten ihre Rabbis in Rußland.“[6] Dennoch wirkten sich die Teilungen Polens auch auf die Entwicklung der polnischen Judenheit aus. Während der kleine Teil, der fortan in Preußen lebte, sich stark an die deutschen Juden anglich, blieben die polnischen Juden unter russischer Herrschaft und in Galizien als eigenständige ethnische Gruppe erhalten.

Nun, da der Schutz durch den polnischen König und den Hochadel entfallen war, bestimmten die jeweiligen Teilungsmächte die Politik gegenüber ihrer jüdischen Minderheit. Während die Emanzipation in West- und Mitteleuropa voranschritt, verlief die rechtliche Gleichstellung der Juden im geteilten Polen wesentlich langsamer. Zwar brachte das Toleranzedikt Kaiser Josephs II. von 1789 den galizischen Juden manche Freiheiten, die volle Gleichberechtigung erlangten sie aber erst mit der Verfassung der neu gebildeten Doppelmonarchie Österreich-Ungarn von 1867. Die Juden in der Provinz Posen konnten seit 1833 die preußische Staatsbürgerschaft erwerben, die rechtliche Gleichstellung erfolgte hier jedoch, wie in ganz Preußen, erst 1869.

Auch Alexander II. lockerte in Russland seit 1856 manche antijüdische Bestimmung. Kongresspolen, wo die wichtigsten Diskriminierungen bereits 1862 zeitweilig aufgehoben wurden, lockte denn auch zahlreiche Juden an, zumal dort die Wirtschaft prosperierte. Im Laufe des 19. Jahrhunderts stieg die Zahl der Juden in diesem Raum von 213 000 im Jahre 1816 auf über eine Million Menschen in den 1880er Jahren; ihr Anteil an der Gesamtbevölkerung wuchs in dieser Zeit von acht auf 14,5 Prozent. Nach der Ermordung des Zaren 1881 schwenkten seine Nachfolger hingegen auf einen eher repressiven Kurs um. Erst mit der Februar-Revolution von 1917 änderte sich die Lage. Eine der ersten Maßnahmen der neuen Provisorischen Regierung bestand darin, alle etwa 140 antijüdischen Bestimmungen aufzuheben und die Juden zu gleichberechtigten Bürgern zu erklären.

Wie in anderen Ländern auch gingen mit der einsetzenden Industrialisierung im Russischen Reich Landflucht und Urbanisierung einher. Dieser soziale Wandel hatte für die Juden tiefgreifende Folgen. Viele passten sich an die moderne Lebensweise an, wie Israel Singer dies in seinem Roman „Die Brüder Aschkenasi“ skizziert. Pioniere wie der Textil-

6 Isaac B. Singer, Jochna und Schmelke, in: ders., Old Love. Geschichten von der Liebe, 3. Aufl., München 1994, S. 25–34, Zitat S. 31; Jerzy Tomaszewski (Hrsg.), Najnowsze dzieje Żydów w Polsce w zarysie (do 1950 roku), Warszawa 1993; Gershon Bacon, Poland from 1795 to 1939, in: Hundert (Hrsg.), YIVO Encyclopedia (wie Anm. 2), Bd. 2, S. 1390–1403, hier S. 1390f.

fabrikant Izrael Poznański in Lodz oder die Bankiers und Eisenbahnunternehmer Leopold Kronenberg und Jan Gotlib Bloch in Warschau, von denen manche an deutschen Schulen und Universitäten ausgebildet und einige zum Protestantismus konvertiert waren, wurden überaus erfolgreich. Die Mehrheit der Juden, die sich, traditionellen Verhältnissen verhaftet, von Handwerk und Kleinhandel ernährte, verarmte jedoch.

In Galizien, wo eine ökonomische Modernisierung weitgehend ausblieb, lebten die meisten Juden ebenfalls in ärmlichen Verhältnissen.[7] „Nur ein Bruchteil von ihnen", so der Soziologe Arthur Ruppin, „hatte eine halbwegs gefestigte und normale Existenz. Die übrigen lebten vom Handel kleinsten Formats, vom Schankgewerbe, vom Pfandleihgewerbe, vom Handwerk, das in primitivster Art für niedrigsten Preis ausgeübt wurde, von Vermittlungsgeschäften [...] für die Großgrundbesitzer und von irgendwelcher gelegentlicher Betätigung."[8] Dies war die Lebenswelt des „Schtetls". Sie war dörflich-kleinstädtisch, traditionell, geprägt vor allem durch die jüdische Bevölkerung, und zugleich einer der Orte, wo Juden und Polen aufeinandertrafen, wenn die Bauern aus der weiteren Umgebung hier ihre Einkäufe tätigten und ihrerseits ihre Waren zum Verkauf anboten.[9]

Im letzten Viertel des 19. Jahrhunderts verschärften sich die Konflikte mit der Mehrheitsbevölkerung. Im Westen des Russischen Reiches, in Warschau und Lodz etwa, kam es immer wieder zu antijüdischen Pogromen; der traditionelle Judenhass wurde zunehmend von nationaler Ausgrenzung und politischem Antisemitismus überlagert. Selbst die Polnische Sozialistische Partei (Polska Partia Socjalistyczna, PPS), die viele Juden zu ihren Mitgliedern zählte, war nicht bereit, den Juden spezifische Minderheitenrechte zuzubilligen. Die polnische Nationaldemokratie (kurz: Endecja) warnte vor einer „jüdischen Gefahr" und rief 1912 zum antijüdischen Wirtschaftsboykott auf.[10]

Wirtschaftliche Not und gesellschaftliche Diskriminierung lösten zum einen eine Auswanderungswelle von Juden aus Russland und Galizien in die USA aus – zwischen 1880 und 1929 emigrierten allein 2,35 Millionen. Auch aus der preußischen Provinz Posen zog bald die Mehrheit der Juden entweder direkt nach Übersee oder in andere Teile Preußens, besonders nach Berlin. Zum anderen bildete sich auf jüdischer Seite die Idee einer ostjüdischen Nationalität heraus. Immer mehr Juden schlossen sich sozialistischen und zionistischen Organisationen an. Die größte sozialistische Partei war der 1897 in Wilna gegründete Allgemeine Jüdische Arbeiterbund in Litauen, Polen und Russland (kurz: Bund), der eine national-kulturelle Autonomie für Juden und andere Minderheiten im Russischen Reich forderte. Verschiedene zionistische Gruppierungen propagierten und

7 Artur Eisenbach, The Emancipation of the Jews in Poland, 1780 – 1870, Oxford u.a. 1991; François Guesnet, Polnische Juden im 19. Jahrhundert. Lebensbedingungen, Rechtsnormen und Organisation im Wandel, Köln 1998; Haumann, Ostjuden (wie Anm. 2), S. 77 – 88; Bacon, Poland (wie Anm. 6), S. 1393. Zur Geschichte der russischen Juden siehe Benjamin Pinkus, The Jews of the Soviet Union. The History of a National Minority, Cambridge u.a. 1988.

8 Arthur Ruppin, Briefe, Tagebücher, Erinnerungen, hrsg. von Schlomo Krolik, Königstein/Ts. 1985, S. 35.

9 Eva Hoffman, Im Schtetl. Die Welt der polnischen Juden, Wien 2000; Steven T. Katz (Hrsg.), The Shtetl: New Evaluations, New York 2007; Bacon, Poland (wie Anm. 6), S. 1394f.

10 Frank Golczewski, Polnisch-jüdische Beziehungen 1881 – 1922. Eine Studie zur Geschichte des Antisemitismus in Osteuropa, Wiesbaden 1981; Heiko Haumann, Juden in der ländlichen Gesellschaft Galiziens am Ende des 19. und zu Beginn des 20. Jahrhunderts, in: Andrea Löw/Kerstin Robusch/Stefanie Walter (Hrsg.), Deutsche – Juden – Polen. Geschichte einer wechselvollen Beziehung im 20. Jahrhundert, Frankfurt/M. u.a. 2004, S. 35 – 58, hier S. 51.

förderten hingegen die Vorbereitung auf die Auswanderung nach Palästina.[11] Als wichtigste Partei der orthodoxen Juden etablierte sich die 1912 in Kattowitz gegründete Agudas Jisroel (Vereinigung Israels). Sie war konservativ ausgerichtet und vertrat die Interessen jenes Teils der Bevölkerung, der in einer traditionellen, durch die Religion bestimmten Lebenswelt verwurzelt war.[12]

Nach Beginn des Ersten Weltkriegs flüchteten Hunderttausende Juden vor den Kriegshandlungen aus ihrer Heimat oder wurden 1915 beim Rückzug der russischen Armee vertrieben und deportiert, weil man sie für illoyal hielt.[13] Als der polnische Staat 1918 wieder erstand, hofften viele Juden auf eine Rückkehr zu den Idealen der multi-ethnischen, toleranten polnisch-litauischen Adelsrepublik, während viele Polen einen ethnisch homogenen Nationalstaat favorisierten.

## Juden in der Zweiten Polnischen Republik

Im neu errichteten Polen gehörte mehr als ein Drittel der Staatsbevölkerung einer nationalen Minderheit an. Zur jüdischen Religion bekannten sich laut Volkszählung von 1931 etwa 3,1 Millionen Menschen, rund zehn Prozent der Bevölkerung. Die Siedlungsschwerpunkte waren allerdings sehr unterschiedlich. Das vormals preußische Gebiet hatten viele Juden bis Mitte der 1920er Jahre bereits verlassen, so dass dort der jüdische Bevölkerungsanteil entsprechend niedrig war. In einigen mittel- und ostpolnischen Wojewodschaften, insbesondere in den Gebieten, die Polen 1921 durch den Frieden von Riga mit Sowjetrussland erhalten hatte, lebten dagegen überdurchschnittlich viele Juden. Mehr als drei Viertel von ihnen waren in Städten ansässig, wo ihr Bevölkerungsanteil meist zwischen 25 und 40 Prozent lag. Auf dem Land war er stark rückläufig.[14]

Zu Beginn der Zweiten Republik standen die Grenzen Polens noch nicht endgültig fest, und die jüdische Bevölkerung geriet verschiedentlich zwischen die Fronten der rivalisierenden Staaten. Die litauische Führung stellte den Juden in der Region um Wilna volle nationale Minderheitenrechte in Aussicht, doch 1919 fiel das Gebiet an Polen. Als Polen in den Jahren 1918 bis 1920 gegen die Westukrainische Volksrepublik und gegen Sowjetrussland Krieg führte, kam es zu Pogromen. Nicht zuletzt als Reaktion darauf setzten die westlichen Siegermächte einen Minderheitenschutzvertrag in Polen durch, der zwei Klauseln enthielt, welche allein Juden betrafen, nämlich den Schutz des Schabbats und die staatliche Finanzierung jüdischer Schulen (die der polnische Staat später jedoch verweigerte).[15]

11 Ezra Mendelsohn, Zionism in Poland. The Formative Years, 1915 – 1926, New Haven 1981; Jolanta Żyndul, Państwo w państwie? Autonomia narodowo-kulturalna w Europe Środkowowschodniej w XX wieku, Warszawa 2000; Gertrud Pickhan, „Gegen den Strom". Der Allgemeine Jüdische Arbeiterbund „Bund" in Polen 1918 – 1939, Stuttgart 2001.

12 Gershon C. Bacon, The Politics of Tradition. Agudat Yisrael in Poland 1916 – 1939, Jerusalem 1996.

13 Frank M. Schuster, Zwischen allen Fronten. Osteuropäische Juden während des Ersten Weltkrieges (1914 – 1919), Köln u. a. 2004.

14 Joseph Marcus, Social and Political History of the Jews in Poland, 1919 – 1939, Berlin u. a. 1983; Ezra Mendelsohn, The Jews of East Central Europe between the World Wars, Bloomington 1987; Bacon, Poland (wie Anm. 6), S. 1399.

15 Henry Abramson, A Prayer for the Government. Jews and Ukrainians in Revolutionary Times, 1917 – 1920, Cambridge 1999; Carole Fink, Defending the Rights of Others. The Great Powers, the Jews, and International Minority Protection, 1878 – 1938, Cambridge u. a. 2004.

Die polnische Verfassung vom März 1921 machte Juden de jure zu gleichberechtigten Staatsbürgern. De facto waren sie zahlreichen Diskriminierungen und einem zunehmenden Antisemitismus in der Mehrheitsgesellschaft ausgesetzt, der als Ventil für wirtschaftliche Unsicherheiten und innenpolitische Machtkämpfe fungierte. Der Konflikt zwischen nationalpolnischen Homogenisierungsbestrebungen und jüdischen Bemühungen um eine kulturelle Autonomie war damit in der Zweiten Polnischen Republik dauerhaft angelegt. Ein immer aggressiverer Antisemitismus wurde zum integralen Bestandteil des polnischen Ethnonationalismus.[16]

Die Juden, so schrieb Joseph Roth 1927, „leben als ‚nationale Minderheit' im fremden Lande, um ihre staatsbürgerlichen und nationalen Rechte besorgt und kämpfend, teils der palästinensischen Zukunft entgegen, teils ohne den Wunsch nach einem eigenen Land, und mit Recht überzeugt, daß die Erde allen gehört, die ihre Pflicht ihr gegenüber erfüllen; doch nicht imstande, die Frage zu lösen, wie der primitive Haß gelöscht werden könnte, der im Wirtsvolk gegen eine gefährlich scheinende Anzahl Fremder brennt und Unheil anrichtet."[17] Damit waren die unterschiedlichen Strömungen innerhalb der polnischen Judenheit kurz und treffend umrissen, die in den zwanziger und dreißiger Jahren an Bedeutung gewannen, als Vertreter jüdischer Parteien in den Sejm oder in die Stadträte gewählt werden konnten.

Die Zionisten propagierten die Emigration nach Palästina. Im polnischen Staat würden Juden immer ein fremdes Element bleiben – als überwiegend städtische Gruppe in einem weitgehend bäuerlich geprägten Land, die sich von ihrer Umgebung zudem durch ihren Glauben, ihre Sprache und ihre Bräuche deutlich absetzte. Eine Minderheit identifizierte sich dagegen mit der polnischen Kultur und glaubte an die Möglichkeit der Integration. Doch konnten auch die Befürworter der Assimilation nicht übersehen, dass dieser Weg zu scheitern drohte. Die Vertreter des Bund setzten sich daher für ein pluralistisches, multi-ethnisches Polen ein. Wieder andere versuchten, die Exklusion der Juden zu überwinden, indem sie für die übernationalen Ziele des Kommunismus eintraten und sich der Kommunistischen Partei Polens anschlossen, die dann 1938 von Stalin gewaltsam aufgelöst wurde.[18] Die orthodoxe Agudat Israel versprach sich von der Unterstützung der Regierung die besten Chancen auf Entschärfung der angespannten Situation. Sie baute verhältnismäßig gute Beziehungen zum autoritären Regime Józef Piłsudskis auf, nachdem dieser 1926 mit einem Staatsstreich ein zweites Mal an die Macht gekommen war.

Es gab jiddisch-, polnisch- und hebräischsprachige Zeitungen unterschiedlichster politischer und kultureller Couleur; schon bald hatte jede jüdische Partei eine ihr nahestehende Jugendgruppe. Bildung war in den Augen der Jugend der einzig realistische Weg zum sozialen Aufstieg. Es entwickelten sich neue Bildungsangebote und Forschungszentren. Ab 1925 erforschten jüdische Wissenschaftler am neu gegründeten Jiddischen Wissenschaftlichen Institut (YIVO) mit Sitz in Wilna und Zweigstellen in Berlin, Warschau und New York die jiddische Sprache und Literatur sowie jüdische Geschichte im östlichen Europa. In Wilna befand sich außerdem die größte jüdische Bibliothek Europas. In War-

16 Agnieszka Pufelska, Die „Judäo-Kommune". Ein Feindbild in Polen, Paderborn 2007, S. 46f.

17 Joseph Roth, Juden auf Wanderschaft, in: ders., Orte. Ausgewählte Texte, Leipzig 1990, S. 213.

18 Marcus, History (wie Anm. 14), S. 289; Pickhan, „Gegen den Strom" (wie Anm. 11), S. 263–279, 325; Katrin Steffen, Jüdische Polonität. Ethnizität und Nation im Spiegel der polnischsprachigen jüdischen Presse 1918–1939, Göttingen 2004.

schau gründeten jüdische Historiker 1928 das Institut für Judaistische Wissenschaften; Samuel Majer Bałaban und Mojżesz Schorr gehörten zu seinen Rektoren.[19]
Die polnische Hauptstadt war das geistige und kulturelle Zentrum der polnischen Judenheit. Hier erschienen mehrere jiddische Tageszeitungen, hier hatten bedeutende Künstler und Schriftsteller ihren Lebensmittelpunkt. Rund 350 000 Juden wohnten in der Stadt – „halb so viel wie in ganz Deutschland", wie der Schriftsteller Alfred Döblin anlässlich einer Polenreise im Jahr 1924 feststellte. Mit Staunen beschrieb er die Nalewki-Straße, die „Hauptader der Judenstadt": Dort sei „alles gefüllt und wimmelnd von Juden. [...]. Ich gehe auf einen [Hof]; er ist viereckig und wie ein Markt von lauten Menschen, Juden, meist im Kaftan, erfüllt. Große Geschäftshäuser beherbergt diese Nalewki. Bunte Firmenschilder zeigen zu Dutzenden an: Felle, Pelze, Kostüme, Hüte, Koffer." Aber er notierte auch: „Ich lese sonderbare Namen: Waiselfisch, Klopfherd, Blumenkranz, Brandwain, Farsztandig, Goldkopf, Gelbfisch, Gutbesztand. Man hat den Menschen des geächteten Volkes Spottnamen angehängt."[20]
1935 starb der charismatische Staatschef Piłsudski, ein Ereignis, das sich auch auf die Lage der polnischen Judenheit auswirkte. Schon kurz zuvor, im September 1934, hatte Außenminister Józef Beck den Minderheitenschutzvertrag gekündigt; die im April 1935 in Kraft gesetzte neue Verfassung schwächte die Position der Minderheiten weiter. Mit Piłsudski verlor die Regierung ihre Integrationsfigur. Nun suchte sie die Verbindung zur Nationaldemokratie sowie zu radikaleren rechten Gruppen. Der Antisemitismus fungierte dabei bisweilen als nützliches Bindemittel. Die polnische Rechte bemühte beispielsweise häufig das Stereotyp der „Judenkommune" (żydokomuna), dem zufolge die Juden als Initiatoren und Vorkämpfer der bolschewistischen Bewegung eine Gefahr für die polnische Nation darstellten. Unter dem Einfluss der antijüdischen Politik in Deutschland spalteten sich zudem radikalere Gruppen ab, die in regelrechten Kampagnen die Verdrängung der Juden aus der krisengeschüttelten Wirtschaft sowie die „Entjudung" (odżydzenie) der polnischen Gesellschaft propagierten. Rechtsradikale Untergruppen der Nationaldemokraten organisierten zunehmend gewalttätige Ausschreitungen, bei denen zwischen 1935 und 1937 mindestens 14 Juden getötet und etwa 2000 verletzt wurden.[21]
In das nach Piłsudskis Tod entstandene Machtvakuum drängte von 1937 an ein neues, regierungsnahes Parteienbündnis, das Lager der Nationalen Einigung (Obóz Zjednocze-

19 Artur Eisenbach, Jewish Historiography in Interwar Poland, in: Israel Gutman u.a. (Hrsg), The Jews of Poland between the Two World Wars, Hannover, London 1989, S. 453–493; Marina Dmitrieva/Heidemarie Petersen (Hrsg.), Jüdische Kultur(en) im Neuen Europa: Wilna 1918–1939, Wiesbaden 2004; Bacon, Poland (wie Anm. 6), S. 1401–1403; Moyshe Kligsberg, Die jüdische Jugendbewegung in Polen zwischen den Weltkriegen. Eine soziologische Studie, in: Osteuropa 58, Heft 8–10 (2008), S. 131–146.

20 Alfred Döblin, Reise in Polen, Berlin 1926, S. 77–79; Dietz Bering, Der Name als Stigma, Stuttgart 1987; Gabriela Zalewska, Ludność żydowska w Warszawie w okresie międzywojennym, Warszawa 1996; Marci Shore, Caviar and Ashes. A Warsaw Generation's Life and Death in Marxism, 1918–1968, New Haven 2006.

21 Dietrich Beyrau, Antisemitismus und Judentum in Polen, 1918–1939, in: Geschichte und Gesellschaft 8 (1982), S. 205–232; Jolanta Żyndul, Zajścia antyżydowskie w Polsce w latach 1935–1937, Warszawa 1994, S. 54f.; Klaus-Peter Friedrich, Juden und jüdisch-polnische Beziehungen in der Zweiten Polnischen Republik (1918–1939), in: Zeitschrift für Ostmitteleuropa-Forschung 46 (1997), S. 535–560; André W.M. Gerrits, Jüdischer Kommunismus. Der Mythos, die Juden, die Partei, in: Jahrbuch für Antisemitismusforschung 14 (2005), S. 243–264; Pufelska, „Judäo-Kommune" (wie Anm. 16).

nia Narodowego, OZN), das offen antijüdisch agierte. Die polnische Regierung verfolgte nun eine Politik, die möglichst viele Juden zur Emigration bewegen sollte. Sie ließ in diesem Zusammenhang sogar die Möglichkeit prüfen, ob Madagaskar als Aufnahmegebiet für (zunächst 25 000) jüdische Auswanderer in Frage käme, und bemühte sich um ein entsprechendes Abkommen mit der französischen Kolonialmacht. Von hoher symbolischer Bedeutung für die jüdische Minderheit wie für die Mehrheitsgesellschaft war ein bereits im April 1936 verabschiedetes Gesetz, welches das rituelle Schlachten verbot. Offiziell eine hygienische und humanitäre Maßnahme, schränkte es einen wesentlichen Aspekt jüdischen Lebens ein und denunzierte jüdische Rituale als barbarisch. War die Lage jüdischer Gewerbetreibender, die die Schabbat-Ruhe einhielten, schon 1919 durch die Einführung der gesetzlichen Sonntagsruhe erschwert worden, gerieten nun auch die jüdischen Arbeiter und Angestellten, die in staatlichen Betrieben beschäftigt waren, unter Druck. Viele entließen ihre jüdischen Mitarbeiter und ersetzten sie durch Polen.[22]

Polnische Antisemiten, so zeigen diese Beispiele, orientierten sich zunehmend am Vorbild Deutschland.[23] Unterstützung fanden sie bei so wichtigen gesellschaftlichen Institutionen wie den Universitäten und der katholischen Kirche, der der weit überwiegende Teil der polnischen Mehrheitsbevölkerung angehörte. An den Universitäten setzten beispielsweise Studentengruppen Mitte der 1930er Jahre eine Obergrenze für den Anteil jüdischer Studierender durch und forderten, Juden dürften in den Hörsälen nur noch auf sogenannten Getto-Bänken sitzen.[24] In der katholischen Kirche, die mit der polnischen Nationalbewegung eng verbunden war, sympathisierten viele Bischöfe und ein Großteil der Priester mit der Nationaldemokratie. Als 1936 ein antijüdischer Wirtschaftsboykott ausgerufen wurde, zählte die Kirche zu den Befürwortern.[25]

In der jüdischen Minderheit wuchs die Verunsicherung. Immer mehr Unternehmer gaben ihre Betriebe zugunsten polnischer Inhaber auf. Zwar blieb ihr Anteil in bestimmten Branchen wie der Textilindustrie und dem Kleinhandel hoch, allerdings konnten Händler und Handwerker von ihren Einkünften oft kaum mehr ihren Lebensunterhalt bestreiten. Auch viele Freiberufler sahen sich wirtschaftlich und gesellschaftlich an den Rand gedrängt. Gegen Ende der 1930er Jahre war schließlich ein Viertel aller Juden auf Unterstützung angewiesen.[26] In Reaktion auf die wachsende Armut bauten die jüdischen Gemeinden ein weit verzweigtes Netz aus Fürsorgeinstitutionen auf, um der wachsenden Armut zu begegnen, private Förderer riefen Selbsthilfeeinrichtungen ins Leben. Unter dem Eindruck dieser Entwicklungen verlor die Agudat Israel an Rückhalt, stattdessen hatte nun vor allem der Bund großen Zulauf. Er war um enge Beziehungen zu den pol-

22 Magnus Brechtken, „Madagaskar für die Juden". Antisemitische Idee und politische Praxis 1885 – 1945, München 1997; Hans Jansen, Der Madagaskar-Plan. Die beabsichtigte Deportation der europäischen Juden nach Madagaskar, München 1997; Antony Polonsky, Fragile Koexistenz, tragische Akzeptanz. Politik und Geschichte der osteuropäischen Juden, in: Osteuropa 58 (2008), Heft 8 – 10, S. 9 – 27, hier S. 21 – 24.

23 Albert S. Kotowski, Hitlers Bewegung im Urteil der polnischen Nationaldemokratie, Wiesbaden 2000.

24 Monika Natkowska, Numerus clausus, getto ławkowe, numerus nullus, „paragraf aryjski". Antysemityzm na Uniwersytecie Warszawskim 1931 – 1939, Warszawa 1999.

25 Ronald Modras, The Catholic Church and Antisemitism. Poland, 1933 – 1939, Chur 1994; Viktoria Pollmann, Untermieter im christlichen Haus. Die Kirche und die „jüdische Frage" in Polen anhand der Bistumspresse der Metropolie Krakau 1926 – 1939, Wiesbaden 2001.

26 Mendelsohn, Jews (wie Anm. 14), S. 73f.

nischen Sozialisten bemüht, die seinen Zielen am nächsten standen. Ohnehin waren Gegner der sich verschärfenden antisemitischen Rhetorik und Politik am ehesten im linken Spektrum der polnischen Gesellschaft zu finden.[27] Mehr als 400 000 Juden wählten den Ausweg der Emigration; etwa ein Viertel ging nach Palästina. Die britische Mandatsmacht versuchte die jüdische Einwanderung seit Mitte der dreißiger Jahre jedoch weitgehend zu unterbinden. Auch die USA verschärften ihre Zuwanderungsbestimmungen. Die Entwicklung im Deutschen Reich und der deutsch-polnische Konflikt gaben darüber hinaus Anlass zur Sorge. Im Frühjahr 1938 spitzte sich die Lage zu. Am 31. März 1938 hatte die polnische Regierung das faktisch gegen Juden gerichtete Gesetz „über den Entzug der Staatsbürgerschaft" erlassen, aufgrund dessen Staatsangehörige, die sich seit mehr als fünf Jahren im Ausland aufhielten, ausgebürgert werden konnten. Im Oktober folgte die Verfügung, nach der im Ausland ausgestellte Pässe nur mit einem Prüfvermerk des zuständigen polnischen Konsulats zur Einreise nach Polen berechtigten. Damit sollte vor allem die Rückkehr in Deutschland lebender polnischer Juden verhindert werden. Noch ehe das Gesetz in Kraft trat, deportierte die deutsche Polizei in der Nacht vom 28. auf den 29. Oktober 1938 etwa 17 000 im Reich registrierte Juden mit polnischem Pass an die Grenze und trieb sie auf polnisches Gebiet. Die polnischen Grenzwachen ließen sie zunächst nicht einreisen, so dass die Menschen tagelang im Niemandsland zwischen beiden Grenzen umherirrten und schließlich provisorische Lager eingerichtet wurden; das größte blieb in Zbąszyń (Neu-Bentschen) bis zum Sommer 1939 bestehen.[28]

## Der Weg in den Krieg

Das Verhältnis zwischen dem Deutschen Reich und der Zweiten Polnischen Republik war vor allem dadurch belastet, dass die deutsche Seite die im Versailler Vertrag festgelegte Grenze zum Nachbarn im Osten nicht akzeptierte, zumal auch Gebiete mit deutscher Mehrheit Polen zugeschlagen wurden und der sogenannte Korridor – eine Landbrücke zwischen Zentralpolen und der Ostseeküste bei Danzig – die Provinz Ostpreußen vom übrigen Reichsgebiet trennte. Die Forderung nach Revision der Ostgrenze stand während der Weimarer Republik im Zentrum der Außenpolitik. Gewalttätige Unruhen in den Grenzgebieten, die von Berlin als „Volkstumskampf" bezeichnet wurden, dauerten bis 1921 an und belasteten fortan die Beziehungen beider Länder. Bis zum Ende der Weimarer Republik zielte die deutsche Politik gegenüber Polen darauf, das Nachbarland ökonomisch zu schwächen und die eigenen Interessen durch Unterstützung der deutschen Minderheit in Polen zu stärken. Daher überraschte es die meisten politischen Beobachter, dass Hitler nach der Machtübernahme 1933 zunächst auf einen Konfrontationskurs gegenüber Polen verzichtete. Vielmehr spekulierte er darauf, die autoritäre und antibolsche-

27 Robert Moses Shapiro, The Polish Kehile Elections of 1936. A Revolution Re-examined, New York 1988; Pickhan, „Gegen den Strom" (wie Anm. 11); Polonsky, Koexistenz (wie Anm. 22), S. 23.

28 Sybil Milton, The Expulsion of Polish Jews from Germany October 1938 to July 1939, in: Leo Baeck Yearbook XXIX (1984), S. 169–199; Trude Maurer, Abschiebung und Attentat. Die Ausweisung der polnischen Juden und der Vorwand für die „Kristallnacht", in: Walter H. Pehle (Hrsg.), Der Judenpogrom 1938. Von der „Reichskristallnacht" zum Völkermord, Frankfurt/M. 1988, S. 52–73; Jerzy Tomaszewski, Auftakt zur Vernichtung. Die Vertreibung polnischer Juden aus Deutschland im Jahre 1938, Osnabrück 2002; siehe auch VEJ 2/112, 113, 118 und 203.

wistisch orientierte polnische Regierung als Juniorpartner für seine Expansionspläne in Richtung Sowjetunion zu gewinnen. Im Jahr 1934 trugen der Nichtangriffspakt, das Abkommen zur „Zusammenarbeit in der öffentlichen Meinungsbildung“ und ein Wirtschaftsvertrag denn auch zur Entspannung zwischen beiden Staaten bei.[29] Als gemeinsamer Feind galt die Sowjetunion, und Hitler deutete Gebietsgewinne für Polen an, sollte das Land den geplanten deutschen Eroberungsfeldzug im Osten unterstützen.[30]

Während Hitler ab 1937 auf einen europäischen Krieg zusteuerte, entwickelten deutsche Wissenschaftler Szenarien für eine Umgestaltung Europas, in denen die deutschsprachigen Minderheiten in Osteuropa eine zentrale Rolle spielten. Deren Siedlungsgebiete erklärten die Ostforscher zu deutschem „Volksboden“, der dem Reich einverleibt werden solle. Analysen wie diese bildeten die Grundlage für Expansionspläne, die wahlweise gemeinsam mit oder aber gegen Polen umgesetzt werden sollten.[31] Der Leiter des Instituts für Osteuropäische Wirtschaft an der Universität Königsberg, Theodor Oberländer, sprach sich im Sommer 1937 in einem Vortrag über den „Kampf um das Vorfeld“ beispielsweise dafür aus, die Gegensätze zwischen den Volksgruppen in Ostmitteleuropa für den Aufbau einer deutschen Hegemonialordnung zu funktionalisieren und den bislang antideutsch geführten „Volkstumskampf“ der Polen auf Juden und Russen umzulenken.[32]

Die Juden Osteuropas rückten nun ganz konkret ins Blickfeld der deutschen Planer, die dabei populäre Stereotype über die sogenannten Ostjuden aufnehmen und an die antisemitische Agitation aus der Weimarer Republik anknüpfen konnten. Im Zwischenkriegsdeutschland lebten rund 150 000 Juden aus Ost- und Ostmitteleuropa, deren zum Teil fremdartige Kultur, Sitten und Gebräuche Juden wie Nichtjuden in Deutschland irritierten.[33] Die radikalnationalistische Rechte richtete ihre Agitation bevorzugt gegen diese Migranten und hatte bereits auf dem Höhepunkt der Inflationskrise 1923 ihre Abschiebung oder gar Internierung gefordert. Im gleichen Jahr war es zu ersten antijüdischen Ausschreitungen im Berliner Scheunenviertel gekommen, das in besonderem Maße durch seine ostjüdischen Bewohner geprägt war.[34]

29 Marian Wojciechowski, Die polnisch-deutschen Beziehungen 1933–1938, Leiden 1971; Norbert Krekeler, Revisionsanspruch und geheime Ostpolitik der Weimarer Republik. Die Subventionierung der deutschen Minderheit in Polen, Stuttgart 1973; Andreas Hillgruber/Klaus Hildebrand, Kalkül zwischen Macht und Ideologie. Der Hitler-Stalin-Pakt: Parallelen bis heute? Zürich 1980, S. 14; Ralph Schattkowsky, Deutschland und Polen von 1918/19 bis 1925. Deutsch-polnische Beziehungen zwischen Versailles und Locarno, Frankfurt/M. u. a. 1994.

30 Carsten Roschke, Der umworbene „Urfeind“. Polen in der nationalsozialistischen Propaganda 1934–1939, Marburg 2000.

31 Michael Burleigh, Germany Turns Eastwards. A Study of Ostforschung in the Third Reich, Cambridge u. a. 1988; Michael Fahlbusch, Wissenschaft im Dienst der nationalsozialistischen Politik? Die „Volksdeutschen Forschungsgemeinschaften“ von 1931–1945, Baden-Baden 1999; Ingo Haar, Historiker im Nationalsozialismus. Deutsche Geschichtswissenschaft und der „Volkstumskampf“ im Osten, Göttingen 2000, S. 307–311; Eduard Mühle, Für Volk und deutschen Osten. Der Historiker Hermann Aubin und die deutsche Ostforschung, Düsseldorf 2005.

32 Siehe VEJ 1/284.

33 Salomon Adler-Rudel, Ostjuden in Deutschland 1880–1940. Zugleich eine Geschichte der Organisationen, die sie betreuten, Tübingen 1959; Trude Maurer, Ostjuden in Deutschland 1918–1933, Hamburg 1986.

34 Dirk Walter, Antisemitische Kriminalität und Gewalt. Judenfeindschaft in der Weimarer Republik, Bonn 1999, S. 151.

Die deutschen Ostexperten beobachteten interessiert jede antisemitische Maßnahme der polnischen Regierung und diskutierten deren Pläne zur forcierten Emigration der jüdischen Minderheit.[35] Der Königsberger Historiker Werner Conze empfahl Mitte 1939 die „Entjudung der Städte und Marktflecken" insbesondere im polnischen Galizien; da er „Überbevölkerung" für „den bolschewistischen Umsturz" verantwortlich machte, glaubte er, dass man auf diese Weise gefährlichen revolutionären Unruhen entgegensteuern könne.[36] Die radikale Umgestaltung des Nachbarlands, über die Conze und andere sich Gedanken machten, stand zu diesem Zeitpunkt bereits unmittelbar bevor.

## Der deutsche Überfall auf Polen

Im Gefolge des Münchener Abkommens vom 29. September 1938, das Deutschland die Angliederung des Sudetenlandes ermöglicht hatte, hatte Hitler auch die polnische Regierung mit seinen Forderungen konfrontiert. Dazu zählten eine exterritoriale Autobahn- und Eisenbahnverbindung durch den „Korridor" nach Ostpreußen, die Eingliederung Danzigs in das Reich und der Beitritt Polens zum Antikominternpakt. Polen sollte Juniorpartner und zugleich Aufmarschgelände für den Krieg gegen die Sowjetunion werden. Im Gegenzug sicherte Hitler eine Verlängerung des Nichtangriffspakts und eine Grenzgarantie zu. Die polnische Regierung wollte diesen Bedingungen jedoch nicht zustimmen. Anfang April 1939 ordnete Hitler daraufhin an, den Angriff auf Polen („Fall Weiß") vorzubereiten, und kündigte im selben Monat den Nichtangriffspakt auf. Wenig später war er sich mit einem neuen Partner einig. Der deutsch-sowjetische Vertrag, den die beiden Außenminister Joachim von Ribbentrop und Vjačeslav Michajlovič Molotov am 23. August 1939 unterzeichneten, enthielt ein geheimes Zusatzprotokoll, in dem die Verbündeten die Teilung Polens vereinbarten. Einen Tag zuvor hatte Hitler auf dem Obersalzberg seinen führenden Generälen klar gemacht, wie er den bevorstehenden Krieg verstand: „Vernichtung Polens im Vordergrund. Ziel ist die Beseitigung der lebendigen Kräfte, nicht die Erreichung einer bestimmten Linie. [...] Herz verschließen gegen Mitleid. Brutales Vorgehen. 80 Millionen Menschen müssen ihr Recht bekommen. Ihre Existenz muss gesichert werden. Der Stärkere hat das Recht. Größte Härte."[37]

In den frühen Morgenstunden des 1. September 1939 überfiel die deutsche Wehrmacht Polen ohne Kriegserklärung. Daraufhin erklärten Großbritannien und Frankreich dem Deutschen Reich am 3. September den Krieg, griffen aber zunächst militärisch nicht ein. Auf sich allein gestellt, war die polnische Armee gegen die hochgerüstete deutsche Wehrmacht chancenlos, zumal am 17. September die Rote Armee von Osten her einmarschierte.

35 Gerhard F. Volkmer, Die deutsche Forschung zu Osteuropa und zum osteuropäischen Judentum in den Jahren 1933–1945, in: Forschungen zur osteuropäischen Geschichte 42 (1989), S. 109–214.

36 Werner Conze, Die ländliche Überbevölkerung in Polen (Text für den geplanten Internationalen Soziologen-Kongress 1940), zit. nach: Götz Aly/Susanne Heim, Vordenker der Vernichtung, Hamburg 1991, S. 102f.

37 Notizen zur Ansprache des Führers am 22.8.1939, IMG, Bd. XXVI, Dok. PS-1014, S. 523f.; der genaue Text ist nicht zweifelsfrei rekonstruierbar, vgl. Winfried Baumgart, Zur Ansprache Hitlers vor den Führern der Wehrmacht am 22. August 1939. Eine quellenkritische Untersuchung, in: Vierteljahrshefte für Zeitgeschichte 16 (1968), S. 120–149; Christopher R. Browning, Die Entfesselung der „Endlösung". Nationalsozialistische Judenpolitik 1939–1942, München 2003, S. 34f.

Noch am selben Tag floh die polnische Regierung nach Rumänien. Am 27. September kapitulierte Warschau, die letzten polnischen Truppen ergaben sich am 6. Oktober. Der deutsch-sowjetische Grenz- und Freundschaftsvertrag vom 28. September 1939 legte die Demarkationslinie fest.[38] Unter deutsche Besatzung fiel rund die Hälfte des polnischen Staatsgebiets, in der etwa zwei Drittel der Bevölkerung, darunter zwei Drittel der etwa 3,3 Millionen Juden, lebten.[39]

Am 1. September 1939, dem ersten Kriegstag, notierte in Warschau der jüdische Lehrer Chaim Kaplan in sein Tagebuch: „Wir sind Zeugen des Anbruchs einer neuen Ära in der Weltgeschichte. Dieser Krieg wird allerdings die menschliche Zivilisation vernichten." Und weiter heißt es: „Wohin Hitler auch kommt, dort gibt es keine Hoffnung für die Juden."[40] In der Tat richtete sich die Gewalt, mit der Wehrmacht und Einsatzgruppen das Land überzogen, in hohem Maße gegen die jüdische Bevölkerung. Doch gingen die deutschen Truppen auch – und zu Beginn des Kriegs vorrangig – gegen die Polen vor. Hitler hatte die Losung ausgegeben, die polnische Nation zu vernichten. Untermauert wurde dies durch eine aggressive Propaganda, die den nun beginnenden Kampf zu einem Krieg zwischen höher- und minderwertigen Völkern stilisierte. Für viele deutsche Soldaten bedeutete der Einmarsch in Polen die erste Begegnung mit den fremdartig aussehenden Ostjuden, die sie zuvor nur aus antisemitischen Karikaturen gekannt hatten. Ihrem Abscheu verliehen manche in stereotypen Schilderungen Ausdruck: „In Bircza erkannten wir die Notwendigkeit einer radikalen Lösung der Judenfrage. Hier konnte man diese Bestien in Menschengestalt hausen sehen. In ihren Bärten und Kaftanen, mit ihren teuflischen Fratzen machten sie auf uns einen scheußlichen Eindruck. Jeder, der noch nicht ein radikaler Judengegner war, musste es hier werden."[41]

Mit der Wehrmacht marschierten Formationen der SS und der Polizei in Polen ein – sieben Einsatzgruppen mit etwa 2700 Mann. Sie sollten gegen alle als besonders feindlich eingestuften Polen vorgehen, in erster Linie gegen Aktivisten aus den Westgebieten, die sich etwa im „Volkstumskampf" in Oberschlesien engagiert hatten. Doch rückte zusehends die gesamte polnische Elite ins Visier der Weltanschauungskrieger. Der Sicherheitsdienst der SS (SD) hatte bereits im Mai 1939 eine eigene Zentralstelle II 2 P (Polen) eingerichtet, in der Karteien über Personen zusammengestellt wurden, die als Reichsfeinde galten, darunter zahlreiche Führer jüdischer Organisationen (Dok. 2). Ein „Sonderfahn-

38 Horst Rhode, Hitlers erster „Blitzkrieg" und seine Auswirkungen auf Nordosteuropa, in: Klaus A. Maier u.a. (Hrsg.), Die Errichtung der Hegemonie auf dem europäischen Kontinent (Das Deutsche Reich und der Zweite Weltkrieg 2), Stuttgart 1979, S. 79–158; Gerhard L. Weinberg, Eine Welt in Waffen. Die globale Geschichte des Zweiten Weltkriegs, Stuttgart 1995, S. 65–71; Rolf-Dieter Müller, Der Zweite Weltkrieg 1939–1945, Stuttgart 2004, S. 65f.; Jochen Böhler, Der Überfall. Deutschlands Krieg gegen Polen, Frankfurt/M. 2009; Richard Evans, Das Dritte Reich, Bd. 3: Krieg, München 2009, S. 17–25.

39 So die Hochrechnung polnischer Statistiker: Mały Rocznik Statystyczny, styczeń 1939 – czerwiec 1941, Warszawa 1990, S. 10. Zur deutschen Besatzung siehe v.a. Martin Broszat, Nationalsozialistische Polenpolitik 1939–1945, Stuttgart 1961; Czesław Madajczyk, Die Okkupationspolitik Nazideutschlands in Polen 1939–1945, Berlin 1987; Włodzimierz Bonusiak, Polska podczas II wojny światowej, Rzeszów 1995; Jacek Andrzej Młynarczyk (Hrsg.), Polen unter deutscher und sowjetischer Besatzung 1939–1945, Osnabrück 2009.

40 Chaim A. Kaplan, Buch der Agonie. Das Warschauer Tagebuch des Chaim A. Kaplan, hrsg. von Abraham I. Katsh, Frankfurt/M. 1967, S. 21f. (1.9.1939).

41 Jochen Böhler, Auftakt zum Vernichtungskrieg. Die Wehrmacht in Polen 1939, Frankfurt/M. 2006, S. 48: Gefr. G., „Erinnerung an den PF".

dungsbuch" listete 61 000 polnische Staatsangehörige auf, gegen die im Kriegsfalle vorgegangen werden sollte. Die am 3. September 1939 aufgestellte „Einsatzgruppe z.b.V." unter Udo von Woyrsch erhielt von Himmler die Anweisung: „Entwaffnung und Niederkämpfung der polnischen Banden, Exekutionen."[42] Ausgestattet mit dem weit interpretierbaren Auftrag, gegen „alle reichs- und deutschfeindlichen Elemente" vorzugehen, verübten die Einsatzgruppen zahllose Morde an Angehörigen der polnischen Intelligenz, der Geistlichkeit, des Adels sowie an Juden.

Von Anfang an gingen Wehrmachtseinheiten, Einsatzgruppen, Ordnungspolizei und Waffen-SS rücksichtslos gegen Kriegsgefangene und Zivilbevölkerung vor. Sie verschleppten Zehntausende Polen und Juden im wehrfähigen Alter in Lager im Reich oder internierten sie im eroberten Gebiet. Ein vager Verdacht auf Widerstand reichte ihnen zur Begründung von Massenerschießungen aus, und die nervösen Truppen witterten nahezu überall Freischärler. Heer, SS und Polizei exekutierten bis Ende Oktober nicht weniger als 16 000 Zivilpersonen sowie nach Schätzungen polnischer Historiker mehr als 1000 Soldaten der polnischen Armee nach ihrer Gefangennahme.[43]

Tatkräftige Unterstützung erhielten die Einsatzgruppen dabei oftmals durch Angehörige der deutschen Minderheit, die über Ortskenntnis verfügten, die Einheimischen gut kannten und sich noch in den ersten Septembertagen spontan zu Milizen zusammenschlossen, die dann auf Anordnung Himmlers zentral organisiert den „Volksdeutschen Selbstschutz" bildeten.

Aufgeheizt wurde die Atmosphäre durch antideutsche Ausschreitungen; hier sind insbesondere die Misshandlungen und Morde in Bromberg vom 3. September 1939 zu nennen, bei denen wahrscheinlich etwa 300 Menschen ums Leben kamen. Der „Bromberger Blutsonntag" zog brutale Vergeltungsaktionen nach sich; die NS-Propaganda griff die Ereignisse auf und verkündete bald, Polen hätten in den Tagen des deutschen Einmarsches 58 000 Volksdeutsche ermordet. Angehörige des Selbstschutzes beteiligten sich nunmehr aktiv an deutschen Terroraktionen. Dabei wurden mehrere tausend Menschen

42 Richtlinien für den auswärtigen Einsatz der Sicherheitspolizei und des SD (undat.), Barch, R 58/241; RFSS an Udo von Woyrsch vom 7.9.1939, zit. nach Klaus-Michael Mallmann/Jochen Böhler/Jürgen Matthäus, Einsatzgruppen in Polen. Darstellung und Dokumentation, Darmstadt 2008, S. 56; Helmut Krausnick/Hans-Heinrich Wilhelm, Die Truppe des Weltanschauungskrieges. Die Einsatzgruppen der Sicherheitspolizei und des SD 1938–1942, Stuttgart 1981, S. 32–42; Ulrich Herbert, Best. Biographische Studien über Radikalismus, Weltanschauung und Vernunft 1903–1989, Bonn 1996, S. 240; Klaus-Michael Mallmann, Menschenjagd und Massenmord. Das neue Instrument der Einsatzgruppen und -kommandos 1938–1945, in: Gerhard Paul/ders. (Hrsg.), Die Gestapo im Zweiten Weltkrieg. „Heimatfront" und besetztes Europa, Darmstadt 2000, S. 291–316, hier S. 291–299; Dorothee Weitbrecht, Der Exekutionsauftrag der Einsatzgruppen in Polen, Filderstadt 2001; Michael Wildt, Generation des Unbedingten, Hamburg 2002, S. 421–485. Zu den SS-Einheiten im Polenfeldzug siehe Martin Cüppers, Wegbereiter der Shoah. Die Waffen-SS, der Kommandostab Reichsführer-SS und die Judenvernichtung 1939–1945, Darmstadt 2005, S. 33–60.

43 Irena Sroka, Górny Śląsk i Zagłębie Dąbrowskie pod okupacyjnym zarządem wojskowym, Katowice 1975, S. 198; Tatiana Berenstein/Adam Rutkowski, Prześladowania ludności żydowskiej w okresie hitlerowskiej administracji wojskowej na okupowanych ziemiach polskich (1.IX.1939–25.X.1940), in: Biuletyn Żydowskiego Instytutu Historycznego 1961, H. 1 (38), S. 3–38, und H. 2 (39), S. 63–87, hier S. 63–72; Czesław Łuczak, Pod niemieckim jarzmem (Kraj Warty 1939–1945), Poznań 1996, S. 16–19; Hans-Jürgen Bömelburg/Bogdan Musial, Die deutsche Besatzungspolitik in Polen 1939–1945, in: Włodzimierz Borodziej/Klaus Ziemer (Hrsg.), Deutsch-polnische Beziehungen 1939 – 1945 – 1949. Eine Einführung, Osnabrück 2000, S. 43–111; Alexander B. Rossino, Hitler strikes Poland. Blitzkrieg, ideology and atrocity, Lawrence 2003, S. 86.

ermordet, Juden und Polen – Schätzungen reichen bis zu 30 000 Toten. Juden und Jüdinnen waren von den ersten Kriegstagen an Opfer willkürlicher Demütigungen, Gewalttaten, Plünderungen und Vergewaltigungen. Deutsche Soldaten und Polizisten schnitten orthodoxen Juden die Bärte ab oder zwangen Juden zur Belustigung der anwesenden Kameraden zu sinnlosen und unangenehmen Arbeiten oder zu gymnastischen Übungen. Nicht selten beteiligten sich Angehörige der deutschen Minderheit oder Polen an den Schikanen und Misshandlungen oder nutzten die unübersichtliche Situation, um sich zu bereichern. In diesem Klima eskalierte die antisemitische Gewalt. Juden waren Freiwild.

In Lodz hielt Dawid Sierakowiak am 12. September 1939 in seinem Tagebuch fest, wie eine Gruppe Juden ihre Arbeit unterbrechen und sich nackt ausziehen musste. Einige Deutsche teilten den mit dem Gesicht zur Wand Aufgestellten mit, dass sie nun erschossen würden, und legten ihre Gewehre an. Dies wiederholten sie mehrmals, ohne tatsächlich zu schießen – zumindest körperlich wurde an diesem Tag niemand verletzt.[44] Marcel Reich-Ranicki beschreibt die ersten Wochen der Besatzung in Warschau: „Oft wurden die von der Straße mitgenommenen Juden – und auch Jüdinnen – in ein deutsches Dienstgebäude getrieben, das gereinigt werden mußte. Wenn Lappen zum Aufwischen des Fußbodens nicht zur Hand waren, dann wurden den Jüdinnen, zumal den besser aussehenden, befohlen, ihre Schlüpfer auszuziehen. Die ließen sich auch als Lappen verwenden. Für die Soldaten war das ein Heidenspaß."[45]

Die Einsatzgruppe z.b.V. tötete auf ihrem Zug von Ostoberschlesien nach Westgalizien mehrere hundert Juden, bevor sie in Przemyśl ein Massaker organisierte, dem zwischen dem 16. und 19. September 500 bis 600 Juden zum Opfer fielen.[46] Bei einem Brandanschlag auf die Synagoge im ost-oberschlesischen Będzin wurden am 9. September über 500 jüdische Einwohner getötet.[47] In Chmielnik in der Nähe von Kielce schlossen deutsche Soldaten etwa 50 Juden in die Synagoge ein und zündeten diese an.

Außerdem kamen bis zu 20 000 jüdische Zivilisten und auf dem Schlachtfeld etwa 32 200 jüdische Soldaten und Offiziere durch Kriegshandlungen ums Leben. Etwa 50 000 bis 60 000 jüdische Soldaten der polnischen Armee gerieten in Gefangenschaft. Die Wehrmacht isolierte die jüdischen Kriegsgefangenen innerhalb der Lager, die Sterblichkeit unter ihnen war überdurchschnittlich hoch. Wilm Hosenfeld leitete ein Kriegsgefangenenlager in Pabianice bei Lodz. Am 16. September 1939 schrieb er an seine Frau, dass jeden Tag Tausende Gefangene ankämen und sich Härten daher nicht vermeiden ließen.

44 Dawid Sierakowiak, The Diary of Dawid Sierakowiak. Five notebooks from the Lodz Ghetto, hrsg. von Alan Adelson, New York u.a. 1996, S. 37f. (12.9.1939); Sara Bender, Die Juden von Chmielnik unter deutscher Besatzung (1939–1943), in: Christoph Dieckmann/Babette Quinkert (Hrsg.), Im Ghetto 1939–1945. Neue Forschungen zu Alltag und Umfeld, Göttingen 2009, S. 74–96, hier S. 77.

45 Marcel Reich-Ranicki, Mein Leben, Stuttgart 1999, S. 181.

46 Bömelburg/Musial, Besatzungspolitik (wie Anm. 43), S. 48; Rossino, Hitler (wie Anm. 43), S. 233; Mallmann/Böhler/Matthäus, Einsatzgruppen (wie Anm. 42), S. 85; Böhler, Überfall (wie Anm. 38), S. 199–207.

47 Günter Schubert, Das Unternehmen „Bromberger Blutsonntag". Tod einer Legende, Köln 1989; Frank Golczewski, Polen, in: Wolfgang Benz (Hrsg.), Dimension des Völkermords. Die Zahl der jüdischen Opfer des Nationalsozialismus, München 1991, S. 411–497, hier S. 422; Christian Jansen/Arno Weckbecker, Der „Volksdeutsche Selbstschutz" in Polen 1939/40, München 1992; Böhler, Auftakt (wie Anm. 41), S. 136; Bydgoszcz 3–4 września 1939. Studia i dokumenty, hrsg. von Tomasz Chinciński und Paweł Machcewicz, Warszawa 2008; Mallmann/Böhler/Matthäus, Einsatzgruppen (wie Anm. 42), S. 56; Böhler, Überfall (wie Anm. 38), S. 117–120.

Allerdings merkte er kritisch an: „Die Juden haben nichts zu lachen. Mich empört die rohe Behandlung. Die Einheimischen sehen mit Behagen zu, denn die Juden haben sie, wie sie erzählen, in jeder Weise ausgenutzt und sich auf ihre Kosten bereichert. Die reichen J[uden] sind allerdings ausgerückt, die armen Juden müssen's büßen." Die meisten jüdischen Soldaten entließ die Wehrmacht bis März 1940 in das sogenannte Generalgouvernement. Nur die wenigen jüdischen Offiziere blieben bis zum Kriegsende in Gefangenschaft, die meisten überlebten.[48]

Bereits im Oktober 1939 begannen SS und Polizei, auch Psychiatriepatienten in den annektierten Gebieten zu ermorden. So wurde im November 1939 wahrscheinlich die Mehrzahl der etwa 870 Polen und 30 Juden aus der Klinik Owińska bei Posen in Wäldern der Umgebung erschossen, einige erstickte man wenig später mittels Giftgas. Von Januar bis April 1940 zog das sogenannte Sonderkommando Lange in dem Gebiet, das dem Reich als Warthegau eingegliedert wurde, mordend von einer psychiatrischen Klinik zur nächsten; zu seinen Opfern gehörten auch mindestens 183 Juden. Ende Oktober 1940 fielen bei Kalisz 290 jüdische Bewohner eines Altenheims einem Massenmord zum Opfer. Herbert Lange und seine Kollegen setzten das Morden bis zum Sommer 1941 fort und verschonten dabei nur einige der polnischen Patienten, während sie alle Juden töteten. Im Herbst des Jahres richtete Lange schließlich ein Vernichtungslager für Juden in Kulmhof ein – die Verbindung zwischen Kranken- und Judenmord tritt hier offen zutage.[49]

Die Wehrmacht, die die vollziehende Gewalt im besetzten Gebiet ausübte, war an diesen Verbrechen maßgeblich beteiligt. Da sich die Wehrmachtsführung davon eine nachhaltige „Befriedung" des eroberten Raums versprach, nahm sie die Morde zunächst billigend in Kauf.[50] Der Oberbefehlshaber des Heeres, Walther von Brauchitsch, setzte am 21. September 1939 seine Untergebenen davon in Kenntnis, dass die Einsatzgruppen „nach Weisung des Führers gewisse volkspolitische Aufgaben" erfüllten.[51] Nur vereinzelt regte sich innerhalb der Militärführung frühzeitig Widerspruch, so von Seiten einiger Heeresgeneräle wie Georg von Küchler und Joachim Lemelsen. Generaloberst Günther von Kluge, Befehlshaber der 4. Armee, äußerte sich empört über die „Erschießungen von nationalen Polen und Juden" und über die „beabsichtigte Bildung eines Juden-Reservats in Lublin". Derartige Einsprüche gegen die in Polen verübten Verbrechen sind auch im Kontext der Rivalitäten zwischen Wehrmacht und SS zu sehen. In Einzelfällen ging die Militärgerichtsbarkeit gegen die Täter vor.[52] Doch Hitler amnestierte am 4. Oktober die Kriegsteilnehmer für Taten, die „aus Verbitterung wegen der von den Polen verübten Greuel" be-

48 Wilm Hosenfeld, „Ich versuche jeden zu retten." Das Leben eines deutschen Offiziers in Briefen und Tagebüchern, hrsg. von Thomas Vogel, München 2004, S. 250; Shmuel Krakowski, The Fate of Jewish POWs of the Soviet and Polish Armies, in: The Shoah and the War, hrsg. von Asher Cohen u. a., New York 1992, S. 233–244; Böhler, Auftakt (wie Anm. 41), S. 176–180.

49 Volker Rieß, Die Anfänge der Vernichtung „lebensunwerten Lebens" in den Reichsgauen Danzig-Westpreußen und Wartheland 1939/40, Frankfurt/M. u. a. 1995; Henry Friedlander, Der Weg zum NS-Genozid. Von der Euthanasie zur Endlösung, Berlin 1997; Michael Alberti, Die Verfolgung und Vernichtung der Juden im Reichsgau Wartheland 1939–1945, Stuttgart 2006, S. 325–336.

50 Hans Umbreit, Deutsche Militärverwaltungen 1938/39. Die militärische Besetzung der Tschechoslowakei und Polens, Stuttgart 1977, S. 206.

51 Beate Kosmala, Der deutsche Überfall auf Polen. Vorgeschichte und Kampfhandlungen, in: Borodziej/Ziemer (Hrsg.), Beziehungen (wie Anm. 43), S. 19–41, Zitat S. 38.

52 Maximilian von Weichs, Erinnerungen, Bd. 4, BArch-MA, N 19/8, zit. nach Mallmann/Böhler/Matthäus, Einsatzgruppen (wie Anm. 42), S. 88; siehe auch ebd., S. 66–69.

gangen worden seien, was die Ahndung dieser Kriegsverbrechen weitgehend verhinderte. Das Personal von SS und Polizei wurde von der regulären justiziellen Verfolgung ausgenommen und einer Sondergerichtsbarkeit unterstellt.[53]

## Fliehen oder Bleiben?

Angesichts der Judenverfolgung im Deutschen Reich beobachteten die polnischen Juden den Einmarsch deutscher Truppen mit erheblicher Sorge. Dennoch hatte niemand ein solches Ausmaß an Gewalt erwartet, zumal viele sich daran erinnerten, dass die Deutschen sich während der Besatzung im Ersten Weltkrieg den Juden gegenüber zwar nicht vorurteilsfrei, aber insgesamt relativ tolerant gezeigt hatten. Schon die Ereignisse der ersten Kriegstage schockierten die Menschen. Vor allem junge Männer, die politisch aktiv gewesen waren, entschlossen sich zur Flucht Richtung Osten und versuchten, in sowjetisch besetztes Gebiet, nach Rumänien oder Ungarn zu gelangen.

Aber die Unsicherheit war groß. Thomas T. Blatt, der aus Izbica in der Nähe von Lublin stammte, erinnerte sich später: „Wir wußten nicht, was wir tun sollten. Einige Juden schlugen vor, nach Osten zu fliehen, während andere wiederum meinten, die Deutschen seien auch nur Menschen, die Mitgefühl mit den Zivilisten haben und ihnen nichts antun würden. Wieder andere zogen weiter, um den Bug zu überqueren und sich auf die Seite der Sowjets zu schlagen."[54] Dies war anfangs relativ leicht möglich, doch von Mitte Oktober 1939 an wiesen sowjetische Grenzer die Flüchtlinge ab und schickten sie unter Androhung von Gewalt zurück. Auf der anderen Seite der Demarkationslinie standen jedoch die deutschen Wachposten. Eine Frau, die aus Jarosław geflüchtet war, berichtete: „Wir kamen morgens am dritten Tage unserer Flucht am San an. Am Ufer standen Gestapomänner und trieben die Menschen mit Gewalt auf das Boot, genauer gesagt, ein Floß aus zwei wackligen Brettern, von dem Frauen und Kinder in den San hineinfielen. Ringsherum waren überall Ertrunkene von den vorherigen Tagen zu sehen; in Ufernähe standen Frauen im Wasser, die ihre Kinder auf den Schultern trugen und um Hilfe riefen; die Gestapomänner beantworteten dies mit Schüssen."[55]

Viele Juden in den östlichen Wojewodschaften waren für den Einmarsch der Roten Armee zunächst dankbar, glaubten sie doch, dadurch der Verfolgung durch die Nationalsozialisten zu entgehen. Calek Perechodnik schreibt darüber in seinen 1943 in einem Warschauer Bunker verfassten Erinnerungen: „Das erste Gefühl war unbändige Freude. Wen wundert es. Von der einen Seite marschierte der Deutsche ein, Parolen von der erbarmungslosen Vernichtung und Ermordung aller Juden verbreitend, von der anderen Seite kam der Bolschewik mit der Parole, dass für ihn alle Menschen vor dem Gesetz gleich sind."[56] Zu den bereits hier lebenden Juden kamen Schätzungen zufolge etwa

53 Geheimer Gnadenerlass des Führers und Reichskanzlers vom 4.10.1939, in: Jürgen Förster, Wehrmacht, Krieg, Holocaust, in: Rolf-Dieter Müller/Hans-Erich Volkmann (Hrsg.), Die Wehrmacht. Mythos und Realität, München 1999, S. 948–963, hier S. 952.

54 Thomas T. Blatt, Nur die Schatten bleiben. Der Aufstand im Vernichtungslager Sobibór, 2. Aufl., Berlin 2002, S. 21.

55 Aussage Róża Wagner, 1945, in: Dokumenty zbrodni i męczeństwa, hrsg. von Michał M. Borwicz, Nella Rost und Józef Wulf, Kraków 1945, S. 143 (Übersetzung aus dem Polnischen).

56 Calek Perechodnik, Spowiedź. Dzieje rodziny żydowskiej podczas okupacji hitlerowskiej w Polsce, Warszawa 2004, S. 14.

200 000 bis 300 000 Flüchtlinge hinzu. Vor allem Jüngere nahmen die Chance wahr, sich in das für sie neue sowjetische System zu integrieren. Die sowjetische Besatzungsmacht entließ und verfolgte in der Anfangsphase polnische Funktionsträger in großer Zahl und zog stattdessen Juden zur Mitarbeit heran, da diese oft gut ausgebildet waren. Allerdings weigerten sich die Flüchtlinge überwiegend, die sowjetische Staatsbürgerschaft anzunehmen. Die sowjetische Geheimpolizei NKVD betrachtete die aus dem Westen kommenden jüdischen Flüchtlinge vor allem als Sicherheitsrisiko und deportierte einen erheblichen Teil daher in den Osten der Sowjetunion. Arbeitslosen Juden wurden Arbeitsplätze im Osten Weißrusslands oder im ostukrainischen Bergbaugebiet zugewiesen.[57]
Die Mehrheit der Juden im von Deutschland besetzten Polen blieb jedoch in ihren Heimatorten oder verließ diese nur kurz und kehrte nach dem Ende der Kampfhandlungen zurück. Leon Zelman beschrieb die Stimmung in seinem Umfeld in Lodz: „Da und dort hörte man von einem Juden, der sich aus Verzweiflung umgebracht hatte. Andere ließen ihren Besitz zurück und flüchteten in letzter Minute nach Osten. Die Zurückgebliebenen schüttelten den Kopf. Wozu resignieren, wozu sich in solche Gefahr begeben? Die Härten würden nachlassen, ohne uns würde es nicht gehen, irgendwie würde man durchkommen."[58]

## Die Verwaltung der besetzten Gebiete

Um die Militärverwaltung so schnell wie möglich zu beenden und mit der bevölkerungspolitischen Umgestaltung beginnen zu können, unterzeichnete Hitler am 12. Oktober 1939 einen Erlass über die Eingliederung und Verwaltung der Ostgebiete. Mit Datum vom 26. Oktober annektierte das Deutsche Reich die westpolnischen Gebiete, darunter Regionen, die Deutschland 1919 hatte abtreten müssen: das östliche Oberschlesien, Westpreußen und die Provinz Posen. Aber auch die Gegend um Lodz und Gebiete östlich der polnischen Wojewodschaft Schlesien (Śląsk) gehörten fortan ebenso zum Reich wie der Regierungsbezirk Zichenau (Ciechanów), der Ostpreußen angeschlossen wurde. Im Norden entstand der Reichsgau Danzig-Westpreußen, in der Mitte der Reichsgau Wartheland, das östliche Oberschlesien fiel an den deutschen Gau Schlesien. Die große Mehrheit der nahezu zehn Millionen Einwohner, die in den Annexionsgebieten lebten, darunter 500 000 bis 550 000 Juden, fühlte sich keineswegs als Deutsche.
Während für die eingegliederten westpolnischen Gebiete von vornherein eine völlige Integration ins Reich und damit eine „Germanisierung" anvisiert war, galt der Rest des deutsch besetzten Polens als nicht näher definiertes koloniales Nebenland, in das „unerwünschte Elemente" aus dem nunmehr erweiterten Reichsgebiet abgeschoben werden konnten. Es sollte als Reservoir billiger Arbeitskräfte dienen und als Aufmarschgelände

57 Sławomir Kalbarczyk, Żydzi polscy wśród ofiar zbrodni sowieckich w latach 1939–1941, in: Pamięć i Sprawiedliwość 40 (1997/98), S. 173–194; Albin Głowacki, Sowieci wobec Polaków na ziemiach wschodnich II Rzeczypospolitej 1939–1941, Łódź 1998, S. 376–379; Marek Wierzbicki, Polacy i Żydzi w zaborze sowieckim. Stosunki polsko-żydowskie na ziemiach północno-wschodnich II RP pod okupacją sowiecką (1939–1941), Warszawa 2001; Andrzej Żbikowski, U genezy Jedwabnego. Żydzi na Kresach Północno-Wschodnich II Rzeczypospolitej, wrzesień 1939 – lipiec 1941, Warszawa 2006.

58 Leon Zelman, Ein Leben nach dem Überleben, Wien 1995, S. 48f.

für einen Krieg gegen die Sowjetunion. Diese Ziele erläuterte Hitler am 17. Oktober 1939 bei einer Besprechung in der Reichskanzlei, in der er Wilhelm Keitel, den Chef des Oberkommandos der Wehrmacht (OKW), über das Ende der Militärverwaltung und die Einrichtung des „Generalgouvernements der besetzten polnischen Gebiete" informierte. In diesem, seit Mitte 1940 nur noch kurz „Generalgouvernement" genannten Territorium lebten 12 Millionen Menschen, darunter etwa 1,5 Millionen Juden.[59]

Zum Generalgouverneur berief Hitler den Reichsrechtsführer Hans Frank, seinen früheren Rechtsberater, der ihm direkt unterstellt war. Franks Stellvertreter war bis zum Mai 1940 Arthur Seyß-Inquart, dann übernahm Josef Bühler diese Funktion, der zudem die seit dem Sommer 1940 so bezeichnete Regierung des Generalgouvernements leitete. Bei der Ämterbesetzung in den eingegliederten Gebieten kamen NSDAP-Führer aus Danzig zum Zuge, die bereits Erfahrung mit dem antipolnischen „Volkstumskampf" aufzuweisen hatten. Im Norden konnte der in Danzig residierende Gauleiters Albert Forster sein Herrschaftsgebiet dank des neuen Reichsgaus Danzig-Westpreußen enorm erweitern. Sein bisheriger Stellvertreter und Konkurrent Arthur Greiser machte als neuer Gauleiter und Reichsstatthalter des Warthegaus einen Karrieresprung. Im Süden schließlich erhielt der schlesische Gauleiter Josef Wagner einen Gebietszuwachs im Osten. Als dieser große Gau im Januar 1941 geteilt wurde, kam das besetzte polnische Schlesien zum Gau Oberschlesien unter Fritz Bracht. Gauleiter von Ostpreußen, nun mit dem Regierungsbezirk Zichenau (Ciechanów), war bereits seit 1928 Erich Koch. All diese Männer waren bekennende Antisemiten, die zudem ihr brutales Machtstreben einte. In den neuen Reichsgauen sahen sich diese Gauleiter nun vor völlig andere Aufgaben gestellt als ihre Kollegen im Altreich: Im Vordergrund stand die „radikale Umgestaltung ganzer Landstriche, Deportation und Massenmord inklusive".[60]

Während die ins Reich eingegliederten Besatzungsgebiete in Regierungsbezirke aufgeteilt wurden, entstanden im Generalgouvernement vier Distrikte (Krakau, Lublin, Radom, Warschau), in denen ebenfalls Gouverneure regierten. Als Regierungssitz wurde bewusst Krakau gewählt, um der polnischen Hauptstadt Warschau auch symbolisch jede politische Bedeutung abzuerkennen. Unterhalb dieser Verwaltungsebene bildeten die Kreise bzw. die großen Städte die entscheidende deutsche Herrschaftsstruktur. Hier walteten die Stadt- und Kreishauptleute, und zwar mit erheblichen Handlungsspielräumen. Sie wollten das jeweilige Gebiet für deutsche Interessen ausbeuten und zeigten kaum Skrupel bei der Wahl der Unterdrückungsmethoden. Ihnen unterstand eine weitgehend machtlose polnische Verwaltung mit Gemeindevorstehern und Bürgermeistern sowie Dorfschulzen.[61]

59 Bömelburg/Musial, Besatzungspolitik (wie Anm. 43), S. 49–52, 71f.

60 Dieter Pohl, Die Reichsgaue Danzig-Westpreußen und Wartheland: Koloniale Verwaltung oder Modell für die zukünftige Gauverwaltung?, in: Jürgen John/Horst Möller/Thomas Schaarschmidt (Hrsg.), Die NS-Gaue. Regionale Mittelinstanzen im zentralistischen „Führerstaat", München 2007, S. 395–405, Zitat S. 396; Edward Serwański, Wielkopolska w cieniu swastyki, Warszawa 1970; Włodzimierz Jastrzębski/Jan Sziling, Okupacja hitlerowska na Pomorzu Gdańskim w latach 1939–1945, Gdańsk 1979; Łuczak, Pod niemieckim jarzmem (wie Anm. 43); Ryszard Kaczmarek, Górny Śląsk podczas II wojny światowej. Między utopią „niemieckiej wspólnoty narodowej" a rzeczywistością okupacji na terenach wcielonych do Trzeciej Rzeszy, Katowice 2006; Ralf Meindl, Ostpreußens Gauleiter Erich Koch – eine politische Biographie, Osnabrück 2007.

61 Das Diensttagebuch des deutschen Generalgouverneurs in Polen 1939–1945, hrsg. von Werner Präg und Wolfgang Jacobmeyer, Stuttgart 1975; Bogdan Musial, Deutsche Zivilverwaltung und

Fast alle Teile der Zivilverwaltung waren mit der „Judenfrage“ befasst, vor allem die Ressorts Inneres, Arbeit, Wirtschaft, Ernährung und Medizin. Maßgeblich bestimmte jedoch die Abteilung „Bevölkerungswesen und Fürsorge“ das Schicksal der Juden. Dieses zur Innenverwaltung gehörende Ressort hatte Fritz Arlt, zuvor Amtsleiter für Rassenpolitik in Breslau, Ende 1939 bei der Regierung in Krakau aufgebaut. Im Mai 1941 löste ihn sein bisheriger Stellvertreter Lothar Weirauch ab.[62]
Eine ungleich größere Rolle als im Reich spielten im besetzten Polen SS und Polizei. Heinrich Himmler verfügte über weitgehende Freiräume und fasste die verschiedenen Zweige seines Imperiums – Sicherheitspolizei, Ordnungspolizei und Waffen-SS – stärker als im Reich zusammen. Die Einsatzgruppen wurden nach Ende der Kampfhandlungen in feste Dienststellen umgewandelt. Alle Einheiten unterstanden den Höheren SS- und Polizeiführern (HSSPF), Friedrich-Wilhelm Krüger im Generalgouvernement, Wilhelm Koppe im Warthegau und Richard Hildebrandt in Danzig-Westpreußen, deren Bedeutung dadurch erheblich wuchs. Die annektierten oberschlesischen und ostpreußischen Gebiete wurden den HSSPF in Breslau (Erich von dem Bach-Zelewski) und Königsberg (Wilhelm Redieß) zugeordnet. In den vier Distrikten des Generalgouvernements installierte Himmler jeweils noch einen SS- und Polizeiführer.[63]
Zwar gab es zwischen Polizei und Zivilverwaltung Konflikte um Kompetenzen und Ressourcen, hinsichtlich der Behandlung der Einheimischen herrschte jedoch weitgehend Konsens. Die Besatzer fühlten sich als „Herrenmenschen“ und stellten dies demonstrativ zur Schau. Demütigung und Misshandlung von Juden sowie die massive Diskriminierung der polnischen Bevölkerung, besonders in den eingegliederten Gebieten, gehörten zum Alltag. Viele der nun im Osten eingesetzten Funktionäre sahen in ihrer neuen Tätigkeit auch eine Möglichkeit, sich zu bereichern oder die eigene Situation anderweitig zu verbessern. Dies galt umso mehr, als manche Dienststelle im Reich Beamte, die negativ aufgefallen waren, hierher abschob und mancher, der in Deutschland wirtschaftlich gescheitert war, nun sein Glück im besetzten Polen versuchte.[64]

## Vertreibung

Zu den zentralen Zielen der deutschen Politik im besetzten Polen zählte die Germanisierung der eingegliederten Gebiete; das Regime machte sich umgehend daran, dieses Vorhaben umzusetzen. Dabei konnte es auf eine lange Tradition von „Volkstumsprojekten“ seit dem Ersten Weltkrieg und auf die Erfahrungen älterer Vertreibungsaktionen zurückgreifen. Auch wenn die Rasse- und Raumexperten schon seit 1937 über eine „Umvolkung“ in Polen diskutierten, setzten die konkreten Planungen für Deportationen doch erst mit

Judenverfolgung im Generalgouvernement. Eine Fallstudie zum Distrikt Lublin 1939–1944, Wiesbaden 1999; Markus Roth, Herrenmenschen. Die deutschen Kreishauptleute im besetzten Polen – Karrierewege, Herrschaftspraxis und Nachgeschichte, Göttingen 2009.

62 Aly/Heim, Vordenker (wie Anm. 36), S. 207–219; Musial, Zivilverwaltung (wie Anm. 61), S. 96–100.

63 Ruth Bettina Birn, Die Höheren SS- und Polizeiführer. Himmlers Vertreter im Reich und in den besetzten Gebieten, Düsseldorf 1986; Peter Longerich, Heinrich Himmler. Biographie, München 2008, S. 453–455.

64 Musial, Zivilverwaltung (wie Anm. 61); Roth, Herrenmenschen (wie Anm. 61); Stephan Lehnstaedt, Okkupation im Osten. Besatzeralltag in Warschau und Minsk 1939–1944, München 2010.

dem militärischen Sieg über Polen ein. Entwickelt wurden sie im Kontext der gesamten nationalsozialistischen Umsiedlungs- und Vertreibungspolitik, die Hitler mit den Grenzverschiebungen in Europa seit 1938 in Gang gesetzt hatte.[65] Neben den jüdischen Flüchtlingen und Vertriebenen aus dem deutschen Machtbereich hatten bereits Zehntausende Tschechen das annektierte Sudetenland verlassen müssen, und auch die für autonom erklärte Slowakei bemühte sich, Juden abzuschieben, als sie 1938 Territorien an Ungarn abtreten musste.

Vom September 1939 an bekamen die Vertreibungsprojekte jedoch eine gänzlich neue Dimension. Hitler kündigte am 6. Oktober 1939 im Reichstag eine „neue Ordnung der ethnographischen Verhältnisse" im deutsch besetzten Gebiet an (Dok. 17). Dazu gehörte zunächst der deutsch-sowjetische Bevölkerungsaustausch, der Ende September mit Stalin vereinbart wurde. Die deutschsprachigen Minderheiten, die nun unter sowjetische Herrschaft gerieten, sollten nach Westen umgesiedelt werden. Gleichzeitig beabsichtigte Hitler, den „deutschen Lebensraum" nach Westpolen auszudehnen. Von hochrangigen Parteifunktionären und Militärs verlangte er „einen harten Volkstumskampf, der keine gesetzlichen Bindungen gestattet". Große Bevölkerungsgruppen müssten nach Osten vertrieben werden, und auch das bisherige Reichsgebiet sei „zu säubern von Juden, Polacken u. Gesindel".[66]

Die Idee, diese „Säuberungen" durch die Schaffung eines Reservats im Osten des Besatzungsgebiets zu realisieren, diskutierten die Spitzen der Sicherheitspolizei noch während der Kampfhandlungen. Reinhard Heydrich, der Chef der Sicherheitspolizei und des SD, beauftragte die Einsatzgruppen in einem Schnellbrief am 21. September 1939, die jüdische Bevölkerung in Westpolen vom Lande in verkehrsgünstiger gelegene Orte zu vertreiben und sie dort zu konzentrieren (Dok. 12).[67] Tags darauf sprach er schon von einem „Judenstaat unter deutscher Verwaltung bei Krakau". In einer der ersten Chefbesprechungen seiner neuen Behörde, des Reichssicherheitshauptamtes (RSHA), hieß es dann, es sei an ein „Reichs-Ghetto" gedacht, „hinter Warschau und um Lublin", in dem „all die politischen und jüdischen Elemente untergebracht werden, die aus den künftigen deutschen Gauen ausgesiedelt werden müssen".[68]

Heydrichs Männer ergriffen bald darauf konkrete Maßnahmen. Gestapo-Chef Heinrich Müller beauftragte den Leiter des Umsiedlungsreferats im Reichssicherheitshauptamt, Adolf Eichmann, mit der Abschiebung von 70 000 – 80 000 Juden aus dem östlichen Oberschlesien (Dok. 18). Dieser entschied Mitte Oktober, die Transporte, deren Einzugs-

65 Götz Aly, „Endlösung". Völkerverschiebung und der Mord an den europäischen Juden, Frankfurt/M. 1995.

66 Zitate Hitlers gegenüber OKW-Chef Keitel am 17. Oktober 1939 in: Generaloberst Halder, Kriegstagebuch. Tägliche Aufzeichnungen des Chefs des Generalstabs des Heeres 1939 – 1942, bearb. von Hans-Adolf Jacobsen, 3 Bde., Stuttgart 1962 – 64, Bd. 2, S. 107.

67 Dan Michman, Why did Heydrich write the Schnellbrief? A Remark on the Reason and on its Significance, in: Yad Vashem Studies 32 (2004), S. 433 – 447.

68 Protokoll der Amtschefbesprechung vom 29.9.1939, BArch, R 58/825, Bl. 36f. Vgl. Protokoll der Besprechung Hans Franks mit den Kreis- und Stadthauptmännern des Distrikts Radom am 25. November 1939, in: Faschismus – Getto – Massenmord. Dokumentation über Ausrottung und Widerstand der Juden in Polen während des zweiten Weltkrieges, hrsg. von Tatiana Berenstein u.a., Berlin 1960, S. 46; Helmuth Groscurth, Tagebücher eines Abwehroffiziers 1938 – 1940. Mit weiteren Dokumenten zur Militäropposition gegen Hitler, hrsg. von Helmut Krausnick und Harold C. Deutsch, Stuttgart 1970, S. 361 – 363.

bereich er noch erweiterte, in die Nähe der Kleinstadt Nisko am San im Westen der Region Lublin zu schicken. Zwischen dem 18. und 26. Oktober 1939 ließ er in fünf Transporten insgesamt etwa 5000 Juden aus Wien, Mährisch-Ostrau im Protektorat Böhmen und Mähren sowie aus Kattowitz dorthin verschleppen, obwohl zu ihrer Aufnahme keinerlei Vorbereitungen getroffen waren. Müller stoppte das Abschiebungsprogramm dann jedoch mit der Begründung, dass es dafür einer „zentralen Leitung" bedürfe, und gab am 21. Dezember bekannt, Himmler habe die Fortführung der Deportationen „bis auf weiteres" untersagt. Zunächst sollten die gewaltigen Bevölkerungsverschiebungen in den westpolnischen Gebieten durchgeführt werden, von denen später noch die Rede sein wird.[69] Viele der bis dahin deportierten Juden flüchteten entweder über die deutsch-sowjetische Demarkationslinie oder schlugen sich in benachbarte Orte durch. Als das Lager bei Nisko im April 1940 aufgelöst wurde, kehrten die etwa 500 verbliebenen Insassen nach Wien oder Mährisch-Ostrau zurück.[70]

Generalgouverneur Frank hatte sich zeitweise sogar bereit erklärt, die „Juden aus dem Reich, Wien, von überall" in seinem Herrschaftsbereich aufzunehmen. Seinen Kreis- und Stadthauptleuten erläuterte er, man müsse aus dem Generalgouvernement „einen großen Konzentrationsraum" für Juden machen. Deren allmählichen Untergang kalkulierte er dabei ausdrücklich ein: „Bei den Juden nicht viel Federlesens. Eine Freude, endlich einmal die jüdische Rasse körperlich angehen zu können. Je mehr sterben, umso besser; ihn [den Juden] zu treffen, ist ein Sieg unseres Reiches. Die Juden sollen spüren, daß wir gekommen sind. Wir wollen ½ bis ¾ aller Juden östlich der Weichsel haben."[71] Dort sollte in einem nie genauer umrissenen Gebiet ein sogenanntes Judenreservat entstehen (Dok. 65). Doch rückte Hitler schon im März 1940 wieder von der Reservatsidee ab,[72] und auch die Wehrmacht hatte sich gegen eine Konzentration jüdischer Bevölkerung im Grenzgebiet zur Sowjetunion ausgesprochen. Angesichts dessen trug Himmler der SS- und Polizeiführung in den annektierten Gebieten auf, künftig nicht nur die Region um Lublin, sondern das ganze Generalgouvernement unterschiedslos „als Sammelbecken der für Deutschland rassisch nicht Brauchbaren" zu betrachten.[73]

So hatte Himmler, als Reichskommissar für die Festigung deutschen Volkstums (RKF) zugleich Generalbevollmächtigter für das Programm der „Umvolkung", das Generalgouvernement ohnehin von jeher verstanden. Auf Anordnung Heydrichs entstand bereits Mitte Oktober 1939 die Einwandererzentralstelle, die die Ansiedlung deutschstämmiger

69 Seev Goshen, Eichmann und die Nisko-Aktion im November 1939, in: Vierteljahrshefte für Zeitgeschichte 29 (1981), S. 74–96; Jonny Moser, Nisko. The First Experiment in Deportation, in: Simon Wiesenthal Center Annual 2 (1985), S. 1–30; Wolf Gruner, Von der Kollektivausweisung zur Deportation der Juden aus Deutschland (1938–1945). Neue Perspektiven und Dokumente, in: Die Deportation der Juden aus Deutschland. Pläne – Praxis – Reaktionen 1938–1945 (Beiträge zur Geschichte des Nationalsozialismus 20), Göttingen 2004, S. 21–62; Longerich, Heinrich Himmler (wie Anm. 63), S. 457.

70 Browning, Entfesselung (wie Anm. 37), S. 72.

71 Protokoll der Besprechung Hans Franks mit den Kreis- und Stadthauptmännern des Distrikts Radom am 25. November 1939 (wie Anm. 68).

72 So Hitler am 12.3.1940 gegenüber Colin Ross, in: Akten zur deutschen auswärtigen Politik, Serie D: 1937–1945, Bd. VIII/1, Göttingen 1961, S. 716f.

73 Himmlers Schreiben vom 20. Mai 1940, in: Verfolgung, Vertreibung, Vernichtung. Dokumente des faschistischen Antisemitismus 1933 bis 1942, hrsg. von Kurt Pätzold, Frankfurt/M. 1984, Dok. 235, S. 264.

Bevölkerungsgruppen aus dem Ausland organisierte, ihren Sitz seit Januar 1940 in Lodz hatte und mehrere Außenstellen unterhielt. Zuständig für die Vertreibung von Juden und Polen war die Umwandererzentralstelle in Posen, die ebenfalls Außenstellen einrichtete.[74] Als Erstes wies Himmler SS und Polizei an, die Vertreibung der jüdischen Bevölkerung und der unerwünschten Polen in das Generalgouvernement einzuleiten (Dok. 25).

Führende Ostforscher leisteten intellektuelle Schützenhilfe: Sie verständigten sich am 7. Oktober 1939 in Berlin über die Leitlinien, nach denen das Posener Land und Westpreußen dem Reich einverleibt werden sollten. Der Historiker Theodor Schieder fasste sie im Entwurf einer Denkschrift zusammen. Durch „Bevölkerungsverschiebungen aller größten Ausmaßes" seien die deutsche und polnische Volksgruppe voneinander zu trennen. Schieder schlug vor, deutsche „Rücksiedler" aus Osteuropa in den annektierten Provinzen anzusiedeln und im Gegenzug die dort lebenden Polen massenhaft zu enteignen und auszusiedeln. Für sie sollte im übrigen besetzten Gebiet Platz geschaffen werden. Allerdings erfordere der „Aufbau einer gesunden Volksordnung" die „Entjudung Restpolens", weil sonst „die Zersetzung des polnischen Volkskörpers zum Herd neuer gefährlicher Unruhe werden kann".[75] Ähnlich radikal waren die Empfehlungen der Partei-Rassenstrategen: Zwecks Eindeutschung der annektierten Gebiete, so Erhard Wetzel und Gerhard Hecht vom Rassenpolitischen Amt der NSDAP-Reichsleitung in einer Denkschrift vom 25. November 1939, seien die meisten „Volkspolen" und die Juden „rücksichtslos und schnellstens [...] nach Restpolen" abzuschieben.[76]

Das erste Halbjahr der deutschen Besatzung war von solchen Planungsutopien und deren partiellem Scheitern geprägt. RKF und Sicherheitspolizei entwickelten immer neue Umsiedlungsprojekte, die einander ablösten und teilweise korrigierten. Am 30. Oktober 1939 kündigte Himmler die Abschiebung aller Juden und eines noch nicht näher bestimmten Teils der Polen, insgesamt etwa einer Million Menschen, aus den eingegliederten Gebieten ins Generalgouvernement an.[77] Einen Monat später hatte sein Untergebener Heydrich den sogenannten 1. Nahplan entwickelt, dem zufolge vom 1. bis 17. Dezember über 87 000 Menschen aus dem Warthegau ins Generalgouvernement verschleppt wurden. Da es sich vor allem um Stadtbewohner handelte, betrafen die Abschiebungen in erheb-

74 Robert Lewis Koehl, RKFDV: German Resettlement and Population Policy, 1939–1945. A History of the Reich Commission for the Strengthening of Germandom, Cambridge 1957; Isabel Heinemann, „Rasse, Siedlung, deutsches Blut". Das Rasse- und Siedlungshauptamt der SS und die rassenpolitische Neuordnung Europas, Göttingen 2003; Alexa Stiller, Reichskommissar für die Festigung deutschen Volkstums, in: Ingo Haar/Michael Fahlbusch (Hrsg.), Handbuch der völkischen Wissenschaften, München 2008, S. 531–540.

75 Vorläufer des „Generalplans Ost". Eine Dokumentation über Theodor Schieders Polendenkschrift vom 7. Oktober 1939, hrsg. von Angelika Ebbinghaus und Karl Heinz Roth, in: 1999. Zeitschrift für Sozialgeschichte des 20. und 21. Jahrhunderts 7 (1992), H. 1, S. 62–94 (Denkschrift S. 84–91).

76 Denkschrift zur „Frage der Behandlung der Bevölkerung der ehemaligen polnischen Gebiete nach rassenpolitischen Gesichtspunkten", zit. nach Karol Marian Pospieszalski, Documenta occupationis, Bd. 5: Hitlerowskie „prawo" okupacyjne w Polsce. Wybór dokumentów, Teilbd. 1: Ziemie „wcielone", Poznań 1952, S. 2–28, Zitate S. 19, 27.

77 Faschismus – Getto – Massenmord (wie Anm. 68), S. 42f.; Phillip T. Rutherford, Prelude to the Final Solution. The Nazi Program for Deporting Ethnic Poles, 1939–1941, Lawrence 2007; Maria Rutowska, Wysiedlenia ludności polskiej z Kraju Warty do Generalnego Gubernatorstwa 1939–1941, Poznań 2003.

lichem Ausmaß Juden. Die Deportierten sollten jenen Deutschen Platz machen, die man aus dem Baltikum und der ukrainisch-polnischen Region Wolhynien hierher umsiedeln wollte.[78]

Bereits am 13. Dezember lag ein 2. Nahplan vor, der zunächst die baldige Deportation von weiteren 220 000, in einer verschärften Version von 600 000 Personen vorsah, diesmal fast durchweg Juden (Dok. 66). Die Opfer mussten sich meist in nur 24 Stunden auf ihre Abreise vorbereiten und durften nur wenig Gepäck mitnehmen. Viele überlebten den Transport in den oft unbeheizten Güterwagen nicht. Auf die Zugfahrt folgten nicht selten längere Fußmärsche an die Zielorte. Als selbst unter den Besatzungsbeamten Kritik daran laut wurde, dass Zehntausende Menschen mitten im Winter unter haarsträubenden hygienischen Bedingungen, ohne Nahrung und Heizung in Güterwaggons auf eine tagelange Reise geschickt wurden, einigte man sich im RSHA auf gewisse Mindeststandards: Die Deportierten durften 100 Złoty mit sich führen, sie sollten Lebensmittel für zehn Tage mitbekommen, und bei starkem Frost seien Frauen und Kinder in Personenwagen zu befördern (Dok. 71).

Um schneller über ausreichend Wohnungen und Arbeitsstellen für Baltendeutsche verfügen zu können, stellte Heydrich dem 2. Nahplan einen „Zwischenplan" voran. Vom 7. Februar bis zum 15. März brachten die Deportationszüge über 42 000 Menschen, fast durchweg Polen, ins Generalgouvernement. Himmlers RKF-Behörde entwickelte darüber hinaus im Januar 1940 einen ersten umfassenden „Generalplan" für alle beabsichtigten Massenumsiedlungen aus dem annektierten Westpolen. Auf lange Sicht sollten nicht weniger als 3,4 Millionen Polen aus dem Gebiet vertrieben werden, die gesamte jüdische Bevölkerung schon bis zum Frühjahr 1940.[79]

Mit der Fortdauer des Krieges rückten jedoch zunehmend ökonomische Erwägungen in den Vordergrund. Der für die Wirtschaftspolitik zuständige Beauftragte für den Vierjahresplan, Hermann Göring, ermahnte die Besatzungsbehörden am 12. Februar 1940, stärker auf kriegswirtschaftliche Erfordernisse zu achten. Die „Ostgaue" müssten die landwirtschaftliche Produktion steigern und für das Reich in großem Stil Arbeitskräfte bereitstellen. Das aber bedeutete für die Zukunft vor allem Deportationen von Polen in Richtung Westen. Nachdem bei den bisherigen Vertreibungen auch Menschen abgeschoben worden waren, die als „rassisch wertvoll" galten, drängte Himmler nun bei der Auswahl auf eine Überprüfung durch das Rasse- und Siedlungshauptamt.[80]

Das Abschiebungsprogramm scheiterte vor allem daran, dass die deutschen Behörden im durch Kriegszerstörungen ruinierten Generalgouvernement den Zustrom verarmter Menschenmassen weder bewältigen konnten noch wollten. Zudem hatte die Entscheidung, Lodz und seine Umgebung, wo etwa eine Viertelmillion Juden lebten, dem Warthegau und nicht dem Generalgouvernement zuzuschlagen, die Zahl der Abschiebungen drastisch erhöht. Frank klagte inzwischen darüber, dass man in Berlin „das Gelände des Generalgouvernements östlich der Weichsel immer mehr als eine Art Judenreservat in Aussicht" nehme. Er erwartete Anfang März 1940, dass die Umsiedlungsaktionen redu-

78 Browning, Entfesselung (wie Anm. 37), S. 85 – 88.

79 Rolf-Dieter Müller, Hitlers Ostkrieg und die deutsche Siedlungspolitik. Die Zusammenarbeit von Wehrmacht, Wirtschaft und SS, Frankfurt/M. 1991, Dok. 7, S. 130 – 138; Aly, „Endlösung" (wie Anm. 65).

80 Aly, „Endlösung" (wie Anm. 65), S. 75 – 85; Longerich, Heinrich Himmler (wie Anm. 63), S. 466 bis 471.

ziert und allenfalls „etwa 100 – 120 000 Polen, etwa 30 000 Zigeuner und eine nach Belieben festzusetzende Zahl von Juden aus dem Reich" umfassen würden.[81]

Unterdessen war die im November 1939 gestoppte Deportation der im Deutschen Reich lebenden Juden im Februar 1940 durch die Gestapo wieder aufgenommen worden. Aktueller Anlass war auch hier die Gewinnung von Wohnraum für Baltendeutsche. Die Deportationen von etwa 1000 Juden aus Stettin und etwa 160 Menschen im März aus Schneidemühl in den Distrikt Lublin sorgten für erhebliches Aufsehen im Ausland und daher für Unmut beim Auswärtigen Amt.[82] Am 24. März 1940 untersagte Göring in seiner Eigenschaft als Vorsitzender des Ministerrats für die Reichsverteidigung zunächst weitere Abschiebungen.[83]

Den Zwischenplan mit eingerechnet, wurden bis Mitte März 1940 insgesamt 110 000 Menschen aus den eingegliederten Gebieten deportiert, vor allem in die benachbarten Distrikte Radom und Warschau.[84] Deutlich später als vorgesehen begannen am 1. April 1940 die Deportationen im Rahmen des 2. Nahplans. Nun machten Polen die überwiegende Mehrzahl der Vertriebenen aus. Im Herbst 1940 wurde erneut eine größere Anzahl von Polen in das Generalgouvernement abgeschoben, um im Warthegau Platz für ankommende Bukowina- und Bessarabiendeutsche, aber auch für Truppenübungsplätze der Wehrmacht zu schaffen. Zugleich drängte insbesondere die Wiener Gauleitung darauf, die im Herbst 1939 begonnene Deportation „ihrer" Juden wiederaufzunehmen.

Daher präsentierte Heydrich im Januar 1941 den 3. Nahplan, der die Deportation von 771 000 Menschen, meist Polen aus den annektierten Gebieten sowie 60 000 Juden aus Wien, ins Generalgouvernement vorsah. Auch dieses Projekt kam nicht über Ansätze hinaus, doch verschleppte die Polizei seit dem 5. Februar 1941 rund 25 000 Polen aus den eingegliederten Gebieten und 5000 Juden aus Wien. Chaim Kaplan beschreibt in seinem Tagebuch die Umstände dieser Vertreibungen: „Die Verbannten wurden vor Sonnenaufgang aus ihren Betten getrieben, und die Schergen des Führers ließen sie weder Geld noch Habseligkeiten, noch Lebensmittel mit sich nehmen und drohten ständig, sie zu erschießen. Bevor sie den Marsch in die Verbannung antraten, durchsuchte man ihre Taschen und sämtliche verborgene Stellen der Kleider und des Körpers. Ohne einen Pfennig in der Tasche und ohne warme Decken für die Frauen, Kinder, alten Leute und Gebrechlichen – manchmal ohne dass sie Schuhe an den Füßen oder Krücken in den Händen hatten – zwang man sie, ihre Wohnungen und Habseligkeiten und die Gräber ihrer Vorfahren zu verlassen und fortzugehen – wohin? Und das in einer furchtbaren, bitteren, unerträglichen Kälte."[85]

81 Diensttagebuch des deutschen Generalgouverneurs (wie Anm. 61), S. 146f. (4.3.1940).

82 Der Transport aus Schneidemühl erreichte sein Ziel nicht, sondern wurde bei Posen aufgehalten. Die Deportierten wurden daraufhin nach Neuendorf und auf das Gut Radinkendorf in Brandenburg gebracht; Alfred Gottwaldt/Diana Schulle, Die „Judendeportationen" aus dem Deutschen Reich 1941 – 1945. Eine kommentierte Chronologie, Wiesbaden 2005, S. 35.

83 Verfolgung, Vertreibung, Vernichtung (wie Anm. 73), Dok. 233, S. 262; Christopher R. Browning, Die „Endlösung" und das Auswärtige Amt. Das Referat D III der Abteilung Deutschland 1940 – 1943, Darmstadt 2010 (engl. Ausgabe 1978), S. 36f.

84 Czesław Łuczak, Polityka ludnościowa i ekonomiczna hitlerowskich Niemiec w okupowanej Polsce, Poznań 1979, S. 127 f.; zu Radom siehe Robert Seidel, Deutsche Besatzungspolitik in Polen. Der Distrikt Radom 1939-1945, Paderborn 2006, S. 270 – 273; Jacek Andrzej Młynarczyk, Judenmord in Zentralpolen. Der Distrikt Radom im Generalgouvernement 1939 – 1945, Darmstadt 2007, S. 67 – 70, 97 – 100.

85 Kaplan, Buch (wie Anm. 40), S. 283 (31.1.1941).

Am 15. März wies Gestapo-Chef Müller den Umsiedlungsspezialisten Eichmann im RSHA an, die Deportationen einzustellen. Die Prioritäten hatten sich verschoben: Die Wehrmacht begann im Generalgouvernement mit ihrem Aufmarsch gegen die Sowjetunion. Die Umwandererzentralstelle hatte in Zusammenarbeit mit anderen SS- und Polizeistellen und der Besatzungsverwaltung bis dahin Massendeportationen von offiziell 365 000[86] und späteren Berechnungen zufolge etwa 460 000 Einwohnern der annektierten Gebiete in das Generalgouvernement organisiert. Darunter befanden sich ungefähr 100 000 Juden. Zehntausende weitere wurden Opfer „wilder Vertreibungen" wie in Danzig-Westpreußen oder flüchteten Richtung Osten.[87]

Während SD und Gestapo im Reichsgebiet nach wie vor die Auswanderung der Juden in aufnahmebereite Länder forcierten, wurden die polnischen Juden bereits ausgewiesen und deportiert. Die vertriebenen Juden fanden in den Aufnahmeorten weder angemessene Unterkünfte noch ausreichend Nahrungsmittel vor. Zwar bemühten sich die jüdischen Gemeinden, ihnen zu helfen; sie erhielten dabei aber kaum Unterstützung von Seiten der lokalen Besatzungsbehörden, denen die Deportierten unwillkommen waren und die sie nach Möglichkeit weiterschickten. Die jüdischen Flüchtlinge waren nahezu mittellos und daher nicht in der Lage, über längere Zeit von Reserven zu leben. Sie waren das schwächste Glied der jüdischen Gemeinschaft im Generalgouvernement. Als 1942 die systematischen Massenmordaktionen in diesem Gebiet begannen, zählten sie zu den ersten Opfern.

Aus den meisten polnischen Gebieten, die nahe den alten Reichsgrenzen lagen, war die jüdische Bevölkerung bis zum Frühjahr 1941 vertrieben. Doch in der Osthälfte der neuen Reichsprovinzen waren noch immer 400 000 bis 450 000 Juden ansässig, davon allein mehr als 250 000 im Warthegau. Im Regierungsbezirk Zichenau lebten noch über 40 000 Juden und im östlich von Oberschlesien gelegenen „Oststreifen" 100 000, die zum Teil als Arbeitskräfte reklamiert wurden.[88] Der ursprüngliche Plan der NS-Führung, alle Juden aus den eingegliederten Gebieten zu entfernen, war gescheitert. Und das zwischenzeitlich im Sommer 1940 diskutierte Vorhaben, alle Juden Europas nach Madagaskar zu deportieren, wurde vor allem deshalb nicht weiter verfolgt, weil es nicht realisierbar war, solange sich das Deutsche Reich mit Frankreich im Krieg befand und die Seewege nicht kontrollierte. Die Zielkonflikte bei der Verwirklichung der frühen Umsiedlungsprogramme bestimmten auch das weitere Vorgehen. Eine „territoriale Endlösung" wurde immer wieder diskutiert und in Angriff genommen, schien letztlich jedoch nicht umsetzbar zu sein. Zu groß waren die bürokratischen Widerstände in den Aufnahmegebieten, zu schwerwiegend die Folgen für die dortige Gesellschaft. Diese Erfahrungen erhöhten die Bereitschaft der Besatzungsbehörden, im Jahr 1941 zu noch brutaleren Methoden zu greifen.

86 So Himmlers Bericht als RKF vom 20.1.1943, BArch, R 43 II/1411a, Bl. 405–415.

87 Łuczak, Polityka ludnościowa (wie Anm. 84), S. 128; Alberti, Verfolgung (wie Anm. 49), S. 144.

88 Niederschrift der Besprechung Görings mit den Chefs der Besatzungsbehörden in den annektierten westpolnischen Gebieten über Wirtschaftsfragen in Karinhall, 12.2.940, IMG, Bd. XXXVI, Dok. 305-EC, S. 300–306.

## Kennzeichnung und Ausraubung

Während im Reich verschiedene Verantwortliche lange und kontrovers über einzelne antijüdische Maßnahmen und deren innenpolitische und diplomatische Auswirkungen diskutierten, kannten die Besatzer in Polen keine Skrupel. Diskriminierende Vorschriften, Erniedrigungen und physische Gewalt bestimmten den jüdischen Alltag auch nach dem Ende der Kampfhandlungen, häufig gingen die antijüdischen Aktionen von Militär- und Zivilverwaltung nahtlos ineinander über.

Um auch die meist in den Städten lebenden assimilierten Juden problemlos zu identifizieren, setzten die Besatzer rasch durch, was im Reich erst im September 1941 realisiert wurde: die Kennzeichnung der jüdischen Bevölkerung. Seit Ende Oktober 1939 mussten Juden in Teilen des Warthegaus ein besonderes Kennzeichen auf der Kleidung und seit Dezember 1939 im Generalgouvernement eine weiße Armbinde mit blauem Davidstern tragen. In einigen Orten waren diese Zwangsmaßnahmen schon praktiziert worden, bevor entsprechende Verordnungen ergingen (Dok. 8).[89] Für jeden sichtbar waren Juden nun in der Öffentlichkeit von den Polen unterschieden. In Krakau notierte Halina Nelken in ihrem Tagebuch: „Die Deutschen haben eine furchtbare Anordnung erlassen. Ab heute müssen alle Juden eine weiße Binde mit einem blauen Davidstern tragen. [...] Eine aus unserer Gruppe sagte, sie schäme sich, niemals würde sie das tragen, sie sehe auch nicht wie eine Jüdin aus. Ich sehe auch nicht so aus, [...] aber es hilft nichts, ich werde diese Binde wohl anlegen: wenn alle, dann alle.“[90] Die Kennzeichnung erleichterte es der Polizei, die Einhaltung der für Juden besonders restriktiven Sperrstunden und der zahlreichen Verbote zu kontrollieren, die Juden den Zutritt zu bestimmten Straßen, Plätzen, ganzen Stadtvierteln oder gar ausgedehnten Verwaltungsbezirken untersagten.

Außerdem raubte die Besatzungsverwaltung die jüdische Bevölkerung hemmungslos aus. Nirgendwo waren Juden davor sicher. Meyer Wolf Liebermann, der in Lodz ein Geschäft besaß, beschrieb dies ganz nüchtern: „Als die Deutschen nach Litzmannstadt kamen, fingen sie an, Steppdecken zu requirieren, so lange, bis ich nichts mehr hatte.“[91] Das anfangs unsystematische Vorgehen änderte sich bald, zuerst in den annektierten Gebieten, wo die Mehrzahl der polnischen Industriebetriebe lag und wo langfristig die Ansiedlung von Deutschen vorgesehen war. An die Stelle der Plünderung trat nun die systematische Beschlagnahme von polnischem Staatseigentum, des Eigentums geflüchteter und verschleppter Polen sowie der Juden (Dok. 44). Große Teile der gestohlenen Güter erhielten die deutschen Umsiedler in Westpolen.[92]

Die Übernahme des jüdischen Grundbesitzes leitete das Rasse- und Siedlungshauptamt schon am 2. September 1939 ein.[93] Wenige Tage später verbot Hans Frank als Chef der Zivilverwaltung beim Armeeoberkommando in Polen jegliche Veräußerung jüdischen Vermögens im besetzten Gebiet (Dok. 4). Jüdische Geschäftsinhaber mussten auf ihren

89 VO über die Kennzeichnung von Juden und Jüdinnen im Generalgouvernement vom 23.11.1939, VOBl. GG 1939, Nr. 8 vom 30.11.1939, S. 61.

90 Halina Nelken, Freiheit will ich noch erleben, Gerlingen 1996, S. 78 (8.12.1939).

91 Bericht Meyer Wolf Liebermann, AŻIH, 301/4935, Bl. 1.

92 Aly, „Endlösung“ (wie Anm. 65), S. 95–103.

93 Kazimierz Radziwończyk, „Akcja Tannenberg" grup operacyjnych Sipo i SD w Polsce jesienią 1939 r., in: Przegląd Zachodni 22 (1966), H. 5, S. 94–118, hier S. 97f.

Schaufenstern besondere Kennzeichen anbringen (Dok. 8), was Plünderungen erleichterte. Zahlreiche Geschäfte und Betriebe, die während der Kampfhandlungen geschlossen worden waren, durften nicht wieder eröffnet werden. Mit „Kontributionen" in Form von Bargeld oder Sachwerten sorgten die Eroberer schnell dafür, dass sich die Kassen der Besatzungsverwaltung füllten.[94]

Zunächst verloren die Juden ihr Verfügungsrecht über das eigene Hab und Gut. Zahlreiche Einzelbestimmungen erlegten jüdischen Gewerbetreibenden Handelsbeschränkungen auf, untersagten „Preistreiberei" und „Schleichhandel". Im November 1939 sperrten die Besatzer Juden die Bankkonten; die Inhaber durften nur noch über geringe Beträge verfügen. Hinzu kamen die steuerliche Benachteiligung und die Pflicht, die Vermögensverhältnisse lückenlos offenzulegen (Dok. 64). Ende 1939 wurde die jüdische Minderheit von Leistungen der Renten- und Versicherungskassen ausgeschlossen; alle Ansprüche waren an die Reichsbank abzuführen.[95]

Am 19. Oktober 1939 verfügte Göring die Gründung der Haupttreuhandstelle Ost (HTO) zur Erfassung des polnischen Staatsvermögens und des Privatbesitzes. Sie avancierte zum Hauptinstrument der ökonomischen Ausplünderung in den eingegliederten Gebieten.[96] Die Berliner Zentrale und ihre Zweigstellen in Danzig, Posen, Kattowitz und Zichenau verwalteten das als jüdisch klassifizierte beschlagnahmte Vermögen. In den westpolnischen Gebieten verloren Juden nahezu allen größeren Besitz.[97]

Im Generalgouvernement, wo seit dem 15. November 1939 eine eigenständige Treuhandstelle existierte, erzwangen die Besatzer erst nach und nach die Übergabe oder Schließung der Handels- und Handwerksbetriebe in jüdischem Besitz, vor allem, weil die Juden dort eine besonders wichtige Rolle im Wirtschaftsleben spielten. Die Immobilien eigneten sich meist die Kommunalverwaltungen an. Auch Einrichtungsgegenstände aus jüdischen Wohnungen wurden „dem Verfügungsrecht des Eigentümers entzogen".[98] Sie gelangten oft in die Wohnungen von deutschem Besatzungspersonal, Volksdeutschen und Umsiedlern, doch auch Polen bereicherten sich.

Die Folgen der radikalen Enteignungspolitik waren für die Betroffenen verheerend. Da die meisten jüdischen Unternehmer ihre Betriebe verloren, wurde der größte Teil der jüdischen Bevölkerung arbeitslos und musste nun Tag für Tag um das eigene Überleben und das der Angehörigen kämpfen.

94 Andrzej Dmitrzak, Hitlerowskie kontrybucje w okupowanej Polsce 1939 – 1945, Poznań 1983.

95 Itamar Levin, Walls Around: The Plunder of Warsaw Jewry During World War II and Its Aftermath, New York 2004; Ingo Loose, Kredite für NS-Verbrechen. Die deutschen Kreditinstitute in Polen und die Ausraubung der polnischen und jüdischen Bevölkerung 1939 – 1945, München 2007.

96 Die faschistische Okkupationspolitik in Polen (1939 – 1945), hrsg. von Werner Röhr u. a., Köln 1989, Dok. 24, S. 132f.

97 Jeanne Dingell, Zur Tätigkeit der Haupttreuhandstelle Ost, Treuhandstelle Posen 1939 – 1945, Frankfurt/M. u. a. 2003; Bernhard Rosenkötter, Treuhandpolitik. Die „Haupttreuhandstelle Ost" und der Raub polnischer Vermögen 1939 – 1945, Essen 2003, S. 158f.

98 Rundschreiben des Amtschefs im Amt des GG, Bühler, vom 8. 8. 1940, AIPN, Deutsche Strafanstalt Reichshof 110/2, Bl. 5.

## Judenräte und Jüdische Soziale Selbsthilfe

Zur Organisation jüdischen Lebens und als Ausführungsorgan ihrer Anordnungen schufen die Deutschen sogenannte Juden- und Ältestenräte. Bereits in seinem Schnellbrief an die Einsatzgruppenleiter vom 21. September 1939 hatte Heydrich deren Einrichtung angeordnet. Sie sollten sich aus bis zu 24 Rabbinern und anderen angesehenen Männern zusammensetzen; der Judenrat sei „im Sinne des Wortes *voll verantwortlich* zu machen für die exakte und termingerechte Durchführung aller ergangenen oder noch ergehenden Weisungen" (Dok. 12). Manche Judenräte entstanden bereits unter der Militärverwaltung, für das Generalgouvernement erließ Hans Frank Ende November 1939 eine zentrale Anordnung. Als Vorbild diente die Reichsvereinigung der Juden in Deutschland, allerdings waren Judenräte in Polen nur auf lokaler, gelegentlich auf regionaler, nicht jedoch auf überregionaler Ebene vorgesehen.[99]

In Warschau berief die Gestapo am 7. Oktober 1939 einen Judenrat mit dem Ingenieur Adam Czerniaków an der Spitze. In Lodz, das im April 1940 in Litzmannstadt umbenannt wurde, ernannte der deutsche Stadtkommissar Albert Leister am 13. Oktober 1939 den 63-jährigen Mordechai Chaim Rumkowski zum „Ältesten der Juden" und beauftragte ihn mit der Bildung eines Ältestenrats. Ungefähr 400 Judenräte wurden im besetzten Polen eingesetzt, von denen manche nur einige hundert Juden repräsentierten, andere wie in Warschau jedoch über 450 000 Menschen. In den größeren Städten bauten die Judenräte mit Hilfe von Steuergeldern, Abgaben, Gebühren und freigegebenen Geldern aus beschlagnahmtem jüdischem Besitz ausgedehnte Verwaltungen auf, die das jüdische Leben weitgehend eigenständig organisierten: Der Judenrat war zuständig für Meldeangelegenheiten, Wohnraum- und Lebensmittelzuteilung, Sozialfürsorge und medizinische Versorgung, für Flüchtlingshilfe, Bildungswesen, die Bereitstellung und Entlohnung von Zwangsarbeitern sowie für den Bau der Gettomauern. Viele Judenräte mussten sich jedoch erst einmal um die Vertriebenen kümmern, die infolge der verschiedenen Umsiedlungsprojekte in den Städten ankamen. Dem Jüdischen Ordnungsdienst, einer Art Polizei innerhalb der Gettos, oblag es, unter anderem für die Überwachung der Gettogrenzen, die Bekämpfung des Schmuggels und generell für die Einhaltung von Ruhe und Ordnung in den Gettos zu sorgen.[100]

Adam Czerniaków glaubte, als Vorsitzender der jüdischen Gemeinde in Warschau „eine historische Rolle im belagerten Warschau" einzunehmen, und gelobte in seinem Tagebuch: „Ich werde mich bemühen, ihr gerecht zu werden."[101] Dies war, wie sich herausstel-

99 Isaiah Trunk, Judenrat. The Jewish Councils in Eastern Europe under Nazi Occupation, New York 1972; Aharon Weiss, Jewish Leadership in Occupied Poland – Postures and Attitudes, in: Yad Vashem Studies 12 (1977), S. 335–365; Dan Michman, Fear for the "Ostjuden". The Jewish Ghettos During the Holocaust: Why and How Did They Emerge?, Cambridge 2009.

100 Aldona Podolska, Służba Porządkowa w getcie warszawskim w latach 1940–1943, Warszawa 1996; Andrea Löw, Juden im Getto Litzmannstadt. Lebensbedingungen, Selbstwahrnehmung, Verhalten, Göttingen 2006, S. 72–75, 99–116; dies., Ordnungsdienst im Getto Litzmannstadt, in: Fenomen getta łódzkiego 1940–1944, hrsg. von Paweł Samuś und Wiesław Puś, Łódź 2006, S. 155–167; Barbara Engelking/Jacek Leociak, The Warsaw Ghetto. A Guide to the Perished City, New Haven u.a. 2009, S. 136–218. Zum Warschauer Judenrats-Vorsitzenden siehe die Biografie von Marcin Urynowicz, Adam Czerniaków 1880–1942. Prezes Getta Warszawskiego, Warszawa 2009.

101 Adam Czerniaków, Im Warschauer Getto. Das Tagebuch des Adam Czerniaków 1939–1942, München 1986, S. 4 (23.9.939).

len sollte, kaum möglich. Nachdem er fast drei Jahre lang versucht hatte, die grausamsten Anweisungen der Besatzer gegen die im Getto eingeschlossenen Juden abzumildern, nahm er sich 23. Juli 1942 das Leben, als man von ihm verlangte, die Deportation von Waisenkindern zu organisieren.

Die jüdische Bevölkerung beurteilte die Judenräte sehr unterschiedlich. Umstritten waren unter anderem wegen ihres selbstherrlichen Auftretens die Vorsitzenden Mosche Merin in Sosnowitz[102] und Mordechai Chaim Rumkowski in Litzmannstadt, die intern über beachtliche Spielräume verfügten. Gegenüber der deutschen Verwaltung waren sie jedoch weitgehend machtlos.[103] Adam Czerniaków in Warschau pflegte dagegen einen eher kollegialen Stil.

Judenräte, die nicht mit den Besatzungsbehörden kooperierten, wurden festgenommen, manche von ihnen ermordet. In Krakau setzte die deutsche Verwaltung zwei Vorsitzende nacheinander ab und ließ sie inhaftieren bzw. deportieren und ermorden, ehe sie mit Dawid Gutter einen Vorsitzenden ernannte, der für sein skrupelloses Verhalten gegenüber der jüdischen Bevölkerung bekannt war.[104] Im Laufe der Zeit sahen sich die Judenräte einer wachsenden Opposition gegenüber. Sie ging vor allem von den nunmehr im Untergrund tätigen politischen Parteien aus, die sich für die gerechte Verteilung von Lebensmitteln einsetzten.

In manchen Städten bildeten auch die Komitees der Jüdischen Sozialen Selbsthilfe (JSS, Żydowska Samopomoc Społeczna), die sich ebenfalls um die verarmte Bevölkerung kümmerte, ein Gegengewicht zu den Judenräten.[105] Bereits am 14. September 1939 konstituierte sich in Warschau ein zentraler Koordinierungsausschuss der jüdischen Fürsorgeeinrichtungen, den die Besatzungsbehörden aber offiziell nicht anerkannten. Sie genehmigten dagegen Ende Mai 1940 den Haupthilfsausschuss (Naczelna Rada Opiekuńcza, NRO), in dem die Jüdische Soziale Selbsthilfe und der Polnische und Ukrainische Hauptausschuss zusammengeschlossen waren. Seit Juli 1940 unterstanden alle jüdischen freien Wohlfahrtsvereine der JSS ihrem Vorsitzenden Michał Weichert.

Über die Hilfskomitees der JSS in den Kreisstädten wurden die Hilfsgüter und Lebensmittel in die Delegaturen genannten Zweigstellen in den einzelnen Ortschaften verteilt. Diese richteten Volksküchen und Krankenhäuser ein, engagierten sich in der Kinder- und Altenfürsorge und unterstützten besonders Bedürftige auch finanziell, etwa Flüchtlinge und Zwangsumsiedler, die an fremden Orten auf sich allein gestellt waren.[106] An-

102 Aleksandra Namysło, Wpływ kierownictwa Centrali Żydowskich Rad Starszych Wschodniego Górnego Śląska na zachowania i postawy ludności żydowskiej wobec rzeczywistości okupacyjnej, in: Zagłada Żydów na ziemiach wcielonych, hrsg. von Aleksandra Namysło, Warszawa 2008, S. 176–185.

103 Löw, Juden (wie Anm. 100); Michal Unger, Reassessment of the Image of Mordechai Chaim Rumkowski, Göttingen 2008.

104 Trunk, Judenrat (wie Anm. 99); Andrea Löw, „Wir wissen immer noch nicht, was wir machen sollen." Juden in Krakau unter deutscher Besatzung bis zur Errichtung des Ghettos, in: Löw/Robusch/Walter (Hrsg.), Deutsche (wie Anm. 10), S. 119–136, hier S. 129f.

105 David Silberklang, Holocaust in the Lublin District, unveröff. Ph.D. Diss., Hebräische Univ. Jerusalem 2003.

106 Michael Weichert, Yidishe alaynhilf, Tel Aviv 1962; Ruta Sakowska, Instytucje pomocy społecznej w getcie warszawskim. Struktura organizacyjna 1940–1942, in: Warszawa lat wojny i okupacji 1939–1944, H. 2, Warszawa 1972, S. 119–137; Tatiana Brustin-Berenstein, Jüdische Soziale Selbsthilfe, in: Arbeitsmarkt und Sondererlaß. Menschenverwertung, Rassenpolitik und Arbeitsamt, hrsg. von Götz Aly, Berlin 1990, S. 156–174; Andrea Löw, Zwischen Untergang und Selbsthilfe. Ju-

fangs weigerte sich die deutsche Zivilverwaltung, die jüdische Fürsorge zu finanzieren, und so war diese von Zuwendungen und Hilfslieferungen aus dem Ausland abhängig, vor allem von der Unterstützung des American Jewish Joint Distribution Committee, (kurz: Joint). Aber auch das Komitee zur Hilfeleistung für die kriegsbetroffene jüdische Bevölkerung (auch: RELICO) in Genf, das Internationale Komitee vom Roten Kreuz und die Hilfsaktion für notleidende Juden in Polen (HAFIP) in Zürich sandten Hilfsgüter in das besetzte Polen. Der Joint beschränkte seine Tätigkeit bald auf das Generalgouvernement. Weitere Einnahmequellen der JSS waren Spenden, Abgaben der Judenräte und schließlich doch Zuwendungen der deutschen Verwaltung: Immerhin gingen 17 Prozent der Gelder, die die Abteilung Bevölkerungswesen und Fürsorge des Generalgouvernements dem Haupthilfsausschuss zuwies, an die JSS. Um weitere Einnahmequellen zu erschließen, organisierten die lokalen Delegaturen Kulturveranstaltungen oder Lotterien.[107]

Auch die Jüdische Soziale Selbsthilfe war trotz ihrer mannigfachen Bemühungen, die Notleidenden zu unterstützen, nicht unumstritten, auch sie sah sich mitunter dem Vorwurf der Kollaboration ausgesetzt. Das Präsidium der JSS entschied jedoch: „Angesichts der sich immer verschlechternden Lage der jüdischen Bevölkerung wurde einstimmig beschlossen, die sich darbietende Gelegenheit einer legalen Hilfstätigkeit voll auszunutzen."[108]

## Zwangsarbeit

Die Ausbeutung der jüdischen Arbeitskraft hatten die Besatzer von Anfang an im Blick. Seit den ersten Kriegstagen mussten Juden für deutsche Institutionen und Einzelpersonen Arbeiten verrichten, zu denen sie willkürlich aufgegriffen wurden. Die Entlohnung war gering oder entfiel ganz. Polizei- oder Wehrmachtsangehörige zwangen Juden beispielsweise zu Arbeiten in der Forst- oder Landwirtschaft oder ließen sie in Kasernen und Privatwohnungen putzen. Häufig erniedrigten oder schikanierten sie die jüdischen Arbeitskräfte dabei (Dok. 6, 16).[109] Immer wieder trieben die Deutschen bei Razzien wahllos Arbeitskräfte zusammen.

Halina Birenbaum, die als Schülerin im Warschauer Getto wohnte, die Konzentrationslager Majdanek, Auschwitz und Ravensbrück überlebte und später in Israel ihre Erinne-

den im Kreis Radzyń während des Zweiten Weltkrieges, in: Zeitschrift für Geschichtswissenschaft 53 (2005), S. 716–735.

107 Yehuda Bauer, American Jewry and the Holocaust. The American Jewish Joint Distribution Committee, 1939–1945, Jerusalem u.a. 1981, S. 67–106; Raya Cohen, Solidariut Yehudit. Be'Mivchan: Pe'ilut Ha'Irgunim Ha'Yehudi'im Ha'Olami'im be-Genevah, 1939–1942, Ph.D. Diss., Univ. Tel Aviv 1994; Löw, Untergang (wie Anm. 106), S. 730; Młynarczyk, Judenmord (wie Anm. 84), S. 196–212.

108 Kurzer Bericht ueber die Taetigkeit der J.S.S., spaeter J.U.S. 1939–1944; YIVO, RG 532, Box 2, Bl. 3; Hans-Jürgen Bömelburg, Der Kollaborationsvorwurf in der polnischen und jüdischen Öffentlichkeit nach 1945 – das Beispiel Michał Weichert, in: Joachim Tauber (Hrsg.), „Kollaboration" in Nordosteuropa. Erscheinungsformen und Deutungen im 20. Jahrhundert, Wiesbaden 2006, S. 250–288.

109 Christopher R. Browning, Judenmord. NS-Politik, Zwangsarbeit und das Verhalten der Täter, Frankfurt/M. 2001, S. 11–34; Wolf Gruner, Jewish Forced Labor Under the Nazis. Economic Needs and Racial Aims, 1938–1944, Cambridge 2006, S. 177–213, 230–275; zum Warthegau Berenstein/Rutkowski, Prześladowania (wie Anm. 43), S. 78–87; Anna Ziółkowska, Obozy pracy przymusowej dla Żydów w Wielkopolsce w latach okupacji hitlerowskiej (1941–1943), Poznań 2005.

rungen niederschrieb, schilderte die Lage in Warschau in den ersten Wochen der Besatzung folgendermaßen: „Viele kehrten nicht von dieser Arbeit zurück – sie fanden durch Kugeln den Tod oder starben an den Folgen von Schlägen und Prügeln. Die aber, die zurückkehrten, Zeugen und Opfer der grausamen Peinigungen durch die Nazis, weckten mit ihren Erzählungen eine unbeschreibliche Furcht. [...] Lastwagen tauchten plötzlich am Ende der überfüllten Straße auf, die Passanten ergriffen die Flucht. ‚Halt!', schrien die Deutschen, packten mit festen Handgriffen nach den Männern und luden sie unter Stößen und heftigen Schlägen auf die Lastwagen."[110] Um wenigstens die Misshandlungen während der Razzien zu vermeiden, schlugen viele Judenräte bald vor, den Einsatz zur Zwangsarbeit selbst zu organisieren.

Am 26. Oktober 1939 verfügte Frank für die Juden im Generalgouvernement Arbeitszwang (Dok. 27), der Höhere SS- und Polizeiführer Krüger präzisierte diese Vorschrift am Ende des Jahres (Dok. 58). Seit Anfang 1940 übernahm die Arbeitsverwaltung die Zuständigkeit für diesen Sektor, während SS und Polizei offiziell nur noch für die Sicherung der Arbeitslager verantwortlich waren. Neue Großprojekte sollten mit den Zwangsarbeitern verwirklicht werden: Heydrich regte an, Hunderttausende Juden aus Westpolen in gigantischen Lagern im Osten des Generalgouvernements zu konzentrieren, um sie beim Bau von Wehr- und Grenzbefestigungsanlagen einzusetzen (Dok. 82). Insbesondere im Distrikt Lublin entstand 1940 eine Vielzahl von Zwangsarbeitslagern, zum Beispiel für die Meliorationsprojekte der Zivilverwaltung. Vor allem aber betrieb der Lubliner SS- und Polizeiführer Odilo Globocnik, der relativ unabhängig von der Zivilverwaltung agierte, Lager zum Bau eines „Ostwalls" an der Demarkationslinie zum sowjetischen Besatzungsgebiet.

Mitte 1940 arbeiteten hier über 20 000 jüdische Männer, nicht nur aus der Region, sondern auch aus den Distrikten Warschau und Radom. Das Hauptlager mit zeitweise 2500 Gefangenen befand sich in Bełżec. Die Zwangsarbeiter leisteten meist bei primitivster Unterbringung und unzureichender Verpflegung von frühmorgens bis zum Abend Schwerstarbeit, viele von ihnen erkrankten. Jüdische Ärzte besichtigten im September 1940 die Unterkünfte: „Die Räume sind vollkommen ungeeignet, so viele Menschen aufzunehmen. Sie sind dunkel und schmutzig. Die Verlausung ist sehr groß. Etwa 30 % der Arbeiter hat keine Schuhe, Hosen und Hemden. Alle schlafen auf dem Fußboden, ohne Stroh. Die Dächer sind überall beschädigt, ohne Scheiben, es ist furchtbar eng. [...] Zu alledem fehlt es noch an Seife, und es ist sogar schwer, Wasser zu bekommen. Die Kranken liegen und schlafen mit den Gesunden zusammen. In der Nacht darf man die Baracken nicht verlassen, also müssen alle natürlichen Bedürfnisse an Ort und Stelle verrichtet werden. Es ist also kein Wunder, dass unter diesen Umständen viele Krankheitsfälle auftreten."[111] Selbst der Gouverneur des Distrikts Krakau, Otto Wächter, bemerkte in einem Lagebericht Ende 1940, dass die schlechte körperliche Verfassung den Arbeitseinsatz der Juden erschwere, wenn nicht gar unmöglich mache. Viele Unternehmen lehnten die Beschäftigung von Juden daher ab.[112] Das Projekt erwies sich bald als militärisch sinnlos, weil bereits seit dem Herbst 1940 der Krieg gegen die Sowjetunion vorbereitet wurde.

110 Halina Birenbaum, Die Hoffnung stirbt zuletzt, Frankfurt/M. 1995 (poln. Ausgabe 1967), S. 11.

111 Beilage zum Bericht des Referates Arbeitslager beim Judenrat Warschau, Ende 1940, in: Faschismus – Getto – Massenmord (wie Anm. 68), S. 221 (Übersetzung aus dem Polnischen).

112 Lagebericht des Gouverneurs des Distrikts Krakau vom 18.12.1940, Bl. 26, BArch, R 52 III/16.

Insgesamt entstanden in Polen 1940 mehr als 100 Zwangsarbeitslager für Juden. Die meisten existierten nur kurze Zeit und wurden nach und nach wieder aufgelöst. Im Laufe des Jahres 1941 stieg die Zahl der Lager wieder an.[113] Im September 1940 begann die SS mit dem Aufbau eines zweiten großen Lagernetzes. Himmler beauftragte Albrecht Schmelt, den Polizeipräsidenten von Breslau, jüdische Zwangsarbeiter im östlichen Oberschlesien auszuheben (Dok. 189). Nachdem die Umsiedlungen weitgehend gescheitert waren, sollte die Arbeitskraft der Juden innerhalb der Region maximal ausgebeutet werden. Schmelt richtete eine eigene Dienststelle ein, die nahezu allein über die jüdischen Zwangsarbeiter verfügte. Diese sollten vor allem die Autobahn von Breslau nach Krakau ausbauen, aber auch in Lagern von Unternehmen und für Rüstungsbetriebe eingesetzt werden. Der zentrale Judenrat für Ost-Oberschlesien unter Mosche Merin musste eine Abteilung „Arbeitseinsatz“ aufbauen, der mit Hilfe des jüdischen Ordnungsdienstes die Rekrutierung der Arbeitskräfte oblag. Bald ließ Schmelt auch in Niederschlesien und im Sudetenland Lager installieren. Im Herbst 1941 arbeiteten schließlich rund 17 000 jüdische Männer und Frauen unter Schmelts Aufsicht, etwa die Hälfte von ihnen in den sogenannten Autobahnlagern, wo sie an sieben Tagen in der Woche jeweils zwölf Stunden harte körperliche Arbeit leisten mussten. Die hygienischen Bedingungen und die Behandlung der Arbeiter waren miserabel. Den spärlichen Lohn erhielt der Judenrat in Sosnowiec, der damit die Fürsorge finanzierte. Ungleich besser war die Lage derjenigen Juden, die unter anderem in Będzin und Sosnowiec in den Wehrmachtfertigungsstätten arbeiteten und in ihren Wohnungen bei ihren Familien bleiben durften.[114]

In den größeren Orten waren die Judenräte stark in die Organisation des Arbeitseinsatzes involviert. In Lublin unterstand dem Judenrat seit Anfang 1940 ein eigenes Arbeitsamt, das die arbeitsfähigen Juden der Gemeinde in einer Kartei erfassen und den deutschen Behörden täglich 1000 Mann für Zwangsarbeiten zur Verfügung stellen musste. Die vom Warschauer Judenrat aufgestellten Arbeitsbataillone bestanden im August 1940 aus 10 600 Personen. In Litzmannstadt wurden zunächst Freiwillige für den Autobahnbau im Reich geworben, für den Fritz Todt, der Generalinspektor für das deutsche Straßenwesen, seit Ende 1940 polnische Juden einsetzen durfte. Später schickte der Judenälteste vor allem Männer, die gegen die Gettoregeln verstoßen hatten, in die Lager. Im Reichsgau Wartheland, zu dem Litzmannstadt gehörte, war während der gesamten Besatzungszeit die Zivilverwaltung für den Arbeitseinsatz der jüdischen Bevölkerung zuständig.[115]

113 Józef Marszałek, Obozy pracy w Generalnym Gubernatorstwie 1939–1945, Lublin 1998, S. 14, zählt für 1940 allein im GG 115 Zwangsarbeitslager für Juden, für das Jahr 1941 sogar 209; Bericht des Vorstands der Jüdischen Sozialen Selbsthilfe an die Regierung des GG über die Lage der Juden in den NS-Arbeitslagern, in: Eksterminacja Żydów na ziemiach polskich w okresie okupacji hitlerowskiej. Zbiór dokumentów, ausgew. u. bearb. von Tatiana Berenstein u.a., Warszawa 1957, Nr. 116, S. 225–228; Obozy hitlerowskie na ziemiach polskich 1939–1945. Informator encyklopedyczny, hrsg. von Czesław Pilichowski u.a., Warszawa 1979.

114 Alfred Konieczny, Die Zwangsarbeit der Juden in Schlesien im Rahmen der „Organisation Schmelt“, in: Sozialpolitik und Judenvernichtung, hrsg. von Götz Aly u.a., Berlin 1987, S. 91–110; Sybille Steinbacher, „Musterstadt“ Auschwitz. Germanisierung und Judenmord in Ostoberschlesien, München 2000, S. 138–153; Zagłada Żydów Zagłębiowskich, hrsg. von A. Namysło, Będzin 2004; Gruner, Jewish Forced Labor (wie Anm. 109), S. 196–229.

115 Jakub Poznański, Pamiętnik z getta łódzkiego, Łódz 1960, S. 39; Te'udot mi-geto lublin – yudenrat le-lo derekh. Documents from Lublin Ghetto. Judenrat without direction, hrsg. von Nachman Blumental, Jerusalem 1967; Gruner, Jewish Forced Labor (wie Anm. 109), S. 177–212.

## Gettoisierung

Da Heydrich im September 1939 davon ausging, dass die Juden in Kürze Richtung Osten vertrieben werden würden, ordnete er in seinem Schnellbrief die Konzentration der jüdischen Bevölkerung in Städten mit günstigen Eisenbahnverbindungen an. Schon bald zeichnete sich jedoch ab, dass die Deportationsprojekte nicht durchführbar waren, und bereits Ende 1939 diskutierten die Verantwortlichen Vorschläge, die Juden an Ort und Stelle in bestimmten Stadtvierteln zu isolieren. Da dies aber weder in den eingegliederten Gebieten noch im Generalgouvernement per allgemeiner Anordnung verfügt wurde, differierte die Entwicklung stark. Mit der Bildung abgeschlossener jüdischer Stadtbezirke, Gettos genannt, verfolgten die deutschen Behörden mehrere Ziele: Vor allem sollte die jüdische Bevölkerung konzentriert und von den Polen isoliert werden, um sie gegebenenfalls rasch abschieben zu können. In vielen Fällen wurden aber auch andere Gründe genannt: Die Juden seien schmutzig und deshalb „Seuchenträger", sie müssten daher abgesondert werden, um die deutsche und polnische Bevölkerung vor ansteckenden Krankheiten zu schützen. Als weiterer Vorwand diente die Behauptung, die Juden seien die wichtigsten Akteure des Schwarzmarktes und müssten in Gettos konzentriert werden, um sie besser überwachen zu können; oder, unter ihnen seien bekanntlich viele Spione, die Gettos würden daher aus Sicherheitsgründen eingerichtet.[116]

Die ersten Gettos entstanden noch Ende 1939 in Piotrków und Radomsko, zwei kleineren Städten in der Gegend um Radom. Dort hatten Angehörige der Zivilverwaltung die Initiative ergriffen, weil sie nicht auf die Realisierung der großen Umsiedlungsprojekte warten wollten.[117] Deren Scheitern bewog auch Regierungspräsident Friedrich Uebelhoer Ende 1939 dazu, die Bildung eines Gettos in Lodz (von April 1940 an Litzmannstadt) anzuordnen. Er stellte jedoch klar: „Die Erstellung des Ghettos ist selbstverständlich nur eine Übergangsmaßnahme. Zu welchen Zeitpunkten und mit welchen Mitteln das Ghetto und damit die Stadt Lodsch von Juden gesäubert wird, behalte ich mir vor. Endziel muß jedenfalls sein, daß wir diese Pestbeule restlos ausbrennen" (Dok. 54). Im Februar 1940 begann der Umzug der Juden in das ihnen zugewiesene Gebiet im Norden der Stadt, das am 30. April abgeriegelt wurde. Knapp 160 000 Menschen mussten von nun an in einem viel zu kleinen Gebiet von ca. vier Quadratkilometern leben. Litzmannstadt war damit die Stadt im Reichsgebiet, in der die meisten Juden lebten.

Das Getto Litzmannstadt existierte von allen Gettos im besetzten Polen am längsten, erst im Sommer 1944 lösten die Deutschen es auf. Neben der Reichstatthalterei in Posen entschied vor allem die deutsche Gettoverwaltung unter dem Bremer Kaufmann Hans Biebow, beide entwickelten ein finanzielles Eigeninteresse an der „Produktivierung" der Eingeschlossenen. Biebow setzte seinen Ehrgeiz darein, das Getto nicht zum Zuschussbetrieb werden zu lassen. Mordechai Chaim Rumkowski war bereits vor der Abriegelung

116 Raul Hilberg, Die Vernichtung der europäischen Juden, Bd. 1, Frankfurt/M. 1990 (engl. Ausgabe 1961, dt. Erstausgabe 1982), S. 225–245; Christoph Dieckmann/Babette Quinkert, Einleitung, in: dies. (Hrsg.), Im Ghetto (wie Anm. 44), S. 9–29. Zur Historiographie siehe The Yad Vashem Encyclopedia of the Ghettos during the Holocaust, 2 Bde., hrsg. von Guy Miron und Shlomit Shulhani, Jerusalem 2009; Dieter Pohl, Ghettos im Holocaust. Zum Stand der historischen Forschung, in: Jürgen Zarusky (Hrsg.), Ghettorenten. Entschädigungspolitik, Rechtsprechung und historische Forschung, München 2010, S. 39–50.

117 Młynarczyk, Judenmord (wie Anm. 84), S. 112f.

mit Vorschlägen an die Verwaltung herangetreten, wie das Getto durch die Arbeit seiner Bewohner zu finanzieren sei. Entsprechend seiner Devise „Unser einziger Weg ist Arbeit" baute er eine umfangreiche Industrie auf, in der Männer, Frauen und Kinder vor allem Kleidung und Schuhwerk für die Wehrmacht sowie für deutsche Firmen fertigten.[118]

In Warschau verlief die Gettobildung weniger geradlinig; hier wurde mangels einheitlicher Richtlinien viel improvisiert. In der ehemaligen polnischen Hauptstadt lebte mit rund 400 000 Personen die nach New York zweitgrößte jüdische Gemeinschaft der Welt, und die Zahl wuchs noch, da die Stadt nach Kriegsbeginn für zahlreiche Vertriebene und Flüchtlinge zum Zufluchtsort wurde.[119] Zwar konnte der Judenrat die sofortige Bildung eines Gettos, die die Gestapo am 4. November 1939 gefordert hatte, zunächst noch durch Intervention beim Stadtkommandanten abwenden, doch waren sich Generalgouverneur Frank und der Warschauer Distriktchef Ludwig Fischer einig, dass in Warschau „für die Juden ein besonderes Ghetto gebildet werden müsse".[120] Zunächst wurde ein vorwiegend von Juden bewohntes Viertel in der nördlichen Innenstadt als „Seuchensperrbezirk" mit Warnschildern und Stacheldraht abgegrenzt.[121] Als polnische Jugendbanden Ende März 1940 mehrfach Warschauer Juden angriffen – ob von den deutschen Besatzungsbehörden geduldet oder provoziert ist ungeklärt –, erhielt der Judenrat die Anweisung, eine zwei bis drei Meter hohe Mauer um den Bezirk zu ziehen. Juden mussten die Mauer bezahlen und bauen.[122]

Wohn- und Aufenthaltsverbote in etlichen Straßen und ganzen Stadtteilen engten den Lebensraum der Juden ständig weiter ein, bis Frank am 12. September 1940 ankündigte, dass „in Warschau das Ghetto geschlossen wird, vor allem weil festgestellt ist, daß die Gefahr von den 500 000 Juden so groß ist, daß die Möglichkeit des Herumtreibens dieser Juden unterbunden werden muß".[123] Im Herbst 1940 mussten etwa 113 000 Polen aus dem Gettogebiet heraus- und 138 000 Juden hineinziehen. Mitte November war das Getto abgeriegelt, die Übergänge bewachten deutsche und polnische Polizisten zusammen mit dem Jüdischen Ordnungsdienst. Auf vier Quadratkilometern waren ungefähr 400 000 Menschen zusammengedrängt, 30 Prozent der Warschauer Einwohnerschaft auf 2,4 Prozent des Stadtgebiets. In jedem Zimmer lebten im Durchschnitt sechs bis sieben Personen, Tausende mussten in Notunterkünften wohnen oder hatten gar kein Dach über dem Kopf. Trotz aller Bemühungen der jüdischen Verwaltung und der Gettobewohner fanden

118 Isaiah Trunk, Lodz Ghetto: A History, Bloomington 2006 (jidd. Ausgabe 1962); Icchak Henryk Rubin, Żydzi w Łódzi pod niemiecką okupacją 1939–1945, Londyn 1988; Michal Unger, Lodz. Aharon ha-getaot be-polin, Jerusalem 2005; Löw, Juden (wie Anm. 100); Gordon J. Horwitz, Ghettostadt. Łódź and the Making of a Nazi City, Cambridge, Mass., 2008; Peter Klein, Die „Gettoverwaltung Litzmannstadt" 1940–1944. Eine Dienststelle im Spannungsfeld von Kommunalbürokratie und staatlicher Verfolgungspolitik, Hamburg 2009.

119 Yisrael Gutman, The Jews of Warsaw, 1939-1943. Ghetto, Underground. Revolt, Bloomington 1982; Ruta Sakowska, Menschen im Ghetto. Die jüdische Bevölkerung im besetzten Warschau 1939–1943, Osnabrück 1999; Engelking/Leociak, The Warsaw Ghetto (wie Anm. 100); Browning, Entfesselung (wie Anm. 37), S. 185.

120 Diensttagebuch des deutschen Generalgouverneurs (wie Anm. 61), S. 59 (7.11.1939).

121 Klaus-Peter Friedrich, Rassistische Seuchenprävention als Voraussetzung nationalsozialistischer Vernichtungspolitik. Vom Warschauer „Seuchensperrgebiet" zu den „Getto"-Mauern (1939/40), in: Zeitschrift für Geschichtswissenschaft 53 (2005), S. 609–636.

122 Tomasz Szarota, U progu zagłady. Zajścia antyżydowskie i pogromy w okupowanej Europie: Warszawa, Paryż, Amsterdam, Antwerpia, Kowno, Warszawa 2000, S. 25–74.

123 Diensttagebuch des deutschen Generalgouverneurs (wie Anm. 61), S. 281.

bei weitem nicht alle Menschen eine Arbeit. Ende 1940 hatten in Industrie und Handel nur zwischen 12 und 16 Prozent der Gettobewohner eine Beschäftigung gefunden, rund 6000 Personen arbeiteten für die Verwaltung des Judenrats und 2000 im Ordnungsdienst (Dok. 162).[124]

Viel zu wenig Lebensmittel erreichten das abgeriegelte Getto. Die Menschen hungerten, rasch verbreiteten sich Infektionskrankheiten. Sophie Lewiathan schilderte die Situation: „Auf der Straße [...] liegen zu hunderten abgerissene Bettler, Kinder weinen in Lumpen gekleidet um ein Stückchen Brot, Frauen fallen auf der Straße um, entkräftet vor Hunger. Wer so lange hungert, bekommt geschwollene Beine, ein geschwollenes Gesicht, kann nicht mehr gehen. Wer lange auf der Straße liegen bleibt, steht nicht wieder auf."[125] Die Distriktbehörden verschärften die Lage noch, als sie Anfang 1941 anordneten, die Juden aus allen Kreisen westlich von Warschau in das Getto zu bringen. Im Rahmen des 3. Nahplans sollten Polen aus dem Warthegau in diese Regionen vertrieben werden, um wiederum Platz für Bukowina- und Bessarabiendeutsche zu schaffen. Etwa 50 000 Juden mussten daraufhin ihre Wohnungen verlassen und ins Getto umziehen, die meisten ohne Chance auf Unterkunft und Arbeit. In der Regel wurden sie in behelfsmäßigen „Punkten" untergebracht und waren völlig von der Fürsorge abhängig. Im März 1941 trafen zudem Deportationszüge aus Wien und Danzig im Getto ein, wo sich nun 445 000 Menschen auf engstem Raum zusammendrängten.[126]

Für die Krakauer Juden bedeutete die Einrichtung eines Gettos im März 1941, dass sie aus dem jüdischen Viertel Kazimierz auf die andere Seite der Weichsel nach Podgórze umziehen mussten. Vor dem Krieg hatten in den etwa 320 Häusern dieses Viertels 3000 Menschen gelebt, nun waren es 15 000.[127]

Da einheitliche Direktiven fehlten, unterschieden sich die insgesamt etwa 600 Gettos im besetzten Polen erheblich voneinander, sowohl hinsichtlich des Zeitpunkts der Abriegelung als auch in der jeweiligen Ausgestaltung. Die Distrikte Krakau und Radom gehörten wie die Stadt Lublin zu den Gebieten, in denen die Gettoisierung im Allgemeinen erst im Frühjahr 1941, im Zuge der Kriegsvorbereitungen gegen die Sowjetunion, erfolgte – nicht zuletzt, um die Wohnungen, aus denen die Juden vertrieben wurden, als Quartier für deutsche Soldaten zu nutzen. Im industriell geprägten Oberschlesien, im ländlichen Regierungsbezirk Zichenau und vielerorts im östlichen Warthegau wiederum lebten Juden oft noch dort, wo sie auch vor dem Krieg zu Hause gewesen waren. Hier, und mehr noch in den kleineren Zwangswohnvierteln auf dem Land, blieben die Absperrungen aufgrund des Mangels an Baumaterialien häufig Stückwerk. Um die Gettos vollständig zu isolieren, fehlte es in manchen Orten zudem an Personal. Anderswo, etwa in Litzmannstadt, hatten die deutschen Wachen an der Gettoumzäunung seit Frühjahr 1940 den Befehl, auf Flüchtlinge zu schießen. Auch in Warschau empfahl Distriktgouverneur Ludwig Fischer um die Jahreswende 1940/41, das „illegale" Verlassen des Gettos mit der Todesstrafe zu ahnden (Dok. 211), der Generalgouverneur ordnete dies jedoch erst im Herbst 1941 an.

124 Gutman, Jews (wie Anm. 119), S. 74, 83f.

125 Bericht Sophie Leviathan, AŻIH, 302/231, Bl. 32.

126 Aly, „Endlösung" (wie Anm. 65), S. 256 – 260; Prowincja Noc. Życie i zagłada Żydów w dystrykcie warszawskim, hrsg. von Barbara Engelking, Jacek Leociak und Dariusz Libionka, Warszawa 2007, S. 223 – 267.

127 Aleksander Biberstein, Zagłada Żydów w Krakowie, Kraków 1985, S. 56.

## Alltag und Reaktionen der jüdischen Bevölkerung

Die jüdische Gemeinschaft versuchte sich zu helfen, so gut es ging. Konfrontiert mit immer neuen Forderungen und Verboten der Besatzer, den Strömen mittelloser Flüchtlinge, die im Zuge der Umsiedlungsprojekte unvermittelt über die jüdischen Gemeinden hereinbrachen, loteten die JSS und die Verantwortlichen der Jüdischen Gemeinden mit wachsender Verzweiflung Möglichkeiten der Hilfe wie der Selbsthilfe aus (Dok. 216). Sie verhandelten mit den Behörden, mit dem Joint, riefen zur Solidarität innerhalb der Gemeinden auf. Sie richteten Waisen- und Altenheime, Volksküchen, Krankenhäuser und Desinfektionsanstalten ein, doch wurden die Spielräume immer enger.

„Die wechselseitige Verstärkung zwischen rücksichtsloser Enteignung und Ausbeutung, völlig unzureichender Ernährung und unhaltbaren sanitären Verhältnissen, furchtbarer Enge in heruntergekommenen Häusern und mangelnder medizinischer Versorgung machte aus den polnischen Juden eine hungernde, von Krankheiten heimgesuchte, verarmte Gemeinschaft", so hat der amerikanische Historiker Christopher Browning die negative Dynamik, der die jüdische Bevölkerung in Polen unterworfen war, beschrieben.[128] In der von den Deutschen festgelegten Versorgungshierarchie standen die Juden auf unterster Stufe. Lebensmittel und Brennmaterial waren nur selten in ausreichender Menge zu bekommen, was sich besonders fatal auswirkte, wenn die Gettoinsassen kaum Kontakte nach außen hatten. Vor allem in den großen und überfüllten Zwangswohnvierteln Litzmannstadt und Warschau verhungerte jeweils etwa ein Viertel der Bewohner (ca. 45 000 bzw. 100 000 Menschen) oder starb an Krankheiten wie Typhus, Tuberkulose, Schwindsucht oder Darmerkrankungen. Der Anteil der Alten und Kleinkinder an den Todesfällen war wie in allen Gettos überproportional hoch. In Warschau schrieb der Schriftsteller Lejb Goldin im Sommer 1941 über den immerwährenden Hunger: „Essen, essen ... Jetzt zieht es nicht vom Magen, sondern vom Gaumen, von der Schläfe. Hätte ich doch wenigstens ein halbes Viertel Brot, wenigstens ein Stück Rinde, meinetwegen verbrannt, schwarz, angekohlt. Ich schiebe mich aus dem Bett, eine Kelle Wasser gibt Linderung, dämpft für einen Moment den Hunger. Du gehst zurück ins Bett und fällst hinein. Die Beine versagen den Dienst, sind aufgedunsen. Sie schmerzen. Aber du klagst nicht. Wie viele Monate ist es schon her, seit du dir abgewöhnt hast zu klagen, sogar wenn es weh tut."[129] Mit der Zeit wurde nahezu alles Mangelware: Kleidung, Schuhe, Seife, Medikamente. Wer konnte, versuchte sich das Lebensnotwendigste durch Schmuggel, Bestechung oder Schwarzmarktgeschäfte zu beschaffen.

Die Gettobewohner organisierten ihr Leben auch jenseits der rein physischen Bedürfnisse und bemühten sich, mit Hilfe von Kunst, Kultur, Bildung eine intellektuelle Gegenwelt zu den destruktiven Bedingungen zu schaffen.[130] Jüdische Musiker versuchten, ihre Instrumente ins Getto zu retten und dort im privaten Kreis zu spielen. In manchen größeren Städten existierten Theatergruppen und klassische Orchester. Politische Ju-

128 Browning, Entfesselung (wie Anm. 37), S. 250f.

129 Zit. nach Ruta Sakowska, Die zweite Etappe ist der Tod. NS-Ausrottungspolitik gegen die polnischen Juden, gesehen mit den Augen der Opfer, Berlin 1993, S. 122–137, hier S. 125. Zu den Bedingungen siehe auch Andrea Löw, Arbeit, Lohn, Essen. Überlebensbedingungen im Ghetto, in: Zarusky (Hrsg.), Ghettorenten (wie Anm. 116), S. 65–78.

130 Löw, Juden (wie Anm. 100), Engelking/Leociak, Warsaw Ghetto (wie Anm. 100); Reich-Ranicki, Mein Leben (wie Anm. 45), S. 228.

gendorganisationen, insbesondere die Zionisten, hielten Kurse über Palästina oder jüdische Geschichte ab und organisierten Hebräischunterricht, um die Jugendlichen im Getto auf eine spätere Auswanderung nach Palästina vorzubereiten. In der Untergrundarbeit gaben die Jugendorganisationen ohnehin den Ton an – darunter die linkszionistischen Bünde Dror, Gordonia, Haschomer Hazair, der revisionistische Betar sowie der Bund mit seinem Jugendverband Tsukunft –, da die Führung der jüdischen politischen Parteien zum erheblichen Teil nach Osten geflohen war. In Warschau brachten die jüdischen politischen Gruppierungen und Jugendverbände seit Mitte 1940 Untergrundblätter heraus. Wenngleich in geringen Auflagen verbreitet, war diese Untergrundpresse ein wichtiges Informationsmedium und Diskussionsforum für die von der Außenwelt Abgeschnittenen.[131]

Andere machten es sich zur Aufgabe, das Geschehen zu dokumentieren – auch, um die Erinnerung daran mitzubestimmen. Zahlreiche Menschen führten private Tagebücher und schrieben Chroniken, in den Gettos Warschau und Litzmannstadt wurden Archive gegründet. Die zentrale Persönlichkeit des Warschauer Untergrundarchivs war Emanuel Ringelblum. 1900 in Galizien geboren, gehörte der Historiker zu jenen Wissenschaftlern, die in den 1930er Jahren in einem großen, vom YIVO angeregten Projekt den Alltag in den polnischen Schtetln festgehalten hatten. Von den dabei entwickelten Methoden der Sozial- und Wirtschaftsgeschichte sowie der Arbeitsweise mit nicht-professionellen Interviewern machten Ringelblum und seine Mitstreiter nun unter anderen Bedingungen im Getto Gebrauch. Die Mitglieder des Untergrundarchivs verfassten eigene Aufzeichnungen und sammelten Unterlagen, um sämtliche Bereiche jüdischen Lebens unter deutscher Besatzung, vor allem Einzelschicksale, zu dokumentieren. Nach dem Krieg wurden zwei der insgesamt drei versteckten Archivteile aufgefunden. Sie stellen bis heute die bedeutendste Quellensammlung zur Geschichte der polnischen Juden im Zweiten Weltkrieg dar.[132] Das Archiv im Getto Litzmannstadt wurde innerhalb der jüdischen Verwaltung eingerichtet. In einer großen Gettochronik notierten hier Schriftsteller und Journalisten Tag für Tag genauestens, was sich im Getto abspielte (Dok. 222).[133]

Die rapide schwindenden Einkommensmöglichkeiten, Hunger, Kälte, die räumliche Enge und der Verlust nahezu jeglicher Privatsphäre ließen das Leben oft unerträglich werden. Der junge Lucjan Orenbach schilderte einer Freundin Anfang 1941 in einem Brief: „Wir sind hier so [halb] am Leben und [halb] nicht mehr am Leben. Ich weiß manchmal selbst nicht, ob ich lebe oder nicht. Ob *ich* es bin, oder ob *ich* es nicht bin. Manchmal muss ich mir hundert Mal hintereinander sagen: ich lebe, du lebst, er lebt … Man vergisst, dass man *ist*" (Dok. 242).

131 Daniel Blatman, For Our Freedom and Yours. The Jewish Labour Bund in Poland 1939–1949, London 2003; ders., En direct du ghetto. La presse clandestine juive dans le ghetto de Varsovie 1940–1943, Paris 2005; Ittônût-ham-mahteret hay-yehûdît be-Warsa, hrsg. von Joseph Kermish u.a., 6 Bde., Jerusalem 1979-1997; Gutman, Jews (wie Anm. 119), S. 122–144.

132 Samuel D. Kassow, Ringelblums Vermächtnis. Das geheime Archiv des Warschauer Ghettos, Reinbek 2010; zahlreiche Auszüge aus den Dokumenten enthält: To Live with Honor and Die with Honor! … Selected Documents from the Warsaw Ghetto Underground Archives „O.S." [„Oneg Shabbath"], hrsg. von Joseph Kermish, Jerusalem 1986; Archiwum Ringelbluma, hrsg. von Ruta Sakowska, bisher 3 Bde., Warszawa 1997–2001; Israel Gutman (Hrsg.), Emanuel Ringelblum. The Man and the Historian, Jerusalem 2010.

133 Die Chronik des Gettos Lodz/Litzmannstadt, hrsg. von Sascha Feuchert, Erwin Leibfried und Jörg Riecke, 5 Bde., Göttingen 2007.

Auch die traditionell engen jüdischen Familienbeziehungen wurden großen Belastungen ausgesetzt. Viele Familien hatten für Schwerkranke zu sorgen und waren mit dem Verlust von Angehörigen konfrontiert, sei es durch Deportation und Verhaftung, sei es durch den Tod im Getto oder Lager. Insbesondere die Väter waren oft abwesend, und so verschoben sich die Gewichte innerhalb der Familien, die nun im Wesentlichen von den Müttern zusammengehalten wurden. Die Erfahrung, dass Eltern ihre Kinder nicht mehr versorgen oder schützen konnten, wirkte sich ebenfalls auf die Beziehungen aus. Brachen Familienstrukturen zusammen, mussten neue Gefüge an deren Stelle treten. Bot aber weder die Zugehörigkeit zur Familie noch zu einer anderen Gemeinschaft Rückhalt, konnten selbst junge und anfangs gesunde Menschen dem steten Verfolgungsdruck, den Demütigungen und körperlichen Misshandlungen kaum mehr standhalten.

## Reaktionen auf die Verfolgung der polnischen Juden

Das Verhältnis zwischen den Juden und der christlichen Bevölkerung in Polen war zwiespältig. Nach der überstürzten Flucht der Regierung und der raschen Niederlage war die polnische Gesellschaft zunächst führungs- und orientierungslos. Das Ausmaß der Gewalt in den ersten Kriegstagen, die Repressalien und Zerstörungen demoralisierten und verunsicherten weite Kreise der Bevölkerung. Konfrontiert mit den Kriegsfolgen, Razzien und einem brutalen Besatzungsregime, waren die Polen in erster Linie mit eigenen Sorgen beschäftigt. Aus den sowjetisch besetzten Landesteilen sickerten Gerüchte über eine angeblich antipolnische Haltung der Juden und deren Sympathie für den Sowjetkommunismus durch. Das Stereotyp von der „Judenkommune" gewann wieder an Bedeutung, viele Polen sahen sich von Feinden umgeben und von den britischen und französischen Verbündeten im Stich gelassen.

Unter den Juden machte sich schon bald der Eindruck breit, dass Teile der polnischen Bevölkerung die antijüdischen Übergriffe der Besatzer guthießen, während die Masse ihnen gleichgültig gegenüberstehe. Die jüdische Untergrundpresse betonte demgegenüber zwar anfangs die mitfühlende Haltung der Polen, und insbesondere der Bund hob die Zusammengehörigkeit mit Polen hervor. Doch sahen viele Gettobewohner die Haltung der Menschen jenseits der Mauern mit wachsender Enttäuschung, etwa wenn Polen und Volksdeutsche die Notlage der Juden ausnutzten, um sich an deren Besitz zu bereichern oder durch Denunziation aus der Verfolgung Nutzen zu ziehen.[134]

Gleichzeitig begünstigten die Besatzer mit Maßnahmen wie der öffentlichen Kennzeichnung, der weitgehenden Zerstörung der wirtschaftlichen Kontakte und insbesondere der Isolierung der Juden in Gettos die Entfremdung zwischen Polen und Juden.

Die über Jahre von den nationalistischen Gruppierungen geforderte „Entjudung" von Wirtschaft und Gesellschaft kam nun, wenn auch unter ganz anderen Vorzeichen, in Gang. Emanuel Ringelblum beschrieb, wie polnische Antisemiten mit deutschen Soldaten, Polizisten und Volksdeutschen zusammenarbeiteten, wenn es darum ging, Juden und jüdische Geschäfte zu identifizieren, und wie sich Polen die Bruta-

134 Havi Ben-Sasson, „Chcemy wierzyć w inną Polskę". Stosunki żydowsko-polskie w podziemnej prasie żydowskiej getta warszawskiego, in: Zagłada Żydów 1 (2005), S. 96–113.

lität der deutschen Besatzer gegenüber der jüdischen Bevölkerung zum Vorbild nahmen.[135]

Die extreme politische Rechte träumte in ihren Untergrundpublikationen bereits davon, die jüdischen Landsleute nach Kriegsende zur Massenauswanderung zu bewegen (Dok. 318).[136] Auch wer nicht so weit gehen wollte, konnte gleichwohl von der Verfolgung profitieren. Im Generalgouvernement hatten Nichtjuden die Möglichkeit, von der „Arisierung" zu profitieren, indem sie Wohnungen und Warenbestände übernahmen und Wert- und Einrichtungsgegenstände günstig erwarben, des Öfteren konnten sie die Arbeitsplätze entlassener Juden übernehmen. Der amerikanische Historiker Jan T. Gross hat dafür den Begriff „opportunistische Komplizenschaft" geprägt.[137]

Aber es gab auch zahlreiche Polen, die ihren jüdischen Nachbarn oder Freunden auf eigene Gefahr hin halfen (Dok. 306). Sie beteiligten sich – bisweilen auch gegen Bezahlung – daran, Lebensmittel oder andere Bedarfsgüter in die Gettos zu schmuggeln. Andere, die mit jüdischen Zwangsarbeitern außerhalb des Gettos in Berührung kamen, steckten diesen Brot oder Gemüse zu, um sie zumindest ein wenig zu unterstützen. Bereits diese kleine Hilfsleistung konnte den jeweiligen Geber in Lebensgefahr bringen.

Doch die Helfer besaßen wenig Rückhalt. Die römisch-katholische Kirche Polens äußerte sich nicht zur Judenverfolgung. Zum einen stand sie selbst unter starkem Druck: Die Besatzer sahen sie als Wahrerin nationaler polnischer Traditionen an und verfolgten polnische Bischöfe und Priester gnadenlos; viele von ihnen wurden wegen subversiver Tätigkeit erschossen oder kamen in Konzentrationslagern ums Leben. Zum anderen lebten in Teilen der Geistlichkeit antijudaistische Vorstellungen fort. Und so nutzte die Kirche vor dem Beginn des Massenmords die ihr verbliebenen geringen Handlungsspielräume kaum, um der Judenverfolgung entgegenzuwirken. Auch bei den Bischofskonferenzen im Generalgouvernement war die Situation der Juden kein Thema. Ins Exil geflüchtete Kirchenvertreter hingegen verurteilten die antijüdischen Verbrechen zumeist.[138]

Die politisch-militärischen Widerstandsgruppen, die sich noch Ende 1939 zu organisieren begannen, erkannten ebenfalls nur im Ansatz, welch extremer Gefahr die jüdische Bevölkerung ausgesetzt war. Selbst die mit der Exilregierung verbundenen Untergrundorganisationen vertraten nur zum Teil die Idee einer polnischen Nation unter Einschluss der Juden als gleichberechtigte Staatsbürger. Demgegenüber forderten kommunistische,

135 Emanuel Ringelblum, Stosunki polsko-żydowskie w czasie drugiej wojny światowej, Warszawa 1988, S. 52, 65 (engl. Fass. Evanston 1992).

136 Klaus-Peter Friedrich, Der nationalsozialistische Judenmord und das polnisch-jüdische Verhältnis im Diskurs der polnischen Untergrundpresse (1942 – 1944), Marburg 2006.

137 Jan T. Gross, Fear. Anti-Semitism in Poland after Auschwitz. An Essay in Historical Interpretation, New York 2007, S. 249; Yisrael Gutman, Shmuel Krakowski, Unequal Victims. Poles and Jews During World War II. New York 1987; Contested Memories: Poles and Jews during the Holocaust and its Aftermath, hrsg. von Joshua D. Zimmerman, New Brunswick 2003; Lars Jockheck, Propaganda im Generalgouvernement. Die NS-Besatzungspresse für Deutsche und Polen 1939 – 1945, Osnabrück 2006; Ewa Kurek, Poza granicą solidarności. Stosunki polsko-żydowskie 1939 – 1945, Kielce 2006; Polacy i Żydzi pod okupacją niemiecką 1939 – 1945. Studia i materiały, hrsg. von Andrzej Żbikowski, Warszawa 2006; Młynarczyk, Judenmord (wie Anm. 84), S. 228 – 243; Jan Grabowski, German Anti-Jewish Propaganda in the Generalgouvernement, 1939 – 1945. Inciting Hate through Posters, Films, and Exhibitions, in: Holocaust and Genocide Studies 23 (Nr. 3/2009), S. 381 – 412.

138 Dariusz Libionka, Antisemitism, Anti-Judaism and the Polish Catholic Clergy, in: Antisemitism and Its Opponents in Modern Poland, hrsg. von Robert Blobaum, Ithaca 2005, S. 233 – 264; vgl. das einschlägige Themenheft der Zeitschrift Zagłada Żydów. Studia i materiały 5 (2009).

linkssozialistische und der PPS nahestehende Gruppierungen Solidarität mit den Juden. Die polnischen Exilpolitiker indes beobachteten zunächst von Paris, dann von Angers und schließlich seit Mitte 1940 von London aus genau die Entwicklungen innerhalb der nationalen Minderheiten. Ihnen waren die Erfahrungen aus dem Ersten Weltkrieg präsent, als die Mittelmächte Juden und Polen gegeneinander auszuspielen versucht hatten. Die Aufmerksamkeit für die „jüdische Frage" rührte aber auch daher, dass ein gutes Verhältnis zu den jüdischen Organisationen aus Sicht der Verbündeten Großbritannien und USA einen hohen Stellenwert hatte. Dies zwang zu größerer, teils taktischer Rücksichtnahme auf die Standpunkte jüdischer Repräsentanten.

Denn diese, insbesondere der Jüdische Weltkongress, standen Polen misstrauisch gegenüber und erwarteten von der Exilregierung eine unmissverständliche Distanzierung von den antisemitischen Umtrieben der unmittelbaren Vorkriegszeit. Doch im Exilparlament, dem Polnischen Nationalrat, der die Exilregierung unter Premierminister Władysław Sikorski unterstützte, waren rechte und linke Parteien vertreten; folglich setzten sich die Kontroversen der Vorkriegszeit fort. Außerdem fürchteten die Exilpolitiker, dass als „judenfreundlich" aufgefasste offizielle Stellungnahmen im besetzten Land mit Unverständnis aufgenommen würden. Zwar hatte die polnische Regierung aufgrund der ausführlichen Berichte von Kurieren wie Jan Karski frühzeitig Kenntnis von der besonderen Notlage der Juden (Dok. 90), sie nahm diese jedoch lediglich als Einzelelement einer vor allem gegen die Polen gerichteten Unterdrückungspolitik wahr. Jüdische Interessen vertrat im Nationalrat in dieser Zeit allein der zionistische Politiker Ignacy Schwarzbart (Dok. 206).[139]

Die jüdischen Organisationen im Ausland waren über die Vorgänge in Polen gut informiert. Der Jüdische Weltkongress, der Büros in Paris (bis Mitte 1940) und Genf unterhielt, sammelte die Berichte von Flüchtlingen aus dem okkupierten Polen. Außerdem setzten die britische Presse sowie die Botschaftsvertreter und Journalisten der neutralen Staaten die internationale Öffentlichkeit über die Vorgänge in Polen ins Bild. Und schließlich war auch nach Kriegsbeginn noch ein zwar langsamer und zensierter, doch weiterhin funktionierender Postverkehr zwischen Juden in Polen und Briefpartnern im Ausland möglich.

Die Berichte entfalteten jedoch nur wenig Wirkung. Zwar versuchten jüdische Organisationen in den USA, die Öffentlichkeit durch Artikel über die Verbrechen unter der Besatzung zu alarmieren (Dok. 79). Doch verglichen mit der breiten Berichterstattung des Jahres 1938 über das Schicksal der Juden in Deutschland, stand das Thema nun eher im Hintergrund. In der Sowjetunion hatte die Presse bis zum Sommer 1939 noch recht ausführlich über die Judenverfolgung berichtet. Nach dem Hitler-Stalin-Pakt wurde sie zum Schweigen gebracht. Informationen über die Lage im deutsch besetzten Polen ließen sich nur noch mündlichen Berichten jüdischer Flüchtlinge entnehmen. So blieb die jüdische Minderheit in Ostpolen vielfach im Ungewissen darüber, was sich im Westteil des Landes abspielte – und welche Gefahr ihr drohte.[140]

139 David Engel, In the Shadow of Auschwitz. The Polish Government-in-Exile and the Jews, 1939–1942, Chapel Hill 1987; Dariusz Stola, Nadzieja i zagłada. Ignacy Schwarzbart – Żydowski przedstawiciel w Radzie Narodowej RP (1940–1945), Warszawa 1995.

140 Bernard Wasserstein, Britain and the Jews of Europe, 1939–1945, London 1979; David S. Wyman, Das unerwünschte Volk. Amerika und die Vernichtung der europäischen Juden, Frankfurt/M. 2000 (engl. 1984); Deborah E. Lipstadt, Beyond Belief. The American Press and the Coming of the Holocaust, 1933–1945, New York 1986.

## An der Schwelle zum Massenmord: Frühjahr und Sommer 1941

Im Frühjahr 1941 änderten sich die Rahmenbedingungen der antijüdischen Politik von Grund auf. NS-Führung und Wehrmacht trieben die Vorbereitungen für den Krieg gegen die Sowjetunion voran.

Die polnischen Juden bekamen die Kriegsvorbereitungen unmittelbar zu spüren. Um Platz für die deutschen Truppen zu schaffen, mussten viele Polen im Osten des Generalgouvernements ihre Wohnungen räumen. Ihnen wurden die Wohnungen von Juden zugewiesen und diese wiederum in Gettos vertrieben, die im März 1941 in Lublin, Krakau sowie im Distrikt Radom errichtet wurden. Gleichzeitig verschlechterte sich die Lage in den schon bestehenden Gettos. Im vollkommen überfüllten Warschauer Getto grassierte das Fleckfieber, jeden Monat starben Tausende. Hunderttausende standen vor allem in den großen Gettos kurz vor dem Hungertod.

Das Massensterben begann bereits lange vor dem Einmarsch der Erschießungskommandos im Juni 1941 nach Ostpolen. Die Besatzer nahmen die von ihnen selbst verursachten und gleichwohl immer wieder beklagten „unhaltbaren Zustände" nun zum Anlass, auf radikale Abhilfe zu drängen. Durch die Abschließung und Unterversorgung hatten sich in den Gettos viele Krankheiten verbreitet – also forderten die deutschen Behörden, man müsse radikal gegen die Juden als Seuchenverbreiter vorgehen. Durch die Aushungerung der Gettos hatten Schleichhandel und Schwarzmarkt an Bedeutung gewonnen – also sollte das „jüdische Schiebertum" vernichtet werden. Zudem sah sich die deutsche Verwaltung entgegen ihrer ursprünglichen Planung gezwungen, die Eingeschlossenen zu versorgen. In dieser Situation traten die Rationalisierungsexperten auf den Plan: Das Warschauer Getto galt ihnen als besonders unrentabel. Gutachter des Reichsrechnungshofs für das Getto Litzmannstadt und des Reichskuratoriums für Wirtschaftlichkeit für das Warschauer Getto rechneten aus, dass die deutschen Behörden diese beiden Zwangswohnbezirke jährlich mit insgesamt 50 Millionen RM im Jahr bezuschussen müssten, falls nicht mehr Menschen in Beschäftigung gebracht und die Abriegelung gelockert würden.[141]

Mit der Aussicht auf einen Sieg über die Sowjetunion eröffneten sich den deutschen Funktionären im besetzten Polen neue Perspektiven: Noch Anfang 1941 hatte Hans Frank erklärt, ob die Juden „nach Madagaskar kommen oder sonstwohin, das alles interessiert uns nicht. Wir sind uns klar, daß dieser Mischmasch asiatischer Abkömmlinge am besten wieder nach Asien zurücklatschen soll, wo er hergekommen ist."[142] Bei einem gemeinsamen Mittagessen hatte Hitler ihm am 17. März 1941 zugesichert, das Generalgouvernement werde das erste Gebiet sein, das „von Juden völlig befreit werden solle".[143] Zwei Tage vor dem Angriff, am 20. Juni 1941, berichtete Goebbels von einer Begegnung mit Hitler und Frank, bei der Letzterer die positiven Erwartungen in seinem Herrschaftsgebiet zum Ausdruck gebracht habe: „Dr Franck [sic!] erzählt vom Generalgouvernement. Dort freut man sich schon darauf, die Juden abschieben zu können. Das Judentum in Polen ver-

141 Die Gutachten sind abgedruckt in: Bevölkerungsstruktur und Massenmord. Neue Dokumente zur deutschen Politik der Jahre 1938–1945, hrsg. von Susanne Heim und Götz Aly, Berlin 1991; Aly, „Endlösung" (wie Anm. 65), S. 263–267.

142 Diensttagebuch des deutschen Generalgouverneurs (wie Anm. 61), S. 330f. (22.1.1941).

143 Ebd., S. 361 (19.4.1941).

kommt allmählich."[144] Noch immer gingen die Verantwortlichen im besetzten Polen davon aus, dass eine „Endlösung der Judenfrage" deren Abschiebung meinte. Wohin, war aber weiter unklar: vielleicht in die Pripjat-Sümpfe, die dem Generalgouvernement benachbart lagen, oder in die Eismeerregionen Nordrusslands.

Im März 1941 hatte die politische und militärische Führung indes auch die Befehle ausgearbeitet, die Massenmord während des Feldzugs sanktionierten. Mit dem Kommissarbefehl und einem Erlass zur Aufhebung des Rechtsschutzes für die Bevölkerung riss die Wehrmacht noch vor dem Überfall kriegsrechtliche Schranken nieder. Neue Einsatzgruppen der Sicherheitspolizei und des SD sollten hinter der Wehrmacht einmarschieren und die sowjetische Elite, insbesondere Juden, systematisch ermorden. Schon in der Planungsphase war unverkennbar, dass dieser Vernichtungskrieg eine weitere dramatische Radikalisierung mit sich bringen würde. Denn nun gerieten noch mehr Juden unter deutsche Herrschaft, vor allem aber identifizierte die NS-Führung die sowjetischen Juden mit dem verhassten Bolschewismus: Sie waren der ideologische Hauptfeind, den es nicht mehr „nur" zu vertreiben galt, sondern zu vernichten.

Unmittelbar nach dem Angriff der Wehrmacht auf die Sowjetunion am 22. Juni 1941 begannen deutsche Einsatzkommandos in den eroberten sowjetischen Gebieten mit der systematischen Ermordung von Juden. Damit stellte sich auch für die deutschen Besatzungsfunktionäre in Polen erneut die Frage, wie man weiter mit den Juden verfahren sollte. So unterbreitete der Chef der SD-Leitstelle Posen und Leiter der dortigen Umwandererzentralstelle, Rolf-Heinz Höppner, mittels eines Aktenvermerks am 16. Juli 1941 Eichmann die Frage, ob es nicht die „humanste Lösung" sei, die nicht arbeitsfähigen Juden „durch irgendein schnellwirkendes Mittel zu erledigen" (Dok. 314). Erfahrungen mit solchen Mitteln hatte das Sonderkommando Lange der Gestapoleitstelle Posen bereits bei seinem Vorgehen gegen die Psychiatriepatienten in den Reichsgauen Wartheland und Ostpreußen gesammelt. Nur zwei Tage später, am 18. Juli 1941, traf Reichsstatthalter Arthur Greiser Hitler und brachte möglicherweise auch diese Vorschläge zur Sprache. Jedenfalls glaubte der Gauleiter ausreichend Rückendeckung zu haben, um Monate später den Bau des Vernichtungslagers Kulmhof (Chełmno) zu veranlassen.[145] Als Ende Juli absehbar wurde, dass der Krieg gegen die Sowjetunion länger dauern würde als ursprünglich geplant und die angestrebte Abschiebung der Juden damit wiederum in weite Ferne rückte, verdichteten sich sowohl in Berlin als auch in den Besatzungsgebieten die Überlegungen, die Juden im deutschen Machtbereich während des Krieges zu ermorden.

Von diesen Überlegungen wusste die in den Gettos eingesperrte Bevölkerung nichts. Zwar hatte in Warschau Chaim Kaplan schon im März 1941 seinem Tagebuch anvertraut: „Was die Welt draußen betrifft, so fürchten wir uns vor dem, was kommen wird. Heute meldete das Radio, daß Stalin der Agentur TASS zufolge seine Streitkräfte mobil mache. Im Flüsterton hören wir vom ‚Vorabend des Krieges' zwischen den zwei Kameraden sprechen, die sich bis jetzt in den Armen lagen. Im Falle eines Krieges mit Rußland – an den ich persönlich nicht glaube – sind wir verloren. Wenn sich Plutokratie und Kommunis-

144 Die Tagebücher von Joseph Goebbels. Teil I: Aufzeichnungen 1923–1941. Band 9: Dezember 1940–Juli 1941, hrsg. und bearb. von Elke Fröhlich, München 1998, S. 389f.

145 Darauf hat in seiner detaillierten Analyse des Aktenvermerks Klein, „Gettoverwaltung" (wie Anm. 118), S. 336–352, hingewiesen.

mus zum Kampf gegen den Nazismus zusammentun, werden die Juden das unmittelbare Racheziel sein".[146]

Doch für viele Juden war der deutsche Überfall auf die Sowjetunion mit der Hoffnung auf ein baldiges Kriegsende und damit ihre Befreiung verbunden. Halina Nelken in Krakau notierte am Tag des deutschen Überfalls in ihr Tagebuch: „Wieder ist Krieg (mit Rußland). Alle freuen sich, sogar solche Pessimisten wie unsere Nachbarn. Sie sagten, entweder wird Rußland sie zerbrechen oder sie werden, was Gott behüte, Rußland besiegen; auf jeden Fall geht der Krieg schneller zuende, und das ist unsere einzige Rettung. Aber niemand hat Rußland je besiegt, nicht einmal Napoleon, und so werden sie vielleicht am Ende ihr Fett abbekommen."[147] Im Getto Litzmannstadt schrieb Dawid Sierakowiak am nächsten Tag: „Das ganze Ghetto ist ein einziger Bienenstock. Alle fühlen, endlich tut sich eine Möglichkeit der Rettung auf." Doch zeigte der schnelle Vormarsch der Wehrmacht im Osten, dass die Lage eher schlimmer als besser wurde. Nur eine Woche später schrieb Sierakowiak resigniert: „Die Nachrichten von gestern erweisen sich leider als wahr. Laut heutiger Zeitung haben die Deutschen Kowno, Dünaburg, Wilna, Grodno, Białystok und Brest am Bug besetzt. [...] seit gestern bin ich wieder eine Leiche, nachdem ich eine Woche lang aufgelebt habe."[148] Wenig später begannen Angehörige der deutschen Einsatzgruppen, im Osten unterschiedslos jüdische Männer, Frauen und Kinder zu erschießen.

146 Kaplan, Buch (wie Anm. 40), S. 303 (13.3.1940).
147 Nelken, Freiheit (wie Anm. 90), S. 139 (22.6.1941).
148 Sierakowiak, Ghettotagebuch (wie Anm. 44), S. 55, 59f. (23.6.1941 und 30.6.1941).

# Dokumentenverzeichnis

**311** Das Präsidium der Jüdischen Sozialen Selbsthilfe berichtet über seine Tätigkeit im Mai und Juni 1941

**312** Das Präsidium der Jüdischen Sozialen Selbsthilfe bespricht sich am 15. Juli 1941 mit Vertretern der Regierung des Generalgouvernements

**313** Jewish News Bulletin: Der Rat der Polnischen Orthodoxen Juden nimmt am 15. Juli 1941 Stellung zur aktuellen Lage in Polen

**314** Der Leiter der Umwandererzentralstelle Posen berichtet am 16. Juli 1941 von Erwägungen, die nicht arbeitsfähigen Juden mit „einem schnell wirkenden Mittel“ zu ermorden

**315** Gazeta Żydowska: Artikel vom 21. Juli 1941 über die Bemühungen des Warschauer Judenrats zur wirtschaftlichen Produktionssteigerung des Gettos

**316** Generalgouverneur Frank informiert am 22. Juli 1941 deutsche Führungskräfte über Hitlers Ankündigung, die Juden so schnell wie möglich aus dem Generalgouvernement zu entfernen

**317** Die Jüdische Soziale Selbsthilfe und das Joint Distribution Committee fassen am 30. Juli 1941 Beschlüsse über die Fürsorge

**318** Das polnische Untergrundblatt Placówka warnt am 31. Juli 1941 vor der Rückkehr der Juden nach dem Krieg

**319** Ein Vertreter der römisch-katholischen Kirche in Polen unterstreicht im Sommer 1941 die dringliche Notwendigkeit einer „Lösung der Judenfrage“

**320** Das jüdische Untergrundblatt Yunge Gvardie kommentiert im Juli 1941 die Stellung der Juden im Krieg

**321** Repräsentanten der polnischen Regierung beschreiben in Warschau das Verhältnis der deutschen Besatzungsmacht zur jüdischen Bevölkerung seit September 1939

# DOKUMENTE

## DOK. 1
## Nowe Życie: Der Bund warnt in einem Aufruf zum 1. Mai 1939 vor der Bedrohung Polens und der polnischen Juden durch das nationalsozialistische Deutschland[1]

*Es lebe der 1. Mai!*

Im Folgenden drucken wir die gekürzte Fassung des 1. Mai-Aufrufs des Zentralkomitees des Bunds[2] ab (wörtliche Zitate in Anführungszeichen).
„Inmitten von Blitz und Donner des heraufziehenden Gewitters wird die Arbeiterklasse in diesem Jahr den 1. Mai feiern.
Es ist der 50. Maifeiertag in Folge.
Die Gründer der Sozialistischen Internationale haben den 1. Mai zum Kampftag gegen kapitalistische Ausbeutung, nationalistischen Hass und Krieg proklamiert, zugleich als Feiertag der Völkerfreundschaft, der Einheit aller Werktätigen auf der Welt und als Tag der Sehnsucht nach dem Sozialismus …"
Der Aufruf behandelt im Weiteren die gegenwärtige Weltlage, die faschistischen Gewalttaten der letzten Zeit und fährt fort:
„Die faschistischen Gewalttaten haben die Welt in Aufruhr versetzt. Es ist so klar geworden, wie es klarer nicht geht: Solange der faschistischen Barbarei nicht Einhalt geboten wird, so lange kann sich kein Volk und kein Land seiner Freiheit und Existenz sicher sein, und so lange können Staaten innerhalb einer Nacht von der Landkarte ausradiert und freie Länder in Konzentrationslager verwandelt werden."
„*… Die Mobilmachung der Kräfte in aller Welt zum Kampf gegen die verbrecherischen Eroberungsgelüste des Faschismus hat begonnen.*"
Die werktätigen Massen der Welt sind zu allen notwendigen Opfern bereit, um die ihnen und ihren Ländern von Seiten des Faschismus drohenden Gefahren abzuwehren. Auch die polnischen Volksmassen, die die Gefahr instinktiv erkannt haben, bekunden diese Bereitschaft, „indem sie eindeutig demonstrieren, dass sie entschlossen sind, *jeden Angriff der Nazis auf die territoriale Integrität und die nationale Unabhängigkeit ihres Landes mit allen Mitteln abzuwehren*".
„… Der Nationalsozialismus ist der Bannerträger des Antisemitismus" – erklärt noch heute ein Teil unserer einheimischen Antisemiten, ohne seine Sympathie für die Nazis zu verbergen.
Als Bürger des Landes, mit dem unser Schicksal durch eine jahrhundertelange Geschichte verbunden ist und das sich gegenwärtig in großer Gefahr befindet, als Sozialisten, die

1 Nowe Życie, Nr. 8 (87) vom 30.4.1939, S. 1: Niech żyje 1-szy Maja!, Biblioteka Narodowa, P. 36139. Das Dokument wurde aus dem Polnischen übersetzt. Nowe Życie (Neues Leben) war das vierzehntägig in Warschau erscheinende Parteiorgan des sozialistischen Allgemeinen Jüdischen Arbeiterbunds in Polen, Litauen und Russland, kurz: Bund (Algemeyner Yidisher Arbeter Bund in Lite, Poyln un Rusland).

2 Der 1897 in Wilna gegründete Bund setzte sich für die nationale und kulturelle Autonomie der Juden in Polen ein und konkurrierte mit den zionistischen Parteien, die für die Auswanderung nach Palästina eintraten. Der Bund, der mit der PPS zusammenarbeitete, stieg Mitte der 1930er-Jahre zur einflussreichsten jüdischen Partei in Polen auf. Die Bundisten waren seit 1939 im Untergrund tätig und 1943 am Warschauer Getto-Aufstand führend beteiligt. 1944 wurde die Partei wiederbegründet und 1950 in Polen verboten.

jegliche Unterdrückung hassen und die Freiheit lieben, und als Juden, für die der Sieg des Faschismus die physische Vernichtung bedeuten würde, erklären wir im Namen der breiten Masse der jüdischen Bevölkerung unsere Bereitschaft, das Land gegen die Gefahren, die seine Existenz und seine Unabhängigkeit bedrohen, mit allen Kräften und um den Preis größter Opfer zu verteidigen – im engen Bündnis mit den polnischen Volksmassen. Wir haben für die jüdischen Massen stets volle Rechte gefordert, und wir werden dies weiterhin tun, doch kennen auch wir unsere Pflichten."

Der Aufruf bringt anschließend unsere innigsten Gefühle für die Freiheitskämpfer in Spanien und in allen anderen Ländern zum Ausdruck, erklärt die Solidarität der jüdischen mit den polnischen Arbeitermassen und endet mit dem Aufruf an die werktätigen jüdischen Massen, den 1. Mai unter den vom Bund beschlossenen Parolen zu feiern:

„Gegen die Gefahr des nationalsozialistischen Angriffs – für die Verteidigung der nationalen Unabhängigkeit Polens!

Gegen die faschistische Reaktion, gegen Nationalismus und Antisemitismus – für Demokratie!

Gegen kapitalistische Ausbeutung – für den Sozialismus!"

## DOK. 2

## Der Sicherheitsdienst der SS plant am 7. Mai 1939, ein Informationssystem zur Erfassung der polnischen Juden und der polnischen Führungsschicht aufzubauen[1]

Vermerk (Geheime Reichssache) des SD II 112[2] (Hg[3]/Pi), ungez., vom 9.5.1939

Betr.: Verbindungen nach Polen

1.) Vermerk:

II 112 hatte am 7.5. eine Besprechung mit SS-U'Stuf. Augsburg[4] über Verbindungsmöglichkeiten nach Polen. II 112 wies darauf hin, daß es darauf ankomme, in Polen Personen zu kennen, die genaue Auskünfte zu einer vollständigen Erfassung des Judentums in Polen geben können.

1 BArch, R 58/954, Bl. 179f.

2 II 112 war seit Anfang 1936 die Bezeichnung für das Judenreferat des SD.

3 Herbert Hagen (1913–1999), kaufmännischer Angestellter; 1933 SS- und 1937 NSDAP-Eintritt; von 1934 an in der Zentrale des SD, 1937–1939 Leiter der Abt. II 112 des SD, 1940-1944 für den SD in Frankreich tätig, 1942–1944 dort persönlicher Referent des HSSPF, dann Chef eines Einsatzkommandos in Kärnten; 1945–1948 interniert, dann Geschäftsführer eines Unternehmens in Warstein; 1955 in Paris in Abwesenheit zu lebenslanger Haft, 1980 vom Landgericht Köln zu zwölf Jahren Haft verurteilt, 1984 entlassen.

4 Dr. Emil Augsburg (1904–1981), Dolmetscher und Übersetzer; von 1936 an im SD; 1937 NSDAP- und 1938 SS-Eintritt; von 1937 an im Wannsee-Institut des SD als Abteilungsleiter für Kultur und Nationalitäten tätig, ab 1939 als Polenexperte im RSHA (Amt VII bzw. Zentralstelle II P), Mitte 1941 Angehöriger des Vorkommandos Moskau der Einsatzgruppe B; 1946 Informant des US-Geheimdienstes, von 1950 an in der Leitung der Organisation Gehlen, dem Vorläufer des Bundesnachrichtendienstes.

SS-U'Stuf. Augsburg wies darauf hin, daß ihm als geeignetster Mann der Leiter des „Deutschen Volksverbandes in Polen", Wolff,[5] erscheine, der ihm persönlich bekannt ist und für den er sich persönlich verbürgt. Wolff habe in den letzten Jahren aus einer Organisation von 35 000 Mitgliedern eine solche mit 350 000 trotz dauernder Beobachtung durch die polnische Geheimpolizei aufgebaut. Die Mitglieder sind absolut verläßlich und verfügen über alle Unterlagen, die benötigt werden im Falle eines Eingriffs. Wolff [...][6]
2.) Der Zentralstelle sind von sämtlichen Hauptabteilungen laufend die einschlägigen Vorgänge zur Kenntnis und eventuellen Verwertung zuzuleiten.
Die Zentralstelle führt eine zentrale Kartei nach regionalen (Bezirke und Orte) und personellen (Personen, Personen-Verbände, Institute) Gesichtspunkten.[7] Da diese Kartei einem eventuellen Einsatzkommando zur Verfügung gestellt werden muß, richten die Polen-Sachbearbeiter der einzelnen Hauptabteilungen ihrerseits für ihren Arbeitsbereich eine entsprechende Kartei ein, die auch im Falle eines Einsatzes bei den Hauptabteilungen bzw. einer im SD-Hauptamt bestehenden Zentralstelle verbleibt.
Für das Ost-Institut (Wannsee)[8] übernimmt die Aufgaben eines Polen-Sachbearbeiters und Verbindungsführers zur Zentralstelle II P des SD-Hauptamtes SS-Untersturmführer Augsburg.

## DOK. 3
## Illustrierter Beobachter: Eine Fotoreportage vom 3. August 1939 diffamiert die polnischen Juden[1]

Europas Pestherd: Das polnische Ghetto (Faksimile)

(siehe folgende Doppelseite)

5 Ludwig Wolff (1908 – 1988), Lehrer; geboren und aufgewachsen in der Nähe von Lodz, Studium in Deutschland, von 1934 an für die Reichsjugendführung in Mittelpolen tätig, Mai 1938 – 1939 Vorsitzender des Deutschen Volksverbands (DVV) in Polen, Aug. 1939 inhaftiert; 1939 NSDAP- und SS-Eintritt, 1940 – 1942 Kreisleiter der NSDAP in Lodz. Der Deutsche Volksverband in Polen, 1924 als Interessenvertretung der deutschen Volksgruppe in Mittelpolen gegründet, war eine konservativ-nationalistische Partei und u. a. im Stadtrat von Lodz vertreten.

6 Im Original fehlt mind. eine Seite.

7 Der SD bereitete seinen Einsatz in Polen seit 1937 intensiv vor. Unter dem Decknamen „Unternehmen Tannenberg" wurde die Verfolgung der poln. Führungsschicht geplant. Anhand der genannten Kartei legte der SD bis Aug. 1939 ein Sonderfahndungsbuch Polen mit rund 61 000 Namen an.

8 Das Wannsee-Institut wurde 1937 als Forschungsstelle des SD gegründet und stellte den Einsatzgruppen Expertisen über Osteuropa sowie landeskundlich geschulte Fachkräfte zur Verfügung.

1 Illustrierter Beobachter, Nr. 31 vom 3. 8. 1939, S. 1206f. Der Illustrierte Beobachter war eine Wochen-Illustrierte der NSDAP und erschien 1926 – 1945 im Verlag Franz Eher Nachfolger, München. Zu den Fotos: Bocher (jidd.) bedeutet Junge, Bursche; Karl Radek, geboren als Karol Sobelsohn (1885 – 1939), wirkte u. a. in Deutschland zunächst als sozialdemokratischer, dann als kommunistischer Politiker und Journalist; 1937 wurde er in der Sowjetunion im zweiten Moskauer Schauprozess angeklagt und zu zehn Jahren Lagerhaft verurteilt; im Lager umgekommen.

Habgier und Unbarmherzigkeit zeichneten dies Gesicht.
Das Ostjudentum gibt den polnischen Städten ein in hohem Maße unerfreuliches Gepräge. Dieser orientalische Fremdkörper ist in seiner großen Masse etwa von 1250 bis gegen 1500 aus Mittel- und Westeuropa in Polen eingewandert und füllt heute schachernd die Märkte des europäischen Ostens. In Lodz bilden die Juden 33,5 vom Hundert der Gesamtbevölkerung.

# EUROPAS PESTHERD: DAS POLNISCHE GHETTO

Wie eine völkerverheerende Seuche hat sich das Judentum über alle Welt verbreitet. Der Herd dieser Epidemie ist seit hundert Jahren der europäische Osten, d. h. vor allem Polen. Dort zähien die Juden trotz eines durch Abwanderung verursachten Rückganges um etwa eine halbe Million noch immer 3,3 Millionen, d. h. sie bilden nahezu ein Zehntel der Gesamtbevölkerung. Das Verhältnis 1:10 verschiebt sich jedoch ganz wesentlich, wenn man das flache Land außer acht läßt und allein die Städte untersucht. Die Stadt Lodz, in der unsere Bilder aufgenommen wurden, zählt 33,5 Juden vom Hundert der Bevölkerung. Die Zählung nach Berufen ergibt die bereits aus dem Deutschland der Nachkriegszeit sattsam bekannte Verlagerung der Juden auf den Handel und die lukrativeren geistigen Berufe. Im Handel mit landwirtschaftlichen Erzeugnissen sind 82,6 v. H. der Beschäftigten Juden, bei den Textilwaren 94,7 v. H.,

Schon bei den halbwüchsigen Bochern ist der Schachertrieb stark ausgebildet.
Die Burschen sind noch nicht den primitiven „Cheder"-(Elementar-)Schulen entwachsen, da beginnt schon das Feilschen nach „Rebbach".

Aufnahmen: Bodo Kraft.

Polnische Wirtschaft — ein Ergebnis jahrhundertelanger jüdischer „Kulturarbeit"
Straßenbild aus dem Widzew-Stadtteil von Lodz.

Der Beruf des Ostjuden ist schwer festzustellen. Die Mehrzahl der sich „Händler" nennenden Hebräer geht irgendeinem Gelegenheitsverdienst nach. Hier im engen Zusammenleben gleichgestimmter Hebräerseelen entwickelte sich eine Höchstform von Gaunertum und moralischer Verkommenheit.

bei der Handelsgruppe Leder und Pelze 95,6 v. H. In Lodz und Warschau sind dagegen unter den Arbeitern in der Großindustrie nur 3 bis 4 v. H. Juden zu ermitteln.

Vor dem Kriege waren wiederum 40 v. H aller Anwälte Juden; 1935 ist die Zahl der jüdischen Anwälte auf 55 v. H. gewachsen; die Zahl der jüdischen Anwaltsreferendare betrug in Lodz 64 v. H. der Gesamtzahl, in Warschau (1936) gar 80 v. H. In Lodz sind 66,7 aller Ärzte Juden. Die Polen haben z. Z. Burgfrieden mit den Juden geschlossen. Ein schlechtes Geschäft!

In Schmutz und Lumpen.
Aber die „Armut" ist in den meisten Fällen nur die Tarnkappe stillgehäufter Gewinne.

Die Hauptstraße der Lodzer Altstadt wimmelt von Hebräern.
Während die Gesamtzahl der Juden Polens infolge Auswanderung gesunken ist, stieg die Zahl der Juden von 1910 bis 1931 in den Städten: in Warschau um 10, in Lodz um 4 v. H.

Diesen speckigen Kaftanjuden öffnete Deutschland 1918 willig Tür und Tor...
... und als Iwan Baruch Kutisker, Judko Barmat, Sklarz und Sklarek spielten sie bald darauf bei uns den Herrn.

Das Holz, aus dem die Radek-Sobelsohns geschnitzt sind.

Jüdischer Kramladen in Lodz.
Der Handel mit Lebensmitteln ist zu 80 v. H. in jüdischen Händen, so daß dem Nichtjuden meist keine Wahl bleibt, auch wenn ihn der Ekel schüttelt.

## DOK. 4
## Der Chef der Zivilverwaltung beim Armeeoberkommando verbietet am 6. September 1939 die Veräußerung jüdischen Vermögens im besetzten Gebiet[1]

Verordnung des Chefs der Zivilverwaltung[2] beim Armeeoberkommando,[3] ungez., vom 6.9.1939

*Verordnung*
betreffend das Verbot der Verlagerung und Übertragung jüdischen beweglichen und unbeweglichen Vermögens in den von deutschen Truppen besetzten Gebieten.
Auf Grund der mir übertragenen vollziehenden Gewalt ordne ich für meinen Zuständigkeitsbereich an:
§ 1
Die Verlagerung, der Verkauf, die Verpachtung und Schenkung sowie jegliche Belastung beweglichen und unbeweglichen Vermögens, das sich ganz oder teilweise in jüdischem Eigentum befindet, wird verboten.
§ 2
Dies gilt auch für Verpflichtungsgeschäfte, die sich auf die im § 1 genannten Rechtsgeschäfte beziehen.
§ 3
Die nach dem 1. September 1939 geschlossenen Rechtsgeschäfte im Sinne der §§ 1 und 2 sind unwirksam.
§ 4
In begründeten Fällen kann von den Bestimmungen der §§ 1–3 eine Ausnahmegenehmigung erteilt werden. Zuständig hierfür sind der Chef der Zivilverwaltung bzw. die von ihm beauftragten deutschen Dienststellen.
§ 5
Zuwiderhandlungen gegen diese Verordnung bzw. Umgehungen werden strengstens bestraft.
§ 6
Diese Verordnung tritt mit rückwirkender Kraft vom 1. September 1939 in Kraft. Sie gilt solange, als sie nicht durch eine spätere Verordnung aufgehoben wird.
O.u. [Ort unbekannt], den 6. September 1939.
Für den Oberbefehlshaber:
Der Chef der Zivilverwaltung.

1 VOBl. des Chefs der Zivilverwaltung in Krakau, Nr. 1 vom 12.9.1939. Als Plakate: APKr, 33, SMKr/62. Abdruck in: Faschismus – Getto – Massenmord. Dokumentation über Ausrottung und Widerstand der Juden in Polen während des Zweiten Weltkrieges, hrsg. vom Jüdischen Historischen Institut Warschau, ausgewählt, bearb. und eingeleitet von Tatiana Berenstein, Artur Eisenbach, Bernard Mark und Adam Rutkowski, Berlin 1960, Dok. 115, S. 165.

2 Die Chefs der Zivilverwaltung (CdZ) bei den Oberkommandos der fünf angreifenden Armeen waren zu Beginn der Besatzungszeit in den westpolnischen Gebieten bis zu deren Annexion am 8.10.1939 und im Generalgouvernement bis zur Aufhebung der Militärverwaltung am 25.10.1939 für die innere Verwaltung, für Ordnung und Sicherheit, für die Versorgung der Bevölkerung und für die Aufrechterhaltung der Wirtschaft zuständig und bereiteten die Übergabe der Gebiete an die Zivilverwaltung vor.

3 Hans Frank (1900–1946), Jurist; 1919 im Freikorps Epp, 1923 Teilnehmer am Hitler-Putsch; 1923 SA-

## DOK. 5
## Ein Wehrmachtssoldat beschreibt den Einmarsch in Polen vom 7. bis 9. September 1939[1]

Handschriftl. Tagebuch eines Wehrmachtssoldaten,[2] Einträge vom 7. bis 9.9.1939

*Donnerstag, d. 7. September.*
5.45 Uhr Abmarsch durch echt polnisches Gebiet.[3] Staubige u. dreckige Straßen. Verfallene Häuser. Verdreckte Bevölkerung. Lange Dörfer. Riesige Einöde. Schlimmer als Neuhammer. Minenfelder. Marsch durch Siewierz (Stadt) mit Rast. Weiter durch Poremba nach *Zawiercie*. Vollkommen verjudetes Nest.
Aufsässige Bevölkerung. Quartier in einer Schule. An Käte u. Annemarie geschrieben.

*Freitag, d. 8. September.*
3.00 Uhr Wecken. 5.00 Uhr Abmarsch durch *Zawiercie. Die poln. Kaftanjuden strömen wie Ratten aus ihren Löchern. Das Insurgentenunwesen wächst. Deutsche Soldaten werden aus der Marschkolonne heraus von poln. Juden erschossen. Als Vergeltungsmaßnahme werden je 10 poln. Zivilisten erschossen u. 2000 gefangen gesetzt.* Die Gegend wird etwas belebter u. bergiger. Sonst nur Sonne, Staub, Kiefern u. Sand. Die Bäume an den Straßen sehen wie mit Rauhreif bedeckt aus. Unterwegs polnische Straßensperren und zerstörte Brücken. Die Zivilbevölkerung kehrt langsam in ihre Dörfer zurück. Unser Marsch führt über Rodaki, Olkusz nach Lgota. Wie verlautet, sollen wir als Besatzung nach Krakau kommen. Quartier in einem leerstehenden Haus. Unterwegs polnische Feldküche.

*Sonnabend, d. 9. September.*
6.00 Uhr Abmarsch von Lgota. Glühendheißer Tag. Schlechte Wege. Die Landschaft nimmt schönere Formen an. Hügelige Gegend. Jetzt sind auch öfters Spuren des Krieges zu sehen. Unter anderem ein durch Fliegerangriff halb zerstörtes u. abgebranntes Dorf. Pferde und Menschen werden immer mehr erschöpft. Viele Fahrzeuge müssen nachgeholt werden. Unser Marsch geht über Olkusz nach Tomaszowice.[4] Gute Unterkunft mit Stab in einem alt-österreichischen Besitz. Die Leute über die Grenzlage vollkommen falsch unterrichtet. Interessanter Gegensatz zwischen 2 polnischen Cousinen. Wie verlautet, soll Polen Frieden angeboten haben. Bevölkerung immer mehr verjudet.

und NSDAP-Eintritt; 1926 Rechtsbeistand Hitlers; gründete 1928 den NS-Juristenbund, 1933 – 1942 Leiter des Rechtsamts der NSDAP, 1933/34 bayer. Justizminister, 1934 – 1945 Reichsminister ohne Geschäftsbereich, im Sept. 1939 zugleich CdZ für das gesamte besetzte polnische Gebiet, dann Generalgouverneur im besetzten Polen; 1946 im Nürnberger Prozess verurteilt und hingerichtet.

1 AAN, 1335/214/XIII-6, Bl. 24a-26+RS.

2 Vermutlich Willy Herzog (*1909); wohnte vor dem Krieg in Neuhammer in Schlesien. Das Tagebuch enthält Einträge vom 17.12.1938 bis Anfang Jan. 1940.

3 Der Marsch verlief durch das östliche Oberschlesien nach Osten, dann nach Süden, Richtung Krakau.

4 Heute eingemeindeter Ortsteil von Wielka Wieś, nordwestlich von Krakau.

## DOK. 6
## Ein Mitglied der jüdischen Jugendbewegung berichtet am 9. September 1939 über Pogrome in Lodz[1]

Handschriftl. Tagebuch von Yarden,[2] Eintrag vom 9.9.1939

9. September 1939
Der Wolf sprang aus dem Schafspelz – mit langen Zähnen, hungrig nach Beute. An den Straßenecken lauern sie uns auf, unsere Nachbarn von gestern und vorgestern – die deutschen Einwohner von Lodz.[3] Ausgenüchtert vom Rausch des Festtags.[4] Nun kommt die Zeit für Taten. Die Augen der blutrünstigen Bestie beobachten wachsam, wer vorbeikommt.

„Jude!", knurrt plötzlich eine wilde Stimme. Das armselige Opfer bricht sofort kraftlos unter dem Hagel harter Schläge zusammen. Mit Scheren bewaffnete Rüpel wüten in den Straßen der Stadt. Sie haben die Ehre, der Erlöserarmee zu beweisen, dass sie die Lehre ihrer Meister gut verinnerlicht haben. Mordend stürzen sie sich auf jüdische Passanten – sie schonen nicht Alte noch Greise –, schneiden Bärte ab, reißen Haare aus, bis Blut fließt, ein süffisantes Lächeln im Gesicht. Dies ist ihre nationale Aufgabe, die sie zum Glanze ihres Volkes voll und ganz erfüllen!

Die Lodzer Juden sind betreten, die Angst hat ihre Herzen vergiftet. Es ist gefährlich, hinauszugehen. Es dauerte nur wenige Stunden, bis das Nazigift das Leben Tausender Menschen verseucht hat, und wie wird es weitergehen? Wie werden wir dem standhalten? …

Unser Nachbar B. wurde zur Arbeit ins Hauptverwaltungsgebäude gebracht. Nachdem er den Boden geschrubbt hatte, befahl man ihm, diesen mit seinem Mantel nachzuwischen. Als er aus Verblüffung über das merkwürdige Ansinnen einen Augenblick zögerte, wurde er grausam zu Boden gestoßen, die Soldaten schleiften ihn mit ihren starken Armen kreuz und quer durch den Raum. Nachdem seine Kleidung genug schmutziges Wasser vom Boden aufgesogen hatte, stellten sie ihn auf seine verdreckten Beine, rasierten in der Mitte seines Kopfes einen Streifen Haare ab und stießen ihn, in diesen „Stand" versetzt, nach draußen.

Hätte ich nicht mit eigenen Augen gesehen, wie er nach Hause kam, hätte ich nicht aus seinem Munde gehört, in welcher Weise die Angehörigen dieses „Kultur"-Volkes ihn misshandelt hatten, hätte ich im Leben nicht geglaubt, dass Menschenhände so etwas tun können. Doch der Spötter der Wirklichkeit feiert weiterhin seinen großen Sieg. Er erscheint von Zeit zu Zeit und entblößt mit ungehörigem Lachen seine verfaulten Zähne

1 Moreshet Archiv, D.1.332. Abdruck in: Al mashuot Polin (Signale aus Polen), Merhavya 1940, S. 24 bis 27. Das Dokument wurde aus dem Hebräischen übersetzt.

2 Yarden gehörte einer Gruppe des zionistischen Jugendbunds Haschomer Hazair in Lodz an. Das Tagebuch umfasst vier Schönschreibhefte, die später in Wilna aufgefunden wurden. In ihnen werden Erlebnisse in verschiedenen poln. Städten während der ersten Monate der deutschen Besatzung geschildert. Die Identität des Verfassers oder der Verfasserin ist nicht geklärt; siehe Alexandra Zapruder (Hrsg.), Salvaged Pages. Young Writers' Diaries of the Holocaust, New Haven 2002, S. 443.

3 In den 1930er-Jahren war die Industriestadt Lodz mit über 600 000 Einwohnern die zweitgrößte Stadt Polens. 59 % der Einwohner waren Polen, 32 % Juden, und 9 % gaben Deutsch als ihre Muttersprache an.

4 Gemeint sind die Feiern nach dem Einmarsch der deutschen Truppen in Lodz.

vor uns. Mit Teufelskrallen fährt er unter den Stoff des hehren Traums, reißt ihn in Stücke und grinst: Sieh her, dies ist die Wirklichkeit! – Doch das Schreckliche ist die Erkenntnis, dass wir in dieser Wirklichkeit leben müssen, die der Teufel erschafft, ohne Richter, ohne Gesetz, ohne Protest!

## DOK. 7
## Der Generalquartiermeister befiehlt am 12. September 1939, die jüdische Bevölkerung aus Ost-Oberschlesien nach Osten über den San auszuweisen[1]

Fernschreiben des Chefs des Stabs beim Generalquartiermeister des Heeres,[2] Unterschrift unleserlich, an die Heeresgruppe Süd vom 12.9.1939[3]

Die Juden in Ost-Oberschlesien sind ostwärts über San abzuschieben. Die Aktion ist sofort einzuleiten.[4] Umfang des ostoberschlesischen Gebietes ergibt Verf.[ügung] OKH Gen Qu Nr. 697/39 G. (QU 2) vom 11.9.
Für den Generalquartiermeister.
Der Chef des Stabes.

## DOK. 8
## Der Ortskommandant in Rzeszów ordnet am 13. September 1939 die Kennzeichnung und „Arisierung" jüdischer Geschäfte an[1]

Bekanntmachung des Ortskommandanten von Rzeszów, gez. Hauptmann Lorenz,[2] vom 13.9.1939 (Plakat)[3]

An jedem Laden muss eine Tafel mit der Aufschrift:
„Laden ist offen von 8 – 12 und von 3 – 6" angebracht werden.
An jedem Geschäft muss eine Tafel:
„Arisches Geschäft" oder „Jüdisches Geschäft" befestigt werden.
Ausserdem muss jeder Laden eine Bekanntmachung von den Verkaufsbedingungen der Waren angebracht haben.
Die Blätter kann man im Magistrati im Preis von 10 gr[4] pro Stück bekommen.

1 Kopie: IfZ/A, NOKW-0129.
2 Chef des Stabs war Eduard Wagner (1894 – 1944), Berufsoffizier; Angehöriger des Freikorps Epp; General der Artillerie, von Okt. 1940 an Generalquartiermeister des Heeres; nahm sich nach dem Attentat auf Hitler vom 20. Juli 1944 das Leben.
3 Im Original handschriftl. Bearbeitungsvermerke.
4 Die Abschiebungen wurden in geringem Umfang realisiert.

1 Muzeum Okręgowe w Rzeszowie, MRR 1006. Kopie: YVA, M-54/20.
2 Alfred Lorenz war nach dem Einmarsch der deutschen Truppen in Rzeszów (9.9.1939) einige Tage lang Ortskommandant der Stadt.
3 In Polnisch und Deutsch. Rechtschreibung und Grammatik wie im deutschen Original.
4 Groschen (poln.: grosze). 100 Groszy ergeben 1 Złoty.

Der Bürgerausschuss wird in alle jüdische Geschäfte die arischen Verwalter einführen vom Besitzer zu besolden.
Die pensionierten Beamten und die Beamten aller Kategorien werden aufgefordert sich im Bürgerausschuss zu melden um die Verwaltung der Geschäfte zu übernehmen.
Die Geschäfte der *jüdischen* Eigentümer welche die Stadt verlassen haben, werden in Verwaltung der arischen Verwalter übergeben, die das inkasierte Geld für verkaufte Waren auf Rechnung der Geschäftseigentümer zur Bürgerausschusskasse abzuführen haben.

## DOK. 9
## The New York Times: Artikel vom 13. September 1939 über die NS-Judenverfolgung in Polen und deutsche Pläne für Massenvertreibungen[1]

*Nazis deuten „Säuberungsaktionen" gegen Juden in Polen an. „Sonderbericht" aus dem besetzten Landesteil erörtert mögliche Lösung des Problems. Es handelt sich um die größte Gruppe in Europa. 3 Millionen Bewohner betroffen. Ihre „Entfernung" aus Europa wird als Gewinn betrachtet.*

Per Funk übermittelt
*Berlin*, 12. Sept. – Deutschland und Polen verhandeln offenbar über eine „Lösung des Judenproblems" in Polen. Diesbezügliche Hinweise liefert ein „Sonderbericht" des amtlichen Deutschen Nachrichtenbüros,[2] der aus dem von deutschen Truppen inzwischen besetzten polnischen Hoheitsgebiet, irgendwo in Ostschlesien,[3] stammt.
Sollte tatsächlich eine „Lösung des Judenproblems in Polen" nach deutschem Vorbild bevorstehen, wären die Auswirkungen verhängnisvoll. Deutschland hat nämlich mit seiner kompromisslosen Vertreibung der Juden aus seinem Staatsgebiet in den vergangenen sechs Jahren bereits ein weltweites Flüchtlingsproblem ausgelöst und viel Leid über die Menschen gebracht.
Während in Deutschland und Österreich zuletzt insgesamt 750 000 Juden lebten,[4] ist die jüdische Bevölkerung Polens mit etwa 3 Millionen Menschen die größte in ganz Europa und die zweitgrößte weltweit.
*Polen „Lösung" angeboten*
Neben Vorschlägen, wie ein erneutes „Eindringen" von polnischen Juden nach Deutschland zu verhindern sei, präsentiert dieser „Sonderbericht" eine „Lösung des Judenprob-

1 The New York Times, Nr. 29817 vom 13.9.1939, S. 5: Nazis hint "purge" of Jews in Poland. Das Dokument wurde aus dem Englischen übersetzt. Die Tageszeitung The New York Times erscheint seit 1851.
2 Die Nachrichten, auf denen dieser Artikel beruht, wurden auch in deutschen Zeitungen veröffentlicht; siehe „Nie wieder polnische Juden nach Deutschland", in: Soldatenzeitung, Nr. 12 vom 9.9.1939, S. 2. Wörtliche Zitate sind, wenn möglich, aus der Soldatenzeitung übernommen worden, statt sie aus dem Englischen rückzuübersetzen.
3 Gemeint ist das vor dem Krieg zu Polen gehörende östliche Oberschlesien; siehe Dok. 7 vom 12.9.1939 und Dok. 110 vom 19.4.1940.
4 Die Zahl bezieht sich auf den Stand von 1933.

lems in Polen", „welche die Beziehungen zwischen dem deutschen und polnischen Volk erheblich verbessern könnte". Es seien in erster Linie polnische Juden gewesen, die nach dem Aufkommen des Nationalsozialismus „die ganze Welt gegen das Deutschtum aufgehetzt haben", heißt es in dem Bericht weiter.

Diese angeblichen Attacken gegen das „Deutschtum" – mit denen Reichskanzler Hitler den aktuellen deutschen Kriegseinsatz gegen Polen rechtfertigt – seien, so eine weitere Behauptung des „Sonderberichts", auch der Grund, warum die in Polen mitunter auflodernde „Wut" gegen die Juden sich nun auch gegen „alles Deutsche" richte. „Obwohl es vielleicht paradox klingt", seien „die Juden aufgrund ihrer Kenntnisse der deutschen Sprache von der einfachen polnischen Landbevölkerung oftmals unhinterfragt für Deutsche gehalten worden".

Als eine Lösung dieses Problems kündigt das amtliche Nachrichtenbüro mögliche „Säuberungsaktionen" an. Anschließend erklärt es:

„Außerdem würde, langfristig betrachtet, die Entfernung des polnischen Judenvolkes aus dem europäischen Bereich Europa einer Lösung der Judenfrage überhaupt näher bringen. Denn es ist gerade dieses Judentum, das durch Geburtenreichtum trotz aller zwischen den beiden Gruppen bestehenden Unterschiede das geburtenschwächere Westjudentum immer wieder zahlenmäßig stärkt."

Wie jedoch mit der „Entfernung" der Juden aus Polen das behauptete „Erstarken" des westlichen Judentums aufgehalten werden soll, ohne die Juden auszurotten, wird nicht erläutert.

*Polnische Juden verhöhnt*

Die antisemitische Hetzkampagne der Nationalsozialisten richtete sich vor allem gegen diejenigen Juden, die unmittelbar nach dem Weltkrieg aus Polen nach Deutschland emigriert waren und sich, wie im Bericht unterstellt wird, dort in der Nachkriegszeit, die von hoher Inflation geprägt war, auf Kosten der deutschen Bevölkerung bereichert hätten. Immer wieder werden die „Ostjuden" verspottet und verhöhnt. So beginnt dieser „Sonderbericht" mit wenig schmeichelhaften Beschreibungen der Kleidung, des Erscheinungsbilds und der Gewohnheiten der Juden, gestützt auf angebliche Beobachtungen von deutschen Soldaten während ihres Vorstoßes nach Ostpolen. Es folgt ein Resümee zur Rolle der polnischen Juden während des letzten Kriegs gegen Deutschland.

In dem Bericht wird überdies behauptet, dass sich Juden während der gegenwärtigen Kriegshandlungen unterwürfig gegenüber den Deutschen verhalten hätten. So sollen sie mit offenen Armen auf deutsche Soldaten zugegangen sein und versucht haben, Freundschaft mit ihnen zu schließen. Ein Jude soll den Deutschen erklärt haben, dass er sich im Grunde seines Herzens selbst als Deutscher fühle und für die baldige Ankunft der Deutschen gebetet habe, da diese „für Wohlstand und bessere Zeiten sorgen würden".

„Die Antwort, die er darauf erhalten hat", heißt es weiter in dem Sonderbericht, „ist gewiss sehr klar gewesen. Das Ergebnis war, dass der Sohn Israels es vorzog, sich so schnell wie möglich aus dem Staub zu machen."

Den Juden wird auch die Plünderung polnischer Städte und Dörfer angelastet. Dabei hätten sie jedoch die Wachsamkeit der deutschen Soldaten und der Feldpolizisten unterschätzt, die laut Sonderbericht „viele von ihnen gefasst und sie ihrer verdienten Strafe zugeführt haben". Auf Plünderungen steht im Geltungsbereich von Kriegsrecht die Todesstrafe.

In dem Bericht wird weiter behauptet, dass polnische jüdische Frauen von Männern, die

man wegen angeblicher Plünderungen an Ort und Stelle verhaftet hatte, versucht hätten, „deutsche Wachen dazu zu verführen, ihre Männer freizulassen".
Dem Bericht zufolge waren es zuerst die Wohnungen von Juden, die nach Waffen und Munition durchsucht wurden.
In einer aus Königsberg stammenden Depesche des deutschen amtlichen Nachrichtenbüros wird von polnischen Frauen berichtet, die im Norden Polens jüdische Geschäfte gestürmt und dabei gerufen haben sollen: „Die Juden sind schuld an unserem Unglück. Sie haben unsere Männer zum Krieg verleitet."
Die deutsche Feldpolizei, so wird ergänzt, habe jedoch die Ordnung alsbald wiederhergestellt.

## DOK. 10
## Die Dresdner Bank, Filiale Kattowitz, listet nach dem 13. September 1939 jüdische Firmen auf, die sie „arisieren" will[1]

Schreiben der Dresdner Bank, undat., Filiale Kattowitz[2]

*Jüdische* Firmen, die mit uns gearbeitet haben und jetzt eventuell zu arisieren wären:

| Name der Firma | Branche |
|---|---|
| Adler i Panofski, Sohrau | Eisengießerei |
| Aufrecht, Ruda | Holzhandel |
| Badewitz, D., Kattowitz | Darmhandlung |
| Czwiklitzer, D., Kattowitz | Seifenfabrik |
| Fuchs, S., Kattowitz | Holzhandel |
| Mrachacz i Schutz, Kattowitz[3] | Eisenhandel |
| Nacks Nachf., Kattowitz | Wasserleitungs- und Kanalisationsartikel |
| „POLPAP", Schwientochlowitz | Papierfabrik |
| Szleszyngier, J. M., Bendzin | Hanfseilfabrik |
| Weichmann, Max, Kattowitz[4] | Graupenmühle |
| Fiedler und Glaser, Kattowitz | Mühle |
| Zakłady Przemysłu Metalowych Bracia Szajn Spółka Akcyjna, Bendzin | Eisen- und Metallfabrik |
| J. D. Potoka i Synowie, Bendzin-Małabodz | Öle, Fette etc. |
| „Wholworth"[5] Spółka Akcyjna, Kattowitz | Warenhaus |

1 APK, 320/121, Bl. 293. Abdruck in: Ingo Loose, Kredite für NS-Verbrechen. Die deutschen Kreditinstitute in Polen und die Ausraubung der polnischen und jüdischen Bevölkerung 1939–1945, München 2007, S. 146f.
2 Die Zweigstelle Kattowitz der Dresdner Bank wurde 1938 liquidiert und nahm am 13.9.1939 ihre Tätigkeit offiziell wieder auf. Das Verzeichnis ist ohne Anschreiben und befindet sich in einer Akte zu internen Vorgängen in der Phase kurz nach der Wiedereröffnung.
3 Im Original links handschriftl. Fragezeichen.
4 Im Original links handschriftl. Fragezeichen.
5 Richtig: Woolworth.

## DOK. 11
## Der Chef der Zivilverwaltung in Kattowitz verbietet am 15. September 1939 die Rückkehr jüdischer Kriegsflüchtlinge in ihre Heimatorte[1]

Schreiben des CdZ beim Grenzschutz-Abschnitts-Kommando 3,[2] in Vertretung gez. Graf Matuschka,[3] Kattowitz, vom 15.9.1939 (Abschrift)

*Betr.: Rückführung von Flüchtlingen*
In der nächsten Zeit ist mit der Rückkehr eines Teils der in das Innere des polnischen Staates geflüchteten Einwohner zu rechnen. Die Rückkehr ist den innerhalb der nach der Bekanntmachung betreffend Zoll- und Polizeigrenze vom 12.9.1939, Verordnungsblatt Nr. 4, vorgeschoben wordenen Grenze[4] wohnhaft oder tätig gewesenen Personen grundsätzlich zu gestatten.
Zu versagen ist der Übertritt nur Juden und unzuverlässigen Elementen. Für die Rückführung derjenigen Personen, denen hiernach die Rückwanderung zu gestatten ist, gilt folgendes:
Die Einreise ist nur über die Zollstraßen zulässig.
Die Rückwanderer werden listenmäßig von den zuständigen Grenzzollämtern erfaßt.
Diese Listen werden folgende Angaben erhalten:[5]
1.) Vor- und Familienname,
2.) Geburtstag und Ort (Kreis),
3.) Beruf,
4.) letzter Wohnsitz (Heimatort im besetzten Gebiet),
5.) Reiseziel.
Die Listen werden getrennt nach den Kreisen des *Heimatortes* der Rückwanderer geführt.
Die Grenzzollämter versenden die Listen baldmöglichst nach Anweisung des Bezirks-Zollkommissars bezw. des Zollamtsvorstehers. Wegen der Übersendung der Listen, die z.Zt. nur im Wege des Kurierdienstes möglich ist, an die Landräte und Oberbürgermeister bezw. der Polizeipräsident in Kattowitz mit den beteiligten Organen der Zollverwaltung sofort aufzunehmen.[6]
Es kommen folgende Zollämter mit ihren Unterstellen, den Bezirks-Zollkommissaren G.,[7] in Frage:

1 GStAPK, XVII. HA Ost 4, Reg Kattowitz/3, Bl. 141+RS.
2 Otto Fitzner (1888–1945), Bergwerksdirektor; nach 1918 Angehöriger von Freikorps; techn. Direktor der Bergwerksgesellschaft Georg von Giesches Erben; 1931 NSDAP- und SA-Eintritt; 1935 Leiter der Wirtschaftskammer Schlesien und Präsident der IHK Breslau; von Sept. 1939 an Sonderbeauftragter des Gauleiters von Schlesien, CdZ im Grenzschutz-Abschnittskommando 3 in Kattowitz, ab 1941 Gauwirtschaftsberater in Niederschlesien.
3 Dr. Michael Graf von Matuschka (1888–1944), Jurist; 1932 MdL für das Zentrum in Preußen, 1923–1933 Landrat von Oppeln, danach im preuß. Innenministerium und im Oberpräsidium Niederschlesiens; 1939 zum CdZ im Grenzschutz-Abschnittskommando 3 abgeordnet, 1941 als ORR Leiter der Treuhandstelle beim Oberpräsidenten in Kattowitz; im Zusammenhang mit dem Attentat vom 20. Juli 1944 hingerichtet.
4 Trotz der Annexion westpolnischer Gebiete fungierte die alte Reichsgrenze bis 1941 als Polizeigrenze.
5 Richtig: enthalten.
6 So im Original.
7 Vermutlich: Grenze.

*Hauptzollamt* Kreuzburg O/S. mit dem Bezirks-Zollkommissar G. in Lissau,
*Hauptzollamt* Beuthen O/S. mit d. Bezirks-Zollk. in Woischnik, Tarnowitz und Myslowitz,
*Hauptzollamt* Pleß m. d. Bezirks-Zollkomm. G. in Neuberun, Pleß, Schwarzwasser und Groß-Gorschütz.
Die Kreispolizeibehörden des Heimatortes der Rückwanderer, die die Listen über die Dienststellen der Zollverwaltung erhalten, werden ersucht, die Persönlichkeit der Rückwanderer zu überprüfen und sich mit den Kreispolizeibehörden des in der Liste angegebenen Reiseziels in Verbindung zu setzen, damit festgestellt werden kann, ob die Rückwanderer auch nach dem angegebenen Ort gezogen sind.
Es ist zu erwarten, daß die Rückwanderer teilweise auch versuchen werden, unter Umgehung der Zollstraßen zurückzukehren. Der Erfassung und Überprüfung solcher Rückwanderer ist besonderes Augenmerk zu widmen.

## DOK. 12
## Der Chef der Sicherheitspolizei übersendet den Einsatzgruppen in Polen am 21. September 1939 Richtlinien für die Vorgehensweise gegenüber Juden[1]

Schnellbrief (geheim) des Chefs der Sicherheitspolizei Heydrich[2] (PP [II] – 288/39 geh.), Berlin, an die Einsatzgruppenchefs der Sicherheitspolizei in Polen vom 21.9.1939 (Abschrift)[3]

*Betrifft:* Judenfrage im besetzten Gebiet.
Ich nehme Bezug auf die heute in Berlin stattgefundene Besprechung[4] und weise noch einmal darauf hin, daß die *geplanten Gesamtmaßnahmen* (also das Endziel) *streng geheim* zu halten sind.
Es ist zu unterscheiden zwischen
1.) dem Endziel (welches längere Fristen beansprucht) und
2.) den Abschnitten der Erfüllung dieses Endzieles (welche kurzfristig durchgeführt werden).
Die geplanten Maßnahmen erfordern gründlichste Vorbereitung sowohl in technischer als auch in wirtschaftlicher Hinsicht.
Es ist selbstverständlich, daß die herantretenden Aufgaben von hier in allen Einzelheiten

1 BArch, R 58/954. Abdruck in: Klaus-Jürgen Müller, Das Heer und Hitler. Armee und nationalsozialistisches Regime 1933–1940, Stuttgart 1969, S. 668–671.
2 Reinhard Heydrich (1904–1942), Berufsoffizier; 1922–1931 Marinelaufbahn; 1931 NSDAP- und SS-Eintritt; von 1932 an Chef des SD, ab 1934 Chef des zunächst nur für Preußen zuständigen Gestapa in Berlin, 1936–1942 Chef der Sicherheitspolizei und des SD, 1939–1942 Chef des RSHA, von Sept. 1941 an zugleich stellv. Reichsprotektor von Böhmen und Mähren; infolge eines Attentats am 4.6.1942 in Prag gestorben.
3 Im Original handschriftl. Bearbeitungsvermerke.
4 In dieser Besprechung von Amts- und Einsatzgruppenleitern ordnete Heydrich an, die Juden im eroberten Gebiet innerhalb von drei bis vier Wochen in den Städten zu konzentrieren. Zudem sollten die Juden aus dem Reichsgebiet „einschließlich der zu annektierenden ehemaligen preußischen Ostprovinzen" binnen eines Jahres nach Polen vertrieben werden; Besprechungsprotokoll vom 27.9.1939, in: Tatiana Berenstein/Adam Rutkowski, Dokument o konferencji w Urzędzie Policji Bezpieczeństwa z 21 IX 1939 r., in: BŻIH, 1964, H. 1 (49), S. 68–73, hier S. 71.

nicht festgelegt werden können. Die nachstehenden Anweisungen und Richtlinien dienen gleichzeitig dem Zwecke, die Chefs der Einsatzgruppen zu praktischen Überlegungen anzuhalten.

I.

*Als erste Vorausnahme für das Endziel gilt zunächst die Konzentrierung der Juden vom Lande in die größeren Städte.*

Sie ist mit Beschleunigung durchzuführen.

Es ist dabei zu unterscheiden:

1.) zwischen den Gebieten Danzig und Westpreußen, Posen, Ostoberschlesien und

2.) den übrigen besetzten Gebieten.[5]

Nach Möglichkeit soll das unter *Ziffer 1)* erwähnte Gebiet von Juden freigemacht werden, zum mindesten aber dahin gezielt werden, nur wenige Konzentrierungsstädte zu bilden. In den unter *Ziffer 2)* erwähnten Gebieten sind möglichst wenige Konzentrierungspunkte festzulegen, so daß die späteren Maßnahmen erleichtert werden. Dabei ist zu beachten, daß nur solche Städte als Konzentrierungspunkte bestimmt werden, die entweder Eisenbahnknotenpunkte sind oder zum mindesten an Eisenbahnstrecken liegen.

Es gilt grundsätzlich, daß jüdische Gemeinden mit *unter 500* Köpfen aufzulösen und der nächstliegenden Konzentrierungsstadt zuzuführen sind.

Dieser Erlaß gilt nicht für das Gebiet der Einsatzgruppe I, welches etwa, östlich von Krakau liegend, umgrenzt wird von *Polanico,*[6] *Jaroslaw*, der neuen Demarkationslinie[7] und der bisherigen slowakisch-polnischen Grenze. Innerhalb dieses Gebietes[8] ist lediglich eine behelfsmäßige Judenzählung durchzuführen. Des weiteren sind die nachstehend behandelten jüdischen Ältestenräte aufzustellen.

II.

*Jüdische Ältestenräte.*

1.) In jeder jüdischen Gemeinde ist ein jüdischer Ältestenrat aufzustellen, der, soweit möglich, aus den zurückgebliebenen maßgebenden Persönlichkeiten und Rabbinern zu bilden ist. Dem Ältestenrat haben bis zu 24 männliche Juden (je nach Größe der jüdischen Gemeinde) anzugehören.

Er ist im Sinne des Wortes *voll verantwortlich* zu machen für die exakte und termingemäße Durchführung aller ergangenen oder noch ergehenden Weisungen.

2.) Im Falle der Sabotage solcher Weisungen sind den Räten die schärfsten Maßnahmen anzukündigen.

3.) Die Judenräte haben eine behelfsmäßige Zählung der Juden – möglichst gegliedert nach Geschlecht (Altersklassen) a) bis 16 Jahren, b) von 16 bis 20 Jahren und c) darüber, und nach den hauptsächlichsten Berufsschichten – in ihren örtlichen Bereichen vorzunehmen und das Ergebnis in kürzester Frist zu melden.

4.) Den Ältestenräten sind Termine und Fristen des Abzuges, die Abzugsmöglichkeiten und schließlich die Abzugsstraßen bekanntzugeben. Sie sind sodann persönlich verantwortlich zu machen für den Abzug der Juden vom Lande.

5 Hier wird bereits zwischen den zu annektierenden Gebieten und dem späteren Generalgouvernement unterschieden.

6 Offenbar Połaniec an der Mündung der Wisłoka in die Weichsel.

7 Gemeint ist die am 28.9.1939 festgelegte deutsch-sowjetische Interessengrenze.

8 In diesem Gebiet im Süden Polens sollte nach einem vage formulierten Plan ein „Judenreservat" entstehen.

Als Begründung für die Konzentrierung der Juden in die Städte hat zu gelten, daß sich Juden maßgeblichst an den Franktireurüberfällen und Plünderungsaktionen beteiligt haben.
5.) Die Ältestenräte in den Konzentrierungsstädten sind verantwortlich zu machen für die geeignete Unterbringung der aus dem Lande zuziehenden Juden.
Die Konzentrierung der Juden in Städten wird wahrscheinlich aus allgemein sicherheitspolizeilichen Gründen Anordnungen in diesen Städten bedingen, daß den Juden bestimmte Stadtviertel überhaupt verboten werden, daß sie – stets jedoch unter Berücksichtigung der wirtschaftlichen Notwendigkeiten – z. B. das Ghetto nicht verlassen, zu einer bestimmten Abendstunde nicht mehr ausgehen dürfen usw.
6.) Die Ältestenräte sind auch verantwortlich zu machen für die entsprechende Verpflegung der Juden auf dem Transport in die Städte.
Es sind keine Bedenken geltend zu machen, wenn die abwandernden Juden ihr bewegliches Gut, soweit technisch überhaupt möglich, mitnehmen.
7.) Juden, welche dem Befehl, in die Städte umzusiedeln, nicht nachkommen, ist in begründeten Fällen eine kurz bemessene Nachfrist zu gewähren. Es ist ihnen strengste Bestrafung anzukündigen, wenn sie auch dieser Frist nicht nachkommen sollten.
III.
*Alle erforderlichen Maßnahmen sind grundsätzlich stets im engsten Benehmen und Zusammenwirken mit den deutschen Zivilverwaltungs- und örtlich zuständigen Militärbehörden zu treffen.*
Bei der Durchführung ist zu berücksichtigen, daß die wirtschaftliche Sicherung der besetzten Gebiete keinen Schaden leidet.
1.) Es ist vor allem Rücksicht zu nehmen auf die Bedürfnisse des Heeres.[9]
Z. B. wird es sich kaum vermeiden lassen, zunächst da und dort Handelsjuden zurückzulassen, welche zur Verpflegung der Truppen mangels anderweitiger Möglichkeiten unbedingt zurückbleiben müssen. In diesen Fällen ist jedoch im Benehmen mit den örtlichen zuständigen deutschen Verwaltungsbehörden die alsbaldige Arisierung dieser Betriebe anzustreben und die Auswanderung der Juden nachzuholen.
2.) Bei der Wahrung der deutschen Wirtschaftsinteressen in den besetzten Gebieten ist es selbstverständlich, daß jüdische lebens-, kriegs- oder für den Vierjahresplan wichtige Industriezweige und -betriebe zunächst aufrechterhalten bleiben müssen.
Auch in diesen Fällen ist die alsbaldige Arisierung anzustreben und die Auswanderung der Juden nachzuholen.
3.) Es ist schließlich Rücksicht zu nehmen auf die Ernährungslage in den besetzten Gebieten. So sind z. B. Grundstücke jüdischer Siedler nach Möglichkeit den benachbarten deutschen oder auch polnischen Bauern zur Mitbewirtschaftung kommissarisch in Pflege zu geben, so daß die Einbringung der noch ausstehenden Ernte bezw. der Wiederanbau gewährleistet ist. Hinsichtlich dieser wichtigen Frage ist mit dem landwirtschaftlichen Sachreferenten des C.d.Z. Verbindung aufzunehmen.

9 Der hier dokumentierte Erlass Heydrichs wurde am 30.9.1939 vom OKH teilweise aufgehoben; Heydrich an Einsatzgruppen am 30.9.1939, in: Kazimierz Radziwończyk, „Akcja Tannenberg" grup operacyjnych SIPO i SD w Polsce jesienią 1939 r., in: Przegląd Zachodni, 1966, Nr. 5/6, S. 94–118, hier S. 114. Die Folgen der Rücknahme sind unklar. Der Generalquartiermeister des Heeres teilte dazu in einem Schreiben an AOK 8 vom 1.10.1939 mit: „Durchführung des Befehls vom 21.9.39 erfolgt erst zu einem späteren Zeitpunkt"; IfZ MA, 113/6 (WB 2752).

4) In allen Fällen, in denen eine Übereinstimmung der Interessen der Sicherheitspolizei einerseits und der deutschen Zivilverwaltung andererseits erzielt werden kann, ist mir vor Durchführung der in Frage stehenden Einzelmaßnahmen auf dem schnellsten Wege zu berichten und meine Entscheidung abzuwarten.

IV.

Die Chefs der Einsatzgruppen berichten mir laufend über die folgenden Sachverhalte:

1.) Zahlenmäßige Übersicht über die in ihren Bereichen befindlichen Juden (möglichst in der oben angegebenen Gliederung). Es sind hierbei getrennt anzugeben die Zahlen der Juden, welche vom Lande zur Abwanderung gebracht werden, und jener, welche sich bereits in den Städten befinden.

2.) Namen der Städte, welche als Konzentrierungspunkte bestimmt worden sind.

3.) Die den Juden zur Abwanderung in die Städte gesetzten Termine.

4.) Übersicht über alle jüdischen lebens- und kriegs- oder für den Vierjahresplan wichtigen Industriezweige und -betriebe ihres Bereiches.

Es sind möglichst folgende Feststellungen zu treffen:

a) Art der Betriebe (zugleich Angabe der möglichen Umstellung des Betriebes zu wirklich lebenswichtigen bezw. kriegswichtigen oder für den Vierjahresplan wichtigen Betrieben),

b) welche von diesen Betrieben sind vordringlichst zu arisieren (um jedwede Schädigung auszuschalten)?

Wie wird die Arisierung vorgeschlagen? Deutsche oder Polen (diese Entscheidung ist abhängig von der Wichtigkeit des Betriebes),

c) wie groß ist die Zahl der in diesen Betrieben beschäftigten Juden (darunter der leitenden Positionen).

Kann der Betrieb nach Abschub der Juden ohne weiteres aufrechterhalten bleiben, oder bedarf diese Aufrechterhaltung der Zuteilung von deutschen bezw. polnischen Arbeitskräften? In welchem Umfange?

Soweit polnische Arbeitskräfte herangezogen werden müssen, ist darauf Bedacht zu nehmen, daß diese vor allem aus den früheren deutschen Provinzen hereingeholt werden, so daß das Polentum dort bereits eine Auflockerung erfährt. Diese Fragen können nur durch Einschaltung und Beteiligung der eingerichteten deutschen Arbeitsämter durchgeführt werden.

V.

Zur Erreichung der gesteckten Ziele erwarte ich restlosen Einsatz aller Kräfte der Sicherheitspolizei und des Sicherheitsdienstes.

Die benachbarten Chefs der Einsatzgruppen haben miteinander sofort Fühlung aufzunehmen, damit die in Betracht kommenden Gebiete restlos erfaßt werden.

VI.

Das OKH, der Beauftragte für den Vierjahresplan (z.Hd. des Herrn Staatssekretärs *Neumann*),[10] die Reichsministeri[en] des Innern (z.Hd. des Herrn Staatssekretärs *Stu-*

10 Erich Neumann (1892–1951), Jurist, Volkswirt; Mitglied der DNVP; von 1920 an im Preuß. MdI, ab 1932 im Preuß. Staatsministerium tätig; 1933 NSDAP- und 1934 SS-Eintritt; 1936–1942 Leiter der Geschäftsgruppe Devisen des Beauftragten für den Vierjahresplan, von 1938 an StS; 1942 Teilnehmer der Wannsee-Konferenz; ab 1942 Generaldirektor der Deutschen Kalisyndikat GmbH; 1945–1948 interniert.

*ckart)*,[11] für Ernährung und für Wirtschaft (z. Hd. des Herrn Staatssekretärs *Landfried)*[12] sowie die Chefs der Zivilverwaltung des besetzten Gebietes haben Abzug dieses Erlasses erhalten.

## DOK. 13
## Eine jüdische Augenzeugin berichtet in Palästina, wie die Deutschen im September 1939 in Włocławek die Juden verfolgten[1]

Protokoll der Aussage von Frau M.P. aus Włocławek vor der Commission for Polish Jewry[2] in Jerusalem am 7.6.1940

Die Liquidierung der Gemeinde Włocławek
Vor uns erscheint Frau M.P. aus Włocławek, die jetzt in Jerusalem wohnt und Folgendes bezeugt:
Wenige Tage nach ihrem Einmarsch in Włocławek,[3] am Vorabend des Jom Kippur,[4] drangen die Deutschen in ein Privathaus ein, in dem sich Juden zum Gebet versammelt hatten. Sie befahlen den Anwesenden, das Gebäude zu verlassen und loszurennen. Dann gaben sie den Befehl „Stehen bleiben!“, aber einige der Juden hörten den Befehl nicht und liefen weiter. Daraufhin eröffneten die Deutschen das Feuer und töteten fünf oder sechs Juden. An demselben Jom Kippur legten die Deutschen an den zwei großen Synagogen Feuer. Die Flammen griffen auch auf einige Privathäuser über. Die Juden warfen ihre Habseligkeiten hinaus, über die sich vor den Häusern der polnische Mob hermachte. An den Brandstiftungen beteiligten sich vor allem SS-Leute. Die Juden versuchten, die brennenden Häuser zu retten. Später holten die Deutschen aus einem Haus alle sich dort aufhaltenden Männer, 26 an der Zahl, und zwangen sie, Aussagen zu unterschreiben, dass sie die Gebäude in Brand gesteckt hätten. Anschließend informierten die Deutschen die Gefangenen, dass man gegen sie die Todesstrafe wegen Brandstiftung verhängen werde

11 Wilhelm Stuckart (1902–1953), Jurist; 1922 NSDAP- und 1936 SS-Eintritt; Angehöriger des Freikorps Epp; 1932 Führer des NS-Juristenbunds im Gau Pommern, von Juni 1933 an StS im preuß. Unterrichtsministerium, ab 1935 im RMdI (zuständig für Abt. I Verfassung und Gesetzgebung); 1942 Teilnehmer der Wannsee-Konferenz; 1945–1949 interniert, 1949 im Nürnberger Wilhelmstraßenprozess verurteilt (Strafe galt durch seine Haft als verbüßt), 1950 als Mitläufer eingestuft.

12 Friedrich Landfried (1884–1952), Jurist, Finanzfachmann; 1933–1943 StS im preuß. Finanzministerium, 1939–1943 zugleich StS im RWM und Mitglied des Generalrats des Vierjahresplans, bis 1942 stellv. Aufsichtsratsvorsitzender der AG Reichswerke Hermann Göring; 1945 interniert.

1 Das Original ist verschollen. Abdruck in: Sefer ha-Zeva'ot (Buch der Gräuel), hrsg. von Benjamin Mintz und Yisrael Klausner, Jerusalem 1945, S. 86. Das Dokument wurde aus dem Hebräischen übersetzt. Der Band enthält Materialien aus der Zeit von Sept. 1939 bis Juni 1941, die in Palästina von der Commission for Polish Jewry gesammelt wurden.

2 Vermutlich ist das Vierer-Komitee (Committee of Four) gemeint, das von der Exekutive der Jewish Agency Ende 1939 in Jerusalem berufen wurde. Dem Komitee gehörten Izaak Grünbaum, Emil Schmorak, Elijahu Dobkin und Rabbi Moshe Shapiro an. Der aus Polen stammende Grünbaum beauftragte den letzten Präsidenten der Zionistischen Organisation in Polen, Apolinary Hartglas (1883–1953), der nach seiner Flucht aus Warschau Anfang 1940 in Palästina eingetroffen war, Aussagen von Flüchtlingen zu sammeln.

3 Die Wehrmacht besetzte die Stadt am 14.9.1939.

4 Der Vorabend von Jom Kippur fiel 1939 auf den 22. Sept.

und sie nur durch die Zahlung eines Lösegelds in Höhe von 250 000 Złoty gerettet werden könnten. Die jüdische Bevölkerung von Włocławek brachte die geforderte Summe auf, woraufhin man die Gefangenen freiließ. Dann führten die Deutschen eine Razzia in den Häusern durch. Sie nahmen etwa 350 Juden mit und brachten einen Teil von ihnen in die Kaserne, einige andere in die Fabrik von Mühsam.[5] Von dort wurden sie täglich abgeholt und zur Arbeit gebracht, doch man gab ihnen kein Essen – nur ihre Familien durften sie mit Lebensmitteln versorgen. Nach mühsamen Verhandlungen wurde den Gefangenen gestattet, mit einer besonderen Ausgangsgenehmigung ab und zu für kurze Zeit nach Hause zu gehen, um sich zu waschen, ihre Kleidung zu wechseln, zu essen und dergleichen. Obwohl die Deutschen bereits 350 Gefangene zu regelmäßigen Arbeitsdiensten verpflichtet hatten, hörten die Verschleppungen von Juden, die man auf den Straßen aufgriff und zur Arbeit zwang, keineswegs auf. Dann gab es den jüdischen Rat (Judenrat), der anstelle der vorherigen Gemeindeverwaltung eingesetzt worden war und dessen Tätigkeit sich darauf beschränkte, die deutsche Verwaltung auf dem Laufenden zu halten. Gemäß den Forderungen der Deutschen stellte er diesen täglich eine bestimmte Anzahl jüdischer Arbeiter zur Verfügung. Diejenigen, die man aufgegriffen und verschleppt hatte, wurden von den Deutschen gnadenlos geschlagen und misshandelt. Wie diese mit den Juden während der Arbeitszeit umgingen, verdeutlicht ein Vorfall: Einer dieser Juden, Jacob Heiman, 52 Jahre alt und zu schwach für körperliche Arbeit, wurde während des Dienstes geschlagen. Die Aufseher stachen zudem mit einem Dolch auf ihn ein. Wenige Tage nach seiner Rückkehr nach Hause erlag er seinen Verletzungen. Im Oktober befahlen die Deutschen den Juden, einen gelben Flicken auf der Rückseite ihrer Kleidung anzubringen, und sie durften nicht mehr auf dem Bürgersteig, sondern nur noch in der Mitte der Straße gehen. Kurz nachdem sie das Lösegeld in Höhe von 250 000 Złoty für die angeblichen Brandstifter von den Juden kassiert hatten, belegten die Deutschen jeden angeblichen Verstoß gegen das Verbot, den Bürgersteig zu benutzen, mit einer neuen Strafe von 500 000 Złoty. Außerdem mussten die Schulen schließen.

Wenige Tage nach ihrem Einmarsch in die Stadt schlossen und beschlagnahmten die Deutschen die Fabriken und Geschäfte der Juden. Man verpflichtete sie, ihren gesamten Besitz aufzulisten, Juden war es nicht erlaubt, mehr als 200 Złoty (in Warschau – 2000 Złoty)[6] im Haus zu haben. Misshandlungen von Juden häuften sich. Man schlug sie nicht nur unter irgendeinem Vorwand bei der Verrichtung der Zwangsarbeit. Ohne jeden Anlass gingen Menschen sogar mitten auf der Straße auf Juden zu, riefen „Żyd"[7] und begannen, auf sie einzuschlagen. Für kurze Zeit konnten diejenigen, die zuvor ein entsprechendes Gesuch gestellt hatten, die Stadt verlassen. Um diese Bewilligung zu erhalten, hatten sich die Antragsteller in drei „Schlangen" aufzustellen: Volksdeutsche, die die Reiseerlaubnis kostenlos erhielten, Polen, die den Preis von einem Złoty zahlten, und Juden – 10 Złoty. Es kam auch zu Verhaftungen von jüdischen Frauen, um diese zum Arbeiten zu zwingen, aber solche Fälle waren selten, und ihre Arbeit war nicht schwer. Während der Arbeit wurden sie „gnädig" behandelt: Das heißt, sie wurden nicht verletzt,

5 Maschinenfabrik (mit Eisengießerei), die 1884 von dem jüdischen Kaufmann Hugo Mühsam (1856 – 1930) gegründet worden war.

6 Die Beschränkung des Bargeldbesitzes auf 2000 Złoty wurde im Generalgouvernement am 20.11.1939 (VOBl. GG 1939, Nr. 7 vom 20.11.1939, S. 57f.) und im Warthegau am 18.11.1939 verfügt; siehe Dok. 40 vom 18.11.1939.

7 Poln.: Jude.

man gab ihnen lediglich Ohrfeigen. Aber man zwang sie, die Fußböden nur in der Unterwäsche, die sie am Leibe trugen, zu schrubben. Jüdische Frauen konnten jedoch nicht immer vor Misshandlungen sicher sein. Bei nächtlichen Einbrüchen in Wohnungen von Juden, angeblich um diese zu durchsuchen, zwang man die Frauen, sich nackt auszuziehen. So geschah es Frau Sch., einer Frau von Stand, die gezwungen wurde, nackt vor den Augen der Deutschen zu tanzen und zu hüpfen. Es ereigneten sich viele ähnliche Vorfälle. Die polnische Bevölkerung hatte ebenfalls unter den Deutschen zu leiden. Sofort nach dem Einmarsch verhafteten die Deutschen die polnische Intelligenz und die Priester. Man schickte alle Gefangenen zur Zwangsarbeit nach Deutschland, irgendwo in die Nähe von Königsberg. Seit Dezember gibt es von dort keinerlei Nachrichten mehr. Viele Angehörige der polnischen Intelligenz wurden erschossen, unter ihnen auch der Stadtpräsident Mystkowski.[8] Die Stadt wurde ihrer polnischen Intelligenz vollkommen beraubt. Es folgte die Vertreibung von polnischen Handwerkern und Arbeitern aus der Stadt. Die Vororte, in denen ihre Wohnungen lagen, steckte man in Brand, viele von ihnen wurden gefangen genommen und auch nach Deutschland zur Arbeit geschickt. Die Stadt hat ihr polnisches Erscheinungsbild nahezu eingebüßt. Die deutschen Einwohner der Stadt bezeichnen sich selbst als „Volksdeutsche", und sie hassen und belästigen die Polen und die Juden. Sie dienen den deutschen Behördenvertretern quasi als Begleitschutz und sind die treibende Kraft bei den Gewalttaten. Die Beziehungen zwischen Polen und Juden blieben intakt. Einige der Polen gingen auf die Juden zu und boten ihnen an, ihnen Zuflucht zu gewähren oder ihre Habseligkeiten in ihren Häusern aufzubewahren. Die Deutschen schlossen und enteigneten auch Fabriken und Geschäfte der Polen.

## DOK. 14

## Der Höhere SS- und Polizeiführer Krüger beschreibt am 25. und 26. September 1939 die Eroberung westpolnischer Gebiete und sein Eintreffen in Lodz[1]

Handschriftl. Tagebuch des HSSPF Friedrich-Wilhelm Krüger,[2] Einträge vom 25. und 26.9.1939

*25. September:* Gegen 8.30 startete ich von der Dienststelle mit 2 PKW, 2 Krafträdern mit Beiwagen und 8 Begleitern. Die Fahrt ging über Küstrin – Schwerin. Durch Pannen der Räder verursacht, passierten wir gegen 12.30 erst die alte Grenze, bis wir etwa um 15.30 in Posen eintrafen. Auf der Fahrt lernten wir den ganzen Wahnsinn des Krieges kennen. Da in diesem Teil Polens keine Kampfhandlungen stattgefunden hatten, begnügten sich die Polen bei ihrem Rückzug damit, die Volksdeutschen ins Landesinnere zu verschleppen oder zu ermorden und deren Gehöfte niederzubrennen. Sämtliche Brücken hatten sie

8 Witold Mystkowski (1896–1939), Buchhalter; lebte von 1927 an in Włocławek, wo er 1935–1939 Stadtpräsident (d. h. Oberbürgermeister) war.

1 HIA, Fr. W. Krüger Collection. Kopie: IfZ/A, F 157. Das Tagebuch reicht vom 2.10.1938 bis zum 8.10.1939.

2 Friedrich-Wilhelm Krüger (1894–1945), Büroangestellter; 1919/20 Angehöriger des Freikorps Lützow; 1929 NSDAP- und 1931 SS-Eintritt, 1935 im Stab Reichsführer-SS, 1936 im SS-Hauptamt tätig, Sept. 1939 HSSPF beim Militärbefehlshaber Lodz, von Okt. 1939 an HSSPF Ost für das GG in Krakau und Beauftragter des RKF, ab Mai 1942 zusätzlich StS für das Sicherheitswesen im GG; Nov. 1943–1945 Kriegsteilnahme; nahm sich bei Kriegsende das Leben.

gesprengt, an deren Wiederaufbau bei unserer Fahrt Arbeitsdienst oder Pioniere beschäftigt waren. Erschütternd wirkte die Rückkehr der polnischen Bauern, die auf armseligsten Panjewagen mit Kind und Kegel zwischen Stroh und Betten liegend auf den Straßen in ihre Heimatdörfer zurückwanderten. Zerlumpt, hohläugig, verhungert, so gingen sie neben den abgemagerten Pferden, mit und ohne Schuhwerk, in Strümpfen oder barfuß einher. Ein Bild des Jammers! Die ersten polnischen Gefangenen, polnische Bahnbeamte, kamen uns entgegen. – Posen selbst zeigte den Charakter einer deutschen Stadt in ihrer Bauart. Von den 250 000 Einwohnern sind nur etwa 6000 Volksdeutsche. Wir quartierten uns in dem schmutzigen Hotel Monopol ein. Ich besuchte das Polizeipräsidium, den örtlichen Chef der Ord.- u. Sicherheitspolizei [und] den Chef der Zivilverwaltung, Senatspräsident Greiser,[3] und ordnete die Quartiervorbereitung für den Civilgouverneur Reichsminister Dr. Frank und mich [an]. – Da die Krafträder reparaturbedürftig waren, ließ ich die beiden Fahrer Jung und Kappe in Posen zurück und startete am *26. 9.* nur mit den beiden PKW und nahm Schulz, Brantenaer, die beiden Fahrer, ferner Dauß und den Dolmetscher mit. Bei unserer Ausfahrt morgens aus Posen war die behelfsmäßige Pontonbrücke als Ersatz für die große Warthe-Brücke in der Nacht vorher wegen Überlastung durch Fahrzeuge in die Brüche gegangen. Wir setzten daher auf einer Wagenfähre über. Unsere Fahrt ging ostwärts bis Konin, dann bogen wir nach Süden ab über Kalisz, Sieradcz, Zdunska-Wola, Lask bis Lodz. Die Straßen selbst waren mit ihrem Staub und den Schlaglöchern auf deutsche Verhältnisse nicht übertragbar. Auf unserer Fahrt wiederum die endlosen Züge rückwandernder Bauern, die aus den Waldungen nach grauenvollen Wochen heimkehrten. Lodz erreichten wir gegen 16.00. Auf dem Rathaus suchte ich den dort eingesetzten Chef der Ordnungspolizei auf, der mich kurz unterrichtete, dann nahm ich in einer Judenvilla in der Swientokrzyskastraße 4 mit meinem Stab Quartier, in der bis dahin SS-Gruppenführer Panke[4] gewohnt hatte. – Lodz, mit seinen etwa 670 000 Einwohnern, davon 370 000 Juden, 80 000 Volksdeutschen und 220 000 Polen, dürfte wohl die unschönste und auch schmutzigste Stadt des ganzen europäischen Kontinents sein. Die Menschen scheinen den Dreck gepachtet zu haben. – Ich ließ mich zunächst über die Lage von SS-Oberführer Langleist,[5] der am nächsten [Morgen] früh nach Deutschland zurückkehrte, unterrichten und aß abds. im Grand-Hotel, dem Stabsquartier des Befehlshabers A.O.K. 8, [mit] General Blaskowitz.[6]

3 Arthur Greiser (1897 – 1946), Handelsvertreter; 1919 – 1921 Angehöriger des Grenzschutzes-Ost; 1924 Mitbegründer des Stahlhelms in Danzig; 1928 Bankrott seiner selbstständigen Handelsvertretung; 1929 NSDAP- und SA-, 1931 SS-Eintritt; 1930 Gaugeschäftsführer des Gauleiters Forster in Danzig; 1933 Senator für Inneres und 1934 Senatspräsident in Danzig; Sept. 1939 CdZ im Militärbezirk Posen, danach Gauleiter und Reichsstatthalter im Wartheland; 1946 in Polen verurteilt und hingerichtet.

4 Richtig: Günther Pancke (1899 – 1973), Landwirt; 1918 – 1920 beim Grenzschutz in Westpreußen; danach in Argentinien; 1930 NSDAP-, 1931 SS-Eintritt; 1938 Chef des RuSHA, 1940 – 1943 HSSPF Mitte in Braunschweig, 1943 – 1945 HSSPF in Dänemark; 1948 in Kopenhagen zu 20 Jahren Haft verurteilt, 1953 begnadigt.

5 Walter Langleist (1893 – 1946), Mechaniker; 1930 NSDAP- und 1931 SS-Eintritt,1939 Standortführer der SS in Stettin, im Sept. Selbstschutz-Führer in Bromberg, 1941 Ausbildungslehrgang in Buchenwald, 1942/43 Führer der Wachmannschaft im KZ Majdanek, dann im KZ Dachau; 1946 zum Tode verurteilt und hingerichtet.

6 Johannes Blaskowitz (1883 – 1948), Berufsoffizier; Sept. 1939 Generaloberst, Oberbefehlshaber der 8. Armee im Krieg gegen Polen, Okt. 1939 bis Mai 1940 Oberbefehlshaber Ost; 1948 im Prozess gegen das OKW angeklagt, nahm sich in der Untersuchungshaft das Leben.

## DOK. 15
## Alfred Rosenberg schreibt am 29. September 1939 über Hitlers Neuordnungspläne in Ostmitteleuropa[1]

Tagebuch von Alfred Rosenberg,[2] Eintrag vom 29.9.1939

29.9.
Heute rief mich d. Führer um 4 h in die R.-Kanzlei, um den Vorschlag de R.'s[3] zu besprechen. Zunächst schilderte er nur eine Stunde lang den Feldzug in Polen. Die Armee heute stehe unvergleichlich über der von 1914, eine ganz andere Bindung zwischen Führung und Truppe: die Generäle mit der Mannschaft, Einheitsküche, die Generäle vorn an der Front. Wenn er, wie am San, die Bataillone vorbeiziehen sehe: ein solches Menschtum gebe es nicht wieder. Die Polen: eine dünne germanische Schicht, unten ein furchtbares Material. Die Juden, das grauenhafteste, was man sich überhaupt vorstellen konnte. Die Städte starrend von Schmutz. Er habe viel gelernt in diesen Wochen. Vor allem: hätte Polen noch ein paar Jahrzehnte über die alten Reichsteile geherrscht, wäre alles verlaust und verkommen, hier könne jetzt nur eine zielsichere Herrenhand regieren. Er wolle das jetzt festgelegte Gebiet in drei Streifen teilen: 1. zwischen Weichsel und Bug: das gesamte Judentum (auch a.[us] d.[em] Reich) sowie alle irgendwie unzuverlässigen Elemente. An der Weichsel einen unbezwingbaren Ostwall – noch stärker als im Westen. 2. An der bisherigen Grenze ein breiter Gürtel der Germanisierung und Kolonisierung. Hier käme eine große Aufgabe für das gesamte Volk: eine deutsche Kornkammer zu schaffen, starkes Bauerntum, gute Deutsche aus aller Welt umzusiedeln. 3. Dazwischen eine polnische „Staatlichkeit". Ob nach Jahrzehnten der Siedlungsgürtel vorgeschoben werden kann, muß die Zukunft erweisen.
Der F.[ührer] schilderte dann die Einzelkämpfe. Z.B. eine Division d. Armee Blaskowitz. 45 Kilometer [Marsch] u. nach 2 Stunden in die Schlacht mit unbezähmbarer Energie. Dann die Landwehr gegen die poln. Elite vor Gdingen.
Mit Moskau: Er habe sich das sehr überlegt. Er hätte einige Zugriffe (Häfen i. Estland) nicht hindern können, wenn Stalin m.[it] England gegangen wäre. Er habe das kleinere Übel gewählt u. einen riesigen strategischen Vorteil erzielt. Die russ. Offiziere. Ein General, der zu ihm geschickt worden war: konnte bei uns eine Batterie kommandieren. Stalin hätte doch die führende Schicht ausgerottet, vor einem Krieg fürchte er sich. Er fürchte eine geschlagene Armee ebenso wie eine siegreiche. Immerhin: die Masse der Infanterie hatte doch Gewicht, als Seeleute brauche man die Russen nicht zu fürchten.

1 Das Original dieses Eintrags ist verschollen. Abdruck in: Alfred Rosenberg, Das politische Tagebuch Alfred Rosenbergs 1934/35 und 1939/40, hrsg. von Hans-Günther Seraphim, 2. Aufl., München 1964, S. 98–100.

2 Alfred Rosenberg (1893–1946), Architekt, Publizist; in Reval (Tallinn) geboren, in Riga aufgewachsen, studierte er bis 1918 in Moskau; 1919 Eintritt in die Deutsche Arbeiterpartei (Vorläufer der NSDAP); 1923 Hauptschriftleiter des VB; 1933 Leiter des Außenpolitischen Amts der NSDAP, 1934 Beauftragter des Führers für die Überwachung der gesamten geistigen und weltanschaulichen Schulung und Erziehung der NSDAP; 1938 Herausgeber des VB; 1941–1945 Reichsminister für die besetzten Ostgebiete; 1946 im Nürnberger Prozess verurteilt und hingerichtet.

3 Vermutlich Baron William de Ropp, geboren als Sylvester Wilhelm (William) Gotthard (1886–1974), brit. Staatsbürger, Mittelsmann des Außenpolitischen Amts der NSDAP in London. Sein Vorschlag betraf wahrscheinlich eine Vermittlungsmission, um den Krieg zu beenden.

Was de R.'s Vorschlag betreffe: er gebe ihm freies Geleit u. werde ihn empfangen! Er solle b.[ei] s.[einer] Regierung anfragen, ob sie ihm die Reise gestatte.
Im übrigen, d. Führer werde jetzt den Vorschlag einer großen Friedenskonferenz machen; dazu Waffenstillstand, Demobilisierung, Regelung aller Fragen nach Vernunft und Billigkeit.
Ob er ev. den Krieg nach d. Westen offensiv führen wolle? – Natürlich, die Maginot-Linie schrecke nicht mehr. Wenn die Engländer keinen Frieden wollten, werde er sie mit allen Mitteln anfallen und vernichten. – Die Verluste im Krieg m. Polen, einem Staat also mit 34 Millionen Einwohnern, hätte man mit 100 000 – 200 000 Toten berechnen müssen. Wir hätten jetzt 8000 Tote u. 30 – 35 000 Verwundete. Das zeige, daß es richtig war, jetzt zuzuschlagen. Nach 5 Jahren wäre Polen vervollkommnet u. umgebildet u. nicht so leicht zu besetzen gewesen.
Der Führer schilderte noch ausführlich einzelne Kämpfe, sagte, ich solle doch jetzt auch mal hinfahren.
Habe nachher sofort R. in Montreux durch Karte benachrichtigen lassen, daß der Ausflug stattfinden werde. Schickte Harder[4] hin, um R. nach Berlin zu schaffen.
Ob er Kräfte im brit. Luftfahrtministerium gegen d.[ie] Churchills mobilisieren kann, wird sich dann später erweisen.

## DOK. 16
## Der Jugendliche Dawid Sierakowiak beschreibt am 3. und 4. Oktober 1939 Übergriffe von Deutschen gegen Juden in Lodz[1]

Handschriftl. Tagebuch von Dawid Sierakowiak,[2] Einträge vom 3. und 4.10.1939

Dienstag 3. Oktober, Lodz. Langsam und mit Mühe gewöhnen sich die Menschen an die neuen Lebensbedingungen und kehren zu ihren Alltagsgeschäften zurück. Während dies für Beamte und einen Teil der Arbeiter und Krämer möglich ist, wird es Juden erschwert. Juden – Geschäftsleute, Ladenbesitzer und Privatunternehmer, Zwischenhändler, Kaufleute usw. – verlieren ihr Einkommen, ganz zu schweigen davon, dass sie wegen der Razzien zwecks Einteilung zur Zwangsarbeit Angst haben, aus dem Haus zu gehen. Sie

4 Vermutlich Freiherr Hermann von Harder und von Harmhove (1897 – 1983), Kaufmann; Mitinhaber der Firma Harder & de Voss; 1935 Eintritt ins Außenpolitische Amt der Reichsleitung der NSDAP, für dieses im Nahen Osten und in Rumänien tätig; 1942 u.a. zuständig für den Einsatz europäischer Freiwilliger in den besetzten Ostgebieten.

1 Dziennik pisany od dnia 28 czerwca 1939 r. przez Dawida Sierakowiaka, USHMM, RG 10.247. Das Dokument wurde aus dem Polnischen übersetzt. Abdruck in englischer Übersetzung in: Dawid Sierakowiak, The Diary of Dawid Sierakowiak. Five Notebooks from the Łódź Ghetto, hrsg. von Alan Adelson, New York 1996, S. 46f.
2 Dawid Sierakowiak (1924 – 1943), Schüler; schrieb schon vor dem Sept. 1939 Tagebuch und schilderte in insgesamt sieben Heften das Geschehen in Lodz und im dortigen Getto Litzmannstadt (zwei Hefte gingen 1945 verloren); das Tagebuch endet im April 1943, der Verfasser verstarb ein Vierteljahr später an Tuberkulose.

stürzen sich, wie z.B. die meisten unserer Nachbarn, auf den Gelegenheitshandel, das sogenannte Hausieren. Gehandelt wird mit Strümpfen, Brot, Zucker, Textilien usw. Jeder hat etwas zu verkaufen, die Waren gehen durch die Hände von zig Großhändlern, Zwischenhändlern, Kaufleuten usw., aber all dies bewahrt die jüdischen Massen nicht vor der rasanten Verarmung. Und mein Vater hat keine Arbeit, erstickt regelrecht zu Hause. Geld haben wir auch keins mehr, ein einziges Fiasko!

Mittwoch, 4. Oktober, Lodz. Auch ich konnte dem traurigen Schicksal meiner Landsleute, die zum Arbeiten aufgegriffen werden, nicht entkommen. Unglücklicherweise hatte ich mich von Älteren überreden lassen, durch die Wólczańska-Straße in die Schule zu gehen, was etwas kürzer ist. Gestern bin ich dort entlanggegangen: überall Hakenkreuze an den Häusern, die Straße ist voller deutscher Autos, eine Menge Soldaten und Lodzer Deutsche mit Hakenkreuzen. Irgendwie habe ich mich durchgeschlichen, und heute bin ich mutig den gleichen Weg gegangen. Ungefähr in Höhe der Andrzej-Straße läuft ein Schüler des deutschen Gymnasiums mit einem ordentlichen Knüppel in der Hand auf mich zu und schreit: „Komm arbeiten! In die Schule darfst du nicht gehen.“[3] Ich habe mich nicht widersetzt. Denn ich wusste, hier hilft mir kein Ausweis. Er führte mich zu einem Platz, auf dem bereits etwa ein Dutzend Juden arbeiteten. Sie waren damit beschäftigt, Blätter vom Boden aufzusammeln. Der sadistisch veranlagte junge Mann wollte mich unbedingt dazu zwingen, über einen zwei Meter hohen Zaun zu klettern, aber als er merkte, dass ich es nicht machen würde, ging er weg. Die Arbeiten auf dem Platz leitete ein Soldat, auch er mit einem Knüppel. Mit nicht besonders feinen Worten befahl er mir, Regenpfützen mit Sand zuzuschütten. Noch nie in meinem Leben fühlte ich mich derart gedemütigt wie in dem Moment, als ich durch das Tor zum Platz die freudig grinsenden Visagen der Passanten sah, die über das Unglück der anderen lachten. Oh ihr dummen, abgrundtief dummen Rüpel! Nicht wir sollten uns schämen, sondern unsere Peiniger. Die unter Gewaltanwendung zugefügte Demütigung ist keine Demütigung! Einen Menschen, der zu dieser blöden, beschämenden und unter Schikanen verübten Arbeit gezwungen wird, bringen Zorn und hilflose Wut zum Kochen. Es bleibt nur eins: Rache! Nach circa einer halben Stunde Arbeit rief der Soldat alle Juden zusammen. Manchen von ihnen hatte man die Mützen umgedreht, um sie lächerlich zu machen. Der Soldat ließ uns in Reihen antreten und befahl einem Mann, die Spaten wegzubringen, und mir, nach Hause zu gehen. Ein Schauspiel der Großzügigkeit. In die Schule kam ich mitten in der ersten Stunde – zum ersten Mal zu spät, seitdem ich das Gymnasium besuche. Die Lehrer wissen keinen Rat. „Gründe, auf die Juden keinen Einfluss haben.“ Nach Hause nahm ich den alten Weg über die Kiliński-Straße. Mutter erschrak, als sie hörte, dass ich gearbeitet hatte. Vater bestand dann nicht mehr auf dem kürzeren Weg über die Wólczańska-Straße. Am Abend erfuhren wir, dass einer der Deutschen, die in unserer Straße wohnen, ein „Auge“ auf die Juden aus dem Häuserblock des ZUS hat. Das war meinen armen, besorgten Eltern vollends zuviel. Inzwischen wurde in der Schule angekündigt, dass Schülern, die eine gewisse Summe nicht bezahlen, der Zutritt zur Schule verboten werde. Mal schauen, was mich erwartet.

3 Die letzten beiden Sätze im Original deutsch.

## DOK. 17
## Hitler fordert am 6. Oktober 1939 eine ethnische Neuordnung des östlichen Europas[1]

Rede Adolf Hitlers vor dem Reichstag am 6.10.1939

[...][2]
In einem allerdings ist der Entschluß Deutschlands ein unabänderlicher, nämlich: auch im Osten unseres Reiches friedliche, stabile und damit tragbare Verhältnisse herbeizuführen. Und gerade hier decken sich die deutschen Interessen und Wünsche restlos mit denen Sowjetrußlands. Die beiden Staaten sind entschlossen, es nicht zuzulassen, daß zwischen ihnen problematische Zustände entstehen, die den Keim von inneren Unruhen und damit auch äußeren Störungen in sich bergen und vielleicht das Verhältnis der beiden Großmächte zueinander irgendwie ungünstig tangieren könnten. Deutschland und Sowjetrußland haben daher eine klare Grenze der beiderseitigen Interessengebiete gezogen mit dem Entschluß, jeder auf seinem Teil für die Ruhe und Ordnung zu sorgen und alles zu verhindern, was dem anderen Partner einen Schaden zufügen könnte.[3]
Die Ziele und Aufgaben, die sich aus dem Zerfall des polnischen Staates ergeben, sind dabei, soweit es sich um die deutsche Interessensphäre handelt, etwa folgende:
1. Die Herstellung einer Reichsgrenze, die den historischen, ethnographischen und wirtschaftlichen Gegebenheiten gerecht wird.
2. Die Befriedung des gesamten Gebietes im Sinne der Herstellung einer tragbaren Ruhe und Ordnung.
3. Die absolute Gewährleistung der Sicherheit nicht nur des Reichsgebietes, sondern der gesamten Interessenzone.
4. Die Neuordnung, der Neuaufbau des wirtschaftlichen Lebens, des Verkehrs und damit aber auch der kulturellen und zivilisatorischen Entwicklung.
5. Als wichtigste Aufgabe aber: eine neue Ordnung der ethnographischen Verhältnisse, das heißt, eine Umsiedlung der Nationalitäten, so, daß sich am Abschluß der Entwicklung bessere Trennungslinien ergeben, als es heute der Fall ist. In diesem Sinne aber handelt es sich nicht um ein Problem, das auf diesen Raum beschränkt ist, sondern um eine Aufgabe, die viel weiter hinausgreift. Denn der ganze Osten und Südosten Europas ist zum Teil mit nicht haltbaren Splittern des deutschen Volkstums gefüllt. Gerade in ihnen liegt ein Grund und eine Ursache fortgesetzter zwischenstaatlicher Störungen. Im Zeitalter des Nationalitätenprinzips und des Rassegedankens ist es utopisch, zu glauben, daß man diese Angehörigen eines hochwertigen Volkes ohne weiteres assimilieren könne. Es gehört daher zu den Aufgaben einer weitschauenden Ordnung des europäischen Lebens, hier Umsiedlungen vorzunehmen, um auf diese Weise wenigstens einen Teil der europäischen Konfliktstoffe zu beseitigen.

1 Verhandlungen des Reichstags, Bd. 460, Berlin 1939: Stenographisches Protokoll der 4. Sitzung vom 6.10.1939, S. 51–63, hier S. 56f. und 60f.
2 Hitler erörterte zunächst den Kriegsverlauf, verurteilte die polnische Minderheitenpolitik und polnische Pläne zur Annexion deutscher Gebiete, um sich dem „neue[n] Freundschafts- und Interessenpakt“ mit der Sowjetunion zuzuwenden. Er bestritt, dass Deutschland danach strebe, sich in die Ukraine beziehungsweise bis an den Ural auszudehnen.
3 Anspielung auf die Verträge, die das Deutsche Reich am 23.8. und 28.9.1939 mit der Sowjetunion geschlossen hatte.

Deutschland und die Union der Sowjetrepubliken sind übereingekommen, sich hierbei gegenseitig zu unterstützen.[4]
Die deutsche Reichsregierung wird es dabei niemals zugeben, daß der entstehende polnische Reststaat irgendein störendes Element für das Reich selbst oder gar eine Quelle von Störungen zwischen dem Deutschen Reich und Sowjetrußland werden könnte.
Wenn Deutschland und Sowjetrußland diese Sanierungsarbeit übernehmen, dann können beide Staaten mit Recht darauf hinweisen, daß der Versuch, dieses Problem mit den Methoden von Versailles zu lösen, restlos mißlungen ist.
[...][5]
Weshalb soll nun der Krieg im Westen stattfinden? Für die Wiederherstellung Polens? Das Polen des Versailler Vertrags wird niemals wieder erstehen! Dafür garantieren zwei der größten Staaten der Welt. Die endgültige Gestaltung dieses Raumes, die Frage der Wiedererrichtung eines polnischen Staates sind Probleme, die nicht durch den Krieg im Westen gelöst werden, sondern ausschließlich durch Rußland in einem Fall und durch Deutschland im andern. Übrigens würde jedes Ausschalten dieser beiden Mächte in den in Frage kommenden Gebieten nicht einen neuen Staat erzeugen, sondern ein restloses Chaos. Die Probleme, die dort zu lösen sind, werden weder am Konferenztisch noch in Redaktionsstuben gelöst, sondern in einer jahrzehntelangen Arbeit. Es genügt eben nicht, daß sich einige im letzten Grund am Schicksal der Betroffenen ohnehin desinteressierte Staatsmänner zusammensetzen und Beschlüsse fassen, sondern es ist notwendig, daß jemand, der am Leben dieser Gebiete selbst beteiligt ist, die Arbeit der Wiederherstellung eines wirklich dauerhaften Zustandes übernimmt. Die Fähigkeit der westlichen Demokratien zur Herstellung solcher geordneter Zustände ist zum mindesten in letzter Zeit durch nichts erwiesen worden. Das Beispiel Palästinas zeigt, daß es besser sein würde, sich mit den vorliegenden Aufgaben zu beschäftigen und diese vernünftig zu lösen, als sich um Probleme zu kümmern, die innerhalb der Lebens- und Interessensphären anderer Völker liegen und von diesen sicher besser gemeistert werden. Jedenfalls hat Deutschland in seinem Protektorat Böhmen und Mähren nicht nur die Ruhe und Ordnung sichergestellt, sondern vor allem auch den Grund zu einer neuen wirtschaftlichen Blüte gelegt und zu einer immer enger werdenden Verständigung zwischen beiden Nationen. England wird noch sehr viel zu tun haben, bis es in seinem palästinensischen Protektorat auf ähnliche Ergebnisse wird hinweisen können.
Man weiß übrigens ganz genau, daß es eine Sinnlosigkeit sein würde, Millionen von Menschenleben zu vernichten und Hunderte Milliarden an Werten zu zerstören, um etwa ein Gebilde wieder aufzurichten, das schon bei der seinerzeitigen Entstehung von allen Nichtpolen als Fehlgeburt bezeichnet worden war. Was soll also sonst der Grund sein?

4 Siehe vertrauliches deutsch-sowjetisches Protokoll, Moskau, 28.9.1939: Vereinbarung der Deutschen Reichsregierung und der Regierung der UdSSR über die Umsiedlung der ukrainischen und weißrussischen Bevölkerung aus dem zur Interessenzone des Deutschen Reiches gehörenden Gebiet, in: Akten zur deutschen auswärtigen Politik 1918–1945. Aus dem Archiv des Auswärtigen Amtes, Serie D: 1937–1945, Bd. VIII: Die Kriegsjahre, Bd. 1: 4. September 1939 bis 18. März 1940, Baden-Baden 1961, Dok. 158, S. 128.

5 Hitler wandte sich im Folgenden gegen die im Versailler Vertrag festgelegte Friedensordnung. Er trat für die Ausdehnung deutschen Lebensraums ein und versicherte zugleich, dass Deutschland keine aggressiven Absichten gegen seine kleinen Nachbarstaaten hege. Hitler rühmte sich sodann, den deutsch-französischen Gegensatz abgemildert zu haben, und äußerte sich zu den Perspektiven des Kriegs im Westen.

Hat Deutschland an England irgendeine Forderung gestellt, die etwa das Britische Weltreich bedroht oder seine Existenz in Frage stellt? Nein, im Gegenteil! Weder an Frankreich noch an England hat Deutschland eine solche Forderung gerichtet.
Soll dieser Krieg aber wirklich nur geführt werden, um Deutschland ein neues Regime zu geben, das heißt: um das jetzige Reich wieder zu zerschlagen und mithin ein neues Versailles zu schaffen, dann werden Millionen Menschen zwecklos geopfert, denn weder wird das Deutsche Reich zerbrechen, noch wird ein zweites Versailles entstehen.
Aber selbst wenn nach einem drei- oder vier- oder achtjährigen Krieg das gelingen sollte, dann würde dieses zweite Versailles für die Folgezeit schon wieder zur Quelle neuer Konflikte werden. Auf alle Fälle aber könnte eine Regelung der Probleme der Welt ohne Berücksichtigung der Lebensinteressen ihrer stärksten Völker in 5 oder 10 Jahren nicht um ein Haar anders enden, als dieser Versuch vor 20 Jahren heute geendet hat. Nein, dieser Krieg im Westen regelt überhaupt kein Problem, es sei denn die kaputten Finanzen einiger Rüstungsindustrieller und Zeitungsbesitzer oder sonstiger internationaler Kriegsgewinnler.
Zwei Probleme stehen heute zur Diskussion:
1. Die Regelung der durch das Auseinanderfallen Polens entstehenden Fragen und
2. das Problem der Behebung jener internationalen Besorgnisse, die politisch und wirtschaftlich das Leben der Völker erschweren.
Welches sind nun die Ziele der Reichsregierung in bezug auf die Ordnung der Verhältnisse in dem Raum, der westlich der deutsch-sowjetrussischen Demarkationslinie als deutsche Einflußsphäre anerkannt ist?
1. Die Schaffung einer Reichsgrenze, die – wie schon betont – den historischen, ethnographischen und wirtschaftlichen Bedingungen entspricht,
2. die Ordnung des gesamten Lebensraumes nach Nationalitäten, d.h. eine Lösung jener Minoritätenfragen, die nicht nur diesen Raum berühren, sondern die darüber hinaus fast alle süd- und südosteuropäischen Staaten betreffen,
3. in diesem Zusammenhang der Versuch einer Ordnung und Regelung des jüdischen Problems,
4. der Neuaufbau des Verkehrs- und Wirtschaftslebens zum Nutzen aller in diesem Raum lebenden Menschen,
5. die Garantierung der Sicherheit dieses ganzen Gebietes und
6. die Herstellung eines polnischen Staates, der in seinem Aufbau und in seiner Führung die Garantie bietet, daß weder ein neuer Brandherd gegen das Deutsche Reich entsteht, noch eine Intrigenzentrale gegen Deutschland und Rußland gebildet wird.
Darüber hinaus muß sofort versucht werden, die Wirkungen des Krieges zu beseitigen oder wenigstens zu lindern, d.h. durch eine praktische Hilfstätigkeit das vorhandene übergroße Leid zu mildern.
Diese Aufgaben können – wie schon betont – wohl an einem Konferenztisch besprochen, aber niemals gelöst werden. Wenn Europa überhaupt an der Ruhe und dem Frieden gelegen ist, dann müßten die europäischen Staaten dafür dankbar sein, daß Rußland und Deutschland bereit sind, aus diesem Unruheherd nunmehr eine Zone friedlicher Entwicklung zu machen, daß die beiden Länder dafür die Verantwortung übernehmen und die damit verbundenen Opfer auch bringen. Für das Deutsche Reich bedeutet diese Aufgabe, da sie nicht imperialistisch aufgefaßt werden kann, eine Beschäftigung auf 50 bis 100 Jahre. Die Rechtfertigung dieser deutschen Arbeit liegt in der politischen Ordnung

dieses Gebietes sowohl als in der wirtschaftlichen Erschließung. Letzten Endes kommt aber beides ganz Europa zugute.
[...][6]

## DOK. 18
## Der Chef der Gestapo beauftragt Adolf Eichmann am 6. Oktober 1939 mit der Abschiebung von Juden aus dem Bezirk Kattowitz in den Osten[1]

Vermerk des RSHA IV D 4, Eichmann,[2] (Eingangsstempel der Zentralstelle Mährisch-Ostrau:[3] 8.10.1939) vom 6.10.1939

Anläßlich einer Rücksprache mit SS-Oberführer Müller[4] am 6.10.39 ordnete SS-Obf. Müller an:
1) Fühlungsaufnahme mit der Dienststelle des Gauleiters Wagner – Kattowitz.[5] Besprechung mit dieser Stelle bezgl. der Abschiebung von 70 – 80 000 Juden aus dem Kattowitzer-Bezirk.
Diese Juden sollen vorerst [in] östliche Richtung über die Weichsel zum Abschub gelangen. Gleichzeitig können Juden aus der Mähr. Ostrauer Gegend mit zum Abschub gebracht werden. Desgleichen alle dort befindlichen jüdischen Einwanderer aus Polen, die im Zusammenhang mit den Ereignissen der letzten Zeit dort Unterschlupf suchten.
Diese Tätigkeit soll in erster Linie dazu dienen, Erfahrungen zu sammeln, um auf Grund dieser derart gesammelten Erfahrungen die Evakuierung größerer Massen durchführen zu können.
2) Dem SS-Obf. Müller ist täglich durch FS[6] Bericht zu erstatten.

6 Im Weiteren forderte Hitler ein deutsches Kolonialreich und die „Neuordnung der Märkte". Er warnte Frankreich und Großbritannien vor der Fortsetzung des Kriegs.

1 Nationalarchiv Prag, 101-653-1. Kopie: Dokumentationsarchiv des österreichischen Widerstands, 17072/a.
2 Adolf Eichmann (1906 – 1962), Vertreter; 1932 NSDAP- und SS-Eintritt; 1934 – 1938 im SD-Hauptamt tätig, führte von Sommer 1938 an die Geschäfte der Zentralstelle für jüdische Auswanderung, erst in Wien, ab März 1939 auch in Prag; ab Dez. 1939 Sonderreferent des RSHA für die Räumung der annektierten Ostprovinzen, dann Leiter des Referats IV D 4 (Räumungsangelegenheiten und Reichszentrale für jüdische Auswanderung), spätestens von März 1941 an IV B 4 (Juden-, Räumungsangelegenheiten), 1942 Teilnehmer der Wannsee-Konferenz; 1945 Inhaftierung, 1946 Flucht, 1950 – 1960 in Argentinien untergetaucht, 1960 nach Israel entführt, dort 1961 zum Tode verurteilt und 1962 hingerichtet.
3 Aus Mährisch-Ostrau (Moravská Ostrava) wurden im Oktober 1939 etwa 900 Juden in ein Lager bei Nisko am San deportiert; siehe Dok. 42 vom 22.11.1939. Die Zentralstelle für jüdische Auswanderung hatte im Herbst 1939 für kurze Zeit eine Zweigstelle in Mährisch-Ostrau.
4 Heinrich Müller (1900 – 1945?), Flugzeugmonteur; von 1919 an in der Polizeidirektion München tätig; 1934 SS-Eintritt; Versetzung zum Gestapa Berlin, 1936 stellv. Chef des Amts Politische Polizei im Hauptamt Sicherheitspolizei; 1938 NSDAP-Eintritt; 1939 Geschäftsführer der Reichszentrale für jüdische Auswanderung, von Okt. 1939 an Chef des Amts IV (Gestapo) im RSHA, 1942 Teilnehmer der Wannsee-Konferenz; gilt seit Mai 1945 als verschollen.
5 Josef Wagner (1899 – 1945), Lehrer; 1922 NSDAP-Eintritt; 1928 Gauleiter von Westfalen, 1931 von Westfalen-Süd, 1935 – 1940 Gauleiter von Schlesien und in Personalunion Oberpräsident und Reichsverteidigungskommissar; im Nov. 1941 aus unklaren Gründen aus allen Ämtern entlassen, 1942 von Hitler aus der NSDAP ausgeschlossen; bei Kriegsende wahrscheinlich in Gestapo-Haft ermordet.
6 Fernschreiben.

## DOK. 19
## Der Chef der Einsatzgruppe IV berichtet am 6. Oktober 1939 über die Judenverfolgung in Warschau[1]

Bericht des Chefs der Einsatzgruppe IV der Sicherheitspolizei, gez. Beutel,[2] vom 6.10.1939 (Abschrift)[3]

*Niederschrift.*
Ungeheuere Notlage, Verschüchterung der Bevölkerung, Volksdeutsche erzählen, daß noch während der Beschießung Warschaus die Unterführer der Luftschutzordnung zu ihnen in die Keller gekommen sind und sie belogen haben, daß die Lage in Warschau noch lange nicht so schlimm wie die in Berlin sei, daß Engländer und Franzosen bereits in Deutschland eingedrungen wären und der Generallismus Ryds-Schmigly[4] bereits vor den Toren Warschaus anrücke. Selbst am 4.10.39 befanden sich noch immer verängstigte Einwohner in den Kellerräumen und getrauten sich nicht aus diesen heraus.
Nach verschiedenen Feststellungen soll Warschau bis 26.9. außer einigen militärischen Gebäuden eine völlig unzerstörte Stadt gewesen sein.
In Warschau sollen 2500 – 3000 Deutsche gewohnt haben, von denen ca. 500 als Volksdeutsche anzusprechen wären. Nach bisherigen Feststellungen sind ungefähr 10 % in Warschau befindlich und unter diesen nur sehr wenig als zuverlässig anzusprechen.
Der Preiswucher und die bisher von Juden betriebene Hamsterei von Lebensmitteln ist sehr stark und muß durch öffentliche Bekanntmachungen mit scharfen Androhungen bekämpft werden.
Auf Weisung der Justizverwaltung wurden am 8.9.39 aus den hiesigen Gefängnissen die Gefangenen unter angeblicher Führung eines Offiziers aus Warschau in Richtung Siedlce – Brest entlassen, nach denen von der Einsatzgruppe gefahndet wird.
Die bekannte jüdische Familie *Samenhof*, eine der führenden Warschaus, wurde festgenommen und zur Befragung über die führende Judenschicht vernommen.[5] Haussuchung bisher ergebnislos.
Der bekannte Jude *Landau* ist über London nach Paris geflüchtet und hat Wertgegenstände mitgeführt. Sein hier verbliebener Geschäftsführer wird vernommen.
Im Gebäude der polnischen Grenzwacht wurden Soldbücher von deutschen Soldaten

1 APŁ, 175/41, Bl. 40 – 43. Das Dokument liegt in zwei Fassungen vor, die hier nicht benutzte, kürzere Fassung trägt die Überschrift „Tätigkeitsbericht der Einsatzgruppe IV der Sicherheitspolizei". Abdruck in: Mirosław Cygański, Z akt Szefa Zarządu Cywilnego przy dowództwie 8 armii niemieckiej, październik 1939 r., in: Najnowsze dzieje Polski, Bd. 3 (1959), S. 224 – 230, hier S. 225f.

2 Lothar Beutel (1902 – 1986), Apotheker; 1929 NSDAP- und 1930 SS-Eintritt; von 1932 an hauptamtlich für den SD tätig, Leitungsfunktionen in Sachsen und in München, 1939 Chef der Einsatzgruppe IV in Polen, dann bis 23.10.1939 KdS Lublin, wegen persönlicher Bereicherung vorübergehend in eine Strafkompanie der Waffen-SS versetzt; 1945 – 1955 in sowjet. Gefangenschaft, danach in Berlin.

3 Grammatik und Rechtschreibung wie im Original.

4 Richtig: Edward Rydz-Śmigły, geboren als Rydz (1886 – 1941), Berufsoffizier; 1935 – 1939 Generalinspekteur der Streitkräfte, 1936 Marschall von Polen; flüchtete im Sept. 1939 nach Rumänien, dort interniert, 1940 Flucht nach Ungarn, 1941 Rückkehr nach Warschau unter falschem Namen, kurz darauf verstorben.

5 Die Familie des Arztes und Esperanto-Erfinders Lejser Samenhof, auch Ludwik Lejzer Zamenhof (1859 – 1917); der Sohn Adam wurde 1939 verhaftet und im Jan. 1940 erschossen, die Töchter Zofia und Lidia Zamenhof sowie die Schwester Ida wurden im Warschauer Getto eingesperrt und 1942 in Treblinka ermordet.

gefunden, die erkennen lassen, daß diese vernommen worden sein müssen. Außerdem wurde die Mitgliederliste der gesamten polnischen Grenzwacht erfaßt.
Es ist interessant, daß der Pole sich offen gegen den Juden stellt und jegliche Maßnahmen gegen Juden mit Wohlgefallen aufnimmt.
Fahndung nach Inverkehrsetzung verfallener deutscher Geldscheine, wie in anderen Städten Polens, sind bisher ergebnislos gewesen.
Der Verein für Nationalitätenfragen in der Chlonowastraße 4 brachte wertvolles Aktenmaterial.
Sichergestellt wurde der Briefverkehr des Erzbischofs von Warschau mit dem Nuntius – desgleichen kath. Vereinsakten sowie Akten und Institutionen der Caritasorganisationen.
Das bei den Polen in 25 Polizeikommissariate eingeteilte Warschau schildert die Kommissariate II, III, IV, VI als ausgesprochene Ghetto-Gegenden. Nach einer Aufstellung sollen am 31.12.1938 374 000 Juden gezählt worden sein (bei 1 196 000 Einw. und 18 772 Häusern).
Die polnische Kriminalpolizei unter Führung eines Oberstleutnant Wasilewski[6] zählt heute noch ca. 360 Beamte, die unter Aufsicht der Einsatzgruppe zu entsprechenden Arbeiten untergeordneter Bedeutung herangezogen werden.
Feststellungen auf der Zitadelle ergaben, daß die Befürchtung, daß dorthin verschleppte Volksdeutsche mißhandelt und ermordet seien, sich nicht bestätigt haben.
Das Belassen von Kraftfahrzeugen für Juden bedeutet bei dem Mangel an Licht und an sonstiger Übersichtsmöglichkeit eine stete Gefahr, daß dadurch Waffen und Werte verschoben und über die rumänische Grenze herausgebracht werden. Die Beschlagnahme von Judenwagen ist daher eine Notwendigkeit.
Bei der Durchsuchung des Poln. Staatsministeriums des Innern wurden 4 000 000 Bleigeschosse vorgefunden, die, in 200 Kisten à 20 000 Stück verpackt, der Stadtkommandantur zugeleitet werden.
Die Judenerfassung erfolgt nach den vom RFSS u. Chef der Dtsch. Polizei herausgegebenen Richtlinien[7] dadurch, daß ein aus 24 prominenten Juden bestehender Ältestenrat von der Einsatzgruppe bestimmt wird, der voll verantwortlich für die Durchführung aller Anweisungen der Einsatzgruppe ist, eine Judenzählung nach Altersklassen und Geschlecht durchzuführen und eigene Vorschläge für die Judenerfassung in Ghettos zu machen hat. Einsatzgruppe wird sich hierbei mit militärischen Dienststellen und CdZ in Verbindung setzen. Stadtkommandant wurde bereits in Kenntnis gesetzt.
Die jüdische Kultusgemeinde mitsamt Präsident und Schriftführer wurde ebenso wie das jüdische Museum[8] sichergestellt.
Der Großmeister der polnischen Nationalgroßloge, Prof. Wolfke,[9] wird eingehend vernommen und zur Berichterstattung ebenso wie ein ihm geläufiges Gebiet über den Stand

6 Stanisław Wasilewski, Polizeioffizier der Polnischen Staatspolizei (Policja Państwowa); 1934–1939 Leiter der Ermittlungsbehörde in Warschau, von 1939 an Oberstleutnant der Polizei im GG und Verbindungsoffizier der Kriminalpolizeidirektion (Dyrekcja Policji Kryminalnej) in Warschau, 1942 zugleich stellv. Leiter des Staatlichen Sicherheitskorps (Państwowy Korpus Bezpieczeństwa) der Heimatarmee.

7 Siehe den Abschnitt II im Schnellbrief Heydrichs, Dok. 12 vom 21.9.1939.

8 Vermutlich das Berson-Museum, das die Kriegshandlungen unversehrt überstanden hatte; siehe Dok. 321 vom Dez. 1941, Anm. 74.

9 Dr. Mieczysław Wolfke (1883–1947), Physiker; von 1907 an Mitarbeiter der Carl-Zeiss-Werke in Jena, 1912 an der TH Karlsruhe, Habilitation an der ETH Zürich, von 1920 an Professor für Physik

der augenblicklichen Hygiene in Warschau aufgefordert.[10] Gleichzeitig wird der Zustand [der] mit poln. Kranken belegten Lazarette auf den Gesundheitszustand überprüft.
Nach noch nicht bestätigten Angaben soll unter der polnischen Jugend eine Flüsterpropaganda betrieben werden, die Waffen nicht abzugeben, sondern sie in Gärten zu vergraben. Weiter, nach ungeprüften Angaben, daß nachts von Schwarzsendern in Warschau durchgegeben wird, daß die Bevölkerung ausharrt, da bereits eine neue polnische Regierung in Paris gebildet sei.
Es ist beobachtet worden, daß die mit der Verteilung der Lebensmittel betraute Bürgerwehr diese unsachgemäß verteilt und sich selbst zuerst bedenkt. 25 – 30 % der Bürgerwehr bestehen aus Juden, die bewaffnet sind. Die Feststellungen laufen.
Nach einem hiesigen Gefängnis, dessen Gefängnisdirektor wegen frechen Benehmens und offensichtlich unwahren Angaben festgenommen wurde, sollen 600 Volksdeutsche aus Pommerellen verschleppt worden sein, worüber noch weiter erörtert wird. Da vom Reich aus ca. 30 – 40 000 Zivilgefangene[11] nach Polen entlassen werden, werden diese erkennungsdienstlich behandelt und durch Kriminalpolizei überwacht.
Nach Angaben des Leiters der Polnischen Kriminalpolizei, Oberstleutnant Wasilewski, soll der Leiter der Kommenta glowna,[12] Brigadegeneral Zamorski,[13] mit allen wichtigen Polizeiakten nach Brest-Litowsk und von dort nach Wolynien geflohen sein. In seiner Begleitung soll sich der Halbjude Dr. Nagler[14] und der international bekannte Kriminalist Jakubiecz[15] befunden haben. Eine andere Darstellung besagt, daß Z. nach kurzer Fahrt nach seinem bei Grodno befindlichen Landgut nach Warschau zurückgekehrt sei und dort angegeben habe, er würde mit der Regierung nach Rumänien fliehen.
Eine Kunst-, Porzellan- und Gemäldesammlung in der Nähe von Warschau wurde sichergestellt.
Die Akten des ukrainischen wissenschaftlichen Instituts wurden sichergestellt.
Die bisherigen Ermittlungen ergaben, daß das Finanzministerium, die Wojewodschaft, Universität, das Institut für Nationalitätenforschung,[16] das polnische Institut für Zusammenarbeit mit dem Auslande, das Forschungsinstitut für die neue polnische Geschichte zerstört bezw. zum größten Teil ausgebrannt sei.
Das Zentralgebäude des polnischen Lehrerverbandes wurde sichergestellt und als Zentralstelle des poln. Chauvinismus und der Deutschenhetze festgestellt.

in Warschau; im Nov. 1939 mit seinem Sohn verhaftet; 1942 Dozent an der Staatlichen TH in Warschau, auch im geheimen Unterrichtswesen aktiv; nach 1945 in Zürich.

10 So im Original.

11 Die Zivilisten waren im Sept. 1939 beim Vormarsch der Wehrmacht festgenommen und in das Reichsgebiet deportiert worden.

12 Richtig: Komenda Główna (Haupt- oder Oberkommando).

13 Józef Zamorski Kordian (1890 – 1983), Berufsoffizier; 1914 – 1917 in den Polnischen Legionen, dann in der polnischen Armee, 1928 – 1935 stellv. Chef des Generalstabs, 1935 – 1939 Chef der Polnischen Staatspolizei; 1939 in Rumänien interniert, 1940 – 1942 im Exil in Palästina; nach 1945 in Großbritannien.

14 Dr. Leon Nagler (1884 – 1939), Jurist; im Ersten Weltkrieg Offizier in der österr.-ungar. Armee, 1919 im poln. Ministerium für Militärangelegenheiten, dann Polizeioffizier, 1936 – 1939 Leiter der Inspektion des Hauptkommandos der Polnischen Staatspolizei.

15 Vermutlich Józef Jakubiec, Kriminologe und Polizeioffizier; Leiter des zentralen Fahndungsdienstes (Centrala Służby Śledczej) und der Abt. IV (Fingerabdruckverfahren) im Oberkommando der Polnischen Staatspolizei.

16 Vermutlich das Instytut Badań Spraw Narodowościowych, das von 1921 bis 1939 bestand.

Der Leiter der kommunistischen Jugend, der polnische Student Rosenkwiat, wurde festgenommen.
2 überführte Mörder von Volksdeutschen wurden festgenommen.
Der bekannte Bischof der evangelisch-augsburgischen Kirche, *Bursche*,[17] bekannter Deutschenhetzer, ist mit sämtlichen Akten nach Lublin entflohen. Er ist zur Fahndung ausgeschrieben.
Der Rektor der Universität,[18] ein bekannter Führer der polnischen Intelligenz, wird von der Einsatzgruppe z.Zt. vernommen.

## DOK. 20
## The Manchester Guardian: Artikel vom 7. Oktober 1939 über jüdische und christliche Geistliche als frühe Opfer der deutschen Invasion[1]

*Opfer der Deutschen. Darunter viele Rabbiner.*

*Von unserem ehemaligen Warschauer Korrespondenten*
Nach bislang unbestätigten Berichten aus Warschau, die jüdische Kreise in London erhielten, ist der Oberrabbiner von Warschau, Professor Moses Schorr, kurz nach dem Einmarsch der Nazis in die Hauptstadt von diesen erschossen worden.[2] Rabbi Schorr war seit vielen Jahren der höchste geistliche Repräsentant des polnischen Judentums und Professor an der Universität von Warschau.
Zu befürchten ist außerdem, dass die Russen in Lemberg Erzbischof Graf Szeptycki[3] verhaftet haben. Er war nicht nur der religiöse, sondern auch der politische Führer der Ukrainer in Südpolen. Als Spross einer bekannten polnischen Adelsfamilie hat er sein ganzes Leben in den Dienst der ukrainischen Bevölkerung in Polen gestellt und sich voller Tatkraft und Hingabe für deren Rechte eingesetzt.
Man muss es den christlichen und jüdischen geistlichen Führern hoch anrechnen, dass sie trotz des Einfalls der deutschen und russischen Truppen in ihrem Amt verblieben sind.[4] Selbst deutsche katholische Pfarrer in Westpolen, die seit Jahren in offener Oppo-

17 Dr. Julius Bursche (1862 – 1942), Theologe; Bischof der Evangelisch-Augsburgischen Kirche in Polen; unter deutscher Besatzung inhaftiert und in der Haft verstorben.
18 Vermutlich Dr. Włodzimierz Antoniewicz (1893 – 1973), Archäologe; Studium u.a. in Wien, seit 1920 an der Universität Warschau tätig, 1936 – 1939 deren Rektor; lebte unter der deutschen Besatzung als Arbeiter; danach bis 1963 wieder Professor an der Universität Warschau.

1 The Manchester Guardian vom 7.10.1939: Victims of the Germans. Many Rabbis. Das Dokument wurde aus dem Englischen übersetzt. The Manchester Guardian erscheint seit 1821 und zählte Ende der 1930er-Jahre zu den angesehensten auflagenstarken Tageszeitungen in Großbritannien.
2 Tatsächlich starb Schorr später in sowjet. Haft. Moses (poln. Mojżesz) Schorr (1874 – 1941), Historiker, Rabbiner, Sprachwissenschaftler; Studium in Wien, Berlin und Lemberg, dort 1910 Professor, 1918 Rabbiner an der Großen Synagoge in Warschau, 1926 Professor in Warschau, 1928 Mitbegründer des Instituts für Judaistische Studien, 1935 vom Staatspräsidenten ernannter Senator; Anfang Sept. 1939 Flucht nach Ostpolen, dort unter sowjet. Herrschaft zu fünf Jahren Zwangsarbeitslager verurteilt.
3 Andrzej Szeptycki, geboren als Roman Maria Aleksander Graf Szeptycki (1865 – 1944), griechisch-katholischer Metropolit in Lemberg.

sition zum NS-Regime stehen, haben sich geweigert, ihre Kirchengemeinden zu verlassen. Dementsprechend wurden inzwischen viele christliche Geistliche von den Russen verhaftet, während zahlreiche jüdische Rabbiner zu den ersten Opfern der deutschen Besatzung zählten.
Festzuhalten bleibt auch, dass in dem dicht bevölkerten jüdischen Viertel in Warschau größere Verluste an Menschenleben zu beklagen sind als in den nichtjüdischen Stadtbezirken. Die jüdischen Bezirke um die Nalewki, Nowolipki und andere Straßen im jüdischen Teil der Hauptstadt, wo die meisten der 330 000 Warschauer Juden leben, hatten tagelang besonders unter den Angriffen der Deutschen zu leiden. Selbst bereits zerstörte jüdische Häuser in diesen Bezirken standen permanent unter Granatenbeschuss.

## DOK. 21

## Der Chef der Zivilverwaltung in Krakau ordnet am 12. Oktober 1939 die steuerliche Diskriminierung der jüdischen Bevölkerung an[1]

Verordnung des CdZ, gez. für den Oberbefehlshaber: Der Chef der Zivilverwaltung Dill,[2] Krakau, 12.10.1939

*Verordnung zur Bekämpfung der steuerlichen Unzuverlässigkeit der Juden*
Mit Rücksicht auf die steuerliche Unzuverlässigkeit der Juden ordne ich auf Grund der mir übertragenen vollziehenden Gewalt für meinen Zuständigkeitsbereich an:
§ 1
(1) Das gegenüber den Steuerbehörden bestehende Bankgeheimnis (Artikel 60 § 4 Ordynacja podatkowa)[3] wird aufgehoben, soweit es sich um Ermittlungen gegen Juden und jüdische Firmen handelt.
(2) Sämtliche Geldanstalten jeder Art, Bankiers und Geldverleiher haben denjenigen Beamten der Reichsfinanzverwaltung und der früheren polnischen Steuerfinanzverwaltung, die einen entsprechenden Ausweis vorweisen, jede gewünschte Auskunft über ihre Geschäftsbeziehungen zu Juden und jüdischen Firmen zu erteilen unter Vorlage der betreffenden Bücher, Belege und des Schriftwechsels. Die genannten Ausweise stellt der Beauftragte der Reichsfinanzverwaltung für das Gebiet der Besitz- und Verkehrssteuern beim Verwaltungschef des Militärbezirks Krakau aus.
§ 2
Die Geldanstalten, Bankiers und Geldverleiher sind auf besonderes Verlangen des im § 1 Absatz 2 genannten Beauftragten der Reichsfinanzverwaltung verpflichtet, diesem ein

4 Das galt nicht für den Primas der römisch-katholischen Kirche Polens, August Kardinal Hlond (1881–1948). Er war im Sept. 1939 außer Landes geflohen und verbrachte die Kriegsjahre im ital. und und franz. Exil.

1 VOBl. des Chefs der Zivilverwaltung (Krakau), Nr. 6 vom 12.10.1939, AIPN, GK 196/333 (NTN 333), Bl. 8.
2 Dr. Gottlob Dill (1885–1968), Jurist; 1932 NSDAP- und 1939 SS-Eintritt; Ministerialdirektor im württ. Innenministerium, 1938 als stellv. Innenminister mit Polizeiangelegenheiten befasst; im Aug. 1939 zum SD versetzt, danach CdZ in Krakau.
3 Ordynacja podatkowa (poln.): Steuerordnung.

Verzeichnis ihrer sämtlichen Kunden vorzulegen zwecks Prüfung, welche Juden und jüdischen Firmen sich darunter befinden.

§ 3

Als jüdische Firmen gelten alle Geschäfte, die sich entweder ganz oder zu mehr als 50 % in jüdischen Händen befinden oder mit jüdischem Geld betrieben werden.

§ 4

Zuwiderhandlungen gegen die Verpflichtungen des § 1 Abs. 2 und § 2 dieser Verordnung bzw. Umgehungen werden mit Geldstrafe bis zu 10 000 RM (20 000 Zl) bestraft.

§ 5

Diese Verordnung tritt mit sofortiger Wirkung in Kraft.

## DOK. 22

## Der Flüchtling Artur Szlifersztejn beschreibt am 15. Oktober 1939 sein Leben im sowjetisch besetzten Teil Polens[1]

Brief von Artur Szlifersztejn[2] aus Białystok an Joseph Stein[3] in Brooklyn vom 15.10.1939

Mein lieber Joschka!

Im Augenblick befinde ich mich in Wilna bei unserem Vertreter. Ich bin von Białystok hierhergefahren, um bei unseren hiesigen Kunden einige hundert Złoty zu kassieren. Morgen kehre ich nach Białystok zurück, wo ich mich zusammen mit (Dawids) Lutek und mit (Edeks) Ludwik aufhalte.[4] Gemeinsam mit den beiden habe ich Warschau am 7.9.1939 verlassen, d.h. eine Woche nach dem Beginn des Kriegs. Wilna wird von den Sowjets in zwei Tagen an Litauen übergeben, und daher denke ich, dass dieser Brief Dich erreichen wird – aber wann, das weiß Gott allein.

Ich schreibe, weil ich sehr gut verstehe, wie sehr Du leidest, wenn Du aus der Presse erfährst, was bei uns vor sich gegangen ist.

Leider kann ich Dir derzeit noch nichts Tröstliches schreiben. Außer mir und unseren beiden ältesten Neffen brüderlicherseits sind alle in Warschau geblieben, und erst in einigen Tagen hoffe ich, von ihnen Nachricht zu erhalten. Ein Bekannter ist nach Warschau gefahren, er soll bald zurückkommen und Nachrichten mitbringen. Genau wie Du denke ich ständig an sie und hoffe, dass ihnen kein Unheil widerfahren ist.

Auch ich habe durch die Deutschen viel erlitten. In einem Brief lässt sich das kaum beschreiben. Wir gerieten in Gefangenschaft – als Zivilbevölkerung. Und als wir in Łuków

1 USHMM, RG 10.248. Das Dokument wurde aus dem Polnischen übersetzt.

2 Artur (Artek) Szlifersztejn lebte von 1940 an in Lemberg; die spätere Korrespondenz mit seinem Bruder Józef (Józek, Joschka) Szlifersztejn drehte sich um den am Ende vergeblichen Versuch der Ausreise in die USA; Artur Szlifersztejn kam vermutlich unter der deutschen Besatzung um.

3 Joseph Stein wurde um 1906 als Józef Szlifersztejn in Warschau geboren. Er wanderte mit seiner Frau Tola und seiner Tochter Danuta vor 1939 nach New York aus.

4 Die beiden Neffen Artur Szlifersztejns waren Söhne seiner Brüder Dawid und Edward (Edek). Dawids Sohn Lucjan (Lutek), der sich später Lawrence nannte, floh zunächst nach Łuck und im Sommer 1941 weiter nach Osten. Die sowjet. Behörden wiesen ihn in ein Arbeitslager in Sverdlovsk ein, aus dem er später für die Rote Armee rekrutiert wurde. 1951 gelangte er über Schweden und Kuba in die USA.

waren, befahlen sie ganz einfach allen Männern, die Wohnungen zu verlassen, bildeten Vierergruppen und trieben uns in der Nacht in eine andere Stadt und – nach einem eintägigen Aufenthalt dort – weiter zur nächsten Stadt. Dank unserer Geistesgegenwart gelang es uns, zu fliehen und uns aus den Händen dieser Henkersknechte zu befreien. Unser Sprachschatz ist zu arm, um die Bestialität der Deutschen zu beschreiben. Als wir die erste rote Fahne erblickten, atmeten wir auf. Das Land bis zum Bug – bis nach Lemberg – haben die Sowjets eingenommen und weiter im Westen alles die Deutschen. Im Laufe nur weniger Wochen haben sie die polnische Armee zerschlagen. Einfach nicht zu glauben, aber doch wahr. Polen im politischen Sinne – gibt es nicht mehr. Die Ludwiks und ich werden innerhalb der Grenzen Sowjetrusslands bleiben. Die Deutschen haben uns zu sehr gequält, als dass wir den Wunsch hegen könnten, zurückzukehren. Ich mache keinerlei Pläne, ich weiß nicht, was uns erwartet, ich weiß nur, dass wir *als Menschen* behandelt werden, und danach hatten wir uns alle gesehnt.

Vielleicht werde ich mir einmal, später, wenn Friede eingetreten ist und man sich frei bewegen kann, als Gegenleistung für alles, was ich durchgemacht habe, noch wünschen, Euch zu sehen und den Rest meines bescheidenen Lebens gemeinsam mit Euch zu verbringen. Ich weiß, dass dies verfrühte Träume sind.

Es wird noch viel Wasser ins Meer fließen, ehe ich Euch wiedersehen werde, aber der leidende Mensch härtet sich ab und wird widerstandsfähiger. Sobald ich Nachricht aus Warschau erhalten habe, werde ich mich bemühen, Dir zu schreiben.

Lieber Joschka! Ich bitte Dich, Dir keine Sorgen zu machen. Das Jahr 1939 hat uns viel Unglück gebracht, aber vielleicht scheint ja auch für uns am Ende die Sonne. Die Lebenden sollten nicht verzweifeln. Ich gestehe Dir, dass ich durch ein Wunder gerettet wurde. Weil ich bis jetzt nicht umgekommen bin, hoffe ich zu überleben. Ich freue mich, dass wenigstens einer von uns diese Gräuel nicht durchmachen musste. Das jüdische Volk ist unzerstörbar. Wenn die einen es in Europa vernichten wollen, bleibt der Teil in England und in Amerika sowie in den übrigen Ländern bestehen, die nicht von der Seuche des Hitlerismus heimgesucht wurden. Vielleicht werden nach dem Krieg die Flüchtlinge ungeachtet der Quoten in die USA auswandern können.[5]

Aber das ist Zukunftsmusik.

In Białystok gibt es ca. 100 000 Flüchtlinge.[6] [...][7] unserer Bekannten. Unter anderen Bolek Senator, der mit Frau und Kind flüchtete, aber 98 Prozent sind Männer, die alleine sind, denn es war unmöglich, Frauen und Kinder auf den unsicheren Weg mitzunehmen. Sie hätten die beschwerliche Reise kaum überstanden. Wir haben zu Fuß rund 350 Kilometer zurückgelegt, und dies unter schwierigen Bedingungen, ständig unter Beschuss von Maschinengewehren und von Bomben, die aus Flugzeugen abgeworfen wurden. Den größten Teil unserer Wanderungen legten wir nachts zurück, und am Tage schliefen wir in Scheunen. Jetzt haben wir Ruhe in dem Gebiet, das von der Armee der UdSSR eingenommen wurde. Wir sind in Białystok bei Bekannten. Augenblicklich kostet uns der Unterhalt nichts, und wir warten, bis eine Beruhigung eintritt. Ich habe noch etwas Geld, und was allen widerfahren wird – geschehe auch mit mir.

Heniek L. hatte Glück, dass er entkommen konnte. Ich wusste, dass ich es nicht schaffen

5 Das 1921 eingeführte Quotensystem für die Einwanderung in die USA begrenzte die Zahl der jüdischen Immigranten, zumal aus osteuropäischen Ländern, drastisch.

6 Poln. Staatsbürger, die seit dem 1.9.1939 Richtung Osten geflohen waren.

7 Ein Wort unleserlich (möglicherweise: Viele).

würde, zurückzukehren. Mir haben sie leider das Visum annulliert. Im Übrigen hätte ich es auch so nicht geschafft, auszureisen, da das nächste Schiff am 4.9. in See gestochen wäre, d.h. vier Tage nach Beginn der Kriegshandlungen durch die Germanen.
Geschätzter Joschka! Ich hoffe, dass Ihr alle gesund seid. Wenn Du Heniek L. siehst, grüß ihn und seine Frau von mir. Sag ihm, dass [...][8] in Równe ist – dort ist auch mein erbitterter Konkurrent Michał Zyst. Heute sind wir alle in der gleichen Lage.
Von den Zylbermans habe ich nichts gehört, und ich weiß nicht, wo sie sind, aber ich nehme an, dass auch sie Warschau verlassen haben.
Meine gegenwärtige Adresse lautet
Ch. Kustin, Białystok, Marsz. Piłsudskiego 1, für A. Szlifen.
Schreib mir *gleichzeitig* auch an die Adresse:
E. Lubliński, *Wilna* (Wielka 18), Litauen, Postfach 38 (nicht [...][9] im Krieg), für A. Szlifen.
Da Wilna zu Litauen gehören wird, erhalte ich vielleicht auf diesem Wege früher einen Brief durch die Vermittlung von Herrn Lubliński, mit dem ich in Kontakt stehe.
Ich sende herzliche Grüße an alle und besonders an Tola. Danke ihr für den Brief. Wegen der Aufregung in den Vorkriegstagen habe ich nicht zurückgeschrieben.
Sie wird mir wohl verzeihen.
Gib der kleinen Danuta einen Kuss von mir. Ich freue mich, dass es Dir gelungen ist, ein Geschenk für sie zu schicken, und bei dieser Gelegenheit danke ich für das mir übersandte Necessaire, das in Warschau geblieben ist – wie im Übrigen alles andere.
Ich küsse Dich herzlich und bitte Dich noch einmal, guter Stimmung zu sein, und verlier nicht die Hoffnung – so wie ich –, dass wir uns wiedersehen, und dann werden wir einander alles erzählen.
Dein Dich liebender

## DOK. 23
## Die deutsche Gesandtschaft in Bukarest berichtet am 16. Oktober 1939 über die Lage im sowjetisch besetzten Ostgalizien[1]

Bericht der Deutschen Gesandtschaft in Bukarest, gez. Fabricius,[2] Abschrift Pol V 9841, Tgb.-Nr. 5758/59 – I A 37, an OKW, Ausland/Abwehr, ProMi, RFSS und VoMi vom 16.10.1939 (Abschrift)[3]

*Inhalt:* Stimmung der Ukrainer in Ostgalizien, kommunistischer Terror.
Nach zuverlässigen Nachrichten, die der Gesandtschaft und dem Konsulat Czernowitz aus den von der russischen Armee besetzten Gebieten Ostgaliziens zugekommen sind, ist die anfänglich begeisterte Stimmung der Ukrainer, die die russische Armee an vielen Orten mit Freudenfeuern begrüßt haben, einer gedrückten und verzweifelten Stimmung

8 Ein Wort unleserlich.
9 Zwei Wörter unleserlich.

1 CDA VOU, Zentrales Staatsarchiv der Obersten Organe der Ukraine, Kiew, R/3676/4/133.
2 Dr. Wilhelm Fabricius (1882–1964), Jurist, Diplomat; von 1910 an im Auswärtigen Dienst, u.a. in Kairo, Konstantinopel, Saloniki und Zürich, 1936–1941 Gesandter in Bukarest, dann in den zeitweiligen Ruhestand versetzt und kommissar. in der Handelspolitischen Abt. des AA beschäftigt.

gewichen. Die Begeisterung über den Einmarsch der Russen ist erklärlich, wenn man an die letzten Bluttaten der Polen kurz vor dem Zusammenbruch und die in den letzten Jahren betriebene Unterdrückungspolitik denkt. Den russischen Truppen ist die russische Verwaltung mit ihren Polizeiorganen auf dem Fuße gefolgt. Die Russenverwaltung sieht offenbar ihre Hauptaufgabe darin, die ohnehin geringe politisch reife Führerschicht des Landes zu vernichten. Jedenfalls scheint der größte Teil der bekannteren Führer umgebracht oder nach Sibirien deportiert worden zu sein. Die Verwaltung der Gemeinden ist in der Mehrzahl der Fälle übel beleumundeten Subjekten, darunter zahlreichen Juden, anvertraut worden. Die großen Unternehmungen und der Großgrundbesitz sind bereits enteignet. Kleinere Unternehmungen werden vorläufig den jetzigen Eigentümern und Unternehmern gelassen, da die neue Verwaltung überbeschäftigt ist. Versuche, auch ärmerer Elemente, in die kommunistische Partei aufgenommen zu werden, sind gescheitert, die Parteileitung hat lediglich solche Leute eingegliedert, die sich bereits früher offen zur kommunistischen Idee bekannt hatten. Von diesen stellen die Juden den größten Prozentsatz. Der Lemberger Sender, der rein kommunistische Ideen verbreitet, soll ausschließlich in Händen von Juden sein. Der Sender macht zur Zeit in erster Linie Propaganda für die bevorstehenden Listenwahlen, durch die Juden, daneben politisch unbekannte Ukrainer, jedenfalls aber kein einziger der bisherigen Führer gewählt werden wird.[4]

In der Ukraine verspricht man sich keine Änderung dieser Zustände, solange der Einfluß von Kaganowitch[5] auf Stalin und damit auf die sowjetrussische Staatsführung erhalten bleibt. Denn mit Kaganowitch habe das Judentum als der geschworene Feind eines national bewußten Ukrainertums die Führung in der Hand. In diesem Zusammenhang ist es wichtig zu wissen, daß die große Masse des ukrainischen Bauerntums in Ostgalizien durch jahrhundertlange Gewöhnung immer noch geneigt ist, auf den Juden als Führer zu hören. Die Zahl gebildeter Ukrainer in Ostgalizien war schon bis jetzt zu gering, um als entscheidender Faktor bei der Gestaltung des nationalen Eigenlebens eine Rolle zu spielen. Immerhin scheint sich auch im Bauerntum die Erkenntnis durchzusetzen, daß der Jude der eigentliche Feind einer glücklicheren Zukunft des ukrainischen Volkes ist und daß dieses, wie jedes andere Volk, seine Freiheit nur durch eigene Kraft endgültig erringen kann.

Die Hoffnung des Ukrainertums geht dahin, daß im Zuge der russisch-deutschen Zusammenarbeit die letzten Juden aus dem Kreml verschwinden und damit auch die jüdische Vorherrschaft in der Ukraine zusammenbricht. Mit dem Großrussentum allein hoffen die politisch beweglicheren und tatkräftigeren Ukrainer fertig zu werden, sei es in einem Bundesstaat mit Rußland, sei es in einer freien Ukraine der Zukunft.

3 Im Original handschriftl. Bearbeitungsvermerke und Unterstreichungen.

4 Am 22.10.1939 fanden im sowjet. Besatzungsgebiet gelenkte Wahlen zur west-weißrussischen und zur west-ukrainischen Nationalversammlung statt. Unter den Kandidaten waren Juden im Verhältnis zu ihrem Anteil an der Bevölkerung unter-, Weißrussen und Ukrainer überrepräsentiert.

5 Lazar Mojseevič Kaganovič, geboren als Kogan (1893–1991), Politiker; 1922–1925 und 1928–1930 leitende Ämter im ZK der KPdSU, 1925–1928 Generalsekretär der Ukrainischen KP, 1930–1935 Leiter der Moskauer Parteiorganisation, 1930–1957 Mitglied im Politbüro der KPdSU und 1942–1945 im Staatlichen Verteidigungskomitee, 1946/47 Erster Sekretär der Ukrainischen Parteiorganisation.

## DOK. 24
## Der Oberbefehlshaber im Grenzabschnittskommando Mitte verbietet Juden am 18. Oktober 1939 den Handel mit Textilien und Leder[1]

Verordnung des Oberbefehlshabers im Grenzabschnittskommando Mitte, ungez., vom 18.10.1939 (Plakat)

*Verordnung gegen jüdische Hamsterer von Textilien und Leder vom 18. 10. 1939*
Erhebliche Mißstände beim Verkauf von Textilien jeder Art (Rohstoffen, Halbfabrikaten, Fertigwaren) sowie Leder und Lederwaren veranlassen mich, für den Verwaltungsbereich des Verwaltungschefs im Militärbezirk Lodz[2] – mit Ausnahme des Gebietes ostwärts der Weichsel – mit sofortiger Wirkung folgendes zu bestimmen:
§ 1
1. *Juden ist der Handel mit Textilien* jeder Art (Rohstoffen, Halbfabrikaten, Fertigwaren), Leder und Lederwaren untersagt.
2. Textilfabriken, die sich in jüdischen Händen befinden, dürfen *nur noch an nicht jüdische Abnehmer liefern.* Eigene Textilladengeschäfte solcher Textilfabriken dürfen nur an nichtjüdische Abnehmer Waren abgeben.
3. Das Handelsverbot gilt auch für nichtjüdische Personen, die im Auftrage oder für Rechnung von Juden oder als Strohmänner für Juden Geschäfte abschließen. Ausgenommen sind solche Personen, die vom Verwaltungschef im Militärbezirk Lodz oder einer von ihm bestimmten Stelle beauftragt sind.
§ 2
Zulässig ist die Abgabe von *Leder* an jüdische Schuster insoweit, als diese das Leder zu Reparaturzwecken (besohlen usw.) benötigen. Die *Herstellung von Schuh- und Lederwaren durch jüdische Schuster ist verboten.*
§ 3
Alle jüdischen Textil- und Ledergeschäfte haben sofort eine Bestandsaufnahme vorzunehmen und diese binnen einer Woche einzureichen. Die Einreichung hat zu erfolgen in den Städten Lodz und Warschau bei den Polizeipräsidenten, im übrigen bei dem zuständigen Landrat bezw. Stadtkommissar.
§ 4
1. Juden ist der Erwerb von Textil- und Lederwaren sowie Leder jeder Art untersagt.
2. Zur Deckung des dringendsten persönlichen Bedarfes sind Ausnahmen zulässig. Die nähere Ausführung regelt die Durchführungsbestimmung.
§ 5
Der Handel mit Textilabfällen und Lumpen fällt nicht unter diese Verordnung.
§ 6
Der Verwaltungschef ist ermächtigt, die näheren Ausführungsbestimmungen zu erlassen.[3]

1 AIPN, GK 196/309 (NTN 309), Bl. 10. Plakat auf Deutsch und auf Polnisch.
2 Am 13.10.1939 hatte der CdZ in Lodz eine VO „über die Erfassung von Textil-Rohstoffen" erlassen und einen damit beauftragten Treuhänder eingesetzt; Documenta Occupationis, Bd. 5: Karol Marian Pospieszalski, Hitlerowskie „prawo" okupacyjne w Polsce. Wybór dokumentów, Teilbd. 1: Ziemie „wcielone", Poznań 1952, Dok. 31, S. 67f.
3 In seinen Durchführungsbestimmungen vom 18.10.1939 ordnete der Verwaltungschef im Mili-

§ 7
Zuwiderhandlungen gegen diese Verordnung – auch unrichtige oder unvollständige Angaben nach § 3 – werden mit Geldstrafe in unbeschränkter Höhe oder Gefängnis, allein oder in Verbindung miteinander, in besonders schweren Fällen mit Todesstrafe bestraft.

## DOK. 25
## Der Reichskommissar für die Festigung deutschen Volkstums formuliert nach dem 19. Oktober 1939 seine vordringlichen Ziele[1]

Anordnung des RKF,[2] undat., gez. SS-Obersturmbannführer Creutz,[3] nach dem 19.10.1939 (Abschrift)

*Allgemeine Anordnungen und Richtlinien des Reichskommissars für die Festigung deutschen Volkstums*

I. Der erste Zeitabschnitt unserer Tätigkeit hat sich mit folgenden Dingen zu befassen:

1.) Ausweisung der rund 550 000 Juden sowie der führenden deutschtumsfeindlichen Polen und der polnischen Intelligenz von Danzig und Posen her beginnend über die Grenze des Deutschen Reichs in das polnische Generalgouvernement. Die Juden sind hierbei in das Gebiet östlich der Weichsel zwischen Weichsel und Bug einzuweisen.

2.) Beschlagnahme des Grund und Bodens des ehemals polnischen Staates, der ausgewiesenen polnischen Intelligenz und aller wegen Feindseligkeiten erschossenen oder ausgewiesenen Polen. Die Beschlagnahme erfolgt auf Grund des Erlasses des Führers und Reichskanzlers zur Festigung deutschen Volkstums vom 7.10.1939 Ziffer 5[4] im Einvernehmen mit der Haupttreuhandstelle Ost, die auf Grund eines Erlasses des Generalfeldmarschalls Göring vom 19.10.1939[5] eingerichtet worden ist. Die Eigentumsübertragung er-

tärbezirk Lodz an, dass der Verkauf von Textilien und Lederwaren in nicht-jüdischen Geschäften durch jüdische Angestellte von dem Verbot des § 1 der VO vorläufig unberührt bleibe; die laut § 3 der VO anzufertigende Bestandsaufnahme müsse die genaue Warenbezeichnung, die Menge, den Einkaufs- und den Verkaufspreis enthalten und mit einer rechtsverbindlichen Unterschrift versehen werden; wie Anm. 1, Bl. 10.

1 BArch, R 49/4, Bl. 43.

2 Mit seinem Erlass „zur Festigung deutschen Volkstums" vom 7.10.1939 wollte Hitler sein am Vortag vor dem Reichstag angekündigtes Programm einer Neuordnung der ethnographischen Verhältnisse in der „deutschen Interessensphäre" umsetzen. Zum Reichskommissar ernannte er den RFSS Heinrich Himmler; siehe Hans Buchheim u. a., Anatomie des SS-Staates, 3. Aufl., Freiburg i. Br. 1982, Bd. 1, S. 182 – 184.

3 Rudolf Creutz (1896 – 1970), Kaufmann; 1933 NSDAP- und SS-Eintritt; von 1934 an hauptamtlich in der SS tätig; ab 1939 stellv. Leiter der Dienststelle bzw. des Stabshauptamts des RKF, führender Mitarbeiter in den Ämtern Umsiedlung/Volkstum und Arbeitseinsatz; 1948 zu 15 Jahren Haft verurteilt, 1955 entlassen.

4 Nach diesem Erlass konnten Grundstücke enteignet werden, auf denen sich Auslandsdeutsche ansiedeln sollten. Für die Enteigneten war eine finanzielle Entschädigung vorgesehen; RGBl. 1935 I, S. 467.

5 Görings Erlass über die HTO vom 19.10.1939 wurde am 1.11.1939 bekanntgegeben; Deutscher Reichsanzeiger 1939, Nr. 260. Zur HTO siehe Einleitung, S. 40.

folgt auf das Deutsche Reich zur Verfügung des Reichskommissars zur Festigung deutschen Volkstums.
3.) Volkszählung in den neu erworbenen Gebieten im Laufe des Dezember an einem bestimmten Stichtage.
4.) Bis zum Frühjahr Planung der Siedlung ländlicher und städtischer Art.
5.) Anmeldung der Wiedergutmachungs-Ansprüche der aus Posen und Westpreußen vertriebenen Deutschen und deren Prüfung.
6.) Vorläufige Unterbringung der aus dem Baltikum und aus Wolhynien[6] innerhalb weniger Wochen einwandernden Volksdeutschen.
II. Im weiteren Verlauf hat die planmäßige Besiedlung von Stadt und Land, die sich auf viele Jahre, vielleicht Jahrzehnte, erstreckt, zu erfolgen.

## DOK. 26
## Der Chef der Sicherheitspolizei und des SD ordnet am 23. Oktober 1939 die Erfassung der jüdischen Bevölkerung in polnischen Städten mit über 20 000 Einwohnern an[1]

Schnellbrief des CdS (IV/II o – 134/39, Eingangs-B.Nr.: 459/39), gez. Deumling,[2] an die Einsatzgruppe I in Krakau, Einsatzgruppe II/III in Lodz, Einsatzgruppe IV in Warschau, Einsatzgruppe VI in Posen, Staatspolizeistelle Kattowitz und an das Einsatzkommando 16 in Danzig vom 23.10.1939[3]

*Betrifft:* Jüdische Bevölkerung.
Ich ersuche um baldigen Bericht darüber, wieviel Juden in den einzelnen Städten über 20 000 Einwohnern im dortigen Dienstbereich vorhanden sind, soweit möglich, ist auch die Zahl der Deutschen anzugeben. Ferner ist zu melden, in welchen Städten jüdische Ältestenräte eingesetzt worden sind.

6 In den baltischen Republiken und in Wolhynien lebten jeweils mehrere zehntausend Nachfahren deutscher Siedler und Kolonisten. Im Baltikum handelte es sich vorwiegend um Städter, in Wolhynien um Bauern; sie alle wurden 1939/40 aus Lettland, Estland und dem sowjetisch besetzten Teil Polens ausgesiedelt und zum großen Teil in den annektierten westpolnischen Gebieten wieder angesiedelt; siehe Dok. 34 vom 11.11.1939.

1 AIPN, GK 68/104, Bl. 3.
2 Dr. Joachim Deumling (1910–2007), Jurist; 1933 NSDAP- und 1938 SS-Eintritt; 1936 bei der Staatspolizeistelle Hannover, 1937 stellv. Leiter Stapostelle Oppeln; von 1939 an im RSHA, Abt. IV (II O), Juli 1941 ORR im RSHA (IV D 2), Referent für das GG, 1943 Chef eines Einsatzkommandos in Kroatien; lebte nach 1945 in Westdeutschland unter falschem Namen, 1954 Flucht nach Ägypten, nach 1956 Prokurist in Brackwede.
3 Im Original Stempel der Geheimen Staatspolizei.

## DOK. 27
## Der Generalgouverneur für die besetzten polnischen Gebiete ordnet am 26. Oktober 1939 den Arbeitszwang für die jüdische Bevölkerung an[1]

*Verordnung über die Einführung des Arbeitszwangs für die jüdische Bevölkerung des Generalgouvernements vom 26. Oktober 1939.*

Auf Grund des § 5 Abs. 1 des Erlasses des Führers und Reichskanzlers über die Verwaltung der besetzten polnischen Gebiete vom 12. Oktober 1939[2] verordne ich:

§ 1

Für die im Generalgouvernement ansässigen Juden wird mit sofortiger Wirkung der Arbeitszwang eingeführt. Die Juden werden zu diesem Zwecke in Zwangsarbeitertrupps zusammengefaßt.[3]

§ 2

Die zur Durchführung dieser Verordnung erforderlichen Vorschriften erläßt der Höhere SS- und Polizeiführer. Er kann ostwärts der Weichsel Gebiete bestimmen, in denen die Durchführung dieser Verordnung unterbleibt.[4]

## DOK. 28
## Ein Sondergericht verurteilt Chascill Trojanowski am 28. Oktober 1939 zu einem Jahr Zuchthaus wegen illegalen Handels mit Textilien[1]

Schreiben des Anklagevertreters des Sondergerichts beim Militärbereich Oberschlesien, CdZ, S 107/39, auf Anordnung gez. Geschäftsstellenleiter Marek, an den CdZ, Kattowitz, vom 28.10.1939 (Abschrift)[2]

In der Strafsache gegen *Trojanowski* wird anliegend Abschrift des Urteils vom 11.10.1939 zur gefl. Kenntnisnahme überreicht.

Im Namen des Deutschen Volkes:

In der Strafsache gegen den Juden Chascill *Trojanowski* aus Bendzin, Malachowskiego 52, geboren am 20. August 1914 in Lowicz, ledig, wegen Zuwiderhandlung gegen die Verordnung des Chefs der Zivilverwaltung Grenzschutz-Abschnitt-Kommando 3 vom 13.9.1939 hat das Sondergericht beim Grenzschutz-Abschnitt-Kommando 3 – Chef der Zivilverwaltung – in Kattowitz in der Sitzung vom 11. Oktober 1939, an welcher teilgenommen haben:

1 VOBl. GG 1939, Nr. 1 vom 26.10.1939, S. 6f.

2 Am 12.10.1939 erklärte Hitler das mittel- und südpolnische Territorium zum Generalgouvernement der besetzten polnischen Gebiete. Als Generalgouverneur setzte er Hans Frank ein; RGBl. 1939 I, S. 2077.

3 Siehe auch Dok. 58 vom 12.12.1939.

4 Die Bestimmung hängt mit dem Plan zusammen, östlich von Krakau ein „Reservat" einzurichten, in dem die jüdische Bevölkerung aus anderen Teilen des deutsch besetzten Polens konzentriert werden sollte.

1 GStAPK, XVII. HA Ost 4, Reg Kattowitz/6.

2 Handschriftl. Abzeichnungen auf dem Anschreiben.

Landgerichtsdirektor Dr. *Seehafer*[3] als Vorsitzender,
Landgerichtsrat *Herrman*,
Landgerichtsrat Dr. *Roederer*[4] als beisitzende Richter,
Staatsanwalt *Zippel*[5] als Beamter der Staatsanwaltschaft,
Justizangestellter *Marek* als Urkundsbeamter der Geschäftsstelle
für Recht erkannt:
Der Angeklagte wird unter Auferlegung der Kosten des Verfahrens wegen Zuwiderhandlung gegen die Verordnung des Chefs der Zivilverwaltung Grenzschutz-Abschnitt-Kommando 3 vom 13.9.1939 zu 1 Jahr Zuchthaus verurteilt.
*Gründe*
Der Jude *Chascill Trojanowski* bot am 26. September 1939 in den Straßen von Bendzin Herren- und Kinderstrümpfe zum Verkauf ohne Abgabe von Bezugsscheinen an. Nach seiner Festnahme gab er auf der Polizeiwache zu, schon mehrere Paar Strümpfe verkauft zu haben. Er will aus Not gehandelt haben, um sich Brot und Kartoffeln kaufen zu können. Weil die Strümpfe aus vorjährigem Bestande herrührten, will er sich zum Verkaufe berechtigt gehalten haben. Seine Einlassung, er habe nicht gewußt, daß er zum Verkauf nicht berechtigt sei, ist unglaubhaft, denn die betreffende Verordnung des Chefs der Zivilverwaltung in Kattowitz vom 13. September 1939 betreffend die Einführung von Bezugsscheinen für Spinnstoff- und Schuhwaren[6] ist nach § 5 dieser Verordnung am 17. September 1939 in Kraft getreten und wie überall im besetzten Gebiet des Grenzschutz-Abschnitt-Kommandos 3 bereits durch Anschläge auch in Bendzin bekannt gemacht worden. Daß sich gerade die Bendziner jüdische Bevölkerung für Verordnungen interessiert, die den Handel bezw. die Unzulässigkeit des Handels unter bestimmten Voraussetzungen betreffen, leuchtet ohne weitere Darlegung ein. Der Angeklagte war daher nach § 1 Absatz 1 der oben genannten Verordnung gemäß § 3 dieser Verordnung zu bestrafen.
Ein besonders leichter Fall liegt nicht vor, da sich der Angeklagte mit echt jüdischer Frechheit über die Bestimmungen der im allgemeinen Volkswohl erlassenen Verordnung hinweggesetzt hat. Es war daher grundsätzlich nur auf die in erster Linie angedrohte Zuchthausstrafe zu erkennen, deutscher[7] Verordnungen zum Bewußtsein zu bringen. Die gesetzliche Mindeststrafe von einem Jahr Zuchthaus erschien mit Rücksicht darauf, daß es sich um die erste Zuwiderhandlung auf besagtem Gebiete handelt und der Angeklagte sich auch in wirtschaftlich nicht guter Lage befunden haben mag, als ausreichend.
Die Kostenentscheidung erfolgt aus § 465 St.P.O.

3 Vermutlich Dr. Hugo Paul Seehafer, 1926 in Breslau promovierter Jurist.
4 Vermutlich Dr. Heinz Roederer, 1923 in Breslau promovierter Jurist (Strafrecht).
5 Vermutlich Dr. George Zippel (*1895), Jurist; 1933 NSDAP-Eintritt; 1940 Landgerichtsdirektor beim Sondergericht in Lublin, dann Hilfsrichter beim Volksgerichtshof in Berlin, 1943 Kammergerichtsrat im 3. Senat des Volksgerichtshofs; nach 1945 Rechtsanwalt in Bonn, 1964 Vorsitzender des Bunds der verdrängten Beamten im Deutschen Beamtenbund.
6 Siehe Dok. 24 vom 18.10.1939.
7 Hier muss es heißen: um die deutschen.

## DOK. 29
## Der Kreishauptmann in Konsk (Końskie) berichtet am 29. Oktober 1939 über die ersten Wochen der deutschen Besatzung[1]

Lagebericht des kommissar. Landrats [Kreishauptmanns] in Konsk[2] an den Distriktchef in Radom vom 29.10.1939[3]

*7. Lagebericht*[4]
*I. Die Ernährungslage.*
Die Brotversorgung der Stadt Konsk und der Eisenindustriegebiete östlich von ihr ist inzwischen zusammengebrochen. Der größte Teil der Bevölkerung hat seit 5 Tagen kein Brot mehr erhalten. Den übrigen Einwohnern habe ich 200 g pro Kopf und Tag zugeteilt. Ich habe das Mehl selbstverständlich nur an die polnischen, nicht an die jüdischen Bäcker ausgegeben. Wegen der Notlage in den Orten der Eisenindustrie im östlichen Kreisteil bitte ich, auf den Bericht des Ortskommandanten von Staporkow[5] verweisen zu dürfen. Den Juden habe ich auf ihr Geschrei durch die jüdische Sonderverwaltung mitteilen lassen, daß das Hungern eine Folge des Krieges sei, welchen die Juden der ganzen Welt herbeigeführt hätten. Besonders die englischen Juden hätten sich schon im Weltkrieg von 1914–1918 nicht geschämt, kaltblütig mehrere 100 000 deutsche Frauen und Kinder den Hungertod sterben zu lassen. In diesem Kriege wollten die Engländer es wieder so machen. Es würde aber umgekehrt kommen: wir würden die Auswirkungen der englischen Blockade zuerst die Juden fühlen lassen, welche sich in deutscher Gewalt befänden. Für die Deutschen hätten wir in Deutschland Brot genug. Außerdem würden sich unsere Wirtschaftsverträge mit Rußland allmählich auch zugunsten der irregeführten Polen auswirken. Wenn jetzt das Hungern im Kreise Konsk anfange, würde ich dafür sorgen, daß zuerst die Juden verhungerten und dann erst die Polen. Es stünde den Juden frei, einen Brief an Chamberlain zu richten, in dem sie ihre Notlage wahrheitsgemäß schilderten und auf meine Maßnahmen hinwiesen, mit der Bitte, die englische Blockade gegen Deutschland aufzuheben. Ich würde diesen Brief meiner Regierung mit der Bitte vorlegen, ihn über das deutsche Auswärtige Amt weiterzubefördern. Bis jetzt ist mir ein solcher Brief noch nicht zugegangen; auch der Hungertod eines Juden ist mir noch nicht bekannt geworden. Im Gegenteil waren trotz der Mehlknappheit immer noch kleine Zukkerbackwaren in den Judenläden für 20–30 Gr. zu kaufen. Da das Kreiskrankenhaus mit 80 Kranken seit 2 Tagen ohne Mehl und Brot war, habe ich die gesamten Zuckerbackwaren beschlagnahmt, mit je 10 Gr. pro Stück bezahlt und dem Kreiskrankenhaus zugewiesen. Ferner habe ich das Kuchenbacken verboten und die Ablieferung des dazu bestimmten Mehls an unsere Ein- und Verkaufsgenossenschaft angeordnet. Das Weizenmehl soll

1 BArch, R 102/III/2, Bl. 1–13 (147–159).
2 Der Kreis unterstand Dr. Heinz Gustav Albrecht (1902–1980), Jurist; 1933 SA- und 1937 NSDAP-Eintritt; 1935–1937 Reg.Rat in Stade, dann in Hildesheim; Sept. 1939 bis Aug. 1941 Kreishauptmann in Konsk, dann bis Sept. 1944 in Stanislau; von Febr. 1945 an Kriegsteilnahme; 1945/46 interniert, von 1949 an ORR und Verwaltungsdezernent im Regierungspräsidium in Hildesheim, später Leiter der Außenstelle des Niedersächsischen Lastenausgleichsamts in Hildesheim.
3 Im Original Dienststempel des Kommissars des Kreises Konsk.
4 Handschriftl. Anmerkung links: „9 Anlagen". Nur die 7. Anlage, der Lagebericht, liegt in der Akte.
5 Östlich von Końskie gelegene Kleinstadt.

für die nachweislich Magenkranken, insbesondere für diejenigen im Kreiskrankenhaus, aufgespart bleiben (vgl. Anlage 1).
Das Gefangenenlager ist trotz meines Berichts an das AOK vom 15.10. immer noch nicht verlegt und verpflegt sich auch jetzt noch immer aus dem Kreise. Dagegen scheint man militärischerseits von einer Erhöhung der Belegung über 2000 und einem weiteren Ausbau des Lagers absehen zu wollen. Der Regimentsstab der Landesschützen, welcher deswegen nach hier verlegt war, ist jedenfalls abgezogen.
Das hiesige Bau-Batl. von 1600 Mann hat gestern den Befehl erhalten, noch 4 Wochen hierzubleiben.
Für die nächsten Tage sind 10 000 Polen aus Pommerellen und Westpreußen angekündigt. Ich habe dem Sicherheitsdienst nach Erhebungen bei den kommissarischen Wojts mitgeteilt, daß der Kreis höchstens 2000 aufnehmen kann.
Für die Zuteilung von Teilen des Überschußkreises Grojec zur Aberntung danke ich sehr. Nach vielen vergeblichen Versuchen u.a. bei der Kraftfahrzeug-Sammelstelle in Oppeln, welche mir schließlich einen zehnjährigen 2 ½ t Ford anstellte, der aber nach dem Ergebnis der mir zunächst verweigerten Probefahrt nicht bis hierher gekommen wäre, ist es mir schließlich durch meine Wojts gelungen, 2 im Kreise beheimatete Lastkraftwagen mit 1 ½ und 4 t Ladegewicht aus dem Kreise Kielce zurückzuholen. Während der kleine gegen Abgabe geringer Mengen Zucker an die Bauern innerhalb des Kreises das Korn von diesen gegen Bezahlung nach den Richtpreisen herauslockt, ist der große am 26. d. Mts. mit einer Dreschkolonne von 15 Mann in den Kreis Grojec gefahren, um die vom dortigen Bezirkslandwirt angewiesenen Kornschober auszudreschen und das Korn hierherzubringen. Er ist am 28. des Mts. erstmalig mit 40 Ztr. Korn zurückgekehrt. Das schlechte Wetter und die Ungeübtheit der vom Arbeitsamt vermittelten Dreschkolonne hatten keine größere Menge erbracht. Der Aufseher hat eine bessere Dreschkolonne in Grojec zusammengestellt und drischt dort weiter. Der Lastwagen mußte bereits nach seiner ersten Fahrt zu der von mir provisorisch eingerichteten Reparaturwerkstatt. Es wird sich voraussichtlich verhängnisvoll auswirken, daß meine Bitte um Ergänzung meiner Betriebsmittel um 15 000 RM nicht erfüllt werden konnte, so daß der Lastwagen, den mir der Beauftragte des Reichstreuhänders für die hiesigen Eisenerzgruben in Kattowitz beschaffen wollte, nicht gekauft werden kann. *Ich bitte nunmehr dringend, den mir von dort zugedachten neuen Lastwagen sofort zuzustellen.*
*Nach der wieder beigefügten Nachweiskarte der Studiengesellschaft für bäuerliche Rechts- und Wirtschaftsordnung e.V.*, Berlin, welche mir von Herrn Reg.Rat Schmidt, dem Adjutanten des Herrn Regierungspräsidenten Rüdiger, zur Berichtigung auf den jetzigen Stand übergeben wurde, *hatte der Kreis Konsk bereits in den Jahren 1931/35, 1938, einen Zuschußbedarf an Brotgetreide von rund 144 000 t und an Fleisch von rund 290 t.* Das war im tiefen Frieden! Seitdem sind 4 Armeen durch den Kreis gezogen: die zurückgehende polnische, die nachdrängende deutsche, die nach Westen beorderte und die Besatzungsarmee. Dazu die Verpflegung von 2 – 8000 Militärgefangenen und von 2 Bau-Bataillonen mit 3200 Mann. Für die nächste Zeit zu erwarten sind 2 – 10 000 Polen aus den westlichen Reichsgebieten. Wenn nunmehr, wie mein Bezirkslandwirt mir heute morgen mitteilt, die Zuweisung von Gütern aus dem Überschußkreis Grojec wegen der Notlage in Warschau ganz oder teilweise zurückgenommen wird, wird der Ausbruch schwerer Unruhen im Kreise Konsk nicht mehr aufzuhalten sein.
Den Kampf gegen die Preistreiberei und das Aufkaufen von Lebensmitteln durch auswär-

tige Händler setze ich mit den mir verbliebenen 14 Gendarmen fort und bemühe mich, auch die von mir kommissarisch eingesetzten Wojts und die in der Bildung begriffene polnische Hilfspolizei dazu heranzuziehen. Das Nähere bitte ich aus Anlage 2 und 3 zu ersehen. Ich bitte, mich dadurch zu unterstützen, daß auch die anderen Landräte und Oberbürgermeister und vor allem die militärischen Stellen dazu verpflichtet werden, an den von dort festgesetzten Höchstpreisen festzuhalten. Durch planloses Vorstoßen in andere Kreise und ebenso planloses Überschreiten der Höchstpreise wird die Not der kommenden Tage in unverantwortlicher Weise verschärft. Ein Durchkommen durch den Winter ohne Hungerkrawalle und Seuchen ist meines Erachtens nur möglich, wenn von oben her ein planmäßiger Ausgleich der Überschuß- und Mangelgebiete vorgenommen und durchgesetzt wird. Wenn die Lebensmittelknappheit dazu zwingt, müssen meines Erachtens die Mehl- und Brotrationen auch in den Überschußgebieten auf 200 g pro Kopf und Tag herabgesetzt werden, damit die Mangelgebiete ebenfalls dieses Existenzminimum erhalten können. Wenn die vorgeschriebenen Preise nicht gehalten werden, sind auch die Löhne nicht mehr zu halten, und die Steigerung der Löhne wird wiederum die Preise weiter hinaufjagen. Es ist m.E. sowohl im Interesse der Aufrechterhaltung der öffentlichen Sicherheit und Ordnung wie im Interesse des deutschen Ansehens unmöglich, daß ein Ortskommandant an Juden Passierscheine gegen 10. Zl. Verwaltungsgebühr mit dem Auftrage ausgibt, aus den benachbarten Notstandsgebieten des Kreises Konsk noch die letzten Lebensmittel zusammenzukaufen. Dies ist vom Ortskommandanten von Szydlowiec Kreis Radom an der Ostgrenze meines Kreises geschehen. Abschrift meines Briefes an ihn füge ich bei (Anlage 4). Ich bitte, den Ortskommandanten und alle anderen Stellen nochmals nachdrücklich auf die Beachtung des Tagesbefehls Nr. 17 IV, 2[6] hinzuweisen.

Ich bin bemüht, die Hauptindustrie des Kreises, die Eisenindustrie, so schnell wie möglich in der Produktion zu steigern und dabei auch die sogenannten „Russenartikel“ (eiserne Kochtöpfe und billige Eisenöfen, welche nur einen Winter durchhalten) weiter herstellen zu lassen, um evtl. durch die Ausfuhr eines größeren Postens nach dem transportmäßig günstigen Rußland russische Nahrungsmittel hereinzuholen. *Ich wäre dankbar, wenn mir die zuständige Vermittlungsstelle für diesen Austauschverkehr angegeben werden könnte.*

Die Ernährung der Gesamtbevölkerung der Stadt Konsk durch 6 Volksküchen, welche ich im letzten Lagebericht angekündigt habe, hat sich als undurchführbar erwiesen. Bei dem Mangel an Verkehrs- und finanziellen Mitteln ließen sich die erforderlichen Nahrungsmengen nicht zusammenbringen. Außerdem würde die Gleichförmigkeit des Essens Unzufriedenheit schaffen, und die polnischen Kräfte würden bei der Verwendung der Vorräte der Versuchung erliegen, für sich und die Ihrigen einen Teil der Vorräte beiseitezubringen und einen Teil zu Überpreisen schwarz zu verkaufen. Eine Überwachung ist wegen Personalmangels nicht möglich. Außerdem würde sich die ganze Kritik an dem Essen auf die deutsche Verwaltung konzentrieren. Ich habe daher nur 3 Volksküchen eingerichtet: eine am Bahnhof zur Aufnahme transportunfähiger Flüchtlinge, eine für arme Polen und eine kleine in einer Judenschule für hungernde Juden. Die Küchen sollen von den Polen bezw. Juden selbst besorgt werden, sobald das Bedürfnis aus Sicherheitsgründen unabweisbar wird.

6 Nicht aufgefunden.

*II. Öffentliche Sicherheit.*
Wie es mit der allgemeinen Sicherheit im Kreise bestellt ist, zeigen zwei Vorfälle von gestern und heute nacht. Gestern ist ein deutscher Posten von der Landesschützen-Kompanie in Staporkow, etwa 13 km östlich von Konsk, von 2 berittenen poln. Offizieren und 2 polnischen Soldaten, welche sämtlich schwer bewaffnet waren, am hellen Tage angehalten und zur Vorzeigung seines Ausweises aufgefordert worden. Die Polen haben ihm dann bedeutet, daß er sofort zu verschwinden habe, denn die Deutschen hätten im Lande nichts mehr zu suchen. Nur dem Umstande, daß der Posten polnisch sprechen konnte, dürfte es zu verdanken sein, daß er mit dem Leben davongekommen ist. Die Begebenheit wurde mir in dieser Weise vom hiesigen Arbeitsführer Räder vom Bau-Batl. mitgeteilt. Ich halte Räder für einen besonnenen Menschen. Heute nacht hat ferner eine Schießerei bei Ruda Maleniecka, etwa 20 km. westlich von Konsk, während der mondhellen Zeit mit polnischen Bewaffneten stattgefunden, wie mir ebenfalls der Arbeitsführer Räder, dessen Männer z.T. in Ruda Maleniecka liegen, mitteilte. Die militärischen Stellen haben die Verfolgung aufgenommen.
Da das Auffinden der vergrabenen Waffen in den umfangreichen Wäldern des Kreises so gut wie unmöglich ist und ich nach Abzug der 72 Hilfspolizisten auch keine schwache Polizeimacht mehr im Lande habe, liegt eine Bewaffnung der hungernden Bevölkerung durch die [sich] in den Wäldern noch herumtreibenden Versprengten durchaus im Bereiche naher Möglichkeit. Jeder Fehler der Verwaltung, insbesondere in der Sicherung der Volksernährung, kann in kurzer Zeit zu größeren Störungen der öffentlichen Sicherheit führen. Zu solchen Fehlern gehört aber vor allem die Vorenthaltung von Lastkraftwagen. Es ist meines Erachtens unverantwortlich, daß die Zivilverwaltung keine Lastkraftwagen zur Durchführung der wichtigsten Transporte in den besetzten Gebieten erhält, während in Neiße militärische Lastwagen bereits seit 9 Wochen stehen, ohne daß sie den Motor einmal angeworfen hätten. Ich bitte daher dringend, mit aller Energie gegen solche Organisationsfehler vorzugehen. Es geht nicht um die private Sicherheit des einzelnen Deutschen, sondern um die Erhaltung der wenigen deutschen Beamten und Soldaten in Polen als Kampfkraft in der Hand des Führers gegenüber den bisher nur militärisch überwundenen Gegnern.
Ferner bitte ich nochmals schärfste Anordnungen an die militärischen Einheiten zu erwirken, welche verantwortungslose Übergriffe der Truppe in das Wirtschaftsleben verhindern. Immer wieder stößt man auf Einzelaktionen folgender Art: Auf dem Gute Falkow soll das restliche Korn ausgedroschen werden; es ist jedoch unmöglich, weil die Panzertruppen die beiden Treibriemen für die Dreschmaschinen mitgenommen hatten.
Die Proklamation des Herrn Generalgouverneurs habe ich heute während der Kirchzeit in der Kreisstadt anschlagen lassen. Sie wurde von der Bevölkerung mit größter Spannung gelesen. Die sogenannte Intelligenz soll den Ton etwas scharf gefunden haben, die Aufrichtigsten unter ihr haben jedoch zu erkennen gegeben, daß die Vorwürfe gegen die frühere Clique der Intelligenz durchaus ins Schwarze getroffen hätten. Die Juden rätseln daran herum, ob mit „jüdischen Ausbeutern“ bestimmte Einzelindividuen gemeint seien, welche von der deutschen Polizei bereits ermittelt seien, oder ob die Judenschaft als Gesamtheit gemeint sei.[7]

7 In seiner Proklamation vom 26.10.1939 anlässlich der „Errichtung des Generalgouvernements“ wandte sich Generalgouverneur Frank an „Polnische Männer und Frauen!“ und stellte in Aussicht:

*III. Gewerbliche Wirtschaft.*

Die drei Eisengießereien in der Stadt Konsk haben, nachdem es mir gelungen ist, in Oppeln einige der wichtigsten Werkzeuge zu beschaffen, ihre Produktion unter Oberleitung des tatkräftigen Hauptmann Keller, des Chefs der 4. Komp. der Landesschützen (vgl. 6. Lagebericht, Anfang)[8] aufgenommen. Bei der arischen Gießerei Herzfeld & Victorius arbeiten wieder 180 Mann. Es wird dort schon wieder gegossen. Bei der von mir einem arischen Treuhänder unterstellten, ehemals jüdischen Gießerei Neptun arbeiten wieder 150 Mann, und bei der ebenfalls unter einen arischen Treuhänder gestellten Gießerei Kronenblum, welche am stärksten durch das Luftbombardement beschädigt wurde, sind 40 Mann noch mit Aufräumungsarbeiten beschäftigt. Die Betriebe konnten durch Verkauf restlicher Lagerbestände ohne Kreditaufnahme in Gang gesetzt werden. Gehälter und Löhne sind für die Zeit voll ausgezahlt, in welcher die Arbeiter unter deutscher Herrschaft gearbeitet haben. Die Löhne der ungelernten Arbeiter betrugen unter polnischer Herrschaft 3 Zl. pro Tag. Ich habe diese Sätze zunächst beibehalten müssen. Da die Arbeiter damit aber wegen der Erhöhung der Lebenshaltungskosten (obrigkeitliche Erhöhung der Agrarpreise zur Stützung der Landwirtschaft) nicht auskommen können und durch die hohen Löhne der nebenan arbeitenden polnischen Eisenbahnarbeiter verbittert wurden, habe ich eine 10%ige Lohnerhöhung zugestanden und den Arbeitern die Einrichtung einer Fabrikkantine mit preiswertem Essen in Aussicht gestellt. An die zuständige Reichsbahn-Betriebsdirektion Kamienna habe ich mich wegen Herabsetzung der im Verhältnis zu hohen Streckenarbeiterlöhne mit dem beigefügten Schreiben gewandt (Anlage 6).

Da bereits davon gesprochen wird, daß das Landesschützen-Bataillon fortkommt, wiederhole ich meine Bitte vom 5. Lagebericht Seite 7 oben, mir einen technisch und kaufmännisch vorgebildeten deutschen Fachmann, vielleicht von der Friedenshütte Kattowitz, zu übersenden. Es ist für mich und meine Beamten unmöglich, neben der enormen Verwaltungsarbeit die notwendige Kontrolle über die von mir eingesetzten polnischen Treuhänder zu führen. Bei den bedenklichen polnischen Moralbegriffen und den großen Werten, die in den Eisengießereien sich befinden, ist eine tägliche Überwachung der Betriebe jedoch erforderlich, um größere Betrügereien und Schiebungen zu verhindern. Die Eisengruben in Staporkow, Nieklan und Chlewiska haben unter der Oberaufsicht des schwedischen, vom Reichstreuhänder Wagner[9] in Breslau beauftragten Ingenieurs Absolon[10] ihren Betrieb wieder aufgenommen. In Ermangelung eines anderen Fachmannes habe ich ihm auch die Oberaufsicht über die kleineren Eisenindustriebetriebe übertragen. Da er polnischer Nationalität ist und die sämtlichen Eisenindustriebetriebe im Osten des Kreises in der Hand hat, wäre auch hier eine fachmännische Kontrolle durch einen Reichsdeutschen notwendig.

„Unter einer gerechten Herrschaft wird jeder durch Arbeit sein Brot verdienen. Für politische Hetzer, Wirtschaftsschieber und jüdische Ausbeuter dagegen wird kein Platz mehr in einem unter deutscher Oberhoheit stehenden Gebiet sein"; VOBl. GG 1939, Nr. 1 vom 26.10.1939, S. 1f.

8 Liegt nicht in der Akte.

9 Gemeint ist vermutlich der Leiter der HTO in Berlin, Max Winkler; siehe Dok. 155 vom 12.8.1940.

10 Bruno(n) Absolon (1892–1940), Grubeningenieur; besuchte bis 1912 das deutsche Gymnasium in Teschen, Kriegsdienst in der österr.-ungar. Armee; nach 1918 Direktor verschiedener Eisenhütten; 1939 von den Besatzungsbehörden zum Leiter des Konzerns „Pokój" ernannt; 1940 wegen Zusammenarbeit mit dem poln. Widerstand (ZWZ) von der Gestapo verhaftet und ohne Urteil erschossen.

*III.*[11] *Kreissparkasse.*

Am 16. d. Mts. habe ich die Kreissparkasse wieder eröffnet. Zum kommissarischen Leiter habe ich den Hauptfeldwebel Schneider von der 4. Komp. der Landesschützen, im Privatberuf Bankdirektor in Birkenfeld, bestellt. Der polnische Direktor und das polnische Personal haben unter seiner Leitung die Arbeit wieder aufgenommen. Die Entwicklung der ersten 14 Tage berechtigt zu gewissen Hoffnungen.

1) Von den drei Eisengießereien sind als täglich fällige unverzinsliche Gelder (Erlöse aus dem Verkauf von Fertigwaren) eingezahlt worden: 52 124 Zl.

Sie werden größtenteils für die Beschaffung der im Kriege restlos abhanden gekommenen Werkzeuge benötigt.

| | |
|---|---|
| 2) 34 jüdische Sparkonten | 13 500 Zl. |
| 3) eingezogene Wechsel | 3 700 Zl. |
| 4) eingezogene Wechselzinsen | 250 Zl. |

Passiva:

An Passiven sind besonders 182 000 Guthaben von kleinen Sparern zu nennen, welche großenteils in Not sind. Ich beabsichtige, sobald die eingezogenen Wechseldarlehen den Betrag von 10 000 Zl. erreicht haben, Rückzahlungen von etwa 40.– Zl. wöchentlich an die kleinen Sparer durchzuführen.

Bei den 16 Gemeindebüros des Kreises habe ich Annahmestellen der Kreissparkasse errichtet und angeordnet, daß die Wojts am 15. und 1. eines jeden Monats mit der Hauptstelle in Konsk abrechnen.

*IV. Judenfrage.*

Um die Belästigung meiner Verwaltung durch die Juden auszuschalten, habe ich eine jüdische Sonderverwaltung eingerichtet und allen Juden das Aufsuchen des Landratsamtes, des Rathauses und der übrigen Behörden untersagt. Abschrift meiner Bekanntmachung füge ich bei (Anlage 7). Die Sonderverwaltung arbeitet schlecht und recht. Sie hat die Anforderung von täglich 250 Juden zur Arbeitsleistung unter Aufsicht des Bau-Bataillons, die Aufstellung von Listen für die SS und verschiedene kleinere Aufträge pünktlich erfüllt. Der Vorsteher Rozen ist allerdings unter dem Ansturm der Petitionen seiner Rassegenossen vorübergehend zusammengebrochen. Sein Vertreter hat mich gebeten, ihm eine Arrestzelle für widerspenstige Juden, insbesondere Arbeitsscheue, zur Verfügung zu stellen. Da zwei Zellen in dem ausgebrannten Starosteigebäude erhalten geblieben sind, habe ich ihm diese zugewiesen.

*V. Aufbau der Verwaltung.*

*1. Stadt Konsk.*

Den für den in Aussicht gestellten Stadtkommissar überwiesenen Stadtsekretär Dünnebeil aus Stadtilm[12] habe ich zum kommissarischen Bürgermeister der Kreisstadt bestellt, da der von mir zunächst eingesetzte kommissarische polnische Bürgermeister infolge seines Alters der Arbeit nicht gewachsen war. Ich habe ihn ehrenhalber zum Stadtältesten ernannt. Dünnebeil glaubt, die Arbeit bewältigen zu können, wenn der mit ihm gut eingearbeitete Verwaltungsangestellte Reinhard Riemer vom Bürgermeister in Stadtilm

11 So im Original.

12 Hugo Dünnebeil (*1900).

(Thüringen) ihm für den Bürobetrieb zugewiesen wird. Er bemüht sich mit Erfolg um die Ordnung der städtischen Verhältnisse im deutschen Sinne. Wegen der Anforderung Riemers lege ich einen Sonderbericht an den Herrn Reichsminister des Inneren vor.

2. *Staatliche Kreisverwaltung.*

Mit dem mir zugeteilten deutschen Verwaltungspersonal von 1 Regierungsinspektor, 1 Stadtoberinspektor, 1 Dolmetscher und 1 Schreiber ist es mir unmöglich, weitere Verwaltungsaufgaben wie die Schulverwaltung, Verwaltungspolizei u.ä., insbesondere auch die Arisierung, durchzuführen, obwohl alle ihr Letztes hergeben. Ich bitte daher dringend, wie anderen Landräten so auch mir einen weiteren staatlichen Bürobeamten zuzuteilen. Ich glaube, daß diese Bitte durch die Größe und Schwierigkeit des Kreises gerechtfertigt wird. Jedoch bitte ich gleichzeitig, für die Ergänzung der landrätlichen Betriebsmittel zu sorgen, da ich sonst nicht in der Lage bin, das Gehalt aufzubringen.

3. *Kreiskommunalverwaltung.*

Von der Kreiskommunalverwaltung habe ich nur den Kreisdeputierten, den polnischen Friedensrichter a.D. v. Koraszewski unter Entbindung von seiner Tätigkeit als Beigeordneten der Stadtverwaltung und die Kreisstraßenverwaltung kommissarisch eingesetzt. Dringend notwendig erscheint die Bestellung eines Kommunalkassenrendanten und eines Fürsorgebeamten. Den übrigen bisherigen Kreiskommunalbeamten habe ich mitgeteilt, daß ich sie erst dann wieder mit 50 % ihres bisherigen Gehaltes einstellen kann, wenn besonders dringende Verwaltungsaufgaben und Steuereingänge für ihre Besoldung vorliegen. Ich habe sie aufgefordert, sich möglichst unauffällig die jüdischen Geschäfte der Kreisstadt daraufhin anzusehen, welches von ihnen sie als arischer Treuhänder fortzuführen vermögen. Ich hoffe, sie auf diese Weise über Wasser halten zu können und die für die große Anzahl der jüdischen Geschäfte fehlenden Arier zu beschaffen. Mit der Arisierung selbst beabsichtige ich den Schreiber des Verwaltungstrupps Schneider, der von Beruf Angestellter in der Kreditabteilung der Deutschen Bank in Berlin ist, zu beauftragen und ihn nur für Geheimberichte noch zum landrätlichen Dienst heranzuziehen.

Die polnischen Kreiskommunalbeamten, welche mit der Verwaltung der Kreisgelder befaßt waren, habe ich nach anfänglicher Inhaftierung gegen zweimalige tägliche Meldung bei der Gendarmerie wieder auf freien Fuß gesetzt und werde, sobald mir die Sorge für die Ernährung und den Antransport der Nahrungsmittel freie Hand lassen, versuchen, etwaige Reste des Kreisvermögens wieder zusammenzubringen.

Kleinere Unterstützungen habe ich in dringenden Notfällen aus meinen Privatmitteln gezahlt. Da diese aber nicht ausreichen, bitte ich, mir nach Möglichkeit einen Kredit von mehreren 1000 Zloty im Vorgriff auf die Einnahmen an Kreiskommunalsteuern zur Finanzierung des Kreiswohlfahrtsamtes und der notwendigsten Beamtengehälter zur Verfügung zu stellen. Die Mittel der Kreissparkasse sind durch Inanspruchnahme von kurzfristigen Darlehen an die „Kreiswirtschaftsstelle" zum Einkauf von Zucker, Salz, Petroleum, Fensterglas und Leder voll in Anspruch genommen. […][13]

13 Unter den Punkten VI. bis XI. berichtete Albrecht über Steuereinnahmen, die Bürgermeister-Versammlungen, die Staatsforstverwaltungen, das Notariat, die Einsetzung des Kreistierarztes und des Bezirksschornsteinfegers.

## DOK. 30
## Der jüdische Aktivist Ber Fisz schildert die Lage in Gdingen von September 1939 bis zur Vertreibung der jüdischen Bevölkerung im Oktober 1939[1]

Bericht von Ber Fisz[2] für das Untergrundarchiv im Warschauer Getto, nach Oktober 1939

*Gdingen.*
Die Zahl der jüdischen Bevölkerung in Gdingen belief sich in den Jahren 1937/38 auf 3500 Personen. Bei Kriegsausbruch betrug sie nur noch etwa 2000 Personen, da die polnischen Behörden nach dem Gesetz zum Schutz der Grenzgebiete seit Mai 1938 massenhaft Juden mit dem Ziel der Entjudung Gdingens ausgesiedelt hatten.[3]
Die Mehrheit dieser 2000 Juden – überwiegend Frauen mit Kindern – hatte Gdingen schon eine Woche vor Kriegsausbruch verlassen und war ins Landesinnere gereist. Einige hundert Personen fuhren im letzten Moment ab, so dass am Tag des Kriegsausbruchs lediglich 700 – 800 Juden in der Stadt geblieben waren, zu denen aus der Umgebung, d.h. aus Wejherowo, Puck und Kartuzy,[4] etwa weitere 200 Personen hinzu kamen. Letztere waren aus den Kleinstädten evakuiert worden, als die deutschen Truppen näherrückten. Fast alle wohlhabenderen Juden, d.h. Eigentümer, Direktoren und leitende Angestellte bedeutender Firmen, hatten Gdingen verlassen, nur das Proletariat (Arbeiter, Angestellte und Handwerker) war geblieben.
Den Letzteren fehlte praktisch jede Lebensgrundlage. Jemand musste sich um sie kümmern. Aber das war sehr schwierig, es war niemand mehr da, bei dem man entsprechende Spenden hätte auftreiben können, zumal die polnischen Behörden nahezu alle Lebensmittellager, deren Besitzer weggefahren waren, beschlagnahmt hatten.
Aber drei in der Stadt verbliebene Mitglieder der Jüdischen Gemeindeverwaltung bildeten unter dem Vorsitz des Autors dieser Zeilen ein Hilfskomitee und sammelten bei den Firmen „Łuszczarnia Ryżu“,[5] Józef Fetter AG, „Colonial“ GmbH (Fisch), „Nordian Have“ (Krakowski und Klein), J. Bankier u.a. eine beträchtliche Menge Lebensmittel: Reis, Mehl, Kaffee, Tee, Kakao, Heringe usw. Anschließend wurden die Lebensmittel nach und nach an alle Bedürftigen verteilt.
Die Lage blieb unverändert bis zum 14. September, d.h. bis zum Einmarsch der deutschen Truppen. An diesem Tag besetzten die deutschen Truppen um 5 Uhr morgens die Stadt und übernahmen die Macht. Um 7 Uhr morgens patrouillierten sie durch die Straßen und befahlen allen Männern, die Häuser zu verlassen. Dann wurden die Männer zum großen Platz vor dem Regierungskommissariat geführt. Dort wurde eine Kontrolle durchgeführt. Deutsche und sog. Volksdeutsche wurden freigelassen. Gebrechliche und kranke Menschen, Jugendliche unter 15 sowie ältere Menschen über 60 Jahren wurden

1 AŻIH, Ring I/740 (16). Das Dokument wurde aus dem Polnischen übersetzt.
2 Ber Fisz, auch Bernard Fisch (1885 – 1941), Kaufmann; Mitglied der Partei Poale Zion, von 1932 an in Gdingen, Leiter der Handelsfirma Colonial, 1935 Gründer einer jüdischen Fischerei-Genossenschaft, 1938 Vorsitzender der Zionistischen Vereinigung (Zjednoczenie Syjonistyczne) in Gdingen; von Okt. 1939 an in Warschau, im Warschauer Getto stellv. Vorsitzender der Zentralen Flüchtlingskommission und Mitarbeiter des Joint; kam wahrscheinlich 1941 in Rzeszów um.
3 Die Polnische Republik begann im Sept. 1938 damit, Juden aus grenznahen Gebieten auszusiedeln.
4 Die dt. Bezeichnungen für Wejherowo, Puck und Kartuzy lauten Neustadt, Putzig und Karthaus.
5 Dt.: Reismühle.

ebenfalls nach Hause geschickt. Die Übrigen wurden festgenommen und zu verschiedenen Sammelpunkten wie Kirchen, Schulen, Kinos, Kasernen, Grünanlagen usw. gebracht. Dort wurden die Personalien überprüft. Außerdem wurde geprüft, ob man als nationalpolnischer Aktivist oder als Mitglied einer der patriotischen Organisationen u.ä. auf der schwarzen Liste – einem gedruckten Buch – stand.[6] Danach wurden die Männer entweder freigelassen, und zwar täglich zu Tausenden, oder ins Gefängnis gesteckt. Das dauerte 6 Tage an.

Wer in dieser Zeit nicht das Glück hatte, zu einem der Tische zwecks Verifikation vorgelassen zu werden (Juden wurden überwiegend nicht vorgelassen), saß fest. Einige tausend Menschen wurden auf diese Weise festgenommen (darunter etwa 150 Juden) und in das Lager in Danzig geschickt, von wo aus sie an verschiedenen Orten zur Zwangsarbeit (in der Landwirtschaft, im Straßenbau usw.) eingesetzt wurden. Von dort ist keiner der Juden je zurückgekommen. Es fehlt jede Spur von ihnen. Wenn sich Verwandte an das Rote Kreuz wenden, um etwas zu erfahren, erhalten sie gewöhnlich die Standardantwort, die betreffende Person sei gestorben.

Der Aufenthalt in Kirchen, Kinos usw. war zwar nicht angenehm, weil man Tage und Nächte in stickigen, übelriechenden und schmutzigen Räumen saß, aber Schikanen blieben bis auf einige Ausnahmefälle aus. Es kam zu einzelnen Misshandlungen. Ein junger Mann, Chaluz aus dem Kibbuz „Gordonia“, wurde grundlos bzw. aus unbekannten Gründen oder versehentlich erschossen. Zu essen gaben sie uns nichts, aber das Polnische Rote Kreuz verteilte an jeden ein halbes Kilo Brot, Butter und ein Ei, außerdem durften Verwandte Essen und Tee bringen.

Gleich am Tag des Einmarschs der deutschen Truppen wurden antijüdische Verordnungen bekannt gegeben, und zwar: 1) Jüdische Unternehmen bleiben geschlossen. 2) An Juden dürfen keine Summen über 400 Zł. ausgezahlt werden, stattdessen sind die Gelder bei Banken auf Sperrkonten einzuzahlen. 3) Juden dürfen insgesamt nicht mehr als 2000 Zł. besitzen. 4) Juden müssen Vermögensaufstellungen einreichen. 5) Juden im Alter von 15 – 50 Jahren müssen sich täglich beim zuständigen deutschen Polizeikommissariat melden. 6) Vereine und Institutionen müssen Vermögensaufstellungen vorlegen usw.[7]

Die Geschäftsstelle der Jüd. Gemeinde und das Bethaus wurden erst versiegelt, nachdem sie geplündert und die Torarollen vernichtet worden waren.

Bis zur Aussiedlung der gesamten polnischen Bevölkerung, d.h. bis zum 17. Oktober 1939, gab es noch Juden in Gdingen. Während dieser ganzen Zeit verließen sie nur selten ihre Wohnungen aus Angst, überfallen oder zwecks Zwangsarbeit bei der Instandsetzung der Landstraße in Orłowo[8] festgenommen zu werden. Dort wurden Zwangsarbeiter sehr schlecht behandelt. Sogar 70-Jährige mussten, sofern sie aufgegriffen wurden, mitgehen und Schwerstarbeit verrichten. Als die Straßenrazzien immer weniger Erfolg hatten, erhielt man bei der Pflichtmeldung auf der Polizeiwache den Befehl, sich am nächsten Tag zur Arbeit einzufinden.

In den Häusern fanden offizielle und inoffizielle Durchsuchungen sowie Plünderungen statt. Wenn Plünderungen bei der Polizei gemeldet wurden, bemühte sich diese, die Täter zu finden, zu bestrafen und nach Möglichkeit den Schaden wiedergutzumachen, das muss man einräumen.

6 Zum „Sonderfahndungsbuch Polen“ der Sicherheitspolizei siehe Dok. 2 vom 7.5.1939, Anm. 7.

7 Siehe Dok. 4 vom 6.9.1939.

8 Adlershorst, Dorf bei Gdingen, heute eingemeindet.

Noch eine Woche vor der Aussiedlung rief der Polizeidirektor den stellv. Vorsitzenden der Jüd. Gemeinde zu sich, befahl ihm, eine Liste aller gegenwärtig in Gdingen befindlichen Juden vorzulegen sowie einen Ältestenrat aus 12 angesehenen Bürgern zu bilden. Dieser sollte vom Polizeidirektor bestätigt werden, was dann auch geschah.
Inzwischen wurde bekannt, dass in Kürze eine allgemeine Aussiedlung erfolgen werde, gleichzeitig begann man, individuelle Passierscheine zur Ausreise ins Landesinnere auszustellen.[9]
Seit diesem Tag standen die Menschen (Polen und Juden) von 5 Uhr morgens bis 6 Uhr abends zu Tausenden vor der Polizeidirektion Schlange, um einen Passierschein zur Ausreise ins Landesinnere zu erhalten. Man durfte nur 50 kg Handgepäck mitnehmen sowie Bargeld in Höhe der durch das Devisenschutzkommando[10] festgelegten Summe.[11]
Viele Juden sind so, nach Erhalt einer Sondergenehmigung, abgereist, u.a. auch der Autor dieser Zeilen. Die Übrigen wurden erst einige Tage später in geschlossenen Waggons abtransportiert, 80 Personen pro Güterwagen, auf langen Umwegen über Berlin, Breslau, nach Tschenstochau und Kielce, wobei sie 8 Tage lang ohne Verpflegung und frische Luft unterwegs waren.
Einige Juden wurden von kommissarischen Verwaltern noch mehrere Wochen in einzelnen Unternehmen als Fachkräfte belassen.

## DOK. 31
## Joseph Goebbels schreibt am 2. November 1939 über eine Reise in das eroberte Polen[1]

Tagebuch von Joseph Goebbels, Eintrag vom 2.11.1939

2. November 1939. (Do.)
Dienstag: früh Flugzeug weg. Gegen 1[1] h in Lodz. Unterwegs eine Unmenge noch schnell erledigt. Unser Jerrybrief ist groß herausgekommen.[2]
Lodz: Seyß-Inquart[3] holt mich ab und gibt mir kurz Bericht. Tausend Fragen und Probleme. Lodz selbst ist eine scheußliche Stadt.

9 Am 8.10.19939 annektierte das Deutsche Reich das poln. Küstengebiet und sein Hinterland als Teil der „eingegliederten Ostgebiete“. Wer aus Gdingen über die neue Grenze in das übrige deutsch besetzte Gebiet fahren wollte, brauchte von nun an eine behördliche Genehmigung.
10 Im Original deutsch.
11 Laut § 4 der Anordnung des Chefs der Zivilverwaltung beim AOK 14, Kriegswirtschaftsabt., über den Zahlungs- und Geldverkehr vom 18.9.1939 war die Ausfuhr „inländischer oder ausländischer Zahlungsmittel [...] aus dem besetzten Gebiet“ oberhalb einer Freigrenze von 10 RM verboten; APKr, 33, SMKr/62.

1 Tagebücher von Joseph Goebbels, vom 9.10.1939 bis 15.5.1940, RGVA, Nachlass Goebbels, Fond 1477. Abdruck in: Die Tagebücher von Joseph Goebbels. Teil I: Aufzeichnungen 1923–1941. Band 7: Juli 1939 – März 1940, hrsg. und bearb. v. Elke Fröhlich, München 1998, S. 177–179.
2 Vermutlich der von der deutschen Propaganda fingierte Brief eines tschechischen Juden „Jaro“ aus Großbritannien an „Dr. Zdenek Thon, Prag 12“, den die deutsche Presse am 31.10.1939 abdruckte (im VB, Norddt. Ausgabe, mit Bild des gefälschten Briefs).
3 Arthur Seyß-Inquart (1892–1946), Jurist; von 1931 an Kontakte mit der NSDAP, 1938 NSDAP- und SS-Eintritt; im Februar 1938 auf Druck Hitlers zum Innenminister Österreichs ernannt, nach dem

Unterredung mit Frank. Die Lage in Polen ist noch sehr schwierig. Wir kommen überein: polnisches Kulturleben vorläufig nicht fördern, da das Kulturleben eine Ausweichstelle des wieder beginnenden polnischen Nationalismus ist. Dagegen Förderung des deutschen Kulturlebens für unsere Leute. Ich stelle dafür alle verfügbaren Mittel zur Verfügung.
Fahrt durch das Ghetto. Wir steigen aus und besichtigen alles eingehend. Es ist unbeschreiblich. Das sind keine Menschen mehr, das sind Tiere. Das ist deshalb auch keine humanitäre, sondern eine chirurgische Aufgabe. Man muß hier Schnitte tuen, und zwar ganz radikale. Sonst geht Europa an der jüdischen Krankheit zugrunde.
Fahrt über polnische Straßen. Das ist schon Asien. Wir werden viel zu tuen haben, um dieses Gebiet zu germanisieren.
Lange Aussprache mit meinen Leuten. Wir werden uns über die nun einzuschlagenden Wege klar. Radikal gegen die Polen und stärksten Schutz für das Deutschtum.
Abends bei Frank. Er schildert mir seine Schwierigkeiten. Vor allem mit der Wehrmacht, die keine völkische, sondern eine verwaschen bürgerliche Politik betreibt. Aber Frank wird sich schon durchsetzen.
Noch lange palavert. Tausend Probleme angeschnitten. Man kommt hier nie zu Ende. Das Land ist von einer bedrückenden Trostlosigkeit.
Ich schlafe nur ein paar Stunden.
Mittwoch: Molotow hat gesprochen.[4] Sehr stark für uns. Scharf gegen Roosevelt, Warnung an Finnland und an die Türkei. Wir können mit dieser Rede zufrieden sein. Aber eine Änderung der Lage hat sie nicht erbracht.
Fahrt nach Warschau. Über die Schlachtfelder, an vollkommen zerschossenen Dörfern und Städten vorbei. Ein Bild der Verwüstung.
Warschau: das ist die Hölle. Eine demolierte Stadt. Unsere Bomben und Granaten haben ganze Arbeit getan. Kein Haus ist unversehrt. Die Bevölkerung ist stumpf und schattenhaft. Wie Insekten schleichen die Menschen durch die Straßen. Es ist widerlich und kaum zu beschreiben.
Auf der Zitadelle. Hier ist alles zerstört. Kein Stein mehr auf dem anderen. Hier hat der polnische Nationalismus seine Leidensjahre durchlebt. Wir müssen ihn vollkommen ausrotten, oder er wird sich eines Tages wieder erheben.
Im Palais Blank[5] kurze Mittagsrast. Ich bekomme Berichte über die Lage in der Stadt, die fast hoffnungslos ist. Das kann das polnische Volk seinen Scharfmachern danken.
Besuch im Schloß Belvedere. Hier hat Polens Marschall gelebt und gearbeitet.[6] Sein Sterbezimmer und das Bett, in dem er starb. Man kann hier lernen, wessen man sich zu versehen hat, wenn man der polnischen Intelligenz freie Entfaltungsmöglichkeit gibt.

Anschluss im März 1938 vorübergehend Bundeskanzler und Reichsstatthalter; Okt. 1939 bis Mai 1940 Stellv. des Generalgouverneurs Frank in Polen, danach Reichskommissar in den Niederlanden; 1946 im Nürnberger Prozess verurteilt und hingerichtet.

4 Vjačeslav Michajlovič Molotov, geboren als Skrjabin (1890–1986), Politiker; von 1921 an Mitglied des ZK und ab 1926 Mitglied des Politbüros der KPdSU, 1930–1941 Regierungschef der UdSSR, 1939–1949 und 1953–1956 sowjet. Außenminister. Am 31.10.1939 hielt Molotov auf der 5. außerordentlichen Tagung des Obersten Sowjets der UdSSR eine außenpolitische Rede, in der er die Verständigung mit Deutschland würdigte und die Westmächte heftig kritisierte.

5 Zum Palais Blank siehe Dok. 98 vom 28.3.1940, Anm. 3.

6 Józef Piłsudski.

Sonst aber ist dieser Schloßbesuch gänzlich sinnlos geworden.
Noch eine Fahrt durch die Stadt. Eine Stätte des Grauens.
Wir sind alle froh, als wir wieder abfliegen können. Um 2 h ab Warschau und gerade bei Eintritt der Dunkelheit wieder in Berlin.
Kurz Magda[7] von meinen Erlebnissen erzählt. Sie ist ganz glücklich, daß ich wieder da bin. Und die Kinder freuen sich auch sehr.
Dann gleich an die Arbeit. Es ist viel aufgelaufen in diesen zwei Tagen.
Molotowrede ist das große Thema. Finnland will sich sperren und droht mit Verhandlungsabbruch. Aber das nützt ihm ja nichts. London reklamiert diese Rede einfach für sich, trotz der scharfen Ausfälle gegen England. Aber das ist die typische britische Heuchelei. London veröffentlicht gerade ein Weißbuch über unsere K.Z., das großes Aufsehen erregt.[8] Wir werden mit einem Weißbuch über die englische Kolonialpolitik antworten.[9] Nie verteidigen, immer angreifen.
In Rom Ablösung der Wache: Alfieri und Starace zurückgetreten, an ihrer Stelle Pavolini und Muti.[10] Sonst auch noch eine Reihe von Änderungen. Ist das nur ein Personen- oder auch ein Kurswechsel? In England und Frankreich wird das behauptet. Aber ich kann das nicht glauben. Wir werden ja sehen. Um Alfieri tut es mir leid. Er war so gut für uns zu gebrauchen.
Neue Wochenschau fertiggemacht. Großartig geworden. Auch dem Führer gefällt sie sehr gut. Dann neue Proben aus unserem Judenfilm,[11] die auch sehr wirksam sind. Dazu ein Propagandafilm der Ufa über den Luftschutz, der es auf die humoristische Tour versucht, und zwar mit großem Erfolg. Manuskript zum Polenfilm[12] geprüft und wesentlich überholt und korrigiert.
Die Arbeit reißt nie ab, und sie macht mir riesige Freude.
Abends noch mit Magda über Harald[13] gesprochen. Er macht uns etwas Sorgen.

7 Goebbels' Ehefrau Magda (1901–1945), geb. Ritschel, geschiedene Quandt.

8 Papers concerning the treatment of German nationals in Germany 1938–1939. Presented by the Secretary of State for Foreign Affairs to Parliament by Command of His Majesty, London 1939; siehe VEJ 2/52.

9 Nicht erschienen.

10 Edoardo „Dino" Alfieri (1886–1966), Minister für Volksbildung, im Nov. 1939 Botschafter beim Heiligen Stuhl; Achille Starace (1889–1945), Parteisekretär, dann Führer der Schwarzhemden; Alessandro Pavolini (1903–1945), Präsident der Konföderation der Freiberufler, dann Minister für Volksbildung; Ettore Muti (1902–1943), Milizoffizier, dann Parteisekretär. Starace wurde im Okt. 1939 als Sekretär der Nationalen Faschistischen Partei Italiens (PNF) von Muti abgelöst, während Pavolini an die Stelle des bisherigen Ministers für Volksbildung, Alfieri, trat.

11 Goebbels selbst konzipierte und produzierte den Propagandafilm „Der Ewige Jude" von Fritz Hippler. Nach einer Vorführung vor Spitzenleuten des Dritten Reichs im Sept. 1940 lief er im Dez. 1940 und im Jan. 1941 in etwa der Hälfte der deutschen Kinos mit mäßigem Erfolg.

12 „Feldzug in Polen", ein Propagandafilm von Fritz Hippler, der im Febr. 1940 in den deutschen Kinos anlief.

13 Harald Quandt (1921–1967), der Sohn von Magda Goebbels aus erster Ehe mit dem Industriellen Günther Quandt.

## DOK. 32
## Die Abteilung Justiz im Distrikt Krakau fordert am 5. November 1939, jüdische Beschäftigte zu entlassen[1]

Schreiben des Distriktchefs Krakau, Abteilung Justiz, gez. Landgerichtsrat Dr. Mnich,[2] an den Herrn Leiter des Appellationsgerichts in Krakau vom 5.11.1939 (Abschrift)

In der Anlage übersende ich eine schriftliche Zusammenstellung der Anordnungen, die ich seinerzeit bei Ingangsetzung der Gerichte Ihnen mündlich erteilt habe.[3]
Ich ersuche, Abschrift hiervon der hiesigen Notarkammer und der Advokatenkammer zur Kenntnisnahme und genauen Beachtung zu übersenden.
Sollte etwa ein Richter, Notar oder sonstiger Beamter jüdischer Rasse noch tätig sein, so ersuche ich, diesem aufzugeben, seine Tätigkeit sofort einzustellen.
Der Begriff der Juden ist rassenmäßig aufzufassen. Es gilt daher auch der getaufte Jude weiter als Jude.
Ich ersuche, mir bis zum 20. d. Mts. zu berichten, daß keine jüdischen Beamten bei den dortigen Behörden und auch keine jüdischen Notare tätig sind.[4]

## DOK. 33
## The New York Times: Artikel vom 6. November 1939 über die Judenverfolgung im besetzten Polen und eine drohende Hungersnot[1]

*Juden droht angeblich Hungersnot. In den deutsch-besetzten Gebieten sind nach Berichten 1,5 Millionen zum Verhungern verdammt. Flucht in den sowjetisch-besetzten Landesteil versperrt. Tausende kampieren auf Feldern an der Grenze, weil die Russen Übertritt verweigern.*

Per Funk übermittelt
Paris, 5. Nov. – Die Zwangslage der Juden in den von den Deutschen besetzten Gebieten Polens ist offenbar schlimmer als im Reich. Unablässig gehen hier sowohl bei der polnischen Regierung als auch bei den jüdischen Hilfsorganisationen Meldungen ein über die brutale und umfassende politische Verfolgung der polnischen Juden.
In Berichten aus Deutsch-Polen heißt es:
Etwa 1,5 Millionen in dem Gebiet verbliebene Juden sind nach dem Willen der Nazis zum Verhungern verurteilt. Die in Lodz und anderen westpolnischen Städten begonnene Be-

1 AIPN, GK 196/309 (NTN 309), Bl. 1.
2 Vermutlich Dr. Johannes Mnich (*1896), 1922 in Breslau promovierter Jurist.
3 In den beigefügten „Richtlinien für die Ingangsetzung der polnischen Gerichte" heißt es, jüdische Richter, Beamte und Notare dürften „ihre Tätigkeit nicht wieder aufnehmen"; wie Anm. 1, Bl. 2f.
4 Am 23.7.1940 fragte die Abt. Justiz bei dem Leiter des Appellationsgerichts in Krakau abermals nach, „ob sich unter den gerichtlichen Sachverständigen und Dolmetschern Juden, jüdische Mischlinge oder jüdisch Versippte" befänden, und forderte, „Juden und Halbjuden sowie mit Juden Verheiratete" hätten „sofort auszuscheiden"; wie Anm. 1, Bl. 34.

1 The New York Times, Nr. 29871 vom 6.11.1939, S. 7: Jews said to face famine in Poland. Das Dokument wurde aus dem Englischen übersetzt.

schlagnahmung jüdischen Besitzes geht nun in großem Umfang auch in Warschau weiter. Nazi-Treuhänder haben die jüdischen Großhandelsbetriebe übernommen. In vielen gewinnträchtigen Berufen und Gewerben dürfen Juden nicht mehr tätig sein. Es ist ihnen lediglich gestattet, eine Summe von maximal 400 Dollar zu behalten. Unter dem Vorwand, nach Waffen zu suchen, führen die Nazis in jüdischen Wohnungen Razzien durch und konfiszieren jüdisches Eigentum.
Auch das Vermögen jüdischer religiöser Gruppierungen ist beschlagnahmt worden, Krankenhäuser und Schulen wurden requiriert. Nur die Joint Commission[2] darf Essen an Juden verteilen, die aus den Warteschlangen vor den Lebensmittelgeschäften verjagt werden. Juden erhalten auch keine Brotmarken mehr.
Aus dem Konzentrationslager Dachau ist ein „Fachmann" nach Warschau gekommen, um ein Konzentrationslager für Juden zu errichten.
In den Provinzen ist die Lage noch schlimmer. Es soll zu Pogromen gekommen sein, die in Kaluszyn 50 Opfer gefordert haben sollen; aus Lukow heißt es, es seien 30 Polen und 30 Juden hingerichtet worden;[3] aus Pultusk wird berichtet, es sei in jedem Haus ein Jude exekutiert worden, weil angeblich in einer Straße auf deutsche Soldaten geschossen worden war.[4]
In einem Dorf rettete der katholische Pfarrer vielen Juden das Leben, indem er sich selbst als Geisel anbot, um die von den Juden verlangte „Zwangsabgabe" von 4000 Dollar zu garantieren.
In Lodz forderte man alle jüdischen Bewohner auf, ihre Wohnungen und Häuser an der Hauptstraße zu räumen und sie in tadellosem Zustand zu hinterlassen. Dort sollen Deutsche aus den baltischen Staaten angesiedelt werden. Den Juden wurde gesagt, sie sollten in den von den Sowjets besetzten Teil Polens fliehen, aber Tausende der nach Osten Vertriebenen sind von den Russen nicht durchgelassen worden. Deren Misstrauen gegenüber den Nazis führt dazu, dass sie niemandem mehr erlauben, die deutsch-sowjetische Grenze zu überqueren.
Die Lage wird noch dadurch erschwert, dass man ehemals in der Tschechoslowakei ansässige polnische Juden nach Polen ausgewiesen hat. Auch aus Schlesien und anderen westlichen Landesteilen werden Juden vertrieben. Die Zwangsumsiedlung der erwachsenen Männer hat bereits begonnen. Frauen und Kinder sollen getrennt von ihnen abtransportiert werden.
Währenddessen zwingen die Russen Tausende polnische Flüchtlinge, die von Westen aus nach Lemberg geflohen sind, zur Rückkehr auf deutsches Gebiet. Die Deutschen lassen sie nicht durch, und die Sowjets erlauben ihnen nicht, umzukehren. Auf beiden Seiten der Demarkationslinie lagern daher Tausende auf den Feldern.

2 Das American Jewish Joint Distribution Committee war eine Hilfsorganisation US-amerikanischer Juden, die von 1914 an vorwiegend in Europa tätig war. Neben den deutschen Juden kamen die Spendengelder in den 1930er-Jahren vor allem osteuropäischen Gemeinden zugute. Während des Kriegs wurden Hilfsaktionen u. a. für die Juden im besetzten Polen organisiert, danach für die jüdischen Displaced Persons.

3 Die deutschen Besatzer töteten in Łuków am 19.9.1939 mehrere Dutzend Einwohner und brannten 25 Häuser nieder.

4 Pułtusk wurde am 7.9.1939 von deutschen Truppen eingenommen. Am 11.9.1939 erschoss die SS mindestens zehn Juden und vertrieb rund 300 Personen.

## DOK. 34
## Der Höhere SS- und Polizeiführer in Posen befiehlt am 11. November 1939 die Bildung eines Sonderstabs für die Deportation von Polen und Juden[1]

Befehl (geheim) des HSSPF in Posen, Wilhelm Koppe,[2] vom 11.11.1939 (Abschrift)

*Betr.:* Ansiedlung von Baltendeutschen und Wolhyniendeutschen und Evakuierung von Juden und Polen.
1. Der Reichsführer-SS hat mich zum Beauftragten des Reichskommissars für die Festigung deutschen Volkstums für den Bereich des Reichsgaues „Wartheland" genannt.[3]
2. Zur Durchführung der mir gestellten Aufgaben habe ich nachfolgende Stäbe gebildet:
a) Stab für die örtliche und berufliche Unterbringung der Balten- und Wolhyniendeutschen.
*Leiter*: Reichsamtsleiter Dr. Derichsweiler.[4]
*Vertreter*: Reichsamtsleiter Weber.
Dienststelle: Posen, Reichsring 5, II.
b) Stab für die Evakuierung und Abtransport der Polen und Juden in das Generalgouvernement.
*Leiter*: SS-Sturmbannführer Rapp.[5]
Dienststelle: Posen, Kaiserring 15.
3. Die an der Durchführung der vorstehenden Aufgaben mitbeteiligten Dienststellen der Partei und [des] Staates werden von den Leitern der vorstehenden Stäbe, soweit noch nicht geschehen, gebeten, einen geeigneten Mitarbeiter zur Verfügung zu stellen.
4. Der Reichsführer-SS und Reichskommissar für die Festigung deutschen Volkstums erwartet von allen in Frage kommenden Dienststellen, daß sie der großen geschichtlichen Aufgabe der Festigung des Deutschtums im Reichsgau „Wartheland" ihr dringend notwendiges Interesse entgegenbringen und den von mir eingesetzten Stäben jede nur mögliche und denkbare Unterstützung gewähren.

1 BArch, R 70 Polen/198, Bl. 1.

2 Wilhelm Koppe (1896–1975), Großhandelskaufmann; 1930 NSDAP-, 1931 SA- und 1932 SS-Eintritt, 1934 SS-Führer in Danzig, 1935 stellv. Führer des SS-OA Ost, 1936 SS-Gruppenführer und Leiter des SD-OA Elbe in Dresden, dann Inspekteur der SiPo und des SD in Leipzig, 1938 im SD-Hauptamt tätig; von Okt. 1939–1943 HSSPF Warthe in Posen, zugleich Beauftragter des RKF, 1943–1945 HSSPF im GG; nach 1945 unter falschem Namen Direktor einer Schokoladenfabrik in Bonn.

3 Richtig: ernannt.

4 Dr. Albert Derichsweiler (1909–1997), Jurist; 1930 NSDAP- und SA-Eintritt, 1934–1936 Bundesführer des NS-Studentenbundes; Nov. 1939 Reichsamtsleiter und Leiter des Stabs für die örtliche und berufliche Unterbringung von deutschen Umsiedlern im Wartheland; nach 1945 hessischer Kommunal- und Landespolitiker der Deutschen Partei und später der FDP.

5 Dr. Albert Rapp (1908–1975), Jurist; 1931 NSDAP-, 1932 SA- und 1936 SS-Eintritt, von 1936 an im SD tätig, 1937 Abteilungsleiter im SD-Abschnitt Karlsruhe, dann Berlin; 1939 Angehöriger der Einsatzgruppe VI in Polen, danach bis 1941 Chef des SD-Leitabschnitts Posen, zugleich Leiter des „Evakuierungsstabs", dann der UWZ, 1942 Chef des Sonderkommandos 7a in der Sowjetunion; 1965 zu lebenslanger Haft verurteilt.

## DOK. 35
## Dawid Sierakowiak beschreibt vom 12. bis 18. November 1939 den antijüdischen Terror in Lodz[1]

Handschriftl. Tagebuch von Dawid Sierakowiak, Einträge vom 12. bis 18.11.1939

Sonntag, den 12. November, Lodz. Den ganzen Tag saß ich zu Hause, erst gegen Abend bin ich kurz zu den Hamers gegangen.[2] Wie überall, werden auch hier verschiedene Gerüchte verbreitet. Es wird über Zwist zwischen Deutschland und Russland gesprochen und über russische Forderungen (Grenze von 1914).[3] Das alles scheint nur leeres Geschwätz zu sein. In jüdischen Grundschulen, die von den Gemeinden übernommen wurden, sollen Deutsch und Hebräisch unterrichtet werden. Bei uns gibt's zurzeit nichts Neues. Aus allen polnischen Gymnasien – den staatlichen und den privaten – wurden Juden rausgeworfen. Zwei Gymnasien, das Orzeszkowa-Gymnasium (für Mädchen) und das Privatgymnasium (für Jungen), in denen fast alle Schüler jüdisch sind, werden in jüdische Gymnasien umgewandelt (die Christen werden rausgeworfen). Was für ein Paradox! Unter deutscher Herrschaft entstehen neue jüdische Gymnasien. Aber noch gibt es gar keine. Morgen bekommen wir vielleicht die Englischarbeit zurück, die wir letzte Woche geschrieben haben.

Montag, den 13. November, Lodz. Der Schulunterricht ist wieder unregelmäßig: neuer Stundenplan, weniger Stunden pro Tag, Abwesenheit einiger Lehrer. Die Gehälter werden wieder nicht ausbezahlt. Es wird über ein russisches Ultimatum an Deutschland geredet usw. Es sind wohl nur Trostworte. Die Herren werden sich schon einig, und uns werden sie zermalmen. Heute ist Julek, der Verlobte meiner Kusine Rózia, weggefahren. Vorerst ist er nach Warschau gereist. Von dort will er sich nach Russland durchschmuggeln. Vielleicht schafft er das. Er war ein bekannter Aktivist der Linken.

Dienstag, den 14. November, Lodz. Es gibt nichts Neues. Immer mehr Gerüchte. Der Unterricht bleibt unregelmäßig.

Mittwoch, den 15. November, Lodz. Eine Synagoge wurde niedergebrannt. Die barbarischen Methoden zur Zerstörung der Welt zeigen allmählich Wirkung. Für die Beendigung des Terrors hat man angeblich 25 000 000 Zł. gefordert. Die Gemeinde hat das Geld nicht, also hat sie auch nicht bezahlt. Angeblich wurde noch eine andere Synagoge in der Wolborska-Straße angesteckt! Irgendetwas stimmt mit den Deutschen nicht. Seit gestern plündern sie auf schreckliche, chaotische Weise. Sie nehmen alles: Möbel, Kleidung, Unterwäsche, Lebensmittel. Bis morgen müssen Polen und Juden alle Spaten und Spitzhacken abgeben. Heute wurde die Mobilmachung der Lodzer Deutschen zwischen dem

1 Dziennik pisany od dnia 28 czerwca 1939 r. przez Dawida Sierakowiaka, USHMM, RG 10.247. Das Dokument wurde aus dem Polnischen übersetzt. Abdruck in englischer Übersetzung in: Sierakowiak, Diary (wie Dok. 16, Anm. 1), S. 62 – 64.

2 Familie in der benachbarten Wohnung. Dawid Sierakowiak war mit Dawid Hamer (1917 – 1942) befreundet; siehe Dok. 59 vom 6. bis 13.12.1939.

3 Offensichtlich geht es um das sachlich haltlose Gerücht, die sowjet. Regierung habe die Wiederherstellung der russ. Staatsgrenze von 1914 gefordert.

18. und 45. Lebensjahr zum „Selbstschutz" angeordnet. Die Armee verlässt die Stadt, man weiß nicht, wohin, also muss jemand in der Stadt bleiben. Das werden vor allem wir zu spüren bekommen. Denn es ist schlimmer, mit Lodzer Deutschen zu tun zu haben als mit einem Regiment von Deutschen aus dem Reich. Aber vielleicht werden sie uns nicht mehr lange peinigen. Denn wer weiß ...

Donnerstag, den 16. November, Lodz. Wir kehren ins Mittelalter zurück. Der gelbe Fleck wird wieder Teil der jüdischen Kleidung. Heute ist die Verordnung herausgekommen, dass alle Juden unabhängig von Alter und Geschlecht eine 10 cm breite Binde in „judengelber" Farbe am rechten Oberarm tragen müssen. Außerdem dürfen Juden von 5 Uhr nachmittags bis 8 Uhr morgens ihre Wohnungen nicht verlassen.[4] Die Armbinden sind ab Samstag, dem 18., Pflicht, und das Ausgehverbot gilt schon ab heute. Heute hatten wir nur 4 Stunden Unterricht. Ich ging etwas langsamer und legte meinen Weg in 50 Minuten zurück, sodass ich 10 Minuten vor fünf zu Hause angekommen bin. Also wirklich Mittelalter? Gelbe Gefangenenflecken wie im Getto, aber das macht nichts. Wir werden diese Aktion um einer guten und sonnigen Zukunft willen überleben.

Freitag, den 17. November, Lodz. In der Stadt herrscht eine bedrückende Stimmung. Es ist schwer, sich an den Gedanken der Brandmarkung zu gewöhnen. Man fürchtet, dass Juden, die den Flecken tragen, angepöbelt und verprügelt werden. Die Armbinden bieten einen ausgezeichneten Anlass für Spott und Belästigung. Ich bin gespannt, wie die Polen sich verhalten werden. Werden sie sich dem deutschen Pöbel anschließen? Oder haben auch sie die Bedeutung der jüdischen Aufopferung begriffen [...]?[5] Vielleicht werden sie an ihre Priester denken, die gestern auf dem Wolność-Platz das Kościuszko-Denkmal[6] mit Hämmern zerschlagen mussten? Als die Deutschen die Unbeholfenheit der Priester sahen, sprengten sie es mit Dynamit. Wir werden sehen. In der Schule haben wir eine Klassenarbeit in Geschichte geschrieben. Von Lipszyc habe ich heute zwei Lederstücke für Sohlen und Absätze bekommen. Jetzt habe ich wenigstens etwas für die Füße und muss nicht mehr befürchten, dass sie wie heute völlig nass werden. Lipszyc selbst ist nicht reicher als ich, aber da er eine Menge Leder hat, hat er mir einen Teil abgegeben. Zu Hause wurden schon die vorgeschriebenen Armbinden angefertigt.

Samstag, den 18. November, Lodz. Heute bin ich den ganzen Tag nicht rausgegangen. Ich bekam die Schuhe schon zurück. Sie wurden mit Absatzeisen und Nägeln repariert. Wenn Polen Juden mit den Flecken sehen, senken sie den Blick. Bekannte trösteten uns, dass es nicht für lange sei. Die Deutschen verhalten sich erstmal gleichgültig. Heute wurde auch die Ausgangszeit für Polen und Deutsche geändert. Morgens dürfen sie erst um 6 (bisher um 5) rausgehen, aber dafür dürfen sie bis halb 9 (bislang bis 8) draußen bleiben. Das macht nichts. Dann bleiben wir eben ab 5 Uhr abends in den Häusern eingesperrt. Das macht alles nichts. Es werden noch andere Zeiten kommen.

4 Am 14.11.1939 hatte der Reg.Präs. in Kalisch, Uebelhoer, die VO über die Kennzeichnung der jüdischen Bevölkerung mit einer Armbinde „in judengelber Farbe" und über Sperrstunden von 17 bis 8 Uhr herausgegeben; Faschismus – Getto – Massenmord (wie Dok. 4, Anm. 1), Dok. 31, S. 69f.

5 Drei Wörter unleserlich.

6 Tadeusz Kościuszko (1746–1817), 1794 Anführer des Aufstands gegen Russland.

## DOK. 36
## Das Einsatzkommando 11 der Sicherheitspolizei erteilt am 14. November 1939 Anweisung, die jüdische Bevölkerung vor der Vertreibung zu enteignen[1]

Schreiben des Einsatzkommandos 11, Außenstelle Ciechocinek (Tgb.-Nr.: 29/39), SS-Oberscharführer, Unterschrift unleserlich, an den Bürgermeister von Alexandrow (Aleksandrów Kujawski) vom 14.11.1939[2]

Auf Grund genauer Anweisung aus Berlin[3] ersuche ich Sie, innerhalb Ihrer jüdischen Gemeinde einen Ältestenrat zu bilden. Dieser hat die Aufgabe, innerhalb von 10 Tagen – Frist 24.11.39 – dafür zu sorgen, daß alle Juden aus der Gemeinde Alexandrow in Richtung Warschau auswandern.
Den Juden ist erlaubt, nur das mitzunehmen, was sie unbedingt zum Leben gebrauchen. Alles Weitere bleibt an Ort und Stelle und wird für volksdeutsche Zwecke verwandt. Besonders ist zu verhindern, daß sie Wertgegenstände und ein Übermaß an Wäsche, besonders neue Wäsche, mitnehmen. Werden bei den Juden dergleichen Gegenstände gefunden, so sind diese abzunehmen und für die Geheime Staatspolizei sicherzustellen, die über ihre weitere Verwendung verfügt.
Außerdem ersuche ich den Herrn Bürgermeister, in seinem Ort einen entsprechend großen Laden – oder auch mehrere zusammenhängende Läden – für die Schaffung eines kl. Kaufhauses bereitzustellen. In diesem Kaufhaus sollen für die Gemeinde die jüdischen Waren zum Verkauf ausgeboten werden.
Ein namentliches Verzeichnis des jüdischen Ältestenrats ist mir einzureichen. Der Ältestenrat ist der letzte, der die Gemeinde verläßt. Er haftet mit seinem Eigentum und Leben für die ordnungsmäßige Durchführung der Auswanderung.
Ein besonderer Fall zwingt mich darauf hinzuweisen, daß von einer behördlichen Stelle das beschlagnahmte Vermögen der Juden nicht restlos an uns abgeführt worden ist. Ich weise darauf hin, daß ich für solche Fälle ganz besondere Anordnungen erhalten habe, die für den Einzelnen sehr einschneidend sind. Ich hoffe, diese Anordnungen im Kreise Nierschawa[4] nicht in Anwendung bringen zu müssen.

1 AIPN, GK 67/2, Bl. 1. Kopie: USHMM, RG 15.004M.
2 Im Original handschriftl. Unterstreichungen.
3 Siehe Dok. 12 vom 21.9.1939.
4 Nieszawa, südlich von Thorn gelegene Kreisstadt.

## DOK. 37
## Der Warschauer Lehrer Chaim Kaplan beschreibt am 15. November 1939 die Massenflucht von Juden über die deutsch-sowjetische Demarkationslinie[1]

Handschriftl. Tagebuch von Chaim Kaplan,[2] Eintrag vom 15.11.1939

Die Flucht kennt keine Grenze! Verfolgte Juden, die durch das Wüten [der Unterdrücker] gezwungen sind, ihre Heimat zu verlassen, fliehen zum „Freund" des „Führers",[3] der sie mit offenen Armen empfängt.

Man muss zugeben, dass die Sprüche unserer Weisen zutreffen: „Der Allmächtige stellt das Mittel dem Schlag voran" ... Gäbe es Sowjetrussland nicht, würden wir einfach so lange gewürgt werden, bis uns unsere Seele entführe. Das polnische Judentum erlebt eine vollständige und umfassende Vernichtung. Zehntausende junger Juden sind ohne Lebensunterhalt. Täglich wird ein neuer judenfeindlicher Erlass herausgegeben. Jeden Morgen – eine neue Diskriminierung, obwohl die Juden noch mit dem Schrecken der vorherigen zu ringen haben. Die Lektüre all der Befehle, Verordnungen, Aufrufe und Verlautbarungen, die der Eroberer herausgibt, macht einen verrückt. Von vornherein wissen wir, dass sie nicht eine Zeile enthalten, die Juden Gutes bringt. Wir werden immer diskriminiert – positiv wie negativ. Die Armen werden mittels Volksküchen versorgt – nur nicht die Juden; Arbeitslose wird man los, indem man Arbeit bereitstellt – nur nicht für die Juden. Den Juden wird nicht Rechnung getragen.[4] In jeder öffentlichen Position haben Juden einen besonderen Stand. Mit ihnen wird der Eroberer noch kämpfen. So sagte ein deutscher General ausdrücklich. Der jüdische Jugendliche hat keine Gegenwart und keine Zukunft. Und er flieht, um zu überleben. Die Flucht wird auf verschiedene Arten bewerkstelligt: zu Fuß, mit dem Auto, der Eisenbahn, mit Karren und allen möglichen Vehikeln. Die Grenze ist offen. Von russischer Seite wird nichts verhindert,[5] und der Eroberer verfolgt keine einheitliche Strategie. Man weiß nie, was verboten und was erlaubt ist. Ein und dieselbe Angelegenheit – und mal wird ihr mit Milde und mal mit Härte begegnet. Das ist verständlich, denn wo Willkür und Böswilligkeit herrschen, da gibt es kein einheitliches und festgelegtes Verfahren. Und was dieses Regime noch nicht geneh-

1 USHMM, Collection 2004.405, Bl. 205 – 207. Das Dokument wurde aus dem Hebräischen übersetzt. Abdruck in: Hayim Kaplan, Megillat yissurin. Yoman getto Varsha, Tel Aviv 1966, S. 82 – 84. Unvollständige deutsche Übersetzung in: Buch der Agonie. Das Warschauer Tagebuch des Chaim A. Kaplan, hrsg. von Abraham I. Katsh, Frankfurt/M. 1967, S. 82 – 84.

2 Chaim Kaplan (1880 – 1942), Hebräischlehrer; Ausbildung in der Jeschiwa von Mir, Pädagogikstudium in Wilna, 1902 Gründer und dann Leiter einer Grundschule mit Hebr. als Unterrichtssprache in Warschau, 1921 Reise in die USA, 1936 nach Palästina; in Treblinka ermordet. Kaplan verfasste seit 1933 ein Tagebuch, das am 4.8.1942 endet. Er übergab seine Aufzeichnungen Władysław Wójciek, der sie versteckte und 1952 den Teil, der den Zeitraum Ende Dez. 1939 bis April 1941 abdeckt, dem Jüdischen Historischen Institut übergab (AŻIH, 302/218). Wójciek emigrierte später in die USA, wo er einen anderen Teil des Manuskripts, den er erst später wieder aufgefunden hatte, verkaufte; die Abschnitte vom Aug. bis Dez. 1939 und Juni/Juli 1942 befinden sich heute im USHMM, ein weiterer Teil, der von Mai 1941 bis Mai 1942 reicht, liegt im Archiv des Moreshet Mordechai Anielevich Memorial Holocaust Study and Research Center (D.2.470) in Israel.

3 In Richtung Sowjetunion.

4 Gemeint ist: Für die Juden wird nicht gesorgt.

5 Ein anderes Bild ergibt sich aus Dok. 33 vom 6.11.1939, Dok. 63 vom 17.12.1939 und Dok. 275 vom April 1941.

migt hat, das ist verboten. In der ersten Zeit nach der Eroberung war die Grenze offen. Man ließ jeden auch ohne schriftliche Genehmigung passieren, und wer sich drei Tage lang in eine Schlange anstellen wollte, dem wurde sogar eine schriftliche Genehmigung nicht vorenthalten, in der es dann ausdrücklich hieß, dass der Schriftstückinhaber die russische Grenze mit Sack und Pack und mit jedwedem Fuhrwerk überqueren dürfe. Obwohl es all das schriftlich gab, lauerten auf dem Weg Gefahren. Das „Gesetz“ erlaubt jedem, der die Grenze überquert, nur zwanzig Złoty mitzunehmen. Das ist ein sadistisches Gesetz, das man nicht einhalten kann. Es verleitet dazu, größere Summen zu schmuggeln, und genau das wird vielen zum Verhängnis. Sie werden unterwegs ausgeraubt und geschlagen und bleiben nackt und ohne alles zurück. Die Grenzsoldaten wissen, dass das Leben und das Geld der Juden [wie] Treibgut sind, und so springen sie mit den Grenzgängern nach Belieben um. Jetzt achten die Leute darauf, illegal über die Grenze zu gehen. Man kann sich des legalen Vorgehens des Eroberers nicht sicher sein. Wenn sie die Grenze heimlich passieren, fühlen sie sich sicherer, denn es gibt keinen Flüchtling, der nicht eine größere Geldsumme, als das „Gesetz“ erlaubt, mit sich führt. Daher ist die „grüne Grenze“ unter den Flüchtlingen sehr bekannt, und Experten für diesen Übertritt verdienen mit diesem „Handwerk“ riesige Summen.

Eingeweihte gehen davon aus, dass über eine Million Menschen nach Russland geflüchtet sind.[6] Und wenn es nicht zu viele werden, dann empfängt man sie willig. Aber wo sollen all diese Massen abbleiben? Einige, Facharbeiter für gefragte Handwerksberufe, wurden bereits untergebracht. Einige, insbesondere Facharbeiter irgendwelcher Handwerke, wurden bereits in das Innere Russlands verlegt. Und die meisten – entweder besitzen sie Geld und sind satt, oder sie haben kein Geld und sind hungrig und durstig. Wie immer gibt es einige, die Erfolg haben, und andere, die Pech haben und leiden müssen. Aber letztlich kann man das Sowjetrussland nicht anlasten, das seine Tore für die Flüchtlinge aus Polen öffnete und sie vor schwerer und bitterer Folter rettete. Die Sowjets werfen Amerika und England, den reichen Demokratien, vor, dass sie ausgerechnet in der Stunde der größten Not vor den Flüchtlingen aus Deutschland ihre Tore verschlossen haben und taub gegenüber deren herzzerreißenden Schreien sind. Die Sowjets sagen: „Kommt, wir werden euch Arbeit geben; wenn ihr nur zu uns kommt.“ Aber es gibt keine Politik der Freundschaft unter Souveränen, die es erlauben würde, den Nazi zu verwarnen, damit er seine abscheulichen Verhaltensweisen gegenüber den Juden einstellt. „Juden“, das ist ein komplexer Begriff. Unter ihnen sind auch Kapitalisten, die ihre Seele weggaben. Ihre Arbeit lassen sie von anderen verrichten; daran erfreuen sie sich. Der Nazi beschleunigt die von ihnen herbeiersehnte Proletarisierung. Sie lassen sich durch nichts erschüttern. Die jüdische Jugend aber, die sich nach Arbeit sehnt, nach ihrer Hände Arbeit, nach einem Leben des Schaffens und Bauens und dafür bereit ist, die Freiheit des stalinistischen Bolschewismus zu akzeptieren – das sind die erwünschten Gäste. Zu Zigtausenden entfliehen sie der nazistischen Hölle.

Das Folgende widerfuhr uns an ein und demselben Tag:

Nach viel Arbeit und Mühe wurden die Schulen geöffnet, die wie durch ein Wunder bestehen, denn wegen des Schülermangels verdienen die Lehrer lediglich ein Stückchen

6 Laut heutigen Schätzungen flohen damals zwischen 200 000 und 300 000 Juden aus dem Westen Polens in das sowjet. besetzte Gebiet, darunter mehrere zehntausend von den Deutschen Vertriebene.

Sorge. Eine Schule mit ehemals 300 Schülern hat jetzt nur noch 100, und in einer anderen Schule fiel die Schülerzahl von 100 auf 20. Der Unterricht ist infolge der Entbehrungen und Hungergehälter schlecht. [...][7] Aber jetzt soll sogar damit Schluss sein ...
Infolge der überall in der Stadt grassierenden ansteckenden Krankheiten – insbesondere Bauchtyphus – erging die Anweisung, unterschiedslos alle Schulen zu schließen. Nunmehr erwarten uns Hunger und Armut, ein scheußliches und entwürdigendes Leben.

Heute kam auch ein Erlass für die Dirnen Israels heraus. Ebenso wie es jüdischen Schustern verboten ist, ein neues Paar Schuhe anzufertigen, so ist es nun auch der jüdischen Frau verboten, sich ... in der Prostitution zu verdingen. Der Eroberer fürchtet „Rassenschande". Wenn israelitischen Frauen die Prostitution zum Gelderwerb zugestanden würde, dann stünde zu befürchten, dass die Soldaten ihre Triebe nicht beherrschen können und, Gott bewahre, sich von einer nichtarischen Frau verführen lassen.
Und auch den anständigen jüdischen Frauen wurde nahegelegt, sich lieber nicht mit Soldaten anzufreunden; tun sie es doch, wird man sie der Sabotage beschuldigen und, im Einklang mit dem letzten Erlass Franks,[8] zum Tode verurteilen. Nicht mehr und nicht weniger ...

## DOK. 38
## Warschauer Zeitung: Hetzartikel vom 16. November 1939 gegen die Juden[1]

*Die Juden müssen sich selbst helfen. Von den Erträgnissen der „Kultussteuer" wird dem furchtbaren Elend [gegen]gesteuert, um das die reichen Juden sich überhaupt nicht gekümmert hatten – Rassegenossen unter sich.*

*Krakau*, 16. November
Seit kurzem arbeitet in dem Haus der jüdischen Kultusgemeinde Krakaus ein Ausschuß, den die *deutsche* Behörde als eine Art Selbstverwaltung aus der nicht geflüchteten, dünnen Oberschicht des Judentums zusammengesetzt hat, um die seit Jahren bestehende furchtbare Not der Ghettobevölkerung endlich zu lindern.
Da der Großteil der reichen Juden es auch nach dem mißlungenen Kriegsexperiment verstanden hat, sich und ihren zusammengeschacherten Reichtum in Sicherheit zu bringen, mußten deutsche Behörden dieser jüdischen Wohlfahrtseinrichtung ein Anfangskapital zur Verfügung stellen. Die weitere Finanzierung wird durch eine *Kultussteuer* gesichert, deren Erhebung bei den vermögenden Juden die deutsche Behörde überwacht.
*Vor dem Hungertode bewahrt*
Diese vorsorgliche Maßnahme verhütete in Krakau eine *Katastrophe,* die sich lange vor dem Zusammenbruch als Ergebnis der Wahnsinnspolitik des ehemaligen polnischen

7 Unverständlicher Satz.
8 Nicht aufgefunden.

1 Warschauer Zeitung, Nr. 4 vom 16.11.1939, S. 6. Die Warschauer Zeitung erschien von Nov. 1939 bis Dez. 1940 als nahezu inhaltsgleiche Ausgabe der Krakauer Zeitung und von Okt. 1941 bis Aug. 1944 als deren Lokalausgabe. Die Krakauer Zeitung war die Tageszeitung für die deutsche Bevölkerung im GG. Sie erschien außerdem als Soldatenzeitung und 1941–1944 in einer Lemberger Ausgabe.

Staates vorbereitet hatte. Beim Einmarsch der deutschen Truppen stand diese Katastrophe vor dem letzten furchtbaren Akt, der nicht nur die Zehntausenden Juden, sondern die ganze Krakauer Bevölkerung in ein schreckliches Furioso von Hungersnot, Verbrechen und Seuchen gerissen hätte.

Die deutschen Behörden hatten keineswegs Veranlassung, den jüdischen Feind, der erst nach vielen Opfern und erbitterten Kämpfen im deutschen Volk niedergerungen worden war, in Polen mit Barmherzigkeit und Wohlfahrt zu überschütten, aber sie taten das, was jede Kulturnation als das Mindeste hätte tun müssen: Zehntausende Juden in Europa vor einem *Hungertod* zu bewahren, der in der Endphase wahllos und unbarmherzig Feind und Freund mit entsetzlichen Folgen bedroht. Die Hetzer um Rydz-Smigly und Beck[2] haben Deutschland oft über die Grenze anmaßend und verblendet zugerufen, daß Polen die einzige und wahre Kulturnation Osteuropas und vom Schicksal berufen sei, in den deutschen Raum die Begriffe der Freiheit und Kultur – allerdings mit Feuer und Schwert – hineinzutragen. Aber die *Deutschen* kamen, um *polnischen Juden,* die vor einer für alle gefährlichen Hungerkatastrophe standen, eine Wohlfahrt zu geben, die weder die Polen noch die Juden ihrem Volk und ihren Rassegenossen zu geben vermochten …

*Eine lebendige Anklageschrift*

Wer die Ungeheuerlichkeit dieser Situation augenscheinlich feststellt und bewiesen haben will, der findet im Haus der jüdischen Kultusgemeinde Krakaus eine lebendige Anklageschrift, die sowohl die minderwertigen, verlausten und schmierigen Ghettojuden als auch ihre geldstrotzenden Rassegenossen in den rumänischen Villen zusammen mit den polnischen Wahnsinnspolitikern[3] als schuldiges Cliquentrio trifft.

In unmittelbarer Nähe der trutzigen, gewaltigen Mauern der Burg Krakau breitet sich das schmutzstarrende Ghetto aus. Wie im polnischen Leben das dichte Nebeneinander von Armut und Reichtum, von Not und Glanz sich scheinbar vertrugen, so thronte auch die mächtige Burg über stinkigen Hütten und zerfallenen Wohnungen. Sorglos traten hier polnische Staatsmänner an krüppelhaften, elenden Kreaturen vorbei in die Prunksäle des Schlosses.

Nur wenige Minuten vom Wawel entfernt liegt das Haus der jüdischen Kultusgemeinde, aus dessen Eingang uns übelriechende Schwaden vom Geruch verwahrloster Menschen entgegenquillen. Eben hebt ein Jude einen verkrüppelten Rassegenossen mühsam die Steinstufen empor.

*Ekelerregendes Ghetto*

Im ersten Raum, den wir betreten, drängen sich die Elendsgestalten mit einer Unterwürfigkeit beiseite, wie sie nur ein Jude nach seiner Niederlage zeigen kann. Überall im Haus begegnet man schmutzigen, vielfach in Lumpen gekleideten Juden, überall quillt ekelerregender Duft. Die niedrige Welt des Ghettos zeichnet sich in blutleeren, aber blöden und gefährlichen Gesichtern. Wir verstehen, warum die deutsche Behörde für diese Menschen das Stadtzentrum Krakaus abriegelt.

In den oberen Räumen tagt der jüdische Ausschuß, den die Deutschen erst zusammen-

2 Józef Beck (1894 – 1944), Berufsoffizier; studierte Maschinenbau in Lemberg und Außenhandel in Wien, 1914 – 1917 in den Polnischen Legionen und der P.O.W., enger Mitarbeiter und während des poln.-sowjet. Kriegs Stabschef Piłsudskis, 1922/23 Militärattaché in Frankreich, 1926 – 1930 Minister für Militärangelegenheiten, 1932 – 1939 Außenminister Polens, 1939 nach Rumänien geflohen und dort interniert.

3 Gemeint sind poln. Regierungsvertreter, die über die poln.-rumän. Grenze geflohen waren.

suchen und zur Wohlfahrtsarbeit veranlassen mußten, denn die *Unempfindlichkeit gegenüber dem Schicksal der eigenen Rassegenossen und das völlig mangelnde Organisationstalent der Juden hatten dies nie zuwege gebracht.* Vielleicht zum *ersten* Mal befassen sich nun ehemalige höhere jüdische Angestellte des zusammengebrochenen polnischen Staates mit dem Elend ihrer Genossen aus dem Ghetto. Sie sorgen jetzt dafür, daß drei durch die deutsche Initiative eingerichtete Küchen richtig arbeiten, daß das Spital, das Waisen- und das Greisenhaus, die Entlausungs- und Badeanstalt richtig verwaltet werden. Was sie selbst [nicht] fertig gebracht, ja nicht für möglich gehalten haben, glückt ihnen heute unter deutscher Aufsicht. Nach vier Wochen Arbeit vermögen die Küchen bereits täglich über 4000 Essen auszuteilen und an drei Teeabgabestellen warme Getränke zu verabreichen.

Bei der Einziehung der Kultussteuer muß allerdings die ordnende deutsche Hand energisch eingreifen. Die Juden können sich allzu schlecht daran gewöhnen, daß sie nicht nur für sich selbst zu sorgen haben, sondern von ihrem Vermögen den ärmeren Rassegenossen etwas abgeben müssen. So weisen die getauften Juden klagend und jammernd auf ihren christlichen Glauben hin und suchen sich von der Unterstützungspflicht zu befreien. Sie glauben mit der Taufe auch ihre Rasse gewechselt zu haben.

Wie überall im Volke Juda sind ihnen die Worte „geben und arbeiten" unsympathisch. Trotzdem gelang es mit Hilfe der Juden, innerhalb von zwei Tagen alle Luftschutzgräben im Bereich der Stadt Krakau zuzuwerfen. In einem Raum der Kultusgemeinde liegen noch die Spaten auf Haufen, die in mancher schachergewohnten, weichen Judenhand Blasen und Schwielen hervorgerufen hatten. Wie schwer aber diese erste Arbeitsleistung besonders den reichen Juden gefallen sein mag, beweist ein Fall, von dem man uns berichtet: Erscheint da irgendwo an einem Arbeitsplatz, wie befohlen, ein reicher Jude. Selbstverständlich mit Wagen und Fahrer. Der befehlsgewohnte, dickbäuchige, arbeitsungewohnte Jude weist sofort nach seinem Erscheinen den Fahrer an, die gewünschte Arbeit für ihn zu leisten. – Er hatte aber höchstpersönlich das Doppelte als sein Fahrer leisten müssen.

Im Kellergeschoß der Kultusgemeinde, der als Eßraum dient, drängen sich halbverhungerte Juden dicht an dicht an den Tischen und warten auf die Suppe, die in einem dunklen Nebenraum gekocht wird. In Deutschland würde dieser Raum allenfalls für eine Viehküche ausreichen, aber diese Menschen verlangen ja weder zu Hause noch hier den Grad einer normalen Sauberkeit. Nur wenige unter ihnen stechen durch etwas besseres Aussehen in der Kleidung hervor. Diese wenigen sind Juden, die das eigen verschuldete Schicksal aus Deutschland vertrieb. Sie sprechen gern von dem Nazideutschland, dessen Gefilde ihnen heute als Paradies erscheinen muß.

Mit einem tiefen Aufatmen in der frischen Luft verlassen wir das Haus der jüdischen Kultusgemeinde, in der wir eine Welt erlebten, die wir in Großdeutschland für alle Zeiten überwunden haben. Und auch in Krakau ist sie bereits eine Welt für sich, die, von Deutschen geordnet und bewacht, nie mehr schmarotzend ihre Grenzen überfluten und die Umwelt gefährden kann. Aber auch dieser Zustand wäre nur noch ein Chaos, wenn eine deutsche Behörde nicht mehr Menschlichkeit bewiesen hätte als die eigenen jüdischen Rassegenossen und die vergangene „Kulturnation" Polen.

## DOK. 39
## Der Vorsitzende des Warschauer Judenrats schreibt über die Drangsalierung der Jüdischen Gemeinde durch die SS in der Zeit vom 17. bis 20. November 1939[1]

Handschriftl. Tagebuch von Adam Czerniaków,[2] Einträge vom 17. bis 20.11.1939

*17. 11. 39* – Die SS ist mit den Küchen und Bädern einverstanden. 300 000 Zł müssen für das Arbeitsbataillon zusammenkommen. Am Abend zur SS gerufen. 300 000 Złoty Kontribution bis Montag.[3] 5 Geiseln aus dem Rat in Bedrängnis – Auslosung. Auf meinem Schreibtisch das Modell eines jüdischen Grabsteins. Der Rat ist für morgen früh um 10 einberufen.

*18. 11. 1939* – Morgens um 8 SS wegen der Kontribution, denn ich brachte Schwierigkeiten mit der Bank zur Sprache. Man setzte mir für die Kontribution eine Frist bis Montag, den 21.11.39. [Die Einrichtung des] Getto[s] ist für einige Monate zurückgestellt worden. Die Gemeinde wird an den Gettogrenzen Pfosten mit der Aufschrift „Achtung Seuchengefahr, Eintritt verboten"[4] aufstellen. Die Übernahme des Spitals, der Waisenhäuser und des Altenheims ist auf den 31.12.39 verschoben worden. Wegen der Übernahme des Spitals muss ich mit Dr. Schrempf[5] Rücksprache halten.
In Sachen Kontribution suchte ich Laschtoviczka[6] auf, um eine Liste der gesperrten jüdischen Konten zu erhalten. Ich bekam eine fragmentarische Aufstellung lediglich der nicht gesperrten Konten.

*19. 11. 39* – Seit dem frühen Morgen Ratssitzung. Den ganzen Tag lang Sammlung der Kontribution. Nach dem Mittagessen Verabredung mit dem Beauftragten Junod beim Roten Kreuz.[7] Er sagte Hilfe für die Juden, Medikamente und Lebensmit[tel] zu. Am

1 YVA, O-33/1090. Abdruck in: Adam Czerniaków, Dziennik getta warszawskiego 6 IX 1939 – 23 VII 1942, hrsg. von Marian Fuks, Warszawa 1983, S. 62f. Das Dokument wurde aus dem Polnischen übersetzt in Anlehnung an: Adam Czerniaków, Im Warschauer Getto. Das Tagebuch des Adam Czerniaków, München 1986, S. 16f.

2 Adam Czerniaków (1880 – 1942), Ingenieur; Studium der Chemie in Warschau und der Ingenieurwissenschaften in Dresden, Lehrer an der Jüdischen Gewerbeschule in Warschau, 1927 – 1934 Stadtverordneter in Warschau, Vertreter der jüdischen Handwerkerschaft im Rat der Jüdischen Gemeinde; am 23.9.1939 vom Stadtpräsidenten zum Haupt der Jüdischen Kultusgemeinde und am 4.10.1939 von der Gestapo zum Vorsitzenden des Warschauer Judenrats ernannt. Czerniaków nahm sich das Leben, als die deutschen Behörden im Sommer 1942 die Beteiligung des Judenrats an den Deportationen nach Treblinka verlangten.

3 Am 13.11.1939 hatte ein gerade aus dem Gefängnis entlassener jüdischer Krimineller in der Nalewki-Straße 9 einen poln. Polizisten erschossen. Die Gestapo nahm daraufhin 53 Männer aus diesem Haus fest und forderte für ihre Freilassung 300 000 Złoty als „Sühnegeld" von der Jüdischen Gemeinde. Das Geld wurde übergeben, dennoch fielen die Geiseln der ersten Massenerschießung in Warschau am 22.11.1939 zum Opfer.

4 Im Original deutsch.

5 Dr. Kurt Schrempf (*1903), Arzt; von 1927 an Amtsarzt im Kreis Birkenfeld; NSDAP- und SA-, später SS-Mitglied; Okt. 1939 bis Febr. 1941 Leiter des Gesundheitsamts der deutschen Stadtverwaltung in Warschau.

6 Richtig: Dr. Karl Laschtowiczka (1895 – 1973); von 1923 an Vertreter österr. Banken in Polen; Okt. 1939 bis April 1940 Leiter der Finanzabt. der Stadt Warschau, dort zugleich in der Dienststelle für das Geld-, Banken- und Börsenwesen tätig, Juni 1940 – 1945 stellv. Leiter der Bankenaufsichtsstelle im GG; nach 1945 Ministerialbeamter, dann in leitenden Positionen der österr. Wirtschaft.

Abend weiter Sammlung. Ich habe ungefähr 260 000 Zł in bar und in Überweisungen von gesperrten und alten Konten gesammelt. Morgen früh noch einmal Sammlung. Danach muss ich die Kontribution zur SS bringen. Taufen![8] Architektur.

*20.11.39* – Die Statistik der Juden in Warschau ist abgeschlossen. 8 Uhr morgens Gemeinde – Kontribution. Morgens um 11 überbringe ich der SS 40 000 Zł in bar und Überweisungen in Höhe von 260 000 Zł. Danach zur Devisenstelle[9] wegen der Genehmigung. Zum „Getto" werden Wegweiser mit der Aufschrift „Achtung Seuchengefahr, Eintritt verboten"[10] führen. An der Seite wird die Kommandantur Plakate anschlagen, dass Soldaten das Betreten verboten ist. In der Gemeinde weiterhin Sammlung. Ich muss das Spital usw. übernehmen. Eine Hauswirtin will denen, die ihr Haus vor dem Feuer bewahrten, keine Belohnung geben.
Ab Nachmittag um 4 SS wegen der Kontribution. Nachmittags um 5 wieder SS in derselben Angelegenheit. Von dort zur Devisenkommission in der Freta-Straße wegen der Einlösung der Schecks. Unterdessen habe ich das Büro, meinen Brotherrn, vernachlässigt.[11] Wovon ich leben werde, das steht noch in den Sternen, umso mehr, als ich von der Gemeinde nichts nehmen möchte. Vorläufig zahle ich bei ihr sogar zu (die Transportkosten und Trinkgelder – 4 – 5 Zł pro Droschkenfahrt). Ich lege mich um 9 Uhr abends schlafen und lese. Um 2 Uhr nachts wache ich auf. Und so bis 5 – 6 Uhr morgens, wenn ich aufstehe. Schuhe.

## DOK. 40

## Der Reichsstatthalter im Wartheland ordnet am 18. November 1939 die Sperrung jüdischer Guthaben an[1]

Anordnung Nr. 12 des Reichsstatthalters in Posen, der Oberfinanzpräsident, Devisenstelle, mit der Leitung beauftragt gez. Reichsrichter Dr. Gebhard,[2] vom 18. 11. 1939

*Allgemeine Anordnung über die Sicherung jüdischen Vermögens und anonymer Guthaben und dergl.*
vom 18. November 1939
Auf Grund des § 5 der Verordnung über die Einführung der Gesetzgebung über die Devisenbewirtschaftung und den Zahlungsverkehr mit dem Ausland in den an das Deutsche

7 Dr. Marcel Junod (1904 – 1961), Schweizer Arzt; von Sept. 1939 an zunächst einziger Beauftragter des IKRK in Deutschland und in den besetzten Gebieten; nach 1945 für UNICEF in China, von 1950 an Professor für Anästhesiologie in Genf, 1959 – 1961 Vizepräsident des IKRK.

8 In der Hoffnung, dadurch den Verfolgungen zu entgehen, konvertierten zwischen Nov. 1939 und März 1940 in Warschau über 200 Juden, vor allem Angehörige der freien Berufe, zum Christentum.

9 Die Devisenstellen kontrollierten die Ein- und Ausfuhr von Devisen, Wertpapieren usw. Sie wurden mit der Devisenverordnung für das GG vom 15.11.1939 eingeführt; VOBl. GG 1939, Nr. 7 vom 20.11.1939, S. 44 – 51.

10 Im Original deutsch.

11 Czerniaków arbeitete für die Außenhandelsverrechnungsstelle (Instytut Rozrachunkowy Zagranicznego Handlu), die er damals gewöhnlich als sein „Büro" bezeichnete.

1 VOBl. des Reichsstatthalters im Reichsgau Wartheland, Nr. 2 vom 15.1.1940, S. 22.

2 Dr. Karl Gebhard (1883 – 1945), Jurist; von 1920 an in der Reichsfinanzverwaltung, LFA Thüringen,

Reich eingegliederten Ostgebieten vom 17. November 1939[3] ordne ich im Einvernehmen mit dem Reichswirtschaftsminister, dem Devisenfahndungsamt und der Haupttreuhandstelle Ost folgendes an:

1. Anonyme Guthaben (Konten), Depots, Schließfächer und dergl. bei Geld- und Kreditinstituten, die ihren Sitz in den eingegliederten Ostgebieten, mit Ausnahme des Gebiets der bisherigen Freien Stadt Danzig, haben, sind gesperrt.

2. Dasselbe gilt für Guthaben (Konten), Depots, Schließfächer und dergl. bei Geld- und Kreditinstituten, die auf den Namen von Juden geführt [werden] oder über welche Juden die Verfügungsbefugnis zusteht.

3. Juden sind verpflichtet, ihre verfügbaren Bankguthaben, Safes und Depots unverzüglich, spätestens bis zum 31. Dezember 1939, bei einer Bank zusammenzulegen. Ausnahmen sind nur mit Genehmigung der Devisenstelle zulässig.

4. Die Geld- und Kreditinstitute dürfen zu Lasten der gemäß Ziffer 2 gesperrten Guthaben bis zu 250 Zloty wöchentlich an die Verfügungsberechtigten oder zu deren Gunsten an Dritte auszahlen.

Für Zwecke des laufenden Bedarfs gewerblicher Unternehmungen können zu Lasten der gesperrten Guthaben die erforderlichen Beträge in Höhe des der kontoführenden Bank oder Kasse nachgewiesenen Bedarfs ohne Genehmigung ausgezahlt werden.

5. An Juden dürfen Zahlungen, die 500 Zloty übersteigen, nur zu deren Gunsten auf ein Konto bei einem Geld- oder Kreditinstitut geleistet werden. Bei der Errechnung des vorgenannten Betrages sind Zahlungen, die innerhalb des Kalendermonats aus dem gleichen Schuldverhältnis geleistet werden, zusammenzurechnen.

6. Juden sind verpflichtet, in ihrem Besitz befindliche, ihnen gehörige Barbeträge, soweit diese den Betrag von 2000 Zloty übersteigen, unverzüglich nach Inkrafttreten dieser Anordnung bezw. nach Erwerb dieser Beträge auf ein Konto bei einem Geld- oder Kreditinstitut einzuzahlen. Ziffer 4 Abs. 2 dieser Anordnung bleibt unberührt.

Die gleiche Verpflichtung trifft den Juden, der derartige Beträge als ihm gehörig besitzt oder durch einen Treuhänder oder in sonstiger Weise die Verfügungsmacht über solche Beträge ausübt, sie trifft ferner den, der als Treuhänder, Vermögensverwalter oder in sonstiger Weise einem Juden gehörige Barbeträge besitzt.

7. Für die Freigabe von Werten, die durch vorstehende Bestimmungen betroffen werden, sind die Devisenschutzkommandos zuständig. Bei Überleitung der Aufgaben der Devisenschutzkommandos auf die Zollfahndungsstellen geht diese Befugnis auf die Zollfahndungsstelle über.

8. Diese Anordnung tritt am 20. November 1939 in Kraft.

ab 1929 in Berlin tätig, 1933 – 1935 Direktor des LFA Thüringen in Rudolstadt, dann beim LFA Köln; 1939 Reichsrichter beim Reichsfinanzhof, zugleich Beauftragter des Reichsfinanzministeriums im Militärbezirk Posen, Okt. 1939 kommissar. OFP für den Reichsgau Posen, 1940 – 1945 OFP in Posen bzw. im Wartheland.

3 Laut § 5 konnten die Devisenstellen in den eingegliederten Gebieten allgemeine Anordnungen zur „Sicherung" jüdischen Vermögens erlassen; RGBl. 1939 I, S. 2256.

## DOK. 41
## Warschauer Zeitung: Artikel vom 19. November 1939 über die Absperrung eines jüdischen Viertels in Warschau[1]

*Warschauer Ghetto wird abgesperrt. Die Juden künftig durch Barrikaden von der übrigen Bevölkerung getrennt. Deutschen Soldaten der Eintritt ins Judenviertel verboten. Allgemeiner Impfzwang.*

*Eigener Bericht der Krakauer und Warschauer Zeitung.*[2]
Warschau, 19. November
Die Juden von Warschau, die schon immer eine schwere Belastung der Stadt bildeten, besonders von der moralischen und hygienischen Seite her gesehen, werden künftighin ihr streng gesondertes Eigenleben führen können. Nach einer Verordnung des Gouverneurs wird das Warschauer Judenviertel mit Barrikaden abgesperrt. Das Ghetto soll dadurch streng von der übrigen Bevölkerung Warschaus abgesondert werden. Den deutschen Soldaten ist der Eintritt in das Judenviertel untersagt.
Diese neue Bestimmung spricht der Mehrheit der Warschauer Bevölkerung aus dem Herzen. Gerade in den letzten Wochen und Monaten zeigte sich der wahre inferiore Charakter der Juden in Warschau in beschämender Weise. Diese Parasiten haben die *Zeiten der Not,* in die die polnische Regierung das Volk und besonders die Warschauer Bevölkerung geführt hatte, skrupellos und mit einer ungeheuren Raffgier zur eigenen Bereicherung ausgenutzt. Was das für die Warschauer bedeuten mußte, geht aus der Zahl der in dieser Stadt lebenden Juden hervor. Warschau hat 300 000 bis 400 000 *Söhne Israels.*
Es war ein trostloser Anblick, diese hygienisch nicht einwandfreien Subjekte, aus deren Gesichtern Minderwertigkeit spricht, in allen Straßen, bis weit hinein in die Hinterhöfe schachernd und handelnd zu sehen. Alles was nur denkbar ist, diente ihnen dazu, *Wuchergewinne zu erschieben,* vom Hosenträger angefangen bis zum Zwiebelbrot und zur Katze. Man fand da in den Händen der Juden kostbare Juwelen, man fand tausenderlei Dinge, die auf den ersten Blick schon als Plündergut erkannt werden konnten.
Auch diesen Elementen, die nun als Hehler das aus den leerstehenden oder beschädigten Häusern geplünderte Eigentum der Warschauer Bevölkerung vertreiben, wird künftig das Handwerk gelegt: *Nach einer weiteren Verordnung des Gouverneurs wird alles Plündergut beschlagnahmt.*[3] In den Straßen werden die zum Verkauf angebotenen Waren auf ihre Herkunft untersucht. Es ist in Kürze damit zu rechnen, daß ein unwürdiger Zustand sein Ende findet.
Das Leben in Warschau gewinnt so langsam sein normales Aussehen, es gibt auch wieder Licht und Wasser und stellenweise auch Gas in den Stadtvierteln. Die Straßenbahn ist in den Vororten fast völlig wieder in Betrieb gesetzt, die Zugverbindung nach Posen ist ebenso wie die nach Krakau im Gange. In diesem größeren Mosaik ein kleines Detail: Auf dem Pilsudski-Platz ist jetzt das letzte Grab verschwunden.[4]

1 Warschauer Zeitung, Nr. 7 vom 19.11.1939, S. 5.
2 Eine poln. Fassung erschien in der Krakauer Tageszeitung Goniec Krakowski, Nr. 20 vom 20.11.1939, S. 2.
3 Nicht ermittelt.
4 Von Anfang Okt. 1939 an wurden die zunächst auf Plätzen und Straßen bestatteten Opfer der Belagerung Warschaus auf Friedhöfe umgebettet.

Für die Bevölkerung von Bedeutung ist auch noch eine andere Verordnung: Für alle Warschauer wurde Impfzwang eingeführt, sowohl für die deutschen Dienststellen, Beamten und Angestellten, wie auch für alle Teile der polnischen Bevölkerung.[5] Eine hygienische Vorbeugungsmaßnahme, die die Gewissenhaftigkeit der deutschen Führung beweist.

## DOK. 42
## Die Genfer Vertretung des Jüdischen Weltkongresses berichtet am 22. November 1939 von einem Judenreservat bei Lublin und von Hilfsaktionen in Polen und Ungarn[1]

Bericht der Genfer Vertretung des Jüdischen Weltkongresses,[2] ungez., vom 22.11.1939

*Bericht über die Lage der polnischen Flüchtlinge in Ungarn und die Gründung des Reservates für die jüdische Bevölkerung Großdeutschlands und der Protektorate im Südosten Lublins.*

Dies ist kein Augenzeugenbericht, wenigstens was die Lage der jüdischen Bevölkerung in Polen betrifft. Die Aufzeichnungen wurden nach Gesprächen mit prominenten Juden der jüdischen Gemeinden von Budapest und Berlin, nach Informationen der englischen „Gesellschaft der Freunde" in Budapest und der amerikanischen „Quäker Gesellschaft" in Berlin gemacht.[3]

*Die Aus- und Ansiedlung der Juden im Süd-Osten Polens.*

Der folgende Bericht stützt sich auf Aussagen deutscher bezw. polnischer Persönlichkeiten, die durch Berichte jüdischer Persönlichkeiten in Ungarn vollauf bestätigt worden sind.

Das Gebiet, das als ein Reservat für die jüdische Bevölkerung des Alt-Reiches, Österreichs, des Protektorates und Polens geplant ist, soll sich im Süd-Osten Lublins über eine Fläche von ungefähr 800 – 1000 (?) qkm erstrecken. Der San und die Weichsel bilden die natürliche Grenze im Westen, im Osten grenzt dieses Gebiet an Rußland. Es soll in diesen Tagen eine Karte von der deutschen Regierung herauskommen, auf der dieser mehr oder weniger klar umrissene Teil Polens als *Judäa* bezeichnet wird. Die russische Grenze und gewisse Gebiete am Ufer des Sans sind heute schon mit starken „Drahtverhauen befestigt", um der jüdischen Bevölkerung eine Flucht nach Rußland zu verunmöglichen. Anderseits soll es aber gerade in der letzten Zeit vorgekommen sein, daß die Flucht nach Rußland von einigen Tausend nach Lublin deportierten Wiener Juden durch die dortige

5 Der Leiter der Abt. Gesundheit im Distrikt Warschau, Oberstabsarzt Professor Dr. Richter, gab am 30.10.1939 bekannt, dass im „Kampf gegen die Seuchen" u.a. Impfungen durchzuführen seien; Amtsblatt des Chefs des Distrikts Warschau, Nr. 1 vom 22.11.1939, S. 19f. Die Impfung gegen Bauchtyphus ordnete der Distriktchef Fischer erst am 2.12.1940 an; Amtsblatt des Chefs des Distrikts Warschau, Nr. 12 vom 28.12.1940, S. 177.

1 CZA, C 3/7-14, Bl. 257 – 260. Kopie: USHMM, RG 68.045M, reel 2.

2 Der Jüdische Weltkongress (World Jewish Congress, WJC) wurde im Aug. 1936 in Genf – dem Sitz des Völkerbunds – von Nahum Goldmann und Vertretern aus 32 Staaten als internationale Vereinigung jüdischer Gemeinschaften und Organisationen gegründet. Der Hauptsitz befand sich zunächst in Paris. Vorbild für den WJC war der American Jewish Congress, der 1918 als Organisation mit zionistischer Ausrichtung ins Leben gerufen worden war.

Militärbehörde provoziert und begünstigt worden ist. Seit drei Wochen wird die polnische Bevölkerung und die deutsche Minderheit systematisch aus diesem Gebiet evakuiert – die polnische Bevölkerung soll in der Umgebung Warschaus, die Deutschen im alten Korridor-Gebiet und in der Umgebung von Posen angesiedelt werden.[4]

Die Ansiedlung der Juden – in diesem unfruchtbarsten Teil Polens (meist Moor u. Sumpfland) – soll in vier Etappen vor sich gehen:

1) Bis Ende Oktober wurde bereits die jüdische Bevölkerung des polnischen Korridors und der Städte Gdynia, Posen, Graudenz und Kattowitz evakuiert. Sie wurde in einigen Lagern, sogenannten Umschulungslagern, in der Gegend von Nisko untergebracht. Einige hundert Personen wurden in evakuierten und zum großen Teil zerstörten polnischen Dörfern untergebracht. Der große Teil aber mußte zuerst Wälder roden und soll nunmehr in selbst zusammengezimmerten Hütten untergebracht sein. Brot und Kartoffeln sollen die einzige Nahrung sein. Es handelt sich also um nichts anderes als von Stacheldraht umgebene und von SS-Formationen bewachte Konzentrationslager.

2) Auf diese erste Etappe der Aussiedlung der Juden aus den deutschen Städten Polens folgt nunmehr der *Abtransport der Juden aus Wien,* bezw. aus ganz Österreich. Aus Wien allein sollen in den nächsten Monaten etwa 55 000 Juden ausgesiedelt werden. Es wurde vorgesehen, daß jede Woche ein Transport von mindestens 2000 Männern, Frauen und Kindern abgehen sollte.

Nach den neuesten Meldungen war es aber der Kultusgemeinde Wiens nunmehr [un]möglich, einen Zug von 1400 Leuten zusammenzustellen, da viele Juden die Flucht nach der Slowakei oder den Selbstmord dem Zwangsexil vorgezogen haben.

3) In einer dritten Etappe sollen sämtliche Juden aus dem Protektorat Böhmen und Mähren – insgesamt ungefähr 160 000 Menschen – ausgesiedelt werden. Auch diese Transporte haben schon Anfang November begonnen. Nach Aussagen von einzelnen Personen (was im übrigen durch den Artikel der Neuen Zürcher Zeitung vom 18. XI. mehr oder weniger bestätigt wird)[5] soll ein Zug mit Juden von Mährisch-Ostrau (ungefähr 2000) in die Nähe Niskos geführt worden sein; dort wurde der ganze Transport auf freiem Felde ausgesetzt und Männer, Frauen und Kinder, nachdem man ihnen noch das wenige Geld abgenommen hatte, ihrem Schicksal überlassen.

4) Die vierte Etappe betrifft die Juden aus dem Altreich (ca. 200 000 Menschen). Bis zum 10. XI. ist die Reichsvertretung der deutschen Juden allerdings noch nicht aufgefordert worden, diese Transporte zusammenzustellen.

Die *Zentrale Stelle* für alle diese Transporte befindet sich in *Mährisch-Ostrau* unter der Leitung eines gewissen Eichmann von der Gestapo. Die jüdischen Gemeinden aller vier Aussiedlungsgebiete haben die Aufgabe, die Transporte zusammenzustellen und zu finanzieren. Melden sich nicht genug Freiwillige für die Deportation, erfolgen Verhaftungen von Juden von der Straße weg. Offiziell darf jeder Jude einen Maximalbetrag von 300 Mark (600 Kc.)[6] mitnehmen. Die zurückgelassenen Vermögensbestandteile, wie Im-

3 Die Religiöse Gesellschaft der Freunde (Quäker) ist eine Mitte des 17. Jahrhunderts gegründete Religionsgemeinschaft. Nach dem Ende des Ersten Weltkriegs engagierten Quäker sich an verschiedenen Orten in Europa in der Armen- und Sozialfürsorge.

4 Die Nachrichten entsprechen nicht immer den von den Deutschen geschaffenen Tatsachen.

5 Neue Zürcher Zeitung (Morgenausg.), Nr. 1964 vom 18.11.1939, S. 1: Die deutsche Herrschaft in Polen.

6 Tschechische Kronen.

mobilien, Geschäfte und Wohnungseinrichtungen etc., müssen zwangsweise durch die Kultusgemeinde liquidiert werden.[7] (Siehe den beigelegten Text der Verordnung der jüdischen Gemeinde in Mährisch-Ostrau.)[8] Die ganze Aussiedlung bezw. Ansiedlung der Juden in diesen Gebieten soll bis 1. April 1940 beendigt sein. Bis zu diesem Zeitpunkt müssen auch sämtliche polnische Juden (ungefähr 1 ½ Millionen) aus dem übrigen Polen in dieses Gebiet abtransportiert werden. Die Ansiedlung aller Juden des Großreiches[9] und seiner Protektorate im süd-östlichen Teil Polens soll auf der letzten Zusammenkunft Ribbentropp-Molotow[10] beschlossen worden sein.[11] Es handelt sich aber nicht um die Gründung eines jüdischen Staates mit jüdischer Selbstverwaltung, sondern um die Deportation aller Juden in ein vollständig von der Umwelt abgetrenntes, unter schwerster Bewachung stehendes Reservat. Nach der Gründung eines polnischen Rumpfstaates oder Protektorates, mit Warschau als Hauptstadt, soll die Bewachung durch *polnische* Verwaltungsorgane erfolgen. Da aber schon heute jede Hilfe für die jüdische Bevölkerung durch die deutsche Regierung untersagt wird, kann man sich leicht vorstellen, daß Greise, Frauen und Kinder in diesem Gebiete einem langsamen Hungertod preisgegeben werden sollen.

*Ergänzende Angaben zu den Berichten über Warschau.*

Die jüdische Bevölkerung in Warschau ist von 300 000 vor dem Kriege auf ca. 500 000 Menschen angewachsen. Die Sterblichkeit unter dieser Bevölkerung soll von 10 (vor dem Kriege) auf 80 pro Tag gestiegen sein. Ungefähr 80 % der jüdischen Bevölkerung Warschaus ist unterstützungsbedürftig. Nach vorsichtiger Schätzung sollen heute noch ungefähr 25 – 30 000 Leichen unter den Ruinen Warschaus begraben sein. Da die Wasserleitungen nur in ganz wenigen Quartieren funktionieren, sollen in den letzten Woche[n] Epidemien, besonders in dem vom übrigen Warschau völlig isolierten Juden-Viertel, ausgebrochen sein (einzelne Fälle von Cholera und Typhus).

Nach Aussagen deutscher Militärpersonen sollen Dörfer hauptsächlich mit jüdischer Bevölkerung in der Umgebung Warschaus und Lodz's vollständig dem Erdboden gleichgemacht worden sein. Jüdische Geschäfte in Warschau wurden schon während der Belagerung durch die polnische Bevölkerung geplündert, heute ist den Juden jede geschäftliche Tätigkeit untersagt.

*Hilfsaktionen.*

1. *Die erste Hilfeleistung* wurde noch während des Krieges durch den „Hilfszug Bayern" geleistet, aber nur für die Angehörigen der deutschen Minderheit. Polen und Juden waren von dieser Hilfsaktion ausgenommen.[12]

2. *Seit Beendigung des Krieges soll der American Joint* in Warschau [in] ungefähr 50 Küchen täglich bis 12 000 Mahlzeiten ausgegeben [haben]. (Diese Zahl soll auf 50 000 täglich erhöht werden.) Außerdem sind Kleider, Medikamente (ungefähr 15 000 Päckchen)

7 Anmerkung im Original: Der Erlös soll der „allgemeinen Volkswohlfahrt" zugeführt werden.
8 Liegt nicht in der Akte.
9 Vermutlich: des Großdeutschen Reichs.
10 Richtig: Joachim von Ribbentrop.
11 Solche Pläne waren wahrscheinlich nicht Gegenstand der Verhandlungen.
12 Der Hilfszug Bayern war eine mobile Großküchenanlage, die bei Großveranstaltungen oder Katastrophen zum Einsatz kam. Die dahinterstehende, 1933 gegründete NSDAP-Organisation wurde 1938/39 im Ausland mehrfach propagandistisch genutzt. Nach dem Einmarsch der Wehrmacht in Warschau unterstützte der Hilfszug Bayern, anders als im Dokument angegeben, zunächst auch die poln. Zivilbevölkerung in den zerstörten Wohnquartieren.

bis Ende Oktober verteilt worden. Nach neusten Berichten macht sich aber besonders der Mangel an warmen Kleidern, Medikamenten, Kondensmilch etc. fühlbar. Außerdem soll der jüdischen Bevölkerung überhaupt kein Fensterglas für ihre verwüsteten Wohnungen geliefert werden. (Sämtliches noch vorhandenes Fensterglas wurde von der deutschen Verwaltungsbehörde requiriert.)

3. *Die amerikanische „Gesellschaft der Freunde"* steht seit ungefähr 3 Wochen mit den deutschen Regierungsstellen in Verhandlungen, um eine Hilfsaktion besonders für Frauen und Kinder in Polen zu organisieren. Zuerst wollte die deutsche Regierung, daß die ganze Aktion der Quäker über die nationalsozialistische Volkswohlfahrts-Organisation gehen solle. Mit diesem Vorschlag waren die Quäker selbstverständlich nicht einverstanden. Nunmehr sind aber die Verhandlungen soweit gediehen, daß die amerikanischen Quäker eine *direkte unabhängige* Hilfeleistung für die *polnische* Bevölkerung organisieren können. Eine Unterstützung der Juden in Polen wurde durch die deutschen Regierungen abgeschlagen. Am Tage meiner Abreise aus Berlin sollen die Quäker aber nunmehr auch die Erlaubnis für eine *jüdische* Hilfsaktion erhalten haben. Ausgenommen sind nur die Angehörigen der deutschen Minderheit, denen durch die nationalsozialistische Volkswohlfahrt direkt Hilfe gebracht wird.

Das Hilfswerk der amerikanischen Quäker für die polnische und jüdische Bevölkerung Polens wird aber erst gegen Ende November nach Ankunft des Delegierten der Quäker-Gesellschaft in New York, Edgar Rhods,[13] organisiert werden. Es soll sich in der Hauptsache um Sendungen von Medikamenten und Kleidern sowie Milch für Mütter und Kinder handeln. Außerdem soll ein Vermittlungsdienst in Berlin für Briefe, Pakete und Geldsendungen zwischen den im Ausland lebenden Verwandten und Bekannten und der polnischen jüdischen Bevölkerung in Polen organisiert werden. Dieses ganze Hilfswerk der Quäker wird zum größten Teil durch die „Commission of Polish Relief" in New York City finanziert werden.[14]

4. *Über ein zu organisierendes Hilfswerk des Roten Kreuzes* können erst nach Rückkehr der Delegierten des amerikanischen Roten Kreuzes aus Warschau bezw. Berlin Angaben gemacht werden. Es wird sich aber wahrscheinlich auch hier besonders um Sendung von Medikamenten und sonstigen Sanitätsartikeln handeln.

Eine Hilfsaktion für die Juden in Polen kann m.E. nur in Verbindung mit der amerikanischen Gesellschaft der Freunde in Berlin wirksam organisiert werden. Ev.[entuell] könnte der *American Joint* in Warschau durch Sendung von warmen Kleidern, Medikamenten, Lebensmitteln etc. unterstützt werden. Eine *direkte Hilfsaktion* jüdischer Komitees im Auslande für die Juden Polens ist bei der derzeitigen Einstellung der deutschen Regierungsstellen gegenüber dem Judenproblem wohl ganz ausgeschlossen.

*Ungarn.*

Seit dem Zusammenbruch des polnischen Staates befinden sich ungefähr 50 000 polnische Flüchtlinge in Ungarn. Davon sind ungefähr 45 – 50 000 Militär- und der Rest Zivilpersonen. Insgesamt schätzt man die Zahl der jüdischen Flüchtlinge auf unge-

13 Richtig: Joseph Edgar Rhoads (1883 – 1981), Chemiker und Unternehmer aus Wilmington/Delaware.

14 Richtig: Commission for Polish Relief. Sie wurde auf Betreiben des ehemaligen US-Präsidenten Herbert Hoover (1874 – 1964) ins Leben gerufen und leistete der poln. Bevölkerung in Zusammenarbeit mit dem Amerikanischen Roten Kreuz bis Ende 1940 beträchtliche Hilfe in Form von Nahrung und Kleidung.

fähr 3–4000. Wahrscheinlich ist diese Zahl aber zu klein, da sich viele Soldaten nicht zur jüdischen Rasse bekennen wollen, aus Furcht vor Repressalien. Es muß aber gerade in diesem Zusammenhang gesagt werden, daß die ungarische Regierung bis heute keinen Unterschied zwischen jüdischen und nicht-jüdischen Flüchtlingen gemacht hat. Sämtliche Militärflüchtlinge wurden in 40 Camps untergebracht. Die Soldaten erhalten nebst Kost und Logis noch 50 Heller, die Offiziere 2 Pengö.[15] Die ganze Organisation bedeutet eine gewaltige Last für die Staatsfinanzen. Die Rot-Kreuz- und Quäker-Organisationen sollen nunmehr durch Geld und Medikamentensendungen helfend einspringen.

Nach Aussagen des Präsidenten des ungarischen Roten Kreuzes[16] soll es heute besonders schwierig sein, genügend Verbandstoff aufzubringen, da sich das ungarische Rote Kreuz seit 1 ½ Jahren in dauernder Mobilisation befindet und seine sämtlichen Hilfsmittel dem ungarischen Militär zur Verfügung stellen muß.

Die Mehrzahl der polnischen Flüchtlinge möchte allerdings sobald als möglich nach den an Rußland gefallenen Teil Polens abtransportiert werden. Für die jüdischen Flüchtlinge sucht die Kultusgemeinde in Budapest Einreisebewilligungen nach Palästina zu bekommen. Einige Transporte wurden mit Erfolg *schwarz* über die Grenze Palästinas gebracht. Nach Aussagen des Direktors der Kultusgemeinde[17] soll es ausgeschlossen sein, heute eine Einreisebewilligung nach Ungarn für jüdische Flüchtlinge aus Wien zu erhalten.

## DOK. 43
## Der Kommandierende General des Wehrkreiskommandos Posen beschwert sich am 23. November 1939 über Konflikte mit der SS im Wartheland[1]

Bericht (geheim) von Walter Petzel,[2] Wehrkreiskommando XXI, Posen, für den Befehlshaber des Ersatzheeres in Posen vom 23.11.1939 (Abschrift)

Der Warthegau ist als befriedet anzusehen. Wiederholte Aufstandsgerüchte haben sich in keinem Fall bestätigt. Der Grund hierfür liegt nicht in einem Stimmungswechsel der polnischen Bevölkerung, sondern in der Erkenntnis der Hoffnungslosigkeit einer Auflehnung. Daß in der großen Anzahl entlassener Gefangener und sonst heimgekehrter pol-

15 Der Pengö war von 1927 bis 1946 die Währung Ungarns. Einem Pengö entsprachen 100 Fillér (Heller).

16 Präsidentin des Ungarischen Roten Kreuzes war Baronin Gizella Apor (1886–1971).

17 Langjähriger Vorsitzender der jüdischen Gemeinde von Pest war Samu Stern (1874–1947), Bankier; zugleich Vorsitzender der Zentralorganisation der reformorientierten (neologen) Gemeinden Ungarns, Gegner des Zionismus; 1944, nach der deutschen Besetzung Ungarns, Vorsitzender des Budapester Judenrats.

1 BArch, NL 104/3. Abdruck in: Der Prozess gegen die Hauptkriegsverbrecher vor dem Internationalen Militärgerichtshof, Nürnberg, 14. November 1945 – 1. Oktober 1946, Bd. 35, Nürnberg 1949, Nr. 419-D, S. 87–91.

2 Walter Petzel (1883–1965), Berufsoffizier; 1.9.1939 Befehlshaber des I. Armeekorps, 1.10.1939 General der Artillerie, 1939–1945 Kommandierender General und Befehlshaber im Wehrkreis XXI mit Sitz in Posen.

nischer Soldaten eine Gefahr liegt, die ständiger Beobachtung bedarf, wird nicht verkannt, besonders da zahlreiche Offiziere noch nicht erfaßt sind. Ein Niederhalten dieser Gefahr ist *nur* durch die militärische Besetzung des Landes in der jetzigen Form möglich, die zivilen Verwaltungsstellen sind dazu mit den vorhandenen Polizeikräften völlig außerstande.

Die große Aufbauarbeit auf allen Gebieten wird nicht gefördert durch das Eingreifen von SS-Formationen, die mit „volkspolitischen Sonderaufträgen" eingesetzt und darin dem Reichsstatthalter[3] nicht unterstellt sind. Hier macht sich die Tendenz geltend, über den Rahmen dieser Aufgaben hinaus, maßgebend in alle Gebiete der Verwaltung einzugreifen und einen „Staat im Staate" zu bilden. Diese Erscheinung bleibt nicht ohne Rückwirkung auf die Truppe, die über die Formen der Aufgabendurchführung empört ist, und dadurch verallgemeinernd in einen Gegensatz zu Verwaltung und Partei gerät. Die Gefahr ernsthafter Auseinandersetzungen werde ich durch strenge Befehle ausschalten. Daß darin eine hohe Anforderung an die Disziplin der Truppe liegt, ist nicht von der Hand zu weisen.

Fast in allen größeren Orten fanden durch die erwähnten Organisationen öffentliche Erschießungen statt. Die Auswahl war dabei völlig verschieden und oft unverständlich, die Ausführung vielfach unwürdig.

In manchen Kreisen sind sämtliche polnischen Gutsbesitzer verhaftet und mit ihren Familien interniert worden. Verhaftungen waren fast immer von Plünderungen begleitet.

In den Städten wurden Evakuierungen durchgeführt, bei denen wahllos Häuserblocks geräumt wurden und die Bewohner nachts auf L.K.W.s verladen und in Konzentrationslager verbracht wurden. Auch hier waren Plünderungen ständige Nebenerscheinungen. Die Unterbringung [und] Verpflegung in den Lagern war derart, daß vom Korpsarzt der Ausbruch von Seuchen, und damit eine Gefährdung der Truppe, befürchtet wurde. Auf meinen Einspruch hin wird Abhilfe geschaffen.

In mehreren Städten wurden Aktionen gegen Juden durchgeführt, die zu schwersten Übergriffen ausarteten. In Turek fuhren am 30.10.39 3 SS-Kraftwagen unter Leitung eines höheren SS-Führers durch die Straßen, wobei die Leute auf der Straße mit Ochsenziemern und langen Peitschen wahllos über die Köpfe geschlagen wurden. Auch Volksdeutsche waren unter den Betroffenen. Schließlich wurde eine Anzahl Juden in die Synagoge getrieben, mußte dort singend durch die Bänke kriechen, wobei sie ständig von den SS-Leuten mit Peitschen geschlagen wurden. Sie wurden dann gezwungen, die Hosen herunterzulassen, um auf das nackte Gesäß geschlagen zu werden. Ein Jude, der sich vor Angst in die Hosen gemacht hatte, wurde gezwungen, den Kot den anderen Juden ins Gesicht zu schmieren.

In Lodz ist vertraulich bekannt geworden, daß der SS-Oberführer Mehlhorn[4] folgende Anordnungen getroffen hat:

3 Arthur Greiser.

4 Dr. Herbert Mehlhorn (1903–1968), Jurist; 1931 NSDAP- und SA-, 1933 SS-Eintritt; 1933–1935 Stabschef und stellv. Leiter der Gestapo in Sachsen, 1935 im Gestapa in Berlin Leiter in der Zentralabt. des SD-Hauptamts, 1938/39 Leiter der Stabskanzlei (Amt I/1); Sept. 1939 stellv. Chef der Zivilverwaltung in Posen, dann Leiter der Verwaltungsabt. beim Reichsstatthalter, von Sept. 1941 an oberster Sachbearbeiter für sämtliche „Judenfragen" im Warthegau, 1944 Reg.Präs. in Oppeln; nach 1945 Justiziar in Oberndorf/Neckar.

1.) An Polen und Juden werden ab 9.11. keine Arbeitslosenunterstützungen mehr ausgezahlt, lediglich die Pflichtarbeit wird entschädigt. (Maßnahme bereits bestätigt.)
2.) Juden und Polen werden ab 9.11. von der Zuteilung der rationierten Lebensmittel und der Kohlen ausgeschlossen.
3.) Durch Provokation sollen Unruhe und Zwischenfälle hervorgerufen werden, um die Durchführung der volkspolitischen Arbeit zu erleichtern.
4.) Die Feuerwehr ist sofort zu verstärken, um bei zufälligen Bränden in jüdischen und polnischen Wohnvierteln und Fabriken ein unerwünschtes Übergreifen auf andere Objekte zu verhindern.
(Die Maßnahmen zu 2.) und 4.) sind noch nicht bestätigt.) Während durch den Reichsstatthalter bei Reden und Kundgebungen das Verdienst der Wehrmacht stets in den Vordergrund gestellt wird, macht sich andererseits auf seiten der erwähnten Stellen unverkennbar die Tendenz geltend, dieses Verdienst zu verkleinern und herabzusetzen. Ein besonders krasser Fall in dieser Richtung wird mir aus Ostrowo[5] von einer Siegesfeier am 5.11.39 gemeldet. Dort sprach der Reichsredner Bachmann.[6] Er erwähnte die Wehrmacht – was den polnischen Feldzug betraf – überhaupt nicht. Er sprach von der Wehrmacht nur in einem Satz, der den Krieg gegen England betraf.
Bei Nennung der Zahl der Gefallenen wurden nur die ermordeten Volksdeutschen erwähnt, der gefallenen Soldaten wurde mit keinem Worte gedacht.
Den Volksdeutschen wurde die Anerkennung ausgesprochen, und die Zuhörer mußten den Eindruck gewinnen, daß die Wehrmacht bei der Befreiung eigentlich gar nicht beteiligt gewesen sei. Dies um so mehr, als der Redner ausführte, es sei gar kein Krieg gegen Polen gewesen, sondern der Führer habe nur veranlaßt, daß den Polen die von England und Frankreich gelieferten Waffen, die sie doch nicht zu gebrauchen verstanden hätten, abgenommen würden.
Man gewann den Eindruck, daß es dem Redner darauf ankam, in der deutschen Bevölkerung nur keine Achtung vor der Armee aufkommen zu lassen.
Der Eindruck, den die Rede, bei welcher die gestellte Ehrenkompanie zuhörte, auf die Truppe machte, ist entsprechend.
Wie der Militärbefehlshaber von Posen s.Zt. bereits an O.K.H. gemeldet hat, wird von der Truppe das Mißverständnis[7] zwischen ihrem Wehrsold und den um ein Vielfaches höheren Tagegeldern der anderen Formationen sehr stark empfunden.
Die erwähnten Tatsachen liegen auf Gebieten, die sich der unmittelbaren Einwirkung des Reichsstatthalters zum großen Teil entziehen. Abhilfe wäre darin nur höheren Orts zu erreichen. Ich glaube, in der Annahme nicht fehlzugehen, daß damit dem Reichsstatthalter in seiner zielbewußten, mit Tatkraft und Umsicht in Angriff genommenen Aufbauarbeit willkommene Hilfestellung geleistet würde.

5 Ostrów Wielkopolski: Kleinstadt südwestlich von Kalisz.
6 Vermutlich Hans Bachmann aus der Presseabt. des Gaus Thüringen. Reichsredner war eine parteiamtliche Funktion in der NSDAP für rhetorisch bzw. propagandistisch als besonders befähigt beurteilte Parteifunktionäre.
7 Gemeint: Missverhältnis.

## DOK. 44
## Vertreter von Besatzungsbehörden erörtern am 23. November 1939 die Beraubung der jüdischen und polnischen Bevölkerung[1]

Protokoll der von SS-Sturmbannführer Rapp geleiteten Besprechung beim Höheren SS- und Polizeiführer Posen vom 25.11.1939[2]

*Niederschrift*
über die am 23. November 1939 – 16 Uhr – unter Leitung von SS-Sturmbannführer Rapp durchgeführte Besprechung über die Behandlung der jüdischen und polnischen Vermögenswerte, die im Zuge der Evakuierungsmaßnahmen der Beschlagnahme zu Gunsten des Reiches verfallen.

SS-Sturmbannführer *Rapp* umriß einleitend das politische Ziel und den gegenwärtigen Stand der Evakuierungsmaßnahmen. Es gehe darum, aus dem Reichsgau „Wartheland" alle Juden und diejenigen Polen abzuschieben, die auf Grund ihrer national-polnischen Einstellung oder ihres geistigen Einflusses eine Gefahr für die Durchsetzung des Deutschtums bilden könnten.

Im Zusammenhang mit der Evakuierung seien eine ganze Reihe von schwerwiegenden wirtschaftlichen Problemen aufgetaucht, zu deren Klärung die heutige Besprechung dienen soll. An der Spitze stehe hier die Erfassung, Erhaltung und Sicherung der beschlagnahmten Vermögenswerte.

Dr. *Beyer*[3] wies zunächst darauf hin, daß die Wirtschaftsstellen die Namen der für die Evakuierung vorgesehenen Personen rechtzeitig wissen müßten; davon hänge die Planung des Ersatzes und die geregelte Erfassung der Vermögen ab. SS-Sturmbannführer Rapp sagte rechtzeitige Unterrichtung der Wirtschaftsstellen zu.

Bankdirektor *Ratzmann*[4] stellte fest, daß zur Erfassung und treuhänderischen Übernahme der gesamten freiwerdenden Vermögen die Treuhandstelle Ost gegründet worden ist. In die Betriebe würden Treuhänder eingesetzt, die Wohnungen würden von den Städten übernommen, die Bankkonten seien blockiert. Damit sei die Erhaltung der Vermögenswerte weitgehend gewährleistet.

Dr. *Beyer* stellte anschließend, ausgehend von den Verbindlichkeiten und den möglichen Regreßansprüchen, die Frage zur Debatte, ob ein großes gemeinsames Vermögen gebildet werden soll, oder ob das einzelne Vermögen in Beziehung bleiben muß zum bisherigen

1 AIPN, GK 68/107, Bl. 10–14. Kopie: USHMM, RG 15015M, reel 2.

2 Im Original auf der ersten Seite eingefügt: „Verteiler: Anwesende: SS-Sturmbannführer Rapp und Stab, Wirtschaftsstelle des Reichsstatthalters: ORR Haßmann, Dr. Beyer, Treuhandstelle Ost: Bankdirektor Ratzmann, Oberfinanzpräsidium: Oberfinanzrat Rose, Bodenamt: SS-Standartenführer Hammer, Schutzpolizei: Major Hagelstein, Sicherheitspolizei: SS-Untersturmführer Wiebeck, Stab SS-Gruppenführer Koppe: SS-Obersturmführer Massury, Gaukommissariat für die Einwanderung: Reichsamtsleiter Weber, Industrie- und Handelskammer: Dr. Karsten, Dr. Tomaschewski, Devisenschutzkommando: SS-Untersturmführer Geisler, Treuhänder der Arbeit: SS-Untersturmführer Kendzia, Der Präsident der Deutschen Umsiedlungs-Treuhandgesellschaft: Dr. Bang."

3 Dr. Beyer war im Januar 1940 Leiter der Treuhandnebenstelle Litzmannstadt und in dieser Funktion auch Beiratsvorsitzender der Leitstelle Litzmannstadt der Grundstücksgesellschaft der HTO.

4 Hugo Ratzmann (1898–1960), Bankdirektor; 1933 NSDAP-Eintritt; 1936 Geschäftsführer der Bank Hardy & Co. in Berlin; 1939 Leiter der Bankenaufsicht beim CdZ beim Militärbefehlshaber Posen, Dez. 1939 bis Febr. 1941 Leiter der Treuhandstelle Ost in Posen, seit März 1941 wieder Geschäftsführer der Hardy Bank; 1949 Leiter des Bankhauses Hermann Lampe in Bielefeld.

Eigentümer, um später eine Rekonstruktion des Wirtschaftslebens zu ermöglichen. Die Diskussion ergab schließlich Einstimmigkeit darüber, daß eine gewisse Sonderverwaltung der einzelnen Vermögen notwendig ist. Es wurde vereinbart, daß die interessierten Wirtschaftsstellen ein Formblatt entwerfen, das von den evakuierten Polen und Juden ausgefüllt werden soll ungefähr nach dem Muster der reichsdeutschen Vermögenssteuererklärung. SS-Sturmbannführer Rapp wies darauf hin, daß das Verfahren möglichst einfach gestaltet werden müsse, weil sonst die Durchführung der Evakuierungsmaßnahmen in der vorgesehenen Zeit gefährdet sei.
Anschließend wurde die Frage erörtert, wie die politische Maßnahme der Evakuierung mit den Erfordernissen der Wirtschaft in Einklang gebracht werden könne. Die Abschiebungsaktion darf keine Störungen im Wirtschaftsleben mit sich bringen. SS-Sturmbannführer Rapp wies auf die Möglichkeit der Karteieinsicht in seiner Dienststelle hin und bat die Vertreter der Wirtschaft, laufend diejenigen Personen namhaft zu machen, die augenblicklich aus dem Wirtschaftsprozeß noch nicht herausgenommen werden können. Dr. Karsten betonte, daß die Einsetzung von Treuhändern in aller Regel keine Schwierigkeiten mache. SS-Sturmbannführer *Rapp* schlug vor, über die mit der Evakuierung zusammenhängenden wirtschaftlichen Fragen gegebenenfalls Einzelanweisungen an die Landräte zu geben bezw. die örtlichen Wirtschaftsstellen einzuschalten.
Anschließend bat SS-Sturmbannführer *Rapp* Oberfinanzrat *Rose*[5] vom Oberfinanzpräsidium um Mitteilung, ob und inwieweit der Vermögensstand der Polen und Juden jetzt schon übersehen werden könne. Oberfinanzrat *Rose* entgegnete, die Übersicht sei schwierig, da Polen keine Vermögenssteuer erhoben habe. Eine Pauschalschätzung werde mindestens 4 Wochen beanspruchen.
Oberregierungsrat *Haßmann* warf die Frage auf, ob die Entscheidung darüber, wer wirtschaftlich entbehrlich ist und wer nicht, den Landräten überlassen bleiben könne. Seiner Meinung nach müsse über die Entbehrlichkeit oder Unentbehrlichkeit eine Zentralstelle entscheiden, weil nur so die verschiedenen Interessen gegeneinander abgewogen werden könnten. Notwendig sei, den Wirtschaftsstellen die Liste jeder Evakuierungsaktion in den Kreisen zur vorherigen Prüfung zugänglich zu machen. SS-Sturmbannführer Rapp machte gegen diese Zentralisierung Bedenken geltend und wies auf die dadurch eintretende Mehrbelastung des Landrates hin.
Hierauf wurde der Kreis der Dienststellen festgelegt, die an den wirtschaftlichen Begleiterscheinungen der Evakuierungsmaßnahmen interessiert sind: Wirtschaftsstelle beim Reichsstatthalter, Treuhandstelle Ost, Oberfinanzpräsidium, Treuhänder der Arbeit, Bodenamt, Industrie- und Handelskammer, Handwerkskammer. Falls Fragen auftreten, die den Zuständigkeitsbereich anderer Dienststellen berühren, sollen diese beteiligt werden. Abschließend wurden Einzelmaßnahmen besprochen, die den unkontrollierbaren Verlust beschlagnahmter Vermögenswerte verhindern sollen: Androhung der Todesstrafe für Plünderer, Inventaraufnahme in den Wohnungen und Dienststellen, Verbot von Käufen bei Polen, soweit es sich nicht um Geschäftsleute handelt, und Strafandrohungen gegen die Beseitigung oder Verwahrung von Gegenständen, die der Beschlagnahme unterliegen.

5 Oskar Rose (*1910), Jurist; von 1939 an im Dienst der Reichsfinanzverwaltung, zunächst beim OFP Pommern, Ende 1939 Oberfinanzrat beim OFP Posen; 1945–1960 Personalreferent verschiedener Finanzbehörden in Westfalen und im Rheinland, 1966 Finanzpräsident, 1971 Leiter der Landesvermögens- und Bauabt. in Münster.

## DOK. 45
## Der Höhere SS- und Polizeiführer verpflichtet am 24. November 1939 die Judenräte zur Mitwirkung bei der Massenvertreibung von Juden aus dem Wartheland[1]

Schreiben (geheim) des Höheren SS- und Polizeiführers Posen, gez. Rapp, vom 24.11.1939

*Betrifft:* Abschiebung von Juden aus dem Reichsgau „Warthe-Land".
*Anlage:* 1.
Zu meinem Erlaß vom 12.11.1939[2] wird nachgetragen, daß bei der Abschiebung von Juden die jüdischen Ältestenräte bezw. Gemeindevorstände verantwortlich einzuschalten sind.
Die Liste der vom Sicherheitsdienst eingesetzten Ältestenräte liegt als Anlage bei.[3]
Die örtlichen Staatspolizeistellen und SD-Dienststellen sind von der Abschiebungsaktion rechtzeitig in Kenntnis zu setzen.
Die Unterbringung der abzuschiebenden Juden in Abstellager kommt nicht in Frage. Den jüdischen Gemeindevorständen ist vielmehr etwa 24 Stunden vor Abgang des Transportes aufzugeben, für die Gestellung der Zahl der abzuschiebenden Juden Sorge zu tragen.
Die Gemeindevorstände sind für die ordnungsgemäße Durchführung der Aktion persönlich haftbar zu machen. Eine frühere Bekanntgabe des Abreisetermins halte ich wegen der Gefahr der Vermögensverschleppung nicht für zweckmäßig.
Die Gestellung der Juden geschieht zweckmäßigerweise mehrere Stunden vor Abgang des Zuges in einem umschlossenen Raum oder Hof (Schule), so daß für eine Durchsuchung der Kleidung und des Gepäcks nach Gegenständen, deren Mitnahme verboten ist, genügend Zeit vorhanden ist. Vor der Durchsuchung sind die Juden unter Androhung schwerster Strafen aufzufordern, alle nicht mitnahmefähigen Sachen freiwillig abzuliefern.
Es ist dafür zu sorgen, daß genügend Personal zur Durchsuchung – auch weibliches – vorhanden ist.
Als Juden gelten auch alle Mischlinge mit 2 oder mehr jüdischen Großelternteilen, also auch Halbjuden. Arische Ehefrauen deutscher Volkszugehörigkeit von Juden sind auf die Möglichkeit, die Ehe scheiden zu lassen, hinzuweisen. Falls sie sich von ihrer Familie nicht endgültig trennen wollen, sind sie ebenfalls abzuschieben.
Damit der Transport der Juden durch die Aufstellung der Liste der Abgeschobenen keinen Aufschub erleidet, sind die Ältestenräte schon jetzt aufzufordern, umgehend die Liste der ortsanwesenden Juden in mehrfacher Ausfertigung einzureichen. Ferner ist von ihnen eine Liste derjenigen Juden anzufordern, die den Ort seit dem 1. September 1939 verlassen haben.

1 BArch, R 75/3b, Bl. 617f.
2 Der HSSPF Posen hatte am 12.11.1939 detaillierte Anweisung erteilt, zwischen dem 15.11.1939 und dem 28.2.1940 aus dem Reichsgau Posen (Warthegau) 100 000 Juden und 200 000 Polen nach Osten zu vertreiben; Rundschreiben des HSSPF Posen vom 12.11.1939, BArch, R 49/3033, Bl. 2 – 5. Abdruck in: Faschismus – Getto – Massenmord (wie Dok. 4, Anm. 1), Dok. 5, S. 43 – 46.
3 Sämtliche im Dokument genannten Listen liegen nicht in der Akte.

## DOK. 46
## Generalgouverneur Frank ordnet am 28. November 1939 die Bildung von Judenräten an[1]

*Verordnung über die Einsetzung von Judenräten.*

Auf Grund des § 5 Abs. 1 des Erlasses des Führers und Reichskanzlers über die Verwaltung der besetzten polnischen Gebiete vom 12. Oktober 1939 (Reichsgesetzbl. I, S. 2077) verordne ich:

§ 1

In jeder Gemeinde wird eine Vertretung der Juden gebildet.

§ 2

Diese Vertretung der Juden, Judenrat genannt, besteht in Gemeinden bis zu 10 000 Einwohnern aus 12, in Gemeinden über 10 000 Einwohnern aus 24 Juden, die der ortsansässigen Bevölkerung entstammen. Der Judenrat wird durch die Juden der Gemeinde gewählt. Scheidet ein Mitglied des Judenrats aus, so ist sofort ein neues zuzuwählen.

§ 3

Der Judenrat wählt aus seiner Mitte einen Obmann und einen Stellvertreter.

§ 4

(1) Nach diesen Wahlen, die spätestens am 31. Dezember 1939 erfolgt sein müssen, ist dem zuständigen Kreishauptmann, in den Stadtkreisen dem Stadthauptmann die Besetzung des Judenrates mitzuteilen.

(2) Der Kreishauptmann (Stadthauptmann) entscheidet darüber, ob die mitgeteilte Besetzung des Judenrates anzuerkennen ist. Er kann eine andersartige Besetzung verfügen.

§ 5

Der Judenrat ist verpflichtet, durch seinen Obmann oder durch seinen Stellvertreter die Befehle deutscher Dienststellen entgegenzunehmen. Er haftet für ihre gewissenhafte Durchführung in vollem Umfange. Den Weisungen, die er zum Vollzuge dieser deutschen Anordnungen erläßt, haben sämtliche Juden und Jüdinnen zu gehorchen.

Krakau, den 28. November 1939

Der Generalgouverneur für die besetzten polnischen Gebiete

*Frank*

1 VOBl. GG 1939, Nr. 9 vom 6.12.1939, S. 72f. Abdruck in: Faschismus – Getto – Massenmord (wie Dok. 4, Anm. 1), Dok. 34, S. 71.

## DOK. 47
## Anonymer Bericht über die Entwicklung in Kalisz unter deutscher Besatzung bis November 1939[1]

Handschriftl. Bericht für das Untergrundarchiv des Warschauer Gettos, aufgez. 2.8.1941

III.[2] *Juden in Kalisz von September bis November 1939.*
Anfang Oktober wurde der antijüdische Kurs in Kalisz immer deutlicher. Zuvor war die Lage der Juden in Kalisz noch erträglich. Nach dem Ende der Wanderschaft[3] hatten die Juden sich wieder ihren früheren Betätigungen zugewandt, die Werkstätten und Geschäfte geöffnet. Es herrschte fast normaler Betrieb. Infolge des Massendurchmarschs deutscher Truppen durch Kalisz blühten alle Geschäfte auf, insbesondere Konditoreien und Restaurants. Jüdische Bäcker und Konditoren hatten viel Arbeit und verdienten dabei auch gut.
Die Stadt hingegen wurde immer deutscher. Alle polnischen Aufschriften wurden entfernt und durch deutsche ersetzt, Straßen erhielten deutsche Namen wie Friedrichstraße (Piłsudskiallee), Rathausplatz (Pl. 11. List.),[4] Feuerwehrstraße (Kanonicka), Poststraße (6. Sierpnia)[5] usw. In den Schaufenstern tauchten Hitler-Bilder auf, überall flatterten Hakenkreuz-Fahnen. Die polnische Bevölkerung passte sich recht schnell den neuen Bedingungen an; viele Polen bemühten sich, den Deutschen zu zeigen, dass sie ihnen in mancherlei Hinsicht sogar voraus waren. Außer Hakenkreuzen, Porträts von Hitler und Göring hingen in vielen Schaufenstern statt der bisherigen Schilder „Christliche Firma" jetzt Schilder mit der Aufschrift „Arische Firma"[6] und „Juden Zutritt verboten".[7] Schon am 10. September hing quer über der Kreuzung Kanonicka- und 6.-Sierpnia-Straße ein altes nationaldemokratisches Wahlkampf-Transparent mit der Aufschrift „Kalisz ohne Juden".[8] So demonstrierten die Polen den Deutschen, welches Verhältnis sie zur jüdischen Bevölkerung haben. Vorkommnisse wie diese sind charakteristisch für die Einstellung der Kaliszer Polen gegenüber Juden. Viele Polen und Polinnen, überwiegend aus Kreisen der

1 AŻIH, Ring I/783 (825). Das Dokument wurde aus dem Polnischen übersetzt. Abdruck in englischer Übersetzung in: The Kalish Book, hrsg. von I.M. Lask, Tel Aviv 1968, S. 284–287.
2 Der Bericht ist Teil von drei zusammen abgelegten Texten, deren erste Abschnitte betitelt sind: „Bericht eines Kaliszers von 1939" und „Teil II, Sept. 1939. Koło" (19.7.1941). Der hier publizierte, auf den 2.8.1941 datierte, dritte Text ist die Reinschrift eines wahrscheinlich früher angefertigten Berichts. Verfasser ist vermutlich Nusen Aron Koniński (gest. 1942), Lehrer; Mitglied der Partei Poale Zion und des Verbands der Grundschullehrer, lebte vor dem Krieg in Kalisz; im Warschauer Getto Leiter des Internats in der Mylna-Straße 18 und Mitarbeiter des Untergrundarchivs; am 8.8.1942 wurde er mit seiner Frau und seinen Schülern nach Treblinka deportiert und dort ermordet.
3 Gemeint sind die Flucht beim Einmarsch der deutschen Truppen Anfang Sept. 1939 und die baldige Rückkehr, nachdem sich die Lage scheinbar beruhigt hatte.
4 Platz des 11. November (11. Listopada), in Erinnerung an den 11.11.1918, als Polen seine Unabhängigkeit wiedererlangte.
5 Straße des 6. August (6. Sierpnia), in Erinnerung an den 6.8.1914, als polnische Freiwilligenverbände unter Piłsudskis Befehl auf eigene Verantwortung die russische Grenze überschritten und damit nach nationalpoln. Verständnis den Keim zur Wiedererstehung einer poln. Armee legten.
6 Im Original deutsch.
7 Im Original deutsch.
8 Die konservativ-bürgerliche Nationalpartei (Stronnictwo Narodowe) war vor dem Zweiten Weltkrieg die mitgliederstärkste Partei. Von ihr gingen zahlreiche antijüdische Initiativen aus; sie bildete die Rechtsopposition zu dem 1926 von Józef Piłsudski errichteten Regime.

Arbeiter, Stubenmädchen und Dienstboten, machten sich mit deutschen Soldaten bekannt und nutzten sie aus, indem sie mit ihnen in jüdische Geschäfte (z.B. zu Siemiatycki)[9] gingen und durchsetzten, dass sie verschiedene Waren umsonst oder zu einem lächerlich niedrigen Preis erhielten. Es kam auch vor, dass Polinnen – Dienstmädchen in jüdischen Wohnungen – deutsche Polizisten zu ihren Arbeitgebern führten und diese zwangen, ihnen ziemlich hohe Summen als angebliche Entschädigungen oder Schuldenrückzahlungen auszuhändigen. – So gestalteten sich die polnisch-jüdischen Beziehungen angesichts der deutschen Besatzung. Es wäre eine grobe Übertreibung zu behaupten, dies hätte zu dem judenfeindlichen Kurs der Deutschen geführt. Auf jeden Fall kann es aber sein, dass all das dazu beitrug, die Einführung der antijüdischen Verordnungen seitens der deutschen Stellen zu beschleunigen.

Unmittelbar nach der Besetzung von Kalisz verhafteten die Deutschen zahlreiche in der Stadt gebliebene Polen und Juden. Nach fünf bis sechs Wochen kehrten diese Juden zurück (darunter der Ölmühlenbesitzer Weingart aus der Górnośląska-Straße 28)[10] und erzählten, sie seien in mehreren deutschen Städten herumgefahren und der Bevölkerung mit folgenden Worten zur Schau gestellt worden: „Das sind die jüdischen Schweine, die zu den deutschen Soldaten geschossen haben."[11] Gleich nach dem Einmarsch der deutschen Truppen gingen Soldaten außerdem in die polnischen und jüdischen Geschäfte und beschlagnahmten Waren aller Art, vor allem Baumwollerzeugnisse. Die ersten Beschlagnahmen betrafen die Lager von Siemiatycki, Sender, Braun und Frydlender, Gerszt sowie Hajszerek und Naparstek. Nach und nach erschienen Verordnungen, die ausschließlich Juden betrafen. – Es wurde angeordnet, die Hakenkreuzfahnen von allen jüdischen Häusern zu entfernen. Deutsche Offiziere gingen gezielt in jüdische Geschäfte und beschlagnahmten massenhaft Waren, holten Möbel aus den Wohnungen. Für viele jüdische Geschäfte und Wohnungen wurde der Befehl erteilt, diese im Laufe einiger Stunden oder gar Minuten zu verlassen. Dort wurden dann deutsche und polnische Familien untergebracht. Innerhalb weniger Tage hat sich das Stadtbild vollkommen verändert. Zahlreiche jüdische Geschäfte wurden geschlossen, viele ausgeräumt, andere von neuen Besitzern, meist von Deutschen, übernommen. Herszkowicz' Kolonialwarenladen „Złoty Róg" übernahm z.B. Maria Hoffmann, Siemiatyckis Manufaktur-Lager ging an die Firma Kurz, Senders Lager übernahmen die Brüder Miller, und Perles Großhandel ging an Rymarowicz.

Auch das äußere Erscheinungsbild der Kaliszer Juden veränderte sich. Vor dem Krieg zählte eine verhältnismäßig große orthodoxe Gruppe zur jüdischen Gemeinschaft in Kalisz. In Kalisz gab es viele Juden mit Bärten und Peieslocken. Sie trugen lange schwarze Mäntel und traditionelle jüdische Kopfbedeckungen. Diese Kleidung ist nun fast verschwunden. Auf der Straße war kein einziger Jude mit einer jüdischen Kopfbedeckung zu sehen, alle trugen einen Hut oder eine Schirmmütze. Angesichts zahlreicher Fälle, in denen Juden von deutschen Soldaten Bart oder Peies abgeschnitten worden waren, verschwanden auch diese weitgehend; auf jeden Fall stutzten die Juden ihre Bärte und bemühten sich, nicht aufzufallen.

Eines Tages gingen Deutsche durch alle jüdischen Geschäfte und befahlen, die Aufschrift „Jude" gut sichtbar in der vorgeschriebenen Größe von mindestens 20 cm anzubringen.

9 Leon Siemiatycki, Kaufmann, Vorstandsvorsitzender der Jüdischen Handelsbank.

10 Vermutlich Jakob Weingart (1889–1942), bis 1939 Kaufmann in Kalisz, dann in Warschau ansässig.

11 Im Original deutsch.

Am 10. Oktober wurde in Kalisz auf Befehl der deutschen Behörden der jüdische Ältestenrat gebildet. Von den früheren Vertretern der jüdischen Gemeinde war niemand mehr in Kalisz. Der Rabbiner von Kalisz, Mendel Alter,[12] hat am Samstag, dem 2. September, um 2 Uhr nachmittags die Stadt verlassen und ist mit dem Auto nach Lodz gefahren, er ist nicht mehr nach Kalisz zurückgekehrt; frühere Gemeindevertreter wie Heber[13] und Rozenblum waren ebenfalls nach Lodz gefahren, das jüdische Kalisz stand gänzlich ohne Repräsentanten da. Angesichts des Mangels an geeigneteren Personen bestellte der Kaliszer Starost [Landrat][14] dann den Kantor der neuen Synagoge, Hahn,[15] zu sich. Da Hahn die einzige dem Starosten bekannte Person war, die vor dem Krieg eine gewisse gesellschaftliche Stellung eingenommen hatte, ernannte er ihn zum „Ältesten der Juden"[16] und wies ihn an, einen „Ältestenrat"[17] aus 25 Personen zu bilden, der die jüdische Gemeinschaft von Kalisz gegenüber den deutschen Behörden repräsentieren und dafür sorgen sollte, dass alle deutschen Verordnungen, die Juden betreffen, von ihnen vollständig befolgt und beachtet würden. Die Mitglieder des Rates hafteten den Deutschen dafür mit ihrem Leben und ihrem Eigentum.

In den nächsten beiden Tagen wurden die Mitglieder des Ältestenrats[18] bestimmt, darunter auch folgende Personen: Hahn – Kantor, Ingenieur Cukier – Fabrikant, Leon Rynek – Fabrikant, Zajdel – Kaufmann, Lewkowicz – Vorstand der jüdischen Bank und Direktor des jüd. Gymnasiums, Rechtsanwalt Kacinel, Rechtsanwalt Perkal – Vorsitzender von ORT und TOZ, Dr. Płocki, Mojżesz Szlumper – ehem. Stadtrat, Aktivist der Poale Zion-Linken,[19] Michał Ajzenberg – ehem. Stadtrat, Aktivist des Bunds, Dawid Herman, Luzer Mitz – Aktivist des Bunds, Vorsitzender des Schneiderverbands, Leon Siemiatycki – Vorstand der jüdischen Bank, Rzepkowicz – Mitglied des Aufsichtsrats der Bank, Wiśniewski – Fabrikant, Arkusz – Sekretär des jüdischen Handwerkerverbands, Dr. Lubelski, Dr. Seid.

Berücksichtigt man, dass viele der ehemals gesellschaftlich Aktiven nicht mehr da waren, kann man sagen, dass diese Zusammensetzung insgesamt ganz gut war. Der Ältestenrat hatte seinen Sitz in der ehem. Geschäftsstelle der Gemeinde in der Kanonicka-Straße. Vorsitzender war Hahn,[20] Sekretär: Herman, dann Arkusz.

Als erste Aufgabe erhielt der Rat etwa am 15. Oktober den Befehl, innerhalb von drei Tagen ein genaues Verzeichnis der jüdischen Bevölkerung, ihrer Eigentumswerte, der Geldsummen über 2000 Zł. und allen Schmucks anzulegen. Mit dem Verzeichnis befasste

12 Menachem Mendel Alter (1877–1942), chassidischer Rabbiner in Kalisz; Bruder des Gerer Rebbe, von 1924 an Vorsitzender der Vereinigung der Rabbiner in Polen; von den deutschen Behörden gesucht, hielt er sich eine Zeitlang verborgen und floh dann nach Warschau; in Treblinka ermordet.

13 Josef Mosze Heber war Vorsitzender der Jüdischen Gemeinde.

14 Hermann Marggraf (*1887); 1930 NSDAP-Eintritt; von 1938 an Gauamtsleiter der NSDAP und Landrat in Heiligenstadt; ab Ende 1939 kommissar. Landrat in Kalisz.

15 Am 10.10. befahl der Landrat dem Kantor der Reformsynagoge an der Krótka-Straße, Gerszon Hahn, einen Ältestenrat zu bilden.

16 Im Original deutsch

17 Im Original deutsch.

18 Im Original deutsch.

19 Die zionistische, marxistische Arbeiterpartei Poale Zion (Arbeiter Zions) spaltete sich 1920 in zwei selbstständige Parteien. Die Poale Zion-Linke (poln. Poalej Cyjon-Lewica) sympathisierte mit der bolschewistischen Revolution in Russland. Sie förderte die jiddische Sprache und beeinflusste führende jüdische Intellektuelle Polens. Während der deutschen Besatzung arbeiteten viele ihrer Mitglieder für das Ringelblum-Archiv oder waren politisch und kulturell im Warschauer Gettos aktiv.

20 Tatsächlich übte Rechtsanwalt Perkal die Geschäfte des Judenratsvorsitzenden aus.

sich Rechtsanwalt Kacinel.[21] 15 – 20 Personen arbeiteten Tag und Nacht, in Wechselschichten ohne Pause, zehn Tage lang. Die Deutschen stellten der Gemeinde für diese Zeit bemerkenswerterweise nachts Schreibmaschinen zur Verfügung. Im Verzeichnis waren über 20 000 Juden eingetragen.

Die Deutschen wandten sich mit Forderungen verschiedenster Art an den Rat. Sie verlangten z. B. die Bereitstellung von 50 Garnituren Bettwäsche innerhalb von 4 Stunden. Da in den jüdischen Geschäften jegliche Waren dieser Art schon beschlagnahmt worden waren, wurde das Bettzeug in jüdischen Privatwohnungen gesammelt. Es waren Juden, die es einsammelten, Angestellte des Rats; in einigen Wohnungen wurde die Herausgabe verweigert, und die Sammler (z. B. Hr. Górny)[22] mussten das Bettzeug mit Gewalt herausholen. – Häufig verlangten die Deutschen vom Rat die Bereitstellung von Geldsummen. Der Ältestenrat[23] belegte die wohlhabenderen Juden deshalb mit einer Gemeindesteuer in entsprechender Höhe. – Mit den Finanzen befassten sich die Räte Cukier,[24] Kacinel und Szlumper.[25]

Die Hauptaufgabe des Rats war die Arbeitsabteilung. Die Deutschen erklärten, sie würden keine Razzien durchführen, um Juden von der Straße zur Arbeit aufzugreifen, sondern dem Rat jeden Tag ihre Anforderung für eine bestimmte Zahl von Arbeitern bekannt geben, die der Rat dann stellen musste. Der Rat war verpflichtet, nur Anforderungen der höheren Militärbehörden und der Gestapo zu befolgen. Die Arbeitsabteilung stellte den Deutschen täglich im Durchschnitt 150 – 200 Arbeiter zur Verfügung, in Ausnahmefällen (wenn z. B. Truppen durchmarschieren) 400 Arbeiter. Die Arbeitsabteilung schickte den Juden Anordnungen, sich an 2 – 3 Tagen in der Woche zum Arbeiten einzufinden. Diejenigen, die nicht arbeiten wollten, mussten eine Gebühr von 2 – 3 Zł. für jeden Arbeitstag entrichten. Der Monatssatz betrug für sie 36 Zł. Für die Zurückstellung von der Arbeit wurden täglich 50 Groschen, für eine ärztliche Freistellung (die von den für den Rat tätigen Ärzten ausgestellt wurde) hingegen 1 Zł. pro Tag eingezogen. – Viele Juden kauften sich von der Arbeit frei, daher schickte die Arbeitsabteilung 60 – 70 Prozent Ersatzarbeiter zu den Einsatzorten, die entlohnt werden mussten, und zahlte ihnen 2 Zł. pro Arbeitstag. Die Arbeitsabteilung bezahlte diese Arbeiter aus den Geldern, die sie für Befreiung und Zurückstellung eingenommen hatte, und übergab dem Rat den verbliebenen Überschuss in Höhe von 50 – 100 Zł. täglich.

Die jüdischen Arbeiter waren an den verschiedensten deutschen Einsatzorten tätig. Die Deutschen setzten Juden bei der Beerdigung von Polen ein, die auf dem neuen jüdischen Friedhof erschossen worden waren. Darüber hinaus arbeiteten Juden in den Kasernen in Piskorzewie,[26] im Dreifaltigkeitsspital, im Magistrat, im Schulgebäude an der Polna-Straße bei den Pionieren, im Gebäude der Starostei bei der Verkehrspolizei,[27] im Haus der Sozialversicherung bei der Hilfspolizei,[28] bei der Polizei in der Allee Nr. 23 sowie bei der Gestapo in der Jasna-Straße 3. Vier jüdische Arbeiter waren stets in der Stadt mit dem

21 Moryc Kacynel.
22 Wahrscheinlich Maks Górny, später einer der Leiter des Arbeitsbataillons beim Judenrat, 1941 in einem Arbeitslager inhaftiert.
23 Im Original deutsch.
24 Ingenieur Stefan Cukier, Fabrikbesitzer in Kalisz.
25 Dr. Mosze Szlumper, Kommunalpolitiker des Bunds, Mitglied des Magistrats.
26 Stadtteil von Kalisz.
27 Im Original deutsch.
28 Im Original deutsch.

Entfernen und Übermalen polnischer Aufschriften und Schilder beschäftigt. Im Gemeindehaus hielt sich ebenfalls ständig eine Reserve von 10 Arbeitern auf, um dringenden Anforderungen der Behörden an den Rat nachkommen zu können. Normalerweise aber wurden die Anforderungen am Tag vorher bekannt gegeben.
Die Deutschen zahlten den Juden für die Arbeit nichts, nur an einigen Einsatzorten erhielten die Arbeiter Mittagessen und Brot. Bei der Arbeit verhielten sich die Deutschen den Juden gegenüber unterschiedlich. An einigen Einsatzorten entstand ein nahezu kollegiales Verhältnis zwischen den deutschen Soldaten und den Juden, die Soldaten gaben den Juden Zigaretten, redeten freimütig, boten ihnen auch Bier an. Es gab aber auch Einsatzorte, an denen Juden bei der Arbeit geschlagen, angetrieben und herumgestoßen wurden. Im Magistrat drückte eines Tages ein deutscher Soldat allen dort arbeitenden Juden einen Stempel mit der Aufschrift „Schweine"[29] auf die Stirn und befahl ihnen, es eine ganze Woche nicht abzuwaschen. Tagtäglich prüfte er nach, ob das Wort noch auf der Stirn zu sehen war.
Drei Wochen lang arbeitete eine Gruppe von 25 Juden in der Landwirtschaft auf einem Anwesen bei Kalisz, wo deutsche Soldaten die jüdischen Arbeiter erheblich besser behandelten, als es die Besitzerin, eine Volksdeutsche, tat.
Der Referent der Arbeitsabteilung des Rates war Michał Ajzenberg;[30] technischer Leiter: Maks Górny; seine Mitarbeiter waren: Bordowicz, Karo, Winter und Edelsztajn.
Beim Rat gab es auch eine Krankenhausabteilung, in der Wiśniewski[31] sowie Samuel Arkusz[32] tätig waren. Gegen Ende Oktober wurden im Gebäude des ehemaligen Jüdischen Krankenhauses eine internistische und eine gynäkologische Abteilung eingerichtet. Da es dort keinerlei Krankenhausausstattung gab, kaufte der Rat 30 Betten. Das Minimum an Bettzeug und Unterwäsche wurde hingegen unter der jüdischen Bevölkerung gesammelt. Am Krankenhaus wurden eine zugegebenermaßen sehr ärmlich ausgestattete Apotheke und eine Ambulanz eröffnet, die bald eine rege Tätigkeit entfaltete. Im Krankenhaus und in der Ambulanz arbeiteten die Ärzte Dr. Seid,[33] Dr. Lubelski,[34] Dr. Płocki[35] und Dr. Gross-Schinagel.[36]
Der Rat entfaltete auch gewisse Aktivitäten in der Sozialfürsorge. Er unterhielt ein Altersheim und nahm im Haus der Talmud-Tora eine Volksküche in Betrieb. Für sie war Fr. Marta Cwasowa zuständig. Die Küche war seit Ende Oktober für vier Wochen in Betrieb und gab 100 Mahlzeiten am Tag aus, einen Teil für 30 Gr., einen Teil für 10 Gr. und einen Teil kostenlos. Die Küche wurde mit dem bei der Arbeitsabteilung eingenommenen Geld finanziert. – Die Kaliszer Mikwe war unter Verwaltung des Rats zeitweilig geöffnet.
Das Verhältnis der deutschen Behörden zum Rat lässt sich nicht eindeutig beschreiben. Einerseits erkannten die Deutschen den Rat als die offizielle jüdische Vertretung an und

29 Im Original deutsch.
30 Michał Ajzenberg, Fabrikant in Kalisz.
31 Izydor Wiśniewski, Fabrikant in Kalisz.
32 Ben-Cijon (auch Samuel) Arkusz (*1899), Sekretär des Handwerkerverbands der Juden in Kalisz, von 1940 an in Lodz.
33 Dr. Dawid Seid (1892–1942), Arzt (Gynäkologe); Vorsitzender von Haschomer Hazair in seiner Geburtsstadt Kalisz, Ende 1939 von dort vertrieben, zunächst in Warschau, dann in Łosice.
34 Dr. Rafał Lubelski.
35 Dr. Juda Płocki.
36 Dr. Debora Schinagel, geb. Gross (1910–1944), Kinderärztin in Kalisz, ermordet in Auschwitz.

wandten sich an ihn mit Forderungen jeglicher Art, die vom Rat voll und ganz erfüllt wurden, andererseits kam es jedoch zu Vorfällen, die von einer gänzlich anderen Einstellung der Behörden zeugen. – Einmal wurden zwei Ratsmitglieder (Herman und eine weitere Person) zur Gestapo bestellt. Als sie dort um 11 Uhr morgens eintrafen, schloss man sie in einem separaten Zimmer ein und hielt sie dort bis zum Abend fest, tat ihnen aber nichts an. Eines Tages kamen Deutsche zur Geschäftsstelle der Gemeinde und nahmen 10 Ratsmitglieder zur Gestapo mit. Unter ihnen war der 80-jährige Dr. Beatus, der sich zufällig in der Gemeinde aufhielt. Die Deutschen misshandelten die Ratsmitglieder auf dem Hof, befahlen ihnen, Leibesübungen zu machen, zu hüpfen, den Fußboden zu reinigen, und schlugen dabei kräftig auf sie ein. Einige der Deutschen standen die ganze Zeit mit Fotoapparaten dabei und knipsten all diese Untaten. Auch ist es vorgekommen, dass Deutsche die Geschäftsstelle der Gemeinde demolierten, Barrieren einrissen und Stühle zerschlugen.

Das Gebäude des jüdischen Gymnasiums verwandelten die Deutschen in ein Lazarett für verwundete polnische Kriegsgefangene, das Gleiche machten sie mit dem Gebäude der jüdischen Volksschule. Die Neue Synagoge blieb die ganze Zeit geschlossen und unberührt, in der großen Synagoge und im Haus der Talmud-Tora brachten die Deutschen zeitweilig polnische Kriegsgefangene unter.

Es gab zahlreiche Fälle, in denen die Deutschen heilige jüdische Bücher entweihten. Sie gingen z. B. zum Bethaus in der Ciasna-Straße Nr. 19 und 21, nahmen die Tora-Rollen und verbrannten sie auf dem Hof, während sie jüdischen Mädchen befahlen, im Kreis herumzutanzen. In der P.O.W.-Straße[37] demolierten Soldaten einen Raum des Bethauses und warfen die dortigen Tora-Rollen und hebräischen Bücher in den Fluss. Dabei wurde auch geschlagen und geschossen.

Unter dem Vorwand einer Hygieneinspektion in jüdischen Wohnungen gingen deutsche Soldaten zu einer armen Familie und befahlen der Mutter, ihre 17-jährige Tochter nackt auszuziehen und in ihrer Gegenwart zu waschen.

Die Deutschen haben in Kalisz den Juden Flinkier getötet, er war Miteigentümer der Mühle und ehem. Redakteur der Kaliszer jüdischen Zeitung gewesen. Sein Dienstmädchen, eine Polin, hatte den Deutschen zugetragen, er bewahre eine Waffe bei sich auf. Nach seiner Verhaftung bekam er auf dem Weg zum Gefängnis einen Anfall und wurde von den deutschen Soldaten erschossen. – Wegen angeblichen Waffenbesitzes erschossen die Deutschen Anfang November auch einen polnischen Priester, dessen Leiche Juden am Eingangstor zum jüdischen Friedhof begraben mussten.

Im Zusammenhang mit der Umsiedlung der Deutschen aus den baltischen Ländern ins Reich wurden Anfang November viele der besseren polnischen und jüdischen Wohnungen beschlagnahmt. Als die Menschen aus ihren Wohnungen vertrieben wurden, durften sie nur wenige Dinge mitnehmen. Alle Vertriebenen wurden im Kloster an der Stawiszyńska-Straße untergebracht; die freigemachten Wohnungen haben sofort die zahlreichen Baltendeutschen übernommen, die nach Kalisz umgesiedelt wurden. Die Polen wurden nach und nach aus dem Kloster entlassen, und einige Juden durften ebenfalls gehen, doch die Übrigen wurden in die Markthalle verlegt, in der vorher wechselweise mal Kriegsgefangene, mal Pferde für die Truppen untergebracht waren. – Etwa am 10. November wurde die Vorgehensweise beim Freimachen der Wohnungen geändert. Die

37 Straße der Polnischen Armee.

Deutschen suchten nun planmäßig und ausschließlich jüdische Wohnungen auf, und die jüdische Bevölkerung wurde in der Halle eingesperrt. Deutsche Polizisten riegelten ganze Straßen ab, stellten an allen Seitenstraßen Wachen auf, befahlen den Juden, innerhalb weniger Minuten aus ihren Wohnungen zu verschwinden, und führten sie in Gruppen zur Halle. Alle paar Minuten konnte man jüdische Familien sehen, die in Gruppen unter Bewachung durch die Stadt gingen und kleine Bündel, Rucksäcke oder Kopfkissen trugen. Während dieser Razzien war die Verwirrung unter den Juden groß, die Polizisten ließen ihnen unterdessen so wenig Zeit, dass jeder in der Wohnung ergriff, was ihm in die Hände fiel, und kaum jemand überlegte, was während der bevorstehenden Wanderschaft am allerwichtigsten sein würde.

Angesichts solcher Zustände floh jeder aus Kalisz, der noch dazu in der Lage war, überwiegend nach Warschau, etliche stahlen sich sogar aus der Halle fort und fuhren mit dem Zug nach Warschau. Viele Flüchtlinge wollten nicht in Warschau bleiben, sondern von dort weiter nach Osten – über die Grenze – gehen und sich bei den Sowjets einrichten. Das hatten insbesondere viele Kaliszer Jugendliche vor, deren Ausbildung unterbrochen worden war, die hier ihre Arbeit verloren und keine Existenzmöglichkeit mehr hatten und dort unter normalen Bedingungen ein neues Leben beginnen wollten. Der Bahnhof von Kalisz war also ständig voller Abreisender, mit jedem Zug verließen Hunderte Juden die Stadt für immer. Und in der Halle wurden es jeden Tag mehr Juden. Die Stadt entvölkerte sich, in Häusern, in denen zuvor Juden gewohnt hatten, blieben nur die christlichen Hauswarte zurück, und der Verlust von mehr als einem Viertel der Einwohnerschaft veränderte das Erscheinungsbild von Kalisz erheblich. Zwar war schon allen klar, dass die Deutschen Kalisz radikal von Juden säubern und diese aussiedeln wollten, doch wusste noch niemand, wohin.

Am 16. November kamen die Deutschen, angeführt vom Stadtpräsidenten[38] und vom neu ernannten Hauptmann,[39] zum Ältestenrat und trieben mit Rufen wie „Keine Juden mehr in Kalisch“[40] sowie „Keine Gemeinde mehr“[41] alle Ratsmitglieder und Mitarbeiter der Gemeinde, die gerade dort waren, zur Halle; vorher wurden sie durchsucht, Geld und Schmuck wurden ihnen abgenommen. Zur selben Zeit brachen die Deutschen die Gemeindekasse auf und nahmen 3500 Złoty mit.

Noch vor der Aussiedlung, etwa am 20. November, kam in Kalisz eine Verordnung heraus, der zufolge Juden sich nur noch begrenzt außerhalb des Hauses aufhalten durften. Seitdem durften sich Juden nur von 8 [Uhr] morgens bis 5 [Uhr] nachmittags in der Stadt bewegen. – Dieselbe Verordnung verpflichtete Juden unabhängig von Geschlecht und Alter zum Tragen einer Armbinde von „judengelber Farbe“[42] am rechten Oberarm in der vorgeschriebenen Breite von 10 cm.

38 Gemeint ist der von Okt. 1939 bis Mitte Jan. 1940 amtierende Stadtkommissar Walter Grabowski (1896 – 1945?), Handelsvertreter; 1926 NSDAP- und SA-Eintritt; 1936 Kreisleiter in Schlawe, 1939 in Greifenhagen/Pommern, von Nov. 1939 an zugleich Mitarbeiter der „Zentralstelle für Krankenverlegungen“ (Tarninstitution für die „Euthanasie“-Aktion) und an den Krankenmorden in Schneidemühl und Kosten (Kościan) beteiligt, ab 1941 Wirtschaftsdirektor, später Direktor der Tötungsanstalt Meseritz-Obrawalde.

39 Im Original deutsch. Vermutlich der örtliche Befehlshaber der Wehrmacht.

40 Im Original deutsch.

41 Im Original deutsch.

42 Der in der VO des Reg.Präs. in Kalisch, Uebelhoer, gebrauchte deutsche Ausdruck – siehe Dok. 35 vom 12. bis zum 18.11.1939, Anm. 4 – ist hier in Klammern hinzugefügt.

Innerhalb kurzer Zeit sollten die Deutschen alle Juden aus Kalisz aussiedeln. Nur Kranken und Genesenden erlaubten sie, im Krankenhaus zu bleiben. Als Ratsvertreter ließen die Deutschen auch Hahn, Wiśniewski und Arkusz bleiben. Im Krankenhaus waren zusammen mit dem Personal und dessen Angehörigen etwa 200 Personen verblieben. Alle anderen, die nicht von sich aus weggefahren waren, deportierten die Deutschen in Güterwaggons in die Gebiete Lublin, Krakau und Rzeszów, während die Bewohner des Altersheims nach Baczki[43] bei Łochów deportiert wurden.
So haben die Deutschen in sehr kurzer Zeit eine der ältesten jüdischen Gemeinden in Polen von Juden frei gemacht, wobei sie eine Menschenmasse von mehr als zwanzigtausend Personen auf Wanderschaft und ins Exil schickten.

## DOK. 48
## Anonymer Bericht über die Vertreibung von Juden aus Posen und Umgebung in das Generalgouvernement im November 1939[1]

Handschriftl. Bericht für das Untergrundarchiv des Warschauer Gettos, aufgez. ca. Ende 1940 (Abschrift)[2]

*Die Aussiedlung der Posener Juden in den Kreis Sochaczew-Błonie*
Im gegenwärtigen Krieg wurden als Erste die Posener Juden obdachlos, evakuiert und ausgesiedelt. Amtlich heißt das „ausgebürgert",[3] d.h., sie verlieren die Staatsbürgerschaft. Es wurden sogar diejenigen ausgesiedelt, die nach dem [Ersten] Weltkrieg für Deutschland optiert hatten. Die folgenden Ortschaften sind inzwischen „judenrein":[4] Buk, Nowy Tomyśl, Lwówek, Pniewy, Szamotuły, Grodzisk Pozn.,[5] Wronki, Ryczywół, Klecko, Sieraków, Oborniki. Gemeinsam mit den Juden aus diesen Orten wurden die Juden von Kowal und Lubień abtransportiert, insgesamt etwa 1300 (eintausenddreihundert) Personen. Aus denselben Ortschaften wurden auch bis zu 3000 Polen evakuiert: Parteiführer, angesehene Handwerker und Kaufleute, insgesamt 80 Prozent der polnischen Bevölkerung.[6]
Am 4. November 1939 gingen Gestapoleute von Haus zu Haus und gaben bekannt, dass sich alle Juden am 7. November am zentralen Sammelplatz in Buk in der Synagoge und im Gebäude des katholischen Gemeindezentrums einzufinden hätten. Sie dürften Bettzeug und Winterkleidung sowie 200 Złoty pro Familie mitnehmen. Einen ganzen Monat lang blieben die Juden aus den genannten Orten in Buk.
Eine Episode aus Grodzisk Wkp.[7]:

43 Nordöstlich von Warschau gelegenes Dorf, heute eingemeindet.

1 AŻIH, Ring I/969 (1072). Das Dokument wurde aus dem Polnischen übersetzt.
2 Das Dokument stammt vermutlich von dem Lehrer und Mitarbeiter des Untergrundarchivs Bernard Kampelmacher, der an einer Monografie über die Kleinstadt Grodzisk Mazowiecki arbeitete; er starb im Warschauer Getto an Fleckfieber.
3 Im Original deutsch.
4 Im Original deutsch.
5 Grodzisk Poznański (heute Grodzisk Wielkopolski): südwestlich von Posen gelegene Kleinstadt.
6 Diese Angabe ist vermutlich stark überhöht.
7 Grodzisk Wielkopolski; offenbar waren beide Namen damals geläufig.

Das Vermögen der Jüdischen Gemeinde musste bei der Polizei abgeliefert werden. Das Gemeindemitglied Hr. Glicensztejn brachte die Torarollen sowie goldene und silberne Gerätschaften. Der [Polizei-]„Obermeister"[8] wies ihn an, die Rollen auf den Fußboden zu legen. Gilcensztejn bat ihn, ihm zu gestatten, sie auf einen Tisch legen zu dürfen, da es sich um sakrale Gegenstände handele. Es wurde ihm erlaubt, aber im Nebenzimmer. Herr G. war sehr verängstigt, denn in dem hermetisch abgeschlossenen Raum wurden einst Geständnisse erzwungen. Mit Tränen in den Augen legte er die Rollen auf den Tisch. Der Obermeister schloss die Tür, versicherte sich nochmals, dass sie fest verschlossen war, trat ganz nah an ihn heran, sah die Tränen in den Augen von Hrn. G. und sagte: „Weinen Sie nicht, trösten Sie Ihre Frau und Kinder, es wird so nicht bleiben."[9] Er verabschiedete sich herzlich von ihm und ging.
Die Ausgesiedelten lebten in Buk in ständiger Angst. Nächtelang ließ man sie nicht schlafen. Dienst[10] und „Sturmabteilung"[11] aus den umliegenden Städten und Dörfern sowie verschiedene Kommissionen überprüften regelmäßig die Zahl und die Lage der Ausgesiedelten. Diese lebten von ihrem Bargeld und dem mitgenommenen Proviant. Ständig wurde gedroht, dass jeder erschossen werde, der Fremdwährung oder mehr Bargeld als vorgeschrieben besitze. Die Wohlhabenderen lieferten Geld ab. Der Polizeiobermeister gestattete eine gemeinsame Küche, eröffnete ein Konto beim Fleischer und bei einer der Genossenschaften, die für das abgelieferte Geld Lebensmittel brachten, aus denen gute Mittagsmahlzeiten zubereitet wurden. Dann folgte die zweite Verordnung: Auch das polnische Geld sei abzugeben und in deutsche Mark umzutauschen. Das Bargeld wurde vorerst einbehalten. Man befahl den Juden, sich in einigen Tagen wieder zu melden, doch erfolgte schon kurze Zeit später der Abtransport, und das Geld der Leichtgläubigen war weg.
Am 7. November wurde pro Person ein halbes Pfund Butter ausgegeben und Fleisch gekocht, dafür aber das gesamte Gepäck einschließlich Bettzeug und Weißwäsche einbehalten, das man anfangs hatte behalten dürfen. Nun hieß es, es würde später nachgeschickt. Das Militär umstellte den Weg [zum Bahnhof], und die Juden wurden in stinkende Waggons getrieben und zusammen mit Kranken und Alten nach Grodzisk Wkp. transportiert. Hier waren auf dem Bahnhof schon einige tausend Polen versammelt. Die Wachmannschaften bestanden aus Selbstschutz[12] und SA. Schon hier wollte man die Juden von den Polen trennen, doch den Marsch zum 5 km von Grodzisk Wkp. entfernten Lager Südhof[13] gingen die Polen mit den Juden gemeinsam. Dicke Regentropfen fielen. Ein unaufhörlicher Zug schob sich durch die Stadt. Die Umstehenden weinten. Das Lagergelände war von drei unter Hochspannung stehenden Drahtzäunen umgeben. In diesem Stacheldraht kamen zwei Ausgesiedelte um. Sie wurden auf dem katholischen Friedhof in Grodzisk Pozn. beerdigt, denn der jüdische war schon eingeebnet worden. In Südhof, in einer finsteren Barackenecke, starb auch der reiche Industrielle Leopold Kohn aus Zbąszyń. Die Menschen wurden in düstere Lager eingewiesen, Polen und Juden getrennt. Die Polen erhielten Mahlzeiten, die Juden nicht. Nach drei Tagen kam der

8 Hier und im Folgenden im Original deutsch.
9 Im Original deutsch.
10 Volksdeutscher Hilfs- oder Sonderdienst.
11 Im Original deutsch.
12 Im Original deutsch.
13 Hier und im Folgenden im Original deutsch.

Stadtkommissar.[14] Er sprach mit Juden immer nur in der dritten Person und rief: „Heraus mit dem Judendreck!“[15] Nach einer halben Stunde standen alle abfahrbereit. Hier gab es abermals eine Überprüfung, einigen wurde ihr letztes Geld abgenommen, dann wurden sie unter Bewachung der SA nach Młyniewo[16] abgeführt. Die Juden wurden in Güterwaggons verladen, Frauen mit Kindern von den Männern getrennt, die Polen hingegen in Personenwaggons. Die Waggons wurden verplombt und mit Kübeln versehen. Sie sollten nach Wolhynien fahren. Hausbesitzern aus dem Gebiet Posen wurde versprochen, ihnen würden in Wolhynien ähnliche Liegenschaften übergeben wie die, die sie hatten verlassen müssen. Leere Versprechungen!

Drei Tage und Nächte fuhren sie ohne Unterbrechung. Einige Bahnstationen passierten sie zweimal. Sie fuhren über Kutno, Warschau und Otwock. Manchmal raste der Zug mit hoher Geschwindigkeit, als stürze er in einen Abgrund. Zweimal wollte man sie ausladen, doch die örtlichen Behörden erlaubten es nicht. Nach drei Tagen wurden die Waggons geöffnet. Es stellte sich heraus, dass sie an der Bahnstation Szymanów bei Sochaczew waren. Hier verließ sie die Wachmannschaft und kehrte mit denselben Waggons zurück, während uns [der Weg nach] „Niepokolanowo“[17] gezeigt wurde, wo wir uns ansiedeln sollten.

Von diesem Zeitpunkt an übernahm der Sochaczewer Kreishauptmann[18] unsere Bewachung. Wir wurden recht gut behandelt. Wir bekamen Stroh, und auf seine Anweisung hin erhielten wir günstig Lebensmittel, die von Durchreisenden requiriert worden waren. Die Siedlung stand unter der Verwaltung von Mönchen, die vor dem Krieg als große Antisemiten und Herausgeber des „Mały Dziennik“[19] bekannt waren. Die gemeinsame Not verband uns nun. Sie sorgten für uns, gaben uns eine warme Mahlzeit und stellten eiserne Öfen auf, die mit Sägespänen beheizt wurden. Es gab auch ärztliche Hilfe und Arzneimittel. Als Nächstes trafen hier die Juden aus Kowal und Lubień[20] ein, die gelbe Flecken tragen mussten. Sie waren mit Knüppeln vertrieben worden. Die Polen befahlen ihnen, diese Fetzen abzureißen, oder rissen sie selbst ab.

Es wurde Kontakt zum Joint aufgenommen. Die Herren Żychliński und Bartosz kamen. Sie brachten Tee, Grieß für die Kinder und 2000 Zł. Eine Küche wurde eingerichtet. Der Winter nahte, und es wurde notwendig, „Niepokolanowo“ zu verlassen. Der Joint schickte eine Delegation in die Städte Błonie, Grodzisk,[21] Żyrardów und Wiskitki. Auch die Ma-

14 Bezeichnung im Original deutsch. Stadtkommissar war Richard Lissberg (1912 – 1996), Kaufmann; 1930 NSDAP-Eintritt, Ordensjunker; Anfang 1941 Landkommissar in Grodzisk Maz., im Juni 1941 beim Kommissar für den Jüdischen Wohnbezirk in Warschau eingesetzt, von Aug. 1941 an Landkommissar in Buczacz; ab Mai 1942 Kriegsteilnahme; nach 1945 in Essen.

15 Im Original deutsch.

16 Dorf bei Grodzisk Wielkopolski, heute Teil der Stadt.

17 Richtig: Niepokalanów im Kreis Sochaczew.

18 Im Original deutsch. Karl Adolf Pott (1906 – 1943), Jurist; 1931 NSDAP- und 1941 SS-Eintritt; 1933 kommissar. Bürgermeister von Ratingen, 1934 Hilfsreferent in der Kommunalabt. im Preuß. MdI, 1935 – 1937 am Oberpräsidium in Münster, 1937 – 1939 stellv. bzw. kommissar. Landrat in Zielenzig, 1939 – 1942 Kreishauptmann in Sochaczew; 1942/43 Kriegsteilnahme; in der Sowjetunion gefallen.

19 Das von Pater Maximilian Kolbe herausgegebene katholische und antisemitische Mały Dziennik (Kleines Tageblatt) erschien 1935 – 1939 in hoher Auflage (wochentags in 130 000, an Wochenenden in 250 000 Exemplaren).

20 Kleinstädte im Osten des Warthelands, südlich von Włocławek.

21 Grodzisk Mazowiecki, ca. 30 km südwestlich von Warschau.

gistrate erhalten Anweisungen vom Landrat, die Ausgesiedelten aufzunehmen.[22] Die Judenräte kommen zu Hilfe, Hilfskomitees bilden sich, die Ausgesiedelten erhalten kostenlose Wohnungen und warme Mahlzeiten. Alten- und Krankenstuben werden eingerichtet, ärztliche Behandlung gibt es in den Ambulanzen.
Die Juden aus dem Kreis Sochaczew-Błonie haben ihre Gastfreundschaft unter Beweis gestellt. Häufig haben sie sich das Essen vom Munde abgespart, um das Leid der Obdachlosen aus dem Posener Gebiet zu lindern. Den Warschauer Juden können sie als Vorbild gelten.

## DOK. 49
## Die Jüdische Kultusgemeinde Rzeszów gibt eine Anordnung bekannt, der zufolge Juden eine Armbinde tragen müssen[1]

Bekanntmachung der Jüdischen Kultusgemeinde Rzeszów (Plakat), undatiert (zweite Novemberhälfte 1939)

*An die Jüdische Bevölkerung!*
Der Gouverneur für den Distrikt Krakau hat angeordnet, dass alle Juden im Alter über 12 Jahre[n] mit Wirkung vom 1. Dezember 1939 außerhalb ihrer eigenen Wohnung ein sichtbares Kennzeichen zu tragen haben.[2]
Als Jude im Sinne dieser Anordnung gilt:
1) Wer der mosaischen Glaubensgemeinschaft angehört oder angehört hat.
2) Jeder, dessen Vater oder Mutter der mosaischen Glaubensgemeinschaft angehört oder angehört hat.
Als Kennzeichen ist am rechten Oberarm der Kleidung und der Überkleidung eine Armbinde zu tragen, die auf weißem Grunde an der Außenseite einen blauen Zions-Stern zeigt. Der weiße Grund muss die Breite von mindestens 10 cm haben, der Zions-Stern muss so groß sein, dass die gegenüber liegende[n] Spitzen mindestens 8 cm entfernt sind.
Dieser Anordnung unterliegen auch nur vorübergehend im Distriktbereich anwesende Juden für die Dauer ihres Aufenthaltes.
Juden, die dieser Verpflichtung nicht nachkommen, haben strenge Bestrafung zu gewärtigen.
Die Armbinden sind in der Jüdischen Kultusgemeinde, Rzeszow, Ring 21, zum Preise von 50 Pf., resp. 1 zł. pro Stück erhältlich.

22 Tempuswechsel im Original.

1 Muzeum Okręgowe w Rzeszowie, MRR 1047. Kopie: YVA, M-54/20. Plakat auf Deutsch und auf Polnisch.

2 Die Anordnung datiert vom 18.11.1939; APKr, 33, SMKr/64.

## DOK. 50
## Der Chef des Distrikts Radom verfügt am 4. Dezember 1939 die Aufteilung der Vertriebenentransporte aus Westpolen in den Distrikt Radom[1]

Schreiben des Chefs des Distrikts Radom im Generalgouvernement, in Vertretung gez. Dr. Krummacher,[2] an den Kreishauptmann in Busko, Dr. Wilhelm Schäfer,[3] vom 4.12.1939[4]

1.) Betrifft: *Umsiedlung*
Es kommen an:

| | | |
|---|---|---|
| Kreis Radom: | Bahnhof Szydlowiec | 1000 [Juden][5] |
| | Bahnhof Radom | 1000 |
| | für Unterbringung in Przytik | |
| Kreis Kozienicza: | Bahnhof Garbatka | 1000 |
| | für Orte Kozienice und Gniewoszow | |
| Kreis Ilza: | Bahnhof Wierzbnik | 1000 |
| Kreis Opatow: | Bahnhof Ostrowiec | 5000 |
| | für die Orte Ostrowiec, Opatow, Lagow, Iwanisza[6] | |
| | Bahnhof Jakubowice | 1000 |
| | für Ozärow[7] | |
| Kreis Sandomierz: | Bahnhof Dwikozy-Sandomierz | |
| | 1000 für Sandomierz | |
| Kreis Busko: | Bahnhof Jedrzejow mit Kleinbahn | |
| | nach Chmielnik | 1000 |
| Kreis Kielce: | Bahnhof Kielce | 2000 |
| | davon Hälfte Kielce | |
| | Hälfte Checiny | |
| Stadt Tschenstochau: | Bahnhof Tschenstochau | 4000 Polen |
| Kreis Radomsko: | Bahnhof Radomsko | 1000 Polen |
| | Bahnhof Koniczpol[8] | 1000 Polen |
| Kreis Wloszczowa: | Bahnhof Wloszczowa | 1000 Polen |
| Kreis Jedrzejow: | Bahnhof Jedrzejow | 1000 Polen |
| Kreis Petrikau: | Bahnhof Petrikau | 1000 Polen |
| Kreis Rawa:[9] | Bahnhof Rogow (Distrikt Warschau) | |
| | Kleinbahn Royav – Biala – Rawa[10] | 2000 Polen |
| | Davon verteilt | 1500 Rawa |
| | | 500 Biala |
| Stadt Tomaschow:[11] | Bahnhof Tomaschow | 2000 Polen |
| Kreis Opoczno: | Bahnhof Opoczno | 1000 Polen |

1 AIPN, GK 639/37a, Bl. 2–5.
2 Dr. Gottfried Adolf Krummacher (1892–1954), Jurist; 1919 beim Grenzschutz Ost; 1930 NSDAP-Eintritt; von 1933 an Landrat des Oberbergischen Kreises; Begründer des Deutschen Frauenwerks, Führer der Deutschen Christen im Rheinland; 1935 in den einstweiligen Ruhestand versetzt, 1939 Amtschef im Distrikt Radom. Am 28.11.1939 hatte Krummacher eine Arbeitstagung von Behördenvertretern des Distrikts für den 30.11.1939 nach Kielce einberufen.
3 Dr. Wilhelm Schäfer (1903–1979), Jurist; 1931 Polizeidirektor in Ulm; 1933 NSDAP- und SA-Eintritt; April 1935 bis Sept. 1939 Landrat in Crailsheim, 1939–1945 Kreishauptmann in Busko; 1945 interniert; 1946 Angestellter, später Prokurist einer Essigfabrik in Tübingen.
4 Verteiler: 1. Referenten (auch Finanz-, Eisenbahn-, Post- und Justizwesen, Landesstraßenbauamt,

Ob weitere Transporte ankommen und wann die einzelnen Züge voraussichtlich eintreffen, ist nicht mitgeteilt. Jedenfalls ist mit weiteren Transporten zu rechnen.
2.) Für die Betreuung der ankommenden Personen sind sofort hinsichtlich der Polen polnische, hinsichtlich der Juden jüdische Arbeitsausschüsse zu bilden, die unter der Firma des Roten Kreuzes gehen können. Die Organisation[en] der poln., kath. und evgl. Kirche sind von diesen Arbeitsausschüssen heranzuziehen. Die Arbeitsausschüsse sind zu überwachen und zu unterstützen. Wenn ernste Notstände, so z.B. Seuchengefahr, zu befürchten sind, können Geldmittel in beschränktem Umfange seitens der deutschen Behörden verfügbar gemacht werden. Die Ankommenden sind zu verpflegen und alsdann nach vorbereiteten Plänen unterzubringen. Die umliegende Bevölkerung der Unterbringungsgebiete hat Fahrzeuge zum Abtransport zu stellen. Für Kranke müssen seitens der poln. Arbeitsausschüsse vorübergehende Krankenbehandlungsstellen eingerichtet werden, die von den poln. bezw. jüdischen Ärzten zu betreuen sind. Polen und Juden sind in allen Fällen zu trennen. Ankommende Juden sind zusammenzuhalten, um sie baldmöglichst weiterleiten zu können.
3.) Geschlossene Judentransporte – ausschließlich oder überwiegend Juden – sind nicht für den Distrikt angemeldet und müssen daher, falls sie trotzdem einlaufen, weitergeleitet werden. Weiterleitung nach Brest-Litowsk (Überleitungsstelle für „Ukrainer" nach Rußland) oder wie z.B. in Sandomierz über die Fußbrücken von den benachbarten Orten über die Weichsel in den Distrikt Lublin.
4.) Die zuständigen Arbeitsämter und die Wojts der Aufnahmegemeinden sind zu unterrichten, wenn Transporte ankommen, damit die Betreuung durch die Arbeitsämter alsbald einsetzt.
Polnische Ärzte mit Familien sind sofort so anzusetzen, daß sie ihre berufliche Tätigkeit an Orten aufnehmen, wo sie benötigt werden.
Jüdische Ärzte sind in Judenkolonien einstweilig anzusetzen. Facharbeiter sind den nächstmöglichen Fachbetrieben zuzuleiten und in ihrer Nähe unterzubringen.
5.) Die bisher angekommenen Transporte und die jeweils ankommenden sind sofort durch Fernspruch mir zu melden und zwar mit ungef.[ähren] Zahlenangaben für Polen und Juden getrennt. Gesundheitszustand, Art der vorl.[äufigen] und Orte der endgültigen Unterbringung. Es ist damit zu rechnen, daß diese Transporte, die zunächst bis 15.12. vorgesehen sind, zur Dauererscheinung werden. Der Bevölkerungsstand wird derart um 30 bis 40 % erhöht werden müssen.

Arbeitsamt), 2. Kreishauptleute und Stadtkommissare, 3. Generalgouvernement, 4. SS- und Polizeiführer, einschl. Gendarmerie und Kommandeur der Sicherheitspolizei und des Sicherheitsdienstes des Distriktes, 5. Reichskreditkassen in Radom, Kielce, Petrikau, Tschenstochau, 6. NSV, 7. Sondergerichte in Radom, Kielce, Tschenstochau, Petrikau, 8. Höheres Kommando XXXVI, 9. Ortskommandantur Radom, 10. Oberfeldkommandantur 581 Moszczenica, 11. Oberfeldkommandantur 540 Kielce, 12. Deutscher Forstmeister in Tschenstochau, Petrikau, Opoczno, Radom, Kielce Nord, Kielce Süd, Starachowice, 13. Rüstungskommando, Radom, Traugutt-Straße 44. Im Original handschriftl. Bearbeitungsvermerke und Unterstreichungen.

5 Bei den nicht als Polen bezeichneten Vertriebenen handelt es sich hier und im Weiteren um Juden.
6 Richtig: Iwaniska.
7 Richtig: Ożarów.
8 Richtig: Koniecpol.
9 Rawa Mazowiecka.
10 Biała Rawska.
11 Tomaszów Mazowiecki.

Mit Hilfe des Arbeitszwanges und der Pflichtarbeit werden daher in allen Orten und Städten, die für diese Unterbringung vorgesehen sind, Unterkünfte zusätzlich, wenn auch in primitivster Form, errichtet werden müssen. Es ist gedacht an Blockhäuser aus unbehauenen Hölzern, doppelwandig mit einer Erdschicht dazwischen als Wärmeschutz. Der weitere Ausbau wird den Einwohnern dieser Häuser überlassen bleiben müssen. Diese Arbeiten müssen auch im Winter durchgeführt und von den polnischen Behörden planmäßig vorwärtsgetrieben werden, mit dem Ziel, wieder eine normale Unterbringungsverteilung, schon allein aus Gründen der Seuchenverhütung, sicherzustellen. Diese zusätzlichen Unterbringungsmöglichkeiten dürfen unter keinen Umständen dazu Veranlassung geben, etwa sonstige Belegungen mit Truppen usw. auf den Landorten auszuweiten.

6.) Für die Frühjahrsbestellung muß eine erweiterte Ausnutzung der vorhandenen Bodenflächen vorbereitet werden, in der Form, daß den zugezogenen Familien die Möglichkeit gegeben wird, ihren Kartoffelbedarf restlos selbst zu ziehen. Das gleiche gilt vom Gemüsebau. Die Kreislandwirte werden hierzu nähere Weisungen erhalten. Alles Brachland muß derart erfaßt, gegebenenfalls zusätzliches Land gerodet werden. Die zugezogenen Einwohner müssen baldmöglichst wissen, wo ihre Felder liegen, damit sie sich unter Ausnutzung der Tauwetterperioden baldmöglichst an die Vorbereitung des zugeteilten Landes heranmachen können. Für diese Arbeiten, ihre Planung und Durchführung sind die unterstellten poln. Behörden weitgehend heranzuziehen und verantwortlich zu machen. Die Durchführung ist, nötigenfalls durch eigens dazu bestellte poln. Überwachungsbeamte, laufend zu überprüfen.

7.) Über die Judenabwanderung ergeht in Ergänzung meiner Anordnungen vom 27.11. geh. gleichzeitig Sonderbefehl.[12]

## DOK. 51

## Das Exekutivkomitee des Jüdischen Weltkongresses protestiert am 4. Dezember 1939 gegen die Verbrechen an den Juden in Polen[1]

Mitteilung des Exekutivkomitees des Jüdischen Weltkongresses in Paris[2] vom 4.12.1939 (Durchschlag)

*Kommuniqué*

Das Exekutivkomitee des Jüdischen Weltkongresses, der großen, weltweit tätigen Organisation der Juden, ist in Paris zusammengetreten, um sich mit der schrecklichen Lage der Juden zu befassen. Vor allem in Polen unter der Nazi-Besatzung wird die jüdische Bevölkerung mit einer beispiellosen Grausamkeit behandelt und kaltblütig dem Hungertod preisgegeben.

Das Komitee hat außerdem die unglaublichen, von der Hitler-Regierung erlassenen Maßnahmen zur Kenntnis genommen, die darauf zielen, in der Region Lublin in Polen ein „Juden-Reservat" zu schaffen. Das Reich beabsichtigt, dort alle Juden aus Polen, Österreich, der Tschechoslowakei und Deutschland gewaltsam zu konzentrieren.

12 Nicht aufgefunden.

1 ZA, C 3/7-14, Bl. 256. Kopie: USHMM, RG 68.045M, reel 2. Das Dokument wurde aus dem Französischen übersetzt.

2 In Paris befand sich bis Mitte 1940 der Hauptsitz des Jüdischen Weltkongresses.

Die Realisierung dieses Vorhabens hat bereits begonnen: Tausende Juden aus dem Korridor, aus Gdingen, aus Posen, Kattowitz und aus anderen Städten Polens, der Tschechoslowakei und Österreichs wurden schon wie Vieh in dieses „Reservat" deportiert; sie wurden aus ihren Wohnungen geholt und durften höchstens dreihundert Mark mitnehmen. Ihnen wird alles geraubt, vielen fehlt ein Dach über dem Kopf und das Notwendigste zum Leben. Es ist die zynischste Umsiedlung von Menschen, die der Hitlerismus bisher unternommen hat.
Zudem zielt diese Maßnahme ganz offensichtlich darauf, Polen und Juden aus den verschiedenen von Deutschland besetzten Regionen zu entzweien: Die Polen werden von ihrem Land vertrieben, damit dieses in Konzentrationslager für die Juden verwandelt werden kann.
Das Exekutivkomitee des Jüdischen Weltkongresses protestiert nachdrücklich gegen diesen barbarischen Akt. Es weist nachdrücklich und empört den unzulässigen Anspruch der Reichsregierung zurück, die jüdische Frage auf diese Art und Weise zu lösen. Geleitet von den unverbrüchlichen Grundsätzen der Menschenrechte und des Völkerrechts, wird die zivilisierte Welt die von der gegenwärtigen deutschen Regierung getroffenen Entscheidungen als null und nichtig betrachten.
In einem Schreiben an Seine Exzellenz General Sikorski[3] übermittelt das Exekutivkomitee der polnischen Regierung, die als einzige die rechtmäßige Souveränität im Gebiet von Lublin innehat, die Empörung, die die hitlersche Barbarei in jüdischen Kreisen auf der ganzen Welt hervorgerufen hat. Angesichts der Leiden, die alle Polen, ungeachtet ihrer Rasse und ihres Glaubens, erfahren, versichert das Exekutivkomitee General Sikorski abermals seines Mitgefühls.

## DOK. 52
## Der Regierungspräsident in Marienwerder (Kwidzyn) übermittelt am 7. Dezember 1939 Himmlers Verbot, Juden die Bärte abzuschneiden[1]

Schreiben des Reg.Präs. in Marienwerder (Nr. I 2489 P.4.),[2] gez. Borchert, an die Landräte im ehemaligen polnischen Gebiet des Regierungsbezirks Westpreußen (Eing. beim Landrat Kreis Briesen:[3] 11.12.1939) und den Hauptmannschaftsführer der Gendarmerie in Graudenz zur Bekanntgabe an die Polizeidienststellen vom 7.12.1939 (Durchschlag)[4]

3 Władysław Sikorski (1881–1943), Berufsoffizier; 1921/22 Chef des poln. Generalstabs, 1922/23 poln. Ministerpräsident und Außenminister, 1923/24 Generalinspekteur der Infanterie, 1924/25 Minister für Militärangelegenheiten, von 1926 an Gegner Piłsudskis und der Sanacja-Regierungen; Sept. 1939 bis Juli 1943 Ministerpräsident der poln. Regierung im franz. bzw. brit. Exil, ab Nov. 1939 zugleich militärischer Oberbefehlshaber der Exilarmee; er kam am 4.7.1943 bei einem Flugzeugabsturz vor Gibraltar ums Leben.

1 AIPN, GK 82/5, Bl. 21+RS. Kopie: USHMM, RG 14.004M, reel 1.
2 Otto von Keudell (1887–1972), Jurist; im Preuß. MdI und im RMdI tätig; 1933 NSDAP- und SS-Eintritt; von November 1933 an Präsidialrat der Reichskammer der Bildenden Künste, 1935 als Ministerialrat Leiter der Abt. Musik und bildende Kunst im RMfVuP; 1936–1945 Reg.Präs. in Marienwerder.
3 Der Landrat im Kreis Briesen leitete den Befehl am 21.12.1939 in einer Verfügung an die Schutzpolizei in Briesen und Gollub und an den Kreisführer der Gendarmerie weiter; wie Anm. 1.
4 Im Original Dienststempel der Kanzlei des Reg.Präs. von Westpreußen.

*Befehl an die SS und Polizei im ehemals polnischen Gebiet.*[5]
Ich höre, daß hier und da den Juden die Bärte abgeschnitten werden. Sollte dieser Unfug irgendwo vorgekommen sein, so ist er für die Zukunft auf das strengste abzustellen. Mit derartigen Dingen löst man einesteils nicht die Judenfrage und anderenteils ist es nicht unsere Aufgabe, die Juden zur Hygiene zu erziehen.
An die Befehlshaber der Ordnungspolizei pp.

## DOK. 53
## Der Vorsitzende des Warschauer Judenrats schreibt am 9. Dezember 1939 über die Zwangslage der jüdischen Bevölkerung[1]

Handschriftl. Tagebuch von Adam Czerniaków, Eintrag vom 9.12.1939

9.12.39 – Morgens SS. Ich schilderte den Fall des Arbeiters.[2] Anschließend trug man mir auf, Dr. Nossig in der Gemeinde einzustellen.[3] Man kündigte an, dass im Januar aus Berlin Direktiven zur Emigration eingehen werden (ein Reservat?).[4] Julek ist ruiniert.[5] Meine Frau weint in einem fort.[6] Gestern wurde ich in der Zielna-Straße zur Arbeit aufgegriffen. Junge Juden, wie Hühner im Käfig, im Wagen zur Arbeit. Die Ausweise[7] haben geholfen, man nahm mich nicht zur Arbeit.
Das Kommissariat bestellte eines der Ratsmitglieder zur Arbeit. Er musste für 8 Zł. einen Ersatzmann von der Straße holen.
Es wurde angeordnet, ein neues Krankenhaus mit 500 Betten zu errichten. Ich wurde wegen des Krankenhauses zum Reichskommissar[8] (Beamter in der Daniłowiczowska-Straße) bestellt.[9]

5 Himmlers Befehl als RFSS (O-Kdo. O [1]1 Nr. 330/39) datiert vom 17.11.1939.

1 YVA, O-33/1090. Abdruck in: Czerniaków, Dziennik getta warszawskiego (wie Dok. 39, Anm. 1), S. 68f. Das Dokument wurde aus dem Polnischen übersetzt in Anlehnung an: Czerniaków, Im Warschauer Getto (wie Dok. 39, Anm. 1), S. 23f.
2 Es geht hier wahrscheinlich um den Mord an einem vom Judenrat rekrutierten Zwangsarbeiter.
3 Dr. Alfred Nossig (1864–1943), Schriftsteller, Bildhauer; zionistischer Aktivist, lebte von 1900 an in Berlin, 1908 Gründer der Allgemeinen Jüdischen Kolonisations-Organisation; 1940 Leiter der Kulturabt. im Warschauer Judenrat; im Febr. 1943 bei einem Anschlag von der ŻOB getötet, da er als Informant der deutschen Behörden galt.
4 Siehe Dok. 42 vom 22.11.1939.
5 Julian Poznański (1880–1949), Ingenieur; vor dem Krieg Lehrer an der Gewerbeschule der Jüdischen Gemeinde.
6 Dr. Felicja Czerniaków (1887–1950), Pädagogin; vor dem Krieg Schulleiterin und Mitarbeiterin von CENTOS; verließ Anfang August 1942 das Getto und fand auf der „arischen Seite" Warschaus Zuflucht bei Polen.
7 Im Original deutsch.
8 Im Original deutsch.
9 Czerniaków meinte Stadtpräsident Dengel, den er mit dem Titel seines Vorgängers Dr. Dr. Helmut Otto als Reichskommissar (für die Stadt Warschau) bezeichnete. Dr. Oskar Dengel (1899–1964), Jurist; 1931 NSDAP- und 1942 SS-Eintritt; 1934–1939 Bürgermeister von Würzburg, Nov. 1939 bis März 1940 Stadtpräsident von Warschau, 1940 Stadtkommissar in Lille, 1941–1945 stellv. Reg.Präs. von Mainfranken; nach dem Krieg nach Polen ausgeliefert und dort zu fünf Jahren Haft verurteilt, die er bis 1956 verbüßte.

Die SS erklärte mir heute, dass sie mir nicht unmittelbar vorgesetzt sei, sondern lediglich ein Exekutivorgan, das die Aufträge verschiedener Behörden ausführt. Sie schaltete sich in die Frage des Krankenhauses ein. Es blieb dabei, dass die Stadt die Kosten für den Dezember bestreitet, wir sie aber wie eine Anleihe zurückzahlen müssen.
In der Gemeindekasse habe ich 20 000 Zł. Allein die Auszahlung an die Arbeiter morgen macht 40 000 Zł aus. Und was wird mit den Gehältern des Personals am 15.? Und was wird mit der Übernahme des Krankenhauses, der Waisenhäuser?

## DOK. 54
## Der Regierungspräsident in Kalisch (Kalisz) ordnet am 10. Dezember 1939 an, mit der Bildung des Gettos Lodsch (Lodz) zu beginnen[1]

Rundschreiben (geheim) des Regierungspräsidenten in Kalisch, Uebelhoer,[2] an die örtlichen Partei- und Polizeibehörden vom 10.12.1939[3]

*Streng vertraulich!*
*Bildung eines Ghettos in der Stadt Lodsch*
In der Großstadt Lodsch leben m. E. heute ca. 320 000 Juden.[4] Ihre sofortige Evakuierung ist nicht möglich. Eingehende Untersuchungen aller in Frage kommenden Dienststellen haben ergeben, daß eine Zusammenfassung sämtlicher Juden in einem geschlossenen Ghetto nicht möglich ist. Die Judenfrage in der Stadt Lodsch muß vorläufig in folgender Weise gelöst werden:
1. Die nördlich der Linie Listopada/November-Straße, Freiheitsplatz, Pomorska/Pommersche Straße wohnenden Juden sind in einem geschlossenen Ghetto dergestalt unterzubringen, daß einmal der für die Bildung eines deutschen Kraftzentrums um den Freiheitsplatz benötigte Raum von Juden gesäubert wird und, zum anderen, daß der fast ausschließlich von Juden bewohnte nördliche Stadtteil in dieses Ghetto einbezogen wird.
2. Die im übrigen Teil der Stadt Lodsch wohnenden arbeitsfähigen Juden sind zu Arbeitsabteilungen zusammenzufassen und in Kasernenblocks unterzubringen und zu bewachen.
Die Vorarbeiten und Durchführung dieses Planes soll ein Arbeitsstab ausführen, in den folgende Behörden bezw. Dienststellen Vertreter entsenden:

1 APŁ, 221/31866b, Bl. 1–5, MF 15065. Abdruck in: Dokumenty i materiały do dziejów okupacji niemieckiej w Polsce, Bd. 3: Getto Łódzkie, hrsg. von A. Eisenbach, Warszawa 1946, S. 26–31.
2 Friedrich Uebelhoer (1893–1945?), Offizier; 1919 im Freikorps Lettow-Vorbeck; 1922 NSDAP- und 1935 SS-Eintritt; abgebrochenes Jurastudium, 1931 Kreisleiter in Naumburg a.d. Saale, 1933 NSV-Gauamtsleiter in Halle-Merseburg, 1934 OB von Naumburg, Okt. 1939 bis Ende 1942 Reg.Präs. in Kalisch bzw. in Litzmannstadt, wegen eines Konflikts mit Himmler und Greiser beurlaubt und im Sommer 1943 als Reg.Präs. nach Merseburg versetzt; vermutlich 1945 umgekommen.
3 Verteiler: Reichsstatthalter im Warthegau, NSDAP, Bezirk Lodsch, Außenstelle Lodsch d. Reg.Präs., Stadtverwaltung Lodsch, Polizeipräs. in Lodsch, Ordnungspolizei, Sicherheitspolizei, Totenkopfverband, Industrie- und Handelskammer, Finanzamt, Reserve, Reg.Präs. in Kalisch. Im Original handschriftl. Notizen und Bearbeitungsvermerke.
4 Tatsächlich befanden sich zum Zeitpunkt der Abriegelung Ende April 1940 knapp 160 000 Menschen im Getto.

1. N.S.D.A.P.
2. Außenstelle Lodsch des Regierungspräsidenten zu Kalisch
3. Stadtverwaltung der Stadt Lodsch (Wohnungsamt, Bauamt, Gesundheitsamt, Ernährungsamt usw.)
4. Ordnungspolizei
5. Sicherheitspolizei
6. Totenkopfverband
7. Industrie- und Handelskammer
8. Finanzamt.

Den Vorsitz in diesem Arbeitsstab führe ich selbst, in meiner Abwesenheit vertritt mich der Leiter meiner Außenstelle Lodsch, Herr Oberregierungsrat Dr. Moser.[5] Federführend im Arbeitsstab ist hinsichtlich der Gesamtplanung Herr Kriminalrat Gans.[6] Die obigen Dienststellen melden ihre Vertreter bis zum 16.12.1939.

Die mir bisher vorliegenden Vorschläge hinsichtlich der Ausdehnung des Ghettos halte ich nicht für ausreichend. Nach vorsichtigen Schätzungen wohnen in den nördlichen Stadtteilen bereits etwa 220 000 Juden, während südlich der Linie Listopada/November-Straße, Freiheitsplatz, Pomorska/Pommersche Straße noch etwa 100 000 Juden ihre Wohnungen haben. Aus der letzteren Zahl sollen die nicht arbeitsfähigen Juden ebenfalls im Ghetto untergebracht werden. Die erste Aufgabe des Arbeitsstabes ist daher die Festlegung der Grenzen des zu errichtenden Ghettos und die Klärung der sich hieraus ergebenden Fragen, wie Verlegung der Durchgangsstraßen, Straßenbahnlinien usw. Außerdem ist sofort festzustellen, wieviel Deutsche und Polen in dem zu bildenden Ghetto heute noch wohnen und umgesiedelt werden müssen. Dabei sind die neuen Wohnungen für diesen Personenkreis ebenfalls zu erkunden und sicherzustellen, um eine reibungslose Umsiedlung zu gewährleisten, die vor der Errichtung des Ghettos, soweit Deutsche in Frage kommen, durch die Partei und die Stadtverwaltung, soweit es sich um Polen handelt, allein durch die Stadtverwaltung vorgenommen werden muß.

Weiterhin sind folgende Vorarbeiten zu leisten:
1. Festlegung der Abriegelungseinrichtungen (Anlage von Straßensperrungen, Verbarrikadierungen von Häuserfronten und Ausgängen usw.).
2. Festlegung der Bewachungsmaßnahmen der Umgrenzungslinie des Ghettos.
3. Beschaffung der erforderlichen Materialien für die Abriegelung des Ghettos durch die Stadtverwaltung Lodsch.
4. Treffen von Vorkehrungen, daß die gesundheitliche Betreuung der Juden innerhalb des Ghettos durch Überweisung von Arzneimitteln und ärztlichen Instrumenten (aus jüdischen Beständen), insbesondere von dem Standpunkte der Seuchenbekämpfung aus, gewährleistet ist (Gesundheitsamt).
5. Vorbereitungen für die spätere Regelung der Fäkalienabfuhr aus dem Ghetto und Regelung des Abtransportes von Leichen zum jüdischen Friedhof bezw. Errichtung eines Friedhofes innerhalb des Ghettos (Stadtverwaltung).

5 Dr. Walter Moser (*1906), Jurist; 1932 NSDAP- und SS-Eintritt; 1933 Leiter der Stapostelle Braunschweig, 1934 Leiter des Kommunaldezernats im braunschweigischen MdI, 1939 bis Dez. 1942 Leiter der Treuhandnebenstelle Litzmannstadt, zugleich 1939/40 Leiter der Außenstelle Lodsch des Regierungspräsidiums in Kalisch, April 1940 bis Dez. 1942 stellv. Reg.Präs. in Litzmannstadt; wegen Korruption 1943/44 in die Waffen-SS versetzt; nach 1945 Syndikus in Braunschweig.

6 Vermutlich Karl Gans (*1893), 1939 kommissar. Leiter der Staatspolizeistelle in Lodz.

6. Sicherstellung der im Ghetto benötigten Mengen von Heizmaterial (Stadtverwaltung). Nach Erledigung dieser Vorarbeiten und nach Bereitstellung der genügenden Bewachungskräfte soll an einem von mir zu bestimmenden Tag schlagartig die Errichtung des Ghettos erfolgen, das heißt, zu einer bestimmten Stunde wird die festgelegte Umgrenzungslinie des Ghettos durch die hierfür vorgesehenen Bewachungsmannschaften besetzt und die Straßen durch spanische Reiter und sonstige Absperrungsvorrichtungen geschlossen. Gleichzeitig wird mit der Zumauerung bezw. anderweitigen Sperrung der Häuserfronten durch jüdische Arbeitskräfte, die aus dem Ghetto zu nehmen sind, begonnen. Im Ghetto selbst wird sofort eine jüdische Selbstverwaltung eingesetzt, die aus dem Judenältesten und einem stark erweiterten Gemeindevorstand besteht. Dieser Ältestenrat des Ghettos hat folgende Aufgaben zu erfüllen:

1. *Referat Ernährung:*
Einrichtung und Erhaltung von Gemeinschaftsküchen
Verwertung der im Ghetto vorhandenen und durch die Stadtverwaltung anzuliefernden Lebensmittel
Verteilung der durch die Stadtverwaltung anzuliefernden Brennstoffe

2. *Referat Gesundheitswesen:*
Einsatz der Ärzte
Apothekenbetreuung
Einrichtung eines oder mehrerer Krankenhäuser sowie Seuchenstationen
Bereitstellung des erforderlichen Pflegepersonals
Trinkwasserversorgung
Latrinen und Fäkalienabfuhr
Bestattungswesen

3. *Referat Rechnungswesen:*
Finanzierung der angelieferten Lebensmittel

4. *Referat Sicherheit:*
Bildung eines Ordnungsdienstes[7]
Bildung eines Feuerschutzes

5. *Referat Unterbringung:*
Verteilung der vorhandenen Räume
Errichtung von Wohnbaracken
Beschaffung von Lagerstätten usw. für die Ghettoinsassen

6. *Referat Meldewesen:*
Erfassung sämtlicher im Ghetto vorhandenen Personen und Kontrolle der Zu- und Abgänge.

Durch das Ernährungsamt der Stadt Lodsch werden die erforderlichen Lebensmittel und Brennstoffe an zu bestimmenden Punkten des Ghettos angefahren und den Beauftragten der jüdischen Selbstverwaltung zur Verwertung übergeben. Grundsatz muß dabei sein, daß Lebensmittel und Brennstoffe nur durch Tauschware, wie Textilien usw., bezahlt werden dürfen. Es muß auf diese Weise gelingen, daß wir die von Juden gehamsterten und versteckten Sachwerte restlos herausholen.

7 Der Ordnungsdienst war eine aus Juden gebildete Polizeitruppe in den jüdischen Wohnvierteln und Gettos im besetzten Polen, die meist dem Judenrat, de facto aber auch den deutschen Polizeibehörden unterstand. Die Ordnungsdienst-Männer waren mit Schlagstöcken bewaffnet; siehe auch Dok. 247 vom 28.2.1941.

Gleichzeitig bezw. kurz nach Erstellung des Ghettos sind die außerhalb des Ghettos wohnenden arbeitsunfähigen Juden in das Ghetto abzuschieben (Sicherheitspolizei, Ordnungspolizei, Stadtverwaltung). Die durch dieses Abschieben der Juden im übrigen Teil der Stadt freigewordenen Wohnungen sind gegen unbefugte Eingriffe zu sichern. Gegen Juden, die bei dem Vertreiben aus ihren Wohnungen böswillige Zerstörungen vornehmen, sind die schärfsten Mittel anzuwenden. Die Betreuung der verlassenen Wohnungen ist zunächst den einzelnen dafür verantwortlich zu machenden Hauswächtern bezw. Hausverwaltern unter Aufsicht der zuständigen Organe der Ordnungspolizei zu überlassen. Sobald als möglich übernimmt die Verwaltung dieser Wohnungen samt den in ihnen vorhandenen Einrichtungsgegenständen das städtische Wohnungs- und Grundstücksamt. Welche Häuser und Wohnungen überhaupt nicht mehr in Benutzung genommen werden, ergibt sich nach der Prüfung ihres Zustandes bezw. nach der Entscheidung hinsichtlich der Neuplanung der Stadt.

Bei der Abkämmung der übrigen Stadtteile nach arbeitsunfähigen Juden, die gleichzeitig bezw. kurz nach Erstellung des Ghettos in das Ghetto abgeschoben werden, sind auch die dort wohnenden arbeitsfähigen Juden sicherzustellen. Sie sollen zu Arbeitsabteilungen zusammengefaßt und in vorher durch die Stadtverwaltung und die Sicherheitspolizei festgelegten Kasernenblocks untergebracht und dort bewacht werden. Diese Juden sind für einen geschlossenen Arbeitseinsatz bestimmt. Dieser soll zunächst darin bestehen, daß abbruchreife Häuser im Stadtkern durch diese Abteilungen abgetragen werden. Die Stadtverwaltung macht mir Vorschläge hinsichtlich der abzubrechenden Häuser. Die Ernährung dieser Juden erfolgt aus Gemeinschaftsküchen innerhalb der einzelnen Kasernenblocks. Die Sicherstellung der Ernährung ist Aufgabe des Ernährungsamts der Stadt Lodsch. Dieses bestimmt die auf jeden einzelnen Juden entfallenden Essenrationen und stellt den Bedarf für eine Zeit von 3-4 Tagen sicher.

Aus Vorstehendem ergibt sich, daß zum Arbeitseinsatz zunächst die Juden genommen werden, die außerhalb des Ghettos ihren Wohnsitz haben. Die in den Arbeitskasernen arbeitsunfähigen oder krank werdenden Juden sind in das Ghetto zu überweisen. Die im Ghetto wohnenden noch arbeitsfähigen Juden sollen die innerhalb des Ghettos anfallenden Arbeiten erledigen. Ich werde später bestimmen, ob arbeitsfähige Juden aus dem Ghetto herausgeholt und in die Arbeitskasernen gebracht werden sollen.

Die Erstellung des Ghettos ist selbstverständlich nur eine Übergangsmaßnahme. Zu welchen Zeitpunkten und mit welchen Mitteln das Ghetto und damit die Stadt Lodsch von Juden gesäubert wird, behalte ich mir vor. Endziel muß jedenfalls sein, daß wir diese Pestbeule restlos ausbrennen.[8]

8 Die „Polizeiverordnung über die Wohn- und Aufenthaltsrechte der Juden" erließ der Lodzer Polizeipräs. Johannes Schäfer am 8.2.1940 nebst detaillierten Ausführungsbestimmungen; zugleich veröffentlichte er einen Zeitplan für die Ausquartierung der Juden in: Lodscher Zeitung, Nr. 40 vom 9.2.1940, S. 5–9.

## DOK. 55
## Der Höhere SS- und Polizeiführer im Generalgouvernement verfügt am 11. Dezember 1939 die Konzentrierung der jüdischen Bevölkerung[1]

*Erste Durchführungsvorschrift zur Verordnung vom 26.10.1939 über die Einführung des Arbeitszwangs für die jüdische Bevölkerung vom 11.12.1939*

Auf Grund des § 2 der Verordnung über die Einführung des Arbeitszwanges für die jüdische Bevölkerung des Generalgouvernements vom 26. Oktober 1939 (Verordnungsblatt G.G.P., S. 6)[2] bestimme ich

§ 1

Vom 1. Januar 1940 ab ist es allen im Generalgouvernement für die besetzten polnischen Gebiete ansässigen Juden untersagt, ihren Wohnsitz oder ihre Unterkunft ohne schriftliche Genehmigung der örtlichen zuständigen deutschen Verwaltungsbehörde über die Gemeindegrenze ihres bisherigen Wohnsitzes hinaus zu verlegen oder sich über diese Gemeindegrenze hinaus unter Aufgabe ihres dauernden Wohnsitzes oder ihrer Unterkunft auf die Wanderschaft zu begeben.

§ 2

Alle in das Generalgouvernement einwandernden oder eingesiedelten Juden haben sich unverzüglich, nachdem sie im Generalgouvernement Unterkunft genommen haben, spätestens aber 24 Stunden nach Betreten des Generalgouvernements, bei dem Bürgermeister des Unterkunftsortes anzumelden und den im Unterkunftsort befindlichen Judenrat von ihrem Zuzug zu unterrichten. Der Judenrat hat über die Unterrichtung einen schriftlichen Nachweis zu führen und diesen Nachweis am Montag einer jeden Woche dem Bürgermeister gegen schriftliches Anerkenntnis vorzulegen.

§ 3

Alle in § 2 genannten Juden unterliegen nach ihrer Unterkunftsnahme den Bestimmungen des § 1.

§ 4

Allen im Generalgouvernement befindlichen Juden ist das Betreten und die Benutzung von Wegen, Straßen und Plätzen in der Zeit von 21 bis 5 Uhr ohne schriftliche sowie zeitlich und örtlich begrenzte Erlaubnis der örtlich zuständigen deutschen Verwaltungsbehörde untersagt. Anordnungen örtlicher deutscher Behörden, die eine weitergehende Aufenthaltsbeschränkung enthalten, bleiben hiervon unberührt.

§ 5

Die Beschränkungen des § 4 gelten nicht in Fällen öffentlichen oder persönlichen Notstandes.

§ 6

Juden, die den Vorschriften der §§ 1 bis 4 zuwiderhandeln, werden unverzüglich einem verschärften langdauernden Arbeitszwangsdienst zugeführt. Ihre Bestrafung nach sonstigen einschlägigen Vorschriften bleibt hiervon unberührt.

§ 7

Auf Juden, die nachweislich auf Grund der „Vereinbarung der deutschen Reichsregierung

1 VOBl. GG 1939, Nr. 13 vom 21.12.1939, S. 231f.

2 Siehe Dok. 27 vom 26.10.1939.

und der Regierung der UdSSR über die Umsiedlung der ukrainischen und weißrussischen Bevölkerung aus dem zur Interessenzone des Deutschen Reiches gehörenden Gebiet"[3] das ihnen zustehende Umsiedlungsrecht in Anspruch nehmen, finden die Bestimmungen der §§ 1 bis 6 keine Anwendung.

§ 8

Die öffentliche Bekanntmachung dieser Durchführungsvorschrift obliegt nach Weisung des Kreishauptmanns (Stadthauptmanns) den Bürgermeistern. Die Judenräte sind durch die Bürgermeister anzuweisen.

§ 9

Diese Durchführungsvorschrift tritt sofort in Kraft.

Krakau, den 11. Dezember 1939

Der Höhere SS- und Polizeiführer im Generalgouvernement für die besetzten polnischen Gebiete

*Krüger*

SS-Obergruppenführer

## DOK. 56

## Der Chef des Distrikts Krakau untersagt am 11. Dezember 1939 den Schulbesuch jüdischer Kinder und verfügt die Entlassung jüdischer Lehrer[1]

Anordnung des Chefs des Distrikts Krakau, gez. Wächter,[2] vom 11.12.1939 (Abschrift)

*Anordnung Nr. 56.*

1. Alle Judenschulen werden mit sofortiger Wirksamkeit gesperrt.
2. Alle Judenkinder, die bisher öffentliche oder private Schulen besuchten, sind sofort auszuschulen.
3. Alle jüdischen Lehrer, auch Mischlinge 1. und 2. Grades, sind sofort fristlos zu entlassen.
4. Ob und in welcher Art in Hinkunft ein Unterricht für die Judenkinder eingerichtet wird, bleibt späteren Entscheidungen vorbehalten.
5. Dienstag, den 19. Dezember 1939, um 10 Uhr vormittags, im Sitzungssaal des Palais Potocki, Ring Nr. 27, erster Appell der Schulbeauftragten bei den Kreishauptleuten. Mitzubringen sind alle Daten, die über Standort, Gattung, Klassenzahl, Schülerzahl, Lehrerzahl sämtlicher Schulen des Kreises Aufschluß geben.

3 Siehe Dok. 17 vom 6.10.1939, Anm. 4.

1 YVA, O-21/16/2, Bl. 1.

2 Dr. Otto Freiherr von Wächter (1901–1949), Jurist; 1923 SA-, 1930 NSDAP- und 1935 SS-Eintritt; 1931 Gauamtsleiter in Wien und Hauptschulungsleiter der NSDAP-Landesleitung Österreich, 1938 Staatskommissar beim Reichsstatthalter Seyß-Inquart, von 1939 an Gouverneur des Distrikts Krakau, von Jan. 1942 an Gouverneur des Distrikts Galizien; 1944 Militärverwaltungschef in Italien; 1945 in Rom untergetaucht.

## DOK. 57
## Der Vorstand der jüdischen Interessenvertretung in Będzin fordert am 11. Dezember 1939 Leon Żmigród zur Einzahlung für eine Kontribution auf[1]

Schreiben des Vorstands der jüdischen Interessenvertretung in Będzin an Leon Żmigrod,[2] Kołłątaj-Straße 24, vom 11.12.1939

Wegen der zweiten Kontribution, die der jüdischen Bevölkerung unserer Stadt auferlegt wurde, fordern wir Sie auf, heute, d.h. am Montag, dem 11. Dezember, bis spätestens 18 Uhr 500 Reichsmark in die Kasse der Vertretung einzuzahlen.

Falls Sie die oben genannte Summe nicht bis zu dem oben angegebenen Termin, der endgültig ist, einzahlen, drohen Ihnen und Ihrer Familie katastrophale Konsequenzen, einschließlich der Einlieferung ins Konzentrationslager.

Wir warnen Sie nochmals: Die oben genannten Sanktionen erfolgen automatisch, selbst gegen den Willen des Vorstands der [jüdischen] Vertretung; Sie tragen die alleinige Verantwortung.

## DOK. 58
## Der Höhere SS- und Polizeiführer erlässt am 12. Dezember 1939 Vorschriften über den Arbeitszwang für die jüdische Bevölkerung im Generalgouvernement[1]

*Zweite Durchführungsvorschrift zur Verordnung vom 26.10.1939 über die Einführung des Arbeitszwanges für die jüdische Bevölkerung des Generalgouvernements (Erfassungsvorschrift) vom 12.12.1939*

Auf Grund des § 2 der Verordnung über die Einführung des Arbeitszwanges für die jüdische Bevölkerung des Generalgouvernements vom 26. Oktober 1939 (Verordnungsbl. G.G.P., S. 6)[2] bestimme ich:

§ 1

Alle jüdischen Bewohner im Gebiet des Generalgouvernements vom vollendeten 14. bis zum vollendeten 60. Lebensjahr unterliegen grundsätzlich dem Arbeitszwang. Die Dauer dieses Arbeitszwanges beträgt in der Regel 2 Jahre; sie wird verlängert, wenn innerhalb dieser Zeit ihr erzieherischer Zweck nicht erreicht sein sollte.

§ 2

Die Zwangsarbeitspflichtigen werden zur Auswertung ihrer Arbeitskraft, nach Möglichkeit entsprechend etwa erlernter Berufe, bei lagermäßiger Unterbringung zur Arbeit eingesetzt. Nicht voll Arbeitsfähige finden ihrem Arbeitsvermögen entsprechend Verwendung.

1 AŻIH, 212/19, Bl. 1. Kopie: USHMM, RG 15.060M, reel 2. Das Dokument wurde aus dem Polnischen übersetzt.

2 Richtig: Leon Żmigród (1904 – 1942), Kaufmann; lebte vor dem Krieg in Kattowitz, starb in Sosnowiec.

1 VOBl. GG 1939, Nr. 13 vom 21.12.1939, S. 246 – 248. Abdruck in: Faschismus – Getto – Massenmord (wie Dok. 4, Anm. 1), Dok. 156, S. 205 – 208.

2 Siehe Dok. 27 vom 26.10.1939.

§ 3
Die Erfassung der Arbeitszwangspflichtigen erstreckt sich zunächst auf die männlichen Juden vom vollendeten 12. bis zum vollendeten 60. Lebensjahr. Diese werden durch öffentlichen Aufruf der Bürgermeister gemäß noch ergehender besonderer Weisung der Kreis-(Stadt-)hauptleute aufgefordert, sich über ihren zuständigen Judenrat zur Einzeichnung in die Erfassungskartei zu melden. Die Bürgermeister sind neben den Judenräten für die Vollständigkeit und Richtigkeit der Erfassung verantwortlich.
§ 4
Der Arbeitseinsatz erfolgt auf besonderen Abruf seitens der deutschen Behörden.
§ 5
Die nach Eintragung in die Erfassungskartei zur Zwangsarbeit einberufenen Juden haben pünktlich zum angeordneten Zeitpunkt auf dem bestimmten Sammelplatz zu erscheinen. Verpflegung für zwei Tage und zwei saubere Schlafdecken sind mitzubringen. Handwerker, insbesondere Inhaber von Werkstätten, haben ihr gesamtes Handwerkszeug zum Sammelplatz zu stellen. Der Antransport des Handwerkszeugs ist gegebenenfalls durch rechtzeitige Anmeldung bei dem Judenrat sicherzustellen. Handwerkliche Maschinen nebst Zubehör von Arbeitspflichtigen unterliegen nach Einberufung derselben der Verfügungsgewalt des Arbeitszwangsdienstes.
§ 6
(1) Mit sofortiger Wirkung wird allen arbeitspflichtigen Juden untersagt, in ihrem Besitz befindliches berufliches Handwerkszeug einschließlich Maschinen und Zubehör ohne schriftliche Genehmigung des zuständigen Kreis-(Stadt-)hauptmannes zu verkaufen, zu verpfänden oder sonst darüber zu verfügen. Des weiteren ist jedes Fortschaffen oder das Verbergen dieses Handwerkszeuges verboten.
(2) Der Erwerb schon des Besitzes solchen Handwerkszeuges ist ohne schriftliche Genehmigung des zuständigen Kreis-(Stadt-)hauptmannes untersagt.
§ 7
(I) Mit Zuchthaus bis zu 10 Jahren wird bestraft:
1.) jeder arbeitspflichtige Jude, der
a) beim Aufruf zwecks Eintragung in die Arbeitszwangserfassungskartei sich nicht zum angeordneten Zeitpunkt bei der im Aufruf vorgeschriebenen Stelle persönlich meldet,
b) unwahre oder unvollständige Angaben über seine Person macht,
c) Arbeitsunfähigkeit oder geringere Arbeitsfähigkeit vortäuscht,
d) bei seiner Einberufung zum Arbeitszwangsdienst das in seinem Besitz befindliche berufliche Handwerkszeug nicht mitbringt oder sich vorher seines Besitzes entgegen dem Verbot des § 6 entledigt,
e) nach seiner Einberufung zum Arbeitszwangsdienst nicht auf der Sammelstelle erscheint oder sonst sich dem Arbeitszwang zu entziehen sucht;
2.) jedes Mitglied des Judenrates, das
a) nachdem die noch zu erlassenden besonderen Weisungen der Kreis-(Stadt-)hauptleute ergangen sind, die namentliche Erfassung der Juden gemäß § 3 nicht unverzüglich und sorgfältig durchführt,
b) einem Juden Hilfe leistet, sich dem Arbeitszwangsdienst ganz oder zum Teil zu entziehen,
3.) jede Person, die
a) die Durchführung der Zwangsarbeit vorsätzlich erschwert, zu Verstößen gegen diese

Durchführungsvorschrift, insbesondere zu Täuschungen oder Täuschungsversuchen anstiftet oder bei ihnen Hilfe leistet,
b) vorsätzlich berufliches Handwerkszeug von einem arbeitszwangspflichtigen Juden ohne schriftliche Genehmigung des zuständigen Kreis-(Stadt-)hauptmannes erwirbt oder in Besitz nimmt.
(II) Neben der Zuchthausstrafe kann bei Juden auf Einziehung des gesamten Vermögens erkannt werden.
(III) Zur Aburteilung ist das Sondergericht zuständig.
§ 8
Diese Durchführungsvorschrift ist unverzüglich auf Veranlassung der Bürgermeister durch die Judenräte bekanntzugeben.
§ 9
Auf Juden, die nachweislich auf Grund der „Vereinbarung der Deutschen Reichsregierung und der Regierung der UdSSR über die Umsiedlung der ukrainischen und weißrussischen Bevölkerung aus dem zur Interessenzone des Deutschen Reiches gehörenden Gebiet"[3] das ihnen zustehende Umsiedlungsrecht in Anspruch nehmen, finden die Bestimmungen der §§ 1 bis 5, § 6 Abs. 1 und § 7 Abs. 1 Ziffer 1 Buchst. a) bis einschließlich e) keine Anwendung.
§ 10
Diese Durchführungsvorschrift tritt sofort in Kraft.
Die Vorschrift des § 9 tritt mit dem 2. März 1940 außer Kraft.
Der Höhere SS- und Polizeiführer im Generalgouvernement für die besetzten polnischen Gebiete
*Krüger*
SS-Obergruppenführer

## DOK. 59
## Dawid Sierakowiak beschreibt vom 6. bis 13. Dezember 1939 den antijüdischen Terror in Lodz[1]

Handschriftl. Tagebuch von Dawid Sierakowiak, Einträge vom 6. bis 13.12.1939

Mittwoch, den 6. Dezember, Lodz. Heute wurde die erste Chanukka-Kerze angezündet. Da wir keine Kerzen haben, zündete Vater Öl in einer ausgehöhlten Kartoffel mit einem Docht aus gedrehter Watte an. Eine originelle „Menora". Alle Juden, unsere Nachbarn, erwarten ein neues Wunder für die Chanukka-Zeit. Ein neues Chanukka! Vielleicht wird das inbrünstige Gebet von Millionen Juden, die um ihre Befreiung flehen, doch erhört werden. Es fand sich ein Käufer für den Schrank und das Sofa. Für die beiden Möbelstücke gibt er uns 130 Zł. (gekostet haben sie ca. 350 Zł.). Es ist ein Deutscher, aber ein sehr

3 Siehe Dok. 17 vom 6.10.1939, Anm. 4.

1 Dziennik pisany od dnia 28 czerwca 1939 r. przez Dawida Sierakowiaka, USHMM, RG 10.247. Das Dokument wurde aus dem Polnischen übersetzt. Abdruck in englischer Übersetzung in: Sierakowiak, Diary (wie Dok. 16, Anm. 1), S. 68 – 70.

anständiger Mensch, der für seine Güte Juden gegenüber bekannt ist. Vater wird sich also bei der Verwaltung um eine Verkaufsgenehmigung bemühen. Ich habe einen Antrag auf „Genehmigung für den Verkauf zwecks Bezahlung der Miete" geschrieben. Das werden sie sicherlich genehmigen.

Donnerstag, den 7. Dezember, Lodz. Ich bin heute zur vierten Stunde in die Schule gegangen. Es gab keinen Unterricht, aber die Anwesenden wurden eingetragen. Die Räume dort sind schön, aber für den Schulbetrieb nicht geeignet. Nachdem ich mich eintragen ließ, ging ich zu Herszkowicz, bei dem auch Blaustein war. Wir blieben dort fast bis vier. Zu Hause erfuhr ich, dass die Verwaltung des ZUS den Verkauf von Schrank und Sofa genehmigt hat. Vater ist aber nach wie vor unruhig, er regt sich jede Minute auf. Ich wünschte, es wäre schon alles erledigt. Alle wundern sich, dass man in letzter Zeit nichts über Hitler hört. Man sagt, dass er entweder nicht mehr lebt oder dass man ihm die Macht entzogen hat usw. Man hört Nachrichten über schwere Niederlagen der Deutschen in Luft- und Seegefechten. Ein alter jüdischer Ausruf: Ich brauche „rachemim"![2]

Freitag, den 8. Dezember, Lodz. Da die Kälte früh eingesetzt hat, haben wir heute nur zwei Stunden gehabt. Die alten Schülerausweise sind nicht mehr gültig, und es gibt keine neuen. Ich musste heute zum zweiten Mal in diesem Jahr 25 Groschen für Fahrkarten bezahlen. Das erste Mal war es im November, bevor die alten Schülerausweise verlängert wurden. Endlich ist der Schrank weg und die Miete bis zum 31. Dezember dieses Jahres vollständig bezahlt. Wenn die Juden hier wohnen bleiben dürfen, werden wir gut und ruhig schlafen können. Wieder laufen zig Gerüchte durch die Stadt. Gute und schlechte. Auf jeden Fall nichts als Geschwätz.

Samstag, den 9. Dezember, Lodz. Wir haben heute erfahren, dass gestern Juden auf dem Reymont-Platz furchtbar verprügelt wurden. In der Nowo-Zarzewska-Straße wurden sogar dreijährige Kinder getreten. Die Juden haben bereits das Stadium messianischer Prophezeiungen erreicht. Angeblich hat der Rabbi von Góra Kalwaria gesagt, dass sich am sechsten Chanukka-Tag ein Befreiungswunder ereignen wird. Mein Onkel sagt, dass auf den Straßen nur wenige Soldaten und Deutsche zu sehen sind. Diese Suche nach Trost in Kleinigkeiten geht mir schon auf die Nerven. Da ist es besser, den Mund zu halten. Am Abend ging das Gerücht vom Waffenstillstand um. Angeblich fordert England – um die Ausbreitung der beginnenden Revolution in Deutschland zu verhindern – nur die Rückgabe von Österreich, Tschechien und Polen samt einer Kontribution für den Wiederaufbau Polens, wobei die bisherige deutsche Regierung [im Amt] bleiben darf. Bis zum 11. ist es Juden und Polen anscheinend auch verboten, mit der Eisenbahn zu fahren. Warum – ist nicht bekannt.

Sonntag, den 10. Dezember, Lodz. Man hat in der Innenstadt viele große Häuser von Juden „gesäubert". Man spricht davon, dass sehr viele Juden aus Lodz in das Protektorat deportiert werden. Keine schönen Aussichten. Heute bekamen wir eine Nachricht von den Vettern, die nach Białystok gefahren sind. Sie sind gesund, haben aber noch keine Arbeit.

2 Hebr.: Barmherzigkeit, Gnade.

Montag, den 11. Dezember, Lodz. Die Schule verkümmert. Es gibt keine Lehrer, keinen Unterricht, buchstäblich nichts, alles geht vor unseren Augen zugrunde. Am Abend hatten wir zwei Stunden Unterricht – und Aufregung, wie sich aber zum Glück herausstellte, grundlos. Mein Vater ist am Abend zu unserem Nachbarn Hamer gegangen und kommt bleich mit der Nachricht zurück, dass heute um sechs die Aussiedlung der Juden aus Lodz beginnen soll. Alle Nachbarn packen ihre Rucksäcke, Taschen usw. Wir machten es ihnen nach und waren nach kurzer Zeit so gut wie fertig. Ich erklärte, dass es leeres Gerede sei, und legte mich schlafen. Bald haben alle – mehr oder weniger beruhigt – das Gleiche gemacht.

Dienstag, den 12. Dezember, Lodz. Ein lausiger Tag. In der Schule sind immer weniger Lehrer. Man hat schon gar keine Lust mehr hinzugehen, wegen des ständigen Lesens als Unterrichtsersatz und des vorgezogenen Unterrichtschlusses. Auf dem Nachhauseweg sehe ich plötzlich auf der Kiliński-Straße eine furchtbare Szene. Es kommt ein Jude und hinter ihm her ein Deutscher, der wie ein Kutscher gekleidet ist und ihn mit einem riesigen Stock auf den Rücken schlägt, sodass er sogar ins Wanken gerät (der Deutsche, und der Jude beugt sich immer tiefer, ohne sich umzudrehen, damit er keinen Schlag von vorne abbekommt). Ich begann am ganzen Körper zu zittern, bin so schnell wie möglich in die Cegielniana-Straße abgebogen und zu Frydrych, einem Schulfreund aus dem ersten Gymnasium, gegangen. Ich blieb lange bei ihm, um erst in der letzten Stunde nach Hause zu gehen, wenn die Möglichkeit, festgenommen zu werden, am geringsten ist. Bei dieser Gelegenheit habe ich eine Verordnung gelesen, nach der die judengelben Flecken gegen gelbe, 10 cm große „Davidsterne“,[3] die rechts auf der Brust und auf der rechten Schulter zu tragen sind, ausgetauscht werden.[4] Die Barbarei schreitet voran. Bald lassen sie uns wohl mit rotzverschmierten Nasen und in kurzen Hosen rumlaufen. Der sadistische Ideenreichtum kennt – wie man weiß – keine Grenzen. Am Abend: Neue Arbeit – die Armbinden abreißen und die neuen Verzierungen annähen.

Mittwoch, den 13. Dezember, Lodz. Heute durfte ich nicht in die Schule. Am Vormittag gab es wieder Aufregung und Angst. Eine Stunde, nachdem Nadzia[5] in die Schule gegangen ist, kommt Dadek Hamer und erzählt, dass die Juden aus den Straßen Nowo-Zarzewska und Rzgowska in den leeren Markthallen eingesperrt und später ins Lubliner Land gebracht werden. Natürlich stellt sich Vater gleich vor, dass sie Nadzia (deren Schule in der Nowo-Zarzewska-Straße liegt) auch geschnappt haben usw. Zum Glück stellte sich alles als leeres Gerede heraus, und Nadzia kehrte unversehrt zurück. Dagegen kam am Abend eine schreckliche, diesmal aber wahre Nachricht. In der Stadt herrscht eine ungeheure Panik, da die jüdische Gemeinde bekanntgab, dass die Juden Lodz verlassen müssen. In den nächsten vier Tagen darf angeblich jeder, der will, aus der Stadt wegfahren, wohin er will (nur nicht ins Reichsgebiet). Denn danach beginnt die Massenaussiedlung. Die Gemeinde muss den Armen jeweils 50 Zł. für die Ausreise zuteilen und schon heute damit beginnen, sie wegzuschicken. Alle verlieren den Kopf. Man beschränkt sich auf Rucksäcke, Taschen usw.

3 Im Original deutsch.

4 VO des Reg.Präs. in Kalisch, Uebelhoer, über die Kennzeichnung der Juden mit einem gelben Stern; Dokumenty i materiały do dziejów okupacji niemieckiej w Polsce, Bd. 3: Getto Łódzkie (wie Dok. 54, Anm. 1), S. 23.

5 Nadzia war Dawid Sierakowiaks jüngere Schwester.

## DOK. 60
## Die Staatspolizeileitstelle Posen ordnet am 13. Dezember 1939 die Erschießung von Juden und Polen an, die aus dem Generalgouvernement ins Reichsgebiet zurückkehren[1]

Schreiben (geheim) der Staatspolizeileitstelle Posen (B. Nr. 129/39 II/B-g), gez. Bischoff,[2] an den Landrat in Schrimm[3] vom 13.12.1939[4]

Betr.: Behandlung von Juden, die sich entgegen dem Umsiedlungsbefehl auf dem Gebiet des Deutschen Reiches befinden.
Der Reichsführer-SS hat durch Erlaß vom 29. November 1939[5] – Reichssicherheitshauptamt IV (II o) 2 – 288/39 g-1 – folgende Anordnung erlassen:
Juden und Polen,[6] die aus einem Gebiet des Deutschen Reiches in das Generalgouvernement umgesiedelt wurden, sich aber entgegen dem Umsiedlungsbefehl auf dem Gebiet des Deutschen Reiches, wenn auch in einer anderen Provinz, aufhalten, sind *sofort* standrechtlich zu erschießen.
Diese Weisung ist mündlich den Ältesten der Judengemeinden, soweit sie noch bestehen, bekanntzugeben.
Beim Antreffen solcher Personen sind diese *umgehend* der hiesigen Dienststelle zuzuführen.

## DOK. 61
## Die NS-Kreisfrauenschaftsleiterin in Teschen (Cieszyn) bittet am 13. Dezember 1939 den Bürgermeister um Möbel aus ausgeraubten jüdischen Wohnungen[1]

Schreiben der Kreisfrauenschaftsleiterin und Leiterin des Deutschen Frauenwerks Kreisstelle Teschen der NSDAP, Marie Bleß, an den Bürgermeister von Teschen, Koperberg,[2] vom 13.12.1939[3]

Sehr geehrter Herr Bürgermeister,
im Anschluß an mein Schreiben vom 8. Dezember cr. richte ich an Sie die ergebene Bitte, mir zu gestatten, noch einige jüdische Wohnungen wegen Überlassung von Möbeln zu

1 APP, 465/100, Bl. 35. Abdruck in: Documenta Occupationis, Bd. 8: Wysiedlenia ludności polskiej na tzw. ziemiach wcielonych do Rzeszy 1939 – 1945, hrsg. von Czesław Łuczak, Poznań 1969, Dok. 12, S. 17.
2 Dr. Helmut Bischoff (1908 – 1993), Jurist; 1929 Beitritt zum NS-Studentenbund, 1930 NSDAP-, 1933 SA- und 1935 SS-Eintritt; Leiter der Staatspolizeistellen Liegnitz, Harburg-Wilhelmsburg und Köslin, Sept. 1939 Chef des Einsatzkommandos 1 der Einsatzgruppe IV, dann bis 1941 Leiter der Staatspolizeileitstelle in Posen, danach in Magdeburg, von Dez. 1943 an SD-Abwehrbeauftragter im KZ Mittelbau-Dora; 1946 – 1955 in sowjet. Gefangenschaft, 1957 – 1965 beim Suchdienst des DRK tätig.
3 Alfred Klostermann (1900 – 1945), Lehrer; 1928 NSDAP- und 1938 SS-Eintritt; 1931 – 1933 NSDAP-Abgeordneter im hess. Landtag, 1933 Bürgermeister von Schlitz, Schulrat im hess. Kultusministerium, daneben Gauamtsleiter, 1934 – 1937 Landrat in Gießen, 1937 – 1939 in Groß-Gerau, 1939/40 in Schrimm und 1941 – 1945 in Alzey; gefallen.
4 Himmlers Befehl wurde am 3.1.1940 an die Gendarmeriedienststellen des Kreises Schrimm weitergeleitet.
5 Nicht aufgefunden; siehe auch Dok. 109 vom 16.4.1940, Anm. 7.
6 Die vorstehenden drei Wörter im Original handschriftl. unterstrichen.

1 APK, 124/10008, Bl. 3.

besichtigen. Wir beziehen ab nächster Woche unsere neue Dienststelle im alten Rathaus und müssen uns einrichten. Dazu fehlen noch einige Schreibtische, Stühle usw., besonders aber auch kauk. Nußbaumstühle,[4] die zu den Möbeln aus der jüdischen Wohnung Durst,[5] Friedrichstraße, passen.
Für einen baldigen Bescheid bin ich dankbar.
*Heil Hitler!*

## DOK. 62
## Der SS-Sturmbannführer Richter berichtet am 16. Dezember 1939 über die Vertreibung von Juden und Polen aus Lodsch (Lodz)[1]

Bericht des SS-Sturmbannführers Richter[2] vom 16.12.1939[3]

*Bericht über die in Lodsch vom 12. Dezember bis zum 16. Dezember durchgeführte Evakuierung von Polen und Juden.*
In der Stadt Lodsch war die Evakuierung von insgesamt 15 000 Polen und Juden für Dezember vorgesehen worden. In erster Linie sollten politisch verdächtige und intellektuelle Polen evakuiert werden. Bei der Erfassung dieser Polen durch Listen stellten sich erhebliche Schwierigkeiten in den Weg. Das ursprüngliche gute Listenmaterial war nach Angabe des Sicherheitsdienstes Lodsch der damaligen Einsatzgruppe der geheimen Staatspolizei übergeben worden. Dort sind auf Grund der Listen etwa nur 5000 Karteikarten angefertigt worden, das andere umfangreiche Listenmaterial konnte von der Geheimen Staatspolizei nicht mehr erlangt werden. Es war daher dem Sicherheitsdienst nur in einem geringen Umfang möglich, Evakuierungslisten rechtzeitig anzufertigen. Bei der Nachprüfung der Listen von seiten der Stadtverwaltung stellte sich heraus, daß sogar Volksdeutsche in führender Stellung in den Listen als verdächtige Polen enthalten waren. Auch stellte sich bei der Festnahmeaktion heraus, daß etwa ⅓ der Festzunehmenden bereits ihre Wohnungen verlassen hatten. Infolgedessen wurden etwa nur 2600 Polen auf Grund der Listen erfaßt.
Um die Zahl von 15 000 Personen aufzufüllen, mußte daher auf Juden zurückgegrif-

2 Wilhelm Koperberg, NSDAP-Mitglied; Ende der 1930er-Jahre Regierungsassessor in Reichenbach, Okt. 1939 bis 1945 Bürgermeister von Teschen.
3 Im Original handschriftl. Bearbeitungsvermerke und Unterstreichungen sowie ein Dienststempel der NSDAP-Kreisleitung Teschen.
4 Gemeint sind Stühle aus der habsburgischen k.u.k.-Zeit.
5 Es handelt sich möglicherweise um Dawid Durst (1860 – 1942), der nach Tarnów vertrieben wurde und dort starb, oder um dessen Sohn Gustav Durst (1897 – 1942), der als Fremdsprachenlehrer in Cieszyn lebte und während des Krieges nach Zawiercie in das Getto vertrieben wurde; er wurde in Auschwitz ermordet.

1 AIPN, GK 68/218, Bl. 27 – 35. Kopie: USHMM, RG 15.015M, reel 3.
2 Albert Richter (1897 – 1945?), Kriminalpolizist; Leiter der Gestapodienststelle im Getto Litzmannstadt, stellv. Leiter des „Judenreferats" II B 4, später IV B 4 der Stapostelle in Lodz, 1941/42 Organisator der Deportationen in das Vernichtungslager Kulmhof; im Jan. 1944 nach Dienststrafverfahren in das SS- und Polizeilager Danzig-Matzkau eingewiesen; verschollen.
3 Mehrere handschriftl. Korrekturen und Anstreichungen.

fen werden. Mit dem jüdischen Ältestenrat in Lodsch wurde zwecks freiwilliger Stellung von auswanderwilligen Juden im Lager von Radogosz[4] verhandelt. Bisher mögen etwa 1000 Juden sich freiwillig gestellt haben. Auf Grund einer Rücksprache mit dem Oberbürgermeister und dem Polizeipräsidenten wurde als der einzige gangbare Weg beschlossen, nachts im Judenviertel einzelne Häuserblocks zu umstellen und zu räumen. Demzufolge wurde am 14.12.39, um 20.30 Uhr mittels Einsatz von 80 NSKK-Männern zur Absperrung und 650 Schutzpolizisten zur Durchführung der Evakuierung mit der Aktion begonnen. Der Erfolg war überraschend groß. Es wurden bei dieser Aktion bis früh um 4 Uhr schätzungsweise 7000 Juden erfaßt[5] und mittels Transportzügen der Straßenbahn in das Lager Radogosz und in das Konzentrationslager der Stapo befördert. Verabredungsgemäß wurden diese Juden, bis auf 500, die nicht mehr mit der Eisenbahn fortgeschafft werden konnten, am folgenden Tage – also am 15.12.39 – durch drei Züge in das Gouvernement abtransportiert, und zwar ging um 18 Uhr ein Zug mit 1500 (nach meiner Berechnung mit 1850) Personen ab, um 19.31 [Uhr] ein Zug mit 1700 Personen und um 23.05 Uhr ein Zug mit 2406 Personen.

Heute – am 16.12. – wird abends nochmals eine Evakuierungsaktion durchgeführt werden. Auf Grund dieser Aktion sollen 2000 Juden erfaßt und mit denen noch im Lager verbliebenen 500 Juden morgen mit der Eisenbahn abtransportiert werden.

Der Einsatz der Schutzpolizei und die Zusammenarbeit mit der Reichsbahn klappte vorzüglich. Fast die gesamte Ausführung der Evakuierung einschließlich der Verhandlungen mit der Reichsbahn mußte von der Schutzpolizei selbständig durchgeführt werden, da die Stadtverwaltung Lodsch vollkommen versagte.

Über das Verhalten des für die Evakuierung verantwortlichen Oberbürgermeisters der Stadt Lodsch[6] sehe ich mich gezwungen, nachstehend zu berichten:

Mit Ausnahme der bereits erwähnten Rücksprache zwischen dem Oberbürgermeister und dem Polizeipräsidenten in meiner Gegenwart, die auf dem Bahnsteig des Kalischer Bahnhofes[7] stattfand, hat sich der Oberbürgermeister, soweit ich feststellen konnte, nicht im geringsten um die Evakuierung gekümmert. Vom Oberbürgermeister war der Oberinspektor Kloppmann mit der Durchführung der Evakuierung beauftragt worden. Kloppmann hielt sich, wie er mehrfach mir gegenüber betonte, nicht für berechtigt, irgendwelche Anweisungen dem Polizeipräsidenten zu erteilen. Andererseits war es Kloppmann z.B. am 13.12.39 den ganzen Tag nicht möglich, den Oberbürgermeister zu erreichen. Da dieser sich Kloppmann gegenüber zuvor geäußert hatte, er wolle in Posen die Verschiebung der Evakuierung bis zum Januar beantragen, wußte Kloppmann überhaupt nicht, woran er war. Kloppmann wurde von seiten des Oberbürgermeisters keine Unterstützung zuteil, es wurde ihm sogar der einzige Kraftwagen genommen. Ein anderer Kraftwagen

4 Richtig: Radogoszcz (Radegast), Vorort im Norden von Lodz. Im Gebäude einer ehemaligen Fabrik hatten die Deutschen hier im Herbst 1939 ein Konzentrationslager für Polen und Juden errichtet. Dieses lösten sie am 5. Januar 1940 auf und brachten die Insassen teilweise in das Gettogebiet, teilweise in das „Erweiterte Polizeigefängnis Radegast", das sich in einer ehemaligen Textilfabrik befand. Viele der Häftlinge wurden von hier aus in andere Konzentrationslager verschleppt.

5 Gemeint ist: aufgegriffen, verhaftet; manche von ihnen wurden später in Listen eingetragen.

6 Stadtkommissar war Franz Schiffer (1896–1940), 1927 erster NSDAP-Eintritt, 1932 Wiedereintritt und SA-Eintritt; ORR im RMdI, 1935 Inspekteur der NSDAP im Gau Pommern, Landrat; Sept. 1939 bei der Luftwaffe; danach Stadt- und Landkommissar in Przemyśl, Nov. 1939 bis Mai 1940 zunächst Stadtkommissar, dann OB von Litzmannstadt; gefallen.

7 Łódź Kaliska: der größte Bahnhof von Lodz.

stand weder Kloppmann noch seinem Nachfolger Dr. Alsleben zur Verfügung, da er nach Aussagen der beiden Genannten Wein fahren mußte … Auch mir war es in diesen Tagen trotz vielfacher Anrufe nicht möglich, den Oberbürgermeister zu erreichen.

Für die freiwillige Stellung der Juden war zunächst eine Fabrik in der Kopernikus-Str. 53 vom Oberinspektor Kloppmann angegeben worden. Diese Fabrik befand sich in Betrieb, und der Betriebsinhaber hatte keine Ahnung von der Anordnung. Als sich nunmehr die Juden dort meldeten, wurden sie vom Betriebsinhaber hinausgeworfen. Wie ich feststellte, bestand dieser „Sammelraum“ aus einem Hof und einem verwahrlosten offenen Kellerraum, in dem die listenmäßige Erfassung stattfinden sollte. Wo bei der erheblichen Kälte die körperliche Durchsuchung stattfinden sollte, war nicht erfindlich. Außerdem war es unmöglich, daß die Leute bei der Kälte und dem Schneetreiben stundenlang mit den Kindern im Freien herumstehen sollten. Ich ordnete daher an, daß in dem in der Nähe liegenden Innungshause der Fleischerinnung die Erfassung und Durchsuchung der Juden stattfinden sollte. Zeigte schon diese Aktion einen vollkommenen organisationellen Mangel, so trat dieser bei der verabredeten Räumungsaktion am 14.12.39 in geradezu katastrophaler Weise zu Tage.

Obwohl die Räumungsaktion auf Anordnung des Oberbürgermeisters unternommen wurde, waren von diesem fast keine Vorbereitungen getroffen worden. Ich stelle ausdrücklich fest, daß zugegebenermaßen von seiten der Stadt während der Polizeiaktion am 14.12.39 von 20.30 Uhr bis zum 15.12.39 4 Uhr nicht ein Vertreter des Oberbürgermeisters oder dieser selbst sich um die Durchführung dieser Polizeiaktion gekümmert hat; die Stadt war sogar am Mittag des 15. Dezember noch der Ansicht, daß infolge der Aktion 3500 Juden festgenommen worden seien, während es in Wirklichkeit etwa 7000 waren. Die Stadt hatte sich bis dahin noch nicht einmal nach dem Erfolg erkundigt. Aufgabe der Stadt war es, vor allem für die listenmäßige Erfassung der Juden und für ihren Abtransport, der noch am 15.12.39 stattfinden sollte, Vorsorge zu tragen. Auch hier hat die Stadt in jeder Weise Interesselosigkeit gezeigt und versagt. Nach Aussage des Oberinspektors Kloppmann meldeten sich im Lager zur Erfassung der Juden 20 Mann. Von diesen wurden aus nicht erkenntlichen Gründen 10 wieder nach Hause geschickt, obwohl es leicht erkennbar war, daß nicht einmal diese 20 Mann in der Lage gewesen wären, rechtzeitig die Listen anzufertigen. Von dem Aufenthalt von etwa 2500 Juden in dem zweiten Lager hatte die Stadt offenbar gar keine Kenntnis genommen, denn für dort war überhaupt nichts vorgesehen. So kam es, daß in den Nachmittagsstunden des 15.12.39 erst ein Teil der Insassen des ersten Lagers listenmäßig erfaßt war. Ich versuchte vergeblich, noch rechtzeitig genügend Schreibkräfte durch den Nachfolger von Oberinspektor Kloppmann, Dr. Alsleben, herbeischaffen zu lassen. Daher fuhr die weitaus überwiegende Zahl der Juden, ohne in Listen erfaßt worden zu sein, ins Gouvernement ab. Ich hole nach, daß die Insassen der an den Vortagen abgegangenen Züge zwar listenmäßig erfaßt worden waren, aber die Stadtverwaltung nicht in der Lage war, diese Listen den Transportführern auszuhändigen.

Nach den Verhandlungen mit der Reichsbahn, die ebenfalls von der Stadtverwaltung nicht getroffen worden waren, sondern von der Schutzpolizei und von mir getroffen werden mußten, war vorgesehen, die im Laufe der Aktion vom 14.12.39 festgenommenen Juden in drei Transporten am 15.12.39 wegzubefördern. Nachdem die Aktion einmal in Gang gekommen war, war es unmöglich, sie wieder abzustoppen, auch nachdem sich herausgestellt hatte, daß die Stadt keinerlei Vorbereitungen getroffen hatte. Das war schon deshalb unmöglich, weil die Lager derartig überfüllt waren, daß die Insassen nicht mehr eine Nacht in ihnen verbringen konnten; auch hätten die bereits versiegelten Wohnungen wieder aufgebrochen werden müssen, dies aber wäre ein nicht tragbarer Prestigeverlust der deutschen Behörden gewesen. Vor allem ergab sich auch die Notwendigkeit des Abtransportes, weil die Insassen einfach verhungert wären. Die Sorge der Stadt für die Betreuung der Insassen bestand lediglich in der Verteilung von Brot, wie mir Oberinspektor Kloppmann und Dr. Alsleben mitteilten, auch dieses mußte in großer Eile und erst nachträglich herbeigeschafft werden. Ob für die im Säuglingsalter stehenden Kinder Milch ausgegeben wurde, ist mir nicht bekannt. Fest steht dagegen, daß für die Kinder während des Transportes in keiner Weise gesorgt wurde.

Der Transport der Juden fand am 15.12.39 vorwiegend in Güterwagen statt, deren Zahl sich auf etwa 90 belief. Ich habe wiederholt vor den Vertretern des Oberbürgermeisters in energischer Form auf das Fehlen von Stroh in den vorhergehenden Zügen aufmerksam gemacht. Die Vorsorge der Stadt in diesem Punkte war folgende: am 15.12.39 nachmittags teilte mir der mit der Verladung der Juden beauftragte Polizeiführer auf dem Kalischen Bahnhof mit, daß 3 (drei) Wagen mit Stroh auf dem Bahnhofe erschienen wären, mangels irgendwelcher Vereinbarungen und Weisungen wären diese Wagen aber wieder abgerückt und wieder verschwunden. Wie mir heute, am 16.12.39, Dr. Alsleben mitteilte, wären diese 3 Fuhren Stroh, die wohlgemerkt für 90 Güterwagen ausreichen sollten, irgendwo am Kalischen Bahnhof bereitgestellt worden, die Reichsbahn hätte sich aber geweigert, das Stroh in die Güterwagen einzuladen. Ich wies darauf hin, daß es die Pflicht der Stadt und nicht der Reichsbahn gewesen wäre, für die Versorgung der Güterwagen mit ausreichendem Stroh zu sorgen. Da die Transporte am 15.12. und auch an dem 14. nachts bei schneidender Kälte vor sich gegangen waren, fällt das Versagen der Stadtverwaltung in diesem Punkte umso schwerer ins Gewicht. Es wird infolge mangelnder Fürsorge an Stroh und Lebensmitteln damit gerechnet werden müssen, daß nicht alle transportierten Personen, insbesondere die Säuglinge, den Zielbahnhof lebend erreichen.

Nachdem ich festgestellt hatte, daß in keinem der Güterwagen, auch in den Zügen der Vortage, Kübel oder Eimer für die Insassen bereitgestellt waren, machte ich dem Oberinspektor Kloppmann am 15.12.39 energische Vorhaltungen. Er erwiderte mir: erlaßgemäß hätten die Evakuierten ihre Kübel selbst mitzubringen, daher wäre eine Vorsorge der Stadt in dieser Hinsicht unnötig …

Ich habe mich mehrfach bei den diensthabenden Polizeioffizieren danach erkundigt, ob die Transportführer mit den nötigen Weisungen versehen worden seien, es wurde mir jedesmal bejaht. Soweit dies zutrifft, sind aber diese Weisungen von der Polizei den Transportführern mitgeteilt worden, nicht aber durch den Bürgermeister, wie es erlaßgemäß hätte geschehen müssen.

Ich habe immer wieder bei der Stadt darauf hingewiesen, daß die Abgangszeiten der Transportzüge, die Zielstation und die Belegung sofort nach Posen telefonisch und telegrafisch mitgeteilt werden müßten. Es wurde mir jedesmal als geschehen zugesichert. Nach einer Mitteilung der Dienststelle in Posen sind demgegenüber lediglich die Daten für einen Zug dort eingetroffen.

Wie wenig sich die Stadt um die Evakuierung gekümmert hat, geht am besten daraus hervor, daß die Stadt nicht einmal in der Lage ist anzugeben, wieviel Tausende Personen aus Lodsch evakuiert sind. Nach Mitteilung der Stadt sollen es etwa 8400 sein, während es nach den Ermittlungen der Polizei 9600 bis 9900 sind …

Die volle Verantwortung für die oben genannten Zustände trifft einzig und alleine den Oberbürgermeister der Stadt Lodsch, während die Polizei, die Reichsbahn und der Sicherheitsdienst sich in vorbildlicher Weise eingesetzt haben und versuchten, das, was von der Stadt versäumt war, nach Möglichkeit noch nachzuholen.

## DOK. 63
## Der stellvertretende sowjetische Außenkommissar spricht am 17. Dezember 1939 mit dem deutschen Botschafter über die Flucht polnischer Juden in den sowjetisch besetzten Teil Polens[1]

Gesprächsniederschrift (geheim) des stellvertretenden Volkskommissars für Äußeres, gez. V. Potemkin,[2] vom 17.12.1939

1. Ich habe Schulenburg[3] kommen lassen, um ihn über eine Reihe von Zwangstransporten in Kenntnis zu setzen, bei denen große Gruppen jüdischer Bevölkerung – bis zu 5000 Menschen und mehr – über die Grenze auf sowjetisches Territorium gebracht werden. Ich betonte, dass bei Versuchen der Rückführung dieser Menschen auf deutsches Territorium deutsche Grenzsoldaten das Feuer eröffneten, wobei Dutzende Menschen getötet wurden. Ich sprach die Vermutung aus, dass der deutschen Botschaft diese empörenden Fakten bisher nicht bekannt gewesen seien. Anderenfalls hätte sie sicher entsprechende Maßnahmen eingeleitet, um die von mir beschriebene Praxis der Zwangstransporte von Juden auf sowjetisches Territorium zu unterbinden. Angesichts dessen, dass dieses Vorgehen weiter praktiziert wird und immer größere Ausmaße annimmt, bat ich den Botschafter nun, sich mit Berlin in Verbindung zu setzen und zu veranlassen, dass das deutsche Kommando angewiesen werde, die von mir genannten Handlungen unverzüglich einzustellen.

Schulenburg zeigte sich äußerst empört und erklärte, dass er noch heute Berlin kontaktieren und die Einstellung der Zwangstransporte von Juden auf das Territorium der UdSSR verlangen werde.[4]

[…][5]

1 Archiv des Außenministeriums der Russischen Föderation 06-1-7-72, Bl. 112–114. Das Dokument wurde aus dem Russischen übersetzt. Abdruck in: Dokumenty vnešnej politiki, Bd. 22/2, Moskva 1992, S. 421f.

2 Vladimir P. Potemkin (1874–1946), Lehrer und Diplomat; nach 1917 Mitglied des Komitees für Schulpolitik des Volkskommissariats für Volksbildung; 1919/20 Teilnahme am Bürgerkrieg; von 1922 an im diplomatischen Dienst, ab 1929 nacheinander Botschafter in Griechenland, Italien und Frankreich, 1937–1940 stellv. Außenkommissar; 1940–1943 Volkskommissar für Erziehung.

3 Friedrich Werner Graf von der Schulenburg (1875–1944), Diplomat; 1923 deutscher Gesandter in Teheran, 1931 in Bukarest; 1934 NSDAP-Eintritt; 1934–1941 Botschafter in Moskau; von Juli 1941 an Leiter des Russland-Referats im Auswärtigen Amt; nach dem Attentat auf Hitler vom 20. Juli 1944 aufgrund seiner Kontakte zum Goerdeler-Kreis hingerichtet.

4 Von der Schulenburg wandte sich in einem Telegramm an Wolf von Tirpitz; siehe Die Hassell-Tagebücher 1938–1944. Aufzeichnungen vom Anderen Deutschland, hrsg. von Friedrich Freiherr Hiller von Gaertringen, Berlin 1988, S. 157 (Eintrag vom 11.1.1940). Unmittelbar danach sprach der Gesandte von Wühlisch bei Generalgouverneur Frank vor und forderte die Einstellung der Abschiebungen; ungezeichnete Aufzeichnung vom 20.12.1939, Akten für deutsche auswärtige Politik, D VIII (wie Dok. 17, Anm. 4), Dok. 477, S. 439f.

5 Die übrigen sechs Punkte betreffen militärische Angelegenheiten.

## DOK. 64
## Der Stadtpräsident von Warschau ordnet am 18. Dezember 1939 die Offenlegung jüdischen Vermögens an[1]

*Anordnung des Stadtpräsidenten der Stadt Warschau über die Anmeldung des jüdischen Vermögens.*[2]

§ 1
Auf Grund des § 1 der Verordnung des Chefs des Distrikts Warschau vom 17.XI.1939[3] sind anzumelden:
1) alle dinglichen Vermögensstücke und Rechte sowie Wert- und Warenbestände aller Art – ohne Rücksicht auf die Höhe des Vermögenswertes –, wenn diese am 1.X.1939 oder seit diesem Zeitpunkt in jüdischem Eigentum oder Besitz standen oder noch stehen, insbesondere:
a) Betriebe aller Art mit ihrem gesamten beweglichen und unbeweglichen Vermögen, einschließlich aller Vermögensrechte wie Patente und dergleichen;
b) Gebäude aller Art, soweit sie nicht unter Punkt 1) fallen, unverbaute Plätze mit allen zugehörigen Sachrechten, Grundstücke, die landwirtschaftlichen und forstwirtschaftlichen Zwecken dienen mit dem gesamten lebenden und toten Inventar sowie mit allen Sachrechten und Zubehören, wie Weiderecht, Viehtritt und dergleichen.
Die Anmeldepflicht bezieht sich auch auf Anteile an solchen Liegenschaften.
c) Hypothekarforderungen, Aktien und andere Anteilrechte sowie Pachtrechte.
2) alle anderen Vermögensgegenstände und Wertsachen, welche bei Inkrafttreten dieser Verordnung in jüdischem Eigentum oder Besitz stehen, insbesondere Einlagen und Kreditinstitutionen, Wechselforderungen, Wertpapiere, Bargeld, Hauseinrichtungen und andere dem persönlichen Gebrauch dienende Gegenstände und dergleichen, sofern der Gesamtwert dieses Vermögens für die in einem gemeinsamen Haushalt lebenden Personen (Eltern, Großeltern, Kinder, Geschwister) den Betrag von Zł. 2000 überschreitet.
§ 2
Verpflichtet zur Anmeldung sind die Eigentümer oder ihre Bevollmächtigten, Zwangsverwalter, gerichtliche Aufsichtsorgane, Kuratoren von Konkursmassen und von ruhenden Erbmassen, Treuhänder und Pächter – im Falle der Abwesenheit dieser Personen die Familienmitglieder der Eigentümer, die mit ihnen im gemeinsamen Haushalte leben oder
a) wenn es sich um Betriebe handelt – der rangälteste Angestellte,
b) wenn es sich um Immobilien handelt – der Hausverwalter, Hausbesorger, der die Anmeldungen führt und im Falle deren Abwesenheit der Mieter der Wohnung mit der niedrigsten Ordnungsnummer,
c) wenn es sich um Eigentum anderer Art handelt – die Personen, in deren Besitz oder Verwaltung sich dieses befindet.
Zur Anmeldung im Namen der Minderjährigen, nicht volljährig Erklärten und Unmündigen sind deren rechtliche oder tatsächliche Vormünder verpflichtet.

1 Amtsblatt des Chefs des Distrikts Warschau, Nr. 1 vom 9.1.1940, S. 5 – 7, in deutscher und polnischer Sprache.
2 Diese Anordnung erfolgte vor der allgemeinen Regelung für das GG; siehe Dok. 81 vom 24.1.1940.
3 Die VO des Chefs des Distrikts Warschau über die Veräußerung und Verpachtung jüdischer Betriebe im Distrikt Warschau bestimmte in § 1, dass hierfür eine behördliche Genehmigung notwendig war; Amtsblatt des Chefs des Distrikts Warschau, Nr. 1 vom 22.11.1939, S. 11f.

§ 3
Als Jude im Sinne dieser Verordnung gilt, wer von zwei jüdischen Eltern abstammt. Mischlinge gelten als Juden, wenn sie am 1. Oktober 1939 der jüdischen Religionsgemeinschaft angehört haben.
Juristische Personen gelten als jüdisch, wenn sich in ihren Leitungsorganen (Aufsichtsrat, Vorstand, Verwaltung, Kuratorium und dergl.) oder Revisionskommission bei Gesellschaften, bei denen ein Aufsichtsrat nicht bestanden hat, auch nur ein Jude befindet, am 1.X.1939 auch nur ein Jude befunden hat.
§ 4
Die ausgefüllten Formulare sind gegen Quittung bei den gemäß der Wohnung des Eigentümers des Vermögens (Sitz der Rechtsperson) resp. gemäß der Lage der städtischen Liegenschaft oder des Betriebes in Warschau bestimmten Stellen einzureichen.
§ 5
Die Anmeldung darf nur auf besonderen Formularen erfolgen. Ort und Zeitpunkt für den Verkauf dieser Formulare wird von der Industrie- [und] Handelskammer Warschau noch gesondert verlautbart.
§ 6
Jüdisches Vermögen, welches nicht in der oben angeführten Art und Frist zur Anmeldung gelangt oder bewußt falsch angemeldet wird, unterliegt der Einziehung; außerdem können über die zu seiner Anmeldung verpflichteten Personen sowohl Geld- als auch Freiheitsstrafen verhängt werden.
Warschau, den 18. Dezember 1939.
*Der Stadtpräsident*
*(gez.) Dr. Dengel.*

## DOK. 65
## Im Reichssicherheitshauptamt wird am 19. Dezember 1939 die Einrichtung eines „Judenreservats" in Polen erwogen[1]

Vermerk zur Vorbereitung einer Amtschefbesprechung aus der Abteilung II/II 112 des RSHA (Paraphe: Dö.)[2] für den Leiter des Amts II im RSHA[3] vom 19.12.1939

Betr.: Stichpunkte für das Sachgebiet Judentum zur Amtschefbesprechung.
Vorg.: dort. Rundschreiben v. 18.12.39[4]

1 BArch, R 58/544, Bl. 218+RS.
2 Vermutlich Hans Döring (1901–1970), Kaufmann; 1928 NSDAP- und 1929 SS-Eintritt, 1929/30 SS-Führer in Wiesbaden, dann in wechselnden Orten; 1939–1941 Stabsführer der Dienststelle Posen des RKF, 1942–1944 im Stab Reichsführer SS, 1944/45 im Stab SS-OA „Warthe".
3 Leiter des Amts II (Gegnerforschung) im RSHA war Dr. Franz Alfred Six (1909–1975), Jurist; 1930 NSDAP-, 1932 SA- und 1935 SS-Eintritt; von 1935 an im SD tätig; 1938 Professor in Königsberg, 1939 in Berlin; 1941 Führer des Vorkommandos Moskau der Einsatzgruppe B, 1942 Leiter der kulturpolitischen Abt. im Reichsaußenministerium; 1948 in Nürnberg zu 20 Jahren Haft verurteilt, 1952 entlassen, 1956 Werbeberater bei Porsche-Diesel-Motorenbau.
4 Dabei handelt es sich um eine Einladung an alle Abteilungen des RSHA zu einer Amtschefbesprechung am 20. oder 30. (Datum unleserlich) 12.1939 mit der Aufforderung, als Besprechungsgrundlage Stichpunkte anzugeben; wie Anm. 1.

*Endlösung des deutschen Judenproblems.*
I. *Judenreservat in Polen.*
Es ergibt sich die Frage, ob ein Judenreservat in Polen geschaffen werden soll oder ob die Juden im zukünftigen Gouvernement Polen untergebracht werden sollen.
Falls die Schaffung eines Reservats vorgesehen ist, wäre zu prüfen, ob dies durch Juden oder Reichsdeutsche verwaltet werden soll. Eine jüdische Verwaltung wäre vorteilhafter, da dadurch deutsche Verwaltungsbeamte eingespart würden. Nur die leitenden Stellen wären mit Deutschen zu besetzen. Weiter wäre hierbei zu entscheiden, wem [die] Verwaltung unterstellt wird.
Es wäre d.E.[5] zweckmäßig, die Verwaltung solange unter sicherheitspolizeilicher Führung zu lassen, bis die Umsiedlung der Juden aus dem Reichsgebiet, [der] Ostmark und Böhmen/Mähren durchgeführt ist.
II.
In diesem Zusammenhang wäre eine endgültige Entscheidung zu fällen, ob die Judenauswanderung im Hinblick auf die Schaffung des Reservats weiterhin durchgeführt wird. Außenpolitisch wäre ein Reservat außerdem ein gutes Druckmittel gegen die Westmächte. Vielleicht könnte hierdurch bei Abschluß des Krieges die Frage der Weltlösung aufgeworfen werden.

## DOK. 66

## Der Chef der Sicherheitspolizei und des SD kündigt am 21. Dezember 1939 an, 600 000 Juden bis Ende April 1940 aus den annektierten westpolnischen Gebieten zu vertreiben[1]

Schreiben des Chefs der Sicherheitspolizei und des SD (C.d.S. – Nr. 12743/39. IV/R Ech.[2]/Er.) an die Umwandererzentralstelle Posen vom 21.12.1939 (Abschrift)

2. *Nahplan*
Der 2. Nahplan behandelt die restlose Erfassung sämtlicher Juden ohne Rücksicht auf Alter und Geschlecht in den Deutschen Ostgauen[3] und deren Abschiebung in das Generalgouvernement Polen. Daher ist darauf zu achten, daß ausschließlich Juden aus den neuen Deutschen Ostgauen durch diese Aktion erfaßt werden, keinesfalls aber Juden aus dem Altreich. Ebenso ist eine Abwanderung einzelner Juden aus den neuen Ostgauen in das Altreich, die Ostmark und das Protektorat zu verhindern.
Es handelt sich hierbei um etwa 600 000 Juden,[4] die bis Ende April 1940 aus den neuen Deutschen Ostgauen abgeschoben werden. Gleichzeitig werden infolge der geringen Anzahl der in Westpreußen wohnhaften Juden etwa 10 000 Polen aus diesen Gebieten mit abgeschoben. Dadurch wird eine volle Ausnützung des zur Verfügung stehenden rollen-

5 diesseitigen Erachtens.

1 AIPN, GK 68/97, Bl. 1–7. Kopie: USHMM, RG 15.015M, reel 2.
2 Eichmann.
3 Die annektierten westpoln. Gebiete.
4 Handschriftl. unterstrichen.

den Materials erreicht. Außerdem ergibt sich die Möglichkeit, für spätere Polentransporte Erfahrungen zu sammeln.

Die Räumungsaktion hat von Norden bezw. Westen in Richtung auf das Gebiet des Generalgouvernements Polen vorgehend die neuen Deutschen Ostgaue gleichsam durchzukämmen. (In Westpreußen werden bezüglich der Polentransporte zweckmäßigerweise die an den Grenzen des Generalgouvernements wohnenden Polen zunächst abgeschoben.)

Die Durchführung der Räumung erfolgt wieder durch die Inspekteure der Sicherheitspolizei und des SD im Auftrage der Höheren SS-und Polizeiführer.

I. *Aufgabe der Inspekteure der Sicherheitspolizei und des SD in den Ostgauen:*

1. Personelle Erfassung.
2. Vermögensbeschlagnahme im Sinne des Erlasses des Beauftragten für den Vierjahresplan, St.M.Dev. 9547 vom 19.10.1939,[5] und der Erlasse des RFSS in seiner Eigenschaft als Reichskommissar für die Festigung Deutschen Volkstums SIV1 Nr 886/39 – 176 – vom 10.11.39 und SIV1 Nr. 844 III/39-151 Sdb.P. vom 16.12.1939.[6]
3. Abtransport im Einvernehmen mit den Befehlshabern der Sicherheitspolizei und des SD im Generalgouvernement.

II. *Aufgabe des Befehlshabers der Sicherheitspolizei und des SD im Generalgouvernement Polen:*

1. Festlegungen der Kopfstationen für die ankommenden Transporte im Einvernehmen mit den Inspekteuren der Sicherheitspolizei und des SD in den Deutschen Ostgauen.
2. Überwachung der Verteilung dieser Transporte durch die polnischen Starosten und Bürgermeister. (Es wird anheimgestellt, falls Möglichkeiten gegeben sind, männliche Juden im Alter von etwa 18 – 60 Jahren in Arbeitskommandos zusammenzufassen und entsprechend einzusetzen.)

III. *Vorbesprechung mit den Sachbearbeitern in Berlin:*

Am 4.1.1940, 11 Uhr, findet im Reichssicherheitshauptamt, Amt IV/R, Berlin W 62, Kurfürstenstraße 115/116, eine Besprechung statt, zu der die beteiligten Inspekteure der Sicherheitspolizei und des SD und der Befehlshaber der Sicherheitspolizei und des SD im Generalgouvernement Polen ihre Sachbearbeiter zu entsenden haben.

An Unterlagen sind mitzubringen:

1. Seitens der Sachbearbeiter der Inspekteure in den Deutschen Ostgauen:
Die Zahlen der in den einzelnen Gebieten vorhandenen Juden und Vorschläge bezüglich der Verladebahnhöfe.
2. Seitens des Sachbearbeiters des Befehlshabers der Sicherheitspolizei und des SD im Generalgouvernement:
Der vorläufige Verteilungsplan für das Gebiet des Generalgouvernements und Vorschläge bezüglich der Ausladebahnhöfe.

Nach dieser Besprechung wird das Sonderreferat den Räumungsplan ausarbeiten, der dann Grundlage einer abschließenden Besprechung sein wird.

5 Es handelt sich um den Erlass Görings über die Errichtung der Haupttreuhandstelle Ost; VOBl. Warthegau 1940, Nr. 5 vom 1.11.1939, S. 18f.

6 Der Erlass Himmlers vom 10.11.1939 regelte die Zusammenarbeit seiner Behörden mit der HTO; Documenta Occupationis, Bd. 5: Hitlerowskie „prawo“ okupacyjne w Polsce. Wybór dokumentów, Teilbd. 1: Ziemie „wcielone“, hrsg. von Karol Marian Pospieszalski, Poznań 1952, S. 205 – 207; zum Erlass vom 16.12.1939 siehe die folg. Anm 7.

Unter Zugrundelegung des endgültigen Räumungsplanes wird schließlich im Einvernehmen mit dem Reichsverkehrsministerium der Transportplan ausgearbeitet und bekanntgegeben.

IV. *Richtlinien für die Räumung.*

1. Die von der Sicherheitspolizei und dem SD eingesetzten Ältestenräte haben die Juden ohne Rücksicht auf Alter und Geschlecht zu erfassen:

Die ortsansässigen Juden sind umgehend in namentlichen Listen (mehrfache Ausfertigung) aufzunehmen und zwar getrennt nach Geschlecht und Altersgruppen (bis zu 18 Jahren, von 18 bis 60 Jahren und über 60 Jahre).

Für die Bestimmung, wer als Jude anzusehen ist, gelten zunächst die Nürnberger Gesetze.

2. Bei der Durchführung der Evakuierungsmaßnahmen ist damit zu rechnen, daß Einzelne durch Gesuche ihre Abschiebung verhindern und Betriebe oder Behörden einen bestimmten bei ihnen beschäftigten Personenkreis von der Evakuierung ausgeschlossen wissen wollen. Zurückstellungen von der Abschiebung sind aus grundsätzlichen Erwägungen in Anbetracht der in genügender Anzahl vorhandenen arbeitslosen Polen nicht vorzunehmen. Es ist vielmehr darauf zu achten, daß die Gebiete restlos von Juden geräumt werden.

3. Um die Beschlagnahme und Einziehung der Vermögenswerte, sofern diese nicht mitgenommen werden dürfen, zu ermöglichen, empfiehlt es sich, vermögende Juden späteren Transporten beizugeben.

Die Beschlagnahme darf die Einhaltung der gesetzten Räumungsfrist nicht aufhalten.

Erforderlichenfalls haben vermögende Juden einen über ihre Vermögensverhältnisse vollständig unterrichteten nichtjüdischen Vertreter, der mit Generalvollmacht ausgestattet sein muß, zu hinterlassen.

Die Erfassung und Beschlagnahme der Werte hat, im Sinne der unter I,2 behandelten Erlasse im Einvernehmen mit der Haupttreuhandstelle Ost bezw. den Treuhandstellen Danzig, Posen, Zichenau und Kattowitz zu erfolgen. Die Landräte und Oberbürgermeister veranlassen Beschlagnahme und Verwertung des Wohnungsmobiliars der zur Abschiebung kommenden Juden im Einvernehmen mit den zuständigen Treuhandstellen (siehe Eilrunderlaß des RF vom 16.12.1939 Ziff. II 4).[7]

4. An Reisegepäck soll nach Möglichkeit mitgenommen werden:

pro Jude ein Koffer mit Ausrüstungsstücken, vollständige Bekleidung, pro Jude eine Decke (keine Betten), Verpflegung für etwa 14 Tage, Personalpapiere.

Da deutsches Geld oder sonstige Werte nicht mitgenommen werden dürfen, sind rechtzeitig vor Abgang des Transportes Złoty zum Umwechseln bereitzustellen.

Es dürfen nicht mitgenommen werden: Wertpapiere, Devisen, Sparkassenbücher usw., Wertsachen jeder Art (Gold, Silber, Platin), lebendes Inventar.

Die sichergestellten Wertsachen, Devisen, Barbeträge und sonstigen Wertgegenstände sind im Sinne der unter I,2 aufgeführten Erlasse zu behandeln.

5. Die für den Transport eingeteilten Juden werden zweckmäßig vor Abgang des Zuges in

7 In dem nicht zur Veröffentlichung bestimmten Eil-Runderlass des RFSS zur Beschlagnahme von Vermögenswerten in den eingegliederten Ostgebieten und im GG vom 16.12.1939 heißt es unter II., die HTO habe Personen eingesetzt, die von ihr „oder ihren Treuhandstellen zu Beschlagnahmen ermächtigt sind und darüber einen schriftlichen, mit Dienstsiegel versehenen Ausweis mit sich führen"; Documenta Occupationis, Bd. 4: Niemiecka Lista Narodowa w „Kraju Warty", hrsg. von Karol Marian Pospieszalski, Poznań 1949, S. 207–209.

geeigneten, in der Nähe des Bahnhofes gelegenen Sälen zusammengezogen. Die Juden haben mit ihrem Gepäck zu erscheinen und sind vor Abgang nach Waffen, Munition, Sprengstoffen, Gift, Devisen, Schmuck und überschießendem Geld zu untersuchen.
6. Nach der Volkszählung besitzen alle Personen in den neuen Deutschen Ostgauen ein Exemplar des Volkszählungsformulars. Dieses gilt als vorläufiger Ausweis, der zum Aufenthalt in diesem Gebiet berechtigt. Vor ihrem Abtransport sind den Juden diese Formulare abzunehmen, womit ihnen die Berechtigung zum weiteren Aufenthalt genommen wird.
7. Für die ordnungsgemäße Durchführung des Transportes ist jeweils eine jüdische Transportleitung aufzustellen, die von sich aus für jeden Waggon einen Ordner zu bestimmen hat. Diese Ordner sind für die Aufrechterhaltung der Ruhe und Ordnung während der Fahrt verantwortlich.
8. Jedem Transportzug ist eine entsprechend ausgerüstete Begleitmannschaft mitzugeben. Dem Führer der Begleitmannschaft ist eine namentliche Liste der mitgeführten Juden, die von der jüdischen Transportleitung zu fertigen ist, auszuhändigen.
9. Für die Unterbringung der Juden in den Distrikten des Generalgouvernements sind im einzelnen nicht die Deutschen Verwaltungs- und Polizeibehörden, sondern die polnischen Starosten und Bürgermeister zuständig, denen die Auflage zu erteilen [ist], die entsprechende Anzahl von Juden aufzunehmen.
10. Die Einhaltung der gesetzten Räumungsfristen wird mit Rücksicht auf die Knappheit des Eisenbahnmaterials nur dann gewährleistet, wenn die Züge sofort nach ihrer Ankunft zu weiterer Verwendung zur Verfügung stehen. Die Züge müssen daher nach Ankunft am Bestimmungsort unverzüglich von den Juden geräumt, desinfiziert und geschlossen zurückgeleitet werden. Die endgültige Räumung kann etwa ab 15.1.1940 beginnen. Von diesem Zeitpunkt an stellt das Reichsverkehrsministerium rollendes Material zum Abtransport von täglich etwa 5000 Juden aus den Ostgauen zur Verfügung.

## DOK. 67
## Ein Hauptmann der Polizei berichtet am 26. Dezember 1939 über antijüdische Ausschreitungen von „Jungpolen" in Tschenstochau[1]

Bericht des Hauptmanns der Schutzpolizei und Bataillonskommandeurs Bröschen, Polizei-Batl. 72 in Tschenstochau, an das Polizeiregiment Radom, den Stadtkommissar und die Oberfeldkommandantur/ Gestapo vom 26.12.1939

*Betrifft:* Brand der Haupt-Synagoge Tschenstochau, Plünderung jüdischer Geschäfte, Jungpolnische[2] judenfeindliche Kundgebung.
Am 25. Dezember 1939 kam es in den späten Nachmittags- und Abendstunden zu Aktionen polnischer Jugendlicher und Kinder gegen die Juden-Wohnviertel nördlich und ostwärts der Hauptallee. Mit Schneebällen und zum Teil mit Steinen wurden Fenster jüdischer Wohnungen und Läden eingeworfen, schätzungsweise etwa 600 – 900 Fenster-

1 APCz, 4/2, Bl. 12+RS.
2 Bezieht sich auf organisierte nationalistische Jugendliche und junge Erwachsene.

scheiben. Die Aktion selbst vollzog sich ziemlich unbemerkt. Sie begann damit, daß die auf den Straßen befindlichen Juden von der polnischen Jugend durch Schneeballwerfen und später mit Steinwürfen in ihre Wohnungen getrieben wurden. Die erwachsenen Polen sympathisierten ganz offen mit dieser Aktion der polnischen Jugend. Anscheinend ist das Einwerfen von Fensterscheiben durch dies zustimmende Verhalten der Erwachsenen hervorgerufen worden. Stimmungsmäßig ist das judenfeindliche Verhalten anscheinend darauf zurückzuführen, daß jüdische Geschäftsleute die Vorweihnachtszeit in ihrer Preisgestaltung ausnützten und das Judentum selbst durch ständige Zuwanderung nach Tschenstochau im Wachsen begriffen ist.[3]

Gegen 19.30 Uhr meldeten Stadt-Urlauber der 1. Komp.[anie], daß polnische Jugend mit Schneebällen nach den Juden würfe und sie verhöhnte. Gleichzeitig meldete die Wache der Kaserne *Narutowica-Schule*[4] Feuerschein aus westlicher Richtung. Der Komp.-Führer Hauptmann *Ambros* setzte sofort den Bereitschaftszug ein und folgte ihm. Am Ostausgang der Panny Mari[5] wurde ein Holz-Kiosk in Flammen stehend vorgefunden. An dieser Brandstelle kam von Volksdeutschen die Mitteilung, daß in der Joselewicza-Berka[6] geplündert würde. Sofort entsendete Kräfte nahmen 20 der Plünderung verdächtige männliche Personen, meist Jugendliche, fest. Plünderungsversuche waren bei einer jüdischen Bäckerei und einer jüdischen Fahrradhandlung festzustellen. Nach den im Laufe der Nacht durch den Komp.-Führer geleiteten Vernehmungen wurden 19 der Festgenommenen als unverdächtig entlassen. Dem 16-jährigen erwerbslosen Graveurlehrling *Deregowski* Stanislaw, Tschenstochau, Bor 3, wurde die Beteiligung an der Plünderung des Fahrradgeschäftes dadurch nachgewiesen, daß eine Durchsuchung seiner Wohnung 2 neue Fahrradmäntel erfaßte. D. ist geständig.

Während der Sicherung an den geplünderten jüdischen Geschäften erhielt Hauptmann *Ambros* von einem zur Streife in die Umgebung entsandten Wachtmeister, der etwas polnisch spricht, die Mitteilung, daß die Haupt-Synagoge von polnischen Jugendlichen in Brand gesteckt worden sei; bei seinem Herankommen seien die Täter unter gegenseitigen Zurufen, in der Synagoge lagere Munition, geflüchtet. Hauptmann *Ambros* veranlaßte sofort die Räumung der Synagogen-Wohnung und sperrte die Gefahrenstelle ab. Der bereits fortgeschrittene Brand im Inneren der Synagoge, an mehreren Stellen zugleich, machte eine Durchsuchung auf Munition unmöglich. Hauptm. *Ambros* wies auch die von ihm selbst alarmierte Feuerwehr an, mit Rücksicht auf die Explosionsgefahr sich ausschließlich auf die Sicherung der Nachbargebäude zu beschränken. In der Umgebung angestellte Nachforschungen über die Ursache des Brandes lassen vermuten, daß die Täterschaft auf Jungpolen zurückzuführen ist. Die Sprachkenntnisse eines der Reservisten der 1. Komp. waren ausreichend, dies aus den Angaben von Anwohnern zu entnehmen.

Ich erhielt die Brandmeldung gegen 20.45 Uhr und ließ das Bataillon alarmieren. Der sofort einsetzende starke Streifendienst ergab keine weiteren Anhaltspunkte für etwaige neue Aktionen gegen die Juden. Ab 21.00 Uhr wurde kein Unberechtigter auf der Straße festgestellt. Die von der Plünderung betroffenen jüdischen Geschäfte wurden durch ste-

3 Diese Zuwanderung war eine Folge der deutschen Vertreibungspolitik in den westpolnischen Gebieten.

4 Richtig: Narutowicza.

5 Panna-Maria-Straße.

6 Berek-Joselewicz-Straße.

hende Streifen gesichert, der erhöhte Streifendienst wurde mit Aufhebung des Alarms eingestellt. Die verstärkten Wachzüge hatten keine Veranlassung mehr, einzuschreiten. Zwei in der Nähe des Plünderungsortes festgenommene männliche Personen wurden als Juden festgestellt. Wegen Nichttragens der vorgeschriebenen Armbinde wurden sie dem Polizeigefängnis zugeführt. Die weitere Bearbeitung des Vorganges wird der Gestapo-Stelle Tschenstochau zuständigkeitshalber übergeben.[7]

## DOK. 68
## Der Bankangestellte Gerhard Schneider schildert im Dezember 1939 seine Eindrücke aus Sosnowitz (Sosnowiec)[1]

Bericht von Gerhard Schneider[2] in der Werkzeitschrift für die Betriebsgemeinschaft Commerz- und Privatbank, Berlin vom Dezember 1939

[…][3]
3. *Sosnowitz.*
Direkt vor den Toren von Kattowitz, aber im sogenannten Kongreßpolen,[4] liegt das Dombrowa-Gebiet[5] mit den Städten Sosnowitz und Bendzin. Die Verflechtung mit dem Kattowitzer Industriegebiet (die Entfernung zwischen Sosnowitz und Kattowitz ist nur 7 km; eine Straßenbahn verbindet die beiden Städte) ließ bald die Einrichtung einer deutschen Bankfiliale dringend nötig werden. Auf Anraten des Chefs der Zivilverwaltung entschloß sich unsere Bank zur Errichtung einer Geschäftsstelle in Sosnowitz. Leicht ist dieser Entschluß nicht gefallen. Sosnowitz hat zwar 110 000 Einwohner, aber die meisten davon sind Juden und der Rest vorwiegend arme polnische Arbeiter. Und so sieht auch die Stadt aus! Auf Schritt und Tritt findet man Material für den „Stürmer".[6] Sollte der Schriftleiter dieser Zeitung einmal nach dort kommen, so wird er neiderfüllt feststellen müssen, daß dieses Milieu auch seine Feder nicht schildern konnte. Der Verfasser dieser Zeilen kann es auch nicht; er möchte auch nicht der Übertreibung verdächtig werden. Allein die Paß-Photographien *eines* jüdischen Photoladens gäben Material für die Titelbilder auf einige Jahre. Wie kann unter diesen Umständen unsere Bankfiliale aussehen? Na, von außen geht es noch, da wäscht gelegentlich der Regen den Dreck ab, aber innen ist's fürchterlich! Die „Beschlagnahme" der Räume der Bank Zwiazku Spolek Zarobkowych (Bank des Verban-

7 Auch SS-Hauptscharführer Dittmann ging in seinem am 26.12.1939 verfassten Bericht der Außendienststelle Tschenstochau davon aus, dass „die Urheber in den Kreisen der Jungpolen zu suchen sind"; wie Anm. 1, Bl. 13+RS.

1 Der Arbeitskamerad. Werkzeitschrift für die Betriebsgemeinschaft Commerz- und Privatbank 6 (1939), Nr. 12 (Dezember), S. 200, HAC.

2 Gerhard Schneider (*1913), Bankangestellter; 1932 Ausbildung bei der Commerz- und Privatbank, danach Maschinenbuchhalter in einer Zweigstelle in Berlin; 1934 SS-Eintritt; schied im Juni 1941 auf eigenen Wunsch aus der Bank aus.

3 Die Fortsetzungsserie „Unsere neuen Geschäftsstellen" befasste sich zunächst mit der Filiale in Kattowitz (Nr. 11, 187f.), dann mit jener in Bielitz-Biala (Nr. 12, S. 199f.).

4 Gemeint ist das auf dem Wiener Kongress 1815 geschaffene Territorium des Königreichs Polen, das bis zum Ersten Weltkrieg unter der Herrschaft des russischen Zaren blieb.

5 Dąbrowa-Revier, auch Dombrowaer Kohlebecken.

6 Von Julius Streicher herausgegebene antisemitische Wochenzeitung, die von 1923 bis 1945 erschien.

des der Erwerbsgenossenschaften) war verhältnismäßig einfach. Nachdem der polnisch sprechende Begleiter die Begrüßung der Portiersfrau: „Co chcesz ty psie?“ („Was willst du Hundesohn?“) mit passenden Antworten der gleichen bilderreichen Sprache erwidert hatte, war bald Einigkeit über die zu treffenden Maßnahmen erzielt. Zwei Arbeitslose von der Straße halfen aufräumen; wiederholte intensivste Anwendung von Seife und eifrigstes Schrubben klärten die über die Art des Fußbodenbelages in den Bankräumen aufgetauchten Zweifel. Es war aber nicht möglich, die ganzen Räume der Bank in der kurzen bis zur Eröffnung unserer Geschäftsstelle zur Verfügung stehenden Zeit unseren Ansprüchen entsprechend herzurichten. Der nicht benötigte Raum mußte daher durch eine Holzwand abgetrennt werden. Die Unterhaltung mit dem hierzu herbeigeholten polnischen Tischler zeigte die polnischen Wirtschaftsverhältnisse besser, als dies ein langer Aufsatz zu tun vermag. Das Holz, ja, das hat nur der Jude, die Bearbeitungsmaschinen, ja, die müssen vom Juden geliehen werden. Und das war ein selbständiger Handwerker!

Akten und Geschäftsbücher der Bank waren nicht mehr vorhanden. Aus den zahlreichen, auf Tischen, Stühlen und dem Fußboden zurückgelassenen Resten konnte festgestellt werden, daß die Bank trotz allem „modern“ organisiert war. Für die Wechselbearbeitung gab es dort auch das Zettelsystem, und Meldungen hat die Bank an ihre Zentrale in einem Maße machen müssen, das unsere Einrichtungen weit überflügelt. „Organisieren“ konnten die Polen also auch.

Unserm Filialleiter wurde gestattet, bis auf weiteres in Beuthen bzw. in Kattowitz wohnen zu bleiben. Täglich zweimal 1½ – 2 Stunden Straßenbahnfahrt erschien leichter zu ertragen als ein dauernder Aufenthalt in Sosnowitz. Die Straßenbahnfahrt ging durch die deutsche Zollkontrolle. Ergötzliche Szenen spielten sich da manchmal ab. So wurde ein Pole vom Grenzbeamten gefragt, ob er Arier sei. „Nein“, antwortete der Pole weinerlich, „ich bin Schuster“. Einer unserer polnisch sprechenden Beamten konnte das Mißverständnis schnell aufklären.

## DOK. 69
## Ein Warschauer Jude schreibt über Menschenjagden und Misshandlungen zwischen dem 19. Oktober 1939 und dem 1. Januar 1940[1]

Handschriftl. Tagebuchfragment eines unbekannten jüdischen Mannes für das Untergrundarchiv des Warschauer Gettos, Einträge vom 19.10.1939 bis 1.1.1940 (2 Abschriften)[2]

Aus einem Tagebuch

19.10.1939[3]

Als ich um zwei Uhr mittags bei meiner Tochter war, kamen zwei d[eutsche] Offiziere mit Revolver in der Hand herein und befahlen uns, sofort die Wohnung zu verlassen. Unter der Androhung zu schießen, mussten wir alles stehen und liegen lassen und hinausgehen. Die Mutter eines drei Monate alten Kindes, die darum bat, Wäsche für das Kind mitnehmen zu dürfen, wollten sie erschießen. Wir alle verließen die Wohnung.

1 AŻIH, Ring I/483 (1026). Das Dokument wurde aus dem Jiddischen übersetzt.
2 Die Einträge sind in zwei Fassungen überliefert. Die vorliegende Übersetzung stützt sich auf die besser lesbare, spätere Fassung.
3 Im Original hier fälschlich 1940.

21.10.1939
Auf der Nowogrodzka-Straße hat man mich für Zwangsarbeiten gefangen genommen. Unter Schlägen wurde ich ins Postamt getrieben, wo ich sehr schwere Behälter mit Ziegeln, Mörtel und Müll tragen musste, bis mir Blut aus der Nase schoss und ich zusammenbrach. Nach sieben Stunden schwerer Arbeit wurde ich freigelassen, und ich lag fünf Tage lang schwer krank im Bett. Vierzehn Tage blieb ich auf meinem Zimmer und litt sehr, sowohl physisch als auch psychisch. Erst danach ging ich wieder auf die Straße.

10.11.1939
Als ich auf der Marszałkowska-Straße unterwegs war, zogen sie mich zusammen mit weiteren 10 Juden ins Tor der Nummer 127 und ließen uns die Ehre zukommen, schwere Kästen mit Konserven aus dem vierten Stock zu tragen. Dabei schlugen sie uns furchtbar mit Stöcken. Bei etlichen von uns floss Blut. Ich kam wie durch ein Wunder mit heiler Haut davon. Nach einigen Stunden nahmen sie die meisten von uns auf ihrem Lastwagen mit. Was aus ihnen wurde, ist nicht bekannt. Ich war unter den Glücklichen, die man freiließ.

22.11.1939
Um 12.00 Uhr mittags nahmen sie ungefähr 300 Juden gefangen, darunter auch mich. Sie brachten uns zu einem Platz außerhalb der Stadt und befahlen uns, ein bisschen zu singen und zu tanzen. Danach befahlen sie uns, mit bloßen Händen im feuchten Lehm zu graben. Wir mussten graben, bis die Hände anschwollen. Spät am Abend begannen sie, uns zu schlagen, nahmen vielen von uns die Mäntel weg und jagten uns zurück in die Stadt. Wir mussten mit aller Kraft rennen und dabei singen. Wenn einer von uns nicht sang, schlugen sie uns mit mörderischem Hass. Viele von uns kamen als Krüppel nach Hause.

26.12.1939
Als mein Freund Rozen mich zur Straßenbahn Nr. 3 brachte, nahm man uns gefangen und brachte uns in die Kobulewska-Straße 9.[4] Hinten im Hof war eine Kaserne. Dort hat man uns die Ehre erwiesen, die Öfen heizen zu müssen. Die ausgebrannte Asche mussten wir in die Taschen stecken und so hinaustragen. Die Arbeit war nicht einmal schwer, aber die seelische Erniedrigung unerträglich. Nach Beendigung der Arbeit brachten sie uns aus dem Hof heraus. Sie nahmen von jedem von uns 2 Zł., ließen alle frei und fingen sogleich andere Juden ein. Es ging ihnen nur um das Geschäft. Sie verschafften sich mit den 2 Zł. eine Einnahme.

1.1.1940
An diesem Tag wurden Juden geschlagen. Als ich auf der Franciszkańska-Straße ging, bemerkte ich von Weitem, dass sie brutal mit Gewehren prügelten. Um den Schlägen zu entgehen, lief ich mit einigen anderen Juden in ein Café und verlangte rasch nach Tee. Es vergingen keine fünf Minuten, als acht Männer mit Revolvern in den Händen hereinkamen und mörderisch zuschlugen. Ich bekam einen starken Schlag von einem Revolver auf den Kopf und fiel bewusstlos zu Boden. So arbeiteten sie ungefähr 20 Minuten, gingen dann wieder hinaus auf die Straße und setzten dort ihre Arbeit fort, Juden zu schlagen und zu quälen. Diesen Tag werde ich nicht vergessen. An den Schlag werde ich mich erinnern, denn er hat Spuren hinterlassen.

4 Möglicherweise ist die Kąkolewska-Straße im Stadtteil Mokotów gemeint.

## DOK. 70
## The Daily Herald: Artikel vom 2. Januar 1940 über die Erschießung von 53 Juden in Warschau[1]

*Swaffers[2] Schlagzeilen. Polens schlimmstes Pogrom. Sie mussten ihre eigenen Gräber ausheben.*

*Als ich im vergangenen August Piłsudskis Gefängnis auf der Warschauer Zitadelle besuchte,[3] hätte ich mir nicht träumen lassen, dass in dieser Anlage binnen weniger Wochen eine Tragödie aufgeführt würde, die der Brutalität, welche die Zarenherrschaft in der ganzen Welt so verhasst gemacht hat, in nichts nachsteht.*

Obwohl bereits viele Pogrome stattgefunden haben, seitdem die Nazis über Polen hergefallen sind, stammt die schlimmste Nachricht aus der Hauptstadt, wo einst 352 700 Juden lebten. Heute sind sie in alle Himmelsrichtungen verstreut.

Unter dem Vorwurf, einige von ihnen hätten einen Polizisten getötet, trieben die Deutschen hier 53 Juden zusammen und erschossen sie in der Zitadelle. Zuerst mussten die Juden ihre eigenen Gräber ausheben, dann die schon Erschossenen begraben, bis die Letzten an der Reihe waren.

„Was euch angeht", sagten die Nazis zu der letzten Gruppe, „werdet ihr die Ehre haben, von deutschen Soldaten begraben zu werden."

Dann zitierten sie die Leiter der örtlichen jüdischen Gemeinde zu sich und erlegten dieser ein Bußgeld in Höhe von 300 000 Złoty auf. Nachdem diese Summe entrichtet worden war, erklärten die Deutschen: „Sollte es das geringste Anzeichen einer Provokation von jüdischer Seite geben, werden 1000 Juden hingerichtet."[4]

Nur Herr Czerniaków, der Vorsteher der Gemeinde, und ein anderes Mitglied des Gemeindevorstands fanden den Mut, die Angehörigen über die Hinrichtungen zu informieren.

Alle anderen gingen hinaus, aus Furcht, ihnen gegenübertreten zu müssen.

Die Szene, die sich daraufhin abspielte, übertraf ihre schlimmsten Befürchtungen.

„Die Namen der Toten werden in die Annalen der Gemeinde als Märtyrer des jüdischen Glaubens eingehen", sagte Czerniaków.

Seine Worte gingen in dem Wehklagen unter, das sich erhob: „Wie lange, oh Gott, wie lange noch?"

Frauen fielen in Ohnmacht, Männer zerrissen ihre Kleidung, und das Weinen und Schreien konnte man draußen auf der ganzen Straße hören.

Einer der Männer, der wegen des angeblichen Mordes hingerichtet worden war, war ein harmloser Rabbiner gewesen.

1 The Daily Herald vom 2.1.1940: Swaffer's Headlines. Poland's worst pogrom. Had to dig own graves. Kopie: IfZ/A, MZA 1-132, 207 F1 Poland. Das Dokument wurde aus dem Englischen übersetzt. Das britische, linksorientierte Blatt The Daily Herald erschien von 1912 bis 1964. Es war in den 1930er-Jahren zeitweise die weltweit auflagenstärkste Tageszeitung.

2 Hannen Swaffer (1879 – 1962), Journalist; Mitarbeiter verschiedener Zeitungen, seit 1931 beim Daily Herald; Mitglied der Labour Party.

3 Józef Piłsudski wurde 1905 unter der russischen Herrschaft in der Warschauer Zitadelle gefangen gehalten.

4 Tatsächlich wurde die Summe vor der Massenerschießung als „Sühnegeld" für den Polizistenmord verlangt und von der Jüdischen Gemeinde gezahlt. Dennoch fand die Erschießung statt; siehe Dok. 39 vom 17. bis 20.11.1939, Anm. 3.

Drei andere Opfer waren ein Vater und seine beiden Söhne, die sich des unsäglichen Verbrechens schuldig gemacht hatten, zufälligerweise in einem nahe gelegenen Haus gewesen zu sein, als die Nazis eintrafen.

## DOK. 71
## SS-Führer und Behördenvertreter sprechen am 4. Januar 1940 im Reichssicherheitshauptamt über Vertreibungen in das Generalgouvernement[1]

Niederschrift vom 8.1.1940 von Franz Abromeit,[2] Danzig, über eine Besprechung im RSHA am 8.1.1940[3]

1. *Vermerk.*
Am 4.1.40 fand in Berlin wegen der Juden- und Polenevakuierung in den Ostgebieten in allernächster Zukunft eine Vorbesprechung statt.Die Tagung leitete SS-Hstuf. Eichmann vom Reichssicherheitshauptamt, Amt IV.Teilnehmer: Die Sachbearbeiter der Inspekteure der Sicherheitspolizei und des SD einschl. Gouvernement sowie die Sachbearbeiter des RSHA. Außerdem Vertreter des Wirtschafts-, Verkehrs- und Finanzministeriums und der Treuhandstelle Ost.
2. Die Sachbearbeiter erstatteten eingangs der Besprechung Bericht über ihre bei der Evakuierung bisher gemachten Erfahrungen. (Für den Gau Danzig hielt SS-Ostubaf. Dr. Tröger Vortrag.)[4]
Der Sachbearbeiter im Generalgouvernement, SS-Hstuf. Mohr,[5] zeigte insbesondere die Schwierigkeiten auf, die dadurch entstanden sind, daß in mehreren Fällen das vom Gouvernement zugesagte Kontingent an zu Evakuierenden überschritten wurde und dadurch die Unterbringung drüben weitestgehend erschwert [wurde]. Die Leute mußten bis zu Tagen in verschlossenen Eisenbahnwagen sitzen, ohne ihre Notdurft verrichten zu können. Außerdem sind bei einem Transport während der großen Kälte 100 Erfrierungen vorgekommen. Um ähnliche Vorkommnisse in Zukunft zu vermeiden, wurde dringend darauf hingewiesen, daß das vom Generalgouvernement vorgeschriebene Kontingent unbedingt einzuhalten ist.

1 AIPN, GK 166/247/III, Bl. 612 – 614. Abdruck als Faksimile in: Szymon Datner, Janusz Gumkowski, Kazimierz Leszczyński, Wysiedlanie ludności z ziem polskich wcielonych do Rzeszy, in: Biuletyn Głównej Komisji Badania Zbrodni Hitlerowskich w Polsce 12 (1960), S. 3 – 180, 3F – 184F, hier S. 37F – 39F.

2 Franz Abromeit (1907 – 1944?), Kaufmann; 1930 NSDAP- und 1932 SS-Eintritt; Mitarbeiter Eichmanns, von 1937 an Führer im SD-Hauptamt, 1939 im RSHA tätig, 1939 – 1941 an der Vertreibung von Polen und Juden aus Danzig und Westpreußen beteiligt, 1942 in Kroatien und 1944 in Ungarn, dort verschollen; 1964 für tot erklärt.

3 Im Original handschriftl. Unterstreichungen.

4 Dr. Rudolf Tröger (1905 – 1940), Jurist; 1939 Gestapo-Chef in Danzig, Chef des Einsatzkommandos 16 in Polen, 1939/40 Inspekteur der Sicherheitspolizei und des SD im Gau Danzig-Westpreußen, 1940 in Frankreich; gefallen.

5 Robert Mohr (1909 – 1989), Jurist; 1933 NSDAP- und SS-Eintritt; Reg.Rat und Personalreferent im RSHA, 1939/40 beim BdS im GG, Nov. 1941 bis Sept. 1942 Führer des Einsatzkommandos 6 in der Sowjetunion; 1942 – 1944 Gestapochef in Darmstadt; danach unter falschem Namen in Burg a.d. Wupper; 1967 vom LG Wuppertal zu acht Jahren Haft verurteilt.

3. Auf Anordnung des Reichsführers SS ist die Evakuierung sämtlicher Juden aus den ehemals polnisch besetzten Gebieten vordringlich durchzuführen.[6]
Von den Sachbearbeitern der Inspekteure Nordost, Südost und Warthegau wurden folgende Zahlen für die sofortige Judenevakuierung angegeben:

| | |
|---|---|
| Nordost – | 30 000 |
| Südost – | 120 000 – 125 000 |
| Warthegau (Lodsch) – | 200 000 |

Der Warthegau will außerdem sofort 80 000 Polen evakuieren, um für die Volksdeutschen aus Galizien und Wolhynien Raum zu schaffen. (Der Warthegau hat bisher bereits 87 000 Polen evakuiert.)Der Gau Danzig benannte für die sofortige Evakuierung im Januar 10 000 Polen und Juden. Zusage ist durch den Gruppenführer[7] bereits erfolgt. (Hauptamt erhielt fernschriftlich Nachricht, daß sich die Zahl auf 10 000 Polen und 2000 Juden[8] geändert hat.)
4. Der Termin für den Beginn der Evakuierung konnte noch nicht bekanntgegeben werden, weil
a) die Verladebahnhöfe noch nicht einwandfrei feststehen,
b) der Sachbearbeiter im Generalgouvernement die einzelnen Kopfstationen für die zu Evakuierenden noch nicht benennen konnte.
c) Erst wenn die vorgenannten Voraussetzungen erfüllt sind, wird das Amt IV im Einvernehmen mit dem Reichsverkehrsministerium den endgültigen Transportplan ausarbeiten und den Inspekteuren bekanntgeben. Ausgearbeitet wird ein Fernplan, der in mehrere Nahpläne aufgeteilt werden soll.
5. Auf Grund der von den Sachbearbeitern der Inspekteure für die sofortige Evakuierung genannten Zahlen wird von den Sachbearbeitern des Amtes IV ein Räumungsplan ausgearbeitet, der Grundlage einer abschließenden Besprechung in Berlin sein wird, an der auch der Gruppenführer teilnehmen will. Der genaue Tag der Besprechung wird fernschriftlich bekanntgegeben. Allerdings ist mit dem Beginn der Evakuierung vor dem 25.1.40 nicht zu rechnen.
6. Die zu Evakuierenden werden in die Gebiete (Distrikte) Krakau, Warschau, Lublin und Radom abgeschoben.
7. Die stattgefundene Aussprache sämtlicher Sachbearbeiter ließ einige Punkte erkennen, auf die bei der Evakuierung unbedingt zu achten ist.
a) *Familien polnischer Kriegsgefangener sind zu evakuieren,* wenn die Voraussetzungen nach den vorhandenen Richtlinien gegeben sind.
b) Auf Anordnung des RFSS darf *jeder Jude* bei der Evakuierung einen Betrag *bis zu 100 Zl.* mitnehmen, der gegebenenfalls von dem gebildeten jüdischen Ältestenrat an Juden ohne Barmittel zu zahlen ist.
c) Es ist unbedingt darauf zu achten, daß keine *Reichsmarkbeträge* über die Grenze *verschoben* werden. In diesem Zusammenhang ist bei der Evakuierung mit der Zollfahndungsstelle zusammenzuarbeiten. Beamte für die *Durchsuchung* der zu Evakuierenden stellt die jeweilige Staatspolizeistelle (Stichproben).
d) Die *Transportbegleitung* stellt die *Polizei* bezw. [es] sind einwandfreie *Volksdeutsche*

6 Siehe Dok. 25 vom 19.10.1939 und Himmlers Anordnung I/II als RKF vom 30.10.1939; Faschismus – Getto – Massenmord (wie Dok. 4, Anm. 1), Dok. 4, S. 42f.
7 Gemeint ist Heydrich.
8 Durchgestrichen: zur Evakuierung.

heranzuziehen. Diese sind ganz besonders auf diszipliniertes Verhalten während der Überfahrt hinzuweisen. Verschiedene Vorkommnisse machen diesen Hinweis nötig.
e) Um bei starkem Frost *Frauen und Kinder* vor Erfrierungen während der Überfahrt zu schützen, sind nach Möglichkeit Frauen und Kinder in *Personenwagen* und Männer in Güterwagen unterzubringen.
f) Jeder zu Evakuierende muß einen *Mundvorrat für 10 Tage* mitbekommen. Diese Maßnahme kann in Zusammenarbeit [mit der] polit. Leitung – NSV nach entsprechendem Hinweis durchgeführt werden.
g) Der *Transportleiter* muß eine namentliche *Liste* mit genauen Personalien und Berufsangabe der Evakuierten auf die Reise mitbekommen, die er bei der Ankunft im Gouvernement dem *Distriktschef* oder Vertreter zu übergeben hat.
h) Die *Polizei bezw. Landräte* haben vor jedem Transport die *Treuhandstelle* zu verständigen, damit von dieser die *Mobiliarbeschlagnahme* durchgeführt werden kann.
i) Über jeden abgehenden Transport ist der Befehlshaber der Sicherheitspolizei und des SD in Krakau und das RSHA, Amt IV, SS-Hstuf. Eichmann fernschriftlich zu verständigen.
j) Das RSHA hat mit dem Reichsverkehrsministerium vereinbart, daß jeder abgehende *Transport 1000 Personen* erfaßt. Diese Zahl ist unbedingt einzuhalten, um auftretende Schwierigkeiten bei der Unterbringung im Gouvernement, wie sie bereits vorgekommen sind, zu vermeiden.
Das RSHA, Amt IV, will den Inspekteuren der Sicherheitspolizei und des SD je 1 Mitarbeiter und 1 Ordonnanz für die Vorbereitung der durchzuführenden Maßnahmen während der Evakuierung zur Verfügung stellen.

## DOK. 72
## Der Anführer der Widerstandsorganisation Służba Zwycięstwu Polski berichtet am 9. Januar 1940 über die Lage der Juden im besetzten Polen[1]

Politisch-ökonomischer Bericht der Organisation Służba Zwycięstwu Polski (SZP)[2] von General Tokarzewski,[3] Warschau, für General Sosnkowski[4] in Angers vom 9.1.1940 (Abschrift)

1 SPP, 3.3.1.1.1, SZP, Meldunek Nr 5, L.dz. 972/6, Bl. 76 (Raport polityczno-ekonomiczny, Sprawy narodowościowe na całym obszarze Rz[eczy]p[ospo]litej, 1. Żydzi). Das Dokument wurde aus dem Polnischen übersetzt. Abdruck in: Armia Krajowa w dokumentach. 1939 – 1945, hrsg. von Halina Czarnocka u. a., Bd. 1: Wrzesień 1939 – cerwiec 1941, Londyn 1970, Dok. 13, S. 68f.

2 Poln.: Dienst am Sieg Polens; am 27.9.1939 gegründete militärische Widerstandsorganisation, die sich nach ihrer Anerkennung durch die Exilregierung als Teil der polnischen Streitkräfte ab dem 13.11.1939 zunächst offiziell Związek Walki Zbrojnej (ZWZ, Bund für den Bewaffneten Kampf) und vom 15.2.1942 an Armia Krajowa (ZWZ-AK, Heimatarmee) nannte.

3 Michał Karaszewicz-Tokarzewski (1893 – 1964), Berufsoffizier; Befehlshaber in verschiedenen Wehrbezirken und Armeen; Mitbegründer und erster Leiter der SZP, März 1940 bis Aug. 1941 in sowjet. Gefangenschaft, danach Offizier in der auf dem Gebiet der Sowjetunion gebildeten poln. Armee, die der poln. Exilregierung unterstand (Anders-Armee); nach 1945 in London.

4 Kazimierz Sosnkowski (1885 – 1969), Berufsoffizier; Mitarbeiter Piłsudskis, Armeeinspekteur; Nov. 1939 bis Juni 1940 im Exil Oberbefehlshaber des ZWZ, bis 1941 Minister ohne Geschäftsbereich in der poln. Exilregierung, Juli 1943 bis Sept. 1944 Oberbefehlshaber der poln. Streitkräfte; nach 1945 in Kanada.

[...][5]

*Nationalitätenfragen auf dem gesamten Gebiet der Polnischen Republik.*

1. Die Juden

Infolge der Besetzung des Landes befinden sich die Juden je nach Besatzungsgebiet in unterschiedlicher Lage: Auf deutschem Gebiet bekommen sie in noch größerem Ausmaß als die polnische Bevölkerung die Praktiken des Nationalsozialismus zu spüren, während sie auf sowjetischem Gebiet stark bevorzugt werden. Folglich kommt es zu einer starken Emigration der jüdischen Bevölkerung von West nach Ost. Diese Entwicklung wird von den deutschen Behörden begünstigt, die die Abwanderung aller Juden begrüßen würden, um mehr Raum für die Konzentration der Polen im Generalgouvernement zu gewinnen. An der „grünen Grenze" lassen die Deutschen die Flucht von Juden zu und beschränken sich darauf, sie ihres Geldes, Goldes und ihrer Wertsachen zu berauben. Dagegen lassen sie aus dem sowjetischen Besatzungsgebiet zurückkehrende Juden nicht passieren. Die in der deutschen Presse angekündigte Schaffung eines jüdischen Territoriums bei Lublin wurde bislang nicht realisiert. Auch von der Schaffung eines Gettos in Warschau wurde aufgrund von Bestechung Abstand genommen. Die Juden sind jedweder Willkür der Deutschen ausgesetzt, umso mehr, als der Zwang, Kennzeichen zu tragen und an Läden und Büros anzubringen, das jüdische Individuum oder Unternehmen für jeden sichtbar brandmarkt. Sogenannte Nichtarier werden behandelt wie Juden. Als Nichtarier wird jede Person betrachtet, deren Vater oder Mutter irgendwann einmal der jüdischen Gemeinde angehört hat. Diese Politik hat zur Folge, dass unter der deutschen Besatzung das jüdische gesellschaftliche Leben völlig zerschlagen wird. Die besten Köpfe unter den jüdischen Funktionsträgern sind entweder schon auf sowjetisches Gebiet geflohen oder planen ihre Flucht; das Gleiche gilt für die Intelligenz generell. Die Juden haben lange auf die Ankunft der Sowjettruppen gehofft, wobei sie nicht einmal Sympathie für die Sowjets oder den Kommunismus äußerten, sondern nur bessere persönliche Lebensbedingungen erhofften. Diese Hoffnungen verflogen mit den militärischen Misserfolgen der Sowjets.[6] Dennoch stützen sich die Bolschewisten stark auf die jüdische Bevölkerung, aus der in Białystok, Brest, Równe und Lemberg die gesamte Miliz und die Kommunalverwaltung rekrutiert wird. Freiberufliche Juden werden begünstigt, wenn sie sich zum Kommunismus bekennen.

Man muss jedoch feststellen, dass sowohl die Zionisten als auch die Bundisten die sowjetische Besatzung bekämpfen und die Bolschewisten zahlreiche Mitglieder dieser Parteien verhaftet haben. Die Häftlinge sitzen zusammen mit Polen in den Gefängnissen, und die Häftlinge scheinen gut miteinander auszukommen. Trotz einiger Ausnahmen ist zu betonen, dass unter den Massen der polnischen und ukrainischen Bevölkerung der Antisemitismus zunimmt. Nach dem Ende der bolschewistischen Besatzung ist ein Pogrom mit breiter Beteiligung der Bevölkerung nicht ausgeschlossen. Unabhängig von der Haltung einer künftigen polnischen Regierung zur jüdischen Frage muss alles unternommen werden, damit es im Moment der Befreiung Polens nicht zu Pogromen kommt, die Polen in der Meinung des Westens ähnlich schaden würden wie die weit schwächeren, ähnlich gearteten Ausschreitungen zu Beginn der Unabhängigkeit.[7] [...][8]

5 Der gesamte Bericht an das Kommando des geheimen militärischen Widerstands umfasst 35 Seiten, enthält das Statut des SZP und liefert eine ausführliche Beschreibung der Lage in Polen; wie Anm. 1, Bl. 48 – 82.

## DOK. 73
## Der Polizeipräsident in Lodsch (Lodz) fordert am 10. Januar 1940 alle Deutschen dazu auf, das jüdische Viertel zu meiden[1]

Bekanntmachung des Lodzer Polizeipräsidenten Johannes Schäfer[2] in der Lodscher Zeitung vom 10.1.1940

Infolge übler Zustände in hygienischer Hinsicht stellt der Norden der Stadt Lodsch,[3] insbesondere der fast ausschließlich von Juden bewohnte Teil, einen ständigen Infektionsherd, vor allem für Typhus, Ruhr und Fleckfieber, dar, so daß die Gefahr der Verschleppung dieser Krankheiten besteht.

Jede unnötige Berührung mit diesem Stadtteil hat daher ab sofort zu unterbleiben.

An alle Deutschen, sowohl Reichs- wie Volksdeutschen, die nicht im Norden der Stadt wohnen und nicht im Gesundheitsdienst, z.B. als Ärzte, Krankenschwestern, Gesundheitsaufseher, Desinfektoren usw. tätig sind, ergeht hiermit die dringende Aufforderung, diesen Stadtteil unter allen Umständen zu meiden. Darüber hinaus erwarte ich von der polnischen Bevölkerung, daß sie die Besuche der in dem bezeichneten Stadtviertel wohnenden Verwandten oder Bekannten auf unbedingt erforderliche Besuche einschränkt.

Die das in Frage kommende Stadtgebiet abgrenzende Bannlinie verläuft, im Norden beginnend, wie folgt:

Goplanska, Zórawia, Zabia, Tokarzewskiego, Marysinska, Brzezinska, Franciszkanska, Północna, Pilsudskiego, Łódka, Nowomiejska, Podrzeczna, Stodolniana, Drewnowska, Rymarska, Lutomierska, Rybna, Limanowskiego, Lotnicza, Zgierska bis zur Einmündung der Goplanska.[4]

Eine weitere Gefährdung der Bevölkerung stellt die Trinkwasserversorgung dar. Ich untersage daher für den gesamten Stadtbereich das Trinken ungekochten Wassers.

6 Gemeint ist der Angriff der Roten Armee auf Finnland am 30.11.1939, der den sog. Winterkrieg auslöste.

7 1918 war es in Ostgalizien zu Pogromen gekommen, die Polens Ruf in Westeuropa und in den Vereinigten Staaten nachhaltig schadeten.

8 Im Folgenden geht es um die Stimmung unter den Deutschen, Ukrainern, Weißrussen und Litauern sowie um die Haltung von Slowaken und Tschechen.

1 Lodscher Zeitung, Nr. 10 vom 10.1.1940, S. 9, Biblioteka Narodowa, P. 101.304. Die deutsche Tageszeitung hieß zunächst Deutsche Lodscher Zeitung, vom 12.11.bis 31.12.1939 Lodzer Zeitung, dann bis 11.4.1940 Lodscher Zeitung und danach bis 1944 Litzmannstädter Zeitung.

2 Johannes Schäfer (1903 – 1993), Großhandelskaufmann; 1926 NSDAP- und 1927 SS-Eintritt; 1930 SA-Führer in Halle a.d. Saale, 1934 beim SS-OA Mitte, dann Führer der 2. SS-Standarte in Frankfurt/M., danach SS-Führer in Bochum, 1939 Polizeichef in Danzig, Okt. 1939 bis Juni 1940 kommissar. Polizeichef in Lodsch bzw. Litzmannstadt, danach SS-Führer in Stettin, von 1943 an in der Waffen-SS; nach 1945 Landarbeiter, dann Versicherungskaufmann in Köln.

3 Der in den ersten Monaten der Besatzung verwendete Name Lodsch wurde am 11.4.1940 offiziell durch Litzmannstadt ersetzt.

4 Schreibung der Straßennamen wie im Original.

## DOK. 74
## Der Chef einer SS-Reiterschwadron in Chełm beschreibt, wie er am 14. Januar 1940 einen Massenmord anordnet[1]

Bericht des Chefs der 5. Schwadron der 1. SS-Totenkopf-Reiterstandarte in Chelm, gez. SS-Obersturmf. u. Schwadronschef Reichenwallner,[2] an den Stab der 1. SS-Totenkopf-Reiterstandarte im Generalgouvernement Polen in Warschau vom 14.1.1940 (Abschrift)

Betreff: Einsatz am Sonnabend den 13. Januar 1940.
Bezug: –
Anlagen: –
Am Freitag den 12. Januar 1940 gegen 22 Uhr wurde ich von dem Führer der Sicherheitspolizei Kreis Chelm SS-Untersturmführer *Rollfing*[3] telefonisch gebeten, die Bewachung eines in der Nacht eintreffenden Judentransportes zu übernehmen. Es handelte sich dabei um etwa 600 Juden, welche aus Lublin kamen und bis zum Morgen in den Eisenbahnwagen bleiben sollten. Ich habe deshalb einen Unterführer und 20 Mann bestimmt, welche von nachts 2 Uhr (Eintreffen des Zuges) bis zum Morgen die Wache übernommen haben. Um 7 Uhr früh meldete mir der eingeteilte Gruppenführer, daß die Wagen vollständig verseucht seien. Ich habe mich deshalb auf die Bahn begeben und dort mit dem Führer der Sicherheitspolizei sowie mit dem stellvertretenden Landrat die Wagen besichtigt.
Dabei wurde festgestellt, daß die Wagen, teilweise bestehend aus 2. u. 3. Klasse Schnellzugwagen, mit Juden überbesetzt waren, daß auf den Gängen derselben ca. 40 Tote lagen, welche den langen Transport nicht aushielten, und Abteile vollgebrochen und durch Kot verunreinigt waren. Beim Öffnen der Tür kam mir schon die Brühe entgegen, und wir waren uns einig, daß in diesem Zug die Ruhr ausgebrochen war. Nach längerem Beraten wurden wir uns einstimmig klar, daß [es] ein Verbrechen wäre, die verseuchten und verwanzten Juden im Kreisgebiet Chelm auszusetzen. Wir haben deshalb veranlaßt, daß das Zugpersonal mit deutschen Beamten besetzt wurde und der Zug in eine Waldgegend Richtung Ruda abgeschoben wird, um dort sämtliche Insassen zu erschießen.
Da die 5. Schwadron nur im Besitz von insgesamt 500 Schuß Infanterie-Munition war und die Wehrmacht ebenfalls nichts abgeben konnte, war es mir unmöglich, diese Aktion durchzuführen. Es wurde deshalb von dem stellvertretenden Landrat die Gendarmerie mit 8 Mann bestimmt, und habe ich dazu zur Verstärkung der Gendarmerie 1 Unterführer und 10 Mann abgestellt. Ich selbst konnte die Führung der Aktion nicht übernehmen, da an diesem Tage der Herr Gouverneur, SS-Brigadeführer Schmitt,[4] seinen Besuch angesagt

1 BArch, RS 4/60.
2 Wilhelm Reichenwallner (1910–1943), Kaufmann; 1931 NSDAP- und SS-Eintritt; 1934 Ausbilder bei der 17. SS-Reiterstandarte; 1939 übernahm er die „arisierte“ Schuhfabrik Diamant in Strausberg; 1940 Führer des SS-Reitersturms 2/7, wegen Vergewaltigung und wegen Geschlechtsverkehrs mit Polinnen strafrechtlich verurteilt; in der Sowjetunion gefallen.
3 Richtig: Hermann Rohlfing (1910–1961), Bürogehilfe; 1928 Justizangestellter beim Amtsgericht Minden; 1933 SS- und 1937 NSDAP-Eintritt; von 1940 an bei der Außenstelle des KdS Lublin in Chełm, später Leiter des Sonderkommandos 1005, 1944 verantwortlich für die Tötung von Gefangenen in Lublin beim Herannahen der Roten Armee; 1960 Leiter der Kripo in Minden; starb in Untersuchungshaft.
4 Richtig: Friedrich Schmidt (1902–1973), Volksschullehrer; 1924 Leiter der Artamanen-Bewegung;

hatte und ich aufgefordert war, an der Besichtigungsfahrt teilzunehmen. Ich habe deshalb die eingeteilten Männer (1 Unterführer, 10 Mann) vor Abfahrt des Zuges antreten lassen und sie darauf aufmerksam gemacht, daß diese Aktion durchzuführen ist, ich aber erwarte, da 2 Formationen, Gendarmerie und SS, daran beteiligt sind und die Gendarmerie mit M.P. ausgerüstet ist, daß das Aufgabengebiet geteilt werden muß und zwar, daß vorerst eine Abteilung den Rest der im Zuge Verbleibenden zu bewachen hat und der andere Teil die Erschießungen vorzunehmen hat. Später haben die Abteilungen zu wechseln.

Bei meiner Rückkehr von meiner Besichtigungsfahrt wurde mir am Bahnhof gemeldet, daß einer meiner Männer angeschossen wurde. Ich habe deshalb den Herrn Gouverneur gebeten, mich bis auf weiteres von der Teilnahme an der Besichtigung entschuldigen zu wollen.Der verletzte SS-Mann ist der SS-Reiter *Klüter* Fritz, geb. 13.6.1909 zu Bad Lippspringe, wohnhaft in Bad Lippspringe, ledig, SS-Nr. 214190. Er wurde nach dem Unfall um 13 Uhr mit dem Zug, welcher um 15.10 Uhr in Chelm eintraf, zurückbefördert. In der Zwischenzeit hatte ich veranlaßt, daß eine Operation im Standortlazarett sofort durchgeführt werden konnte. Auch der Sanitätswagen war bereits an der Bahn. Zufällig war der Abteilungsarzt, SS-Untersturmführer Dr. Wickl, hier in Chelm und konnte der Operation, mit welcher sofort begonnen wurde, beiwohnen. Die Operation leitete der Oberstabsarzt des Standortes Chelm, Dr. Lichtschlag,[5] der außerdem SS-Oberführer in Schlesien ist.

Die inzwischen angestellten Ermittlungen über den Unfall haben folgendes ergeben. Verantwortlich für den Transport war Gend. Hauptwachtmeister *Bleichner*. An dem bestimmten Punkt angekommen, wurden sämtliche Gefangenen aus den Wagen geholt und für einen Marschblock aufgestellt. Die ersten Häftlinge davon sollten eben abgeführt werden, als ein Teil der Gefangenen zu fliehen versuchte. Der verwundete SS-Reiter Klüter war plötzlich von Gefangenen umringt und schrie nach den Aussagen des in der Nähe stehenden Gend. Hauptwachtmeisters *Bleichner* „ich bin getroffen" und stürzte zusammen.

Nach Aussagen der vernommenen Beteiligten habe ich die Anschauung gewonnen, daß einer der Gefangenen noch im Besitze einer Schußwaffe gewesen sein mußte, denn

1. war K. mitten in einen Haufen geraten, so daß es unmöglich war, daß eine verirrte Kugel ihn erreichen konnte.
2. Nach Aussagen der Ärzte handelt es sich um einen Nahschuß, abgegeben von einer Entfernung von 70 cm.

Das Geschoß durchschlug den Gewehrkolben in Höhe des Schlosses und drang durch die Kleidung in den Unterleib ein. Ausschuß war nicht vorhanden. Der Dünndarm wurde 3 mal durchlöchert. Das Geschoß konnte bei der Operation nicht gefunden werden. Der Oberstabsarzt SS-Oberführer Dr. Lichtschlag vertritt den Standpunkt, daß es sich bei diesem Einschuß auf keinen Fall um ein Infanteriegeschoß handelt, sondern aller Voraussicht nach um ein Geschoß eines alten Revolvers, da der Einschuß ein rundes Loch in der Größe eines Markstückes hinterlassen hat. Die Ansicht, daß das Geschoß in einer

1925 NSDAP- und 1934 SS-Eintritt; 1933–1937 stellv. Gauleiter für Württemberg, 1937 Leiter des NSDAP-Hauptschulungsamts; Okt. 1939 Distriktchef in Lublin, Anfang 1940 ins Reich abberufen, April 1940 in der Stabsleitung des SS-Arbeitsbereichs Osten; 1944 Kriegsgefangenschaft; Internierung in Ludwigsburg, 1948 zu 30 Monaten Arbeitslager verurteilt, später Handelsvertreter in Burghausen.

5 Dr. Walter Lichtschlag (1889–1969), Chirurg; 1931 NSDAP- und SS-Eintritt; von 1935 an Arzt im SS-OA Südost in Breslau; nach 1945 in Ludwigsburg interniert, von 1948 an niedergelassener Arzt in Heidelberg.

Entfernung von unter einem Meter abgefeuert wurde, begründet der obengenannte Arzt damit, daß die Ränder der Wunde angebrannt waren.
Es dürfte somit nach Aussagen der Zeugen und nach Ansicht der Ärzte festgestellt sein, daß einer der Gefangenen noch im Besitze einer alten Waffe war und den SS-Reiter Klüter angeschossen hat. Außerdem war es eine Leichtigkeit, daß sich ein Gefangener in den Besitz einer Waffe gebracht hat, da diese auf dem langen Transporte auf den Bahnhöfen von Juden verpflegt wurden.

## DOK. 75
## Der Gesandte der USA in Kaunas berichtet am 18. Januar 1940 über die Flucht von Juden aus der Sowjetunion nach Litauen und in das deutsch besetzte Polen[1]

Bericht Nr. 568 des Gesandten der USA in Kaunas, Bernard Gufler,[2] an den Außenminister in Washington[3] (Eing. 6.2.1940) vom 18.1.1940[4]

*Betrifft*: Berichte über Verschlechterung der Lage in Sowjetpolen, Maßnahmen gegen katholische Einrichtungen.
*Quellen sind vertraulich zu behandeln*
Exzellenz,
ich habe die Ehre, Ihnen mitzuteilen, dass sich die Lage im sowjetisch besetzten Polen offenbar verschlechtert hat und dass sich Juden in großer Zahl nicht nur über die Grenze auf litauisches Gebiet durchschlagen, sondern auch ins deutsch besetzte Polen. Mitarbeiter von Hilfsorganisationen aus Wilna berichten von Juden aus dem sowjetischen Gebiet, die bei ihrer Einreise in diesen Bezirk angegeben hätten, dass viele andere ihrer Landsleute über „die grüne Grenze" ins deutsche Polen gegangen seien.
So unglaublich diese Berichte zunächst auch erscheinen mögen, sie entsprechen offensichtlich der Wahrheit. Herr Joseph Shapiro,[5] ein Mitarbeiter dieser Dienststelle, hat mir soeben mitgeteilt, dass er vor einigen Tagen die Bekanntschaft zweier Juden gemacht habe, die gerade aus Russisch-Polen eingetroffen seien. Diese haben ihm erzählt, sie hätten eigentlich beabsichtigt, ins deutsche Polen einzureisen, und seien nur versehentlich über die litauische Grenze gekommen. Auf seine Frage, wieso sie denn bereit gewesen seien, sich in den Einflussbereich der Deutschen zu begeben, haben sie ihm geantwortet: „Alles ist besser als die Sowjets" und hinzugefügt: „Es ist besser, von den Deutschen ausgebeutet zu werden, als durch die Russen den Hungertod zu erleiden." Alle Lebensbereiche in Sowjetpolen, führten sie weiter aus, befänden sich im Zustand der Auflösung. Außerdem hätten die Juden, welche die Gelegenheit ergriffen haben, sich auf deutsches

1 NARA, Dept. of State, Decimal File 860c. 00/802, Poland Internal Affairs 1916 – 1944. Kopie: NARA, M 1197 Roll 71/602. Das Dokument wurde aus dem Englischen übersetzt.
2 Bernard Anthony Gufler (1903 – 1973), Diplomat; 1932 Vizekonsul in Riga; 1940 einstweiliger Gesandter in Kaunas.
3 Cordell Hull (1871 – 1955), Jurist und Politiker; 1907 – 1931 Abgeordneter, 1931 – 1933 US-Senator und 1933 – 1944 Außenminister; 1945 erhielt er den Friedensnobelpreis.
4 Im Original mehrere Stempel und handschriftl. Bearbeitungsvermerke. Am Ende des Dokuments Vermerk: „In fünffacher Ausfertigung an das Amt; Kopie an die Botschaft in Moskau".
5 Joseph Shapiro machte in Ostpolen dokumentarische Filmaufnahmen.

Gebiet durchzuschlagen, den Eindruck, es sei leichter, von dort aus in ein überseeisches Land zu gelangen als aus der normalerweise hermetisch abgeriegelten Sowjetunion. Unsere Dienststelle wurde auch von Dr. J. Robinzonas,[6] einem bekannten ortsansässigen Anwalt und einem der Sprecher der jüdischen Minderheit, über weitere in jüdischen Kreisen kursierende Informationen unterrichtet. Demnach sei die Bevölkerung in den Städten Sowjetpolens durch die vielen Flüchtlinge, von denen zahlreiche unmittelbar vom Verhungern bedroht seien, auf ein Vielfaches des Üblichen angewachsen. So sagte er beispielsweise, dass sich zurzeit in Lemberg 600 000 Flüchtlinge aufhalten sollen, die noch zur normalen Bevölkerung dieser Stadt hinzukämen.[7] Ihm zufolge deportieren die Sowjets viele Menschen aus Sowjetpolen ins russische Landesinnere.
Die *Litauen-Presse*[8] berichtet, dass die sowjetische Polizei Mitglieder der Katholischen Aktion in Białystok und Lida verhaftet habe, beides Städte nahe der litauischen Grenze. Es heißt, dass sich unter den Verhafteten in dem zuletzt genannten Ort der polnische Senator Malski befinden soll.[9]
Der Sekretär der französischen Gesandtschaft teilte mir mit, er habe von Flüchtlingen gehört, dass die Kirchen in Russisch-Polen zwar noch geöffnet seien, sich aber die Bedingungen für das kirchliche Leben stetig verschlechterten. Er fügte hinzu, dass alle Klöster aufgelöst worden seien und man es ihren Mitgliedern verboten habe, die Ordenstracht zu tragen. Die Sowjets verlangten zudem, führte er weiter aus, dass alle religiösen Handlungen auf dem Kirchengelände durchgeführt würden, was bedeutet, dass die Sterbenden in die Kirchen gebracht werden müssen, um das letzte Sakrament zu erhalten.

## DOK. 76
## Der Höhere SS- und Polizeiführer Krüger befiehlt den Judenräten im Generalgouvernement am 20. Januar 1940 die Bereitstellung von Juden zur Zwangsarbeit[1]

Befehl des Höheren SS- und Polizeiführers im Stab des Generalgouverneurs für die besetzten polnischen Gebiete, Krüger, an die Judenräte vom 20.1.1940 (Abschrift)

Dienstbefehl an die Judenräte für die Erfassung und Gestellung der Juden zur Zwangsarbeit.
Die Erledigung nachstehender Aufgaben der Judenräte ist deren gesetzliche Pflicht. Obmänner und Mitglieder der Judenräte werden mit Zuchthaus bis zu 10 Jahren und gege-

6 Dr. Jacob Robinson, auch Robinzonas (1889 – 1977), Jurist; Parlamentsabgeordneter in Litauen; 1940 Emigration in die USA, 1943 Direktor des Instituts für Jüdische Angelegenheiten des Jüdischen Weltkongresses in New York; verfasste grundlegende Veröffentlichungen über die Judenverfolgung.
7 Diese Zahl ist stark überhöht; siehe Dok. 37 vom 15.11.1939, Anm. 6.
8 Anmerkung im Original: „Eine lokale private Nachrichtenagentur. Nicht vertrauenswürdige Quelle."
9 Władysław Malski (1894 – 1940 oder 1941), Gutsbesitzer, Genossenschaftsfunktionär; Angehöriger der Polnischen Legionen, 1929 – 1935 Abgeordneter des Sejm, 1935 – 1939 des Senats; im Okt. 1939 vom NKVD verhaftet, 1940 im Gefängnis in Minsk inhaftiert.

1 AŻIH, 213/2, Bl. 183a – d. Abdruck in: Documenta Occupationis, Bd. 6: Hitlerowskie „prawo" okupacyjne w Polsce. Wybór dokumentów, Teilbd. 2: Generalna Gubernia, hrsg. von Karol Marian Pospieszalski, Poznań 1958, S. 565 – 568.

benenfalls außerdem noch mit Einziehung ihres gesamten Vermögens bestraft, wenn sie diese Pflicht nicht erfüllen.

A. Erfassung.

1. Die Judenräte haben dafür zu sorgen, daß alle bereits erlassenen und künftig noch ergehenden Vorschriften und Anordnungen über die Zwangsarbeit sofort nach ihrer Bekanntgabe durch die Bürgermeister sämtlichen im Bereich der örtlichen Judenräte ansässigen Juden zur eingehenden Kenntnis gelangen.

2. Sofort bei Eingang der Karteikarten für die Erfassungskartei haben die Judenräte durch ihren Obmann über deren Empfang zu quittieren und hierbei die Anzahl und die Nummern der ausgehändigten Karteikarten genau anzugeben. Anliegendes Quittungsformular ist sofort ausgefüllt über den Bürgermeister an den Kreishauptmann zu schicken.[2] Für jede Karteikarte hat der Judenrat zugleich mit der Quittung den Betrag von 20 Groschen über den Bürgermeister an den Kreishauptmann abzuführen. Diesen Betrag können sich die Judenräte von den erfaßten Juden bei Aushändigung der von den Bürgermeistern abgestempelten Kontrollabschnitte (siehe Ziffer 10) erstatten lassen.

3. Nach der ersten Erfassung übrigbleibende Karteikarten sind sorgfältig aufzubewahren und für die laufende weitere Erfassung hinzuziehender Juden nach der Nummernfolge zu verwenden. Der jeweilige Kartenbestand muß genau der Anzahl der nach der Erfassungsliste (siehe Ziffer 8) verausgabten Karten entsprechen.

4. Weiterer Kartenbedarf ist jeweils sofort über den Bürgermeister beim Kreishauptmann anzumelden; auch über den Empfang dieser weiteren Karten ist die vorgeschriebene Quittung auszustellen.

5. Sofort nach der Empfangnahme der Karteiblätter haben die Judenräte alle männlichen Juden ihrer Gemeinde vom vollendeten 12. bis vollendeten 60. Lebensjahr aufzufordern, sich bei ihnen unverzüglich persönlich zu melden. Die Judenräte haften dafür, daß kein Jude ausbleibt; auch die getauften Juden sind zu erfassen.

6. Die Karteiblätter sind von den Mitgliedern der Judenräte auf Grund persönlicher Befragung der sich meldenden Juden genau und vorschriftsmäßig in deutlich lesbarer Schrift mit Schreibmaschine, falls nicht vorhanden, mit Tinte auszufüllen.

Die Angaben sind in deutscher Sprache zu machen. Für die Beschaffung geeigneter schreibgewandter Dolmetscher haben die Judenräte selbst zu sorgen.

Die Glaubwürdigkeit der Angaben der zu erfassenden Juden zu jeder einzelnen Frage ist vom Judenrat mit eigener Verantwortung genau zu prüfen. Der Obmann des Judenrats kann die zu erledigenden Arbeiten auf die einzelnen Mitglieder des Judenrats verteilen, doch bleibt für die richtige und schnellste Erledigung der gesamte Judenrat verantwortlich.

7. Im einzelnen ist bei der Ausfüllung der Karteiblätter folgendes zu beachten:

a) Es ist nur diejenige Karte zu verwenden, die der Berufsgruppe des Erfaßten entspricht. Jede der 6 Berufsgruppen hat eine besondere Farbe. Sind die Karten für eine Berufsgruppe bereits verbraucht, so dürfen etwa noch vorhandene Karten anderer Berufsgruppen keinesfalls benutzt werden, vielmehr sind die fehlenden Karten durch die Bürgermeister beim Kreishauptmann unverzüglich nachzubestellen.

b) Auszufüllen ist die gesamte Karteikarte, auch der untere abtrennbare Abschnitt (Datum der Erfassung), nicht auszufüllen ist lediglich der dick umrandete Teil.

2 Liegt nicht in der Akte.

c) Bei mehreren Vornamen ist nur der Rufname anzugeben.
d) Angaben über körperliche Behinderung (Gebrechen oder Krankheit) sind nur dann aufzunehmen, wenn diese Behinderung die Arbeitsfähigkeit vermindert oder ausschließt. Im Zweifelsfalle ist die Richtigkeit der Angaben durch einen jüdischen Arzt nachzuprüfen, der das Ergebnis seiner Untersuchung schriftlich in deutscher Sprache niederzulegen hat. Dieser Arzt ist zuvor als Mitglied des Judenrates zu berufen und haftet daher wie die anderen Mitglieder persönlich für sein Verhalten. Das schriftliche Gutachten des Arztes ist mit der Karteikarte über den Bürgermeister an den Kreishauptmann zu senden.
e) Bei der Aufzählung des vorhandenen Werkzeuges sind nicht alle Einzelteile anzugeben, vielmehr genügt bei einer kleinen Schneiderwerkstatt z. B. die Angabe: Werkzeug einer kleinen Schneiderei. Vorhandene Maschinen sind stets aufzuzählen, z. B. 2 Nähmaschinen oder 3 Hobelbänke, 1 Drehbank usw. Bei Fabrikbetrieben genügt Angabe der Art und Größe des Betriebes. Die Vollständigkeit und Richtigkeit der Angaben hat der Judenrat mit eigener Verantwortung zu prüfen.
8. Über den erfaßten Juden ist vom Judenrat eine Liste in doppelter Ausfertigung aufzustellen, die unter Angabe der Karteinummer Name, Beruf und Wohnort des erfaßten Juden zu enthalten hat. Eine besondere Liste in doppelter Ausfertigung ist über das vorhandene Handwerkszeug unter Angabe des Besitzers anzufertigen.
9. Die ausgefüllten Karteiblätter sowie eine Ausfertigung der besonderen beiden Listen gemäß Ziffer 8 sind innerhalb der von den Kreis- bezw. Stadthauptleuten angeordneten Frist an diese durch die Bürgermeister zu übersenden.
10. Die vom Bürgermeister zurückgesandten, von ihnen mit dem Amtsstempel versehenen unteren abtrennbaren Abschnitte der Karteikarte sind den erfaßten Juden auszuhändigen und diesen die Verpflichtung aufzuerlegen, diese Abschnitte zu Kontrollzwecken aufzubewahren; für Minderjährige sind deren Eltern oder sonstige Fürsorgepflichtige, notfalls der Judenrat selbst, zur Aufbewahrung verpflichtet.
11. Zu den von den Kreis- bezw. Stadthauptleuten angeordneten Kontrollversammlungen haben alle erfaßten Juden mit ihren Ausweiskarten zu erscheinen. Die Judenräte sind für pünktliches und vollzähliges Erscheinen verantwortlich.
12. Die von auswärts, insbesondere die aus dem Warthegau und aus dem Gau Danzig-Westpreußen neu hinzuziehenden männlichen Juden vom vollendeten 12. bis zum vollendeten 60. Lebensjahr sind sofort, wenn sie oder ihre Vertreter gemäß § 2 der 1. Durchführungs-Vorschrift vom 11. Dezember 1939 den Judenrat von ihrem Zuzug unterrichten, durch den Judenrat karteimäßig zur Zwangsarbeit zu erfassen.[3] Die ausgefüllten Karteikarten sind jeweils am folgenden Montag zusammen mit der im obigen § 2 angeordneten schriftlichen Nachweisung über den Zuzug dem Bürgermeister auszuhändigen, der die abtrennbaren Kontrollabschnitte nach Abstempelung dem Judenrat zur Aushändigung an die erfaßten Juden zurückgibt.[4]
B. Gestellung.
1. Bei Aufruf der Juden zur Erfüllung des Arbeitszwangsdienstes haben die Judenräte dafür zu sorgen, daß die gestellungspflichtigen Juden pünktlich, sauber und in entlaustem Zustand erscheinen und zum persönlichen Gebrauch folgende Sachen mitbringen: 2 Schlafdecken, 1 zweiten Arbeitsanzug, 1 Mantel, 2 Paar Schuhe (möglichst Stiefel),

3 Siehe Dok. 55 vom 11.12.1939.
4 Später ordnete Krüger die Übergabe der Zwangsarbeiterkarteien an die zuständigen Arbeitsämter an; siehe Dok. 125 vom 13.6.1940.

3 Hemden, 3 Unterhosen, 3 Paar Strümpfe, 1 Paar Handschuh, 2 Handtücher, Kamm und Bürste und 1 komplettes Eßbesteck; ferner Verpflegung für 2 Tage. Alle nicht am Körper getragenen Bekleidungs- und Ausrüstungsstücke sind in einem mit dem Namen des Besitzers versehenen Wäschesack oder Koffer mitzubringen.
Armen Juden sind die aufgeführten Bekleidungs- und Ausrüstungsgegenstände sowie die Verpflegung aus Judenmitteln zu beschaffen. Leichteres Handwerkszeug ist zum Stellplatz zu schaffen, schwerere Arbeitsgeräte z.B. Nähmaschinen, Drehbänke usw. sind zum Abtransport fertigzumachen und der Behörde bis zum Gestellungstermin besonders zu melden.
2. Fabriken, Geschäfte, Grundstücke und sonstige Vermögenswerte, auch Nutzungsrechte (z.B. Pachtungen) der zur Zwangsarbeit eingezogenen Juden haben die Judenräte sofort nach Bekanntgabe des Gestellungstermins den Kreis- bezw. Stadthauptleuten durch die Bürgermeister zu melden, welche die Richtigkeit dieser [Meldungen zu bescheinigen haben. In dieser][5] Meldung ist anzugeben, in welcher Weise während der Abwesenheit des Juden diese Vermögenswerte betreut werden sollen, damit die Behörde gegebenenfalls für deren Sicherstellung sorgen kann.
Zur besonderen Beachtung: Arbeitslose sind auf der Karte ihres besonderen Berufes zu erfassen mit dem Zusatz: „Arbeitslos" z.B. arbeitsloser Maurer auf roter Karte: „Maurer arbeitslos".
Letzter Arbeitsverdienst (Stunden- oder Wochenlohn) ist auf der Rückseite der Karte unten zu vermerken.

## DOK. 77
## Der Judenrat in Bendzin (Będzin) bittet die Treuhandstelle in Kattowitz am 22. Januar 1940 um eine bessere Finanzausstattung[1]

Schreiben des Vorstands der Jüdischen Interessenvertretung in Bendzin (Nr. W-803/40, Sp./N.), Unterschrift unleserlich, an die Haupttreuhandstelle Ost in Kattowitz vom 22.1.1940[2]

Zufolge Anordnung des Oberbürgermeisters der Stadt Bendzin, Herrn Kowohl,[3] vom 28.10.1939, wurde der Vorstand der Jüdischen Interessenvertretung in Bendzin gegründet.[4] Als einziger jüdischer Institution, die zur Zeit in der Stadt Bendzin tätig ist, wurde uns die Erledigung derjenigen jüdischen Probleme und Angelegenheiten übergeben, die früher zur Tätigkeit der Stadtverwaltung und der Ziviladministrationsstellen gehörten.

5 In dieser Fassung des Dokuments fehlt eine Zeile, hier ergänzt aus einer anderen Version des Dienstbefehls, APL, 501/75, Bl. 10 – 13, hier Bl. 13.

1 APK, 124/1397, Bl. 12f.
2 Im Original handschriftl. Notizen. Grammatik und Rechtschreibung im Wesentlichen wie im Original.
3 Hans Kowohl (*1907), Kaufmann; 1928 NSDAP- und SA-Eintritt, 1930 NSDAP-Kreisleiter in Oppeln; 1933 – 1940 Bürgermeister von Krappitz (Oppeln), von Sept. 1939 an kommissar. Bürgermeister von Będzin.
4 Nicht aufgefunden. Laut Bulletin, einem Blatt, das die Statistische Abt. beim Leiter der Ältestenräte der jüdischen Kultusgemeinden in Ost-Oberschlesien herausgab, wurde am 6.9.1939 in Sosnowiec ein Komitee der jüdischen Kultusgemeinde gebildet, das „in den ersten Novembertagen 1939" die Gemeinde in Będzin übernahm; Bulletin, Nr. 1 vom 15. September 1940, S. 1, AŻIH, Ring I/1016 (11), Bl. 2.

Im Zusammenhang mit den uns anvertrauten Funktionen sind wir verpflichtet, das vollkommene Budget der Ernährung der ärmsten Bevölkerung, ärztlicher Kosten, Unterstützungen für reduzierte Beamte,[5] Arbeiter und Lehrer, Unterstützungen an Familien von Reserve-Soldaten, Unterhaltskosten des Waisenhauses und des Alterheims u.[nd] d.[ergleichen] m.[ehr] zu decken.
Außerdem haben wir regelmäßig Abgaben, sei es in bar, sei es in Natur, an Lokal- und Staats-Behörden zu tätigen.
Zur Deckung vorerwähnter Ausgaben, welche sich – ohne die Abgaben zugunsten Selbstverwaltungen und staatlicher Institutionen miteinzuschließen – auf Rmk. 21 858.– im Monat Dezember 1939, und, gemäß Budget-Projekt, auf Rmk. 30 376.25 im Monat Januar 1940 belaufen, wurden wir ermächtigt, von einzelnen Personen und jüdischen Firmen der Stadt Bendzin Abgaben zu fordern.
Angesichts arischer Leitung mancher jüdischer Firmen sowie der Übernahme jüdischer Unternehmen durch Treuhänder werden unsere Einkunftsquellen von Tag zu Tag geringer. Die Treuhänder verbieten nämlich den von ihnen abhängigen Firmen selbst im geringsten Maße, Abgaben zugunsten des Vorstandes der Jüdischen Interessenvertretung in Bendzin zu zahlen.
Ordnungshalber erlauben wir uns zu bemerken, dass 90 % derjenigen Firmen, die in sehr bedeutendem Maße zur Herstellung unseres Budgets beigetragen haben, sich aus vorerwähnten Gründen an den Abgaben an unsere Institution überhaupt nicht beteiligen können.
In Anbetracht dessen, daß der geschilderte gegenwärtige Sachverhalt sich sehr nachteilig auf die Erfüllung der uns vom Herrn Bürgermeister übergebenen Funktionen auswirkt und die gewissenhafte Ausführung der laufenden Aufträge sowohl der Lokal- als wie der Staats-Behörden durch uns hemmt, erlauben wir uns hiermit, uns mit folgender höflicher Bitte an die Treuhandstelle zu wenden:
gemäß der im Altreich bestehenden Vorschriften müssen diejenigen jüdischen Firmen, welche in arische Hände übergehen, 20 % ihres Vermögens der jüdischen Gemeinde abgeben, wogegen Firmen, die ihre Wirtschaftstätigkeit unter Verwaltung der Treuhänder kontinuieren, 3 % ihrer Umsätze an die jüd. Gemeinde abführen.
Nachdem die diesbezüglichen Vorschriften am Terrain der Stadt Bendzin bisher noch nicht angewendet werden, erlauben wir uns hiermit die ergebene Bitte an die Treuhandstelle zu richten, daß die diesbezüglichen Normen, welche im Altreich bestehen, auch auf dem Terrain der Stadt Bendzin in Kraft treten.
Indem wir gegenwärtiges Schreiben an die Treuhandstelle richten, erlauben wir uns höflichst zu bemerken, daß unsere einzige Absicht hierbei das Bestreben ist, die uns sowohl vom Herrn Oberbürgermeister, als auch von staatlichen Behörden anvertrauten Pflichten möglichst gewissenhaft ausführen zu können.
In der Hoffnung, daß die von uns im Gegenwärtigen[6] angeführten Angaben von der Treuhandstelle günstig in Erwägung gezogen werden, wofür wir im Voraus höflichst danken, zeichnen wir
mit vorzüglicher Hochachtung.[7]

5 Gemeint sind entlassene jüdische Beamte.
6 In diesem Schreiben.
7 Solche Bitten richteten verschiedene Judenräte wiederholt an die Treuhandanstalt in Kattowitz. Diese leitete die Schreiben an die HTO in Berlin weiter, die sie zu den Akten legte.

## DOK. 78
## Der Kommandant der Schutzpolizei in Lodsch (Lodz) erlässt am 23. Januar 1940 einen Räumungsbefehl für jüdische Wohnungen[1]

Sonderbefehl des Kommandos der Schutzpolizei in Lodsch (S I a), gez. Keuck,[2] an den Stellv. Polizeipräsidenten und Adjutanten, den Kommandeur und Vertreter, die Reviere der Schutzpolizei in Lodsch, das Abschnittskommando a 2, die Reviere O.v.O., die Bataillone 44-3 und 31-1 vom 23.1.1940 (Durchschlag)[3]

*Sonderbefehl*
Betr. Freimachung jüdischer Wohnungen für die Unterbringung baltendeutscher Familien in Lodsch.
*A. Allgemeines.*
1. Die Zahl der in Lodsch anzusiedelnden Baltendeutschen ist auf 15 000 Personen festgesetzt. Da es sich durchschnittlich um 4–5 köpfige Familien handelt, sind die in der Wiwecki-Siedlung[4] freigemachten Wohnungen nur z. Teil für die Aufnahme der Baltendeutschen geeignet. Für die Freimachung geeigneter jüdischer Wohnungen hat das Amt für Balteneinsatz, Lodsch, Moniuszki[-Straße] 2, Leiter SS-Hauptsturmführer Scheve,[5] einen Evakuierungsstab eingesetzt. Der Evakuierungsstab arbeitet selbständig. Er trifft die Auswahl der Wohnungen, führt die Beschlagnahme und Versiegelung der Wohnungen durch. Die Aufnahme der Vermögenswerte, Ausfüllung der Beschlagnahmeformulare, Abführung der Vermögenswerte an die Stadt usw. wird ausschließlich durch Kräfte des Amtes für Balteneinsatz durchgeführt. Jedem Evakuierungstrupp werden lediglich zur Legalisierung einige Polizeibeamte beigegeben. Die Evakuierungen werden ab 24.I.40 vorwiegend in den Bereichen der Abschnittskommandos Ost und West durchgeführt. Es ist vorgesehen, täglich, auch sonntags, etwa 50 Familien zu evakuieren.
2. Die evakuierten Judenfamilien werden zunächst in Lodsch untergebracht. Für die Unterbringung ist der Stadtteil im Norden vorgesehen, der als Ghetto in Aussicht genommen ist. Eine Skizze, mit den Abgrenzungen des Ghettos, ist dem AK. Nord bereits zugegangen. Die Unterbringung erfolgt zusätzlich bei anderen Judenfamilien. Ist eine Judenfamilie nicht in der Lage, sich selbst unterzubringen, so hat der Judenälteste für die Unterbringung Sorge zu tragen. Die Unterbringung darf aber grundsätzlich nur in Wohnungen erfolgen, die im Bereich der Ghettolinie liegen.

1 AIPN, GK 68/218, Bl. 36f.
2 Walter Keuck (1889–1972), Polizeibeamter; von 1920 an im Polizeidienst in Breslau; 1933 NSDAP-Eintritt; 1937–1939 stellv. Polizeichef in Frankfurt/M., 1940–1942 Oberst und Kommandant der Schutzpolizei in Lodsch bzw. Litzmannstadt, dann in Wuppertal, 1943–1945 Befehlshaber der Ordnungspolizei in Magdeburg und Hannover; 1946 nach Polen ausgeliefert, dort 1948 zu acht und im Berufungsverfahren zu zweieinhalb Jahren Haft verurteilt, 1949 entlassen.
3 Nachrichtlich wurde der Befehl auch an die Kriminalpolizei, die Abt. II und III, das Amt für Balteneinsatz und den Oberbürgermeister geschickt. Im Original handschriftl. Unterstreichungen.
4 Richtig: Mirecki-Siedlung (poln.: Osiedle Mireckiego); siehe auch Dok. 79 vom 23.1.1940.
5 Richtig: Dr. Robert Schefe (1909–1945?), Jurist; 1932 NSDAP- und 1934 SS-Eintritt; 1938/39 Leiter der Stapostelle Allenstein, 1939 Reg.Rat und Leiter des Einsatzkommandos 2 der Einsatzgruppe V in Polen, 1939–1942 zunächst stellv. Leiter, dann Leiter der Stapostelle Lodz, danach Chef der Gruppe A Kriminalpolitik und Vorbeugung im Reichskriminalpolizeiamt; wurde für tot erklärt.

*B. Maßnahmen.*

1. Zur Unterstützung der Evakuierungstrupps stellen AK. Ost und West je 12 Einzeldienstbeamte. Es sind immer dieselben Beamten zu stellen, die für die Dauer der Evakuierungen zu keinem anderen Dienst heranzuziehen sind. *Anzug:* Dienstanzug, Stahlhelm, Pistole. Erstmalige Meldung: 24. I. 40, 9.00 Uhr, Moniuszki[-Straße] 2, bei SS-Hauptsturmführer Scheve.

*Aufgabe* – Die Verstärkungskräfte der Polizei sind in erster Linie dazu bestimmt, die Tätigkeit der Evakuierungstrupps zu legalisieren. Sie haben ferner die evakuierten Judenfamilien dem 5. und 6. Revier zuzuführen. Die Zuführung hat mittels Fußmarsch, Straßenbahn oder anderen Fahrzeugen zu erfolgen. Die Fahrzeuge sind von den Juden zu bezahlen. Was die Juden mitnehmen dürfen, wird von dem Führer des Evakuierungstrupps bestimmt. Vorwiegend sind die evakuierten Juden dem 5. Revier zuzuführen.

2. Die Unterbringung der evakuierten Juden hat durch die Reviere 5 und 6 gem. Ziffer A.2 zu erfolgen. Sämtliche dort eintreffenden Juden sind listenmäßig zu erfassen. Aus den Listen muß die neue Unterbringung zu ersehen sein. Den Juden ist zu eröffnen, daß nach der erfolgten Unterbringung ein selbständiger Wohnungswechsel verboten ist.

Bei Zuwiderhandlung werden die Betreffenden in ein Zwangsarbeitslager übergeführt. Falls evakuierte Juden sich innerhalb der Ghettolinie bei anderen Familien selbst unterbringen können, ist dies zu gestatten. In allen anderen Fällen ist der Judenälteste für [die] Unterbringung heranzuziehen.

Zur Verstärkung der Reviere 5 und 6 hat das Pol. Batl. 44 täglich bis auf weiteres – auch sonntags – je 10 Beamte zu stellen.

*Anzug:* Dienstanzug, Karabiner, 30 Schuß Munition. Erstmalige Meldung: 24. I. 40, 10.30 Uhr, auf den vorgenannten Revieren. Den Einsatz der Verstärkungskräfte regelt AK. Nord. Nach Abschluß der täglichen Evakuierungen sind die Beamten zu ihren Dienststellen zu entlassen.

*C. Besondere Anordnungen.*

1. Den evakuierten Juden oder dem Judenältesten darf nicht bekannt werden, daß in dem unter A.2 genannten Stadtteil die Bildung eines Ghettos in Aussicht genommen ist. Sämtliche zum Einsatz kommenden Beamten sind entsprechend zu unterweisen.

2. Der Judenälteste oder die von ihm bestimmten Vertreter sind bei der Unterbringung der evakuierten Juden weitgehendst zu beteiligen. Bei der Unterbringung dürfen keine Stockungen eintreten.

3. Die zum Einsatz kommenden Verstärkungskräfte und Beamten des Einzeldienstes der Abschnittskommandos Ost und West sind anzuweisen, sich Taschenverpflegung mitzunehmen. Die Evakuierungen werden ohne Mittagspause bis zum Einbruch der Dunkelheit durchgeführt.

4. Die zuständigen Polizeireviere, in deren Bereich Evakuierungen durchgeführt werden, sind durch die zugeteilten Einzeldienstbeamten fernmündlich in Kenntnis zu setzen. AK. West hat einen Beamten zu bestimmen, der täglich nach Abschluß der Evakuierungen die Zahl der freigemachten Wohnungen feststellt und an AK. West meldet. AK. West hat täglich die Zahl der freigemachten Wohnungen in den Tagesmeldungen zu vermerken. AK. Nord meldet in der gleichen Weise die Zahl der täglich evakuierten und neu untergebrachten Juden.

5. Etwa bei der Unterbringung der evakuierten Juden auftretende Schwierigkeiten müssen überwunden werden. AK. Nord hat sich zur Behebung der Schwierigkeiten selbst einzu-

schalten. In besonders gelagerten Fällen ist mit dem Amt für Balteneinsatz – Fernsprecher 10455 – in Verbindung zu treten.
6. Über die bei der Evakuierung gemachten Erfahrungen legen die Abschnittskommandos zum 30.I.40 einen Zwischenbericht vor. Ein abschließender Erfahrungsbericht wird vom Kommando zur gegebenen Zeit eingefordert.[6]

## DOK. 79
## Der Höhere SS- und Polizeiführer im Bereich Warthe, Koppe, berichtet am 23. Januar 1940 über Vertreibungen aus Lodsch (Lodz)[1]

Bericht des Höheren SS- und Polizeiführers Warthe, Koppe, als Beauftragter des Reichskommissars für die Festigung deutschen Volkstums, Amt für Balteneinsatz, Außenstelle Lodsch (Sch/S, Tgb.-Nr. 272/40), gez. SS-Sturmbannführer Rapp, vom 23.1.1940 (Durchschlag)

*Tagesbericht Lodsch Nr. 2*
*Betr. Evakuierungen.*
Nach den Angaben des Bürgermeisters der Stadt Lodsch bestand die Möglichkeit, die städtische Mirecki-Siedlung mit insgesamt 990 Wohnungen von 1, 2 und 3 Zimmern für die Baltendeutschen frei zu machen. Bei Ankunft der Baltendeutschen stellte es sich heraus, daß von diesen 990 Wohnungen 141 unmöbliert waren, ein weiterer Teil von volksdeutschen und polnischen Eisenbahnbeamten bewohnt war, weitere Wohnungen für die Baltendeutschen ungeeignet waren, so daß die durch den Stab Rapp erfolgte Evakuierung dieser Siedlung lediglich 220 für die Baltendeutschen brauchbare Wohnungen ergab, die außerdem teilweise erst nach Instandsetzung der Räume, Wasser- und Klosettanlagen bezogen werden können. Da die Baltendeutschen bereits anrollten, lag ein Notstand vor. Es wurde infolgedessen von dem Aktenvermerk des Höheren SS- und Polizeiführers vom 9.1.40 über die Besprechung vom 8.1.40 in Lodsch über die berufliche und örtliche Unterbringung der Baltendeutschen Gebrauch gemacht,[2] in dem es heißt, daß eine Anzahl von besseren Judenwohnungen geräumt wird, um so 3000 baltendeutschen Familien in Lodsch geeignete Wohnungen zu geben.Da das Städtische Umsiedlungs- und Quartieramt mit seinem beschränkten Beamtenapparat nicht in der Lage ist, diese sofort notwendige Engersetzung der Juden durchzuführen, wurde zur Selbsthilfe geschritten. Nach Rücksprache des SS-Hauptsturmführers Scheve[3] mit dem Polizeipräsidenten von Lodsch, SS-Brigadeführer Schäfer, wurde beiliegender Sonderbefehl über die Freimachung jüdischer Wohnungen für die Unterbringung baltendeutscher Familien in Lodsch erlassen.[4] Für die Evakuierung wurden 6 Männer des Amtes für Balteneinsatz mit 6 Selbstschutzleuten, denen 24 Polizeibeamte beigegeben wurden, abgestellt. In unermüdlicher Arbeit hat sich der Apparat bereits in der kurzen Zeit von 3 Tagen zur vollen Zufriedenheit eingespielt.Es wurden evakuiert und vermittelt:

6 Siehe den Erfahrungsbericht des HSSPF Koppe vom 26.1.1940 über die Umsiedlungen von Polen und Juden aus dem Reichsgau Wartheland, BArch, R 75/5, Bl. 1 – 8.

1 AIPN, GK 68/218, Bl. 38f. Kopie: USHMM, RG 15.015M, reel 3.
2 Der Vermerk liegt nicht in der Akte.
3 Richtig: Robert Schefe.
4 Siehe Dok. 78 vom 23.1.1940.

| | *Evakuiert* | *Vermittelt* Siedlung | Judenwohn[ungen] |
|---|---|---|---|
| am 19.1.40 | 230 (Siedlung) 19 (Judenwohnungen) | | |
| am 20.1.40 | 21 | 86 | – |
| am 21.1.40 | 21 | 11 | 4 |
| am 22.1.40 | 24 | 22 | 4 |
| am 23.1.40 | 7 | 22 | 19 |
| am 24.1.40 | 77 | 15 | 15 |
| | 399 | 156 | 42 |

Es wurden also 399 Wohnungen evakuiert, von denen bereits 198 mit Baltendeutschen besiedelt wurden. Der Rest von 201 Wohnungen, von denen ein Teil in der Siedlung erst in den nächsten Tagen bezugsfertig wird, wird im Laufe des morgigen Tages belegt werden.Die bei der Evakuierung sichergestellten Geldwerte werden an das Amt für beschlagnahmte Vermögen am gleichen Tage gegen Erhaltsbescheinigung ausgehändigt. Die Güte und Größe der Wohnung wird auf dem Schlüsselzettel vermerkt. Die Schlüssel werden dem Wohnungsamt im Amt für Balteneinsatz ausgehändigt, die Wohnungen auf Karten eingetragen, der baltendeutsche neue Wohnungsinhaber festgestellt und die neue Anschrift der Post- und Auskunftsstelle des Amtes für Balteneinsatz mitgeteilt (siehe beiliegende Kartei-Karten).[5]

## DOK. 80
## The New York Times meldet am 23. Januar 1940 stark überhöhte Zahlen über ermordete und geflohene Juden in Polen[1]

*250 000 Juden in Polen als tot gemeldet. Berichte an das Joint Distribution Committee über den Zeitraum seit Kriegsbeginn. Hohe Verluste durch Epidemien. Das wirtschaftliche Leben sei „vollkommen zum Erliegen gebracht worden", heißt es, und Tausende seien obdachlos.*

Laut einer gestern vom Joint Distribution Committee veröffentlichten Schätzung, die sich auf dem Joint zugegangene Meldungen stützt, sind seit dem 1. September in Polen mehr als 250 000 Juden durch Kriegshandlungen, Seuchen und Hunger ausgemerzt worden.[2] 80 Prozent der verbleibenden 1,25 Millionen Juden im deutsch besetzten Gebiet, heißt es weiter, seien „zum Betteln gezwungen".

5 Liegen nicht in der Akte.

1 The New York Times, Nr. 29949 vom 23.1.1940, S. 5: 250,000 Jews listed as dead in Poland. Das Dokument wurde aus dem Englischen übersetzt.

2 Diese Zahl ist weit überhöht. Heutige Berechnungen gehen von 32 216 jüdischen Soldaten und Offizieren aus, die auf dem Schlachtfeld fielen, und von etwa 20 000 jüdischen Zivilisten, die infolge der unmittelbaren Kampfhandlungen umkamen; mehrere tausend Polen und Juden wurden bis Ende 1939 von Deutschen ermordet. Die Zahl der Toten infolge von Seuchen und Hunger war zu dieser Zeit noch vergleichsweise gering.

In Warschau, Lodz und vielen anderen Städten wüteten Typhusepidemien, die durch den grassierenden Hunger und die Entkräftung der Menschen noch verschärft würden, teilte das Komitee mit. Das wirtschaftliche Leben sei „vollkommen zum Erliegen gebracht worden", und Hunderttausende aus ihren Wohnungen vertriebene Familien seien auf der Suche nach Unterkunft unterwegs. Frauen, alte Männer und Kinder seien „unzähligen Erniedrigungen ausgesetzt".

Obwohl das durch Hunger, Epidemien, Pogrome, Verfolgung und Massenvertreibungen verursachte Leiden in den deutsch besetzten Gebieten am schlimmsten sei, herrscht dem Bericht des Komitees zufolge auch im russisch besetzten Sektor, in den sich 600 000[3] Juden geflüchtet hätten, sowie unter den Flüchtlingen in den angrenzenden Ländern große Not.

*2500 Selbstmorde gemeldet*

Im nationalsozialistischen Polen sollen 2500 Juden Selbstmord begangen haben, und täglich werden es dem Komitee zufolge mehr, während „Aberhunderte" standrechtlich hingerichtet würden. Hunderte weitere Menschen wurden und werden, so der Bericht, noch festgehalten, um Lösegelder zu erpressen. In vielen Städten sei das Tragen einer gelben Armbinde mit einem sechszackigen Stern inzwischen verpflichtend geworden.[4]

„Die Angst vor der Zukunft ist nicht die geringste Sorge der polnischen Juden ", so der Bericht. „Die Einrichtung eines Gettos in Warschau, in dem 350 000 Menschen in ein paar Gebäudeblocks, die zur Hälfte durch Bomben- oder Brandschäden zerstört worden waren, hätten zusammengepfercht werden sollen, war zwar offiziell angeordnet, dann aber verschoben worden, weil man die Ausbreitung der Seuchen auf die übrige Warschauer Bevölkerung befürchtete."

„Die Suche nach Leichen in den Trümmern der bombardierten jüdischen Stadtteile Warschaus hält bis heute an. Gerüchte, nach denen die Nürnberger Rassengesetze in Kürze eingeführt werden sollen, haben zusätzlich Panik unter den polnischen Juden geschürt."

Die Angaben des Komitees bestätigen frühere Berichte, denen zufolge die deutschen Behörden angeordnet hätten, Lublin zum Mittelpunkt eines Judenreservats zu machen, in dem nicht nur alle polnischen Juden, sondern auch die Juden aus dem Altreich, aus Österreich, Böhmen und Mähren sowie der Slowakei konzentriert werden sollen. Ende 1939 seien über 40 000 Juden nach Lublin abgeschoben worden, erklärte das Komitee, und organisierte Hilfe für diese Flüchtlinge sei nicht erlaubt.

Die Grenzen zwischen dem deutsch und dem sowjetisch besetzten Gebiet wie auch zwischen dem deutschen Gebiet und Litauen sind mit „Niemandslandflecken übersät, in denen kleine Gruppen von Juden unter den elendsten Bedingungen hausen, die nicht vor und nicht zurück können", so das Komitee. Es hob anerkennend hervor, mit welcher Selbstaufopferung und Hingabe die kleinen jüdischen Gemeinden dieser Bezirke den Flüchtlingen geholfen hätten.

*Schlechte Wohnverhältnisse*

Im russisch besetzten Polen befinden sich etwa 900 000 Flüchtlinge, von denen nach Informationen des Komitees 70 Prozent Juden sind. Angesichts von 300 000 obdachlosen

3 Zu dieser überhöhten Zahl siehe Dok. 37 vom 15.11.1939, Anm. 6.

4 Juden mussten seit Ende 1939 in Teilen der annektierten westpolnischen Gebiete einen 10 cm großen gelben Stern sichtbar auf der Vorder- und Rückseite ihrer Oberbekleidung tragen; die jüdische Bevölkerung im GG war verpflichtet, eine weiße Armbinde mit einem fünfzackigen blauen Stern anzulegen.

Flüchtlingen, die in Lemberg zusammengepfercht sind, weiteren 120 000 Flüchtlingen in Ostgalizien und seinen Provinzen, 100 000 in den Städten Równe, Łuck und Kowel sowie 60 000 in Białystok sollen die Wohnverhältnisse außerordentlich schlecht sein.
Obwohl in dem Gebiet auf Veranlassung der Regierung in öffentlichen Suppenküchen Essen verteilt wird, ist die Anzahl solcher Einrichtungen völlig unzureichend, und es ist für einen Flüchtling nicht leicht, die tägliche Mahlzeit tatsächlich zu bekommen, die ihm nach Auskunft des Komitees zusteht. Es herrscht starker Mangel an warmer Kleidung, an Schuhen, Arzneimitteln und Brennmaterial und fehlt an medizinischer Betreuung für die zahlreichen Typhusfälle.
Die Lage der 25 000 jüdischen Kriegsflüchtlinge in Litauen, von denen die meisten in Wilna untergebracht seien, bezeichnete das Komitee als „ernst"; die Situation von einigen tausend weiteren Flüchtlingen in Rumänien, Ungarn und Lettland sei dagegen mit den Mitteln, die das Komitee bereitgestellt habe, „inzwischen unter Kontrolle gebracht worden". Auf die Hilfsleistungen des Komitees in den anderen betroffenen Gebieten geht der Bericht im Detail ein.

## DOK. 81
## Generalgouverneur Frank ordnet am 24. Januar 1940 die Anmeldung jüdischen Vermögens an[1]

*Verordnung über die Pflicht zur Anmeldung jüdischen Vermögens im Generalgouvernement.*

Auf Grund des § 5 Abs. 1 des Erlasses des Führers und Reichskanzlers über die Verwaltung der besetzten polnischen Gebiete vom 12. Oktober 1939 (Reichsgesetzbl. I S. 2077)[2] verordne ich:
§ 1
*Anmeldepflicht.*
Das gesamte jüdische Vermögen ist anzumelden. Der Anmeldung ist der Stand des Vermögens am Tage des Inkrafttretens dieser Verordnung zugrunde zu legen. Durch Mißbrauch von Formen und Gestaltungsmöglichkeiten des bürgerlichen Rechts kann die Anmeldepflicht nicht umgangen werden.
§ 2
*Jüdisches Vermögen.*
(1) Als jüdisches Vermögen gilt
1. das Vermögen von Juden, soweit sie am 1. Januar 1939 die polnische Staatsangehörigkeit besessen oder nach diesem Zeitpunkt erworben haben, sowie das Vermögen von staatenlosen Juden, wobei einem Juden der nichtjüdische Ehegatte eines Juden gleichsteht;
2. das Vermögen von Personalgesellschaften, wenn mehr als die Hälfte der Gesellschafter, bei Kommanditgesellschaften, wenn mehr als die Hälfte der persönlich haftenden Gesellschafter Juden sind;

1 VOBl. GG 1940 I, Nr. 7 vom 29.1.1940, S. 31–35.
2 Am 12.10.1939 erklärte Hitler das mittel- und süpoln. Territorium zum Generalgouvernement der besetzten polnischen Gebiete; als Generalgouverneur setzte er Hans Frank ein.

3. das Vermögen von Kapitalgesellschaften, an denen zu mehr als 25 v.H. Juden beteiligt sind oder am 1. Januar 1939 beteiligt waren oder deren Vorstand oder Aufsichtsrat ein Jude angehört oder nach dem 1. Januar 1939 angehört hat oder bei denen in anderer Weise maßgeblicher jüdischer Einfluß besteht.
(2) Vermögen im Sinne des Abs. 1 ist bewegliches und unbewegliches Vermögen einschließlich Forderungen, Beteiligungen, Rechte und sonstiger Interessen.
§ 3
*Form und Frist der Anmeldung.*
Die Anmeldung des nach § 1 in Betracht kommenden Vermögens ist unter Benutzung amtlicher Formblätter (Anlagen I und II) bis zum 1. März 1940 bei dem für den Wohnsitz des Anmeldepflichtigen oder für den Sitz der anmeldepflichtigen Personalgesellschaft oder Kapitalgesellschaft zuständigen Kreishauptmann (Stadthauptmann) abzugeben. Die Anmeldefrist kann nur in besonders begründeten Ausnahmefällen kurzfristig verlängert werden. Die Entscheidung hierüber trifft der Kreishauptmann (Stadthauptmann) nach pflichtmäßigem Ermessen. Dazu Anlagen I und II auf S. 33 u. 34.
§ 4
*Herrenloses Vermögen.*
Vermögen, das nicht innerhalb der Anmeldefrist angemeldet worden ist, gilt als herrenlos und ist nach Ablauf der Anmeldefrist einzuziehen gemäß § 8 der Verordnung über das Verfahren bei der Beschlagnahme von privatem Vermögen vom 24. Januar 1940 (Verordnungsblatt GGP. I S. 23).
§ 5
*Strafbestimmungen.*
(1) Zuwiderhandlungen gegen diese Verordnung und die zu ihrer Durchführung ergehenden Vorschriften werden mit Gefängnis und mit Geldstrafe bis zu unbegrenzter Höhe oder mit einer dieser Strafen, in besonders schweren Fällen mit Zuchthaus, bestraft.
Krakau, den 24. Januar 1940.
Der Generalgouverneur für die besetzten polnischen Gebiete
*Frank*

## DOK. 82

## SS-Führer besprechen am 30. Januar 1940 die Vertreibung von Polen und Juden aus dem Warthegau und die Ansiedlung von Balten- und Wolhyniendeutschen[1]

Vermerk über die Besprechung des Chefs der Sicherheitspolizei und des SD, Heydrich, mit SS- und Behördenvertretern[2] im Reichssicherheitshauptamt (IV D 4[3] – III ES[4]), ungez., vom 30.1.1940, für SS-Obersturmbannführer Regierungsdirektor Dr. Tröger (IV D 4 – 888/40), versendet am 19.2.1940 (Eing. 26.2.1940)[5]

*Betrifft:* Besprechung am 30. Januar 1940.
1.) SS-Gruppenführer *Heydrich* gibt bekannt, daß die heutige Sitzung auf Anordnung des Reichsführers SS einberufen wurde, um bei der Durchführung der vom Führer verfügten

1 BArch, R 58/1032, Bl. 35 – 43.
2 Anwesend waren: Seyß-Inquart, Krüger, Koppe, Redieß, Hildebrandt, Greifelt, Creutz, Strecken-

Umsiedlungsaufgaben eine einheitliche Linie mit allen beteiligten Stellen herzustellen. Die bisher erfolgten Räumungen umfaßten rund 87000 Polen und Juden aus dem Warthegau, um für die dort anzusiedelnden Baltendeutschen Raum zu schaffen. Daneben erfolgte eine nicht gesteuerte, sogenannte illegale Auswanderung.
Auf Grund der Ausführungen von Reichsminister SS-Gruppenführer Seyß-Inquart und SS-Obergruppenführer Krüger stellt SS-Gruppenführer Heydrich fest, daß gegen die Räumungen in der Richtung zum Generalgouvernement von den maßgebenden Stellen des Generalgouverneurs keine grundsätzlichen Einwendungen erhoben werden. Die bisherigen Beschwerden waren lediglich dagegen gerichtet, daß bei den vorherigen Evakuierungen die ursprünglich festgesetzten Ziffern nicht eingehalten, sondern überschritten worden sind. Mit Errichtung des Referates IV D 4 zwecks zentraler Steuerung der Räumungsaufgaben fallen die geltend gemachten Bedenken fort.
Vordringlich erscheint es, zur Platzschaffung für Baltendeutsche 40 000 Juden und Polen aus dem Warthegau ins Gouvernement abzuschieben. Als Richtlinie für die Auswahl gilt der Befehl des Reichsführers SS, demzufolge u.a. keine Stammesdeutschen, ohne Rücksicht auf ihr Vorleben, abgeschoben werden dürfen.
Nach dieser Bewegung ist eine weitere improvisierte Räumung im Interesse der in den Ostgauen zur Ansiedlung kommenden Wolhyniendeutschen vorzunehmen. Unter der Annahme, daß die wolhyniendeutschen Familien durchschnittlich 6 bis 7 Kinder aufweisen, ergibt sich eine Zahl von etwa 20 000 Herdhaltungen, die unterzubringen sind. Die Zahl der hierfür zu räumenden Polen ist vorläufig mit etwa 120 000 anzunehmen, wobei mit einer geringen Verringerung insofern gerechnet werden kann, als Teile der abgesiedelten polnischen Landbesitzer in den Ostgauen selbst oder im Altreich als Landarbeiter zum Einsatz kommen werden. Dabei sind möglichst Kongreßpolen[6] zu erfassen.
Das Generalgouvernement hat von dieser Zahl ausgehend bis 15. Februar 1940 mitzuteilen, wie die Verteilung auf die Ausladebahnhöfe vorgesehen ist. Der Zeitpunkt zum Beginn der Durchführung dieser Bewegung wird noch festgelegt und allen beteiligten Stellen rechtzeitig bekanntgegeben.
Bis zum gleichen Termin (15. Februar 1940) haben der Warthegau, Westpreußen-Danzig, Zichenau und Ostoberschlesien das Zahlenmaterial über die dort zur Ansiedlung gelangenden Wolhyniendeutschen festzustellen und die dadurch bedingten Räumungszahlen an polnischen Landbesitzern zu ermitteln und dem Referat IV D 4 bekanntzugeben.
IV D 4 hat dieses Zahlenmaterial zu sammeln und den Räumungsplan aufzustellen. Wäh-

bach, Mohr, Rasch, Wiegand, Damzog, Rapp, Tröger, Abromeit, Wächter, Lasch, Moder, Zech, Globocnik, Katzmann, Meisinger, Liphardt, Hahn, Huppenkothen, Schäfer, Knobloch, Dreier, Tanzmann, Bischof, Kubitz, Winkler, Galke, Pfennig, Fuchs, Best, Müller, Ohlendorf, Ehlich, Eichmann, Günther, Deumling, Dannecker und Rajakowitsch.

3 Das Referat IV D 4 (später IV B 4) organisierte die Deportation von Juden und Polen; es unterstand Adolf Eichmann.

4 Das Referat III ES Einwanderung und Siedlung unterstand vom 31.10.1939 an Dr. Hans Ehlich (1901–1991), Arzt; 1931 NSDAP- und 1934 SS-Eintritt; 1935 Regierungsmedizinalrat und Rassereferent in der Gesundheitsabt. des Sächsischen MdI, Mitarbeiter des Rassenpolit. Amts der NSDAP, 1937 im SD-Hauptamt Leiter der Abt. Rasse und Volksgesundheit (II 213); im Sept. 1939 in der Einsatzgruppe V in Polen, 1939 Leiter der Amtsgruppe Volkstum (III B) im RSHA; führend beteiligt am Generalplan Ost; 1945–1947 in brit. Internierungshaft, danach Arzt in Braunschweig.

5 Im Original handschriftl. Unterstreichungen.

6 Gemeint sind jene Polen, die sich nach 1918 in den bis dahin deutschen Gebieten niedergelassen hatten.

rend es sich bei den im Interesse der Ansiedlung der Wolhyniendeutschen zu räumenden Personen fast ausschließlich um Landbevölkerung handelt, sind die im Interesse der Baltendeutschen Geräumten fast ausschließlich städtische Bevölkerung.
SS-Gruppenführer *Koppe* teilt mit, daß die Räumung, die im Interesse der Wolhyniendeutschen erfolgen soll, so einsetzen muß, daß der landwirtschaftliche Betrieb nicht unterbrochen wird. Es sollen die Wolhyniendeutschen mittels LKW an die ausgewählten Siedlerstellen gebracht und gegen die bisherigen polnischen Besitzer ausgetauscht werden. Die Polen werden in Lager[n] gesammelt und dort einer Auslese unterworfen. Der für die Ostgaue und das Altreich unbrauchbare Teil ist für die Abschiebung ins Generalgouvernement bestimmt. Erst nach dieser Auslese werden somit die genauen Zahlen, welche für die Aufnahme im Generalgouvernement in Frage kommen, feststehen können. Überdies sind aber bereits im Warthegau 4–5000 Polen und Juden in Lagern gesammelt, die bereits im Interesse der Baltendeutschen delogiert wurden, ohne daß jedoch bisher ihr Abschub möglich war.
SS-Obergruppenführer *Krüger* erwähnt, daß von Rußland her im Generalgouvernement 60 000 Flüchtlinge zu erwarten sind, die gleichfalls im Generalgouvernement untergebracht werden müssen.[7]
2.) SS-Gruppenführer Heydrich gibt folgende vom Reichsführer SS erlassene, grundsätzliche Anordnungen bekannt:Es dürfen weder Volksdeutsche noch Stammesdeutsche abgeschoben werden, ebenso keine Kaschuben,[8] Masuren[9] und ähnliche Volksstämme; letzteres mit der Begründung, weil diese Gruppen sich deutschfreundlich verhalten und rassisch mit dem deutschen Volke vermischt sind. Reichsführer SS wünscht jedoch nicht, daß hierdurch eine Kaschuben- oder Masurenfrage aufgerollt wird. Bei der Abschiebung soll lediglich davon die Rede sein, daß die deutschen Provinzen von der fremden Bevölkerung gesäubert werden. Damit soll für die spätere Zeit die Möglichkeit offen gelassen werden, nach einer rassischen Überprüfung auch gänzlich minderwertige Kaschuben usw. abzuschieben.Zur allgemeinen Polenfrage ist angeordnet worden, daß eine rassische Auslese beim Einsatz der Landarbeiter jetzt nicht zu erfolgen hat. Wenn nämlich zwischen guten und schlechten Polen unter der Masse, die ins Altreich kommt, unterschieden werden sollte, könnten bei der deutschen Bevölkerung Verwirrungen entstehen. Beim Arbeitseinsatz der Polen im Reich ist auf eine entsprechende prozentuelle Verteilung des männlichen und weiblichen Geschlechtes zu achten. Insgesamt kommen nach den letzten Feststellungen 800 000 bis 1 000 000 Polen zusätzlich zu den Kriegsgefangenen im Reichsgebiet zum Einsatz. Die Auswahl erfolgt über die Arbeitsämter. Zum Teil sollen diese Polen aus den Ostgauen hereingenommen werden. Anläßlich der Vorbereitungen mußte festgestellt werden, daß die örtlichen Stellen in den Ostgauen erklärten, diese Polen seien unabkömmlich, da sie dort selbst benötigt würden. So erklärte beispielsweise der Warthegau, er könne nur 20 000 abgeben, während Westpreußen-Danzig nur 8000 zur Verfügung stellen will. Aus diesem Grunde ist es erforderlich, ohne Kompromisse alle Polen in den Ostgauen, die als Landarbeiter in Frage kommen, zu erfassen.

7 Man rechnete im Zuge des Bevölkerungsaustauschs über die Demarkationslinie damit, dass 60 000 Rückkehrer aus der Sowjetunion und 15 000 Polen bzw. Ukrainer poln. Staatsangehörigkeit in die Sowjetunion übersiedeln würden; siehe Dok. 83 vom 1. 2. 1940. Am Ende lag die Zahl der Menschen, die nach Westen ausreisen wollten, weitaus höher; siehe Dok. 115 vom 3. 5. 1940.
8 Westslawische Volksgruppe in der Region Danzig.
9 Ursprünglich slawische Volksgruppe Ostpreußens, die früh protestantisch wurde und bis ins beginnende 20. Jahrhundert eine polnische Mundart sprach.

Eine Ausnahme von dem bereits erwähnten grundsätzlichen Verbot der rassischen Auslese beim Landarbeitereinsatz könnte allenfalls bei den auszusiedelnden polnischen Landarbeiterfamilien in Frage kommen. Rassisch gute Elemente könnten im Reichsgebiet belassen werden.

3.) Nach den beiden Massenbewegungen

a) von 40 000 Polen und Juden im Interesse der Baltendeutschen und

b) von etwa 120 000 Polen im Interesse der Wolhyniendeutschen soll als letzte Massenbewegung die Abschiebung von sämtlichen Juden der neuen Ostgaue und 30 000 Zigeunern aus dem Reichsgebiet in das Generalgouvernement erfolgen. Nachdem festgestellt wurde, daß die Räumung von 120 000 Polen etwa im März 1940 zu laufen beginnt, muß die Evakuierung von Juden und Zigeunern bis zur Beendigung der vorgenannten Aktionen aufgeschoben werden. Jedenfalls ist aber der Verteilungsschlüssel vom Generalgouvernement bekanntzugeben, damit die Planung einsetzen kann. SS-Obergruppenführer Krüger teilt mit, daß im Gouvernement für die Wehrmacht, Luftwaffe und SS Truppenübungsplätze in ziemlich bedeutendem Umfange bereitgestellt werden müssen, die eine Umsiedlung innerhalb des Gouvernements von etwa 100 000 bis 120 000 Menschen bedingt. Es wäre daher erwünscht, um eine doppelte Umsiedlung zu vermeiden, bei den Räumungen in Richtung auf das Generalgouvernement hin, darauf Bedacht zu nehmen. SS-Gruppenführer Heydrich bemerkt hierzu, der Bau des Walles[10] und sonstiger Vorhaben im Osten wird wohl Gelegenheit geben, mehrere 100 000 Juden in Zwangsarbeitslagern zusammenzufassen, deren Familien dann den übrigen im Gouvernement bereits befindlichen jüdischen Familien zugeteilt werden könnten, womit das angeschnittene Problem gelöst sein dürfte. SS-Obergruppenführer Krüger erwähnt noch, daß aus dem Generalgouvernement Volksdeutsche (hauptsächlich bäuerliche Elemente) ausgesiedelt [werden] und ins Reich kommen sollen. Hierzu bemerkt SS-Brigadeführer Greifelt, die Lösung dieser Frage ist vom Reichsführer SS auf längere Sicht angesetzt worden.

SS-Gruppenführer Heydrich gibt bekannt, daß nach den drei aufgezeigten Massenbewegungen eine rassische Auslese in den Ostgauen über die Umwanderungszentralen erfolgen soll. Ein Teil der Polen wird mit ihren Familien auf das Altreich verstreut.

Mitte Februar 1940 sollen 1000 Juden aus Stettin, deren Wohnungen aus kriegswirtschaftlichen Gründen dringend benötigt werden, geräumt und gleichfalls ins Generalgouvernement abgeschoben werden. SS-Gruppenführer Seyß-Inquart rekapituliert die Zahlen, die das Generalgouvernement in allernächster Zeit aufzunehmen hat, und zwar 40 000 Juden und Polen, 20 000 Polen sowie die gesamten Juden der neuen Ostgaue und 30 000 Zigeuner aus dem Altreich und der Ostmark. Er verweist auf die Transportschwierigkeiten, die der Reichsbahn hierdurch erwachsen können, und schließlich auf die schlechte Ernährungslage im Generalgouvernement, die sich vor der nächsten Ernte nicht bessern wird. Dadurch ist es notwendig, daß das Reich weiterhin Zuschüsse gewähren muß. Reichsminister Seyß-Inquart bittet SS-Gruppenführer Heydrich, ihn in dieser Angelegenheit zu unterstützen, falls es erforderlich sein sollte, weitere Nahrungsmittelzuschüsse für das Generalgouvernement zu beschaffen. SS-Brigadeführer Wächter bittet, dafür zu sorgen, daß die Evakuierten, die aus Gebieten kommen, deren Ernährungslage wesentlich besser ist als die des Generalgouvernements, mit entsprechenden Lebensmitteln versorgt werden.

10 Nahe der Ostgrenze des GG war die Errichtung von Befestigungsanlagen geplant; siehe Dok. 15 vom 29.9.1939.

SS-Gruppenführer Heydrich bemerkt zu den von Reichsminister Seyß-Inquart erwähnten Transportschwierigkeiten, daß darauf insofern Bedacht genommen wurde, als sämtliche Transportbewegungen im Reichsverkehrsministerium zentral bearbeitet werden, so daß also ein unnützer Einsatz von rollendem Material vermieden wird.
Schließlich macht SS-Gruppenführer Heydrich noch darauf aufmerksam, daß es besonders wichtig sei, daß die zu evakuierenden Personen, besonders die städtische Bevölkerung, rechtzeitig den zuständigen Treuhandstellen bekanntgegeben werden, damit die Sicherstellung der Vermögenswerte erfolgen kann. Im Anschluß an diese Besprechung, die von 11.30 Uhr bis 13.15 Uhr dauerte, traten die Sachbearbeiter der Inspekteure der neuen Ostgaue und des Befehlshabers der Sicherheitspolizei und des SD im Generalgouvernement mit III ES und IV D 4 zu einer Besprechung der Einzelfragen zusammen.

## DOK. 83
## Die Regierung des Generalgouvernements gibt am 1. Februar 1940 eine Übersicht über die geplante Zwangsumsiedlung von ca. 1,6 Millionen Personen[1]

Vermerk des Amts des Generalgouverneurs, Abteilung Innere Verwaltung (Dr. S.[2]/Pi.), ungez., vom 1.2.1940

*Übersicht über die Umsiedlungen im Generalgouvernement*

A. Aus den deutschen Ostgebieten nach dem Generalgouvernement:

| | |
|---|---|
| 40 000 Polen und Juden | |
| 1000 Polen und Juden | ab 15.2.40 |
| 120 000 Polen und Juden | ab 1.3.40 |
| 450 000 Juden | ab 1.5.40 |
| 30 000 Zigeuner | ab 1.5.40 |

B. Aus dem Generalgouvernement nach Deutschland:

| | |
|---|---|
| 780 000 Landarbeiter | ab 1.3.40 |
| 60 000 Volksdeutsche | ab 1.4.40 |

C. Umsiedlung von Rußland nach Polen und umgekehrt:

| | |
|---|---|
| 60 000 Polen aus Rußl. | ab 15.2.40 |
| 15 000 Polen nach Rußl. | ab 15.2.40 |

D. Innere Umsiedlungen infolge der Bereitstellung von Truppenübungsplätzen:
120 000 Polen.
*Insgesamt: ca. 1,6 Millionen Personen.*

1 APL, 498/133, Bl. 1.
2 Dr. Friedrich Wilhelm Siebert (1903–1966), Jurist; 1931 NSDAP- und 1935 SS-Eintritt; 1933 Bürgermeister von Lindau, 1939 Landrat in Bad Kissingen; von Okt. 1939 an Leiter der Innenverwaltung im GG, Sept. 1940 Abteilungsleiter im bayer. Finanzministerium; Febr. 1942 abermals Leiter der Innenverwaltung im GG; 1948 in Krakau verurteilt, 1956 aus der Haft entlassen; 1960–1966 stellv. Bürgermeister von Prien am Chiemsee.

## DOK. 84
## Der Kreishauptmann in Busko weist am 1. Februar 1940 auf den akuten Wohnraummangel in seinem Kreis hin[1]

Schreiben des Kreishauptmanns in Busko, Dr. Wilhelm Schäfer, an den Distriktchef in Radom, Abteilung Arbeit-Siedlungswesen (VII Nr. 1901/2), vom 1.2.1940 (Durchschlag)[2]

*Betrifft:* Wohnungs- und Siedlungswesen. Umsiedlung von Polen und Juden aus dem Reichsgebiet.
Der Kreis Busko ist bereits stark überfüllt. An Umgesiedelten sind etwa 4 – 5000 eingetroffen. Die Belegungsdichte der Wohnräume beträgt durchschnittlich etwa 6 – 8 Personen je Wohnraum. Es sind jedoch auch Wohnräume mit 10 – 20 Personen belegt. Freie Wohnungen sind so gut wie nicht vorhanden. Weiterer Wohnraum könnte nur dadurch geschaffen werden, daß Juden in der Synagoge oder in anderen Judenwohnungen zusammengepfercht werden. Schwierigkeiten bei der Durchführung der Umsiedlungsaktion bereitet vor allem auch der Umstand, daß vorwiegend vielfach städtische Bevölkerung hier eintrifft, welche in den Landgemeinden keine Existenzmöglichkeit findet. Die Belastung der Gemeinden durch die entstehenden Fürsorgeaufwendungen ist so groß, daß sie durch die eingehende Steuereinnahme nicht mehr gedeckt werden kann. Es müßte hier die Frage der Finanzierung dringend geklärt werden.[3]

## DOK. 85
## Der Amtsarzt Dr. Walter Schultz begründet in einer Denkschrift vom 1. Februar 1940, warum in Lodsch (Lodz) ein Getto gebildet werden müsse[1]

Denkschrift von Dr. Walter Schultz[2] vom 1.2.1940 (Entwurf)[3]

1 AIPN, GK 639/37a, Bl. 10.
2 Das Schreiben ist eine Antwort des Kreishauptmanns auf ein Rundschreiben der Abt. Arbeit-Siedlungswesen der Distriktverwaltung vom 15.1.1940, in dem erfragt wurde, „welche Bevölkerungsmengen in dem im Augenblick verfügbaren Wohnraum noch untergebracht werden können". Am 17.1.1940 unterrichtete der Distriktchef den Kreishauptmann, dass „aus den Ostgauen des Reiches 14 000 Juden und Polen mit Eisenbahntransporten zu etwa je 1000 Personen" in den Kreis geleitet würden, und forderte ihn auf, für diese „umgehend einen Verteilungsplan [...] aufzustellen"; wie Anm. 1, Bl. 7f.
3 Am unteren Rand handschriftl. Notiz in Bleistift: „I BuF 501/1". Die Abt. Bevölkerungswesen und Fürsorge (BuF) in der zentralen Innenverwaltung des GG sowie in den Distrikten und Kreisen war für die Bevölkerungspolitik zuständig. Sie regelte die Behandlung der einzelnen Volksgruppen im GG, u. a. die Aufnahme der aus Westpolen vertriebenen Juden und die Deportationen innerhalb des GG, und beaufsichtigte die „Freie Wohlfahrt" der jüdischen Bevölkerung.

1 APŁ, 221/31866b, Bl. 37 – 41. Kopie: USHMM, RG 05.008M, reel 6.
2 Dr. Walter Schultz (1899 – 1940), Arzt; seit 1939 Amtsarzt des Gesundheitsamts Rummelsburg/Pommern, im Jan. 1940 Medizinalrat in Lodz, um dort im Gesundheitsamt einen Sonderauftrag – vermutlich im Zusammenhang mit der Bildung des Gettos – durchzuführen.
3 Der Text wurde ursprünglich im Präsens und Perfekt verfasst und handschriftl. ins Präteritum und Plusquamperfekt gesetzt. Im Original handschriftl. eingefügte Klammern sind hier durch geschweifte Klammern ersetzt. Um die verschiedenen Arbeitsstufen aufzuzeigen, sind Streichungen und Ergänzungen einzeln vermerkt.

*Denkschrift über die Notwendigkeit der Einrichtung eines Ghettos in Lodsch.*

Die seuchenhygienische Lage in der Stadt Lodsch, namentlich das durch Kriegsverhältnisse bedingte, gehäufte Auftreten von Fleckfieber, macht einschneidende Maßnahmen notwendig, um die Seuche auf ihren Herd zu beschränken. Nach den angestellten Ermittlungen hatte das Fleckfieber seinen Ausgang aus dem Nordteil der Stadt genommen, wo seit Jahr und Tag fast ausnahmslos Juden unter den primitivsten hygienischen Verhältnissen wohnten. Bei dem dieser Rasse für Reinlichkeit fehlenden Sinn stellte die allgemeine Verlausung von Wohnungen und Menschen keine Überraschung dar. Kein Wunder, daß infolge der großen Wohndichte der Juden eine schnelle Verbreitung der Seuchen von diesem Stadtteil aus durch den ungehemmten Judenverkehr nach allen Stadtteilen bereits stattgefunden hatte. Der ungehindert sich unter die übrige Bevölkerung mischende, verlauste Jude ist die Gefahrenquelle für die Allgemeinheit, da hierdurch einer unkontrollierbaren Verbreitung der Infektion in der ganzen Stadt Tor und Tür geöffnet ist. Ganz abgesehen von der Kostenfrage ist eine Bekämpfung und Verstopfung der Infektionsquellen durch jedesmalige Entlausung von Personen, Wohnung und auch Häuserblocks im Hinblick auf die primitiven Wohnverhältnisse und den kulturellen Tiefstand der breiten Masse der Juden unmöglich, da selbst, wenn nicht nur Wohnung, sondern ganze Straßenzüge entlaust wurden, durch den Verkehr der Juden untereinander und mit der übrigen Bevölkerung vermeintlich eingedämmte Infektionsherde in bereits sanierten Gebieten wieder neu erstehen können. Bei dieser Sachlage bleibt als alleinige erfolgversprechende seuchenhygienische Bekämpfungsmaßnahme, daß jeglicher Kontakt mit Juden unter allen Umständen vermieden werden muß, da nach menschlichem Ermessen nur auf diese Weise eine Übertragung von Läusen ausgeschlossen ist. Diese Gründe sind es, die den Gedanken eines Ghettos zur unabweisbaren Notwendigkeit werden ließen. Die praktische Schlußfolgerung hieraus war die Beschränkung des Wohn- und Aufenthaltsrechts *aller* in Lodsch ansässigen Juden auf den erwähnten Stadtteil im Norden, so daß alle Wege, die nach wissenschaftlicher Erfahrung die Seuche nehmen könnte, hermetisch unterbunden werden.

Der den Juden zur Bewohnung zugewiesene Stadtbezirk ist nach der Evakuierung aller dort wohnenden Deutschen und Polen, deren Entlausung vor anderweitiger Ansiedlung durchgeführt wurde, allseitig durch eine feste Umwehrung (Zäune, Drahthindernisse, Mauern usw.) mit Bewachungstürmen umgeben worden, so daß ein heimliches Entweichen von Ghettoinsassen unmöglich gemacht wurde. Die dauernde polizeiliche Bewachung der Ghettogrenzen ist unbedingt notwendig {um nicht ähnliche Verhältnisse aufkommen zu lassen wie in Warschau. Aus Mangel an den nötigen Bewachungsmannschaften sind dort neben Verbotstafeln auch Straßen, die zum Ghetto führen, durch Drahthindernisse abgesperrt worden. Diese Hindernisse sind aber z.T. niedergetreten, z.T. sonstwie beseitigt worden, so daß ein ungehemmter Verkehr der übrigen Bevölkerung mit den Ghettoinsassen fortbesteht. Wenn hier in seuchenhygienischer Hinsicht diese unvollkommenen Maßnahmen schon dazu beigetragen haben sollen, die Seuchen einzudämmen, so kann dies nur auf ein[en] blinden Zufall zurückgeführt werden. Diese Schutzmaßnahmen sollen auch in erster Linie für die Angehörigen der Wehrmacht und der Polizei dort durchgeführt sein, denen das Betreten des Ghettos außerdienstlich verboten ist. Da aber die übrige Bevölkerung sich trotz Verbotstafeln und aufgestellter Drahthindernisse im Ghetto bewegt, hat das Straßenverbot für Militär und Polizei nur einen bedingten Wert. Auf diese Weise wird jedenfalls eine absolut sichere Maßnahme zur Verhütung der Seuchenausbreitung nicht erzielt.}

Bei der Zuwanderung der übrigen in Lodsch ansässigen Juden in das Ghetto mußte aus den bereits eingangs erwähnten Gründen mit einem Anwachsen der Morbidität gerechnet werden. Um diesem – besonders den Bewachungsmannschaften drohenden – Gefahrenmoment zu begegnen, mußte an der Ghettogrenze eine Bannmeile geschaffen werden, deren Betreten den Insassen bei strengster Strafe, unter Umständen Todesstrafe, verboten wurde. Die Einrichtung eines Seuchenkrankenhauses im Ghetto von mindestens 300 bis 350 Betten war für die Bekämpfung der Seuche im Ghetto die notwendigste Voraussetzung. {Während sich in Warschau das jüdische Krankenhaus außerhalb des Ghettos befindet}[4] muß unter allen Umständen darauf gedrungen werden, daß im Ghetto selbst die Krankenhäuser für die jüdische Bevölkerung untergebracht werden, um nicht durch notwendig werdende Krankenhaustransporte der Verbreitung der Seuche in anderen Stadtbezirken Vorschub zu leisten.[5] So muß auch ein Krankenhaus von hinreichender Größe für die Behandlung nicht ansteckender Erkrankungen der Ghettoinsassen zur Verfügung stehen. Diese Vorbedingungen sind in Lodsch erfüllt. Im Hinblick auf den zu erwartenden Anstieg der Erkrankungsziffer muß eine ärztliche Versorgung der Ghettoinsassen durch jüdische Ärzte organisiert und sichergestellt sein. Die Zahl der hier[6] zur Verfügung stehenden Ärzte, 94,[7] ist knapp ausreichend {muß aber notfalls genügen}. Das notwendigste Instrumentarium ist durch die jüdischen Krankenhäuser unter U.[mständen] den Ärzten zur Verfügung zu stellen. Für die Auswahl und Heranbildung jüdischen Pflegepersonals haben die Ärzte ebenfalls Sorge zu tragen. Die Versorgung mit Arzneimitteln aus 4 jüdischen Apotheken im Ghetto wurde ebenfalls gewährleistet. Gegen Barzahlung sind sonstige Medikamente durch den Großhandel zu beziehen. Das gleiche gilt für Desinfektionsmittel. {Da, wie erwähnt, das Ghetto in Warschau noch keinen in sich abgeschlossenen Bezirk bildet, ist auch dort noch nicht eine Organisation bezüglich der ärztlichen Versorgung und Beschaffung von Arzneimitteln geschaffen. Zu einer derartigen Regelung wird man auch dort kommen, wenn das neue, im Norden der Stadt bei Praga geplante Ghetto eingerichtet werden wird. Wie die Entwicklung der Dinge in Warschau gezeigt hat, ist auch dem Anwachsen der schon ohnehin bekannten Mißstände im Ghetto erhöhte Aufmerksamkeit zu schenken.} Hier kommen in erster Reihe die Wohnungsverhältnisse mit ihren Mißständen auf dem Gebiet der Trinkwasserversorgung und Fäkalienbeseitigung in Frage. Es ist hier[8] keine Seltenheit, daß z.B. in einem Zimmer 3 bis 5, ja 7 Familien hausen. Häuser, die früher bis zu 100 Einwohner zählten, weisen jetzt 800 bis 1000 und noch mehr Insassen auf. {Mit ähnlichen Verhältnissen muß auch in Lodsch gerechnet werden.} Bei dieser Sachlage ist es klar, daß die Abortanlagen bedeutend erweitert werden müssen und daß bei dem erheblichen täglichen Anfall von Fäkalien eine regelmäßige Leerung der Abortgruben systematisch durchgeführt werden muß. {Für die Fäkalienbeseitigung muß im Hinblick auf die Dringlichkeit der Ghettoeinrichtung ein System zur Anwendung kommen, das weder kostspielig ist, noch längere Vorbereitungen erfordert, dabei aber einen hinrei-

4 Handschriftl. eingefügt: „Es“.

5 Das Gesundheitsamt hatte den Ältesten der Juden am 5.1.1940 mit der sofortigen Einrichtung eines Seuchenkrankenhauses an der Wesoła-Straße und dem Bau eines Absperrzauns beauftragt; wie Anm. 1, Bl. 19.

6 Durchgestrichen: „noch“.

7 Hier durchgestrichen: „(deren Anzahl 40 betragen soll)“. Handschriftl. eingefügt: „94“.

8 Verbessert aus: „ im Warschauer Ghetto“.

chenden Schutz gegen die Verbreitung von Infektionskrankheiten bietet. Nach Berücksichtigung aller dieser Gesichtspunkte kommt daher nur die Anlage von vornherein genügend groß bemessenen Abortgruben – entsprechend der jeweiligen Einwohnerzahl in den Häusern – in Frage, deren Entleerung einem über zuverlässige, über erfahrene Arbeitskräfte und geeignete Fahrzeuge verfügendem Unternehmen übertragen werden muß. Die Entseuchung dieser Arbeitskräfte muß laufend erfolgen. Eine Heranziehung von Juden zur Fäkalienbeseitigung ist im Hinblick auf die Unzuverlässigkeit nicht angezeigt. Bei einem derartigen Verfahren bedarf es auch keiner anderweitigen Kontrolle, wie das z. B. in Warschau noch nötig ist. Im Gegensatz zu den Warschauer Verhältnissen bedarf noch die Wasserversorgung des Ghettos einer Erörterung. Wenn auch die Wasserversorgung in Warschau vor 3 bis 4 Monaten erhebliche Schwierigkeiten bereitete, so sind doch durch die Wiederherstellung des Leitungsnetzes oder, wo dies nicht möglich war, durch die Anlegung von Zapfstellen die Schwierigkeiten behoben.} Das Ghetto in Lodsch verfügt aber nur über örtliche Wasserversorgungsstellen, die nicht nur wenig ergiebig, sondern auch ihrer Anlage nach primitiv und z. T. gesundheitsschädlich sind. Verschmutzung dieser Anlagen durch Oberflächenwasser oder unterirdische Zuflüsse sind keine Seltenheit. {Für Wirtschaftszwecke kann das Wasser – wenn auch unter Zurückstellung von Bedenken – Verwendung finden. Da ferner eine Anfuhr von Trinkwasser zu technischen Schwierigkeiten Bedenken gibt und auch vom seuchenhygienischen Standpunkt keine befriedigende Lösung ergibt, so bleibt keine andere Möglichkeit, als Stichkanäle mit Zapfstellen am Rande des Ghettos anzulegen, so daß ein Anschluß an das städtische Wasserleitungsnetz hergestellt wird. Wenn auch vorerst das Netz mit Feuerlöschwasser gespeist ist und das Wasser nur zu Trinkzwecken in abgekochtem Zustand genossen werden kann, bis das Wasserwerk der Stadt in Betrieb genommen wird, läßt sich nur auf diesem Wege ohne Anfuhr eine ausreichende Wasserversorgung gestalten.}

{Was die Frage der Erwerbsmöglichkeiten im Ghetto anbetrifft, so lassen die Warschauer Verhältnisse zu den hiesigen Verhältnissen im künftigen Ghetto keinen Vergleich zu, da in Warschau den Juden der Straßenhandel z. B. weiter gestattet ist und auch sonst Verdienstmöglichkeiten in anderen Stadtteilen vorhanden sind. Dagegen muß in Lodsch die Sicherung der Ernährung in Betracht gezogen werden. In welcher Form dies später geschieht (Eintausch von Textil- oder anderen Wertsachen gegen Nahrungsmittel), muß dahingestellt bleiben. Hierbei wird besonders zu achten sein, daß alle Waren, die der Verbreitung von Läusen Vorschub leisten können, in entlaustem Zustande das Ghetto verlassen. Ebenso selbstverständlich ist es, daß bei dem auf das notwendigste Maß beschränkten Verkehr mit den Vertretern der jüdischen Gemeinde die notwendige Vorsicht walten muß. Ein Kontakt ist auf jeden Fall zu vermeiden. Der Einbau von geeigneten Räumen für die Durchschleusung der gelieferten Waren wird sich als notwendig erweisen.}

Was endlich das Bestattungswesen anbetrifft, so ist es selbstverständlich, daß der Friedhof innerhalb des Ghettos liegt, um bei Seuchentodesfällen durch Leichentransport durch andere Stadtteile eine Verschleppung der Seuche zu verhüten. Auch diesem Gesichtspunkt ist in Lodsch Rechnung getragen, da hierfür der[9] jüdische Friedhof {bei der früheren jüdischen Irrenanstalt} als Begräbnisplatz vorgesehen ist. {Die dort vorhandenen, zum größten Teil schon verfallenen Gräber, sind aufzuheben bezw. einzuebnen.}

9 Durchgestrichen: „alte“.

Bei konsequenter Wahrung des seuchenhygienischen Standpunktes, daß unter keinen Umständen das Prinzip der völligen Isolierung durchbrochen wird, soweit eine solche nach den vorhergehenden Gesichtspunkten und nach menschlichem und ärztlichem Ermessen erreichbar ist, besteht die begründete Aussicht, das Fleckfieber in Lodsch auf seinen Herd zu beschränken und somit die Allgemeinheit vor einer Verschleppung der Seuche zu bewahren.

## DOK. 86
## Ein Warschauer Jude schildert am 3. Februar 1940 seine Verschleppung und Ausraubung durch zwei deutsche Soldaten[1]

Handschriftl. Tagebuchfragment (unbekannter Autor) für das Untergrundarchiv des Warschauer Gettos, Eintrag vom 3.2.1940 (2 Abschriften)[2]

Aus einem Tagebuch

3.2.1940
Als ich um halb neun zurückkam und schon am Tor des Hofs stand, in dem ich wohne, tauchten plötzlich wie aus dem Nichts zwei d[eutsche] Flieger auf. „Wohin gehst du?“, fragen sie. Ich antworte, dass dies das Tor zu dem Hof sei, in dem ich wohne, und dass ich nach Hause ginge. „Nein!“, schreien sie. „Du musst mit uns auf die Kommandantur gehen.“ All mein Bitten hilft nichts, ich muss mit ihnen gehen. Auf der Straße war kein Mensch mehr, weil es Juden nur bis neun Uhr erlaubt ist, sich dort aufzuhalten.[3] Ich ging in Todesangst mit, wohin, das wussten sie offenbar selbst nicht. Unter der Androhung zu schießen, brachten sie mich zwei Kilometer vor die Stadt. Dort ließen sie mich anhalten und durchsuchten mich. Sie nahmen mir alles weg, zogen mir den Mantel aus und befahlen mir, rasch nach Hause zu laufen und mehr Geld zu bringen. Dazu gaben sie mir 10 Minuten Zeit. Ich lief in Todesangst, weil mir drohte, erschossen zu werden, falls mich die Polizisten nach der Polizeistunde auf der Straße bemerkten. Es bemerkte mich keiner, und ich kam unversehrt zu Hause an.

1 AŻIH, Ring I/483 (1026). Das Dokument wurde aus dem Jiddischen übersetzt. Es handelt sich um die Fortsetzung des Dok. 69 vom 19.10.1939 bis 1.1.1940.
2 Der Eintrag ist in zwei Fassungen überliefert; die besser lesbare, spätere ist Grundlage dieser Übersetzung.
3 Siehe Dok. 55 vom 11.12.1939.

## DOK. 87

## Eine polnische Lehrerin schreibt am 3. Februar 1940 über Hilfe von christlichen Polen für Juden hinter den Absperrungen des sog. Seuchengebiets in Warschau[1]

Tagebuch von Franciszka Reizer,[2] Eintrag vom 3.2.1940

Einige junge Männer aus Albigowa waren in Warschau. Sie sahen das geschlossene jüdische Getto von der Seite der Leszno-Straße und vom Bankowy-Platz aus. Von der Stadt ist es durch einen 3 Meter hohen Bretterzaun abgetrennt. Astlöcher sind herausgefallen.[3] Doch die deutschen Polizisten patrouillieren dort. Wenn kein Deutscher in Sichtweite ist, nähern sich die Leute dem Zaun, blicken durch die Löcher in das Innere und werfen den Unglücklichen etwas zu essen über den Zaun. Ringsherum ist es ganz still, als ob die Menschen dort ausgestorben wären. Unsere Jugendlichen haben durch ein solches Astloch-Fensterchen einen jüdischen Polizisten gesehen, der eine dunkelblaue Uniform mit gelber Armbinde trug und mit einem Schlagstock bewaffnet war. Die Deutschen haben ihnen also einen eigenen Ordnungsdienst eingerichtet. Einer unserer Jungen – Janek Bartman – warf einige Äpfel, Renetten aus Albigowa, über den Zaun.

## DOK. 88

## Die Zahnarzthelferin Ruth Goldbarth schildert am 15. und 16. Februar 1940 die Aufnahme vertriebener Juden aus Bromberg in Warschau[1]

Brief von Ruth Goldbarth[2] in Warschau an ihre Freundin Edith Blau[3] in Minden (Westf.) vom 15. und 16.2.1940

10.[4]
Mein bestes Edithlein,
die Beantwortung Deines Briefes vom 9.[2.1940] wollte ich eigentlich auf morgen verschieben, aber ich habe gerade ein paar Minuten Ruhe u. außerdem eine so große Sehnsucht nach Dir – ich muß schon heute schreiben. Wo soll ich anfangen, wo aufhören. Ich sehe Dein Bildchen an: Edith, trotz des „Fabrikmädels" ganz Dame, in so einer Gemütlichkeit, einer Atmosphäre von Ruhe, Ordnung, einem gewissen Wohlstand, so wie wir es

1 Der Verbleib des Originals ist nicht bekannt. Abdruck in: Franciszka Reizer, Dzienniki 1939 – 1944, Warszawa 1984, S. 38. Es handelt sich möglicherweise um einen redigierten Auszug aus einer längeren Eintragung. Das Dokument wurde aus dem Polnischen übersetzt.

2 Franciszka Reizer, geb. Dudzińska, poln. Lehrerin aus dem östlichen Oberschlesien; sie war während der Besatzung in Albigowa, einer Kleinstadt südlich von Łańcut im Südosten Polens, im illegalen Schulwesen tätig.

3 Gemeint ist: Astlöcher wurden zu Gucklöchern erweitert.

1 USHMM, RG 10.250*03, WA 005, Bl. 1 – 4. Das Dokument gehört zu einer rund 100 Briefe umfassenden Korrespondenz Ruth Goldbarths mit ihrer Freundin Edith Blau und deren Verwandten in Minden in den Jahren 1940 bis 1942.

2 Ruth Goldbarth (1921 – 1942) stammte aus einer assimilierten jüdischen Familie in Bromberg, wo sie zweisprachig aufwuchs. Deutsche Einheiten verschleppten Ruths Vater Rudolf, von Beruf Zahnarzt, im Sept. 1939 als Zivilgefangenen, er kam erst Mitte Dez. 1939 wieder frei. Die Familie wurde gezwungen, am 1.1.1940 in das GG überzusiedeln; in Warschau war Ruth als Assis-

alle gekannt haben – u. doch – wie weit entfernt ist das heute alles, fast nicht mehr Wirklichkeit. „Gardinen, Blumen auf dem Tisch", sagt Dorlein,[5] „in kurzen Ärmeln, jetzt!" So schön u. friedlich sieht das alles aus. Habe ich überhaupt ein Recht, Dir da von uns zu erzählen? Von allem Traurigen, das man täglich sieht + hört? Muß man einen Außenstehenden nicht davor bewahren, so lange es überhaupt möglich ist? Und dazu noch so einen sensiblen Menschen, der alles so mitfühlt + miterlebt wie Du, Edith, wir hier sind abgestumpft, leer + gleichgültig geworden – denn anders wär's ja nicht zu ertragen, aber Ihr … Und doch, was ich vor einigen Tagen erlebt habe, hat mir buchstäblich den Boden unter den Füßen weggerissen. Am Dienstag früh kommt ein Bote v. der Gemeinde mit einem Zettelchen für mich. Ich möchte sofort hinkommen. Unterschrieben von Helmut Jachmann (der seit einem halben Jahr dort angestellt ist).[6] Ich lasse alles stehen + liegen, laufe los. Er empfängt mich am Eingang, geht wortlos mit mir in den Keller runter. Das erste, was ich seh', sind – Sonja + Esterchen, die mir vor die Füße kullern. Und dann schreit's von allen Seiten auf mich ein: „Ruth, Ruth, Frl. G.", ich sehe mich um: lauter bekannte Gesichter, die beiden alten Damen Neumann, Fr. Ch. mit Mutter + Kindern – die letzten 48 aus der alten Heimat. In einem Zustand, nicht zu beschreiben! Ohne einen Groschen, ohne Wäsche u. Kleider, hungernd, frierend, völlig durchnäßt, erschöpft u. verzweifelt bis zum Letzten. Es war schrecklich! Vor allem mußte für die Kranken gesorgt werden. Wir brachten also Frl. Jenny u. die alte Frau Ch. zu Jachmanns, Edith Ch. mit den Kindern zu uns, u. dann bemühten wir uns nach Kräften, Frl. Lise U., die mit Gallenblasenentzündung + hohem Fieber, Frau Kamnitzer mit Grippe u. die andern im Krankenhaus unterzubringen. Aber nur einen Platz konnten wir bei allen Bemühungen bekommen. Da wurde Frl. U. als die am schwersten Kranke hingebracht (übrigens liegt sie heute noch mit Typhusverdacht. Dr. Kerz[7] ist behandelnder Arzt). Die ganze B'er Kolonie wurde alarmiert, aber – man kann gar nicht helfen. Kann man für 48 Menschen Essen, Kleidung + Wohnung schaffen? Wer hat denn heute noch Geld? Edith, Du kannst Dir nicht vorstellen, wie furchtbar dieses Gefühl der Machtlosigkeit ist. Ich bin in diesen 5 Tagen noch gar nicht zur Besinnung ge[kommen]. Für Frau Ch., die noch bei uns wohnt (alle sind schrecklich erkältet, eins[8] liegt mit Temperatur), haben wir nun glücklich ein Zimmer gefunden. Morgen ziehen sie um. Die andern liegen noch immer in der Gemeinde. In den nächsten Tagen kommen sie in einen Punkt.[9] – Das ist alles, was wir machen konnten. Täglich kommen 1000 Personen an, bei allen dasselbe! 100 000 werden bis April erwartet. Was wird das werden? Wo sollen alle die Leute unterkommen, wovon le-

tentin in der Praxis ihres Vaters tätig. Sie wurde vermutlich im Sommer 1942 nach Treblinka deportiert.

3 Edith Blau, verheiratete Brandon (*1921), stammte aus Danzig, ihre Eltern ließen sich Ende der 1930er-Jahre in Bromberg nieder; Blau reiste am 20.12.1939 zu Verwandten nach Minden, von dort wurde sie am 13.12.1941 nach Riga deportiert, sie war danach in verschiedenen Lagern; nach Kriegsende hielt sie sich zunächst wieder in Minden auf und lebte dann in London.

4 Ruth Goldbarth nummerierte ihre Briefe an Edith Blau.

5 Dorlein oder Dorli ist Ruths jüngere Schwester Dorothea Charlotte (1924 – 1942); vermutlich wurde sie wie ihre Schwester Ruth im Sommer 1942 nach Treblinka deportiert und dort ermordet.

6 Helmut Jachmann (1910 – 1942?) stammte aus Bromberg; kam vermutlich 1942 im Warschauer Getto um.

7 Dr. Adolph (auch Abram) Kerz (*1898 oder 1900), Arzt; stammte aus Gorlice, vor dem Krieg in Bromberg, dann im Stawki-Krankenhaus im Warschauer Getto tätig; kam im Getto um.

8 Eines der Kinder von Frau Ch.

9 Eine Notunterkunft.

ben? Die Wiener werden erwartet + auch die aus dem Reich. Ich will Euch gewiß nicht Angst machen, mein Kleines, aber – bereitet Euch auf alle Fälle vor! Wir sind hier alle in einer so gedrückten Stimmung, so niedergeschlagen; ich habe allen Mut + alle Hoffnung verloren. Das halten wir nicht durch. Dita, ich will doch nicht nachgeben, ich will mich und uns alle nicht aufgeben, aber das jetzt geht über meine Kräfte!

16. II.

Eben war Herr Weyn.[10] bei uns. Zum letzten Mal. Die Erlaubnis ist ihm abgelehnt worden. Das ist so traurig für uns. Er ist so ein lieber Kerl. Wirklich, beim Abschied sind mir die Tränen über's Gesicht gekullert. Ich kann mich eben nicht mehr beherrschen. Es war letztens ein bißchen viel auf einmal. Und zu alledem tut mir dauernd der Kopf weh. Und unsere Einquartierung! So leid sie mir tun u. so schrecklich das alles ist, Frau Edith geht einem auf die Nerven! So was Dämliches, Unpraktisches! Um nichts kümmert sie sich selbst, alles muß ihr erledigt werden. Sie hat noch nicht gelernt. Ich spreche schon nicht davon, daß weder sie noch ihre Kinder dran denken, mal beim Aufräumen oder Abtrocknen zu helfen – aber für ihr Zimmer hätte sie sich wirklich schon selbst mal interessieren können! Und redet von früh bis spät von ihrem Unglück u. versteht nicht, daß ihr, dem armen Opfer, nicht überall alles in den Schoß fliegt. „Ich bin ja schließlich vertrieben" u. „für mich muß doch wenigstens Hilfe gefunden werden." So, als wenn sie die Einzige wäre, der es schlecht geht, die Einzige, die ausgesiedelt worden ist, oder der Unrecht geschehen ist. Kann man so blind gegen alles sein? Nur sich + immer wieder sich selbst sehen? Oder bin ich so unduldsam geworden? Ich weiß tatsächlich nicht mehr. Ach, ist das ein Dasein! Bloß nicht mehr dran denken! – Mein Kleines, was Du Dir für Laufereien + Umstände machst. Das ist doch wirklich nicht nötig. Daß du den Füller nicht bekommen hast, ist wirklich keine Tragödie, besonders, da Dorli ja nun schon einen hat. Also schick keinen und vielen Dank für die Rennereien, die Du deswegen gemacht hast. Das Brot ist bisher noch nicht angekommen. Einen schönen Zustand wird es haben. Na, für Vati kann es sowieso nie alt genug sein. Aber wenn Du so ein Theater damit hast, lohnt es wirklich nicht! Der Kalender für Dorli hat damals 2,30 Zł. gekostet, weil er als Päckchen ging. Den hättest Du besser als Brief oder Drucksache geschickt, das hätte nur 20 bzw. 10 Gr. gekostet. Außerdem schriebst du mal, du habest eine Filmwelt[11] für Dorli geschickt; sie ist auch bisher nicht eingetroffen. Das schreibe ich Dir aber nur der Ordnung halber; es soll kein Wink mit dem Zaunpfahl sein, im Gegenteil! Walters bekommen sehr oft alle möglichen illustrierten Zeitungen, so daß wir in der Hinsicht versorgt sind. – Heute bekommst Du also endlich das lang versprochene Bild. Begeisternd schön ist es nicht, aber leider! Die Zeichnungen habe ich schon vor längerer Zeit mal gemacht. Hoffentlich wirst Du draus schlau. Ich bin jetzt grade beim Aufribbeln eines alten Pullovers u. mache daraus für mich + Dorli den 3farbig gestreiften. Der, den ich gemacht habe, ist wirklich hübsch geworden. Nach dem Verdienst fragst Du: Privat 20 – 25 Zł., für Geschäfte 15 – 18 Zł. pro Pullover. Aber im Augenblick ist nichts zu tun, d.h. ich habe keine Aufträge angenommen. Mit Hanka arbeite ich schon lange nicht mehr zusammen. Sie ist weggezogen + wohnt jetzt zu weit entfernt, außerdem strickt sie fester + drittens ist sie, obgleich sie ja eigentlich mehr Zeit hat, unpünktlich. –

10 Der Unternehmer Weynerowski besaß die Erlaubnis, das Zwangswohnviertel für Juden zu betreten, da er dort eine Fabrik besaß. Er nahm wiederholt Ruths Briefe mit, um sie außerhalb des Gettos einzuwerfen. Am 1.4.1941 schrieb Ruth ihrer Freundin, dass er nicht mehr komme; wie Anm. 1, WA 055, Bl. 3.

11 Filmwelt. Das Film- und Fotomagazin erschien von 1929 bis in die Nachkriegszeit wöchentlich in Berlin.

Wie ist es mit Eurer Aufenthaltserlaubnis? Habt Ihr schon einen Bescheid? Herrgott, Du glaubst nicht, was ich für eine Angst um Euch habe. Ich bin nur froh, daß Onkel Bubi[12] da ist; er wird schon Rat + Hilfe für Euch wissen. Und vielleicht ist auch für Dich als Fabrikarbeiterin die Gefahr nicht so groß. – Schon wieder rede ich davon. Schrecklich, immer wieder landen meine Gedanken auf demselben Punkt; die reinste Psychose! – Übrigens, besinnst Du dich, daß ich Dir von dem Konzert junger Künstler schrieb, das ich besucht habe? Es fing sehr schön an, endete aber schlecht. Und zwar erschien Adi[13] u. nahm sich den größten Teil der männlichen u. einen Teil der weiblichen Zuhörer mit. Ja, das sind Annehmlichkeiten, auf die man immer gefaßt sein muß. –
Seit ein paar Tagen ist auch Paul wieder da. Mein Vater ist bereits 2 x bei ihm gewesen. Es hat ziemlich viel Umstände gemacht, aber Maniek Radomski,[14] der Vorgesetzte von Boria,[15] hat es geschafft. Stell Dir vor: Erika bekommt in 2 Wochen ein Kind. Da staunst Du, was? Sie ist todunglücklich, aber nun ist ja nichts mehr zu machen. Ich kann mir das gar nicht vorstellen. Denk bloß, Erika mit dem 13jährigen Jungen u. überhaupt! Es ist unfaßbar. – Bis Ende Februar wird Paul wohl hierbleiben, aber dann kommt er nicht mehr wieder. Er hat schon eine eingerichtete Wohnung in Br.[omberg] in dem Haus seiner Verwandten. Sämtliche Kinder seiner Berliner Verwandten sind dort. – Von Aga[16] nur eine Karte, aber wir wissen wenigstens, daß sie noch da ist. – So, jetzt aber Schluß – Ruthchen muß schlafen gehen. Leb wohl mein liebes Kleines! Das *kl.* Bild bitte zurück![17]
Es küßt Dich innigst Deine Ruth.

## DOK. 89

## Ein Angehöriger der deutschen Besatzungsmacht protokolliert am 27. Februar 1940 eine Auseinandersetzung über die Behandlung von Juden[1]

Bericht (gez. Cz[2]) für SS-Untersturmführer Dr. Hofbauer[3] in Lublin vom 27.2.1940

12 Ediths Onkel Hermann (genannt Bubi) Bradtmüller, der Schwager ihrer Mutter Meta (geb. Samuel), die aus Minden stammte; sie und Edith wohnten 1940/41 bei ihm, seiner Frau Frieda und dem Sohn Hans.
13 Tarnbezeichnung für SS oder Polizei.
14 Vermutlich Eliahu Mordechai Radomski (*1925), ein Student, der aus Lodz stammte und sich dann in Warschau aufhielt; er kam im Warschauer Getto um.
15 Boria F., ein Angehöriger des Jüdischen Ordnungsdienstes, mit dem Ruth in Kontakt stand.
16 Aga[ta] war eine poln. Freundin aus Warschau, mit der Ruth korrespondierte und die ihr Päckchen schickte. In späteren Briefen wird „Aga" mitunter synonym für die Polen auf der „arischen Seite" benutzt.
17 Ruth und Edith tauschten außer Briefen auch neue Fotografien aus.

1 APL, 498/746, Bl. 12f.
2 Vermutlich Max Czichotzki, später Runhof (1916–2000), Kaufmann; Volksdeutscher aus Bromberg; gehörte dem Stab von Globocnik an; nach 1945 in Wiesbaden Inhaber eines Einzelhandelsgeschäfts.
3 Dr. Karl Hofbauer (*1911), Jurist; 1938/39 dort Dozent für Völkerrecht, zugleich Referent beim SD in Wien; 1939 SS-Eintritt; Dez. 1939 bis Aug. 1940 Judenreferent beim SSPF Lublin, von Nov. 1941 an bei der Waffen-SS, ab Okt. 1943 beim Feldgericht der Leibstandarte-SS Adolf Hitler, von Juli 1944 an im WVHA in Berlin.

*Bericht über Annopol*[4] *(Judenfrage)*
Für Ingangsetzung der Phosphoritgruben[5] bei Annopol wird zunächst der Bau einer Zufahrtsstraße von Nowa Wiec[6] zur Hauptstraße Krasnik–Annopol in Länge von ca. 1,5 km notwendig. Steine hierzu sind aus den in unmittelbarer Nähe befindlichen Steinbrüchen, die auch für den weiteren Straßenbau wichtig sind, zu holen.
Sodann werden Juden benötigt zum Zerkleinern und Aussieben der Phosphatmineralien und zum Verladen.
Aus dem Ort Annopol sind nach Aussagen des Ortskommandanten, Obltn. Libowski, wenig jüdische Arbeitskräfte herauszuziehen, da diese angeblich für die Ortskommandantur arbeiten müssen.
Nach den Aussagen des vom Bergamt Krakau eingesetzten komm. Betriebsleiters, Rembalski, steht der Obltn., und dieses Eindruckes konnte ich mich auch nicht erwehren, in der Judenfrage auf einem eigenartigen Standpunkt. Er verlangt reguläre Bezahlung der Juden für geleistete Arbeit. Als ich ihm das Amtsblatt Nr. 1 von 1940, Anordnung 12 § 1,[7] vorhielt, meinte er, er kenne zwar diese Anordnung, habe aber noch keine Ausführungsbestimmungen hierzu erhalten.
Ferner verlangte er, daß die aus Annopol zum Straßenbau zu stellenden Juden von uns zu verpflegen seien.
Rembalski erzählte folgenden Vorfall: Ein Oberjude wurde von 4-6 anderen, die er wegen Nichterscheinens zur Arbeit gemeldet hatte und die dafür mit 2 Tagen Arrest bestraft wurden, verprügelt, ohne daß diese Burschen dafür bestraft wurden.
Einen Schrank und einen Tisch, die einem Juden gehören und nicht gebraucht werden, wollte R. beschlagnahmen. Der Jude war damit nicht einverstanden und legte beim Obltn. Beschwerde ein. Dieser verbot die Beschlagnahme, mit dem Bemerken, daß die Sachen bezahlt werden müßten.
Durch derartige Vorfälle ist den Juden der Kamm geschwollen, so daß [sie] den von Krakau eingesetzten Verwalter, der eine Ausweiskarte der Volksdeutschen hat, anschwärzten, er sei Pole.[8] Infolgedessen weigerte sich der Obltn., für R. Post zu besorgen und ihn telefonieren zu lassen. Erst auf mein Ansuchen hin ist ihm dieses in meinem Beisein genehmigt worden.
Bei den Verhandlungen hatte der Obltn. die Freundlichkeit, Herrn Ebert und mich auf dem Korridor eines Wohnhauses, wo wir ihn aufsuchten, abzufertigen, wobei außerdem noch der Landrat von Janow[9] zugegen war, der in keiner Weise entscheidend in die Verhandlungen eingriff und sich offenbar mit der Einstellung des Obltn. abfand.

4 Kleinstadt nahe der Weichsel im Kreis Janów Lubelski.
5 Wie es in dem in der Akte folgenden Exposé heißt, das vermutlich vom selben Verfasser stammt, befand sich die Abbaustätte „in jüdischem Besitz"; die Ausbeutung des Phosphoritlagers war „in absolut wehrwirtschaftlichem Interesse"; wie Anm. 1, Bl. 14.
6 Richtig: Nowa Wieś.
7 Die Zweite Durchführungsvorschrift zur Verordnung vom 26.10.1939 über die Einführung des Arbeitszwanges für die jüdische Bevölkerung des Generalgouvernements, Amtsblatt des Chefs des Distrikts Lublin, Nr. 1 vom 31.1.1940, S. 4f. siehe Dok. 58 vom 12.12.1939.
8 Gemeint ist Rembalski.
9 Landrat bzw. Kreishauptmann in Janów Lubelski war von Okt. 1939 bis Sept. 1940 der in Kraśnik amtierende Reg.Rat Otto Strößenreuther (1906–1990), Jurist; 1933 NSDAP- und SA-Eintritt; 1940/41 im Reichsluftfahrtministerium, dann bei der Verwaltung der Luftwaffe; nach 1945 Mitarbeiter des Verwaltungsgerichtshofs in München, dann Ministerialrat im bayer. Kultusministerium.

## DOK. 90
## Jan Kozielewski (genannt Karski) berichtet im Februar 1940 über die Lage im besetzten Polen[1]

Bericht von Jan Kozielewski[2] (Tgb.-Nr. 2013/K) für den Innenminister der polnischen Regierung, Stanisław Kot,[3] in Angers[4] (Eing. 8.3.1940) vom Februar 1940[5]

[…][6] IV.
*Die jüdische Frage in Polen*
1) Einleitung
2) Die Lage der Juden in den vom Dritten Reich annektierten Gebieten
3) Die Verhältnisse im Generalgouvernement
4) Beispiele zur Veranschaulichung der Lebensbedingungen der Juden unter deutscher Besatzung
5) Die Lage der Juden in den von der UdSSR besetzten Gebieten
6) Juden – Besatzer – Polen
a) unter deutscher Besatzung
b) unter bolschewistischer Besatzung
7) Die jüdische Frage als Element der deutschen Innenpolitik in den polnischen Gebieten
8) Die derzeitige Gefährlichkeit der jüdischen Frage
9) Schlussfolgerungen

1 HIA, Polish Government Collection, Box 921, N/55 – Żydzi, Bl. 1–11. Das Dokument wurde aus dem Polnischen übersetzt. Der Bericht ist in zwei Fassungen überliefert, der ursprünglichen und einer zweiten, überarbeiteten Version, die Kozielewski auf Anweisung von Minister Kot anfertigte; Änderungen sind auf Bl. 6a und 9a–11a vermerkt. Abdruck, einschließlich der Änderungen, in: Artur Eisenbach (Hrsg.), Raport Jana Karskiego o sytuacji Żydów na okupowanych ziemiach polskich na początku 1940 r., in: Dzieje Najnowsze 21 (1989), H. 2, S. 179–199; in englischer Übersetzung, einschließlich der Änderungen, in: David Engel (Hrsg.), An Early Account of Polish Jewry under Nazi and Soviet Occupation Presented to the Polish Government-in-Exile, February 1940, in: Jewish Social Studies 45 (1983), S. 1–16.

2 Jan Kozielewski (1914–2000), Jurist und Diplomat; von 1935 an Jurastudium, militärische und diplomatische Ausbildung; im Herbst 1939 in sowjet. Gefangenschaft, Flucht in das GG und 1940 von dort nach Frankreich; Kurier zwischen der poln. Exilregierung und dem Untergrund im besetzten Polen, im Juli 1943 berichtete er bei Treffen mit Roosevelt und anderen Persönlichkeiten über den Judenmord in Polen; nach 1945 Historiker in den USA.

3 Dr. Stanisław Kot (1885–1975), Historiker; Studium u.a. in Deutschland, 1920–1933 Professor in Krakau; 1933 Politiker der Bauernbewegung; Sept. 1939 Flucht nach Frankreich; Innenminister und stellv. Ministerpräsident der poln. Exilregierung, 1941/42 Botschafter in der UdSSR, 1942/43 Staatsminister bei den polnischen Truppen im Nahen Osten, 1943/44 Informationsminister; Juli 1945 Rückkehr nach Polen, bis 1947 Botschafter in Rom, danach im Exil in Großbritannien.

4 Die poln. Exilregierung wurde im September 1939 in Paris gebildet und residierte ab Nov. 1939 in Angers, nach der Niederlage Frankreichs in London.

5 Erste Seite oben links handschriftl. Anmerkung Kots für den Minister für Information und Dokumentation Stanisław Stroński: „Minister Stroński zur Verwendung. 24.3.40. Achtung: Vorsicht geboten – der Autor kehrt [nach Polen] zurück." Oben rechts handschriftl. Anmerkung: „Achtung: Die Seiten 6, 9, 10, 11 haben unterschiedlichen Wortlaut."

6 Der Bericht ist Teil mehrerer Analysen, die Jan Kozielewski nach seiner Ankunft in Frankreich über die Lage im besetzten Polen verfasste.

*Die jüdische Frage in Polen unter den Besatzungsmächten.*
*Einleitung*
Die jüdische Frage in Polen habe ich nicht eigens untersucht. Die mir zur Verfügung stehenden Informationen bestehen größtenteils aus allgemein bekannten Tatsachen, der Beobachtung von Stimmungen und einigen Gesprächen mit und über Juden.
*Die Lage der Juden in den vom Dritten Reich annektierten Gebieten.*
Die Lage der Juden in diesen Gebieten ist klar, nicht kompliziert und leicht zu verstehen. Sie stehen außerhalb des Gesetzes, außerhalb behördlicher Obhut – man ist offiziell bestrebt, sie durch Gewalt, Recht und Propaganda auszurotten oder fortzuschaffen.
Die Juden werden aus diesen Gebieten vertrieben, ihr Besitz wird beschlagnahmt, sie werden wie „Schuldige" ins Gefängnis geworfen – das Gebiet soll restlos vom jüdischen Element gesäubert werden.
Die Juden werden hier ihrer Lebensgrundlage fast vollständig beraubt; wenn sie hier leben, dann tun sie dies beinahe verstohlen, in Angst, rechtlos, da die deutschen Behörden und die deutsche Gesellschaft „die Augen vor dieser traurigen Tatsache verschließen".
Alle tragen Armbinden oder Flecken (wie im Generalgouvernement), die sie als Juden kennzeichnen – bei Missachtung dieser Pflicht drohen harte Strafen.
Sie dürfen grundsätzlich nicht in arischen Geschäften einkaufen, noch nicht einmal die notwendigsten Bedarfsartikel; sie dürfen grundsätzlich keine Gegenstände, Artikel und Waren herstellen, sondern höchstens reparieren u.Ä.; bereits am frühen Abend dürfen sie sich nicht mehr in der Stadt zeigen, sie dürfen nicht ohne Sondergenehmigung reisen, sie dürfen bestimmte Straßen sowie Kinos, Theater und Cafés überhaupt nicht aufsuchen, auch die meisten Betriebe und Geschäfte nicht betreten, Arier dürfen Juden nicht grüßen oder bei ihnen stehen bleiben. Juden werden zu Zwangsarbeit eingeteilt, man organisiert für sie besonderen „Gymnastikunterricht" (beschwerliche Übungen), „Reinlichkeitsunterricht" (eine Art „Wasserfolter") usw. usf. Die Deutschen erlegen den jüdischen Gemeinden oft unter jedem erdenklichen Vorwand Kontributionen auf – diese Kontributionen belaufen sich normalerweise auf einige zehn- und hunderttausend Złoty.
Als Jude wird nicht nur derjenige betrachtet, der mosaischen Glaubens ist, sondern jeder, der Eltern oder ein Elternteil hat, die einmal der jüdischen Gemeinde angehört haben.
In einigen Fällen treffen (wie auf dem Gebiet des Generalgouvernements) die Einschränkungen, die Verordnungen und die Stimmung, die gegenüber den Juden herrscht, auch die polnische Bevölkerung. Dies ruft bei den Juden natürlich klammheimliche Freude und unter der polnischen Bevölkerung umso größere Erbitterung, Enttäuschung und ein Gefühl der Demütigung hervor.
*Die Verhältnisse im Generalgouvernement.*
Alle Juden aus den annektierten Gebieten sollen in das Generalgouvernement ausgesiedelt werden. Die Deutschen gehen davon aus, dass diese „urdeutschen und von den Polen scheußlich verjudeten" Gebiete ohne Juden wieder zum Deutschtum zurückkehren werden. Im Generalgouvernement werden die aus den annektierten Gebieten ausgesiedelten Juden größtenteils in Lublin und Umgebung untergebracht. Dies erweckt den Eindruck, als wollten die Deutschen dort so eine Art *Judenreservat* schaffen. Dahingehend äußern sich übrigens einige deutsche Würdenträger und ein Teil der deutschen Presse.
Auf dem Gebiet des Generalgouvernements ist die Lage der Juden im Grunde ähnlich (wie oben [geschildert]), sie wird aber letztlich dadurch gelindert, dass es hier 1.) mehr Juden gibt, 2.) die Juden von hier aus nicht mehr weitervertrieben werden können, 3.) es in diesen

Gebieten eine zahlenmäßig nur kleine deutsche Bevölkerung gibt und die polnische Bevölkerung immerhin noch keine Neigung zeigt, den Juden gegenüber dieselben Methoden anzuwenden und dieselbe Stimmung zu erzeugen, wie die Deutschen es tun.
Dennoch tragen die Juden auch hier Armbinden oder Flecken, und sie unterliegen denselben Verordnungen wie in den annektierten Gebieten. Die Deutschen sind sich jedoch darüber im Klaren, dass die Juden hier „aber quasi zu Hause" sind und bleiben müssen.
Die Deutschen bemühen sich allerdings, die Juden entsprechend zu „organisieren", ihnen „Arbeit", „Sauberkeit", „Respekt vor den nordischen Menschen" und „den Ariern allgemein" beizubringen, sie materiell zu ruinieren und ihren Lebenskreis weitestgehend einzuengen. In großem Umfang wird körperliche Zwangsarbeit für Juden organisiert – vor allem bei der „Säuberung" Warschaus und anderer Städte von Trümmern.
*Beispiele zur Veranschaulichung der Lebensbedingungen der Juden unter deutscher Besatzung.*
Ich kann nicht umhin, einige typische Fälle anzuführen, die etwas Licht auf die Zustände und die Atmosphäre werfen, unter denen Juden in den von den Deutschen eingenommenen Gebieten leben.
*I. Die Juden und das Recht.*
Ein Angehöriger einer gewissen polnischen Einrichtung verabredete sich mit zwei deutschen Soldaten. Sie gingen in die Warschauer Altstadt und raubten ganz offen einen jüdischen Juwelier aus. Als der Chef dieser Einrichtung (ein Pole) davon erfuhr, warf er den Banditen raus. Dieser beschwerte sich bei der Gestapo. Die Gestapo lud den Chef der Einrichtung vor. Dialog:
– Warum haben Sie Herrn X hinausgeworfen?
– Weil er sich als Bandit herausstellte – er hat einen Juwelier ausgeraubt.
– Von einem Raub ist uns nichts bekannt. Er hat bei einem Juden bloß gewisse Gegenstände beschlagnahmt, die er privat benötigt, und das darf er.
– Bei uns heißt das Raub.
– Und bei uns Beschlagnahme. Bitte machen Sie sich so schnell wie möglich mit unseren Gepflogenheiten vertraut. Einem Juden darf man alles abnehmen, weil alles, was die Juden besitzen, legalisiertem Raub entstammt. *Es liegt uns sogar daran, dass die polnische Bevölkerung davon erfährt*, dass jeder Pole in jedes beliebige jüdische Geschäft gehen und den Juden rauswerfen kann, und zwar unter dem Schutz unseres Gesetzes. Jeder, der möchte, kann einen Juden erschlagen – und wird nach unserem Recht dafür nicht verurteilt werden.
Das ist tatsächlich passiert und vollkommen authentisch.
*II. Eine schwangere Jüdin.*
Ich war einmal wegen eines Passierscheins bei der Gestapo. Eine intelligente, in einen Pelz gekleidete, verängstigte Jüdin kommt herein. Sie erwartet ein Kind. Sie bittet um einen Passierschein für sich oder den Arzt, damit sie oder der Arzt nach 8 Uhr abends auf die Straße gehen können, falls es zu dieser Zeit zur Entbindung kommen sollte.
Antwort der Sekretärin (Frau), einer Volksdeutschen:
– Ein Passierschein ist nicht nötig – wir werden es euch nicht erleichtern, Juden zu gebären – die Hunde verrecken vor Hunger, so ein Elend herrscht, und ihr wollt noch Juden gebären? – heraus … heraus.[7]

7 Die beiden vorstehenden Wörter im Original deutsch.

*III. Das Judenlager bei Bełżec.*
Bei Bełżec (an der Grenze zu den von den Bolschewiken besetzten Gebieten) haben die Deutschen ein Lager für Juden errichtet. In diesem Lager sitzen überwiegend jüdische Familien ein, die sich illegal zu den Bolschewiken durchschlagen wollten oder auf die vermeintliche und erwartete Öffnung der bolschewistisch-deutschen Grenze für den Bevölkerungsaustausch gewartet hatten. Das Lager zählt einige tausend Männer, Frauen, Alte und Kinder. Übrigens fast nur arme Leute. Ich habe dieses Lager Anfang Dezember 1939 gesehen.
Zu einem sehr großen Teil hielten sie sich unter freiem Himmel auf und schliefen auch dort. Sehr viele Menschen hatten weder angemessene Kleidung noch Decken. Wenn der eine Teil schlief, warteten die anderen, bis sie an der Reihe waren, weil man sich gegenseitig die Decken lieh. Die Wartenden traten auf der Stelle und liefen herum, um nicht zu erfrieren. Hunderte Menschen, darunter Kinder, Frauen und Alte, laufen stundenlang oder treten auf der Stelle, denn wenn sie stehen bleiben, erfrieren sie. Nach einigen Stunden wechseln sie einander ab. Sie gehen schlafen, und Hunderte andere treten auf der Stelle und laufen, treten auf der Stelle und laufen. Alle sind durchgefroren, verzweifelt, stumpf, hungrig. Eine Horde gequälter Tiere – nicht Menschen. Das ging über Wochen so.
Ich habe dieses Schauspiel eine ganze Stunde betrachtet, stand wie angewurzelt da, entsetzt und niedergeschlagen. Ein Albtraum, ein grauenhafter Traum – unwirklich: blau und rot angelaufene Kreaturen, keine Menschen. Nie werde ich das vergessen, niemals in meinem Leben habe ich etwas Schrecklicheres gesehen.
*IV. Gymnastik- und Reinlichkeitsunterricht in Lublin.*
Eine Schar von einigen Dutzend Personen macht schwierige und beschwerliche Übungen. Erniedrigende Lieder werden ihnen beigebracht. Verhöhnungen, Tritte, Spott vonseiten der deutschen Aufseher. Alte werden bewusstlos. Bei den Jungen herrscht stumpfes, animalisches Entsetzen. Dann ein Bad in kaltem Wasser (im Dezember!). Einige Jungen müssen sich nackt ausziehen – Späße der Deutschen, drohende Äußerungen und Gesten. Das „Herrenvolk" ist in Wirklichkeit ein Volk von Wahnsinnigen, erfüllt von unmenschlichem Hass, von herzlosem Wesen.
*V. Auf dem „Kercelak"*[8] *in Warschau.*
Ich war auf dem Kercelak. Ein jüdischer Marktstand. Ein durchgefrorener jüdischer Besitzer. Ein deutscher Soldat kommt. Er nimmt Socken, einen Kamm, Seife – und will gehen, ohne zu zahlen. Der Jude erinnert ihn an das Geld. Der Soldat achtet nicht darauf. Der Alte erhebt seine Stimme – die erschrockenen Nachbarn halten ihn zurück, beruhigen ihn, fürchten um ihn. Der Alte schreit, vielmehr, er heult: „Was tut er mir an, was tut er mir an, soll er mich doch totschlagen – soll er mich totschlagen, totschlagen – es ist genug – ich kann nicht mehr."
Der Deutsche ging – ohne zu zahlen. Beim Weggehen sagte er: „Verfluchte Juden."[9]
*Die Lage der Juden in den von der UdSSR besetzten Gebieten.*
In diesen Gebieten ist die Lage der Juden von Grund auf anders. Hier werden schließlich weder in der Nationalität noch in der Religion begründete Unterschiede gemacht. „Jeder ist gleich" und „Jeder findet Arbeit und steht unter dem Schutz des Gesetzes".

8 Umgangssprachliche Bezeichnung für den bis 1942 bestehenden, größten Markt in Warschau, eigentlich: Plac Kercelego.
9 Im Original deutsch.

Die Juden sind hier zu Hause; nicht nur sind sie keinen Demütigungen und Verfolgungen ausgesetzt, sondern sie besitzen aufgrund ihrer Gewitztheit und ihrer Fähigkeit, sich jeder neuen Situation anzupassen, gewisse Befugnisse sowohl politischer als auch wirtschaftlicher Natur.

Sie treten politischen Zellen bei, nehmen wichtige Positionen in Politik und Verwaltung ein, spielen eine ziemlich große Rolle in den Gewerkschaften, an den Hochschulen, vor allem aber im Handel, insbesondere bei Wucher und Preistreiberei, bei illegalen Geschäften (Schmuggel, Handel mit ausländischen Devisen, mit Spiritus, unlauteren Interessen und unlauteren Vermittlungen oder Kuppelei).

In diesen Gebieten ist ihre Lage in sehr vielen Fällen sowohl wirtschaftlich als auch politisch besser als vor dem Krieg.

Dies gilt vor allem für Kleinhändler, Handwerker, das Proletariat und die Halbgebildeten. Wohlhabendere und gebildetere Kreise (Hausbesitzer, Eigentümer von größeren Betrieben, Fabriken und Geschäften, Rechtsanwälte, Ärzte, Ingenieure u. Ä.) unterliegen infolge des sowjetischen Systems im Grunde denselben Beschränkungen, Zwängen oder [dem Versuch der] gesellschaftlichen Ausschaltung wie andere Nationalitäten.

*Juden – Besatzer – Polen.*

*a) Unter deutscher Besatzung.*

Im Umgang mit den Deutschen sind die Juden folgsam, unterwürfig, sie werden misshandelt, terrorisiert und leben in ständiger Angst.

Von *aktiver Verteidigung* ihres Rechts auf Leben und Arbeit kann keine Rede sein. Sie tun alles, was die Deutschen ihnen befehlen – leise, ohne Murren, demütig.

Es gibt nicht den geringsten Versuch, Widerstand – und erst recht keinen organisierten Widerstand – zu leisten, es kommt höchstens vereinzelt zu Verzweiflungstaten infolge eines Nervenzusammenbruchs.

Der Jude begeht hier eher Selbstmord als sich dem Deutschen entgegenzustellen.

Die Geduld, die Unterwürfigkeit, die Qualen, die Stimmung und die Zustände, die das Leben der breiten Schichten der ärmeren Juden in den vom Dritten Reich annektierten Gebieten und selbst im Generalgouvernement bestimmen, übersteigen oft jede Vorstellung von menschlichem Unglück.

Ihre einzige Reaktion besteht in dem Versuch, in das bolschewistische Besatzungsgebiet zu fliehen, oder, häufiger noch, darin, sich buchstäblich nicht bei Tageslicht zu zeigen.

Das Verhältnis der Juden zu den Polen ähnelt ihrem Verhältnis zu den Deutschen. Allgemein ist zu spüren, dass sie froh wären, wenn die Polen ihnen gegenüber Verständnis aufbrächten, da schließlich beide Völker ungerecht geknechtet werden, und zwar von demselben Feind. Die breite Masse der polnischen Gesellschaft bringt dieses Verständnis jedoch nicht auf.

Ihr Verhältnis zu den Juden ist überwiegend rücksichts- und mitleidslos. Sie profitieren häufig von den Befugnissen, die sie dank der neuen Lage bekommen. Vielfach nutzen sie diese Befugnisse aus, oft missbrauchen sie sie sogar.

Dies bringt sie gewissermaßen den Deutschen näher.[10]

10 In der zweiten Fassung lauten die sieben vorigen Sätze gänzlich anders: „Das Verhältnis der Polen zu den Juden hat sich durch die Ereignisse in sehr vielen Fällen verändert. Allgemein wird in Gesprächen die grenzenlose Bestialität der Deutschen in Bezug auf diesen Teil der in den polnischen Gebieten lebenden Bevölkerung hervorgehoben. In vielen Fällen zeigen die Polen sichtbar ihr Mitgefühl für die Juden. Dies ist umso charakteristischer, als eine solche *sichtbare* Bezeugung von Mitgefühl für denjenigen, der sein Herz sprechen lässt, *schlecht* enden kann und oft auch schlecht endet."

*b) Unter bolschewistischer Besatzung.*
Die polnische Gesellschaft ist der Meinung, dass die Juden den Bolschewiken gegenüber positiv eingestellt seien. Es herrscht allgemein die Auffassung, die Juden hätten Polen und die Polen verraten, im Grunde seien sie Kommunisten oder mit fliegenden Fahnen zu den Kommunisten übergelaufen.
Tatsächlich haben die Juden die Bolschewiken in den meisten Städten mit Sträußen roter Rosen, Ansprachen, Ergebenheitserklärungen usw. usf. begrüßt.
Man muss hier aber gewisse Unterscheidungen treffen.
Ja, natürlich begegneten die kommunistischen Juden den Bolschewiken mit Begeisterung, egal aus welcher gesellschaftlichen Klasse sie stammten. Das jüdische Proletariat, das Kleinhändlertum, die Handwerkerschaft, all jene, deren Position sich heute *strukturell* verbessert hat und die zuvor ganz besonders unter Verfolgungen, Beleidigung, Exzessen u.Ä. seitens des polnischen Bevölkerungsteils zu leiden hatten – all jene waren dem neuen Regime gegenüber ebenfalls positiv, wenn nicht enthusiastisch eingestellt.
Man kann es ihnen kaum verdenken.
Schlimmer ist es, wenn sie z.B. Polen, nationalpolnische Studenten oder politische Aktivisten, denunzieren, wenn sie die Arbeit der bolschewistischen Milizen vom Schreibtisch aus steuern oder dieser Miliz angehören, wenn sie die Zustände im früheren Polen wahrheitswidrig verleumden. Leider muss gesagt werden, dass diese Fälle sehr häufig sind, viel häufiger als Beispiele für Loyalität gegenüber den Polen oder emotionale Bindung an Polen.
Die Intelligenz dagegen, die wohlhabenderen und gebildeteren Juden – ich habe den Eindruck, als würden sie (natürlich mit zahlreichen Ausnahmen und von geheuchelten Einstellungen abgesehen) an Polen oft mit einer gewissen Rührung denken und als würden sie eine Veränderung der gegenwärtigen Verhältnisse, die Unabhängigkeit Polens, mit Freude begrüßen.
Natürlich steckt dahinter auch eine gewisse Berechnung.
Heute machen auch sie große Schwierigkeiten durch, wenn sie nicht gar ihre gesellschaftliche Ausschaltung erleben; ihre Häuser werden beschlagnahmt, Geschäfte, Betriebe und Fabriken im Zuge der sog. „Vergesellschaftung" weggenommen und zu einer Art Genossenschaft oder Kooperative umgewandelt (in denen der Anteil des Staates und die an den Staat abzuführenden Abgaben ungewöhnlich hoch sind), man nimmt ihnen die Möglichkeit, ihren Lebensunterhalt zu verdienen, oft sogar ihre standesgemäße Existenz.
Auf der anderen Seite herrscht bei ihnen, wie übrigens ganz allgemein, die recht tief verwurzelte Überzeugung, dass das künftige Polen ein *demokratischer* Staat sein wird, der u.a. dem internationalen Judentum viel zu verdanken hat, teilweise von ihm abhängig sein wird, weshalb er die Juden nicht unterdrücken wird.
Drittens spielt zweifellos ihr polnischer Patriotismus ebenfalls eine gewisse Rolle, auch wenn schwer zu sagen ist, in welchem Ausmaß.
Ich kenne z.B. einen authentischen Fall, in dem ein Jude, ein bekannter Lemberger Rechtsanwalt, Herr …, Polen vor Gefahren seitens der GPU, vor drohenden Prozessen, vor kommunistischen Rechtsanwälten warnt, und sein Sohn, ein Akademiker (der übrigens vor einem Jahr von nationalistischen polnischen Studenten schwer verprügelt wurde), im Studentenverband ehrlich und sicher uneigennützig diverse Unterstützungszahlungen, Beihilfen und einen Großteil der Wohnheimplätze für Polen erkämpft.
Im Grunde aber hat das Gros der Juden hier eine Situation erzeugt, in der die Polen sie als den Bolschewiken ergeben betrachten und – das kann man rundheraus sagen – nur

den Augenblick abwarten, in dem sie sich an den Juden rächen können. Im Grunde sind alle Polen über die Juden erbittert und von ihnen enttäuscht – ein gewaltiger Teil (vor allem natürlich die Jugend) wartet regelrecht auf die Gelegenheit zur „blutigen Abrechnung".

*Die jüdische Frage als Element der deutschen Innenpolitik in den polnischen Gebieten.*

Das Verhältnis zwischen Juden und Polen unter deutscher Besatzung ist eine sehr wichtige und äußerst komplizierte Frage. Sie ist hier viel wichtiger und komplizierter als unter bolschewistischer Besatzung.

Die Deutschen versuchen, das polnische Volk um jeden Preis für sich zu gewinnen. Nicht die Intelligenz, nicht die höheren Schichten, nicht den wohlhabenderen und aufgeklärten Landadel oder das Bürgertum, sondern das einfache Volk: Bauern, Arbeiter, Handwerker u.Ä.

Sie wenden Methoden an, die sich an Perfidie, Verlogenheit und Rücksichtslosigkeit gegenseitig übertreffen.

Die Deutschen betonen ständig, dass sie „dem polnischen Volk nichts antun wollen", dass sie „die Polen brauchen", dass „eine Zusammenarbeit im Interesse der Deutschen und der Polen liegt", dass sie „nicht im Geringsten vorhaben, das polnische Volkstum zu vernichten und auszulöschen" usw. usf.

Die Deutschen bemühen sich, beim Volk als „hart und unerbittlich, aber gerecht" zu gelten.

Auf unterschiedlichste Art und Weise versuchen sie zu erreichen, dass sich das verzweifelte, enttäuschte und gebrochene polnische Volk nach Berlin orientiert.

„Die Regierung der Piłsudski-Nachfolger hat das polnische Volk verraten", betonen sie, „Frankreich und England haben Polen schon einmal verraten und werden es immer wieder tun", „die gegenwärtige Scheinregierung will unbesonnen und unnötig Schaden verursachen und eine deutsche Reaktion provozieren", „die Deutschen schützen das einfache Volk vor Ausbeutung durch das Großkapital und den Landadel", „das polnische Volk hat ‚leider' die Strafe für die Taten der früheren, verantwortungslosen Regierung zu zahlen".

Sie erzeugen künstlich soziale Konflikte – und lösen sie „gerecht", indem sie alle Gesuche von einfachen Menschen entgegennehmen und intervenieren (natürlich in geringfügigen Angelegenheiten), wobei sie diese Interventionen fast immer stark übertreiben.

Sie versuchen, aus den sich ergebenden Konflikten zwischen Polnischer Polizei[11] oder anderen polnischen Rumpfbehörden bzw. deren Beamten und den breiten Schichten der Gesellschaft Nutzen zu ziehen, indem sie sich fast immer „auf die Seite des einfachen Volkes" stellen. Und schließlich … „werden erst die Deutschen, und nur sie, den Polen endlich helfen, mit den Juden aufzuräumen".[12]

11 Offiziell: Polnische Polizei im Generalgouvernement (Policja Polska Generalnego Gubernatorstwa): aus Polen gebildete Polizei, wegen der Farbe ihrer Uniformen auch Blaue Polizei (Policja Granatowa) genannt. Sie war der deutschen Ordnungspolizei unterstellt, hatte ordnungsdienstliche Aufgaben zu erfüllen, die poln. Bevölkerung zu disziplinieren und zu kontrollieren, war aber auch an der Durchsetzung antijüdischer Maßnahmen beteiligt. Sie bestand vor allem aus Polizisten der Staatspolizei (Policja Państwowa) aus der Vorkriegszeit; Anfang 1940 gehörten ihr 8700, Ende 1942 rund 12 000 und 1943 circa 16 000 Personen an.

12 In der zweiten Fassung lautet der vorstehende Absatz gänzlich anders: „Sie versuchen, die unterschiedlichsten Konflikte in der polnischen Gesellschaft gegeneinander auszuspielen und erhoffen schließlich – wahrscheinlich ohne die Tatsache wahrzunehmen, dass die polnische Gesellschaft in ihrer Masse nicht antisemitisch ist – deren Sympathie damit zu erwerben, dass... erst die Deutschen den Polen endlich helfen werden, mit den Juden aufzuräumen."

So geht das Verhältnis der Deutschen zu den Juden ganz offensichtlich weit über die Weisungen der offiziellen Ideologie hinaus und ist *ein Element ihrer Innenpolitik.*
Sie versuchen
1) aus den Juden so viel wie möglich herauszuholen (Geld, Vorräte, Produktionsmittel, Werkstätten).
2) die Gebiete, die sie an sich gerissen haben, von Juden zu säubern, und zwar mittels Verjudung des Generalgouvernements.
3) die Juden als Köder zu benutzen, der ihnen die Sympathie, Anerkennung und Wertschätzung breiter polnischer Bevölkerungsschichten einbringt.
„Schließlich lösen die Deutschen im Generalgouvernement – endlich – die jüdische Frage nicht nur für sich selbst, sondern auch im Hinblick auf das Interesse des polnischen Volkes" – so soll die Gesellschaft den deutschen Intentionen zufolge ihr Vorgehen verstehen.
Vieles deutet tatsächlich darauf hin, dass sie dies wollen.
Auf die Unterdrückung der polnischen Juden im Generalgouvernement kommt es ihnen *vom Prinzip und von der Idee* her gar nicht so sehr an: Ein Jude kann sich doch von der Pflicht, eine Armbinde oder einen Flecken zu tragen, freikaufen, wenn er viel Geld hat; er kann doch zu den Bolschewiken fahren, wenn er zahlt; er kann doch oft sogar einen Pass bekommen, wenn er ein Bestechungsgeld zahlt; die Deutschen siedeln doch z. B. die Juden aus Zakopane nicht (wie angekündigt) aus, da die jüdische Gemeinde sich davon freigekauft hat; sie sperren bedeutende Rabbiner oder andere jüdische Persönlichkeiten doch nicht ein, wenn für deren Freiheit gezahlt wird usw. usf.
Unabhängig davon aber lösen sie die jüdische Frage doch eigentlich gar nicht.[13]
Raub, die „psychische Entladung des Herrenvolks" und die polnische Gesellschaft hinters Licht führen – das sind ihre wahren Ziele.
Man muss zugeben, dass ihnen dies gelingt.
Die Juden zahlen, zahlen und zahlen … und der polnische Bauer, der Arbeiter oder ein dummer, demoralisierter, halbgebildeter, armer Schlucker kommentiert dies laut mit: „Na, die erteilen ihnen endlich mal eine Lektion", „von denen muss man lernen", „das Ende der Juden ist gekommen", „keine Frage, man muss Gott danken, dass der Deutsche gekommen ist und sich die Juden vorgeknöpft hat" usw.[14]
*Die derzeitige Gefährlichkeit der jüdischen Frage.*
„Die Lösung der jüdischen Frage" durch die Deutschen ist – dies muss ich in vollem Bewusstsein meiner Verantwortung für das, was ich sage, feststellen – ein wichtiges und ziemlich gefährliches Werkzeug in den Händen der Deutschen zur „moralischen Befriedung" breiter Schichten der polnischen Gesellschaft.
Es wäre natürlich falsch anzunehmen, dass nur diese Angelegenheit ihnen Erfolg und die Anerkennung der Gesellschaft einbringen wird.
Das Volk hasst seinen Todfeind, aber diese Frage schafft doch so etwas wie einen schma-

13 Siehe Dok. 147 vom 1.8.1940.
14 In der zweiten Fassung lauten die vorstehenden beiden Absätze wieder gänzlich anders: „Man muss zugestehen, dass ihnen dies nur bei einem Teil gelingt, während sie bei einem anderen Teil oft einen ihren Absichten ganz entgegengesetzten Effekt erzielen. Die Juden zahlen, zahlen und zahlen …, aber immer häufiger und in immer breiteren Kreisen kommentiert die polnische Bevölkerung laut: ‚Das ist schon zu viel', ‚Das sind keine Menschen', ‚Das muss für die Deutschen mit einer schrecklichen Strafe enden'."

len Steg, auf dem sich die Deutschen und ein großer Teil der polnischen Gesellschaft *einträchtig* begegnen.
Natürlich ist dieser Steg ebenso schmal wie die Lust der Deutschen groß ist, ihn zu untermauern und zu befestigen.
Zudem droht die Demoralisierung breiter Gesellschaftsschichten, eine Demoralisierung, die künftigen Regierungen bei dem mühevollen Wiederaufbau Polens gewiss viele Schwierigkeiten bereiten kann – sei's drum, „die Lehre ist nicht in den Wind geschrieben".
Und weiter – der gegenwärtige Zustand führt zu einer doppelten Spaltung der Bevölkerung dieser Gebiete. Erstens zu einer Spaltung zwischen Juden und Polen im Kampf gegen den gemeinsamen und tödlichen Feind; zweitens zu einer Spaltung unter den Polen, von denen die einen die barbarischen Methoden der Deutschen mit Verachtung strafen und sich darüber empören (wobei sie sich der drohenden Gefahr bewusst sind), während die anderen diesen Methoden (und also auch den Deutschen!) interessiert und oft begeistert zuschauen und der ersten Gruppe ihre „Gleichgültigkeit" in Bezug auf eine so wichtige Frage übel nehmen.[15]
*Schlussfolgerungen*
Ich werde nicht über eine Lösung dieses Problems sprechen. Man müsste es ernsthaft studieren, erforschen und ihm viel Zeit widmen.
Dagegen fällt es nicht schwer, bestimmte Schlussfolgerungen zu ziehen, die auf der Hand liegen und die jeder erkennen kann.
1) Alles, was die Deutschen ihm angedeihen lassen wollen, ist für das polnische Volk schädlich. Man muss deshalb prinzipiell argwöhnen, dass die Art und Weise, wie sie die jüdische Frage im Generalgouvernement lösen, sie gegenüber dem polnischen Volk ausspielen, ihre Endziele – für uns eine große Gefahr darstellen. Wenn wir ihnen in dieser Frage erliegen, wenn wir die von ihnen erhofften und erwarteten Reaktionen zeigen, dann wird dies, wenn es ihnen passt, für uns in genau demselben Maße gefährlich.
2) Ich weiß weder, wie und auf welchem Weg man das angehen kann, noch, wer es tun könnte, und auch nicht, in welchem Umfang (wenn es denn überhaupt möglich ist), aber

15 In der zweiten Fassung lautet dieser Unterabschnitt: „*Die von den Deutschen erhoffte ‚Gefährlichkeit' der jüdischen Frage.* ‚Die Lösung der jüdischen Frage' durch die Deutschen – dies ist mit allem Verantwortungsbewusstsein festzustellen – *soll* in ihrer Hand und nach ihrem Plan ein wichtiges und gefährliches Werkzeug zur Gewinnung oder ‚moralischen Befriedung' breiter Schichten der polnischen Gesellschaft *sein.* Es wäre natürlich falsch anzunehmen, dass sie sich erhoffen, nur diese Angelegenheit werde ihnen Erfolg und die Anerkennung der Gesellschaft einbringen. Sie wissen, dass das polnische Volk seinen Todfeind hasst, sind aber zugleich überzeugt, dass diese Frage am Ende so etwas wie einen schmalen Steg schafft, auf dem sich die Deutschen und ein gewisser Teil der polnischen Gesellschaft *einträchtig* begegnen. Sie wissen zudem oder erhoffen vielmehr, dass dank ihrer Methoden gegenüber den Juden die Demoralisierung breiter Bevölkerungsschichten droht, eine Demoralisierung, die künftigen Regierungen bei dem mühevollen Wiederaufbau Polens gewiss viele Schwierigkeiten bereiten wird. – Sie sind sich ferner darüber im Klaren, dass der gegenwärtige Zustand zu einer doppelten Spaltung der Bevölkerung dieser Gebiete führt: 1) Zur Spaltung zwischen Juden und Polen im Kampf gegen den gemeinsamen Feind; 2) zur Spaltung der Polen, von denen die einen die barbarischen Methoden der Deutschen mit Verachtung strafen und sich darüber empören werden (wobei sie sich der drohenden Gefahr bewusst sind), während die anderen (und das ist nach den deutschen Erwartungen die große Mehrheit) diesen Methoden (und damit natürlich auch ihren Urhebern!) interessiert oder begeistert zuschauen und der ersten Gruppe ihre ‚Gleichgültigkeit in Bezug auf eine so wichtige Frage' übel nehmen werden. Es lässt sich derzeit schwer sagen, inwieweit sich die Deutschen bewusst sind, dass diese Gruppe klein ist und im Laufe der Zeit immer kleiner werden wird."

könnte man nicht angesichts der Existenz von drei Feinden (wenn man schon die Juden unbedingt als Feinde ansehen muss) in einem gewissen Umfang und bis zu einem gewissen Grad sich darum bemühen, so etwas wie eine Front der zwei Schwächeren gegen den stärkeren Dritten, den Todfeind, zu schaffen und die Abrechnung zwischen diesen beiden auf einen späteren Zeitpunkt verschieben?
3) Die Schaffung einer gemeinsamen Front stieße bei breiten Schichten der polnischen Bevölkerung, deren Antisemitismus keineswegs nachgelassen hat, auf sehr große Schwierigkeiten.
4) Die Einnahme einer passiven Haltung gegenüber dem derzeitigen Stand der Dinge droht zu einer Demoralisierung der polnischen Gesellschaft zu führen (vor allem ihrer unteren Schichten), mit allen Gefahren, die sich aus diesem – zwar partiellen, aber in vielen Fällen ehrlichen – „*Einverständnis*" eines erheblichen Teils der Polen mit dem Besatzer ergeben.[16]
*Das litauische Besatzungsgebiet*
Ich weiß zu wenig über die jüdische Frage im litauisch besetzten Gebiet, als dass ich selbst in einem so bescheidenen Umfang wie oben die Verantwortung übernehmen könnte, mich dazu zu äußern.

## DOK. 91

## Der Landrat in Bendzin (Będzin) beschreibt am 1. März 1940 die Verelendung der jüdischen Bevölkerung und das Verhältnis zwischen Polen und Juden[1]

Schreiben des Landrats in Bendzin[2] (L.I.A., 401/2 Nr. 50g) an den Reg.Präs. in Kattowitz, z. Hd. des Herrn Reg.Rat Dr. Kirchner[3] o.V.i.A.,[4] vom 1.3.1940 (Einschreiben)

*Zur Verfügung vom 3. 12. 1939, I Pol Nr. 489/39*
*Betrifft:* Lagebericht
A *Allgemeine Lage in politischer und polizeilicher Hinsicht.*
I *Politisches.*
[...][5]

16 In der zweiten Fassung sind die Punkte 2 – 4 zu zwei Punkten zusammengezogen. Diese lauten: „2) Ich weiß weder, wie und auf welchem Weg man das angehen kann, noch, wer es tun könnte, und auch nicht, in welchem Umfang, aber wäre es nicht möglich, so etwas wie eine gemeinsame Front der beiden schwächeren Partner – gegen den Stärkeren, den Todfeind, zu schaffen? Die gegenwärtige Lage im Lande legt derartige Gedanken nahe. 3) Die Einnahme einer passiven Haltung gegenüber dem derzeitigen Stand der Dinge wäre schädlich. Wer weiß, in welchem Maße die deutsche Perfidie nicht doch Einfluss auf die künftige Einstellung der polnischen Gesellschaft (vor allem ihrer unteren und breiteren Schichten) zur jüdischen Frage haben wird."

1 GStA, XVII. HA Ost 4, Reg Kattowitz/14.
2 Vermutlich Dr. Hans Grotjan, Volkswirt; 1933 stellv. Landrat im Landkreis Unna, 1937 dort Landrat, von Sept. 1939 an kommissar. Landrat in Bielitz.
3 Dr. Kirchner leitete das Referat für nationale Minderheiten im Regierungsbezirk Kattowitz.
4 oder Vertreter im Amt.
5 Der Bericht umfasst insgesamt 15 Seiten. Der Landrat befasste sich zunächst mit dem Verhältnis einzelner poln. Bevölkerungsgruppen zur Besatzungsmacht und mit oppositionellem Verhalten.

a) Der Bürgermeister in Bendzin berichtet,[6] daß am 28.2.1940 gegen 19 Uhr der polnische Verwaltungsangestellte Josef *Weitzik*, wohnhaft in Bendzin, Kasernenstraße, von zwei unbekannten Tätern angefallen und durch 3 Schüsse niedergeschossen wurde. Die Täter sind nach dem Attentat nach Dombrowa geflüchtet. Nach Angabe des Bürgermeisters besteht der Verdacht, daß Weitzik auf Grund seiner Tätigkeit im Wohnungsamt einem Racheakt zum Opfer gefallen ist. W. hatte die Aufgabe, aus beschlagnahmten polnischen und jüdischen Wohnungen Möbel herauszuräumen, sie zu erfassen bezw. Umräumungen vorzunehmen.
b) Der Bürgermeister Beier aus Dombrowa teilte mir fernmündlich mit, daß am 29.2.1940 um 0:30 Uhr ein Polizeibeamter und ein Bahnschutzbeamter verletzt worden sind. Bei dem Eisenbahnbeamten besteht Lebensgefahr, weil er einen Bauchschuß erhalten hat.[7] Die Täter sind unerkannt entkommen. Ein Verbrecher soll kurz vor Bendzin erschossen worden sein. Die Polizeistelle von Dombrowa nimmt an, daß es sich um einen der Täter handelt. Die Ermittlungen sind in vollem Gange. Nach diesem Vorfall haben die ganze Nacht hindurch bis früh um 8 Uhr Absperrungen und Durchsuchungen in einzelnen Stadtteilen von Dombrowa stattgefunden. Sie zeitigen jedoch bis zur Erstattung dieses Berichtes kein positives Ergebnis. Vom Abschnittskommandeur der Schutzpolizei und vom Sicherheitsdienst gehen die Vermutungen dahin, daß es sich um vorbereitete gewaltsame und planmäßige Widerstände handelt, die zunächst in Sosnowitz, dann in Bendzin und jetzt in Dombrowa durchgeführt worden sind. Auch der Bürgermeister Beier ist der Ansicht, daß es sich um planmäßig vorbereitete Aktionen handelt. Er nimmt insbesondere an, daß die Intelligenz in Dombrowa die Mittel für die Vorbereitung solcher Aktionen und [den] Kauf solcher verbrecherischen Elemente bereitstellt und zu diesen Verbrechen treibt.
Ich bin zunächst nicht geneigt, mir diese Vermutungen zu eigen zu machen. Ich nehme vielmehr an, daß es sich hier um polnische verbrecherische Elemente handelt, die als Reaktion auf die Vorfälle in Sosnowitz und Bendzin bei dem geringsten Verdacht einer Unsicherheit alles aus dem Wege zu räumen versuchen, was ihrer Sicherheit gefährlich erscheint.
Die polnischen Gewerbetreibenden und Arbeiter nehmen Juden gegenüber eine feindliche Haltung ein. Die Ursache ist darin zu suchen, daß der Jude nach Ansicht der Polen gegenüber den Polen in wirtschaftlicher und finanzieller Hinsicht immer noch besser gestellt ist und ihm die zur Erhaltung seiner Lebensbedürfnisse erforderlichen Mittel zur Verfügung stehen. Die Juden zeigen den Polen gegenüber ebenfalls eine feindliche Haltung und übervorteilen sie, wo sie nur immer können.
Ein kleinerer Teil der Polen und Juden hofft stark auf den Sieg der Westmächte und gibt offen zu, daß das Schicksal Polens für sie noch nicht entschieden sei. Diese Tatsache verlangt schärfste Bewachung und äußerste Zurückhaltung und Vorsicht im Umgang mit diesen Personen. Ein Vorstandsmitglied der jüdischen Interessenvertretung in Bendzin erklärte: „Ich gebe meine Hand zur Aufstellung irgendwelcher Evakuierungslisten nicht her."
Nach einer der Gendarmerie zugegangenen Meldung erklärte der in Sosnowitz auf der Lemberger Straße in dem Hause der Versicherung, Block 3, Wohnung Nr. 47 wohnende frühere Hauptmann der Grenzkompanie, Jan *Gonsior*: „Er warte auf einen neuen Auf-

6 Bürgermeister von Będzin war Hans Kowohl.
7 Hier handschriftl. eingefügt: „heute morgen um 5 Uhr gestorben".

stand, um wieder tätig zu sein." Bei Gonsior sind fast täglich, vorwiegend Sonnabend abend und sonntags früh, ehemalige polnische Militärpersonen gesehen worden. Gonsior verfügt angeblich über größere Geldbeträge und soll die Komp.[anie]-Kasse aus dem polnischen Kriege mitgebracht haben.

Die Unterlagen hierüber sind mit einem entsprechenden Bericht der Staatspolizeistelle in Kattowitz übersandt worden.

Ein Pole, Sindak Stanislaus, zur Zeit in Rumänien, hat um Ausstellung eines Unbedenklichkeitszeugnisses zur Rückkehr nach Bobrownicki, Kreis Bendzin, gebeten. Er teilt mit, daß, wenn ihm das Zeugnis nicht zugeht, er gezwungen sein werde, nach Frankreich zu reisen und gegen Deutschland zu kämpfen, was er aber nicht wolle.[8] Er gibt an, er habe Frau und Kinder zu Hause, denen Deutschland Vaterland sei und Brot gebe.

In den Städten tritt immer dringender das Judenproblem in den Vordergrund. Die Anzahl der existenzlosen Juden wird immer größer. Es treten daher Nahrungs- und Versorgungsschwierigkeiten auf, die den Ausbruch von epidemischen Seuchen sehr leicht zur Folge haben könnten. Insbesondere das Frühjahr dürfte den Ausbruch von Seuchen außerordentlich stark begünstigen. Der Vorstand der jüdischen Interessenvertretung in Bendzin hat, nach der mir von dem genannten Vorstand zugesandten Aufstellung des Voranschlages der jüdischen Interessengemeinschaft in Bendzin für Februar 1940, einen Fehlbetrag von 11 110,25 RM. Der Vorstand hat hierbei darauf hingewiesen, daß er sich gezwungen sieht, bereits in den nächsten Tagen folgende Maßnahmen durchzuführen:

a) die Tätigkeit der jüdischen Volksküche, in welcher bereits nahezu 40 % der jüdischen Bevölkerung unentgeltlich Mittagessen erhält, aufzugeben,

b) die Auszahlungen von Unterstützungen an die Familien von Reservesoldaten einzustellen,

c) Rechnungen von Ärzten, Apotheken und Krankenhäusern nicht mehr zu begleichen.

Der Vorstand der jüdischen Interessenvertretung in Bendzin hat einen Antrag an die Haupttreuhandstelle Ost in Kattowitz gerichtet, ihm 3 % vom Umsatz der jüdischen Firmen, die von Treuhändern verwaltet werden, sowie 20 % von Firmen, die in arische Hände übergegangen sind, zuteil werden zu lassen. Da es m.E. ausschließlich Sache der Reichstreuhandstelle ist, über die vorgetragene Bitte der jüdischen Interessenvertretung zu entscheiden, habe ich in dieser Sache zunächst nichts veranlaßt.

Mit Rücksicht auf die vorbezeichneten immer täglich größer werdenden Schwierigkeiten der jüdischen Bevölkerung und weil auch die Wohnungslage der täglich zunehmenden reichsdeutschen Beamten, Angestellten und Arbeiter immer dringlicher wird, ist die Entscheidung der Judenfrage im hiesigen Gebiet außerordentlich dringend geworden. Ich bitte daher, mit allem Nachdruck für eine recht baldige Durchführung der Evakuierungsmaßnahmen gegen die Juden einzutreten.

II. *Polizeiliches.*

Im Berichtszeitraum sind folgende Anzeigen erstattet und weiterverfolgt worden:

1 Sittlichkeitsverbrechen,

11 schwere Diebstähle,

1 Raubüberfall,

4 einfache Diebstähle,

2 Unterschlagungen,

8 Die poln. Exilregierung in Angers stellte eigene Truppen für den Kampf gegen Deutschland auf.

3 Betrugshandlungen,
8 Preisüberschreitungen,
9 Schleichhandel und Wucher,
5 Vergehen nach Reichsjagdgesetz,
1 wegen unbefugten Waffenbesitzes und
1 wegen Tierquälerei.

Am 7.2.1940 gegen 6 Uhr wurden die Fleischer *Macinek* und *Nowakofski* in der Flur von Golonog von 3 bewaffneten Räubern um insgesamt 865 RM beraubt.

Bei den Polen wurden 2 Radioapparate gefunden und beschlagnahmt. In der Grube Flora in Golonog wurden, vermutlich durch auswärtige Kohlenhändler, 5 falsche 5-Markstücke und ein falsches 2-Markstück in Zahlung gegeben.

In Woykowice-Komorne wurde der Händler Kowalik wegen Schleichhandels mit Juden festgenommen. In der gleichen Sache wurde wegen Verdachts der Begünstigung der Hauptwachtmeister *Bormann* aus Beuthen von der Kriminalpolizei festgenommen. Hierzu wird mir folgendes gemeldet:

Auf einer von dem Gendarmerie-Kreisführer am 7.2.1940 gegen 16 Uhr durchgeführten Razzia wurde in der Wohnung des Kowalik der Hauptwachtmeister der Schutzpolizei Ludwig Bormann, geboren am 24.11.1898 in Charlottental, im angetrunkenen Zustande [an] getroffen. Da Bormann nicht in der Lage war, in seinem Zustande seinen Dienstort aufzusuchen, und um den Polen keine Möglichkeit einer Kritik über einen deutschen Beamten in die Hand zu geben, wurde Bormann von dem Gend.-Kreisführer mit dem Dienstwagen nach Beuthen gebracht und der Schutzpolizei übergeben. Die Dienststelle des Bormann wurde von hier aus in Kenntnis gesetzt, von der Bormann abgeholt wurde. [...][9]

## DOK. 92

### Der Historiker Emanuel Ringelblum notiert am 6. März 1940 Berichte über deutsche Gewaltakte gegen polnische Juden[1]

Handschriftl. Aufzeichnungen von Emanuel Ringelblum,[2] Eintrag vom 6.3.1940

Meine Lieben,[3]
hörte heute, den 6. März, folgende Geschichte: Auf der Dynasy-Straße hat man Herrn Welwele zur Arbeit gezwungen: „Du bist kein Mensch, du bist kein Tier, du bist Jude."[4]

9 In der Folge geht es um die Verwaltung und die wirtschaftliche Entwicklung im Landkreis.

1 Ringelblum, Notatki 1939–1941, AŻIH, Ring I/449 (507/1). Das Dokument wurde aus dem Jiddischen und Hebräischen übersetzt. Teils davon abweichender Abdruck auf Jiddisch in: Emanuel Ringelblum, Ksovim fun geto, Bd. 1: 1939–1942, Warszawa 1961, S. 91–94.

2 Dr. Emanuel Ringelblum (1900–1944), Lehrer, Historiker; Studium in Warschau; Mitglied der Partei Poale Zion-Linke; 1938/39 als Vertreter des Joint im Auffanglager Zbąszyń (Neu-Bentschen) tätig; Aug. 1939 Teilnehmer am 21. Zionistenkongress in Genf; 1940 Gründer und Leiter des Untergrundarchivs des Warschauer Gettos (Oneg Schabbat), dessen Mitarbeiter Dokumente über die Lage der Juden unter der deutschen Besatzung sammelten und mündliche Nachrichten verschriftlichten; Ringelblum konnte sich bis zum März 1944 versteckt halten und wurde dann von den Deutschen entdeckt und erschossen. Zur Partei Poale Zion-Linke siehe Dok. 47 vom 2.8.1941, Anm. 19.

3 Aus Gründen der Tarnung schrieb Ringelblum seine Aufzeichnungen in Form von Briefen nieder.

4 Im Original deutsch.

Ihn hierfür geschlagen: ihm befohlen, den Füllfederhalter auf den Boden zu werfen, diesen später fortgenommen, ihm aber befohlen, ihn zu suchen. Lag mehrere Wochen im Bett. In der Tłomackie-Straße 2 vergewaltigten drei Herrenmenschen, Gewalttaten im ganzen Hof. Die Gestapo interessiert sich für Rassenschande, aber man fürchtet sich, solche Fälle zu melden. „Jüdische Gaunerei" angesichts von Itsikls und Knepeles Schild.[5] Sie kamen und wollten Betten aus einem Krankenhaus holen lassen, konnten es aber nicht aus obigem Grund.[6] In Lodz dürfen Juden nicht mit der Straßenbahn fahren, in Krakau, laut dem „Warschauer Kurier",[7] nur auf der hinteren Plattform. Über 1000 Menschen von Lodz nach Piotrków ausgewiesen; 900 Polen und 600 Juden. Polen werden zum Arbeitseinsatz gezwungen und von dort weggebracht. Gerüchte, dass man sowohl in Warschau als auch in Krakau jüdische Armbinden anlegt.[8] Die Tragödie der Kriegsgefangenen im Warthegau. Man schickte über 600 auf einen Transport. In Lublin konnte die Gemeinde sie nicht aufnehmen, hatte keine Zivilkleidung. Weitergeschickt nach Parczew. Auf diejenigen geschossen, die auf dem Weg stehen blieben. Gingen in Holzschuhen, die abfielen. Viele Verwundete erschossen. Danach in zwei Scheunen gebracht. Es waren [...][9] über 200 Menschen, in Gruppen zu je 20 abgeführt und ermordet. Von 627 blieben nur 278. Über zwanzig gelang die Flucht. Sie töteten jeweils drei mit einer Kugel. In Parczew wollten viele Selbstmord begehen. *Auf dem Weg wollten sie gegen die Wachmänner rebellieren, weil es [nur] dreizehn waren, aber man sagte ihnen, dass dies ein großes Unglück für alle Juden in Polen wäre.*[10] *Ein Grausamer unter ihnen tötete unterwegs Menschen, die vorübergingen, Zając und andere. Man versprach, ihnen Geld zu geben, und so gelang es, die Übrigen zu retten. Der Anführer sagte ihnen, dass er das täte, weil sie [...]*[11] *wollten, die schwarzen Wachen.*[12] *Als sie nach Biała [Podlaska] kamen, fragte er, wo die Übrigen seien, so als ob man das nicht wisse. Ich hörte, dass sie in eine Wohnung kamen, um verschiedene Dinge zu nehmen: zwei Militärs: ein Jude und ein Pole.* Zweihundert Kinder starben in einem Warschauer Findelhaus. *Im Dorf Nagoszewo wurden vier getötet, weil sie in den Wald gingen, um Holz zu holen.* Eine Strafe von 500 Zł. in demselben Dorf, weil man ein Pferd und einen Wagen nicht bereitstellte. In ein jüdisches Haus in Warschau kam der Hauswart mit einem Christen und verlangte vom Besitzer eine Wohnung, falls er keine bekäme, drohte er mit jenen.[13] Die Gemeinde verlangt 60 Zł. Schmiergeld für [die Freistellung von] sechs Tagen Arbeitseinsatz beim Schneeräumen.

5 Gemeint ist eine Plakette, die auf die Hilfsorganisation Joint hinwies: Itsikl bezieht sich auf dessen Repräsentanten Icchak Giterman, Knepele auf Dawid Guzik (poln. guzik: Knopf).

6 Vermutlich waren die Deutschen zu dieser Zeit noch zurückhaltend und beließen die Betten an Ort und Stelle, weil sie im Besitz des Joint waren.

7 Nowy Kurier Warszawski, die offizielle Warschauer Tageszeitung in polnischer Sprache, die vom 11.10.1939 bis 1944 erschien.

8 Ende 1939 fanden in Warschau die ersten Massenerschießungen statt, zahlreiche Polen wurden vor allem in den großen Städten bei Razzien festgenommen und in KZ eingewiesen, die Jüngeren wurden nach Deutschland zur Zwangsarbeit verschleppt. Zu Beginn der Besatzung meinten daher manche Polen, dass es den Juden besser ergehe, und so legten einige die für Juden vorgeschriebenen Armbinden an.

9 Ein Wort unleserlich.

10 Kursiv gesetzter Text hier und weiter unten im Original in Hebräisch.

11 Unleserlich. Möglicherweise: fliehen oder sich retten.

12 Damit sind die schwarzen Uniformen der SS gemeint.

13 Das heißt: mit den Deutschen.

*Von dem Geld, das sich in einer Bank in Feliks Frydmans Stadt*[14] *befand, hat man 200 000 [Zł.]für* die *Gemeinde in Warschau genommen, von insgesamt 400 000. Von einer Summe von 100 000 für die Alijah, die in der Gemeinde vorhanden war, haben Offiziere 10 000 genommen, weil es, wie sie sagten, nichts gäbe, was man mit dem Geld tun könne.* Arbeiter der Gemeinde, die Schnee räumten, führte man für andere Arbeiten ab. Keine Pflicht für ausländische Juden, eine Binde zu tragen. Dollars gibt es in Fülle; es fehlt an Tauschwährung.

Am 28. [Februar] viele Polen *aus den Wohnungen, von den Straßen und aus den Kaffeehäusern verhaftet. Man sagt, dass Christen jüdische Armbinden tragen. In Lodz lag eine Million Bürgergeld*[15]*auf der Bank, davon gehört die Hälfte den Polen.* Traurige Nachrichten aus Lodz: Rumkowski wirft arme Familien aus ihren Wohnungen und setzt Reiche hinein. Dennoch fahren ganze Familien nach Lodz zurück. Lieber wollen sie in ihrer Heimat sterben, als in der Fremde umherzuziehen. Mit 10 Mark werden Menschen von Lodz ins Gouvernement herübergebracht. Tagtäglich kommen Tausende jüd. Gefangene. Das Problem mit der Kleidung: Sie dürfen keine Militärkleidung tragen und besitzen keine zivile. Die interessante Geschichte von Elio,[16] dem Maler: Man zwang ihn zur Arbeit bei den Panzereinheiten. Heizte den Ofen gut ein, man fragte ihn, woher kannst du das. Ich bin Kunstmaler. Man bat ihn, zu malen. Er malt schon die sechste Person, alles Höhergestellte. Für ein Bild bekommt er 150 als Lohn, bestätigt auf jedem Bild mit dem Namen des Malers. Gute Porträts.

Am 26. Februar erließ man eine Verordnung über die Registrierung.[17] *Gerüchte über Grausamkeiten im Gebäude des polnischen Parlaments. Am ersten Tag fanden die Grausamkeiten in einem besonderen Raum statt, danach Übungen betreffs der [besten] Art, Schläfenlocken zu fassen: mit den Händen oder mit den Füßen. Fällt dabei die Gesichtsbekleidung*[18] *ab, geben sie* [...].[19] *Einer hat gefühlt, dass die Hände noch warm waren. Sie töteten durch [Schläge auf] die Ohren und auf den Kopf. Zwei Männer wurden getötet.*[20] *Menschen kommen halb wahnsinnig von dort zurück. Sie arbeiten dort zwei Wochen. Während Juden getötet werden, wenden sich die Arbeiter zur Wand. Die Mehrheit der Arbeiter sind Christen* [...].[21]

Die Angst [der Deutschen], gut zu sein: Hat man freundlich, nett zu einem Juden gesprochen und dann einen anderen [Deutschen] gesehen, schrie man: „Aber schnell, los!" und schickte noch einen Fluch hinterher. Der Goldpreis fiel von 80 auf 40, der Dollar auf 100. Polnische Rechtsanwälte, die jüdische Frauen oder Referendare haben, werden gestrichen.[22] Jeder muss unterschreiben, dass er niemals gegen sie [die Deutschen] aufgetreten

14 Warschau.

15 Unverständlich. Möglicherweise handelte es sich um Geld, das für soziale Zwecke gesammelt wurde.

16 Maksymilian Eliowicz (1890 – 1942), Maler und Bildhauer; in den 1930er-Jahren Vorstandsmitglied der Gesellschaft zur Förderung der jüdischen Kunst (Towarzystwo Rozpowszechniania Sztuki Żydowskiej) in Płock; 1939 nach Warschau vertrieben, 1942 von dort nach Treblinka deportiert und ermordet.

17 Am 23.2.1940 hatte Ringelblum notiert, dass eine weitere Registrierung der Juden im Alter von 14 bis 60 Jahren angeordnet worden sei: Zunächst sollten am 1.3.1940 die 16- bis 25-Jährigen erfasst werden; siehe auch Dok. 162 vom Juli/August 1940.

18 Gemeint ist: Wenn die Schläfenlocken dabei abreißen.

19 Ein Wort unleserlich.

20 Oder „töteten"; im jiddischen Original nicht eindeutig.

21 Ein Wort unleserlich.

22 Sie wurden von der Liste der Anwälte gestrichen, erhielten also Berufsverbot.

ist. Politiker und andere bekannte polnische Persönlichkeiten werden gestrichen. Nur ein paar hundert polnische Rechtsanwälte übrig. Ein nationaldemokratischer Anwalt, der sich für den Arierparagraphen ausgesprochen hatte, ist stolz, dass man ihn wegen seines jüdischen Referendars von der Liste gestrichen hat. Man führte zweihundert christliche Frauen aus den Kaffeehäusern ab, sie kamen vergewaltigt zurück. Ich hörte, dass sich das auf Warschaus Straßen schon wiederholt ereignet hat. Die Marszałkowska-Straße nachts halb leer. Jüdische Straßen sehen frühmorgens aus wie ein jüdisches Schtetl. Trupps der jüdischen Gemeinde gehen zur Arbeit. Schreckliche, ausgehungerte Gesichter, verdienen 3 ½ Zł. am Tag.

## DOK. 93
## Ein jüdischer Soldat der polnischen Armee erinnert sich an seine Kriegsgefangenschaft zwischen dem 24. September 1939 und dem 11. März 1940[1]

Handschriftl. Bericht von Szmuel Zeldman, aufgezeichnet von Sz. Szejnkinder,[2] maschinenschriftl. abgeschrieben von M. Bojman,[3] vermutlich erste Jahreshälfte 1941

*Zur Militärparade nach Berlin*
Der Erzähler der folgenden Kriegserlebnisse heißt Szmuel Zeldman, ein Warschauer Junge im besten Sinne des Wortes. Ein einfacher, sorgloser, gutmütiger junger Mann. Tagsüber in einem Holzlager beschäftigt und nach der Arbeit ein Lebemann, der sich mit wenig Geld amüsieren und die Zeit vertreiben kann. Ein Liebhaber von Tanzlokalen und Sport: Ein Kartenspielchen, ein Schnäpschen – nur her damit!

Das gesellschaftliche, soziale, politische, kulturelle Leben geht ihn weiter nichts an. In dem Kreis, in dem er verkehrt, kümmert man sich nicht darum. Hauptsache, man hat ein paar Złoty in der Tasche, ein paar nahe, gute Freunde, dazu zwei, drei schöne Mädchen, und den Bedürfnissen ist vollkommen Genüge getan.

Im März 1938 wurde Zeldman aufgefordert, 18 Monate im polnischen Militär zu dienen. Zeldman hat keine Angst vor dem Militärdienst, die Musterung bereitete ihm keinen Kummer, es fand sich kein Makel. Der blonde, rotgesichtige, breitschultrige Jüngling hat keine Angst vorm Militär und vor den christlichen „Kollegen", mit denen er schon mehr als einmal auf dem Sportplatz aneinandergeraten ist. Aber er geht doch ohne Lust dorthin. Der Militärdienst stellt für alle jungen Leute dieses Schlags ein einschneidendes Erlebnis dar, den Übergang von Leichtsinn zu Ernst, von Verspieltheit zu Zielstrebigkeit. Ein Soldat nach abgeleisteter Dienstzeit ist wie ein verheiratetes Mädchen, das sich die Rendezvous und Torheiten der früheren Jahre aus dem Kopf geschlagen hat. Die harte militärische Zucht drückt auch dem weiteren alltäglichen Leben ihren Stempel auf.

So ließ Zeldman in Warschau seine Freunde zurück und die Mädchen, die Tanzlokale und Sportplätze, seine Jugendjahre und fuhr nach Włocławek, um im 14. Infanterieregiment

1 AŻIH, Ring I/1090 (458). Das Dokument wurde aus dem Jiddischen übersetzt.

2 Sz. Szejnkinder, auch Sh. Sheynkinder, Journalist; in den 1930er-Jahren Redakteur der jiddischen Tageszeitung Der Moment; von 1940 an Mitarbeiter des Untergrundarchivs des Warschauer Gettos, Verfasser eines Tagebuchs; vermutlich im Sommer 1942 in Treblinka ermordet.

3 M. Bojman, Mitarbeiter des Untergrundarchivs im Warschauer Getto.

zu dienen. Die anderthalb Jahre Militärkost gingen auch bei ihm vorüber wie bei jedem, mal schlechter, mal besser. Nur als es ans Heimgehen ging, an dem Tag, auf den man wochenlang gehofft hatte, geriet etwas in Gottes kleiner Welt in Unordnung.
Schon etliche Wochen vorher war der jüngere Jahrgang nach Konojady Pomorskie geschickt worden, um Unterstände auszuheben. Der ältere Jahrgang hielt Wache in den Kasernen. Am 24. August wurden aber auch die Soldaten des älteren Jahrgangs hingeschickt und im dortigen Wald in Zelten untergebracht, wo sie gemütlich eine Woche zubrachten, ohne zu wissen, zu welchem Zweck man sie dorthin geschickt hatte.
Am 1. September früh sichtete die Wache ein deutsches Flugzeug am Himmel. Man schoss darauf, und es verschwand schnell. Bald aber kam ein größeres Geschwader feindlicher Flugzeuge und bombardierte das Lager nach allen Regeln der Kunst. Das Lager wurde natürlich schnell aufgelöst, und das Militär wurde schleunigst per Bahn an die deutsche Grenze verlegt.
Zeldman erzählt: Es gelang uns aber nicht, aus den Waggons auszusteigen, weil der Feind ein heftiges Feuer von allen Seiten auf uns eröffnete. Das ganze 14. Regiment, das in dem Zug zusammengefasst war, stob auf der Suche nach Deckung vor den feindlichen Bomben in Panik auseinander. Erst nach längerer Zeit gelang es der Führung, das Regiment wieder zusammenzustellen und in Marsch zu setzen. Als die Nacht hereinbrach, befanden wir uns schon auf deutschem Gebiet, in Melno. Die Stimmung war gut. In der Dunkelheit marschierten wir eine lange, schmale Straße entlang. Um uns herum war es still, man fing an, Witze über den Feind zu machen, und die Offiziere versicherten, schon morgen seien wir in Berlin, wo Rydz-Śmigły eine Parade abnehmen werde.
Plötzlich wurde die Stille durch fürchterlichen Beschuss von allen Seiten unterbrochen. Es wurde vom Himmel geschossen, vom Boden. Das Ra-ta-ta der Maschinengewehre dröhnte aus jedem Haus, aus jedem Fenster. Darauf war keiner gefasst gewesen, und es entstand schreckliche Panik. Von allen Seiten hörte man Geschrei und Stöhnen, bei jedem Schritt traf man auf zerschossene Leichen, die in der Dunkelheit die Flucht behinderten. Was sich in jener schrecklichen Nacht auf der langen Straße in Melno ereignet hat, ist einfach unbeschreiblich. Jeder von uns lief in Panik und Angst zurück, nur weg von dort. Nicht wenige von uns fielen unterwegs, durchlöchert von einer Kugel. Das Zurücklaufen dauerte eine ganze Nacht, und als der Morgen graute, waren wir schon wieder auf polnischem Gebiet, zerschlagen und aufgerieben.
Wir sahen erbärmlich aus. Von dem ganzen Regiment, das noch fünf Stunden zuvor gen Berlin marschiert war, waren jetzt nur noch Überreste, Überbleibsel geblieben. Jeder von uns war durchnässt vom Angstschweiß, verdreckt, verstaubt, hatte auf dem Weg alles zurückgelassen, was er bei sich trug, wenn nur die Flucht dadurch erleichtert wurde. Einer sah den anderen entsetzt an, und mancher musste feststellen, dass seine Kameraden aus der Mannschaft fehlten und nicht mehr mitgehen würden.
Niedergeschlagen und schweigend traten wir den Rückmarsch an. Auf dem Weg trafen wir ständig auf Überreste anderer Einheiten. Diese Reste vereinigten sich und schlossen sich hinter Lodz der Armee von General Bortnowski an.[4] Dort brachte man uns – soweit es ging – ein wenig in Ordnung, damit wir wieder aussahen wie Soldaten. Bei dem Städt-

4 Władysław Bortnowski (1891–1966), Berufsoffizier; General der poln. Streitkräfte, Befehlshaber der Armee „Pomorze", 1939–1945 Kriegsgefangener in Deutschland; lebte später in Großbritannien und den USA.

chen Piątek-Sobota[5] kam es zu einer heftigen Schlacht mit dem Feind; beide Seiten erlitten schwere Verluste, und schließlich mussten wir uns bis zur Bzura zurückziehen, wo wir am 16. September eintrafen und hinter Kutno anhielten.[6] Dort blieben wir ganze sieben Tage stationiert. Immer wieder zerriss das unaufhörliche Schießen die Luft. Wir aber, das heißt ich und etliche meiner Kameraden, hatten keine Ahnung, was dort vor sich ging. Wir verspürten nagenden Hunger und sahen uns jeden Tag in der Umgebung nach Essen um. Etliche Male setzten wir dabei über die Bzura und wieder zurück. Einmal war ich mit sechs anderen auf Patrouille, am Flussufer entlang. Von einer Mühle her hörten wir Schüsse. Einige Deutsche, wahrscheinlich ebenfalls auf Patrouille, hatten sich in einer Windmühle versteckt und begannen, auf uns zu schießen, in der Überzeugung, dass wir ihretwegen gekommen wären. Wir hielten an und verpassten dem Feind etliche Handgranaten, die explodierten. Dann forderten wir ihn von Weitem auf, sich zu ergeben. Aber niemand antwortete. Wir näherten uns der Windmühle, und nachdem wir noch ein paar Handgranaten geworfen hatten, fanden wir drei Deutsche, die sich in den Mund geschossen hatten. Sie wollten lieber sterben, als sich den Feinden ergeben.

Am Morgen des 23. September erfuhr ich, dass wir uns Richtung Warschau zurückziehen würden. Ich setzte mich auf einen Wagen mit einem Maschinengewehr, hüllte mich in eine Decke und … schlief ein. Mitten im Schlaf hörte ich eine Stimme: „Stehen bleiben! Hände hoch!“ Ein deutscher Soldat trat an meinen Wagen, sah mich unter der Decke und fragte: „Sind Sie verwundet?“ „Ja“, antwortete ich. Der Deutsche machte eine Handbewegung, als ob er sagen wolle: „Fahr weiter. Du wirst uns sicher nicht entkommen …“ So ging der Tag vorüber, und auch die ganze Nacht hindurch fuhr ich und schlief.

Als ich am Morgen erwachte, sah ich, dass ich mich unter Deutschen befand, die um uns herumstanden, staunten und uns Schokolade und Zigaretten anboten. Wie sich später herausstellte, befand ich mich in der Heide von Kampinos, wo die Deutschen polnische Gefangene konzentrierten. Den ganzen Tag über strömten unterschiedliche Gefangene in größeren und kleineren Gruppen dorthin. Endlich, als mehr als zehntausend Mann versammelt waren, trieb man uns zusammen und schickte uns am Morgen nach Żyrardów, wo man uns auf einem großen Sportplatz unter freiem Himmel Quartier anwies.

In diesem „Lager“ blieben wir zwei Wochen lang. Die Deutschen beschäftigten sich überhaupt nicht mit uns. Daher hatten viele jüdische Soldaten unter ihren polnischen Kameraden zu leiden, die sich in Gruppen organisierten und den jüdischen Soldaten mit Gewalt ihre Decken und Mäntel abnahmen, ebenso gut erhaltene Schuhe. Dass man das Lager sich selbst überließ, führte zu starker Demoralisierung unter den Gefangenen. Noch stärker quälte sie der Hunger. Die Leute aus der Stadt brachten zwar fast alles Gute, aber nur gegen gutes Geld.

Eines schönen, hellen Tages revoltierte die Menge, durchbrach die Umzäunung und lief in die Stadt. Die Deutschen schossen hinterher, und etliche Gefangene fielen. Ein Teil ging wieder zurück, aber vielen gelang es, in die Stadt zu kommen, ihre Kleidung zu wechseln und unterzutauchen. Auch ich schaffte es in die Stadt. Ich flüchtete in ein jüdisches Haus,

5 Tatsächlich sind die nördlich von Lodz gelegenen Orte Piątek und Sobota 15 km voneinander entfernt.

6 Die Schlacht an der Bzura (auch Schlacht bei Kutno genannt) war die größte Schlacht während des Septemberkriegs. Sie begann in der Nacht vom 8. auf den 9. 9. 1939 infolge eines poln. Gegenangriffs und dauerte neun Tage.

bat um Zivilkleidung, um sie anzuziehen. Man hatte aber offensichtlich Angst, sich auf gefährliche Dinge einzulassen, und ich bekam keine Zivilkleidung.
Ich ging wieder auf die Straße und traf dort auf weitere Entlaufene, denen auch der Boden unter den Füßen brannte. Wir wussten nicht, was wir tun sollten: Weiterlaufen oder zurückgehen? Währenddessen verbreiteten sich Gerüchte, dass alle Gefangenen aus Warschau und der Warschauer Wojewodschaft umgehend freigelassen würden. Also beschlossen wir, in das Lager zurückzugehen.
Dort fanden wir eine ganz andere Situation vor. Die deutschen Soldaten liefen mit Gewehren mit aufgesetzten Bajonetten oder mit Revolvern in den Händen herum und trieben die polnischen Gefangenen hin und her. Uns unterzog man keiner besonderen Behandlung, und bald fanden wir uns inmitten des etwa vierzigtausend zählenden Menschengewirrs. Die nächsten acht Tage herrschte „eiserne" Disziplin. Einige hundert wurden als für den Aufstand Verantwortliche erschossen. Danach wurde das Lager aufgelöst. Die ganze Herde wurde nach Ostrzeszów hinter Posen überführt, wo wir in Baracken untergebracht wurden. Dort brachten wir zwei Wochen zu, wobei Polen und Juden sehr schlecht miteinander auskamen. Die Deutschen mischten sich nicht in unsere Angelegenheiten ein und waren völlig gleichgültig. Nach zwei Wochen wurden wir nach Brandenburg in ein großes Gefangenenlager überführt.[7] Dort wurden wir bald damit beschäftigt, Baracken zu errichten, Stroh von dem früheren Lager zu verbrennen und dergleichen. Ich wurde in der Wachstube als Kaffeekellner beschäftigt. Das Verhalten vonseiten der Deutschen, zumeist älteren Leuten, war sehr korrekt. Ich bekam auch genug zu essen.
Nach vier Wochen „Paradies" wurden wir wieder weitertransportiert, diesmal nach Frankfurt an der Oder. Dort wurden die Gefangenen nach Berufen eingeteilt. Ich und vier weitere Juden wurden zur Arbeit in einem Sägewerk in Guben eingeteilt. Täglich um 8.00 Uhr früh kam von dort ein Auto zum Lager, um uns in einem Konvoi nach Guben zu bringen, und täglich um 4.00 Uhr brachte uns dasselbe Auto zurück. Unser Lohn, 1 Mark 50 am Tag, stand nur auf dem Papier, dafür hatten wir aber satt zu essen. Die Besitzerin des Sägewerks verhielt sich uns gegenüber sehr korrekt, und so war unser Leben gar nicht schwer. Dieser Zustand hielt an bis Neujahr.
An Neujahr kam der Eigentümer des Sägewerks auf Urlaub nach Hause, Robert Jokel,[8] ein Flieger-Hauptmann, der im Westabschnitt „arbeitete". Er handelte aus, dass wir im Sägewerk bleiben [durften] und nicht täglich nach Frankfurt zurück mussten. Da fühlten wir uns sehr gut. Die Bevölkerung in Guben verhielt sich uns gegenüber sehr freundlich und lud uns häufig zum Essen ein. In den Häusern traf man hauptsächlich ältere Frauen an, Greise und Kinder. Männern und jüngeren Frauen begegnete man überhaupt nicht.
An einem bestimmten Tag kam ein Bote aus Frankfurt mit der Meldung, dass wir „nach Hause fahren".[9] Wir ließen alles zurück und fuhren in das Frankfurter Lager, wo sogar unsere Sachen schon verpackt waren. Man gab uns auch Verpflegung mit auf den Weg und brachte uns mit der Bahn nach Szubin hinter Bromberg, wo wir vier Wochen in dem Gebäude der Besserungsanstalt verbrachten. Wir waren dort unter der Aufsicht von Volksdeutschen, mit denen wir uns natürlich auf Polnisch verständigten. Ihre Haltung

7 Wahrscheinlich Woldenberg in der Neumark.
8 Gemeint ist Albert Juckel, der in Guben, Friedrichstr. 10, ein Sägewerk besaß.
9 Im Original deutsch.

uns gegenüber war von Grund auf feindselig. Sie nahmen uns systematisch für uns eintreffende Post und Pakete ab. Sie dachten sich „Arbeiten" für uns aus usw.
Endlich kam der lang erwartete, glückliche Tag. Am 11. März 1940 nachts verlud man uns, ungefähr 800 jüdische Gefangene, in einen Transportzug und brachte uns nach Warschau. Dort stiegen die Warschauer aus, die anderen fuhren weiter. Und wie wir später erfuhren, fügte man den jüdischen Gefangenen in Biała Podlaska großes Leid zu. Wir kamen unversehrt in Warschau an. Als ich „mein" Warschau zum ersten Mal nach knapp 15 Monaten wiedersah, weinte ich. Mit einer solchen Zerstörung hatte ich nicht gerechnet.

## DOK. 94
## Warschauer Zeitung: Dietrich Redeker rechtfertigt in einem Artikel vom 13. März 1940 die zwangsweise Absonderung der jüdischen Bevölkerung[1]

*Deutsche Ordnung kehrt im Ghetto ein. Erfolgreiche Erziehung der Juden zu gegenseitiger Hilfe. Selbstverwaltung durch jüdische Ämter.*

*Sonderbericht der Krakauer und Warschauer Zeitung von Dr. Dietrich Redeker*[2]
Das deutsche Volk in seiner Gesamtheit hat entschieden, sich von den Juden zu trennen, sein Leben von dem Leben des jüdischen Volkes unabhängig zu gestalten. Es hat diese Entscheidung gefällt nach Jahrhunderten schlechter und schlechtester Erfahrungen, denn immer wieder hat sich herausgestellt, daß in Folge ihrer ererbten Veranlagungen die Juden in allen Lebensäußerungen, in ihrer politischen, wirtschaftlichen und kulturellen Betätigung für uns Deutsche stets nur Unheilbringer waren. Das jüdische Volk steht zu dem deutschen zu konträr, als daß man auch nur auf einem geringsten Teilgebiet des Lebens eine Verbindung mit ihm beibehalten könnte.
*Als erstes: Juden für sich*
Die schnelle Beendigung des polnischen Krieges und die darauf einsetzende deutsche Verwaltungsarbeit in den besetzten polnischen Gebieten hat eine Lösung des Problems „Juden" schon infolge der starken Durchsetzung der polnischen Bevölkerung mit dem jüdischen Element dringend gemacht. Grundsätzlich hat man auch im Generalgouvernement als erstes eine Abtrennung der Juden durchgeführt. Sie waren damit von den Deutschen ferngehalten. Die Maßnahme war aber zugleich ein wirkungsvoller Schutz des polnischen Bevölkerungsteiles vor weiterer jüdischer Ausbeutung. Wer die Verhältnisse im Generalgouvernement kennt, der weiß auch, wie sehr gerade die Polen allgemein erfreut sind über diese radikale Lösung dieses Problems.
*Davidstern und Extra-Abteile*
Wir haben alle Konsequenzen aus dieser Trennung der Völker gezogen: Deswegen die weiße Armbinde mit dem blauen Davidstern, die alle Juden über 16 Jahre[3] tragen müssen, deshalb auch die Extra-Abteile in den Straßenbahnen und deshalb auch die allmähliche

1 Warschauer Zeitung, Nr. 61 vom 13.3.1940, S. 3f.
2 Dr. Dietrich Redeker (1911–1979), Journalist; 1930 NSDAP-Eintritt; 1932/33 Studium der Geschichte und Zeitungswissenschaft in Paris, Greifswald und Berlin, 1938 bei der Sportzeitschrift Der Kicker in Nürnberg; Jan. 1940 bis Nov. 1942 in Krakau als Mitarbeiter der Krakauer Zeitung tätig; nach 1945 in Neustadt am Rübenberge Redakteur der Leinezeitung.
3 Tatsächlich galt die Kennzeichnungspflicht für Personen ab zehn Jahren; siehe Dok. 130 vom 1.7.1940.

Rückführung der Juden in bestimmte Wohnquartiere, wo sie dann auch ganz unter sich sind. Aber das alles bedeutet keine Judengreuel. Gewiß, wir machen kein Hehl daraus, wir lieben die Juden nicht, wir wären sogar froh, wenn wir kein Judenproblem zu lösen hätten, aber es wird sich kein Deutscher finden, der mit Pogromen das Problem lösen will. Ja, es hat im Gebiet des heutigen Generalgouvernements schon solche Pogrome gegeben. Fragt die Juden selbst danach. Damals – es war ungefähr vor zwei Jahren – kam es in fast allen größeren polnischen Städten zu Exzessen der aufgebrachten polnischen Volksseele. Die Juden wurden in den Straßen gejagt und, wo man sie erwischte, geschlagen.

*... aber keine Judengreuel*

Solche Dinge wären im Generalgouvernement gänzlich unvorstellbar. Man bedenke: Die erste Tat der deutschen Polizei in Krakau war die Wiedereinfangung einer großen Zahl Zuchthäusler, die – vor dem Einmarsch unserer Truppen von den Polen freigelassen – nun in Banden über jüdische Läden und Wohnungen herfielen. Aber das ist es nicht, was wir der ausländischen Greuelpropaganda zu entgegnen haben, die von Zeit zu Zeit die Platte mit den Judenverfolgungen in Deutschland auflegt. Die Hetzer sollten einmal einen Einblick nehmen in das umfassende Werk der Fürsorge, die von Deutschen eingerichtet oder auf deutschen Befehl hin von Juden ins Werk gesetzt und von diesen in einer Art Selbstverwaltung fortgeführt wird.

*Sie sollen sich selbst verwalten*

Hier der Beweis: Wir haben uns die Mühe gemacht, alle Ämter, alle Körperschaften, alle Einrichtungen und Institutionen der jüdischen Gemeinde in Krakau zu besuchen. Wir lernten die Arbeit des jüdischen Wohlfahrtsamtes kennen und des Amtes für den Arbeitseinsatz, wir sahen Volksküchen, Badehäuser, Asyle und Spitäler. Der Eindruck war umfassend. Den Segen einer geordneten jüdischen Verwaltung unter den Augen und nach Ratschlägen erfahrener deutscher Beamter, spürt au[ch] das Ghetto. Man denke sich einmal alle diese Einrichtungen fort, die erst nach dem Einmarsch der Deutschen geschaffen wurden, man denke sich die Juden mit ihren mangelnden organisatorischen Fähigkeiten sich selbst überlassen, wie es bereits der Fall war, nachdem der ehemalige Vorstand der jüdischen Kultusgemeinde unter Mitnahme der Gemeindegelder mit den polnischen Machthabern geflohen war, die Juden würden sich gegenseitig ausplündern, sich gegenseitig vernichten.

*Im Schmutz des Ghettos*

Stundenlang sind wir durch den Schmutz des Krakauer Ghettos gewatet. Auf wackeligen Stiegen und verfallenden Treppen knirschte der Dreck unter den Füßen. Wir faßten an Holzgeländer, die infolge mangelnder oder überhaupt nicht vorhandener Pflege vom Wurm zernagt oder in Fäulnis übergegangen waren. Auf dem Etagen-Vorplatz, über den man in mehrere Judenwohnungen gelangt, steht ein Wasserspender. Aus einer 3 bis 4 cm dicken Schmutzkruste ragt eben noch der Wasserhahn heraus, alles andere hat die Farbe des Fußbodens und der Wände angenommen. Abfälle, Kartoffelschalen, ein Stück einer Apfelsinenschale, faulen in einer Ecke auf dem Boden. Täglich gehen Menschen aus diesen Wohnungen hier vorüber. 40, 50 oder gar hundert, aber niemand nimmt das weg, fegt es zusammen. Es fault eben weiter.

Auch die meisten Wohnungen sind kaum sauberer. Moder, Fäulnis und verbrauchte Luft lassen unwillkürlich die Hand vor die Nase legen. Es ist kaum auszuhalten. Ein Tisch hat nur drei Beine. Das vierte Bein sieht man zufällig in einer Ecke des Zimmers liegen. Sechs Menschen bewohnen diesen Raum, aber sie werden das Bein dort liegen lassen, denn sie haben inzwischen mit einer Kiste Ersatz geschaffen, der Tisch hat wieder Halt, und eines Tages wird man das vierte Bein zum Feuern in den Ofen schieben. Die zerrissenen und zerschlissenen Betten sind nicht grau, sie sind schon schwarz und mit einer unvorstellbar speckig-glänzenden Schicht behaftet. Der Ekel würgt im Halse. Ein dreckiger Lappen bedeckt noch die Hälfte der undurchsichtigen, weil ungeputzten Fensterscheiben. Bei scharfem Nachdenken drängt sich die Erkenntnis auf, daß es sich wohl um Reste einer Gardine handeln muß. Eine Latrine ist derartig verdreckt mit Schmutz und Kot, daß die Tür nicht mehr schließt. Wie können Menschen so hausen, fragt man sich.

Mit Armut hat das alles nichts zu tun. Beinahe fingerdick liegt die Staubschicht auf dem schiefhängenden Bilderrahmen. Nein, das ist kein Zeichen der Armut. Wasser gibt es genug, und mit einigen Eimern Wasser wäre auch der schlimmste Dreck und Schmutz von den Treppen und Korridoren zu beseitigen. Aber dazu gehört Arbeit, und dazu gehört angeborenes Sauberkeitsempfinden. Wenn in diesen Wohnvierteln einmal eine Seuche ausbrechen sollte, auf solch idealem Nährboden fände sie ungezählte Opfer!

*Erste Maßnahme: Seuchenschutz*

Durch Zufall wurde ich Zeuge einer Aktion zur Seuchenbekämpfung. Im jüdischen Gemeindehaus waren sämtliche jüdische[n] Ärzte zusammengerufen und ein deutscher Beamter, der mit der Betreuung der Juden beauftragt ist, schärfte ihnen die strengen Maßnahmen ein, die zum Schutze gegen Seuchengefahr zu ergreifen seien. Heute ist kein Haus im Krakauer Ghetto ohne den regelmäßigen Kontrollbesuch eines jüdischen Arztes, der Gesundheitszustand und Gesundheitsumstände genauestens zu kontrollieren hat und darüber Bericht geben muß.

Die Klubsessel und schweren Teppiche in den Vorstandsräumen des jüdischen Gemeindehauses sind für den ersten Augenblick ein etwas reichlich scharfer Gegensatz zu den stinkigen und verfallenen Wohnlöchern, durch die wir gerade gekrochen sind. Auf dem Tisch liegen Briefbogen „*Jüdische Gemeinde Krakau*". Das ist bezeichnend. Noch vor Monaten lautete die Aufschrift: „Jüdische Kultusgemeinde Krakau". Hier[in] kommt schon der gänzlich andere Aufgabenkreis zum Ausdruck, der dieser jüdischen Eigenverwaltung von den deutschen Organen zugeteilt wurde. Die Juden sind sehr stolz auf ihre Arbeit, auf ihre Selbstverwaltung, die sie in diesem Umfang bisher niemals ausgeübt haben. Grundsätzlich muß jeder Jude, der irgendein Anliegen hat, zum jüdischen Gemeindehaus in der Skawinska[-Straße] 2. Nur in seltenen Fällen, in denen sich die jüdischen Ämter nicht für kompetent halten, schickt man die Parteien mit einem Begleitschreiben an die zuständige deutsche Amtsstelle weiter.

*Jüdische Ämter mit jüdischen Fachkräften*

Es war nicht einfach, einen riesigen Verwaltungsapparat aufzuziehen, der heute immerhin 80 000 Juden zu betreuen hat. Zunächst mußte man aus einem Kreis geeigneter Juden den neuen Vorstand ernennen. Dann wurden die einzelnen Ämter aufgebaut und mit entsprechenden Fachkräften besetzt. Ja, die deutsche Stadtverwaltung gab zum Anlaufen der ganzen Verwaltungsmaschinerie den Juden sogar eine größere Summe. Heute ist die jüdische Gemeindeorganisation – nach dem Muster straffer deutscher Organisation errichtet – in der Lage, so weit für das Wohl ihrer Angehörigen zu sorgen, daß niemand [zu] hungern braucht, daß niemand ohne Obdach ist, daß Krankheiten behandelt werden, aber auch, daß gearbeitet wird!

Die Krakauer jüdische Gemeindeverwaltung kann in dieser Beziehung im Generalgouvernement als die vorbildlichste bezeichnet werden, sie hatte durch die aus den befreiten Ostgebieten, aus Posen und Lodsch, Zugewanderten[4] eine besonders schwierige Arbeit zu leisten. (Die Zunahme der Krakauer jüdischen Gemeinde beträgt seit Kriegsausbruch 30 %.)

*Am Anfang steht die Karteikarte*

Es ist selbstverständlich, daß die Wohlhabenderen unter den Juden in erster Linie zu[r] Unterstützung der Unbemittelten herangezogen wurden. Das ist einmal erreicht durch die sogenannte Kultussteuer,[5] die nach dem Vermögen gestaffelt ist, andererseits aber auch durch Kleidersammlungsaktionen und Belegung ihrer Wohnungen mit Zugewanderten. Derartige sozialistische Maßnahmen sind bei den vermögenden Juden stets unbeliebt gewesen, aber das hilft nun nichts. Die jüdische Gemeinde in ihrer Gesamtheit hat letzten Endes nur den Vorteil davon.

Jede ordentliche Verwaltungsarbeit beginnt mit der Registrierung der zu Verwaltenden. Also schuf man eine Kartei nach deutschem Muster und zählte die jüdische Bevölkerung. Da die Juden es noch aus der Zeit der polnischen Wirtschaft teilweise gewohnt waren, ohne Karteikarte herumzulaufen, weil das für gewisse Fälle vielleicht nützlicher war, griff man zu einer List. Die weißen Armbinden kamen zur Hilfe. Es hatte sich bei den Juden schnell herumgesprochen, daß es gefährlich ist, das Gesetz zu umgehen und ohne Armbinde in den Straßen herumzulaufen. Die Armbinde mußte man also besorgen. Diese aber gab es nur im jüdischen Gemeindeamt, und wer sich dort die Binde abholte, mußte vorher einen Fragebogen ausfüllen mit Namen, Vornamen, Eltern, Familienstand, Wohnort, Zivilstand, Legitimationspapieren usw. Dann bekam er eine Art Kennkarte mit seiner Registriernummer und besaß fortan sogar einen richtigen Ausweis. So kam ein wenig Ordnung in den wirren Haufen des Ghettovolkes.

*Jüdisches Arbeitsamt meldet Erfolge*

Für jeden Deutschen gibt es eine Arbeitspflicht. Warum sollten ausgerechnet die Juden, solange sie in unserem Staat oder in einem unter deutscher Verwaltung stehendem Gebiet leben, ihr Dasein ohne Arbeit fristen. Wer essen will, muß auch arbeiten. Diesen Leitsatz haben die deutschen Behörden der jüdischen Gemeindeverwaltung zum Umsetzen in die Tat dringend anempfohlen. Der Leiter des Amtes für den Arbeitseinsatz der jüdischen Bevölkerung freut sich über seine täglich wachsende Statistik. Über seinem Arbeitstisch hängt ganz nach deutschem Muster eine Tafel. Die Kurve, die den Arbeitseinsatz darstellt, ist in den letzten Wochen dauernd gestiegen. Allmählich gewöhnt sich das Ghetto an die für einen Juden unangenehmste Mitgift des Lebens. Jede Arbeit aber wird entlohnt, die Stadt zahlt der jüdischen Gemeinde je nach Zahl der gestellten Arbeitskräfte einen Betrag, dessen Weiterverteilung wiederum den Juden obliegt. Die Unbemittelten, aber Arbeitsfähigen, müssen ihre Verpflegungsmarken und ihre Barunterstützung abarbeiten. Essen durch Arbeit, für viele Juden etwas Neues, aber so will es nun einmal der Lauf der Welt.

*Zweimal Essen aus 7 Volksküchen*

In den 7 jüdischen Volksküchen Krakaus wird zweimal täglich morgens und mittags Essen ausgegeben. Ohne Geschrei und großen Spektakel geht das natürlich nicht ab. Es ist schon so „wie in einer Judenschule". An langen Tischen sitzen vor ihren Tellern schlürfende und schmatzende Gestalten. Aus Graupen, Kartoffeln und Brot wird ein nahrhaftes und wohlschmeckendes Mittagbrot bereitet.

4 Gemeint sind Flüchtlinge und Vertriebene aus den von Deutschland annektierten Gebieten.
5 Siehe Dok. 38 vom 16.11.1939.

In der Küche merkt man durchaus etwas von der deutschen Einflußnahme: Es herrscht für Ghetto-Verhältnisse eine überraschende Sauberkeit. Ich bin gerade Zeuge, wie die Leiterin dieser Küche von einem deutschen Beamten für ihre Arbeit ein Lob erhält. In einer zweiten Volksküche ist allerdings ein Tadel angebracht. Abfälle liegen auf dem Boden herum, so daß man achtgeben muß, nicht auszurutschen. Auch Kessel und Geschirr sind längst nicht in tadelfreiem Zustand. Im ganzen aber ist in kurzer Zeit viel geschaffen, viel deutsche Arbeit geleistet, für die die Juden der deutschen Verwaltung ehrlich Dank zollen. Heute werden in den 7 Küchen zweimal täglich 8000 Essenportionen ausgegeben, das heißt mit anderen Worten, ein Zehntel der jüdischen Bevölkerung wird in den öffentlichen Küchen verpflegt.

*Alles in jüdischer Regie: Krankenhaus, Asyle, Badehäuser usw.*

Aber weiter reicht der Arm des jüdischen Betreuungsapparates. Er nimmt die Neuankommenden auf, schickt sie zur Entlausung, zur Untersuchung, gibt ihnen Obdach (man hat zu diesem Zweck eine Reihe von Synagogen in Nachtasyle umgewandelt), gibt ihnen Verpflegungsmarken, sorgt für Kohlen und sorgt für Bekleidung. Überall sind jedoch die Grundlagen dieses umfassenden Werkes von Deutschen gelegt worden, sind die entsprechenden Ämter von deutschen Dienststellen eingerichtet und werden von ihnen kontrolliert. Es ist gar nicht uninteressant, was an Einrichtungen alles der jüdischen Gemeinde Krakau untersteht: Außer den Ämtern selbst, in denen nur jüdische Beamte und Angestellte arbeiten, und abgesehen von den bereits genannten Volksküchen, 3 Badeanstalten, 49 Asyle, in denen fast 4000 Personen beherbergt werden und von denen die größeren sogar über kleine Hauslazarette verfügen; ferner das jüdische Krankenhaus mit 110 Betten, ein Waisenhaus, 2 weitere Häuser für Handwerkerwaisen und 1 Greisenasyl.

Das alles hat freilich ein anderes Aussehen als die „Berichte" ausländischer Greuelhetzer. Die Ordnung, die die deutsche Verwaltung auch im Ghetto einführte, ist wohl der beste Beweis, daß bei uns nicht versucht wird, das Judenproblem mit Pogromen zu lösen. Dabei wurde diese Ordnung aus dem Nichts heraus geschaffen und zwar in einem Land, in dem der Krieg erst vor kurzem seine tiefen Spuren hinterlassen hatte.[6]

## DOK. 95

## Der nach Polen vertriebene Josef Baumann bittet am 18. März 1940 das Joint Distribution Committee um Hilfe bei der Auswanderung nach Palästina[1]

Handschriftl. Brief von Josef Baumann,[2] Krakau, an das American Jewish Joint Distribution Committee in Warschau vom 18.3.1940[3]

An das hochgeehrte A.[merican] Joint Comitee Warschau!

Wende mich an Sie mit einer Herzlichen Bitte, Habe in Palestina 3 Kinder, ich bin in Krakau mit meiner Ehefrau[4] ohne jegliche Exsistenz hier ganz fremd, *in Berlin habe seit*

6 Fotos zum Artikel zeigen eine Karte für die Mahlzeitenausgabe der Volksküche Nr. 2, das jüdische Arbeitsamt, eine als Notunterkunft dienende Synagoge und einen Saal im Krakauer jüdischen Krankenhaus. Ein Foto trägt die Unterzeile: „Ein typischer verdreckter Hof im Ghetto". Die Fotos stammen von Redeker und dem Fotografen Otto Rösner, der für den Pressedienst des Generalgouvernements arbeitete.

1 YVA, M-28/1, Bl. 114.

*1906 (33 Jahre) gewohnt,* im Oktober 1938 bin ich bei einer aktion abgeschoben worden, und so bin ich nach Zbąszyn[5] gekomen, hier bin ich von den Polen in ein Lager festgehalten worden. 9 Monate, bis ich nach Krakau kam, hier werde ich von der Jüdischen Gemeinde so über Wasser gehalten; so mit rücksicht auf meine Lage, und wir 3 Kinder in Erez Jisrael haben, bitten wir Sie Herzlichst, uns dazu zu verhelfen, das wir zu unseren Kindern kommen könnten, bin bereits seit ein par wochen *regiestriert worden hier in Krakau,* das Palestina Amt Berlin würde mir auch gerne dazu verhelfen, das wir zu Unseren Kindern kommen, jedoch, da ich mich außerhalb der Reichsgrenze befinde, erschwärt eben unsere auswanderung; in dieser für uns verzweifelte Lage wende mich an Sie Hochverehrte Herren uns zu Helfen, den Bitte zu Begreifen, Eltern dessen 3 Kinder in Erez sind, und die Eltern vor Sehnsucht nicht aushalten.
Wir Bitten nochmals, Uns zu Helfen und verständnis für unsere Lage zu Haben. Indem wir Ihre geschätzte Antwort Entgegen Sehen, danken wir Ihnen von ganzen Herzen.
Mit verehrungsvoller dankbarer Hochachtung
Ergebenst

## DOK. 96
## Eine polnische Lehrerin beschreibt am 18. März 1940 die Notlage der Juden, die zum Verkauf persönlicher Gegenstände gezwungen sind[1]

Tagebuch von Franciszka Reizer, Eintrag vom 18.3.1940

Karwoche. Bußandacht. Die Predigt hält der Pfarrer aus Kosina.[2] Darin kommt mehr Patriotismus als Religion vor. Zum Beispiel sprach er im Unterricht ständig von der Haltung des Polen in der heutigen Zeit. Und am Ende sagte er: Irgendjemand muss euch das sagen. Und so sage ich es euch. Polen wird es wieder geben! Seine Zuhörer wurden von Furcht ergriffen. Sie fielen auf die Knie, und er stimmte an: *Boże, coś Polskę* …[3]
Da das Schicksal der Juden unsicher ist, entledigen sie sich vieler Sachen. Sie verkaufen sie zu niedrigen Preisen. Die Polen kaufen ihnen ab, was nur möglich ist. Meistens jedoch Dinge des täglichen Bedarfs. Die Transaktionen finden im Geheimen statt. Häufig in der Dämmerung oder in tiefer Nacht.
Tomasz Ulma zum Beispiel ist es nicht geglückt. Als er von einem Juden eine Nähmaschine forttrug, bemerkte das ein [deutscher] Polizist oder einer von der Blauen [pol-

2 Josef Baumann (1890 – 1942?); geboren in Jarosław, 1906 – 1938 in Berlin, umgekommen in Zamość.
3 Grammatik und Rechtschreibung wie im Original.
4 Frieda Baumann (1892 – 1942?), geb. Langer; lebte vor dem Zweiten Weltkrieg in Berlin.
5 In Zbąszyń (Neu-Bentschen) befand sich 1938/39 ein Auffanglager für Juden mit poln. Staatsangehörigkeit, die im Oktober 1938 aus deutschen Städten an die Grenze zu Polen vertrieben worden waren; siehe VEJ 2/112, VEJ 2/113, VEJ 2/118 und zur Situation in Zbąszyń VEJ 2/203.

1 Der Verbleib des Originals ist nicht bekannt. Abdruck in: Franciszka Reizer, Dzienniki 1939 – 1944, Warszawa 1984, S. 40. Es handelt sich möglicherweise um einen redigierten Auszug aus einer längeren Eintragung. Das Dokument wurde aus dem Polnischen übersetzt.
2 Kleinstadt im Süden Polens, in der Nähe von Rzeszów.
3 Poln.: Gott, der du Polen … Anfang eines alten Kirchenlieds, das in der Zeit der Besatzung anstelle verbotener Lieder gesungen wurde, um nationalen Gefühlen Ausdruck zu verleihen.

nischen] Polizei. Ulma wurde zur Gestapo vorgeladen und zusammengeschlagen. Aber sie ließen ihn frei. Ohne die Maschine, die beschlagnahmt wurde. Die Deutschen verbieten den Juden, irgendetwas zu verkaufen, und den Polen, etwas von ihnen zu kaufen.

## DOK. 97
## Der Oberbürgermeister von Sosnowitz (Sosnowiec) nimmt am 21. März 1940 zur „Arisierung" von Geschäften Stellung[1]

Schreiben des Oberbürgermeisters von Sosnowitz (A I 794/40; B III 3138), Schönwälder,[2] an die Treuhandstelle-Ost in Kattowitz vom 21.3.1940[3]

Es wird immer wieder davon gesprochen, daß seitens der Treuhandstelle jüdische Geschäfte innerhalb des Ghettos an Volksdeutsche abgegeben werden sollen. Ich möchte dazu generell folgendes feststellen:
1) Die Kultusgemeinde erhebt heute von den nur für Juden zugelassenen Geschäften eine bestimmte Steuer, die sie in die Lage versetzt, ihren Wohlfahrtsverpflichtungen den mittellosen Juden gegenüber nachzukommen. Die Zahl der mittellosen Juden ist hier sehr groß, die der reichen Juden gering, da dieselben meist geflüchtet sind. Die finanzielle Lage der Synagogengemeinde ist zurzeit so schlecht, daß bereits öffentliche Mittel für die Unterstützung als Zuschuß gegeben werden müssen. Es ist daher im öffentlichen Interesse dringend notwendig, daß die für die Juden zugelassenen Geschäfte nicht in arische Hände überführt werden, sondern der Synagogengemeinde verbleiben.
Darüber hinaus halte ich es für richtig, daß bei denjenigen jüdischen Geschäften, bei denen Treuhänder eingesetzt werden, die bisherigen Abgaben an die Synagogengemeinde verbleiben. Wenn die Treuhandstelle diese Abgaben an die Synagogengemeinde verbietet, so müssen andererseits wiederum Mittel der öffentlichen Hand für die Wohlfahrtsunterstützung der Juden aufgewandt werden. Ich halte es immer noch für richtiger, wenn diese Mittel aus dem Geschäftsleben der Juden selbst fließen.
2) Die Evakuierung der Juden wird in diesem Jahr, spätestens aber im kommenden Jahr restlos vollzogen sein. Mit diesem Zeitpunkt ist das bisherige Ghetto eine menschenleere Gegend. Eine Besiedlung mit Deutschen wird nicht erfolgen, desgleichen wird verhindert, daß sich Polen in größerem Ausmaße im Ghetto ansässig machen. Deutsche im Ghetto anzusiedeln wäre ein unwürdiger Zustand und wird auch seitens der Partei in keinem Fall zugelassen werden. Deutsche Geschäfte, die jetzt im Ghetto errichtet werden, würden

1 APK, 124/1397, Bl. 47f.
2 Josef Schönwälder (1897–1972), Steinmetz, Architekt; 1922 NSDAP- und 1934 SS-Eintritt; 1933–1940 stellv. Bürgermeister und Kreisleiter in Breslau, NSDAP-Reichsredner; 1940–1943 OB von Sosnowitz, 1943–1945 von Breslau; nach 1945 in Wesel.
3 Im Original handschriftl. Unterstreichungen. Am Ende mehrere handschriftl. Vermerke von B III (gez. Dt) vom 24.4.1940: „An Abt. A I unter Bezugnahme auf die heutige Besprechung bei Herrn Landrat Dr. Seifarth übersandt. Ziff. 2 wird von hier beantwortet. Zu Ziff. 1 werde ich dem H. Oberbürgermeister nur mitteilen, daß die Frage der Unterstützungen beschleunigt einer allgemeinen Regelung zugeführt werden soll." Handschriftl. Vermerk von A I 794/40 vom 30.4.1940: „Zum Vorgang ‚Unterstützung an hilfsbedürftige Polen und Juden', Tgb.-Nr. 745/40."

daher später dem Ruin preisgegeben sein. Außerdem müßten die Geschäfte wieder verlegt werden, so daß den Geschäftsinhabern große Unkosten entstehen würden.
Ich bitte daher, deutsche Geschäfte nur in den Straßen und Stadtteilen anzusetzen, in denen die Geschäfte auch für die Zukunft bestehen bleiben können. Das ist für die innere Stadt die Hauptstraße und die Rathausstraße, in denen noch freie Läden vorhanden sind, ferner in den Stadtteilen Pogon und Alt-Sosnowitz.
Ich wäre Ihnen dankbar, wenn Sie mir bald eine Mitteilung zukommen ließen, ob Sie bereit sind, nach obigem Vorschlag zu verfahren. Seitens der Stadtverwaltung kann jedenfalls eine Mitwirkung bei der Ansetzung von Deutschen in Geschäften des Ghettos in Zukunft nicht mehr erfolgen. Ich muß jede Verantwortung für eine solche Fehlleitung ablehnen.
Heil Hitler!

## DOK. 98
## Der Ökonom Ludwik Landau beschreibt am 28. März 1940 die antijüdischen Ausschreitungen in Warschau[1]

Maschinenschriftl. Tageschronik von Ludwik Landau[2] vom 28.3.1940

In Warschau stehen zur Zeit die antijüdischen Ausschreitungen im Vordergrund. Sie haben große Ausmaße angenommen, sodass die jüdische Bevölkerung erneut in Furcht lebt und in den jüdisch geprägten Vierteln Angst hat, sich auf der Straße zu zeigen. In erster Linie werden Geschäfte geplündert – Scheiben eingeschlagen, die Einrichtung zerstört und vor allem Waren gestohlen; aber auch Wohnungen werden überfallen, und noch häufiger Passanten, die, an den Armbinden erkenntlich, geschlagen und ausgeraubt werden. All dies verüben Banden, die sich in der ganzen Stadt herumtreiben, sowohl in den jüdischen Vierteln als auch in der Innenstadt: in der Franciszkańska-, der Leszno-, der Marszałkowska-Straße, in den Vierteln Powiśle und Praga. Die Banden sind bis zu 500 Mann stark, vorwiegend Halbstarke und Abschaum verschiedenster Art. Die Inszenierung dieser Ausschreitungen durch die Deutschen wird immer deutlicher. Allgemein wird beobachtet, wie die Deutschen, ganz offen, Fotos und Filmaufnahmen machen; am Anfang fährt also ein deutsches Auto vor, Kameramänner steigen aus, und erst danach taucht die Räuberbande auf. Auch polnische Polizisten werden an der Aktion beteiligt: Es heißt, ein polnischer Polizist habe an einer bestimmten Stelle befohlen, einen geschlossenen Laden zu öffnen, dann habe er sich an die wartende Menge gewandt, man könne mitnehmen, was man wolle; jedenfalls ist es nicht vorgekommen, dass die Polizei irgendwo eingeschritten wäre. Ebenso ruhig schaut übrigens auch die deutsche Polizei

1 Ludwik Landau, Sytuacja w okupowanej Polsce – dzienniki, 1939[–1940], 1942–1944, AAN, 1349/231/V, S. 387f. Das Dokument wurde aus dem Polnischen übersetzt. Abdruck in: Ludwik Landau, Kronika lat wojny i okupacji, hrsg. von Zbigniew Landau und Jerzy Tomaszewski, 3 Bde., Bd. 1: Wrzesień 1939 – listopad 1940, Warszawa 1962, S. 370f.

2 Ludwik Landau (1902–1944), Volkswirt; Aktivist der PPS, Mitarbeiter im Hauptamt für Statistik; 1939–1944 Verfasser einer Tageschronik zur deutschen Besatzung in Polen; 1940 in der Finanzverwaltung des Warschauer Judenrats tätig, dann auf der „arischen Seite", 1940–1942 zugleich Redakteur des sozialistischen Untergrundblatts Kronika Okupacji (Okkupationschronik); 1944 von der Gestapo verhaftet und ermordet.

der Aktion zu: Eine Schar von etwa 500 Personen, unterwegs nach Praga, lief unbehelligt am Palais Blank, dem Sitz des deutschen Stadtpräsidenten von Warschau, vorbei.[3]
Mit dieser Aktion will man sowohl die christliche und jüdische Bevölkerung gegeneinander aufhetzen als auch Material in die Hand bekommen, das die in Polen stehenden Deutschen in den Augen des Auslands rechtfertigen – ja, sie auf ein Podest heben – soll als diejenigen, die für Ordnung sorgen und die Unterdrückten rächen! Dazu dienen Foto- und Filmaufnahmen; dazu soll auch dienen, dass Juden sich an die Deutschen wenden, damit diese sie gegen die Überfälle der christlichen, sprich: polnischen Bevölkerung in Schutz nehmen. Wie man hört, haben die Deutschen den jüdischen Gemeinden die geheime Anweisung erteilt, ein offizielles Hilfeersuchen an sie zu richten; andernfalls – warnen die Deutschen – würden die Ausschreitungen immer größere Ausmaße annehmen. Zu solchen Vorfällen kommt es übrigens nicht nur in Warschau, sondern auch in verschiedenen Provinzstädten.
Die Absichten der Deutschen sind eindeutig, und die Ungeniertheit, mit der sie umgesetzt werden, passt zu dem Gesamtauftritt der Nationalsozialisten; nur ist es ein Unglück, dass diese Absichten so leicht zu verwirklichen sind, nachdem die Nationaldemokraten über viele Jahre und die Sanacja-Regierungen seit einigen Jahren den Boden bereitet haben. Dieser Umstand wurde bei der deutschen Aktion ausgenutzt: Organisatoren der Banden sollen demnach die antisemitische Gruppe „Atak“[4] und die Gruppe von Prof. Cybichowski und Genossen[5] – ehemalige ONR-Leute[6] usw. sein. Zudem ist die Reaktion der Zuschauer auf den Straßen zurückhaltend: Zwar scheint eine ablehnende Einstellung gegenüber den Banden zu überwiegen, aber zu einem entschiedenen Auftreten rafft sich nirgends jemand auf, wohl nicht nur aus Furcht vor den Deutschen.
Was die Juden angeht, so versuchen sie, sich zu verteidigen, indem sie eine gewisse Selbsthilfe organisieren, eine Miliz – selbstverständlich ohne Waffen –, welche die Bevölkerung und ihr Eigentum vor den Angreifern schützen soll; aber wird dies ausreichen, werden die Juden am Ende nicht doch gezwungen sein, sich an die Deutschen zu wenden, so wie diese es verlangen?
[…][7]

3 In dem spätbarocken Bau am Theaterplatz (Plac Teatralny) residierte seit dem 26.3.1940 der Beauftragte des Distriktchefs für die Stadt Warschau (später Stadthauptmann) Ludwig Leist mit der deutschen Verwaltung.

4 Atak (Angriff), slawisch-völkische Vereinigung. Sie propagierte Ende der 1930er-Jahre die Kennzeichnung nicht-jüdischer Geschäfte und Wohnungen mit dem Atak-Symbol, einem Beil mit einem Schaft in Form des christlichen Kreuzes. Die Kampfparole von Atak lautete: „Gospodarczą Organizujmy Jedność (G.O.J.)“ – Lasst uns die wirtschaftliche Einheit organisieren; siehe auch Dok. 321 vom Dez. 1941, Anm. 10.

5 Dr. Zygmunt Cybichowski (1879–1946), Jurist; 1902 Promotion in Straßburg, 1911 Habilitation in Freiburg, 1913 Professor in Lemberg und 1919–1939 in Warschau, seit 1923 Richter am Internationalen Schiedsgericht in Den Haag; Ende 1939 im Vorstand der Nationalradikalen Organisation (Narodowa Organizacja Radykalna), die in Polen eine nationalsozialistische Partei bilden wollte.

6 Der Obóz Narodowo-Radykalny (ONR, Nationalradikales Lager) war eine rechtsextreme Sammelbewegung, die im April 1934 aus einer nationaldemokratischen Strömung hervorging, 1935 von der poln. Regierung verboten wurde und ihre Tätigkeit dann in der Illegalität fortsetzte.

7 Im Weiteren schreibt Landau über die Enttäuschung, dass ein milderer Kurs in der Besatzungspolitik ausbleibe. Die Besatzer hätten die Brotration für die jüdische Bevölkerung verringert und verübten fortwährend Gewaltakte gegen sie. Er fragt sich, wann endlich die Kriegshandlungen in Westeuropa beginnen werden.

## DOK. 99
## Die Vertretung der polnischen Regierung im besetzten Polen fasst im März 1940 die Emigration der jüdischen Bevölkerung nach Kriegsende ins Auge[1]

Denkschrift (Nr. 223/XIX) von Roman Knoll,[2] außenpolitischer Berater in der Regierungsdelegatur, für den polnischen Ministerpräsidenten Sikorski vom März 1940 (Eing. 4.9.1940)

[...][3] II.
Der gegenwärtige Konflikt hat unter anderem auch einen jüdischen Aspekt. Es ist insofern ein jüdischer Krieg, als die Frage nach der Existenz und Daseinsform des Judentums in aller Schärfe aufgeworfen wurde und das Judentum an ihm zutiefst interessiert ist. Mit seinem Ende muss sich auch die jüdische Frage erledigen, indem man dem jüdischen Volk unter normalisierten Bedingungen die Möglichkeit einer ungestörten Entwicklung bietet. Selbst das internationale, sich assimilierende, sich oft jedoch auch absondernde westliche Judentum hat schon seit einigen Jahrzehnten eingesehen, dass die Gleichberechtigung der Juden nicht das einzige und auch nicht das wichtigste Problem der Juden ist. Aus dieser Erkenntnis ist der Zionismus entstanden, eine nationalstaatliche jüdische Richtung, die zwar in den vergangenen 20 Jahren vornehmlich zu Palästina tendierte und dies mit unterschiedlichem Erfolg zu verwirklichen suchte, die aber ursprünglich nicht organisch mit dem Territorium Palästina verbunden war. Es ging und geht nach wie vor darum, an irgendeiner geeigneten Stelle einen jüdischen Staat für alle Juden zu schaffen. Allen Juden und auch allen europäischen Nationen mit einer großen jüdischen Bevölkerung ist klar, dass sich die jüdische Frage erst mit dem Abzug der jüdischen Massen aus den riesigen Diasporagebieten endgültig regeln lässt und dass die wenigen verbleibenden Personen jüdischer Herkunft, seien sie assimiliert oder nicht, für die umgebenden Nationen dann nicht mehr gefährlich werden können. Der Erfolg des Zionismus ist der Ausgangspunkt für eine nicht nur rechtliche Gleichberechtigung der Juden, denn diese hat in vielen Staaten Europas bereits stattgefunden, sondern auch für eine tatsächliche, faktische Gleichberechtigung.
An einer ernsthaften Verwirklichung des Zionismus ist vor allem das Judentum interessiert, doch gilt dies nicht minder für die Polen, Rumänen, Ungarn und Ukrainer, die in ihrem Schoß eine andersartige jüdische Masse beherbergen, die überwiegend eine soziale Klasse beherrscht und den ungehinderten Kreislauf innerhalb der Nation stört. Der sogenannte Antisemitismus ist ein hässlicher Ausdruck für die natürliche Tendenz dieser

1 AIP, Protokoły Rady Ministrów/15A/6, Bl. 54–65, hier: Abschnitt II., Bl. 60–63. Das Dokument wurde aus dem Polnischen übersetzt. Abdruck in: Dariusz Libionka, ZWZ-AK i Delegatura Rządu RP wobec eksterminacji Żydów polskich, in: Andrzej Żbikowski (Hrsg.), Polacy i Żydzi pod okupacją niemiecką 1939–1945. Studia i materiały, Warszawa 2006, S. 15–207, hier: Dok. 2, S. 141–143.

2 Roman Knoll (1888–1946), Jurist und Diplomat; 1920 Teilnahme am Krieg zwischen Polen und Sowjetrussland, dann Referent in der Ostabt. des poln. Außenministeriums, 1921 an den Friedensverhandlungen beteiligt, 1921–1931 nacheinander Botschafter in Moskau, Ankara, Rom und Berlin, schied als Widersacher des Außenministers Józef Beck aus dem Dienst; ging 1939 in den Untergrund, 1940 außenpolitischer Berater in der Regierungsdelegatur, 1943–1945 deren Sektionsleiter für Außenpolitik.

3 Im Teil I entwickelte Knoll zunächst seine Gedanken zur Politik der poln. Regierung gegenüber den ethnischen Minderheiten und stellte seine Vorschläge für die Grenzziehungen in Mittel- und Osteuropa nach Kriegsende vor.

Nationen hin zu einer modernen gesellschaftlichen Entwicklung. Die Gettos sind eine krankhafte Erscheinung in modernen Gesellschaften. Ergießt sich jedoch eine große Menge fremden Menschenmaterials in einen andersartigen Volkskörper, führt dies automatisch zu Reizzuständen, an denen keine Seite die Schuld trägt, die aber beiden Seiten schaden. So stand es um diese Angelegenheit schon seit sehr langer Zeit. Im Zusammenhang mit den Judenverfolgungen in den mitteleuropäischen Ländern hat sie sich aber noch erheblich zugespitzt und ist durch die Lage der Juden in den polnischen Gebieten unter deutscher Besatzung und die Radikalität der jüdischen Bewegung in den von Sowjetrussland besetzten Gebieten gänzlich außer Kontrolle geraten. Das schwache und anfällige Gleichgewicht wurde so schwer und so umfassend erschüttert, dass keine Rückkehr zum Status quo ante möglich ist, weder physisch noch politisch. Der Westen ist sich vielleicht nicht darüber im Klaren, aber so ist es. Unter diesen Bedingungen ist der Zionismus nicht mehr das Ideal einer fernen Zukunft, sondern wird zur unmittelbaren Notwendigkeit. Die Alternative „Wiederherstellung des alten Zustands oder Zionismus" besteht nicht mehr, jetzt heißt die Alternative vielmehr „Zionismus oder Ausrottung". Die in Bewegung gesetzten jüdischen Massen haben weder ein Wohin noch ein Wozu, zu dem sie zurückkehren könnten. Und dort, wo sie sind, können sie nicht in Ruhe bleiben. So ist es in den polnischen Gebieten, und dieser Zustand kann die Lage des Judentums in Ungarn und in Rumänien nicht unbeeinflusst lassen und wird nicht ohne Wirkung auf die bedrohte Lage des Judentums in der Ukraine bleiben, sollte diese entsowjetisiert werden. Die großen jüdischen Finanziers im Westen sollten hierüber angemessen informiert werden, und man sollte in ihnen den Sinn für eine nationale Solidarität wecken, die dazu führen könnte, dass sie sich nicht nur für den eigenen Erfolg, sondern endlich auch für das Schicksal ihrer Stammesgenossen interessieren.

Palästina war nicht nur ein Ansiedlungsgebiet, sondern stellte für den Zionismus auch das Land der Urväter dar, ob zu Recht oder zu Unrecht, sei dahingestellt. Denn es ist schwer zu sagen, welcher Teil des einst entstandenen Judentums trotz Esra und Nehemia[4] nicht nur wegen der Aufrechterhaltung[5] der Stammeseinheit, sondern auch wegen des Proselytismus[6] tatsächlich ursprünglich palästinischer oder auch nur allgemein syrischer Herkunft ist. Aber das Land ist für das Judentum unzureichend, unfruchtbar, fern von dessen europäischen Domizilen, mit ungünstigem Klima, und vor allem ist es nicht jüdisch. England hat mit der Palästinafrage schon genug Probleme gehabt. Bis zum Ende des Konflikts braucht England in seinen Beziehungen zur muslimischen Welt völlig freie Hand, was nur dann möglich ist, wenn sich der Zionismus von Palästina löst und ein anderes Gebiet für den Aufbau eines jüdischen Staates findet. Für jenes Judentum, das nach diesem Konflikt aus den bisherigen Diasporagebieten entfernt werden muss, ist Palästina eine Fiktion, und schon der Gedanke [an eine solche Lösung] wäre gleichbedeutend damit, der arabischen Welt den Fehdehandschuh hinzuwerfen. Neben Großbritannien werden auch der Vatikan und die christlichen Staaten aufseiten eines nicht palästinischen Zionismus stehen, denn es wäre für die geistigen Nachfahren der Kreuzritter unerträglich, wenn das Heilige Land zum Schauplatz eines dauerhaften arabisch-jüdischen Konflikts würde.

4 Nach alttestament. Überlieferung versuchten Esra und Nehemia um die Mitte des 5. Jahrhunderts v.d.Z., Mischehen von Juden mit Angehörigen anderer Stämme zu verhindern.
5 Gemeint ist: Auflösung.
6 Die Neubekehrung von Heiden.

Für uns, für Polen, wird nur ein realistisch erreichbares, ansehnliches, fruchtbares, bei der Aufteilung des Sowjetimperiums herausgeschnittenes und uns geografisch nahe gelegenes Stück Land die Lösung der jüdischen Frage voranbringen. Man kann sich dieses Gebiet zweifellos im ausgedehnten Hinterland von Odessa vorstellen, das zu einem jüdischen Hafen würde.[7] Es ist aber nicht unbedingt an uns, seine künftigen Umrisse oder sein politisches System zu präzisieren. Dies können wir den Juden überlassen. Eine solche Wendung der Dinge diente nicht nur unserem politischen Hauptziel – der Emigration der jüdischen Massen aus Polen –, sondern wäre auch von großem taktischen Nutzen. Zum einen ermöglichte es uns, anstatt mit einem negativen mit einem positiven Judenprogramm aufzutreten, das sich nicht gegen das Judentum richtet, sondern das Judentum in Schutz nimmt. Dann stünden wir nicht als Antisemiten da, die ihrer Minderheit schaden wollen, sondern würden zu ritterlichen Vorkämpfern der jüdischen Wiedergeburt. Zum anderen wäre unsere Wiedergeburt im Inneren nicht mit einem Zustrom an Juden und jüdischer Vorherrschaft verbunden, sondern mit einer tatsächlichen, zahlreichen und geordneten jüdischen Emigration. Damit gäben wir unseren erschöpften Massen Grund zu Optimismus und könnten die öffentliche Meinung zugunsten einer einheitlichen Politik gestalten.

Diese Arbeit muss durch Propaganda unter den ungarischen und rumänischen Juden eingeleitet werden. Es wird am besten sein, wenn die von uns in Gang gesetzte Initiative von dort kommt und wir sie dann sofort in unsere Obhut nehmen. Nur darf man sich bei uns keine inneren Auseinandersetzungen über die Realisierbarkeit der genannten Losung erlauben, die uns unabhängig von ihrer Verwirklichung schon als Losung kolossale politische Vorteile einbrächte. Diese Angelegenheit muss gewissermaßen blind verfolgt werden, ohne allzu große Präzision. Aber die Proklamation der Notwendigkeit, für diesen geplagten Stamm anderswo als in einem mit den Arabern umstrittenen Gebiet eine nationale Heimstätte zu finden, wäre etwas, das keinen Aufschub duldet.

[…][8]

## DOK. 100

## Das polnische Untergrundblatt Szaniec behauptet am 1. April 1940, dass die deutschen Besatzer die Juden besser als die Polen behandeln[1]

*Schutz und Beschützer*

Wie sieht denn der „mildere Kurs" uns gegenüber wirklich aus, von dem man in der Besatzungspresse letzthin auf Deutsch und auf Polnisch so viel lesen konnte? Auf

7 Diese Position vertrat auch der poln. Innenminister und stellv. Regierungschef; siehe das Protokoll einer Besprechung Stanisław Kots mit jüdischen Repräsentanten aus London vom 6.4.1940, in der Kot sich für die Umsiedlung der Juden aus Polen in die Ukraine aussprach; AZHRL, kol. Stanisława Kota 350, Bl. 6–18.

8 Im folgenden Abschnitt trat Knoll dafür ein, Litauen an Polen anzuschließen, und empfahl der poln. Regierung, auf der Rückgabe aller Polen 1939 entrissenen Gebiete zu bestehen.

1 Szaniec, Nr. 14 vom 1.4.1940, S. 2f.: Opieka i Opiekunowie. Der Artikel wurde aus dem Polnischen übersetzt. Szaniec (Die Schanze) war das Hauptorgan der rechtsradikalen „Szaniec"-Gruppe und erschien von Dez. 1939 bis Jan. 1945.

Deutsch – voller Mitgefühl heben die Okkupanten den „väterlichen Schutz“ und die Tatkraft der Behörden bei der Sicherstellung des „Wohlergehens der arbeitenden Bevölkerung“ hervor. Und auf Polnisch kann man z. B. in dem Schundblatt „Nowy Kurier Warszawski“ oft „Vermisstenanzeigen“ lesen. Auf Warschaus Straßen verschwinden wie im Urwald ständig und spurlos junge Frauen, Mädchen, Jungen, junge Männer. Für diese Anzeigen nimmt das Schundblatt Geld, die Familien der Vermissten weinen und zahlen, doch gab es noch keinen Fall, in dem die Anzeige etwas genutzt hätte. Das ist nicht verwunderlich. Diese „Vermissten“ sind das Ergebnis einer von den Besatzern am helllichten Tag, mitten im normalen Straßenverkehr veranstalteten Treibjagd. In einem bestimmten Augenblick riegeln Gestapo-Patrouillen und die Blaue [polnische] Polizei (!) ein Straßenstück von beiden Seiten ab, treiben die umzingelten Menschen zu einem Haufen zusammen, laden alle auf Lastwagen und bringen sie zu „Verteilerstellen“. Dort wird das gejagte Wild sortiert. Die älteren Exemplare, die nicht zu gebrauchen sind, werden wieder ins Reservat freigelassen, während die jungen und gesunden „vergewaltigt“ werden (in abgeschwächter Form …). Die Jungen und Männer werden ins Reich gebracht, zu schwerer Arbeit, die Mädchen und die jüngeren und hübscheren Frauen kommen in die Soldatenkantinen und Bordelle, und der Rest muss in Feldlazaretten, in der Etappe und in Quartieren Dienst tun.

Dies sind keine boshaften Erfindungen, sondern überprüfte Tatsachen. Wir kennen Personen, die das erlebt haben, wir haben es mit eigenen Augen gesehen, wir haben Berichte und Namen.

Und hier ein anderes Zeugnis dieses „Schutzes“: Den Arbeitgebern wurde untersagt, Arbeiter einzustellen bzw. zu entlassen, und diesen wiederum – ihren Arbeitsplatz ohne Erlaubnis der „Arbeitsämter“ zu wechseln. Dies ist nicht mehr und nicht weniger als behördlich geregelte Sklaverei.

Man muss aber gerecht sein. Es hat sich ein Bereich gefunden, in dem die Deutschen tatsächlich ihren Kurs gemildert haben. Es geht uns um die Juden. Trotz allem Anschein von Rücksichtslosigkeit, trotz Drohgebärden behandeln die Besatzer die Juden seit einiger Zeit erheblich besser als die Polen. Es gibt zwar jüdische Arbeitslager, doch diese befinden sich hier an Ort und Stelle, während die Polen ins Reichsinnere gebracht werden. Jeden Tag sehen wir auf den Straßen jüdische Soldaten, die aus der Gefangenschaft freigelassen wurden, während unsere Kriegsgefangenen noch immer hinter Stacheldraht sitzen, Hunger, Kälte und schlechte Behandlung erleiden. Und wieder sollte uns das nicht wundern, denn es hat sich wohl niemand der Illusion hingegeben, dass die Deutschen vorhätten, die jüdische Frage in Polen zu regeln. Sie wollen Polen vernichten, und für diesen Zweck können die Juden ihnen noch von Nutzen sein.

Wir haben schon viele Barbareneinfälle überstanden, und mit Gottes Hilfe überstehen wir auch diesen „Schutz“. Es stimmt zwar, dass es seit Bestehen der Welt keinen gemeineren und grausameren Barbaren als den Deutschen gegeben hat, doch auch unsere inneren Stärken, unser Bewusstsein und unsere Widerstandskraft haben seit den Tagen der Kreuzzüge, der Einfälle von Tataren und Moskowiterhorden auf polnischem Boden ungemein zugenommen.

## DOK. 101
## Der polnische Botschafter beim Vatikan warnt am 5. April 1940 vor deutschen Presseberichten über polnische Judenpogrome[1]

Bericht des polnischen Botschafters beim Vatikan, Kazimierz Papée,[2] für den Staatssekretär des Vatikans vom 5.4.1940

*Die deutsche Propaganda in Polen versucht, die Beziehungen zwischen Katholiken und Juden in Polen zu vergiften.*
Die deutsche Propaganda versucht, gemeinsam mit einem Teil der Presse in den neutralen Staaten, die von Deutschland abhängig sind, die Beziehung zwischen Christen und Juden in Polen zu vergiften. Es wird viel Aufhebens um „Pogrome" gemacht, die angeblich in Polen stattfinden.
Es muss jedoch deutlich gesagt werden, dass es unter den gegenwärtigen Umständen ohne die – zumindest passive – Duldung der Besatzer zu keinem „Pogrom" kommen kann. Außerdem gibt es Informationen aus verschiedenen, absolut glaubwürdigen Quellen, dass die Gruppen, die am Freitag, dem 22. März, versuchten, jüdische Geschäfte in Warschau zu plündern, von der „Gestapo" organisiert, bezahlt und gedeckt wurden.[3] Die Aktion wurde auf den Karfreitag gelegt, um die deutsche Mär zu bestätigen, dass die katholischen Gottesdienste in der Karwoche dem Zweck dienten, unter den Christen Hass auf Juden zu schüren.
Die deutsche Presse hat, ebenso wie ihre Verbündeten, die Nachricht verbreitet, dass in Wilna am 24. März, das heißt am Ostersonntag, ein „Pogrom" stattgefunden habe; der folgende Auszug aus der zuverlässig informierten Wilnaer Presse verdeutlicht, worauf sich dies tatsächlich reduziert:
„Am letzten Sonntag ist gegen 3 Uhr nachmittags eine Gruppe von Dieben in die Synagoge in der Wilkomierska-Straße Nr. 90 eingedrungen. Der Wächter, der sie bemerkt hat, schlug sie in die Flucht, bevor sie die Schlösser zur Kammer, in der sich die Ritualgegenstände befinden, aufbrechen konnten."

1 Vatikanisches Geheimarchiv, Affari Ecclesiastici Straordinari 3128/40. Das Dokument wurde aus dem Französischen übersetzt. Abdruck in: Actes et Documents du Saint Siège relatifs à la Seconde Guerre Mondiale, Bd. 3: Le Saint Siège et la situation religieuse en Pologne et dans les Pays Baltes 1939 – 1945, 1. Teilbd.: 1939 – 1941, Città del Vaticano 1967, S. 234f.
2 Dr. Kazimierz Papée (1889 – 1979), Jurist; poln. Gesandter in Prag, dann Bevollmächtigter Polens in der Freien Stadt Danzig; 1939 – 1958 Botschafter der poln. Exilregierung beim Vatikan.
3 Zum Verlauf der antijüdischen Ausschreitungen siehe Dok. 98 vom 28.3.1940.

## DOK. 102
## Der Judenreferent der Abteilung Bevölkerungswesen und Fürsorge teilt am 6. April 1940 die Ziele seiner Arbeit mit[1]

Rundschreiben des Referenten für Judenangelegenheiten der Abt. Innere Verwaltung, BuF (Az. VI Dr. Go/Mu, 2581/40), gez. Heinrich Gottong,[2] an die Chefs der Distrikte Krakau, Lublin, Radom und Warschau vom 6.4.1940 (Abschrift)

*Betr.: Judenangelegenheiten*
Damit die Einheitlichkeit der Behandlung aller Judenangelegenheiten gewahrt bleibt, ist es notwendig, sich über die Grundlage zu verständigen, auf der unsere künftige Arbeit aufgebaut sein soll.
Zur Übernahme meines Referates für Judenangelegenheiten im Amt des Generalgouverneurs wende ich mich daher an die Referenten auf diesem Gebiet und möchte kurz die Einstellung aufzeigen, die wir zweckmäßig dem Judentum gegenüber zum Ausdruck bringen müssen. Gleichzeitig sind damit die Ziele gegeben, die wir anzustreben haben *(s. Arbeitsgrundlagen 1–9)*. Diese *Arbeitsgrundlagen* sind etwa folgende:
1. Räumliche Trennung zwischen Polen und Juden. Bei der Entscheidung, ob Jude oder Nichtjude, ist allein ausschlaggebend seine Rassen- und Blutzugehörigkeit und sein Bekenntnis zum Judentum (durch Eheschließung eines Nichtjuden mit einem Juden); nicht allein die Zugehörigkeit zu einer Religionsgemeinschaft.
2. Als Volljude gilt, in Abänderung der Nürnberger Gesetze, wer 2 oder mehr jüdische Großeltern hat oder mit einem Juden verheiratet ist und diese Verbindung nicht löst.
3. Juden sollen grundsätzlich nur für Juden aufkommen, so sollen z.B. für den Aufbau jüdischer Ansiedlungen lediglich Juden eingesetzt werden.
4. Die Juden sollen eine eigene Sozialversicherung aufbauen und ihre Beiträge weder an eine nichtjüdische Versicherung zahlen, noch eine nichtjüdische Einrichtung in Anspruch nehmen.
5. Das Vermögen und das Kapital solcher jüdischer Organisationen steht unter dem Schutze der deutschen Verwaltung. Dasselbe gilt für die jüdische Wohlfahrtseinrichtung!
6. Als Übergangsbestimmung wäre zu erwägen, ob das polnische Rote Kreuz von Juden in Anspruch genommen werden kann, wenn Juden bisher diese Einrichtung unterstützt und gefördert haben.
7. Alle Maßnahmen müssen ausgerichtet sein auf das Ziel, später das gesamte Judentum in einem bestimmten Gebiet zusammenzufassen und auf ein jüdisches Siedlungsgebiet zu beschränken; als eine selbständige Lebensgemeinschaft unter Aufsicht des Reiches.
8. Aufstellung eines Planes für die Ansiedlung der 400 000 Juden, die nach dem 1.5.40 in das Generalgouvernement kommen.
9. Schaffung eines Archivs über das Judentum in Polen und des Gesamtjudentums (Zeitungsberichte, Verordnungen, Gesetze, Kultur, Rassen, Gesundheitswesen usw.).

1 APL, 498/891, Bl. 52–55.
2 Dr. Heinrich Gottong (1912–1944), Anthropologe; Promotion bei den Rassetheoretikern Hans. F. K. Günther und Bruno K. Schultz; von März 1940 an Judenreferent in der Abt. BuF der Regierung des GG, ab Okt. 1940 Assistent an der Sektion Volkstumsforschung des Instituts für Deutsche Ostarbeit in Krakau; später Kriegsteilnahme; in Ungarn verschollen.

Ferner bitte ich, entsprechend den Gegebenheiten in Ihrem Distrikt, nach Möglichkeit die folgenden Fragen zu beantworten:
1. In welchen Distrikten und in welchen Kreisen wohnen gegenwärtig die meisten Juden und wie viele sind das auf den Hundertsatz der Bevölkerung in diesen Bezirken (nach Möglichkeit unter Beifügung von Karten)?
2. Welche Gebiete sind wirtschaftlich am wenigsten wertvoll auf Grund der Bodenverhältnisse? – Wie groß sind sie? – Wo liegen sie? (Karte)
3. Welche Gebiete sind am wenigsten besiedelt, wie groß sind sie, wieviele Menschen wohnen zur Zeit dort? – Warum sind sie so wenig besiedelt? Welche Volkstumsgruppen wohnen dort (Zahlen!)? Wieweit könnte eine Umsiedlung nichtjüdischer Volkstumsgruppen in Frage kommen? – Ist das Gebiet geeignet, eine rein jüdische Kolonie zu werden?
4. Welches Vermögen ist noch in jüdischem Besitz? – Wo befindet sich das jüdische Vermögen und worin besteht es? – Welche Mittel wären für die Ansiedlung der 400 000 Juden noch bereitzustellen, die nach dem 1.5.40 hier einwandern?
5. Welche Vorschläge bestehen Ihrerseits zur Unterbringung der Ausgewiesenen? – Welche Arbeitsmöglichkeiten bestehen für die Ausgewiesenen in den einzelnen Distrikten (am besten im öffentlichen Dienst)? – Welche vorübergehenden Unterbringungsmöglichkeiten – Lager usw. – stehen zur Zeit noch zur Verfügung?
6. Was ist bisher geschehen, um eine Ansteckung oder Krankheitsübertragung auf Nichtjuden nach Möglichkeit zu verhindern? Wie liegen die gesundheitlichen und hygienischen Verhältnisse des Judentums im Generalgouvernement und besonders in den gedrängten Wohngebieten, in denen eine engere Berührung von Juden und Nichtjuden nicht zu vermeiden ist?
Außerdem bitte ich um einen Bericht über alle Arbeitsvorhaben und um Übersendung einer Aufstellung aller Maßnahmen, die bisher von Ihrer Dienststelle in allen Judenangelegenheiten getroffen sind.
Heil Hitler!

## DOK. 103
## Ostdeutscher Beobachter: Artikel vom 9. April 1940 über den Umbau der Posener Großen Synagoge in ein Hallenschwimmbad[1]

*Posener Hallenschwimmbad bereits im Bau. Der Umbau der ehemaligen Synagoge. Schwimmbecken von 25 Meter Länge*

Bekanntlich wird die ehemalige Synagoge am Fischmarkt zum *Hallenschwimmbad* umgebaut. Die Arbeiten hierzu sind bereits im Gange. Während überall im Reich selbst kleine und mittlere Städte sogar in den Krisenjahren und erst recht danach in der Lage waren, sich Hallenschwimmbäder zu geben, hat es eine polnische Verwaltung den 272 000 Einwohnern gegenüber, die Posen bis zum Januar 1939 zählte, nicht für nötig gehalten, ihr eine solche Einrichtung zu schaffen. Es bedarf keiner Unterstreichung, daß die Einwohner-

1 Ostdeutscher Beobachter, Nr. 99 vom 9.4.1940, S. 6. Der Ostdeutsche Beobachter, die Regionalausgabe des Völkischen Beobachters, erschien vom Herbst 1939 an in Posen.

schaft einer 300 000-Einwohnerstadt auf ein Hallenschwimmbad ein unabdingbares *Anrecht* hat. Wenn die Verwaltung der Gauhauptstadt nunmehr daran geht, ihr dieses Recht zuteil werden zu lassen, so geschieht das unter vollster Förderung durch Gauleiter *Greiser.*

*Viele Pläne bis zum Hallenschwimmbad*

Als mit Übernahme der deutschen Verwaltung die Frage auftauchte, was aus der jüdischen Synagoge am Fischmarkt werden sollte, bestand ursprünglich die Absicht, dieses feste und ungemein dauerhaft gebaute Gemäuer der Spitzhacke anheimfallen zu lassen. Bei näherer Prüfung dieser Abbruchpläne – die übrigens durchaus *selbstverständlich* waren, da eine Synagoge, auch eine ehemalige, *keinen* Platz in einer Gauhauptstadt hat! – ergab sich, daß dieser Abbruch einen Kostenaufwand von etwa 100 000 Mark erfordern würde. Dies führte dann zu weiteren Überlegungen, in deren Verfolg der Umbau der Synagoge in eine Sport- und Turnhalle, in ein Lagerhaus, ein Archiv oder eine Bücherei ins Auge gefaßt wurde. Die beste Idee kam, wie so oft im menschlichen Dasein, zuletzt: Wir schaffen daraus ein *Hallenschwimmbad!*

*Vollste Förderung durch den Gauleiter*

Als dann die ersten Untersuchungen ergeben hatten, daß der Bau für diese Zwecke tatsächlich *einwandfrei geeignet* war, ging die Stadtverwaltung sofort an die *Verwirklichung* dieses Projektes. Da zunächst noch gewisse Fragen zu klären waren, setzte sie sich auch mit Gauleiter Greiser in Verbindung, der nach Prüfung dieses Planes seine *grundsätzliche Genehmigung* hierzu sofort erteilte und darüber hinaus seine besondere *Förderung* dadurch zusagte, daß er Fragen der Finanzierung und der Baustoffzuteilung als vordringlich in Bearbeitung gab. Diese Fragen sind inzwischen nun geklärt, und zwar in einem für die Stadt günstigen Sinne, die dem Gauleiter hierfür besonders dankbar ist.

*Wie es aussehen wird*

Das erste Hallenschwimmbad der Gauhauptstadt Posen wird ein ungemein dekorativer Bau, der in nichts mehr an seine frühere Zweckbestimmung erinnert. Die große *Kuppel* der ehemaligen Synagoge wird *völlig abgetragen* und durch eine klare Dachgestaltung ersetzt, auf der ein turmartiger Aufbau zu stehen kommen wird. Selbstverständlich werden auch die heute noch vorhandenen, der Synagoge vorgelagerten kleinen Rundtürme *völlig verschwinden* und *klar gegliederten Seitenanbauten* mit hohen Fenstern Platz machen. Auch die Giebelgestaltung wird sich einschneidende Korrekturen gefallen lassen müssen, so daß nach Fertigstellung dieser Bau eher den Charakter eines Theatergebäudes haben wird. Von dem heute noch sichtbaren roten Ziegelgemäuer wird gleichfalls nichts mehr zu sehen sein, da sämtliche Fassaden und Fronten *abgeputzt* werden.

*Schwimmbecken von 25 Meter Länge*

Wie schon kurz dargelegt, eignet sich der Innenraum für die Umgestaltung in ein Schwimmbad bestens. Die Anlage einer sportgerechten *Schwimmbahn* von 25 Meter Länge ist möglich und wird durchgeführt. Breite *Umgänge* werden um dieses Schwimmbecken herumführen, und nicht allein die hohen Glasfenster, sondern auch die hier zur Auslage gelangenden farbigen *Fliesen* werden diesem hohen Raum, modernsten Ansprüchen genügend, ein ungemein helles und freundliches Aussehen geben.

Im einzelnen stellt sich die Anlage dieses ersten Posener Hallenschwimmbades etwa wie folgt dar: Durch einen *Warteraum*, der zu ebener Erde gelegen ist, gelangt man in die im Obergeschoß liegenden *Ankleideräume*, die selbstverständlich für Frauen und Männer getrennt eingerichtet werden. Nach dem Umkleiden muß man zwangsläufig die *Brauseräume* passieren, ohne deren Inanspruchnahme eine Benutzung des Schwimmbeckens nicht statthaft und auch nicht möglich sein wird. Das Schwimmbecken selbst wird auch einen *Nichtschwimmerteil* erhalten, dessen Anlage so gehalten sein soll, daß er auch für *sportliche Wettkämpfe* benutzt werden kann.

*Später ein zweites Hallenschwimmbad*

Über die Notwendigkeit, der 300 000-Einwohnerstadt Posen ein Hallenschwimmbad zu geben, braucht kein Wort verloren zu werden. Wir denken nicht allein an die sportliche Ertüchtigung unserer Jugend, die in den Schulen dann endlich auch im Herbst und Winter einen *obligatorischen Schwimmunterricht* bekommen kann; wir denken nicht allein an die Notwendigkeit, der *Wehrmacht* in Posen die Möglichkeit zum Wassersport zu geben, sondern alles in allem stellt so ein Hallenschwimmbad in Posen im großen und ganzen eine Bereicherung dar, die sich in jeder Hinsicht *günstig* auswirken wird. Wenn man in diesem Zusammenhang erfährt, daß Posen später einmal ein *zweites* Hallenschwimmbad von *doppelter Größe* erhalten soll, dann wird man allein an dieser kurzen Andeutung ermessen, welch ein großer Wert hinfort auf die Förderung der Gesundheitspflege in Posen gelegt werden wird.

*Umgestaltung des Fischmarktes*

Dem monumentalen Charakter des Hallenschwimmbades entsprechend wird auch der *Fischmarkt* gewisse städtebauliche Veränderungen erfahren. Dabei soll auch die Spitzhacke in Aktion treten und fürs erste wenigstens die häßlichen und baufälligsten der dort vorhandenen, zumeist aus polnischer Zeit stammenden „Wohnhäuser" beseitigen.

Schon heute kann man also sagen, daß die Tatsache, Posen ein Hallenschwimmbad zu geben, in der Bevölkerung freudigsten Widerhall finden wird. Wenn hier erst der frische und fröhliche Wassersportbetrieb eingezogen sein wird, wenn jung und alt *von morgens bis abends* Gelegenheit haben werden zum Schwimmen und Baden, dann wird dieser von Badefachmännern nach modernsten Gesichtspunkten errichtete Bau soviel Dank in sich tragen, daß man ihn in Worte gar nicht mehr zu kleiden braucht.[2]

-an.

## DOK. 104

## Generalgouverneur Frank erklärt am 12. April 1940 seine Absicht, die jüdische Bevölkerung aus Krakau zu vertreiben[1]

Protokoll der Abteilungsleitersitzung am 12.4.1940 (Auszug)

[...][2]

Die Frage der *Errichtung von Bauten* im Generalgouvernement müsse im Zusammenhang mit dem Problem der Erstellung von Wohnungen für Beamte, Angestellte und Mi-

2 Reichsstatthalter Greiser eröffnete das Hallenbad im Sept. 1942. Die ehemalige Synagoge wurde auch im Jahr 2010 noch als Schwimmbad genutzt.

1 AIPN, GK 95, Bd. 2. Kopie: IfZ/A, Fb 105, Bd. 4, Bl. 805–807. Abdruck in: Das Diensttagebuch des deutschen Generalgouverneurs in Polen 1939–1945, hrsg. von Werner Präg und Wolfgang Jacobmeyer, Stuttgart 1975, S. 165.

2 Zuvor hatte sich Frank über statistische Angelegenheiten geäußert, über Archivfragen, über Min-

litärpersonen großzügiger geregelt werden, als das bislang geschehen sei. Er habe über diese Frage gestern mit einigen Generälen gesprochen und dabei festgestellt, daß Generäle, die Divisionen kommandierten, angesichts der Notlage auf dem Wohnungsmarkt gezwungen seien, in Häusern zu wohnen, die außer dem General nur noch Juden als Mieter hätten. Das gelte übrigens auch für alle Kategorien von Beamten. Dieser Zustand sei auf die Dauer vollkommen unerträglich. Wenn die Autorität des nationalsozialistischen Reiches aufrechterhalten werden solle, dann sei es unmöglich, daß die Repräsentanten dieses Reiches gezwungen seien, beim Betreten oder Verlassen des Hauses mit Juden zusammenzutreffen, daß sie der Gefahr unterlägen, von Seuchen befallen zu werden. Er beabsichtige deshalb, die Stadt Krakau bis zum 1. November 1940, soweit irgend möglich, judenfrei zu machen und eine große *Aussiedlungsaktion der Juden* in Angriff zu nehmen, und zwar mit der Begründung, daß es absolut unerträglich sei, wenn in einer Stadt, der der Führer die hohe Ehre zuteil werden lasse, der Sitz einer hohen Reichsbehörde zu sein, Tausende und Abertausende von Juden herumschlichen und Wohnungen inne hätten. Er werde mit dem Distriktchef von Krakau[3] die Frage erörtern, ob eine solche Möglichkeit bestehe. Er denke sich das Verfahren so, daß in Krakau vielleicht noch etwa 5000 oder höchstens 10 000 Juden blieben, die als Handwerker dringend benötigt würden, daß aber alle anderen Juden auf das Generalgouvernement verteilt würden. Die Stadt Krakau müsse die judenreinste Stadt des Generalgouvernements werden. Nur so habe es einen Sinn, sie als deutsche Hauptstadt aufzubauen. In Lublin befänden sich so viele Juden, daß die wenigen Deutschen dort fast gar nicht in Betracht kämen. Wenn schon das Reich 450 000 Juden in das Generalgouvernement bringen wolle, so könnten auch noch 50 000 Juden aus Krakau in anderen Teilen des Generalgouvernements untergebracht werden. Er weise deshalb Ministerialrat Wolsegger an,[4] in Verbindung mit dem Höheren SS- und Polizeiführer Maßnahmen für die Evakuierung der Juden aus Krakau vorzubereiten. Er sei bereit, den Juden zu gestatten, alles, was sie an Eigentum besäßen, mitzunehmen, mit Ausnahme natürlich von gestohlenen Gegenständen. Das Ghetto werde dann gesäubert werden, und es werde möglich sein, saubere deutsche Wohnsiedlungen zu errichten, in denen man eine deutsche Luft atmen könne. Was man mit Polen anfange, sei eine spätere Frage; jedenfalls blieben sie zunächst einmal hier.

[...][5]

derheitenpolitik, über das Parteileben der NSDAP im GG und über sein Vorhaben, am 20.4.1940 (Hitlers Geburtstag) das Institut für Deutsche Ostarbeit zu eröffnen.

3 Dr. Otto Freiherr von Wächter.

4 Baron Ferdinand Wolsegger (1880–1959), Jurist; 1938 NSDAP- und SA-Eintritt; im österr. Innenministerium tätig, 1932 wegen nationalsozialistischer Einstellung verabschiedet, später Landrat und Landesamtsdirektor in Kärnten; von 1939 an Amtschef im Distrikt Krakau, Febr. bis Juni 1942 Leiter der Regierungskanzlei im GG, danach Reg.Präs. in Kärnten und 1943–1945 zudem Stellv. des Obersten Kommissars für das Adriatische Küstenland.

5 Im Folgenden erörterte Frank weitere Unterbringungsmöglichkeiten für Deutsche in Krakau.

## DOK. 105
## Die in das Generalgouvernement deportierte Hausfrau Martha Israel bittet am 12. April 1940 darum, nach Stettin zurückkehren zu dürfen[1]

Handschriftl. Brief (Einschreiben) von Martha Israel[2] in Piaski an den Kreishauptmann von Lublin-Land[3] (Eing. 15.4.1940) vom 12.4.1940[4]

Nachstehendes Gesuch bitte ich zur Kenntnis zu nehmen und an die zuständige Stelle weiterzuleiten:
Mir wird bekannt, daß ich als Vollarier zu Unrecht mit dem Judentransport von Stettin hergekommen bin.
Ich bin seit 1912 mit dem Kaufmann Walter Israel Israel[5] (Kriegsdienstbeschädigter) verheiratet. Der Ehe entstammt ein Sohn[6] (26 Jahre), der jüdisch erzogen wurde. Ich bin niemals zum Judentum übergetreten. Bis zu meiner Evakuierung gehörte ich der evangelischen Kirche an und habe auch meine Kirchensteuer bis Ende März 1940 bezahlt. Drei Brüder von mir gehören der Partei, bezw. S.S. und S.A. an. Mein Bruder Emil Hofmann, Cottbus, schreibt mir, daß meine kranke 74jährige Mutter nach mir verlangt. Mein Ehemann und mein Sohn willigen in meine Rückkehr nach Deutschland ein. Mein Bruder Emil Hofmann hat sich verpflichtet, für meinen Unterhalt in Deutschland zu sorgen.
Ich kann jederzeit zurück in das Haus meiner Mutter Ida Hofmann, geschiedene Pieske, Berlin N 118, Stolpische Str. 16, oder meines Bruders Emil Hofmann, Cottbus, Schillerstr. 37.
Wenn eine schnelle Entscheidung über meine Rückkehr erfolgt, wird Herr Rechtsanwalt Dr. Lenz, der Treuhänder, seine Entscheidung über den Verkauf meiner Sachen zurückstellen.
Ich bitte daher, mein Gesuch auf Rückwanderung zu genehmigen.
Mit ergebenster Hochachtung

1 APL, 498/891, Bl. 115f.

2 Martha Israel, geb. Pieske (1890 – 1940), stammte aus Bromberg; sie wurde 1940 mit ihrem Ehemann in den Distrikt Lublin deportiert, lebte dann in Dubeczno bei Włodawa und starb am 30.9.1940 in Lublin.

3 Emil Ziegenmeyer (1906 – 1991), Jurist; 1931 NSDAP- und SA-Eintritt, Ausbilder bei SA und NSKK; 1936 – 1939 Verwaltungsbeamter in Oberschlesien, Ostpreußen und in Breslau, 1938 Reg.Rat; Okt. 1939 bis Juni 1944 Kreishauptmann von Lublin-Land, danach kurz in der Innenverwaltung der Regierung des GG; 1944/45 Kriegsteilnahme; 1951 Wiederzulassung als Rechtsanwalt, von 1956 an Städtischer Oberrechtsrat in Duisburg.

4 Am Ende maschinenschriftl. Vermerk Ziegenmeyers: „Der Kreishauptmann Lublin-Land. 2171/40. Lublin, den 17. April 1940. Urschriftlich an den Herrn Chef des Distrikts in Lublin weitergereicht."

5 Walter Israel (*1888), Kaufmann; stammte aus Schinkenberg (Bronisławowo); er wurde am 12.2.1940 in den Distrikt Lublin deportiert, lebte dann in Dubeczno bei Włodawa.

6 Der Sohn Heinz (*1914), Arbeiter, lebte 1940 mit seinen Eltern in Dubeczno bei Włodawa.

## DOK. 106
## Michał Weichert resümiert am 14. April 1940 seine Unterredung mit dem stellvertretenden Leiter der Landwirtschaftsabteilung im Distrikt Warschau[1]

Gedächtnisprotokoll von Michał Weichert,[2] Warschau, vom 14.4.1940

*Notiz über eine Unterredung mit Hrn. Wenderoth, Leiter der Abteilung „Landwirtschaft und Ernährung" des Chefs des Distrikts Warschau,[3] vom 12. April 1940*
Ich händigte Hrn. Wenderoth einen Brief aus, den ich von Hrn. Heinrich[4] in Krakau erhalten hatte, und machte gleich eingangs deutlich, dass ich nicht im Namen des Ältestenrats der Warschauer Gemeinde gekommen sei, der um die Erlaubnis nachsucht, Roggen- in Weizenmehl umtauschen zu dürfen. Als ich in Angelegenheiten der Sozialfürsorge in Krakau war, hatte ich unter anderem die Frage des Mehlumtauschs angesprochen und einen Umtausch im Verhältnis 1 zu 2 vorgeschlagen (1 kg Weizenmehl gegen Gutscheine für 2 kg Brot). Herr Heinrich hatte sich telefonisch mit der Abteilung „Landwirtschaft und Ernährung" des Generalgouvernements verständigt, im Einvernehmen mit der [Abteilung] „Landwirtschaft und Ernährung" des Distrikts Warschau. Dann hatte er mir einen Brief ausgehändigt und mir empfohlen, mich bei Hrn. Wenderoth zu melden und mich auf dieses Telefongespräch zu beziehen, was ich nun tat.
Herr Wenderoth teilte mir mit, dass in dieser Angelegenheit bereits ein Abgesandter des Ältestenrates der Jüdischen Gemeinde bei ihm gewesen sei. Er habe ihm dargelegt, dass er zum Umtausch unter der Bedingung bereit sei, dass er für das Mehl Devisen erhalte. Da er das Mehl aus dem Reich erhalte und selbst in Devisen dafür zahlen müsse, könne er seine Entscheidung nicht ändern.
Ich antwortete, dass die Juden keine Devisen hätten.
– Wie, sie haben keine?, unterbrach mich Herr Wenderoth, wer hat sie denn, wenn nicht die Juden?
– Soviel ich weiß, wird Devisenbesitz streng bestraft.
– Ich befreie sie von jeglicher strafrechtlichen Verantwortung, unterbrach mich wieder Hr. Wenderoth.
– Ich verstehe nicht, fuhr ich fort, warum man den Juden in diesem Fall solche Schwierigkeiten macht. Sie fordern doch für sich nichts Besonderes. Normalerweise würden sie eine Brotzuteilung erhalten, aber wenn sie um die Hälfte weniger Mehl haben wollen, so gewinnt die Lebensmittelversorgung dabei doch nur und verliert nicht.
– Und wieso sind Sie so sicher, unterbrach mich Hr. Wenderoth, dass sie eine Brotzuteilung erhalten würden?

1 AŻIH, Ring II/118 (2), Bl. 17 – 19. Das Dokument wurde aus dem Polnischen übersetzt.
2 Michał (auch Michael) Weichert (1890 – 1967), Jurist, Theaterregisseur; Schüler Max Reinhardts, Mitbegründer des jiddischsprachigen Yung Teater; Mai 1940 bis 1942 Leiter der Jüdischen Sozialen Selbsthilfe (JSS), dann der Jüdischen Unterstützungsstelle (JUS) in Krakau; 1943 – 1945 im Versteck auf der „arischen Seite"; 1945 wegen seiner Tätigkeit in der JUS der Kollaboration angeklagt, 1946 vom poln. Sonderstrafgericht Krakau freigesprochen; 1957 wanderte er nach Israel aus.
3 Georg Wenderoth war damals nicht Leiter, sondern stellv. Leiter der Abt.
4 Herbert Heinrich (*1915), Volkswirt; 1934 NSDAP-Eintritt; im Jan. 1940 nach Krakau abgeordnet, Leiter des Referats „Freie Wohlfahrt und Judenfragen" der Abt. BuF der Regierung des GG; von April 1942 an Kriegsteilnahme; Ende 1942 bis Ende 1943 Leiter der Abt. BuF im Distrikt Warschau; in den 1950er-Jahren Sachbearbeiter im Bundesverteidigungsministerium.

– Weil wir sie bislang erhalten haben, antwortete ich.
– Ich gebe so lange, wie ich habe, warf Hr. Wenderoth wieder ein, aber wenn ich keines mehr habe, werde ich auch nichts geben. Im Land gibt es kein Weizenmehl und gab es auch keines. Wir Deutschen haben im Land kein einziges Kilo Weizen gegessen. Alles führen wir aus dem Reich ein. Wenn wir also im Reich für die Juden Mehl für Mazze kaufen sollen, muss ich Devisen haben. Aber ich bin bereit, nicht nur Devisen zu nehmen, sondern auch Gold und Silber, und Sie werden doch wohl nicht abstreiten, dass die Juden mehr als genug Gold und Silber haben.
– Ich weiß nichts davon, entgegnete ich, dass die Juden viel Gold und Silber besitzen. Wenn sie es besessen haben, so haben sie es wohl bereits in großem Umfang veräußert.
– Wenn die Juden Mazze essen wollen, unterbrach mich wieder Hr. Wenderoth, müssen sie dafür bezahlen. Ich bin bereit, silberne 5-Złoty-Münzen anzunehmen. Sie werden doch wohl nicht abstreiten, dass die im Umlauf sind. Ich besitze selbst einige davon, sagte Hr. Wenderoth und nahm aus seiner Tasche einige silberne 5-Złoty-Münzen heraus.
– Auch ich besitze eine solche Münze und bin bereit, sie sofort anzubieten, antwortete ich und holte eine 5-Złoty-Münze hervor. Dass viele derartige Münzen im Umlauf sind, wage ich jedoch zu bezweifeln.
– Wozu ist der Ältestenrat da?, sagte Hr. Wenderoth. Soll er doch Valuta, Gold und Silber von den Juden einsammeln, soll er zeigen, was er kann. Ich will euch helfen, ich will euch entgegenkommen. Wenn ich Valuta fordere, tue ich das nicht aus Bösartigkeit. In ganz Polen gibt es keine 250 Tonnen Weizenmehl. Sie wissen, was mit den Vorräten geschehen ist. Jeden Sack muss ich im Reich einkaufen, und im Reich kann ich nicht mit polnischen Złoty zahlen. Es müssen schließlich auch keine fremden Devisen sein. Es können auch deutsche Mark sein. Sie werden das als Finanzmann verstehen.
– Ich bin kein Finanzmann, antwortete ich.
– Also werden Sie das als Kaufmann verstehen.
– Ich bin kein Kaufmann, antwortete ich.
– Was sind Sie denn dann?, fragte er.
– Es gibt Juden, die weder Finanz- noch Kaufleute sind. Ich bin Mitarbeiter der Sozialfürsorge, und ich kenne mich mit finanziellen Transaktionen nicht aus. Ich weiß nur, dass den gläubigen Juden ein großes Unrecht geschieht. Ein Hieb nach dem anderen geht auf sie nieder. Ich und meinesgleichen kommen ohne Mazze aus, aber für die Gläubigen ist das eine harte Gottesstrafe. Es geht hier nicht nur um das religiöse Moment, sondern um das psychologische. Wenn man einen gläubigen Juden auf der Straße überfällt und schlägt, ihn zu schwerer Arbeit verschleppt, ihm befiehlt, Gettomauern zu errichten, ihm verbietet, Mazze zu verkaufen – und das alles fast gleichzeitig –, dann hat er den Eindruck, dass die Welt über ihm zusammenschlägt.[5]
– Und schlägt die Welt über mir nicht zusammen, wenn die Juden tagtäglich massenhaft Schweinefleisch schmuggeln, wenn alle Fälle von Lebensmittelschmuggel auf die Juden zurückgehen oder zumindest von ihnen angestiftet werden? Selbst wenn wir einen Polen beim Schmuggel von Waren erwischen, zeigt sich, dass am Ausgangspunkt des Verbrechens der Jude steht. Schlägt die Welt über mir nicht zusammen, wenn euer englischer Minister uns den Krieg aufzwingt? Soll er sich doch um Devisen für euch bemühen, damit ihr Mazze essen könnt.

5 Die voranstehenden sechs Wörter im Original deutsch.

– Leider, antwortete ich, habe ich keinen Einfluss auf die englische Politik. Ich kann weder Verantwortung für den englischen Kriegsminister übernehmen noch für Juden oder Polen, die Waren schmuggeln. Meine Aufgabe ist es, mich um die Ärmsten zu kümmern, und in ihrem Interesse habe ich interveniert. Mit Erlaubnis der zuständigen Behörden hatten wir vor, die an Juden verkaufte Mazze zugunsten unserer Schutzbefohlenen zu besteuern. Ich habe alles getan, was ich konnte, um die Herren in Krakau, Warschau, im Amt des Stadtpräsidenten und des Distriktchefs zu überzeugen. Leider ist es mir nicht gelungen. Meine Mission ist beendet. Ich verabschiede mich.
– Kommen Sie morgen noch einmal wieder. Ich werde darüber sprechen. Ich bin bereit zuzustimmen, dass ihr mir zur Hälfte in polnischen Złoty zahlt und zur Hälfte in anderen Zahlungsmitteln. Ich will euch dadurch meinen guten Willen zeigen.
– Danke. Ich werde nicht kommen. Ich werde dies dem Ältestenrat der Jüdischen Gemeinde mitteilen. Weiter kann ich dazu nichts sagen. Ich werde den Ältestenrat aber bitten, dass er Ihnen seine Entscheidung mitteilt. Ich möchte nur betonen, dass die Angelegenheit wegen der heranrückenden Feiertage sehr dringlich ist.
– Und wann beginnen die Feiertage?, fragte Hr. Wenderoth.
– Am 23. April, antwortete ich. Bis dahin muss das Backen beendet sein, und es bleiben nur noch wenige Tage.
– So schlimm ist es auch wieder nicht, antwortete Hr. Wenderoth. Mazze wird in der Stadt verkauft. Ich habe in den Schaufenstern selbst Päckchen mit Mazze gesehen. Es gibt also keinen Grund zur Befürchtung, dass diejenigen, die Mazze essen wollen, sie nicht auch kaufen können.
– Wenn Sie die Mazzepäckchen in den Schaufenstern gesehen haben, so wissen Sie sicherlich, welche Preise dafür genommen werden. Denken Sie, dass viele Juden in Warschau es sich leisten können, diese Preise zu zahlen? Die materielle Lage der jüdischen Bevölkerung ist Ihnen wohl ebenso bekannt wie uns?
Die letzten beiden Fragen blieben ohne Antwort.
– Mahlzeit[6] – sagte Hr. Wenderoth.
Die Unterredung hatte um 13 Uhr begonnen und zog sich bis 13.45 Uhr hin – obwohl die Behörde Mittagspause hatte.[7]

## DOK. 107

## Bericht aus dem Warschauer Judenrat vom 15. April 1940 über die Dezimierung jüdischer Unternehmen unter der Besatzung[1]

Abhandlung von JB vom 15.4.1940

*Abhandlung über die Verringerung des Besitzstandes jüdischer Unternehmen in Warschau*
Durch die Kriegshandlungen ist der materielle Besitz der Bevölkerung im Warschauer

6 Im Original deutsch.
7 Weichert erreichte am 19.4.1940 in der Unterredung mit dem Distriktbeamten Bauer die Freigabe des Mahls; wie Anm. 1, Bl. 42.

1 Wydział Statystyczny. Biuletyn wewnętrzny (Biuletyn Wydziału Statystycznego Rady Żydowskiej

Stadtgebiet teilweise zerstört worden, hauptsächlich dadurch, dass Einrichtungen von Produktionsbetrieben (Maschinen, Anlagen) sowie Warenlager verbrannten. Die jüdische Bevölkerung war jedoch in besonderem Maße von der Zerstörung betroffen, vor allem weil ein Teil der vor den Bränden geretteten Unternehmen durch die Behörden übernommen wurde (treuhänderische Verwaltungen, Beschlagnahmungen) und die Inbetriebnahme bestimmter Produktionszweige verboten wurde.
Unter der polnischen Bevölkerung ist es – hauptsächlich spontan – zu einer teilweisen Anpassung der Wirtschaftsbetriebe an die veränderten Bedingungen gekommen; dies zeigt sich an der entsprechenden Umgestaltung von Vorkriegsunternehmen oder auch daran, dass neue Wirtschaftsbetriebe gegründet wurden. Die Möglichkeiten der jüdischen Bevölkerung, die Konjunktur für besondere Unternehmenstypen zu nutzen, sind beschränkt – letztlich wurden zerstörte Unternehmen nicht wieder aufgebaut, und diejenigen, die bestehen geblieben sind, weisen einen erheblichen Beschäftigungsrückgang auf oder wurden ganz geschlossen.
Diese Tatsachen treten im Licht einer eigens durchgeführten Untersuchung deutlich zutage. Die repräsentative Untersuchung umfasste rund 500 größere Unternehmen, und zwar solche, die vor dem Krieg normalerweise 20 und mehr Personen beschäftigten. Dies sind sowohl mittlere und große Industriebetriebe als auch Handels-, Transport- und Dienstleistungsunternehmen sowie Betriebe aus anderen Wirtschaftszweigen. Darunter befanden sich ungefähr 200 jüdische Betriebe, und zwar:

144 Industriebetriebe
27 Handelsunternehmen
22 sonstige Unternehmen
193

die eingehender analysiert wurden. Die Zahl der vor dem Krieg in den untersuchten jüdischen Unternehmen beschäftigten Personen belief sich auf 9400, ungefähr 7800 in Industriebetrieben, 800 in Handels- und 800 in sonstigen Unternehmen.
Der Besitzstand der 144 untersuchten *Industrie*betriebe weist ein höchst gravierendes Maß an Zerrüttung auf; neben 18 zweifelhaften Fällen wurde festgestellt, dass 94 Unternehmen ganz geschlossen wurden und nur noch 32 aktiv sind, jedoch mit einer um 60 % geringeren Beschäftigtenzahl verglichen mit der Beschäftigung vor einem Jahr, d.h., sie beschäftigen durchschnittlich ⅖ des einstigen Personals.
Wenn man annimmt, dass sich die produktiven Möglichkeiten eines Unternehmens nach der Zahl der Beschäftigten bemessen, so bestätigen diese Zahlen die oben formulierte These. Denn in diesem Fall kann weder von einer positiven Veränderung der Arbeitsproduktivität noch von einer Umstellung der Produktionsmethoden die Rede sein, die eine erhebliche Personaleinsparung ermöglichen würde.
Die branchenspezifische Darstellung erlaubt die Unterteilung in Metall verarbeitende Betriebe (41), chemische Betriebe (23) und Textilfabriken (26).

w Warszawie), Nr. 1, S. 4–6 (3.5.–4.9.1940), AŻIH, Ring II/75 (133). Kopie: USHMM, RG 15.073M, reel 1. Das Dokument wurde aus dem Polnischen übersetzt. Abdruck in: Działalność warszawskiej „Gminy Wyznaniowej Żydowskiej“ w dokumentach Podziemnego Archiwum getta warszawskiego („Ring II“), bearb. von Szymon Datner, in: BŻIH 1970, Nr. 73, S. 101–132, hier S. 106–108. Bis zum 10.3.1941 gab die Statistische Abt. des Judenrats 14 Nummern des Mitteilungsblatts heraus, dem dieser Bericht entnommen wurde.

Tab. 1 – *Das Schicksal der untersuchten jüdischen Unternehmen, die normalerweise 20 und mehr Personen beschäftigen*

| Art des Unternehmens | Zahl der Unternehmen | darunter in Betrieb | geschlossen | ungeklärt |
|---|---|---|---|---|
| insgesamt | 193 | 38 | 131 | 24 |
| Industriebetriebe | 144 | 31 | 94 | 19 |
| davon Metall verarbeitende | 41 | 6 | 31 | 4 |
| davon chemische | 23 | 10 | 10 | 3 |
| davon Textilfabriken | 26 | 3 | 21 | 2 |
| Handelsunternehmen | 27 | 7 | 17 | 3 |
| sonstige Unternehmen | 22 | – | 20 | 2 |

Bei den *Handels*unternehmen handelt es sich vorwiegend um Großhandlungen bzw. große Warenhäuser – von ihnen sind 7 weiterhin tätig, die ein insgesamt um mehr als die Hälfte verringertes Personal beschäftigen; 17 Unternehmen haben ganz geschlossen, ein Teil davon ist abgebrannt; in 3 Fällen konnte schließlich das Schicksal der Unternehmen nicht festgestellt werden. *Sonstige* Unternehmen sind überwiegend Unternehmen der Gastronomie, der Filmbranche, Schulen usw. In dieser Gruppe gibt es neben 2 ungeklärten Fällen 20 vollständig geschlossene Unternehmen.
Noch deutlicher zeigt Tabelle 2 das Ausmaß, in dem der Besitzstand dezimiert wurde.

Tab. 2 – *Beschäftigungsrückgang in den untersuchten jüdischen Unternehmen*

| Art des Unternehmens | insgesamt | Von 100 untersuchten Unternehmen hatten | | | | | durchschnittlicher Rückgang der Beschäftigung in % |
|---|---|---|---|---|---|---|---|
| | | geschlossen | einen Beschäftigungsrückgang von | | | | |
| | | | 75–99 % | 50–74 % | 25–49 % | 0–24 % | |
| insgesamt | 100 | 78 | 6 | 8 | 6 | 2 | 89 |
| Industriebetriebe | 100 | 76 | 7 | 7 | 8 | 2 | 88 |
| davon Metall verarbeitende | 100 | 84 | 0 | 8 | 5 | 3 | 88 |
| davon chemische | 100 | 50 | 10 | 15 | 20 | 5 | 78 |
| davon Textilfabriken | 100 | 88 | 8 | 0 | 4 | 0 | 97 |
| Handelsunternehmen | 100 | 71 | 4 | 17 | 4 | 4 | 84 |
| sonstige Unternehmen | 100 | 100 | – | – | – | – | 100 |

Bei den nicht geschlossenen Unternehmen ist in allen Branchen ein Rückgang der Beschäftigtenzahl um mindestens die Hälfte festzustellen, im Allgemeinen aber ist der Rückgang des Beschäftigungspotenzials katastrophal. Es ist zu beobachten, dass in Unternehmen der Textilindustrie, die vor dem Krieg 20 und mehr Personen beschäftigten, die Beschäftigung nurmehr 3 % der Vorkriegsbeschäftigung beträgt, in der Metallindustrie 12 % und in der Chemie-Industrie 22 %; im Durchschnitt aller untersuchten größeren Industrieunternehmen beträgt die Beschäftigung 12 %, bei den Handelsunternehmen sind es *16* %.

Zum Vergleich ist hinzuzufügen, dass unter 300 nichtjüdischen Unternehmen 22 Neugründungen festzustellen sind, während bei den jüdischen Unternehmen kein einziger Fall einer Neugründung beobachtet wurde; ebenso ist das Beschäftigungsniveau in 6 Fällen zwar schwach, aber immerhin gestiegen, während die Beschäftigtenzahl der jüdischen Unternehmen in keinem einzigen Fall gestiegen ist. Diese Tatsachen sind in Anlehnung an die obigen Ausführungen für die Entwicklungstendenzen der jüdischen Wirtschaftsbetriebe charakteristisch.

Wenn man berücksichtigt, dass bei der Erfassung der Unternehmen eine annähernd repräsentative Methode angewendet wurde, d.h., dass die Unternehmen annähernd zufällig ausgesucht wurden, so kann man hinter den katastrophalen obigen Zahlen die ausschlaggebenden Umstände für die derzeitige Verarmung der wohlhabenden Schichten der jüdischen Bevölkerung erkennen.

## DOK. 108

## Der Stadtkommissar in Tarnów verbietet am 17. April 1940 der jüdischen Bevölkerung, die öffentlichen Feiern zu Hitlers Geburtstag zu beobachten[1]

Anordnung des Stadtkommissars in Tarnow, Kreishauptmannschaft Tarnow, Dr. Eckert,[2] vom 17.4.1940

*Anordnung*

Anläßlich des Geburtstages des Führers und Reichskanzlers Adolf Hitler ordne ich folgendes an:

1) Juden ist am 20.IV.1940 in der Zeit von 9 Uhr vormittags bis 3 Uhr nachmittags das Betreten folgender Straßen und Plätze in Tarnow verboten: Krakauer-, Wall-, Bernardiner- und Markstraße, Kasimirplatz und Ring.

2) Den Juden, welche sich am 20. April 1940 von 9 Uhr vormittags bis 3 Uhr nachmittags in den Häusern am Ring aufhalten, ist es verboten, die Fenster und Haustüren der Häuser am Ring während dieser Zeit offen zu halten oder auch nur durch die geschlossenen Fenster auf den Ring zu schauen.

Die Nichtbefolgung dieser Anordnung zieht strenge Strafen nach sich.

1 APKr-T, 1/6, Bl. 425. Kopie: USHMM, RG 15.020M, reel 11. Plakat auf Deutsch und auf Polnisch.

2 Dr. Reinhold Eckert (1902–1943), Jurist; 1937 NSDAP-Eintritt; Reg.Rat, von Jan. 1940 an Stadtkommissar in Tarnów, Okt. 1940 bis März 1943 stellv. Stadthauptmann von Krakau, ab März 1943 kommissar. Kreishauptmann in Ostrów Mazowiecka, am 25.5.1943 von poln. Widerstandskämpfern erschossen.

## DOK. 109
## Ein Standgericht der Gestapo in Zichenau (Ciechanów) verurteilt am 16. April 1940 den in seinen Heimatort zurückgekehrten Moschek Eitelsberger zum Tode[1]

Protokoll (geheim) der Geheimen Staatspolizei, Staatspolizeistelle Zichenau, II 99/40g, II B V. Nr. 751/40, SS-Hauptsturmführer Pulmer,[2] SS-Untersturmführer Renner[3] und SS-Untersturmführer Schenk,[4] vom 17.4.1940

*Sitzung*
des Standgerichts der Geheimen Staatspolizei – Staatspolizeistelle Zichenau – in Zichenau am 16. April 1940 im Dienstraum
*Vorsitzender:* Leiter der Staatspolizeistelle Zichenau,
SS-Hauptsturmführer Reg.-Ass. Pulmer
*Beisitzer:* SS-Untersturmführer und Krim.-Komm. Renner
SS-Untersturmführer und Krim.-Sekr. Schenk
*Tatbestand:* Der Jude *Eitelsberg*,[5] Vorn.: Moschek, geb. 15.8.1908 in Neu-Hof,[6] zuletzt wohnh. gewesen in Warschau, zur Zeit aufhältlich in Neu-Hof, ist nach seiner im September 1939 erfolgten Abschiebung ins Gebiet des General-Gouvernements nach der am 10.10.1939 erfolgten Erfassung der Juden unberechtigt und ohne Erlaubnis ins Reichsgebiet zurückgekehrt. Ihm war bekannt, daß die Rückwanderung ins Reichsgebiet verboten ist. Trotzdem ist er illegal über die grüne Grenze zurückgekehrt und hat sich in Neu-Hof seit Monaten ungemeldet bei Bekannten aufgehalten. Seinen Lebensunterhalt bestritt er durch Schmuggel.
*Eitelsberg* wurde am 8.4.1940 durch das Kreispolizeikommissariat Modlin Neu-Hof der Staatspolizeistelle Zichenau in Neu-Hof festgenommen und am 10.4.1940 verantwortlich vernommen.
*Eitelsberg* ist geständig und gibt zu, entgegen des Verbotes ins Reichsgebiet zurückgekehrt zu sein. Die Richtigkeit seiner niedergeschriebenen Aussage bestätigte er durch seine eigenhändige Unterschrift.
Auf Grund des Erlasses des Reichssicherheitshauptamtes vom 29.11.1939[7] – IV (II. o)2 – 288/39-g-1 und des festgestellten Tatbestands wird der Jude *Eitelsberg* zum Tode verurteilt.[8]

1 AIPN, GK 629/889, Bl. 3+RS. Kopie: BArch, R 70 Polen/107, Bl. 497f.
2 Hartmut Pulmer (1908–1978), Jurist; 1933 SS-Eintritt; von 1935 an beim SD, 1938 in der Gestapo tätig, stellv. Leiter der Stapostelle Tilsit; 1939 Angehöriger eines Einsatzkommandos in Polen, Jan. 1940 Leiter der Stapostelle Zichenau in Płock (später Schröttersburg genannt), von Dez. 1942 an beim KdS in Rennes tätig, 1944 ORR und KdS in Nürnberg; lebte nach 1945 unter falschem Namen, 1953 in Frankreich in Abwesenheit zum Tode verurteilt.
3 Rudolf Renner (1908–1981), Kriminalkommissar; Angehöriger, später Leiter der Abt. III des KdS in Płock.
4 Albert Schenk (1900–1945), Kriminalpolizist; Kriminalobersekretär in Płock.
5 Richtig: Moschek Eitelsberger (1908–1940).
6 Es handelt sich um die nordöstlich von Warschau gelegene Kleinstadt Nowy Dwór Mazowiecki.
7 Nicht aufgefunden; siehe auch Dok. 60 vom 13.12.1939, Anm. 5.
8 Das Urteil wurde am 16.5.1940 im Durchgangslager des Inspekteurs der Sicherheitspolizei in Soldau vollstreckt; BArch, R 70 Polen/107, Bl. 498.

## DOK. 110

## Die Gestapo fragt am 19. April 1940 bei der Treuhandstelle Kattowitz an, ob diese Finanzmittel für jüdische Wohlfahrtseinrichtungen bereitstellen könne[1]

Schreiben (sehr dringend) der Geheimen Staatspolizei, Staatspolizeistelle Kattowitz (II B – IO12/40), Unterschrift unleserlich, an die Haupttreuhandstelle Ost, Treuhandstelle Kattowitz, Kattowitz, Bernhardstr. 44,[2] vom 19.4.1940[3]

*Betrifft*: Evakuierung der Juden.
*Vorgang*: Ohne.
Nach dem Befehl des Reichsführers SS sind sämtliche Juden aus den Ostgebieten[4] in das Generalgouvernement abzuschieben.[5] Mit dem Beginn der Abschiebung ist jedoch vor Ende August d. J. nicht zu rechnen. Da das Vermögen der Juden durch die Treuhandstelle größtenteils beschlagnahmt worden ist, ist allmählich eine Verarmung und Verelendung der rund 100 000 Juden in dem Reg.Bez. Kattowitz eingetreten. Sämtliche Mittel der jüd. Gemeinden sind erschöpft. Dieser Zustand hat bereits dazu geführt, daß jüdische Armenküchen und Wohlfahrtseinrichtungen geschlossen werden mußten. Im Interesse der Aufrechterhaltung der Ordnung und insbesondere aus gesundheitlichen Gründen für die im Gebiet lebenden Deutschen ist es unbedingt erforderlich, daß die jüdischen Armenküchen und Wohlfahrtseinrichtungen bis zur Abschiebung aufrechterhalten und sanitäre Einrichtungen unterhalten werden. Einige Fälle epidemischer Krankheiten sind bereits gemeldet worden, so daß für die Zukunft Schlimmes zu befürchten ist. Bei der Staatspolizei sind Mittel zur Verhinderung der größten Gefahr nicht vorhanden. Die von mir veranlaßte Hilfe durch die Juden selbst, Bereitstellung von Mitteln durch die Reichsvereinigung der Juden pp. ist praktisch bedeutungslos. Die den Juden zugesagten Geldzuwendungen (an Zloty-Beträgen) durch jüd. Auslandsorganisationen kommen nicht zur Auszahlung, weil die Genehmigung der zuständigen Devisenstellen nicht zu erlangen ist. So hat der „Joint“ in Warschau eine monatliche Unterstützung von 100 000 RM für die Juden in Ostoberschlesien zugesagt. Die Devisenstelle in Krakau hat jedoch die Überweisung des Betrages im Verrechnungswege nicht genehmigt.
Für die Abwendung der allergrößten Gefahr wird der zusätzliche Betrag von 100 000 RM für jeden Monat bis zur endgültigen Abschiebung der Juden aus Ostoberschlesien dringend benötigt.
Ich bitte um baldgfl. Mitteilung, ob von dort aus dem beschlagnahmten Vermögen der Juden für den vorgenannten Zweck Geldbeträge zur Verfügung gestellt werden können.

1 APK, 124/1397, Bl. 67f.
2 Leiter der Treuhandstelle Kattowitz war Dr. Michael Graf von Matuschka.
3 Im Original handschriftl. Bearbeitungsvermerke und Unterstreichungen.
4 Gemeint sind die von Deutschland annektierten westpolnischen Gebiete.
5 Siehe Dok. 71 vom 4.1.1940.

## DOK. 111
## Die Händlerin Chana Goldblum bittet am 25. April 1940 um die Freigabe der beschlagnahmten Schlüssel und Waren ihres Geschäfts[1]

Schreiben von Chana Goldblum[2] an den Stadtkommissar in Kielce[3] (Eing. 26.4.1940) vom 25.4.1940[4]

*Gesuch*
Unterzeichnete beehrt sich hierdurch dem Herrn Stadtkommissar folgende Bitte zu übermitteln:
Am 24. April d. Js. kam einer der Herren Beamten vom Rathause in mein Handelsgeschäft und überführte[5] die Inventuraufnahme aller vorhandenen Waren.
Ich gestatte mir höflichst zu bemerken, daß in meinem Laden keine Lebensmittelwaren vorhanden sind, sondern nur Warenreste u. zw. Schuhcreme, Farben, Waschblau u drgl.[6]
Dieser Laden ist für mich und meine zahlreiche Familie – bestehend aus 10 Personen – die einzige Lebensmöglichkeit.
Ich gestatte mir daher den Herrn Stadtkommissar allerhöflichst zu bitten um gütige freigabe der Schlüssel und der Waren und um Genehmigung der weiteren Führung dieses Handels, da ich alte Witwe und ohne jeglicher Fürsorge bin.
In der Hoffnung, daß mein Gesuch gütigst Berücksichtigt wird zeichne ich mich mit größter Hochachtung[7]

## DOK. 112
## Die Schutzpolizei Kattowitz übermittelt am 26. April 1940 die Anweisung der Gestapo, die jüdische Bevölkerung aus Ost-Oberschlesien zu vertreiben[1]

Schreiben (vertraulich! verschlossen!) des Kommandos der Schutzpolizei Kattowitz (S. 1a. 6222/20.40), gez. Scheer,[2] an die nachgeordneten Polizeidienststellen vom 26. April 1940[3]

*Betr.*: Umsiedlung der Juden aus dem altschlesischen Raum[4] (ohne Beuthen, Gleiwitz und Hindenburg).

1 AIPN, GK 652/85, Bl. 11+RS.
2 Die Witwe Chana Goldblum war Inhaberin eines Geschäfts an der Bodzentyńska-Straße 3 in Kielce.
3 Hubert (?) Rotter; NSDAP- und SS-Mitglied, 1939/40 Bürgermeister von Radomsko, dann als Sturmbannführer Befehlshaber von SS und Selbstschutz in Kielce und dort Stadtkommissar.
4 Auf der linken Seite des Dokuments sind zwei farbige Gebührenmarken der Stadtverwaltung Kielce über 5 und 10 Zł vom 26.4.1940 aufgeklebt. Handschriftl. Unterstreichungen. Grammatik und Rechtschreibung wie im Original.
5 Gemeint ist: vollführte.
6 Handschriftl. Vermerk links: „? Stimmt nicht".
7 Auf der Rückseite befinden sich zwei handschriftl. Vermerke vom 26.4.1940: „Bei mir kein Vorgang. Soviel ich erinnere, war das Geschäft durch die Gestapo geschlossen und die Ware beschlagnahmt. Inventuraufnahme ist erfolgt. (Paraphe) 1. Die Freigabe der Sachen wird abgelehnt, da das Geschäft von der Sicherheitspolizei geschlossen und dem Stadtkommissar zur Verfügung gestellt worden ist. 2. Z.d.A." (Unterschrift unleserlich).

1 APK, 807/317, Bl. 2 – 2a.

1.) Die Geheime Staatspolizei, Staatspolizeistelle Kattowitz, teilt mit Schreiben vom 18.4.1940 – Abt. II. B – Sonderreferat (Rundschreiben Nr. 3) folgendes mit:
Im Rahmen der Evakuierung der Juden wird zunächst aus dringenden staatspolizeilichen Gründen eine Umsiedlung der Juden aus dem altschlesischen Raum durchgeführt. Die Gebiete des Altreichs (Beuthen, Gleiwitz und Hindenburg) bleiben von diesen Maßnahmen unberührt. Dazu wird folgendes angeordnet:
Mit der Durchführung der Umsiedlung sind die Ältestenräte der jüdischen Gemeinde beauftragt worden. Die Staatspolizeiaußen- und -nebenstellen haben lediglich im Einvernehmen mit den Kreis- und Ortspolizeibehörden die Aufsicht zu führen und die Aufrechterhaltung der Ordnung bei den Transporten zu gewährleisten.
Der Transport der Juden erfolgt in besonderen Wagen der Reichseisenbahn mit den planmäßigen Zügen. Die Verladung des größten Gepäckes und der notwendigen Möbel erfolgt besonders im voraus. Mitgenommen werden darf sämtlicher Hausrat, Wäsche und Möbelstücke, soweit diese zum Lebensunterhalt notwendig sind (pfändungsfreie Gebrauchsgegenstände). Nicht mitgenommen werden dürfen Möbelstücke und Einrichtungsgegenstände, die über der pfändungsfreien Grenze liegen oder von der Treuhandstelle bereits beschlagnahmt sind.
Die Ältestenräte der jüdischen Gemeinden in den Umsiedlungsorten sind angewiesen, für die Aufnahme und Unterbringung der umgesiedelten Juden Vorbereitungen zu treffen und für ihre Unterbringung zu sorgen. Die Herrn Landräte werden gebeten, die Umsiedlung zu unterstützen und zu leiten. Für die einzelnen jüdischen Gemeinden sind folgende Umsiedlungstermine und -orte festgesetzt worden:
I. Lublinitz (60)[5] und Tarnowitz (75) am 10.5.40 nach Zawierzie;
II. Rybnik (63), Pleß (34), Nikolai (72) und Königshütte (506) am 14.5.1940 nach Trzebinia;
III. Kattowitz (829) und Myslowitz (178) am 15.5.1940 nach Chrzanow;
IV. Teschen (32), Karwin (82) und Oderberg[6] (322) am 16. und 17.5.1940 nach Zawierzie;
V. Bielitz (1023) und Dziedzitz (46) am 20. und 21.5.1940 nach Olkusch;
VI. Die Juden aus den Orten des Kreises Saybusch haben in der Zeit vom 10.5. bis 15.5.1940 nach Sucha umzusiedeln.
Von der Umsiedlung zurückgestellt bleiben lediglich die Leiter der aufzulösenden jüdischen Gemeinden und je nach Größe der jüdischen Gemeinden 1 bis 2 Mitglieder der Ältestenräte zur Liquidation. Die kommissarische Verwaltung des Vermögens und der Grundbesitze dieser jüdischen Gemeinden übernehmen die Landräte bis zur endgültigen Klärung durch die Treuhandstelle Kattowitz. Für die Übergabe ist der Zeitraum von 14 Tagen vorgesehen. Alsdann haben die zurückgebliebenen Juden ebenfalls selbständig ihre Umsiedlung nach ihren Bestimmungsorten durchzuführen.
An der Umsiedlung haben sämtliche Juden teilzunehmen. Ausgenommen sind Juden, die in einer Mischehe leben, sofern aus dieser Ehe Kinder hervorgegangen sind. Juden, die in

2 Vermutlich Josef Scheer (*1911), Bahnbetriebsassistent; 1932 SS- und 1937 NSDAP-Eintritt; 1940–1943 bei der Polizei in Kattowitz tätig, 1944 im SS-Hauptamt, Amt CI (Allgemeine Bauaufgaben).
3 Die Anordnung wurde in 69 Exemplaren an die Schutzpolizei-Abschnittskommandos I-VI versendet.
4 Die Zwangsumsiedlung sollte innerhalb des Gaus Oberschlesien von West nach Ost durchgeführt werden: aus den bis 1918 oder 1939 deutschen Gebieten in den neu annektierten Gebietsstreifen.
5 Die Zahlen in Klammern geben die Anzahl der aus diesen Orten Umzusiedelnden an.
6 Der tschechische Teil von Teschen (Český Těšín), Karwin (Karviná) und Oderberg (Bohumín) gehörte zum ehemals tschechoslowakischen Olsa-Gebiet, das Polen 1938 nach dem Münchener Abkommen mit deutscher Billigung annektiert hatte.

kinderloser Mischehe leben, haben an der Umsiedlung teilzunehmen, sofern der männliche Teil dieser Mischehe Jude ist.
2.) Alle Schutzpolizeidienststellen haben diese Umsiedlungsaktion im Rahmen der gegebenen Möglichkeiten zu unterstützen.

## DOK. 113
## Der Finanzinspekteur in Mielec unterbreitet am 26. April 1940 einen Vorschlag, um die Steuerrückstände vertriebener Juden einzutreiben[1]

Schreiben des Finanzinspekteurs in Mielec (Zu Fin. 0 1005-24),[2] Unterschrift unleserlich, an das Amt des Generalgouverneurs für die besetzten polnischen Gebiete, Abteilung Finanzen[3] (Eing. 28.4.1940), Krakau, vom 26.4.1940

Betrifft: Beschlagnahme von privatem Vermögen.
In dem Kreise Tarnobrzeg sind im September 1939 vom Landrate unter Beihilfe der Geheimen Staatspolizei aus den Städten Tarnobrzeg und Rozwadow die Juden nach dem Gebiete rechts des San abgeschoben worden.[4] Dabei ist den Juden das Geld bis auf einen geringen Betrag abgenommen worden. Die Geschäftsleute mußten alle Ware zurücklassen und im allgemeinen durfte von der Wohnungseinrichtung nichts und von dem sonstigen persönlichen Besitze nur das Nötigste mitgenommen werden. Die zurückgelassenen Waren und Sachen sind dann von den Bürgermeistern der Städte verkauft worden. Es sollen Teile von Wohnungseinrichtungen und sonstige Sachen auch armen, durch den Krieg geschädigten Polen und aus Posen Vertriebenen ohne Bezahlung zur Benützung überlassen worden sein. Das beschlagnahmte Geld und der Erlös aus den beschlagnahmten Waren, Wohnungseinrichtungen und sonstigen Sachen ist teils den Bürgermeistern von Tarnobrzeg und Rozwadow zur Bestreitung notwendiger Ausgaben überlassen, teils vom Landrate verwendet worden. Die genaue Gesamteinnahme konnte ich noch nicht erfahren.
Ich habe Verzeichnisse über die Steuerrückstände der vertriebenen Juden getrennt nach solchen Steuerpflichtigen, die Grundbesitz haben, und solchen, die nur zur Miete gewohnt haben, aufstellen lassen. Die Steuerrückstände belaufen sich auf 387 689,17 Zl.
In diese Verzeichnisse will der Landkommissar die Beträge vermerken, die von den einzelnen Juden erlangt worden sind. Ich bin dann in der Lage festzustellen, welche Rückstände tatsächlich vorhanden sind. Der Kreishauptmann will dafür sorgen, daß der Steuerverwaltung auch das Geld aus der Beschlagnahme zugeht, denn er möchte für den Kreis auch die Anteile von den Steuern haben.
Für den Kreis Tarnobrzeg ist jetzt für die Verwaltung des Grundbesitzes der abgeschobe-

1 AAN, 111/1020/3, Bl. 438f.
2 Darüber handschriftl. „Fin. 0 1005-45".
3 Die Abt. Finanzen unterstand Dr. Alfred Spindler (1888–1948), Jurist; von 1920 an in der Reichsfinanzverwaltung; 1927–1933 Mitglied der DVP, dann der DNVP; 1933 SA- und 1937 NSDAP-Eintritt; ORR, 1936 OFP in München; Dez. 1939 bis 1941 OFP und Leiter der Finanzverwaltung im GG, danach im Reichsdienst; nach dem Krieg an Polen ausgeliefert und in der Haft verstorben.
4 Gemeint ist der sowjetisch annektierte Teil Polens.

nen Juden ein Treuhänder ernannt worden. Sobald er die Vorarbeiten beendet hat, soll er aus den Einnahmen der Grundstücke die laufenden Steuern bezahlen und, wenn möglich, die Rückstände abdecken.
Wenn der Landkommissar die Beträge in den Rückstandsverzeichnissen vermerkt hat und ich die tatsächlichen Rückstände feststellen kann, so ist beabsichtigt, auf den Grundstücken für nicht gedeckte Rückstände eine Hypothek zur Sicherung eintragen zu lassen.
In dem Kreise Nisko ist im September 1939 gegen die Juden in den Städten Nisko und Rudnik die gleiche Aktion durchgeführt worden wie im Kreise Tarnobrzeg. Die Steuerrückstände belaufen sich auf 132 017,63 Zl. Wieviel die Beschlagnahme erbracht hat, konnte mir der Landkommissar noch nicht sagen.
Ich habe in Nisko die gleichen Anordnungen getroffen wie in Tarnobrzeg. Ein Treuhänder für die Judengrundstücke ist eingesetzt.
Ich habe in Tarnobrzeg und in Nisko die Landkommissare gebeten, die vereinnahmten Beträge recht bald in die von den Steuerämtern aufgestellten Rückstandsverzeichnisse einzuarbeiten, damit die Sache erledigt werden kann.
Die Beendigung der Abwickelung der Sachen werde ich anzeigen.[5]

## DOK. 114
## Der Judenrat in Lublin schildert im Frühjahr 1940 die soziale Lage der Juden und die Arbeit der Sozialfürsorge[1]

Bericht über die Tätigkeit der jüdischen Wohlfahrts- und Gesundheitsinstitutionen in der Stadt Lublin, ungez., ca. April 1940 (Abschrift)[2]

1) *Die Lebensbedingungen der jüdischen Bevölkerung.*
Als Stadt mit wenig entwickelter Industrie, im Zentrum einer Wojewodschaft agrarischen Charakters liegend, war Lublin seit jeher ein Mittelpunkt der Armut. Der ständige Zufluss des ackerlosen Elements aus dem Dorfe verschlimmerte noch die Lage der Einwohner [von] Lublin. Der größte Teil der jüdischen Bevölkerung beschäftigte sich mit Gewerbe, Hausarbeit sowie Kleinhandel. Großkaufleute und Industrielle gab es sehr wenig. Die Hilfstätigkeit für die arme und arbeitslose jüdische Bevölkerung Lublins wurde sowohl seitens der städtischen sowie der jüdischen Hilfskommitees geführt, welche Kommitees sowohl von der dortigen Gesellschaft als auch seitens der ausländischen Judenschaft gestützt wurden.
Die Hilfsmöglichkeiten haben sich jedoch derzeit, parallel mit dem Wuchs der Not unter der Judenschaft (aus verschiedenen Orten kamen viele Flüchtlinge nach Lublin), bis aufs

5 Am 3.5.1940 unterrichtete der Finanzinspekteur in Mielec die Finanzabt., es lasse sich nicht feststellen, ob die in den Beschlagnahmelisten Erfassten mit den in den Steuerrückstandslisten aufgeführten Personen identisch seien. Der Finanzinspekteur empfahl daraufhin, „die Rückstände der Juden, die keinen Grundbesitz hinterlassen haben, voll abzuschreiben und für die anderen Rückstände den vorhandenen Grundbesitz" zur Begleichung der Schulden heranzuziehen. Die Finanzabt. war einverstanden; wie Anm. 1, Bl. 442f.

1 APL, 498/891, Bl. 36 – 41.
2 Grammatik und Rechtschreibung wie im Original.

Minimum verkleinert. Die Auslandsquellen sind gänzlich versiegt, der jüdische Handel und das Gewerbe liegen brach, die jüdische Gesellschaft ist derart verarmt, daß sie nunmehr keine wirkungsvolle materielle Hilfe den jüdischen pauperisierten Volksmassen erteilen kann. Dieser Stand der Dinge brachte es mit sich, dass die Lebensbedingungen der jüdischen Bevölkerung – trotz fortschreitender Stabilisation der Verhältnisse – sich fortwährend verschlimmern.

2) *Die Wohnungsbedingungen der jüdischen Bevölkerung.*

Die Wohnungsbedingungen in Lublin ließen – genau wie in den anderen Städten Polens – viel zu wünschen übrig. Die jüdische Bevölkerung lebte, wie in anderen Orten, in schlimmeren Bedingungen als die anderen Teile der Gesellschaft. Zur selben Zeit, als die polnische Bevölkerung immer neue und gesünder liegende Stadtteile bewohnte, blieb die jüdische Bevölkerung innerhalb der Grenzen des Ghettos. Das jüdische Viertel hat infolge der Kriegsoperationen ziemlich gelitten.

Die Szambelańskagasse, Bramowagasse, Juzuickagasse,[3] Olejnagasse, Rynek und Nowagasse, die ausschließlich von Juden bewohnt sind, wurden fast gänzlich zerstört. Auch die Lubartowskastraße, die Hauptstraße des jüdischen Viertels, hat teilweise gelitten. Von vielen Straßen der Stadt wurden die Juden entfernt. Sie wurden gezwungen, in dem ohnedies schon überfüllten jüdischen Viertel Wohnungen zu suchen. Wenn man noch in Betracht zieht, daß nach Lublin einige tausend Flüchtlinge gekommen sind, so kann man sich leicht vorstellen, wie sehr sich die Wohn(ungs)bedingungen der Juden Lublins verschlimmert haben.

Hunderte Familien wohnen in den Synagogen und Bethäusern. In vielen Privathäusern wohnen zusammen einige und sogar zehn bis 15 Familien.

3) *Von den jüdischen Wohlfahrtseinrichtungen, ihrer Arbeitsfähigkeit sowie ihrer Inanspruchnahme durch die Bevölkerung.*

Es existieren in Lublin folgende jüdische Wohlfahrtsinstitutionen:

1) Das jüdische Hilfskommitee
2) Das Flüchtlingskommitee
3) Die Kinderfürsorge („CENTOS")
4) Das Waisenhaus und Altersheim.

Die Institutionen 1) und 2) sind an Stelle der vielen Vorkriegsinstitutionen, welche liquidiert wurden, entstanden. Die unter 3) und 4) angeführten Anstalten setzen ihre Vorkriegstätigkeit fort.

I. Das jüdische Hilfskommitee erstand anfangs Febr. l. J. Es schöpft seine Mittel aus freiwilligen Monatsbeiträgen seitens der Lubliner Juden. Seit seiner Entstehung bis zum 5. d. M. hat das Kommitee ca. 15 000 Zl. Bargeld sowie 1007 Kleidungsstücke gesammelt. Für das eingesammelte Bargeld wurden Lebensmittelprodukte eingekauft, welche an die ärmste Bevölkerung verteilt wurden. Während 1 ½ Monate wurden verteilt: 10 560 kg Brot, 1400 kg Mehl, 2454 kg Graupen, 126 kg Seife, 60 kg Öl und 27 kg Baumöl.[4] Außerdem wurden 931 Kleidungsstücke meistens an ehemaligen Kriegsgefangene abgegeben. –

Um Zuteilung von Lebensmittel wandten sich an das Kommitee 2300 Familien (ca. 8400 Personen), an 1700 Familien (ca. 6800 Personen) wurden Lebensmittelprodukte verteilt. –

Das Hilfskommitee könnte seine Tätigkeit viel weiter ausdehnen, jedoch wird dies infolge

3 Richtig: Jezuicka, eine der Gassen in der westlichen Altstadt Lublins.
4 Veraltete Bezeichnung für Olivenöl.

Geldmangel behindert. Zu bemerken wäre noch, daß der niedrigste Monatsbeitrag zugunsten des Kommitees kaum 20 Groschen beträgt.
II. Das Flüchtlingshilfskommitee erstand im Dezember 1939.
Vor allem beschäftigte sich das Kommitee mit der Unterbringung der heranstürzenden Flüchtlingswelle. Es bemühte sich, die Flüchtlinge in Privathäusern unterzubringen. Es gelang dem Kommitee, ca. 5000 Personen in Privatwohnungen zu logieren. Zwecks Unterbringung der restlichen Flüchtlinge wurden 43 Sammelpunkte organisiert, in denen 1400 Personen untergebracht wurden. Diese Sammelpunkte wurden vom Kommitee mit der elementarsten Einrichtung wie Betten, Bettzeug usw. versehen.
Bis zum 1. April l. J. verteilte das Kommitee 60 087 kg. Brot, 255 732 Mittagsmahle, einige hundert Kleidungsstücke sowie Wäsche und Schuhzeug.
Die von den 3 Kommiteeküchen täglich ausgegebenen Mittagsmahle erreichte letztens die Ziffer von 3400.
Zwecks Ausübung einer Kontrolle über die Reinlichkeit der Flüchtlinge und der von ihnen bewohnten Lokalitäten wurde eine aus 32 Männern und Frauen bestehende Sanitätsbrigade ins Leben gerufen. Ärztliche Hilfe wurde bis zum 1. April 1. J. in 1161 Fällen erteilt. In 533 Fällen erteilte ärztliche Hilfe das städtische Wohlfahrtsamt über Ansuchen des Kommitees. 2259 Personen besuchten eine Badeanstalt auf Kosten des Kommitees.
In Ausnahmefällen erteilt das Kommitee auch Geldunterstützungen.
Die Hilfeleistung des Kommitees im Bereiche der Kleiderverteilung sowie der Reinlichkeitserhaltung ist keine genügende. Die Ausdehnung dieser Hilfeleistung wird durch den Mangel an Kleidungsstücken und Seife, welche Artikel auch für Geld nicht zu haben sind, gehemmt. Ähnliche Schwierigkeiten gibt es bei der Beschaffung des notwendigen Quantums an Lebensmittelprodukten, in erster Reihe Fleisch, was die Aufnährungsaktion beschwert.
III. Die Kinderfürsorge („CENTOS") setzt ihre Tätigkeit, die Aufnährung der jüdischen Kinder, welche noch vor Kriegsausbruch geführt wurde, fort. Zur Zeit werden von der Kinderfürsorge 3 Küchen erhalten und 1362 Kinder im Alter von 5 bis 13 Jahren aufgenährt. Die Kinder erhalten 2 mal täglich Nahrung, welche aus einem Mittagsmahl und einem Frühstück bzw. Nachtmahl besteht. Infolge Mangels an Geldmitteln und entsprechender Lokalitäten können 480 registrierte Kinder nicht aufgenährt werden. Die Kinder stehen unter ärztlicher Aufsicht. Es funktionieren auch sogen. fliegende Sanitärkommissionen, welche die hygienisch-gesundheitlichen Zustände der Kinder kontrollieren. Die Existenz der Kinderfürsorge basiert auf den Unterstützungen der CENTOS-Zentrale. Seit Jänner l. J. wurden für die Kinderaufnährungsaktion über 27 000 Zl. verausgabt.
IV. Das Waisenhaus und Altersheim existiert bereits über 50 Jahre. Derzeit befinden sich im Waisenhaus 66 Kinder (36 Mädchen und 30 Knaben). Im Altersheim befinden sich 8 weibliche und 3 männliche Greise.
Bis zum Kriegsausbruch wurde das Waisenhaus von der Stadtverwaltung und der Kultusgemeinde erhalten. Seit Kriegsausbruch wird dasselbe ausschließlich von der jüdischen Gesellschaft erhalten.
Die Waisenhauszöglinge erhalten 3 mal täglich Nahrung und stehen unter ärztlicher Aufsicht.
4) *Von den jüdischen Gesundheitsinstitutionen in Lublin.*
Das jüdische Krankenhaus in Lublin verfügt über 100 Betten für Kranke und ist für die allgemeine Bevölkerung bestimmt. Gegenwärtig sind folgende Abteilungen tätig: Interne-

und neurologische, chirurgische, gynäkologische- und Frauenkrankheiten sowie eine Abteilung für Kinderkrankheiten.
Zur Heilung werden ins Krankenhaus sämtliche Krankheiten mit Ausnahme von Infektions- und Geisteskrankheiten aufgenommen.
Das Spital besitzt eine Röntgen- und Elektrotherapieanstalt, eine Apotheke, ein chemisches Laboratorium sowie eine Bibliothek medizinischer Werke und Ausgaben.
Die Einkünfte des Krankenhauses bestehen aus den Taxen und Gebühren, welche entweder von den Patienten selbst oder von den Ämtern und Institutionen, auf deren Rechnung sie geheilt werden, entrichtet werden, aus Subventionen der Kultusgemeinde und anderer Institutionen und aus Spenden von verschiedenen Körperschaften und Privatpersonen. Die Kranken, welche im Spital geheilt werden, bestehen aus den Einwohnern Lublins, der näheren und ferneren Umgebung Lublins und außerdem aus alten kranken Menschen, die aus dem Deutschen Reich ausgewiesen wurden (Stettin u.s.w.).[5]
Während die Aufnahmefähigkeit des Krankenhauses die Zahl von 100 Kranken nicht überschreitet, ist es in den letzten Monaten mit einer Patientenzahl von 150 – 200 überbelastet. Wenn man in Betracht zieht, dass das jüdische Krankenhaus die einzige Anstalt dieser Art für ein ziemlich umfangreiches Gebiet ist, ferner, dass die Juden nur dieses Spital benützen können, so ergibt sich daraus die Notwendigkeit, die Aufnahmefähigkeit desselben zumindest bis auf 150 Betten zu vergrößern. Dies könnte umso leichter geschehen, als der Umfang des Gebäudes diese Zahl leicht fassen könnte.
Unabhängig davon müsste für den Bau weiterer Baracken für Kranke im Spitalsgarten gesorgt werden.
Die Fertigstellung des bereits unter Dach gebrachten Administrationsgebäudes ist ebenfalls dringend notwendig, insbesondere, als dadurch das eigentliche Spitalsgebäude entlastet und die Aufnahmefähigkeit desselben vergrößert wird.
Weitere Mängel, die sich beseitigen ließen, wenn die notwendigen Geldmittel vorhanden wären, sind:
1) Der Mangel an Betten, Matratzen und Bettzeug
2) Der Mangel an genügender Wäsche
3) Der Mangel an Verbandzeug und endlich
4) Die Verpflegungsschwierigkeiten, welche durch die herrschenden Aprovisationsverhältnisse bedingt sind.
Der Gesundheitsmittelpunkt („TOZ") besitzt derzeit folgende Abteilungen:
1) Propagandasektion für Hygiene
2) Ein Ambulatorium
3) Ein zahnärztliches Atelier für Erwachsene und Kinder
4) Eine Mutterberatungsstelle
5) Eine Abteilung für die Zubereitung und Austeilung von Milch für Säuglinge
6) Elektrotherapisches Kabinett
7) Antituberkulosenambulatorium.
Überdies führte der Gesundheitsmittelpunkt bis zum Kriegsausbruch eine psychotechnische Beratungsstelle, eine Sommerkolonie und Halbkolonie für Kinder und die Aufnährung der Kinder in den Schulen, welche derzeit infolge der Schulsperre nicht tätig ist. Es wird den Kindern blos Lebertran verabreicht.

5 Siehe Dok. 82 vom 30.1.1940 und Dok. 104 vom 12.4.1940.

Das Ambulatorium empfängt täglich gegen 150 Kranke, beratet sie und erteilt ihnen Medikamente. Außerdem werden Analisen, Röntgendurchleuchtungen und Schutzimpfungen durchgeführt. Ein speziell zu diesem Zweck bestellter Arzt erledigt täglich 20 – 25 Krankenbesuche. Die chirurgische Abteilung des Ambulatoriums empfängt und erledigt täglich 40 – 50 Patienten. Sie führt durch chirurgische Eingriffe, welche keine unbedingte Spitalsbehandlung benötigen.
Die Hilfeleistung des Gesundheitsmittelpunktes ist eine unentgeltliche, und sein Budget wird einzig und allein vom Judenrat gedeckt.
5) *Die Zahl der Ausgewiesenen, ihre Unterbringung und Beschäftigung.*
Die durchgeführte Erfassung der Flüchtlinge ergab die Anwesenheit von 5583 Personen in Lublin. Es ist jedoch anzunehmen, daß ihre Zahl ziemlich höher ist, da sich erstens nicht alle Flüchtlinge registrierten, zweitens wurde seit Beendigung der Registrierung keine Ergänzungserfassung durchgeführt.
Die Ausgewiesenen wurden, wie bereits gesagt, in Privathäusern untergebracht. Viele Ausgewiesene weilten nur zeitweilig in Lublin während ihrer Reise nach den Städtchen und Ortschaften in der Nähe Lublins. Es fehlen daher nähere Daten über ihr weiteres Befinden. Die unter den Flüchtlingen durchgeführte Ankete [Enquete] ergab, dass 65 % von ihnen Handwerker, der Rest Kleinhändler und Berufslose sind.
6) *Von der Heranziehung der Juden zur Zwangsarbeit und ihrer Beschäftigung.*
Die Heranziehung der Juden zur Zwangsarbeit erfolgte fast sofort nach dem Einmarsch des Deutschen Heeres in Lublin. Diese Arbeit war jedoch nicht organisiert, und die Ausführung derselben verursachte ernste Störungen im normalen Leben der Judenschaft. Seit Anfang Dezember 1939 ist die Zwangsarbeit der Juden geregelt. Sämtliche jüdische Männer im Alter von 16 bis 60 Jahren, ca. 12 000 Personen, sind zu Zwangsarbeiten, welche 1 – 2 Tage wöchentlich dauern, herangezogen. Die Einberufung und Kontrolle der zu diesen Arbeiten herangezogenen Juden übt der Judenrat aus.

## DOK. 115

## Der Chef des Distrikts Krakau berichtet am 3. Mai 1940 über jüdische Flüchtlinge, die aus dem sowjetisch besetzten Teil Polens in das Generalgouvernement zurückkehren wollen[1]

Protokoll der Besprechung des Chefs des Distrikts Krakau, Wächter, mit Generalgouverneur Frank und Arbeitsführer Hinkel[2] in Krakau vom 3.5.1940

[…][3]
Gouverneur *Dr. Wächter* berichtet dem Herrn Generalgouverneur über die Eindrücke, die er aus Anlaß einer Dienstreise nach *Lemberg* von den dortigen Verhältnissen gewon-

1 AIPN, GK 95, Bd. 4. Kopie: IfZ/A, Fb 105, Bd. 5, Bl. 1023f. Abdruck in: Diensttagebuch des deutschen Generalgouverneurs (wie Dok. 104, Anm. 1), S. 191f.
2 Heinrich Hinkel (1892 – 1950), Unternehmer; 1932 NSDAP-Eintritt; von 1933 an im Reichsarbeitsdienst; im April 1940 als Verbindungsmann des Reichsarbeitsführers in das GG abgeordnet, um den poln. Baudienst zu organisieren, erst Ober-, dann Oberst-, schließlich Generalarbeitsführer; 1945 wurde Hinkel an Polen ausgeliefert und starb dort im Gefängnis.
3 Frank, Hinkel und Wächter sprachen u.a. über die Aufgaben und die Organisation des poln. Baudienstes. Frank äußerte seine Wertschätzung für den ukrain. Bevölkerungsteil im GG.

nen habe, und schildert die *Lage der Flüchtlinge*, die aus Rußland nach dem Generalgouvernement kommen wollten. In Brest-Litowsk und Przemysl drängten sich Tausende von Menschen danach, die Sowjetgrenze zu überschreiten. Von etwa 18 000 Flüchtlingen seien 16 500 Juden, die ebenfalls auf die Aufnahme in das Generalgouvernement warteten.[4] Es komme da manchmal zu herzzerreißenden Szenen. In Lemberg hätten die Russen sämtliche Hausbesitzer verhaftet, die Häuser als Staatseigentum erklärt und Treuhänder, zumeist Juden, eingesetzt, von denen jeder einen Häuserblock zu verwalten habe. In den letzten Tagen sollten auch sämtliche Advokaten verhaftet werden.
Der Herr *Generalgouverneur* ersucht Gouverneur Dr. Wächter, ihm einen eingehenden Bericht über diese Dienstreise zu erstatten.[5]
Gouverneur *Dr. Wächter* berichtet dann noch über die Parade der Sowjettruppen, die am 1. Mai stattgefunden habe. Interessant sei dabei gewesen, daß moderne Waffen nicht gezeigt worden seien. Im ganzen habe diese Parade keinen überragenden Eindruck gemacht. Vor den einzelnen Blocks von je 80 Mann gehe der Führer, rechts von ihm der Sowjetkommissar. Dieser Sowjetkommissar habe übrigens ein Vetorecht gegenüber den Befehlen des Führers bis zum Kompaniechef herunter.
Der Herr *Generalgouverneur* faßt das Ergebnis der Besprechung dahin zusammen, daß
1. das Generalgouvernement sich bereit finden solle, noch mehr Juden aufzunehmen,
2. sei offenbar die Sowjetregierung nicht gewillt, die Volksdeutschen aus Rußland zu entlassen; hier müsse das Auswärtige Amt mit der Moskauer Regierung in Verhandlungen eintreten,
3. wolle Moskau anscheinend nicht zulassen, daß die deutsche Kommission in Lemberg ihre Tätigkeit aufnehme, was aber von deutscher Seite absolut nicht zugestanden werden dürfe. In Lemberg hätten sich schon bisher 60 000 Flüchtlinge gesammelt. Mehr könnten unter keinen Umständen aufgenommen werden, gleichwohl dürfe die Arbeit dort nicht eingestellt werden.
[...][6]

## DOK. 116
## Der Judenreferent des SS- und Polizeiführers in Lublin legt am 8. Mai 1940 Richtlinien für den Einsatz von jüdischen Zwangsarbeitern fest[1]

Schreiben des Judenreferenten des SS- und Polizeiführers im Distrikt Lublin, Unterschrift unleserlich,[2] an den Chef des Distrikts Lublin, Abteilung Arbeit[3] (Eing. 9.5.1940) vom 8.5.1940[4]

*Betr:* Einsatz von jüdischen Zwangsarbeitskräften
*Anlage:* 1
In der Anlage werden Richtlinien bekanntgegeben, die beim Einsatz von jüdischen Zwangsarbeitern einzuhalten sind.

4 Die sowjet. Behörden deportierten die meisten jüdischen Flüchtlinge im Juni 1940 in das Landesinnere; nur etwa 1600 Juden wurden in das GG umgesiedelt.
5 Nicht aufgefunden; siehe aber Dok. 118 vom 10.5.1940.
6 Im Folgenden wurde u. a. die Tätigkeit der Treuhänder, die Sammlung von Metallen, die Erz- und Erdölgewinnung und die Eröffnung eines Großhandelsgeschäfts der SS für Pelze in Warschau behandelt.

1 APL, 498/745, Bl. 20 – 22.

Für den Einsatz von jüdischen Zwangsarbeitern werden folgende Richtlinien bekanntgegeben:

I.) *Gestellung von jüdischen Zwangsarbeitern.*

Zur Erledigung von öffentlichen Arbeitsvorhaben und solchen Arbeiten, die für Angehörige deutscher Dienststellen im Distrikt geleistet werden, werden jüdische Zwangsarbeiter zur Verfügung gestellt.

II.) *Beaufsichtigung der Zwangsarbeiter.*

Die jüdischen Zwangsarbeiter sind bei der Arbeit zu beaufsichtigen. Die Beaufsichtigung erfolgt nach folgenden Grundsätzen:

a) Sofern es sich nicht um kleine Arbeitsgruppen und solche Arbeiten handelt, die der Arbeitgeber selbst beaufsichtigt (z. B. Gartenarbeiten bei der Dienstwohnung, die durch einen eigenen Gärtner beaufsichtigt werden, oder Säuberung der Wohnung usw.), wird für eine Arbeitsgruppe von 10 – 20 Mann ein ukrainischer Arbeitsführer gestellt, der dafür verantwortlich ist, daß tatsächlich gearbeitet wird. Wünscht eine Dienststelle anstatt dieses Ukrainers einen eigenen, fachlich geschulten Partieführer selbst zu stellen, entfällt die Beistellung des Ukrainers.

b) Werden mehrere solche Arbeitsgruppen eingesetzt, übernimmt die Oberaufsicht ein eigenes Überwachungskommando, das vom Selbstschutz gestellt wird.

c) Für die Entlohnung, Verpflegung und Unterbringung der ukrainischen Arbeitsgruppenführer – soweit eine solche in Frage kommt – hat der Arbeitgeber aufzukommen.

III.) *Anforderung von Zwangsarbeitskräften.*

Für die Anforderung von jüdischen Zwangsarbeitskräften gelten folgende Richtlinien:

A.) Anforderungen in großer Zahl für große Arbeitsvorhaben, die nicht aus dem lokalen, jüdischen Bevölkerungsbestand entnommen werden können oder gar lagermäßig untergebracht werden müssen, sind ausschließlich an den SS- und Polizeiführer zu richten.

Die Anforderung hat rechtzeitig zu erfolgen. Nach Art und Umfang wird das 1 – 4 Wochen vorher sein.

B) 1.) Anforderungen von Zwangsarbeitern für Arbeitsvorhaben kleineren Umfangs, wobei keine lagermäßige Unterbringung erfolgt und der Bedarf lokal gedeckt werden kann, sind zu richten:

Für Lublin Stadt

Lublin Kreis: An den SS- und Selbstschutzführer z.H. SS-Stubaf. *Dolp*,[5] Lipowa, Tel. 31-61

Für den Kreis

Janow-Lub.: An den Gendarmeriezug in Janow-Lub.

Pulawy: An den Gendarmeriezug in Pulawy

2 Judenreferent des SSPF in Lublin war Dr. Karl Hofbauer.

3 Die Abt. Arbeit beim Chef des Distrikts Lublin leitete ORR Jache.

4 Im Original Dienststempel, Paraphen von Jache und Hecht sowie handschriftl. Anmerkungen. Hecht war Mitarbeiter der Arbeitsverwaltung in Lublin.

5 Hermann Dolp (*1889), Schlosser; von 1920 an im Freikorps, 1928 NSDAP- und SS-Eintritt; 1934 im KZ Dachau, 1939 im KZ Sachsenhausen tätig; Ende 1939 Leiter der Stapo in Kalisch, Dez. 1939 seines Amts enthoben und degradiert, 1940 in Lublin SS- und Selbstschutzführer, zusätzlich Leiter des Lagers an der Lipowa-Straße, dann Leiter des Arbeitslagers für Juden in Bełżec, Mai 1942 im HSSPF Ost, dann beim HSSPF Nord in Norwegen, 1944 bei einer Lettischen SS-Freiwilligen-Division eingesetzt.

| | |
|---|---|
| Radzyn: | An die Sipoaußenstelle in Lukow |
| Biala-Podl.: | " " " in Biala |
| Chelm: | " " " in Chelm |
| Wlodawa: | " " " in Wlodawa |
| Hrubieszow: | " " " in Hrubieszow |
| Zamosz: | " " " in Zamosz |
| Tomaszow: | " " " in Tomaszow |
| Bilgoraj: | " " " in Bilgoraj |

2.) Die Anmeldungen haben bis spätestens 12 Uhr des Vortages zu erfolgen.
3.) Der Arbeitgeber hat rechtzeitig die Juden durch die Bewachungsmannschaft oder die Partieführer (siehe II) abholen zu lassen. Ort und Zeit werden bei der Anmeldung von der Sipostelle bekanntgegeben.
IV.) *Unterbringung und Verpflegung der Zwangsarbeiter.*
1.) Unterbringung
a) Werden größere Mengen jüdischer Zwangsarbeiter an einer Stelle eingesetzt, erfolgt die Unterbringung in Arbeitslagern. Die lagermäßige Unterbringung führt der Selbstschutz durch.
b) Werden die Zwangsarbeiter aus der örtlichen jüdischen Bevölkerung entnommen, entfällt eine eigene Unterbringung.
2.) Für die Verpflegung der jüdischen Zwangsarbeiter hat der zuständige Judenrat aus eigenen Mitteln zu sorgen. Zusätzliche Verpflegung kann der Arbeitgeber auf eigene Kosten gewähren.
V.) *Beschaffung von Arbeitsgerät.*
Ist der Arbeitgeber nicht in der Lage, für die Zwangsarbeiter das nötige Arbeitsgerät bereitzustellen, hat der Judenrat für die Beschaffung zu sorgen.
Ist es dennoch nicht möglich, Arbeitsgerät in genügender Menge zu beschaffen, ist es beim SS- und Polizeiführer anzufordern.

## DOK. 117

## Ein Aktivist der jüdischen Jugendbewegung berichtet am 8. Mai 1940 über die Tätigkeit der Hechaluz-Organisation[1]

Bericht von Mordechai Orenstein[2] für die Weltzentrale des Hechaluz Geneva Office, 125, rue de Lausanne, Genf, vom 8.5.1940

*Bericht über die chaluzische Arbeit in den deutsch-besetzten Gebieten Polens* (auf Grund einer Unterhaltung mit Ch. *Henig*,[3] Sekretär der Poale Zion-Hitachduth,[4] Weltverband, in Polen während der letzten Monate).

1 YVA, M-20/86, Bl. 114, 116f.
2 Mordechai Orenstein, nannte sich später Oren (1905–1981), Journalist; Aktivist des Jugendbunds Haschomer Hazair in Deutschland, dann in der Schweiz; Auswanderung nach Israel, dort Funktionär der Partei Mapam, 1952 deren Abgesandter in Prag, dort aufgrund seiner zionistischen Betätigung festgenommen und bis 1956 in Haft.
3 Chaim Henig; vor dem Krieg Mitglied des Zentralkomitees der Partei Poale Zion-Hitachduth, im

Am 26.4. sprach ich in Triest Ch. Henig, der vor einer Woche Warschau verließ. Aus unserer einige Stunden sich dahinziehenden Unterhaltung ergab sich folgendes Bild der Situation in den deutsch besetzten Gebieten Polens.

*Existenz der chaluzischen Bewegung.*

Die chaluzische Bewegung und die meisten chaluzischen Jugendorganisationen existieren und arbeiten auf eine Art, die weder legal noch illegal ist. Die offiziellen Stellen scheinen über ihre Existenz und Arbeit nicht uninformiert zu sein. Die Arbeit wird inoffiziell toleriert. Besonders fühlbar ist die Arbeit des Hechaluz, Haschomer Hazair, Hechaluz Hazair-Freiheit.[5] Weniger bemerkbar sind die Gordonia und die allgemein zionistischen und religiösen Jugendverbände.

*Organisation.*

Es existieren lokale Ortsgruppen des Hechaluz und der oben erwähnten Jugendorganisationen. Viele von ihnen arbeiten gut und systematisch. Die organisatorischen Grundlagen der Arbeit haben sich von Grund auf gewandelt. Die Organisation ist auf offizielle Illegalität praktisch dadurch vorbereitet, daß sie bereits heute auf Fünfergruppen aufgebaut ist. Inoffiziell bestehen auch Merkasim[6] des Hechaluz und der Jugendorganisationen. Im Merkas Hechaluz arbeiten 3 Menschen: Frunka,[7] Civja[8] und Zuckermann.[9] Es wird mit den Ortsgruppen korrespondiert, es werden Rundschreiben versandt. Die Ortsgruppen werden auch von Mitgliedern der Zentrale bereist. Die lokalen Ortsgruppen veranstalten auch interne Versammlungen, an denen sich alle Fünfergruppen beteiligen. Auf meine Frage, ob Bemühungen allgemeiner jüdischer Instanzen, eine vollständige Legalität der chaluzischen Arbeit zu erwirken, auf Erfolg Aussicht habe[n], antwortete Henig: Seiner Meinung nach bestehen Aussichten auf Erfolg, wenn eine allgemein jüdische Vertretung sich herausbilden und unter anderem auch diese Angelegenheit in Angriff nehmen würde. Auf einer Aussprache zwischen einer improvisierten jüdischen Vertretung

Aug. 1939 Teilnehmer des 21. Zionistenkongresses in Genf, dann Rückkehr nach Polen; er verließ Warschau im April 1940 und ging nach Palästina.

4 Der reformistisch gesinnte Flügel der zionistischen, marxistischen Arbeiterpartei Poale Zion schloss sich der demokratisch ausgerichteten Zweiten Sozialistischen Internationalen an, vereinigte sich 1925 mit den Zionistischen Sozialisten zur Jüdischen Sozialistischen Arbeiterpartei Poale Zion und 1933 mit der Hitachduth.

5 Es handelt sich um den Jugendbund Dror.

6 Hebr.: Hauptstellen, welche die Tätigkeit von Ortsgruppen koordinierten (Sing.: Merkas).

7 Richtig: Frumka Płotnicka (1914–1943), zionistische Aktivistin; 1931 Eintritt in den Jugendbund Dror; 7.9.1939 Flucht aus Warschau Richtung Osten, Mitte Okt. Rückkehr, seitdem Verbindungsfrau zwischen den Hechaluz-Gruppen im GG; Jan. 1942 in Wilna, dann in Białystok, abermals in Warschau und von Dez. 1942 an in Będzin, wo sie am 1.8.1943 während der letzten Deportation ermordet wurde.

8 Richtig: Cywia (Zivia) Lubetkin (1914–1976), zionistische Aktivistin; von 1938 an im Vorstand von Dror-Frayhayt; 1939 zunächst im sowjet. besetzten Teil Polens, dann im GG, 1942 Mitbegründerin der Jüdischen Kampforganisation (ŻOB) und Mitglied des Jüdischen Nationalrats (ŻKN), 1943 Teilnahme am Warschauer Getto-Aufstand; 1945/46 für die Bricha tätig, seit 1946 in Palästina, Mitbegründerin des Hauses der Gettokämpfer (Beth Lohamei Hagetaot).

9 Richtig: Icchak Cukierman, auch Yitzhak Zuckerman (1915–1981); 1939/40 im sowjet. besetzten Teil Polens, seit Frühjahr 1940 in Warschau Anführer des Jugendbunds Dror, 1942 stellv. Leiter der Jüdischen Kampforganisation (ŻOB) und deren Mittelsmann zur Armia Krajowa und zur kommunist. Gwardia Ludowa, 1943 von der „arischen Seite“ aus an der Rettung von Überlebenden des Warschauer Getto-Aufstands beteiligt; 1945 für die Bricha tätig, in Israel Mitbegründer des Hauses der Gettokämpfer; Ehemann von Cywia Lubetkin.

mit deutschen Stellen in Krakau soll einer der deutschen Vertreter sich dahin geäußert haben, daß die deutsche Verwaltung an der Vorbereitung der jüdischen Bevölkerung zur Auswanderung interessiert sei. Aber in Anbetracht der Tatsache, daß die Führung des polnischen Judentums erster Garnitur Polen verlassen habe, bestehen für die nächste Zukunft schwache Aussichten darauf, daß sich eine autor[it]ative Vertretung des polnischen Judentums herauskristallisiere.

*Zionistisches und jüdisches Leben.*

Fast alle bürgerlich-zionistischen Gruppierungen leben in einer verkümmerten Form. Der Weggang der führenden Menschen rächt sich auf eine sehr fühlbare Weise. Es gibt einen bestimmten Coordinations-Rahmen für [die] gemeinsame Arbeit der zionistischen Verbände. Am aktivsten unter den zionistischen Gruppierungen ist die Poale Zion-Hitachduth, Weltverband, aber was vom Zionismus geblieben ist, was konstruktive Dynamik besitzt und Kraft zur Fortsetzung der Arbeit und zu neuem Aufschwung, ist die chaluzische Bewegung und besonders die sie tragenden Jugendorganisationen. Sie schreiben ein neues Blatt von Heroismus und Selbstaufopferung in die Geschichte des Zionismus und des jüdischen Volkes. Vom „Bund" ist nichts geblieben. Die Interessen der jüdischen Bevölkerung gegenüber der Okkupationsverwaltung werden hauptsächlich von den Gemeinden vertreten. „Hias"[10] hat ihre Arbeit wieder aufgenommen. Im Rahmen der Hias hat sich das Palästina-Amt rekonstituiert. Der Joint spielt eine wichtige Rolle in der Förderung der jüdischen Interessen.

*Juden und Polen.*

In der Haltung wesentlicher Teile der polnischen Bevölkerung zu den Juden ist keinerlei Wandlung eingetreten. Der Antisemitismus ist nach wie vor vorhanden. Pessach gab es in Warschau einen regelrechten anti-jüdischen Pogrom, der 8 Tage gedauert hat. Juden sind getötet, viele Dutzende verletzt, Hunderte sind geschlagen worden. Kein einziger Pole (auch nicht Mitglieder der P.P.S.) hat öffentlich seine Stimme gegen den Pogrom erhoben. In Polen schätzt man die Zahl der im Krieg und während der Okkupation (bis Mitte April) umgekommenen, ermordeten, verschollenen und vermißten Juden auf 250 000. Als ich die Zahl von 80 000 als die im Auslande vorherrschende Schätzung erwähnte, lachte Henig bitter. Tausende von Familien sind zerstört worden.

Hunderte von Familien sind aufgeteilt worden auf 3 Gebiete: Väter befinden sich in russisch Polen, Mütter in deutsch Polen, Kinder in Wilna, oder umgekehrt. Der größte Teil der Judenheit hungert und friert (im Winter).

*Die Notwendigkeit finanzieller Unterstützung.*

Die chaluzische Arbeit wird ohne eine wesentliche finanzielle Unterstützung vom Auslande nicht fortgesetzt werden können. Das polnische Judentum ist gänzlich verarmt. 90 % der Juden fristen ihr Leben dank öffentlicher und philanthropischer Mittel. Die finanzielle Hilfe des Joint ist ungenügend. Damit die chaluzische Bewegung und die chaluzischen Jugendorganisationen ihren Aufgaben gewachsen sind, bedürfen sie zweier Dinge: kulturelle[n] und informatorische[n] Material[s] (Weltzentrale des Hechaluz und Weltleitungen der Jugendorganisationen) und systematische[r] Unterstützung seitens der Nationalfonds jüdischer Hilfsinstitutionen und sonstiger finanzieller Aktionen zur Unterstützung des polnischen Judentums. Notwendig ist eine sofortige einmalige Unterstüt-

10 Die Hebrew Sheltering and Immigrant Aid Society of America (HIAS) unterstützte die Einwanderung von Juden in die USA und nach Palästina.

zung in der Höhe von 1000 Dollar, darüber hinaus muß für einen monatlichen Zuschuß in der Höhe von 250 Dollar sowie für die Finanzierung der bevorstehenden Auswanderung gesorgt werden. Der den Bedingungen trotzende chaluzische Zionismus in jenem schwer geprüften Teile Polens erwartet vom jüdischen Volke und der zionistischen Bewegung weitgehendste und rascheste Hilfe, um die Weiterexistenz des Zionismus im westlichen Polen zu sichern.

## DOK. 118
## Eine deutsche Umsiedlungskommission gibt am 10. Mai 1940 ihre Eindrücke über Lage und Einstellungen der Juden im sowjetisch annektierten Teil Polens wieder[1]

Bericht, ungez., einer deutschen Umsiedlungskommission vom 10.5.1940[2]

Die Einstellung der *Juden*.
Es wurde bereits mehrfach angeführt, wie die jüdische Bevölkerung des Umsiedlungsgebietes den Angehörigen des deutschen Umsiedlungskommandos ausgesprochen feindlich entgegentrat.[3] Die allgemein deutschfeindliche Haltung der Juden war so stark, daß es in den ersten Wochen der Arbeit im Umsiedlungsgebiet einfach unmöglich war, daß einzelne Angehörige des Kommandos in den Städten und großen Orten ohne Schutzbegleitung auch nur die kleinsten Gänge machen konnten. Dies umso mehr, da sie ja durch ihre Uniform sofort erkannt wurden. Der Haß der ostpolnischen Juden erstreckte sich in gleichem Maße aber auch auf die nunmehr umgesiedelten Volksdeutschen.
Wie bereits mehrfach erwähnt, haben die deutschfeindlichen jüdischen Elemente in den Dorf- und Stadtsowjets tagtäglich der Umsiedlungsarbeit größte Schwierigkeiten gemacht. Häufig ließen sie sich gröbste Übergriffe gegen die Volksdeutschen zuschulden kommen. Zwar wurden diese Übergriffe von den sowjetischen Regierungsvertretern auf die deutschen Proteste hin baldigst abgestoppt und, soweit es überhaupt möglich war, rückgängig gemacht. Es konnte aber nicht erreicht werden, daß neue Übergriffe für die Zukunft unterblieben.
Die Juden des Umsiedlungsgebietes sind der einzige Bevölkerungsteil, welcher den bolschewistischen Umschwung begrüßt hat und daraus seinen Nutzen zog. Wenn man bedenkt, daß die Masse der ostpolnischen Juden in größter Armut lebte, unter den primitivsten Verhältnissen, ist es auch vom sozialen Standpunkt nicht zu verwundern, daß sie aus der Entwertung alles Wertvollen, aus der allgemeinen Enteignung auf Kosten der gesamten Bevölkerung einen Nutzen gezogen haben, ohne etwas dafür getan zu haben. So sind denn die Juden auch die einzigen, die dem neuen sowjetischen System freiwillig sich zur Hilfeleistung anbieten. Sie sind überall die Verwalter der staatlichen Verkaufsstellen, der staatlichen Gasthäuser usw. geworden. Sie haben Posten als kommissarische

1 BArch, R 59/321 Bl. 19 – 23.
2 Aus dem Aktenzusammenhang geht hervor, dass der Bericht wahrscheinlich an den deutschen Hauptbevollmächtigten der Abt. I der Kommission in Łuck geschickt wurde.
3 Die Kommission bereitete aufgrund des Abkommens vom 28.9.1939 die Umsiedlung der in Westwolhynien lebenden Deutschen vor, die 1940 im Warthegau eintrafen und dort auf poln. Bauernhöfen angesiedelt oder in Lagern untergebracht wurden.

Funktionäre in allen Betrieben und allen Verwaltungen erhalten. Aus ihnen rekrutieren sich zum großen Teil die Stadt- und Dorfsowjets, vor allem auch die Miliz, die Spitzel des NKWD – kurzum, sie sind in Scharen überall dort zu finden, wo der Sowjetbolschewismus zur Errichtung und Aufrechterhaltung seiner Herrschaft Agenten, Spitzel und Zuträger braucht.

Wir hatten überall in den Städten denn auch den Eindruck, daß wir uns nicht etwa in einem russischen Lande, sondern in einem jüdischen befanden.

Betrachtet man diese allgemein deutschfeindliche haßerfüllte Einstellung der Juden und sieht man, wie sie gleichzeitig die Träger des bolschewistischen Systems sind, dann kann man sich nur schwer eine Dauerhaftigkeit der deutsch-sowjetischen Ausgleichsbestrebungen vorstellen.

Wenn auch die Juden die einzigen Nutznießer des neuen kommunistischen Systems sind, so sind doch lange nicht alle Juden mit dem Umschwung zufrieden. Die wohlhabenden Juden sind von der allgemeinen Enteignung genauso betroffen wie alle anderen Einwohner. Einen freien Handel gibt es jetzt natürlich auch für die Juden nicht mehr. Es ist vorgekommen, daß einzelne Juden aus dem Umsiedlungsgebiet dem deutschen Umsiedlungskommando angeboten haben, ihr gesamtes ausländisches Vermögen dem Reich unentgeltlich abzugeben, wenn man ihnen die Möglichkeit gibt, mit umgesiedelt zu werden. Die Anzahl der Juden in den überfüllten Städten ist doch recht beträchtlich, zumal sehr viele Flüchtlinge aus dem [General]Gouvernement sich im sowjetischen Gebiete angesiedelt haben. Nur einem Teil von ihnen ist es möglich gewesen, im neuen sowjetischen Staatsapparat eine Anstellung zu finden oder sonst Nutzen aus der neuen Herrschaft zu ziehen. Es ist wiederholt vorgekommen, daß einzelne Juden in den Straßen von Luzk sich an Mitglieder des deutschen Umsiedlungskommandos gewandt haben mit dem Hinweis, sie seien Juden, möchten aber fragen, ob nicht auch für sie eine Möglichkeit bestünde, ins deutsche Gebiet herüberzukommen.

Bei der Mehrzahl dieser ostpolnischen Juden war, wie gesagt, eine offensichtlich feindliche Haltung den Deutschen gegenüber festzustellen. Dieses zeigte sich u.a. darin, daß sie den Angehörigen des deutschen Umsiedlungskommandos in den ersten Tagen von allen Straßenecken zuriefen: „Nazimörder", „Verfluchte Deutsche" und dergl. Nur durch die strengste Disziplin des Einsatzkommandos haben ernste Zwischenfälle unterbleiben können, und es ist nicht zu Tätlichkeiten gekommen. Bezeichnend ist aber, daß die sowjetischen Regierungsvertreter, zum großen Teil selbst Juden, in ihrer Eigenschaft als Sonderbevollmächtigte des Innenkommissariats bestrebt waren, unbedingt für unseren Schutz zu sorgen, und sehr energische Maßnahmen angedroht und wohl auch als warnende Beispiele hier und da durchgeführt haben, um diese offene feindliche Einstellung abzuschwächen.

Man konnte das Eingreifen der NKWD-Behörde deutlich spüren. Die Beschimpfungen ließen bald etwas nach und hörten dann ganz auf, wenn auch die feindliche Einstellung natürlich blieb. Später schickten die Juden dann die jüdischen Kinder vor, welche die Schimpfereien fortsetzten. Trotzdem konnte es doch dieser oder jener Jude nicht unterlassen, auf der Straße sich den Angehörigen des deutschen Kommandos zu nähern und – völlig unnötig – ihm entgegenzuschreien: „Ich bin ein Jude." Offensichtlich wollten sie auf diese Weise provozieren. Selbst zur Bewachung unseres Hauptstabsgebäudes wurden Juden in der Eigenschaft als zivile Milizionäre – also mit roter Armbinde zu ihrer Kleidung – bestellt. Einer dieser jüdischen Milizionäre freute sich kindlich über die Tatsache, daß er als Jude die Bewachung des deutschen Hauptstabes durchführen durfte, und fragte immer wieder, was man denn dazu im Reich sagen würde.

Die Juden im neuen sowjetischen Interessengebiet haben nach wie vor ihre eigenen Zeitungen in jüdischer Sprache mit hebräischen Buchstaben. Diese Zeitungen sind aber heute nichts weiter als der haargenaue Abklatsch der sowjetischen amtlichen Presse. Sie zeigen kaum eine jüdische Note. Wichtige sowjetamtliche Regierungserlasse werden in den Städten außer in ukrainischer und polnischer auch in jüdischer Schrift plakatiert.

Ganz im Gegensatz zu der haßerfüllten deutschfeindlichen Einstellung der ostpolnischen Juden erwiesen sich die Regierungsvertreter bei den Gebiets- und Ortsstäben, die zum größten Teil Juden waren, als durchaus sachliche Gegenspieler bei der Umsiedlungsaktion. Alle Eintragungen in die Umsiedlungslisten, die Aufstellungen und vor allem Unterzeichnung jeder Vermögensliste, alle sonstigen Maßnahmen für den Abtransport der Umsiedler usw., all das konnte nur durchgeführt werden im engsten Einvernehmen und in engster Zusammenarbeit mit den sowjetischen Regierungsvertretern, also mit den Juden in ihrer Eigenschaft als hohe Funktionäre sowjetischer Staatsbehörden.

Um es noch einmal deutlich klar zu machen:

Ein gehässiger jüdischer Vertreter eines örtlichen Sowjets hat sich gegenüber den deutschen Kolonisten unerhörte Übergriffe zuschulden kommen lassen, hat sie z.B. ohne Kleidung und Nahrung aus ihren Häusern vertrieben und zur nächsten Bahnstation mit der Weisung, sie sollten sich ins Reich scheren, abgeschoben. Infolge des Protestes der deutschen Bevollmächtigten ist von dem sowjetischen Regierungsvertreter für die Umsiedlung die Anweisung ergangen, diese Übergriffe, welche die Umsiedlungsaktion aufs gröbste gefährden, rückgängig zu machen. Ein beauftragter jüdischer Regierungsvertreter schreitet gegen den Juden aus dem örtlichen Sowjet ein, läßt die Übergriffe soweit wie möglich rückgängig machen und droht dem jüdischen Rassengenossen ernsthaft mit den schwersten Strafen, wenn er sich noch einmal einfallen lassen wollte, das erforderliche gute Zusammenarbeiten zwischen den Deutschen und den Sowjets auf solche Weise zu gefährden.

Es hat festgestellt werden können, daß die verantwortlichen Juden aus den örtlichen Sowjets für ihre Übergriffe tatsächlich zur Verantwortung gezogen worden sind. Daraus ist deutlich zu ersehen, daß in ihrem Verhalten die ostpolnischen Juden und die Sowjetfunktionäre aus der Sowjetunion durchaus nicht gleichzusetzen sind.

In großen Mengen sind allzu lästige Juden aus den überfüllten Städten von den sowjetischen Behörden des Innenkommissariats zum Arbeitseinsatz nach dem Innern der Sowjetunion zwangsweise evakuiert worden. Angeblich ist ein großer Teil von ihnen in die Kohlengebiete abtransportiert worden.[4] Eine direkte Unterstützung und Bevorzugung der ostpolnischen Juden im neu besetzten Gebiet durch die maßgeblichen sowjetischen Behörden findet nicht statt. Praktisch ist zwar eine indirekte Bevorzugung ohne weiteres festzustellen, diese erklärt sich aber aus der Einstellung der Juden als besonders gefügige und zuverlässige Sowjetstaatsbürger. Sonst ist aber nach Möglichkeit von den Sowjetbehörden alles vermieden [worden], was die Judenfrage in der Öffentlichkeit in den Vordergrund drängen könnte.

Der größte Teil der sowjetischen Regierungsvertreter des Evakuationsapparates waren

4 Gemeint ist das ostukrain. Donezbecken (Donbass).

Juden. Aber nicht bloß bei dieser Behörde waren die Juden in den führenden Posten in der Überzahl anzutreffen, auch überall in der roten Armee sind sie als politische Kommissare, auch beim Innenkommissariat als maßgebliche Funktionäre im Partei- und Staatsapparat.
Die unterschiedliche Einstellung der Juden aus dem Inneren der Sowjetunion und der Juden aus den früheren ostpolnischen Gebieten ist durchaus zu erklären, da der Sowjetbolschewismus den Begriff einer jüdischen Rasse gar nicht kennen will. Die sowjetischen Regierungsvertreter haben sich zwar als die eifrigsten Vertreter des Sowjetbolschewismus gefühlt und sind dementsprechend aufgetreten, ohne dabei aber ihre jüdischen Rasseeigenschaften besonders hervorzukehren. Im Gegenteil, sie waren sehr stolz, nun in der Sowjetunion als gleichberechtigte Bürger einem großen Staatssystem treueste Diener zu sein. Hin und wieder hat wohl einer der nicht jüdischen Regierungsvertreter sein Mißfallen über seine jüdischen Genossen uns Deutschen gegenüber ausgedrückt, ich glaube aber nicht, daß dies mehr als eine leichte Redensart war, die lediglich zur Entschuldigung eines Mißgriffs gefallen ist, um die gute Zusammenarbeit der deutschen und sowjetischen Stellen besonders hervorzuheben. Wenn man bedenkt, daß einige besonders häßliche und verkrüppelte Jüdinnen den deutschen Delegationsmitgliedern (die im Range deutscher Diplomaten standen) als Schutz, d. h. als Beobachtungsbegleiterinnen für die vielen Kraftwagen-Fernfahrten innerhalb des Umsiedlungsgebietes, beigegeben zu werden pflegten, dann kann man kaum glauben, daß bei dem Willen zu einem guten Einvernehmen, der auf der Seite der sowjetischen Regierungsvertreter unbedingt vorhanden war, auch nur das leiseste Gefühl für Rassenunterschiede vorhanden ist. Die Einstellung der Sowjetfunktionäre und alten Parteileute aus der Sowjetunion ist jedenfalls die, daß sie alle Bürger der großen „sowjetischen Volksfamilie“ sind, die auch sonst Rassen- und Volksunterschiede nicht kennen will. Offenbar ist im alten Staatsgebiet der Sowjetunion während der zwanzigjährigen Herrschaft des Bolschewismus durch die marxistische Propaganda auch bei den primitiven Völkern der Sowjetunion das Gefühl, in erster Linie Sowjetbürger zu sein, schon recht stark ausgeprägt.
Ganz im Gegensatz dazu steht die rassisch volksbewußte Einstellung der Bevölkerung des neuen sowjetischen Interessengebietes. Hier ist einmal bei den Juden selbst ein besonders stark ausgeprägtes Rasse- und Zusammengehörigkeitsgefühl vorhanden, und entsprechend ist auch bei den Ukrainern und Weißrussen ein stark ausgeprägtes natürliches antisemitisches Empfinden festzustellen. Mit diesen neuen Tatsachen hat der Bolschewismus sich jetzt auseinanderzusetzen. Daß ihm auch diese Fragen einige Sorgen bereiten, geht schon daraus hervor, daß während der Zeit der Umsiedlung in den Kinos ein sowjetischer Film gezeigt wurde, der zum Inhalt hat: Wie eine arbeitsscheue, vom Spekulantentum lebende jüdische Sippe durch die Errungenschaften der bolschewistischen Herrschaft im Sowjetstaat zur Arbeit am weiteren Aufbau des Vaterlandes der Werktätigen erzogen wurde.

## DOK. 119
## Der Jugendliche Lucjan Orenbach beschreibt am 10. Mai 1940 die Entwicklung in Tomaszów Mazowiecki und seine Eindrücke von einer Reise nach Warschau[1]

Handschriftl. Brief von Lucjan (Lutek) Orenbach[2] aus Tomaszów Mazowiecki an seine Freundin Edith Blau in Minden (Westf.) vom 10.5.1940

23.[3]
Meine geliebte Edith!

Vorgestern (am Mittwoch) bin ich aus Warschau hierhergefahren. Wir hatten ein Telegramm von Mama erhalten, dass wir sofort kommen sollten: In Tomaszów sei das Getto[4] „kaputt". Du verstehst, wie beunruhigt wir waren. Wir mussten noch einen Tag in Warschau herumsitzen, da der Autobus voll war. Was soll ich Dir bloß schreiben! Eine Tragödie. Noch sitzen wir in der Wohnung, aber bald müssen wir „fort"[5], in eine andere Straße. Inzwischen herrscht hier großes Durcheinander, pêle-mêle,[6] nichts Genaues weiß man nicht. Ich darf alle Straßen betreten, weil ich eine „Bescheinigung"[7] habe (als „Beamter"[8] der hiesigen Kultus-Gemeinde[9]). Überhaupt geht alles zum Teufel. Nichts kümmert mich mehr. Bisher habe ich in Tomaszów gesessen und von der großen weiten Welt nichts gewusst. Erst Warschau … Ach, Warschau! Wie soll ich Dir das beschreiben. Trauer, Trauer, Trauer. Mir war zum Weinen, als ich die alte capitale polonaise[10] wiedersah. Gleich solche schwarzen Gedanken, dass es sich nicht lohnt, etwas aufzubauen, zu schaffen, dass alles für die Katz, dass alles „fumée"[11] ist und es darauf ankommt, so gut wie möglich zu leben und nicht daran zu denken, was kommt. Dass es sich nicht lohnt, Künstler zu sein, nein, nein, nein … Mickiewicz[12] steht traurig und scheint zu weinen … Das Große Theater … nur Bogusławski[13] steht noch da, der Schöpfer der polnischen Bühne … Aber über alledem ein schöner Himmel und ein harter, kaltherziger Gott, ein Gott ohne Gott. Zum Teufel auch! … Manchmal bin ich wirklich Mephistopheles. Ist das Warschau oder nur: *Warschau*?[14]
Ruth[15] hat sich sehr gefreut. Tola auch. Ich war kaum ins Reden gekommen, da kam die-

1 USHMM, RG 10.250*06, TM 023. Das Dokument wurde aus dem Polnischen übersetzt.
2 Lucjan (Lutek) Orenbach (1921 – 1942 oder 1943), Schüler; von 1939 an in Tomaszów Mazowiecki, die Umstände seines Todes sind nicht geklärt. Die meisten Juden aus Tomaszów wurden im Okt. 1942 nach Treblinka deportiert, einige hundert gelangten in ein Arbeitslager nach Bliżyn.
3 Orenbach nummerierte seine Briefe an Edith.
4 Das Wort ist – möglicherweise von der Zensur – geschwärzt, aber noch lesbar.
5 Im Original deutsch.
6 Franz.: Durcheinander.
7 Im Original deutsch.
8 Im Original deutsch.
9 Im Original deutsch.
10 Franz: polnische Hauptstadt.
11 Franz.: Rauch, hier im Sinne von Illusion, blauer Dunst.
12 Das Denkmal für den poln. Nationaldichter Adam Mickiewicz (1798 – 1855).
13 Das Denkmal für Wojciech Bogusławski (1757 – 1829) vor dem Teatr Wielki (Großes Theater).
14 Im Original in fragmentarisch gezeichneten Großbuchstaben, die beschädigt oder wie in Auflösung begriffen wirken.
15 Ruth Goldbarth.

ses verfluchte Telegramm … Ruth hat mir ein wenig erzählt. Sie erhält Briefe von Lola, Nusia, Bronka …[16] Gerne würde ich ihnen schreiben, aber jetzt herrscht ein solches Durcheinander. Dein Brief kam heute; er war wunderbar! Aber davon später. Zunächst noch etwas über Warschau. Man trifft auf Schritt und Tritt Bekannte. Alle freuen sich. Aber bei jedem eine Tragödie. Ach, warum groß reden. In Warschau habe ich den letzten Rest Optimismus verloren.

Wir waren auch bei Frau Klara Segałowicz.[17] Ich muss Dir von ihr erzählen. Eine interessante Person. Sie ist eine alte Freundin meines Vaters. Als Vater noch auf der Bühne stand und Regie führte, war sie noch ein kleines Mädchen, aber schon damals ließ sie große künstlerische Fähigkeiten erahnen. Sie spielte gemeinsam mit Vater und mit meiner Mama. Dann hörte Vater auf, und sie ging an ein Theater in Warschau. Sie hatte vielleicht zehn Ehemänner. Jetzt ist sie reich. Ihr Mann ist der Direktor des Joint, Herr Neustadt.[18] Sie haben eine Villa und ein Auto und überhaupt – wenn es mir so ginge. Frau Klara ist etwas hysterisch, etwas verrückt, wie alle Künstlerinnen. Sie lebt wie ein Hollywood-Star und … und wir haben sie besucht. Sie freute sich natürlich und sagte, sie werde alles für uns tun, was in ihrer Macht stünde. Sehr nett von ihr, aber … dieses Haus hat mich fürchterlich aufgeregt. Die Haushälterin – eine Russin – regiert das ganze Haus. Die gnädige Frau liegt im Bett, während ihr Gatte, der Herr Direktor, zu Mittag speist. Er ist klein, kahl, hässlich. Papa sagte, er sähe aus wie Dr. Mabuse.[19] Sie reden einander mit „Kindchen“ an. „Kindchen, das Auto ist schon da“… Ich saß im Sessel, rauchte und schwieg. Die ganze Geschichte begann mich aufzuregen. Liegt da wie eine Gräfin, verdammt, und macht sich mit so einem alten Knacker zum Narren. Plötzlich kriechen unter der Bettdecke (sic!) zwei Hündchen hervor und fangen an, das Frauchen auf den Mund zu küssen, pfui, pfui, verdammt … Sie sagt, ich sei gewachsen (sehr angenehm!), und dass sie das überhaupt nicht fassen könne, dass sie mich jetzt Herrn Lutek nennt und dass ich ihr sogar eine Zigarette anbiete. Danach war es aber sehr nett. Der frühere Leiter der Wilnaer Truppe (ein Theater in Wilna) kam mit seiner Frau, ebenfalls Künstlerin.[20] Sie kamen mit Vater über das Theater ins Gespräch. Ich musste allen von meiner excursion[21] berichten und überhaupt …

Ich hätte eine Stelle beim Joint erhalten können, aber das rechnet sich derzeit nicht.

16 Die gemeinsamen Freundinnen waren 1939 in die Sowjetunion geflohen.

17 Klara Segałowicz, geb. Borodino (1896 – 1942), Theater- und Filmschauspielerin in Polen; in den 1920er-Jahren in erster Ehe verheiratet mit dem jiddischsprachigen Schriftsteller Zusman Segałowicz (1884 – 1949),1940 – 1942 Mitarbeiterin des Joint; im Juli 1942 verhaftet und im Warschauer Pawiak-Gefängnis erschossen.

18 Lejba (Leon) Neustadt (1883 – 1942), Pädagoge; Sept. 1919 Dozent am jüdischen Lehrerseminar in Warschau, von 1919 an für den Joint in Warschau als Leiter der Kinder- und Waisenfürsorge in der Gesundheitsabt. tätig, zugleich stellv. Vorsitzender von CENTOS; Sept. 1939 Vorsitzender der Koordinierungs-Kommission der Jüdischen Hilfsgesellschaften, 1939 – 1941 Repräsentant des Joint im GG, danach im Untergrund; im Juli 1942 mit Klara Segałowicz verhaftet und ebenfalls im Pawiak-Gefängnis erschossen.

19 Bezieht sich auf den Roman von Norbert Jacques „Dr. Mabuse, der Spieler“ (1921), der 1922 von Fritz Lang und Thea von Harbou verfilmt wurde.

20 Die Wilnaer Truppe (jidd.: Vilner trupe) war ein Wilnaer Theaterensemble, das in den 1920er- und 1930er-Jahren in Warschau sowie innerhalb und außerhalb Polens auftrat. Sie wurde von Mordechaj Mazo geleitet, der im April 1943 mit seiner Frau, der Schauspielerin Estera Goldinberg, im Warschauer Getto umkam.

21 Franz.: Ausflug.

Vielleicht ziehen wir in Zukunft dauerhaft nach Warschau, aber das weiß man noch nicht. Ich habe schreckliches, erbärmliches Pech! Frau Klara sagte, dass ich vor einigen Monaten nach Erez hätte fahren können. Aber jetzt ist alles kaputt. Was soll ich Dir noch schreiben? Dein Brief war sehr optimistisch und voller Liebe. Meine Stimmung ist gleich besser geworden. Nur glaube ich immer weniger an dieses „morgen", morgen, morgen ...[22] Wann wird das sein? Wohl nie. Du warst nur ein Traum von mir und jetzt ... Ach was! Mir ist schon alles egal. Wird es ein „Morgen" geben, dann ist es gut, und wenn nicht, dann eben nicht. Nur einmal Dich noch sehen, nur ein einziges Mal, und dann ... zum Teufel. Hol Euch der Teufel, Tomaszów und Warschau und Joint und Shmoint[23] und meine ganze Bande (diese Mädchen können mich am A... lecken) und auch mich selbst und alles andere. Alles ist schon grün, der Himmel so klar, aber wozu, wenn mich das gar nichts mehr angeht. Ich fühle mich wie auf St. Helena. Aber warum soll ich Dir die Laune verderben, während Du im letzten Brief so fröhlich warst. Du hast mich immer etwas aufgemuntert. Aber wer versteht mich schon ... Ich verstehe mich ja selbst nicht mehr. Ich denke über mich selbst nicht mehr nach und weiß selbst nicht, was ich will. Ich habe gedacht, aus dem Leben könnte man Poesie machen, eine Romanze, und so habe ich auch gelebt. Ich habe gedacht: Liebe, Poesie und nichts weiter... aber jetzt sehe ich, dass alles Dreck ist, verdammt, nichts als Schweinerei. Poesie gibt es in Büchern, das Schöne auf Bildern, Romanzen im Theater, und hier, hier ist .. hier ist so ein ... so ein Warschau ... Grün ist es. Na, eben grün. Gewöhnliche Blätter. Der Himmel ist, ach was – Himmel, ein normaler Himmel. Wo ist hier die Poesie, wo das Schöne? Im letzten Jahr war es da, wirst Du sagen. Das stimmt. Denn da warst Du, da war die Liebe, und alles sah aus wie eine schöne Dekoration, aber dann – dieses Schicksal, dieses Schicksal, dieses Schicksal,[24] es hat uns „eins in die Fresse gehauen", verstehst Du, richtiggehend eins in die Fresse, und hat uns aufgeweckt, und jetzt öffnen wir langsam die Augen und sehen, sehen ... so ein Warschau, und solche Menschen. Jeder Mensch ist jetzt Warschau ...

Tja, da bin ich wohl ins Schreiben gekommen. Aber nimm es mir nicht übel, dass dieser Brief so düster ist. Ich glaube, das wird sich ändern. Vielleicht kriege ich wieder gute Laune. Vielleicht beginne ich, Indianer zu spielen und die Friedenspfeife zu rauchen, vielleicht nehme ich Papas Hut und setze mich aufs Sofa wie auf ein Pferd, spiele Cowboy, fange Bela, schlage sie. Ich springe auf einen Baum wie Tarzan, nachts schlafe ich im Garten und tanze ums Feuer, vielleicht erschießen sie mich und Schluss. Lach ein bisschen, meine Kleine. Der nächste Brief wird sicher fröhlicher. Bleib derweil gesund! Ich schicke Dir noch Fotos und warte auf Deine. Ich muss Dich noch heftig, ganz heftig küssen.

Dein Lutek

Ich sende herzliche Grüße an Mama.[25]

22 Die beiden voranstehenden Wörter im Original deutsch.

23 Im Jiddischen werden Reduplikationen mit der Anfangssilbe „Shm-" – wie hier „Joint-Shmoint" – als Mittel für ironisierende oder verspottende Variationen gebraucht.

24 Im Original deutsch.

25 Edith Blaus Mutter Meta Blau, geb. Samuel.

1. wer, was? (ist) – ein schöner Brief
2. wessen? (entbehrt man) – eines schönen Briefs
3. wem? (schaue ich nach) – einem schönen Brief
4. wen, was? (sehe ich) – einen schönen Brief
5. ich rufe – O! Ein schöner Brief!
6. mit wem, mit was (gehe ich) – mit einem schönen Brief
7. an wen, an was (denke ich) – an einen schönen Brief.[26]

P.S. Ich habe wieder zu malen begonnen. Du hast keine Ahnung, wie viel Spaß es macht. Ich habe ein Porträt von meinem Cousin gemacht. Barczyński[27] hat gesagt, es sei gut.

## DOK. 120
## Das Schutzpolizei-Abschnittskommando V in Sosnowitz (Sosnowiec) empfiehlt am 20. Mai 1940, Juden, die sich der Zwangsarbeit entziehen, in ein Konzentrationslager zu sperren[1]

Schreiben des Schutzpolizei-Abschnittskommandos V (S.Ak.V 1b/20.5.) in Sosnowitz, ungez.,[2] an die Gestapo Sosnowitz vom 20.5.1940 (Entwurf)

Urschriftlich der Geheimen Staatspolizei *in Sosnowitz* mit der Bitte um weitere Veranlassung.
Es empfiehlt sich, die in der Anlage[3] genannten Juden einige Tage in das Konzentrationslager zu bringen und ihnen dort beizubringen, daß sie die Anordnung ihrer Kultusgemeinde auszuführen und zur Ableistung der vorgeschriebenen Arbeiten zu erscheinen haben.
Der Versuch, die Juden durch Polizeibeamte zu ihren Arbeitsstellen zu führen, hatte keinen Erfolg, weil die Juden bei ihrer bekannten Dickfelligkeit am nächsten Tag wieder nicht erschienen sind. Die Autorität der deutschen Behörden erfordert dringend ein strenges Zugreifen.[4]

26 Die letzten sieben Zeilen sind ein Sprachspiel, das auf der Deklination des Polnischen beruht und nur unvollkommen ins Deutsche übersetzt werden kann.
27 Wahrscheinlich Henryk Barczyński, auch Barciński (1896 – 1941?), Maler und Grafiker; 1919 – 1926 Studium an der Akademie in Dresden, 1927 – 1933 lebte er in Berlin, dann in Lodz, bei Kriegsbeginn ging er nach Tomaszów; die Umstände seines Todes sind nicht bekannt.

1 APK, 807/317, Bl. 5.
2 Verschiedene Paraphen unter dem Entwurf.
3 Liegt nicht in der Akte.
4 Handschriftl. hinzugefügt: „1) Anlage. 2) z.d. Akten. Vermerk zu vorstehendem Schreiben. Die Jüdische Kultusgemeinde klagt darüber, daß die in beigefügter Anlage [genannten] 15 Juden trotz Aufforderung nicht zur Arbeitsleistung erschienen sind."

## DOK. 121
## Die Verwaltungschefs des Generalgouvernements besprechen am 30. Mai 1940 die nächsten Maßnahmen gegen die jüdische Bevölkerung[1]

Protokoll einer Dienstbesprechung der Regierung des GG mit Distriktgouverneuren und Polizeichefs, gez. Dr. Schulte Wissermann,[2] in Krakau vom 30.5.1940

[...][3]

*SS-Obergruppenführer Krüger* führt weiter aus, daß er dem Wunsch, der Selbstschutz möge in Zukunft nicht mehr allein, sondern nur in Verbindung mit SS und Polizei eingesetzt werden, Rechnung tragen werde. Übrigens werde der Selbstschutz in jenen Gebieten, in denen die Wehrmacht Rekrutierungen vornehme, zahlenmäßig stark zurückgehen.

Bezüglich der jüdischen Zwangsarbeit sei man noch nicht zu einem abschließenden Ergebnis gekommen. Die jüdischen Arbeiter zur Zwangsarbeit einzusetzen, habe erst dann einen praktischen Sinn, wenn man wisse, daß die Judenbewegung innerhalb des Generalgouvernements zum Abschluß gekommen sei.

Es sei klar, daß gerade die jüdische Zwangsarbeit nur zentral geleitet werden könne. Es müsse eine Zentralstelle geschaffen werden, die sämtliche Juden karteimäßig erfasse. Die einzelnen Dienststellen – Wehrmacht, Distrikte, Zivilverwaltung, Polizei usw. – könnten dann bei dieser Zentralstelle ihren Bedarf an jüdischen Arbeitskräften anmelden und bekämen diese Arbeitskräfte von der Zentrale zur Verfügung gestellt. Dadurch würde eine einheitliche Lenkung der jüdischen Zwangsarbeit innerhalb des Generalgouvernements erreicht.

Zur Frage des polnischen Baudienstes sei zu bemerken, daß hierbei die Gefahr bestehe, daß jene Arbeiter, die bei diesem polnischen Baudienst eingesetzt werden, sich nicht mehr zur Arbeit in das Reich melden. Das stünde den Bestrebungen entgegen, die dahin gingen, nicht nur Landarbeiter, sondern auch gewerbliche Arbeiter ins Reich zu bringen. Mit der Einrichtung des polnischen Baudienstes werde ein erheblicher Teil der polnischen Arbeiter der Erfassung durch die Werbung entzogen.

Von seiten des Leiters der Abteilung Arbeit[4] sei der Antrag gestellt worden, Juden für die freie Arbeit freizugeben. Dies müsse grundsätzlich abgelehnt werden, denn es widerspreche der Verordnung des Generalgouverneurs, wonach Juden nur zur Zwangsarbeit heranzuziehen seien.

1 AIPN, GK 95, Bd. 9. Kopie: IfZ/A, Fb 105, Bd. 5, Bl. 1284f., 1287–1290, 1294. Abdruck in: Diensttagebuch des deutschen Generalgouverneurs (wie Dok. 104, Anm. 1), S. 215–218.

2 Dr. Fritz Schulte-Wissermann (1902–1959), Jurist; 1933 NSDAP-Eintritt; 1935–1938 Reg.Rat im Oberpräsidium Koblenz, dann ORR in der Dienststelle des Reichskommissars für die Preisbildung, später Ministerialrat; von Dez. 1939 an Leiter der Preisbildungsstelle im GG; im Sommer 1945 vorübergehend interniert; ab 1948 in Koblenz als Rechtsanwalt tätig.

3 In der Dienstbesprechung ging es u.a. um die Sicherheitslage, die durch Personalmangel bei den Polizeikräften beeinträchtigt werde. Zörner und Frank traten dafür ein, Bauern und Arbeiter von Repressionen gegen die poln. Bevölkerung auszunehmen.

4 Dr. Max Frauendorfer (1909–1989), Jurist; 1928 NSDAP- und SS-Eintritt, 1931 Referent in der NSDAP-Reichsleitung, 1934 Reichsschulungsleiter; von Sept. 1939 an im GG, Nov. 1939 bis Febr. 1943 Leiter der Abt. Arbeit in der Regierung des GG, 1941 Ministerialdirigent; 1943–1945 Kriegsteilnahme; nach 1945 Versicherungsdirektor in München, zweiter Schatzmeister der CSU.

[...][5]
*Brigadeführer Streckenbach*[6] nimmt dann zur Frage der Judenräte Stellung. Die Sicherheitspolizei sei an der Judenfrage aus naheliegenden Gründen sehr stark interessiert. Deshalb sei auch die Einrichtung der jüdischen Ältestenräte geschaffen worden. Nach der formellen Gründung der Ältestenräte habe man an den größeren Plätze[n] jeweils einige oder mehrere Beamte als Aufsichtspersonen in die Ältestenräte geschickt. Diese Beamten hätten einen Einblick in die jüdischen Kultusmethoden usw. Die Einrichtung habe sich sehr gut bewährt. Mehr und mehr sei aber die sicherheitspolizeiliche Lenkung des Judentums dadurch etwas eingeschränkt worden, daß sich planlos alle möglichen politischen Behörden und Formationen des Ältestenrats und der Kultusgemeinden bedient hätten. So seien planlos Arbeitskräfte angefordert worden, desgleichen habe man ziemlich willkürliche Materialanforderungen an die Ältestenräte gestellt, zum Teil habe man auch Geldbeträge verlangt. Hier müsse jedenfalls eine klare Lösung gefunden werden. Vor allem müsse eine Entscheidung darüber getroffen werden, durch welche Instanz die jüdischen Ältestenräte beaufsichtigt werden, ob durch den Kreishauptmann, durch den Distriktchef, durch den Stadthauptmann oder aber durch die Sicherheitspolizei. Wenn er das letztere befürworte, so tue er es aus sachlichen Gründen. Eine Feststellung der Verwaltungsinstanzen über Dinge, die das Judentum angingen, müßte doch an die Sicherheitspolizei weitergeleitet werden, um so mehr, wenn sich ein Exekutiveingriff daran schließen müßte. Die Erfahrung zeige auch, daß der Sicherheitsdienst dauernd einen Überblick über die Verhältnisse im Judentum habe. Das bedeute durchaus nicht, daß die Sicherheitspolizei mit einer solchen Regelung vielleicht bei den Juden gewissermaßen den Rahm abschöpfen und alles für sich in Anspruch nehmen wollte. Der Sicherheitspolizei sei durch die Beschlagnahmeverordnung der Weg vorgeschrieben. Sie beziehe auch ihr Geld aus dem Reich und habe keineswegs das Bedürfnis, sich zu bereichern, zumal verwaltungstechnisch keinerlei Titel dafür bestehen. Er würde nach all dem vorschlagen, die Entscheidung so zu fällen, daß der jüdische Ältestenrat und damit überhaupt die Juden insgesamt der Aufsicht der Sicherheitspolizei unterstellt würden, daß alles, was von den Juden gewünscht werde, über diese Stelle geleitet werde. Die Zahl der Juden werde ja noch größer werden, wenn die Juden aus den Ostprovinzen[7] ins Generalgouvernement kämen. Wenn die jüdischen Gemeinden weiter so ausgebeutet würden wie bisher, dann fielen eines schönen Tages Millionen von Juden dem Generalgouvernement zur Last. Schließlich könne man sie ja nicht verhungern lassen. Die dem Judentum zur Verfügung stehenden Mittel seien recht bescheiden, denn im Generalgouvernement gebe es keine reichen Juden mehr, sondern in der Hauptsache nur noch ein Judenproletariat.
Er würde es also begrüßen, wenn die Frage der Beaufsichtigung der jüdischen Ältestenräte und Kultusgemeinden einmal grundsätzlich entschieden werden würde. Die Sicherheitspolizei dränge sich gewiß nicht nach dieser zusätzlichen Belastung, aber die Praxis

5 Im Folgenden ging es um die Finanzierung der Selbstschutz-Verbände, die Verschärfung der Preisüberwachung und eine bessere Uniformierung der poln. Polizisten.

6 Bruno Streckenbach (1902 – 1977), Kaufmann; 1930 NSDAP- und SA-, 1931 SS-Eintritt; von 1933 an Gestapochef in Hamburg; Sept. 1939 Chef der Einsatzgruppe I in Polen, dann bis Januar 1941 Befehlshaber der Sicherheitspolizei und des SD im GG, Juni 1940 bis Jan. 1943 Chef des Personalamts im RSHA, dann bei der Waffen-SS; von 1945 an in sowjet. Gefangenschaft, 1955 Rückkehr nach Deutschland, lebte in Hamburg.

7 Gemeint sind die von Deutschland annektierten westpolnischen Gebiete.

habe bewiesen, daß die bisherige Art und Weise der Behandlung dieser Frage nicht zweckmäßig sei.
Was das Gefängniswesen angehe, so seien die Verhältnisse hier einfach katastrophal, vor allem angesichts der Überfüllung der Strafanstalten. Man hoffe allerdings, diesen Zustand in absehbarer Zeit ändern zu können. Ferner herrsche ein völliges Durcheinander hinsichtlich der Art der Gefängnisinsassen. Vom Untersuchungsgefangenen und Schutzhäftling bis zum Zuchthäusler sitze alles in einem und demselben Gefängnis. Deswegen müsse in Polen eine Trennung durchgeführt werden. [...][8]
*Gouverneur Dr. Zörner*[9] führt aus, daß man hinsichtlich der Beschäftigung der Juden wohl überall die gleichen Erfahrungen mache. Im Distrikt Lublin würden täglich Juden für die Arbeit angefordert, sie würden aber nicht in hinreichender Zahl zur Verfügung gestellt, andererseits könne man sie in den hauptsächlich von Juden bewohnten Städten auf den Straßen herumstehen sehen. Er halte es für richtig, die Zuständigkeit der Zivilverwaltung für diese Frage maßgebend sein zu lassen. Die Organe der Zivilverwaltung in Gestalt der Kreishauptmänner, der Kreiskommissare usw. seien infolge ihrer Kenntnis der örtlichen Verhältnisse viel eher in der Lage, die Juden mit Hilfe der Ältestenräte zur Arbeit heranzuziehen. Im südlichen Bezirk des Distrikts Lublin fehlten noch 22 km Straße. Gerade der südliche Kreis sei der beste Teil des Distrikts. Von der alten Ernte lägen dort noch z.B. 80 Tonnen Getreide, die immer noch nicht abtransportiert seien. Die Wehrmacht versuche allerdings, mit Lastkraftwagen das Getreide fortzuschaffen. Nach alledem sei er besonders an diesem Arbeitseinsatz der Juden interessiert. Der SD. komme für die Durchführung dieser Aufgabe vorläufig noch nicht in Frage, schon aus dem einfachen Grunde, weil er nicht zahlreich genug sei. Nach Lage der Dinge werde ja der Arbeitseinsatz im großen erst zum Herbst so weit sein, daß man wirklich eine fühlbare Hilfe von ihm erwarten könne. Im übrigen entsinne er sich aus seiner Krakauer Tätigkeit, daß Landrat Dr. Siebert öfter in der Frage der Judenräte sich an ihn gewendet habe, und er, Gouverneur Dr. Zörner, habe ihm auch für die Durchführung dieser Aufgabe seine Beamten zur Verfügung gestellt. Als Verwaltungsmann müsse er zunächst noch dafür plädieren, daß für diese Frage die Zivilverwaltung zuständig bleibe.
*Gouverneur Dr. Fischer*[10] schließt sich den Ausführungen des Vorredners an. In Warschau habe vor einigen Monaten der SD. den Einsatz bestimmt, dann aber die Durchführung an die Zivilverwaltung abgegeben, weil der SD. zu sehr überlastet gewesen sei.
*Gouverneur Dr. Lasch*[11] hat hinsichtlich des Einsatzes der Juden bisher keinerlei Schwie-

8 Streckenbach trat im Weiteren dafür ein, die Gefängnisse im GG zwischen Polizei und Justiz aufzuteilen, damit in jeder größeren Stadt ein Polizei- und ein Gerichtsgefängnis vorhanden sei.

9 Ernst Zörner (1895–1945?), Kaufmann; 1919 im Grenzschutz in Danzig, 1925 NSDAP-Eintritt; 1928–1933 Stadtverordneter und Landtagsabgeordneter in Braunschweig, 1933 OB von Dresden; 1939 Stadthauptmann von Krakau, von Febr. 1940 an Chef des Distrikts Lublin, im April 1943 auf Betreiben der SS entlassen, danach in der Organisation Todt tätig; seit 1945 verschollen, 1960 für tot erklärt.

10 Dr. Ludwig Fischer (1905–1947), Jurist; 1926 NSDAP- und 1929 SA-Eintritt; 1931 stellv. Leiter der Rechtsabt. der NSDAP-Reichsleitung, 1933 Reg.Rat und Hauptdienstleiter der Akademie für Deutsches Recht, 1938 Stabsleiter im Reichsrechtsamt; von Okt. 1939 an Chef des Distrikts Warschau, April/Mai 1943 zugleich kommissar. Gouverneur des Distrikts Lublin; 1947 vom Obersten Volksgerichtshof in Warschau zum Tode verurteilt und hingerichtet.

11 Dr. Dr. Karl Lasch (1904–1942), Volkswirt, Jurist; 1931 NSDAP-Eintritt; 1934 Direktor der Akademie für Deutsches Recht, 1936 Amtsleiter des Reichsrechtsamts; 1939–1941 Chef des Distrikts Radom, 1941/42 Gouverneur des Distrikts Galizien, im Mai 1942 wegen Korruption verhaftet; wahrscheinlich in Untersuchungshaft auf Befehl Himmlers ohne Urteil erschossen.

rigkeiten gehabt. Der Selbstschutz habe die Maßnahmen der Distriktverwaltung in jeder Form unterstützt. […][12]
[Hans Frank:] Zur Frage der Überwachung der Judenräte – ob diese Überwachung durch den SD. oder durch den Kreishauptmann erfolgen soll – möchte ich folgendes sagen: Die Polizei ist der Waffenträger der Reichsführung für die Aufrechterhaltung der Ordnung im Inneren. Sie ist auch im Generalgouvernement in diese klare Funktion eingereiht. Sie hat keinen Selbstzweck, und daher kann auch die Frage der Überwachung der jüdischen Ältestenräte nur eine reine Zweckmäßigkeitsfrage sein. Wie in Deutschland in politischen Sachen die Überwachung bei der politischen Polizei liegt, so muß auch die Überwachung der jüdischen Ältestenräte von der dafür vorhandenen Organisation, der Sicherheitspolizei und dem SD., vorgenommen werden. Es wäre Wahnsinn, wenn man eine andere Regelung treffen würde. Eine völlig andere Frage ist die Verwendung der jüdischen Ältestenräte bei der Herbeischaffung von Arbeitskräften. Daß hier ein weites Gebiet von Interessenten besteht, ist klar. Hier muß eine Zentrale bestehen, und diese Zentrale ist nach der Verordnung über die Einführung des jüdischen Arbeitszwanges der Höhere SS- und Polizeiführer. Hauptaufgabe der jüdischen Ältestenräte ist die Verwirklichung des jüdischen Arbeitszwanges. Weitere Aufgaben sind die Aussiedlung der Juden, die Ernährung der Juden usw. Hier bin ich der Meinung, daß bis zur endgültigen Durchführung der Arbeitspflicht diese Dinge den Kreis- und Stadthauptleuten übertragen werden können und daß die Anforderungen aller Dienststellen über die Kreis- und Stadthauptleute laufen und durch diese der Einsatz der jüdischen Arbeitskräfte vor sich geht, selbstverständlich in engster Verbindung mit Sicherheitspolizei und SD. Eine endgültige Regelung dieser Frage muß noch gefunden werden. Ich erwarte bis zur nächsten Sitzung, die ungefähr am 15. Juni stattfinden soll, von den Gouverneuren endgültige Vorschläge darüber, wie sie sich den Einsatz der Juden denken. Bis dahin bleibt es bei der bisherigen Methode. Ab 1. Juli wird dann die endgültige Form der Regelung des jüdischen Arbeitseinsatzes in Kraft treten.

## DOK. 122
## Die Abteilung Preisbildung fordert am 6. und 7. Juni 1940 ein radikales Vorgehen gegen die Juden[1]

Plan zur Versorgung des Generalgouvernements Polen mit den wichtigsten Bedarfsgegenständen zu angemessenen Preisen für das Wirtschaftsjahr 1940/41; Allgemeiner Versorgungsplan, Krakau, den 28. Mai 1940, gez. Dr. Schulte-Wissermann, Anlage zum Protokoll der Wirtschaftstagung der Regierung des GG vom 6. und 7.6.1940[2]

[…][3]

12 Im Folgenden erörterten Wächter, Krüger und Frank, mit welchen Methoden mehr polnische Zwangsarbeiter für den Einsatz in Deutschland bereitgestellt werden könnten.

1 AIPN, GK 95, Bd. 8. Kopie: IfZ/A, Fb 105, Bd. 6, Bl. 1517f.
2 Das Dokument ist den Beiakten zu der Wirtschaftstagung am 6. und 7.6.1940 entnommen (IfZ/A, Fb 105, Bd. 6, Bl. 1507–1518).
3 Die Teile A bis E des Versorgungsplans enthalten Vorschläge zur Erfassung, Rationalisierung und Kontrolle, ferner zum Waren- und Zahlungsverkehr mit dem Deutschen Reich; wie Anm. 1, Bl. 1504–1517.

F Judenfrage.
Es würde verfehlt sein, einen Versorgungsplan für ein ganzes Wirtschaftsjahr aufzustellen, ohne dabei zu bedenken, daß die Verteilung der Waren im Generalgouvernement vor diesem Kriege und großenteils bis in die heutige Zeit hinein eine Aufgabe war, derer sich in erster Linie das Judentum bemächtigt hatte. Der Jude wird auch jetzt nicht gewillt sein, seine Stellung als Warenvermittler und als Verdiener aufzugeben. Alle Bestrebungen, ihn mit wirtschaftslenkenden Maßnahmen aus dieser Stellung zu verdrängen, werden nur teilweise Erfolg haben. Es ist ausgeschlossen, ohne radikale Maßnahmen gegen das Judentum eine Ordnung zu schaffen, die nicht Tag für Tag Gefahr läuft, dank seiner Angriffe völlig in sich zusammenzubrechen. Man muß daher neben das Verbot des jüdischen Handels Maßnahmen setzen, die den Juden schon rein äußerlich daran hindern, seinem Gewerbe nachzugehen. Ob man sich dabei entschließt, den Juden völlig im Ghetto einzuschließen, wie in Litzmannstadt, oder einen jüdischen Arbeitzwang einzurichten, oder gar beides miteinander zu vereinen, dürfte von den örtlichen Verhältnissen abhängen. In jedem Falle scheint es erforderlich zu sein, auch diese Maßnahmen mit großer Beschleunigung durchzuführen, so daß spätestens gegen Ende des Sommers ds. Js. die wesentlichsten Quellen des jüdischen Schleichhandels verstopft sind.

## DOK. 123
## Der SS- und Selbstschutzführer im Bereich Kielce verbietet am 7. Juni 1940, eigenmächtig Juden auf den Straßen zur Arbeit aufzugreifen[1]

Schreiben des SS- u. Selbstschutzführers im Bereich Kielce, Unterschrift Claasen (?),[2] an die SS-Reiterstandarte vom 7.6.1940[3]

Es wird hiermit erneut sämtlichen Dienststellen zu Kenntnis gebracht, daß Anforderungen von jüdischen Arbeitskräften nur an den S.S.- und Selbstschutzführer im Bereich Kielce zu stellen sind.
Das Aufgreifen von Juden auf den Straßen ist unzulässig, ebenso wie die Wegnahme von Handwerkzeugen, Arbeitsgeräten und dergl.
Die Anforderungen von Arbeitskräften sind hinsichtlich der wirklich benötigten Anzahl zu prüfen, da wiederholt festgestellt wurde, daß oft das Mehrfache angefordert wird, als erforderlich ist.
Die Anforderungen sind täglich bis spätestens nachm. 17 Uhr für den nächstfolgenden Tag an die Selbstschutzdienststelle zu richten. Für diejenigen Arbeitsstellen, die ständig jüdische Arbeitskräfte beschäftigen, gelten die Anforderungen stets nur auf eine Woche und müssen bis spätestens Sonnabend 13 Uhr mittags gestellt werden. Dienststelle des Selbstschutzes Tel. 1023.

1 Kopie: BArch, MF 41424.
2 Vermutlich Kurt Claasen (1908–1945?), Buchhalter; 1931 NSDAP- und 1932 SS-Eintritt; Jan. 1939 bis Sept. 1942 in der 45. SS-Standarte, 1939/40 Führer im volksdeutschen Selbstschutz im Distrikt Radom, danach im Judenreferat des SSPF Lublin für den Einsatz von Zwangsarbeitern verantwortlich, während der „Aktion Reinhardt“ für Transportfragen zuständig; 1945 verschollen, 1953 für tot erklärt.
3 Dienststempel des SS- und Selbstschutzführers.

Die Arbeitslisten sind stets seitens der Dienststellen zu unterfertigen und die Arbeitszeit auf dem Vordruck einzusetzen.
Sämtliche Unregelmäßigkeiten sind sofort dem Arbeitsamt mitzuteilen bzw. sind diese über den Gruppenaufseher zu melden.
Es wird gebeten, nach diesen Richtlinien zu verfahren, da nur in diesem Falle eine pünktliche Belieferung von Arbeitskräften gewährleistet werden kann.

## DOK. 124
## Die sowjetische Geheimpolizei befiehlt am 10. Juni 1940 die Deportation der zumeist jüdischen Flüchtlinge im sowjetisch annektierten Teil Polens[1]

Befehl (streng geheim) des Volkskommissariats des Innern der UdSSR[2] (Nr. 2372/B), ungez., an das NKVD der Weißrussischen (Genosse Serov)[3] und der Ukrainischen Sowjetrepublik (Genosse Canava)[4] vom 10.6.1940

Im Zusammenhang damit, dass in den nächsten Tagen der Flüchtlingsaustausch zwischen Deutschland und der UdSSR abgeschlossen wird, ist nun zur Ausführung des Erlasses des Rats der Volkskommissare vom 2.3.1940 Nr. 289-127ss[5] zu schreiten, der die Aussiedlung aller Flüchtlinge, die nicht von der deutschen Regierung übernommen wurden, in die nördlichen Regionen der UdSSR vorsieht.[6]
Die Anweisungen zur Durchführung der Aussiedlung dieser Flüchtlingskategorie wurden in der Direktive Nr. 894/B des NKVD der UdSSR vom 7. März 1940 gegeben.[7]
Als Ergänzung zu dieser Direktive gebe ich folgende Richtlinie vor:
1. Vom 10. bis 20. Juni soll eine Registrierung der Flüchtlinge vorgenommen werden, die nicht von Deutschland akzeptiert werden. Die Registrierung soll unter dem Vorwand durchgeführt werden, dass es notwendig sei, allen Bürgern Sowjetpässe auszugeben, die auf dem Territorium der westlichen Regionen Weißrusslands und der Ukraine leben, aber im vorgegebenen Zeitraum noch keine Pässe erhalten haben.

1 FSB, 3-7-20, Bl. 302f. Das Dokument wurde aus dem Russischen übersetzt. Abdruck in: Deportacje obywateli polskich z Zachodniej Ukrainy i Zachodniej Białorusi w 1940 roku, hrsg. von Wiktor Komogorow u. a., Warszawa 2003, S. 566 – 568.
2 Das Volkskommissariat unterstand Lavrentij P. Berija (1899 – 1953), Politiker; 1931 – 1938 Parteichef der KP in Georgien, 1938 – 1945 Volkskommissar für Inneres der UdSSR (NKVD); 1953 nach Stalins Tod entmachtet und erschossen.
3 Ivan A. Serov (1905 – 1990), Politiker und NKVD-General; 1939 – 1941 Leiter des NKVD der Ukrainischen SSR, von Juli 1945 an NKVD-Bevollmächtigter der Sowjetischen Militäradministration in Deutschland und deren stellv. Chef für Zivilangelegenheiten, 1954 erster Leiter des KGB.
4 Lavrentij F. Canava (1900 – 1955), Politiker; auf verschiedenen Posten in der KP der Georgischen SSR, 1938 – 1941 Volkskommissar für Inneres der Weißruss. SSR (BSSR), 1943 – 1951 Minister für Staatssicherheit der BSSR, 1951/52 stellv. Minister für Staatssicherheit der UdSSR; 1953 verhaftet, im Gefängnis verstorben.
5 GARF, R-9479-1-52, Bl. 12f.
6 Bei den nach Osten Geflohenen handelte es sich zu mehr als 90 % um jüdische Flüchtlinge aus dem deutsch besetzten Teil Polens.
7 In der Direktive wurde der Geheimpolizei in Weißrussland und der Ukraine eine 15-tägige Frist gesetzt, diejenigen Flüchtlinge mittels Fragebogen zu erfassen, die in den deutsch-besetzten Teil Polens zurückkehren wollten; FSB, 3-7-13, Bl. 68f.

2. Im Verlauf der Registrierung sollen mittels der bei Ihnen vorhandenen Fragebögen der Flüchtlinge diejenigen festgestellt werden, die die Ausreise in deutsches Gebiet wünschen.
3. Vor Beginn der Registrierung sollen zur Vereinfachung der Arbeiten vorweg die Fragebögen derjenigen Personen aus den Akten und Karteien herausgezogen werden, die bereits in deutsches Gebiet ausgereist sind. Dazu sind die Listen der Kommissionen für den Bevölkerungsaustausch mit den Einträgen der Grenzkontrollpunkte zu verwenden.
4. Die Aussiedlung der Flüchtlinge ist am 29. Juni 1940 durchzuführen, entsprechend den früheren Weisungen und Erfahrungen der von Ihnen durchgeführten Aussiedlungen von Ansiedlern, Familien repressierter Personen sowie von Prostituierten.[8]
5. Am 23. Juni teilen Sie per Fernschreiben mit: die Zahl der Personen, die der Aussiedlung unterliegen, die Eisenbahnstationen, an denen die Aussiedler in die Züge verladen werden, die Zahl der benötigten Waggons und den Umfang des Personals, das für die Durchführung der Operation benötigt wird.
6. Die von Ihnen zusammengestellten Operationspläne legen Sie den Gen.[ossen] Chruščëv und Ponomarenko[9] vor, vor Ort den Ersten Sekretären der regionalen Parteiorganisationen der VKP(b).[10]

## DOK. 125

### Der Höhere SS- und Polizeiführer ordnet am 13. Juni 1940 die Übergabe der Zwangsarbeiterkartei an die Abteilung Arbeit des Generalgouvernements an[1]

Schreiben (persönlich) des HSSPF Ost, Abteilung Z, gez. Krüger, an den Leiter der Abteilung Arbeit im Amt des Generalgouverneurs, Frauendorfer, Krakau, vom 13. 6. 1940[2]

Nachdem die polizeiliche Aufgabe der *Erfassung* sämtlicher zwangsarbeitspflichtigen Juden des Generalgouvernements gemäß der 2. Durchführungsvorschrift zur Verordnung vom 26. Oktober 1939 über die Einführung des Arbeitszwanges für die jüdische Bevölkerung vom 12. Dezember 1939 (V. Bl. G. G. P. I S. 246) erledigt und auch die Art des Verfahrens beim *Einsatz* der jüdischen Zwangsarbeiter durch grundsätzliche Anord-

8 Im Februar 1940 waren bereits 141 000 polnische Militärsiedler und Beamte der Vorkriegszeit, im April 1940 weitere 61 000 Personen, vor allem Angehörige von Inhaftierten, deportiert worden. Am 28./29.6.1940 wurden 79 000 Personen vor allem in die Regionen Archangel'sk, Sverdlovsk und Novosibirsk deportiert.

9 Nikita S. Chruščëv (1894 – 1971); 1939 – 1947 Erster Sekretär der KP in der Ukraine, 1953 – 1964 Erster Sekretär der KPdSU, 1958 – 1964 Ministerpräsident der Sowjetunion; und Pantelejmon K. Ponomarenko (1902 – 1984); 1938 – 1947 Erster Sekretär der KP in Weißrussland.

10 Vsesojuznaja Kommunisticeskaja Partija (bol'sevikov), deutsch: Kommunistische Allunionspartei (Bolschewiki), ist die offizielle russ. Bezeichnung der KPdSU. Im deutschen Sprachgebrauch wird seit 1924 dafür KPdSU verwendet. Im Original ein Vermerk: „Ausführender ist Genosse Merkulov". Vsevolod M. Merkulov (1895 – 1953); 1938 – 1941 Leiter der Hauptverwaltung für Staatssicherheit im NKVD.

1 APL, 498/748, Bl. 1+RS.

2 Im Original handschriftl. Unterstreichungen.

nungen des Höheren SS.- und Polizeiführers geregelt ist,[3] erweist es sich bei dem zunehmenden Bedarf an Arbeitskräften jeder Art, insbesondere für öffentliche Arbeitsmaßnahmen, nunmehr als notwendig, die Erfassung und Lenkung der Arbeitskraft der jüdischen Bevölkerung nicht nur im Wege der freien Arbeitsvermittelung, sondern auch durch Anwendung der Vorschriften über den Arbeitszwang der Abtlg. Arbeit zu übertragen.
Aus diesem Grunde ordne ich mit sofortiger Wirkung an:
1.) Die beim Höheren SS.- und Polizeiführer erstellte Zentralkartei über sämtliche zwangsarbeitspflichtigen Juden ist der Abtlg. Arbeit zu überlassen. Diese wird für zweckentsprechende Aufteilung dieser Kartei auf die einzelnen Distrikte und Kreise (Arbeitsämter) Sorge tragen.
2.) Die laufende weitere Erfassung neu hinzuziehender Juden wird durch die Abteilung Arbeit durchgeführt.
3.) Die Auswahl und Gestellung jüdischer Zwangsarbeiter für die einzelnen Arbeitsmaßnahmen (Arbeitseinsatz) obliegt nunmehr ebenfalls der Abteilung Arbeit. Sie regelt die Arbeitsbedingungen mit dem Ziele der bestmöglichen Erhaltung und Ausnutzung der jüdischen Arbeitskraft.
4.) Bei gleichzeitigem Vorliegen verschiedener Einsatzmöglichkeiten erfolgt der Einsatz bei derjenigen Arbeitsmaßnahme, welche der Leiter der Dienststelle für den Vierjahresplan im Generalgouvernement im Benehmen mit den beteiligten Dienststellen als die militärisch oder volkswirtschaftlich dringlichste anerkennt.[4]
5.) Die Sicherung der Durchführung der Maßnahmen bei der Erfassung und beim Arbeitseinsatz der jüdischen Zwangsarbeiter sowie die Regelung des Aufenthalts und der Meldepflicht der Juden gehört weiterhin zum Aufgabengebiet des Höheren SS.- und Polizeiführers.
6.) Der beim Höheren SS.- und Polizeiführer entstandene Schriftwechsel über Erfassung und Arbeitseinsatz der Juden wird der Abteilung Arbeit übergeben, welche diesen Schriftwechsel weiterführt.
Über die Übergabe dieses Schriftwechsels, des vorhandenen Materials an Verordnungen und Dienstanweisungen sowie über die Übergabe der Kartei mit ihren Einrichtungen ist eine Niederschrift aufzunehmen. Noch ausstehende Gelder für die den Judenräten gelieferten Karteikarten sind durch die Abteilung Arbeit von den Kreis- und Stadthauptleuten mit Beschleunigung einzuziehen und an die Abteilung Finanzen abzuführen.

3 Siehe Dok. 58 vom 12.12.1939 und Dok. 76 vom 20.1.1940.

4 Die Dienststelle bestand vom Herbst 1939 bis Juli 1940. Leiter war Dr. Walter Emmerich (1895 – 1967), Volkswirt; 1930 – 1934 Universitätsassistent in Hamburg, 1935 – 1940 in der hamburgischen Wirtschaftsverwaltung tätig; 1937 NSDAP-Eintritt; von April 1940 bis 1945 Leiter der HA Wirtschaft der Regierung des GG; 1945 – 1947 in Neuengamme interniert, danach Handelskaufmann in Hamburg.

## DOK. 126
## Das nationaldemokratische Untergrundblatt Walka beklagt am 16. Juni 1940 die angebliche Privilegierung der Juden und ihre Heranziehung zu Spitzeldiensten[1]

*Das „Generalgouvernement" – paradisus Judaeorum*[2]

Während man auf die polnische Bevölkerung im Gebiet des Generalgouvernements wie auf wilde Tiere Jagd macht und die aufgegriffenen Männer und Frauen für schwere Arbeiten nach Deutschland deportiert, werden die Juden von den deutschen antisemitischen Rassisten eindeutig privilegiert. Die Armbinde mit dem Davidstern wurde zur Schutzmarkierung vor den Razzien. Juden werden weder von der Straße weggeholt, noch werden sie verschleppt. Die Besatzer setzen sie ausschließlich für Arbeiten vor Ort ein, wobei die Juden für Arbeit in den Städten entlohnt werden. Sie erhalten täglich 4 Złoty und ein Mittagessen. Wenn man bedenkt, dass zu städtischen Arbeiten ausschließlich die armen Juden herangezogen werden (die reichen kaufen sich von der Arbeit frei) und dass diese jüdischen Hungerleider früher wesentlich weniger verdienten, so hat das jüdische Getto keinen Grund, sich über die Besatzung zu beklagen.
Kürzlich erschien ein geheimer Runderlass der Besatzungsbehörden, wonach Juden zur Landarbeit geschickt werden sollen – aber nur im Inland.[3] Die nach Deutschland deportierten polnischen Bauern und Knechte sollen durch Juden ersetzt werden. Schon werden sie den Landgütern, Vorwerken und größeren Bauernhöfen zugeteilt. Der Runderlass der deutschen Behörden unterrichtet Landräte und Arbeitsämter, dass unter diesen Juden (die vom Selbstschutz[4] beaufsichtigt werden) „Informanten" ausgewählt werden sollen. Sie sollen den deutschen Behörden berichten, wie es um die landwirtschaftliche Produktion bestellt ist, oder, anders gesagt: Sie sollen alle Versuche auskundschaften, die Besatzungsbestimmungen über die Beschlagnahme von Agrarprodukten zu umgehen. Um den Eifer dieser „Informanten" zu verdoppeln und sie gegen die Grundbesitzer aufzubringen, weisen die Landräte diese (privat) zugleich an, mit den ihnen zugeteilten Juden streng umzugehen.
So stützt sich das Spitzelnetz im von Nazideutschland besetzten Polen also auf die Juden. Sie sollen zur Stütze des Regimes werden.

1 Walka, Nr. 10 vom 16.6.1940, S. 4: „Gubernia Generalna" – paradisus Judaeorum, Biblioteka Narodowa, MF 56522. Der Artikel wurde aus dem Polnischen übersetzt. Walka war das zentrale Untergrundorgan der größten nationaldemokratischen Partei, Stronnictwo Narodowe, und erschien von 1940 bis 1945.

2 Der lateinische Begriff spielt auf das alte Sprichwort an, die polnische Adelsrepublik sei „des Bauern Hölle, des Städters Fegefeuer, des Edelmanns Himmel und des Juden Paradies" gewesen.

3 Nicht aufgefunden. Jüdische Zwangsarbeiter wurden 1940/41 für drei Tätigkeiten eingesetzt: die Errichtung von Grenzbefestigungen an der Ostgrenze des GG, im Straßenbau, v.a. in den Distrikten Krakau und Lublin, und bei Meliorationsprojekten. Der Leiter der HA Arbeit, Frauendorfer, bemühte sich vergeblich um die Erlaubnis, Juden in der Landwirtschaft zu beschäftigen.

4 Im Original deutsch.

## DOK. 127
## Der Judenrat meldet am 18. Juni 1940 dem Stadtkommissar in Tarnów, dass jüdische Wohnungen geplündert und verwüstet wurden[1]

Schreiben des Judenrats in Tarnow (Zhl. 1837/40), zwei unleserliche Unterschriften,[2] an das Stadtkommissariat in Tarnow[3] (Eing. 18.6.940) vom 18.6.1940[4]

Der gefertigte Judenrat in Tarnow erlaubt sich, nachstehende Meldung zu erstatten.
Sonntag, den 16. Juni 1940, zwischen 15 – 16 Uhr nachmittags, sind Militärpersonen unter Führung eines Bahnbeamten in einige jüdische Wohnungen am Ringplatz und in der Breitestr. gewaltsam eingedrungen und haben diese Wohnungen demoliert.
Diese Gelegenheit wurde von verschiedenen polnischen Zivilpersonen dazu ausgenützt, diese Wohnungen auszuplündern.
Als die Nachricht von diesen Vorkommnissen beim Judenrat einlangte, intervenierte unser Vertreter beim Gendarmerie-Zug wie auch beim diensttuenden Offizier der Stadtkommandantur und erwirkte die Entsendung einiger Militärpatrouillen an den Tatort, wo auch bald die Ruhe hergestellt wurde.
Indem wir von diesen Vorkommnissen hiermit Meldung erstatten, bitten wir, die Herausgabe der geplünderten Sachen bei den zuständigen Stellen sowie eine häufigere Entsendung von Patrouillen zwecks Aufrechterhaltung der Ordnung veranlassen zu wollen.

## DOK. 128
## Der Sicherheitsdienst der SS schlägt am 24. Juni 1940 vor, die Juden aus dem Getto Litzmannstadt (Lodz) in Form eines Trecks abzuschieben[1]

Schreiben der Abteilung III B 4 – II/213 Rasse- und Volksgesundheit im Abschnittsgebiet Litzmannstadt,[2] ungez., vom 24.6.1940

*Meldungen aus dem Abschnittsgebiet.*
*Betr.:* III B 4 – II/213 – Rasse- und Volksgesundheit
Das Ergebnis der in der letzten Zeit im Ghetto Litzmannstadt durchgeführten Judenzählung beläuft sich auf *158 000* im Gegensatz zu sämtlichen bisherigen Angaben und Schätzungen, die sich zwischen 200 und 320 000 bewegten.

1 APKr-T, 1/6, Bl. 285+RS. Kopie: USHMM, RG 15.020M, reel 8.
2 Vorsitzender des Judenrats war Artur Folkman, auch Volkman (1898 – 1945?), Kaufmann.
3 Stadtkommissar in Tarnów war Ernst Kundt (1897 – 1947), Jurist; Studium in Prag; 1935 Mitbegründer der SdP, 1939 NSDAP-Eintritt; Sept.bis Dez. 1939 in Tarnów Stadtkommandant und seit Jan. 1940 dort Kreishauptmann, Sept. 1940 bis Juli 1941 Leiter der Innenverwaltung des GG, danach bis 1945 Gouverneur des Distrikts Radom; 1947 in Prag verurteilt und hingerichtet.
4 Im Original unleserliche handschriftl. Notiz und Dienststempel.

1 AIPN, GK 68/129, Bl. 3. Kopie: USHMM, RG 15.015M, reel 2. Das folgende Blatt 4 fehlt in der Akte, sodass sich nicht feststellen lässt, ob das Dokument vollständig ist.
2 Im Amt III „Deutsche Lebensgebiete" stand B für „Volkstum" und 4 für „Einwanderung und Umsiedlung". Die Abt. II 213 war für „Rasse und Volksgesundheit" zuständig.

Das neueste Zählergebnis wird allgemein für unmöglich und unrichtig gehalten. Es sei hierbei der Vermutung Ausdruck gegeben, daß die Juden das Zählergebnis wahrscheinlich absichtlich höher angaben, um eine größere Lebensmittelmenge usw. zu erlangen.
Es wurde bekannt, daß mit Beginn des August 1940 täglich 2 Züge zum Abtransport von Juden in das Gouvernement für den Warthegau zur Verfügung stünden, von denen einer täglich für das Litzmannstädter Ghetto abgestellt werden soll.
Die Abschiebung aus dem Litzmannstädter Ghetto würde (wenn nur das neueste Zählergebnis berücksichtigt wird) bei einer Anzahl von rund 160 000 Juden einen Zeitraum von (mit Ausfall) 200 Tagen = ca. 7 Monate bedeuten, da jeweils nur 1000 Juden mit einem Transport abgeschoben werden können. Die Abschiebung der Juden von Litzmannstadt ins Gouvernement würde demnach vom August 1940 bis Februar 1941 dauern.
Vom gesundheitlichen als auch wirtschaftlichen Standpunkt wird der Plan in dieser Form als untragbar gehalten und besonders unter Hinweis auf die dann bevorstehende Winterzeit erneut auf die einzige Möglichkeit der Judenabschiebung – nämlich eines Judentrecks – verwiesen.[3]

## DOK. 129
## Die Treuhandstelle in Posen berichtet am 27. Juni 1940 über die Beschlagnahmung von Eigentum[1]

Bericht des Referats A I (Vermögenserfassung) der Treuhandstelle in Posen, Unterschrift H.[ugo] Ratzmann, vom 27.6.1940 (Entwurf)[2]

*Tätigkeitsbericht des Referates A I.*
Der Aufgabenkreis des Referates A I hat sich seit Mitte Juni ds. Js. durch die Angliederung des Referates A IIa „Treuhandwesen" an das berichtende Referat stark erweitert. Zu dem bisherigen Arbeitsgebiet des Referates A I:
a) die Erfassung des gesamten polnischen und jüdischen Vermögens im Warthegau,
b) die Beschlagnahme dieser Vermögenswerte,
c) die Karteiführung über diese Vermögenswerte sowie die statistische und praktische Auswertung der Kartei,
tritt jetzt der neuumrissene Arbeitsplan der angegliederten Gruppe:
Bestellung und Abberufung der kommissarischen Verwalter und der Kreisvertrauensmänner, Vorbearbeitung der Bewerbungen von kommissarischen Verwaltern,
Führung der neueingerichteten Personenkartei hinzu.
Mit dem Übergang der genannten Abteilung sind weitere 9 Mitarbeiter zum Referat A I hinzugetreten, so daß dasselbe zur Zeit einschließlich 24 im Außendienst tätiger Kräfte insgesamt 60 Angestellte beschäftigt.

3 Das Schreiben leitete der Chef des SD-Leitabschnitts und der UWZ Posen, Höppner, am 27.6.1940 an das Amt IV D 4 (Umsiedlungsreferat) im RSHA zur Kenntnisnahme weiter (Tgb.-Nr. E. V/3) und bemerkte dazu, der Höhere SS- und Polizeiführer sei an den „geplanten Maßnahmen […] außerordentlich interessiert"; wie Anm. 1, Bl. 2.

1 APP, 759/79, Bl. 184 – 186.
2 Im Original handschriftl. Streichungen und Unterstreichungen. Die gestrichenen Passagen werden hier mit abgedruckt.

1. *Vermögenserfassung.*

Das Referat A I hat den größten Wert auf eine möglichst schnelle Erfassung der gesamten polnischen und jüdischen Vermögensobjekte gelegt, gleichgültig, ob sich dieselben im Eigentum geflüchteter oder evakuierter polnischer Staatsangehöriger befunden haben oder ob die Eigentümer noch im Warthegau ansässig sind. In der ersten Zeit wurden sämtliche Objekte, die im Wege des Posteinganges bekannt wurden, erfaßt. Ein weiterer Teil des Erfassungsmaterials wurde aus den Meldungen der kommissarischen Verwalter auf Grund einer dreimal in den wichtigsten Zeitungen des Warthegaues veröffentlichten Aufforderung der Treuhandstelle Posen gewonnen. Da diese Quellen nur einen verhältnismäßig geringen Teil der tatsächlich vorhandenen Objekte liefern, wurde Anfang März mit der Aufstellung von Erfassungstrupps begonnen, die in Stärke von 3 Mann 37 Kreise des Warthegaues (5 Kreise gehören zur Zuständigkeit der Nebenstelle Litzmannstadt, die selbständig erfaßt) aufgesucht haben. Die Erfassungsarbeiten sind im großen und ganzen Ende Juni abgeschlossen. Die Trupps hatten die Aufgabe, in erster Linie die Industrie-, Handels- und gewerblichen Betriebe (auch die kleinsten Handwerker sowie die geschlossenen und stillgelegten Objekte), in zweiter Linie den Hausbesitz und das Mobiliar auf den bekannten Erfassungsbogen, die wir auf der Rückseite durch eine weitere Aufgliederung vervollständigt haben, festzulegen. Die wirtschaftlichen Objekte liegen fast vollständig vor. Die Wohngrundstücke und das Mobiliar sind zum Teil erfaßt, zum anderen Teil werden die Erfassungsbogen auf Grund der von den Erfassungstrupps den zuständigen Stellen (Landrat und Bürgermeister) erteilten Anweisungen durch die Kreisvertrauensmänner nach und nach noch eingehen.

Erfaßt sind ca. 10 000 wirtschaftliche Objekte (rund 7500 Karteikarten sind bereits erstellt) sowie rund 5000 Wohngrundstücke und Mobiliarobjekte. –

Hervorzuheben ist, daß die Arbeiten der Erfassungstrupps sich nicht nur auf die systematische Erfassung beschränken, sondern daß diese Trupps daneben noch eine außerordentliche Aufklärungs-, Überprüfungs- und Gestaltungsaufbauarbeit leisten.

Soweit Betriebe mit kommissarischen Verwaltern besetzt sind, haben die Truppmitglieder fast stets zahlreiche Auskünfte zu geben, die sich u.a. auf die Führung der kommissarischen Verwaltung, die Festsetzung der Vergütungen für die kommissarischen Verwalter, auf die Kauf- und Pachtmöglichkeiten, auf die Bezahlung der Schulden, auf die Kündigung von Angestellten polnischer Nationalität, auf Buchführungsfragen usw. beziehen.

Mit dem Besuch ist in sehr vielen Fällen gleichzeitig auch eine Überprüfung des Betriebes verbunden, sobald die Rückfragen Unklarheiten über die Tätigkeit des kommissarischen Verwalters ergeben. So haben die Erfassungstruppteilnehmer in verschiedenen Fällen die ungenügende Mitarbeit der kommissarischen Verwalter bei der Führung des Betriebes, die sie oft mehr oder weniger dem früheren polnischen Inhaber überlassen hatten, feststellen können. In diesen Fällen wurden entsprechende Meldungen dem zuständigen B-Referat[3] zwecks abschließender Klärung erstattet.

Die Gestaltungsaufbauarbeit zeigte sich darin, daß den B-Referaten, wie der Handelsaufbau Ost G.m.b.H., Posen, zahlreiche Geschäfte in günstiger Geschäftslage und mit nicht unerheblichem Umsatz zum Einsatz mit Treuhändern bekanntgegeben wurden. Ferner wurden Anregungen bezüglich der Planung aufgegeben, die an die zuständigen Stellen

3 Betriebsreferate der Treuhandstellen.

zur abschließenden Bearbeitung weitergeleitet wurden. Die Trupps gaben ferner Berichte über Charakter und Geschäftslage des erfaßten Bezirkes, welche den zuständigen Sachreferaten eine Übersicht über die Einsatzmöglichkeit von kommissarischen Verwaltern usw. gaben. In diesem Zusammenhang wird auf die von jedem Trupp gefertigten eingehenden Berichte, die jedem Referat zugeleitet werden, verwiesen.

2. *Beschlagnahme.*

Die Beschlagnahmeverfügungen wurden in erster Linie erlassen auf Grund von:

a) Ersuchen der B-Referate,

b) Meldungen der Erfassungstrupps,

c) Ersuchen von vorläufig eingesetzten Verwaltern um Bestätigung der Beschlagnahme und ihrer Bestallung.

Zur Zeit werden im Durchschnitt täglich 70 – 100 Beschlagnahmeverfügungen gefertigt und zugestellt. Mit einer Verringerung dieser täglichen Arbeitsleistung ist in den nächsten Wochen nicht zu rechnen.

Die Mitarbeiter der Beschlagnahmeabteilung haben ferner die Aufgabe, die kommissarischen Verwalter in Posen in ihre Wirkungsstätte einzuführen. Wegen Personalmangels war es leider nicht möglich, in jedem Falle diesem Erfordernis zu entsprechen. Zur Zeit stehen 5 Mitarbeiter zu diesem Zweck zur Verfügung. Dieser Mitarbeiterstab reicht aber nicht aus, da er darüber hinaus noch die zahlreichen Ersuchen der B-Referate auf Feststellung der Einsatzmöglichkeiten von kommissarischen Verwaltern in Betrieben durch Klärung der örtlichen Geschäftslage, der Größe des Unternehmens usw., ferner Sicherstellung von Geschäften und Waren, bei denen Diebstahlsgefahr oder Schädigung des vorhandenen Wirtschaftsvermögens zu erwarten ist, zu erledigen hat.

Erheblich war der Zugang an Schlüsseln von beschlagnahmten und geschlossenen Geschäften, besonders auf Grund der Tätigkeit des Referates A IV – Schließung von jüdischen und polnischen Geschäften, deren Inhaber evakuiert sind. Zahlenmäßige Angaben können nicht gemacht werden, da insoweit bisher eine Statistik nicht geführt worden ist. Die Geschäfte wurden den zuständigen Referaten aufgegeben, welche auch teilweise die Auswertung (z. B. der Warenvorräte) vornahmen.

3. *Kartei.*

Vom Referat A I werden folgende Karteien geführt:

1) Die *Objektkartei*, welche sämtliche Objekte enthält, unterteilt in Gruppe I: wirtschaftliche Objekte, Gruppe II: Wohngrundstücke und Mobiliar.

Die Karten der Gruppe I sind eingestellt nach den Regierungsbezirken, innerhalb dieser nach dem Alphabet der Kreise, innerhalb dieser nach dem Alphabet der Orte, innerhalb dieser nach dem Alphabet der Objekte; die der Gruppe II – nach den Regierungsbezirken, innerhalb dieser nach dem Alphabet der Kreise, innerhalb dieser nach dem Alphabet der Orte, innerhalb dieser nach Straßen und Hausnummern.

2) Die *Sachkartei* mit einer Aufgliederung der wirtschaftlichen Objekte nach Geschäfts- oder Gewebezweigen; innerhalb dieser aufgeteilt nach den mit kommissarischen Verwaltern besetzten, den stillgelegten, den noch nicht besetzten und den noch in polnischer Hand befindlichen Betrieben.

3) Die *Personenkartei* der kommissarischen Verwalter mit der Unterteilung:
eingesetzte kommissarische Verwalter und Abwickler, abberufene oder abgelehnte kommissarische Verwalter und Abwickler, Bewerber.

4) Die *Zentralkartei* mit den von der HTO, Berlin, nach hier gesandten Karteiformularen,

deren Vervollständigung auf Grund des hier gewonnenen Materials periodisch in Listenform in Berlin beantragt werden wird.
5) Die *Sammlung der Erfassungsbogen* als Grundlage der Karteien, von denen je ein Exemplar an die HTO, Berlin, und an die zuständigen hiesigen B-Referate weitergegeben wird.
Gegenwärtig werden die bestehenden Karteien nicht nur von den im Hause befindlichen Referaten nachhaltig benutzt, sondern es laufen täglich Anfragen von auswärtigen Stellen, wie der Industrie- und Handelskammer, der Handwerkskammer, der Aufbau Ost G.m.b.H., Banken sowie der Polizei ein.
Über die Tätigkeit des eingegliederten Referates A IIa (Bestellung und Abberufung der kommissarischen Verwalter und der Kreisvertrauensmänner) sowie über die Vorbearbeitung der Bewerbungen von kommissarischen Verwaltern wird gesondert berichtet.

## DOK. 130
## Das Referat Judenwesen des Generalgouvernements stellt am 1. Juli 1940 seine Tätigkeit seit Beginn der Besatzung dar[1]

Abschnitt „Referat Judenwesen“[2] im Bericht über den „Aufbau der Verwaltung im Generalgouvernement“,[3] ungez.,[4] vom 1.7.1940

*Referat Judenwesen.*
Es wohnen heute im Gebiet des GG 1,6 Mill. Juden. Frühere amtliche Zählungen ergaben etwa 1,3 Mill. An dieser Zahl sind die Distrikte:

| | | | | | |
|---|---|---|---|---|---|
| Krakau | mit | 200 000 Juden, | d.h. | 5,3 % | d. Bevölk. |
| Radom | mit | 310 000 Juden, | d.h. | 10,4 % | d. Bevölk. |
| Warschau | mit | 540 000 Juden, | d.h. | 17,4 % | d. Bevölk. |
| Lublin | mit | 250 000 Juden, | d.h. | 9,6 % | d. Bevölk. |
| [insgesamt] | | 1 300 000 | | 10,4 % | d. Bevölk. |

beteiligt.
Grundlagen der Judenregelung sind die Verordnungen und Erlasse des Generalgouverneurs sowie des Leiters der Abteilung Innere Verwaltung und die Anordnungen des Höheren SS- und Polizeiführers Ost.

1 BArch, R 52 II/247, Bl. 190 – 192. Abdruck in: Faschismus – Getto – Massenmord (wie Dok. 4, Anm. 1), Dok. 46, S. 86 – 88.
2 Das Referat war Teil der Abt. BuF in der Innenverwaltung des GG.
3 In den vorangehenden Abschnitten geht es um die „Ordnung und Planung des Raumes“, die „Grundsätze der Kirchenpolitik im GG“, um Seuchenbekämpfung (Fleckfieber und Typhus) und um das jüdische Schulwesen.
4 Zuständig war Dr. Fritz Arlt (1912 – 2004), Soziologe; 1932 NSDAP- und SA-, 1937 SS-Eintritt; von 1936 an Leiter des Rassenpolitischen Amts des Gaus Schlesien, 1938 dort Gaubeauftragter, 1940 Leiter des Zentralinstituts für Landesforschung in Oberschlesien und der dortigen Außenstelle des RKF, für die Umsiedlung von Polen und Juden zuständig; 1943/44 Kriegsteilnahme; nach 1945 baute er den Suchdienst des DRK mit auf, 1949 als Mitläufer eingestuft, später in der Geschäftsführung der deutschen Arbeitgeberverbände und als stellv. Vorsitzender im Deutsch-Französischen Jugendwerk tätig.

Erste Maßnahme war die Einführung des Arbeitszwanges für die jüdische Bevölkerung. (Verordnungsblatt GGP. I vom 26.10.39).[5] Gleichzeitig wurde das Schächtverbot erlassen und für Zuwiderhandlungen Zuchthausstrafen angedroht.[6]
Weiterhin traten Verordnungen in Kraft über die Aufhebung der Steuerbefreiung und Steuerbegünstigung bei jüdischen Korporationen[7] und die Verordnung zur Kennzeichnungspflicht der Geschäfte im GG[8] sowie die Kennzeichnungspflicht für Juden und Jüdinnen im Alter von mehr als 10 Jahren durch eine weiße Armbinde mit einem blauen Zionsstern.[9]
Es wurde die Einsetzung von Judenräten bestimmt, die die Zusammenarbeit mit der deutschen Verwaltung ermöglichen sollen.[10] Die Mitglieder sind verantwortlich für die Aufgabengebiete: Finanzwesen, Wirtschaft, Wohlfahrt, Gesundheitswesen, Arbeitseinsatz, Auswanderungswesen usw. Im übrigen ist eine Selbstverwaltung auf allen Gebieten angestrebt, z.B. werden bereits alle Fürsorgemaßnahmen von der „Jüdischen Sozialen Selbsthilfe" durchgeführt, die ihren Sitz in Krakau hat.[11]
Die erste Durchführungsvorschrift zur VO vom 26.10.39 über die Einführung des Arbeitszwanges enthält Maßnahmen, die eine behördliche Erfassung der jüdischen Bevölkerung ermöglichen: Meldepflicht bei einem Wohnungswechsel und beim Zuzug in das Generalgouvernement, gewisse Aufenthaltsbeschränkungen und Beschränkungen in der Benutzung von Straßen und Plätzen zu bestimmten Zeiten.[12]
Die zweite Durchführungsbestimmung[13] ordnet an, daß alle Juden vom 14. bis zum 60. Lebensjahr grundsätzlich dem Arbeitszwang unterliegen. Die Dauer des Arbeitszwangs beträgt in der Regel zwei Jahre und wird nur in Ausnahmefällen und aus erzieherischen Gründen verlängert. Die Einsetzung erfolgt nach Möglichkeit entsprechend den erlernten Berufen bei lagermäßiger Unterbringung. Wer sich der Erfassung entzieht oder die Durchführung der Zwangsarbeit erschwert, kann mit Zuchthaus bis zu 10 Jahren bestraft werden.
Es wurde weiterhin zur Pflicht gemacht, das gesamte jüdische Vermögen anzumelden, wobei der Stand des Vermögens am Tage des Inkrafttretens dieser VO zu Grunde gelegt werden muß. Als Eigentümer jüdischen Vermögens gelten Juden, soweit sie am 1.1.39 die polnische Staatsangehörigkeit besessen oder nachher erworben haben, ferner staatenlose Juden, die nicht jüdischen Ehegatten von Juden, Personalgesellschaften, wenn mehr als

5 Siehe Dok. 27 vom 26.10.1939.
6 VO über das Schächtverbot, VOBl. GG 1939, Nr. 1 vom 26.10.1939, S. 6.
7 VO über die Aufhebung der Steuerbefreiung und Steuerbegünstigung der jüdischen Korporationen, VOBl. GG 1939, Nr. 8 vom 30.11.1939, S. 60.
8 VO über die Bezeichnung der Geschäfte im Generalgouvernement, VOBl. GG 1939, Nr. 8 vom 30.11.1939, S. 61f. Demnach waren jüdische Geschäfte „mit dem Zionsstern zu kennzeichnen".
9 VO über die Kennzeichnung von Juden und Jüdinnen im Generalgouvernement vom 23.11.1939, VOBl. GG 1939, Nr. 8 vom 30.11.1939, S. 61.
10 Siehe Dok. 46 vom 28.11.1939.
11 Die JSS wurde im Frühjahr 1940 als von den Judenräten unabhängige Organisation der Sozialfürsorge geschaffen, die unter straffer deutscher Aufsicht stand. Ihre Zentrale befand sich in Krakau, ihr Präsident war Michał Weichert. Die deutschen Behörden unterstellten die Ortskomitees der JSS am 20.1.1942 den Judenräten. Die Arbeit der JSS endete im Sommer 1942 im Verlauf der „Aktion Reinhardt", an ihre Stelle trat im Okt. 1942 die Jüdische Unterstützungsstelle (JUS), die nur von Krakau aus Hilfe organisieren durfte.
12 Siehe Dok. 55 vom 11.12.1939.
13 Siehe Dok. 58 vom 12.12.1939.

die Hälfte der Gesellschafter, bei Kommanditgesellschaften, wenn mehr als die Hälfte der persönlich haftenden Gesellschafter Juden sind, Kapitalgesellschaften, bei denen mehr als 25 % Juden beteiligt sind. Nicht angemeldetes Vermögen wird eingezogen.[14]
Die Benutzung der Eisenbahnen wurde den Juden verboten.[15]
In einer Anweisung des Verordnungsblattes GGP. I Nr. 4 vom 2.3.40 wird die Einrichtung eines selbständigen Referates für Judenangelegenheiten im Amt des Generalgouverneurs, Abteilung Innere Verwaltung – Bevölkerungswesen und Fürsorge – und den nachgeordneten Dienststellen festgelegt. Die Aufgaben dieser Judenreferate erstrecken sich auf folgende Punkte: Erfassung der Juden und Entscheidung über die Zugehörigkeit zum Judentum, Bildung jüdischer Ältestenräte, Judenverordnungen und Bearbeitung der allgemein anfallenden Judenangelegenheiten mit Ausnahme der Fürsorge.
Mit dieser Einrichtung der Judenreferate in allen Verwaltungsstellen ist die einheitliche und sachgemäße Behandlung aller Judenangelegenheiten möglich geworden.
Eine Verordnung vom Mai 1940 verbietet allgemein die Beschäftigung von nicht jüdischen weiblichen Personen unter 45 Jahren in jüdischen Haushaltungen.[16] Die Benutzung von Kraftwagen durch Juden soll nur in dringenden Ausnahmefällen gestattet werden.
Vom Mai 1940 liegt ein Verordnungsentwurf über die Bestimmung des Begriffs „Jude" vor. Der Begriff „Jude" wird danach im Generalgouvernement unter entsprechender Anwendung der reichsgesetzlichen Vorschriften bestimmt.[17]
Der Generalgouverneur hat die Aussiedlung der Juden aus Krakau verfügt mit dem Hinweis, daß eine so große jüdische Bevölkerungszahl für eine Regierungsstadt nicht tragbar ist.[18] Der Judenrat hat die erforderlichen Vorkehrungen hierfür getroffen. Noch vor der formalen Aufforderung sind bereits in den ersten Tagen 1200 Juden ausgesiedelt worden und weitere 1000 haben am 24.6. Passierscheine und Fahrkarten für die Ausreise aus Krakau erhalten.
[…][19]

14 Siehe Dok. 81 vom 24.1.1940.
15 Siehe die VO über die Benutzung der Eisenbahn durch Juden im Generalgouvernement vom 26.1.1940, VOBl. GG 1940 I, Nr. 10 vom 6.2.1940, S. 45.
16 Die VO über die Einschränkung der Beschäftigung weiblicher nicht-jüdischer Hausangestellter in jüdischen Haushaltungen wurde erst am 19.9.1940 erlassen; VOBl. GG 1940 I, Nr. 57 vom 27.9.1940, S. 309.
17 Siehe die VO über die Bestimmung des Begriffs „Jude" im Generalgouvernement vom 24.7.1940, VOBl. GG 1940 I, Nr. 48 vom 1.8.1940, S. 231f.
18 Siehe Dok. 104 vom 12.4.1940. Stadthauptmann Schmidt hatte auf der Sitzung der Regierung des GG am 10.6.1940 davon gesprochen, zunächst 20 000 Juden zur Abwanderung aus Krakau zu zwingen. Am 15.7. war dann von der Vertreibung aller 60 000 – 70 000 Juden aus Krakau die Rede; Diensttagebuch des deutschen Generalgouverneurs (wie Dok. 104, Anm. 1), S. 240, 255.
19 Es folgt der Abschnitt über das Referat Freie Wohlfahrt.

## DOK. 131
## Propagandaminister Goebbels notiert am 5. Juli 1940, dass Generalgouverneur Frank die Judenfrage für unlösbar halte[1]

Tagebuch von Joseph Goebbels, Eintrag vom 5.7.1940

5. Juli 1940. (Fr.)
Gestern: ein stürmischer und bewegter Tag. In Kürze dargestellt.
Englische Flotte greift französische Flotte im Hafen von Oran an.[2] Franzosen leisten Widerstand. Schwere Verluste. Churchills tollster Zynismus. Pétain[3] gibt eine sehr scharfe Erklärung ab. Der Führer erlaubt den Franzosen, ihre Schiffe in Gefahr zu versenken. Die Wirkung in der Welt ist enorm. Wir dreschen drauf los. Abends spricht Churchill im Unterhaus. Mit einem Zynismus ohnegleichen legt er den ganzen Fall dar. Dementiert alle Friedensgerüchte. Hoffentlich bleibt er dabei. Sonst bekommen wir doch nie vor den Engländern Ruhe.
Wieder haben sie deutsche Städte bombardiert. Mit schweren zivilen Opfern für uns. Wir greifen dagegen England an. Wann aber soll das richtig losgehen? Unsere Presse ist kaum noch auf der halben Linie zu halten. Und erst das Volk. Es dürstet direkt nach dem Krieg mit England.
Ungarn macht jetzt ganz in Deutschfreundlichkeit. Diese Heuchler! Sie haben uns während des ganzen Winters keine Chance gegeben. Und jetzt sind sie wieder obenauf. Aber uns können sie ja nicht mehr düpieren.
Der Slawismus breitet sich auf dem ganzen Balkan aus. Rußland nutzt die Stunde. Vielleicht müssen wir später doch einmal gegen die Sowjets antreten.
Den Empfang des Führers in Berlin in allen Einzelheiten vorbereitet. Wird großartig.
Mit Rienhardt[4] Pressefragen besprochen. Deutsche Zeitung in Belgien gegründet.[5] Es wird das auch in Paris nötig sein.
Dr. Frank berichtet mir über Lage im Generalgouvernement. Polen ducken sich jetzt und arbeiten fleißig. Haben Respekt vor uns. Müssen in uns ein Herrenvolk sehen lernen. Judenfrage kaum noch zu lösen. Russen an der Grenze werden immer frecher. Wir dürfen den Osten nie mehr aufgeben.
du Prel[6] wird in Krakau abgelöst. An seine Stelle Schmidt-Hamburg.[7]

1 Tagebücher von Joseph Goebbels, vom 16.5.1940 bis 20.11.1940, RGVA, 1477. Abdruck in: Die Tagebücher von Joseph Goebbels, hrsg. von Elke Fröhlich, Teil I: Aufzeichnungen 1923 – 1941, Band 8: April – November 1940, bearb. von Jana Richter, München 1998, S. 205f.

2 Um zu verhindern, dass die französische Marine Hitler in die Hände fiel, zerstörte die Royal Navy am 3.7.1940 vor der algerischen Küste mehrere französische Kriegsschiffe.

3 Philippe Pétain (1856 – 1951), Berufsoffizier und Politiker; im Ersten Weltkrieg Marschall von Frankreich, 1934 Kriegsminister, 1939 Botschafter in Spanien; 1940 – 1945 Staatschef des Vichy-Regimes; von 1945 an in Haft.

4 Rolf Rienhardt (1903 – 1975), Jurist; 1923 NSDAP-Eintritt, von 1934 an Leiter des Pressehauptamts der NSDAP.

5 Die Brüsseler Zeitung erschien vom 1.7.1940 bis 1944 als Organ der deutschen Besatzer in Belgien.

6 Dr. Maximilian Freiherr du Prel (1904 – 1945); Jurist; 1923 Teilnehmer am Hitler-Putsch; 1932 NSDAP- und 1940 SS-Eintritt; 1933 Schriftleiter beim VB und Leiter des Presseamts des Bundes Nationalsozialistischer Deutscher Juristen; Okt. 1939 bis Juli 1940 Pressechef des GG im Amt des Generalgouverneurs, danach in der Reichspressestelle der NSDAP tätig, 1941 Mitbegründer und Generalsekretär der Union Nationaler Journalistenverbände.

7 Erich Schmidt (1900 – 1981), Kaufmann; 1931 NSDAP- und 1942 SS-Eintritt; in der Polizei und in

Eine Menge von Filmfragen entschieden. Da tauchen täglich neue Probleme auf.
d'Alquen[8] verabschiedet sich. Er geht nach Bizerta. Netter und intelligenter Junge. An seine Stelle tritt wieder Naumann.[9]
Weitere Dokumente aus der französischen Geheimküche veröffentlicht. Welch ein Durcheinander, welch ein Dilettantismus und welch eine Ziellosigkeit auf der Gegenseite. Und wie haben die Engländer Frankreich im Stich gelassen! Es wäre kaum zu verwinden, wenn an ihnen kein Strafgericht vollzogen würde.
Die Seeschlacht von Oran ist die große Sensation. Pétain gibt Befehl zum Schießen und zur Kaperung englischer Handelsschiffe. Aus der französisch-englischen Koalition scheint sich ein französisch-englischer Krieg entwickeln zu wollen. Die Rede Churchills ist für Frankreich so beleidigend, daß es nicht mehr weit von einer Explosion entfernt sein kann. Wir schüren und schüren. Bericht unserer Vertrauensmänner über die Wirkung unserer Rundfunksendungen nach Frankreich während des Krieges: über jedes Lob erhaben. Wir haben zum großen Teil mit dafür gesorgt, daß Frankreich so schnell und so gründlich zusammenbrach.
Neue rumänische Regierung unter Gigurtu.[10] Sehr für uns. Manoilescu wird Außenminister.[11]
London verbreitet durch Setzen auf Hamburger Welle in Kiel Gerücht eines nahe bevorstehenden Bombengroßangriffs. Darauf eine Art von Panik in der Stadt. Ich lasse den Fall genauestens untersuchen. Aber wir werden den Herren Engländern schon.[12]
Spät und müde heim. Noch Aufruf zur Rückkehr des Führers nach Berlin diktiert. Das wird ganz groß und feierlich. Lange Aussprache Naumann. Organisation des Amtes. Und dann ein paar Stunden Schlaf.

der NS-Presse in Hamburg tätig, 1939 bei der Reichskulturkammer in Berlin; Juli 1940 bis Jan. 1941 Leiter der HA Propaganda im GG, dann bis Ende 1941 im Reichskommissariat Oslo, danach Leiter der Ausstellungshallen „Planten un Blomen" in Hamburg; nach 1945 in Hamburg und Dettingen a.d. Erms.

8 Gunter d'Alquen (1910–1998), Journalist; 1926 SA-, 1927 NSDAP- und 1931 SS-Eintritt; von 1932 an politischer Korrespondent des VB, ab 1935 Herausgeber des SS-Blatts Das Schwarze Korps; von Sept. 1939 an Kriegsberichterstatter der SS, 1939/40 für einige Wochen in Goebbels' Ministerbüro tätig; 1945–1948 in brit. Gefangenschaft, später in zwei Gerichtsverfahren zu Geldstrafen verurteilt, Mitinhaber einer Weberei in Mönchengladbach.

9 Dr. Werner Naumann (1909–1982), Volkswirt; 1928 NSDAP- und 1933 SS-Eintritt; von 1938 an Goebbels' persönlicher Referent und Büroleiter; 1939/40 Kriegsteilnahme (in dieser Zeit von d'Alquen vertreten); 1944 StS im RMfVuP; 1945–1949 untergetaucht, in den 1950er-Jahren rechtsradikal engagiert, später Direktor einer Metallfabrik in Lüdenscheid.

10 Ion Gigurtu (1886–1959), Politiker; Juli bis Sept. 1940 Premierminister Rumäniens, nahm erstmals Mitglieder der rechtsextremen Eisernen Garde in die Regierung auf und bemühte sich um eine antijüdische Gesetzgebung nach dem Vorbild der Nürnberger Gesetze; von 1944 an mehrfach verhaftet, 1956 zu 15 Jahren Haft verurteilt, im Gefängnis gestorben.

11 Mihail Manoilescu (1891–1950), Journalist und Ökonom; Außenminister in der Regierung Gigurtu.

12 So im Original.

## DOK. 132
## Generalgouverneur Frank berichtet am 12. Juli 1940 von Hitlers Absicht, die europäischen Juden nach Madagaskar zu deportieren[1]

Protokoll der Abteilungsleitersitzung der Regierung des GG in Krakau vom 12.7.1940

[…][2]
Sehr wichtig ist auch die Entscheidung des Führers, die er auf meinen Antrag gefällt hat, daß keine Judentransporte ins Generalgouvernement mehr stattfinden. Allgemein politisch möchte ich dazu sagen, daß geplant ist, die ganze Judensippschaft im Deutschen Reich, im Generalgouvernement und im Protektorat in denkbar kürzester Zeit nach Friedensschluß in eine afrikanische oder amerikanische Kolonie zu transportieren. Man denkt an Madagaskar,[3] das zu diesem Zweck von Frankreich abgetreten werden soll. Hier wird auf einer Fläche von 500 000 $km^2$ reichlich Gelände für ein paar Millionen Juden sein. Ich habe mich bemüht, auch die Juden des Generalgouvernements dieses Vorteils teilhaftig werden zu lassen, sich auf neuem Boden ein neues Leben aufzubauen. Das wurde akzeptiert, so daß in absehbarer Zeit auch hier eine kolossale Entlastung gegeben sein wird.
[…][4]

## DOK. 133
## Der Judenreferent beim SS- und Polizeiführer in Lublin fordert am 15. Juli 1940 30 000 jüdische Zwangsarbeiter an[1]

Schreiben des Judenreferenten beim SS- und Polizeiführer im Distrikt Lublin, Dr. Karl Hofbauer, an den Chef des Distrikts Lublin, Abteilung Arbeit, z. Hd. Oberregierungsrat Jache, vom 15.7.1940[2]

*Betr.*: Gestellung von jüdischen Zwangsarbeitern
Für den beschleunigten Ausbau des Grenzwalles[3] zwischen Bug und San benötigen wir in nächster Zeit erhebliche Mengen jüdischer Zwangsarbeiter.
Ich bitte Sie, bis Mittwoch, den 17.7.1940, 3000 Mann nach Belzec[4] zu stellen.
Die Gestellung von weiteren 5000 Juden bitte ich Sie für Anfang nächster Woche vorzubereiten.

1 AIPN, GK 95, Bd. 2. Kopie: IfZ/A, Fb 105, Bd. 7, Bl. 1645–1658, hier S. 1648. Abdruck in: Diensttagebuch des deutschen Generalgouverneurs (wie Dok. 104, Anm. 1), S. 252.
2 Frank berichtete über sein Gespräch mit Hitler am 8.7.1940, in dem dieser erklärt habe, dass er das GG als einen „Bestandteil" des Reichs betrachte, und Frank gelobt habe, weil es ihm „geglückt" sei, mit geringem Personaleinsatz „das polnische Volk ruhig zu halten".
3 Siehe Dok. 145 vom 31.7.1940.
4 Im Weiteren berichtete Frank u. a., dass Hitler die Unterdrückungsmaßnahmen gegen die Polen im GG billige.

1 APL, 498/748, Bl. 5.
2 Unter dem Schreiben Dienststempel und handschriftl. Anmerkungen vom 2.8.1940, Paraphe He [Hecht].
3 Siehe Dok. 15 vom 29.9.1939 und Dok. 82 vom 30.1.1940.
4 In Bełżec befand sich 1940 ein großes Zwangsarbeitslager für Juden.

Um den Graben in der befohlenen Zeit fertigstellen zu können, müssen mit Anfang August insgesamt 30 000 Mann am Werk sein. Ich bitte Sie daher, jetzt schon alles bei den Arbeitsämtern in die Wege zu leiten, damit diese in der Lage sind, die benötigten Zwangsarbeiter zu stellen.
Die Bewachung der Transporte wird von uns durchgeführt.

## DOK. 134
## Der Arzt Zygmunt Klukowski beschreibt am 17. und 18. Juli 1940 die erste Deportation von Juden aus Szczebrzeszyn ins Arbeitslager[1]

Handschriftl. Tagebuch von Zygmunt Klukowski,[2] Einträge vom 17. und 18.7.1940

17.7.
Der heutige Tag war für die Juden sehr schwer. In den letzten Monaten hatte man sie einigermaßen in Ruhe gelassen. Sie mussten nur täglich einige Dutzend Personen zur Arbeit in Zamość, für das Vorwerk in Bodaczów und für die Kasernen in der Stadt abstellen. Abgesehen davon wurden sie überhaupt nicht angetastet, und dass von Zeit zu Zeit ein Jude von einem Gendarmen oder einem Polizisten geschlagen wurde, das zählt nicht. Sie begannen schon, zu ihrer typischen Selbstsicherheit zurückzufinden, was man an ihrem Verhalten auf der Straße ablesen konnte. Doch plötzlich kam in den letzten Tagen die Benachrichtigung, dass 500 Juden aus Szczebrzeszyn in ein Arbeitslager müssen.[3] Wilde Panik und fieberhafte Betriebsamkeit machten sich breit. Die Juden bestürmten die Ärzte, ihnen Atteste auszustellen, bemühten sich mit irgendeinem Wehwehchen um Aufnahme ins Krankenhaus, schickten Abordnungen zu den Landräten in Biłgoraj und Zamość,[4] zum Arbeitsamt usw. Schließlich konnten sie nach energischen Interventionen erreichen, dass die Zahl derer, die mitgenommen werden sollten, auf 130 verringert wurde.
Heute Morgen fand die Zwangsrekrutierung der Juden statt. Der „Judenrat"[5] hatte 130 junge Männer bestimmt und jedem von ihnen eine namentliche Einberufungskarte ausgehändigt, doch nur 98 fanden sich ein. Der Rest war geflohen oder versteckte sich.

1 Zygmunt Klukowski, Dziennik, Heft 3, Bl. 5RS–7RS, Biblioteka Uniwersytecka Katolickiego Uniwersytetu Lubelskiego, Dział Rękopisów 813. Das Dokument wurde aus dem Polnischen übersetzt. Abdruck in: Zygmunt Klukowski, Zamojszczyzna, Bd. 1: 1918–1943, hrsg. von Agnieszka Knyt, Warszawa 2007, S. 175f.
2 Dr. Zygmunt Klukowski (1885–1959), Arzt; Medizinstudium in Moskau und Krakau, 1920–1946 Direktor des Krankenhauses in Szczebrzeszyn; Sept. 1939 Kriegsteilnahme in Ostpolen, danach mehrmals kurzzeitig verhaftet, 1941–1944 im poln. Untergrund tätig; nach Kriegsende vom poln. Staatssicherheitsdienst verfolgt, 1951 zu zwei Jahren Gefängnis verurteilt (nach einem Jahr entlassen). Das hier zitierte Tagebuch begann er im Juni 1939.
3 Möglicherweise ist hier eines der großen Lager im Süden des Distrikts Lublin gemeint (Bełżec, Cieszanów). Die in Szczebrzeszyn Festgenommenen wurden zunächst tageweise in Zamość zur Arbeit gezwungen, in dessen Umgebung Zwangsarbeiter Flussregulierungsarbeiten verrichten mussten. Klukowski besuchte eines der Lager, nachdem dort Typhus ausgebrochen war, und beschrieb die entsetzlichen Bedingungen, die dort herrschten, am 23.7.1940; wie Anm. 1, S. 177.
4 Offiziell wurden Landräte im GG als Kreishauptleute bezeichnet.
5 Hier und im Folgenden im Original deutsch.

Aus Zamość kamen Gestapo-Beamte. Man hatte ihnen 20 berittene Soldaten mitgegeben. Daraufhin begann eine Treibjagd auf die Juden. Die Mütter, Schwestern und Väter, die den auf dem Marktplatz versammelten verängstigten jüdischen Halbwüchsigen so nahe wie möglich zu sein suchten, die ihnen noch etwas geben, mit ihnen sprechen, sich verabschieden wollten, wurden vertrieben. So mancher erhielt einen Stockschlag auf den Rücken. In verschiedene Richtungen wurden Soldaten ausgeschickt, um die Entlaufenen zu suchen. Auf schönen polnischen Pferden preschten sie über die Gehwege. Einige der Flüchtigen wurden gefunden, an Stelle der Übrigen nahm man die Eltern mit. Die Mitglieder des „Judenrats" bekamen auch etwas ab. Der stellvertretende Vorsitzende wurde mit Knüppeln geschlagen, und man befahl ihm, eine Stunde lang ausgestreckt auf dem Marktplatz zu liegen. Schließlich wurden die meisten Juden vom Marktplatz und aus den benachbarten Gassen zusammengetrieben und in Dreierreihen in Richtung Bahnhof geführt. Von allen Seiten waren sie von berittenen Soldaten umgeben. Dieser Marsch wurde vom Weinen und Wehklagen der Jüdinnen begleitet, die sich in den Hauseinfahrten und in den Seitengassen verbargen.
Die ganze Zwangsrekrutierung wurde von vielen Polen beobachtet. Auf vielen Gesichtern war nicht das geringste Mitgefühl zu erkennen, im Gegenteil, man lachte und machte Witze. Bezeichnend war der Ausruf eines Bürgers, der früher in der Legion[6] war: „Es tut mir um sie nicht leid, da ich gesehen habe, wie sie die polnischen Soldaten entwaffnet haben!"
Nach dem Abgang der ersten Gruppe wurden diverse Repressionen angekündigt, weil sich nicht alle eingefunden hatten. Die jüdischen Geschäfte waren den ganzen Tag geschlossen, auf den Straßen waren sehr wenige Juden zu sehen.
Nachmittags wurde eine Bekanntmachung des derzeitigen Bürgermeisters Borucki[7] plakatiert, der im Auftrag der deutschen Behörden die Einwohner dazu aufrief, die Polizeistunden strikt einzuhalten und sich nach 10 Uhr abends nicht in der Stadt „herumzutreiben". Wenn es weiterhin zu Verstößen gegen das Verbot komme, würden die Polizeistunden wieder so geändert, dass man wie früher nur bis 8 Uhr unterwegs sein dürfe.

18.7.
Unter den Juden gewaltige Unruhe. Sie erwarten, dass noch viele von ihnen ins Arbeitslager gebracht werden. Nach altmodischer Sitte wurde eine Verordnung des Bürgermeisters sowohl ausgerufen als auch plakatiert: Alle Juden im Alter von 16 bis 50 Jahren haben sich täglich beim Judenrat zu melden. Keinem Juden ist es erlaubt, sich ohne besonderen, vom Judenrat ausgegebenen Passierschein aus dem Stadtgebiet zu entfernen. Wer ohne Passierschein außerhalb der Stadt aufgegriffen wird, wird streng bestraft und in ein Arbeitslager gebracht.

6 Anspielung auf die unter dem Befehl Piłsudskis stehenden Polnischen Legionen im Ersten Weltkrieg.

7 Jan Borucki stammte aus dem Posener Land; er war zunächst Aufseher für Hygieneangelegenheiten in Szczebrzeszyn und seit Okt. 1939 erst stellv. Bürgermeister, nach der Verhaftung des amtierenden Bürgermeisters im Juni 1940 schließlich Bürgermeister von Szczebrzeszyn; im Sept. 1941 wurde er von Deutschen erschossen.

## DOK. 135
## Der Ordnungsdienst im Getto Litzmannstadt (Lodz) listet am 21. Juli 1940 die innerhalb weniger Tage am Zaun Erschossenen auf[1]

Bericht des Ältesten der Juden in Litzmannstadt, Ordnungsdienst, ungez., vom 21.7.1940 (Durchschlag)[2]

*Bericht über die in der letzten Woche vor der Sperrstunde erschossenen Personen.*
1. Emanuel Fischman, geb. am 13.11.1924, Sohn des Chaim und der Ryfka geb. Samulewicz, wohnhaft Bierstr. 53, erschossen *am 16. 7. 40* um 15 Uhr, 1 m Entfernung vom Drahtzaun bei der Hamburgerstr. 42/44. Zeuge: Ester Lewartowska, wohnhaft Hamburgerstr. 42.
2. Perec Familier, geb. am 22.8.1878, Sohn des Abram Gerszon und der Laja Liba, wohnhaft Hanseatenstr. 2, erschossen *am 19. 7. 40* um 14.15 Uhr bei der Wirkerstr. 39, 1 m Entfernung vom Drahtzaun.
3. Rotszyld Menasze, geb. am 16.1.1910, wohnhaft Alexanderhofstr. 26, erschossen *am 20. 7. 40* um 18 Uhr bei der Waldstr. 3, 1 m Entfernung vom Drahtzaun.
4. Hinda Holzman geb. am 12.9.1922, Tochter des Ide Laib und der Malka geb. Salumowicz, wohnhaft Baluter Ring 2 W.[ohnung] 32, erschossen *am 21. 7. 40* um 9 Uhr bei der Holzstr. 77, 1 m Entfernung vom Drahtzaun.
5. Sura Goldband, geb. 1923 in Izbica/Kujaw., Tochter des Szlojma und der Chinda geb. Brzezinska, wohnhaft Hirtenweg 7/W.[ohnung] 12, erschossen *am 21. 7. 40* um 9 Uhr bei der Holzstr. 77, 1 m Entfernung vom Drahtzaun.
6. Eljasz Rosenfarb, geb. am 15.12.1919 in Lodz, Sohn des Icek und der Laja geb. Ajzen, wohnhaft Hanseatenstr. 13, erschossen *am 21. 7. 40* um 9.30 Uhr bei der Holzstr. 101, ca. 80 m Entfernung vom Drahtzaun.[3] Zeugen: Szyldwach Abram, Inselstr. 26, Dwojra Kalmanowicz, Holzstr. 101.
7. Rosenblum Herman, 20 Jahre alt, geb. in Frankfurt a. M., Sohn des Chil Majer und der Sura geb. Pasternak, wohnhaft Inselstr. 26, erschossen *am 21. 7. 40* um 9.30 Uhr, bei der Holzstr. 101; ca. 80 m Entfernung vom Drahtzaun. Zeugen: Szyldwach Abram, Inselstr. 26, Dwojra Kalmanowicz, Holzstr. 101.

## DOK. 136
## Warschauer Zeitung: Bericht vom 21./22. Juli 1940 über den Vortrag eines Dozenten des Instituts für Deutsche Ostarbeit[1]

*Die Polen machten Warschau zur Judenmetropole. Nach New York die größte Judenstadt der Welt. Das Judenproblem im Generalgouvernement. Viele Städte über die Hälfte von Juden bevölkert. 23 v. H. der Juden im früheren Polen konnten sich nicht selbständig ernähren*

1 APŁ, 221/31866b, Bl. 139. Kopie: USHMM, RG 05.008M, reel 6. Abdruck als Faksimile in: The Last Ghetto. Life in Lodz Ghetto 1940 – 1944, hrsg. von Michal Unger, Jerusalem 1995, S. 63.
2 Im Original handschriftl. Anmerkungen.
3 Auch von den später Erschossenen hatten sich viele dem Zaun noch nicht einmal genähert.

1 Warschauer Zeitung, Nr. 171 vom 21./22.7.1940, S. 5f.

*Krakau,* 20. Juli
*Über das Judenproblem im ehemaligen polnischen Raum ist schon verschiedentlich von uns berichtet worden. Wir nehmen heute einen Vortrag des Dozenten Dr. Seraphim*[2] *vom Institut für Deutsche Ostarbeit*[3] *zum Anlaß, einmal das Problem als aufschlußreichen Überblick in seiner Gesamtheit aufzurollen.*
Deutschland beherbergt heute einschließlich des Protektorats Böhmen und Mähren und des Generalgouvernements ungefähr 2,7 Millionen Juden. Deutschland ist damit hinter den Vereinigten Staaten von Amerika und der Sowjetunion der drittgrößte Judenstaat der Welt. Das Problem des Judentums stellt aber heute keine Frage des Eindringens oder der Assimilation und der Abdämmung der politischen und wirtschaftlichen Einflußsphäre des Judentums dar, vielmehr handelt es sich jetzt um ein Problem der *Bevölkerungsrasse.* Das Ostjudentum weist eine viel stärkere geschichtliche Bedingtheit auf als das Judentum anderer Regionen. Zwar besitzen auch die Juden in Mittel- und Westeuropa eine geschichtliche Vergangenheit. Im wesentlichen aber sind sie erst im 18., vor allem aber im 19. und 20. Jahrhundert aus dem jüdischen Kerngebiet Osteuropas zugewandert. Anders liegen die Dinge in Osteuropa.
*Die Juden in der Etappe*
Die Juden dieses Raumes sind fast ausnahmslos Nachkommen der jüdischen Zuwanderer, die zwischen dem 13. und 17. Jahrhundert aus dem südlichen und westlichen Europa in den Ostraum zogen. Sie folgten den Spuren der deutschen Ostbewegung, aber immer erst dann, wenn eine der Kolonisationen abgeschlossen war. Niemals zogen die Juden selbst als Pioniere der Kolonisation gegen Osten. Die Judenprivilegien haben dabei ohne Zweifel gewirkt, da sie die Juden zu einer persönlich und wirtschaftlich bevorrechteten Klasse machten. Ausschlaggebend sind diese seit der Mitte des 13. Jahrhunderts erteilten Privilegien für die Zuwanderung der Juden nach Osteuropa aber nicht gewesen. Sie hängt vielmehr auf das engste mit dem gerade in diesen Jahrhunderten einsetzenden *Wandel in der Bedeutung der Welthandelsstraßen* zusammen. Der Tatareneinfall nach Südrußland ließ die Handelswege zwischen dem Baltischen und dem Schwarzen Meer veröden. Die Auflösung des byzantinischen Reiches und die Verschiebung des europäischen Schwergewichts in den norditalienisch-mitteldeutsch-westfranzösischen Raum hatte eine Verlagerung der Handelswege zur Folge. Der südliche Weg des Levante-Handels verlor an Bedeutung. Der nördliche Seeweg der Hansa lag in der Hand der deutschen Städte, die Landwege aber, die nördlich und südlich des Karpatenzuges von Ostdeutschland nach der Küste des Schwarzen Meeres zogen, standen dem Handel offen und gewannen immer größere Bedeutung An *ihren* Knotenpunkten setzten sich die Juden fest, wobei sie später auch in die ländlichen Bezirke hineinströmten.
Nach der Verringerung des Einflusses der königlichen Gewalt, besonders im polnisch-litauischen Staat, unterwarfen sich die Juden dem Schutze der Großmagnaten und später des Adels. Vom 17. Jahrhundert an beginnt die Stellung der Juden sich zu ändern. Sie ergie-

2 Dr. Peter-Heinz Seraphim (1902–1979), Volkswirt; von 1933 an stellv. Leiter des Instituts für Osteuropäische Wirtschaft in Königsberg, 1938 erschien seine Habilitationsschrift „Das Judentum im osteuropäischen Raum", 1939/40 am IDO in Krakau tätig, 1940 Professor in Greifswald, 1941–1943 Schriftleiter der Zeitschrift Weltkampf des Instituts zur Erforschung der Judenfrage; nach 1945 u.a. Studienleiter der Verwaltungsakademie in Bochum.

3 Das im April 1940 von Hans Frank in Krakau gegründete Institut sollte die Regierung des GG wissenschaftlich beraten; geleitet wurde es von dem Juristen Dr. Wilhelm Coblitz.

ßen sich in verstärktem Maße in alle Poren des Wirtschaftslebens. Damit treten sie unmittelbar der breitesten Volksschicht auf dem Lande gegenüber, von der sie bisher durch ihren geschlossenen, städtischen Wohnsitz räumlich getrennt waren. Alle Widerstände des von ihnen ausgesaugten Bauerntums, die inneren Kämpfe des zerfallenden Polens und die Stürme des nordischen Krieges überdauerten sie mit der ihnen eigenen Zähigkeit, obwohl ihre wirtschaftliche Großmachtstellung erschüttert wurde. Die nach der Entdeckung der neuen Welt einsetzende, abermalige Verlagerung des Schwergewichtes des Weltverkehrs an den Atlantischen Ozean ließ das Kerngebiet des osteuropäischen Judentums verarmen. Das Hauptkontingent der Juden verproletarisiert oder wendet sich dem Handwerk zu.
In den festen Schranken seines Glaubens vermag sich das Judentum Osteuropas jedoch bis zum Ausgang des 18. Jahrhunderts als geschlossener Block zu erhalten. Von der Mitte des vorigen Jahrhunderts ab nimmt die Entwicklung des Judentums in Osteuropa einen nicht mehr gleichartigen Verlauf. Während den Juden in Österreich, Ungarn und Preußen volle Freizügigkeit, ja zum Teil sogar Gleichberechtigung gewährt wird, geht die Entwicklung der Judenpolitik in Rußland andere Wege. Die Regierungen in der zweiten Hälfte des 19. Jahrhunderts versuchen, den Einfluß des Judentums auf den Raum zu beschränken, auf dem sie seit altersher sitzen, ohne eine wirkliche Lösung des Judenproblems anzustreben. Alle Gesetze und Erlasse aber sowie zeitweise Pogrome blieben auf die Dauer ohne Erfolg. Mit meisterhafter Geschicklichkeit verstanden es die Juden, alle Anordnungen zu umgehen oder die Beamtenschaft zu bestechen. Mit dem Beginn der Industrialisierung in der zweiten Hälfte des 19. Jahrhunderts erobert das Judentum in Rußland und Kongreßpolen aufs neue eine *wirtschaftlich beherrschende Position.* Es überfremdet den gesamten Außenhandel und übernimmt als Finanzmann, als Verleger, als Fabrikant, als Inhaber des Verkehrs und Vermittlerapparates, des Imports und Exports, als Groß- und Kleinhändler die restlose Führung der Wirtschaft. In diesem Sinne entwickelte sich die Einflußnahme des Judentums bis in die jüngste Zeit hinein.

*Sprachliche Einheitlichkeit*

Aus der hier angedeuteten *geschichtlichen Bedingtheit des Ostjudentums* heraus ergeben sich wesentliche Gesichtspunkte für die Erklärung der Eigenart des östlichen Judentums in rassischer, religiöser, sprachlicher, völkischer und sozialer Hinsicht. Die rabbinische Orthodoxie besitzt zwar heute nicht mehr übermäßig starken Einfluß. Sie bleibt aber dennoch der bindende äußere Ring dieser Volksgruppe. Auch in sprachlicher Hinsicht ist das Judentum Osteuropas eine Einheit, während sich im Westen des Kontinents die Assimilation weitgehend durchgesetzt hat. Das „Jiddische" – eine Mischung aus Mittelhochdeutsch, Hebräisch und Slawisch – ist heute noch die Umgangssprache von vier Fünfteln der Ostjuden. In völkischer Beziehung finden wir bei der Mehrheit der Juden im Osten eine ausgeprägte Bejahung ihres Volkstums, wobei der Herzl[s]che Zionismus in der zweiten Hälfte des vorigen Jahrhunderts besonders starke Beeinflussung nach sich gezogen hat. Während wir also bei den Juden Osteuropas und demgemäß auch bei den Juden des Generalgouvernements eine starke Einheitlichkeit in religiöser, sprachlicher und völkischer Hinsicht beobachten, ist in bezug auf ihre Rassenzusammensetzung genau das Gegenteil der Fall. Es gibt hier keinen ausgesprochenen und fest umrissenen Judentyp. Neben der jahrhundertlang bedingten allgemeinen Rassenmischung des Gesamtjudentums weist das Ostjudentum noch etwa 50 Prozent vorderasiatische Blutsbeimischung auf, wozu außerdem noch orientalische, mediterrane, ostbaltische, nordische und dynarische Rassenkomponenten treten.

Die soziale Berufsgliederung des Ostjudentums ist ausgesprochen einseitig. In Galizien leben 80 % Juden, in Kongreßpolen 83 % in städtischen Gemeinden, 40 % aller Juden treiben Handel, 38 % sind in der gewerblichen Wirtschaft tätig, 23 % der Juden im früheren Polen konnten sich nicht selbständig ernähren. Die sozialen Spannungen innerhalb des Judentums wurden durch das Hinzutreten der sozialistischen Ideologien noch verschärft.

Über die Beherrschung des Wirtschaftslebens im ehemaligen Polen durch die Juden geben jüdische Berechnungen vom Jahre 1935 bezeichnenden Aufschluß. Danach waren in Polen (ohne den Korridor und die einst geraubten, deutschen Westgebiete) 202 000 jüdische und 123 000 nichtjüdische Handelsunternehmungen, mithin hielten die Juden 63 % des Handels in der Hand. Dabei sind Aktiengesellschaften noch nicht einmal mit inbegriffen. Bei ihrer Berücksichtigung dürfte sich der Nenner des Verjudungsanteils im polnischen Handel auf 75 bis 80 erhöhen. Nach einer 1933 in 216 polnischen Städten erhobenen Umfrage waren von 15 482 Warengeschäften 13 322 (86 v.H.) jüdisch. Der Anteil der jüdischen Handwerksunternehmungen betrug 1933 beispielsweise in *Warschau* 57 v.H., in *Lublin* 52 v.H. Ähnliche Ziffern ergeben sich auf allen anderen Wirtschaftszweigen.

*Jahreszuwachs von 8,7 Prozent*

Der Bevölkerungsanteil des Judentums im Generalgouvernement ist recht schwer festzustellen. Ein großer Teil der Juden rechnete sich bei früheren polnischen Volkszählungen trotz ihrer mosaischen Glaubenszugehörigkeit dem Polentum zu. Aber die Zählungen auf Grund der mosaischen Glaubenszugehörigkeit blieben dennoch am zuverlässigsten, da der Prozeß der Assimilation und religiösen Konversion im relativ geschlossenen *Ostjudentum* bedeutend *geringer war* als im Judentum Mittel- und Westeuropas. 1931 betrug die Gesamtzahl der im Raum des heutigen Generalgouvernements lebenden Juden etwa 1 300 000. Bei einem durchschnittlichen Jahreszuwachs von 8,7 % (115 000 pro Jahr) und der Berücksichtigung einer Auswanderungsziffer von 45 000 Juden wäre der Bestand für 1939 auf 1 370 000 zu beziffern. Die in diesem Jahre erfolgte, durch den Krieg bedingte Flucht zahlloser Juden in das jetzt russische Ostpolen und die nachfolgende Zuwanderung aus dem Reich ergibt bei einer Gegenüberstellung einen Überschuß von etwa 100 000 Einwanderungsjuden, so daß die Gesamtziffer des jüdischen Bevölkerungsanteils jetzt auf etwa 1 470 000 zu veranschlagen ist. Von dieser Masse leben etwa ⁴⁄₅ in Städten zumeist ohne eine irgendwie lokal bestimmbare Bevölkerungsmehrheit. *Warschau* – nächst New York die größte Judenmetropole der Welt – weist die größte jüdische Bevölkerungsziffer auf. Danach folgen *Krakau* und *Lublin*. Im Durchschnitt stellt sich der jüdische Bevölkerungsanteil in den Städten auf 30 %, hier und da gibt es Städte mit 40 % und 50 % Juden, in einigen Kleinstädten sind die Juden sogar in der Mehrheit.

*Konstruktive Lösung erforderlich*

Abschließend ist festzustellen, daß das jüdische Volkstum im Osten und in gleicher Weise im Raum des Generalgouvernements, bedingt durch seine geschichtliche Vergangenheit und die Eigenart seiner Beziehungen auf allen Sektoren des Lebens, eine besondere *eigenartige Formung* erhalten hat. Die an sich schon gegebenen Schwierigkeiten einer Lösung des Judenproblems erfahren dadurch in diesem Raum noch eine zusätzliche Steigerung. Es liegt auf der Hand, daß dieses Problem weder leicht noch rasch zu lösen ist. Man muß sich dabei die wesentliche Erkenntnis vor Augen halten, daß die Restriktion des Judentums allein *nicht genügt*. Anstelle der Einschränkung des Einflusses und anstelle der Isolierung des Judentums muß vielmehr eine *konstruktive Lösung* treten, die die eben bezeichneten Maßnahmen wirkungsvoll ergänzt. Die bisherigen Schritte auf diesem Gebiete lassen schon Ansätze zu einer Lösung dieser Frage in einer ganz bestimmten Richtung erkennen. *Es kann kein Zweifel daran bestehen, daß Deutschland eines Tages eine konstruktive Lösung im nationalsozialistischen Sinne finden wird.*[4]

## DOK. 137
## Der Befehlshaber der 18. Armee verbietet Offizieren und Soldaten am 22. Juli 1940 Kritik an der Verfolgung von Polen und Juden[1]

Befehl (geheim) des Oberkommandierenden der 18. Armee (Ic Nr. 2489/40 geh.), General Georg von Küchler,[2] Armeehauptquartier, vom 22.7.1940 (Abschrift)[3]

1.) Auf Grund der unter AOK 18 Abt. I c Nr. 2477/40 geh. v. 22.7.40 übersandten Verfügung des Oberbefehlshabers des Heeres betreffend deutsch-russisches Verhältnis[4] ersuche ich die Herren kommandierenden Generale, allen Gerüchten über das deutsch-russische Verhältnis durch Belehrung des Offizierskorps und Unterrichtung der Truppe in zweckmäßiger Form energisch entgegenzutreten.
Als *Grund für die Verlegung des AOK 18* mit seinen unterstellten Truppen vom Westen *nach dem Osten* ist der Truppe bekanntzugeben:
Sicherung des neugewonnenen Lebensraumes im Osten.
Dokumentierung unserer militärischen Kraft gegenüber den Polen.
Vorbereitung der friedensmäßigen Unterbringung von Verbänden des Heeres im Ostgebiet.
2.) Ich bitte ferner dahin zu wirken, daß sich jeder Soldat der Armee, besonders der Offizier, der Kritik an dem im Generalgouvernement durchgeführten Volkstumskampf, z.B. Behandlung der polnischen Minderheiten, der Juden und kirchlichen Dinge, enthält. Der an der Ostgrenze seit Jahrhunderten tobende Volkstumskampf bedarf zur endgültigen völkischen Lösung einmaliger scharf durchgreifender Maßnahmen.
Bestimmte Verbände der Partei und des Staates sind mit der Durchführung dieses Volkstumskampfes im Osten beauftragt worden.
Der Soldat hat sich daher aus diesen Aufgaben anderer Verbände herauszuhalten. Er darf sich auch nicht durch Kritik in diese Aufgaben einmischen. Die Unterrichtung über diese

4 Der Artikel ist mit Fotos illustriert: einer Aufnahme des Fotografen Sieredzki mit der Unterzeile „Schmierige Händler verkaufen jüdische ‚Leckerbissen' im Lubliner Ghetto" und Porträtaufnahmen des Fotografen Gerspach mit der Unterzeile „Eine Reihe besonders ausdrucksvoller Judentypen, wie man ihnen im Generalgouvernement überall auf Schritt und Tritt begegnen kann".

1 Kopie: IfZ/A, NOKW-1531.
2 Georg von Küchler (1881–1968), Berufsoffizier; 1939 beim Angriff auf Polen Oberbefehlshaber der 3. Armee, dann der 18. Armee, 1942–1944 Oberbefehlshaber der Heeresgruppe Nord im Krieg gegen die Sowjetunion; 1948 im Prozess gegen das OKW zu 20 Jahren Haft verurteilt, 1953 entlassen.
3 Enthalten in einem Schreiben des Oberquartiermeisters, gez. Schlieper, vom 25.7.1940, der darum bat, dass die Vorgesetzten die Offiziere und Beamten „baldmöglichst nach Eintreffen im Osten über den Inhalt des Befehls des Herrn Oberbefehlshabers belehren".
4 Nicht aufgefunden.

Fragen muß besonders an die jetzt aus dem Westen nach dem Osten verlegten Soldaten sofort einsetzen, da Gerüchte und falsche Darstellungen über Zweck und Sinn des Volkstumskampfes an sie herangetragen werden können.

## DOK. 138
## SS-Reiter in Kielce melden am 22., 23. und 24. Juli 1940 Konflikte mit zwei Unteroffizieren der Wehrmacht, die Juden verteidigten[1]

Berichte von SS-Reitern, gez. Georg Dech,[2] Oleg Brakel,[3] Jakob Hermann und Josef Lang,[4] an die 2. Schwadron der SS-Totenkopf-Reiterstandarte in Kielce vom 22., 23. und 24.7.1940[5]

*Meldung.*
Als ich auf der Petrikauerstraße einen Juden traf, der mir nicht aus dem Wege ging, habe ich demselben eine Ohrfeige gegeben, worauf 2 Unteroffiziere der Wehrmacht dem Juden zur Hilfe eilten und einer von beiden mich an der Uniform faßte und nach mir geschlagen hat. Diese beiden Unteroffiziere haben sich ganz bewußt dem Juden als Stütze angeboten, und das in Gegenwart von einigen inzwischen hinzugelaufenen weiteren Juden.
Ich bin über dieses Verhalten der Unteroffiziere sehr erstaunt und fühle mich verpflichtet, dieses zu melden.
Es muß noch erwähnt werden, daß diese beiden Unteroffiziere unter anderem äußerten, wieso ich dazu käme, den Juden eine Ohrfeige zu geben, da es doch auch Menschen wären. Leider habe ich nicht erfahren können, in welcher Einheit diese beiden Unteroffiziere standen.
Ich sehe in dem Vorgehen dieser beiden Unteroffiziere gegen mich ein absolut schädigendes Verhalten des Deutschtums und stehe als SS-Mann auf dem Standpunkt, daß, wenn man auch mal einen Juden ungerechtfertigterweise eine Ohrfeige versetzt, es unter keinen Umständen passieren darf, daß man einem Juden auf diese Art und Weise zu Hilfe kommt, wobei noch besonders erschwerend hinzukommt, daß sich dieser Vorfall in Gegenwart von einer größeren Menge Juden abwickelte.
*Meldung.*
SS-Reiter Oleg Brakel und Jakob Hermann haben über folgenden Zusammenstoß mit Wehrmachtsangehörigen zu berichten:
Am 22.7.40, 20.15 Uhr, waren wir beide auf einem Spaziergang in der Gegend der Radomerstraße begriffen und gerieten dabei in eine Sackgasse. Um nun wieder auf den richtigen Weg zu kommen, suchten wir einen Ausgang durch einen Hof und sahen uns auf einmal einem Hauptfeldwebel, 1 Gefreiten und 4 Soldaten gegenüber. Der Hauptfeldwebel begann dann zu behaupten, daß wir wohl nichts anderes zu tun hätten als Juden zu verhauen. Wir würden uns wie Spitzbuben in den Straßen herumtreiben. Dann sagte SS-Reiter Brakel, daß sie jetzt keine Juden verhauen hätten, worauf er hören mußte, daß er

1 Kopie: BArch, MF 41424; siehe auch Dok. 123 vom 7.6.1940.
2 Vermutlich Georg Dech (*1923), Landwirt; 1940 als sog. Volksdeutscher in Lodz eingebürgert.
3 Oleg Brakel (*1920), SS-Sturmmann und Unteroffiziersanwärter.
4 Joseph Lang (*1918), 1940 als sog. Volksdeutscher in Lodz eingebürgert.
5 Grammatik wie im Original.

ihn belügen würde. Auf die Frage des Hauptfeldwebels, ob sich die Männer im Dienst befänden, erhielt derselbe die Antwort, daß SS-Männer immer im Dienst wären. Als Ausweis gab SS-Reiter Brakel dann sein Soldbuch her.
Dann fragte der Hauptfeldwebel, wo denn die gestern verhafteten Judenmädels geblieben seien. Diese seien unschuldig und würden in der Kasernenküche arbeiten. Im übrigen hat sich die SS um die Judenfrage überhaupt nicht zu kümmern.
Den beiden SS-Männern hatte es nun interessiert zu erfahren, zu welcher Kaserne der Hauptfeldwebel und seine Soldaten gehörten und folgten denen bis zur Bocendinskastraße,[6] ungefähr bis zur Höhe der Stadtkaserne. Daraufhin kam ein Stabsfeldwebel und machte dem SS-Reiter den Vorwurf, daß sie den Hauptfeldwebel verfolgt haben. Die Antwort des SS-Reiters Brakel besagte dann, daß man feststellen wolle, wo der Hauptfeldwebel kaserniert sei. Einige noch hinzugekommene Unteroffiziere und Männer beschimpften die beiden SS-Männer in gemeiner Weise und forderten sie auf, schleunigst den Platz zu verlassen. Als dann SS-Reiter Brakel darum bat, den Stabsfeldwebel sprechen zu dürfen, sprang ein Gefreiter hervor und versetzte dem SS-Reiter Brakel eine Ohrfeige. Beide SS-Reiter zogen sich dann zurück und wurden noch mit Fußtritten traktiert.
*Meldung.*
Ich ging mit SS-Reiter Lang (wir beide sind Volksdeutsche) auf der Bocendinskastraße spazieren. Vor uns gingen mehrere Juden und hinter uns mehrere Unteroffiziere der Wehrmacht. Ein Jude ging vor uns und sagte seinen entgegenkommenden Rassegenossen, daß sie die SS nicht grüßen sollen, die Wehrmacht paßt auf, daß uns nichts passiert. 2 Polenfrauen kreuzten die Straße und sagten zu uns auf polnisch, wir sollen uns in acht nehmen und die Juden nicht anrühren, denn das Ganze wäre eine abgemachte Sache zwischen der Wehrmacht und den Juden.
Wir unterließen daraufhin jegliche Handlung.

## DOK. 139
## Die Arbeitsverwaltung in Lublin berichtet am 23. Juli 1940 über eine eigenmächtige Razzia der SS in Lublin[1]

Vermerk (nachrichtlich) der Arbeitsverwaltung in Lublin, gez. Hecht, für den Leiter der Abteilung Arbeit beim Chef des Distrikts Lublin, Oberregierungsrat Jache, vom 23.7.1940

*Vermerk*
Das Arbeitsamt Lublin (Abteilung Judeneinsatz) – Herr *Wagner* – rief heute morgen telefonisch an und teilte mit, daß in der Nacht vom 22. zum 23.7. ungefähr 300 Juden durch Razzia der SS dem Flugplatz Lublin[2] zugeführt worden seien. Das Arbeitsamt Lublin hat von dieser Maßnahme keine Kenntnis erhalten. Auf Grund dieses Anrufes bin ich sofort mit Herrn Wagner vom Arbeitsamt Lublin zum Flugplatz Lublin gefahren, um dort Ermittlungen über die 300 Juden anzustellen. Im Flugplatz Lublin habe ich dann mit Herrn

6 Richtig: Bodzentyńska-Straße.

1 APL, 498/748, Bl. 7f.
2 Dort befand sich ein Zwangsarbeitslager.

Dr. *Hofbauer* und mit dem Unterscharführer *Riedel*[3] über diese Angelegenheit verhandelt. Es wurde festgestellt:
1.) Die Razzia hat in der Nacht vom 22. zum 23.7. durch die SS unter Führung von Unterscharführer Riedel auf höheren Befehl stattgefunden.
2.) Bei dieser Razzia sind ca. 300 Juden eingefangen und nach dem Flugplatz Lublin transportiert worden.
3.) Die 300 Juden sollen für den hiesigen Flugplatz eingesetzt werden.
Ich habe Herrn Dr. Hofbauer darauf aufmerksam gemacht, daß eine solche Aktion nur im Einvernehmen mit dem Arbeitsamt Lublin durchzuführen sei und daß jede andere Maßnahme arbeitseinsatzmäßig unzulässig sei. Der Unterscharführer Riedel erklärte, daß er die 300 Juden vorläufig dem Arbeitsamt nicht zur Verfügung stelle. Es wurde daraufhin mit Unterscharführer Riedel vereinbart, daß diese 300 Juden vom Arbeitsamt Lublin karteimäßig erfaßt werden müssen und daß dazu Mittwochnachmittag, 4 Uhr, Mitglieder des Judenrates die namentliche Erfassung der Eingefangenen vornehmen werden. Herr Dr. Hofbauer erklärte weiter zu der Razzia, daß diese wohl zwischen Herrn SS-Brigadeführer Globocnik[4] und Herrn Oberregierungsrat Jache vereinbart worden wäre. Ich habe Herrn Dr. Hofbauer daraufhin gesagt, daß mir von diesen Maßnahmen nichts bekannt wäre. Im übrigen erklärt Herr Dr. Hofbauer, daß das Arbeitsamt bezw. die Abteilung Arbeit im jüdischen Arbeitseinsatz sehr kurztreten möchte, da in Kürze Änderungen zu erwarten seien.
Unterscharführer Riedel erklärte ferner noch, daß die SS sich jeweils die Juden nach Bedarf durch Razzien aus dem Getto in Lublin herausholen werde.

## DOK. 140
## Gazeta Żydowska: Reportage vom 23. Juli 1940 über die Lage der jüdischen Bevölkerung in Warschau seit dem September 1939[1]

*Tage voller Angst und Schrecken in Warschau*

Von allen Städten, die derzeit im Gebiet des Generalgouvernements liegen, hat Warschau das schwerste Los getroffen. Über andere Ortschaften fegte der Kriegssturm hinweg, aber Warschau stand wochenlang in Flammen. Die Gewalt dieses Sturms zeigt sich darin, dass

3 Horst Riedel (*1910), Kaufmann; 1933 NSDAP- und 1941 SS-Eintritt; 1940 Leiter der Werkstätten in Lublin, die jüdische Zwangsarbeiter beschäftigten, Leiter des SS-Unternehmens Deutsche Ausrüstungswerke in Lublin.

4 Odilo Globocnik (1904–1945), Diplomingenieur und Bauunternehmer; 1931 NSDAP- und 1934 SS-Eintritt, 1933 stellv. Gauleiter und 1938 Gauleiter von Wien, im Febr. 1939 wegen finanzieller Unregelmäßigkeiten abgelöst und zum Persönl. Stab von RFSS Himmler versetzt; Nov. 1939 bis Sept. 1943 SSPF in Lublin, Leiter der „Aktion Reinhardt", 1943 zugleich Geschäftsführer der Ostindustrie GmbH in Lublin, 1943–1945 HSSPF Adriatisches Küstenland; nahm sich bei seiner Festnahme das Leben.

1 Gazeta Żydowska, Nr. 1 vom 23.7.1940, S. 4f.: Z dni grozy w Warszawie. Die Reportage wurde aus dem Polnischen übersetzt. Die Gazeta Żydowska (Jüdische Zeitung) war die einzige legale Zeitung für die jüdische Bevölkerung im besetzten Polen. Sie wurde vom 23.7.1940 bis 30.8.1942 von den deutschen Propagandabehörden mit Hilfe jüdischer Journalisten in Krakau herausgegeben und erschien alle zwei bis drei Tage.

es trotz der Aufräumarbeiten noch heute – also zehn Monate später – ganze Stadtteile gibt, die in Schutt und Asche liegen. Neben den Hauptverkehrswegen in der Innenstadt haben die jüdischen Stadtviertel am stärksten gelitten. Die nördlich und nordwestlich des Sächsischen Gartens[2] liegenden Viertel boten schon zu normalen Zeiten ein Bild des Elends und der Vernachlässigung. Dies war eine Folge der Politik der Stadtverwaltung, die übrigens ganz offen betrieben wurde. Nach der Belagerung Warschaus schwanden hier auch die letzten Existenzmöglichkeiten. Die folgenden Streiflichter aus dem jüdischen Viertel in Warschau sind nur für die Leser in der Provinz gedacht. Der Warschauer wird sie als belanglos bezeichnen, denn was er durchgemacht hat, lässt sich mit Worten nicht beschreiben.

*Erev Rosch Haschana*[3] – Der Tag verlief recht ruhig; die Luftangriffe sind die Menschen fast schon gewöhnt. Zwischen den aufeinanderfolgenden Alarmen sprudelt das Leben im jüdischen Viertel umso lebhafter. Die Basare an den Straßen Nalewki, Leszno und Bagno sind überfüllt, durch die Nowolipki- und die Karmelicka-Straße kann man sich nur mit Mühe einen Weg bahnen. Trotz Barrikaden, einstürzender Trümmer und explodierender Bomben ist Erev Rosch Haschana. – Der Himmel versinkt in einem schönen Blau, die Sonne neigt sich gen Westen ... Da geht es los! ...

Es ist Abend geworden, aber nicht dunkel. Der Himmel ist blutrot, Flammen schießen empor. Noch gibt es Wasser und eine Feuerwehr, sie jagt nach Norden, die Nalewki-, die Gęsia- und die Nowolipki-Straße brennen!

Hier und da werden hinter verdunkelten Scheiben Feiertagskerzen angezündet; irgendwoher gibt es noch welche. Armselig neigen sie sich vor der riesigen Feuersbrunst, die sich aus dem jüdischen Viertel gen Himmel streckt. Rosch Haschana 5790.

*Jom Kippur.*[4] 500 auf Warschau gerichtete Geschütze dröhnen Tag und Nacht, Hunderte von Flugzeugen werfen pausenlos ihre Bomben ab. Es gibt keine Verteidigung mehr, es gibt nichts zu essen, auf den Straßen ist das Leben erstorben. Nicht nur die Juden fasten an diesem Jom Kippur. Dieser Jom Kippur wird nicht nur einen Tag oder auch eine Nacht dauern, sondern noch den folgenden und viele weitere Tage.

*Sukkot*[5] – *Simchas Tora.*[6] Die Kanonen schweigen, der Krieg in Warschau ist zu Ende. Die große Synagoge in der Leszno-Straße steht,[7] das Gemeindehaus in der Grzybowska-Straße steht, aber rundherum ... nichts als Trümmer.

Der *Żelazna-Brama-Platz.*[8] Ein Teil des antiken Roms. Die Ruine des Kolosseums ragt in den nördlich-kalten, grauen Himmel. Einst stand an dieser Stelle die große Rotunde der Basare, das Zentrum des jüdischen Handels in diesem Stadtteil. Hoffnungslos blicken jetzt die ausgebrannten Fensterrahmen aus den übrig gebliebenen Mauerresten der umliegenden Häuser auf dieses sich hier seltsam ausnehmende römische Bild, die Menschen blicken verstört, ihr Hab und Gut liegt unter dem Schutt begraben, wenn es nicht zuvor bereits in Flammen aufgegangen ist.

2 Poln.: Ogród Saski.
3 Der Vorabend des jüdischen Neujahrsfestes fiel im Jahr 5790 – 1939 – auf den 13.9.
4 Der Versöhnungstag fiel 1939 auf den 23.9.
5 Laubhüttenfest.
6 Tora-Freudenfest.
7 Gemeint ist die Warschauer Hauptsynagoge an der Tłomackie-Straße; sie wurde im Sept. 1939 durch die deutschen Luftangriffe beschädigt.
8 Platz neben dem Sächsischen Garten unweit des Mirowski-Platzes. Von 1940 an lagen beide Plätze auf der „arischen" Seite und grenzten an die Gettomauern.

Gegenüber liegt die Markthalle; um sie herum gab es früher Hunderte große und kleine Geschäfte. Jetzt sucht man hier einen Bissen Brot, ein paar Tropfen Wasser, doch vergebens. Der Hunger quält und der Durst brennt. – In unbeschädigt gebliebenen Kellern werden Gurken- und Heringsvorräte aus dem Schutt hervorgeholt. Man stürzt sich darauf, denn sie stellen den Keim eines sich entwickelnden Straßenhandels dar. Für eine Weile reicht es. Später ist der Hunger doppelt so groß.
Aus den rauchenden Trümmern, den Wällen und Gräben der Barrikaden wird jedes nützliche Stück Holz herausgeholt und zersägt. Man sucht Bretter zum Verbrennen, Bretter für den Bau primitiver Betten, Bretter, um daraus Tragen für Verwundete und Tote zu machen. Sie werden durch aufgerissene, noch blutbedeckte Straßen getragen. Angsterfüllte Menschenmengen finden sich zusammen. Eltern suchen ihre Kinder, Schwestern ihre Brüder. Wenn sie nicht da sind, wenden sie sich resigniert ab. Der Hunger lässt Angst und Schrecken erneut verstummen. – Und wieder sucht man etwas Essbares.
Aus der Weichsel wird Wasser herangeschleppt, in den Höfen werden die alten Brunnen geöffnet. Hunderte von Menschen stehen Schlange für ein paar Liter gelbes und fauliges Wasser. Selbst wenn man mit allem handelt, was aus der Katastrophe gerettet werden konnte, kann man doch *um keinen Preis der Welt einen Tropfen Wasser kaufen*. Diesen größten Schatz in Zeiten größter Armut verkauft nicht einmal der gerissenste Händler.
Eine eingestürzte Häuserfront; vom Hinterhaus ist wie durch ein Wunder ein Teil des zweiten Stockwerks stehen geblieben. Aber wie dorthin gelangen? Keine Spur mehr von den Treppen. Auf den Trümmern im Hof sitzen, zusammengekrümmt und weinend, die Eigentümer der zerstörten Wohnungen. Nichts außer dem nackten Leben konnten sie retten, aber dort im zweiten Stock könnte man vielleicht brauchbaren Hausrat finden. Da erhebt sich ein abgemagerter Mensch, einer der Familienväter. Er schürzt den Kaftan und beginnt sein halsbrecherisches Werk. Mit Todesverachtung klettert er über die Trümmer höher und höher; unter seinen Händen zerbröseln die Ziegel – er sucht neuen Halt – unter seinen Füßen gibt der Schutt nach – er findet neuen Halt. Sein ganzes Leben hat er über Büchern gesessen, nie war er in Bewegung – jetzt bewegt er sich sicher, wie in Trance. Die Frauen und Kinder halten den Atem an, Grabesstille ist eingekehrt, nur die vor Entsetzen aufgerissenen Augen sprechen [Bände]. Jetzt ist er oben, noch eine Drehung, und die Gestalt verschwindet in einer Fensteröffnung. Einige Augenblicke angespannter Erwartung vergehen – dann fallen Sachen herunter. Ein zerbeulter Topf, verrußte Wäsche und – was für ein Glück – ein wie durch ein Wunder gerettetes Kissen. Überbleibsel eines kleinbürgerlichen Wohlstands. Aber man ist glücklich und teilt.
Wer kann sich vorstellen, was es bedeutet, viele Stunden auf der Straße zu stehen, im kalten Regen, bei strengstem winterlichen Frost. In den Straßen Grzybowska-, Graniczna- und Krochmalna-Straße gibt es kein einziges Geschäft. Die Ciepła-Straße gibt es nicht mehr, die Śliska- und die Zielna-Straße liegen in Trümmern, auf dem Grzybowski-Platz, im Sächsischen Garten und in der Bagno-Straße stehen in ein oder zwei Reihen die früheren Ladenbesitzer. Aus den Resten ihrer Vorräte bieten sie ein Paar Strümpfe, ein Paar Schuhe, ein Stück Wäsche, Fruchtbonbons, Mohnkapseln an. Von der Markthalle auf dem Mirowski-Platz bis zur Grenze des jüdischen Viertels lebt man im Allgemeinen nur auf der Straße. Es sind 25 Grad unter Null. Daheim zwängen sich 20 Personen in eine von den Bomben verschonte Stube. Keine Kohle, kein Wasser, kein Gas.
Aber *Typhus* gibt es. Neue Barrikaden werden errichtet, dieses Mal gegen die Epidemie. Die Sanitätsbehörden gehen mit Schutzgräben und Stacheldraht gegen diesen Feind vor.

Im Frühjahr [1940] werden daraus Mauern rund um die Seuchengebiete. Nur auf Umwegen kommt man ins jüdische Viertel. Überall an den verschlossenen Toren der von der Seuche befallenen oder unter Seuchenverdacht stehenden Viertel hängen Warnschilder. Man macht um diese Häuser einen großen Bogen. Aus Fenstern und von Balkonen werden an Seilen Körbe und Taschen herabgelassen, um Lebensmittel hochzuziehen. Bleiche Gesichter beugen sich über die Balustraden, wenn die Körbe nach oben gehen.
Die Worte der Propheten erfüllen sich in dieser Stadt bis aufs Letzte. Über dem jüdischen Viertel in Warschau zeigen sich alle Reiter der Apokalypse: *Krieg*, *Hunger*, *Seuche* und *Tod*.
E.G.[9]

## DOK. 141
## Der Selbstschutz in Lublin warnt am 24. Juli 1940 die jüdische Bevölkerung vor Menschenansammlungen und Demonstrationen[1]

Bekanntmachung von SS und Selbstschutz in Lublin, SS-Obersturmführer, Unterschrift unleserlich, vom 24.7.1940[2]

*Warnung.*
In der letzten Zeit ist sowohl die Jüdische Kultusgemeinde wie auch ihre Abteilungen zum Schauplatz von strafbaren Ansammlungen [geworden], deren Mitglieder meistens Weiber sind. Im Zusammenhange damit wird gewarnt, daß streng verboten sind etwaige Gruppenbildungen vor dem Gebäude der Jüdischen Kultusgemeinde.
Jegliche Demonstrationen gegen die Jüdische Kultusgemeinde werden im Keime erstickt und Diejenigen, die diese Vorkommnisse hervorrufen oder dazu auffordern, werden verhaftet und streng bestraft.
Gerade so [werden] die Eigenthümer der umliegenden Häuser resp. Wohnungen, die den Demonstranten Zuflucht geben, zur strengen Verantwortung zugezogen werden.

## DOK. 142
## Die Abteilung Arbeit im Generalgouvernement erteilt am 25. Juli 1940 Anweisungen zum Einsatz jüdischer Zwangsarbeiter aus Krakau[1]

Schreiben des Amts des Generalgouverneurs für die besetzten polnischen Gebiete, Abteilung Arbeit, Krakau (G.Z.: II 5317/40), Runderlass Nr. 105/40, im Entwurf gez. Dr. Gschließer,[2] an die Leiter der Abteilungen Arbeit bei den Chefs der Distrikte und an die Leiter der Arbeitsämter im Generalgouvernement vom 25.7.1940 (Abschrift)

9 Vermutlich Elza Grosman (Else Grossmann).

1 APL, 891/2, Bl. 3. Bekanntmachung in deutscher und polnischer Sprache.
2 Grammatik und Rechtschreibung wie im Original. Dienststempel: SS und Selbstschutz Lublin Durchgangslager.

1 APL, 498/745, Bl. 34 – 37.
2 Dr. Ernst Gschließer (1898 – 1964), Jurist; 1934 – 1938 in der österr. Vaterländischen Front; 1936 stellv. Leiter, dann Chef des Landesarbeitsamts Wien; 1938 NSDAP-Eintritt; Sept. 1938 Arbeitseinsatzrefe-

*Betrifft:* Arbeitseinsatz der Juden; *hier:* Aussiedlung aus Krakau.
*Vorgang:*
Runderlaß Nr. 86/40 vom 12.6.40 - 4212[3]
Runderlaß Nr. 100/40 vom 5.7.40 - 5312[4]
Runderlaß Nr. 103/40 vom 23.7.40 - 5317[5]
Runderlaß Nr. 104/40 vom 25.7.40 - 4032.[6]
Die in der Stadt Krakau wohnhaften Juden werden auf Anordnung des Herrn Generalgouverneurs in Kürze [die Aufforderung] zum Verlassen des Stadtgebietes erhalten. Aus wirtschaftlichen Gründen verbleib[en] zunächst in der Stadt lediglich eine verhältnismäßig geringe Anzahl von Handwerkern und die Angehörigen von Handels- und freien Berufen, die nicht sofort ersetzt werden können. Die Gesamtzahl der in Krakau wohnhaften Juden wird z. Zt. mit 67000 angenommen.
Den Juden wurde unter Terminstellung (zum 15.8.40) die Möglichkeit einer freiwilligen Umsiedlung unter Gestattung der Mitnahme sämtlicher Mobilien geboten. Von dieser Möglichkeit wurde in nur sehr beschränktem Umfange Gebrauch gemacht. Die zwangsweise Aussiedlung wird daher einen besonders bedeutsamen Umfang annehmen und muß mit allen Mitteln beschleunigt werden. Eine entsprechende Vorbereitung dieser Maßnahme muß unverzüglich Platz greifen.
Die Einweisung der Juden in neue Wohnorte soll planmäßig in der Weise erfolgen, daß die Arbeitskraft der Juden nutzbar gemacht wird und die Selbsterhaltungsfähigkeit[7] der Juden weitgehend gewahrt bleibt. Auch kann bei der in manchen Gegenden und bei manchen Vorhaben bestehenden Verknappung von Arbeitskräften auf einen produktiven Einsatz dieser jüdischen Arbeitskräfte nicht ohne weiteres verzichtet werden. Bei der Einsatzplanung wird davon ausgegangen werden müssen, daß einerseits die Möglichkeiten einer lagermäßigen Unterbindung[8] mit Gemeinschaftsverpflegung nur beschränkt sein werden, andererseits, außer einsatzfähigen Juden, auch eine bedeutend größere Anzahl nicht-einsatzfähiger Kinder und Familienmitglieder zur Aussiedlung gelangt. Es sollen daher:
1.) *ledige,* für Außenarbeiten geeignete männliche Juden kolonnenweise in die vorhandenen und noch aufnahmefähigen Lager (wie sie insbesondere bei Wasserbauvorhaben zur Verfügung stehen) oder in die neu zu erstellenden Lager eingewiesen werden. Dabei werden jeder Kolonne auch einige Handwerker (Schneider, Schuster, Tischler, Kochgehilfen, Friseure und andere) zur Instandhaltung des Schuhwerks, der Kleider, Ergänzung

rent für die Ostmark im RArbM, von Sept. 1939 an zuständig für Arbeitseinsatz und Flüchtlingswesen beim CdZ Krakau, ab Juli 1940 Leiter der Abt. Arbeitseinsatz der HA Arbeit der Regierung des GG; nach 1945 Rechtsanwalt in Innsbruck.

3 Der Runderlass Nr. 86/40 vom 12.6.1940 legte die Modalitäten der Registrierung jüdischer Zwangsarbeiter fest. Liegt nicht in der Akte, dort aber Runderlass Nr. 104/40, der auf diesen Bezug nimmt; wie Anm. 1, Bl. 46–49.

4 Zum Runderlass Nr. 100/40 siehe Dok. 154 vom 9.8.1940, Anm. 4.

5 Im Runderlass Nr. 103/40 der Abt. Arbeit vom 23.7.1940 ergänzte Gschließer die Bestimmungen seines Erlasses vom 5.7.1940 und verfügte u.a., dass poln. und jüdische Zwangsarbeiter stets getrennt unterzubringen seien; BArch, R 52 II/251, Bl. 33+RS.

6 Der Runderlass Nr. 104/40 der Abt. Arbeit vom 25.7.1940 präzisierte das Registrierverfahren für die einzelnen Berufsgruppen; wie Anm. 1, Bl. 46–49.

7 Im Original handschriftl. unterstrichen.

8 Gemeint ist: Unterbringung.

der Lagereinrichtung, Reinigung usw. beigegeben. Größeren Gruppen soll auch ein Arzt beigeordnet werden.

2.) Es soll die Verteilung der ausgesiedelten *Judenfamilien* weitgehend auf solche – auch kleinere Orte – vorgenommen werden, in deren näherer Umgebung Bauvorhaben mit stärkerem Kräftebedarf vorhanden sind (Wasserbauten, Wiederherstellungsarbeiten der Ostbahn, Straßenbauarbeiten, Aufforstungen usw.). Die Sorge für die (nicht lagermäßige) Unterbringung obliegt in diesen Orten dem Ältestenrat der Juden. Auch haben sich die Familien selbst zu verpflegen. Durch gruppenmäßigen Einsatz bei den nahegelegenen Arbeitsvorhaben, zu welchen sie erforderlichenfalls mit der Bahn oder mit Fuhrwerken der Baufirmen befördert werden, und der damit verbundenen Entlohnung wird ihre Selbsterhaltungsfähigkeit gesichert. Diese planvolle Lenkung der Ausgesiedelten wird in vielen Gegenden, in denen zur Zeit ausreichende Menschenreserven nicht vorhanden sind, die Deckung des Kräftebedarfs dort anfallender Arbeiten sichern.

3.) Die große Zahl von Frauen, die von der Aussiedlung betroffen wird, macht es – so wie die Intensivierung des Judeneinsatzes überhaupt – notwendig, besondere Einsatzmöglichkeiten für jüdische Frauen zu suchen. Es ist dabei die Möglichkeit eines gruppenweisen Einsatzes von jüdischen Frauen und Mädchen in Industriebetrieben für leicht anlernbare Arbeiten, für den Einsatz bei Aufforstungsarbeiten usw. besonders zu prüfen. Die Arbeiten, die für Frauen wegen ihrer Schwere nicht geeignet sind, bitte ich von vornherein außer Betracht zu lassen.

4.) Es muß versucht werden, neue Arbeitsgelegenheiten für den Einsatz von Juden zu schaffen. Ich bitte, im Benehmen mit den Gemeindeverwaltungen insbesondere festzustellen, ob nicht Abbrucharbeiten von Häusern, die durch die Kriegsereignisse zerstört wurden, in größerem Maße durchgeführt werden können, wobei zum mindesten ein Teil der Kosten durch die Verwertung des gewonnenen Ziegelmaterials und des Alteisens abgedeckt werden kann.

Ich bitte die Herren Leiter der Arbeitsämter, sich unverzüglich mit den für den Arbeitseinsatz in Frage kommenden Bedarfsträgern, also insbesondere der Ostbahn, den Straßenbauleitungen, Forstverwaltungen sowie selbstverständlich mit den Kreishauptmannschaften in Verbindung zu setzen und alle Einsatzmöglichkeiten für Juden festzustellen, um so die Grundlage für die Intensivierung des jüdischen Arbeitseinsatzes und darüber hinaus für eine konstruktive Lösung der Juden-Evakuierung in Krakau zu gewinnen. In den Verhandlungen kann darauf hingewiesen werden, daß die Aufnahme der aus Krakau als dem Regierungssitz des Generalgouvernements zur Aussiedlung gelangenden Juden Verpflichtung des gesamten Generalgouvernements ist.

Die Leiter der Arbeitsämter bitte ich, getrennt nach den vorerwähnten 4 Punkten, bis längstens zum 5. August 1940 den Leitern der Abteilungen Arbeit in den Distrikten zu berichten, die die Berichte mit ihrer Stellungnahme nach allenfalls erforderlicher Fühlungsnahme mit den in Betracht kommenden Abteilungen der Distriktchefs bis 11. August d. Js. an mich weiterleiten.[9]

9 Liegen nicht in der Akte.

## DOK. 143
## Die NS-Volkswohlfahrt Schroda (Środa) schildert am 25. Juli 1940 die Beschlagnahme von Waren in jüdischen Geschäften zugunsten von Volksdeutschen im September 1939[1]

Schreiben der Nationalsozialistischen Deutschen Arbeiterpartei, Gau Wartheland, Kreis Schroda, Amt für Volkswohlfahrt (Aktenzeichen: St/S), Kreisamtsleiter, Unterschrift unleserlich, an den Kreisvertrauensmann der Treuhandstelle Posen, Pg. Paul Gärtig, Schroda, vom 25.7.1940

*Betrifft: Übernahme von Waren aus jüdischen Geschäften.*
Sofort nach Besetzung der deutschen Ostgebiete[2] durch die Truppen wurden die Betreuungsmaßnahmen durch die NSV aufgenommen. Zu diesem Zwecke wurden die gesamten Warenbestände aus den in den einzelnen Ortschaften vorhandenen jüdischen Geschäften beschlagnahmt und der NSV zur weiteren Verwendung zugeführt. Aus Mangel an den notwendigen Hilfskräften und Mitarbeitern wurden Verzeichnisse über Art und Umfang der Warenbestände nicht gemacht. Mir sind auch die Namen der sich hier im Kreis befindenden jüdischen Geschäfte nicht bekannt, da mir von meinem Vorgänger, dem Sonderbeauftragten Pg. Salm, derartige Verzeichnisse nicht übergeben wurden. Die Beschlagnahme der in den jüdischen Geschäften vorhandenen Warenbestände wurde nicht nur im Kreis Schroda durchgeführt, sondern, soweit mir bekannt, im gesamten Gaugebiet.
Die beschlagnahmten Warenbestände wurden von der NSV auf Lager genommen und an die Volksdeutschen verteilt. Die Verteilung erfolgte nach dem Grade der Bedürftigkeit, soweit sich dies von den vorhandenen Mitarbeitern feststellen ließ. Diese einmalige Hilfsaktion war dringend nötig, zumal den meisten Volksdeutschen von den Polen die gesamten Bekleidungsstücke und Wäschestücke gestohlen bzw. vernichtet wurden, wenn nicht die Möglichkeit bestand, die Sachen mitzunehmen. Die Warenbestände wurden demnach nicht gegen Geld abgegeben.
Sollte dortseitens ein Interesse bestehen, den Umfang der Warenbestände festzustellen, so ist dies nur möglich an Hand der hier angelegten Karteikarten für die betreuten Personen. Ich weise jedoch darauf hin, daß diese Karteikarten ein unklares Bild ergeben, da zumal in den Monaten November und Dezember und später nicht nur die Sachen aus den beschlagnahmten Beständen herausgegeben wurden, sondern auch solche, die aus dem Bestand des Gaulagers in Posen empfangen wurden.
Heil Hitler![3]

1 APP, 759/17.
2 Gemeint sind die eroberten westpolnischen Gebiete.
3 Der Kreisvertrauensmann der Treuhandstelle Posen leitete das Schreiben am 30. Juli (im Dokument versehentlich „August“) 1940 an die Treuhandstelle Posen weiter, die es am 1.8.1940 nach Berlin schickte. Die Zentrale in Berlin teilte daraufhin am 10.8.1940 mit, dass sie mit der vom Kreisvertrauensmann „beabsichtigten Einstellung der weiteren Eintreibung von Forderungen“ aus den Beschlagnahmungen nicht einverstanden sei, vielmehr sollten die „Warenbestände in vollem Umfang festgestellt werden“; wie Anm. 1.

## DOK. 144
## Jüdische Repräsentanten berichten der US-Botschaft in Berlin am 28. Juli 1940 über die Judenverfolgung in Westpolen[1]

Denkschriften (streng vertraulich) von jüdischen Repräsentanten aus Polen für die Botschaft der USA in Berlin vom 28.7.1940[2]

*Juden in Kutno und in anderen vom Reich annektierten Städten*
Das dem Reich angegliederte Gebiet wird weiterhin von mehr als einer halben Million Juden bewohnt, davon leben allein etwa 220 000 bis 250 000 in Lodz.[3] Die Juden sind einem ungeheuren Terror ausgesetzt und müssen täglich um ihr Leben fürchten. Um diese Menschen körperlich und moralisch zu brechen, werden mit kalter Berechnung die unmenschlichsten Methoden angewandt, alle letztlich mit dem Ziel, sie [diese Menschen] vollständig auszulöschen. Die gelben Flecken, die Brust und Rücken der Juden zieren, waren erst der Anfang und gehören zu einem ausgeklügelten Plan, der nun konsequent und erbarmungslos umgesetzt wird. Die wirtschaftliche Grundlage der Juden ist binnen weniger Wochen zerstört worden. Den wenigen wohlhabenden Juden hat man all ihren Besitz, die Immobilien wie die Mobilien, geraubt: Jüdische Geschäfte sind entweder geschlossen oder an Deutsche übereignet worden. Handwerker haben ihre Werkstätten verloren, Taxifahrer und Fuhrunternehmer ihre Pferde, Droschken und Fahrzeuge; selbst jüdische Wohnungen und Häuser hat man ausgeplündert und das gesamte Mobiliar sowie andere lebensnotwendige Gegenstände konfisziert. Nur wer jemals selbst in diesen vom Reich einverleibten Städten und Orten gewesen ist, kann sich wirklich ein Bild von der Verzweiflung machen, die in den jüdischen Vierteln herrscht. Nur wer selbst diese niedergeschlagenen und gebrandmarkten Menschen gesehen hat, wie sie mit angsterfüllten Augen und geduckt durch die Straßen ihrer Heimatstädte schleichen, kann wirklich das Unheil begreifen, das über diese verängstigten und geschundenen Menschen hereingebrochen ist.
Aber noch ist kein Ende dieses Prozesses, der auf ihre Zerstörung zielt, abzusehen. Zurzeit werden zwei Aktionen vorangetrieben: Bei der einen ist geplant, Juden in sogenannten Gettos zu isolieren, besser gesagt, in Konzentrationslagern, wo man sie einsperren und hermetisch von der Außenwelt (Lodz) abschotten will. Die andere ist die Ausweitung der Deportationen.
In jenen Städten, in denen noch keine Gettos eingerichtet wurden und wo nach den ersten Deportationen noch einige wenige Dutzend jüdischer Familien übrig geblieben sind, werden diese ausgehungert und gequält, vor allem durch die unmenschliche Zwangsarbeit. In Wielun dürfen Juden weder auf dem Bürgersteig noch auf der Straße

1 NARA, US State Dept., Internal Affairs Poland – Race Problems, Decimal Files 860c.4016/620. Das Dokument wurde aus dem Englischen übersetzt.
2 Anlage Nr. 2 zu einer Depesche des Gesandten der USA, Alexander Kirk, vom 15.8.1940 zur Lage der jüdischen Bevölkerung im Generalgouvernement. Die Denkschriften wurden Landreth M. Harrison, einem Mitarbeiter der Berliner US-Botschaft, bei einem Besuch in Warschau von jüdischen Repräsentanten aus Warschau und Krakau übergeben. Die Anlage Nr. 1 behandelte das „jüdische Flüchtlingsproblem", Anlage Nr. 3 die „Deportation der jüdischen Bevölkerung aus Krakau". Im Original handschriftl. Unterstreichungen.
3 Bei Abriegelung des Gettos Ende April 1940 lebten dort knapp 160 000 Personen.

gehen, sondern nur noch in der Gosse. In Płock wurden eines Tages die Bewohner des örtlichen Altersheims abtransportiert, und man nimmt an, dass sie tot sind.[4] Aus Uniejów haben wir erfahren, dass sich alle jüdischen Frauen und Männer über 16 Jahren täglich zu unbezahlten Arbeitsdiensten melden müssen und der Rat der Jüdischen Gemeinde für deren Verpflegung aufzukommen hat. Da dieser jedoch über keine Mittel mehr verfügt, leiden die Arbeiter und Arbeiterinnen unter Hunger und Entkräftung. In Kutno wurde am Stadtrand ein Getto eingerichtet. Der jüdischen Bevölkerung, die über 8000 Personen umfasst, stellte man insgesamt fünf verfallene Gebäude, Teile einer ehemaligen Fabrik, mit 111 Räumen zur Verfügung, in denen es jedoch an Küchen und anderen notwendigen Ausstattungen fehlt. Nur ein Teil der Juden konnte in diesen Halbruinen untergebracht werden (mehrheitlich Frauen und Kinder), während die anderen bis heute auf offenem Feld kampieren müssen oder in behelfsmäßigen Baracken hausen, die nicht fertiggestellt werden konnten (da die Genehmigung, Bauholz zu liefern, noch während des Baus widerrufen wurde). Das Gelände dieser fünf Fabrikgebäude mit ihren 8000 jüdischen Bewohnern ist mit Stacheldraht eingezäunt worden. Als ein Junge, der zuvor aus dem Getto in Lodz geflohen war, durch den Zaun zu schlüpfen versuchte, wurde er erschossen. Im Getto gibt es nur einen Brunnen, sodass die Menschen hier den ganzen Tag lang Schlange stehen müssen, um etwas Wasser zu bekommen. Das wenige Essen, das man ihnen zugesteht, ist ungenießbar. Die Menschen haben aufgeblähte Hungerbäuche, und da es selbst an einfachsten Medikamenten fehlt, ist die Sterberate ins Unermessliche gestiegen. In den vergangenen Tagen erhielten wir einen Brief mit der dringenden Bitte, ihnen Geburtshilfeinstrumente zu schicken, weil auch diese im Getto nicht vorhanden sind. Ähnliche Gettos existieren in Żychlin, Brzeziny, etc. Uns erreichen zwar die verzweifelten Hilferufe dieser hoffnungslosen Menschen, aber wir können ihnen nur selten beistehen.

Aus Zagórów (Kreis Konin) erfuhren wir, dass am 18. Juli alle Juden aus Kleczew, Golina und Wilczyn, insgesamt 1600 Personen, zusammengetrieben worden sind. Man schickte sie, lediglich mit ein paar Habseligkeiten ausgestattet, nach Zagórów, wo bereits 145 jüdische Familien ein trostloses Dasein fristen.

Allein in Konin wurden über 10 000 Juden in ein kleines und mittelloses Dorf (Grójce) zwangsumgesiedelt, wo sie mangels Unterkünften im Freien leben müssen.

Dies ist nur ein Ausschnitt der Informationen und Fakten, von denen wir bislang Kenntnis erhalten haben.

*28. Juli 1940*

*Das jüdische Getto von Lodz*

Das Gebiet, auf dem sich das heutige Getto von Lodz befindet, das zwischen 220 000 und 250 000 Personen beherbergt, wurde vor dem Krieg von 70 000 Menschen bewohnt und galt bereits damals als übervölkert. Die Häuser dieses Lodzer Vororts (Bałuty) sind alt und entbehren jeglichen Komforts. Noch nicht einmal eine funktionierende Abwasserentsorgung ist vorhanden, und nur 10 % der Unterkünfte besitzen Wasserklosetts. Die Straßen sind zumeist eng und dunkel. Wer diesen Vorort vor dem Krieg gekannt hat, wird sich unschwer ausmalen können, welche Lebensbedingungen hier fast einer Viertelmillion Menschen zugemutet werden. Das Getto ist von Stacheldrahtzäunen umgeben, die

4 Es handelt sich möglicherweise um den Mord an 36 Pflegebedürftigen aus einem von katholischen Ordensschwestern betriebenen Heim am 7.1.1940 in einem Wald bei Płock.

außen von der deutschen und innen von der jüdischen Polizei ohne Unterlass bewacht werden. Vor den Toren des Gettos hat man eine „neutrale Zone" geschaffen. Hier verhandelt der Leiter der Jüdischen Gemeinde[5] täglich über den Umfang und die Art der Güter und Lebensmittel, die ins Getto gebracht werden. Die Lieferungen bestehen meist aus Mehl, Grütze, Zwiebeln, Rapsöl (in der Regel sehr wenig), manchmal Zucker und Milch (600 Liter für 250 000 Personen, davon mindestens 40 000 Kinder). In etwa 40 langen Schlangen warten die Menschen auf die Verteilung, oftmals müssen sie den ganzen Tag lang ausharren, um ihre Rationen zu erhalten (die Ausgangssperre beginnt um 8 Uhr abends). Andere Versorgungsmöglichkeiten gibt es nicht, da die Gettotore hermetisch abgeriegelt sind und es bei Androhung der Todesstrafe verboten ist, sich ihnen zu nähern. Einige Mutige sind bei dem Versuch, den Zaun zu überwinden, schon erschossen worden. So gibt es im Getto weder Fleisch noch Getreide, außer Grütze, und auch kein Brennmaterial. Die Bewohner verheizen bereits Teile des Mobiliars, und alle haben Angst vor dem kommenden Winter. Den Handwerkern fehlt es an Arbeitsgerät und Material, aber selbst wenn sie welches hätten, könnten sie ihre Erzeugnisse niemandem verkaufen, da nichts aus dem Getto nach draußen gelangen darf. Aus demselben Grund kann es auch keinen Handel geben. Insofern ist es kein Wunder, dass die Menschen im Getto sich sehnlichst wünschen, es würde – und sei es nur für zwei Stunden am Tag – geöffnet werden.

Ungefähr 85 % der im Getto eingeschlossenen Juden haben bereits alle ihre privaten Mittel verbraucht und sind nun vollständig auf die Unterstützung der Gettoverwaltung angewiesen. Doch aufgrund der hohen Ausgaben für den Kauf von Lebensmitteln schwinden auch die Ressourcen der Gemeinde dahin, und es wird nicht mehr lange dauern, bis alles Geld für die Ernährung der Gettobevölkerung aufgebraucht sein wird. Man versucht, die Situation durch die Einführung einer Gettowährung (Judenmark)[6] zu retten, was jedoch von der Bevölkerung abgelehnt wird, die erkennt, dass damit die letzte schwache Verbindung zur Außenwelt gekappt würde.

Chronische Unterernährung und die schrecklichen Lebensbedingungen sind für den rasanten Anstieg der Sterberate, insbesondere unter Säuglingen und Kindern verantwortlich. Die medizinische Versorgung krankt daran, dass es an Arzneimitteln mangelt. Außerdem fehlen Unterbringungsmöglichkeiten und Betten für die Kranken. Die Juden durften bei ihrem Umzug ins Getto nur Handgepäck mitnehmen, keine Möbel. Darauf stand die Todesstrafe.

Die schlimmste Not erleben diejenigen, die aus der Umgebung von Lodz (den Städten Zgierz, Aleksandrów, Pabianice) hierher deportiert wurden. Ihr Leiden übertrifft jegliche Vorstellungskraft. Fazit: Die Juden von Lodz sind in ein riesiges Konzentrationslager eingesperrt worden, und wenn sie nicht schnell daraus befreit werden, werden sie von den furchtbaren Bedingungen, unter denen sie hier leben müssen, bald vollständig dahingerafft werden.

5 Judenältester war Mordechai Chaim Rumkowski.
6 Im Original deutsch.

## DOK. 145
## Reichsstatthalter Greiser bespricht am 31. Juli 1940 mit der Regierung des Generalgouvernements die Umsiedlung der jüdischen Bevölkerung[1]

Protokoll der Besprechung zwischen Generalgouverneur Frank, den Höheren SS- und Polizeiführern Krüger und Koppe, dem Reichsstatthalter Greiser und dem Verwaltungschef des Warthegaus, Mehlhorn, in Krakau vom 31.7.1940

[...][2]
Er halte zunächst eine *Erörterung des Judenproblems* für erforderlich. Hier hätten sich ja die Dinge insofern inzwischen etwas geändert, als man jetzt in der Frage der Judenevakuierung eine andere Stellung eingenommen habe. Er habe auf Grund einer Unterredung mit dem Reichsführer SS[3] feststellen können, daß nunmehr die Absicht bestehe, die Juden über See in bestimmte Gebiete abzuschieben.[4] Er habe in dieser Besprechung erklärt, daß er sich einer solchen Entscheidung selbstverständlich fügen müsse und werde, daß aber das Judenproblem, soweit es seinen Gau interessiere, irgendwie noch vor dem Winter geklärt werden müsse. Das hänge natürlich von der Dauer des Krieges ab. Sollte der Krieg noch länger dauern, dann werde man eine Zwischenlösung finden müssen.
Die Frage der gegenseitigen *Grenzziehung*[5] werde wohl heute noch nicht restlos zu klären sein, sie müsse aber mit den beteiligten Reichsstellen in Berlin nochmals einer eingehenden Prüfung unterzogen werden, damit gewisse Unstimmigkeiten endlich aus der Welt geschafft werden könnten.
Reichsstatthalter Greiser geht dann auf das *Judenproblem* des näheren ein und hebt dabei hervor, daß man in Lietzmannstadt[6] und Umgebung eine gewisse Massierung von Juden festzustellen habe. In Lietzmannstadt selber habe man die Juden in ein Ghetto gebracht. Die Aktion sei an sich abgeschlossen, habe aber lediglich provisorischen Charakter. In diesem Ghetto befänden sich ungefähr 250 000 Juden.[7] Diese 250 000 Juden, deren Zahl sich vielleicht auf 260 000 erhöhen werde, müßten einmal den Warthegau verlassen. Es sei vorgesehen gewesen, sie in einer zweckmäßigen Form in das Generalgouvernement zu transportieren, und man habe die Form dieser Übernahme heute gleichfalls klären wollen. Inzwischen sei nun die neue Entscheidung gekommen, und er lege größten Wert darauf, daß die Möglichkeit der Übernahme geklärt werde, weil es für den Warthegau sowohl aus ernährungspolitischen wie insbesondere auch aus seuchenpolizeilichen Gründen ein unmöglicher Zustand wäre, diese im Ghetto zusammengepferchten Juden noch über den Winter hinaus zu behalten. Man müsse deshalb unter allen Umständen

1 AIPN, GK 95, Bd. 5. Kopie: IfZ/A, Fb 105, Bd. 7, Bl. 1754 – 1765, hier 1754 – 1762. Abdruck in: Diensttagebuch des deutschen Generalgouverneurs (wie Dok. 104, Anm. 1), S. 261 – 264.
2 In der Besprechung gab Frank bekannt, dass das „Amt des Generalgouverneurs“ künftig offiziell als „Regierung des Generalgouverneurs“ bezeichnet werde. Danach begrüßte er Greiser, der zu gemeinsamen Problemen des Warthegaus und des GG Stellung bezog.
3 Das Gespräch zwischen Greiser und Himmler fand vermutlich am 26.7.1940 statt.
4 Damit ist das Madagaskar-Projekt gemeint; siehe Dok. 132 vom 12.7.1940.
5 Gemeint ist die Grenzziehung zwischen dem Warthegau und dem GG; Frank hatte sich im Herbst 1939 bemüht, die Region Lodz dem GG anzuschließen.
6 Hier und im Folgenden: so im Original. Richtig: Litzmannstadt (Lodz).
7 Tatsächlich waren dort zum Zeitpunkt der Abriegelung Ende April 1940 knapp 160 000 Menschen eingesperrt.

eine Zwischenlösung finden, die die Möglichkeit biete, diese Juden in ein anderes Gebiet abzuschieben.
Der Herr *Generalgouverneur* bemerkt, ihm habe Reichsführer SS Himmler in Berlin amtlich mitgeteilt, daß er auf Befehl des Führers keinerlei Judenverschickung vornehmen werde.[8] Was das Generalgouvernement angehe, so habe er zunächst einmal die Evakuierung von 45 000 bis 50 000 Juden aus Krakau verfügt.
SS-Obergruppenführer *Krüger* teilt mit, daß die Frage der *Aussiedlung der gesamten Judenschaft aus dem Generalgouvernement* zur Zeit der Bearbeitung unterläge. Es seien auch schon Denkschriften darüber verfaßt worden, in welcher Form die Aktion nach Übersee durchgeführt werden solle.[9] Er empfehle, für die Frage der Umsiedlung zunächst einmal in erster Linie Lietzmannstadt zu berücksichtigen.
SS-Brigadeführer *Streckenbach* betont, daß sich genaues über die ganze Aktion noch nicht sagen lasse. Grundsätzlich stehe bisher nur fest, daß seine Dienststelle den Auftrag habe, festzustellen, wieviel Juden im gesamten von Deutschland zur Zeit besetzten Raum vorhanden seien. Die Juden sollten nach dem bisher bestehenden Plan nach *Madagaskar* verschickt werden. Wann und wie die Verschickung vor sich gehen solle, sei eine Frage des Friedensschlusses.[10] Ob sie tatsächlich nach Madagaskar kommen sollten, sei auch noch nicht endgültig bestimmt.
SS-Obergruppenführer *Krüger* weist darauf hin, daß er in einem kürzlich stattgefunden[en] Gespräch mit Reichsführer SS Himmler auch die *Frage der Zigeuner* berührt habe. Die gesamten Zigeuner sollten nach dem Generalgouvernement kommen. Es handele sich wohl insgesamt um 30 000 Zigeuner aus dem Altreich und anderen Gebieten. Genaues sei aber über diese ganze Aktion noch nicht zu sagen, da die Staatsangehörigkeit der Zigeuner noch geklärt werden müsse.
Der Höhere SS- und Polizeiführer des Warthegaues, Gruppenführer *Köppe*,[11] weist darauf hin, daß die Lage hinsichtlich der *Juden im Warthegau* von Tag zu Tag schlimmer werde. Das Ghetto in Lietzmannstadt sei eigentlich auch nur unter der Voraussetzung eingerichtet worden, daß die Abschiebung der Juden spätestens Mitte dieses Jahres beginnen werde. Im übrigen müsse er darauf hinweisen, daß, nachdem der Führer der vormaligen Stadt Lodsch den Namen Lietzmannstadt gegeben habe, jeder davon überzeugt sei, daß diese Stadt endgültig zum Warthegau gehören und bei ihm bleiben werde.
Der Herr *Generalgouverneur* hat dagegen keine Einwendungen zu erheben, kann aber nicht dem Standpunkt beipflichten, daß damit Lietzmannstadt heute schon eine deutsche Stadt sei. Diese Eindeutschung werde vielleicht noch 15 Jahre dauern. Er müsse mit allem Nachdruck darauf hinweisen, daß sich das Generalgouvernement auch in der Judenfrage zweifellos in einer viel schwierigeren Lage befinde als der Warthegau. Die Frage der Umsiedlung im Generalgouvernement werde auch angesichts des Umstandes, daß die Anlage neuer Truppenübungsplätze beabsichtigt sei, von Tag zu Tag schwieriger. Dieser Plan der

8 Die Begegnung mit Himmler hatte während Franks Deutschlandaufenthalt am 8.7.1940 in Berlin stattgefunden.
9 Der Referatsleiter für „Judenfragen" im Auswärtigen Amt, Franz Rademacher, hatte am 3.7.1940 die überarbeitete Fassung seines Madagaskar-Plans vorgelegt; Akten zur deutschen auswärtigen Politik 1918 – 1945. Aus dem Archiv des Auswärtigen Amtes, Serie D: 1937 – 1945, Bd. X: Die Kriegsjahre, 3. Bd.: 23. Juni bis 31. August 1940, Baden-Baden 1963, S. 92 – 94.
10 Der Friedensschluss mit der Kolonialmacht Frankreich kam nie zustande.
11 Richtig: Koppe.

Errichtung von Truppenübungsplätzen mache, wenn er zur Durchführung komme, die Umsiedlung von etwa 180 000 Polen notwendig.[12]
SS-Gruppenführer *Köppe* macht dann nähere Mitteilung über die Durchführung der *Siedlung im Gebiet des Warthegaues*. Der im Warthegau aufgestellte Siedlungsplan sehe die Ansiedlung von 60 bis 70 000 Volksdeutschen vor. Außerdem würden demnächst 10 000 Juden[13] aus Bessarabien kommen, für deren Unterbringung auch gesorgt werden müsse. Im Warthegau gebe es zur Zeit noch 588 000 Deutsche gegenüber 1,6 Millionen Polen. Insgesamt wohnten noch 8 Millionen Polen außerhalb des Generalgouvernements.
Der *Herr Generalgouverneur* weist demgegenüber auf die großen Schwierigkeiten hin, die der Übernahme polnischer Bevölkerung z.B. auch aus Ungarn, Litauen, Rumänien und anderen Ländern entgegenständen. Zu welchen Mißständen das führen müsse, ergebe sich aus der Tatsache, daß heute schon das Generalgouvernement eine Bevölkerungsdichte von teilweise 180 Menschen auf den qukm habe. Die durchschnittliche Besiedlung im Generalgouvernement sei wesentlich größer als im Reich. Unter solchen Umständen und bei einer vermehrten Hereinnahme von Polen in das Generalgouvernement könne er kaum noch die Verantwortung dafür übernehmen, daß nicht Seuchen und Katastrophen anderer Art, wie etwa Hungersnöte, eintreten würden. Es handele sich hier um eine außerordentlich ernste Aufgabe, die nur im Zusammenwirken aller beteiligten Instanzen gelöst werden könne.
SS-Brigadeführer *Streckenbach* weist darauf hin, daß neben den aus dem Warthegau gestellten Forderungen auch noch von Ost- und Westpreußen und Schlesien sehr starke Forderungen nach Übernahme von Polen gestellt würden. Zur Zeit laufe die Aussiedlung von 120 000 *Polen aus dem Warthegau*, die den aus Wolhynien kommenden Deutschen Platz machen sollten. Von diesen 120 000 Polen seien bis heute 58 000 ins Generalgouvernement gekommen, es fehlten also noch 62 000. An sich sollte diese Aktion schon Anfang Juli abgeschlossen sein, sie habe sich aber infolge der Transportschwierigkeiten verzögert. Ferner komme noch die Übersiedlung von 20 bis 30 000 Volksdeutschen aus Litauen in Frage, außerdem der Abtransport von 41 000 Polen aus Gotenhafen.[14] Man habe seinerzeit das Generalgouvernement mit einer Bevölkerungsdichte von 102 Menschen auf den qukm übernommen, heute seien es schon durchschnittlich 136 Menschen. Diese Zahl steigere sich nun noch dadurch, daß für die Anlage von Truppenübungsplätzen, Brückenköpfen usw. gewaltige Flächen freigemacht werden müssen. Nach Abschluß dieser Arbeiten müsse man im Generalgouvernement mit einer Bevölkerungsdichte von 145 Menschen auf den qukm rechnen. Das Gebiet des Generalgouvernements sei in Friedenszeit, also vor Ausbruch des polnischen Krieges, ernährungsmäßig ein Unterschußgebiet gewesen. Krakau habe allein im Jahre 245 000 Tonnen Brotgetreide zusätzlich gekauft.
Reichsstatthalter *Greiser* glaubt, auf Grund dieser Sachlage die Feststellung treffen zu müssen, daß das Generalgouvernement nicht in der Lage sei, die 250 000 Juden auch nur interimistisch aufzunehmen.
Der Herr *Generalgouverneur* bestätigt diese Auffassung vollinhaltlich und zieht daraus den Schluß, daß diese Situation eine Klärung des Verhältnisses zwischen Warthegau und

12 Siehe Dok. 82 vom 30.1.1940 und Dok. 83 vom 1.2.1940.
13 Gemeint sind vermutlich: Bessarabiendeutsche.
14 Gdingen.

Generalgouvernement erheische. Die Situation fange an, für beide Gebiete katastrophal zu werden. Deshalb müsse die Frage auch einer grundsätzlichen Entscheidung zugeführt werden. Er halte sich für verpflichtet, dem Warthegau den absoluten Vorrang in der Deutschhaltung dieses Gebietes zu lassen. Er könne ja auch nicht den Ehrgeiz haben, aus dem Generalgouvernement ein deutsches Land zu machen. Dafür sei jedenfalls die Zeit noch nicht gekommen. Wenn aber die Aussiedlung in der Form vor sich gehen solle, daß das Generalgouvernement diese Menschenmassen aufzunehmen hätte, dann müsse man sich zunächst einmal über die Bedingungen klar sein. Die Bedingungen müßten so gestellt werden, daß sie auch im gesamtdeutschen Interesse erfüllt werden könnten. Sollten diese Massen von Polen in das Generalgouvernement hineinkommen, dann müßte eben vollkommen auf Rechnung des Reiches für die notwendige Ernährung gesorgt werden. Das sei schon um deswillen notwendig, weil ja das Generalgouvernement eine wichtige Aufgabe für das Deutsche Reich zu erfüllen habe.

Regierungspräsident *Mehlhorn* betont, daß es im Laufe der Zeit doch immerhin gelungen sei, die Stadt *Lietzmannstadt* im wesentlichen zu einer deutschen Stadt zu machen. Wer im November in dieser Stadt gewesen sei und heute dorthin komme, werde ohne weiteres feststellen können, daß das Bild ein anderes geworden sei und die Deutschen auf der ganzen Linie dominierten. Das zeige auch der Umstand, daß seit dieser Zeit kein Polizist oder Wehrmachtsangehöriger mehr einem Überfall zum Opfer gefallen sei. Auch das äußere Gesicht der Stadt sei durchaus deutsch. Neben den starken volksdeutschen Elementen in der Zahl von etwa 60 bis 80 000 gebe es jetzt eine große Anzahl Reichsdeutscher mit ihren Familien dort, die in der Stadt Arbeit gefunden hätten. Man habe das Ghetto gerade deswegen eingerichtet, weil man die Volksdeutschen und Reichsdeutschen vor Seuchen bewahren wollte. Die Stadt mit ihren 700 000 Einwohnern habe keine normale Wasserleitung, keine Kanalisation. Der Reichsgesundheitsführer habe die erdenklichsten Anstrengungen gemacht, um die hygienischen Verhältnisse zu bessern. Allerdings wären die Juden und Polen, teilweise aber auch die Volksdeutschen, in gewisser Weise gegen das Fleckfieber immun, wenn sie in ihrer Jugend diese Krankheit überstanden hätten. Anders sei das natürlich bei den Reichsdeutschen. Wenn er darauf hinweisen müsse, daß 30 % der deutschen Beamten und Angestellten seiner Regierung in diesem Sommer an Ruhr erkrankt und deshalb nicht arbeitsfähig gewesen seien, so sei das ein Zustand, der auf die Dauer für eine deutsche Stadt unmöglich sei. Sollte der Krieg noch länger dauern, dann halte er es für ausgeschlossen, daß die Juden in Lietzmannstadt noch verbleiben; denn man könne unmöglich reichsdeutsche Männer und Frauen der Seuchengefahr aussetzen. Deshalb müsse die Judenfrage auf irgendeine Weise gelöst werden.

Der Herr Generalgouverneur erkennt die Schwierigkeit des Judenproblems besonders für Lietzmannstadt durchaus an, gibt aber nochmals seiner Auffassung dahin Ausdruck, daß das Generalgouvernement nur helfen könne, wenn alle ernährungspolitischen und wirtschaftlichen Fragen gelöst seien.

[...][15]

15 Anschließend beendete Frank die Sitzung.

## DOK. 146
## Das Personalamt des Distrikts Krakau warnt am 1. August 1940 reichsdeutsche Mitarbeiter davor, die Dienste jüdischer Gewerbetreibender in Anspruch zu nehmen[1]

Schreiben des Amts des Chefs des Distrikts Krakau, Personalamt (Az.: 105420-Pers/40), gez. Hönigl,[2] an alle Abteilungsleiter vom 1.8.1940

*Betr.* Arbeiten bei jüdischen Gewerbetreibenden.
Es ist wiederholt vorgekommen, daß reichsdeutsche Beamte und Angestellte bei jüdischen Gewerbetreibenden, insbesondere Schneider[n] und Schneiderinnen, arbeiten lassen. Ich mache darauf aufmerksam, daß dies mit der Haltung, die die Reichsdeutschen hier einzunehmen haben, nicht in Einklang zu bringen ist. Ich fordere daher alle reichsdeutschen Beamten und Angestellten auf, in Hinkunft nicht mehr bei jüdischen Gewerbetreibenden private Arbeiten durchführen zu lassen.

## DOK. 147
## Das polnische Untergrundblatt Szaniec kommentiert am 1. August 1940 die Politik der deutschen Besatzer gegenüber den Juden[1]

*Immer die Gleichen*

Die Nazipropaganda hat das Weltjudentum mit seinen offenen und verdeckten Einflüssen von Beginn an zu seinem Hauptfeind erklärt. Dies hat Hitler aber nicht davon abgehalten, aus opportunistischen Gründen ein Abkommen mit dem Bolschewismus zu schließen, d.h. mit der mächtigsten Domäne jüdischer Einflüsse, die Hitler als Feind Nr. 1 betrachtet.
Diese Vereinbarung, die nach außen hin die Teilung Polens regelt, enthält vermutlich noch weitere Bestimmungen zum Judentum in dem von Polen geraubten Gebiet.
Angeblich werden unterschiedslos alle Bürger des polnischen Staates von den deutschen Behörden und jedem einzelnen Deutschen verfolgt. Tatsächlich verhält es sich anders. Hitler hat sich zum Ziel gesetzt, die Juden aus Europa zu entfernen. In der Vorbereitungsphase soll den Juden größerer Besitz abgenommen, ihre Einnahmequellen sollen abgeschnitten und sie selbst in Gettos eingeschlossen werden. Der erste Punkt des Programms wurde im Grunde umgesetzt, auch wenn dies durch die Bestechlichkeit der deutschen Amtsträger weitgehend konterkariert wurde, bei denen sich viele Juden freikaufen konnten, wodurch sie mit einer verhältnismäßig geringen Geldsumme ungleich größere Werte in Sicherheit brachten. Dieses System der Beraubung musste erfolgreich sein, da es der

1 AIPN, GK 110/2, Bl. 3. Kopie: USHMM, RG 15.024M.
2 Dr. Paul Hönigl (*1895), Jurist; 1932 NSDAP- und SS-Eintritt; 1938 im Sonderdezernat IVd-8 (für das „Judenvermögen") des Reichsstatthalters in Niederdonau tätig, Okt. 1939 bis Okt. 1940 Mitarbeiter der Abt. Innere Verwaltung beim Chef des Distrikts Krakau, dann wieder Dezernent im Gau Niederdonau; 1945 – 1947 inhaftiert, danach Hilfsarbeiter in Wien.

1 Szaniec, Nr. 29/30 vom 1.8.1940, S. 2f.: Zawsze ci sami, Biblioteka Narodowa, MF 48691. Der Artikel wurde aus dem Polnischen übersetzt.

deutschen Psyche allzu sehr entgegenkommt. Im gleichen Ausmaß traf es jedoch die Polen, und dies festzustellen ist für unsere weiteren Ausführungen ganz wesentlich.
Die Trennung der jüdischen Massen von ihren Einnahmequellen, vom Handel, haben die Deutschen nicht durchgesetzt, es sei denn als Folge des Raubs. Die Tatsache, dass die Belieferung des Heeres vielfach Juden übergeben wurde ([die] außer dem Stern eine grüne Armbinde [tragen]), lässt tief blicken. Die kleinen jüdischen Läden und Verkaufsstände florieren, die Hausierer gehen, zahlreicher noch als früher, ohne jegliche Beschränkung ihren Trödlergeschäften nach. So kommen sie über die Runden, was für die Polen in vielen Fällen nicht gilt.
Auch das Getto bleibt immer noch eine vage Ankündigung. In die Tat umgesetzt wurde es nur dort, wo das nächste Mittel die Aussiedlung gewesen wäre, nirgendwo sonst wurde es verwirklicht. Bislang ist daher nicht zu sehen, dass die Deutschen bestrebt wären, bei uns die jüdische Frage zu lösen.
Auch die Gestapo, d.h. all das, was man landläufig so bezeichnet, verhält sich gegenüber den polnischen Juden auf seltsame Weise gemäßigt, natürlich nur insoweit, als diese Verbrecherbande überhaupt gemäßigt sein kann. Im Unterschied zu den Massenerschießungen von Polen kommt es zur Ermordung von Juden nur ausnahmsweise. Davon gab es nur so viel wie nötig, um die Verhältnisse klarzustellen. Ähnlich ist es bei den Verhaftungen. Die Misshandlungen sind nicht Teil des Systems, sondern eigenmächtige Handlungen von Einzelpersonen – deutschen Sadisten.
Nahezu unabweisbar drängt sich die Vermutung auf, dass dieser milde Kurs der Lohn der Herren von der Gestapo dafür ist, dass die Juden sich massenhaft als Informanten der Polizei betätigen.
Schließlich werden die Juden nicht zur Arbeit nach Deutschland verschleppt. Ihre Zwangsarbeit vor Ort ist mühsam, stellt aber keinen Schlag gegen ihre nationale Existenz dar, während es für uns wohl das Schlimmste ist, dass unsere Jugend ins Reich geschafft wird.
Trotz dieses äußerlichen Scheins gilt es entschieden und völlig objektiv festzuhalten, dass es kein gleichartiges Los von Juden und Polen gibt: Sie haben es mit Schikanen, Raub und einem Polizeisystem zu tun, dessen Wohltaten auch den Deutschen das Leben schwer machen, wir jedoch – mit der völligen Ausrottung.
Die angebliche Schicksalsgemeinschaft bringt manche Polen dazu, das wahre Antlitz des Judentums zu vergessen, für einzelne Gewaltopfer unter den Juden empfindet man Mitleid, und dieses Mitgefühl wird dann verallgemeinert. Diese Polen sind bereit, schon den bloßen Schatten von Antisemitismus zu verurteilen, weil er die gemeinsame antideutsche Front spalte; damit werde innerhalb einer einheitlichen Gesellschaft Zwietracht gesät, weshalb sie die Wiederbelebung des Konflikts[2] verurteilen, ja sogar als Wasser auf die Mühlen der Deutschen bezeichnen. Diesen Polen raten wir, nach Osten zu blicken, wo die Bolschewiken sich einen Teil Polens einverleibt haben und Juden herrschen. Eben dort konnten sie zeigen, was sie wirklich empfinden und wozu sie fähig sind. Dieselben Juden, die vor dem September so viel von der Verteidigung Polens, des Vaterlandes, geredet haben, wetteifern dort heute mit der G.P.U.[3] bei der Ausrottung der Polen. Die zufäl-

2 Gemeint sind die polnisch-jüdischen Spannungen der Vorkriegsjahre.
3 Offizielle Bezeichnung für die sowjet. Geheimpolizei bis 1934 (auch OGPU), später ebenfalls für das NKVD gebraucht.

lige Grenze am Bug[4] hat uns zwei verschiedene Gesichter des Judentums gezeigt. Welches ist das wahre? Jenes unter den Deutschen, das unser Mitgefühl weckt, oder jenes von der roten Macht trunkene, das seinem lange unterdrückten Hass auf uns freien Lauf lässt? Es gibt zu viele Beweise für antipolnischen Terror seitens der sowjetischen Juden, und die Juden unter deutscher Herrschaft erwarten zu ungeduldig den Einmarsch der Bolschewiken, um hier noch Zweifel zu haben. Das Judentum hat nur ein Gesicht: das jenseits des Bugs, wo es sich ohne Maske zeigen kann.
Wir sollten daraus alle [erforderlichen] Konsequenzen ziehen. Die Zeiten sind unruhig, es stehen uns noch militärische Auseinandersetzungen bevor, vielleicht auch eine kurzfristige Revolution, wenn der deutsche Staat zusammenbricht. Möge rührseliges Humanitätsgedusel uns heute nicht die Augen vor der Grundwahrheit verschließen: Den Juden kann man kaufen, man kann ihn gewaltsam im Zaum halten, aber es ist unmöglich, sich mit ihm aus einer Position der Schwäche heraus einig zu werden.

## DOK. 148
## Ein anonymer Denunziant behauptet am 2. August 1940, dass der Judenrat in Lublin die Wohlhabenden bevorzuge[1]

Schreiben, Unterschrift Anonim, an das Referat Judenangelegenheiten in Lublin[2] vom 2.8.1940[3]

*Übersetzung*
1. Ich teile den Deutschen Behörden mit, dass alle 24 Mitglieder des Judenrates ihre Stellung nur für Privatzwecke ausnützen. Jeder von ihnen hat die jüdische Gemeinde mit seinem Sohn, Tochter oder Verwandten als Beamten und Angestellten besetzt. Diese machen gar nichts, entgehen nur der Arbeitspflicht. Da, wo einer genügen würde, sitzen 15 bis 20 Leute, die aus den reichsten Familien stammen, wie z.B.: Kohen, Rajz, Goldsabel, Spironurmann, Tennenbaum, Davidsohn, Goldsztern, Hochgemein, Kerschenblum, Lerner, Lewinzon. Alle die verstecken sich „im Judenrat".
2. Die wirklichen reichen Leute wie Zylber, Kenigsberg, Wurman, Izraelit, Mincmann, Rongold, Wolmann, Horowicz, und die Inhaber der größten Häuser zahlen nicht die festgesetzten Steuern und geben auch nichts von ihren Schätzen und Vermögen der Gemeinde ab, sie bezahlen nur die Mitglieder des Judenrates, damit diese ihnen nicht zu hohe Steuern festsetzen. Der Judenrat unterdrückt die verarmten und ruinierten Juden mit zu hohen Steuern, die sie unter Arrestdrohung erpressen. Vorige Woche hat Herr Dr. *Hofbauer* einige reiche Juden [zu sich] bestellt, von denen er eine gewisse Summe verlangte. Diese Summe konnten die Leute selber leicht hinterlegen, haben es aber nicht getan, sondern ganz Lublin zusammengerufen und unter Arrestbedrohung von armen Leuten die letzten Groschen erpresst.

4 Die Demarkationslinie zwischen dem deutschen und dem sowjet. Besatzungsgebiet gemäß dem Grenz- und Freundschaftsvertrag vom 28.9.1939.

1 YVA, O-6/393.
2 Judenreferent beim SSPF im Distrikt Lublin war Dr. Karl Hofbauer.
3 Handschriftl. Original in Polnisch mit amtlicher maschinenschriftl. Übersetzung (gez. Ku.) ins Deutsche. Grammatik und Rechtschreibung wie in dieser Übersetzung.

3. Es kommt oft vor, dass der Judenrat um 12 Uhr nachts jemanden verhaftet. Die verhafteten sind aber immer nur arme Leute, kein reicher. Es ist Tatsache, daß der durchschnittliche Steuerzahler 15 bis 20 mal höhere Steuern zahlt, der reiche dagegen nur zwei bis dreimal höhere.
4. Wenn die Behörden 100 bis 150 Leute nach Tyszowiec oder Belcec[4] brauchen, so schickt der Judenrat an 1000 Juden die Aufforderung, sich zu stellen. Von jedem dieser Aufgeforderten zieht der Judenrat für seine Mitglieder 200, 300, 400 Zl.[5] ein und verrechnet sie als Gebühren für Befreiung von der Arbeit.
Das sind Tatsachen der Regierung des Judenrates an der rechtlosen Bevölkerung von Lublin.
*Bemerkung:* Ich werde auch noch die Gelegenheit haben, die Tätigkeit des Judenrates bei dem Boykott der deutschen Waren zu beschreiben.[6]

## DOK. 149
## Dror: Tuwia Borzykowski stellt im August 1940 Forderungen an die jüdische Jugend[1]

*R. Domski*[2]
*Die heutige Jugend in dieser Zeit*

Die Epoche, in der wir gegenwärtig leben, kann man wohl als eine der traurigsten in der Geschichte der Menschheit bezeichnen. Alle Fundamente des bisherigen Lebens sind erschüttert worden. Neues ist noch nicht entstanden. Die junge Generation, die in dieser Übergangszeit leben und atmen muss, findet keine Quellen, aus denen sie geistige Nahrung schöpfen könnte. So ist eine geistige Krise entstanden, die zu Degeneration und gefährlicher Anarchie im gesamten Denken und Fühlen dieser Jugend führt.
Die Jugend, die in psychologischer Hinsicht eine besondere Gruppe in der Gesellschaft darstellt, unterscheidet sich von den Älteren dadurch, dass ihr Wesen leichter erregbar ist und ihre Gefühle intensiver sind. Die Gefühle der Jugendlichen sind wie ein Akkumulator, der alle Eindrücke der Umgebung sammelt. Auf diese Weise entstehen im Jugendlichen starke Impulse, negative oder positive, je nach Ort und Zeit, in der der Jugendliche

4 Die Ortsnamen sind in der Übersetzung falsch geschrieben. In Tyszowce (zwischen Tomaszów Lubelski und Hrubieszów) und in Bełżec (einige Kilometer südlich von Tomaszów Lubelski gelegen) befanden sich große Zwangsarbeitslager der SS für Juden.
5 Im polnischen Original heißt es hier abweichend: „200, 300, 400 und 500 Zł.".
6 Gemeint ist die Kampagne polnischer Juden zum Boykott deutscher Waren, die 1933 begann; siehe VEJ 1/43.

1 Dror, Nr. 3, Tamuz 5700 (7.7.–4.8.1940), S. 11f., AŻIH, Ring I/1029 (705). Das Dokument wurde aus dem Jiddischen übersetzt. Dror (Freiheit) war eine Untergrundzeitung des zionistischen Jugendbunds Dror, welcher der Partei Poale Zion-Rechte nahestand.
2 Deckname von Tuwia Borzykowski (1911–1959); Kindheit und Jugend in Radomsko; im Jugendbund Dror und in der Partei Poale Zion aktiv, seit Mitte 1940 in Warschau, Redakteur der konspirativen Presse, in der zweiten Jahreshälfte 1942 Ausbilder auf einem zionistischen Schulungs-Bauernhof im Vorort Czerniaków, 1943 Kämpfer der ŻOB im bewaffneten Widerstand; 1949 nach Israel ausgewandert, gehörte er dort zu den Mitbegründern des Hauses der Gettokämpfer (Beth Lohamei Hagetaot).

lebt. Deshalb ist es in der Tat kein Zufall, dass die Jugend von jeher eine bedeutende Rolle im gesellschaftlich-politischen Leben gespielt hat und alle sozialen und national-fortschrittlichen Ideen von der Jugend verbreitet wurden.

Inzwischen hat sich die historische Rolle der Jugend etwas geändert. Die bourgeoisen Erzieher hatten die Möglichkeit, mit Hilfe staatlicher und kultureller Institutionen die Energie der Jugend in eine falsche Richtung zu lenken. Der jugendlichen Leidenschaft, Neues zu schaffen, gaben sie die Ausrichtung, eine neue Ordnung zu errichten: eine faschistische. Die jugendliche revolutionäre Stimmung nutzte man aus, um zu zerstören, statt aufzubauen. So wurde die Jugend vor den Karren von allerlei Untaten gespannt, und daraus entsteht ein Zustand der Verwilderung und Verwüstung, von moralischer Verderbtheit und mittelalterlicher Despotie. Diese Atmosphäre zerfrisst und vergiftet die Gemüter der jungen Generation.

Wir, die jüdische Jugend, können uns nicht von dem Einfluss befreien, den die allgemeine Lage der Jugend auf uns hat. Dazu kommen noch die spezifisch jüdische Lage, kein eigenes Land zu besitzen, und der besondere Hass, der uns als Juden umgibt. Die Hauptgründe für die Tragödie unserer jüdischen Jugend sind der Krieg und die Besatzung durch die Nationalsozialisten.

Man hat uns in die Rolle von Parias gedrängt, beleidigt und bespuckt, uns mit Zeichen von Schande und Spott versehen. In den Arbeitslagern der Nazis wird die jüdische Jugend physisch und geistig ihrer Eigenart beraubt. Den jüdischen Kindern hat man den Zugang zu Schule und Bildung abgeschnitten. Allen drohen Not und Arbeitslosigkeit, wodurch Tausenden Leben und Existenz genommen werden, und dies macht die junge jüdische Generation zu vorzeitig gealterten, verlebten Menschen, apathisch, misstrauisch, ohne Zuversicht und ohne die Möglichkeit, ihr Leben zu ändern.

Was müssen wir in dieser Lage tun? Worauf müssen wir unsere Aufmerksamkeit richten? Natürlich gibt es nicht den einen Weg für die gesamte jüdische Jugend. So unterschiedlich die Krankheiten sind, so unterschiedlich müssen auch die Heilmittel sein. Da ist die Lage der Jugendlichen, die sich in Straßen und Höfen aufhalten, ohne Schule, ohne Aufsicht, in denen sich alle negativen Züge der Erwachsenenwelt wiederfinden. Sie treiben fliegenden Handel. Anders ist die Lage derjenigen Jugendlichen, die die Möglichkeit hatten, sich zu bilden. Die jedoch halten Abstand und wollen sich nicht zu den jüdischen Massen herablassen.

Ersteren muss man elementare Bildung zukommen lassen. Man muss Schreib- und Lesekurse einrichten, Jiddisch-, Hebräisch-, Mathematikkurse usw.[3] Man muss die Jugendlichen von der Straße in eine warme, kameradschaftliche Umgebung hereinholen und, soweit möglich, für ihr Wohlergehen sorgen, ihnen, soweit möglich, das Gefühl von Solidarität und Verantwortlichkeit einpflanzen. Mit Gesang und Spiel gilt es, eine der Jugend angemessene Atmosphäre zu schaffen, für diejenigen, die zu früh gealtert sind.

Im letzteren Teil der Jugend muss man das Bewusstsein einer Schicksalsgemeinschaft mit der gesamten jüdischen Masse schaffen. Man muss sie von ihrem Olymp holen und in ihnen das Gefühl der Volkszugehörigkeit wecken, ihnen ein sozialistisches Bewusstsein geben, sie auf allen Gebieten des jüdischen Lebens gesellschaftlich aktivieren, ihnen alle

3 Bis zum Sommer 1941, als der Warschauer Judenrat eigene Schulen eröffnete, organisierte CENTOS Kurse in den Volksküchen der JSS, die sich in ehemaligen Schulgebäuden befanden; die Lehrkräfte waren als Köche verkleidet. Der illegalen Schulorganisation stand ein Leitungsgremium vor, in dem Repräsentanten verschiedener politischer Richtungen vertreten waren.

geistigen Schätze eröffnen, die das jüdische Volk seit Anbeginn geschaffen hat. Schließlich und endlich muss man den besseren Teil der jüdischen Jugend, der schon in unseren Gruppen erzogen wurde, zusammenfassen und aus ihm eine schlagkräftige Avantgarde der jüdischen Jugend bilden.
Wir haben wohl als Einzige in der Judenheit die Losung vom „Gang ins Volk“ ausgegeben, und wir gehen diesen Weg ungeachtet aller Schwierigkeiten und Gefahren. Wir tragen Zuversicht in die finsteren Winkel des jüdischen Lebens, wo Niedergeschlagenheit herrscht.
Schon von jeher haben wir jene Generationen von Kämpfern bewundert, die mit ihrer Arbeit im Untergrund Pioniere unserer Freiheit gewesen sind. Die Arbeit der Pariser Kommunarden, der russischen Revolutionäre, Haschomer und Hagana[4] u. v. a. Freiheitsbewegungen waren immer schon Symbol unserer Jugendarbeit. Das Schicksal will aber, dass wir nicht nur von anderen lernen, sondern auch selbst einen Untergrundkampf kämpfen, für die Erneuerung jüdischen und überhaupt menschlichen Lebens.

## DOK. 150
## Der Vorsitzende des Warschauer Judenrats beschreibt zwischen dem 2. und 5. August 1940 die zunehmenden Beschränkungen für die jüdische Bevölkerung[1]

Handschriftl. Tagebuch von Adam Czerniaków, Einträge vom 2. bis 5.8.940

2.8.1940 – +12 °C. Für Mittwoch früh wegen der Häuser zur Treuhandaußenstelle gebeten worden. Die Ujazdowskie-Allee ist für Juden gesperrt. Die jüdischen Anwohner dürfen sie nicht betreten. Bemühungen um eine Versetzung des Schilds bis zur Pius-Straße. Von den 641 000 Zł. für die Brotkarten sind noch etwa 30 000 Zł. übrig.
Der Kommissar des Gemeindehauses in der Śliska-Straße verlangte von den Flüchtlingen Miete. Unterredung mit dem Finanzamt in der Daniłowiczowska-Straße. Es wird eine Immobiliensteuer zugunsten der Gemeinde eingeführt. Von den Unternehmen voraussichtlich ein Zuschlag von 50 %.
Auf der Treppe der Gemeinde Flüchtlinge aus Krakau.

3.8.1940 – +14 °C. Kühl. Um 7.30 zur Gemeinde. Die Häuserfrage ist unklar. Tempels Situation schlecht.[2] Das Arbeitsamt[3] wird an die Verweigerer herantreten.[4] Gewissen An-

4 Zionistische paramilitärische Organisation in Palästina während des britischen Mandats (1920 – 1948).

1 YVA, O-33/1090. Abdruck in: Czerniaków, Dziennik getta warszawskiego (wie Dok. 39, Anm. 1), S. 135f. Das Dokument wurde aus dem Polnischen übersetzt in Anlehnung an: Czerniaków, Im Warschauer Getto (wie Dok. 39, Anm. 1), S. 98.
2 Aleksander Tempel, Rechtsanwalt, Mitglied des Judenrats in Warschau, floh Anfang Nov. 1939 in die Sowjetunion und kehrte einige Monate später nach Warschau zurück. Czerniaków setzte sich bei den deutschen Behörden – offenbar vergeblich – für dessen Freilassung ein.
3 Im Original deutsch.
4 Am 30.7.1940 hatte Czerniaków notiert, Inspektor Peemöller vom Arbeitsamt habe den Hausverwaltern mit Sanktionen gedroht, falls sich weiterhin so wenige Arbeiter meldeten; Czerniaków, Im Warschauer Ghetto (wie Dok. 39, Anm. 1), S. 97.

haltspunkten zufolge sollen die Juden aus allen Querstraßen der Ujazdowskie-Allee (Lindenallee) ausgesiedelt werden. Anweisungen in der Provinz, für ein paar Dutzend Złoty Geschäfte mitsamt Waren an verschiedene Polen und Polinnen abzutreten.

4.8.1940 – +18 °C. Morgens zur Gemeinde. Wegen der Krakauer Flüchtlinge sollte eine Sitzung stattfinden.[5] Angeblich eine Entspannung. Die Konferenz wurde auf Dienstag verlegt. Um 1.30 fuhr ich für einige Stunden nach Otwock. Im Sanatorium „Brijus" traf ich zum ersten Mal im Leben einen weiblichen Tierarzt, ein gewisses Frl. Neufeld. Ein Verrückter ist aus der Zofiówka entflohen.[6] Er wurde von einem Zug überfahren. Die Polizei brachte die Leiche. Abends um 8 Rückkehr nach Warschau. Mit dem Auto ½ Stunde.

5.8.1940 – + 18 °C. Morgens Gemeinde. Ein Teil des [Weichsel-]Ufers soll entjudet werden (Wiejska-, Książęca-, Rozbrat-Straße usw.). Nach dem Mittagessen Versammlung wegen der JSS (Memo an die Behörden wegen eines Anteils am Steueraufkommen, Straßenbahnen, Gas, Elektr[izität], Kopfsteuer).

## DOK. 151
## Der Arzt Zygmunt Klukowski schildert zwischen dem 5. und dem 12. August 1940 die Judenverfolgung in Szczebrzeszyn[1]

Handschriftl. Tagebuch von Zygmunt Klukowski, Einträge vom 5. bis 12.8.1940

5.8. Montag
Bürgermeister Borucki plant, das abgebrannte jüdische Gotteshaus in ein städtisches Kino umzuwandeln. Er hat Ing. Klimek aus Zamość geholt, der am Samstag und Sonntag schon die entsprechenden Vermessungsarbeiten durchführte und Skizzen anfertigte. Als die Juden davon erfuhren, waren sie entsetzt und schickten sofort eine Delegation aus den drei wichtigsten Mitgliedern der Kehilla[2] zu mir. Sie wollten wissen, wie sie es verhindern können, und baten mich um Rat. Was konnte ich ihnen unter den heutigen Bedingungen raten?! Ich sagte, sie sollten zu Borucki gehen.
Seit heute Morgen herrscht wieder große Aufregung bei den Juden, aber nun aus einem

5 Tausende Juden, die Krakau verlassen mussten, kamen im Sommer 1940 nach Warschau; siehe Dok. 104 vom 12.4.1940 und Dok. 156 vom 12.8.1940.

6 „Brijus" (von hebr.: Bri'ut für Gesundheit) war ein Sanatorium für Tuberkulosekranke der Jüdischen Anti-TBC-Gesellschaft, die Zofiówka ein Heim für geistig Behinderte, das der Gesellschaft für die Fürsorge geisteskranker Juden unterstand. Die Abt. Sozialfürsorge des Warschauer Judenrats unterstützte die Einrichtungen finanziell, und einflussreiche Personen aus dem Warschauer Getto konnten sich dort zur Erholung einquartieren. Die Patienten und Heiminsassen wurden am 19.8.1942 bei der Vernichtung des Gettos in Otwock ermordet; das Gebäude übernahm 1943 der Lebensborn Ostland.

1 Zygmunt Klukowski, Dziennik, Heft 3, Bl. 16RS – 21RS, Biblioteka Uniwersytecka Katolickiego Uniwersytetu Lubelskiego, Dział Rękopisów 813. Das Dokument wurde aus dem Polnischen übersetzt. Abdruck in: Zygmunt Klukowski, Zamojszczyzna, Bd. 1: 1918 – 1943, hrsg. von Agnieszka Knyt, Warszawa 2007, S. 181 – 183.

2 Hebr.: Gemeinde.

anderen Grund. Unerwartet sind viele Gendarmen hergekommen, die mit Unterstützung der örtlichen deutschen Polizei jüdische Geschäfte umstellt und damit begonnen haben, die Waren zu konfiszieren. Angeblich sollen sie an christliche Genossenschaften gehen.

8.8. Donnerstag
Heute gegen Mittag sind in das direkt am Krankenhaus gelegene Haus Gestapo-Beamte gekommen, die Michał Bryłowski verhaften wollten, einen ehemaligen Berufsunteroffizier, der zurzeit zusammen mit seiner Frau bei seinem Vater wohnt. Da sie ihn nicht zu Hause antrafen, nahmen sie seine Frau und seinen jüngeren Bruder Zygmunt, einen Gymnasiasten, als Geiseln und brachten sie in das Gefängnis von Zamość.
Bei den Juden wieder Weinen und Wehklagen. Dreihundert Männer müssen ins Arbeitslager gehen. Namentliche Einberufungen wurden ihnen schon ausgehändigt. Sie sollen sich alle am Montag, dem 12.8., einfinden.
Der zweite Grund für die Unruhe ist die Nachricht, dass deutsche Behörden angeblich die Absicht haben, alle Juden aus den Wohnungen in der Zamojska-Straße und am Marktplatz zu entfernen. Wohin sie ziehen sollen und ob sie irgendeine Bleibe für sich finden werden, interessiert niemanden.

11.8. Sonntag
Bei den Juden herrschen vor der morgigen Zwangsrekrutierung eine noch nie da gewesene Aufregung und Unruhe. Die Juden selbst haben mir im Vertrauen gesagt, dass sehr viele von denen, die Einberufungen bekommen haben, geflohen sind. Deshalb haben alle Angst, dass nun jeder, der zu fassen ist, ergriffen wird. Es scheint, als fürchten sie Übergriffe nicht nur von Seiten der Deutschen, vor allem angesichts einiger Vorfälle, die sich hier ereignet haben. Gestern gegen Abend wurde der 11-jährige Izrael Grojser mit einem Stein erschlagen. Heute Abend wurde eine Jüdin ins Krankenhaus gebracht, ebenfalls mit eingeschlagenem Schädel.
Viele Juden melden sich im Krankenhaus und bitten, wenigstens für die heutige Nacht und den morgigen Tag aufgenommen oder versteckt zu werden. Natürlich lehne ich wegen des kategorischen Verbots, Juden ins Krankenhaus aufzunehmen, ab. Ich habe nur einen aufgenommen, der eine schriftliche Erlaubnis dazu vom Ortskommandanten hatte.
Ich bin heute mit meiner Frau nach Zwierzyniec gefahren. Unterwegs sahen wir außergewöhnlich viele Juden, die die Stadt verließen. Ich habe bei ihnen noch nie eine so große Unruhe wahrgenommen.

12.8. Montag
Die ganze Nacht hindurch haben Juden heimlich die Stadt verlassen. Einige Stunden lang stand ich in der Nacht und im Morgengrauen am Fenster und habe durch ein Fernglas alles beobachtet. Es sind nicht nur jene geflohen oder haben sich versteckt, die einberufen worden waren, sondern fast alle jüdischen Männer! Anstelle von 300 kamen heute knapp 50 Juden zusammen. Deshalb wurde dann eine Razzia in der Stadt und in den umliegenden Dörfern durchgeführt. Daran nahmen neben der Polizei und zwei Milizbeamten auch noch zahlreiche Bürger der Stadt als Freiwillige teil, angeführt von Bürgermeister Borucki. Doch die Razzia war nicht erfolgreich, weil nur etwa ein Dutzend Juden geschnappt wurden. Die Alten kamen in Haft, der Rest wurde zum Bahnhof

geführt. Auf den Straßen der Stadt sind ausschließlich Jüdinnen und Kinder zu sehen. Die Stimmung unter ihnen ist fürchterlich. Sie sind vollkommen niedergeschlagen und verzweifelt.
Gegen Mittag wurde seitens der deutschen Behörden unter Trommelschlag öffentlich bekannt gegeben, dass jeder Jude, der einberufen wurde und sich nicht [zur Arbeit] einfand, erschossen wird, sobald man ihn findet. Niemand weiß, wie es weitergehen wird. Nur eines ist sicher, dass die Deutschen nicht einfach zur Tagesordnung übergehen, sondern sich etwas ausdenken werden, um zu zeigen, dass ihren Anordnungen Folge zu leisten ist.
[…][3]

## DOK. 152
## Gazeta Żydowska: Artikel vom 6. August 1940 über die Lage der Jüdischen Gemeinde in Auschwitz[1]

*Aus Auschwitz (Oświęcim)*

Wenn man vom Ältestenrat[2] der Jüdischen Gemeinde in Auschwitz spricht, kann man schwerlich über die Tätigkeit des Vorsitzenden Hrn. Józef Gross[3] schweigen, der, kaum dass er die Leitung der Gemeinde übernommen hatte, innerhalb ziemlich kurzer Zeit eine Gesundung der Verhältnisse in der Gemeindeverwaltung herbeiführte und vor allem junge, fähige intellektuelle Mitarbeiter zur Arbeit in der Verwaltung heranzog. Er hat das Problem der körperlichen Zwangsarbeit der jüdischen Bevölkerung von Auschwitz gelöst.[4] Die Tätigkeit von Hrn. Gross reicht weit über die Grenzen der Jüdischen Gemeinde in Auschwitz hinaus, *denn er hat über 1000 jüdischen Flüchtlingen aus Bielsko-Biała den Aufenthalt in Auschwitz ermöglicht*, indem er ihnen ein Dach über dem Kopf und warme Mahlzeiten gab. Dabei ist hervorzuheben, dass das dem Reich angegliederte Auschwitz zu den Städten im Reich gehört, in denen die meisten Juden leben, und darüber hinaus hat es heute einen recht hohen Anteil an jüdischen Flüchtlingen aus Oberschlesien und dem Gebiet um Cieszyn [zu verkraften], und diese Zahl nimmt von Tag zu Tag zu. Vor kurzem traf in Auschwitz ein weiterer Transport jüdischer Flüchtlinge aus Żywiec, Bielsko-Biała, Andrychów, Kęty, Dziedzice, Czechowice, Brzeszcze, Jawiszowice und Umgebung ein. Trotz seiner günstigen Lage ist Auschwitz keine Industriestadt, und seine unmittelbare Umgebung ist auch nicht ausgesprochen agrarisch. Vielmehr gingen die

3 Am Ende des Tagebucheintrags vom 12.8.1940 geht es um ein Gespräch Klukowskis mit dem kath. Pfarrer über das ehemalige Kirchengebäude der griechisch-kath. Gemeinde von Szczebrzeszyn.

1 Gazeta Żydowska, Nr. 5 vom 6.8.1940, S. 4: Z Auschwitz (Oświęcim). Der Artikel wurde aus dem Polnischen übersetzt.
2 Im Original deutsch.
3 Józef Gross war von Jan. 1940 an Vorsitzender des Judenrats in Auschwitz; im Frühjahr 1941 wurden die in der Stadt verbliebenen 5500 Juden nach Sosnowiec und Będzin deportiert; siehe Dok. 269 vom 18.4.1941.
4 Der Judenrat musste 300 junge Männer und Jugendliche verpflichten, welche die SS beim Aufbau des Konzentrationslagers Auschwitz einsetzte.

Juden von Auschwitz vor dem Krieg, und zwar zu fast 90 %, dem Hausiererhandel im nahen Oberschlesien nach. Heute sind diese Massen, die weder auf körperliche Arbeit vorbereitet sind noch ein Handwerk oder einen anderen Beruf erlernt haben, zum Hungern verurteilt. Die Jüdische Gemeinde in Auschwitz steht deshalb vor der schwierigen Aufgabe, für die dichte jüdische Ansiedlung von Juden in Auschwitz Möglichkeiten einer wie auch immer gearteten, bescheidenen Existenz zu schaffen.
Die Tatkraft und das bisherige fruchtbare Wirken des Vorstands der Jüdischen Gemeinde in Auschwitz geben uns Grund zu der Annahme, dass diese Aufgabe in allernächster Zukunft erfüllt werden wird.
(Daw.)

## DOK. 153
## Das Arbeitsamt Neu-Sandez (Nowy Sącz) befiehlt am 8. August 1940 dem Judenrat in Mszana Dolna, ein Zwangsarbeitslager zu errichten[1]

Schreiben des Leiters des Arbeitsamts Neu-Sandez (G.Z. 5318), gez. L.S.,[2] an den Judenrat in Mszana Dolna vom 8.8.1940 (Abschrift)

*Dienstbefehl*
Im Auftrag des Höheren SS- und Polizeiführers im Generalgouvernement für die besetzten polnischen Gebiete übertrage ich Ihnen die gesamte Verantwortung für die Bewirtschaftung des Zwangsarbeitslagers für jüdische Arbeiter zur Einrichtung des Staatsjagdreviers *Poręba Wielka*. Zu Ihren Aufgaben gehört:
*1) Sachgemäße Auswahl, pünktliche und vollzählige Gestellung der Zwangsarbeiter.*
Es kommen grundsätzlich nur ledige Juden im Alter von 18 – 30 Jahren in Frage. Ausnahmen sind zulässig, müssen jedoch von dem Leiter der Nebenstelle Limanowa genehmigt werden. Die Anzahl der zu stellenden Kräfte wird Ihnen jeweils durch Sonderverfügung bekanntgegeben. Sie beträgt zur Zeit: 25.
*2) Herrichtung und Sauberhaltung der Unterkunft.*
Zur Einrichtung gehören: Schlafstellen, Eßschüsseln, Waschgelegenheiten usw.
*3) Einhaltung einer strengen Lagerordnung.*
Die Zwangsarbeiter sind anzuweisen, sich sauber zu halten, sich weiters der größten Pünktlichkeit zu befleißigen und insbesondere das Lager außerhalb der Dienstzeit nicht zu verlassen, ohne daß der die Aufsicht führende polnische Architekt in jedem Einzelfall seine Genehmigung gegeben hat. Das Urlaubsgesuch ist ebenso wie alle übrigen Anliegen nicht von den einzelnen Zwangsarbeitern, sondern von dem Ältesten der Zwangsarbeiter vorzubringen, der im übrigen vom Leiter der Nebenstelle in Limanowa bestimmt wird.
*4) Verpflegung der Zwangsarbeiter, einschließlich der ordnungsgemäßen Zubereitung des Essens.*

1 YVA, O-21/14, Bl. 24.
2 Vermutlich Leon Stern, der das Arbeitsamt 1941/42 kommissar. leitete. In der Abschrift zusätzlich vermerkt: „Unterschrift unleserlich".

Die Lebensmittel sind vom Judenrat in eigener Zuständigkeit zu beschaffen und pünktlich nach dem Zwangsarbeitslager zu transportieren.
Bei auftretenden Schwierigkeiten, die die ordnungsgemäße Durchführung Ihrer Aufgaben gefährden könnten, ist dem Arbeitsamt Neu-Sandez, und zwar dem Leiter des Arbeitsamtes, unverzüglich fernmündlich zu berichten. Verzögerungen der Berichterstattung werden als ein Verstoß gegen diesen Dienstbefehl angesehen.
Der Höhere SS- und Polizeiführer im Generalgouvernement für die besetzten polnischen Gebiete behält sich vor, dem Judenrat in Mszana Dolna für jeden festgestellten Verstoß gegen diesen Dienstbefehl eine Buße von 500 Złoty aufzuerlegen.[3]

## DOK. 154
## Das Arbeitsamt Chełm fordert am 9. August 1940 die generelle Entlohnung jüdischer Zwangsarbeiter[1]

Bericht des Arbeitsamts in Chelm (G.Z. II B 2. 5317/40), gez. Meier, an den Leiter der Abteilung Arbeit beim Chef des Distrikts Lublin[2] vom 9.8.1940 (Abschrift)[3]

*Betrifft*: Arbeitseinsatz der jüdischen Bevölkerung.
*Vorgang*: Verfügung vom 5.7.40 G.Z. II 5317/40 Rd.-Erl. 100/40.[4]
Um einen Überblick über die in freie Arbeit eingewiesenen männlichen Juden zu erhalten, sind die Betriebe von mir aufgefordert, namentliche Listen über die zur Zeit beschäftigten Juden einzureichen.[5] Desgleichen wurden auch die Führer der Arbeitslager aufgefordert, entsprechende Aufstellungen über die in Zwangsarbeit befindlichen Juden einzusenden. Bei Neuzuweisungen in freie Arbeit wurde von mir *ordnungsmäßige Entlohnung* gefordert mit dem Hinweis, daß die Juden auch zur Sozialversicherung anzumelden sind.
Der Judenrat in Chelm bemüht sich, allen ihm gestellten Aufgaben gerecht zu werden, was von den Judenräten in Hrubieschow, Wlodawa und in den übrigen Landgemeinden nicht gesagt werden kann.
Die Anforderungen von jüdischen Arbeitskräften gehen mir von den einzelnen Bedarfsträgern direkt zu. Schwierigkeiten in dieser Hinsicht sind bisher nicht aufgetreten. Auffallend sind die täglich bei mir eingehenden Gesuche von allen möglichen Dienststellen, die um Freistellung von Juden von der Zwangsarbeit bezw. um Austausch von in Zwangs-

3 Diese Abschrift schickte der JSS-Vorsitzende Weichert am 11.9.1940 an die Regierung des GG, Abt. Innere Verwaltung, BuF, „mit der Bitte, das Nötige veranlassen zu wollen"; wie Anm. 1.

1 APL, 498/746, Bl. 75f.
2 ORR Jache.
3 Im Original handschriftl. Bearbeitungsvermerke und Anstreichungen.
4 Der Runderlass 100/40 der Abt. Arbeit im Amt des GG betraf den jüdischen Zwangsarbeitereinsatz und regelte u.a. die Erfassung in einer Judenkartei, den Ablauf des Einsatzes, die Einteilung und Entlohnung der Zwangsarbeiter und deren Beaufsichtigung durch SS und Polizei; Documenta Occupationis, Bd. 6/2 (wie Dok. 76, Anm. 1), S. 568–572.
5 Es geht hier um jene jüdischen Arbeiter, die nicht von der SS oder der zivilen Arbeitsverwaltung zwangsrekrutiert worden waren.

arbeit befindlichen Juden bitten. Es handelt sich in diesen Fällen um jüdische Handwerker, die bei den verschiedenen Dienststellen *gegen ein geringes Entgelt* gearbeitet haben. Jetzt versuchen diese Stellen natürlich, die billigen Arbeitskräfte zu halten. In einzelnen Fällen habe ich auch schon nach eingehender Prüfung einen Austausch vorgenommen. Die *SS.-Dienststellen weigern sich grundsätzlich, Juden gegen Bezahlung* zu beschäftigen. Zur Zeit sind bei SS.-Dienststellen 170 Juden als Bauarbeiter und 70 Juden als landwirtschaftliche Arbeiter tätig. Auch andere Dienststellen (zum Beispiel *Stadtverwaltung, Zollgrenzschutz*) weigern sich, die Juden zu entlohnen, anderseits wollen sie auch nicht auf die jüdischen Arbeitskräfte verzichten, so daß sie durch das Arbeitsamt anderweitig eingesetzt werden könnten. Im Abschnitt sieben des Runderlasses 100/40 ist vorgesehen, daß bei den schon laufenden Maßnahmen eine Änderung der Arbeitsbedingungen auf Grund dieses Erlasses *nicht* eintreten soll. Da die in Frage kommenden Maßnahmen der SS.-Dienststellen, Stadtverwaltungen und der Zolldienststellen u.s.w. alle schon längere Zeit im Gange sind, könnte gemäß Rd.-Erl. 100/40 an sich in diesen Fällen keine Entlohnung verlangt werden. Dies führt jedoch dazu, daß auch andere Bedarfsträger – unter Berufung auf die unentgeltliche Beschäftigung der Juden bei jenen Dienststellen – die jüdischen Arbeitskräfte nicht bezahlen wollen. Außerdem kann der Fall eintreten, daß bei einer Dienststelle sowohl schon länger beschäftigte, also unbezahlte, als auch neu zugewiesene, also bezahlte, Juden nebeneinander arbeiten. Dies würde zu großen Unzuträglichkeiten führen, es sei denn, daß bei den schon länger laufenden Maßnahmen auch andere Zuweisungen vorgenommen werden müßten, ohne daß auf eine Entlohnung bestanden wird.

Ich bitte um Klärung dieser Frage. Außerdem bitte ich, mir aus den oben angeführten Gründen die Ermächtigung zu erteilen, grundsätzlich bei allen Maßnahmen, die Juden beschäftigen oder beschäftigen wollen, die Zuweisung bezw. die Belassung der jüdischen Arbeitskräfte von einer ordnungsmäßigen Entlohnung abhängig zu machen.

Die ärztliche Betreuung der Lagerinsassen ist von mir so geregelt, daß der zur Verfügung stehende Judenarzt wöchentlich die einzelnen Lager aufsucht und mir über den Gesundheitszustand berichtet, um bei auftretenden ansteckenden Krankheiten sofort einen Austausch der Kranken vornehmen zu können.

Über die Erfassung sämtlicher Juden, auch der [...],[6] werden zur Zeit noch Verhandlungen mit der Kreishauptmannschaft geführt. Die Aufstellung einer Suchkartei für die Judenkartei hat sich als dringend notwendig erwiesen.[7]

6 Ein Wort unleserlich (möglicherweise: Kinder).

7 Die Abschrift schickte die Abt. Arbeit an die HA Arbeit des GG. Deren Leiter Frauendorfer entschied am 4.9.1940, dass an der Bestimmung des Runderlasses Nr. 100/40 vom 5.7.1940 festzuhalten sei, wonach „der Lohn für Juden grundsätzlich 80 % des Lohnes der Polen" betrage; Juden seien möglichst als Akkordarbeiter zu beschäftigen. Wo das nicht möglich sei, könne bei „Minderleistung" und „mit Zustimmung des Arbeitsamtes" ein darunter liegender Lohn bestimmt werden; APL, 498/745, Bl. 73.

## DOK. 155

## Der Leiter der Haupttreuhandstelle Ost verfügt am 12. August 1940, wie beschlagnahmtes und kommissarisch verwaltetes Vermögen verwertet werden soll[1]

*Rundverfügung über den Beginn der Verwertung beschlagnahmten und kommissarisch verwalteten Vermögens*

Der Herr Ministerpräsident Reichsmarschall Göring hat als Beauftragter für den Vierjahresplan in § 2 Buchstabe a bis f seiner Anordnung über die Haupttreuhandstelle Ost vom 12. Juni 1940 (Deutscher Reichsanzeiger und Preußischer Staatsanzeiger Nr. 139/40) die Befugnis zu endgültigen Rechtsübertragungen, also der Verwertung beschlagnahmten oder kommissarisch verwalteten Vermögens, erteilt. In seinem Begleiterlaß dazu hat er mich angewiesen, einstweilen höchstens 10 v.H. der einzelnen Gruppen der beschlagnahmten Vermögensobjekte zu verwerten; dies ist insbesondere im Hinblick darauf geschehen, daß die Belange der im Felde stehenden Soldaten gewahrt bleiben müssen.
Zur Durchführung bestimme ich:
1. *Verwertungsumfang*
Die zugelassene 10prozentige Verwertungsquote berechnet sich für jeden Treuhandstellenbezirk nach der Gesamtsumme der Objekte, die in den einzelnen Gruppen gemäß § 2 Buchstabe a und b und § 3 der Anordnung des Reichsmarschalls Göring vom 12. Juni 1940 der Beschlagnahme unterliegen.
Als Gruppen sind anzusehen:
1. Banken und Versicherungen;
2. Industrie;
3. Handel;
4. Handwerk;
5. Sonstige Gewerbe (einschließlich der Betriebe der kulturellen Wirtschaft; freie Berufe);
6. Haus- und Grundbesitz.
Die Bestimmungen über:
a) die Verwertung von Unternehmen des Handels und Handwerks (einschließlich in die Wertgrenze fallender Grundstücke) bis zu 20 000 RM (Rundschreiben vom 8. Dezember 1939 Nr. 2/39; Materialsammlung S. 41,[2] Mitteilungsblatt Nr. 1 S. 22);
b) die Verwertung zugunsten von anerkannten Umsiedlern gemäß den Richtlinien und der Rundverfügung vom 29. April 1940 (Mitteilungsblatt Nr. 2 S. 32)[3] bleiben unberührt. Auch die gemäß Buchstabe b an Umsiedler zur Ausgabe gelangenden Vermögensobjekte

1 Mitteilungsblatt der Haupttreuhandstelle Ost, Nr. 5 vom 27.8.1940, S. 154–156.

2 Haupttreuhandstelle Ost. Materialsammlung zum inneren Dienstgebrauch, hrsg. von Ministerpräsident Generalfeldmarschall Göring, Beauftragter für den Vierjahresplan, Vorsitzender des Ministerrats für die Reichsverteidigung, Berlin 1940, S. 41f.

3 Die Verfügung betraf die Veräußerung gewerblicher Betriebe und Grundstücke an Umsiedler oder an die Deutsche Umsiedlungs-Treuhand-GmbH (DUT), die Ermittlung der vorhandenen Aktiva und des Kaufpreises. Bereits am 20.2.1940 waren von der HTO und der DUT gemeinsame Richtlinien über die „endgültige Einweisung" von Umsiedlern in gewerbliche Betriebe und Grundstücke festgelegt worden; wie Anm. 1, S. 31f. Anerkannte Umsiedler waren jene aus den baltischen Republiken, aus Wolhynien, Galizien und dem Narew-Gebiet sowie Reichs- und Volksdeutsche, die im Ausland gelebt und infolge des Kriegs ihre Existenz verloren hatten und in das Reichsgebiet zurückgekehrt waren.

werden, auch wenn ihr Wert 20 000 RM übersteigt, aber 50 000 RM nicht erreicht, auf die 10prozentige Quote, die zur Verwertung in allen Gruppen und Kategorien freizugeben ist, nicht angerechnet.

2. *Verwertungsmasse*

Es dürfen nur Vermögenswerte veräußert werden, die der Beschlagnahme und kommissarischen Verwaltung durch die Haupttreuhandstelle Ost unterliegen, also nur von Angehörigen des ehemaligen polnischen Staates polnischer oder jüdischer Volkszugehörigkeit.

Das Vorliegen der Voraussetzung des Abs. 1 muß aktenkundig gemacht und durch eine Bescheinigung der nach den jeweils geltenden Vorschriften zuständigen Stelle über die Staats- und Volkstumszugehörigkeit des bisher Verfügungsberechtigten belegt werden. In allen Fällen, in denen Zweifel über die Volkstumszugehörigkeit bestehen können, ist der Vorgang zwecks Herbeiführung einer endgültigen Entscheidung durch den Reichskommissar für die Festigung deutschen Volkstums an den Generalreferenten für die Festigung deutschen Volkstums (GV SS), Haupttreuhandstelle Ost, zu übersenden.[4]

3. *Bewerber*

Bewerber müssen auf ihre Zuverlässigkeit und sachliche Eignung geprüft werden und eine Festigung deutschen Volkstums in den eingegliederten Ostgebieten erwarten lassen. Für die Rangfolge der Bewerber ist der Runderlaß des Reichsführers SS Reichskommissars für die Festigung deutschen Volkstums über Einhaltung der Rangfolge bei der treuhänderischen oder besitzlichen Einweisung in Gewerbe- und Wirtschaftsbetriebe jeder Art in den eingegliederten Ostgebieten vom 22. April 1940 O 79 (3. Februar 1940) Dr. F/K (Mitteilungblatt Nr. 2 S. 31) maßgeblich.[5] Dieser Erlaß ist auch auf Wohngrundstücke anzuwenden. Es bleibt vorbehalten, für bestimmte Gebiete mit Zustimmung des Reichskommissars für die Festigung deutschen Volkstums Ausnahmen zu bewilligen. An reichsdeutsche Bewerber sollen zur Gewährleistung der berechtigten Ansprüche der im Felde stehenden Soldaten Objekte nur dann übergeben werden, wenn der Bewerber aus dem Heere Entlassener ist.

Bei Vorliegen von kriegs- und volkswirtschaftlichen Belangen, die keinen Aufschub dulden, kann hiervon mit Zustimmung der Haupttreuhandstelle Ost im Einzelfall abgegangen werden.

4. *Bewerberprüfung*

Die zur Verwertung zuständige Stelle (vgl. 6) veranlaßt die Prüfung der sachlichen Eignung des Bewerbers. Die politische Zuverlässigkeit wird durch das Reichssicherheitshauptamt, Berlin, geprüft. Im übrigen ist nach der Ausführungsvorschrift (Anlage[6]) zu verfahren.

4 Generalreferent für die Festigung deutschen Volkstums bei der HTO und Verbindungsmann zwischen der SS-Führung und der HTO-Zentrale war bis Anfang April 1941 Bruno Galke (*1905), Volkswirt; 1932 NSDAP- und 1933 SS-Eintritt; von 1933 an hauptamtlich in Aufsichts- und Leitungsgremien verschiedener SS-Unternehmen tätig, 1935–1938 Sonderbeauftragter des RFSS für das „Ahnenerbe"; 1947 in amerik. Gefangenschaft.

5 Der Runderlass bestimmte die Rangfolge der Bewerber: 1. einheimische Volksdeutsche, die am 31.12.1938 ihren Wohnsitz in Polen hatten, 2. auslandsdeutsche Umsiedler, 3. Rückwanderer, die nach dem 1.10.1918 ihren Wohnsitz in dem Gebiet aufgegeben hatten, 4. sonstige Reichsdeutsche sowie juristische Personen mit rein deutschem Kapital. Evakuierte Westdeutsche konnten nur kommissar. Verwalter sein.

6 In der Anlage „Ausführungsvorschrift und Bearbeitungsgang für Kaufgesuche von Volksdeutschen,

5. *Übertragungsbedingungen*
a) Vertragsschluß.
Veräußerungsverträge sind bis zu anderweit[ig]er gesetzlicher Regelung zwischen dem kommissarischen Verwalter und dem Erwerber zu schließen. Erfolgt die Veräußerung an den kommissarischen Verwalter, so ist dieser abzuberufen und zur Durchführung der Veräußerung ein neuer kommissarischer Verwalter zu bestellen. Die Wirksamkeit der Verträge ist von der Genehmigung der Treuhandstelle abhängig zu machen. Die Genehmigung ist auf dem Veräußerungsvertrage zu vermerken. Ein Exemplar ist zu den Akten zu nehmen. Der Genehmigungsvermerk muß datiert, unterschrieben und mit Dienstsiegel versehen sein.
b) Kaufpreis.
Der Kaufpreis muß angemessen sein. Die Bildung des Kaufpreises ist auf Grund sorgfältiger Ermittlungen vorzunehmen. Es ist in jedem Fall eine Sachverständigentaxe herbeizuführen. Bei größeren Objekten (über RM 50 000) sind regelmäßig zwei Sachverständige zu hören. Bei der Bildung des Kaufpreises ist ein immaterieller Geschäftswert, sogenannter good will, der im Zeitpunkt der Verwertung besteht, zu berücksichtigen, falls sonst eine ungerechtfertigte erhebliche Bereicherung des Erwerbers eintreten würde. Bei Klein-Handwerks- und Klein-Handelsbetrieben (Grenze RM 20 000 Verkaufspreis) findet eine Berücksichtigung des immateriellen Geschäftswertes grundsätzlich nicht statt; soweit bei den Verwertungsverhandlungen darüber Feststellungen getroffen werden, sind sie zwecks späteren Nachweises, daß die Nichtberücksichtigung des immateriellen Geschäftswertes zu wirtschaftlich offenbar unvertretbaren Ergebnissen voraussichtlich nicht führen konnte, aktenkundig zu machen.
Es ist eine angemessene Anzahlung, regelmäßig von mindestens 20 v.H., und eine angemessene Tilgung des verbleibenden Kaufpreisrestes zu fordern. Bei einer Teilzahlung von über 75 v.H. kann im Hinblick auf die dadurch zur Einsparung kommenden Verwaltungskosten ein angemessener Barzahlungsabschlag gewährt werden. Bei Kaufpreisresten ist auf eine nach den Umständen des Einzelfalls mögliche Sicherung durch Hypotheken- oder Grundschuldbestellung, Sicherungsübereignung, Bürgschaftsstellung usw., jedoch unter Beachtung volkstumspolitischer Gesichtspunkte, hinzuwirken. Kaufpreisreste, die später als ein Jahr seit Vertragsabschluß fällig werden, sind mit 3 v.H. Verzinsung auszustatten, kurzfristigere Kaufpreisreste unterliegen keiner Verzinsungspflicht. Die Einforderung gesetzlicher Verzugszinsen wird hierdurch nicht berührt.
Bei der Veräußerung von Handwerks- und Klein-Handelsbetrieben in Städten mit noch weit überwiegender polnischer oder jüdischer Bevölkerung kann, wenn auf andere Weise ein Ansatz deutscher Handwerker und Kleinhändler nicht zu erreichen ist, die Geschäftsüberlassung unentgeltlich erfolgen. Es können auch in diesen Fällen durch den Leiter der Treuhandstelle Beihilfen nach besonderen Richtlinien gewährt werden.
c) Vertragsabfassung.
Die Fassung des Vertrages im einzelnen wird auf den Wert und Umfang des zur Übertragung kommenden Objektes Rücksicht zu nehmen haben. Es ist dabei zu beachten, daß die Rechtsübertragungen mit der Sorgfalt eines ordentlichen Treuhänders vorgenommen und gegebenenfalls persönlich verantwortet werden müssen.

Umsiedlern und Ostbewerbern“ hieß es u.a., es sei zu beachten, dass sich unter diesen Kriegsteilnehmer befänden; wie Anm. 1, S. 156.

Für einfachere Geschäfte gelten die Richtlinien über den Abschluß von Kaufverträgen über beschlagnahmte oder kommissarisch verwaltete Unternehmen nebst einem Musterkaufvertrag vom 7. März 1940 A 3 – 1512 – (Mitteilungsblatt Nr. 1 S. 22).

d) Übernahme von Schulden und Forderungen.

Der Käufer übernimmt die während der kommissarischen Verwaltung begründeten Forderungen und Schulden (neue Forderungen und Schulden), ferner diejenigen Forderungen und Schulden aus der Zeit vor der kommissarischen Verwaltung (alte Forderungen und Schulden), bei denen die Schuldner und Gläubiger Deutsche oder Ausländer sind. Alle Forderungen gegen Polen und alte Schulden gegenüber Polen werden nicht übernommen.

Die alten Schulden, die hiernach der Käufer zu übernehmen hat, sind in dem Kaufvertrag nach Möglichkeit aufzuzählen.

Der Käufer übernimmt die dinglichen Belastungen, die im Grundbuch oder im Hypothekenbuch eingetragen sind, mit Ausnahme derjenigen Belastungen, die für polnische Gläubiger eingetragen sind. Soweit die Löschung der für polnische Gläubiger eingetragenen dinglichen Belastungen nicht sofort durchgeführt werden kann (Bestellung eines kommissarischen Verwalters für den Gläubiger und Erteilung der Löschungsbewilligung durch diesen), übernimmt der Verkäufer die Verpflichtung, den Käufer freizustellen. Sobald die in Vorbereitung befindliche gesetzliche Schuldenregelung ergangen ist, wird es möglich sein, diese Bestimmung zu vereinfachen.

e) Festigung des deutschen Volkstums.

Die Übertragungen sollen der Festigung deutschen Volkstums dienen. Dem ist auch der Gesichtspunkt der Pflicht einer bestmöglichen Verwertung unterzuordnen.

Der Käufer ist darüber zu belehren, daß er nach den gesetzlichen Vorschriften zur Wiederveräußerung eines erworbenen Unternehmens einer behördlichen Genehmigung bedarf und daß er mit deren Erteilung für eine Veräußerung, die vor Ablauf von fünf Jahren seit Kaufabschluß erfolgt, nur bei Nachweisung von ihm nicht zu vertretender Umstände rechnen kann. Das gleiche gilt von Stillegungen, der Aufnahme von Teilhabern sowie der Veräußerung von Beteiligungen an Kapitalgesellschaften.

Bei der Veräußerung von Grundstücken ist bis auf weiteres die Eintragung einer Vormerkung zur Sicherung des Deutschen Reichs (Haupttreuhandstelle Ost) auf Rückauflassung für den Fall der Veräußerung innerhalb von fünf Jahren seit Kaufabschluß zum Erwerbspreis, höchstens jedoch zum gemeinen Wert zu vereinbaren. Sobald durch eine abschließende gesetzliche Regelung ein Genehmigungszwang für alle Grundstücksübertragungen in den eingegliederten Ostgebieten eingeführt ist, ist beabsichtigt, die Löschung der Vormerkung herbeizuführen.

f) Nebenbedingungen.

Die im Betrieb vorgefundenen Bücher, Belege und Geschäftspapiere hat der Käufer sorgfältig aufzubewahren. Er hat jederzeit über alle Geschäftsvorgänge, nach Möglichkeit auch aus der Zeit vor dem Verkaufsabschluß, der Haupttreuhandstelle Ost Auskunft zu erteilen.

Sofern im Zeitpunkt des Vertragsschlusses das politische Unbedenklichkeitszeugnis nicht vorliegt, ist zu vereinbaren, daß der Veräußerer auf Weisung der Haupttreuhandstelle Ost oder ihrer zuständigen Treuhandstelle vom Vertrage zurücktreten kann, wenn sich nachträglich auf Grund der Bescheinigung des Reichssicherheitshauptamtes, Berlin, ergibt, daß gegen den Erwerber erhebliche politische Bedenken bestehen.

6. *Zuständigkeit und Verfahren*
Ich behalte mir die Verwertung von Objekten mit einem höheren Verkaufspreise als RM 500 000 bis auf weiteres selbst vor.
Ich werde mich eines besonderen Verwertungsstabes, über den ich noch nähere Bestimmungen treffen werde, bedienen. In allen Fällen ist der GV SS und die zuständige Fachabteilung und die Rechtsabteilung, bei allen Rüstungsbetrieben der Verbindungsoffizier zum OKW zu beteiligen. Die zuständige Treuhandstelle ist laufend zu unterrichten.
Im übrigen nehmen die Treuhandstellen (einschließlich der Nebenstelle Litzmannstadt) die Verwertung vor. Die Genehmigung zu Verträgen über Objekte, deren Verkaufspreis mehr als RM 100 000 beträgt, darf die Treuhandstelle erst dann erteilen, wenn die Zustimmung der Haupttreuhandstelle Ost vorliegt. Von Verträgen, die hiernach ohne Zustimmung der Haupttreuhandstelle Ost abgeschlossen werden dürfen, ist eine Abschrift zu übersenden.
Jeder Veräußerungsvertrag bedarf vor dem Abschluß der Mitzeichnung des Rechtsreferates. Soweit es sich um Rüstungsbetriebe handelt, ist die vorherige Zustimmung des OKW über den Verbindungsoffizier des OKW zur Haupttreuhandstelle Ost einzuholen. Bei der Einsendung solcher Veräußerungsanträge ist eine Stellungnahme der örtlich zuständigen Rüstungsinspektion bzw. des Rüstungskommandos beizufügen.
In allen Fällen muß
a) eine zahlenmäßig begründete Darlegung der Angemessenheit des Kaufpreises, die von dem verantwortlichen Sachbearbeiter zu datieren und mit dem vollen Namen zu unterzeichnen ist, auf der Grundlage einer Sachverständigentaxe – bei größeren Objekten zweier Gutachten –,
b) ein vom kommissarischen Verwalter mit der Versicherung der Richtigkeit und Vollständigkeit versehenes Inventarverzeichnis des zur Veräußerung kommenden Objektes,
c) bei gewerblichen Unternehmen aller Art, deren Verkaufspreis RM 50 000 überschreitet, außerdem eine Zwischenbilanz zum Verkaufsstichtag
zu den Akten gebracht werden.
Dr. Winkler[7]
Berlin, den 12.8.1940

7 Dr. Max Winkler (1875–1961), Beamter der Reichspost; 1919 kurzzeitig Bürgermeister von Graudenz, MdL für die Deutsche Demokratische Partei, 1920–1933 in Berlin Reichstreuhänder für die nach dem Ersten Weltkrieg abgetretenen Gebiete, 1929 Dr. h.c. der TH Danzig; 1937 NSDAP-Eintritt; von 1937 an Reichsbeauftragter für die deutsche Filmindustrie, von 1939 an zudem Leiter der HTO; 1945 interniert, 1949 als entlastet eingestuft, danach in der Filmbranche tätig und im Auftrag der Bundesregierung an der Entflechtung der Ufa beteiligt.

## DOK. 156
## Der Vorsitzende des Polnischen Hauptausschusses kritisiert am 12. August 1940 die Umstände der Zwangsaussiedlung von Juden aus Krakau[1]

Schreiben des Vorsitzenden des Polnischen Hauptausschusses,[2] Hauptstelle Krakau (Nr. 1570/40), gez. Graf Adam Ronikier,[3] an den Stadthauptmann von Krakau[4] vom 12.8.1940 (Abschrift)[5]

Unter dem Druck der ab 16. d.M. angeordneten zwangsweisen Aussiedlung der Juden aus Krakau sowie der Beschlagnahme ihres zurückgebliebenen Vermögens entstand eine derartige panische und in der Geschichte der Völkerwanderungen fast beispiellose Flucht der Juden aus Krakau, eine solche Verschleuderung und Vernichtung ihrer wirtschaftlichen Güter, daß ich als Vorsitzender des Haupthilfsausschusses für die besetzten polnischen Gebiete mich genötigt sehe, im öffentlichen Interesse der gesamten Bevölkerung hierzulande das Wort zu ergreifen und folgendes vorzubringen:

1. Es liegt nicht im Interesse der gesamten Bevölkerung dieses Landes, eine massenweise Auswanderung der Juden aus Krakau zu veranlassen. Die von jeher auf allen Gebieten des wirtschaftlichen und gesellschaftlichen Lebens dauernde enge Verknüpfung und Verkettung der jüdischen mit der nichtjüdischen Bevölkerung kann nicht auf mechanische und gewaltsame Weise gelockert werden, ohne daß davon ein nicht gutzumachender Schaden für das öffentliche Leben des ganzen Landes entstünde.

2. Wie aus einer bei den verschiedenen Stellen eingereichten Seuchenverbreitungs- und Übervölkerungskarte zu ersehen ist, sind die Ortschaften auf dem gesamten Gebiete des Generalgouvernements derweise mit Flüchtlingen übersättigt, daß eine weitere Massenansiedlung die Gefahr einer vollständigen und wirtschaftlich-katastrophalen Menschenüberflutung sowie einer drohenden Seuchenverschleppung zweifellos in sich bergen [würde].

3. Trotz der angekündigten Einzugsfreiheit für die freiwillig umsiedelnden Juden auf dem gesamten Gebiete des Generalgouvernements werden jüdische Ankömmlinge nicht hereingelassen, es werden enorm hohe Anmeldegebühren von diesen verlangt, ihre Anmeldung verweigert und derartige Hindernisse ihnen entgegengestellt, die die freiwillige Umsiedlung im höchsten Grade erschweren, ja unmöglich machen. Ich bin in der

1 YVA, O-6/298, Bl. 9–11. Abschrift der Krakauer Abteilung des Jüdischen Historischen Instituts aus der unmittelbaren Nachkriegszeit.

2 Die Zuständigkeit für die soziale Fürsorge wurde im Generalgouvernement nach rassistischen Kriterien geregelt. Der Polnische Hauptausschuss (RGO) war von Mai 1940 an die zentrale Fürsorgeorganisation für die poln. (nicht-jüdische) Bevölkerung im GG mit Sitz in Krakau. Für die jüdische Bevölkerung war die JSS zuständig, für die ukrain. der Ukrainische Hauptausschuss. Alle drei Organisationen waren im Haupthilfsausschuss (NRO) zusammengefasst.

3 Adam Ronikier (1881–1952); Architekt; nationaldemokratischer Politiker, 1918 für den poln. Regentschaftsrat Gesandter in Berlin, 1940–1943 Vorsitzender von RGO und NRO; 1944 kurzzeitig verhaftet; 1945 Flucht aus Polen, Emigration in die USA.

4 Carl Gottlob Schmid (1889–1966), Jurist; von 1915 an in der württ. Verwaltung tätig; 1933 NSDAP-Eintritt; ab Sept. 1939 stellv. und von Febr. 1940 bis März 1941 amtierender Stadthauptmann von Krakau, Nov. 1941 bis Juni 1942 Sonderbeauftragter für die Reorganisation der Stadtverwaltung in Prag, danach Leiter der Abt. Kommunalwesen in der Innenverwaltung des GG; 1948–1957 im (baden-)württ. Staatsdienst.

5 Anmerkungen im Original von Schmid: „12. Aug. 40. 1.) persönl. übergeben u. besprochen, 2.) z.d.A."

Lage, hier eine ganze Reihe von Ortschaften zu nennen, Myślenice, Gdów, Wieliczka, Zembrzyce, Harbutowice u.s.w.

4. Es geschieht auch des öfteren, daß den freiwilligen Umsiedlern, die ihr Hab und Gut mit sich führen, *unterwegs* ihr Vermögen beschlagnahmt wird. Damit erklärt sich, daß noch ein beträchtlicher Teil der Juden Krakaus, die entschlossen waren, Krakau freiwillig zu verlassen, mit der Umsiedlung zögert, weil diese Juden nicht im Stande sind, den Umzug reibungs- und gefahrlos zu unternehmen. Eine ausreichende Fristverlängerung der freiwilligen Aussiedlung würde die letzte in weit größerem Umfange ermöglichen und damit unnötige Härten ersparen.

5. Es ist dringendste Notwendigkeit öffentlichen Lebens hierzulande, daß eine Zahl von etwa 30 000 Juden in Krakau zurückbleibt.[6]

6. Um den freiwillig aussiedelnden Juden die freie Umzugsmöglichkeit und die freie Wahl ihres Neuansiedlungsortes zu gewähren, sind alle Gemeindeverwaltungen im Generalgouvernement für die besetzten polnischen Gebiete erneut und mit Nachdruck anzuweisen, den aus Krakau auswandernden Juden keinerlei Schwierigkeiten in den Weg zu legen.

7. Es müßten den freiwillig Umsiedelnden ausreichende Geldmittel zur Verfügung gestellt werden, damit sie in ihrem neuen Wohnsitz nicht verhungern und sich irgendwie wirtschaftlich betätigen könnten.

8. Es müßten die Ortschaften bekanntgegeben werden, in denen die zwangsweise aussiedelnden Juden mit ihren Familien ihren neuen Wohnsitz finden werden, damit die jüdischen Hilfskomitees rechtzeitig mit Rat und Tat in organisierter Weise denen beistehen könnten.

9. Es müßten sämtliche Erleichterungen und Begünstigungen allen denjenigen Juden, die sich zur freiwilligen Aussiedlung entschlossen haben und diesen ihren Entschluß bis zum angesetzten Termin infolge Schwierigkeiten aller Art nicht durchführen konnten, im weitesten Umfange wie vorher gewährt werden.

Nur unter den oben angeführten Bedingungen könnte die seitens der deutschen Behörden als notwendig anerkannte Aussiedlung der Juden aus Krakau in irgendwelcher Weise menschlich, rücksichtsvoll und schonend durchgesetzt werden.

Diese letzten Erfordernisse sind nicht nur auf humane und gefühlsmäßige Gründe, sondern auch – und in erster Linie – mit Rücksicht auf das öffentliche Interesse der gesamten Bevölkerung zurückzuführen.

Unter diesen traurigen Umständen, wenn die Not der Unglücklichen so groß und die öffentliche Ordnung in so erheblicher Weise bedroht ist, erlaube ich mir in meiner Eigenschaft als Vorsitzender des Haupthilfsausschusses für die besetzten polnischen Gebiete, den verehrten Herrn Stadthauptmann der Stadt Krakau ergebenst zu bitten, die oben angeführten Umstände in Betracht zu ziehen und die entsprechenden Anordnungen zu treffen bzw. veranlassen zu wollen.

6 Anmerkung im Original auf Polnisch: „Neben diesem Satz ein von Schmid handschriftl. eingefügtes Fragezeichen."

## DOK. 157
## Der Älteste der Juden im Getto Litzmannstadt (Lodz) ruft am 12. August 1940 zur Wahrung von Ruhe und Ordnung auf[1]

Bekanntmachung Nr. 104 des Ältesten der Juden in Litzmannstadt-Getto, Chaim Rumkowski,[2] vom 12.8.1940

*Juden!*
Die letzten Geschehnisse sind durch unverantwortliche Elemente hervorgerufen worden, die Verwirrung in unser Leben hereinbringen wollen.[3] Diese Menschen haben dabei ihren eigenen Nutzen im Sinn und wollen nicht die Durchführung einer konstruktiven *Hilfsaktion* für die Bevölkerung zulassen.
In der kurzen Zeit seit Bestehen des Gettos ist es nach großen Anstrengungen gelungen, von außen her Arbeit für einen Teil Schneider, Tischler, Schuster, Tapezierer,[4] Wäschenäher und in Kürze auch für andere Handwerkerarten zu bekommen sowie für Handweber.
Das Budget der Gemeinde ist überlastet. Die Versorgung der kranken Kinder und Greise ist stets an erster Stelle. *Trotzdem* werden neue *Küchen* für Alt und Jung eingerichtet. Außer der großen Volksküche für Arbeiter und Arbeitslose, die täglich 10 000 Mittagessen herausgeben wird, und außer Küchen für verschiedene Bevölkerungsschichten (auch für religiöse Juden) wird für die Häuserblocks gesorgt werden.[5]
Das ist der konstruktive Plan, der bevorsteht. Es ist keine leichte Aufgabe.
Deshalb wende ich mich an Euch, seid *ruhig.* Laßt Euch nicht von unverantwortlichen Menschen verführen, die die bisherige Arbeit und die Zukunftspläne stören wollen.
*Juden,* seid *ruhig.*
Ich werde alles tun, was möglich ist, und stets bemüht sein, meine Aufgaben mit vollem Ernst auszuführen.

1 YIVO, 241/228.
2 Mordechai Chaim Rumkowski (1877–1944), Kaufmann; vor 1939 als Zionist im Vorstand der Jüdischen Gemeinde in Lodz tätig; im Okt. 1939 zum „Ältesten der Juden" in Lodz bestimmt, 1940–1944 Leiter der jüdischen Verwaltung im Getto Litzmannstadt. Er ließ die Produktion für die Wehrmacht und für deutsche Firmen ausbauen mit der Absicht, so das Überleben zumindest eines Teils der Gettoinsassen sicherzustellen. Im Aug. 1944 wurde er nach Auschwitz deportiert und dort ermordet.
3 Im August 1940 war es im Getto zu Demonstrationen für Brot und Arbeit gekommen.
4 Gemeint ist: Polsterer.
5 Gemeint sind die Hauskomitees, die zunächst auf Betreiben der Bevölkerung, ab Ende März 1940 auf Anweisung Rumkowskis gebildet worden waren. Sie waren u.a. für die Lebensmittelverteilung zuständig und unterhielten Hausküchen, in denen warme Mahlzeiten für die Mieter zubereitet wurden. Die Komitees wurden bis Ende 1940 aufgelöst, ihre Funktion übernahm Rumkowskis Verwaltung.

## DOK. 158
## Eine Ärztin beschreibt am 13. August 1940, wie die Gestapo in Warschau im Winter 1939/1940 die Juden beraubte[1]

Protokoll der Zeugenaussage von Z. Sz. bzw. Sch.[2] vor dem Vereinigten Hilfskomitee für die polnischen Juden (Zjednoczony Komitet Pomocy dla Żydów Polskich)[3] in Jerusalem vom 13.8.1940

*Die Deutschen in Warschau.*
*Gutmütige Gestapo-Leute.*
Die Ärztin Dr. Z... Sz... aus Warschau, gegenwärtig wohnhaft in Jerusalem, findet sich ein und bezeugt Folgendes: In Ergänzung zu der Aussage meines Mannes vom 29. Mai 1940[4] kann ich von 4 „lustigen" Episoden aus Warschau berichten, die sich während des letzten Winters, d.h. zwischen Dezember 1939 und März 1940, ereigneten.
Eines Tages fuhr vor einem Haus in der Królewska-Straße ein grauer Polizeiwagen (der Armee) vor, dem ein deutscher Militärarzt in Gestapo-Uniform mit einem Arztabzeichen und ein gewöhnlicher Gestapo-Mann entstiegen. Sie fragten nach der Wohnung des abwesenden Arztes Dr. K. Dessen Wohnung war durch die Bombardierung zerstört, und sie machten seine Frau als Untermieterin in einer anderen Wohnung ausfindig. Sie verlangten das Instrumentenbesteck ihres Mannes und die medizinische Einrichtung seiner Praxis, und da sie bei einer Hausdurchsuchung diese Gegenstände nicht fanden, weil sie nicht da waren, nahmen sie ... Bettwäsche, einen Füllfederhalter, etwas Seife und eine Schmuckwaage (ein Erinnerungsstück). Als Frau K. sich bei ihnen beklagte, dass sie ihr fast alles genommen hätten, entgegneten sie, dass das, was übrig sei, noch für 2 Haushalte genüge, und als sie um die Rückgabe der Waage bat, da sie ein Erinnerungsstück an ihren Vater sei, entgegnete der Arzt: „Für Sie ist das ein Andenken, und ich brauche das."[5] Dann bemerkten sie in einem anderen Zimmer, das schon zum Haushalt des Wohnungsinhabers gehörte, einen Panzerschrank; sie befahlen, ihn zu öffnen, und fanden eine alte goldene Uhr sowie eine Stehlampe. Die Lampe nahmen sie gleich an sich, bezüglich der Uhr waren sie unschlüssig, also verschlossen sie den Tresor und nahmen den Schlüssel an sich, wobei sie ankündigten, dass sie am Folgetag zu einer bestimmten Zeit wiederkommen würden. Tags darauf kamen sie, trafen den Wohnungsinhaber aber nicht an; da sie ohne ihn den Tresor nicht öffnen konnten, wurden sie wütend, stampften mit den Füßen, bedrohten alle Anwesenden und sammelten verschiedene andere Dinge ein, luden sie in den Wagen und fuhren, unter Ankündigung eines weiteren Besuchs, weg. Beim nächsten Mal trafen sie den Wohnungsinhaber an, öffneten den Tresor und nahmen die Uhr mit der Anweisung, dass der Besitzer sich wegen einer Quittung im Büro der Gestapo an der Szucha-Allee 25 zu melden habe. Als der Wohnungsinhaber am folgenden Tag zur Szucha-Allee kam, traf er diese Gestapo-Leute am Tor, wo sie sich mit ihm verabredet hatten, nicht an. Im Gebäude wusste niemand etwas von dem Arzt; der Pförtner riet ihm jedoch, zum Haus an der Szucha-Allee 16 zu gehen, wo die Gestapo-

1 YVA, O-55/70, Bl. 4–6. Das Dokument wurde aus dem Polnischen übersetzt.
2 Am Beginn des Dokuments Z. Sz., am Ende Z. Sch.
3 Die Bezeichnung ist vermutlich ein anderer Name für das Vierer-Komitee (Committee of Four); siehe Dok. 13 vom Sept. 1939, Anm. 2.
4 Liegt nicht in der Akte.
5 Sämtliche Zitate in diesem Absatz sind im Original deutsch.

Offiziere wohnten. Er ging dorthin, fand die Wohnung, in der sich der deutsche Arzt aufhielt, und trat ein. Der Arzt war allem Anschein nach konsterniert, dass der Mann ihn gefunden hatte, und auf die Forderung nach einer Quittung hin rief er den Gestapo-Mann, der beim Raub dabei gewesen war. Diesen schickte er dann mit dem Besitzer der Uhr zur Gestapo; dort liefen sie beide von einem Beamten zum nächsten, doch niemand fühlte sich zuständig. Zu guter Letzt zeigte der Gestapo-Mann einem der Beamten die gestohlene Uhr und sagte: „Bei diesem Juden haben wir diese Uhr gefunden." Daraufhin fragte der Beamte den Besitzer der Uhr: „Haben Sie mehr solche?", und auf die Antwort, dass es sich nur um ein Andenken handle, entgegnete er, dass dies nicht in seine Zuständigkeit falle. Der Gestapo-Mann aber steckte die Uhr wieder in seine Tasche und teilte dem Besitzer mit: „Sie sind frei, können nach Hause gehen." Am nächsten Tag erschien derselbe deutsche Arzt zusammen mit dem Gestapo-Mann erneut zu einer Durchsuchung bei Frau Dr. K. Auf der Treppe trafen sie den Wohnungsinhaber, begrüßten ihn höflich, und der Gestapo-Mann, der dem Arzt folgte, entnahm seiner Tasche unauffällig die Uhr und übergab sie, dies offenbar vor dem Arzt verheimlichend, dem Besitzer. Damit endete die Geschichte von der Uhr, die von einem Arzt, einem Gestapo-Offizier, geraubt worden war und heimlich von einem Gestapo-Beamten zurückgegeben wurde.

Eine andere „lustige" Geschichte passierte Dr. L. Er ist ein junger Arzt, Junggeselle, aber er hat einen älteren Bruder, ebenfalls Arzt, der in Warschau bekannt ist, eine große Praxis unterhält und über ein beträchtliches Vermögen verfügt. Dieser Bruder ist gegenwärtig in sowjetischer Gefangenschaft. Dr. L. hatte ohnehin „Pech". Bereits einige Male hatten ihn die Deutschen auf der Straße aufgegriffen und ihm unter Missachtung seiner Arzt-Armbinde befohlen, Güter aus geplünderten Wohnungen zu schleppen. Dieses Mal fand er bei der Rückkehr zum Haus seiner Eltern, bei denen er wohnte, Gestapo-Leute vor, die auf der Suche nach Gold und Wertgegenständen eine Hausdurchsuchung durchführten. Beim Betreten der Wohnung forderten ihn die Gestapo-Leute auf, ihnen sämtliche Wertgegenstände auszuhändigen.

Dr. L. antwortete, was auch den Tatsachen entsprach, dass er nichts dergleichen besitze. Daraufhin entrüsteten sich die Gestapo-Leute, sie wüssten, dass er ein reicher Mann sei und Immobilien und Schmuckstücke besitze, sie wüssten sogar, dass er eine große Mitgift erhalten habe. Dr. L. entgegnete, es handle sich um ein Missverständnis, sie hielten ihn für einen anderen, überhaupt sei er Junggeselle, habe also nie eine Mitgift bekommen – aber die Gestapo-Leute erklärten, dass er sie nicht hinters Licht führen könne, und begannen wutentbrannt mit der Hausdurchsuchung.

Bei der Durchsuchung fanden sie in der Schublade eines Tisches Revolverpatronen, von denen Dr. L. nichts wusste – ganz offensichtlich waren sie ihm von ihnen untergeschoben worden. Sie verhafteten Dr. L. und seinen Vater und schlugen die Mutter. Vier Wochen lang war nicht bekannt, wo man sie hingebracht hatte, aber dank der Bemühungen der Schwägerin Dr. L.s, einer Arierin – wie es scheint, der Abstammung nach eine Deutsche –, ließen sie sie frei. Dr. L. kam gut gelaunt nach Hause, er erzählte, dass er in erstklassiger Gesellschaft im Pawiak[6] eingesessen habe, dass er dort gelernt habe, Bridge zu spielen, dass das Zellenoberhaupt irgendein Graf gewesen sei, den die polnischen Gefängniswärter rücksichtsvoll behandelten – und dass es ihm im Gefängnis gut gegangen

6 Warschauer Gefängnis in der Dzielna-Straße 24/26.

sei, da es dort weder Gestapo-Leute noch Hausdurchsuchungen gab. Einige Tage nach seiner Freilassung kamen die gleichen Gestapo-Leute, die ihn verhaftet hatten, erneut zu Dr. L.; sie benahmen sich sehr höflich und redeten auf ihn ein, dass er ihnen etwas zahlen müsse. „Mein Herr“ – sagten sie – „das alles hat Sie gar nichts gekostet; Sie wissen genau, dass man in solchen Fällen viel bezahlt, und Sie haben dem Rechtsanwalt nur 600 Zł. gegeben, also konnten wir davon [nicht] viel bekommen. Sie müssen sich in unsere Lage versetzen – es kann nicht sein, dass wir in Ihrem Fall Einbußen erleiden.“ Dr. L. entgegnete, er habe kein Geld, woraufhin die Gestapo-Leute betrübt von dannen zogen und erklärten, dass sie wiederkommen würden und er vielleicht inzwischen etwas verdiene. Sie kamen dann noch mehrere Male, trafen Dr. L. auch auf der Straße, waren immer sehr zuvorkommend und baten stets, er möge ihnen ihren Verlust wiedergutmachen. Herr Dr. L. sagte dazu, er sei ein junger Arzt, habe wenige Patienten, wenn sie wollten, sollten sie welche zu ihm schicken, dann werde er ihnen etwas geben. Dies war nicht nach dem Geschmack der Gestapo-Leute, und sie schlugen Dr. L. vor, er könne doch ausreisen, sie würden das zu einem relativ billigen Preis erledigen. Sie boten ihm auch für einen verhältnismäßig geringen Betrag Dokumente an, die ihn als Angehörigen des „hohen Adels“[7] ausgewiesen hätten, und sicherten ihm zu, dass alle Dokumente „authentisch“ seien. Kurz, es war deutlich, dass die Gestapo-Leute unbedingt etwas verdienen wollten und dass sie offensichtlich betrübt waren, dass keines der „Geschäfte“ zustande kam. Wie diese Geschichte schließlich endete, weiß ich nicht.

Meine Bekannte, die Rechtsanwältin G., ging ohne die Judenbinde am Oberarm über den Hof des Hauses, in dem sie wohnte. Zufällig war auf dem Hof ein polnischer Polizist, er hielt sie an, prüfte ihre Papiere und forderte von ihr 20 Zł. wegen Nichttragens der Armbinde. Frau G. erklärte, dass sie doch nicht auf der Straße sei, sondern bei sich zu Hause – aber es half nichts. Dann bot sie dem Polizisten 6 Zł. an, denn nur so viel hatte sie bei sich. Der Polizist entgegnete, dass er sich darauf nicht einlassen könne, dies sei zu seinem Nachteil, da die Deutschen ihm in diesen Fällen 20 Zł. pro Kopf zahlten. Frau G. sagte ihm daraufhin, dass er vielleicht von den „Seinen“ weniger nehme. Der Polizist war damit jedoch nicht einverstanden. Frau G. musste zu einem kleinen Laden gehen, sich die fehlenden 14 Zł. leihen und dem Polizisten die ganze Summe aushändigen.

Bei einer Hausdurchsuchung wurden bei einem jüdischen Herrn im Schrank unter anderem 20 Hemden gefunden. Die Deutschen nahmen diese Hemden, aber großzügig gaben sie dem Besitzer 2 Stück zurück, legten den Rest fürs Erste ab und gingen zum nächsten Zimmer, um es zu durchsuchen. Der Besitzer nutzte die zeitweilige Abwesenheit der Deutschen und tauschte diese zwei Hemden gegen andere, bessere aus. Als die Deutschen zurückkamen, bemerkte das einer von ihnen und sagte drohend: „Wissen Sie, dass man bei uns für Diebstahl zwei Jahre Zuchthaus bekommt?“[8] Diese Worte zeugen vom ausgeprägten Rechtsgefühl der Deutschen von heute.

7 Im Original deutsch.
8 Im Original deutsch.

## DOK. 159
## Der Lehrer Chaim Kaplan schildert am 14. August 1940 die zermürbende Lebenssituation von Freunden in Warschau[1]

Handschriftl. Tagebuch von Chaim Kaplan, Eintrag vom 14.8.1940

Heute fand in meiner Wohnung eine Zusammenkunft von Freunden statt, die mich unerwartet besuchten. Alle waren von Sorgen niedergedrückt, die Gesichter abgezehrt und eingefallen, denn alle sind aus ihren Stellungen verjagt worden. L. hat 15 Kilogramm abgenommen. Er ist gebeugt und niedergeschlagen, über alle Maßen verzweifelt: Wie lange noch? Wann wird das enden? Ein ganzes Jahr ohne Verdienst. Er lebt von Wundern. Wann wird es eines geben? Im vergangenen Sommer war er noch mit seiner Frau in Druskieniki,[2] von wo sie nach Truskowice weiterfuhr. Und jetzt? In der letzten Woche hatten sie keinen Bissen Fleisch zu essen.

P. ist ein fleißiger und gebildeter Kaufmann, der viel gelesen, viel gelernt und viel gesehen hat. Er war Prokurist einer deutschen Firma in Warschau, sein Lebensunterhalt war gesichert. Er lebte im Überfluss. Sofort nach der Einnahme der Stadt wurde er fristlos entlassen und mit einem Dreimonatsgehalt abgefunden. Er riskierte sein Leben und floh nach Russland. Dort wanderte er umher, ohne irgendwo zu bleiben, und als er des Herumwanderns müde geworden war, brachte er sich durch seine Rückkehr wieder in Lebensgefahr. Seine Abfindung ist fast völlig aufgezehrt. Auch er lebt von Wundern. Er wartet auf die Bolschewisten wie auf den Frühlingsregen. Sollten sie nicht kommen, dann wäre dies für ihn geradezu eine Schande. Seine letzten Groschen schmelzen dahin.

Der Nächste ist mein guter und lieber Freund K. Früher – das heißt voriges Jahr – war er ein wohlhabender Kaufmann. Eine schöne Wohnung in der Niecała-Straße. Vier luxuriös eingerichtete Zimmer. In einem Unternehmen war er offizieller und in einem anderen stiller Teilhaber, vierfaches Einkommen, jedes Jahr Erholungsreisen – Verehrer und Liebhaber jiddischer Schriftsteller. Und jetzt? Seine Wohnung hatte es den Besatzern angetan, und sie nahmen sie ihm mit roher Gewalt weg. Er musste sie innerhalb von drei Stunden räumen und seine Möbel zurücklassen. Seine beiden Geschäfte sind weg. Alle Einkünfte sind versiegt. Zum Glück hatte er etwas Geld. Er wohnt bei seiner Schwester in einem kleinen Zimmer und lebt von seinen Barreserven, die zur Neige gehen. Er isst, ohne zu genießen, weil er sich über die Zukunft Sorgen macht. Jeden Tag zählt er sein Geld, es versetzt ihm Stiche ins Herz: Wie lange wird es noch reichen? Sein Gesicht ist eingesunken, und er verliert täglich an Gewicht. Kann man das ein Leben nennen? Er hat eine verheiratete Tochter, das Paar ist nach Russland geflohen. Er ist allein zurückgeblieben. Auch seine Augen sind nach Osten gerichtet. Er wartet auf „sie" wie auf den Messias. Was meinst Du? Werden sie kommen?

Der vierte ist mein teurer Freund F., früher Chef der Exportagentur einer Danziger Firma, die, weil ihre Besitzer Juden waren, jetzt liquidiert ist. Als wohlhabender Kaufmann – gebildet, klug, tüchtig und welterfahren – lebte er behaglich und im Überfluss.

1 AŻIH, 302/218, Bl. 31 – 35. Das Dokument wurde aus dem Jiddischen übersetzt. Abdruck in: Hayim Kaplan, Megillat yissurin. Yoman getto Varsha, Tel Aviv 1966, S. 298 – 300. Unvollständige deutsche Übersetzung in: Buch der Agonie. Das Warschauer Tagebuch des Chaim A. Kaplan, hrsg. von Abraham I. Katsh, Frankfurt/M. 1967, S. 214 – 216.

2 Beliebter Kurort im Polen der Zwischenkriegszeit.

Vor zwei Jahren nahm er in der Senatorska-Straße eine schöne Sechszimmerwohnung. Freunde und Bekannte, die in der Geschäftswelt, in der Öffentlichkeit und in der zionistischen Bewegung einen geachteten Namen hatten, kamen regelmäßig zu Besuch – ein Wohlleben. Und jetzt? Als die Bomben fielen und Warschau beschossen wurde, wurde seine Wohnung zur Hälfte durch Granateneinschlag zerstört, eine Ruine. Er war aktiv – aber wer erinnert sich nun noch seiner? Alles ist zerstört. Er lebt von seinem Ersparten.

Er hatte die Zusage für ein Zertifikat[3] und war schon bereit für die Reise – doch die Gestapo hielt ihn und andere Genossen vom ZK[4] auf. Nun läuft er täglich herum, um ein neues Geschäft zu finden – vergebens. Es gibt keine Geschäfte mehr, die Juden noch erlaubt sind. Alles ist mit Verboten belegt. Alle Quellen sind versiegt. Obendrein fürchtet man sich, Anträge zu stellen, und damit beim „Mörder" eingetragen zu sein, selbst wenn der Antrag bewilligt wird. Am Ende nimmt die Ware einen anderen Weg. Wohin man sich auch wendet, alles ist verschlossen und versiegelt. An jedem Ort, an den du deiner Geschäfte zuliebe gehst, lauert eine andere Gefahr. Du bist ohne Ketten gefesselt.

Also wird auch sein Geld aufgezehrt. Und wo führt das hin? Wie lange wird all dies dauern? Ein kluger, begabter Mann wird aus der Gesellschaft ausgeschlossen. Ein geradezu überflüssiger Mensch! Und hatte gestern das Privileg, „Gäste" zu erleben, deren Ruf das Herz eines jeden Juden erzittern lässt. Man kann sie nicht „Gäste" nennen, sie sind Räuber. Sie sind bei ihm eingedrungen und haben ihm zwei wertvolle Teppiche und weitere Kostbarkeiten geraubt. Aber das ist nicht die Hauptsache, solche Dinge geschehen stündlich. Jeder Jude ist darauf vorbereitet. Sollen die Teppiche mit ihren neuen Besitzern zum Teufel gehen! Die Hauptfrage: Weiß ich, wann das Ende dieser Widerwärtigkeit, die Krieg genannt wird, kommt? Habe ich einen Rat, wie wir aus dieser Bedrängnis gerettet werden können?

Und als Letzter – auch im Leben der Letzte – der Hebräischlehrer M., einer der besten Hebräischlehrer Warschaus. Berühmt, geachtet, gebildet, war er jedoch auch früher schon nicht mit Reichtümern gesegnet; sein Einkommen war dürftig, aber er kam zurecht. Frei in dem, was er tat, mit festem Einkommen, verfolgte er den Kurs, den er sich gesetzt hatte: hebräische Kulturarbeit in der Tarbut-Schule, in der er arbeitete.[5] Er hatte nie viel verdient, aber es reichte ihm für seine Bedürfnisse. Seine Umgebung und seine Arbeit verschafften ihm materiell und geistig Befriedigung.

Nach der Besetzung der Stadt wurden die Schulen geschlossen, und er verlor seine Stelle. Hunger drohte. CENTOS nahm die Arbeit auf und verbesserte die Situation in den öffentlichen Suppenküchen für die Kinder der Armen, unter denen sich auch einige seiner Schüler befinden. Er wurde zum Inspektor ernannt und hatte die Speisung von hundert Kindern zu beaufsichtigen. Das ist Strafarbeit! An den Nerven zehrende Arbeit! Aber er hat keine Wahl. Er erhält täglich eine kostenlose Mahlzeit und einhundert Złoty im Monat. Und er ist zufrieden.

3 Bescheinigung, die zur Einwanderung nach Palästina berechtigte.

4 Gemeint ist vermutlich das Zentralkomitee der Zionistischen Organisation.

5 Tarbut (hebr.: Kultur): 1922 gegründete, vom Joint unterstützte zionistische Kulturorganisation als Netzwerk säkularer Erziehungs- und Bildungseinrichtungen mit Neuhebräisch als Unterrichtssprache, aktiv besonders in Polen, Rumänien und Litauen. 1939 unterhielt die Organisation 270 Schulen, die von 45 000 Personen besucht wurden, was in Polen rund 9 % der jüdischen Schüler und Studenten entsprach.

– Wenn man will, kann man also auch mit einhundert Złoty im Monat auskommen. Kriegszeiten sind etwas anderes! Man muss sich mit wenig zufriedengeben!!
Aber auch dieses geringe Gehalt ging verloren, denn CENTOS wird vom Joint versorgt, und dem Joint steht kein Geld mehr für seine Arbeit zur Verfügung. Alle Institutionen, die durch den Joint finanziert wurden – darunter eben auch CENTOS –, sind gelähmt, denn es gibt kein Geld mehr. Seit drei Monaten hat er sein Gehalt nicht bekommen. Er leidet Hungerqualen. Auch ihm gegenüber bleibt mir nichts als zu fragen: Wo soll dies enden?
Und ich neige mein Haupt, als wollte ich sagen: Mein eigenes Schicksal ist mir unbekannt – wie soll ich das anderer Menschen kennen?
Bei dieser Zusammenkunft saß Warschau en miniature zusammen. Es gibt ihrer Tausende und Abertausende. Und wirklich, was wird unser Schicksal sein? Wer ist weise genug, das zu sagen?

## DOK. 160
## Der Kreishauptmann von Krakau-Land beschränkt am 20. August 1940 den Aufenthalt von Juden im Kreis[1]

*Der Kreishauptmann des Kreises Krakau-Land*[2]
*Anordnung über Aufenthaltsbeschränkung der Juden vom 20. 8. 1940.*

Unter Bezug auf § 2 der Verordnung über die Einführung des Arbeitszwanges für die jüdische Bevölkerung des Generalgouvernements vom 26.10.1939 und § 4 der Ersten Durchführungsvorschrift hierzu vom 11.12.1939[3] ordne ich für den Bereich der Kreishauptmannschaft Krakau-Land an:
§ 1. Allen in der Kreishauptmannschaft Krakau-Land wohnenden Juden untersage ich zunächst bis 15.10.1940, sich dauernd oder vorübergehend über die Grenzen ihres Wohnortes zu begeben.
Unter Wohnort ist die Stadt- oder Dorfgemeinde zu verstehen, in welcher der Jude seinen Wohnsitz oder seine dauernde Unterkunft hat.
§ 2. Dieses Verbot gilt nicht:
a) für Juden, die von der deutschen Verwaltung zu besonderen Aufgaben verwendet werden. Diese Juden müssen sich durch eine von einer deutschen Behörde mit Dienststempel versehene gültige Bescheinigung ausweisen, die ihre Verwendung ausdrücklich bestätigt.
b) für Juden, die sich zur Zwangsarbeit begeben. Diese Juden müssen sich durch eine mit Datum und Dienststempel versehene Bescheinigung des Land- oder Stadtkommissars oder der Stelle, von der sie zur Zwangsarbeit herangezogen werden, ausweisen.

1 AAN, 1335/214/II-5, Bl. 2. Kopie: USHMM, RG 15.008M, reel 4. Plakat auf Deutsch und auf Polnisch.
2 Dr. Egon Höller (1907–1991), Jurist; 1932 NSDAP-, 1933 SA- und 1938 SS-Eintritt; 1934 Teilnahme am Putsch gegen den österr. Bundeskanzler Dollfuß, 1935 aus dem Staatsdienst entlassen, 14 Monate in Haft, 1936 Flucht nach Deutschland; 1938 Mitarbeiter des Reichsstatthalters in Wien; Okt. 1939 bis Febr. 1942 Kreishauptmann von Krakau-Land, dann Stadthauptmann von Lemberg; 1945 Kriegsgefangenschaft, danach Kaufmann in München.
3 Siehe Dok. 27 vom 26.10.1939 und Dok. 55 vom 11.12.1939.

c) in den Ausnahmefällen des öffentlichen oder privaten Notstandes. Diese Juden müssen sich durch eine mit Datum und Dienststempel versehene Bescheinigung des Bürgermeisters oder Dorfschulzen ausweisen. Die Bescheinigung hat insbesondere Name, Wohnort und Beruf des Juden sowie Zweck, Ziel und voraussichtliche Dauer der Reise zu enthalten.

§ 3. Ich behalte mir vor, aus besonderen Gründen auf schriftlichen Antrag Ausnahmen zuzulassen. Gleichzeitig ermächtige ich unter den gleichen Voraussetzungen die Land- und Stadtkommissare zur Gewährung von Ausnahmen in ihrem Amtsbereich.

§ 4. Zuwiderhandlungen gegen diese Anordnung werden mit Haft bis zu 8 Wochen und Strafen bis zu Zl. 10 000 oder mit einer dieser Strafen bestraft, soferne nicht nach sonstigen einschlägigen Vorschriften eine schwerere Strafe vorgesehen ist.

§ 5. Diese Anordnung tritt mit dem Tage des Anschlages an der Gemeindetafel in Kraft.

Der Kreishauptmann
*Dr. Höller*

## DOK. 161
## Ein anonymer Denunziant zeigt am 27. August 1940 in Warschau einen jüdischen Firmenbesitzer an[1]

Schreiben an die Sicherheitspolizei in Warschau vom 27. 8. 1940

Ich teile das Folgende mit:

In Wola an der Obozowa-Straße gibt es die Fabrik „Tytan" sowie in der Nachbarschaft an der Św. Stanisław-Straße die Fabrik „Cyklop", die mit „Tytan" finanziell eine Einheit bildet. Faktischer Besitzer des Unternehmens ist der Jude Landau, der an seiner Stelle Strohmänner eingesetzt hat, um auf diese Weise den jüdischen Charakter seines Unternehmens zu verschleiern.

Landau selbst hält sich, wie es scheint, verborgen.

Seinen Aufenthaltsort kennt zweifellos Landaus Vertrauensmann und rechte Hand Aleksander Szkopek, der Fabrikleiter. Aleksander Szkopek ist ein getaufter Jude.

Er ließ sich 1935 nur taufen, um Offizier werden zu können. Indem er sich zunutze macht, dass sein Äußeres die jüdische Abstammung nicht verrät, trägt er nicht nur die Armbinde nicht, sondern gibt sich als Pole aus.

Um seine jüdische Abstammung zu verbergen (er wurde einige Male von der jüdischen Gemeinde gesucht und hat sich dort am Ende freigekauft) wie auch seine Zugehörigkeit zur ehem. polnischen Armee – war Szkopek nach dem Krieg niemals irgendwo gemeldet, und ebenso wenig fand er sich zu der seinerzeit angeordneten Registrierung ein.[2]

Zuletzt hegt er angesichts der drohenden Todesstrafe die Absicht, sich registrieren zu lassen, und es ist möglich, dass er sich bei dieser Gelegenheit ebenfalls am Wohnort an-

1 AIPN, GK 106/161 (703/31, CA MSW 684), Bd. 1, Bl. 42. Das Dokument wurde aus dem Polnischen übersetzt. Das mit der Post versendete anonyme Schreiben wurde vermutlich von der poln. Untergrundorganisation Muszkieterowie (Die Musketiere) abgefangen, ehe die Sicherheitspolizei die Gruppe zerschlug und in den Besitz der Anzeige gelangte.

2 Ehemalige Offiziere der poln. Armee mussten sich im Herbst 1939 registrieren lassen.

meldet. Lange Zeit hat er bei der Fabrik gewohnt, jetzt wohnt er in Bielany[3] gegenüber dem CIWF.[4] Die genaue Adresse kenne ich nicht.
Zweifellos wird er sich selbst im Falle seiner Registrierung aus Furcht vor der Deportation zur Arbeit nach Deutschland verbergen.
Sein Telefon 2.31.01.
Alles Obige gebe ich aus ideologischem Antrieb an, da ich die Juden hasse, und insbesondere die getauften, die mit ihrer Nationalität und Religion Handel treiben.
Warschau, den 27.8.40
Sollte diese Benachrichtigung Folgen zeitigen, werde ich den verehrten Herren andere, bedeutsamere Dinge mitteilen.

## DOK. 162
## Eine im Juli/August 1940 verfasste Denkschrift umreißt die wirtschaftlichen Schäden durch die Judenverfolgung in Polen[1]

Denkschrift, ungez., Juli/August 1940[2]

*Die Zerstörung der jüdischen wirtschaftlichen Positionen in Polen.*
*Einleitung*
Die Kriegsoperationen und deren Folgen haben im allgemeinen wirtschaftlichen Leben Polens tiefe Erschütterungen und im jüdischen wirtschaftlichen Leben einen vollständigen Ruin hervorgerufen.
Es ist hier bloß die Rede vom Generalgouvernement, jenem kleinen Teile der gewesenen Polnischen Republik, auf welchem gegen 50 % sämtlicher in der gewesenen polnischen Republik früher wohnhaften Juden zusammengepfercht sind. In jenem Teile Polens (über 53 % des Territoriums), der sich unter sowjetischer Okkupation befindet, läßt sich überhaupt von keiner privaten wirtschaftlichen Struktur reden, da dort die kommunistische Ordnung herrscht. Ähnlich, wenn auch in einer ganz anderen Weise, verhält es sich im übrigen Teile Polens, der ins Dritte Reich eingegliedert wurde. Auch hier herrschen ganz andere wirtschaftliche Bedingungen und die Bezeichnung „wirtschaftlicher Ruin" wäre für die dortige jüdische Bevölkerung nicht entsprechend, da dort der größte Teil der Gemeinden judenrein geworden ist, und wo dies bis nun nicht geschehen ist, die jüdische Bevölkerung meist in engen Ghettos eingesperrt ist.
Daß im allgemeinen wirtschaftlichen Leben des Generalgouvernements der Krieg bloß eine wirtschaftliche Erschütterung und im jüdischen wirtschaftlichen Leben einen vollständigen Ruin herbeigeführt hat, soll im folgenden nachgewiesen werden.

3 Stadtteil von Warschau.
4 Centralny Instytut Wychowania Fizycznego (Zentralinstitut für Leibeserziehung).

1 AŻIH, Ring II/3 (126).
2 Handschriftl. Notiz oben rechts mit der Monatsangabe: VII – VIII 1940. Die Denkschrift war offenbar für die Judenräte im Generalgouvernement bestimmt, die daraus Vorschläge zur Linderung der Notlage entnehmen konnten. Da sie in deutscher Sprache vorliegt, wurde sie – zumindest zu deren Kenntnisnahme – auch für die Besatzungsbehörden angefertigt. Sie stammt möglicherweise von Michał Weichert, beruht jedenfalls auf Berichten der JSS aus Warschau.

Das Territorium des Generalgouvernements umfaßt ein Gebiet von 96 600 qkm und ist, nach offiziellen Angaben, von über 12 500 000 Einwohnern bewohnt, worunter sich 9 940 000 Polen, über 1 500 000 Juden, 700 000 Ukrainer, 90 000 Deutsche und gegen 350 000 Goralen[3] befinden. Demnach wohnen 129 Einwohner auf einem [Quadrat]Kilometer, wobei die drei Distrikte Warschau, Krakau und Radom, in welchen der Boden viel weniger fruchtbar ist als im übrigen Polen, am dichtesten bewohnt [sind].
Die erwähnte Dichte der Bevölkerung, ferner die Tatsache, daß das Gebiet des Generalgouvernements von den Hauptzentren der einstigen polnischen Schwerindustrie in Schlesien, Dąbrowa-Becken, Lodz und Ost-Galizien (das Petroleumgebiet) abgetrennt wurde, genügen schon, um zu beweisen, daß die allgemeine Volkswirtschaft des Generalgouvernements erschüttert wurde. Dazu kommt noch der Umstand, daß Tausende von Fabriken, Werkstätten, Magazinen, Handelsunternehmungen und Privatvermögen während der Bombardierungen und der Feuersbrünste gänzlich oder teilweise zerstört worden sind. Auch nach der Abstellung der Kriegsoperationen mußten Hunderte von großen und kleinen Unternehmungen verschiedener Art infolge des neuen behördlichen Wirtschafts- und Kontingentsystemes liquidiert oder auf ganz andere Grundlage umgestellt werden.
Diese nachteiligen Erschütterungen, die in der allgemeinen Volkswirtschaft vor sich gingen, wurden für die nichtjüdische Bevölkerung teilweise dadurch aufgehoben, daß an Stelle der liquidierten Unternehmungen oft neue nichtjüdische Unternehmungen von großem Umfange entstanden (in Warschau sind während der ersten Monate nach Beendigung der Kriegsoperationen 23 große nichtjüdische Unternehmungen entstanden, von denen jede mehr als 20 Personen beschäftigt). Außerdem ist die überwiegende Mehrheit der polnischen Bevölkerung des Generalgouvernements, welche sich vor dem Kriege mit Landwirtschaft beschäftigte, weiter auf ihrem Boden geblieben, den sie bearbeitet und der sie ernährt. Auch die polnischen Arbeiter und der größte Teil der Regierungsbeamten haben meist weiter ihre frühere Beschäftigung in den Fabriken oder in ihren Ämtern behalten. Anders verhält es sich mit der jüdischen Volkswirtschaft, welche am Anfange durch die schweren Schäden der Kriegsoperationen und nachher durch die systematisch gegen die jüdische Wirtschaft gerichteten gesetzlichen Verordnungen vollständig ruiniert ist.
*Die frühere professionelle Struktur der jüdischen Bevölkerung in Polen.*
Wir wollen den gewesenen normalen Zustand der jüdischen Volkswirtschaft im Lande kennenlernen, da wir überzeugt sind, daß die nähere Bekanntschaft mit der sozialen und professionellen Struktur des polnischen Judentums aus der Vorkriegszeit den Beweis erbringen wird, daß das polnische Judentum über viele entsprechende Elemente verfügt, welche sowohl für den rationellen Aufbau des zerstörten Landes als auch für Zwecke einer späteren Emigration der jüdischen Bevölkerung benützt werden können.
Ein objektives Bild über die Aufgaben, welche die Juden im wirtschaftlichen Leben des ehemaligen Polens erfüllt haben, geben uns vor allem die Resultate der Volkszählung im Jahre 1931.[4] Diese Resultate widerlegen die eingewurzelte, jedoch durchaus falsche Meinung, daß die breiten jüdischen Massen ausschließlich vom Handel leben. Es erweist sich,

3 Polnische Bewohner der Beskiden, die von der deutschen Besatzungsmacht zur eigenständigen Volksgruppe erklärt wurden.

4 Drugi powszechny spis ludności z dn. 9.XII.1931 r. Deuxième recensement général de la population du 9.XII 1931, Warszawa 1932.

daß im Handel im ganzen 38 % der ökonomisch-aktiven Juden beschäftigt waren, jedoch in der Industrie und im Handwerk 43 %. Das Übergewicht auf dem Gebiete des industriellen Lebens tritt bei den Juden im Generalgouvernement noch mehr hervor. Von der über eine halbe Million betragenden Zahl der ökonomisch-aktiven Juden waren im industriellen Leben, hauptsächlich in Handwerkerberufen, 240 000, das sind 46 %, beschäftigt, während im Handel hier kaum 200 000 Juden, das sind 38 % aller ökonomisch-aktiven Juden, tätig waren.
Im letzten Jahrzehnt vor dem Kriege hat der Prozeß der Industrialisierung bei den Juden noch weitere Forschritte gemacht, das bezeugt die von der jüdischen Gemeinde in Warschau am 28. Oktober 1939 auf Veranlassung der deutschen Behörden durchgeführte Volks-Zählung. Dabei sind von 356 000 jüdischen Einwohnern in Warschau 156 000 (43,3 %) als ökonomisch-aktiv festgestellt worden, von denen zur Gruppe Industrie und Handwerk 81 422 gehörten.
Bei der Registrierung zur Zwangsarbeit befanden sich in Warschau 117 000 Männer im Alter von 12 – 60 Jahren, davon 53 000 Handwerker und fachlich ausgebildete Arbeiter. Aus dieser Registrierung geht hervor, daß die Anzahl derjenigen, welche nicht direkt am Arbeits-Prozesse beteiligt sind, eine ganz geringe Minorität darstellt. Auf dem ganzen Gebiete des Generalgouvernements haben wir eine runde Zahl von 36 000 (6,9 %) selbständigen jüdischen Unternehmern, welche sich mit bezahlten Arbeitskräften bedienen. Die überwiegende Mehrheit jedoch, 93 % der jüdischen Bevölkerung, bildet eine arbeitende Masse, welche ausschließlich als selbständige Händler, Handwerker, Heim- oder Lohnarbeiter von eigener Mühe und Arbeit leben.
Abgesehen vom bedeutenden Übergewicht der Handwerkerklassen auf dem Gebiete des Generalgouvernements nimmt hier auch die jüdische arbeitnehmende Klasse einen sehr bedeutenden Platz ein, sie beträgt 46,8 % der gesamten ökonomisch-aktiven Juden. Die Arbeitergruppe selbst beträgt 42,6 %; in den meisten Industriezweigen bilden die Arbeitnehmer mehr als die Hälfte, in den Textilzweigen erreicht ihre Anzahl 72,5 %. Wenn man dabei noch in Betracht zieht, daß die jüdische industrielle Bevölkerung größtenteils in der Klein-Industrie und im Handwerk konzentriert ist, muß zugegeben werden, daß dieser Anteil sehr bedeutend ist.
Die Branchenstruktur ist für die Juden eine andere als für die Nichtjuden. Von der gesamten in der Industrie und im Handwerk beschäftigten Zahl der Juden entfallen 43,9 % auf die Bekleidungsindustrie, 14,2 % auf Ernährungszweige, 7,9 % auf die Textilproduktion, 7,6 % sind bei Holz und 6,6 % bei Metall beschäftigt.
In der Bekleidungsindustrie betrug die Anzahl der jüdischen Schneider 47,8 %, in der Lubliner Woiwodschaft sogar 66,9 % und in der Kielcer Woiwodschaft 63,4 %.
In der Wäschebranche bilden die Juden die Hälfte sämtlicher Beschäftigten.
In der Schusterbranche fallen auf je 100 Schuhmacher 35 Juden. In der Lubliner und Kielcer Woiwodschaft erreicht der jüdische Anteil sogar 57 und 45 %.
In der Mützenmacherbranche beträgt der jüdische Anteil 73 %, Kürschnerbranche – 61,5 %, Lederbranche – 45 %, Herren- und Damenhütenbranche – 73 %.
Auf dem Gebiete der Metallbranche bilden die Juden in der Klempnerei 50 % und in der Juwelen- und Uhrmacherbranche 65,6 %, in der Schlosserei 11,2 %.
Von den Baufächern ist die Zahl der Juden besonders groß als Dachdecker und Glaser, wo sie 80 % bilden, geringer jedoch als Maurer und Tischler (durchschnittlich 20 %, in [der] Lubliner Woiwodschaft 35 % und in der Kielcer 28 %).

Während in der größeren Textilfabrikation die Juden schwach vertreten sind (16 %), verfügen sie in der kleineren Textilheimarbeit über 42 %.
In der Holzbranche verfügen die Juden über eine bedeutende Position bloß in der Tischlerei- und Möbelproduktion (20 %).
Der Anteil der Juden im Handel ist natürlich viel größer als in der Industrie. In den zentralen Woiwodschaften, in denen die wirtschaftliche Struktur im allgemeinen derjenigen auf dem Gebiete des gegenwärtigen Generalgouvernements entsprach, bildeten die Juden einen Prozentsatz von 55,9 %, im Engroshandel nur 47,8 %.
Gering ist der Anteil der Juden in der Landwirtschaft. In ganz Polen lebten von der Landwirtschaft 125 000 Juden, d.[as] s.[ind] 4 %. Am schwächsten war die Landwirtschaft gerade auf dem Gebiete des gegenwärtigen Generalgouvernements vertreten. Sie dürfte schätzungsweise die Zahl von 28 000 betragen.
*Die ersten schweren Schläge.*
Schon in den ersten Kriegstagen, am Anfang September, als gleichzeitig von 3 Seiten, Norden, Westen und Süden, das Kriegsfeuer das ganze Land umfaßte, begann das ganze Gebäude der jüdischen wirtschaftlichen Struktur in Polen zusammenzubrechen. Viele Tausende von jüdischen Fabrikanten, Händlern, Handwerkern und Arbeitern verließen ihre Arbeitswerk-Stätten und ihre Heime, um sich in die größeren Städte, hauptsächlich nach Warschau, zu begeben. Schon in den ersten Kriegswochen betrug die Anzahl der jüdischen Flüchtlinge in Warschau schätzungsweise gegen 100 000 Mann. Bloß aus Lodz kamen gegen 50 – 60 000 geflüchteter Juden nach Warschau. Durch das Bombardement sind daselbst ganze Straßen und Viertel verbrannt, große Handelsbasare, Handelsplätze, Fabriken und Werkstätten im Verlauf von einigen Minuten vollständig zerstört worden, und im gesamten wirtschaftlichen Leben trat ein plötzlicher Stillstand ein. Nach Abschluß der Kriegsoperationen und der Kapitulation von Warschau, d.i. am Ende September, ergab sich folgender gewaltiger Ruin des jüdischen wirtschaftlichen Lebens:
In Warschau sind gegen 75 %[5] sämtlicher Häuser der Stadt nach Feststellung der Warschauer Stadtverwaltung zerstört oder vollständig ruiniert worden. Am stärksten litten die jüdischen Viertel, wo über 50 % der Frontgeschäfte in den beiden wichtigsten Handels-Zentren Warschaus (Nalewki und Grzybow) verbrannt wurden. Gegen 20 % der jüdischen nicht zerstörten Geschäfte sind während der Unruhen beraubt, liquidiert oder geschlossen worden, gegen 1500 jüdische Wohnhäuser und Fabrikgebäude sind verbrannt oder vernichtet worden, 7 große Basare mit ungefähr 3000 jüdischen Läden sind Beute der Flammen geworden, und gegen 30 000 jüdische Wohnungen in verschiedenen Stadtvierteln sind durch Bomben zerstört oder vom Feuer verzehrt worden. Über 6000 Juden sind während der Bombardierungen getötet und doppelt soviel schwer verwundet worden (in ganz Polen betrug die Zahl der durch die Bombardierungen getöteten Juden über 20 000). Gegen 20 000 jüdische Unternehmungen verschiedener Art sind infolge der Kriegsoperationen in Warschau zerstört worden oder unterlagen der Liquidierung. Dazu kam noch, daß für die riesige Masse von Flüchtlingen und Abgebrannten die zugrunde gerichtete Warschauer jüdische Bevölkerung Wohnung und dringendste Hilfe besorgen mußte.
Nicht besser sah es in der Provinz aus. In über 100 Städten und Städtchen sind die jüdi-

5 Vermutlich gemeint: 25 %. Heutigen Berechnungen zufolge wurden durch die Kriegseinwirkungen im Sept. 1939 etwa 12 % der Warschauer Gebäude zerstört.

schen Handelsbasare und Arbeitszentren fast ganz mit dem Rauch aufgegangen. In mehreren Städten sind jüdische Häuser bloß in geringem Prozentsatze gerettet worden. Außerdem kam noch für die jüdische Bevölkerung folgender Übelstand dazu: Die [arbeitenden] Schichten, welche ihre ersparten Gelder in P.K.O.[6] oder in anderen Sparinstitutionen hatten, verloren ihre schwer erworbene[n] Groschen dadurch, daß sämtliche Institutionen schon in den ersten Kriegstagen geschlossen wurden. Die jüdische Lage war auch in dieser Beziehung insoferne viel trauriger als die nichtjüdische, als die Beamten der Regierungs- oder kommunalen Institutionen bei Kriegsausbruch den Lohn für einige Monate voraus für Evakuierungszwecke ausbezahlt erhielten, die jüdische arme Bevölkerung jedoch buchstäblich ohne Mittel blieb, um ihr Leben zu fristen.

*Die Folgen der antijüdischen gesetzlichen Bestimmungen.*

Nach Abstellung der Kriegsoperationen versuchte die jüdische Bevölkerung in Polen, sich den neu entstandenen Bedingungen anzupassen und das wirtschaftliche Leben auf neuen Grundlagen zu organisieren. Allmählich wurden die jüdischen Arbeitswerkstätten und Läden geöffnet, und die jüdische Bevölkerung bewies die vollständige Bereitschaft, am Aufbau des wirtschaftlichen Lebens im Lande aktiv teilzunehmen. Sie stieß jedoch auf ungeheure Schwierigkeiten, welche dieses unmöglich machten.

Schon am Anfange der neuen Ordnung in Polen erschien eine Reihe von Verordnungen, welche die jüdische Wirtschaft schädigten. Anfang Oktober v. J., d. i. kurz nach Einstellung der Kriegsoperationen in Polen, wurde eine Verordnung betreffend des Geldumsatzes mit dem Datum vom 18. September veröffentlicht. Diese Verordnung enthält folgende schwere Einschränkungen in bezug auf die wirtschaftliche Tätigkeit der Juden im Lande. 1) Einem Juden kann maximum 500 Zloty ausgezahlt werden, der Rest muß auf Sperrkonto in einer Finanzinstitution deponiert werden, 2) Bankhäuser dürfen einem Juden von dessen Konten höchstens 250 Zl. wöchentlich auszahlen oder demselben gutschreiben, 3) eine jüdische Familie darf außerhalb der Bankinstitutionen höchstens 2000 Zloty besitzen.[7]

Diese 3 Vorschriften sind noch durch das am 20. November 1939 datierte Zirkular der Devisenabteilung beim Generalgubernator[8] verschärft, wonach ein Jude höchstens 500 Zl. monatlich ausgezahlt erhalten kann, während der Rest auf dessen Sperrkonto in eine Finanz-Institution eingezahlt werden muß.[9]

Obige Vorschriften machten es dem Juden unmöglich, irgendeine Handelstransaktion abzuschließen oder eine Bestellung auszuführen, da beim Einkauf von Waren oder bei der Ausführung von größeren Bestellungen der Kaufmann über eine größere Geldsumme verfügen muß, besonders jetzt, wo Kredittransaktionen gänzlich verschwunden sind. Wie kann ein jüdischer Kaufmann oder Handwerker, der bloß 2000 Zl. haben und von seinen Außenständen bloß 500 Zl. monatlich einkassieren darf, die nötige Ware oder Rohstoffe einkaufen, wenn er für die Ware Bargeld zahlen und dann oft mehrere Monate warten muß, bis er die Ware absetzt? Daher mußten Hunderte von jüdischen Unternehmungen gleich nach Erscheinen der genannten Verordnungen sofort liquidiert werden.

6 Polska Kasa Oszczędności (Polnische Sparkasse).

7 Der CdZ beim AOK 14, Kriegswirtschaftsabt., verfügte diese Einschränkungen für Juden in den §§ 6 und 8 seiner Anordnung betreffend den Zahlungs- und Geldverkehr; APKr, 33, SMKr/62.

8 Gemeint ist Generalgouverneur Frank.

9 Anordnung Nr. 4 des Leiters der Abt. Devisen im Amt des Generalgouverneurs über allgemeine Maßnahmen zur Sicherstellung jüdischen Vermögens, VOBl. GG 1939, Nr. 7 vom 20.11.1939, S. 57f.

Die jüdische Kleinindustrie und der jüdische Kleinhandel verfügten nie über Kredite in den großen Bankhäusern, so daß für dieselben die in der genannten Verordnung vom 18. September 1939 enthaltenen Erleichterungen im Scheckverkehr nicht in Frage kommen. Die wirtschaftlichen Nachrichten vom 31. Januar l. J. veröffentlichen eine Verordnung des Warschauer Distrikts, daß bei Eintragung von neuen Firmen ins Handelsregister eine besondere Erlaubnis des Distriktschefs zur Eintragung dieser Firma notwendig ist. Eine derartige Erlaubnis wird jedoch nur herausgegeben, wenn die arische Abstammung der Person, die die Unternehmung eröffnet, nachgewiesen wird.[10] Diese Verordnung macht es somit den Juden unmöglich, neue Unternehmungen zu gründen oder die bereits existierenden Unternehmungen in neue zu ändern, da entsprechend der polnischen Gesetzgebung sämtliche größere Unternehmungen ins Handelsregister eingetragen werden müssen. Von besonderer Bedeutung ist obige Verordnung auch aus dem Grunde, weil Kaufleute und Handwerker infolge von Kapitalmangel oft gezwungen sind, sich in Genossenschaften zu vereinigen, und als Genossenschaften ins Handelsregister eingetragen werden müssen, selbst dann, wenn sie nicht zu den „großen Unternehmungen" gehören. Bedeutende Schwierigkeiten für die jüdische Volkswirtschaft entstanden auch durch die bis nun nicht veröffentlichte Verordnung der Finanzbehörden, daß jüdische Steuer-Reklamationen überhaupt nicht geprüft werden sollen und daß jüdische Steuerzahler nicht einmal die gesetzlichen Begünstigungen genießen dürfen. Die Nichtanerkennung von gesetzlichen Begünstigungen selbst für die vergangenen Jahre,[11] obwohl diese Begünstigungen bei der Kalkulation des Unternehmens bis nun in Betracht gezogen wurden, hat so manche jüdische Unternehmen vollständig zugrunde gerichtet.

Die Verordnung vom 29. September 1939 sieht die Einsetzung von kommissarischen Verwaltungen nur in dem Falle vor, wenn die bis nun zur Führung des Unternehmens bevollmächtigte Person außerhalb des Landes sich befindet, oder wenn durch besondere Gründe die rationelle Führung des Unternehmens unmöglich ist.[12] Tatsächlich werden jedoch kommissarische Verwalter in vielen jüdischen Firmen eingesetzt, wo die Eigentümer anwesend sind und von jedem Vorwurfe betreffend die Führung des Unternehmens frei sind.

Bei einer Menge von jüdischen Unternehmungen haben die kommissarischen Verwalter und Treuhänder vor allem die Entfernung von jüdischen Angestellten und Arbeitern veranlaßt. In manchen Fällen geschah das durch Anforderung der Rohstoff liefernden Zentralen, die sich weigerten, die nötigen Rohstoffe zu liefern, solange in den betreffenden Unternehmungen Juden beschäftigt sind. Das geschah in einer großen Anzahl von Apotheken, wo die jüdischen Apotheker entfernt [wurden] und die Apotheken in den Besitz von Nichtjuden übergingen, welche vor allem die jüdischen Angestellten und Arbeiter entließen. Als Folge davon kommt es zur starken Vergrößerung der Arbeitslosigkeit unter den jüdischen geistigen und physischen Arbeitern.

10 Wirtschaftsmitteilungen. Amtliches Informationsbulletin der Industrie- und Handelskammer in Warschau, Nr. 13 vom 31.1.1940, S. 7: Bewilligung zur Errichtung neuer registrierter Unternehmungen. Die Bewilligung des Distriktchefs musste bei der Abt. Wirtschaft im Amt des Distrikts (in deutscher Sprache) beantragt werden. Dem Gesuch war „eine Erklärung über die arische Abstammung der Gründer des Unternehmens" beizufügen.

11 Siehe Dok. 130 vom 1.7.1940, Anm. 7.

12 VO des Oberbefehlshabers des Heeres über die Einsetzung von kommissar. Verwaltern für Unternehmungen, Betriebe und Grundstücke in den besetzten ehemals polnischen Gebieten, in: Haupttreuhandstelle Ost. Materialsammlung zum inneren Dienstgebrauch (wie Dok. 155, Anm. 2).

Das jüdische Handwerk ist durch die Beschränkungen, dem es bei der Änderung des Wohnortes seiner Werkstätten ausgesetzt ist, wie auch durch das Verbot, daß die der Zwangsarbeit unterliegenden Handwerker ihre Arbeitswerkzeuge weder verkaufen noch über dieselben disponieren [dürfen], schwer getroffen. Nach den Vorschriften des polnischen Industriegesetzes konnte jeder Handwerker leicht den Sitz seiner Werkstätte in Warschau ändern. Gegenwärtig, da viele Werkstätten durch die Kriegsoperationen zerstört sind und infolgedessen die Handwerker gezwungen sind, ihre Lokale zu ändern, sollten eigentlich die Formalitäten für den Ortswechsel der Werkstätten erleichtert werden. Tatsächlich wird jedoch die Bitte eines jüdischen Handwerkers, die Adresse seiner Werkstätte ändern zu dürfen, abgewiesen mit der Begründung, daß dieses eine neue Werkstätte wäre, welche den Juden zu eröffnen nicht gestattet ist. Ebenso werden sämtliche Bitten der aus ihren früheren Heimatsorten ausgewiesenen und nach Warschau gekommenen Handwerker abgewiesen, obwohl sie auf Grund ihrer Handwerkerkarten in ihren früheren Heimatsorten legal gearbeitet haben.
Paragraph 6 der Verordnung vom 12. Dezember 1939 betreffend Einführung von Zwangsarbeit für Juden[13] verbietet allen der Zwangsarbeit unterworfenen Juden, ohne schriftliche Erlaubnis der deutschen Behörden ihre Arbeitswerkzeuge oder Maschinen zu verkaufen und über dieselben zu disponieren. Diese Beschränkung betrifft sämtliche jüdischen Handwerker und ist eine besondere Erschwerung ihrer Lage, da es jetzt oft nötig ist, die zerstörten Werkstätten aufzulösen, Genossenschaften zu schaffen und die Werkstätten der verstorbenen und ausgewanderter Handwerker zu verkaufen.
Infolge der tiefen Erschütterungen im wirtschaftlichen Leben haben Warschau und mehrere andere Städte ihren früheren Absatzmarkt und ihre bisherigen Einkaufsquellen für Ware und Rohstoffe verloren. Um sich den neuen Bedingungen anzupassen, müssen persönliche Unterhandlungen mit den Unternehmungen der anderen Städte geführt werden. Dem jüdischen Kaufmann und Handwerker ist jedoch die Kommunikation mit anderen Städten fast unmöglich gemacht worden, da denselben verboten ist, mit der Bahn zu fahren, und nur selten ihnen eine derartige Erlaubnis erteilt wird.[14]
Außerdem dürfen Juden zwischen 9 [Uhr] abends und 5 Uhr morgens sich nicht auf Wegen befinden. Ferner dürfen laut Verordnung vom 11. Dezember v.J. Juden ohne besondere Erlaubnis von seiten der Behörden von einem Orte in den anderen nicht übersiedeln.[15] Der jüdische Fabrikant, Kaufmann und Handwerker hat daher keine Möglichkeit, in einen Kontakt mit den Kaufleuten von anderen Städten zu kommen.
Jüdische Advokaten sind aus der Advokatenliste gestrichen worden, was einer größeren Anzahl der jüdischen Intelligenz die Ernährungsmöglichkeit und der jüdischen Bevölkerung die Erlangung von juridischer Hilfe nahm. Die Bitte, eine wenn auch nur geringe Anzahl von jüdischen Advokaten zu bestimmen, wurde mit der Begründung abgewiesen, daß Juden sich an polnische Advokaten wenden können. Dabei wurde nicht berücksichtigt, daß ein großer Prozentsatz der Juden die polnische Sprache sehr schwach beherrscht und daß den polnischen Rechtsanwälten die Bedingungen des jüdischen Lebens fremd sind.

13 Siehe Dok. 58 vom 12.12.1939.

14 Jüdische Reisende durften laut der VO vom 26.1.1940 die Eisenbahn nicht oder nur mit einer jeweils zu beantragenden Ausnahmegenehmigung benutzen; siehe Dok. 130 vom 1.7.1940, Anm. 15.

15 Siehe Dok. 55 vom 11.12.1939.

Den jüdischen pensionierten Staatsbeamten und später auch den Invaliden, Witwen und Angehörigen der jüdischen Sozialversicherten ist das Recht auf Pension respective auf soziale Versicherung genommen worden, wodurch die Zahl der Juden, welche jede Existenzmöglichkeit verloren haben, vergrößert wurde.
Die Verordnung des Warschauer Stadtpräsidenten[16] vom 15. Januar l. J. betreffend das Verbot des Straßenhandels bestimmt, daß Juden nur in bestimmten Straßen und auf bestimmten Stellen handeln dürfen.[17] Diese Straßen decken sich mehr [oder] weniger mit dem Plane des Ghettos, welches im November v. J. eingeführt werden sollte,[18] wodurch die Gerüchte betreffend das Ghetto verstärkt wurden, welche jede wirtschaftliche Initiative bei der jüdischen Bevölkerung einschränkten.
Auch die Verordnung vom 26. Oktober v. J. betreffend die Einführung von Zwangsarbeit für die Bevölkerung des Generalgouvernements[19] und die damit verbundene Gefahr, daß der Betreffende zu jeder Zeit zur Zwangsarbeit berufen werden könnte, hemmt sämtliche Initiative bei der jüdischen Bevölkerung.
Vor einigen Wochen sind einige neue Verordnungen betreffend die Einsetzung von kommissarischen Verwaltern in sämtlichen jüdischen Häusern, die Entlassung sämtlicher jüdischer Hausverwalter[20] und daß den jüdischen Invaliden die Konzessionen für Tabak-Handel entzogen werden sollen, bekanntgegeben worden.
Im offiziellen Organe des Warschauer Distriktamtes erschien am Beginn des Jahres eine Veröffentlichung betreffend eine neue Organisation der Abteilungen für die Warschauer Stadtverwaltung. Aus derselben erfuhren wir, daß die II. Abteilung die Arisierung der jüdischen Häuser und Immobilien durchführen soll.[21] Dieser Plan begann im Monate Juni durchgeführt zu werden, über 5000 Verwalter sind abgesetzt worden, die jüdischen Hauseigentümer, gegen 25 000 Personen, sind tatsächlich nicht mehr Herren über ihren Besitz, und die neuen kommissarischen Verwalter beginnen sogar die bisherigen jüdischen Arbeitnehmer in den betreffenden Häusern, wie Schlosser, Klempner, zu entlassen. Zusammen sind dadurch neue 70 000 – 80 000 jüdische Familien erwerbslos geworden.
Die obengenannten Verordnungen erschöpfen noch bei weitem nicht die ganze Reihe der gegen die jüdische Wirtschaft gerichteten gesetzlichen Maßnahmen. Sie umfassen, wie wir gezeigt haben, fast sämtliche Wirtschaftszweige und genügen, um die traurige ökonomische Lage der jüdischen Bevölkerung zu schildern.
*Umsiedlungen, Errichtungen, Ghetto und Requirierungen.*
Um das gegenwärtige düstere Bild der jüdischen wirtschaftlichen Lage zu vervollkommnen, soll noch eine Reihe von anderen Erscheinungen berührt werden, welche die Juden im Generalgouvernement sehr schwer getroffen haben:

16 Stadtpräsident von Warschau war Oskar Dengel.

17 Anordnung des Stadtpräsidenten von Warschau über das Verbot des Straßenhandels vom 5.1.1940, Amtsblatt des Chefs des Distrikts Warschau, 1940, Nr. 2 vom 14.2.1940, S. 32 – 34.

18 Siehe Dok. 39 vom 17. bis 20.11.1939.

19 Siehe Dok. 27 vom 26.10.1939.

20 Die JSS teilte am 11.7.1940 der Abt. BuF der Regierung des GG mit, dass dies „die Arbeitslosigkeit von ca. 10 000 jüd. Angestellten der Häuserverwaltungen zur Folge haben" werde; YVA, O-21/16.

21 Am 15.1.1940 erschien die Bekanntmachung des Stadtpräsidenten von Warschau über die neue Geschäftsverteilung, aus der hervorgeht, dass die Abt. II unter deren Leiter Dr. Laschtowiczka für die allgemeine Kontrolle der poln. Verwaltung, für das poln. Personal, für Vermögen und Besitz, für Forst- u. Jagdwesen und für die wirtschaftliche Kontrolle der Betriebe zuständig war; Amtsblatt des Chefs des Distrikts Warschau, 1940, Nr. 2 vom 14.2.1940, S. 35 – 37.

1.) Die Massenausweisungen von Juden aus über hundert ins Reichsgebiet eingegliederten Städten und Städtchen wie auch aus einer Menge von dicht bevölkerten jüdischen Ansiedlungen im Generalgouvernement.
2.) Die Errichtung von vollständigen oder unvollständigen Juden-Ghettos in mehreren Städten des Generalgouvernements.
3.) Das Auffangen der Juden auf den Straßen und in den Wohnungen zur Zwangsarbeit.
4.) Die Requisition von jüdischen Vermögen.
Bis zum heutigen Tage sind durch die Umsiedlungen über eine halbe Million jüdischer Seelen betroffen worden, welche in ungefähr 300 Städten, Städtchen und Dörfern des Generalgouvernements sich aufhalten, ohne irgendwelche Aussicht, weiterhin ein normales wirtschaftliches Leben führen zu können. Der größte Teil dieser Unglücklichen sind unter schrecklichen Bedingungen in verschiedenen Flüchtlingsasylen untergebracht. Die Arbeitswerkzeuge und Maschinen hatten sie in ihrer früheren Heimat zurücklassen oder, soweit es ihnen möglich war, um einen äußerst billigen Preis verkaufen müssen.
Wie nachteilig es auf die wirtschaftliche Lage der Juden wirkt, in einem Ghetto eingesperrt zu sein, erübrigt es sich zu schildern, es ist auch überflüssig zu beschreiben, wie fatal es sich auf die tägliche wirtschaftliche Tätigkeit der Juden auswirkt, wenn dieselben aus Furcht, plötzlich zur Arbeit aufgefangen zu werden, sich nicht frei in der Stadt bewegen können, obwohl die jüdischen Ältestenräte wiederholt sich an die Behörden mit der Bitte gewendet haben, die Arbeitseinsatzfrage durch Zustellung einer entsprechenden Zahl von jüdischen Arbeitern zu regeln.
Es kommen noch die wiederholten Requisitionen von jüdischem Vermögen hinzu. Durch die Verordnungen vom 16. November 1939[22] u. 24. Januar 1940[23] ist bestimmt worden, daß Privatvermögen nur dann konfisziert werden darf, wenn dasselbe zum öffentlichen Gebrauche der Behörden nötig ist, und dabei wurde auch eine bestimmte Prozedur vorgeschrieben. Tatsächlich werden diese Verordnungen im Verhältnisse zu jüdischen Einwohnern nicht beachtet, in vielen Fällen werden Requisitionen von Ware und Geld in jüdischen Geschäften und Werk-Stätten durchgeführt, ohne daß irgendeine Aufstellung über Zahl und Wert des requirierten Vermögens aufgenommen wird und auch ohne jede Quittierung von seiten derjenigen Faktoren, welche die Requisition vornehmen. Oft werden aus privaten jüdischen Wohnungen und sogar aus den Wohnungen ganz armer Leute Möbel, Kleider, Lebensmittel u. dgl. weggenommen.
Dies alles zusammen mit den früher erwähnten Verordnungen führt systematisch zur Vernichtung des jüdischen wirtschaftlichen Lebens und macht jeden ehrlichen Versuch von seiten der Juden, am Aufbau der schwer ruinierten Wirtschaft im Lande mitzuarbeiten und sich irgendeine bescheidene Existenz zu verschaffen, unmöglich.
*Das Resultat.*
Gegenwärtig ist die Zerstörung des wirtschaftlichen Lebens der Juden im General-Gouvernement eine vollständige. Was vor den Kriegsoperationen noch gerettet wurde, ist durch die geschilderten Ereignisse zerstört worden. Jüdischer Großhandel und Großindustrie existieren nicht mehr, das jüdische Kapital ist eingefroren und in den Bankhäusern blockiert, das jüdische unbewegliche Vermögen (Häuser und Plätze) [ist] fast ganz

22 Vermutlich die VO über die Beschlagnahme des Vermögens des früheren polnischen Staates innerhalb des Generalgouvernements vom 15.11.1939, VOBl. GG 1939, Nr. 6 vom 20.11.1939, S. 37.
23 VO des Generalgouverneurs für die besetzten polnischen Gebiete über die Pflicht zur Anmeldung jüdischen Vermögens im Generalgouvernement; siehe Dok. 81 vom 24.1.1940.

enteignet, aus dem Bank-, Assekuranz- und Transportwesen wie auch aus allen anderen größeren Unternehmungen sind Juden vollständig ausgeschaltet, alle Verwaltungen und Aufsichtsräte der Aktiengesellschaften sind judenrein, sämtliche freie[n] Berufe mit Ausnahme von Ärzten und Zahnärzten sind für Juden geschlossen, das jüdische Handwerk ist verschuldet, und der Anteil der jüdischen Arbeit ist in sämtlichen Wirtschaftszweigen ungeheuer gefallen. So z. B. ist in der Bekleidungsindustrie, in der der jüdische Anteil vor dem Kriege sehr bedeutend war und 43,9 % betrug, jetzt derselbe auf 3 % gefallen.
Es wird bestimmt nicht übertrieben sein, wenn wir behaupten, daß über 90 % der jüdischen Bevölkerung im Generalgouvernement am Rande des wirtschaftlichen Abgrundes sich befinde[n] und von Hunger, Kälte, ansteckenden Krankheiten und allen traurigen Erscheinungen, die den Hunger begleiten, bedroht sind.
*Schlußwort.*
Bei den gegenwärtigen Bedingungen ist es zwecklos, mit einem Vorschlag aufzutreten, wie eine Umschichtung der jüdischen Massen durchzuführen und welche Elemente der jüdischen Bevölkerung zum Nutzen des ganzen Landes beschäftigt werden könnten. Doch wollen wir versuchen, auf einige Vorschläge hinzuweisen, die, wenn auch nicht überall, so doch in einzelnen Ortschaften gemacht werden sollen, um bei der lokalen Behörde eine Beschäftigung von jüdischen Massen als bezahlte Arbeitskräfte bei verschiedenen Wirtschaftszweigen durchzusetzen.
Wie wir früher gesehen haben, geht gegenwärtig eine große Menge jüdischer qualifizierter Arbeitskräfte verloren, welche selbst in den geringen Grenzen der gegenwärtigen Kriegswirtschaft mit großem Nutzen verwendet werden kann. Daß das jüdische Handwerk im Generalgouvernement gute Qualifikationen besitzt, wurde letztens von der deutschen Behörde im Zirkulare der Abteilung „Arbeit beim Amte des Generalgouvernements", welches vor einigen Wochen an die Leiter der Arbeitsämter bei den Distriktschefs verschickt wurde, anerkannt.[24]
Wenn wir auch annehmen, daß infolge des großen Mangels an Rohstoffen und der geringen Konsumption der Umfang der Handwerksproduktion gegenwärtig nicht mehr als 30 – 40 % vom Vorkriegszustande erreichen kann, wird jedoch andererseits der Bedarf an menschlichen Arbeitskräften durch den gegenwärtigen Mangel an Maschinen und Werkzeugen vergrößert. Wenn man somit die entsprechenden Vorkriegsverhältnisse als Ausgangspunkt annimmt, ist damit zu rechnen, daß auch gegenwärtig noch 100 000 bis 120 000 jüdische Handwerker in verschiedenen Handwerkszweigen Beschäftigung finden können.
Die jüdischen Ältestenräte sollten entsprechend den lokalen Bedingungen und ihren bisherigen Beziehungen zur Behörde mit bestimmten Vorschlägen hervortreten, wie für gewisse Kategorien qualifizierter jüdischer Arbeiter, wie z. B. Tischler, Schlosser, Kürschner u. s. w., Beschäftigung gefunden werden könnte. Ferner, wie kollektive Werkstätten zu schaffen wären, die nicht nur für die Bevölkerung, sondern auch für die Behörden ihre Leistungen zur Verfügung stellen könnten. In mehreren Städten wäre sogar Hoffnung vorhanden, Rohstoffe von der Behörde zu erhalten, wenn die Judenräte mit entsprechen-

24 Der Leiter der Abt. Arbeit in der Regierung des GG, Frauendorfer, vertrat in einem Rundschreiben vom 5.7.1940 die Auffassung, die jüdische Arbeitskraft sei dringend auszunutzen, zumal sich unter den zwangsarbeitspflichtigen Juden im GG anders als im Reich auch gute Facharbeiter und Handwerker befänden; Faschismus – Getto – Massenmord (wie Dok. 4, Anm. 1), Dok. 160, S. 210 – 212, hier S. 211.

der gut motivierter Initiative betreffs Beschäftigung für qualifizierte jüdische Arbeiter auftreten würden.
Auch auf dem Gebiete der Landwirtschaft ließe sich noch was ausrichten. Juden verfügen über eine Menge von gut qualifizierten Arbeitern in der Milchwirtschaft und Gärtnerei. Es gibt auf dem Gebiete des Generalgouvernements über 10 größere jüdische Güter, die sich unter kommissarischer Verwaltung befinden und in welchen bei gehöriger Bemühung gegen 5000 junge jüdische landwirtschaftliche Kräfte Beschäftigung finden könnten. Zwar befindet sich der größte Teil der jüdischen landwirtschaftlichen Kräfte jenseits der Demarkationslinie, da der größte Teil der jüdischen landwirtschaftlichen Kolonien in Ost-Galizien und Wolhynien war, es wird jedoch nicht übertrieben sein, wenn wir annehmen, daß auf dem Gebiete des Generalgouvernements gegen 10 000 bis 15 000 Juden sich befinden, die sich zur landwirtschaftlichen Arbeit eignen.
Schwieriger wäre die Frage der nichtqualifizierten Arbeitskräfte, jedoch müßten auch hier gewisse Bemühungen zur Umschichtung der jungen jüdischen Arbeitselemente gemacht werden. Natürlich müßte diese Frage mit größter Vorsicht behandelt werden und mit der physischen Kraft, dem Alter, dem Gesundheitszustand wie auch mit dem früheren Berufe der Umgeschichteten gerechnet werden. Man muß zwischen physisch starken und an physische Arbeit gewöhnten Arbeitern und geistigen Arbeitern unterscheiden. Zweifellos wird sich bei rationeller Auswahl des Menschenmaterials auch ein entsprechendes Kontingent an Arbeitselementen unter den großen Massen von Arbeitslosen für die s.[o] g.[enannten] öffentlichen Arbeiten finden. Natürlich muß man sich bemühen, daß auch diese Elemente entsprechend belohnt werden.
Auch unter den geistigen Arbeitern ist eine größere Zahl von Kräften zu finden, wie z.B. jüdische Ingenieure und Lehrer, welche als Lehrkräfte bei der Umschulung und Vorbereitung der Jugend zu produktiven Berufen in Betracht kommen. Auch die bis nun im Handel tätigen Elemente könnten durch entsprechende Umschichtung bei produktiver Arbeit Beschäftigung finden.
Wir können hier mit keinem konkreten, gründlich bearbeiteten Plane hervortreten, weil die Durchführung desselben und die Rückkehr von jüdischen Arbeitskräften zu mannigfachen Wirtschaftszweigen nicht von uns abhängig ist. Es ist uns auch klar, daß selbst zur Verwirklichung der oben angeführten kleineren Pläne für die Beschäftigung der Juden größere Kapitalien, prozentlose Darlehen und die Anschaffung von Maschinen, Werkzeugen und besonders Rohstoffen nötig sind. Dies alles darf uns nicht davon abhalten, daß die Judenräte mit entsprechender Initiative auftreten, da die bisherige Praxis erwiesen hat, daß in denjenigen Ortschaften, wo derartige Initiative vorhanden war, es auch gelang, Hunderten von jüdischen Arbeitern Beschäftigung zu verschaffen. Diese Initiative muß jedoch überall mit den lokalen Verhältnissen rechnen, da die allgemeine Tendenz in diesen Angelegenheiten eine ungünstige ist. Wir überlassen es daher den betreffenden Judenräten, die entsprechenden Vorschläge zu machen.

## DOK. 163
## Die Jugendliche Irena Glück beschreibt am 1. September 1940 in Krakau den ersten Jahrestag des Kriegsbeginns[1]

Handschriftl. Tagebuch von Irena Glück,[2] Eintrag vom 1. 9. 1940

1.9.1940 Sonntag
Heute ist der Jahrestag des Beginns des deutsch-polnischen Krieges. Schon ein Jahr dauert diese Qual, dieses Leid, von dem im Grunde die ganze Bevölkerung Europas betroffen ist und das die Welt erschüttert hat. Denn die Welt erinnert sich nicht an eine solche Zerstörung und Barbarei, wie sie die deutschen[3] verbreiten. Heute haben die Lumpen ihren Feiertag. Sie haben auf dem Krakauer Ring prachtvolle, mit Goldborten verzierte Fahnen aufgehängt. Von heute an soll der Ring „Hitlerplatz" heißen.[4] Auf dem Ring soll Frank eine Ansprache halten, und dort sollen auch die ganzen Feierlichkeiten stattfinden. Auch dieser Lump Gebels[5] soll nach Krakau kommen, der verbissenste Judenfeind. Aus allen Fenstern der deutschen wehen Flaggen. Ich wünschte, dass an diesem Tag wenigstens ein paar englische Flugzeuge Krakau anflögen, aber na ja – die Engländer sind doch langsam. Gestern gab es Regen, aber heute regnet es nicht, obwohl es bedeckt ist. Wie man hört, hat eine polnische Geheimorganisation Flugblätter verteilt, damit weder Polen noch Juden sich an diesem Tag in der Stadt blicken lassen und damit sie nicht mit der Straßenbahn fahren; nur Ärzte dürfen in dringenden Fällen das Haus verlassen.
Wegen der Fahne gab es Spektakel bei Fr. Cyzerowa. Denn Strzyżewski[6] hatte eine Fahne bestellt und schickte sie zu der Drogerie, und Hr. Dordcheimer hängte sie auf. Später hat sich Hr. S. darüber geärgert, dass sie schon aufgehängt wurde. Gestern sahen wir, dass die Fahne sich eingewickelt hatte, und Muszka Strzyżewska kam, um eine Szene zu machen, weil sie nicht gerade herunterhing.
Andzia schrieb, dass Zygmuś wieder gesund ist und gut aussieht. Mami hatte viel Kummer mit Andzias Möbeln, die sie aus ihrer Wohnung, in der Aussiedler sind, herausbekommen wollte. Sie hatte schon alle notwendigen Papiere erhalten, aber in der Zwischenzeit hat dieser Lump in Dębniki,[7] der Beamte, zu dem man gehen musste, ständig Schwierigkeiten gemacht. 4 Mal sind die Pferde mit nichts zurückgekehrt. Erst vor Kurzem ist es gelungen, die Schlafzimmermöbel zu holen, die bei Fr. Cyzerowa untergestellt wurden. Möbelstücke aus dem Kombizimmer mit der Hälfte des Schranks wurden auch abgeholt. Sie stehen bei den Strzyżewskis, aber ich habe die Hoffnung, dass sich durch S.

1 AŻIH, 302/270, maschinenschriftl. Abschrift des handschriftl. Tagebucheintrags, S. 29f. Das handschriftl. Original ist nicht überliefert. Das Dokument wurde aus dem Polnischen übersetzt.
2 Irena Glück (1924–1942?), Schülerin; Tochter eines Arztes, verfasste von Mai 1940 bis Aug. 1942 ein Tagebuch, in dem sie ihr Leben in Krakau und nach der Zwangsaussiedlung in Niepołomice bei Krakau beschreibt; im Aug. 1942 nach Wieliczka umgesiedelt, dann nach Bełżec deportiert und dort ermordet.
3 Als Ausdruck der Verachtung hier und im Folgenden in bewusster Kleinschreibung.
4 Rynek Główny, der große Marktplatz (Ring) in der Krakauer Altstadt.
5 Gemeint ist Joseph Goebbels, der an den Feierlichkeiten in Krakau teilnahm.
6 Aleksy Strzyżewski war Treuhänder der Drogerie, die der jüdischen Familie Cyzer gehörte, und wohnte im selben Haus wie die Familie Glück (Dietlring 75); siehe Halina Nelken, Pamiętnik z getta w Krakowie, Toronto 1987, S. 103.
7 Stadtteil von Krakau.

noch einige Dinge holen lassen. Den ausgesiedelten Juden ist es verboten, sich in Krakau blicken zu lassen, wie es auch anderen nicht erlaubt ist zurückzukehren, wenn sie Krakau einmal verlassen haben. Vati hat eine Bleibegenehmigung.[8] Viele, die ein Gesuch eingereicht hatten, haben solche Genehmigungen bekommen. Viele andere Gesuche wurden jedoch abgelehnt. Die Menschen haben aber 6 Tage Zeit bis zur Abreise. Ich habe mir ein Zimmerchen zwischen dem Sprechzimmer und dem Wartezimmer eingerichtet, in der Abstellkammer hinter dem Vorhang. Es ist sehr eng, aber ich würde dort noch Platz für meine liebste hübsche Cesia und für Janka finden. Ich sehne mich schrecklich, geradezu wahnsinnig nach ihnen. Heute werde ich einen Brief an Cesia schreiben.
Ich bekam einen Brief von meiner guten Freundin, Hanka H. Sie ist in Otwock.

## DOK. 164
## Protokoll der 1. Sitzung des Präsidiums der Jüdischen Sozialen Selbsthilfe in Krakau am 5. September 1940[1]

Niederschrift der Jüdischen Sozialen Selbsthilfe (Nr. 110/T/Sp.), Präsidium Krakau, vom 5. 9. 1940

*Protokoll*
[der] I. Sitzung des Präsidiums der Jüdischen Sozialen Selbsthilfe am 5. September 1940.
Anwesend sind: Prof. Bieberstein, Dr. Hilfstein, Dir. Jaszuński, Dr. Tisch, Dr. Weichert und Dr. Wielikowski.
Herr Zabłudowski hat seine Abwesenheit damit entschuldigt, daß er im Auftrage des Warschauer Judenrates die jüdischen Arbeitslager im Lubliner Distrikt bereist.
Als Gast erscheint der Vorsitzende des Haupthilfsausschusses Graf Adam Ronikier.
*Tagesordnung:*
1.) Wahl eines vorläufigen Vorstandes und vorläufige Arbeitseinteilung
2.) Finanzfragen
3.) Jüdische Hilfskomitees
4.) Ernennung von Beratern bei den Distriktchefs
5.) Organisation und Personalfragen
6.) Ernährungshilfe
7.) Winterhilfe
8.) Vereine und Stiftungen
9.) Varia.
Dr. Weichert eröffnet die Sitzung und begrüßt den Gast.
Graf Ronikier bedankt sich.
Dr. Weichert ersucht Dr. Tisch, das Protokoll zu führen, und schlägt angesichts der inzwischen erfolgten Bestätigung der Mitglieder des Präsidiums vor, den Punkt 1.) der Tagesordnung durch Weglassung der Worte „vorläufigen“ und „vorläufige“, überdies durch Hinzufügung der Worte „für das Geschäftsjahr 1940/41“ zu ändern. Ferner schlägt er vor,

8 Im poln. Original: „karta pozostania“. Jüdische Einwohner, die weiter in Krakau wohnen wollten, mussten bei den deutschen Behörden eine Aufenthaltsbewilligung beantragen.

1 YVA, O-21/18, Bl. 1 – 4.

Punkt 3.) und 5.) sowie Punkt 6.) und 7.) der Tagesordnung zu verbinden.
Die Anträge werden einstimmig angenommen.
*Punkt 1.) der Tagesordnung: Wahl des Vorstandes und Arbeitseinteilung* für das Geschäftsjahr 1940/41.
Auf Antrag von Dr. Tisch wird Dr. Weichert einstimmig zum Vorsitzenden gewählt.
Dr. Weichert beantragt, Herrn Jaszuński zum stellvertretenden Vorsitzenden zu wählen.
Der Antrag wird einstimmig angenommen.
Dr. Weichert schlägt folgende Arbeitseinteilung vor:
Rechnungswesen – Prof. Bieberstein
Gesundheitswesen – Dr. Hilfstein
Arbeits- und Wirtschaftshilfe: Dir. Jaszuński
Ernährungshilfe – Dr. Wielikowski
Organisation und Personalfragen: Dr. Tisch
Kinder-, insbesondere Waisenfürsorge: Zabłudowski
Der Antrag wird einstimmig angenommen.
*Punkt 2.) Finanzfragen.*
Nach dem Referat des Herrn Jaszuński[2] werden über seinen Antrag folgende Resolutionen einstimmig angenommen:
I. Das Präsidium stellt fest, daß angesichts der wachsenden Verarmung der jüdischen Bevölkerung und der massenhaften Ausschaltung der Juden aus allen Gebieten des wirtschaftlichen Lebens die Anzahl der Juden, die die soziale Fürsorge in Anspruch nehmen, im steten Wachsen begriffen ist. Die Jüdische Soziale Selbsthilfe wird daher den Aufgaben der sozialen Fürsorge nur dann gerecht werden können, wenn sie systematisch und ausgiebig Dotationen aus den öffentlichen Mitteln erhalten wird. Insbesondere ist es unerläßlich notwendig, daß die jüdischen Fürsorgeanstalten und Institutionen entsprechende Dotationen aus dem Aufkommen der gegenwärtig eingezogenen Einwohnerabgabe erhalten. Dies gilt auch von den Einnahmen spezieller Abgaben und Leistungen, die zu Gunsten der sozialen Fürsorge in einzelnen Städten und Gemeinden eingeführt werden.
II. Das Präsidium der Jüdischen Sozialen Selbsthilfe gibt der Meinung Ausdruck, daß die Judenräte bei der Abfassung der Haushaltspläne der jüdischen Gemeinden in ihre Voranschläge ständige ansehnliche Zuschüsse zu Gunsten der sozialen Fürsorgeanstalten und Institutionen aufzunehmen haben. Gleichzeitig stellt das Präsidium fest, daß die Verwirklichung obiger Forderung erst dann möglich sein wird, wenn die Judenräte von der Erfüllung verschiedenartiger, mit ihrer Tätigkeit nicht verbundener Aufgaben entlastet und ihre Budgets ein Gleichgewicht erlangen werden.
III. Das Präsidium des JSS. wendet sich an die jüdische Bevölkerung mit einem heißen Appell, trotz der verzweifelten materiellen Lage reichliche Spenden und Gaben zu Gunsten der sozialen Fürsorge zu leisten mit Rücksicht auf die Verwendung der in den nächsten Monaten eingehenden Beträge für das jüdische Winterhilfswerk.

2 Józef Jaszuński (1881–1943), Ingenieur; dem Bund nahestehender Sozialist aus St. Petersburg, nach 1917 in Grodno, von 1928 an in Warschau Direktor der Organisation ORT in Polen, in den 1930er-Jahren Mitglied im Gemeinderat der Jüdischen Gemeinde Warschau; 1939–1943 Mitglied des Warschauer Judenrats, zunächst Vorsitzender der Auswanderungskommission, dann Leiter der Abt. Berufsbildung und Schulwesen, zugleich 1940–1942 stellv. Vorsitzender des Präsidiums der JSS; im Jan. 1943 im Warschauer Getto erschossen.

IV. Das Präsidium der JSS. richtet an den Haupthilfsausschuß die Bitte, die Bemühungen um die Erlangung einer behördlichen Genehmigung zur Errichtung einer Lotterie fortzusetzen, deren Einnahmen zwischen [den] polnische[n], ukrainische[n] und jüdische[n] Hauptorganisationen der sozialen Fürsorge entsprechend aufgeteilt werden sollen.

*Punkt 3.) (Punkt 3 und 5 der vorherigen Tagesordnung): Organisation und Personalfragen.*

Dr. Tisch[3] erstattet Bericht über die Vorarbeiten zur Errichtung der JHK[4] und schlägt folgende Resolutionen vor, die einstimmig angenommen werden.

I. Im Laufe der allernächsten Zeit sind jüdische Hilfskomitees am Sitze sämtlicher Kreis- und Stadthauptleute des Generalgouvernements zu errichten.

II. Mit Rücksicht darauf, daß an vielen Orten die Herren Kreishauptleute die Judenräte aufgefordert haben, Mitglieder der JHK namhaft zu machen, und die Hilfskomitees auf Grund dieser Vorschläge ernannt haben, beschließt das Präsidium, sich an die Regierung des Generalgouvernements, Gruppe Bevölkerungswesen und Fürsorge, mit einer Bitte zu wenden, sie geruhe mittels eines Rundschreibens die Herren Kreis- und Stadthauptleute auf den Wortlaut des Par. 12 der Satzung der Jüdischen Sozialen Selbsthilfe aufmerksam zu machen.[5]

*Punkt 4.) Ernennung von Beratern bei den Distriktchefs.*

Auf Antrag von Dr. Weichert werden folgende Berater bei den Distriktchefs einstimmig ernannt.

| | | |
|---|---|---|
| Für den Distrikt | Krakau | Dr. Zimmermann Juda, wohnhaft Krakau, Stanisława 6. |
| » » » | Warschau | Dr. Wielikowski Gamsej, Mitglied des Präsidiums der Jüdischen Sozialen Selbsthilfe, wohnhaft in Warschau, Skorupki 3. |
| » » » | Radom | Diament Józef, Obmann des Judenrates in Radom und Obmann des Ober-Ältestenrates der jüdischen Bevölkerung des Distrikts Radom, wohnhaft in Radom, Kilińskiego 8. |
| » » » | Lublin | Dr. Alten Marek, Obmannstellvertreter des Judenrates in Lublin, wohnhaft P.O.W.[-Straße] 6. |

*Punkt 5.) (Punkt 6 u. 7 der vorherigen Tagesordnung) Ernährungshilfe und Winterhilfe.*

Nach dem Referate von Dr. Wielikowski[6] werden folgende Anträge einstimmig angenommen:

3 Dr. Eliasz (Elijahu, Eliyahu) Tisch (1889 – 1956), Rechtsanwalt, Politiker; seit seiner Jugend zionistischer Aktivist in Ostgalizien, 1940 – 1942 Mitglied des Präsidiums und Geschäftsführender Direktor der JSS; von 1943 bis 1944 im Lager Płaszów inhaftiert, zugleich in der JUS tätig; er überlebte die deutsche Herrschaft wahrscheinlich dank des Fabrikanten Oskar Schindler, der viele Juden aus diesem Lager rettete; Emigration nach Palästina.

4 Jüdische Hilfskomitees. Laut § 12 Abs. 2 der Satzung der JSS nahmen die Hilfskomitees „die der Jüdischen Sozialen Selbsthilfe satzungsgemäß obliegenden Aufgaben in ihrem Bereich wahr"; Die Ordnung der Fürsorge und Wohlfahrt im Generalgouvernement, hrsg. von Fritz Arlt, Beuthen [1940], S. 116.

5 Laut § 12 Abs. 1 stand der JSS – und nicht den Judenräten – an den Verwaltungssitzen der Kreis- und Stadthauptleute das Vorschlagsrecht für die fünf Verantwortlichen der jüdischen Hilfskomitees zu; wie Anm. 4.

6 Dr. Gustaw (auch Gamsej/Gamzej/Gamschei) Wielikowski (1889 – 1943), Jurist; studierte und promovierte (mit der Schrift „Die Neukantianer in der Rechtsphilosophie") in München; bis zum Ende des Ersten Weltkriegs in linken zionistischen Gruppierungen aktiv; 1940 – 1942 Mitglied des Präsidiums der JSS, von 1941 an Leiter der Fürsorgeabt. des Warschauer Judenrats, 1942/43 dessen stellv. Vorsitzender; im April 1943 im Warschauer Getto erschossen.

I. Das Präsidium wird an zuständiger Stelle [dahingehend] vorstellig werden:
1.) daß der jüdischen Bevölkerung in allen Ortschaften des Generalgouvernements Approvisationskarten zugeteilt werden,
2.) daß die Lebensmittelnormen für die jüdische Bevölkerung mit denen der nichtjüdischen Bevölkerung ausgeglichen werden,
3.) daß den jüdischen Hilfskomitees für die Zwecke der jüdischen Fürsorge Nahrungsmittel in ausreichenden Mengen aus den Kontingenten zu den festgesetzten Preisen zugeteilt werden,
4.) daß den in öffentlichem Arbeitseinsatz und Arbeitslagern untergebrachten jüdischen Arbeitern ausreichende Verpflegung behördlicherseits gewährt wird,
5.) daß eine Betreuung und zusätzliche Verpflegung der eingesetzten jüdischen Arbeiter aus der Jüdischen Sozialen Selbsthilfe durch ihre Vertreter an Ort und Stelle gestattet wird.
II. Es wird ein Ausschuß aus 2 Personen eingesetzt, dem die Organisierung des Winterhilfswerks für die arme jüdische Bevölkerung übertragen wird.
In den Ausschuß werden Dr. Hilfstein[7] und Dr. Wielikowski entsendet.

*Punkt 6.) (Punkt 8 der vorherigen Tagesordnung) Vereine und Stiftungen.*
Diese Frage referiert Dr. Weichert und beantragt:
Das Präsidium der Jüdischen Sozialen Selbsthilfe beschließt:
I. Die Aufsichtsbehörde anzusuchen, sie möge die Erlassung einer Ausführungsverordnung zur Verordnung über das Vereinswesen vom 23. Juli 1940[8] im Sinne der vom Haupthilfsausschuß ausgearbeiteten und von der Gruppe Bevölkerungswesen und Fürsorge genehmigten Grundsätze beschleunigen.
II. Ein Rundschreiben an die JHK und Judenräte zu richten und sie im Sinne der Verordnung über die Rechte der Stiftungen im Generalgouvernement vom 1. August 1940 aufzufordern, die vom Par. 1 der genannten Verordnung erforderliche Anmeldung vorzunehmen.[9]
Die Anträge werden einstimmig angenommen.
*Punkt 7.) (Punkt 9 der vorherigen Tagesordnung) Varia.*
*A. Fördernde Mitglieder:*
Dr. Weichert beantragt festzustellen, daß die jüdischen Zentralen Wohlfahrtsorganisationen, die gleich nach der Bestätigung der Satzungen durch das Amt des Generalgouverneurs ihren Beitritt zur Jüdischen Sozialen Selbsthilfe erklärt haben, nunmehr als fördernde Mitglieder der Jüdischen Sozialen Selbsthilfe im Sinne des Par. 5 P. 2 der Satzung aufgenommen werden.

7 Dr. Chaim Hilfstein (1876–1950), Arzt; Präsident des Hebräischen Gymnasiums in Krakau, von 1940 an Mitglied des Präsidiums der JSS und der NRO; 1944 im Lager Płaszów, gehörte zu den von Oskar Schindler Geretteten; 1945 in Prag, 1946 nach Palästina ausgewandert und in Tel Aviv gestorben.

8 In der VO über das Vereinswesen vom 23.7.1940 wurde die Auflösung aller militärischen, politischen und akademischen Vereinigungen angeordnet. Vermögen und Akten waren zugunsten des GG einzuziehen, Neugründungen untersagt und weitere Vereinstätigkeiten unter Strafe gestellt; VOBl. GG 1940 I, Nr. 48 vom 1.8.1940, S. 225–228.

9 In der VO über das Recht der Stiftungen im Generalgouvernement wurde u.a. festgelegt, dass Stiftungen bis zum 30.9.1940 angemeldet bzw. aufgelöst werden mussten, sofern deren Zweck dem öffentlichen Interesse nicht entspreche. Auf die Fortführung ungenehmigter Einrichtungen standen Geld- und Gefängnisstrafen; VOBl. GG 1940 I, Nr. 50 vom 14.8.1940, S. 244–246.

Es sind dies:
1.) der Verein zur Förderung der Gesundheitspflege unter der jüdischen Bevölkerung „TOZ“;
2.) der Verein der Kinder- und Waisen-Fürsorgevereine „CENTOS“;
3.) der Verein zur Förderung des Handwerks und der Landwirtschaft unter den Juden „ORT“;
4.) der Zentralverein zur Unterstützung des zinslosen Kredits und Förderung der produktiven Arbeit unter der jüdischen Bevölkerung „CeKaBe“;
5.) die Jüdische Zentrale Emigrationsgesellschaft „Jeas“.
Der Antrag wird einstimmig angenommen.
*B. Verteilung der Liebesgaben.*
Dr. Tisch teilt mit, daß der Jüdischen Sozialen Selbsthilfe durch den Polnischen Hauptausschuß Lebensmittel zugewiesen wurden.
Über Antrag von Dr. Wielikowski werden die Herren Prof. Bieberstein[10] und Dr. Tisch beauftragt, die Verteilung vorzunehmen.
Da keine anderen Vorschläge vorliegen, schließt Dr. Weichert die Sitzung.

## DOK. 165
## Polizeimeister Borsutzky meldet am 7. September 1940 aus Wadowitz (Wadowice) mehrere Festnahmen wegen „Verdachts der Rassenschande“[1]

Meldung des Polizeimeisters der Schutzpolizeidienstabteilung Wadowitz, gez. Borsutzky, vom 7. 9. 1940 (Eing. 8. 9. 1940)[2]

*Ereignismeldung für die Zeit vom 1. bis 7. 9. 1940*
*1. Festnahme eines Wehrmachtsangehörigen und dreier Jüdinnen*
(Verdacht der Rassenschande)
Am 31.8.1940, gegen 22 Uhr, stellte ich fest, daß im Hause Horst-Wesselstr. Nr. 16, in dem nur Juden wohnen, ein Wehrmachtsangehöriger sich aufhielt. Ich durchsuchte das Haus und traf den Gefreiten *Westphal* von der 3. Kompanie Landesschützenbat. Nr. 413 bei der jüdischen Familie *Rosner* in der Wohnung an. In der Wohnung waren Frau Rosner und deren Töchter Helene und Lotte anwesend. Der Jude Rosner selbst verbüßt z. Zt. eine Gefängnisstrafe. Es war der Verdacht schon lange aufgetaucht, daß die Töchter der ge-

10 Dr. Marek Bieberstein (1891 oder 1892 – 1944), Lehrer für jüdische Religion; von Sept. 1939 an Vorsitzender des Judenrats in Krakau, 1940 wurde er wegen Devisenvergehens angeklagt und zu anderthalb Jahren Haft verurteilt, zunächst im Gefängnis in Krakau, dann in Tarnów inhaftiert; im Sommer 1942 schwer herzkrank in das Krakauer Getto entlassen, wurde er bei der Auflösung des Gettos mit seiner Familie in das Lager Płaszów gebracht und dort im Mai 1944 ermordet.

1 AŻIH, 233/105, Bl. 1. Kopie: USHMM, RG 15.008M, reel 6.
2 Im Original teils unleserliche handschriftl. Eingriffe, welche die erste in die dritte Pers. Sing. verändern. Außerdem handschriftl. eingefügt: „aufnehmen!“ und „In die Ereignismeldung aufgenommen. Pi“.

werbsmäßigen Unzucht nachgehen. Schon öfter sind Wehrmachtsangehörige bei[m] Betreten des Hauses beobachtet worden. Gefreiter Westphal hatte in der Wohnung seinen Uniformrock, Koppel und Mütze abgelegt, es sich also dort bequem gemacht. Daß er mit einer der Töchter geschlechtlich verkehrt hat, konnte ihm von mir nicht nachgewiesen werden, [er] bestritt dies auch. Es war ihm bekannt, daß der Verkehr mit Juden in jeder Form verboten ist. Westphal ist auch schon vorher von mir beim Verlassen des Hauses einmal gestellt und verwarnt worden, er war also nicht das erstemal, sondern wahrscheinlich ständiger Gast bei den Juden. Westphal wurde dem Standortältesten Oberleutnant Vogler übergeben, und Frau Rosner sowie deren Töchter [wurden] festgenommen und im Polizeigefängnis festgesetzt. Anzeige wurde an Herrn Oberstaatsanwalt und an die Geheime Staatspolizei in Bielitz erstattet.

## DOK. 166
## Gazeta Żydowska: Artikel vom 13. September 1940 über die Lage der Jüdischen Gemeinde in Działoszyce[1]

*Działoszyce*

Vor dem Krieg wussten sicher nur wenige Leute von der Existenz der Kleinstadt Działoszyce. Eine Kleinstadt in der Provinz, irgendwo bei Kielce, wenige Einwohner, kein Fremder stört das ruhige Leben, und sie selbst, mit ihren eigenen Sorgen beschäftigt, hatten nicht viel Zeit, sich mit sogenannter „Sozialarbeit" zu befassen. Und plötzlich hat sich alles geändert! In die Kleinstadt kommt Bewegung, und es wimmelt von Menschen. Von verschiedenen Seiten treffen Neuankömmlinge, neue Gesichter ein.[2] Es entstehen neue Probleme: Für all diese Menschen muss eine Unterkunft gefunden werden, um ihnen irgendwie den Aufenthalt zu ermöglichen.

Die Lage ist sehr schwierig, denn es gibt wenig Platz, und der Zustrom ist gewaltig. Unterdessen beginnt die Jüd. Gemeinde, aktiv zu werden. Man geht von Haus zu Haus und belegt, wo irgend möglich, freie Räume. Gravierend wird die Lage erst, als der Zustrom aus Krakau einsetzt. Die Gemeinde überlegt nicht lange. Noch sind einige Bethäuser frei, also werden die Menschen dort untergebracht, 200 fanden zeitweilig eine Unterkunft. In einem anderen Bethaus wurden ein Saal renoviert und Kochkessel eingemauert, und schon gibt es eine Küche. Anfangs wurden täglich 50, in der vergangenen Woche 400 Mahlzeiten ausgegeben, und heute verkauft man schon kleine Abreißblöcke für 520 Mahlzeiten.

Jetzt ist das Komitee allerdings gezwungen, sich an verschiedene Einrichtungen um Hilfe zu wenden, doch die Bemühungen waren bislang nicht besonders erfolgreich.

1 Gazeta Żydowska, Nr. 16 vom 13.9.1940, S. 4: Działoszyce. Der Artikel wurde aus dem Polnischen übersetzt. Abdruck in: Marian Fuks, Małe Judenraty w świetle „Gazety Żydowskiej" 1940–1942, in: BŻIH 1983, 2–3 (126/127), S. 169–199, hier S. 190f.

2 Die verhältnismäßig ruhige Lage in Działoszyce, wo überwiegend Juden lebten, zog zahlreiche Flüchtlinge an. Die Bevölkerung verdoppelte sich bis 1941 auf nahezu 12 000 Einwohner.

## DOK. 167
## Westdeutscher Beobachter: Artikel von Herbert Wiegand vom 15. September 1940 über Deutschlands geschichtliche Mission im besetzten Polen[1]

*Zwischen Gettos und Elends-Katen. Deutscher Fortschritt im Generalgouvernement. Die Erfüllung einer geschichtlichen Mission*

Von Dr. Herbert Wiegand[2]
Vor einigen Tagen gingen wir durch das Getto, das am Rande der alten deutschen Stadt Krakau liegt. Wie ein Gewimmel von grauen und schmutzigen Insekten bewegte sich die Masse der Juden über das Kopfsteinpflaster der verwahrlosten Straßen. Gleich Larven, die im Kot ihre Nahrung suchen, trieben sie ihre kleinen Geschäfte. Dinge, die sonst nur auf Kehrichthaufen liegen, standen da noch im Kurs. Hier und da erreichte die gehandelte Ware das Geschäftsniveau eines Trödlers. Tausende von Juden, die Söhne Ahasvers,[3] die sich auf dem Rückzug von Europa befinden, liquidieren dort die letzten Restbestände ihrer schmarotzerischen Existenz.

Ein junger Bursche, der Hose und Rock der ehemaligen polnischen Armee trug, stand in einem Kreis von Mauschelnden. Auf dem Arm hielt er ein Hemd, das er zum Kauf anbot. Wir wissen nicht, ob es sein letztes oder ein eigenes, etwa gar ein gestohlenes war. Wir haben in diesem an sich unscheinbaren Vorgang auch nicht irgendeine Tragik sehen können. Wenn für dieses Einzelerlebnis überhaupt eine allgemeine Deutung gelten soll, dann ist sie in dem Schuldspruch gegen die geflohenen Machthaber des polnischen Raubstaates enthalten.

*Anarchie und Zerrüttung*

Soweit man von einer polnischen Geschichte reden kann, war diese durch Selbstentäußerung und ein aufzehrendes Leben von der vorhandenen Masse gekennzeichnet. Nie sind die Güter, die Polen in seinen Händen hielt, genutzt worden. Die mangelnde Fähigkeit, aufzubauen und Werte zu schaffen, wurde stets durch Bereicherung an fremdem, nämlich deutschem, Volkstum ausgeglichen. Die drei Teilungen Polens gegen Ende des 18. Jahrhunderts unter Preußen, Österreich und Rußland sind eine geschichtliche Quittung für die Anarchie und Zerrüttung eines Staatswesens, das stets unfähig war, einen eigenständigen Auftrieb zu nehmen.

Ein Jahr ist nun verflossen, nachdem Polen den kapitalsten Irrtum seiner Politik mit dem blitzschnellen Verlust seiner staatlichen Existenz bezahlen mußte. Im ehemals polnischen Territorium wurde eine großzügige Gebietsbereinigung vorgenommen, durch die neben den neuen deutschen Ostgauen, Warthegau und Danzig-Westpreußen, das Generalgouvernement entstand. In den beiden neuen Ostgauen ist die politische und staatliche Reichsverwaltung als Ordnungsgrundsatz eingesetzt worden. Diese beiden Gaue sind

1 Westdeutscher Beobachter, Köln, Nr. 470 vom 15.9.1940. Der Westdeutsche Beobachter wurde 1925 als Wochenzeitschrift der NSDAP gegründet, erschien seit 1930 täglich und war die wichtigste nationalsozialistische Tageszeitung im Gau Köln-Aachen.

2 Dr. Herbert Wiegand (*1909), Jurist; 1932 und abermals 1937 NSDAP-Eintritt; nach dem Studium 1936 Ausbildung zum Journalisten in der polit. Redaktion des Westdeutschen Beobachters in Köln.

3 Ahasver: Synonym für den „ewigen Juden", der laut christlicher Legendenbildung Jesus auf dem Weg zur Kreuzigung verspottete und deswegen dazu verflucht ist, die Welt bis zur erwarteten Wiederkunft Christi zu durchwandern.

Glieder des Reiches wie jeder andere Gau. Das Generalgouvernement ist zwar auch ein Bestandteil des Reiches, aber auf Grund seiner besonderen völkischen und wirtschaftlichen Probleme wird es nach eigenen Verwaltungsgrundsätzen geleitet. Es ist eine völlig neuartige Verwaltungseinheit im großdeutschen Machtbereich.
Das Generalgouvernement, das oberflächlich gesehen den unteren und mittleren Weichselraum umfaßt, ist durch die Aufteilung in die Distrikte Krakau, Radom, Lublin und Warschau gekennzeichnet. Jeder Distrikt ist in zehn Kreise unterteilt. Krakau ist das Verwaltungszentrum für diese Ostgebiete.

*Zwei Millionen Juden*

Die deutschen Männer, die im Weichselraum auf Vorposten stehen und schwierigste Pionierarbeit für das Reich leisten, erleben in ihrem Tagewerk immer wieder eine außerordentliche Vielgestalt von Problemen. Die Ordnung der denkbar verwirrten polnischen und jüdischen Lebensverhältnisse kostet unsägliche Mühe. Dort im Osten wurde bereits während des Krieges eine entscheidende Aufbauarbeit geleistet. Während in den vergangenen Monaten die Augen aller nach dem Westen gerichtet waren, mühten sich deutsche Hände, ein zerrüttetes Land wieder in den Lauf eines normalen und ersprießlichen Tagewerkes zu bringen. Die Betrachtung dieser Vorgänge ist keineswegs reizlos. Die Um- und Aussiedlung der Volksdeutschen hat in hervorragendem Maße über das Generalgouvernement seinen Ausgang genommen. Es ist ein Gebiet, das sich in ständiger Bewegung befindet und in dem allein die Judenfrage ein scheinbar unentwirrbares Rechenexempel darstellt. Unter den vierzehn Millionen Einwohnern, die in einem Raume von 100 000 Quadratkilometern leben, befinden sich fast zwei Millionen Juden, also allein zwei Millionen Vertreter einer verkommenen Rasse, die ungewöhnt ist, einen naturgemäßen Arbeitsanteil am wirtschaftlichen Leben zu nehmen. Zu diesem destruktiven Element kommt die Masse der Polen, deren Kräfte früher durch den Mangel einer ordentlichen Arbeits- und Wirtschaftsorganisation vertan wurden.
Man vermag diese Situation zu ermessen, wenn man im D-Zug stundenlang durch dieses aus unermeßlichen Äckern, Wiesen, Wäldern und Sümpfen bestehende Land fährt. Die ergiebige Nutzung dieses reichen Landes ist im Lauf der Geschichte immer nur durch eine entscheidende Mithilfe deutscher Menschen möglich gewesen. Sich selbst überlassen, hat Polen nur von einer unwirtschaftlichen Zehrung der vorhandenen Mittel gelebt und zudem seine politischen Neigungen in einem Chauvinismus ausgetobt, der von der französisierten polnischen Intelligenz exerziert wurde. Die Nähe zu den politischen und wirtschaftlichen Realitäten fehlte in einem so fortschreitenden Maße, daß der militärische und wirtschaftliche Zusammenbruch im September vorigen Jahres lediglich eine natürliche Folge war.

*Gespräch mit Dr. Frank*

Das hinterlassene Erbe der landflüchtigen Volksverführer wird nun seit einem Jahr durch die ordnende deutsche Hand zu einer neuen Ersprießlichkeit gebracht. Kürzlich hatten wir Gelegenheit, mit Generalgouverneur Reichsminister Dr. Frank über den ersten Arbeitsabschnitt im Generalgouvernement zu sprechen. Dieses Gespräch vermittelte uns einen Einblick in das weite Feld einer geschichtlich fortgesetzten deutschen Pionierarbeit im Weichselraum, deren heutige ausschließliche Richtschnur der unbedingte deutsche Führungsanspruch ist.
Durch eine hervorragende Machtvollkommenheit ist der Generalgouverneur in die Lage gesetzt, kraft seiner unabhängigen Weisungsbefugnisse eine mit kaum einem Gebiet des

Reiches vergleichbare Verwaltungsarbeit zu leisten. Der Generalgouverneur vereinigt in seiner Person die Kompetenzen sämtlicher Reichsministerien. Er ist darüber hinaus gleichzeitig Generalbevollmächtigter für den Vierjahresplan. Die gesetzgebende Verwaltung ruht in seiner Hand.

Der Generalgouverneur sprach mit uns vor allem über die Verwirklichung des deutschen Führungsanspruches. Man mag sich darüber klar sein, daß die deutsche Führung heute im Weichselraum eine Mission fortsetzt, die bereits vor Jahrhunderten durch Deutsche begonnen wurde, indem sie den barbarischen Urzustand dieses Landes beseitigten. Das Beispiel des englischen Empires ist zu warnend, als daß wir heute in den Fehler verfallen können, uns wie Kolonialausbeuter und Dividendengenießer zu betragen. Die Tätigkeit im Weichselraum erfordert selbstbewußte Menschen, wie sie an kaum einem anderen Platze des Reiches notwendig sind, dennoch ist auch hier das Gebot der schlichten Diensterfüllung unerläßlich. Es entspricht nicht der deutschen Schöpferkraft, sich in Überheblichkeit und Einzelbewußtsein zu verlieren.

Dr. Frank erklärte uns, daß das Generalgouvernement heute ausschließlich aus eigenen finanziellen Mitteln ohne jede Reichshilfe unterhalten werde. Der neue Raum ist vorwiegend auf Selbstversorgung angewiesen. Es besteht dort nicht mehr die Erzeugungsfähigkeit des alten polnischen Staates, da bedeutsame Gebiete der landwirtschaftlichen Produktion und der Industrie sich jetzt außerhalb der Grenzen des Generalgouvernements befinden. Es ist bereits gelungen, einen entsprechenden Ausgleich durch eine Steigerung der landwirtschaftlichen und industriellen Erzeugung zu schaffen. Die Versorgungslage im Generalgouvernement ist im Verhältnis zum vergangenen Winter denkbar weitgehend verbessert und ein Mangel an wichtigsten Lebensgütern trotz einer gewissen Rationierung kaum spürbar.

*Ein zerfetztes Land*

Bei der Fahrt durch das Generalgouvernement sieht man plastisch, wo auch in Zukunft noch kräftig Hand angelegt werden muß. Die polnischen Bauern hausen nicht einmal in Hütten, es sind regelrechte Verschläge. So rückständig, wie die „Wohnungen" sind, ist auch die Bewirtschaftung des Landes. Unter deutscher Anleitung und Weisung ist zwar die Ergiebigkeit der Agrarwirtschaft im Verhältnis zu den früheren Zeiten gesteigert worden, aber die Grundübel polnischer Landbebauung konnten natürlich so schnell noch nicht beseitigt werden. Man möchte sagen, daß das Land durch eine unsinnige Erbaufteilung teilweise regelrecht zerfetzt ist. Besonders in Westgalizien und im Karpaten-Vorland sieht man immer wieder Felder von Kilometerlänge und einer Breite von etwa zwanzig Metern, sogenannte Handtücher. Immer wieder teilte der Bauer das Land unter seinen Söhnen auf, so daß solche unwirtschaftlichen Flächen entstanden.

Der krasse Gegensatz zwischen arm und reich ist wohl nirgendwo so groß wie in dem früheren Polen. Einen sogenannten Mittelstand als Brücke einer aufbauenden Gliederung der Gemeinschaft gibt es nicht. Über die armseligen, auch der geringsten Kultur entbehrenden Siedlungen der kleinen Bauern erheben sich auch heute noch großartige Herrenhöfe. Da ist das Besitztum des Grafen Potocki von zweihunderttausend Morgen. Ein Mann, der sich im Kreise von fünfzig bis sechzig Dienern in einem riesigen prunkvollen Palais bewegte und fast die ganze Stadt Lancut mit rund 5000 Einwohnern sein eigen nannte. Am Rande dieses Reichtums leben polnische Bauern in Katen, in denen man im Reich noch nicht einmal das Vieh unterbringen würde.

*Ertragreiche Ernte*

Dieser Raum, in dem allmählich die Zeichen einer sozialen und wirtschaftlichen Desorganisation verschwinden werden, bleibt nun immer deutsch. Die deutsche Führung hat sich darangemacht, die schlechte wirtschaftliche Lage zu beheben, die im früheren Polen bereits chronisch geworden war. Die Hauptübel, polnische Bestechlichkeit und lässige Verwaltungshandhabe, wurden in dem vergangenen Jahr erfolgreich bekämpft. Durch den deutschen Antrieb ist die in Polen überall vermißte Initiative geweckt worden. In den erhöhten Abgaben der polnischen Bauern nach der neuen Ernte zeigt sich eine bemerkenswerte Steigerung der landwirtschaftlichen Erzeugung.

Die Bereinigung des wirtschaftlichen Lebens setzte eine Ausschaltung der Juden voraus. Man mag diese Lage an der Tatsache ermessen, daß es viele Gemeinden gibt, in denen fast bis zu hundert Prozent Juden ansässig sind. Banken, Industrieunternehmungen und der Grundstücksmarkt standen in entscheidendem Umfang unter jüdischem Einfluß. Hier ist natürlich mit der notwendigen Gründlichkeit durchgegriffen worden. Die Anmeldepflicht der jüdischen Vermögen und die Kennzeichnung der jüdischen Geschäfte haben die Klärung dieser Verhältnisse eingeleitet. Zudem ist für die Juden ein grundsätzlich zwei Jahre dauernder Arbeitszwang eingeführt worden, die zu diesem Zweck in Zwangsarbeitstrupps zusammengefaßt werden. Wenn man heute durch die Straßen des Generalgouvernements geht, erlebt man häufig das ungewohnte Bild jüdischer Arbeitsgruppen. Den Juden im früheren Polen ist jetzt endlich einmal eine Gelegenheit gegeben, sich nutzbar zu machen.

*Arbeitspflicht der Polen*

Auch für die Polen besteht zwischen dem 18. und 60. Lebensjahr eine öffentliche Arbeitspflicht.[4] Wenn zwar in dieser Arbeitspflicht für die Polen auch ein Arbeitszwang enthalten ist, so geht es nicht darum, billige Kräfte zu gewinnen und auszubeuten. Eine weitreichende soziale Gesetzgebung zeugt davon, daß die deutsche Verwaltung auch den Polen den Anteil an den wirtschaftlichen Werten gibt, den sie sich durch ihre Mitarbeit erwerben. Die früher ungenügend ausgebaute Sozial- und Altersversorgung ist bereits durch eine Besserung des Versorgungswesens überwunden.

Der deutsche Führungsanspruch im Weichselraum, der heute dank der ruhmreichen Waffentaten unserer Wehrmacht wieder geltend gemacht werden kann, ist historisch begründet. Alle entscheidenden Wesensmerkmale im ehemaligen Polen sind deutschen Ursprungs. Für die neuere Entwicklung ist zum Beispiel bezeichnend, daß es im ganzen Generalgouvernement keine Fabrik gibt, in der nicht maßgebende Maschinen stehen, die in Deutschland hergestellt wurden. Jedoch geht auch die deutsche Leistung auf die frühere Zeit zurück. Das Weichselgebiet wurde zum erstenmal zur Jungsteinzeit in den deutschen Lebensraum einbezogen. Indogermanische Bauernvölker dringen von Norddeutschland her in die bis dahin nur von Jägern und Nomaden bewohnte Urlandschaft vor. Mit ihren Rodeäxten und Pflügen machen sie das Land urbar und ertragreich. Im Laufe der Jahrhunderte ziehen immer wieder Pioniere und Kolonisten nach Ostland, die eine Ordnung in den Weichselraum bringen. Als die sächsischen Kurfürsten die polnische Königskrone erlangten, war eine besondere Aufwärtsentwicklung zu verzeichnen. Seine Glanzzeit verdankte der polnische Staat zweifellos der kulturellen Aufbauarbeit deutscher Bürger und Bauern.

4 Generalgouverneur Frank erließ am 26.10.1939 die VO über die Einführung der Arbeitspflicht für die poln. Bevölkerung des GG. Seitdem unterlagen Polen zwischen dem 18. und 60. Lebensjahr „mit sofortiger Wirkung der öffentlichen Arbeitspflicht"; VOBl. GG 1939, Nr. 1 vom 26.10.1939, S. 5f.

Heute gibt es für diese Tatsache eine Unzahl steinerner Zeugen. Die rege Bautätigkeit in Warschau und im mittleren Weichselgebiet auf staatlichen und herrschaftlichen Besitzungen wurde von deutschen und italienischen Baumeistern durchgeführt. Krakau wuchs im 14. und 15. Jahrhundert unter den Händen deutscher Baumeister empor, und Warschau verdankte seine Entwicklung zur Großstadt der Tätigkeit deutscher Baumeister im 17. und 18. Jahrhundert. Die am 1. September in Krakau eröffnete Ausstellung „Deutsche Leistung im Weichselraum" veranschaulicht das geschichtliche Wirken der Deutschen als Lehrmeister im ländlichen und städtischen Leben.

*Deutscher Kulturwille*

Das Recht Polens, sich selbst zu gestalten, ist heute endgültig verwirkt. Wie Dr. Frank in seiner Rede am 1. September sagte, kommen die Nationalsozialisten in dieses Land als Vollstrecker des Willens vieler Generationen, die diesem Land sein Gepräge gegeben haben und in ihm Meisterwerke von unvergleichlich strahlender Schönheit geschaffen haben.[5] Die am 1. September vorgenommene Eröffnung des deutschen Staatstheaters in Krakau war ein überraschendes und wunderbares Beispiel des neuen deutschen Kulturwillens im Generalgouvernement. Die Aufführung des Dramas „Agnes Bernauer" von Hebbel zeichnete sich durch eine außerordentliche Sorgfalt und eine durchaus gekonnte Art in den schauspielerischen Mitteln aus. Das Ensemble dieses Staatstheaters wird demnächst zu regelmäßigen Gastspielen in Radom, Warschau, Lublin und Deutsch-Przemysl eingesetzt werden. Das deutsche Kulturleben hat einen mühsamen und verheißungsvollen Anfang auf verschütteten Wegen genommen.

Gewiß, es ist nicht einfach, in dieses blutende Land Licht zu bringen. Wenn man durch die Straßen Warschaus geht, versteht man am besten, daß sich der tatsächliche und der stimmungsmäßige Aufschwung nur langsam entwickeln kann. Auf den Schlachtfeldern hat Polen die Brüchigkeit und den Zerfall seiner Kraft in einem Vorgang von dantischer Gewalt erlebt. Zum Bestand in dieser Weltordnung genügt es nicht, daß sich die nach außen bemerkbaren Lebensäußerungen eines Volkes in gutem Tanz und melancholischer Musik erschöpfen. Der Werktag muß blutvoll und erfüllt sein. Darum walten deutsche Hände über ein Land, das sich der Lethargie und dem leichtfertigen Spiel hingegeben hatte.[6]

5 Siehe Diensttagebuch von Hans Frank, IfZ/A, Fb 105, Bd. 8, Bl. 1785 – 1791, hier Bl. 1788.

6 Den Artikel illustrierten fünf Fotos mit folgenden Unterzeilen: 1. „Vier von zwei Millionen. Die Juden im Generalgouvernement sind jetzt zum großen Teil in Zwangsarbeitstrupps zusammengefaßt. Sie müssen jetzt eine Armbinde mit dem Zionsstern tragen. Zum Geschäftemachen gibt es nicht mehr viel Gelegenheit." 2. „Ein Dorf polnischen Ursprungs im Generalgouvernement. Die Behausungen der Bauern sind meistens noch ärmlicher. Große Familien leben in regelrechten Bretterverschlägen." 3. „Die Marien-Kirche in Krakau, in der der größte Altar, den das mittelalterliche Europa kennt, von dem berühmten deutschen Bildhauer Veit Stoß aus Nürnberg geschaffen wurde." 4. „Stirnseite der alten Tuchhalle auf dem Adolf-Hitler-Platz in Krakau. Dieses Bauwerk wurde von dem deutschen Meister Martin Lindintolde um 1360 errichtet. Hier hatten die deutschen Patrizier ihre Handelslager und Verkaufstische, die Handwerksmeister legten hier die Erzeugnisse ihres Fleißes aus. In der Tuchhalle befinden sich noch heute zahlreiche Verkaufsstände und Läden." 5. „Das am 1. September in Krakau eröffnete deutsche Staatstheater steht mit hervorragenden Leistungen an der Spitze deutscher Kulturarbeit im Generalgouvernement. Ein Bühnenbild von der Aufführung des Dramas ‚Agnes Bernauer' von Hebbel." Die Aufnahmen stammten von Paul Brandner und den Bildnachrichtendiensten Weltbild und Scherl.

## DOK. 168
## Der Kommandeur der Sicherheitspolizei und des SD im Distrikt Lublin ordnet am 19. September 1940 die Einziehung aller jüdischen Personenstandsregister an[1]

Schreiben des KdS für den Distrikt Lublin, Abteilung III A 3 B (Nr. 1984/40), gez. Schmer,[2] an die Kreishauptleute in Lublin (Eing. 23. 9. 1941),[3] Janów[4] und Puławy[5] vom 19. 9. 1940[6]

*Betrifft:* Einziehung der jüdischen Personenstandsregister und Kirchenbücher.
*Vorgang:* Ohne.
Nach einer Verfügung des Generalgouverneurs und des Reichssicherheitshauptamtes sind die jüdischen Personenstandsregister und sonstigen Bücher, die gegebenenfalls an Stelle von Personenstandsregistern geführt werden, auf Grund einer Anforderung der Reichsstelle für Sippenforschung der „Zentralstelle für jüdische Personenstandsregister, Berlin N 4, Oranienburger Str. 28", zu übersenden.[7]
Ich bitte daher, unter Mithilfe der Judenräte innerhalb des dortigen Kreises alle jüdischen Personenstandsregister zu erfassen und unmittelbar an die genannte Stelle zu übersenden. Die Kosten der Verpackung und des Transportes sind durch die Judenräte zu tragen. Sollte dies nicht möglich sein, so werden die Kosten durch die „Zentralstelle für jüdische Personenstandsregister in Berlin" erstattet. In die nach Berlin adressierten Kisten ist ein Schreiben beizulegen, aus dem hervorgeht, um welche Bücher es sich handelt und aus welchem Ort und Kreise sie stammen. Eine Abschrift des beigelegten Schreibens ist der hiesigen Dienststelle zu übersenden.
Ich bitte, innerhalb von sechs Wochen nach Eingang meines Schreibens um Mitteilung, ob sämtliche Personenstandsregister des dortigen Kreises abgesandt worden sind.

1 APL, 501/75, Bl. 33. Abdruck in: Faschismus – Getto – Massenmord (wie Dok. 4, Anm. 1), Dok. 62, S. 101.
2 Johann Schmer (1891 – 1970), Schuhmacher; von 1921 an im Polizeidienst; 1933 NSDAP- und 1940 SS-Eintritt; Nov. 1939 bis Dez. 1941 Gestapo-Chef beim KdS Lublin, Aug. bis Dez. 1941 zugleich geschäftsführender KdS Lublin, dann bis Jan. 1944 Gestapo-Chef beim BdS im GG.
3 Kreishauptmann von Lublin-Land war Emil Ziegenmeyer.
4 Henning von Winterfeld (1901 – 1945?), Verwaltungsbeamter; 1932 NSDAP- und SA-Eintritt; 1933 Reg.Rat, 1934/35 – 1936 Landrat in Wolmirstedt, 1938/39 Landrat in Graslitz/Sudetenland, dann bei der Regierung in Breslau; Okt. 1939 bis Aug. 1940 Kreishauptmann in Radzyń, dann bis Okt. 1940 in Janów Lubelski, dann bis Jan. 1941 in Krasnystaw, 1942 Landrat in Graslitz; von Sept. 1944 an Kriegsteilnahme; seit April 1945 vermisst.
5 Alfred Brandt (1895 – 1945), Landwirt; nach 1918 im Freikorps Diebitsch und im Grenzschutz Ost, bis 1924 Mitglied der Deutschvölkischen Freiheitspartei, 1930 NSDAP- und SA-Eintritt, von 1931 an Kreisleiter und Kreisbauernführer in Rummelsburg/ Pommern; 1933/34 dort Landrat, dann bis 1939 im agrarpolitischen Apparat der NSDAP tätig, 1940 – 1944 Kreishauptmann in Puławy; bei Stolp von sowjet. Einheiten erschossen.
6 Im Original handschriftl. Unterstreichungen.
7 In der Oranienburger Straße 28 befanden sich die 1938 von der Gestapo beschlagnahmten Bibliotheksräume der Jüdischen Gemeinde, in denen am 6. 4. 1939 die „Zentralstelle für jüdische Personenstandsregister" unter dem Chef des Reichssippenamts, Dr. Kurt Mayer (1903 – 1945), eröffnet wurde.

## DOK. 169
## Der Älteste der Juden im Getto Litzmannstadt (Lodz) berichtet am 20. September 1940 über die extrem beengten Wohnverhältnisse[1]

Schreiben (Nr. 1529/br/40) des Ältesten der Juden in Litzmannstadt-Getto, Chaim Rumkowski, an Obermedizinalrat Dr. Merkert,[2] Ernährungs- und Wirtschaftsstelle Getto,[3] vom 20. 9. 1940[4]

*Betrifft: Wohnräume im Getto*
Unter Bezugnahme auf die mit Ihrem Herrn *Biebow*[5] gehabte persönliche Unterredung gebe ich Ihnen hiermit die Anzahl der im Getto vorhandenen Wohnräume bekannt.
Es sind im Getto insgesamt vorhanden:
*2330 Häuser,*
*48 000 Räume* einschl. Küchen,
davon gehen ca. 5000 *Räume* für gewerbliche Zwecke (Fabrikräume usw.) ab, ferner ca. 5000 *Räume* für meine Institutionen wie Krankenhäuser, Kinderheime, Waisenhäuser, Altersheim, Schulen, Ordnungsdienst, Büros usw. usw.,
verbleiben *38 000 Räume* einschließlich Küchen.
In diesen Räumen wohnen durchschnittlich 4 – 6 Personen, wobei ich bemerken möchte, daß viele Zimmer, speziell die Küchen, hier im Getto (Altstadt) sehr klein sind, wo nur 2 Menschen wohnen können.
Dagegen wohnen in mittelgroßen Räumen 4 – 6 Personen und mehr.
Ergebenst

1 APŁ, 221/31866b, Bl. 203. Kopie: USHMM, RG 05.008M, reel 6.

2 Dr. Alexander Merkert (*1881), Arzt; 1933 SS- und 1937 NSDAP-Eintritt; stellv. Amtsarzt in Iserlohn-Land; von Nov. 1939 an stellv. Amtsarzt in Litzmannstadt, Ende 1941 pensioniert, danach als Allgemeinpraktiker, Betriebsarzt und Polizeivertragsarzt in Litzmannstadt.

3 Die Ernährungs- und Wirtschaftsstelle Getto (ab Okt. 1940 Gettoverwaltung) war der 1940 aus etwa 250 Personen bestehende deutsche Verwaltungsapparat für das Getto Litzmannstadt.

4 Im Original Unterstreichungen und handschriftl. Anmerkung am oberen Rand: „Herrn Obermedizinalrat Dr. Merkert", unter dem Schreiben: „38 : 15 = 2,53. 150~~000~~ : 38~~000~~ 4,-. Durchschnitt 4 Pers. j. Raum. z.d.A. Ghetto 18/10.40" (Paraphe unleserlich).

5 Hans Biebow (1902 – 1947), Kaufmann; 1937 NSDAP-Eintritt; Mai 1940 – 1944 Leiter der deutschen Verwaltung des Gettos Litzmannstadt, organisierte die ökonomische Ausbeutung des Gettos und die Arbeit der Gettoinsassen für die deutsche Kriegswirtschaft, war 1942 und 1944 maßgeblich an den Deportationen der Gettoisierten in das Vernichtungslager Kulmhof bzw. nach Auschwitz-Birkenau beteiligt; in Lodz zum Tode verurteilt und hingerichtet.

## DOK. 170
## Das Präsidium der Jüdischen Sozialen Selbsthilfe instruiert am 20. September 1940 die örtlichen Hilfskomitees über ihre Aufgaben[1]

Rundschreiben Nr. 7 des Präsidiums der JSS (Wt/Sch.)[2] an die Stadt- und Kreishilfskomitees vom 20.9.1940 (Entwurf)[3]

*Betrifft: Tätigkeitsbeginn der Jüdischen Stadt- und Kreishilfskomitees*
Wie wir bereits im Rundschreiben Nr. 4 mitgeteilt haben, bildet das Präsidium der Jüdischen Sozialen Selbsthilfe derzeit in allen Kreisstädten und kreisfreien Städten des Generalgouvernements Jüdische Hilfskomitees.[4] Nachdem die Vorschläge zur personellen Zusammensetzung des Komitees eingegangen sind bzw. sich der Delegierte über die örtlichen Verhältnisse informiert hat, legt das Präsidium dem Stadt- oder Kreishauptmann die personelle Zusammensetzung des Komitees zur Bestätigung vor.

Die Konstituierung des Komitees, d.h. die Wahl des Vorsitzenden, der Stellvertreter und die Aufteilung der Tätigkeiten unter den einzelnen Mitgliedern im Sinne der Bestimmungen der Satzung und der Geschäftsordnung,[5] kann erst nach Bestätigung durch den Kreishauptmann erfolgen. Dennoch kann das Komitee sofort mit den Vorbereitungen beginnen. Insbesondere muss das Material bezüglich der Sozialfürsorge für die jüdische Bevölkerung in der jeweiligen Stadt bzw. dem jeweiligen Kreis zusammengestellt und an uns weitergegeben werden.

Hier geht es in erster Linie um die geschlossenen Fürsorgeanstalten in den einzelnen Ortschaften wie Krankenhäuser, Altersheime, Waisenhäuser, unter Angabe ihrer Aufnahmefähigkeit, der Zahl der Schutzbefohlenen in den vergangenen Monaten und des Trägers (Judenrat, Verein u.ä.). Außerdem ist die Zahl der Flüchtlinge und der Ortsansässigen anzugeben, die in den einzelnen Ortschaften Fürsorge benötigen, sowie jegliche Form der ihnen gewährten Hilfe wie Volksküchen, zusätzliche Speisungen für Kinder, die Zuteilung haltbarer Lebensmittel, Beihilfen, Wohnungs-, Kleider-, ärztliche, materielle Hilfe usw.[6]

Im Sinne der Satzung und der Geschäftsordnungen sind die Hilfskomitees eigenständige Institutionen, die von den Judenräten unabhängig sind. Dort, wo die Judenräte bislang die Sozialfürsorge organisiert haben, ist sie schrittweise und im Einvernehmen mit dem Präsidium der JSS in Krakau zu übernehmen. Nach der Geschäftsordnung besteht ein Hilfskomitee aus 5 Mitgliedern.[7]

1 AŻIH, 211/114, Bl. 41f. Das Dokument wurde aus dem Polnischen übersetzt.
2 Das Kürzel Wt steht für Michał Weichert.
3 Im Original handschriftl. Ergänzungen und Streichungen. Am oberen Rand: W [Weichert].
4 Mit seinem Rundschreiben Nr. 4 über die „Schaffung Jüdischer Hilfskomitees" leitete das Präsidium der JSS den personellen Aufbau dieser Einrichtungen in den Kreisen und kreisfreien Städten ein; YVA, O-21/20.
5 Ordnung der Fürsorge und Wohlfahrt im Generalgouvernement (wie Dok. 164, Anm. 4), S. 114 – 116 (Satzung) und S. 123 – 126 (Geschäftsordnung).
6 Dieser Absatz ist im Original handschriftl. ergänzt: „Sofern über die frühere Zeit bereits Berichte, Verzeichnisse, Fotografien u.ä. zusammengestellt wurden, sei es für die Zentralbehörden, sei es für die kommunalen Verwaltungen oder auch für jüdische soziale Einrichtungen wie den AJDC, bitte ich darum, sie uns möglichst in zwei Exemplaren zuzusenden."
7 Dieser Absatz ist im Original gestrichen.

Die Hilfskomitees in den Kreisstädten verwenden Briefbögen mit folgender Aufschrift:

| Jüdische Soziale Selbsthilfe | Żydowska Samopomoc Społeczna |
|---|---|
| Jüdisches Hilfskomitee | Żyd. Komitet Opiekuńczy Powiatowy |
| Kreis Rzeszów | w Rzeszowie |

In den kreisfreien Städten (Krakau, Warschau, Radom, Lublin, Tschenstochau und Chełm) haben die Stadtkomitees auf ihren Briefbögen folgende Aufschrift:

| Jüdische Soziale Selbsthilfe | Żydowska Samopomoc Społeczna |
|---|---|
| Jüdisches Hilfskomitee | Żyd. Komitet Opiekuńczy Miejski |
| Krakau Stadt | w Krakowie |

und die Kreiskomitees:

| Jüdische Soziale Selbsthilfe | Żydowska Samopomoc Społeczna |
|---|---|
| Jüdisches Hilfskomitee | Żyd. Komitet Opiekuńczy Powiatowy |
| Krakau Land | w Krakowie |

Die Hilfskomitees verwenden für die Korrespondenz einen ovalen Stempel und für Bescheinigungen und Dokumente einen Rundstempel. Schreiben in deutscher Sprache müssen mit einem deutschen Stempel versehen sein, Schreiben in polnischer Sprache mit einem polnischen Stempel.

Im Sinne der Bestimmungen der II. Geschäftsordnung, § 1, Punkt 2,[8] muss das Hilfskomitee von sämtlichen Briefen Kopien an die Stadt- bzw. Kreishauptleute senden und alle Vorschriften aus der Satzung und den beiden Geschäftsordnungen, die wir Ihnen geschickt haben, peinlich genau einhalten. In Zweifelsfällen haben Sie sich an uns zu wenden.

Es ist daran zu denken, dass es das Ziel der Hilfskomitees wie auch der gesamten JSS ist, großen Gruppen jüdischer Schutzbefohlener Hilfe zu leisten. Darum müssen die Hilfskomitees ihre Verwaltungsausgaben auf ein Minimum begrenzen. Um dies zu erreichen, haben sich die Komitees möglichst um kostenlose Büroräume zu bemühen; alle Tätigkeiten sollen ehrenamtlich ausgeführt werden. Nur ausnahmsweise dürfen – neben Personen, die körperliche Arbeit verrichten – mit Zustimmung des Präsidiums der JSS in Krakau Bürokräfte für einen befristeten Zeitraum eingestellt werden, und zwar auf Grundlage eines Vertrags, dessen Muster wir Ihnen auf Anforderung zusenden.

Hochachtungsvoll

## DOK. 171

## Der Stadthauptmann von Tschenstochau beschwert sich am 20. September 1940 über die Zustände im SS-Arbeitslager für Juden in Cieszanów[1]

Schreiben des Stadthauptmanns von Tschenstochau,[2] ungez., an den Chef des Distrikts Radom, Abteilung Innere Verwaltung,[3] vom 20. 9. 1940 (Abschrift)

*Betr.:* Judenlager in Cieszanow/Lublin.[4]

Der Judenrat in Tschenstochau gibt mir von folgendem Kenntnis:

Aus Tschenstochau sind eine größere Anzahl von ledigen jüdischen Arbeitskräften in

8 Die II. Geschäftsordnung legte die Kontrolle der JSS durch die deutschen Verwaltungsbehörden fest; Ordnung der Fürsorge und Wohlfahrt im Generalgouvernement (wie Dok. 164, Anm. 4), S. 126.

1 APL, 498/746, Bl. 226.

den Kreis Lublin überführt worden. Während bei allen Arbeitsstellen sowohl die Arbeit als auch die Behandlung in Ordnung waren, seien die Verhältnisse in dem Arbeitslager Cieszanow unhaltbar. Es seien Arbeiter, welche mit Zustimmung der Wache ausgetreten seien, um ihre Notdurft zu verrichten, von rückwärts angeschossen und getötet worden. Die vorhandenen Schlafgelegenheiten seien unhygienisch, es gäbe nur vermodertes Stroh, das als Keimträger die Seuchengefahr erhöhe. Die Verpflegung sei unzureichend. Die Isolierung der Kranken von den Gesunden werde nicht durchgeführt, die Verlausung werde nicht bekämpft, die von den Verwandten übersandten Lebensmittel werden nicht ausgehändigt usw.

Die Insassen des Lagers, soweit sie aus Tschenstochau sind, schreiben anscheinend ihren Angehörigen alarmierende Briefe, die diese wieder veranlassen, den Judenrat zu bestürmen, der da helfend eingreifen soll. Diese Angelegenheit hat nun schon solche Formen angenommen, daß ich den hiesigen Judenrat durch deutsche Polizei vor den täglichen Angriffen der Angehörigen dieser Zwangsarbeiter schützen mußte.

Ich gebe hiervon Kenntnis und stelle weitere Veranlassung anheim.[5]

## DOK. 172

## Ein unbekannter jüdischer Zwangsarbeiter beschreibt im Sommer 1940 den Tagesablauf in einem Arbeitslager[1]

Handschriftl. Bericht, undat., für das Untergrundarchiv des Warschauer Gettos, Sommer 1940

Unser Tag im Lager

„Wecken, Wecken, aufstehen!", erschallte die Stimme des Gruppenleiters. Ich sprang von meiner Pritsche und begann, mich schnell anzuziehen. Wir schlafen in einem großen gemauerten Stall auf Stroh, unter Decken. Einige haben von daheim Kissen mitgebracht, aber die meisten legen sich die Hose oder das Hemd unter den Kopf. Jetzt stehen von

2 Richard Wendler (1898–1972), Jurist; 1928 NSDAP- und SA-, 1933 SS-Eintritt; von 1933 an OB von Hof; 1939 Stadtkommissar in Kielce, ab Nov. Stadthauptmann von Tschenstochau, 1942/43 Gouverneur des Distrikts Krakau, 1943/44 Gouverneur des Distrikts Lublin; 1945–1948 lebte er unter falschem Namen, 1948 zu drei Jahren Arbeitslager verurteilt, 1950 vorzeitig entlassen, von 1955 an Rechtsanwalt in München.

3 Die Abt. unterstand Hans Kujath (1907–1963), Jurist; 1932 NSDAP- und 1933 SS-Eintritt; jurist. Hilfsarbeiter in Eberswalde; von Jan. 1940 an Leiter der Innenverwaltung im Distrikt Radom, ab Juni zudem Stadthauptmann von Radom, von Aug. 1941 an Stadthauptmann von Lemberg, April 1942 bis Febr. 1944 Kreishauptmann in Czortków; ab Sept. 1944 in der Waffen-SS; 1945–1947 interniert, 1952 bei der Entnazifizierung in Lüneburg als Mitläufer entlastet, Rechtsanwalt.

4 Das Arbeitslager für Juden in Cieszanów an der deutsch-sowjetischen Demarkationslinie bestand von Mitte Mai bis Spätherbst 1940. Hier waren etwa 5000 Personen inhaftiert, die Grenzbefestigungen bauen mussten.

5 Die Abt. Arbeit des Distrikts Lublin (Referat II: 5318) stellte am 31.10.1940 fest, dass sie nichts unternehmen könne, „weil dieses Lager ausschließlich von der SS unterhalten" werde; wie Anm. 1, Bl. 228.

1 AŻIH, Ring I/1206 (622). Das Dokument wurde aus dem Polnischen übersetzt.

allen Pritschen magere und braungebrannte Gestalten auf. Sie ziehen beschädigte, zerrissene und zumeist schmutzige Unterwäsche und noch stärker beschädigte Kleidung an. Nach dem Waschen ruft die strenge Stimme des Gruppenleiters zum Sammeln. Wir stellen uns in einer Dreierreihe auf und befolgen gehorsam die Kommandos. Die Musterung endet mit dem Gang zu den Kesseln, um Kaffee zu holen. Ich nehme 200 g Brot aus dem Rucksack, schneide gleich ein verschimmeltes Stück ab, esse schnell und spüle es mit bitterem, schwarzem Kaffee herunter. Unser Kommandant hat noch schneller gegessen, denn schon ruft er uns zusammen, damit wir arbeiten gehen. Die Arbeit ist jetzt während der Ernte schwer. Wir helfen den Bauern auf dem Feld. Wir stellen Garben auf, rechen Heu, jäten Kartoffelfelder, legen Sumpfboden trocken, tragen Steine und Balken, fällen Bäume im Wald und fahren sie auf Wagen heraus. An Arbeit mangelt es nicht. Sowohl die Gruppenleiter als auch die Bauern sparen während der Arbeit nicht mit Bemerkungen, zum Beispiel: „Was bewegst du dich wie eine Transuse, schneller, flinker, schon wieder stehst du da und gaffst“ u. Ä. Man kann keinen Augenblick ausruhen, obwohl einem die Hände oft vor Erschöpfung herabfallen. Plötzlich gibt ein Kollege Zeichen, dass ein Offizier kommt. Es ist ein junger Mann von mittlerem Wuchs, breitschultrig, ein Blondschopf mit grünen Augen. Ich weiß nicht, ob er eigens auf Juden starrt, sodass es schwer ist, seinen Blick auszuhalten, oder ob er einfach einen so durchdringenden Blick hat. Er regt sich sehr schnell wegen der unbedeutendsten Kleinigkeit auf, vergisst aber auch schnell. Seit ihm die Verantwortung für das Lager übertragen worden ist, kümmert er sich nur darum, dass die Juden gut und schwer arbeiten, und es ist ihm gleichgültig, ob sie gut essen, ob sie Schuhe oder ein bequemes Schlaflager haben.

Sobald wir nur hören, dass er kommt, erhalten wir – wer weiß woher – neue Kräfte, vergessen den Hunger und dass unsere Schuhe nass sind. Wir arbeiten mit gewaltiger Energie, ohne eine Sekunde auszuruhen. Er bleibt stehen, spricht mit dem Gruppenleiter und fährt wieder fort. Wir atmen vor Erleichterung auf und arbeiten langsamer. Um 12 Uhr Mittagessen. Wir bekommen jeweils eine Schüssel Suppe. Wir suchen mit dem Löffel Kartoffeln und streiten uns und klagen darüber, dass es so wenig ist. Jeder schaut in die Schüssel der Kollegen, ob sie mehr haben. Nach dem Mittagessen eine Stunde Erholung und dann wieder Arbeit bis 7 Uhr am Abend. Zum Abendessen 200 g Brot und ein Becher schwarzer Kaffee. Dann plaudern, singen wir, und wieder die Stimme des Gruppenleiters, der zum Schlafen ruft. Müde lege ich mich unter die Decke und versuche einzuschlafen, aber die lauten Gespräche der Kollegen lassen mich nicht schlafen. Zapfenstreich!!! Grabesstille kehrt ein. Jetzt fallen alle in den Schlaf, um morgen wieder um 5.30 zur Arbeit aufzustehen.[2]

2 Dem Bericht liegt eine Bleistiftzeichnung bei, die im Vordergrund Zwangsarbeiter beim Bäumefällen zeigt und im Hintergrund uniformierte Wachmänner.

## DOK. 173
## Eine deutsche Studentin berichtet im Sommer 1940 über ihren Einsatz für volksdeutsche Umsiedler und über ihre Eindrücke von Juden in Leslau (Włocławek)[1]

Bericht von Irene Körner, Sommer 1940[2]

Studentinnen-Einsatz
Reichsgau Warthe 1940
*Bericht über meine Kindergartenarbeit im Kreise Leslau, Warthegau.*
Groß war die Freude bei mir und meinen Kameradinnen, als wir hörten, daß wir im Osten eingesetzt werden sollten. Mit großer, begeisterter Arbeitsfreude fuhren wir nach Grotniki ins Sammellager, wo wir für unseren Einsatz in verschiedenen Schulungen und Vorträgen ausgerüstet wurden. Ungeduldig warteten wir auf den Beginn unseres praktischen Einsatzes.
Mit 3 Kameradinnen von der Universität Heidelberg wurde ich für die Kindergartenarbeit im Kreise Leslau eingeteilt. Voller Erwartung fuhren wir los. Man hatte uns erzählt: Ihr fahrt in eine ganz öde Gegend, ihr kommt in die Steppe. – Wie angenehm überrascht waren wir aber, als wir in Leslau anlangten.
Unser erster freundlicher Eindruck war der große, weite Adolf-Hitler-Platz mit seiner hübschen, großzügigen Bepflanzung. Darüber ein strahlender, blauer Himmel, von dem sich im Hintergrund die beiden hohen roten Türme der Kathedrale abhoben. Die breite Hauptstraße, die Horst-Wessel-Straße, lockte zum Weitergehen, denn an ihrem Ende sollte ja die Weichsel fließen. Schon viele deutsche Geschäfte waren eröffnet und überraschten durch ihre gute Auslage. An anderen Ladengeschäften wurde eifrig gearbeitet. Die Stadt formte so fieberhaft an ihrem deutschen Gesicht, daß es eine Freude war. Besonders neu für uns 4 aus dem Altreich war die Behandlung der Juden. Während wir in Litzmannstadt und Kutno mit einem gewissen Abscheu die Ghettos betrachtet hatten, in denen die Angehörigen dieser krummnasigen Rasse gesammelt waren, fiel uns hier in Leslau auf, daß die Juden frei in allen Straßen gehen können, allerdings nicht auf dem Gehweg, sondern auf der Pferdestraße, und jeder trägt auf dem Rücken ein gelbes Dreieck. Oft ist uns begegnet, daß eine Jüdin in der Gasse watschelte und ihre polnische Freundin auf dem Randstein nebenhertippelte.
Als wir aber an der Weichsel angelangt waren, vergaßen wir alle Juden und Polen und freuten uns an dem wunderhübschen Bild, das sich uns bot. Breit floß die Weichsel dahin, hinter uns wieder die Stadt mit der Kathedrale und dem großen, schönen Stadtpark, vor uns über dem Strom die Weichselberge. Nur die zerstörte Brücke, mit deren Aufbau aber auch schon begonnen worden war, erinnerte daran, daß vor weniger als einem Jahr hier der Krieg herrschte. – Sogar „Berge" hatte es also in Leslau! Da mußte es sich ja aushalten lassen, denn Berge, Wald und Wasser zusammen erst lassen mich ganz heimisch werden in einer Landschaft. – Das Haus der NSV-Kreisamtsleitung Leslau liegt am Adolf-Hitler-Platz. Auch hier wird eifrig gearbeitet. Jüdische Handwerker sind dabei, dem Hausflur einen gefälligen Anstrich zu geben.

1 BArch, R 49/3051, Berichte der Teilnehmerinnen am Studentinnen-Einsatz bei der Umsiedlungsaktion im Reichsgau Wartheland.
2 Zum Studentinneneinsatz wurde 1940 eine große Zahl junger Frauen angeworben, damit sie in den annektierten westpolnischen Gebieten Umsiedlerfamilien aus Osteuropa betreuten.

Wir wurden sehr freundlich aufgenommen. Herr Kreisamtsleiter Sandelmann war eifrig bemüht, uns möglichst gut unterzubringen. Er hatte erst am selben Morgen von unserem Einsatz erfahren und war nun in einiger Verlegenheit, wo er uns so rasch einsetzen konnte.

Alles erschien ihm nicht gut genug für uns. Als er aber sah, daß wir unsere Arbeit ganz ohne irgendwelche Illusion, aber mit umso größerer Begeisterung anpacken wollten, war er sehr erleichtert. Und nun ging es an das Planen. Für Herrn Sandelmann stand es fest, daß wir je zu zweien hinausziehen sollten; er fand es sonst zu trostlos für eine allein. So „paarten" wir uns also. Ich tat mich mit Wilma Rosenkranz aus Rheydt zusammen.[3]

2 Einsatzorte kamen für uns in Frage. Sarnovo bei Lubranek: ein sehr reiches Dorf, in dem Wolhynier[4] angesiedelt worden waren. Ein Gebäude für den Erntekindergarten war da schon vorhanden: das Spritzenhaus. Unsere beiden Kameradinnen, Heidi Immendörfer[5] und Irmgard Notwang,[6] entschieden sich rasch für Sarnovo. Da blieb Wilma und mir Krzywa Gora, zu deutsch „krummer Berg", das noch zum Landkreis Leslau gehörte und 7 km von der Stadt entfernt lag. Dort war noch gar nichts vorbereitet, aber das war gerade das, was uns so dran gefiel. Wir freuten uns darauf, so ganz etwas Neues aufbauen zu können.

Noch am selben Nachmittag fuhren wir beide mit dem Kreisamtsleiter und dem Ortsgruppenleiter in unseren künftigen Wirkungskreis, um ein geeignetes Haus ausfindig zu machen.

Zuerst wurde das Pfarrhaus genauer betrachtet. Es war schon vor etlichen Jahren begonnen worden, war aber genau wie die Kirche daneben nur halb fertig gebaut. Beide Gebäude wurden aber benützt – polnische Wirtschaft! Für den Augenblick konnte uns das Haus nicht dienen, aber bis zum nächsten Jahr wird es ausgebaut werden, um einem modern eingerichteten Dauerkindergarten und einer Schwesternstation Raum zu geben. Nun wurden einige Polenhäuser einer näheren Betrachtung unterzogen. Zitternd standen die Bewohner an der Türschwelle und sahen uns mit angstvollen Augen [zu], wie wir kritisch durch die Räume wanderten. Sie glaubten ganz fest, in den nächsten Tagen evakuiert zu werden. Aber alles war zu klein und sehr von Wanzen bevölkert. Da machte uns der Ortsgruppenleiter einen Vorschlag: An der Straßengabelung Leslau-Thorn, Hohensalza stand ein ziemlich großes Haus mit schönem Giebeldach. Es war früher einmal ein russischer Gasthof gewesen. Rechtwinklig dazu, eine breite Toreinfahrt frei lassend, stand ein schönes, langes und sehr festes Stallgebäude. Das sollte das künftige HJ-Heim werden, das Haus sollte großzügig zum Haus der NSDAP ausgebaut werden. Dieses Anwesen wollte uns der Ortsgruppenleiter für diesen Sommer zur Verfügung stellen. Wir waren sehr froh darüber und sahen uns alles ganz genau an. Vorläufig glich das Haus von der Straße her noch einem Dornröschenschloß, so versteckt lag es hinter dem dichten Gestrüpp und Gesträuch verborgen, das im Laufe der Jahre hier gewuchert hatte. Zum großen Mitteleingang konnte man überhaupt nicht mehr gelangen. Hinter dem Haus war ein Hof mit einem 15 m tiefen, offenen Brunnen. Dahinter erstreckte sich ein weiter Obstgarten mit lauter jungen Bäumen, von denen die meisten im Winter erfroren waren. Rings

3 Wilma Rosenkranz (*1919), 1940 Medizinstudentin in Heidelberg.

4 Gemeint sind sog. Wolhyniendeutsche, die aufgrund des am 28.9.1939 geschlossenen Abkommens zwischen dem Deutschen Reich und der UdSSR 1940 in den Warthegau umgesiedelt wurden.

5 Heidi Immendörfer (*1920), 1940 Medizinstudentin in Heidelberg.

6 Richtig: Irmgard Nothwang (*1920), 1940 Medizinstudentin in Heidelberg.

um diese ideale Spielwiese schloß sich junger Kiefernwald. War irgendwo Sand auf unserm Gelände? Ein Sandhaufen war unserer Meinung nach beinahe das Wichtigste an der ganzen Kindergarteneinrichtung. Aber wir wurden getröstet. Das sollte alles beschafft werden. Nun mußten wir unser Haus natürlich auch von innen besehen. Da waren 2 große Räume mit hohen, hellen Fenstern rechts und links vom Eingangsflur. Rechts, das sollte der Tages- und Speiseraum werden, im anderen würden unsere Kinder ihren Mittagsschlaf halten. Dann war da noch eine leere, kleine Küche und dann noch ein Zimmerle. Da drin wollten wir beide hausen. Wir hätten gerne gleich am nächsten Tag mit dem Einrichten begonnen, um möglichst rasch an unsere eigentliche Arbeit zu kommen. Aber die Wände und die Decke mußten ja zuerst noch getüncht, einfache Tische und Bänke für unsere Kleinen noch zusammengezimmert werden usw. Da gingen wohl schon noch einige Tage ins Land. In der Zeit konnten wir uns im NSV-Kindergarten in der Stadt recht nützlich machen und gleichzeitig sehen, wie der Betrieb in einem Kindergarten mit Mittagstisch läuft. Das Haus dort war erst vor 4 Wochen eingeweiht worden und war sehr vorbildlich schön und praktisch eingerichtet. Der Stolz des Kreisamtsleiters.

Unser Tag war voll ausgefüllt mit der Arbeit im städt. Kindergarten, und die Tätigkeit machte uns wirklich Freude, u. trotzdem sehnten wir uns danach, endlich in und für „unseren" Kindergarten schaffen zu können. Schließlich, nach einer Woche, hatten die jüdischen Handwerker ihre Arbeit gut zu Ende gebracht.

Nun konnten wir an unsere Inneneinrichtung denken und an das Geschirr. Das alles wurde auf sehr einfache Art beschafft. Die NSV hatte ein sehr großes Lager von all diesen Dingen. Die stammten in der Hauptsache aus reichen jüdischen und polnischen Häusern. Da war Porzellan in Hülle und Fülle. Da brauchte man nur auszusuchen. Das machte Spaß. 50-faches Geschirr für „unsere Kinder" hatte man uns schon zurechtgerichtet. Aber da gab's zwischen vielem geschmacklosen Wust doch auch manche Dinge, die wir gut gebrauchen konnten. Dort einige hübsche Vasen, hier schöne Gläser und sogar Tassen aus Rosenthalporzellan für unsere Gäste. Einen netten polierten Tisch fanden wir und 2 nagelneue Korbsessel, eine kupferrote Divandecke und ein praktisches Küchenschränkle und noch viele andere nützliche Dinge.

Wir kamen uns ordentlich reich vor, als wir in „unserem neuen Heim" einzogen. Da war's seit unserem letzten Besuch schon ganz manierlich geworden. „Unsere fleißigen Juden" hatten die Wände schön gelb gestrichen, und die Polin, die im Haus mit ihrer Familie 2 Räume bewohnte, hatte [alles] sehr ordentlich und sauber gemacht. Nun gleich die Arbeitsschürzen an und ran! Für den Schlafraum der Kinder hatten wir 1 Dutzend polnische Kinderliegestühle mitgebracht.

Im Tagesraum hatten wir jetzt 2 lange, niedrige Tische mit kleinen Bänken davor. Wir stellten sie rechtwinklig zueinander auf. Den einen an der Wand der Türe gegenüber, den anderen der Fensterwand entlang. In der Ecke neben dem großen Kachelofen hatten wir aus 2 hohen kurzen Bänken, die einen brauchbaren Tisch abgaben, und aus 2 niedrigen eine nette Spielecke für unsere Größeren geschaffen. An der linken Wand hatten wir den langen, hohen Tisch, den wir vorgefunden hatten, untergebracht, und eine Bank davor. Das sollte uns als Anrichte dienen. Außerdem konnte man in den 12 Schubladen ungeheuer viel verstauen.

Dann hatten wir noch 3 Schränke vorgefunden. Der kleine, niedrige sollte unser Wäscheschrank werden, der kam also in unser Zimmer. Aus dem hohen machten wir mit Hilfe einer Holzstange und einiger Nägel einen ganz ordentlichen Kleiderschrank. Als uns aber

der Ortsgruppenleiter später einen schönen, fast neuen Kleiderschrank stiftete, wurde unser alter zum Spielzeugschrank erneut. Dann war da noch ein ganz feudales Stück: Ein breiter Schrank mit Glastüren. Die eine war allerdings ausgehängt und etwas beschädigt, so daß das Möbel zuerst eher einem Wrack glich; aber mit einigen geschickten Handgriffen ließ sich das beheben. Aber was konnten wir gegen diesen schrecklichen Zustand der Innenseite tun? Kurz entschlossen nahmen wir weißes Papier und schlugen jedes Fleckchen des Schrankes damit aus. Wie schmuck das auf einmal aussah! Nun ordneten wir unser Geschirr recht fein in den Schrank und ließen dabei besonders unsere hübschen, bunten Kaffeekrüge zur Geltung kommen. Auf diese Weise sparten wir die Vorhänge für die Glastüren, und jedermann konnte uns um unseren feudalen Geschirrschrank beneiden.
Mit Wandschmuck waren wir leider nicht sehr gesegnet. Ein großes, schönes Führerbild hatten wir uns auf der NSV ergattert. Das beherrschte die Wand der Türe gegenüber. Ich hatte noch etliche hübsche, bunte Kinderkarten mitgebracht. Mit denen konnte man an der Fensterwand einen netten Fries gestalten. Über unserer Ofenecke hing ein schöner Kalender. Und nun mußten gleich noch Blumen herein. Wir hatten uns dafür schöne, braune Tonkrüge mitgebracht. Als wir nun unseren „Kindergarten" ansahen, waren wir recht zufrieden.
Nun kam der Flur an die Reihe. Dort stand ein großer, schwerer Eichentisch mit dicken, geschnitzten Beinen. Der machte einen etwas feierlichen Eindruck. Er konnte uns aber sehr gut als sicherer Untergrund für einen großen Sammelblumenstrauß dienen. An den Wänden wurden in niedriger Höhe Holzbretter mit Zapfen angebracht, die sicher einmal aus einer Küche stammten. Sie wurden nett angestrichen, und schon sahen sie aus, als hätten sie nie einen anderen Zweck gekannt, als kleine Kindermäntel zu tragen.
Durch die Wildnis vor dem Haus hatten die Juden schon einen Weg bis zur Straße geschlagen. Jetzt ging's in die Küche. Da waren wir auch recht schnell soweit. An die Wand, dem Herd gegenüber, kam unser Küchenschränkle und darüber ein Holzbord für Töpfe. Beides wurde schnell weiß gestrichen. Unters Fenster kam der weiße Tisch, den wir mitgebracht hatten, rechts davon eine weiße, zweistöckige Bank, die sollte uns als Wasserbank dienen. Auf der anderen Seite stellten wir einen Waschständer mit 2 Becken auf. Unsere Töpfe und Schüsseln und Eimer waren auch bald untergebracht.
Wie wir unser Zimmerle einrichten wollten, hatte ich schon ganz klar vor Augen. Unters Fenster kam unser netter polierter Tisch, davor der Schreibtischstuhl. Daneben, an die Wand der Tür gegenüber, kam unsere Couch. Ja, da ist man erstaunt, wie vornehm wir waren! Wir hatten uns 2 Strohsäcke gestopft – wir mußten da gegen alle unsere wohlmeinenden Betreuer Sturm laufen und uns vor den vielen Bettstellen schützen, die uns immer und immer wieder angeboten wurden –, die wurden tagsüber aufeinander gelegt, aus einigen Wolldecken formten wir eine Kopfrolle, und übers Ganze kam unsere prächtige Decke. Die gab dem ganzen Raum mit ihrer kupferroten Farbe etwas Warmes. Daneben hatte noch eine hübsche, kurze, braune Bank Platz, die uns als Lesetischle gute Dienste leistete und mit einem Blumenstrauß unter der Karte von Deutschland recht gut aussah. Unser Wäscheschränkchen hatte an der Wand daneben Platz. Rechts und links vom Kachelofen stellten wir unsere Korbsessel auf. Sie waren recht einladend mit ihren großartigen Sitzkissen, die ich aus 2 Gobelins zusammengefaltet hatte. Neben den Tisch paßte noch eine kleine Bank.
Für die leere Wand über unserer Liege, die übrigens von all unsern Besuchern bewundert wurde, hatte uns der Ortgruppenleiter einen hübschen Holzschnitt geschenkt.

Am Abend schon war unser Haus fix und fertig eingerichtet. Da konnte ich mich am anderen Morgen auf die Suche nach dem Gärtner machen und nach einem Bauern, der uns Milch lieferte. Das letztere ging leicht, aber der Gärtner war ein Pole. Da war es selbst mit Hilfe des volksdeutschen jungen Müllers sehr schwer, das zu bekommen, was man wollte. Oft ist mir's passiert, daß ich Blumenkohl statt Kohlrabi bekam usw., da kam manch Ergötzliches zu Tage. Wir konnten ja zu Anfang kein Wort Polnisch, und die Polen konnten sich nicht deutsch verständigen. Aber, zu was hat man seine Hände? –

Am Nachmittag war die ganze SA bei uns angetreten zum „Urwald" roden. Nach ganz kurzer Zeit war unser Vorplatz an der Straßenseite tadellos sauber. Wir bewirteten die Männer mit Kaffee und packten die Gelegenheit gleich beim Schopf, ordentlich für unseren Kindergarten zu werben. Wir freuten uns mächtig darüber, daß die deutschen Menschen hier so unendlich dankbar dafür waren, daß ihre Kinder wieder einmal etwas „lernen" sollten, daß sie wieder unter „deutsche Zucht" kommen und daß sie wieder deutsch sprechen lernen sollten. Nur diese eine Bedingung stellten sie: „Seid nur ordentlich streng, die Kinder brauchen die Rute." Aber wir waren guten Muts und hofften, auch ohne Handgreiflichkeit durchzudringen.

Die volksdeutschen Männer hatten [auf] uns alle einen recht guten Eindruck gemacht. Es waren meist hagere Gestalten mit ernsten, strengen Gesichtern. Man sah ihnen an, daß sie in den letzten Jahren sehr viel um ihr Deutschtum gelitten hatten. Viele von ihnen waren verschleppt und mißhandelt worden von den Polen, als die deutschen Truppen heranrückten. Sie wußten daher, was sie dem Führer verdankten. Es waren aber auch manche darunter, die von den anderen mitgerissen wurden und erst jetzt klar erkannt hatten, daß sie Deutsche waren. –

Am Montag früh hatten wir alles sehr hübsch gemacht, wir erwarteten doch unsere Kleinen. Um 8 Uhr war noch keines da. Uns wollte langsam der Mut sinken. Doch da, in der Ferne zogs heran. Da kamen ja überall die Mütter mit! Im Sonntagskleid, die sauber und sonntäglich angetanen Kinder an der Hand. So feierlich hatten wir's nicht erwartet. Aber wir freuten uns, daß es sich die volksdeutschen Frauen nicht hatten nehmen lassen, zu sehen, wo und wie ihre Kinder untergebracht sein würden. Als sie sahen, wie den Kindern nach der Personalienaufnahme der Kakao-Kaffee (Fabrikat einer Leslauer Firma) schmeckte, zogen sie befriedigt ab.

Schon am 2. Tag hatten wir 60 Kinder in unsere Liste eingetragen. Das war ein ordentliches Häuflein. Da mußten wir in Leslau noch Tassen und Löffel nachbestellen. Wir waren sehr freudig überrascht über unsere Schützlinge. Nach unserer Arbeit im Stadtkindergarten hatten wir uns in bezug auf Sauberkeit keine allzugroßen Hoffnungen gemacht. Aber die Kinder waren beinahe durchweg sehr sauber und nett angezogen. Die größeren Mädchen trugen beinahe alle eine schwarze Satin-Ärmelschürze mit weißem Kragen. Die meisten Kinder waren blond und sahen ganz gesund aus. Einigen sah man allerdings die Not, die sie gelitten hatten, um so deutlicher an, die waren mit 12 Jahren noch so schmächtig wie mit 7.

Da wollte ich mir mit dem Essenkochen doch ordentlich Mühe geben – ich hatte die wirtschaftliche Seite mit übernommen, kochte jeden Tag das Mittagessen, den Früh- und Nachmittagskaffee. Das Gemüseputzen und das Abwaschen besorgte die Polin. – Damit diese Sorgenkinder bald rote und runde Backen bekamen.

Und nun zu unserem Tagesablauf: Morgens um 8 Uhr fing der Tag an. Wir waren natürlich schon etliches früher aufgestanden und hatten unser Zimmer in Ordnung gebracht.

Unsere Polin hatte inzwischen auf meine Aufforderung hin Wasser geschöpft und Feuer gemacht – so viel hatte ich schon Polnisch gelernt, um ihr das beizubringen –, so konnte ich das Kaffeewasser aufsetzen. Inzwischen waren schon einige Kinder angetrudelt. Manche rüttelten ja schon um ½ 8 Uhr an der großen Türe. Bis alle „Schäflein" beisammen waren, war Freispiel, da konnten sie sich beschäftigen, wie sie wollten. Das war am Anfang gar nicht so einfach, denn da hatten wir überhaupt kein Spielzeug. Glücklicherweise war da recht oft schönes Wetter, und die Kleinsten waren immer am glücklichsten im Sandkasten.

Dann kam das Freiturnen dran. Das machte Spaß, und es ist schwer zu sagen, ob ich oder die Kinder die größere Freude daran hatten. Am Anfang waren alle noch schrecklich steif und ungelenk. Aber jeden Tag sah man einen kleinen Fortschritt. Es war zu nett, wenn alle ganz ernsthaft den „Storch im Salat" nachahmten, oder wenn jedes beim Wett-Froschhüpfen das Erste sein wollte und dabei so manches über seine eigenen Hände kugelte. Und wie da das Frühstück schmeckte! Ich mußte Kanne um Kanne nachfüllen, so groß war der Kaffeedurst. Nachher ging's, wenn irgend möglich, wieder hinaus auf die Spielwiese zu frohen Laufspielen mit Tante Wilma. Die größeren Mädchen halfen mir in der Küche beim Zwiebelschälen und -schneiden oder sie schälten mit der Polin zusammen Kartoffeln oder putzten Gemüse. Und mit welchem Eifer sie das taten! Es waren richtige kleine Hausmütterle, meine Großen.

Stand das Essen dann auf dem Feuer, hatte ich wieder ein wenig Zeit für unsere Kleinen. Ich konnte ja dazwischen immer wieder in die Küche gucken. Da konnte Wilma dann die Großen herholen und „Schule halten". Wir hatten nämlich auch eine Wandtafel und mächtig viel Kreide. Es ist eine Freude, wie da eifrig gerechnet und gelesen wurde oder gar Diktat geschrieben. Die Kinder waren alle freudig dabei, und es zeigte sich, daß die meisten ganz gut begabt waren. Ich setzte mich also zu unsern „wirklichen" Kindergartenkindern und habe mich je nach dem Wetter mit ihnen beschäftigt. Oft machte ich Kreis- und Fingerspiele mit ihnen und erzählte ihnen ein Märchen. Wenn es draußen regnete, da mußte unser „Zeitungsberg" herhalten (wir hatten uns sehr viel Zeitungen mitgeben lassen, da wir ja anfangs kein Spielzeug hatten). Und nun mußte meine Schere Faltpuppen usw. hervorzaubern. Das war doch zu lustig, wie die sich alle an den Händen hielten und in einer langen Reihe dahermarschieren konnten. Wenn man dann die beiden Äußersten zusammenklebte, dann machten sie Ringel-Ringel-Reihen, da konnte man so fein dazu singen. Ein ander Mal durften meine Schützlinge „malen". Einmal zeigten sie mir da, wie ihr Haus und ihr Garten aussah, das andere Mal kam eine Eisenbahn dran usw.

Und dann haben wir natürlich recht viele Kleinkinderlieder gesungen, da war's im Nu 12 Uhr.

Rasch wurde draußen vor dem Haus auf der Bank unsere „Riesenschüssel" aufgestellt, die Seifenstücke, die Handbürsten und einige Handtücher dazugelegt. Die Großen schöpften Wasser aus dem Brunnen in die Schüssel, und nun drängte sich die Schar zum Händewaschen. Am Anfang mußte man sich schon solch ein Händchen genauer betrachten, ob es auch sauber war, aber im allgemeinen sorgten unsere Großen dafür, daß jeder ganz sauber zu Tisch ging. Inzwischen machte ich das Essen fertig, und während Wilma drinnen die Anwesenheitsliste führte, konnte ich anrichten und der Polin und ihren beiden Buben das Essen hinüberbringen. (Die Frau bekam dafür, daß sie uns half, täglich 1 RM und das Mittagessen). Wenn ich dann mit der großen Schüssel hereinkam, wurde die ganze „Bande“ lebhaft: „Ah“ und „Oh“, so tönte es von überall her. Aber kaum war ich an einen kleinen Tisch zu ihnen getreten, so faßten sie sich bei den Händen und warteten still. Sie wußten, die Tante Irene sagte jetzt den Tischspruch, und den wollten sie alle genau hören, denn es war immer wieder ein anderer. Und dann kam die große Fütterung. Ich hatte immer wieder meine helle Freude daran, wie eifrig alle ihre Teller leer aßen, oft einige Male. Und ich war ordentlich stolz drauf, daß ich schon am ersten Tag die richtige Menge erraten hatte.

Nach dem Essen wurden die Kleinen auf die Liegestühle gepackt und mit Wolldecken schön zugedeckt. Eine von uns, meist Wilma, hielt Wache, damit sie alle ganz ungestört und tief schlafen konnten. Die großen Mädel räumten rasch die Teller ab, reinigten die Tische und fegten den Raum aus. Die Polin wusch das Geschirr ab, und ich brachte die Küche in Ordnung. Und dann hatte ich die Großen. Bei schönem Wetter waren wir natürlich draußen und spielten und sangen. Diese Singstunde am Mittag war mir besonders wichtig, denn die Kinder konnten außer einigen alten Kampfliedern keine Lieder. „Es zittern die morschen Knochen…“, das war ihr „Leib- und Magenlied“. Ich sang nun recht viele lustige, kindliche Lieder mit ihnen, und ich war erstaunt, wie rasch solch ein Lied aufgefaßt wurde, während irgendwelche HJ-Lieder, die ja meist einen schweren Text haben, ziemlich lange Zeit in Anspruch nahmen.

„Unter'm Dach, juchhe …“ und „Auf einem Baum ein Kuckuck saß“ war allen besonders lieb. Wenn ich fragte: „Was wollt ihr singen?“, kam ganz sicher die Antwort: „Tante, Kokaki ka ki ka koko“ und „Simseln dim bam baseln dusela dim“.

Besonders gern hatten sie auch: „Der Jäger längs dem Weiher ging“ und „Heut ist ein Fest bei den Fröschen im See“.

Die Kleinen hatten sich alle rote Bäckchen angeschlafen und waren sehr kaffeedurstig. Nach dem Kaffee war wieder Freispiel, und dann sangen und spielten wir alle zusammen noch 1 oder 1 ½ Stunden. Bei Regenwetter wurden hübsche Dinge aus Papier gefaltet. Helme, Schiffchen, Häuser und Körbchen und viele andere schöne Sachen. Das machte Spaß. Oft wurde da auch etwas Nettes gemalt. Ein anderes Mal erzählte eine der Tanten eine besonders schöne Geschichte, und das Singen haben wir natürlich auch nicht vergessen. Wenn es dann um 6 Uhr Schluß machen hieß, dann gab es ein allgemeines Ach- und Wehgeschrei. Schnell wurde ein Kreis gemacht, ein Lied gesungen und stramm mit Heil Hitler gegrüßt, und dann stürmte und wackelte und stolperte die ganze Gesellschaft nach allen Richtungen auseinander, nach Hause. – Wir beide brachten dann noch das Haus in Ordnung, fegten aus und wischten Staub. Dann fing der Feierabend an. Da setzten wir uns in unser gemütliches Zimmerle und überlegten uns den Tageslauf von morgen und den Küchenzettel dazu. Ich hatte dann noch meine Speiseabrechnungen und meine Bestellzettel zu schreiben. Dann machte ich noch die Eintragungen ins Kindergartentagebuch. Das hatte für jeden Tag verschiedene Spalten: Speisezettel, Körperpflegerische Betätigung, Sonstige Beschäftigung, Beobachtungen an den Kindern, Verbindung mit dem Elternhaus usw. Das machte Spaß, das zu beantworten und sich gleichzeitig Rechenschaft über alles zu geben. Wir beide kamen da immer wieder auf dieses und jenes Kind zu sprechen, wir tauschten unsere Beobachtungen und unser Urteil aus. Am Ende unserer Arbeit faßte Wilma alle Beurteilungen über die einzelnen Kinder in einem Heft zusammen. –

Die Arbeit machte uns soviel Freude, und von Tag zu Tag spürten wir mehr, wie sehr wir innerlich damit verwachsen waren. Und wenn wir gegen Ende daran dachten: Nur noch

7 Tage, nur noch 6 Tage …, da war es uns ganz eigen zu Mute. Am liebsten hätten wir alles zu Hause auf die Seite geschoben und hätten weitergemacht. Denn hier sah man doch, was man arbeitete, und man wußte und spürte, diese Arbeit ist wichtig.
Jeden Tag konnte man doch bei „unseren kleinen Kindern" einen Fortschritt sehen. Ganz besonders scharf achteten wir darauf, wie sich die Kinder unterhielten, wie sie sprachen. Wir hatten einige Kinder darunter, die überhaupt kein deutsches Wort sprachen und anfangs auch nur mangelhaft Deutsch verstanden. Nach einiger Zeit konnten sie so ziemlich alles verstehen, was man ihnen sagte, und gegen Ende hörten wir sogar ab und zu ein deutsches Wort von ihnen. Da war man richtig glücklich und froh, denn der Anfang war ja jetzt gemacht, und wenn die Kinder nun dauernd von der deutschen Hand erfaßt blieben, so würden sie bald ordentlich Deutsch sprechen können. Aber auch bei den Kindern, die an sich gut deutsch redeten, mußte man außerordentlich scharf darauf achten, daß sie untereinander nicht Polnisch sprachen. Die Versuchung war natürlich immer sehr groß. Das Polnische ging so leicht und selbstverständlich von der Zunge, es sprudelte ja nur so heraus.
Nachdem wir am Anfang einige Male ordentlich dazwischengefahren waren, wurden die Kinder selbst aufmerksam und wachten scharf darüber, daß keiner der Kameraden sich unterstehen ließ, polnisch zu sprechen. Es machte mir Spaß zu beobachten, wie sie zuerst alle zu uns gerannt kamen, um sich gegenseitig zu verklatschen, als wir das aber energisch verwiesen, gingen sie bald dazu über, sich gegenseitig, oft auch handgreiflich, zu erziehen. So war's aber ganz richtig.
Besonders in den Buben mußten wir noch einen gewissen Ehrbegriff wecken. Zu Anfang heulte jeder los und kam zur Tante gelaufen, wenn ihn ein Kamerad gestoßen hatte, auch die Großen.
Als sie aber begriffen hatten, daß das eines deutschen Jungen unwürdig ist, hörte das rasch auf. Da gaben sie den Puff eben wieder zurück und waren wieder gute Freunde.
So kam nun der letzte Tag in Krzywa Gora heran. Unsere Ablösung, 2 Studentinnen aus Göttingen, war da, und wir hatten unsere Koffer fertig gepackt.
Nun galt es aber, die letzten Stunden noch einmal richtig auszukosten. Leider regnete es schon vom frühen Morgen an in Strömen. Aber das konnte uns doch nicht hindern, noch einmal zusammen recht fröhlich zu sein. Heute konnte ich mich ja zum ersten Mal, ganz ohne an Essenkochen, an Gärtner und Kaufmann denken zu müssen, den Kindern widmen. Ehe die beiden „neuen" Tanten den Kaffee brachten, sangen wir zum Tagesbeginn ein schönes Morgenlied im Kreis und dann noch einige lustige Regenlieder. Heute hatten die Kinder schon an einer Tasse Kaffee genug. Gleich hieß es: „Tante, weitermachen!"
Nun schoben wir alle Bänke, Tische und Stühle in eine Ecke, damit wir recht viel Platz hatten. Der große Heinrich machte die Fenster sperrangelweit auf, und nun wollten wir turnen. Das war lustig. „Tante, mehr". „Tante, weiter Hampelmann!", und immer wieder mußte ich die Turnstunde verlängern. Das war ein Getöse und ein froher Lärm!
Es war gut, daß unser liebes, altes Haus so fest gebaut war, denn wer weiß, am Ende wäre es sonst doch noch zusammengestürzt beim Hopserschritt von über 100 Beinen, die nicht allzu graziös durchs Zimmer stürmten. – Schließlich mußte aber auch die schönste Turnstunde ein Ende nehmen. Meine Stimme versagte schon beinahe, denn diesen frohen Lärm zu übertönen, war keine Kleinigkeit. Und nun hing mir die kleine Gesellschaft schon wieder am Rockzipfel: „Tante, wulle, wulle Gänschen! bitte!" „Tante, mein, die

kleine Zipfelmütze, sei so lieb!" „Oh Tante, lieber: Der Plumpsack geht um". Das waren natürlich meine großen Buben. Die Tante war „so lieb" und spielte alle drei und noch viel mehr Spiele mit der lieben, wilden Schar. Und mit welchem Eifer und mit welcher Hingabe jedes heute dabei war. Man spürte deutlich, alle wollten die letzten Stunden mit uns noch recht ausnützen und noch bei uns sein. Kein einziges war heute widerspenstig oder unartig. Sogar die großen Buben machten bei Spielen mit, die ihnen sonst „zu kindisch" waren. Heute wollte auch keines der Kleinen zum Schlafen gehen. Alle hatten sie Angst, die Tanten würden unbemerkt abfahren.
Als dann wirklich das Auto vorfuhr, gab es einen schweren Abschied. Die vielen Tränen der Kinder machten uns das Gehen nicht leichter. Selbst unser 14jähriger Heinrich schnitt ein ganz komisch verzweifeltes Gesicht. Ich wagte nicht, noch ein Wort mit ihm zu sprechen, denn sonst wären ihm gewiß die Tränen, die er so heldenhaft verbiß, in die Augen gekommen, und das wollte ich dem großen Buben doch nicht antun. So drückte ich ihm nur fest die Hand. Und dann führte uns das blumenbeladene Auto immer weiter weg von unserem lieben, weißen Haus und den winkenden Kindern. –
Diese 5 Wochen im Osten waren so reich an großen und neuen Eindrücken, an Erfahrungen und an frohem Schaffen, daß sie immer mit zu meinen schönsten und erlebnisreichsten Ferien gehören werden. – Gerne möchte ich im nächsten Jahr wieder an die Weichsel fahren, um zu sehen, was in diesem zukunftsfreudigen Land aufgebaut und geschaffen worden ist.
Und wie schön muß es sein, wenn man seine ganze Kraft in den Dienst dieses neuen deutschen Landes stellen kann, wenn man sein deutsches Gesicht mitgestalten darf.

## DOK. 174
**Der Vorsitzende des Warschauer Judenrats schreibt zwischen dem 20. und 22. September 1940 über seine Bemühungen, die Errichtung des Gettos abzuwenden[1]**

Handschriftl. Tagebuch von Adam Czerniaków, Einträge vom 20. bis 22. 9. 1940

20. 9. 1940 – Morgens wurde ich in der Gemeinde benachrichtigt, dass Leist[2] mich rufen lasse. Bei der Konferenz stellte mich L. irgendeinem hohen Distrikt-Beamten vor. Er verlangte, dass die 77 Arbeiter des Bataillons nicht durch die Allee und über den Platz gehen. Dann schlug der Beamte vor, ich solle 3000 Ordnungsdienstmänner organisieren. L. erklärte, die gesamte polnische Polizei habe 3000, also genügten für uns 1000. Er fügte hinzu, wir bekämen eine „Selbständige Autonomie"[3]. Der Beamte fragte, weshalb wir unseren Sitz in der Grzybowska-Straße hätten, ob er nicht besser in der Elektoralna- bzw.

1 YVA, O-33/1090. Abdruck in: Czerniaków, Dziennik getta warszawskiego (wie Dok. 39, Anm. 1), S. 152f. Das Dokument wurde aus dem Polnischen übersetzt in Anlehnung an: Czerniaków, Im Warschauer Getto (wie Dok. 39, Anm. 1), S. 115f.
2 Ludwig Leist (1891–1967), Zollbeamter; 1921–1934 bei der Reichszollverwaltung; 1930 NSDAP- und SA-Eintritt; 1935–1939 Angestellter der SA-Standarte in Würzburg; 1939 in der Stadtverwaltung Warschau tätig, von März 1940 an Beauftragter des Distriktchefs für die Stadt Warschau, Ende 1940 bis 1944 Stadthauptmann; 1947 in Warschau zu acht Jahren Haft verurteilt, 1954 entlassen.
3 Hier und im Folgenden im Original deutsch.

der Leszno-Straße wäre. Das ist wohl so zu verstehen, dass es um die Etablierung eines Gettos im Sperrgebiet[4] geht.
Nach dem Mittagessen wurde ich zu Dr. Klein[5] und Schubert[6] usw. im Palais Brühl gerufen. Die jüdische Frage wurde besprochen. Auf die Bemerkung, man müsse die Juden in Ruhe arbeiten lassen, erwiderten sie, das alles hänge mit der Gettofrage zusammen. Ich erläuterte ausführlich die Lage und übergab ihnen ein schriftliches Begehren bezüglich der Restriktionen. Sie setzten sich mit dem Stellvertreter des Gouverneurs[7] in Verbindung, damit er mich in ihrem Beisein empfängt. Er antwortete, vorläufig [empfange er] nur sie. Ich soll am Montag, Dienstag ins [Palais] Brühl gebeten werden. Desgleichen kündigte Leist eine Konferenz in der nächsten Woche an und dass ich gewisse Aufträge erhalten würde. Das Reglement des Ordnungsdienstes wird er unterschreiben.
Heute kein Transport ins Lager. Zu wenig Leute. Unter den Juden schauerliche Gerüchte über mich. Mal, dass ich verhaftet worden sei. Mal, dass ich Selbstmord begangen hätte. Zu Hause in der Wspólna-Straße 58[8] wurde bekannt gemacht, dass jüdische Mieter kein Recht haben, irgendetwas fortzuschaffen.

21.9.1940 – +14 °C. Morgens Gemeinde. Um 11 zu Supinger[9] wegen des Gettos. Am Montag eine Konferenz deswegen beim Distrikt. Mittlerweile möchte er das Sperrgebiet infolge der Zuschriften von Betroffenen um die Świętojańska- und die Świętojerska-Straße verkleinern. Außerdem wird die Linie entlang der Zielna- und nicht der Marszałkowska-Straße verlaufen. Die Bewohner eines Hauses in der Wspólna-Straße wurden benachrichtigt, dass Juden ihre Sachen nicht aus dem Haus schaffen dürfen. Der Mieter Czernecki wurde aus der Wohnung geworfen. Seine Sachen durfte er nicht mitnehmen.

22.9.1940 – Morgens Gemeinde. Für morgen wird ein Memo über unsere Lage vorbereitet. Morgen wird bestimmt ein Großkampftag. Währenddessen weiß ich nicht, wo wir in einigen Tagen wohnen werden. Und ob sie uns nicht überhaupt alles wegnehmen werden. Und unsere ganze Habe, das sind Möbel und Kleidung.
Mein Auto wurde in der Jerozolimskie-Allee angehalten. „Jüdische Schweine", „Wie lange werdet ihr herumspazieren", „So etwas" u.a.m. musste ich mir anhören.[10]

4 Im Original deutsch. Gemeint ist das im Herbst 1939 eingerichtete Seuchensperrgebiet im Norden der Warschauer Innenstadt.
5 Dr. Hans Klein (1907–1981), Jurist; 1933 NSDAP-Eintritt; 1934/35 beim Oberversicherungsamt Nürnberg, 1935/36 bei der Regierung in Ansbach, dann beim Bezirksamt Schwabach tätig; Okt. 1939 bis 1941 Kreishauptmann in Garwolin, zugleich bis März 1943 stellv. Leiter der Innenverwaltung im Distrikt Warschau; Kriegsteilnahme; nach 1945 ORR bei der Regierung der Oberpfalz in Regensburg.
6 Vermutlich Richard Schubert, Mitarbeiter der Innenverwaltung im Distrikt Warschau.
7 Dr. Heinrich Barth (*1900), Jurist; 1933 NSDAP- und SA-Eintritt; von 1935 an Leiter der Politischen u. Rechtsabt. im Rechtsamt der NSDAP; Okt. 1939 bis Dez. 1940 Amtschef und Stellv. des Distriktchefs im Distrikt Warschau; 1941/42 Abteilungsleiter im Reichsrechtsamt; 1942–1945 Gerichtsdirektor in München.
8 Czerniaków wohnte noch außerhalb des Seuchensperrgebiets.
9 Richtig: Erwin Suppinger (1886–1955), Ingenieur; 1933 NSDAP- und 1934 SA-Eintritt; in den 1930er-Jahren Leiter des Tiefbauamts in Würzburg; von Jan. 1940 an in Warschau Leiter der Abt. Tiefbau, dann bis April 1942 Leiter der Bauverwaltung; nach 1945 Oberbaurat in Würzburg.
10 Zitate im Original deutsch.

## DOK. 175
## Der Polizeipräsident in Kattowitz ordnet am 26. September 1940 die Ausweisung von Juden an, die aus dem Generalgouvernement zugezogen sind[1]

Schreiben des Polizeipräsidenten in Kattowitz,[2] Abteilung II 90.00, gez. Weber, an den Polizeipräsidenten in Sosnowitz[3] (Eing. 1. 10. 1940), an das Polizeiamt Königshütte und an die Polizeireviere im Bereich der Sonderabschnittskommandos I-IV vom 26. 9. 1940

*Behandlung der Juden*
Nach den Anweisungen der Geheimen Staatspolizei - Staatspolizeistelle - in Kattowitz haben die polizeilichen Meldebehörden darauf zu achten, daß unter keinen Umständen Juden aus dem Generalgouvernement zur polizeilichen Anmeldung gelangen.[4] Sofern derartige Fälle festgestellt oder bekannt werden, sind diese Juden unverzüglich festzunehmen und der Staatspolizeistelle zuzuführen, die ihre sofortige Zurückschiebung in das Generalgouvernement veranlassen wird.
In den Stadtkreisen Kattowitz und Königshütte, in denen örtliche Meldestellen bei den Polizeirevieren bisher noch nicht eingerichtet worden sind, wird auf den etwaigen Zuzug von Juden aus dem Generalgouvernement bereits von den Einwohnermeldeämtern beim Polizeipräsidium in Kattowitz und beim Polizeiamt in Königshütte geachtet werden. Die Polizeireviere haben jedoch auch in diesen Stadtkreisen ihr Augenmerk darauf zu richten, daß aus dem Generalgouvernement zurückgekehrte Juden, die sich unangemeldet im Polizeibezirk aufhalten, der Staatspolizeistelle zugeführt werden.

## DOK. 176
## Der polnische Widerstandsaktivist Kazimierz Gorzkowski notiert am 26. September 1940 Nachrichten über die Lage der jüdischen Bevölkerung[1]

Tägliche Aufzeichnungen[2] von Kazimierz Gorzkowski,[3] Eintrag vom 26. 9. 1940

1 APK, 807/318, Bl. 3.
2 Wilhelm Metz (1893 - 1943), Landwirt; 1919 - 1921 beim Grenzschutz in Oberschlesien; 1930 NSDAP- und SA-Eintritt; 1933 Polizeipräs. in Oppeln, 1938/39 Polizeichef in Troppau (Opava); 1940 - 1943 Polizeipräs. in Kattowitz, ihm unterstand bis 1940 die Polizeiorganisation im annektierten Oststreifen mit Sitz in Sosnowiec.
3 Bis Anfang Okt. 1940 war der stellv. Polizeipräs. in Kattowitz zugleich Polizeipräs. in Sosnowitz.
4 Rundschreiben Nr. 8 von II B - Sonderreferat an Polizeistellen, NSDAP-Kreisleitungen und den Landrat in Zawiercie und in Blachownia; wie Anm. 1, Bl. 1f.

1 Kazimierz Gorzkowski, Kroniki Andrzeja, A.Nr. 124, S. 1f., AAN, 1349/231/VII. Das Dokument wurde aus dem Polnischen übersetzt. Abdruck in: Kazimierz Gorzkowski, Kroniki Andrzeja. Zapiski z podziemia 1939 - 1941, hrsg. von Tomasz Szarota, Warszawa 1989, S. 264 - 267.
2 In seinen Aufzeichnungen hielt Gorzkowski regelmäßig Nachrichten fest, welche die jüdische Bevölkerung betrafen. Diese dienten als Materialsammlung für die konspirative Presse und sollten später der Erforschung der Okkupationsgeschichte Polens als Grundlage dienen. Nur Teile sind überliefert.
3 Kazimierz Gorzkowski (1899 - 1983), Bankangestellter; nationalpolnischer Aktivist in Lublin, 1917 Unteroffizier der Polnischen Militärorganisation (Polska Organizacja Wojskowa), in den 1920er-Jahren in Warschau in der Pfadfinderbewegung, 1939 - 1945 im Widerstand von ZWZ-AK; 1946 verhaftet, 1948 zu 15 Jahren Gefängnis verurteilt, 1956 freigelassen und rehabilitiert, danach im Nationalmuseum und im Gewerkschaftsverband tätig.

*A. Nr. 124 J.N.*[4] *26. 9. 1940*
1. Am 20., 21. und 22. d.M. fand im Stadtgebiet Warschau eine Razzia gegen jüdische Frauen statt. Die etwa 3000 Festgenommenen wurden am 23. d.M. zur Kartoffelernte im Distrikt Lublin geschickt. In allernächster Zukunft soll eine ähnliche Rekrutierung von weiteren 7000 Frauen erfolgen.
2. Am 21. und 22. d.M. haben die Gestapo und die deutsche [Schutz-]Polizei in allen jüdischen Bäckereien im Stadtgebiet Warschau Durchsuchungen vorgenommen. Diese Durchsuchungen betrafen auch Bäckereien, denen Weißmehl zugeteilt worden war. Größere Mengen Mehl wurden beschlagnahmt, wodurch fast alle jüdischen Bäckereien lahmgelegt wurden. Während der Durchsuchung wurden Dutzende Beschäftigte und Besitzer von Bäckereien zusammengeschlagen.
3. Am 21. d.M. zwischen 17 und 20 Uhr hielten deutsche Soldaten und Gestapofunktionäre in der Jerozolimskie-Allee und auf der Nowy Świat[5] jüdische Passanten an und zwangen sie, zu grüßen. Wer zu langsam war, wurde blutig geschlagen. Auch die Juden, die grüßten, wurden mit den Worten geschlagen: „Was soll das, bist du etwa mein Kamerad, dass du mich grüßt?" Am gleichen Tag warfen Soldaten und Gestapoleute jüdische Fahrgäste aus Straßenbahnen und verletzten einige dabei.
4. In der vergangenen Woche wurden auf dem Napoleon-Platz 240 Juden verhaftet, die sich dort zur Zwangsarbeit versammelt hatten. Die Verhafteten wurden in das Pawiak-Gefängnis gebracht, wo man ihnen befahl, ihre Kleidung und Unterwäsche abzulegen. Danach wählte man 80 Personen aus und befahl ihnen, sich aus dem Haufen Kleidung und Unterwäsche das Beste herauszusuchen, die Übrigen wurden freigelassen. Die Verhafteten wurden am nächsten Morgen in die Gegend von Raszyn gebracht, wo sie beim Bau einer Straßenabzweigung von der Chaussee zum SS-Gebäude beschäftigt wurden. Die Arbeit dauert 10 Stunden und wird nicht entlohnt. Zum Übernachten kehren die Arbeiter ins Gefängnis zurück.
5. Es wird erzählt, dass die sozialistische jüdische Partei „Bund" ihre politische Tätigkeit wieder aufnimmt.
6. Jüdische Besitzer von Schreibstuben wurden von der Warschauer Stadtverwaltung aufgefordert, ihre Büros zu schließen.
7. In Otwock kam es zu blutigen Ausschreitungen: Nachdem sich nur eine kleine Zahl von Personen zur Zwangsarbeit eingefunden hatte, veranstalteten die deutschen[6] eine Razzia. Dabei wurden Schüsse abgegeben, denen 17 Juden zum Opfer fielen.
8. In den letzten Augustwochen d.J. erhielten in den Industriestädten Ostrowiec [Świętokrzyski], Wierzbnik, Starachowice sowie in den umliegenden Dörfern alle Juden im Alter zwischen 18 und 45 Jahren den Befehl, sich den deutschen Behörden innerhalb von 48 Stunden zur Verfügung zu stellen. Am Tag der Rekrutierung versammelten sich die Einberufenen und ihre Begleitpersonen in Gruppen vor den betreffenden Behörden – ein willkommener Anlass für die Soldateneskorte, die ganze Menge zügellos zu misshandeln. Einige Dutzend Personen wurden schließlich zum Arzt gebracht. Allein aus Wierzbnik wurden 70 Menschen verschleppt. Davon ausgenommen waren nur Personen, die in Betrieben der Kategorie „größter Nützlichkeit" beschäftigt waren.

4 Jüdische Nachrichten.
5 Poln.: Neue Welt, damals die beliebteste Einkaufsstraße im Zentrum Warschaus.
6 Als Ausdruck der Verachtung in bewusster Kleinschreibung.

9. Im heutigen Lodz blieb von einer 200 000 [Personen zählenden] jüdischen Bevölkerung nurmehr die Hälfte übrig,[7] zusammengepfercht in einem engen Getto bei wahnsinnigem Elend und Hunger. Den Einwohnern ist es verboten, sich außerhalb der Mauern aufzuhalten. Von einer normalen oder zumindest menschenwürdigen Lebensmittelversorgung dieser Massen kann keine Rede sein, daher herrschen Krankheit und Tod. Auffällig ist der gewaltige Rückgang an Selbstmorden unter den Juden. Dies soll ein Zeichen für die große nervliche Widerstandsfähigkeit dieser Rasse und für ihren Wunsch sein, den Tag der Vergeltung noch zu erleben.
10. Wie die Gazeta Żydowska mitteilt, beträgt der Fehlbetrag aller jüdischen Fürsorgeeinrichtungen im Generalgouvernement mindestens 8 bis 10 Mio. Zł. monatlich.
11. Im Zusammenhang mit der letzten Verfügung des Generalgouverneurs über das jüdische Schulwesen[8] fand in der Jüdischen Gemeinde in Warschau eine Beratung von Vertretern der ehemals allgemeinen jüdischen Schulen aller Stufen statt. Alle jüdischen Kinder im Schulalter sollen Gelegenheit zum Schulbesuch erhalten. Unterrichtssprachen sollen das Jiddische und das Hebräische sein, und der Unterricht soll im national-religiösen jüdischen Geist erfolgen.
12. Aus Grodzisk Maz.[owiecki] wurden etwa 100 Männer in ein Zwangsarbeitslager nach Bełżec bei Lublin verschleppt. Jüdische Mädchen, etwa 30 an der Zahl, arbeiten in dem unweit von Grodzisk gelegenen Dorf Laski, wobei sie einander alle vier Wochen ablösen. Die Behandlung ist wie in allen Zwangsarbeitslagern unmenschlich.
13. Eine Reihe von Vorfällen, die einen außergewöhnlichen Sadismus der Besatzer gegenüber der jüdischen und polnischen Bevölkerung bezeugen, notieren die Einwohner von Rypin. Eine jüdische Bürgerin, eine Frau von 56 Jahren, wurde von Gestapoleuten in einer Kammer eingeschlossen, die danach mit Brettern zugenagelt wurde. Erst nach einigen Tagen hörte ein Nachbar das Stöhnen der vor Angst und Hunger erschöpften Frau und rettete sie. Die Unglückliche wurde aus ihrem qualvollen Verließ halb wahnsinnig herausgeholt.
14. In Tarnów wurde ein jüdischer Ordnungsdienst eingerichtet. Er verrichtet seinen Dienst im jüdischen Viertel, indem er auf den großen Straßen patrouilliert. An den belebtesten Punkten der Stadt hilft er der Polizei bei der Regelung des Verkehrs.
15. Die in Krakau erscheinende Gazeta Żydowska enthielt einen sehr bezeichnenden Artikel zur neuen Verfügung zum jüdischen Schulwesen, in dem es u.a. heißt: „In der heutigen Zeit fällt den jüdischen Schulen, und zwar nicht nur im Generalgouvernement, sondern auch in der Mehrzahl der europäischen Länder, die Aufgabe zu, die junge Generation in streng jüdischem Geist zu erziehen. Im Gegensatz zum bisherigen Verständnis des Begriffs ‚streng jüdisch' darf man darunter nicht ausschließlich die religiöse, noch allein eine Erziehung verstehen, die sich auf national-jüdische Grundsätze stützt, sondern man muss darunter eine Erziehung verstehen, die in sich die Grundideen dieser beiden Schulen vereinigt und die außerdem ein Maximum an Allgemeinbildung gewähr-

7 Tatsächlich befanden sich nach der Abriegelung Ende April 1940 knapp 160 000 Personen im Getto.
8 Nach der VO über das jüdische Schulwesen im Generalgouvernement vom 31.8.1940, VOBl. GG 1940 I, Nr. 51 vom 11.9.1940, S. 258, hatten die Judenräte für Volks-, Berufs- und Fachschulen zu sorgen, die nun als Privatschulen galten. Trotz dieser allgemeinen Regelung für das Generalgouvernement gestatteten die deutschen Behörden den Schulbesuch im Warschauer Getto erst wieder im Sept. 1941.

leistet" – und weiter – „Die jüdische Jugend, selbst die in jüdischen Schulen erzogene, stand bislang zu sehr unter dem Einfluss der Kultur ihrer Umgebung. Auf diese Weise kam es zur teils bewussten, teils unbewussten Assimilation" – und – „Ein Jude muss lernen, seinen eigenen Weg zu gehen und dabei nicht links noch rechts zu schauen."[9]
16. Alle jüdischen und polnischen Häuser im Kreis Bielitz wurden aufgrund einer Verfügung des Bielitzer Landrats[10] der Verwaltung der „Grundstücksgesellschaft der Haupttreuhandstelle Ost m.b.H. Berlin"[11] unterstellt.
17. Es wird uns über die zunehmende Not in den sog. Arbeitsbataillonen berichtet. Dort herrschen TBC und Skorbut. Die Hilfe der jüdischen Kultusgemeinde, die darin besteht, Gaben von den Familien der Verschleppten einzusammeln, ist zwangsläufig minimal. Infolge der Ablehnung der USA, eine Dollarparität in Höhe von 5,75 [Złoty] zu akzeptieren, ist die bislang ergiebige Finanzhilfe des amerikanischen Joint gegenwärtig völlig zum Erliegen gekommen.
18. Zur Bekämpfung von Wucher und illegalem Handel werden die radikalsten Mittel angewendet. Dabei geht es hier vor allem um Juden, die noch Waren besitzen und sie auf dem Schwarzmarkt verkaufen. Deshalb wird für sie auch eine strenge Arbeitspflicht eingeführt. Nach dem Ende der Saison aber werden sie in besonderen Konzentrationslagern untergebracht (Deutscher Ernährungsplan für das Jahr 1940/41, Teil 4 § 1).[12]

## DOK. 177

### Die Innenverwaltung des Generalgouvernements verfügt am 7. Oktober 1940, an die aus dem Reich verschleppten Juden keine Renten auszubezahlen[1]

Schreiben des Leiters der Abteilung Innere Verwaltung im Amt des Generalgouverneurs (Nr. 5776/40), gez. Kundt, an die Distriktchefs sowie Stadt- und Kreishauptleute vom 7. 10. 1940 (Durchschlag einer Abschrift)

*Betr.: Rentenzahlungen an die aus dem Reich evakuierten Juden.*
Aus gegebenem Anlaß gebe ich folgendes bekannt:
Reichsdeutsche Sozialversicherungsträger nehmen nach einer Anordnung des Herrn Reichsarbeitsministers[2] die Rentenzahlungen an die aus dem Reich nach dem General-

9 Siehe Gazeta Żydowska, Nr. 16 vom 13.9.1940, S. 1; E.G. [Elza Grosman], Dzieci do szkoły [Kinder in die Schule].

10 Siegfried Schmidt (1905 – 1944), Jurist; 1933 NSDAP-Eintritt; 1933 im Oberpräsidium Königsberg, danach im Landratsamt Bergisch-Gladbach, Mitarbeiter des SD, 1937 – 1939 im RMdI tätig; von Nov. 1939 bis 1942 Landrat in Bielitz; danach Kriegsteilnahme; gefallen.

11 Im Original deutsch. Die am 27.5.1940 vom Beauftragten für den Vierjahresplan/HTO und dem RKF gegründete Grundstücksgesellschaft in Berlin (GHTO) diente der Verwaltung, der Bewirtschaftung und dem Verkauf der enteigneten Liegenschaften. Am 17.2.1941 wurde die Grundstücksverwaltung aus der HTO herausgelöst und am 24.9.1942 in vier selbstständige Gaugrundstücksgesellschaften (mit Sitz in Gdingen, Kattowitz, Posen und Zichenau) umgewandelt.

12 Nicht aufgefunden.

1 YVA, O-21/31, Bl. 116. Abdruck in: Faschismus – Getto – Massenmord (wie Dok. 4, Anm. 1), Dok. 138, S. 186.

2 Nicht aufgefunden.

gouvernement evakuierten Juden dann wieder auf, wenn ihnen das Amt des Generalgouverneurs oder eine von ihm beauftragte Dienststelle mitteilt, daß dagegen „aus politischen Gründen" keine Bedenken bestehen. Dies gilt auch für Juden, die im Besitz der deutschen Staatsangehörigkeit sind.
Solche Unbedenklichkeitsbescheinigungen werden weder durch das Amt des Generalgouverneurs, noch durch eine andere Dienststelle des Generalgouvernements ausgestellt, so daß damit an Juden keinerlei Rentenzahlungen seitens der Sozialversicherungsträger des Reiches erfolgen.

## DOK. 178
## Der Älteste der Juden im Getto Litzmannstadt (Lodz) erklärt am 11. Oktober 1940 den Sonnabend zum Ruhetag[1]

Bekanntmachung Nr. 134 des Ältesten der Juden in Litzmannstadt-Getto, Chaim Rumkowski, an die Gettobewohner vom 11. 10. 1940 (Plakat)

*Bekanntmachung Nr. 134*
*Gettobewohner!*
*Der Sonnabend* ist ein *Ruhetag!*
Ich fordere daher alle Geschäftsleute auf, unbedingt des *Sonnabends* die Geschäfte und Verkaufsstellen (budki) *zu schließen.*
Ebenfalls verbiete ich am Sonnabend jeglichen Straßenhandel.
*Nur das Gesundheitsamt mit allen seinen Abteilungen, das Hauptverpflegungslager, die Milchläden für Kinder und Kranke und alle Art Küchen dürfen am Sonnabend tätig sein.*
Alle Gettobewohner müssen sich danach richten.

## DOK. 179
## Der Lagerführer in einem Zwangsarbeitslager für Juden in Obidowa bittet den Joint am 15. Oktober 1940 um Nahrungsmittelhilfe[1]

Brief von Mgr. Emanuel Warenhaupt aus Chabówka an den Joint in Krakau vom 15. 10. 1940 (Abschrift)

Bezugnehmend auf mein Gespräch mit Dr. Rosenberg, mit dem ich während seines Besuches in Maków Gelegenheit hatte zu sprechen, möchte ich mich an Sie mit der Bitte wenden, uns im Rahmen der Mittel und Möglichkeiten des Komitees Hilfe zu leisten. Obwohl ich schon vor einigen Wochen Gelegenheit hatte, mit Dr. Rosenberg zu sprechen, wende ich mich doch erst heute mit diesem Schreiben an Sie, denn damals wurde zwar

1 YVA, O-34, Bl. 142. Abdruck als Faksimile in: The Last Ghetto. Life in Lodz Ghetto 1940 – 1944, hrsg. von Michal Unger, Jerusalem 1995, S. 147. Das Plakat ist in deutscher, polnischer und jiddischer Sprache abgefasst.

1 YVA, M-28/5, Bl. 12+RS. Das Dokument wurde aus dem Polnischen übersetzt.

die Ankunft einer größeren Gruppe jüdischer Arbeiter erwartet, diese ist aber erst am heutigen Tage in der Zahl von etwa 150 eingetroffen.
Gegenwärtig sind wir hier zusammengenommen etwa 250 Juden.
Wir sind bei der Firma „STUAG“ – Straßen- und Tiefbau A.G.[2] – beim Bau der Autobahn Krakau–Zakopane beschäftigt, und zwar insbesondere beim Bau der Straße Chabówka–Nowy Targ über eine Länge von 18 km.
Die Arbeit dauert 10 Stunden täglich von 7 – 12 und von 13 – 18 Uhr. Die einstündige Pause von 12 – 13 Uhr dient der Einnahme der Mahlzeit.
Die Juden werden ausschließlich bei Erdarbeiten beschäftigt, wenngleich sich unter uns Fachleute befinden, die zu anderen Arbeiten befähigt sind.
Unsere Entlohnung für die Arbeit ist um 20 % niedriger als die Entlohnung der Arier, nach dem Tarif, der Ihnen wahrscheinlich bekannt ist.
Bisher waren bei der oben genannten Arbeit Juden aus Maków, Jordanów, Chabówka, Rabka und den umliegenden Dörfern beschäftigt, ganz arme Leute, die durch den Krieg ihre Existenz verloren haben, zum Teil Aussiedler, die aus den dem Reich angeschlossenen Gebieten abgeschoben wurden und deren ganze Habe aus einem abgerissenen Anzug und einem abgetragenen Paar Schuhe bestand und die heute zerlumpt aussehen und wie Gerippe oder andere Gespenster.
Über einen Zeitraum von 10 Wochen wohnten wir in einer Baracke, die für das Leben im Sommer eingerichtet war, wobei ich bemerken möchte, dass sie sich auf dem Gipfel eines Hügels befand, wo Kälte und häufige Niederschläge uns empfindlich trafen. –
Was unsere Ernährung angeht, so ist sie seit dem ersten Tag unseres Aufenthalts hier in jeder Hinsicht fatal; wir arbeiten schon seit dem 27.7. d.J.
Die Firma interessiert sich nicht für unsere Versorgung mit Lebensmitteln, abgesehen von einer Brotzuteilung gibt sie uns nichts.
Einkäufe tätigten und tätigen wir auf eigene Faust, wobei wir – da wir auf Lebensmittelkarten nichts bekommen – für alle Nahrungsmittel Wucherpreise bezahlen. Und so zahlen wir z.B. für 1 kg Kartoffeln 40 Groschen. Um sie zu bekommen, muss man von Dorf zu Dorf laufen und geradewegs darum betteln, dass sie uns verkauft werden.
Angesichts der winzigen Brotzuteilung kochen wir uns manchmal drei Mal täglich Mahlzeiten, Kartoffeln in unterschiedlichen Variationen, mal Suppe mit Kartoffeln, ein andermal Kartoffeln mit Suppe. –
Unangenehm ist, dass die Mahlzeiten so viel kosten. Da jeder Arbeiter zur Mahlzeit wenigstens 1 kg Kartoffeln isst, kosten 3 kg täglich 1,20 Zł., hinzurechnen muss man noch die Kosten für die Zubereitung dieser Suppen. Im Ergebnis reicht dem Arbeiter sein Verdienst kaum aus, um die Essenskosten zu decken. Dabei haben wir für die Zubereitung der Suppen kein Mehl, das wir für die Einbrenne benötigen, und wir müssen auch dieses zu Wucherpreisen kaufen. Die Personen, bei denen wir kleine Gaben erbettelt haben, kann man nicht als regelmäßige Spendengeber betrachten, da sie am nächsten Tag Hilfe ablehnen.
Die ganze Zeit über haben wir im Kessel selbstverständlich weder Gersten- noch andere Graupen, keine Erbsen, Bohnen oder Grütze – Wörter, die wir schon fast vergessen haben, weil wir sie seit so langer Zeit nicht mehr gebraucht haben.
Ich möchte noch darauf hinweisen, dass nicht nur unsere Firma es unterlässt, sich um

2 1928 in Wien gegründetes Straßenbauunternehmen.

unsere Versorgung zu bemühen, sondern ebenso unsere Judenräte; nicht ein Judenrat hat uns besucht und die Freundlichkeit besessen, zu fragen, ob wir dringend Hilfe brauchen. Nun ist es höchste Zeit, dass uns geholfen wird, von wem auch immer.
Der Unterzeichnete ist sog. Lagerführer und ihm obliegen alle Angelegenheiten der Lebensmittelversorgung und des Lebensmitteleinkaufs, er erledigt alle Angelegenheiten zwischen den jüdischen Arbeitern und der Firma. Der Unterzeichnete ist also der Vertrauensmann der hier beschäftigten Juden.
Ich will hier zum Schluss die Tragödie nicht allzu sehr ausmalen, denn Sie werden sie gewiss kennen, ich will nur noch einmal unterstreichen, dass Hilfe für uns unerlässlich ist, und wir zählen dabei auf Sie, das American Joint Distribution Committee.
In Erwartung einer Antwort verbleibe ich mit vorzüglicher Hochachtung

## DOK. 180

## Warschauer Zeitung: Artikel vom 16. Oktober 1940 über die Einrichtung eines Stadtviertels für Deutsche und des Gettos für Juden[1]

*Deutsches Viertel in Warschau. Im südöstlichsten Teil der Stadt. Für die Juden abgeschlossenes Wohngebiet im Norden. Endgültige Regelung des Distriktschefs schafft klare Verhältnisse.*

*Eigener Bericht der Krakauer und Warschauer Zeitung*
gff.[2] *Warschau,* 16. Oktober.
*Auf Anordnung des Chefs des Distrikts Warschau, Gouverneur SA-Brigadeführer Dr. Fischer, wird in der Stadt Warschau ein deutscher Wohnbezirk gebildet, in dem für die in Warschau ansässigen und hier tätigen Deutschen sauberer, gesunder und ausreichender Wohnraum geschaffen werden soll. Gleichzeitig wird der jüdische Bevölkerungsanteil Warschaus in einem geschlossenen Wohngebiet zusammengefaßt, eine reinliche Trennung, die notwendig war, um ein Übergreifen von Krankheiten aus den jüdischen Wohnbezirken, die als Brutstätte für Seuchen bekannt sind, auf die übrige Bevölkerung zu verhindern. Die jetzt durch den Distriktschef getroffene Regelung, die in kürzester Zeit durchgeführt wird, schafft somit endgültig klare Verhältnisse.*
Das deutsche Viertel Warschaus, das den südöstlichen Teil der Stadt umfaßt und sich an die Weichsel anlehnt, wird sämtlichen in Warschau ansässigen Deutschen zur Wohnstätte dienen, die, sofern sie nicht schon dort wohnen, nach dort umzusiedeln haben, und zwar wird der endgültige Zeitpunkt, bis zu dem die Umsiedlung abgeschlossen sein muß, durch den Gouverneur noch besonders bestimmt werden, außerdem behält sich der Distriktschef vor, Aufenthaltsverbote und Beschränkungen für Polen im deutschen Wohnbezirk zu erlassen. Die Deutschen, die gegenwärtig noch außerhalb des deutschen Viertels

1 Warschauer Zeitung, Nr. 245 vom 16.10.1940, S. 5.
2 Robert [J.] Greiff (1915 – 1967), Journalist; in den 1930er-Jahren Volontär bei Zeitungen in Niederschlesien, gleichzeitig Studium in Breslau; 1940 Korrespondent der Krakauer Zeitung in Warschau, 1942 in Krakau; später Kriegsteilnahme; nach 1945 Redakteur in Westdeutschland, 1959 – 1965 beim Nachrichtenmagazin Spiegel Leiter des Ressorts „Deutschland und Internationales“, danach freier Journalist.

wohnen, erhalten Wohnungen innerhalb des deutschen Wohnbezirks durch die Abteilung Umsiedlung im Amt des Distriktschefs[3] zugewiesen. Ausnahmen von der Übersiedlung in das deutsche Viertel sind aus dienstlichen Gründen zulässig, müssen aber vom Beauftragten des Distriktschefs für die Stadt Warschau genehmigt[4] werden.
Das abgeschlossene jüdische Wohngebiet umfaßt den Norden der Stadt (genaue Abgrenzungen siehe Karte),[5] wohin sämtliche noch außerhalb des jüdischen Wohnbezirks lebende Juden bis zum 31. Oktober umzusiedeln haben, wo ihnen durch den Judenältesten Wohnräume zugewiesen werden. Die innerhalb des jüdischen Wohnbezirks ansässigen Polen haben ihre Wohnungen bis zum 31. Oktober zu verlassen.[6] Räumen sie freiwillig bis zu diesem Zeitpunkt ihre Wohnungen, so bleibt ihnen das Recht der freien Wohnungswahl, während sie nach diesem Zeitpunkt zwangsweise evakuiert werden, wobei die Zuweisung neuen Wohnraumes durch das polnische städtische Wohnungsamt geschieht. Die Ansiedlung im deutschen Wohnbezirk ist den Polen verboten, ebenso ist die Mitnahme von Wohnungseinrichtungsgegenständen zwangsweise Evakuierten nicht gestattet. Sie dürfen nur Flüchtlingsgerät, Bettwäsche und Erinnerungsstücke mitnehmen. Weitere Ausführungsbestimmungen zu dieser Anordnung des Distriktschefs[7] erläßt der Beauftragte des Distriktschefs für die Stadt Warschau.[8] Verstöße gegen diese Anordnung sollen mit allen zu Gebote stehenden Strafmitteln geahndet werden.[9] Die umfangreichen Vorbereitungen, die die deutschen Behörden getroffen haben, sichern eine reibungslose Durchführung dieser Maßnahmen.

3 Die Behörde war für die ethnische Segregation der Einwohner zuständig, insbesondere für die Vertreibung der Juden aus dem Warschauer Umland in das Warschauer Getto. Sie unterstand von Jan. 1940 bis März 1941 Waldemar Schön (*1904), Jurist; 1930 NSDAP-Eintritt; 1930 Schulungsleiter Ortsgruppe Merseburg, 1932 Kreisschulungsleiter, von 1934 an in der Reichsleitung der NSDAP, HA Kommunalpolitik, in München Mitarbeiter Ludwig Fischers und Hans Franks; von März 1941 an kommissar. Leiter der Innenverwaltung im Distrikt Warschau.

4 Ludwig Leist.

5 Dem Artikel war eine Karte beigefügt.

6 Mit seiner 2. Anordnung über die Bildung des jüdischen Wohnbezirks vom 31.10.1940 verlängerte der Chef des Distrikts Warschau die Frist für die „freiwillige Umsiedlung" bis zum 15.11.1940; Amtsblatt des Gouverneurs des Distrikts Warschau, Nr. 10 vom 11.11.1940, S. 147f.

7 Anordnung des Chefs des Distrikts Warschau, Fischer, über die Bildung eines jüdischen Wohnbezirks in der Stadt Warschau vom 2.10.1940, Amtsblatt des Gouverneurs des Distrikts Warschau, Nr. 10 vom 11.11.1940, S. 145–147.

8 Bekanntmachung Leists vom 16.10.1940 über die Bildung eines Judenwohnbezirks in der Stadt Warschau, Abdruck in: Documenta Occupationis, Bd. 6/2 (wie Dok. 76, Anm. 1), S. 544f. (aus: Krakauer Zeitung vom 18.10.1940). Mit seiner Anordnung vom 14.1.1941 änderte Leist die Gettogrenzen abermals; Mitteilungsblatt der Stadt Warschau, Nr. 3 vom 18.1.1941, S. 1–5.

9 Laut der VO über das Verwaltungsstrafverfahren im Generalgouvernement vom 13.9.1940 konnten Strafbescheide bis 1000 Złoty bzw. Haftstrafen von drei Monaten verhängt werden; VOBl. GG 1940 I, Nr. 56 vom 23.9.1940, S. 300f.

## DOK. 181
## Die Arbeitsverwaltung in Lublin vermerkt am 18. Oktober 1940 die Massenflucht von Juden aus einem Baustellenlager und Missstände in Lagern der SS[1]

Vermerk eines Beamten der Arbeitsverwaltung in Lublin, gez. Hecht, vom 18. 10. 1940[2]

1.) *Vermerk:*
Der Leiter der Abteilung Straßenbau Herr Baurat Muth rief soeben telefonisch an und teilte mit, daß am 17.10.1940 für seine Baustelle in Krasnik ca. 400 Juden eingetroffen seien. Diese Juden werden im Lager Krasnik von 3 Selbstschutzmännern bewacht. Heute stellte Herr Baurat Muth fest, daß aus dem Lager Krasnik in der Nacht vom 17. zum 18.10.1940 ungefähr 300 Juden entflohen seien und daß der Rest von ca. 100 Mann wohl heute noch im Laufe des Tages entweichen wird. Ich habe Herrn Baurat Muth mitgeteilt, daß ich mit der Angelegenheit leider nichts mehr zu tun habe, da der Transport von 400 Juden ordnungsgemäß im Lager Krasnik abgeliefert worden sei. Ferner habe ich Herrn Baurat Muth mitgeteilt, daß er für ausreichende Bewachung im Lager Krasnik selbst Sorge tragen müsse. Daraufhin teilte mir Herr Baurat Muth mit, daß er sich mit dem SS- und Brigadeführer Globocnik wegen der Wachmannschaft im Lager Krasnik in Verbindung gesetzt habe und daß ihm dieser mitgeteilt hätte, außerstande zu sein, noch Wachmannschaften zu stellen. Herr Baurat Muth teilte weiter mit, daß die Juden aus dem Lager Belzec völlig arbeitsunfähig seien und sich nur mit Hilfe ihrer letzten Kräfte auf den Beinen halten könnten. Über diesen ganzen Vorfall will Herr Baurat Muth noch heute seiner vorgesetzten Dienststelle in Krakau durch Fernspruch Kenntnis geben.
2.) Herrn Oberregierungsrat *Jache* zur Kenntnis.
3.) Z.d.A.

## DOK. 182
## Ruth Goldbarth schreibt am 19. Oktober 1940 an ihre Freundin Edith Blau über ihre Angst und Verzweiflung vor dem Umzug in das Warschauer Getto[1]

Handschriftl. Brief von Ruth Goldbarth aus Warschau an ihre Freundin Edith Blau in Minden (Westf.) vom 19. 10. 1940

Bestes Edithlein,
hab Dank für Deinen lieben Brief. Leider Gottes haben wir uns umsonst Hoffnungen gemacht, daß wir ‚verschont bleiben'. Bis zum 31. müssen wir umziehen! Edith, es ist schrecklich! Ich kann's Dir einfach nicht beschreiben, u. Du kannst es Dir gar nicht vorstellen! Seit dem 13. X. laufen wir alle von früh bis spät rum, heute ist es schon der 6. Tag, u. wir haben noch nichts gefunden. Ich kann Dir nicht viel über all das schreiben, ich kann gar nicht dran denken, was wird, aber eins weiß ich: So wie ich mich bisher bemüht

1 APL, 498/748, Bl. 111.
2 Im Original handschriftl. Anstreichungen und Paraphe „J[ache]".

1 USHMM, RG 10.250*02, WA 025.

habe, durchzuhalten und den Glauben und die Hoffnung nicht aufzugeben, so verzweifelt bin ich jetzt. Wenn nicht ein Wunder geschieht, ist es aus, Edith, ganz aus! Mein Gott, warum ist es nicht endlich genug der Sorgen, warum wird es denn immer noch schlimmer?!! Glaub mir, ich bin schon halb verrückt, ich kann nicht mehr denken, nicht mehr heulen, aber Tag + Nacht verfolgen mich die Bilder aus Marys' Heimat. Wenn ich die Straßen langgehe u. Wohnung suche, glaube ich oft, ich könnte eher in die Weichsel gehen als hier wohnen; dabei weiß ich ganz genau, daß das alles Unsinn ist, an die Straßen, an die Wohnungen wird man sich gewöhnen, selbst wenn wir 4-6 Personen in einem Zimmer wohnen werden. Aber alles andere! Wenn wir von der Welt abgeschnitten werden! Nichts mehr von Euch hören! Wenn wir keine Lebensmittel, keine Kohlen bekommen! Wenn Krankheiten ausbrechen! Wenn, wenn ... ach, was weiß ich! Eben komme ich aus der Stadt; wieder ist „unser" Teil um ein paar Straßen verkleinert worden, jeden 2. Tag ist das so; manche Leute sind schon 3 oder 4 Mal umgezogen; da wir sowieso nur Handgepäck mitnehmen dürfen, ist ja nicht so viel Arbeit dabei, aber der Raum ist doch schon ohnehin so sehr, sehr klein. Ich weiß nicht, was wird, Ditakind! Kleines, warum bist Du so weit weg? Warum bin ich so allein in diesem ganzen Durcheinander! Ich kann doch nicht mehr weiter!! Ach was, so vielen Leuten geht's noch viel dreckiger, u. sie müssen auch durch! Aber es ist zum ... zum, nur zum Aufhängen! Eine Bitte: Ditli, versuch beim Hilfsverein oder sonstwo zu erfahren, welche Auswanderungsmöglichkeiten bestehen, was für Papiere man bekommen kann u. unter welchen Bedingungen. Eventuell kann das für uns doch von Bedeutung sein.
Und schreib gleich! Immer Deine Ruth
Lutek[2] hat vor einigen Tagen geschrieben. Auch von Nusia[3] ist Nachricht, irgendwo aus Zentralasien; Szcz. haben angeschrieben. O-Beni war nicht hier, hat nur wieder völlig verrückten Brief geschrieben, ich werde daraus nicht mehr schlau. Auch von Aga + Sorrel war Nachricht. Ruth v. W. soll eine sehr gute Stellung in einem Berliner Foto-Labor haben!

## DOK. 183
## Vermerk der Jüdischen Sozialen Selbsthilfe vom 21. Oktober 1940 über die Umsiedlung in das Warschauer Getto[1]

Vermerk der JSS vom 21.10.1940 (Durchschlag)

*Betrifft: Umsiedlung in das jüdische Wohngebiet in Warschau.*
I. Im amtlichen Teil der Warschauer Zeitung vom 18. ds. Mts. und in Maueranschlägen, die an demselben Tage angebracht wurden, wurde eine „Bekanntmachung betr. Bildung eines Judenwohnbezirkes" veröffentlicht, die von dem Beauftragten des Distriktchefs Dr. Leist[2] unterzeichnet war. In dieser Bekanntmachung wurden die Grenzen des jüdischen Wohnbezirkes amtlich festgesetzt.[3] Am 19. ds. Mts. um 14 Uhr Mittags wurde durch

2 Lucjan (Lutek) Orenbach.
3 Die gemeinsame Freundin Danuta war in den sowjetisch annektierten Teil Polens geflohen und wurde von dort nach Zentralasien deportiert.

1 YVA, O-21/14, Bl. 64f.
2 Leist hatte keinen Doktortitel.

den Rundfunk mitgeteilt, daß eine ganze Reihe Straßenzüge von der Żelazna (Eisengrubenstraße)[4] bis zur Okopowa vom Ghetto ausgeschaltet worden ist. Eine ähnliche Notiz ist auch in den kurzen Meldungen aus dem Generalgouvernement in der Warschauer Zeitung vom 20./21. Oktober a.c. erschienen.

Am 21. Oktober 1940 vormittags meldete sich der Obmann des Judenrates Ing. Czerniakow beim Herrn Beauftragten des Distriktchefs Dr. Leist, wo er vom Adjutanten[5] empfangen wurde, dem weder die Rundfunkmeldung, noch die Notiz in der Warschauer Zeitung bekannt war. Er verband sich telefonisch mit dem Amt des Distriktchefs und erklärte dem Obmann des Judenrates, daß wahrscheinlich eine derartige Anordnung vorhanden ist und daß der Obmann sie seinen Glaubensgenossen mitteilen möchte, worauf der Obmann antwortete, daß er sich nicht berufen fühle, die Anordnungen des Beauftragten des Distriktchefs zu ändern.[6]

Die Treuhandstelle[7] erließ ein Rundschreiben an die kommissarischen Verwalter der jüdischen Häuser vom 19. Dieses [besagte], daß die Angestellten der Häuserverwaltungen und die Hausbesorger im jüdischen Wohnviertel zu verbleiben haben. Die polnische Zeitung „Nowy Kurjer Warszawski" bringt eine Meldung, daß die Hausbesorger die jüdischen Häuser zu verlassen haben, dagegen dürfen die Beamten und Arbeiter der größeren Unternehmungen in ihren Wohnungen verbleiben.[8]

Gleichzeitig werden unkontrollierbare Gerüchte verbreitet, denen zufolge auch andere Straßenzüge aus dem jüdischen Wohnviertel ausgeschlossen werden sollen. Dieser Zustand hat eine völlige Desorientierung zur Folge, und wie uns aus Warschau mitgeteilt wird, werden nur ganz wenige Wohnungen getauscht, da die Auszusiedelnden nicht wissen, wohin sie umziehen dürfen. Wie in Vermerk I. hingewiesen wurde, ist das in der amtlichen Bekanntmachung vom 16. Oktober 1940 festgesetzte Wohngebiet für Juden im Vergleich mit dem bis zu jener Zeit als Wohngebiet für Juden geltenden sog. Seuchensperrgebiet bedeutend kleiner. Sollten die in der Rundfunkmeldung angeführten Straßen dem polnischen Wohngebiet angeschlossen werden, so würde sich nach den Bekanntgebungen des Judenrates die Zahl der Arier, die das jüdische Wohngebiet zu verlassen hätten, auf 75 000 belaufen, während die der Juden, die in das jüdische Wohngebiet umgesiedelt werden sollten, 140 000 betragen soll. Sollten ferner die arischen Hausbesorger und die Angestellten der Hausverwaltungen im jüdischen Wohngebiet verbleiben, würde sich die Zahl der auszusiedelnden Polen um weitere 10 000 verringern.

3 Leists Bekanntmachung über die Bildung eines Judenwohnbezirks in der Stadt Warschau datiert vom 16.10.1940; siehe Dok. 180 vom 16.10.1940, Anm. 8.

4 Gemeint ist die Eisenstraße (Żelazna). Die Eisengrubenstraße war die Chłodna.

5 Leists Mitarbeiter Emil Braun (1904–1943), Verwaltungsinspektor; 1934 SA- und 1937 NSDAP-Eintritt; von 1940 an in der Stadtverwaltung von Warschau, u.a. Leiter des Wohnungsamts; er starb infolge eines Attentats poln. Widerstandskämpfer.

6 Czerniaków schildert die Unterredung mit Emil Braun am 21.10.1940 in seinem Tagebuch: Czerniaków, Im Warschauer Getto (wie Dok. 39, Anm. 1), S. 124.

7 Unter deutscher Besatzung wurde der jüdische Grund- und Hausbesitz beschlagnahmt und Treuhändern unterstellt. Am 15.11.1939 ordnete Frank die Bildung einer Verwaltungsbehörde für das Generalgouvernement in Krakau an, die Treuhandstelle genannt wurde. Deren Außenstelle in Warschau übernahm die beschlagnahmten jüdischen Liegenschaften im Distrikt Warschau; siehe Dok. 194 vom 8.11.1940 und Einleitung, S. 40.

8 Richtig: Nowy Kurier Warszawski. Die Zeitung berichtete Mitte Oktober 1940 fast täglich über die Umsetzung des Beschlusses von Gouverneur Fischer zur Bildung des Gettos; die hier erwähnte Meldung findet sich in Nr. 248 vom 21.10.1940, S. 3.

Wie der Judenrat in Warschau mitteilt, stützen sich die neuesten Änderungen der Grenzen auf irrtümliche, weil veraltete Berechnungen. So z.B. bewohnten die Żelaznastraße (Eisengrubenstraße) in der ersten Hälfte ds. Jahres 46 % Juden, am 1. Oktober 52 % und jetzt 65 % Juden. Ähnliches gilt für die Chłodnastraße, wo vor 4 Monaten 47/48 % Juden wohnten und wo jetzt über 60 % wohnen.

II. Am 14. ds. Mts. wurde dem Judenrat aufgetragen, manche der vor einiger Zeit aufgebauten Mauern abzutragen. Nachdem am 15. ds. Mts. der Judenrat darangegangen war, wurde ihm eine neue Anordnung erteilt, durch welche manche der bereits in Angriff genommenen Abtragungen aufgehalten und andere angeordnet wurden.

Die Bestimmung vom 15. ds. Mts., daß die an [den] Jüdische[n] Wohnbezirk angrenzenden Straßen von beiden Seiten von Polen bewohnt werden dürfen, hatte zur Folge, daß Hausverwalter und Hausbesorger eigenmächtig bestehende Toröffnungen vermauerten und andere errichteten, um auf diese Weise die Häuser dem polnischen Wohnbezirk anzuschließen.

Während die Vertreter der polnischen Bevölkerung zu sämtlichen Besprechungen seitens der Behörden eingeladen werden, werden die Vertreter der jüdischen Bevölkerung von den für die Umsiedlung zuständigen Behörden des Distriktchefs nicht empfangen und sind außerstande, die Wünsche der jüdischen Bevölkerung an amtlicher Stelle vorzutragen.

In Anbetracht der oben angeführten Umstände gestatten wir uns ergebenst, folgende Vorschläge einer wohlwollenden Erwägung zu unterbreiten:

1. Es wäre erwünscht, daß autoritativ aufgeklärt wird, daß die in der amtlichen Bekanntmachung vom 16. ds. Mts. festgesetzten Grenzen verpflichten[d sind], wobei die an den jüdischen Wohnbezirk angrenzende Straßenseite von Juden bewohnt werden darf.

2. Es wäre erwünscht, daß vor der endgültigen Entscheidung Vertreter der jüdischen Bevölkerung angehört werden. Wir erlauben uns, folgende Personen namhaft zu machen, die bereits in ihrer Tätigkeit das Vertrauen der Behörden gewonnen haben:

1. Dipl. Ing. Adam Czerniaków, Obmann des Judenrates in Warschau,
2. Josef Jaszuński, Stellv. Vorsitzender des Präsidiums der Jüdischen Sozialen Selbsthilfe, Mitglied des Judenrates,
3. Dr. Gamsej Wielikowski, Mitglied des Präsidiums der JSS,
4. Ing. Abraham Sztolcman, Mitglied des Judenrates, Direktor des Jüdischen Hilfskomitees in Warschau.

## DOK. 184
## Die Gettowache in Litzmannstadt (Lodz) berichtet am 23. Oktober 1940 über unerlaubtes Fotografieren des Gettos[1]

Bericht der Gettowache Litzmannstadt (Tgb.-Nr. 224/40; K. II/5. 622/40), Polizeirevier-Oberwachtmeister, Unterschrift unleserlich, vom 23. 10. 1940[2]

Betr.: Sicherstellung eines Filmes.

Am Mittwoch, den 23.10.40, gegen 11.25 Uhr, wurde durch den Pol. Anwärter Eugen *Franz* festgestellt, wie die verh. Hausfrau Hildegard *Jankowski*, geb. 18.6.1917 in Danzig, wohnh.

1 APŁ, 203/24, Bl. 108. Kopie: USHMM, RG 05.008M, reel 9.

Danzig-Langfuhr, Ernst-Hausen-Str. 2, mit der Droschke Nr. 89 am Bal.[uter] Ring vorbeifuhr und fotografische Aufnahmen machte. Frau Jankowski wurde auf die Gettowache verbracht, woselbst ihr der Film abgenommen wurde.
Die Jankowski erklärte, daß sie nicht gewußt habe, daß man vom Getto keine Aufnahmen machen dürfe.
Frau Jankowski ist noch etwa 10 Tage in Litzmannstadt, Brückenstraße 7, bei Werner *Arke* wohnh.
Der Film mit Tageslichtpatrone ist dem Bericht beigefügt.[3]

## DOK. 185
## Warschauer Zeitung: Artikel vom 23. Oktober 1940 über einen Schulungsvortrag des Leiters der Umsiedlungsabteilung im Distrikt Warschau[1]

*Warum Judenwohnbezirk in Warschau? Reichsamtsleiter Schön sprach im Rahmen der geistigen Truppenbetreuung.*

*Eigener Bericht der Krakauer und Warschauer Zeitung*
gff.[2] Warschau, 23. Oktober.
Im Rahmen der geistigen Truppenbetreuung sprach der Leiter der Abteilung Umsiedlung im Amt des Distriktschefs, Reichsamtsleiter *Schön*, vor den Männern eines Bataillons des Heeres über die Judenfrage. Mit dieser Veranstaltung wurde gleichzeitig, wie der Bataillonskommandeur in seinen Einführungsworten hervorhob, eine Reihe von Gastvorträgen und geselliger Veranstaltungen im Rahmen der geistigen Truppenbetreuung eröffnet, die während des Winterhalbjahres in Zusammenarbeit mit dem Referat Truppenbetreuung der Abteilung Volksaufklärung und Propaganda im Amt des Distriktschefs durchgeführt werden solle. Die Grüße des Leiters der Abteilung für Volksaufklärung und Propaganda, Regierungsrat Ohlenbusch,[3] überbrachte Pg. *Huhn.*[4]
Dann sprach Reichsamtsleiter Schön, der seinen Vortrag mit einem Überblick über die geschichtliche Entwicklung des Judentums im äußersten Osten einleitete, um zu betonen, daß die Judenfrage an sich nicht neu sei, wohl aber die Art ihrer Behandlung, denn zum erstenmal wurden nun bei der Beurteilung der Judenfrage rassische Grundsätze angewandt, während früher lediglich religiöse oder wirtschaftliche maßgebend gewesen wä-

2 Am oberen Rand handschriftl. Anmerkungen.
3 Liegt nicht in der Akte. Am 29.10.1940 erklärte Jankowski gegenüber der Polizei, sie habe nur einige Fotos machen wollen; wie Anm. 1, Bl. 109. Seitens der Polizei wurde nichts weiter veranlasst.

1 Warschauer Zeitung, Nr. 251 vom 23.10.1940, S. 6.
2 Robert [J.] Greiff.
3 Wilhelm Ohlenbusch (*1899, gest. nach 1991), Volksschullehrer; 1930 NSDAP- und SA-Eintritt; 1931–1933 Kreispropagandaleiter, dann Kreisleiter in Oldenburg; 1939 Reg.Rat, Propagandaleiter der NSDAP im GG, Leiter der Abt. Volksaufklärung und Propaganda im Distrikt Warschau, von Febr. 1941 an Leiter der HA Propaganda der Regierung des GG; nach 1945 im Zuchthaus Brandenburg inhaftiert, ab 1956 in Oldenburg, später in Spanien.
4 Vermutlich Erich Huhn (*1903); 1933 NSDAP-Eintritt; Referent in der Abt. Propaganda im Distrikt Warschau, von Dez. 1941 an Leiter der Propagandaabt. in Radom.

ren. Nach einer Kennzeichnung des Judentums und seiner hervorstechenden Eigenschaften wandte sich der Reichsamtsleiter der Bildung des jüdischen Wohnbezirks in Warschau zu, die notwendig war, einmal aus gesundheitlichen Gründen, da der Jude Bazillenträger gefährlicher Seuchen ist, die ihm selbst weniger schaden als der übrigen Bevölkerung, auf die ein Übergreifen unter allen Umständen verhindert werden muß, zum anderen aus wirtschaftlichen Bedenken, da es sich als notwendig erweist, den jüdischen Einfluß, der sich zumeist im Schleichhandel und [in] Preistreiberei auswirkt, ein für allemal aus der Wirtschaft auszumerzen, weil nur dann, was ja vor allem im Interesse der polnischen Bevölkerung liegt, eine durchgreifende Sicherung der Ernährung möglich ist.
Reichsamtsleiter Schön deutete dann Einzelheiten über die verwaltungsmäßige Durchführung der Bildung dieses geschlossenen Wohnbezirks an, der durch einen Judenrat verwaltet wird, der mit entsprechenden Vollmachten, u.a. zur Aufstellung eines eigenen jüdischen Ordnungsdienstes in Stärke von 1000 Mann, ausgestattet ist und auch für die sanitären Anlagen innerhalb des jüdischen Wohnbezirkes aus eigenen Mitteln sorgen muß.

## DOK. 186
## Ein aus Deutschland geflohener Jude kritisiert am 25. Oktober 1940 die Einziehung von Juden zum polnischen Militärdienst in Großbritannien[1]

Brief von Izak Rothman[2] an The Jewish Chronicle, London, 25.10.1940

*Einberufung von Polen in Großbritannien. Ein typischer Härtefall*
Nachstehend veröffentlichen wir den Brief eines Flüchtlings, Herrn Izak Rothman, wohnhaft 10 Talbot Square, [London] W.2., genau so, wie wir ihn erhalten haben. Wir drucken diesen Brief in seinem fehlerhaften und holprigen Englisch ab, da die wahren Empfindungen des Verfassers so viel unverfälschter zum Ausdruck kommen, als wenn wir ihn in ein Standardenglisch „übertragen" hätten.[3] Wir räumen dem Fall deswegen hier den gebührenden Platz ein, weil er stellvertretend für das Schicksal einer größeren Gruppe von jüdischen Flüchtlingen polnischer Staatsangehörigkeit steht.

Gestatten Sie mir, Bezug zu nehmen auf den Artikel in *The Jewish Chronicle* vom 27. September 1940, Seite 11, mit der Überschrift „Einberufung von Polen in Großbritannien" und „Unerträgliche Situation der polnischen Juden", und entschuldigen Sie bitte mein schlechtes Englisch.
Ich bin ein Flüchtling, der vor der Unterdrückung der Nazis geflohen ist. Ich bin 29 Jahre alt und habe seit 1915 in Deutschland (Köln) gelebt. Ich kam vor 14 Monaten herüber nach England über das Bloomsbury House,[4] mit der Aussicht, weiter in die USA zu emigrie-

1 The Jewish Chronicle vom 25.10.1940, S. 6. The Jewish Chronicle ist eine seit 1841 in London erscheinende Wochenzeitung. Das Dokument wurde aus dem Englischen übersetzt.
2 Izak Rothman, auch Rothmann (*1911); von 1915 an mit seinen aus Galizien stammenden Eltern in Köln; 1939 Flucht über die Niederlande nach Großbritannien.
3 Da sich Rothmans Englisch in Wortwahl und Syntax am Deutschen orientiert, fallen die Besonderheiten in der (Rück-)Übersetzung nicht auf.
4 Das Woburn House im Londoner Stadtteil Bloomsbury war seit 1938 Sitz mehrerer britischer

ren. Eigentlich wäre ich nun an der Reihe, mein Visum zu bekommen, aber ich kann die Ausreiseerlaubnis vom Innenministerium nicht erhalten, weil das polnische Konsulat nicht bereit ist, mir das notwendige Schreiben zu geben, das mich vom Militärdienst in der polnischen Armee befreien würde, weil ich zufälligerweise einen polnischen Pass habe.

Sechs Jahre lang führte ich ein Leben in Knechtschaft in Deutschland, und seit über einem Jahr führe ich nun in diesem Land ein Leben voller Qual. Leidend, aber geduldig und voller Hoffnung, warte ich auf den Tag, an dem ich an einen Ort gehen kann, an dem ich wieder ein menschliches Leben haben kann. Aber nun halten mich die polnischen Behörden davon ab, dies zu tun. Ich habe zu Polen überhaupt keine Beziehung. Ich habe mich nie von seinem Boden ernährt, nie meinen Lebensunterhalt dort verdient. Als ich dort 1911 geboren wurde, war es ein Teil des österreichischen Kaiserreichs. Ich bin nie länger als vier Wochen in Polen gewesen. Ich kenne kaum zehn Worte seiner Sprache und weiß auch fast gar nichts über seine Geschichte.

Zu dem einzigen Kontakt, den ich mit polnischen Behörden hatte, kam es, als mein Bruder schon 1933 in Deutschland in ein Konzentrationslager gesteckt wurde und ich daraufhin das Polnische Konsulat in Düsseldorf bat, sich für ihn einzusetzen. Ich wurde von dem Beamten angeschrien, dass das Konsulat nicht dazu da sei, jüdischen Kommunisten zu helfen (was er natürlich überhaupt nicht war).

Das zweite Mal in meinem Leben war im Oktober 1938, als meine Mutter,[5] wie nahezu alle Juden in Deutschland mit polnischen Pässen, über Nacht von den Nazis nach Polen ausgewiesen wurde, woraufhin sie dort von den polnischen Behörden über ein halbes Jahr lang in einem Konzentrationslager festgehalten wurde, in sicherer Entfernung vom „Vaterland", nämlich im Niemandsland auf der polnischen Seite der Grenze.[6] Dort lebte sie, wie alle anderen, von der Wohltätigkeit des Jewish American Joint Committee. Schließlich bekam sie ein Visum für Belgien, wohin sie ging und von wo ich seit der Besetzung nichts mehr von ihr gehört habe.

Nun habe ich den Polen niemals vorgeworfen, meiner Familie nicht geholfen zu haben, weder nach außen hin noch im Innern, weil ich zugeben muss, dass ich physisch oder geistig nie auch nur die geringste Beziehung zu ihnen gehabt habe – nicht aus Hass, sondern aus schierer Gleichgültigkeit ihnen gegenüber, möchte ich betonen. Aber ich verstehe nicht, da sie mir nie geholfen haben, wieso sie mich daran hindern sollten, von England weiter in die USA auszuwandern. Wenn ich nicht gut genug war, für sie zu arbeiten und von ihnen zu leben, dann sollte ich auch nicht gut genug sein, um für sie zu kämpfen und hier nur wegen der Tatsache festgehalten zu werden, dass mir aufgrund irgendeiner künstlichen Nachkriegsmanipulation ein polnischer Pass ausgestellt wurde.

Mir ist es nicht erlaubt, in diesem Land Arbeit aufzunehmen. Da mein Bürge in Holland, der mir geholfen hat, hierher zu kommen, jetzt nicht mehr in der Lage ist, mich zu unterstützen, lebe ich von zwanzig Schilling die Woche, die ich vom Bloomsbury House erhalte und für die ich von Herzen dankbar bin.

Hilfsorganisationen für jüdische Flüchtlinge aus Deutschland und den deutsch besetzten Ländern.

5 Vermutlich Chana oder Anna Rothmann, geb. Flaumenhaft (*1886); sie wurde in Auschwitz ermordet.

6 Siehe Dok. 95 vom 18.3.1940, Anm. 5.

Meine Sorge darüber, möglicherweise bombardiert zu werden, ist nur eine winzig kleine im Vergleich zu der Sorge darüber, ob ich genug Geld haben werde, um mir morgen Brot und Milch kaufen zu können. Dies verdanke ich den polnischen Behörden. Sie haben nie eine Anstrengung unternommen, mir zu helfen, sei es, aus Deutschland herauszukommen oder auf irgendeine andere Weise (was ich, wie bereits gesagt, auch nie von ihnen erwartet habe), aber nun fordern sie mich auf, in ihrer Armee zu dienen, und zwingen dadurch, Verrat an meiner Familie zu begehen, die so sehr unter ihnen gelitten hat, auf verschiedene Weise, worauf ich hier nicht näher eingehen will, da ich dies vergessen will. Meine fünfköpfige Familie ist nun in alle Welt zerstreut. Ich weiß nichts über den Verbleib meiner Mutter und meines Bruders, die sich in den von den Nazis besetzten Gebieten befinden, und ich bin unfähig, irgendetwas von hier aus zu unternehmen. Es ist meine Pflicht, zu emigrieren, sie ausfindig zu machen und ihnen zu helfen.
P.S.: Bitte sehen Sie es mir nach, falls ich ein paar barsche Worte benutzt habe. Ich möchte Polen nicht kränken, vor allem jetzt nicht, in dieser unglückseligen Stunde für das Land. Ehrlich gesagt, empfinde ich tiefes Mitgefühl für eine Nation in Not, die sich wie die polnische in der Vergangenheit durch wahrhaften Patriotismus ausgezeichnet hat. Ich wollte bloß jene Fakten darlegen, die mich und mein Verhältnis zu Polen betreffen.

## DOK. 187
## Berliner Börsen-Zeitung: Artikel vom 27. Oktober 1940 über die Schließung von Einzelhandelsgeschäften in Ost-Oberschlesien[1]

*Umbauarbeiten in Ostoberschlesien. Die Übersetzung im Einzelhandel wird beseitigt.*

*Von unserem Wirtschaftskorrespondenten*
Zy Breslau, 25. Oktober. Schon vor der Zerreißung Oberschlesiens nach dem Weltkriege machte sich im Industrierevier eine starke Übersetzung im Handel, namentlich im Einzelhandel, bemerkbar. In der Polenzeit verschlimmerten sich diese Verhältnisse in Ost-Oberschlesien noch. Für jedes deutsche Einzelhandelsgeschäft, das in den ersten Jahren durch Boykott und Terror schließen mußte, wurden drei andere polnische eröffnet. Im Lebensmittelhandel, im Schuhwaren- und Bekleidungshandel war die Anzahl der Kleinstgeschäfte so groß, daß auch die Existenzfähigkeit der mittleren Handelsbetriebe gefährdet war und von einer soliden Warenverteilung nicht mehr gesprochen werden konnte. Fast alle Juden trieben Handel, aber nicht nur in Ladengeschäften, sondern auch in Wohnungen und Kellern. Die jüdischen Einzelhändler trugen durch ihre Geschäftsmethoden dazu bei, daß der ohnehin niedrige Lebensstandard der Bevölkerung sich noch weiter verschlechterte. Unter der jüdischen Handelsplage litten noch mehr als die deutschen die polnischen Einzelhändler; sie sahen bald ein, daß ihnen mit der Verdrängung der deutschen Einzelhändler nicht geholfen war. Nach wenigen Jahren hatten sie keine reine Freude mehr am Einzelhandelsgeschäft und überließen diese Arbeit den volksdeutschen Geschäften, die sich von den jüdischen Methoden nicht anstecken ließen und einen festen Kundenstamm auch unter der polnischen Bevölkerung zu gewinnen wußten.

1 Berliner Börsen-Zeitung, Nr. 508/509 vom 27.10.1940, Beilage zum Wirtschaftsblatt.

Als Ost-Oberschlesien wieder ins Reich zurückkam, war es eine der schwierigsten Aufgaben der Wirtschaftsverwaltung, den Handel neu zu ordnen und von unlauteren Elementen zu säubern. Für diese Arbeit wurde von der Treuhandstelle Ost und der Wirtschaftsgruppe Einzelhandel der „*Handelsaufbau Ost*" geschaffen, der in *Kattowitz*, *Posen*, *Litzmannstadt* und *Danzig* Geschäftsstellen einrichtete.[2] In den neuen oberschlesischen Gebieten sind insgesamt 12 500 Einzelhandelsgeschäfte und 450 Großhandelsbetriebe vorhanden. Davon entfallen auf Ost-Oberschlesien rund 10 000 Einzelhandelsgeschäfte und 250 Großhandelsbetriebe. Beim Einzug der deutschen Verwaltung wurden sofort etwa 270 Geschäfte geschlossen. Obwohl die Bestandsaufnahme, die Prüfung der Betriebe auf ihre Existenzfähigkeit und die Eignung der Inhaber noch nicht völlig abgeschlossen ist, läßt sich annehmen, daß in Ost-Oberschlesien etwa 7000 Einzelhandelsgeschäfte sich in volksdeutscher Hand befinden. Von den übrigen 3000 Geschäften werden, um die Übersetzung der Warenverteilung zu beseitigen, fast alle geschlossen werden müssen. Es handelt sich dabei fast ohne Ausnahme um Betriebe, die nicht das Existenzminimum aufbringen können. Die Beseitigung dieser Geschäfte gibt Raum für die Errichtung von etwa 1000 neuen Einzelhandelsbetrieben. Da außerdem noch rund 700 Geschäfte in Treuhänderschaft stehen – bis jetzt sind 22 Betriebe durch Verkauf in geordnete Verhältnisse übergegangen –, wären also 1700 Betriebe vorhanden, die für Volksdeutsche, Frontkämpfer und Umsiedler in Betracht kämen.

In anderen ostoberschlesischen Gebietsteilen ist ein völliger Neuaufbau vorgesehen. Hier sind fast sämtliche Einzelhandelsgeschäfte in jüdischer oder polnischer Hand. Die Übersetzung dieses Gewerbezweiges ist besonders stark, so daß von den 2500 Geschäften mindestens 1000 geschlossen werden sollen. Mit volksdeutschen Treuhändern sind in diesem Gebiet rund 200 Betriebe besetzt, die übrigen werden noch von den alten Besitzern verwaltet. Die Neuordnung gestaltet sich in diesem Teil Ostoberschlesiens deshalb recht schwierig, weil starker Bedarf an Volksdeutschen vorliegt, die ein Einzelhandelsgeschäft übernehmen wollen. Es werden Frontkämpfer, Umsiedler und auch Reichsdeutsche herangezogen werden. Auch in den Oberschlesien neu angegliederten Gebieten schreitet die Überführung der zu erhaltenden Betriebe in feste Besitzverhältnisse schrittweise fort; *die finanziellen Bedingungen für geeignete deutsche Bewerber liegen günstig*. Der Neuaufbau des Einzelhandels erfolgt also keinesfalls überstürzt. Als wichtigste Voraussetzung für gesunde Verhältnisse wird eben die Heranziehung eines tüchtigen Kaufmannsstandes angesehen; bis dahin werden die mittleren und größeren Betriebe in treuhänderischer Verwaltung bleiben. Das ist schon deshalb erforderlich, weil es unter den Frontkämpfern viele geben wird, die in jeder Beziehung die Bedingungen für die Leitung eines Einzelhandelsbetriebes erfüllen und willens sind, sich in den Ostgebieten eine selbständige Existenz zu schaffen.

Weniger einfach liegen die Verhältnisse für den Neuaufbau des Großhandels. Von den Großhandelsbetrieben ist bisher nur der zehnte Teil mit Treuhändern besetzt, die übrigen müssen noch von den alten Besitzern, selbstverständlich unter Aufsicht der Treuhandstelle Ost und der Wirtschaftsgruppe Großhandel, verwaltet werden. Der Kreis der deutschen Bewerber wird durch die erforderlichen Kapitalsummen bestimmt. Geglückte Versuche, deutsche Großhandelsfirmen mit kapitalschwachen, aber sonst zuverlässigen und geeigneten Volksdeutschen zusammenzubringen, scheinen einen Weg anzuzeigen, auf dem die Neuordnung auch im ostoberschlesischen Großhandel allmählich fortschreiten kann.

2 Die Firma Handelsaufbau Ost war im Febr. 1940 in Berlin gegründet worden.

## DOK. 188
## Emanuel Ringelblum beschreibt vom 25. bis 31. Oktober 1940 die Lage vor der Abriegelung des Warschauer Gettos[1]

Tägliche handschriftl. Aufzeichnungen von Emanuel Ringelblum, Einträge vom 25. bis zum 31. 10. 1940

Meine Lieben,
das Thema Getto schafft große Komplikationen und Schwierigkeiten für jüdische Unternehmen, die unter christlichem Namen arbeiten. Solange sich eine Firma im Getto befindet, hat er [der jüdische Eigentümer] die Möglichkeit der Kontrolle und bleibt der Inhaber. In dem Moment aber, wo die Firma umzieht, verliert er im Grunde sein ganzes Vermögen. „Du jüdischer Schwindler", sagte ein Soldat zu einem Juden, der ihm verheimlicht hatte, dass er Geld bei sich trug. Das ist das Doppelantlitz von Sodom-Praga,[2] dreht man es, dann wird es zu Sodom.
Heute, am 25. Oktober, haben Juden Simchat-Tora gefeiert wie jedes Jahr. Einer meiner Bekannten sah eine Gruppe von Juden in seidenen Kaftanen, die auf dem Heimweg von der Synagoge auf der Straße tanzten und sangen. Mit einem Wort: Man beging einen Feiertag! Gestern fand eine jüdisch-polnische Konferenz mit dem Grafen Ronikier statt. Er trat gegen die Absicht einiger Polen auf, immer mehr Straßen des Gettos für sich zu beanspruchen. Seiner Meinung nach muss ein gemeinsamer Kampf gegen das Getto geführt werden, aber kein Krieg zwischen den beiden Völkern. Ich hörte von einem angesehenen Polen, der seinem Entzücken Ausdruck gab, dass nach Jahrhunderten der Traum vom Getto endlich wahr geworden sei. Täglich werden Leists[3] Meldungen über die Grenzen des Gettos, die die Żelazna-Straße und andere Straßen einbeziehen, frisch plakatiert. Man sagt, dass dies die Antwort auf die Bemühungen der Gestapo sei, das Getto zu verkleinern. Leist erklärt, er werde sich von der polnischen Bevölkerung nicht terrorisieren lassen. Auf der Łucka-Straße haben sich Fälle ereignet, dass Polen, die vormittags ausgezogen waren, nachmittags auf Grund von Lautsprecherdurchsagen zurückkamen und die Juden aus ihren Wohnungen vertrieben. Dabei stahlen sie ihnen ihre Sachen.
Über Lautsprecher wurde gestern gegen die Juden gehetzt: Sie seien eine Plage, die man mit Stumpf und Stiel ausrotten müsse. Ständig häufen sich Fälle, dass man für das Nicht-Grüßen geschlagen wird, also grüßen die Leute immer häufiger. Man kann schon nicht mehr wie früher ohne Kopfbedeckung aus dem Haus gehen.
Irgendwo fand eine Versammlung statt. Nach der Versammlung stand da ein Auto, und man fing die Leute zur Zwangsarbeit. Einer übernahm die Führung, stellte die Menge in vier Reihen auf und führte sie unversehrt aus der Gefahr. Ich hörte die folgende, wahre Begebenheit: Man fing 200 Juden zur Arbeit ein. Jeder bekam eine Nummer. Man befahl ihnen, am Bahnhof zu warten. Dort kamen 200 Familien [aus] Deutschland an. Jede

1 Ringelblum, Notatki 1939–1941, AŻIH, Ring I/449 (507/1). Das Dokument wurde aus dem Jiddischen übersetzt. Abdruck in: Emanuel Ringelblum, Ksovim fun geto, 2 Bde., Bd. 1: 1939–1942, Warszawa 1961, S. 166–169. Da die zweite Seite der Handschrift völlig unleserlich ist, wurde sie nach Ksovim fun geto übersetzt. Sätze, die keinen Sinn ergaben, wurden mit Hilfe der Handschrift überprüft.
2 Praga ist der östlich der Weichsel gelegene Stadtteil von Warschau.
3 Gemeint ist der Chef der deutschen Stadtverwaltung Ludwig Leist.

Familie hatte eine Nummer. Der [jeweilige] Jude führte seine Gruppe zu einer angegebenen Adresse, und dort fanden sie eine geheizte Wohnung und ein Abendbrot auf dem Tisch vor. Aus der Provinz kommen Nachrichten, dass dort Gettos errichtet werden. Die Juden von Sokołów wurden nach Węgrów umgesiedelt. Aus Tomaszów treibt man ständig Gruppen von etlichen hundert Juden heraus. Da, wo Juden arbeiten, gibt es zwei Gruppen: Einheimische, die gut behandelt werden, und neu Angekommene, die geschlagen werden (Schutzjuden).
Heute, am 26. Oktober, gab es wieder Gerüchte, dass ein Teil der Żelazna-Straße wieder dem Getto zugeschlagen werden soll, um zwischen den beiden Getto-Teilen eine Verbindung zu schaffen. Als bei einem Auto das Benzin ausging, hat man einer Gruppe Juden befohlen, es zu ziehen. Ein herumstehender Soldat befahl allen, den Hut abzunehmen. Einen Juden, der mit einem Wagen vorbeifuhr, ermahnte er, wieso er den Hut nicht abnähme. Man fragte einen Juden, wo er hinwolle. Der Jude hatte während des Kriegs seine ganze Familie von neun Personen verloren. Man brachte ihn 15 Kilometer hinter die [Stadt-]Grenze, setzte ihn dort aus und lachte.
Es werden massenhaft Dinge für Lodz aufgekauft. Die Vermittler dabei sind Juden. Als ein Jude bat, man solle ihm etwas von seinen Sachen übrig lassen, antwortete man ihm: Wenn England siegt, wirst du alles wiederbekommen. Bei vielen Häusern sind auf dem Dach, auf dem Balkon, im Hof usw. Laubhütten errichtet worden.[4] Man brauchte nur dem Polizisten 10 Zł. zu geben. Überall wurde getanzt und gesungen, gerade so, als gäbe es keinen Krieg. Man fing 30 Juden aus dem Lehrhaus zur Arbeit ein. Ich hörte, dass ein Teil der Getauften außerhalb des Gettos bleibt. Sie können es nicht über sich bringen, hierher zu ziehen. Manche Juden erkaufen sich das Recht, bis zum 1. Januar außerhalb des Gettos zu wohnen. Heute gab es einen großen Tumult, weil ein Priester in einem Kloster gepredigt hat, dass sich die Christen aus der Leszno-Straße nicht vom Fleck rühren sollen, damit sie den Christen erhalten bleibt. Er soll auch Flugblätter dieses Inhalts verteilt haben. Natürlich herrscht große Unruhe innerhalb der jüdischen Bevölkerung, da man bis heute nicht weiß, wohin man umziehen kann. Der alte Nergep[5] kommt täglich in seine millionenschwere Firma, obwohl er dort nichts zu tun hat. Er will damit seinen Protest gegen die Konfiszierung seines Vermögens ausdrücken. Sein Kommen allein genügt, um seinen stummen Protest zu unterstreichen. Er geht aber nicht vorne hinein, weil man dort Schläge von jenen [den Deutschen] bekommt, sondern durch die Hintertür. Die polnischen Bediensteten grüßen ihn aber mit „Guten Morgen".
Heute, am 27. Oktober, liefen in Praga polnische Polizisten Streife und kündigten an, dass Juden, die sich nach dem 31. Oktober noch in Praga aufhalten, erschossen werden. Das löste in der Stadt große Panik aus. Von einem, der aus Tschenstochau kam, hörte ich, dass man dort Juden während der Arbeit gefangen genommen hat und Verhandlungen über die Höhe der Kontribution (300 000 Zł.) führte, die sie [die Deutschen] verlangten.
Heute, den 28. Okt[ober], kam eine neue Geschichte auf: Ein Teil der Ciepła-Straße, wo sich Räumlichkeiten der Polizei befinden, wird aus dem Getto ausgegliedert, natürlich vermehrt dies die Unsicherheit. Heute stellte sich heraus, dass die Umsiedlungsaktion bis

4 Laubhütten werden traditionell zum jüdischen Laubhütten-Fest (Sukkot) errichtet.

5 Gemeint ist Abraham Gepner (1872–1943), Unternehmer; vor dem Sept. 1939 Stadtverordneter in Warschau, Vorsitzender des Verbands jüdischer Kaufleute; 1939–1943 im Warschauer Judenrat Leiter der Versorgungsabt., unterstützte 1942/43 den Widerstand der jüdischen Jugendbünde; Gepner wurde während des Getto-Aufstands ermordet.

zum 15. November verlängert wird. Den Hut abzunehmen wird wahrhaftig zum Zwang, von dem man sich nicht befreien kann. Demjenigen, der es nicht gut genug macht, befiehlt man, zu defilieren und den Hut zu ziehen. Heute verbreitete sich ein Gerücht, dass man einen Passierschein braucht, um das Getto zu verlassen.
Heute, am 31. Oktober, gab es wieder eine Neuigkeit: Die Einrichtung des Gettos ist offiziell bis zum 15. November verlängert. Gleichzeitig wurden diese Straßen hinzugefügt: Leszno, Wronia, Żelazna, Grzybowska.
Ein Soldat kam in die Gemeinde. Er will die Wohnung nicht beschlagnahmen, solange er keine Wohnung für die jüdische Zahnärztin bekommt, deren Wohnung er nutzt. Ich habe viele Geschichten gehört, wie sich Polen mit Juden über Wohnungen stritten und zusätzlich zur Miete Abfindungen verlangten: [für] Überführung der Sachen, Renovierung u.Ä. Es stellt sich heraus, dass 70 – 80 000 Juden sich entschieden haben, ins Getto umzuziehen. Die Eile ergibt sich aus der Lodzer Geschichte vom vorigen Jahr.[6] Vor zwei Tagen erschien ein schrecklicher Artikel in der „Litzmannstädter Zeitung": Die Juden in Lodz haben gestohlen, wir werden sie nicht herauslassen, bevor sie nicht alles zurückgegeben haben, was sie genommen haben. Sie werden die Autobahn Frankfurt[/Oder]-Lodz bauen.[7] Alle Männer, nur Männer […],[8] und nicht im Mai, sondern nur im Januar, und auch Frauen werden dabei beschäftigt sein.
Heute ist eine Verordnung herausgekommen, dass Juden, die mit der Straßenbahn fahren wollen, einen Ausweis für 5 Zł. kaufen müssen. Es stellt sich heraus, dass in Warschau Leist, der Distrikt und die Gestapo gegen das Getto sind, die Partei ist dafür – und sie hat sich durchgesetzt. Juden dürfen keine neuen Briefmarkenserien für Sammler kaufen.

## DOK. 189
## Die Gestapo in Kattowitz fordert am 31. Oktober 1940 dazu auf, Informationen zum Einsatz der jüdischen Arbeitskräfte einzusenden[1]

Rundschreiben Nr. 9 (Vertraulich! Eilt sehr!) der Geheimen Staatspolizei, Staatspolizeileitstelle Kattowitz (II B – 4126-40), gez. Dr. Riedel,[2] vom 31. 10. 1940 (Abschrift)[3]

*Betrifft*: Arbeitseinsatz der Juden in Oberschlesien.
Vorgang: *Ohne*.
Der Reichsführer SS und Chef d.dt. Polizei im RMdI. hat zur Erfassung und Lenkung des fremdvölkischen Arbeitseinsatzes in Oberschlesien den SS-Oberführer und Polizeipräsidenten *Schmelt*[4] eingesetzt. Nach dem entsprechenden Erlaß[5] ist dem Sonderbeauftrag-

6 Vermutlich ist gemeint: dieses Jahres. In Lodz hatten die deutschen Besatzungsbehörden die Gettoisierung der jüdischen Bevölkerung im Febr. und März 1940 mit Gewalt beschleunigt und dabei zahlreiche Menschen erschossen oder zu Tode geprügelt.
7 In einem Artikel vom 28.10.1940 hatte die Litzmannstädter Zeitung, Nr. 299, über eine Ansprache von Wilhelm Maul (*1903), Propagandaleiter im Warthegau, zu diesem Thema berichtet.
8 Mehrere unleserliche Wörter in der Handschrift.

1 AŻIH, 212/6, Bl. 149. Kopie: USHMM, RG 15.060M, reel 1. Abdruck in: Verzeichnis der Haftstätten

ten des Reichsführers SS für fremdvölkischen Arbeiteinsatz in Oberschlesien, Dienststelle in Sosnowitz, Rathausstr. 6, allein die gesamte Verwertung der jüdischen Arbeitskraft übertragen worden. Sämtliche Dienststellen und Behörden sind angehalten, zur planvollen Durchführung der Aufgabe des Sonderbeauftragten mit allen zur Verfügung stehenden Mitteln behilflich zu sein.

Um einen beschleunigten Überblick über den bisherigen Einsatz der jüdischen Arbeitskraft zu haben, ersuche ich, daß jeder gewerbliche Betrieb, der z.Zt. noch einige oder mehrere männliche oder weibliche Juden stunden-, tageweise oder dauernd beschäftigt, unverzügl. spätestens bis zum 10. November 1940 an die Abteilung J des Sonderbeauftragten des Reichsführers SS für fremdvölkischen Arbeitseinsatz eine Aufstellung in 3-facher Ausfertigung anzufertigen hat, aus der hervorgeht:

a) Name und genauer Ort des Unternehmens,

b) Name, genaue Anschrift des Betriebsunternehmens oder Treuhänders oder kommissarischen Verwalters,

c) Gesamtzahl sämtlicher beschäftigten Angestellten und Arbeiter (Summe aus Volksdeutschen, polnischen und jüdischen Arbeitskräften),

d) davon Juden,

e) bisherige Entlohnung der Juden, bei Arbeitern nach Stundenlohn, bei Angestellten nach Monatsgehalt.

f) Ist die Entlohnung an die Juden direkt bezahlt worden, oder wem wurde sie zugeführt?

g) Sind Lohnsteuer und sonstige gesetzliche Abzüge für die jüdischen Arbeitskräfte gezahlt und

h) an welche Steuerkasse abgeführt worden?

i) Aus welchen Gründen ist beim zuständigen Arbeitsamt nicht die Zuweisung von Volksdeutschen oder notfalls polnischen Arbeitskräften beantragt worden?

Die gewerblichen Betriebe sind entschieden darauf hinzuweisen, daß die erforderlichen Meldungen vollständig, wahrheitsgemäß und fristgemäß zu erstatten sind.

unter dem Reichsführer-SS (1933–1945). Konzentrationslager und deren Außenkommandos sowie andere Haftstätten unter dem Reichsführer-SS in Deutschland und deutsch besetzten Gebieten, Arolsen 1979, S. LVII.

2 Dr. Kurt Riedel (*1903), Jurist; von 1936 an bei der Stapo in Oppeln, 1937 Kriminalrat; 1937 NSDAP- und 1938 SS-Eintritt; Aug. 1940 bis Juli 1941 stellv. Leiter der Stapoleitstelle Kattowitz, 1942 Kriminaldirektor bei der Stapoleitstelle Stettin, 1944 Leiter der Abt. IV (Gestapo) beim KdS in Warschau; nach 1945 für tot erklärt.

3 Es handelt sich um eine maschinenschriftl. Abschrift der Jüdischen Interessenvertretung in Będzin.

4 Albrecht Schmelt (1899–1945), Landwirt; 1930 NSDAP- und 1939 SS-Eintritt; 1934–1942 Polizeipräs. in Breslau; von Okt. 1940 bis März 1944 Sonderbeauftragter der SS für den fremdvölkischen Arbeitseinsatz, ab Mai 1941 zugleich Reg.Präs. in Oppeln. Als Leiter der Dienststelle Schmelt, die den Zwangsarbeitereinsatz von Juden beim Straßenbau und in Rüstungsbetrieben organisierte, verfügte er über mehr als 50 000 Arbeiter in 177 Lagern; 1944 wurde gegen ihn wegen Korruption ermittelt.

5 Nicht aufgefunden.

## DOK. 190
## Der Chef der Sicherheitspolizei und des SD revidiert am 1. November 1940 seine bisherigen Bedenken, Juden beim Autobahnbau einzusetzen[1]

Schnellbrief des Chefs der Sicherheitspolizei und des SD (IV A 5 b – 2136/40 g.), gez. Müller, an den Generalinspektor für das deutsche Straßenwesen,[2] Berlin, Pariser Platz 3 (Eing. 4.11.1940), vom 1.11.1940[3]

*Betrifft:* Einsatz von jüdischen Arbeitskräften beim Bau der Reichsautobahn Frankfurt a. Oder – frühere Reichsgrenze.
*Bezug:* Dort. Schreiben vom 7./9./11./17.10.1940 – Nr. 6520-326.26a – und mein Schreiben vom 17.10.1940 – IV A 5 b – 2136/40 g –.[4]
Nach nochmaliger Überprüfung der Angelegenheit habe ich nunmehr meine Bedenken dagegen zurückgestellt, beim Reichsautobahn-Bauabschnitt Frankfurt a. Oder-frühere Reichsgrenze auch Juden aus dem Warthegau zum Einsatz zu bringen, sofern diese Juden von den übrigen Arbeitskräften sowohl hinsichtlich ihrer Unterbringung als auch ihres Arbeitsplatzes getrennt gehalten werden und ihre Rückführung in den Warthegau nach Beendigung der Arbeiten gewährleistet erscheint. Den Herrn Reichsstatthalter im Reichsgau Wartheland in Posen[5] habe ich entsprechend verständigt. Wegen der Zuweisung der jüdischen Arbeitskräfte bitte ich, mit ihm unmittelbar in Verbindung zu treten.
Die Frage des Arbeitseinsatzes von Juden an den übrigen z.Zt. im Bau befindlichen Reichsautobahnstrecken wird hierdurch nicht betroffen.

## DOK. 191
## Gazeta Żydowska: Artikel vom 1. November 1940 über die Lage der Jüdischen Gemeinde in Ostrowiec Świętokrzyski[1]

*Ostrowiec Świętokrzyski*

Im September 1939 wurde ein Ältestenrat gebildet. Aus dem Tätigkeitsbericht für das vergangene Jahr geht unter anderem hervor:
Die *Sozialfürsorgeabteilung* hat jene Juden ins Büro eingeladen, die sich freiwillig zugunsten der Winterhilfe für die Armen besteuern ließen. Die Einnahmen aus dieser Aktion

1 BArch, R 4602/285, Bl. 323. Abdruck als Faksimile in: Erhard Schütz und Eckhard Gruber, Mythos Reichsautobahn. Bau und Inszenierung der „Straßen des Führers“ 1933 – 1941, Berlin 2000, S. 85.
2 Fritz Todt (1891 – 1942), Bauingenieur; 1922 NSDAP- und 1931 SA-Eintritt; von 1933 an Generalinspektor für das deutsche Straßenwesen, ab 1940 Reichsminister für Bewaffnung und Munition; kam bei einem Flugzeugabsturz ums Leben.
3 Im Original handschriftl. Unterstreichungen und teilweise unleserliche handschriftl. Anmerkungen. Links handschriftl. eingefügt: „Herrn ORRat Dr. Birkenholz. Nt 4/11.“
4 Liegen nicht in der Akte.
5 Arthur Greiser.

1 Gazeta Żydowska, Nr. 30 vom 1.11.1940, S. 4: Ostrowiec Świętokrzyski. Der Artikel wurde aus dem Polnischen übersetzt.

betragen 66 095 Zł. Unverzüglich wurden Kohlen und Kartoffeln gekauft und im Monat November 1939 verteilt, außerdem wurden Beihilfen gezahlt. Im Januar 1940 wurden Kleider verteilt. Viel Arbeit bereitete die Frage, wie die im Dezember eingetroffenen Umsiedler mit Lebensmitteln und Beihilfen versorgt werden sollten. Im Berichtszeitraum wurden Beihilfen in Höhe von 18 209,69 Zł. ausgezahlt. Die Gesamtausgaben aller Sozialfürsorgeabteilungen belaufen sich auf 205 616,58 Zł.

Die *Quartierabteilung* arbeitet sehr effektiv, weshalb eine große Zahl von Umsiedlern nach Ostrowiec gekommen ist. Große Probleme bereitete der Abteilung der von den Behörden in Angriff genommene Abriss von Häusern im jüdischen Wohngebiet, um für den Bau einer Autobahn Platz zu schaffen. – Die Zahl der Obdachlosen beträgt 400 Personen, darunter 60 Familien. Die Abteilung verstärkte jedoch ihre Anstrengungen, und alle wurden so gut es ging untergebracht.

Am 16. Januar d. J. richtete man eine große Küche mit 6 Kesseln ein, in der täglich 1600 Mahlzeiten ausgegeben werden, im Berichtszeitraum insgesamt 215 740 Essen. – Am 27. August d. J. wurde mit einer zusätzlichen Kinderspeisung begonnen. Täglich werden 360 Frühstücksportionen ausgegeben, insgesamt 10 055 Portionen in diesem Zeitraum.

Im Februar d. J. wurde Ostrowiec von einer Flecktyphus- und Bauchtyphusepidemie heimgesucht. Auf Anordnung der Behörden richtete der Judenrat ein Seuchenkrankenhaus ein, das sich im entsprechend umgebauten Gebäude der Synagoge befindet. Dort gibt es 4 Abteilungen für ansteckende Krankheiten: Fleckfieber, Bauchtyphus, Ruhr und Pocken. – Das Krankenhaus besitzt außerdem eine Abteilung für innere Krankheiten und eine Entbindungsstation. Im August d. J. wurde eine Abteilung für Elektrotherapie eingerichtet. Das Krankenhaus verfügt über 100 Betten. Während der Epidemie wurde die Bettenzahl aufgestockt. Es werden 3 ständig diensthabende Ärzte mit einem Direktor an der Spitze sowie 6 Krankenpfleger und Krankenschwestern beschäftigt. – Die Gesamtkosten für Einrichtung und Unterhalt des Krankenhauses belaufen sich auf 80 974,67 Zł.

Wegen der in Ostrowiec herrschenden ansteckenden Krankheiten wurde eine Sanitärkolonne aus 60 Personen zusammengestellt. Die Gesamtkosten für die Aufrechterhaltung der Hygiene belaufen sich nach dem Stand vom 1. Oktober d. J. auf 36 492,24 Zł.

Es verdient Erwähnung, dass der Kommissar der Stadt Ostrowiec[2] dem Judenrat mit Schreiben vom 16. Mai d. J. seine Anerkennung für dessen große Anstrengungen bei der Bekämpfung der Epidemie ausgesprochen hat und insbesondere die Arbeit der Sanitärkolonne lobt.

Der Judenrat widmete sich der Lebensmittelversorgung der jüdischen Bevölkerung ebenfalls mit großer Energie.

Der Rat ist außerdem damit befasst, den Behörden Arbeiter zur Verfügung zu stellen. Die Gesamtzahl der im Berichtszeitraum zur Arbeit geschickten Juden beträgt 89 321 Personen.

Die umfangreichen Aufgaben der Sozialfürsorge, der Krankenpflege, der Aufrechterhaltung der Hygiene u. a. machten die Erhebung von Beiträgen notwendig. Die Besteuerung erfolgt immer zu Beginn des Quartals. Es wurde das System eingeführt, vor der Fest-

2 Bruno Motschall (1901 – 1968), Jurist; 1931 NSDAP-Eintritt; Bürgermeister von Rummelsburg/Pommern; 1940 – 1944 Stadtkommissar in Ostrowiec, 1944/45 Kreishauptmann in Opatów; nach 1945 in Hannover Geschäftsführer einer Baufirma.

legung der Beitragshöhe Vereinbarungen mit den Zahlungspflichtigen zu treffen; auch ein Widerspruchsverfahren ist vorgesehen. Die Einnahmen aus den Beiträgen belaufen sich im Berichtszeitraum auf 182 195,40 Zł., die Subventionen durch den „Joint" auf 57 500. Eine große Aktion hat der Judenrat organisiert, um den *jüdischen Arbeitern zu helfen, die sich in Arbeitslagern aufhalten*. In den Ortschaften, in denen sich die Lager befinden, halten sich ständig zwei Delegierte auf, die ihnen Kleidung, Schuhwerk, zusätzliche Lebensmittel und andere unerlässliche Hilfen zukommen lassen.

## DOK. 192
## Der Sozialminister der polnischen Exilregierung sichert den Juden am 3. November 1940 für die Zeit nach dem Krieg die volle Gleichberechtigung zu[1]

Ansprache des Sozialministers der polnischen Regierung, Jan Stańczyk,[2] auf einer Veranstaltung polnischer Juden, London, 3. 11. 1940

Sie haben sich hier in London, fern von der Heimat, unter außergewöhnlichen Umständen versammelt, um die tiefe Verbundenheit der polnischen Bürger jüdischer Nationalität mit Polen, unserem gemeinsamen, heute so unglücklichen Vaterland, zu bekunden. Ich habe die Ehre, im Namen der polnischen Regierung zu sprechen.
Es unterliegt nicht dem geringsten Zweifel, dass wir alle zusammen ungeachtet unserer Nationalität, Konfession und politischen und sozialen Ansichten in diesem Augenblick nur einen einzigen Wunsch haben – die Feinde zu bezwingen, die unser Land überfallen und nicht nur die Freiheit, sondern auch den Wohlstand seiner Bürger zerstört haben, die sie auf so barbarische Weise unterdrücken, wie es in der Menschheitsgeschichte noch nicht vorgekommen ist.
Wir alle haben aus Polen den Anblick brennender Städte und Dörfer, ermordeter Kinder, Frauen und Alten mitgenommen. Wir alle sehen vor unserem geistigen Auge ein gequältes Polen, ein quer durch alle sozialen und konfessionellen Schichten verfolgtes Volk. Den Hass der Eroberer auf Polen und seine Bürger symbolisieren die Flecken zur Kennzeichnung von Juden und Polen, die sie in den Augen der nazistischen Tyrannen erniedrigen.[3] Für uns sind diese Flecken ein Ehrenzeichen, bedeuten sie doch, dass wir gemeinsam für Ideale kämpfen und leiden, die im Herzen und im Denken der Menschheit die edelsten sind und es für immer sein werden.
Es unterliegt nicht dem geringsten Zweifel, dass der gegenwärtige entsetzliche Krieg im Totalitarismus mit seiner barbarischen Doktrin vom Hass zwischen den Nationen und Rassen wurzelt. Solange diejenigen, die sich zu dieser barbarischen Doktrin bekennen,

1 AIP, A.5/21. Das Dokument wurde aus dem Polnischen übersetzt.

2 Jan Stańczyk (1886 – 1953), Bergarbeiter; 1922 – 1930 Sejm-Abgeordneter für die PPS, 1925 – 1939 Generalsekretär der Zentralgewerkschaft der Bergarbeiter (Centralny Związek Górników), Okt. 1939 bis Nov. 1944 Minister für Arbeit und Soziales in der poln. Exilregierung, Juni 1945 bis Juli 1946 in gleicher Funktion in der kommunistisch dominierten poln. Regierung in Warschau.

3 Gemeint sind die Kennzeichen aus gelbem Stoff, die Juden in Teilen des besetzten Polens tragen mussten, und das „P"-Abzeichen, das jene Polen tragen mussten, die als Zwangsarbeiter im Deutschen Reich eingesetzt wurden.

nicht vernichtet sind, wird es für die Menschheit keinen Frieden geben und die unterjochten Völker werden nicht befreit werden.
Indem wir gegen diese Doktrin und ihre Verfechter kämpfen, kämpfen wir nicht nur für die Befreiung des eigenen Vaterlands, sondern auch für die Freiheit aller unterdrückten Menschen und Völker.
Ich möchte in diesem feierlichen Augenblick nicht verschweigen, dass es auch in Polen Menschen gegeben hat, die sich von den verderblichen Losungen des Totalitarismus, Rassismus und Antisemitismus verleiten ließen. Ich möchte aber voller Stolz hervorheben, dass sich die polnische Gesellschaft als solche diese Losungen, die ihrem Wesen stets fremd blieben, nie zu eigen gemacht hat.
Im Einklang mit diesem Wesenszug des polnischen Volkes und in Übereinstimmung mit ihren bisherigen Erklärungen tritt die gegenwärtige Regierung diesen Losungen entgegen.
Das polnische Volk ist seinen schönsten freiheitlichen Traditionen, für welche die Worte „Für unsere und Eure Freiheit!" stehen, stets treu geblieben.
Wir wissen nicht, wie lange der Krieg dauern wird, aber ich weiß, dass wir noch einen langen Weg mit schweren Erfahrungen zurücklegen müssen, dass unser Volk dort in der Heimat und die ganze polnische Bevölkerung eine Zeit noch grausamerer Verfolgung erleben werden. Wir werden diesen Leidensweg durchschreiten, und unser unglückliches Volk wird im Ringen um die Befreiung unbeugsam bleiben, es wird alle Leiden durchstehen, die ihm der schonungslose Feind noch zufügt.
Ich weiß, dass der Feind bezwungen werden und Polen frei sein wird.
Der Herr Präsident der Republik[4] sowie der Ministerpräsident der Regierung und Oberbefehlshaber General Sikorski haben wiederholt in Erklärungen die Ideen zum Ausdruck gebracht, in deren Namen wir um die Befreiung unseres Landes kämpfen, und auch erläutert, im Namen welcher Grundsätze wir das politische und gesellschaftliche Leben im befreiten Polen gestalten wollen.
Im Namen der Regierung der Republik möchte ich Ihnen, verehrte Herrschaften, abermals versichern, dass uns nichts von den demokratischen Prinzipien abbringen wird, die jedem Bürger im künftigen Polen *gleiche staatsbürgerliche, politische und soziale Rechte* garantieren.
Als polnische Staatsbürger werden die Juden im befreiten Polen in Rechten und Pflichten mit der polnischen Gesellschaft gleichgestellt sein. Sie werden ihre Kultur, ihre Religion und ihr Brauchtum ungehindert entfalten können. Garant dafür werden nicht nur die staatliche Gesetzgebung, sondern auch die gemeinsamen Opfer um der Befreiung Polens willen und die gemeinsamen Leiden in dieser tragischsten Zeit der Unterjochung sein.
Indem die Juden in der polnischen Armee Seite an Seite mit ihren polnischen Waffenbrüdern kämpfen, erwerben sie als polnische Staatsbürger auch auf diese Weise das unveräußerliche Recht auf Arbeit in Frieden, auf Wohlstand und Glück in einem befreiten Vaterland, dem wir unter Opfern und Leiden entgegengehen und das wir gewiss erreichen werden.

4 Władysław Raczkiewicz (1885–1947), 1939–1947 Staatspräsident der poln. Exilregierung.

## DOK. 193
## Die polnische Untergrundzeitschrift Wiadomości Polskie berichtet am 5. November 1940 über das Getto in Warschau[1]

*Im Vaterland. Generalgouvernement.*

*Die Warschauer Umsiedlungen.* – Zu den vielen deutschen Schikanen, die einen bedeutenden Teil der Einwohner Warschaus betreffen, gehört die Gettofrage. Die Einführung des Gettos war schon seit langem angekündigt worden, doch wurde die Entscheidung bislang immer wieder verschoben, und noch am 11. Oktober wurde dem Vorsitzenden der Jüdischen Gemeinde offiziell erklärt, diese Angelegenheit sei fürs Erste nicht mehr aktuell. Umso größer war daher die Überraschung, als der Öffentlichkeit am folgenden Morgen über Lautsprecher die Verordnung des Gouverneurs Fischer vom 2. Oktober über die Errichtung eines Gettos in Warschau bekannt gegeben wurde. Für den Austausch wurde den davon betroffenen polnischen und jüdischen Einwohnern gerade einmal 19 Tage Zeit gelassen. Die Verordnung schrieb den Juden vor, sie dürften aus ihren Wohnungen nur Handgepäck mitnehmen,[2] während es den Polen erlaubt wurde, bis zum 31. Oktober mit all ihrem Mobiliar in ihre neuen Wohnräume umzuziehen. Nach dieser Frist sollte die Umsiedlung zwangsweise durchgeführt werden. Geschäften und Gewerbebetrieben räumte man für den Umzug eine Frist von 6 Monaten ein. Zur selben Zeit, als das Getto eingerichtet wurde, legten die Besatzer die Grenzen des „deutschen Wohnbezirks" in Warschau fest, aus dem sie zwar vorerst nicht alle Polen entfernten, in den aber Personen polnischer Nationalität, die aus dem jüdischen Viertel ausgesiedelt wurden, der Zuzug untersagt war.

Ohne auf das Getto als solches einzugehen, bleibt festzustellen, dass dessen Errichtung zum gegenwärtigen Zeitpunkt eine hinterhältige, gegen die überwiegende Mehrheit der hauptstädtischen Bevölkerung gerichtete Schikane war. Die Verordnung betraf nahezu eine Viertelmillion Menschen (nach offizieller Statistik 140 000 Polen, die im geplanten Getto wohnten, und 104 000 Juden, die auf verschiedene Stadtviertel verteilt waren).[3] Indem man sie im Spätherbst zum Wohnungswechsel zwang, d. h. zu einer Zeit, da ein jeder seinen Vorrat an Lebensmitteln und Heizmaterial schon angelegt hatte, führte dies wegen der Transportprobleme und der damit verbundenen Kosten zumeist dazu, dass diese Vorräte nicht mitgenommen werden konnten. In einer geradezu tragischen Lage befanden sich jene armen Polen, die, nachdem ihnen der Zuzug in den deutschen Wohnbezirk verweigert worden war, nirgendwo anders ein Dach über dem Kopf finden konnten. Ernsthaft bedroht waren auch die Interessen der Stadtverwaltung, welche die Liquidierung und Auslagerung einer Reihe von Betrieben und Einrichtungen, die auf dem Areal des Gettos lagen, in Kauf nehmen musste. Als daher am 14. Oktober die künftigen Gettogrenzen bekannt gegeben wurden,[4] herrschte in den bedrohten Vierteln Verzweif-

1 Wiadomości Polskie, Nr. 32 vom 5.11.1940, S. 7f.: W Ojczyźnie, Biblioteka Narodowa, MF 47326. Der Artikel wurde aus dem Polnischen übersetzt. Das Nachrichtenblatt Wiadomości Polskie (Polnische Nachrichten) war ein einflussreiches Organ der Untergrundorganisation SZP (später ZWZ-AK), die der polnischen Exilregierung unterstellt war. Es erschien von 1939 an zunächst monatlich, von Sept. 1942 bis 1944 vierzehntägig.

2 Siehe Dok. 180 vom 16.10.1940, Anm. 7.

3 Tatsächlich wurden etwa 30 000 Polen und 100 000 Juden zum Umzug gezwungen.

4 Die polnischsprachige Tageszeitung Nowy Kurier Warszawski, Nr. 242 vom 14.10.1941, S. 1, veröf-

lung. Zahlreiche Abordnungen begaben sich nach Krakau, um eine Änderung der Grenzen oder zumindest eine Aufschiebung des Gettos bis zum Frühjahr zu erreichen. Zur gleichen Zeit versuchte eine Reihe von Personen, die bei den Besatzern über persönlichen Einfluss verfügten, in Warschau auf eigene Faust ihre Immobilien aus dem jüdischen Viertel ausgliedern zu lassen. Das führte tatsächlich zu einigen kleineren Grenzkorrekturen; größere Änderungen erwartete man jedoch erst nach der Rückkehr der Abordnung[en] aus Krakau. Unterdessen verschickten die Amtsstuben der Besatzungsbehörden am 16. Oktober die Durchführungsverordnung zur Verordnung des Gouverneurs, die das Umsiedlungsproblem erheblich verschärfte, da vorgesehen war, dass alle Umsiedler, sowohl Polen als auch Juden, ihre Wohnungen „wie Flüchtlinge" verlassen sollten, d. h. bloß mit Handgepäck.[5] Das übrige Mobiliar sollte zur Verfügung der Behörden am Ort verbleiben. Obgleich diese Nachricht nicht öffentlich bekannt gegeben worden war, verbreitete sie sich flugs in der Stadt und löste unter den Betroffenen regelrechte Panik aus. 4 Tage lang, vom 16.–19. Oktober, wimmelte es in den Straßen der bedrohten Warschauer Stadtviertel von Vehikeln jeglicher Art, mit denen die Möbel in unterschiedliche Richtungen transportiert wurden. Diese Transporte führten sowohl Polen als auch, trotz eindeutigen Verbots, Juden durch. Die Polizei schritt übrigens in der Mehrzahl der Fälle nicht ein. Am 19. Oktober, als der Umzug für die meisten bereits beendet war, wurde die Bevölkerung über Lautsprecher unterrichtet, dass die Gettogrenzen geändert worden seien, das Getto war um fast 30 Prozent verkleinert worden. Die neue Verordnung zwingt jene Polen zum erneuten Umzug, die vorher aus den Straßen ausgezogen waren, die gegenwärtig aus dem Getto wieder herausgenommen werden, und sie versetzt jene Juden in eine vollends tragische Lage, die deren Platz eingenommen haben, jetzt aber angesichts der Überfüllung des Gettos kein Dach über dem Kopf finden können.

Nach allgemeiner Ansicht wird hinter diesen Verordnungen der Besatzungsbehörden, die scheinbar durchdacht sind, aber dann urplötzlich geändert werden, zu Recht die Absicht vermutet, die Aufmerksamkeit der meisten Warschauer für einige Zeit von den öffentlichen Angelegenheiten abzulenken und sie dermaßen mit Beschlag zu belegen, dass sie an nichts anderes mehr denken können als daran, wie sie sich ein Dach über dem Kopf sichern können. Dies ist jedoch eine zweischneidige Waffe, denn gleichzeitig wächst so der Hass auf die uns alle peinigende Besatzungsmacht.

fentlichte zwei Bekanntmachungen des Warschauer Gouverneurs Fischer über die Errichtung und die Außengrenzen des Gettos.

5 In Leists Bekanntmachung vom 16.10.1940 über die Bildung eines Judenwohnbezirks in der Stadt Warschau findet sich die zuletzt genannte Bestimmung nicht; siehe Dok. 180 vom 16.10.1940, Anm. 8. In der Anordnung des Distriktchefs von Warschau hatte es zwei Wochen zuvor geheißen, umziehende Juden dürften nur „Flüchtlingsgepäck und Bettwäsche mitnehmen". Die Vertriebenen hielten sich in der Regel nicht daran, sondern nahmen ihre Wohnungseinrichtung mit. Dabei kam es vor, dass Deutsche das Mobiliar beschlagnahmten oder poln. Hauswarte den Abtransport von Einrichtungsgegenständen verhinderten.

## DOK. 194
## Die Treuhandstelle des Distrikts Warschau bilanziert am 8. November 1940 die Zwangsverwaltung von Grund- und Immobilienbesitz der jüdischen Bevölkerung[1]

Bericht der Abteilung Treuhand-Außenstelle Warschau, Unterschrift unleserlich,[2] gesehen Schlosser,[3] für die Abteilung Innere Verwaltung[4] (Dr. Z., Eing. 23.11.1940) vom 8.11.1940 (Durchschlag)

*Tätigkeitsbericht* der Abteilung Treuhand-Außenstelle für die Zeit vom 1.–31.10.1940
I.
Der Bericht der Abteilung Treuhand-Außenstelle für den Monat Oktober 1940 beschränkt sich darauf, ein reiner Tatsachenbericht zu sein, der sich auf feste Zahlengruppierungen gründet, die einer statistischen Auswertung entnommen sind.
Zum Monatsende wurden von insgesamt 296 Treuhändern zusammen 393 Betriebe treuhänderisch verwaltet, was gegenüber dem Vormonat einen Zugang von 37 Betrieben und 7 Treuhändern ergibt. In dieser Zahl sind die im Zuge der Mühlenerfassung beschlagnahmten 43 Mühlen, die von einem Gesamttreuhänder verwaltet werden, nicht berücksichtigt.
In der zurückliegenden Zeit wurden von den insgesamt 393 treuhänderisch verwalteten Betrieben 36 Betriebe durch angeordnete Wirtschaftsprüfungen überprüft. Hinsichtlich 89 Betrieben sind an die im Generalgouvernement eingesetzten Wirtschaftsprüfungsgesellschaften und Wirtschaftsprüfer Aufträge erteilt, während der Rest von insgesamt 268 Betrieben einer Prüfung noch nicht unterworfen ist. Bei dieser großen Zahl ungeprüfter Betriebe handelt es sich zu einem erheblichen Teil um Betriebe kleineren und kleinsten Umfanges und von geringer Kapitalkraft, denen augenblicklich die Kosten einer Wirtschaftsprüfung nicht zugemutet werden können.
Von 32 der insgesamt 36 überprüften Betriebe wurden folgende Zahlenergebnisse ermittelt:
Es beliefen sich die gesamten Vermögenswerte auf zusammen Zł 107 381 000, darunter a) das Umlaufvermögen auf Zł 37 058 000, darunter b) das Anlagevermögen auf Zł 70 323 000.
Die Bilanzsummen dieser 32 Betriebe ergeben einen Betrag von zusammen Zł 132 713 000.
Die Prüfungsberichte haben ergeben, daß 15 Betriebe zum letzten Abschlußtermin, der Gegenstand der Betriebsprüfung gewesen ist, einen Reingewinn von zusammen Zł 601 366,00 aufzuweisen hatten, während die 17 übrigen Betriebe einen Gesamtverlust von 1 660 470,00 Zł aufwiesen. Einem Eigenkapital der 32 überprüften Firmen in der Gesamtsumme von Zł 22 124 874,43 stand eine Gesamtverschuldung in Höhe von Zł 17 119 282,83 gegenüber.

1 AIZ, Dok. I-151/14, Bl. 52–58. Kopie: YVA, MF JM 814.
2 Leiter der Unterabt. Treuhandwesen im Distrikt Warschau war 1940 der Rechtsanwalt Dr. Hans Ballreich (*1903).
3 Heinrich Schlosser (1876–1953), Jurist; 1919–1935 Generaldirektor der Linzer Elektrizitäts- und Straßenbahngesellschaft; März 1940 bis 1943 Leiter der Abt. Wirtschaft im Distrikt Warschau; nach 1945 in München.
4 Leiter der Abt. Innere Verwaltung im Distrikt Warschau war von Nov. 1939 bis Jan. 1941 Dr. Otto Gauweiler (1910–1969), Jurist; von 1926 an beim Amtsgericht Neustadt a.d. Weinstraße; 1929 NSDAP-Eintritt, von 1934 an in der Verwaltung der NSDAP tätig, 1937 Reichsamtsleiter der NSDAP; 1941 Kriegsteilnahme (verwundet); April 1942 Reg.Rat beim Generalstaatsanwalt in Hamburg, 1944 beim Landratsamt in München; nach 1945 dort Rechtsanwalt.

Die Summe der Vorkriegssteuerschulden belief sich auf Zł 2 740 709,00, während Steuerschuldigkeiten aus der Nachkriegszeit in Höhe von Zł 71 196,00 nachgewiesen waren.

Es wird mit Absicht davon Umgang genommen,[5] die voraufgeführten Zahlenbilder zum Gegenstand einer kritischen Würdigung zu machen. Es wird Aufgabe der hinkünftigen Berichterstattung sein, diejenigen Betriebe, deren Bilanzziffern im vorstehenden Bericht Gegenstand besonderer zahlenmäßiger Auswertung gewesen sind, weiter zu verfolgen, weitere ergänzende Berichtsergebnisse anzuschließen und daraus erkenntniskritische Schlüsse zu ziehen.

II.

Die Erfassung des jüdischen Grundbesitzes hat weiterhin gute Fortschritte gemacht, und dies bedeutet im Hinblick auf die in Kürze zu erwartende gesetzliche Regelung dieses Fragenkomplexes eine wichtige, nicht zu entbehrende Vorarbeit. Ohne sie wäre bei der Größe des jüdischen Grundbesitzes eine rasche und erfolgreiche Durchführung der zu erwartenden gesetzlichen Maßnahmen wohl kaum möglich.

Über die Notwendigkeit unserer Erfassungsmaßnahmen und über die sich aus der Verwaltung so großer Vermögensobjekte ergebenden Probleme konnte[6] in einer Treuhänderpflichtversammlung am 18. Oktober berichtet werden.

Die Übernahme des jüdischen Grundbesitzes in die Verwaltung der Treuhand-Außenstelle kann keine Beschränkung auf eine rein verwaltungs- und verwertungsmäßige Betreuung bedeuten, sondern bringt von selbst die Aufgabe mit sich, an die recht schwierig gelagerten Probleme des Grund- und Hausbesitzes im Distrikt Warschau heranzugehen. Diese bestehen sowohl in der überaus wichtigen Aufgabe des Wiederaufbaues als auch in der sozialen Bedeutung, die dem Hausbesitz – vor allem in der Stadt Warschau selbst – zukommt. Als treuhänderischem Verwalter des größten und wertvollsten Teiles des städtischen Grundbesitzes im Distrikt Warschau fällt der Treuhand-Außenstelle hier ohne weiteres eine führende Rolle zu.

Bei der Betrachtung der wirtschaftlichen Möglichkeiten gewinnt die statistische Bearbeitung des aus einer Verwaltung von über 4000 Häusern stammenden Zahlenmaterials eine ganz überragende Bedeutung. Es liegen nunmehr die Zahlen für die 2 ½ Monate (Mitte Juli – Ende September) vor. Wenn auch noch keine endgültigen Schlüsse sich aus diesem – sich auf einen verhältnismäßig kurzen Zeitraum erstreckenden – Material ziehen lassen, so ist es doch in vielfacher Hinsicht sehr aufschlußreich.

Für *September* ergeben sich folgende Ziffern:

Einer Friedenssollmiete in Höhe von Zł 7 064 877
stehen Einnahmen in Höhe von Zł 5 453 800,
das sind 77 % der vertraglich festgesetzten Mieten, gegenüber. Dieses Ergebnis muß mit Rücksicht auf die derzeitigen Einkommensverhältnisse als durchaus günstig bezeichnet werden, zumal es im Verhältnis zum Monat August eine Steigerung von 11 % bedeutet. Mag auch das Ergebnis *im Augenblick* zufriedenstellend sein, so stellt ein Ausfall von 23 % auf die Dauer doch eine starke Gefährdung der Wirtschaftlichkeit des von der Treuhand-Außenstelle verwalteten Grundvermögens dar, auf die hinzuweisen nicht unterlassen werden soll. Eine weitere Besserung kann nur erwartet werden, wenn sich die allgemeine

5 Gemeint ist: Abstand genommen.

6 Hier gestrichen: der Unterfertigte.

wirtschaftliche Lage zum Besseren wendet. Für die Wintermonate darf wohl kaum mit einem günstigeren Mieteingang gerechnet werden.
Besonders kennzeichnend für die wahre wirtschaftliche Lage des erfaßten Grundbesitzes ist der Stand der Mietrückstände, der per 30.IX.40 Zł 29 216 500 betrug.
Ein Teil dieser Rückstände wurde im Laufe des Berichtsmonats mit Verwendungen der Mieter auf die Mietsache verrechnet (Zł 299 300,00), ein weiterer Teil mit Rücksicht auf die Vermögenslage der Schuldner unter der Bedingung der Einhaltung der laufenden Verpflichtungen bzw. ratenweisen Tilgung eines angemessenen Restes erlassen (Zł 132 600,00). Schließlich wurden zunächst einmal Zł 92 000, weil gänzlich uneinbringlich, als Verlust abgeschrieben. Diese Summe wird sich aber ganz wesentlich erhöhen, wenn einmal eine Überprüfung aller Fälle stattgefunden hat.
Insgesamt stellen die Mietrückstände eine Summe dar, die vier Monatsmieten gleichkommt, praktisch ist also *ein Drittel* der Gesamtjahresmiete seit Kriegsbeginn nicht eingegangen. Es muß damit gerechnet werden, daß der größte Teil dieser Rückstände nicht mehr realisiert werden kann. Das ist um so bedauerlicher, als gleichzeitig eine *kurzfristige Verschuldung* in Höhe von Zł 20 190 000 besteht. Die Erhöhung im Verhältnis zum Vormonat ist nur eine scheinbare, da sie auf die weitere Erfassung jüdischen Vermögens zurückzuführen ist.
Mit Rücksicht auf die zu erwartende gesetzliche Regelung, die sich auch mit der Regulierung dieser Verbindlichkeiten zu befassen haben wird, wurde Anweisung gegeben, vor der Sicherstellung liegende Schulden (mit Ausnahme steuerlicher Verpflichtungen) vorerst nicht zu begleichen.
Es lag auch im Interesse der Werterhaltung und Ertragsfähigkeit der erfaßten Grundstücke, vor Eintritt des Winters *dringende Instandsetzungsarbeiten* vorzunehmen. Die dadurch bewirkte Schlechterstellung bestimmter Gläubigerkategorien mußte in Kauf genommen werden, wollte man nicht Gefahr laufen, im Falle der Unterlassung notwendiger Reparaturen erhebliche Schäden zur Entstehung bzw. Vergrößerung gelangen zu lassen.
Von dem Bruttoerlös in Höhe von Zł 5 453 800 wurden folgende Aufwendungen bestritten:

| | | | | | |
|---|---|---|---|---|---|
| 1. Gehälter der Hausverwaltung | Zł | 778 300 | d.i. | 12,5 % | d. Gesamteinnahm. |
| 2. Soziale Abgaben | " | 69 200 | " | 1,1 % | " |
| 3. Steuern und Abgaben | " | 898 400 | " | 14,4 % | " |
| 4. Elektr., Gas, Wasser | " | 590 800 | " | 9,5 % | " |
| 5. Kanalgebühren, Schornsteinreinigung u. Müllabfuhr | " | 219 700 | " | 3,5 % | " |
| 6. Feuerversicherung Versicherg. | " | 39 200 | " | 0,63 % | " |
| 7. Hypothekenzinsen | " | 78 100 | " | 1,25 % | " |
| 8. Kleinere Instandsetzungsarbeiten | " | 961 300 | " | 15,45 % | " |
| 9. Größere " | " | 399 600 | " | 6,45 % | " |
| 10. Prozeßkosten | " | 19 500 | " | 0,35 % | " |
| 11. Sonstige Kosten | " | 250 300 | " | 4,15 % | " |
| 12. Heizmaterial | " | 12 100 | " | 0,25 % | " |
| 13. Tilgung von Hypotheken-Kapital | " | 54 700 | " | 0,85 % | " |
| 14. Vorschüsse an arische Miteigentümer | " | 39 000 | " | 0,62 % | " |
| insgesamt: | " | 4 410 200 | | | |

Der *Überschuß* von *Zł 1 810 025* wurde wie folgt verwandt:

| | | |
|---|---|---|
| a) an die „komm. Verwaltung sichergestellter Grundstücke" gelangte ein Betrag von | Zł | 966 355,28 |
| b) bei den einzelnen Hausverwaltern verblieb als Kassensaldo (pro Grundstück ca. Zł 275) | Zł | 843 672 |
| zusammen | Zł | 1 810 025,82.[7] |

Im Berichtsmonat wurde, wie aus der vorstehenden Aufstellung sich ergibt, insgesamt ein Betrag von *Zł 1 360 900* (im Vormonat Zł 635 900) für Instandsetzungen, d.i. pro Grundstück im Durchschnitt Zł 427 (253) aufgewendet.

Diese Aufwendungen wurden durchweg aus den laufenden Einnahmen bestritten und gingen über den Rahmen normaler Instandsetzungsarbeiten hinaus. Eine besondere Schwierigkeit besteht darin, daß eine große Anzahl von Grundstücken keine oder so geringe Erträge abwirft, daß aus diesen Mitteln eine Instandsetzung, insbesondere die Beseitigung schwerer Kriegsschäden, nicht möglich ist. Schließlich befinden sich in unserer Verwaltung auch zahlreiche Rohbauten, die mit verhältnismäßig geringen Mitteln wiederhergestellt werden könnten. Vorerst wurde, um die Zerstörung großer wirtschaftlicher Werte anzuhalten, ein Betrag von *Zł 200 000* als sogenannter Ausgleichsfonds im Rahmen der kommissarischen Verwaltung für Instandsetzungsarbeiten und Fertigstellung von Rohbauten abgesondert. Dieser Betrag reicht natürlich bei weitem nicht aus für die hier der Treuhand-Außenstelle zufallende Aufgabe der Erhaltung wertvoller Vermögensobjekte.

In vielen Fällen bedarf es nur verhältnismäßig geringer Kosten, um ein Anwesen wieder bewohnbar zu machen oder – wenn es sich um einen Rohbau handelt – diesen seiner Vollendung entgegenzuführen.

Es müssen hier unter allen Umständen Mittel und Wege gefunden werden, um die Netto-Überschüsse aus der Verwaltung des herrenlosen und jüdischen Besitzes den Wiederaufbau-Aufgaben zugänglich zu machen. Sollte dies nicht gelingen, so muß mit der Zerstörung großer wirtschaftlicher Werte gerechnet werden. Es ist vorgesehen, in absehbarer Zeit ein Aufbauprogramm bezüglich der Grundstücke vorzunehmen, die dringend einer Instandsetzung bzw. Fertigstellung bedürfen. In erster Linie kommen natürlich nur solche Grundstücke in Frage, bei denen in absehbarer Zeit die Erträgnisse eine Zurückführung der zu gewährenden Kredite ermöglichen. Als längster Zeitraum ist hier eine Dauer von 2 Jahren vorgesehen.

Um ein falsches Bild zu vermeiden, muß aber darauf hingewiesen werden, daß der derzeitige Überschuß als sogenannter unechter Überschuß zu betrachten ist, da im Hinblick auf die Höhe des Friedensmietsolls und den Kapitalwert der erfaßten Grundstücke der erzielte Nettoerlös als recht bescheiden bezeichnet werden muß. Immerhin wird es aber möglich sein, aus diesen Überschüssen eine weitgehende Wertverbesserung und damit Ertragssteigerung des erfaßten Grundbesitzes herbeizuführen, wenn nur diese Gelder zu diesem Zwecke bleiben.

III. *Übersicht*

über den Stand der treuhänderischen Vermögensverwaltung per 31.10.40.

7 Die hier und bei den folgenden Aufstellungen genannten Zahlen ergeben – partielle Unlesbarkeit in Rechnung gestellt – nicht die angegebenen Summen.

*Soll*

| | | |
|---|---|---|
| I. | *Kassenbestand* | 5311,95 Zł |
| II. | *Bankguthaben* | |
| 1. | *Emissionsbank für Polen, Warschau* | |
| a) | Konto: Verwertungserlöse aus jüd. Leder- und Schuhwaren | 215221,13 Zł |
| b) | Konto: Verwertungserlöse aus Lederkontor Kaftan nachbuchen | 386899,32 Zł |
| c) | Konto: Verwertungserlöse aus jüd. Textillagern | 614381,29 Zł |
| d) | Konto: Spezial | 3715,18 Zł |
| e) | Konto: Verwertungserlöse aus Häuten u. Fellen | 44941,58 Zł |
| 2. | *Kommunale Stadtsparkasse, Warschau* | |
| a) | Konto: Erträgnisse aus beschlagnahmtem jüdischem Grundbesitz | 1053097,72 Zł |
| b) | Konto: Allgemeines | 103909,65 Zł |
| c) | Konto: Erträgnisse aus Hausverwaltungen [von] jüdischem und herrenlosem Eigentum | 351603,11 Zł |
| d) | Konto: Durchlaufende Gelder – abgeschöpfte Betriebsüberschüsse | 52000,00 Zł |
| 3. | *Allgemeine Kreditbank A.G., Warschau* | |
| | Girokonto: Erlöse aus verwerteten Maschinen jüdischer Eigentümer | 14196,23 Zł |
| III. | *Häutezentrale, Kropp* | 4512,28 Zł |
| IV. | *Unkostenkonten* | |
| 1. | Konto: Bankspesen | 41,10 Zł |
| 2. | Konto: Verwaltungsausgaben | |
| a) | für Bearbeitung u. Veredelung v. Leder u. Lederwaren | 12393,95 Zł |
| b) | für Vergütung an Textilhandelsgesellschaft | 9611,00 Zł |
| c) | Verwaltungskosten | 1848,40 Zł |
| 3. | Wiedererstattungsfähige Geldvorlagen | 9774,40 Zł |
| zusammen | | 2883427,39 Zł |

*Haben*

*Verwertungserlöse aus jüdischen Beständen*

| | | |
|---|---|---|
| 1. | Sperrkonten jüdischer Lederfirmen (Kaftan) | Zł 231220,62 |
| 2. | Erlös aus jüdischem beschlagnahmtem Grundvermögen | Zł 1134098,97 |
| 3. | Herrenloses Grundvermögen | Zł 575136,61 |
| 4. | Erlöse aus herrenlosen Gütern | Zł 364741,93 |
| 5. | Gläubiger aus verwerteten Textil- u. Schuhbeständen | Zł 705801,76 |
| 6. | Gläubiger aus verwerteten beschlagnahmten Maschinen | Zł 14196,25 |
| 7. | Diverse | Zł 2572,10 |
| 8. | " | Zł 45890,27 |
| 9. | Zweckgebundene Spenden und eingezahlte Bestechungsgelder | Zł 7420,00 |
| 10. | Kostenrückerstattung für Dienstleistungen | Zł 4348,90 |
| zusammen | | Zł 2883427,39 |

Aus dem Vergleich der Abschlußziffern per 31.10.40 mit jenen zum 30.9.40 ergibt sich eine Mehrung an Wertzuflüssen von rund 1000000 Złoty, wobei zu beachten ist, daß die Zugänge auf dem Konto „Erlöse aus beschlagnahmtem jüdischem Grundvermögen“ weit hinter den Zuflüssen aus Erlösen aus herrenlosem Gut zurückgeblieben sind. Diese Tatsache steht in einem gewissen Widerspruch zu dem Abschlußbericht der kommissari-

schen Grundstücksverwaltung. Er ist indessen nur ein scheinbarer Widerspruch, da zu Anfang des laufenden Monats eine weitere Überweisung in Höhe von Zł 400 000 auf das Konto: „Erlöse aus beschlagnahmtem jüdischem Grundvermögen" erfolgt ist.
Die Zugänge auf dem Konto „Erlöse aus herrenlosen Gütern" haben sich aus der Abrechnung umfangreicher Warenbestände herrenlosen Ursprungs ergeben.
Bei der kommunalen Stadtsparkasse sind in der Zwischenzeit auf Termingeldkonto fest angelegt worden Zł 600 000 gegen Kündigung auf 6 Monate zum Zinssatz von 13 % und Zł 400 000 gegen Kündigung auf 3 Monate zum Zinssatz von 14 %.
Die Salden der Bankkonti wurden zum Monatsende Oktober auf Grund von Gegenbestätigungen der beteiligten Bankinstitute nachgeprüft und in Ordnung befunden.

## DOK. 195
## Der Bürgermeister von Otwock gibt am 8. November 1940 bekannt, wie freiwerdende Wohnungen von Juden zu übergeben sind[1]

Bekanntmachung des Bürgermeisters der Stadt Otwock, gez. Jan Gadomski,[2] vom 8.11.1940 (Plakat)

*Bekanntmachung*
Im Zusammenhang mit dem laut Anordnung des Herrn Kreishauptmanns einzurichtenden jüdischen Wohn- und Kurgebiet in Otwock, welche Anordnung am 7. d.M. öffentlich bekanntgemacht wurde,[3] bringe ich folgendes zur Kenntnis und genauer Beachtung:
1) *Die freigewordenen Wohnungen der Juden,* welche nach dem jüdischen Wohn- bzw. Kurviertel umgezogen sind, sind *binnen 24 Stunden im Meldeamt der Stadtverwaltung anzumelden.*
Die Meldepflicht liegt dem Hausbesitzer bzw. seinem Vertreter ob, bei der Anmeldung sind: die Straße, die Hausnummer, die Zahl der verlassenen Wohnungen und die Zahl der Räume in jeder Wohnung anzugeben.
2) Dieselben Angaben und in derselben Frist sind über die Wohnungen, welche im jüdischen Wohn- bzw. Kurviertel von den Polen verlassen werden, dem *Judenrate (Kościuszkistr. 13)* zu machen, *da der Judenrat laut Anordnung des Herrn Kreishauptmanns für die Unterbringung der Juden in den Jüdischen Stadtvierteln verantwortlich ist.*
3) Die Hausbesitzer oder die von ihnen beauftragten Personen haben sämtliche an- und abkommenden Personen binnen 24 Stunden in der Stadtverwaltung an- bzw. abzumelden. *Diese Anmeldungen sind gebührenfrei. Die nichtangemeldeten Personen werden keine Lebensmittelkarten erhalten.*

1 APW, 486/132, Bl. 3. Plakat auf Deutsch und auf Polnisch.
2 Jan Gadomski war vor dem Krieg und vom Herbst 1939 an bis mindestens 1942 Bürgermeister von Otwock.
3 Der Kreishauptmann hatte am 4.11.1940 die Einrichtung eines „Jüdischen Wohngebiets" in Otwock angeordnet; wie Anm. 1, Bl. 1. Kreishauptmann war Dr. Hermann Rupprecht (1905–1985), Jurist; 1933–1939 Reg.Rat im Landratsamt Alzenau; 1937 NSDAP-Eintritt; Okt. 1939 bis Jan. 1945 Kreishauptmann von Warschau-Land; 1945 in Kriegsgefangenschaft, Nov. 1946 nach Polen ausgeliefert, zu lebenslanger Haft verurteilt, 1956 in die Bundesrepublik entlassen; von 1958 an ORR bei der Bezirksregierung von Schwaben.

4) Die Miete darf nur für einen Monat im voraus verlangt werden und laut der Verordnung des Herrn Generalgouverneurs vom 12. April 1940 die Höhe bzw. den Wert vom 31. August 1939 nicht überschreiten. *Zuwiderhandlungen werden als „Wohnungswucher" erachtet.*
5) Die *eigenmächtige* Besetzung der freigewordenen Wohnungen ist verboten. Die Wohnungen dürfen gemietet oder umgetauscht werden nur mit Zustimmung des Hausbesitzers.
6) Zur Durchführung der Anordnung des Herrn Kreishauptmanns, zur Erteilung jeglicher damit zusammenhängenden Auskünfte und zur Beilegung der etwa entstandenen Streitigkeiten zwischen Mietern und Vermietern habe ich eine spezielle Kommission unter dem Vorsitz des Herrn Vizebürgermeisters Wacław Czarnecki berufen.
Die Sprechstunden der Kommission sind täglich (Sonntag ausgenommen) von 14 bis 16 Uhr festgesetzt.
*Die Diensträume der Kommission befinden sich im Gebäude der Kurverwaltung (Eingang von der Hoża-Straße) I Treppe, Zimmer Nr. 9.*
*Auskünfte für die Juden werden vom Judenrat erteilt.*

## DOK. 196
## Mitarbeiter der deutschen Verwaltung in Litzmannstadt (Lodz) besprechen am 9. November 1940 Zwangsarbeitsprojekte für Juden[1]

Vermerk des Dienststellenleiters der Gettoverwaltung Litzmannstadt, Amt 027, Stadtoberinspektor Quay,[2] vom 9.11.1940[3]

*Wesentliche Merkpunkte über den Verlauf der Sitzung im Regierungsgebäude zu Litzmannstadt am 9. Nov. 1940, vorm. 11 Uhr*
Beratungsgegenstand: Arbeitseinsatz der Juden
Herr Regierungs-Vizepräsident Dr. Moser bemerkte eingangs, daß dem Vernehmen nach ein Reichsbeauftragter für den Arbeitseinsatz fremdstämmiger Menschen in Kattowitz eingesetzt werden soll.[4] Sofortige fernmündliche Feststellung bei dem Oberbürgermeister von Kattowitz wurde von dem Herrn Regierungspräsidenten[5] angeordnet. Von der Initiative des neuen Reichsbeauftragten erhofft man die beschleunigte Inangriffnahme des

1 APŁ, 221/28531a, Bl. 166 – 170. Abdruck als Faksimile in: Archives of the Holocaust. An International Collection of Selected Documents, hrsg. von Henry Friedlander und Sybil Milton, New York 1990, Bd. 22, Dok. 46, S. 98 – 102.
2 Wilhelm Quay (1886 – 1976), Verwaltungsbeamter; in den 1930er-Jahren Stadtoberinspektor im Rechnungsprüfungsamt Düsseldorf; im Febr. 1940 zum Reg.Präs. in Kalisch (seit April 1941: Reg. Präs. in Litzmannstadt) abgeordnet; im Febr. 1945 Rückkehr zur Stadtverwaltung Düsseldorf, Sept. 1945 auf Anordnung der Militärregierung entlassen, Jan. 1947 Wiederaufnahme des Dienstes, 1950 zum Stadtamtmann ernannt, 1952 in den Ruhestand versetzt.
3 Außer Quay nahmen teil: Reg.Präs. Uebelhoer, sein Stellv. Dr. Moser, Reg.Rat von Herder, seitens der Polizei ORR Hauke, seitens der Kreisbauernschaft Kreisbauernführer Plaß, von der Stadtverwaltung Bürgermeister Dr. Marder und Hans Biebow für die Gettoverwaltung.
4 Zu seinem „Sonderbeauftragten für den fremdvölkischen Arbeitseinsatz" hatte RFSS Himmler am 15.10.1940 Albrecht Schmelt ernannt.
5 Friedrich Uebelhoer.

Baues der Reichsautobahn von Litzmannstadt nach Frankfurt/O., bei der ein Massenaufgebot von Juden zum Einsatz gebracht werden kann. Die Arbeiten konnten nach Mitteilung des Herrn Regierungspräsidenten bisher nicht begonnen werden, weil die Organisation Todt noch nicht in der Lage war, eine genügende Anzahl von Baracken zur Verfügung zu stellen.
Herr Bürgermeister Dr. Marder[6] legte Verwahrung gegen das Ansinnen des Finanzamtes ein, rückständige Steuern aus dem für die Judenversorgung eingeräumten Kredit zahlen zu sollen. Der Herr Regierungspräsident teilte den Standpunkt des Bürgermeisters und sagte eine Klarstellung der Angelegenheit bei der Berliner Zentralstelle zu. Herr Biebow gab an, daß die vorliegenden Aufträge der Luftwaffe, der Marine und des Heeres vorläufig bis 1. Januar 1941 alle verfügbaren, geschulten Kräfte der Gettoinsassen in Anspruch nähmen und bis zu diesem Zeitpunkt keine neuen Aufträge ausgeführt werden könnten.
Zur Erhaltung der Arbeits-Kapazität schlug Herr Regierungs-Vizepräsident Dr. Moser vor, der HTO aufzugeben, durch ihre Verwalter *alle* in stillgelegten und eingeschränkten Betrieben verfügbaren Maschinen (Hobelbänke, Nähmaschinen, Reißmaschinen pp) ausfindig zu machen, um sie den Gettowerkstätten zur weiteren Verwendung zuzuführen. Die Entrostung, Einfettung, Zusammensetzung und Dauerpflege dieser sowie aller im Getto noch zu ermittelnden und schon in Gebrauch befindlichen Maschinen soll *nur* durch Juden erfolgen. Der Klage über den schleppenden Arbeitsgang bei der HTO begegnete der Herr Regierungs-Vizepräsident mit der Aufforderung, *alle* diesbezüglichen Schriftstücke *ihm persönlich* zur Weiterleitung vorzulegen.
Die Juden sollen grundsätzlich *nur* für Großmaßnahmen eingesetzt werden, zumal die anwesenden Vertreter des Herrn Polizeipräsidenten, an ihrer Spitze Herr Oberregierungsrat Hauke, angaben, infolge des empfindlichen Personalmangels keine weiteren Aufsichtsbeamten mehr zur Verfügung stellen zu können. Es wurde daher beschlossen, zur Postenverstärkung mit den Kommandeuren der Polizeibataillone 101 und 113, vornehmlich aber mit den in Litzmannstadt stationierten Totenkopfverbänden in Verbindung zu treten. Oberbürgermeister und Polizeipräsident sollen sich im Auftrage der Regierung über diesen Punkt einigen.
Herr Bürgermeister Dr. Marder schlug noch folgende bereits geplante Arbeiten zur Erledigung durch die Juden vor:
a) Abbruch des Gettos bis zum Feuerschutzgürtel (diese Verkleinerung des Gettos wird auch dadurch bedingt, daß das im Gettobereich liegende Stadtkrankenhaus in eine Hebammen-Lehranstalt umgewandelt werden soll und demnach für eine Weiterbenutzung durch die Juden ohnehin nicht mehr infrage kommt).
b) Straßenausbesserungen, Straßenerneuerungen und Flußregulierungen. (Es werden etwa 6000 Juden benötigt. Der Beginn der Arbeiten hängt von der Anlieferung der längst dringlich bestellten Baracken ab.)
c) Reinigung des Gettos einschließlich sämtlicher Reparaturen an Straßen, Wegen und Häusern, wobei zu erwägen ist, ob nicht der Hausabbruch im Getto, die Schichtung des anfallenden Holzes, der Steine pp. ohne die bisher übliche und *kostspielige* Heranziehung von Baufirmen *auch* durch die Juden bewerkstelligt werden kann.

6 Dr. Karl Marder (1902–1945), Volkswirt; 1933 NSDAP- und 1935 SS-Eintritt; 1933–1939 Obermagistratsrat und Stadtkämmerer in Frankfurt/O.; 1939 Bürgermeister von Oppeln; von Nov. 1939 an Stellv. des kommissar. Bürgermeisters von Lodsch bzw. Litzmannstadt, ab Mai 1940 amtierender Bürgermeister; von Okt. 1944 an in der Waffen-SS.

d) Neubau von 3 Doppelhäusern innerhalb des Gettos mit einem Gesamtkostenaufwand von 200 000 RM.
e) Anlegung einer Randbeleuchtung im Getto und Neubau von Beobachtungstürmen mit Scheinwerfern.
Keinesfalls sollen Juden privaten Firmen zur Verfügung gestellt werden. Jüdische Arbeiter dürfen zur Erledigung von Massenarbeiten lediglich Stadtgemeinden und Kreisen überlassen werden. Herr Bürgermeister Dr. Marder wurde gebeten, mit den Landräten die Frage zu erörtern, ob es zweckmäßiger ist, die zu Spezialarbeiten (Stoff- und Holzverarbeitung) herangezogenen Juden unseres Regierungsbezirkes in Litzmannstadt zusammenzuziehen oder sie in ihren jetzigen Wohnorten zu belassen. Es bestand völlige Übereinstimmung darüber, daß die Aufträge aller Städte und Kreise *nur* über die Gettoverwaltung Litzmannstadt zu leiten sind. Es wurde angeregt, den Versuch zu machen, per 1.1.1941 auch Großaufträge für Anfertigung von Kolonialuniformen hereinzuholen.
Herr Bürgermeister Dr. Marder trug vor, daß Volksdeutsche, die im Getto eigene Häuser hätten, keine Hypothekenzinsen erhielten. Es wurde die Ansicht vertreten, daß die Befriedigung dieser Gläubiger aus der Kasse – d.h. aus dem Vermögen der Juden – erfolgen müsse. Bei der Festlegung der Entschädigung ist der reale Wert und *nicht* der Ertragswert zugrunde zu legen. Es handelt sich um rd. 300 Fälle, über die eine Liste gefertigt und der HTO durch die Hand des Herrn Regierungs-Vizepräsidenten *unverzüglich* vorgelegt werden soll.
Herr Bürgermeister Dr. Marder brachte weiter vor, daß bei der Berechnung der Entschädigung für die Juden (Bezahlung) der Stadtverwaltung (Gettoverwaltung) für Regiekosten mindestens 30 % (für Vergabe der Juden, Versicherung, Desinfektion, Transport pp.) zugebilligt werden müßten. Im Verlauf der Aussprache einigte man sich auf ein Verhältnis von 60 % : 40 %.
Es wurde unter Bezugnahme auf das Ergebnis der Besprechung vom 24.10.40[7] nochmals betont, daß die Juden unter „Zwangsbewirtschaftung" stehen und im Reichsinteresse Privatfirmen durchweg auszuschalten sind. Auch die Berliner Firma Günther Schwarz soll keine Ausnahme bilden, weshalb angeregt wurde, die infrage kommenden Stellen (Luftwaffe, Marine, Wehrmacht pp) zu ersuchen, künftig *keine* Aufträge mehr an Privatfirmen zu vergeben, solange eine Ausführung durch internierte, dem Reich zur Last fallende jüdische Kräfte möglich ist. Der Herr Regierungspräsident forderte eine letztmalige Aufforderung unter Androhung der Todesstrafe an die Juden, versteckt gehaltene Wert- und Gebrauchsgegenstände aller Art herauszugeben und auch etwaige Verstecke bei Volksdeutschen anzugeben, wo jüdisches Vermögen zur Aufbewahrung untergebracht worden sei.
Eine weitere Ersparnis und Lebensmittelrationierung innerhalb des Gettos soll durch Einrichtung von Gemeinschaftsküchen und durch Massenspeisung der Juden erreicht werden. Die Ernährung soll der Gefängniskost angeglichen werden und zwar dergestalt, daß der arbeitende Jude die erste Form, der untätige Jude aber die einfachste Form erhält. Herr Bürgermeister Dr. Marder wurde gebeten, einen Verpflegungsplan unter Darlegung der verschiedenen Formen der Gefängniskost und nach Einholung eines medizinischen Gutachtens über das Ernährungsminimum umgehend ausarbeiten zu lassen.

7 Auf der Besprechung vom 24.10.1940 war auf Betreiben des stellv. Reg.Präs. festgelegt worden, dass die Lebensmittelrationen für die Gettoinsassen deutlich unter denen für Normalverbraucher liegen müssten, wobei für arbeitende Juden höhere Sätze vorzusehen seien als für nicht arbeitende; APŁ, 221/117, Bl. 204f.

Herr Biebow regte an, den Schwerstarbeitern zur Erhaltung ihrer vollen Arbeitskraft und zur Gewährleistung einer fristgemäßen Erledigung der drei Aufträge eine Kostzulage zuzubilligen. Der Herr Regierungspräsident stimmte diesem Vorschlage mit der Einschränkung zu, daß die Zulage zur Unterbindung jeglichen Mißbrauchs (Weitergabe an Angehörige pp) an der Arbeitsstätte verabfolgt und verzehrt werden müßte.
Die beschleunigte Einführung der Gemeinschaftsküche wird auch eine bedeutende Kohlenersparnis zur Folge haben. Im Zuge dieser Sparmaßnahmen ist auf Vorschlag von Herrn Bürgermeister Dr. Marder eine Abmontierung von Gasrohren und Beleuchtungskörpern, woran es der Innenstadt mangelt, sowie für den verbleibenden Rest der Brennstellen die Einführung von Sperrstunden für Gas- und elektrisches Licht vorzusehen. Es wurde der Erlaß einer Polizeiverordnung vorgeschlagen, die die Einstellung der Beleuchtung und Heizung in den Häusern des Gettos auf 20 Uhr festsetzen soll.
Zur Beaufsichtigung der jüdischen Schornsteinfeger, die ihre Pflichten bisher sehr vernachlässigt haben, soll der polnische Schornsteinfeger-Innungsmeister herangezogen werden, der im Getto Wohnung nimmt und wöchentlich ein Mal unter Beachtung der sanitären Vorschriften zum Besuch der Familie beurlaubt wird.
Abschließend richtete der Herr Regierungspräsident an die Anwesenden einen Appell, bei der Gettobetreuung und -bewirtschaftung nach jeder Richtung hin auf äußerste Sparsamkeit Bedacht zu nehmen, damit dem Reich aus der Zwangsbewirtschaftung der Juden keine unnötigen Unkosten erwachsen. Diese Auffassung müßten sich nicht nur die zuständigen Behörden, sondern auch sämtliche Lieferfirmen zu eigen machen, die sich im Staatsinteresse mit der Erstattung der Generalunkosten zufriedengeben sollten. Der Herr Regierungspräsident schlug deshalb vor, den Einkauf für die Gettoversorgung auf *wenige* Großbetriebe, und zwar auf solche zu beschränken, die bereit seien, auf einen *Gewinn* zu verzichten. Etwaige Überschüsse aus der Judenbeschäftigung dürften von den Behördenstellen (Stadt- und Kreisverwaltungen) nicht für eigene Zwecke verwertet werden, sondern seien einem Sonderkonto gutzuschreiben, dessen Mittel dem späteren Aufbau des Warthegaues und auf diesem Wege zwangsläufig auch allen an der Judenbetreuung beteiligten Verwaltungsstellen zugute kommen würden.

## DOK. 197
## Der Direktor der Haupttreuhandstelle Ost gestattet am 13. November 1940 der Treuhandstelle Litzmannstadt (Lodz), Informanten aus dem Getto zu belohnen[1]

Schreiben des Direktors der HTO (Wg./Schr.), gez. Winkler, an die Treuhandstelle Litzmannstadt, Straße der 8. Armee 8, an Stv. I und II, Rechtsanwalt Wagner[2] und die Abteilung I und II zur Aktenablage vom 13. 11. 1940 (Durchschlag)

*Betr.: Gewährung von Schmiergeldern*
Wie mir Herr Rechtsanwalt Wagner berichtet hat, bieten sich in letzter Zeit Juden aus

1 BArch, R 144/345.
2 Willi Wagner (1907–1945), Kaufmann; 1929–1939 für eine Handelsfirma in Afrika tätig; 1934 NSDAP-Eintritt; Sept. 1939 von den Briten interniert, im Jan. 1940 nach Deutschland überstellt; April 1940 bis Jan. 1943 bei der Nebenstelle Litzmannstadt der Treuhandstelle Ost mit der Erfassung der poln. und jüdischen Unternehmen befasst; danach Kriegsteilnahme; bei Posen verstorben.

dem Ghetto gegen Gewährung von Schmiergeldern bei der Polizei an und verraten eingemauerte, vergrabene oder sonstige versteckte Vermögenswerte im Stadtgebiet von Litzmannstadt außerhalb des Ghettos. Ich habe keine Bedenken dagegen, wenn auf Anforderung des Herrn Polizeipräsidenten bezw. des Herrn Leiters der dortigen Kriminalpolizei aus Mitteln der Treuhandmasse Schmiergelder zu den erwähnten Zwecken zur Verfügung gestellt werden, sofern die auf diese Art entdeckten Werte der Treuhandstelle zugeführt werden.[3]
Abschrift dieses Schreibens habe ich dem Herrn Polizeipräsidenten übersandt.

## DOK. 198
## Der Sonderbeauftragte der SS für Zwangsarbeit in Oberschlesien fordert die Judenräte am 15. November 1940 auf, die jüdischen Beschäftigten zu erfassen[1]

Schreiben des Sonderbeauftragten der SS für Zwangsarbeit (Tgb.-Nr. 111/Pr.[J.]), gez. Schmelt, Sosnowitz, Rathausstr. 6, an den Leiter der Ältestenräte der jüdischen Kultusgemeinden in Ost-Oberschlesien, Merin,[2] Sosnowitz, vom 15. 11. 1940 (Abschrift)[3]

Betrifft:
Laut staatspolizeilicher Verfügung hatten alle gewerblichen Betriebe in Ostoberschlesien bis zum 10. November der hiesigen Dienststelle die bei ihnen stunden-, tageweise oder dauernd beschäftigten jüdischen Arbeitnehmer zu melden. Durch die hier eingegangenen Meldungen ist festgestellt, daß nur ein Teil der jüdischen Arbeitnehmer zur Meldung gebracht wurde.
Demzufolge mache ich allen örtlichen Ältestenräten durch den Leiter der Ältestenräte der jüdischen Kultusgemeinden in Sosnowitz folgende Auflage:
Jeder Ältestenrat hat nachweislich bis zum *24. 11. 1940* alle in seinem Bereich wohnhaften arbeitsfähigen Juden und Jüdinnen aufzufordern, ihm bis zum *30. Nov. 1940* schriftlich anzugeben, ob sie in einem gewerblichen Betrieb stunden-, tageweise oder dauernd beschäftigt sind. Des weiteren ist allen arbeitsfähigen Juden und Jüdinnen vorzuschreiben,

3 Der Beauftragte des Rechnungshofs des Deutschen Reichs stellte nach Prüfung der Ernährungs- und Wirtschaftsstelle des Litzmannstädter OBs vom 23. 1. bis 5. 2. 1941 fest, dass das Konto für die Ernährung und Versorgung des Gettos mit diesen Zahlungen belastet wurde; Bevölkerungsstruktur und Massenmord. Neue Dokumente zur deutschen Politik der Jahre 1938 – 1945, hrsg. von Susanne Heim u. Götz Aly, Berlin 1991, Dok. 4, S. 44 – 73, hier S. 52.

1 APK, 119/2757, Bl. 12 – 14.
2 Moses Merin, auch Mosche oder Moniek Meryn (1906 – 1943), Kaufmann; in den 1930er-Jahren Mitglied der Zionistischen Organisation in Sosnowiec, von Jan. 1939 an deren Vertreter im Rat der Jüdischen Gemeinde; im Sept. 1939 ernannten die deutschen Besatzer ihn zum Vorsitzenden des Judenrats, im Jan. 1940 zum Leiter der Ältestenräte der jüdischen Kultusgemeinden Ost-Oberschlesiens; er wurde am 21. 6. 1943 nach Auschwitz deportiert und kam dort um.
3 Die Abschrift sandte der Sonderbeauftragte an den Reg.Präs. in Kattowitz, Springorum, mit der Bitte, die Polizei einzusetzen, sofern sich Juden der Registrierung zu entziehen versuchten. Die Festgenommenen sollten in das Judensammellager in der Neuen Jüdischen Schule in der Gleiwitzer Straße in Sosnowiec eingeliefert werden; siehe Dok. 199 vom 21. 11. 1940.

daß sie ab sofort jeden Arbeitsplatzwechsel von einem Betrieb zum andern, jede neue Arbeitsaufnahme sowie jede Arbeitsniederlegung durch Entlassung ihrem zuständigen Ältestenrat innerhalb von 24 Stunden mitzuteilen haben. Die Meldung der arbeitsfähigen Juden und Jüdinnen, ob und in welchem gewerblichen Betrieb sie beschäftigt sind, hat beim örtlichen Ältestenrat formularmäßig zu geschehen. Die erforderlichen Formulare sind von den Ältestenräten herzustellen. Sie haben folgende Angaben zu enthalten:
Name, Vorname, ausgeübter Beruf (z. B. Schneider, Schlosser, kaufmännischer Angestellter usw.), Geburtsdatum, Wohnort, Wohnstraße und Nr. des Juden oder der Jüdin,
Name, Ort und Straße des Betriebes, in dem der Jude oder die Jüdin beschäftigt sind,
Art der Beschäftigung,
Dauer der Beschäftigung (stunden-, tageweise oder dauernd),
Bemerkungen:
Die örtlichen Ältestenräte haben die eingehenden formularmäßigen Meldungen zunächst nach den gewerblichen Betrieben, in denen die sich meldenden Juden und Jüdinnen beschäftigt sind, zusammenzustellen und mit den ihnen von meiner Dienststelle aus zugestellten Listen der gewerblichen Betriebe, die vorschriftsmäßig die bei ihnen beschäftigten Juden angemeldet hatten, zu vergleichen. Die Juden oder Jüdinnen, die in diesen Listen vermerkt sind, sind nicht weiter zu melden, sondern beim örtlichen Ältestenrat kartei- oder listenmäßig zu erfassen.
Alle Formulare der Juden und Jüdinnen, die in den von meiner Dienststelle aus überwiesenen Betriebslisten nicht verzeichnet sind, sind unverzüglich meiner Dienststelle durch den Leiter der Ältestenräte der jüdischen Kultusgemeinden in Sosnowitz zuzustellen. Diese Formulare sind vor ihrer Zustellung nach den gewerblichen Betrieben, in denen die Juden beschäftigt sind, zu ordnen.
Arbeitsfähige Juden oder Jüdinnen, die trotz der Aufforderung durch den zuständigen Ältestenrat ihre formularmäßige Meldung unterlassen, sind der örtlich zuständigen Polizeidienststelle zu melden. Bei Aushändigung der Formulare an die arbeitsfähigen Juden und Jüdinnen ist ihnen durch den örtlichen Ältestenrat zu eröffnen, daß sie bei nicht fristgemäßer oder unterlassener Meldung ihre Festnahme und Überführung in ein Straflager zu gewärtigen haben.
Die örtlichen Ältestenräte mache ich für die völlige Erfassung aller arbeitsfähigen Juden und Jüdinnen, die in gewerblichen Betrieben im Sinne der vorstehenden Verordnung Beschäftigung haben, sowie für die sofortige Meldung der Juden, die die Anmeldepflicht unterlassen, an die örtliche Polizeibehörde verantwortlich. Ältestenräte, in deren Bereich ab 1. Dezember 1940 arbeitsfähige Juden festgestellt werden, die in gewerblichen Betrieben tätig sind, ohne dies dieser Anordnung gemäß angemeldet zu haben, werden aufgelöst und in Arbeitslager verbracht. Die genaue Durchführung dieser Anordnung wird ab 1.12.1940 durch Beauftragte meiner Dienststelle durch Überprüfung der gewerblichen Betriebe und Kontrollen der Geschäftsräume der Ältestenräte überwacht.

## DOK. 199
## Der Regierungspräsident in Kattowitz ordnet am 21. November 1940 den Einsatz der Polizei bei der Registrierung arbeitsfähiger Juden an[1]

Anordnung des Regierungspräsidenten in Kattowitz (I P 1), gez. Springorum,[2] an Landräte und Polizeipräsidenten vom 21. 11. 1940

*Betrifft:* Fremdvölkischen Arbeitseinsatz in Oberschlesien.
*Bezug:* Ohne Vorgang.
Der Sonderbeauftragte des Reichsführers SS und Chef der Deutschen Polizei für den fremdvölkischen Arbeitseinsatz in Oberschlesien (Sosnowitz, Rathausstraße 6, Fernsprecher 61450)[3] hat die Ältestenräte der jüdischen Kultusgemeinden in Ost-Oberschlesien durch Verfügung vom 15.11.40 verpflichtet, ihm alle arbeitsfähigen Juden und Jüdinnen namhaft zu machen, die in einem gewerblichen Betrieb stundenweise, tageweise oder auch dauernd beschäftigt sind.[4] Die Ältestenräte werden aufgrund dieser Verfügung bis spätestens zum 24.11.40 alle in ihrem Bereich wohnhaften arbeitsfähigen Juden und Jüdinnen auffordern, bis zum 30.11.40 schriftlich anzugeben, ob sie in einem gewerblichen Betrieb beschäftigt sind. Des weiteren werden alle arbeitsfähigen Juden und Jüdinnen durch die Ältestenräte angewiesen werden, ab sofort jeden Arbeitsplatzwechsel sowie jede neue Arbeitsaufnahme- oder niederlegung ihrem zuständigen Ältestenrat innerhalb von 24 Stunden mitzuteilen. Darüber hinaus sind die Ältestenräte angewiesen worden, arbeitsfähige Juden und Jüdinnen, die trotz dieser Aufforderung die formularmäßigen Meldungen unterlassen, der örtlich zuständigen Polizeidienststelle zu melden.
Die Durchführung dieser von dem Sonderbeauftragten des Reichsführers SS und Chef der Deutschen Polizei getroffenen Regelung bedarf der ständigen und energischen Mitwirkung aller örtlichen Polizeidienststellen. Ich ersuche dabei insbesondere alle Juden, die von den Ältestenräten wegen eines Verstoßes gegen die Meldepflichten angezeigt werden, festnehmen zu lassen. Der Sonderbeauftragte des RFSSuChdDtPol. errichtet z.Z. in Sosnowitz ein Judensammellager, in das alle gegen die Meldepflicht verstoßenden Juden überführt werden sollen. Ich ersuche, in dieses Sammellager unter gleichzeitiger Meldung an den Sonderbeauftragten alle wegen Verstoßes gegen die einschlägigen Anordnungen der örtlichen Judenräte festgenommenen Juden zu überführen. Das Lager befindet sich in Sosnowitz in der neuen jüdischen Schule auf der Gleiwitzer Straße.
Aufgrund vorliegender Erfahrungen muß mit der Möglichkeit gerechnet werden, daß die Mitglieder der örtlichen Judenräte beim Vollzug der ihnen vom Sonderbeauftragten des RFSSuChDtPol. erteilten Aufträge in Konflikt mit der jüdischen Bevölkerung geraten. Ich ersuche daher, durch geeignete polizeiliche Maßnahmen sicherzustellen, daß die für die Durchführung der ihnen erteilten Weisungen persönlich verantwortlichen Judenräte in ihrer Arbeit durch Maßnahmen der jüdischen Bevölkerung in keiner Weise gehindert werden.

1 APK, 119/2757, Bl. 15.
2 Walter Springorum (1892–1973), Jurist; 1933 NSDAP- und 1934 SS-Eintritt; Ministerialrat in der preuß. Innenverwaltung; Okt. 1939 bis 1944 Reg.Präs. in Kattowitz, von Aug. 1944 an stellv. Oberpräsident; nach 1945 Mitglied im Aufsichtsrat des Hoesch-Konzerns.
3 Sonderbeauftragter war Albrecht Schmelt.
4 Siehe Dok. 198 vom 15.11.1940.

## DOK. 200

**Der Älteste der Juden im Getto Litzmannstadt (Lodz) unterrichtet am 23. November 1940 das Städtische Gesundheitsamt über die Entwicklung im Getto**[1]

Denkschrift des Ältesten der Juden in Litzmannstadt-Getto (Nr. 2692/br/40), Rumkowski, für das Städtische Gesundheitsamt, Litzmannstadt, Adolf-Hitler-Str. 113, vom 23. 11. 1940

Hiermit erlaube ich mir, Ihnen in der Anlage ein kurzes Memorial über die Organisation im Getto bis zum heutigen Tage zu überreichen und bitte höfl. um gefl. Prüfung.
Ergebenst

*Memorial*
Schon vor Schließung des Gettos habe ich mir vorgestellt, daß es eine geschlossene Einheit bilden wird, die sich aus eigener Kraft ihren Lebensunterhalt bestreiten und mit eigenen Mitteln das ganze innere Leben regeln muß.
Ich habe mich daher rechtzeitig, und zwar schon am 5. April 1940, mit einem Schreiben an den Herrn Oberbürgermeister in Litzmannstadt gewandt,[2] in dem ich meinen Plan bzgl. der Aufrechterhaltung des Lebens im Getto unterbreitete und erklärte, daß ich genügend gute und spezialisierte Fachleute aller Branchen zur Verfügung habe. Ich bat, mir die Möglichkeit zu geben, die Arbeit im Getto zu organisieren, damit die Gettogemeinschaft produktiv für die Behörden und die Stadt verwendet werden könnte und somit gleichzeitig der Lebensunterhalt der Gettobevölkerung gesichert wird. Dieser Plan wurde von seiten der Behörde gebilligt und ging ich sogleich einerseits an die Regelung aller Lebenserscheinungen im Getto und andererseits an die Verwirklichung des Arbeitsprogramms. Schon am 13. Mai 1940, d.h. also gleich nach der Schließung des Gettos, habe ich dem Herrn Oberbürgermeister über die Zahl der registrierten Schneider und Wäschenäher und deren Leistungsfähigkeiten berichtet.[3]
Im Laufe der Zeit ist es mir trotz größter Schwierigkeiten und Mangel an Hilfsartikeln gelungen, eine ganze Anzahl Werkstätten und Fabriken in Betrieb zu setzen, wobei ich bemerken möchte, daß die früheren Inhaber derselben diese teilweise in einem vollkommen ruinierten Zustande zurückließen, die ich mit den meistens im Getto aufgetriebenen Mitteln instand gesetzt habe. Bis jetzt habe ich die nachstehend aufgeführten Betriebe in Gang gebracht, wobei ich sowohl auf die Reinlichkeit derselben als auch auf die sorgfältige und saubere Ausführung der Arbeiten geachtet habe. Besonders großen Wert habe ich auf die tadellose und saubere Ausführung der Heeresaufträge gelegt und für diese die besten Fachleute eingesetzt.
Es sind bis jetzt folgende Betriebe tätig:
10 Schneider-Werkstätten,
1 Wäsche-Näherei,
1 Textil-Fabrikations-Abteilung,
1 Strickerei-Textil-Fabrikation,
1 Trikotagen-Abteilung,
2 Schuhmacher-Werkstätten,

1 APŁ, 221/31866a, Bl. 7–11. Kopie: USHMM, RG 05.008M, reel 6.
2 YIVO, RG 241/44; Stadtkommissar (später OB) war 1939/40 Franz Schiffer.
3 Meldung Rumkowskis vom 13.5.1940, YVA, MF JM 1159.

1 Filzschuh-Abteilung,
1 Steppdecken-Abteilung,
1 Tapezier-Abteilung,[4]
1 Gummi-Mäntel-Fabrik,
1 Kürschner-Abteilung,
1 Hut-Abteilung,
1 Gerberei,
2 Tischler-Abteilungen,
1 Metall-Abteilung,
1 Altmaterialien-Sammelstelle.
Ferner sind in Vorbereitung:
3 weitere Wäsche-Nähereien,
1 Färberei,
1 Daunen- und Federn-Abteilung,
1 Goldschmiede-Werkstatt.

Des weiteren eröffne ich noch einige Betriebe für Heereslieferungen. Trotzdem die Produktion dieser Betriebe fortwährend steigt, konnte der Erlös derselben bisher noch nicht zur Tilgung der Bedürfnisse der Gettobevölkerung reichen.

Die behördlich zugelassene Einführung der Mark-Quittungen ermöglichte mir, die im Umlauf gewesenen Reichsmark einzuziehen.

Des weiteren bin ich dabei, nach wie vor Rohstoffe, allerlei Waren und Wertgegenstände im Getto bei denjenigen zu beschlagnahmen, die diese Artikel nicht freiwillig anbieten. Diese Artikel werden von mir ausgearbeitet, um sie als Ganzes zur Deckung meiner Rechnungen für die Ernährung zu verwerten.

Gleichzeitig habe ich in meiner Bank eine Ankaufsstelle eingerichtet, in der zwanglos Gold, Silber, Edelsteine, Pelze und sonstige Wertsachen angekauft werden, die ich ebenfalls an die Ernährungs- und Wirtschaftsstelle Getto abführe.

Eine weitere Einnahmequelle für mich ist die sogenannte indirekte Steuer, die ich aus den Verdiensten beim Verkauf meiner Lebensmittel entnehme.

Mit diesen Mitteln ist es mir bis Oktober 1940 gelungen, mich aus eigenen Kräften ohne jeglichen Zuschuß von außenher zu erhalten. Auch bin ich bemüht, den mir eingeräumten Kredit, den ich vorläufig nur teilweise ausgenutzt habe, sobald als möglich zurückzuzahlen.

Neben diesen Maßnahmen bin ich nach wie vor besorgt, die Ruhe und Ordnung im Getto sicherzustellen und den entstandenen Schmuggel im Rahmen meiner Möglichkeiten zu unterbinden.

Mit meinen Bekanntmachungen ordnete ich das innere Leben des Gettos auf solche Weise, daß einerseits die Verordnungen der Behörden ausgeführt wurden und andererseits mein Arbeits- und Zahlungsprogramm sich ungehindert verwirklichen ließ.

Besonderes Gewicht habe ich auch auf die Erhaltung der Gesundheit gelegt. Verschiedene Krankheiten und besonders die Ruhrepidemie bereiteten mir große Schwierigkeiten. Trotz der primitiven Mittel, die mir zur Verfügung standen, habe ich in ganz kurzer Zeit die Krankenhäuser, Ambulatorien, Rettungsbereitschaften usw. eingerichtet und ist es mir dadurch und auf Grund meiner strengen Anordnungen gelungen, mit der nur verhältnismäßig kleinen Anzahl von Ärzten die Epidemie zu bekämpfen.

4 Gemeint ist die Polsterei.

Durch diese konstruktive und planmäßige Einrichtung des inneren Lebens im Getto war es mir möglich, sowohl für die vorläufig noch Arbeitslosen als auch für Kinder, Kranke und Greise zu sorgen.
Wie aus den beigefügten zwei Bekanntmachungen betr. der Geldunterstützungen hervorgeht, erhalten alle wirklich Notbedürftigen das Minimum des Lebensunterhaltes. In der letzten Woche habe ich ebenfalls mit der Winteraktion begonnen, indem ich die ganze Bevölkerung mit den notwendigsten Lebensmitteln für die Wintermonate versorgen will (Anlage Nr. 3).[5]
Dieses alles und meine ständigen Bemühungen für meine Werkstätten und Fabriken ermöglichten es mir, das Niveau derselben beträchtlich zu heben. Einige Betriebe arbeiten bereits in zwei Schichten, und werden jetzt in fast allen Betrieben zwei Arbeitsschichten eingeführt.
Die Qualität der Arbeit und die Sauberkeit der Werkstätten sind von allen Kommissionen bei den Besichtigungen als tadellos anerkannt worden.
Was die Produktion anbetrifft, ist diese von Woche zu Woche gestiegen, und würde sie sich auch weiterhin erhöhen, wenn nicht die zwei letzten Maßnahmen bzgl. der Ernährung und Beleuchtung des Gettos getroffen wären.[6] Ich befürchte, daß dadurch ein gewisser Teil der bisher erreichten Leistung vermindert werden könnte.
Bei der Lieferung des fertigen Brotes aus der Stadt wird täglich viel gesundheitsschädliches Brot hereingeliefert, was von den Beamten der Lagerverwaltung der Ernährungs- und Wirtschaftsstelle Getto, der Geheimen Staatspolizei und des Städtischen Gesundheitsamtes ebenfalls festgestellt wurde. Dadurch sind viele Magenerkrankungen zu verzeichnen.
Auch wird das Brot teils mit einem Untergewicht geliefert.
Durch die Stillegung der Bäckereien im Getto haben ca. 1000 Personen ihre Existenz verloren, d.h. also ungefähr 4000 Menschen sind dadurch vollkommen brotlos geworden. Somit entsteht eine Mehrbelastung meines Fürsorge-Budgets um ca. Mk. 40 000 monatlich. Gleichzeitig ist dadurch mein Haushaltsplan um die Einkünfte vom Verdienst beim Mehlverkauf an die Bäcker und Brotbacken um ca. Mk. 200 000 monatlich geschmälert.
Noch schwerwiegender sind die Folgen der Verminderung der Brot- und Fettrationen.
Der Arbeiter, der nicht genügend Brot und Fett erhält, ist nicht leistungsfähig genug, um seine Arbeit richtig ausführen zu können, so daß die Produktion darunter leidet.
Wenn er auch die ihm zugeteilte Schwerarbeiterration erhält, nimmt er für sich nur einen kleinen Teil davon, während er den größten Teil naturgemäß für seine Familie aufhebt. Er bleibt also weiterhin hungrig.
Bei der allgemeinen Unterernährung sind die Menschen nicht mehr widerstandsfähig und sehr empfänglich für Infektionskrankheiten. Ich bitte daher höflichst, mir anstatt Brot *Mehl* wie bisher zu liefern, damit ich das Brot wieder im Getto backen lassen kann. Des weiteren bitte ich höfl. um erhöhte Mehl- und Fettzuteilung. Was die Beleuchtung anbetrifft, möchte ich höflichst bitten, mir zu gestatten, das Licht auch nach 20 Uhr in den Wohnungen brennen zu lassen.
Ich würde in diesem Falle weitgehendst begrenzten Stromverbrauch anordnen, so daß der allgemeine Verbrauch an Strom in den Wohnungen um ein Minimum vergrößert würde.

5 Liegt nicht in der Akte.
6 Siehe Dok. 196 vom 9.11.1940.

## DOK. 201
## Der Regierungspräsident in Kattowitz schränkt am 23. November 1940 die Wirtschaftsbeziehungen zwischen Juden und Nicht-Juden weiter ein[1]

*Polizeiverordnung betr. wirtschaftlichen Verkehr mit Juden*

Auf Grund der Verordnung des Chefs der Zivilverwaltung in Kattowitz vom 24.10.1939 über die Handhabung der Polizeigewalt (VOBl. Nr. 21 v. 24.10.1939) wird für die Kreise Bendzin, Chrzanow, Olkusch und die Stadt Sosnowitz folgende Polizeiverordnung erlassen:

§ 1

I) Inhaber von deutschen und polnischen Einzelhandelsgeschäften dürfen an Juden keinerlei Lebens- und Genußmittel verkaufen.

II) Der Einkauf von Lebens- und Genußmitteln bei jüdischen Einzelhandelsgeschäften ist Angehörigen des deutschen Volkstums sowie Polen verboten.

III) Juden dürfen weder bei deutschen oder polnischen Einzelhandelsgeschäften Lebens- und Genußmittel einkaufen, noch dürfen die Inhaber eines jüdischen Einzelhandelsgeschäftes diese Waren an Angehörige des deutschen Volkstums und Polen abgeben.

§ 2

Die Bestimmungen des § 1 gelten entsprechend für Großhändler, jedoch mit [der] Maßgabe, daß die „Jüdische Großverteilerstelle für Lebensmittel und Gartenbauerzeugnisse für die jüdische Bevölkerung in Ostoberschlesien in Sosnowitz“[2] bei allen im Gebiet zwischen Polizei- und Zollgrenze[3] ansässigen Großhändlern Einkäufe tätigen darf.

§ 3

Die jüdischen Geschäfte sind als solche äußerlich deutlich kenntlich zu machen.

§ 4

Bei Zuwiderhandlungen gegen diese Bestimmungen kann ein Zwangsgeld bis zu 150 RM, im Einzelfall und bei Nichtbeitreibbarkeit eine Zwangshaft bis zu 6 Wochen festgesetzt werden, soweit nicht nach anderen Bestimmungen eine höhere Strafe zulässig ist.

§ 5

Diese Verordnung tritt am 1. Dezember 1940 in Kraft.
Der Regierungspräsident
gez. Springorum.

1 Amts-Blatt des Regierungspräsidenten in Kattowitz, Folge 43 vom 30.11.1940, S. 236.

2 Diese Einrichtung belieferte ausschließlich jüdische Einzelhändler und spielte eine zentrale Rolle bei der Lebensmittelversorgung der jüdischen Bevölkerung. Springorum genehmigte sie im Juli 1940 auf Antrag von Moses Merin.

3 Die Polizeigrenze verlief in etwa entlang der bis 1919 geltenden deutschen Außengrenze, die Zollgrenze dagegen weiter östlich an der Ende 1939 festgelegten Grenze zum Generalgouvernement.

## DOK. 202
## Der Judenrat in Tschenstochau ruft die jüdische Bevölkerung am 28. November 1940 zu Spenden auf[1]

Spendenaufruf des Winterhilfskomitees beim Ältestenrat der Juden in Tschenstochau,[2] Marienallee 22, ungez., vom 28. 11. 1940 (Abschrift)

*Aufruf* an die jüdische Bevölkerung!
Der Winter steht vor der Tür – trotzdem können sich tausende Juden kein warmes Essen leisten und verfügen über keine entsprechende Kleidung. Hunger und Kälte stehen uns bevor!
Das Judentum kann angesichts dieses besonderen Elends nicht gleichgültig vorübergehen. Die gesamte Judenschaft muß nunmehr zur Linderung der Not der hungernden und durch Kälte bedrohten Massen ihre ganze Kraft einsetzen.
Zum Zwecke der Hilfeleistung an diese Unglücklichen hat sich beim Ältestenrat ein Winterhilfskomitee gebildet, dessen Aufgabe in der raschesten Einsammlung von Geldbeträgen und Kleidungsstücken bei sämtlichen jüdischen Einwohnern bestehen muß. In den nächsten Tagen werden vom Winterhilfskomitee beauftragte Sammler und Sammlerinnen in die Stadt ausgesandt werden. Diese werden die jüdischen Einwohner besuchen und an deren gutes Herz appellieren. Da die erwähnten Personen ihre Tätigkeit ehrenamtlich ausüben, wendet sich das Winterhilfskomitee an die jüdischen Einwohner mit der Bitte, diese mit Wohlwollen zu empfangen und mit Geld- und Kleiderspenden zu beteilen. Es möge sich jeder Spender vor Augen halten, daß jeder Groschen und jedes Kleidungsstück die schwierige Lage eines durch das Los Betroffenen mindern könne!
Es dürfen keine Opfer gescheut werden! Denkt daran, daß derjenige, welcher spendet, glücklicher ist als der Nutznießer der Spende!
Hilfe tut not! Möge dieser Aufruf in Euren Herzen den richtigen Widerhall erwecken!
Möge die Losung: „Winterhilfe so rasch als möglich" Verwirklichung finden!

## DOK. 203
## Die Transferstelle in Warschau informiert am 30. November 1940 über die künftige Zuständigkeit für die Nahrungsmittelversorgung des Gettos[1]

Schreiben des Leiters der Abteilung Umsiedlung, gez. Mohns,[2] an den Beauftragten des Distriktchefs für die Stadt Warschau, Abteilung Ernährungsamt (Eing. 4. 12. 1940), vom 30. 11. 1940[3]

1 AŻIH, 213/3, Bl. 397. Kopie: USHMM, RG 15.061M, reel 1. Die vorliegende deutsche Fassung wurde vermutlich für die deutschen Aufsichtsorgane angefertigt.
2 Der Vorsitzende des Judenrats war seit dem 16.9.1939 Leon Kopiński (1890 – 1943), Unternehmer.

1 APW, 485/17, Bl. 8.
2 Otto Mohns (1895 – 1965), Kaufmann; 1937 NSDAP-Eintritt; 1940 bis März 1941 stellv. Leiter der Abt. Umsiedlung im Amt des Warschauer Distriktchefs, dann bis Mai geschäftsführender Leiter der Dienststelle, zugleich von April an Leiter der Innenverwaltung im Distrikt Warschau, ab Okt. 1941 Landkommissar in Radzymin; nach 1945 im Kreis Lauenburg.
3 Im Original handschriftl. Unterstreichungen und Stempel: „Stadthauptmann Warschau, Nr. 019666".

*Betr.:* E 508 Umsiedlung Tgb.-Nr. 635/40/M/Ha.
Mit dem 1. Dezember 1940 beginnt die Transferstelle bei der Abteilung Umsiedlung für den jüdischen Wohnbezirk ihre Tätigkeit.[4] Von dem Tage ab wird die Zuteilung von Kohlen und Kartoffeln für den gesamten jüdischen Wohnbezirk von dort aus erfolgen. Die Abteilung Ernährung und Landwirtschaft wird in der Transferstelle vertreten sein. Der Obmann des Judenrates hat mir jedoch heute erklärt, daß er nicht in der Lage ist, den gesamten Verwaltungsapparat für die übrigen Lebensmittelkarten einschließlich der Brotkarten bis zum 1. Dezember 1940 aufzubauen. Ich habe ihm daher bis zum 31. Dezember Fristverlängerung gegeben.[5] Bis zu diesem Tage muß die Zuteilung von Lebensmitteln für den jüdischen Wohnbezirk mit Ausnahme von Kohlen und Kartoffeln noch durch Sie wahrgenommen werden.
Gleichzeitig bitte ich Sie, mir eine Aufstellung über die Sätze an Lebensmitteln, welche den Juden pro Kopf monatlich zugeteilt werden können, übermitteln zu wollen. Ich gebrauche diese Angaben für den Aufbau der Transferstelle und die Vorbereitungen für die Belieferung des jüdischen Wohnbezirkes ab 1. Januar 1940 mit Lebensmitteln.
Heil Hitler!

## DOK. 204
## Das polnische Untergrundblatt Placówka fordert am 30. November 1940 dazu auf, den Handel in die Hände von Polen zu überführen[1]

*Kümmern wir uns um den Handel*

Der Handel hat sich in unserem Land überwiegend in fremden Händen befunden. Seit undenklichen Zeiten produziert der Landwirt Getreide, betreibt Schweine- und Viehzucht, erzeugt Milch, sammelt die Eier ein u. a. m., aber der Handel mit diesen Waren wird fast vollständig von den Juden beherrscht; die Polen kann man an den Fingern abzählen, und das auch erst seit Kurzem. Und was dabei am wichtigsten ist: Der Landwirt muss die von ihm produzierten Waren oft zu Preisen unter seinen Selbstkosten verkaufen, was, mit kurzen Unterbrechungen, seit 20 Jahren der Fall ist. Am stärksten machte sich das unter den Sanacja-Regierungen bemerkbar, als die mit Getreide, Geflügel, Molkereiprodukten, Schlachttieren u. Ä. handelnden Juden ein Vermögen verdienten.
Wir haben gearbeitet und Lebensmittel erzeugt, doch bereichert daran haben sich Fremde. Da keine Nation durch Handel verloren hat, viele dagegen dadurch reicher geworden sind, ist es kein Wunder, dass wir, indem wir den Handel aus unseren Händen gegeben haben, eine der wichtigsten Grundlagen für unseren Wohlstand verloren haben. Wir sind bekanntlich keine reiche Nation und haben große Probleme mit Kapital. Das Fehlen freien Kapitals erschwert oder verhindert die Nutzung von Krediten, die deshalb

4 Die Transferstelle regelte und kontrollierte den offiziellen Wirtschaftsverkehr zwischen dem Warschauer Getto und der Außenwelt; siehe Dok. 252 vom 10.3.1941.
5 Czerniaków notierte am 29.11.1940: „Ich war bei Mohns. Die [Gültigkeit der] Brotkarten wurde auf den Dezember ausgedehnt …"; Czerniaków, Im Warschauer Getto (wie Dok. 39, Anm. 1), S. 135.

1 Placówka, Nr. 9 vom 30.11.1940, S. 4: Bierzmy się do handlu, Biblioteka Narodowa, MF 50773. Der Artikel wurde aus dem Polnischen übersetzt. Placówka. Organ wsi polskiej (Die Feldwache. Organ für die polnische Landbevölkerung) war ein Blatt der rechtsradikalen Szaniec-Gruppe; es erschien vom Juli 1940 bis mindestens zum 1.1.1944 vierzehntägig mit einer Auflage von 3000 – 10 000 Exemplaren.

sehr teuer sind. Da der Boden relativ geringe Gewinne abwirft, ist der Landwirt ganz einfach nicht in der Lage, hohe Zinsen zu bezahlen. Indessen sind Kredite in der Landwirtschaft notwendig, weil sowohl Dränage wie auch der Erwerb einer besseren Maschine oder die Errichtung eines guten Gebäudes eine größere Bargeldsumme erfordern, die ein Landwirt nirgends bekommen kann. Es ist Zeit, das nun zu beenden, erst recht höchste Zeit, sich um den Handel zu kümmern, ihn den fremden Händen zu entreißen und in die eigenen zu nehmen. Wir Polen produzieren, wir sollten auch mit den erzeugten Produkten handeln, unabhängig davon, ob das jeweilige Produkt auf einem Bauernhof entstanden oder in einer Fabrik von unserem Arbeiter hergestellt worden ist. Denn nicht die jüdischen Zuwanderer, sondern nur wir sind hier die Herren auf unserem Boden und in unseren Städten, und nur wir können entscheiden, wie es sein soll und sein wird.

Aus Mangel an größerem Kapital können wir nicht sofort den Großhandel übernehmen, aber Kleinhandel kann sich so mancher von uns sehr wohl erlauben. Kümmern wir uns zu Beginn um die Marktstände, die vollständig in unserer Hand sein sollten. Die Kosten eines solchen Marktstands mit Waren sind erheblich geringer als die einer Ein-Hektar-Wirtschaft. Der Landwirt leidet auf einem solchen Hof mit seiner Familie Hunger, während ein Marktstand seinem Besitzer einen anständigen Unterhalt einbringen kann. Bei entsprechenden Fähigkeiten, Umtriebigkeit und Sparsamkeit kann man vom Marktstand zu einem kleinen Geschäft übergehen und anschließend den Handel in größerem Maßstab in Angriff nehmen. Auf diese Weise können wir langsam auch den Großhandel in unsere Gewalt bekommen.

Wenn wir wollen, dass unser Land reich ist, sollten wir auf die Möglichkeiten nicht verzichten, die uns der Handel bietet. Es gibt Länder wie die Schweiz, die kein einziges Goldbergwerk haben, kein Erdöl und keine Kohle, aber dennoch reich sind. Dies verdanken sie in hohem Maße dem Handel. Auch wir sollten diesen Weg beschreiten. Dabei mag sich insbesondere der gegenwärtige Krieg zu unserem Vorteil nutzen lassen. Trotz großer Schwierigkeiten eröffnen sich uns große Möglichkeiten sowohl im Handel als auch im Handwerk und im Kleingewerbe. Lasst uns keine Zeit verlieren, lassen wir die Gelegenheit nicht ungenutzt verstreichen! Übung macht den Meister!

## DOK. 205
## Der Leiter der Ältestenräte der jüdischen Gemeinden in Ost-Oberschlesien bittet am 3. Dezember 1940 eine Hilfsorganisation in Genf um finanzielle Unterstützung[1]

Schreiben des Leiters der Ältestenräte der jüdischen Kultusgemeinden in Ost-Oberschlesien,[2] gez. Czarna,[3] Sosnowitz, an das Komitee zur Hilfeleistung für die kriegsbetroffene jüdische Bevölkerung in Genf,[4] z.Hd. Herrn Dr. A. Silberschein,[5] 247 rue de Paquis, vom 3.12.1940

1 YVA, M-20/86, Bl. 145f.
2 Moses Merin.
3 Fanny Czarna (1907/08 – 1943), Moses Merins Sekretärin, Stellvertreterin und Lebensgefährtin; in Auschwitz umgekommen.
4 RELICO, das Komitee zur Hilfeleistung für die kriegsbetroffene jüdische Bevölkerung, entstand 1939 in Genf unter der Leitung von Abraham Silberschein. Die Organisation wurde vom Jüdischen Weltkongress unterstützt. Sie organisierte die Lieferung von Geld, Lebens- und Arzneimitteln an die jüdische Bevölkerung im deutsch besetzten Polen und engagierte sich in der Flüchtlingshilfe.
5 Dr. Abraham (auch Adolf Henryk) Silberschein (1882 – 1951), Jurist; in den 1920er-Jahren führender

Im Zusammenhang mit Ihrem Telegramm betreffs die Bedürfnisse der jüdischen Bevölkerung in den ehemalig polnischen Gebieten gestatten wir uns, Ihnen hiermit folgendes mitzuteilen:
Die Zentrale der jüdischen Kultusgemeinden in Ost-Oberschlesien, Sitz in Sosnowitz, befaßt sich mit der Betreuung der jüdischen Bevölkerung in Ost-Oberschlesien und [im] Warthegau und führt eine breite Fürsorgetätigkeit auf diesem Gebiete.[6]
Ost-Oberschlesien umfaßt 96 Ortschaften mit einer jüdischen Bevölkerungszahl von ca. 112 000 Seelen, [der] Warthegau – 66 Ortschaften – 140 000 Seelen.
Die Lage beider Gebiete ist äußerst schwer, und wir sind nicht imstande, die immer anwachsenden Bedürfnisse der jüdischen Bevölkerung aus eigenen Mitteln zu decken.
Wir gestatten uns daher, Sie höflichst zu bitten, für Ost-Oberschlesien und [den] Warthegau eine monatl. Unterstützung in Höhe von 30 000 RM gefl. zuteilen zu wollen.
Wir hoffen, daß unsere Bitte bei Ihnen volles Verständnis finden wird, und für eine günstige Erledigung wären wir Ihnen äußerst dankbar.
Wir sind gerne bereit, Ihnen – auf Ihren Wunsch – mit genauen Angaben über unsere Fürsorgetätigkeit wie auch breite sanitäre und prophylaktische Aktion zu dienen.
Ihren werten Nachrichten mit großem Interesse entgegensehend, zeichnen wir
mit vorzüglicher Hochachtung

## DOK. 206
## Eine oppositionelle Gruppe im Getto Litzmannstadt (Lodz) ruft zu einer Hungerdemonstration am 4. Dezember 1940 auf[1]

Handschriftl. Flugblatt von Ende November/Anfang Dezember 1940

An alle Hungernden.
Unsere ungebetenen Vertreter[2] wollen uns aushungern, das können wir belegen:
1) die Unterstützung für den 12. M[onat], die vom 1.11. bis heute hätte ausgezahlt werden müssen, haben Hunderte von Menschen nicht erhalten, 2) *die Talone[3] für Kartoffeln, die uns vor dem Hunger hätten bewahren können, wurden eingezogen.* Statt der Talone wurden Rationen ausgegeben, und auf diese Weise ziehen sie uns die letzten Groschen aus der Tasche, damit wir nichts haben, um Brot zu kaufen. Kartoffeln werden erst dann ausgegeben, wenn sie nicht mehr zum Verzehr geeignet sind. Und mit diesem Ziel rufen wir euch auf, am 4.12. um 11 Uhr morgens an der Kreuzung Brzezińska- und Młynarska-

Politiker der Partei Poale Zion-Hitachduth in Ostgalizien, 1922–1927 Sejm-Abgeordneter, später Mitbegründer des Jüdischen Weltkongresses, Aug. 1939 Delegierter beim 21. Zionistenkongress; danach in Genf Gründer und Leiter der Hilfsorganisation RELICO; veröffentlichte 1944/45 in Genf die mehrbändige Dokumentation „Die Judenausrottung in Polen".
6 Merin vermittelte 1940 als Repräsentant des Joint auch Gelder für die jüdischen Gemeinden des Warthegaus, das Getto Litzmannstadt ausgenommen.

1 AŻIH, 230/143, Bl. 43 (11). Kopie: USHMM, RG 15.070M, reel 5. Das Dokument wurde aus dem Polnischen übersetzt.
2 Gemeint ist die jüdische Verwaltung.
3 Bezugsscheine.

Straße zu zeigen, dass wir *lieber durch das Schwert als durch Hunger sterben* wollen, rufen wir euch, überwiegend die ehemaligen Soldaten, zum Entscheidungskampf auf, gleichzeitig wenden wir uns an diejenigen, die gestern noch hungerten und heute Polizisten sind: Denkt daran, dass der Kampf, zu dem wir gezwungen sind, blutig sein wird. Wir lassen uns nicht aushungern, wir lassen uns nicht durch die Registrierung zur Arbeit einlullen, denn daraus wird nichts, und selbst wenn etwas dabei herauskommen sollte, wird unsere Familie hungers sterben.
Komitee zum Schutz der jüdischen Bevölkerung vor dem Hunger.
Denkt daran, dass es besser ist, durch das Schwert als durch Hunger zu sterben.
Schluss mit den leeren Versprechungen.

## DOK. 207
## Warschauer Zeitung: Artikel vom 4. Dezember 1940 über das Warschauer Getto[1]

*Warschaus Juden ganz unter sich. Fahrt durch den jüdischen Wohnbezirk. Jüdischer Ordnungsdienst eingesetzt. Der Schacher blüht in den eigenen Reihen.*

*Eigener Bericht der Krakauer und Warschauer Zeitung*
gff.[2] Warschau, 4. Dezember
Seit ein paar Tagen sind die Warschauer Juden unter sich. Die Umsiedlung in den geschlossenen jüdischen Wohnbezirk ist beendet, der, wie berichtet, nur noch mit besonderen Ausweisen betreten werden darf. Außer den Angestellten und Arbeitern der noch innerhalb des jüdischen Wohnbezirks liegenden nichtjüdischen Betriebe betritt also niemand mehr diesen, den Juden vorbehaltenen Stadtteil, in dem nun einige hunderttausend Israeliten hausen. Auch der Verkehr zwischen dem Judenviertel und den übrigen Stadtteilen, soweit er die öffentlichen Verkehrsmittel angeht, wurde ja besonders geregelt.
Juden unter sich: Es gehört für den, der einmal in die Judenstraße irgendeiner weltvergessenen polnischen Kleinstadt hineingeschaut und hineingerochen hat, nicht viel dazu, sich vorzustellen, wie das nun in Warschau aussehen mag. Ein wimmelndes, hin und her flutendes, nach großer Geschäftigkeit aussehendes Leben erfüllt die düsteren Straßen, daß man annehmen könnte, es geschehe hier wirklich etwas Wesentliches und Bedeutsames. Das rennt und treibt mit Packen und Bündeln, schlurft tief gebückt unter schmierigen Säcken, schiebt Handkarren, mit unansehnlichem Gerümpel beladen, feilscht und schachert in dunklen Haustoren und an den Straßen in kleinen schmalen Läden mit sprudelnder Beredsamkeit, aber hinter allem steht nur das heißgeliebte „Geschäftel". Nun freilich mit einem wesentlichen Unterschied: Warschaus Juden ist es jetzt nicht mehr vergönnt, die „Goijms",[3] vor allem die gutgläubigen polnischen Kleinbauern, mit öligem Lächeln übers Ohr zu hauen, knappgewordene Waren aufzukaufen und dann die Preise in schwindelnde Höhe zu treiben oder im Schleichhandel krumme Wege zu gehen. Nun

1 Warschauer Zeitung, Nr. 286 vom 4.12.1940, S. 5f.
2 Robert [J.] Greiff.
3 Hebr.: Nicht-Juden (Goi, Plur.: Gojim).

versuchen sie ihr Glück bei ihren Rassegenossen, um freilich bald zu merken, daß da nicht viel zu holen ist. Das beste Geschäft scheint doch der Handel mit den Armbinden zu sein, dem sich einige die Konjunktur erfassende Straßenhändler seit längerem widmen. Selbstverständlich gibt es die Binden in zwei Ausführungen, einmal in der gewöhnlichen aus Stoff mit dem aufgenähten Zionsstern, dann aber auch in einer haltbaren aus Zelluloid für die Bessergestellten, abwaschbar wie ein Gummikragen. Oder scheint die Frau, die dort in einem Hausflur mit erheblichem Stimmaufwand und weitschweifigen Gebärden ihre Haarnadeln, Ansteckblumen und Bänder anpreist, die sie tanzen läßt wie eine Schlangenbeschwörerin, den größeren Umsatz zu haben? Daß das Leben auch heute für die Juden noch „süß" ist, beweist der schmierige, stoppelig grinsende Bauchladenhändler, der mit ungewaschenen Fingern kandierte Früchte verkauft.
Für die Ordnung im jüdischen Wohnbezirk hat der Judenrat zu sorgen, eine Art Selbstverwaltungskörperschaft der jüdischen Gemeinde, die jetzt einen eigenen jüdischen Ordnungsdienst in Stärke von 1000 Mann aufstellt und ausbildet. Die Angehörigen dieses Ordnerdienstes sind durch eine Armbinde und durch eine besondere Mütze gekennzeichnet und tragen als Zeichen ihrer Macht einen Gummiknüppel, den sie gegenüber ihren Rassegenossen wohl zu gebrauchen wissen. Sie werden auch zu den Kontrollen an den Zugängen des jüdischen Wohnbezirks, die von deutscher und polnischer Polizei ausgeübt werden, mit hinzugezogen. Dem Judenrat, der seine Tätigkeit selbstverständlich unter Aufsicht der deutschen Behörden ausübt, wird es auch zufallen, für besondere hygienische Verhältnisse im jüdischen Wohnbezirk zu sorgen, denn bekanntlich war es einer der ausschlaggebenden Gründe, die zur räumlichen Trennung der jüdischen und nichtjüdischen Bevölkerung führten, daß die Juden auf dem Umwege über das ihnen anhaftende zahlreiche Ungeziefer zum Träger gefährlicher ansteckender Krankheiten, namentlich des Fleckfiebers, wurden, gegen die sie selbst bis zu einem gewissen Grade immun sind, die aber für die übrige Bevölkerung eine um so größere Gefahr bedeuten müßten. Ferner hat sich der Judenrat fürsorgerischen Aufgaben zu widmen. Um diesen gerecht zu werden, darf er von seinen Gemeindemitgliedern Abgaben erheben.
Auf fürsorgerischem Gebiet arbeitet auch die jüdische Soziale Selbsthilfe, die allein aus jüdischen Mitteln finanziert wird und etwa 150 000 Juden erfaßt, auch sie wird in ihrer Tätigkeit von deutscher Seite überwacht.
Wie günstig sich die Bildung des geschlossenen jüdischen Wohnbezirks auswirkt, mit der ähnliche Maßnahmen im ganzen Distrikt, wie Gouverneur Dr. *Fischer* kürzlich ankündigte, Hand in Hand gehen werden – in einzelnen Kreisen wie beispielsweise in Lowitsch gibt es ja bereits gesonderte jüdische Wohnbezirke[4] –, hat gewiß der empfunden, der in diesen Tagen in den Straßen Warschaus, die dadurch bereits weit mehr an mitteleuropäische Verhältnisse erinnerten, aufatmend das Fehlen der krummnasigen Armbindenträger feststellte. In wirtschaftlicher Hinsicht werden sich die Vorteile erst in einiger Zeit zeigen können, wenn die Schwierigkeiten, mit denen beispielsweise die Aussiedlung der jüdischen Wirtschaftsunternehmen aus dem jüdischen Wohnbezirk zwangsläufig verbunden ist, in geeigneter Weise behoben sind, wird es doch dann möglich sein, den Schleich-

4 In der Kreisstadt Łowicz richtete Kreishauptmann Schwender im Frühjahr 1940 zwei Gettos für Juden ein, die durch Mauern und Zäune vom übrigen Stadtgebiet isoliert wurden. Die 7000 Eingeschlossenen ließ er von Febr. 1941 an in das Warschauer Getto deportieren.

5 Im Original Fotografien von „Bil", Mieczysław Bilażewski, Fotograf und Schauspieler; drehte vor dem Krieg Filme über Danzig; von 1939 an für den Zeitungsverlag Krakau-Warschau tätig, 1941 In-

handel und Preiswucher, bisher das hauptsächlichste „Arbeitsgebiet" der Juden, allmählich ganz zu unterdrücken. Das ist besonders für die Durchführung der notwendigen ernährungswirtschaftlichen Maßnahmen bedeutsam, die bisher immer noch unter dem jüdischen wirtschaftszerstörerischen Treiben zu leiden hatten. Erst die gründliche Ausmerzung des jüdischen Einflusses, der gerade im Distrikt Warschau schon vermöge der großen Zahl der Juden, die in der Millionenstadt zusammengeströmt sind, besonders groß war, wird den Weg freimachen für eine geordnete, reibungslos arbeitende Wirtschaft.[5]

## DOK. 208
## Der jüdische Vertreter im polnischen Exilparlament in London, Ignacy Schwarzbart, schreibt am 7. Dezember 1940 über eine Unterredung mit dem Ingenieur Józef Podoski[1]

Tagebuch von Ignacy Schwarzbart,[2] Eintrag vom 7. 12. 1940

*Samstag, 7. Dezember 1940*
Seit 6 Uhr morgens an der Arbeit. Korrespondenz.
Um 9.30 Uhr diktiere ich Goldschmid Nachrichten für Ita[3] und für Di Tsayt.[4]
Von 11.30 Uhr bis 13.45 Uhr Unterredung im Cumberland[5] mit Ing. Józef Podoski (Junosza),[6] der Ende September [1940] aus Warschau abgereist ist. Ein Mensch von anschei-

haber von „Photo-Bil, Warschau". Die Fotos haben folgende Bildunterschriften: 1. „Ein Mitglied des jüdischen Ordnungsdienstes mit Armbinde, Mütze und Gummiknüppel." 2. „Unsere Fotomontage zeigt von links nach rechts einen jüdischen Kutscher. Daneben wird das amtliche Kennzeichen, der Zionsstern, unter die Artgenossen verschachert. An den Eingängen des Warschauer jüdischen Wohnbezirks erfolgt Kontrolle. Links unten verschaffen sich Angehörige des jüdischen Ordnungsdienstes ihrem auserwählten Volk gegenüber den notwendigen Respekt. Die typische Geste der feilschenden Frau in der Mitte bestätigt besten Geschäftsgang auch im jüdischen Wohnbezirk. Rechts marschiert eine Abteilung des jüdischen Ordnungsdienstes."

1 Tagebuch Schwarzbarts vom 1.10. bis 27.12.1940, Bl. 149–151, YVA, M-2/746. Das Dokument wurde aus dem Polnischen übersetzt.

2 Dr. Ignacy Schwarzbart (1888–1961), Jurist; 1911 Vorsitzender der Krakauer zionistischen Burschenschaft Haschachar; im Ersten Weltkrieg Offizier und Feldrichter der österr.-ungar. Armee, 1921–1925 Chefredakteur der Krakauer Tageszeitung Nowy Dziennik (Neues Tageblatt), Aktivist der Allgemeinen Zionisten, 1938/39 Sejm-Abgeordneter; 1939 Flucht, 1940–1945 Mitglied des Nationalrats (Exilparlaments) der Polnischen Republik in London; von 1946 an in New York, Leiter der Organisationsabt. des Jüdischen Weltkongresses.

3 Gemeint ist die Jewish Telegraphic Agency. Die Nachrichtenagentur J.T.A. wurde 1917 von Jacob Landau als Jewish Correspondence Bureau gegründet und führt seit 1919 den Namen Jewish Telegraphic Agency. Sie unterhielt in den 1930er-Jahren Büros u.a. in Berlin, Warschau, Jerusalem und New York.

4 Di Tsayt (Die Zeit): zwischen 1913 und 1950 in London von Morris Myer herausgegebene Tageszeitung in jiddischer Sprache.

5 Eines der Hotels in London, in denen die poln. Exilregierung untergebracht war.

6 Józef Podoski (1904–1998), Ingenieur; Sept. 1939 Kriegsteilnahme, dann Flucht aus sowjet. Gefangenschaft nach Frankreich, später nach Großbritannien, dort Adjutant des Stabschefs des Oberbefehlshabers der polnischen Armee, 1944/45 Kriegsteilnahme; 1947 Rückkehr nach Polen, 1949 zu acht Jahren Haft verurteilt, 1954 rehabilitiert, Professor am Warschauer Polytechnikum.

nend durchschnittlicher Intelligenz. Auf meine Frage, welcher Partei er angehöre, erklärte er mir, er sei parteilos, gesellschaftliche Probleme habe er immer menschlich betrachtet, in seinem Büro habe er Juden beschäftigt, aber er stehe der nationalen Ideologie nahe. Meine Unterredung mit ihm fand auf Vorschlag von Minister Kot statt, damit er mich über die Lage der Juden in Polen informiere, zudem sollte ich Podoski, der nach Amerika weiterreist, über die jüdischen Dinge in Amerika unterrichten. Podoskis Informationen deckten sich im Allgemeinen mit seinen der Regierung vorgelegten Berichten, die mir bekannt sind. Auf meine Frage, wie sich seiner Meinung nach die jüdisch-polnischen Beziehungen in einem künftigen Polen gestalten würden und ob mit einem Verschwinden des Antisemitismus zu rechnen sei, erklärte er wörtlich: „Sehr viele Polen aus der Intelligenz, aus dem Bürgertum und sogar Arbeiter haben die wirtschaftlichen Positionen der Juden übernommen, da sie von den Juden aufgrund der Gesetzgebung oder auch auf nazistischen Druck hin aufgegeben werden mussten. Auf diese Weise wurde trotz des polnischen Hasses auf den Nazismus und die Deutschen als Besatzer eines der Ziele der polnischen Politik erreicht: die Stärkung des polnischen Bürgertums. Würden die Juden diese Positionen später wiedererlangen wollen, wird naturgemäß ein Antagonismus entstehen – ein Konkurrenzkampf. Im Stillen nämlich sind die betreffenden polnischen Volksschichten mit dieser Wendung der Dinge zufrieden – ich denke, dass unter diesen Voraussetzungen eher eine Verschärfung des Antisemitismus zu erwarten ist, meiner Meinung nach sogar bei den linken Parteien. Wenn sie den Beifall ihrer Klientel ernten wollen, müssen sie bestimmte antisemitische Akzente übernehmen, gerade mit Blick auf diese Verflechtung wirtschaftlicher Interessen."

Auf meine Frage, ob es auf Seiten der jüdischen Bevölkerung Vorkommnisse gegeben habe, die in politischer Hinsicht eine Verschärfung des Antisemitismus begründen würden, antwortete Herr Podoski: „Was die deutsche Besatzung betrifft, nein – die Juden sind übrigens in gewisser Weise trotz ihrer derzeitigen Leiden im Vergleich mit den Polen privilegiert. Das jüdische Vermögen wird von den jüdischen Gemeinden registriert, das polnische Vermögen hingegen von den Deutschen, zuletzt konspirativ auch von den Polen selbst. Infolgedessen werden den Juden später die sorgfältigsten Aufstellungen der Schäden und Beschlagnahmungen vorliegen, den Polen aber nicht. Das zweite Privileg besteht jetzt darin, dass die Juden nicht auf den Straßen aufgegriffen werden, die Polen aber wohl. Juden werden nicht zur Arbeit nach Deutschland deportiert, Polen aber wohl. Gettos waren, zumindest bis Ende September, zum großen Teil Fiktion.[7] An den Gettotoren gab es Aufschriften wie Seuchengefahr,[8] es gab also keine rassischen Begründungen. Lediglich in Lodz wird die Gettoisierung streng durchgeführt. Die Evakuierung aus Krakau war unbedeutend, [nur] wer wollte, ist fortgegangen, die Juden haben sich anscheinend freigekauft. Um das Lubliner Reservat ist es, soviel ich gehört habe, still geworden."

Auf meine nächste Frage, ob der Antisemitismus nicht durch die gemeinsame Leidenserfahrung beseitigt würde, erklärte Herr Podoski: „In Einzelfällen sicher." Auf meine weitere Frage, ob es von jüdischer Seite keine positiven Schritte in Bezug auf die polnischen Angelegenheiten gebe, erklärte Herr Podoski, dass Juden, deren Unternehmen von einem Treuhänder übernommen werden sollten, mehrfach mit Polen gesprochen hätten,

7 Bis Ende Sept. 1940 waren die meisten Gettos noch nicht abgeriegelt.
8 Im Original deutsch.

damit diese das Amt übernehmen sollten, um die Lage nicht zu Ungunsten der Polen zu erschweren. Auf meine Frage, ob die Juden sich an der Untergrundarbeit beteiligen bzw. dazu zugelassen werden, erklärte Herr Podoski, davon wisse er nichts. Als ich daraufhin feststellte, dass dies für die gemeinsame Sache notwendig sei, antwortete Herr Podoski, dies sei tatsächlich nötig, da dies ein politisches Argument zugunsten der Juden sein könnte.

Was die russische Besatzung angeht, so erklärte Herr Podoski, viele aus dem russischen in das deutsche Besatzungsgebiet zurückgekehrte Polen hätten berichtet, die Juden hätten dort die Bolschewiken freudig empfangen. Als ich sagte, solche Fälle hätte es auch von Seiten der Polen gegeben, und auch unter der deutschen Besatzung gebe es Personen und Gruppen, die mit den Deutschen liebäugelten, sagte Herr Podoski, sicher gebe es auch solche. Zum Beispiel die Herren Twardowski in Krakau[9] und Bartel in Lemberg,[10] und insbesondere in Krakau gebe es ein Zusammengehen gewisser polnischer Kreise mit den Deutschen und sogar gesellschaftliche Kontakte. Ich erwähnte die Zakopaner Goralen[11] und fragte, ob er nicht denke, dass man das Prinzip der Kollektivschuld besser nicht einführen sollte, da es in diesem Falle auch auf die Polen angewendet werden müsse – worauf Herr Podoski erklärte: natürlich.

Auf meine Frage, welche Strömung und welche Partei in der Meinung der polnischen Bevölkerung die Oberhand gewinne, die Nationaldemokraten, die Bauernpartei oder die Polnische Sozialistische Partei, erklärte Herr Podoski, dies sei schwer einzuschätzen, aber mit Sicherheit werde es zu einer gewissen Radikalisierung der Vorstellungen kommen, obwohl das nationale Moment dominiere. Die Stimmungen in der polnischen Gesellschaft bezeichnete Herr Podoski als geradezu unheimlich: Die ältere Generation sei gebrochen, die jüngere aber verbissen, und wenn der richtige Augenblick gekommen sei, werde sicher kein einziger Deutscher übrig bleiben.

Auf meine Frage, ob sich die Feindschaft gleichermaßen gegen Deutschland wie gegen Russland richte, antwortete Herr Podoski, in der jungen Generation sei das mit Sicherheit so, obwohl sie seiner Meinung nach mit aller Vehemenz gegen Deutschland gerichtet werden müsse.

Herr Podoski sprach von der Bestechlichkeit der Deutschen, darüber, dass ihre Pläne auf viele Jahre hinaus angelegt und dass Stadtplanung und Elektrifizierung des Landes breit angelegt seien, dass aber die Umsetzung dieser Pläne chaotisch verlaufe. Man könne bei der Polnischen Sparkasse (PKO) trotz Verbots jede Summe abheben, wenn man 25 % Schmiergeld zahle.

Insgesamt bietet das von Herrn Podoski hinsichtlich der Juden gezeichnete Bild einen düsteren Ausblick, und man wird schon jetzt mit entsprechenden Forderungen an die Regierung herantreten müssen. Ich sprach mit Herrn Podoski noch über viele andere Fragen, über die ukrainische, über die Einstellung im [besetzten] Land zur Regierung, wobei Herr Podoski unübersehbar eher Sosnkowskis als Sikorskis Autorität hervorhob.

9 Vermutlich der Priester Jan Twardowski, ein führender Mitarbeiter der RGO in Krakau.

10 Kazimierz Bartel (1882–1941), Mathematiker; 1922–1930 Sejm-Abgeordneter, 1926–1930 mehrmals Ministerpräsident von Sanacja-Regierungen, von 1930 an Rektor der TU Lemberg, ab 1937 Senator; 1939–1941 abermals Professor an der TU Lemberg, 1940 lehnte er es ab, sich in den Obersten Sowjet aufnehmen zu lassen; im Juli 1941 wurde er von der deutschen Polizei erschossen.

11 Schwarzbart spielt darauf an, dass Teile der goralischen Volksgruppe mit den Deutschen kollaborierten.

Im Allgemeinen teilte Herr Podoski seine Informationen in einem sehr ruhigen, sachlichen Ton mit, ohne dass sie seine persönliche Einstellung und eigenen Neigungen verrieten. Die durchschnittliche Intelligenz des Informanten sprach mich dann übrigens nicht so sehr an, dass ich seine eigene Meinung hätte einholen wollen; die Beispiele von den „Privilegien der Juden" waren jedoch ein ausreichender Beleg dafür, wie verzerrt die Tatsachen durch die politische Linse eines Durchschnittspolen betrachtet aussehen. Die Art und Weise, wie Herr Podoski eher eine Verstärkung des Antisemitismus voraussagte, wies darauf hin, dass im Land eine gewisse Befriedigung darüber herrscht, dass im Zuge dieser schrecklichen Katastrophe wenigstens in Sachen jüdischer Frage etwas erreicht worden sei.
Am Ende bat mich Herr Podoski um Empfehlungsschreiben an jüdische Persönlichkeiten in Amerika, da er dort Gespräche mit allen Gruppierungen führen möchte.[12] Falls Herr Podoski ein typisches Beispiel für die Stimmungen [in Polen] ist, hat sich die polnische Seele, was das Verhältnis zu den Juden angeht, anscheinend kaum verändert.
Wird meine Aufgabe somit nicht einer Sisyphusarbeit gleichen?
Durch die von der Wintersonne aufgeheiterten Straßen Londons im Krieg, voller vorfeiertäglichen Verkehrs, ging ich niedergeschlagen nach Hause. […][13]

## DOK. 209

**Ein Sachbearbeiter im Fürsorgewesen in Busko berichtet am 10. Dezember 1940 über die Aufnahme von aus Radom vertriebenen Juden in Chmielnik Kielecki[1]**

Bericht des Sachbearbeiters im Fürsorgewesen in Busko, Stefan Sobociński, vom 10. 12. 1940[2]

*Bericht* über die Übernahme und Verteilung der Judentransporte aus Radom.[3]
1) Auf Anordnung der Abt. III der Kreishauptmannschaft in Busko begab ich mich am 4.XII.1940 nach Chmielnik. Nach meiner Ankunft besichtige ich die Verpflegungs- und Unterkunftsstätten. Ich habe alles vorbereitet vorgefunden.
Die Küche ist sauber und ordentlich eingerichtet. Es sind drei große Kessel eingebaut mit einem kleineren Kochherd, ein Magazin für die Lebensmittel, ein Abwaschraum, ein Eßsaal und ein Büroraum. Das warme Essen war ausreichend vorbereitet und 200 gr Brot für Kopf vorgesehen.
Die Unterbringung der Ankömmlinge erfolgte in 20 Sammelquartieren, welche reichlich mit Stroh versehen sind. Die verschiedenen Unterkunftsräume nahmen von 10 bis 40 Personen auf. In 4 größeren Räumen waren 60, 70, 100 und 125 Personen untergebracht.

12 Am 11.12.1940 überreichte Schwarzbart Podoski Empfehlungsschreiben für Arieh Tartakower, Jakub Appenszlak und Chaim (Henryk) Szoszkies; wie Anm. 1, Bl. 154.
13 Im Weiteren schilderte Schwarzbart Unterredungen, die er am selben Tag mit polnisch-jüdischen Gesprächspartnern geführt hatte.

1 AIPN, GK 639/37a, Bl. 23+RS. Kopie: USHMM, RG 15.022M, reel 9.
2 Grammatik wie im Original.
3 Im Spätherbst 1940 hatten die deutschen Behörden in Radom 2000 einheimische Juden zum Verlassen der Stadt gezwungen; Gazeta Żydowska, Nr. 42 vom 13.12.1940, S. 4.

2) Um 19.15 Uhr traf der erste Zug auf dem Nebengeleise an der neuen Schule ein. Die Gendarmerie und die Polizei waren zur Stelle. Die Fuhrwerke für den Gepäcktransport stellte die Stadtgemeinde in Chmielnik zur Verfügung. Der Ältestenrat von Chmielnik[4] versammelte die jüdische Jugend, welche, mit Ordnungsnummern versehen, die ihnen zugeteilten Gruppen nach zugewiesenen Quartieren begleitete. Kinder und schwächliche Personen wurden mit den Wagen befördert. In etwa ¾ Stunde ist der Zug entladen und zurückgezogen worden. Inzwischen kam der zweite Zug an. Nach dem Wegschaffen der vom ersten Zug noch zurückgebliebenen Leute ist der zweite Zug in derselben Ordnung geräumt und die Leute nach den bestimmten Stellen abtransportiert.
Die Verpflegung ist teilweise in der Küche und in den Quartieren erfolgt.
3) Der Abtransport nach den vorgesehenen Gemeinden erfolgte am 5.XII.1940. Um 8 Uhr früh trafen die Fuhrwerke in Chmielnik am Kleinen Markt ein. Von 10.30 Uhr ab ist mit dem Verladen und Abtransport begonnen, welches bis etwa 15 Uhr dauerte.
Am 5.XII. d.J. waren die Gemeinden Wiślica mit 150, Szydłów 100, Kurozwęki 50 und Nowy Korczyn 250 Personen zur Übernahme vorgesehen.
Da von den nach Nowy Korczyn bestimmten Leuten aus verschiedenen Gründen 6 Familien zurückgestellt wurden, konnte man, da sich alles verborgen hielt, um bloß in Chmielnik zu bleiben, die Gruppe nicht ergänzen, und es sind nur 223 Personen abgefahren.
Der Ältestenrat in Chmielnik bekam die Anweisung, daß bei der Zusammenfassung der Zurückgebliebenen die fehlenden Personen den Gemeinden unbedingt nachgeschickt werden.
4) Der zweite Transport am 5.XII.1940 geriet unterwegs ins Stocken und konnte erst um 17.36 Uhr von Kielce aus weiterbefördert werden. So kam derselbe erst um die 24-ste Stunde (12 Uhr nachts) in Chmielnik an. Das Entladen des Zuges und die Unterbringung der Leute ist ohne Zwischenfälle und schnell erfolgt.
Die nach der Gemeinde Pacanów zugeteilte Gruppe von 150 Personen, welche mit der Bahn, ohne in Chmielnik abzusteigen, sofort weiterbefördert werden sollte, mußte in Chmielnik bleiben, so wurden die Unterkunftsräume dementsprechend stärker belegt.
Der Transportführer erklärte, er habe den Befehl, den ganzen Transport nach Chmielnik zu bringen, und dagegen war nichts zu machen.
Nach meiner Mitteilung von diesem Vorfall an die Kreishauptmannschaft in Busko ist die Gemeinde Pacanów mit dem Abholen der Gruppe mit Fuhrwerken am 7.XII. d.J. früh beauftragt worden.
Wie es mir aus einem Ferngespräch mit dem Ältestenrat in Chmielnik bekannt ist, sind bloß 78 statt 150 Personen nach Pacanów abtransportiert worden. Darüber habe ich mich hier überzeugen können bei der Verpflegung des Transportes durch die jüdische Glaubensgemeinde in Busko. Die Transporte nach Wiślica, Nowy Korczyn, Stopnica und Oleśnica sind gleichfalls bei der Durchreise in Busko verpflegt worden.
5) Im Allgemeinen ist die Übernahme und Verteilung der Transporte reibungslos und ohne Zwischenfälle durchgeführt worden. Dazu hat viel der Ältestenrat in Chmielnik beigetragen, der die getroffenen Maßnahmen und Anweisungen der Kreishauptmannschaft ausgeführt und alles musterhaft organisiert hat. Außer leichteren Erkrankungen,

4 Der Vorsitzende des Judenrats war seit den ersten Wochen der Besatzung Abraham Langwald.

was auf die lange Reise und die Witterung zurückzuführen ist, wäre nichts Besonderes zu vermerken.

6) Das eine, was Nennenswertes wäre, das ist der Eindruck, welchen die Evakuierten machen, die zur Last dem Kreise auferlegt worden sind. Es ist ein Element bestehend aus Armut und Elend, Kriminalisten[5] und öffentlichen Dirnen, verschmutzt und abgerissen, und [es] ist nicht zu viel gesagt, es ist ein Abschaum, wie schlechteres kaum zu finden wäre. Daß dieses Element, unter die Bevölkerung des Kreises verteilt, in den Bemühungen der Verwaltung in Hebung des Ordnungs- und Gesundheitswesens ein großes Hindernis bildet, ist aus dem, was man am Platze wahrgenommen und beobachtet hat, ganz klar vorauszusehen.

Es wäre daher im Interesse der Allgemeinheit, nach Möglichkeit dem Wiederholen von solchen Fällen für die Zukunft vorzubeugen. Denn beim Ausbruch von [einer] Epidemie, die man befürchten muß, ist die ganze Bevölkerung des Kreises und darunter die Deutschen damit bedroht.

*Nachtrag:* Wie es nachträglich aus Chmielnik berichtet wurde, ist eine schwangere Frau in das Krankenhaus in Stopnica überführt worden.[6]

## DOK. 210

## Krakauer Rabbiner bitten den Chef des Distrikts Krakau am 11. Dezember 1940, die Regelungen bei der Vertreibung der Juden zu lockern[1]

Schreiben des Rabbinats in Krakau, gez. Sch. Rappaport,[2] Fraenkel[3] und Kornitzer,[4] an den Gouverneur des Distrikts Krakau, Dr. Wächter, vom 11.12.1940 (Abschrift)

An Sr. Hochwohlgeboren Herrn Gouverneur des Distrikts Krakau Dr. Wächter

*Betr. Judenaussiedlung aus Krakau*

Es sei uns gestattet, in Angelegenheit der im Zuge der Durchführung sich befindlichen Judenaussiedlung aus Krakau, nachstehende ergebene und untertänigste Bitte zu unterbreiten:

Im Mai dieses Jahres wurde eine Anordnung erlassen, derzufolge ein namhafter Teil der

5 Gemeint ist wahrscheinlich: Kriminellen.

6 Vermutlich auf dieser Grundlage berichtete die Gazeta Żydowska, Nr. 4 vom 14.1.1941, S. 7, über die Lage der Jüdischen Gemeinde in Chmielnik Kielecki.

1 YVA, O-6/298, Bl. 2–4. Abschrift der Krakauer Abteilung des Jüdischen Historischen Instituts aus der unmittelbaren Nachkriegszeit.

2 Szabtaj (Schabtaj, Szabse) Rappaport (1884–1941/42), Rabbiner in Krakau, wurde in Auschwitz ermordet.

3 Simcha Alter Fraenkel-Teumim (1870–1942), Oberrabbiner in Krakau-Podgórze und Skawina; in der Krakauer Jüdischen Gemeinde in einer Hilfsorganisation für Vertriebene tätig, im Nov. 1942 an einer Krankheit gestorben.

4 Schmelke Kornitzer (1905–1942?), Rabbiner; von 1925 an in Krakau, ab 1933 im Gerichtlichen Rat der Gemeindevertretung, 1935 dessen Vorsitzender; 1939 floh er nach Lublin und Warschau, 1940 kehrte er nach Krakau zurück, wurde mit dem Rabbiner Rappaport verhaftet und nach Auschwitz deportiert; dort wurde er vermutlich 1942 ermordet.

in Krakau wohnenden Juden die Stadt verlassen müssen. Diejenigen Juden, die Krakau bis zum 15. August 1940 verließen, durften sich ihren zukünftigen Aufenthaltsort selbst wählen und ihr bewegliches Vermögen mit sich nehmen. Gleichzeitig wurde von den zuständigen Behörden anheimgestellt, daß diejenigen Juden, die in Krakau verbleiben wollten und bestimmten Anforderungen entsprechen, entsprechend begründete Gesuche einreichen sollen. Im Amte des Generalgouvernements, Abt. Bevölkerungswesen und Fürsorge, wurde eine Judenaussiedlungsstelle errichtet, welche die soeben erwähnten Gesuche prüfte.

Die Juden haben der eingangs erwähnten Anordnung Folge geleistet, indem ein großer Teil derselben die Stadt Krakau verließ, die restlichen Juden überreichten an die oben genannte Stelle Eingaben mit der Bitte, sie von der angeordneten Aussiedlung zurückzustellen. Seitens des Amtes des Generalgouverneurs, Abt. Innere Verwaltung, Referat Judenaussiedlung, wurden diese Gesuche zum größten Teil positiv erledigt, indem einem Großteil der Petenten Ausweise zugestellt wurden, die sie von der Aussiedlung zurückstellten. Teilweise wurden diese Gesuche abschlägig erledigt mit der Weisung, Krakau bis zu einem bestimmten Termine zu verlassen. Die Betreffenden haben dieser Weisung gehorsamst Folge geleistet.

Nun ist in Angelegenheit der Aussiedlung der Juden aus Krakau eine Anordnung erlassen worden, derzufolge die Ausweise auf Zurückstellung von der Aussiedlung überprüft werden sollen. Zu diesem Behufe wurden Fragebögen samt Ergänzungen eingereicht. Auf Grund dieser Überprüfungen erhielten Tausende von Juden Aussiedlungsbefehle, mit dem Unterschiede jedoch, daß sie sich nicht mehr ihren zukünftigen Aufenthaltsort selbst wählen dürfen und daß sie von ihrem Habe und Gute nicht mehr als Handgepäck im Gewichte von 25 kg per Person mit sich nehmen dürfen. Unter den von diesem Aussiedlungsauftrag betroffenen Personen befinden sich natürlicherweise kleine Kinder, Säuglinge, schwangere Frauen, Kranke, Greise, ja 80jährige und noch in einem höheren Alter stehende Greise. Und das jetzt inmitten des Winters. Wie schwer diese Leute betroffen wurden, braucht nicht erst hervorgehoben zu werden. Nicht genug, daß sie ihr Heim, in den meisten Fällen ihren Geburtsort verlassen müssen, haben sie keine Möglichkeit, ihren künftigen Aufenthaltsort bei Verwandten oder Bekannten sich selbst zu wählen. Das Handgepäck von 25 kg per Person ist bei weitem nicht genügend. Kinder, Kranke, schwangere Frauen und Greise benötigen doch dringend eine Schlafstätte. Hausrat, wie Kochgeschirr und Wäscherei-Zubehör, sind doch für eine Familie unumgänglich notwendig. Diese Gegenstände sind schon aus *hygienischen Gründen unentbehrlich.* Selbst diese dringendsten Gegenstände wiegen schon mehr als 25 kg per Person. Die gleiche Bedeutung muß dem Bettzeuge beigemessen werden, ohne das unsere Kinder bei dem hierzulande herrschenden Frostwetter dem Erfrierungstode ausgesetzt sind.

Dabei sind sich die Betroffenen überhaupt eines Zuwiderhandelns gegen die Anordnung der löblichen Behörden nicht bewußt. Diese haben der Anordnung in bezug auf Einreichung eines Gesuches Genüge getan, handelten im guten Glauben, höheren Weisungen zu entsprechen, und als sie noch in einem glücklichen Zustand eines Besitzers eines von Herrn Stadthauptmann von Krakau[5] gezeichneten Ausweises, der sie zum weiteren Verbleiben in Krakau berechtigte, versetzt wurden, waren sie alle der sicheren Meinung, daß

5 Carl Gottlob Schmid.

die Tatsache ihres Verbleibens in Krakau – mit dem Ausweise in der Tasche – von niemandem als ein nicht loyales Vorgehen gewertet werden könnte.
Wir, die Seelsorger der Jüdischen Gemeinde in Krakau, denen das Seelenheil der Juden in Krakau anvertraut wurde, können nicht umhin, unsere flehentlichste Bitte Euer Hochwohlgeboren untertänigst zu unterbreiten, Euer Hochwohlgeboren mögen die Güte haben und dem Elend der von der Aussiedlung betroffenen Juden Aufmerksamkeit schenken. Wir wissen, daß Euer Hochwohlgeboren durch die Vielfältigkeit der amtlichen Aufgaben zu viel in Anspruch genommen ist, daß noch Zeit bleiben sollte, auch uns einige Aufmerksamkeit zu schenken. Da handelt es sich aber um Menschenleben, um das Leben von Tausenden.
Wir gestatten uns die untertänigste und ergebenste Bitte, Euer Hochwohlgeboren mögen die Güte haben und veranlassen, daß die Auszusiedelnden einen längeren Termin, der zur Liquidierung ihrer bisherigen Geschäfte nötig ist, erhalten, daß sie alle ihnen notwendigen Gegenstände, Hausrat und bei Handwerkern Werkzeug und Maschinen, mit sich nehmen dürfen und daß sie Passierscheine bekommen, die sie zur Benützung der Eisenbahn berechtigen, damit sie sich ihren zukünftigen Aufenthaltsort selbst wählen können und fern von Krakau wohnende Verwandte und Bekannte aufsuchen, die ihnen ihr schweres Los erleichtern werden.
Es würde uns zur größten Ehre gereichen, wenn Euer Hochwohlgeboren geruhen möchten, uns persönlich eine Audienz erteilen zu wollen.
Mit ergebenster Hochachtung!

## DOK. 211
## Der Distriktgouverneur von Warschau fordert am 12. Dezember 1940 die Todesstrafe für unerlaubtes Verlassen des Gettos[1]

Schreiben des Chefs des Distrikts Warschau, gez. Dr. Fischer, an Generalgouverneur Frank, Krakau (Eing. Amt des Generalgouverneurs 16. 12. 1940, Abt. Innere Verwaltung 17. 12. 1940), vom 12. 12. 1940[2]

*Betr.:* Strafvorschriften zur Verordnung über Aufenthaltsbeschränkungen
Die Bildung des Ghettos in Warschau hat es als unbedingt notwendig erwiesen, ausreichende Strafbestimmungen gegen Verletzungen der Ghettovorschriften zu schaffen. Nach den derzeitigen Vorschriften ist eine Bestrafung lediglich auf Grund von Einzelanordnungen zulässig, die Strafen nur nach dem Verwaltungsstrafverfahren vorsehen können, also nur Geldstrafen bis 1000 Zloty, im Uneinbringlichkeitsfall Haftstrafe bis zu 3 Monaten.[3] Diese Strafen werden in keiner Weise dem Bedürfnis gerecht, die Juden gerade des Warschauer Ghettos eindringlichst auf die Einhaltung der Vorschriften hinzuweisen. Nur schwerste Strafen, insbesondere auch die Todesstrafe, verbürgen hier einen Erfolg.
Um alle Möglichkeiten, daß Juden immer noch unberechtigter Weise außerhalb des jüdischen Wohnbezirkes sich aufhalten, energisch von vornherein und für alle Zukunft zu

1 BArch, R 52 II/251, Bl. 48f.
2 Im Original handschriftl. Bearbeitungsvermerke und Unterstreichungen.
3 Siehe Dok. 180 vom 16.10.1940, Anm. 9.

unterbinden, bitte ich daher eine erste Durchführungsverordnung zur Verordnung über Aufenthaltsbeschränkungen im Generalgouvernement vom 13.9.1940 entsprechend dem anliegenden Entwurf zu erlassen.
Heil Hitler!
2 *Anl.*[4]

Anl. I
Erste Durchführungsverordnung zur Verordnung des Generalgouverneurs über Aufenthaltsbeschränkungen im Generalgouvernement vom 13.9.1940 (VBl. GG. I. S 288)[5]
§ 1
Juden, die den auf Grund der Verordnung über Aufenthaltsbeschränkungen im Generalgouvernement gemäß §§ 1 und 2 erlassenen Bestimmungen über örtliche und zeitliche Aufenthaltsbeschränkungen zuwiderhandeln, werden mit Zuchthaus, in besonders schweren Fällen mit dem Tode bestraft.
§ 2
Diese Verordnung tritt am 1.1.41 in Kraft.[6]

## DOK. 212
## Eine getaufte Warschauerin jüdischer Herkunft wird im Herbst 1940 denunziert[1]

Anonymes Schreiben an die deutschen Besatzungsbehörden, Herbst 1940[2]

Sehr Wichtig!
Felicja Schwarcberg, Jüdin, zusamen mit schwester aplikantin wohnend Koszykowa str. 31 m.[3] 5 haten sich vor 3 wochen getauft, mit felschung, das die Tauf war vor 1.VI.1939 r.[4] für 600 zl. Leztens haten sie auch eine reglung in die meldungs büchern auch durchgefürt.
In besütz haben die eine schreibmaschine zusamenarbeitendig mit eine geheimorganisatzion, die falsche politik gegen das Grossreichs Deutschland füren, herausgebendig gedrükte nachrichten falsche, verschpreitendig an ihren vertraute. Als lojal Bürger mitteile ich die Obere Macht, als nachforschung dieses obere und unschädlichen diese tätikeit.
Die obengenante sind schädlich für die Geselschaft.

4 Die zweite Anlage enthält eine kurze Begründung, in der das Anschreiben im Wesentlichen wiederholt wird.
5 VOBl. GG 1940 I, Nr. 55 vom 20.9.1940, S. 288.
6 Die Forderung wurde in der Folgezeit mehrfach erhoben und dann mit der Dritten VO über Aufenthaltsbeschränkungen vom 15.10.1941 realisiert. Sie bedrohte „Juden, die den ihnen zugewiesenen Wohnbezirk unbefugt verlassen", mit der Todesstrafe; VOBl. GG 1941, Nr. 99 vom 25.10.1941, S. 595.

1 AIPN, GK 106/161 (703/31, CA MSW 684), Bd. 1, Bl. 83. Zur Überlieferungsgeschichte siehe Dok. 161 vom 27.8.1940, Anm. 1.
2 Grammatik und Rechtschreibung wie im Original.
3 Poln.: Wohnungsnummer (m. für mieszkanie).
4 Im Polnischen steht r. (für roku) hinter einer Jahresangabe.

Die Felicja, nachen Tauf, Aleksandra, ging immer ohne schandband,[5] für bessere zusamenarbeit in der polnische Organisatzion. Vor drei wochen hat die „Aleksandra" in Gestapo bezalt 525 zl für nicht tragen die Schandband.
Als das bessere nicht Merkbarkeit hat die Schwester einen Reichsdeutschen ein Zimmer vermütten auf büro, damit die Tätikeit in besten ordnung flüsst.
Ich merkte auch an, das die selbe schon eine zweite Wohnung gemüten haben auf Złota str. 59a, und einige Kleinikeiten schon überfurte, z.B. Kohlen und s.w. Die alle anmerkungen sind im volle rüchtikeit vestgestelt.

## DOK. 213
## Die Untergrundzeitung Barykada Wolności veröffentlicht am 29. Dezember 1940 zwei Berichte über die Lage im Warschauer Getto[1]

*Jenseits der Mauern* (Zwei Berichte aus dem „Getto")

Das Leben in dem Viertel, das von den Deutschen das jüdische und von den Warschauern das Getto genannt wird – eine aus dem finsteren Mittelalter stammende Bezeichnung –, ist geprägt von einer historisch einzigartigen Barbarei. Unsere Genossen aus dem Getto haben uns zwei Berichte zugesandt, die die unerträglichen Lebensbedingungen der jüdischen Bevölkerung, insbesondere der nicht wohlhabenden, schildern.
*Erster Bericht*
*Bevölkerungsdichte*: Im jüdischen Stadtviertel wohnen gegenwärtig etwa 450 000 Menschen. Wohnräume gibt es etwa 80 000. Die durchschnittliche Bevölkerungsdichte beträgt daher nahezu 6 Personen pro Zimmer.
*Getto ohne Brot*: Einige Tage lang wurde das Getto nicht mehr mit dem zugestandenen Brot beliefert. Die Deutschen verhinderten die Lieferung des Mehlkontingents, indem sie den jüdischen Fuhrleuten Passierscheine verweigerten. Erst nach einer Woche wurden Passierscheine ausgegeben, dies ändert jedoch nichts an der Tatsache, dass die jüdische Bevölkerung eine Woche lang kein Brot gegessen hat.
*Schließung der Apotheken*: Einige Tage lang waren die Apotheken im jüdischen Stadtviertel geschlossen, da die arischen Beschäftigten der Apotheken (jüdische gibt es nicht) nicht in das jüdische Stadtviertel hineingelassen wurden.
*Räumung des „Czyste"-Krankenhauses*:[2] Die Besatzer ordneten die Verlegung des jüdi-

5 Armbinde mit dem Davidstern.

1 Barykada Wolności, Nr. 27 vom 29.12.1940, S. 4: Po tamtej stronie murów, Biblioteka Narodowa, MF 57715. Das Dokument wurde aus dem Polnischen übersetzt. Die Barykada Wolności (Barrikade der Freiheit) war ein Untergrundblatt, das seit April 1940 in Warschau erschien. Herausgegeben wurde es von einer linkssozialistischen Gruppierung gleichen Namens, die sich im Herbst 1939 von der sozialdemokratischen Mehrheitsströmung der PPS abgespalten hatte und sich im Sept. 1941 mit anderen Zirkeln zu den Polnischen Sozialisten (Polscy Socialiści) zusammenschloss. Das Blatt ging im Mai 1942 in der Zeitschrift Robotnik. Dwutygodnik Polityczny Polskich Socjalistów (Der Arbeiter. Politische Zweiwochenschrift der Polnischen Sozialisten) auf.

2 Dr. Kurt Schrempf, der das Gesundheitsamt der deutschen Stadtverwaltung leitete, hatte 1939 das jüdische Czyste-Spital in der Dworska-Straße 17 zum einzigen Krankenhaus der Jüdischen Gemeinde bestimmt.

schen Krankenhauses auf zwei Standorte in das jüdische Stadtviertel an: ein Teil in das Schulgebäude der Kaufmannsvereinigung und der andere in das Krankenhaus der Finanzbeamten.[3] Nur dort befindet sich eine entsprechende Ausstattung, wohingegen das Schulgebäude den Erfordernissen eines Krankenhauses absolut nicht entspricht.
*Im jüdischen Stadtviertel dauert die Plünderung an*: Zuletzt waren die Leszno- und Ogrodowa-Straße Schauplatz. Aus den Wohnungen wurden Möbel, warme Kleidung, sogar Lebensmittel geraubt. Überdies nehmen viele der deutschen „Ritter" – trotz Verbots, das Getto zu betreten – auf eigene Faust Beschlagnahmen vor.
Dem Obigen ist die schäbige Haltung der jüdischen und polnischen Bourgeoisie in „Gettofragen" hinzuzufügen.
Auf der einen Seite der Mauern wurde die von der sog. „Intelligenz" beherrschte Jüdische Gemeinde zu einem Ort des Schachers um „Posten" und „kleine Geschäfte", und auf der anderen Seite werden [von polnischen Kreisen] ständig Anstrengungen unternommen, das „jüdische Viertel" weiter zu verkleinern.
So bemüht sich Priester Godlewski[4] unentwegt um die Ausgliederung des Grzybowski-Platzes, der Próżna- und der Bagno-Straße, und zuletzt „bedrohte" der Bäckereibesitzer Bernatowicz in der Sienna-Straße 31 den gesamten Abschnitt der Sienna- von der Sosnowa- bis zur Wielka-Straße.
*Zweiter Bericht*
An den Wachposten der Gettoübergänge wurden 3 Personen, 2 Männer und eine Frau, erschossen, die versucht hatten, Brot von der arischen Seite herüberzubringen.
Die Frau wurde auf folgende Weise getötet: Man ließ sie am Wachposten vorbei, und erst, als sie 30 bis 50 Meter entfernt war, wurde sie niedergeschossen.
An einer anderen Stelle ließ die Wache eine Gruppe Frauen und Kinder zum Kercelak-Platz[5] durch, um sie dann, als sie mit dem gekauften Brot und Kartoffeln auf dem Rückweg waren, brutal zusammenzuschlagen.
Auf dem jüdischen Friedhof fassten [deutsche] Polizisten 2 Männer beim Brotschmuggel und befahlen dem jüdischen Milizionär, der dort seinen Dienst erfüllte, sie bis zum Hals ins Erdreich einzugraben. Als Nächstes wurden sie gefragt, ob sie noch lebten, und als sie mit ja antworteten, wurde befohlen, sie bis zu den Nasenlöchern einzugraben. Sie wurden erst ausgegraben, als einem der beiden Blut aus der Nase schoss.
Verurteilen muss man die Tatsache, dass bei manchen Wachposten junge polnische Männer in Gruppen herumstehen und die Deutschen bitten, den vorbeigehenden Juden die Einkäufe abzunehmen. Danach teilen sie das geraubte Brot und Fleisch unter sich auf. Die Älteren in der polnischen Gesellschaft müssen diese Kinder im Auge behalten – denn handelt es sich hier nicht um die tückische Saat der Nazi-Erziehung, die unbeaufsichtigte polnische Kinder für ihre schändlichen Dienste einzuspannen versucht?
Da Lebensmittel in das Getto nicht hineingelassen werden, sind die Preise im Schnitt um

3 Das Krankenhaus der Finanzbeamten (szpital Skarbowców) gehörte zu den behelfsmäßigen Spitälern, die gleich nach Kriegsbeginn eingerichtet worden waren. Der Name spielt auf die Unterbringung im Gebäude der Finanzverwaltung in der Leszno-Straße 1 an. Später befand sich dort die Chirurgie des Czyste-Spitals, ehe das Haus mit Typhuskranken belegt wurde.

4 Der Priester Marceli Godlewski (1865 – 1945) arbeitete bis 1943 in der Kirche am Grzybowski-Platz im Getto als Seelsorger für die sich zum Katholizismus bekennenden Gettoinsassen. Er stand politisch der Nationaldemokratie nahe.

5 Siehe Dok. 90 vom Febr. 1940, Anm. 8.

20–30 % gestiegen, der Fleisch- und Brotpreis um 60–80 %. Dies trifft natürlich vor allem die ärmste Bevölkerung.
Die Wohnsituation ist weiterhin verzweifelt. Große Wohnungen stehen dank Protektion fast leer (sie gehören schließlich wohlhabenden Leuten). In den kleineren [herrscht] erschreckende Überbelegung – bis zu 20 Personen pro Zimmer.
Die Arbeitslager werden liquidiert und die freigelassenen Arbeiter nach und nach hierher geschickt. Die „Gesunden" zu Fuß, in Lumpen, die Kranken auf Wagen, fast nackt. Nach vorläufigen Berechnungen betrug die Sterblichkeit 10 % in den Arbeitslagern; 4 % wurden erschossen, der Rest starb an ansteckenden Krankheiten. In 8 Fällen kam es zu Erfrierungen mit Todesfolge.
Und nach all diesen düsteren Nachrichten das folgende zynische Bild: An der Straßenecke Leszno und Żelazna organisierte der deutsche Polizeiposten einen spaßigen Zeitvertreib. Den vorübergehenden Juden und Jüdinnen wurde befohlen, zur Musik eines Straßenorchesters zu tanzen. Drumherum wurden der jüdische Ordnungsdienst, die polnische und die deutsche Polizei postiert und die ganze Szene gefilmt, als Beweis für den im Getto herrschenden Frohsinn. Dies geschah am 7. Dezember.[6]

## DOK. 214
## Die Jüdische Soziale Selbsthilfe nimmt am 31. Dezember 1940 zum Ausschluss der jüdischen Bevölkerung aus der Sozialversicherung Stellung[1]

Schreiben des Präsidiums der JSS (Nr. 1589 T/B.), ungez., an die Regierung des GG, Abteilung Innere Verwaltung, Bevölkerungswesen und Fürsorge, vom 31.12.1940

*Betr.: Sozialversicherung und Pensionsempfänger.*
I.
Gemäß den Vorschriften des polnischen Rechtes, welches mit einigen Änderungen bis nun auf dem Gebiete des Generalgouvernements gilt, müssen die Arbeiter durch die Arbeitgeber zur Sozialversicherung angemeldet werden, wobei eine 3-fache Versicherung vorgesehen ist, und zwar:
a) eine Altersversicherung und eine Versicherung für den Fall der Arbeitslosigkeit,
b) eine Krankenversicherung,
c) eine Unfallversicherung.
Die Versicherungsbeiträge werden separat für jede der aufgezählten Versicherungsarten berechnet, die Leistungen zugunsten der versicherten Arbeiter sind ebenfalls separat für die Versicherungen sub a), b) und c) geregelt. Soweit es um jüdische Arbeiter geht, hat die zweite Verordnung über die Sozialversicherung im Generalgouvernement vom 7/3 1940 (GG P 1940 I. S. 92)[2] eine exzeptionelle Lage geschaffen. Die zitierte Verordnung hat für die Juden die Pflicht zur Entrichtung aller Versicherungsbeiträge ohne Ausnahme auch

6 Siehe auch Dok. 232, zwischen Sommer 1940 und Jan. 1941.

1 YVA, O-21/16/2, Bl. 72f.
2 VOBl. GG 1940 I, Nr. 18 vom 13.3.1940, S. 92–95. Hiermit wurde der Rechtsanspruch auf Leistungen der Sozialversicherung abgeschafft. Der jüdischen Bevölkerung durfte nach § 8 nur noch medizinische Behandlung und Hilfe gewährt werden.

förderhin in Kraft gelassen, gleichzeitig aber hat es sie um das Recht auf alle Leistungen mit Ausnahme einzelner Arten von ärztlicher Hilfe gebracht. Letztens jedoch hat die Mehrheit der Juden sogar die Möglichkeit, von der ärztlichen Hilfe der Sozialversicherungskassen zu genießen, verloren. Den nichtjüdischen Ärzten wurde nämlich die Behandlung von Juden untersagt, die Sozialversicherungskassen jedoch beschäftigen in ihrer überwiegenden Mehrheit keine jüdischen Ärzte, die allein berechtigt sind, den Juden ärztliche Hilfe zu leisten. Insbesondere wurden die Juden auf Grund der Verordnung über die Gewährleistung einer Arbeitslosenhilfe vom 16/12 1939 (GG P I. S. 226)[3] von dem Bezuge der Arbeitslosenhilfe ausgeschlossen, und die entsprechende Vorschrift wurde in der zur Zeit geltenden Verordnung über die Gewährung von Arbeitslosenhilfe vom 9/11 1940 (GG P I. S. 329)[4] aufrechterhalten.

Bei dieser Sachlage hat die Sozialversicherung für die Juden den Charakter der Versicherung eingebüßt und sich in eine zusätzliche Besteuerung der Juden umgestaltet, die insbesondere die arbeitenden Schichten der jüdischen Bevölkerung belastet.

Die betroffenen jüdischen Arbeiter, die sämtlicher Leistungen von seiten der Sozialversicherungskassen verlustig gegangen sind, wenden sich massenhaft an die jüdischen Fürsorge- und Wohlfahrtsanstalten, welche in den ersten Monaten des laufenden Jahres in dieser Angelegenheit bei der Abteilung Innere Verwaltung, Bevölkerungswesen und Fürsorge, vorstellig wurden.

Im Zusammenhang damit hat das Amt des Generalgouverneurs, Abteilung Innere Verwaltung, Bevölkerungswesen und Fürsorge, mit Schreiben vom 2/4 1940, Nr. 2243/40,[5] den Leiter der Jüdischen Sozialen Selbsthilfe in Warschau verständigt, daß die Auszahlung der Sozialversicherungsunterstützungen an Juden zur Zeit noch nicht aufgenommen werden kann. Sollte sich die finanzielle Lage der Sozialversicherungskassen in der nächsten Zeit erheblich bessern, ist mit der Wiederaufnahme von Auszahlungen von Sozialversicherungsunterstützungen an Juden zu rechnen. Ein Schreiben desselben Inhaltes wurde an demselben Tag unter Nr. 2244/40 an den Obmann der jüdischen Gemeinde in Warschau gerichtet.[6]

Allein das Recht der Juden auf den Bezug von Geldunterstützungen der Sozialversicherungskassen wurde bis jetzt nicht wiederhergestellt, hingegen hat die zitierte Verordnung vom 9/11 a.c. den Ausschluß der Juden von diesen Wohltaten neuerdings festgesetzt.

II.

Eine Sonderbehandlung erheischt die Angelegenheit derjenigen Juden, die vor dem 1/9 1939 Rechte auf Ruhegehälter und Renten in den Sozialversicherungskassen erworben haben. Es sind dies entweder Menschen, denen infolge erreichten 65. Lebensjahres oder zufolge Verlustes der Arbeitsfähigkeit Renten und Ruhegehälter zuerkannt worden sind, oder Witwen und Waisen nach verstorbenen versicherten Arbeitern. Zum größten Teil sind dies Personen, die aller anderen Lebensunterhaltsmittel bar oder erwerbsunfähig sind. Die Tatsache, daß sie um die Renten und Ruhegehälter gebracht worden sind, hat für sie eine Situation ohne Ausweg geschaffen. Daher gestattet sich das Präsidium der Jüdischen Sozialen Selbsthilfe an eine hohe Regierung des Generalgouvernements mit der höflichen Bitte heranzutreten, alle Juden in die Rechte auf Versicherungsrenten und

3 VOBl. GG 1939, Nr. 13 vom 21.12.1939, S. 226 – 228.
4 VOBl. GG 1940 I, Nr. 64 vom 20.11.1940, S. 329 – 337.
5 Liegt nicht in der Akte.
6 Liegt nicht in der Akte.

Ruhegehälter, die sie vor Kriegsausbruch erworben haben, wieder einzusetzen und zwar nach denselben Grundsätzen, die jetzt in bezug auf die Polen Geltung haben.
Außer den Personen, welchen das Recht auf Renten oder Ruhegehälter vor Kriegsausbruch von den Sozialversicherungskassen zuerkannt worden ist, gibt es auf dem Gebiete des Generalgouvernements eine Anzahl von Juden, welche vor Kriegsausbruch das Recht auf Renten und Ruhegehälter tatsächlich erworben haben, ohne den entsprechenden Bescheid der Sozialversicherungskassen erhalten zu haben, da das Verfahren in ihrer Angelegenheit vor Kriegsausbruch noch nicht beendet war. In allen diesen Fällen, die sich auf Juden beziehen, wurde das Verfahren ruhen gelassen und den Betreffenden mitgeteilt, daß sie sich im Notfalle an die jüdischen Wohlfahrtsanstalten um Hilfe wenden sollen. Diese Anstalten kämpfen jedoch dauernd mit finanziellen Schwierigkeiten und sind außerstande, die Bedürfnisse der Ruheständler oder der arbeitsunfähigen Arbeiter zu befriedigen.
Dasselbe bezieht sich auf die Juden, die auf Grund der Verordnung über die vorläufige Regelung von Unterstützungszahlungen an Pensionsempfänger des ehemaligen polnischen Staates und der polnischen Selbstverwaltungsverbände vom 9/12 1939 (GG P I. S. 206)[7] sowie auf Grund der Verordnung über die Unterstützungen an Militärrentenempfänger des ehemaligen polnischen Staates und ihre Hinterbliebenen vom 20/12 1939 (GG P 1940 I. S. 1)[8] um die Renten und Ruhegehälter gebracht worden sind.
Genau wie die bereits oben erwähnten Ruheständler und Rentenempfänger sind dies zumeist Menschen, die infolge Gebrechlichkeit oder vorgerückten Alters arbeitsunfähig sind, und ihre Wiedereinsetzung in das Recht des Bezuges der Renten und Ruhegehälter wäre nur recht und billig und für die Betreffenden eine große Wohltat.
Wir haben auf Grund von Anfragen in den Jüdischen Gemeinden im Generalgouvernement eine Aufstellung der verschiedenartigen Empfänger und Anwärter auf Ruhegehälter, Renten und Pensionen zusammengestellt und gestatten uns diese Zusammenstellung beizulegen.[9] Wir können diese Angaben jederzeit mit Originalschreiben belegen.

## DOK. 215
## Polnische Nachbarn denunzieren das Ehepaar Kowalewski als Juden[1]

Anonymes Schreiben an die Kriminalpolizei in Warschau, Ende 1940 oder Anfang 1941

Ist Ihnen bekannt, dass die Besitzer des Hauses an der Czarnecki[2]-Straße 6, das Ehepaar Kowalewski, keine Arier sind und bislang nicht im Getto wohnen? Frau Luba Kowalewska ist ganz bestimmt Jüdin, wir kennen sie noch aus Russland, und dafür gibt es keine Erklä-

7 VOBl. GG 1939, Nr. 12 vom 21.12.1939, S. 206 – 208. Hier heißt es in § 1, Abs. 4: „Juden erhalten diese Unterstützung nicht."
8 VOBl. GG 1940 I, Nr. 1 vom 15.1.1940, S. 1 – 3. Laut § 5 war die jüdische Bevölkerung auch vom Bezug dieser Unterstützungen ausgeschlossen.
9 Liegt nicht in der Akte.

1 AIPN, GK 106/161 (703/31, CA MSW 684), Akte 3, Bl. 63. Das Dokument wurde aus dem Polnischen übersetzt. Zur Überlieferungsgeschichte siehe Dok. 161 vom 27.8.1940, Anm. 1.
2 Richtig: Stefan Czarniecki, eine Straße im Stadtteil Żoliborz.

rung. Nicht nur, dass sie nicht zu ihren Juden gegangen ist, aber sie sitzt hier in der Stadt und verflucht zusammen mit ihrem Mann alles, was deutsch ist. Sie sagten, dass sie Hitler in Stücke reißen und peinigen werden und dass sie alle Deutschen, die ihnen begegnen würden, umbringen werden. Sie bezeichnen alle Gestapo-Leute als Diebe, und selbst haben sie vergessen, dank wessen Geld sie es zu etwas gebracht haben und dank wessen Geld sie jetzt Häuser besitzen, ob nicht etwa auch durch Diebstahl und bei wem?
Die Ärmsten der Armen wurden von den Kowalewskis und ihren Komplizen bestohlen. Kamen sie doch nackt aus Russland, und woher dann dieser sofortige Reichtum? Ihre Speisekammern sind gegenwärtig dermaßen mit Vorrat angefüllt, dass es sich lohnen würde, diese auseinanderzunehmen und jenen etwas zu geben, die bestohlen worden sind. Solche Diebe und Schweine sollten aufgehängt werden.
Die Nachbarn

## DOK. 216
## Der Judenrat in Włoszczowa berichtet Anfang 1941 über seine Fürsorgetätigkeit im Jahr 1940[1]

Bericht des Judenrats in Włoszczowa, Hilfskomitee für Flüchtlinge und Arme, ausgearbeitet von Aleksander Fargel, Anfang 1941

*Die Sozialfürsorgeaktion im Jahr 1940*
Im Augenblick des größten Chaos und Durcheinanders, das die jüdische Bevölkerung infolge der Kriegshandlungen erfasste, im Augenblick der vollständigen Zerschlagung aller staatlichen und kommunalen Institutionen, wurde im Oktober 1939 der Ältestenrat[2] der jüdischen Bevölkerung mit 7 Mitgliedern als Vertretungsorgan der jüdischen Bevölkerung gegründet, das für die Ausführung aller Anweisungen der Behörden an die jüdische Bevölkerung zuständig ist.
Die jüdische Bevölkerung, die nicht mehr als organisatorisches Ganzes bezeichnet werden kann, stand plötzlich vor der Notwendigkeit, ein eigenes Vertretungsorgan aufzubauen, das von diesem Augenblick an ihr Leben in allen Bereichen lenken sollte, vor allem dort, wo bis dahin nur und ausschließlich die Staatsgewalt das Exekutivorgan war. Dies schien den Personen, die dem Ältestenrat angehörten, kaum durchführbar, ebenso wenig dem Rest der jüdischen Bevölkerung, die ohne jegliche Disziplin leider nicht imstande war, sich an diese neuen Bedingungen anzupassen. So war die Arbeit, vor welcher der Ältestenrat stand, über alle Maßen schwierig. Einerseits war er den Behörden gegenüber persönlich verantwortlich, andererseits der Bevölkerung, für die er sich einsetzen, die er schützen und zugleich aber zügig erziehen und an die neuen Lebensbedingungen anpassen sollte. Durch die gewaltigen und immerfort neuen Schwierigkeiten musste von nun an der Ältestenrat, später umgewandelt in den Judenrat mit 12 Mitgliedern, einen Weg finden, um seine schwierigen Aufgaben erfüllen zu können.
Zum Zeitpunkt des Kriegsausbruchs hatte Włoszczowa 6500 Einwohner mit festem

1 AŻIH, 223/1, Bl. 3–12. Kopie: USHMM, RG 15.073M, reel 1. Das Dokument wurde aus dem Polnischen übersetzt.
2 Im Original deutsch.

Wohnsitz, davon waren 2700 Juden, also 42 %. Infolge von Krieg und Zerstörung in den nahe gelegenen Ortschaften Szczekociny und Przedbórz kam aus diesen Ortschaften gleich in den ersten Oktobertagen 1939 eine beträchtliche Anzahl von Brandgeschädigten und Flüchtlingen, die auf Anordnung der Behörden ausgesiedelt worden waren. In der Zwischenzeit waren auch Flüchtlinge aus anderen polnischen Städten eingetroffen, was eine Auflistung der jüdischen Bevölkerung notwendig machte. Dies war die erste wichtige Handlung des Judenrats. Auf Grundlage des vorliegenden Verzeichnisses stellte sich heraus, dass die jüdische Bevölkerung von Włoszczowa 3000 Seelen umfasst, also 300 mehr als vor dem Krieg, wobei die Gruppe der Zuwanderer vor allem aus Armen und Brandgeschädigten bestand, die in den Kriegswirren ihren ganzen Besitz verloren hatten. Sie alle wurden zu einer Belastung der hiesigen Bevölkerung und waren vollständig auf die von den Ortsansässigen geleistete Hilfe angewiesen. Der Krieg führte zur Verelendung der Einheimischen, die Zahl der Armen nahm erheblich zu, und das Gebot der Stunde hieß, für dauerhafte soziale Hilfe zu sorgen.

Sofort wurde beim Judenrat eine Sozialfürsorgeabteilung gebildet, der mehrere Personen angehörten, die auch sogleich damit begannen, Hilfe zu leisten; sie sammelten Spenden und verteilten Lebensmittel, Medikamente und Kleidung unter den Ärmsten. Diese Aktion stieß auf große Schwierigkeiten, da genau zu jener Zeit der jüdischen Bevölkerung eine Kriegskontribution in Höhe von 80 000 Zł. auferlegt worden war. Die Summe wurde vollständig bezahlt, aber ein so drastischer Einschnitt in die materiellen Ressourcen machte sich bei den Einnahmen des Judenrates und damit auch bei der Sozialfürsorge deutlich bemerkbar.

Am 13. Dezember 1939 kam eine Gruppe von 217 ausgesiedelten Juden aus dem Posener Land nach Włoszczowa. Der Transport bestand überwiegend aus älteren Menschen, darunter eine große Anzahl Frauen.

Die Bevölkerung von Włoszczowa nahm die Unglücklichen mit großer Herzlichkeit auf. Man organisierte eigens ein Empfangskomitee für die Ausgesiedelten, das diese am Bahnhof erwartete. Dort wurde auch die erste warme Mahlzeit an die Ausgesiedelten verteilt, und in der Zwischenzeit kümmerte man sich in der Stadt um die Vorbereitung von Quartieren, was wegen der bereits damals herrschenden Wohnraumknappheit ein großes Problem war. Zum Sammelpunkt wurde das Lokal des Beth-Hamidrasch, wohin die Bevölkerung von Włoszczowa aus eigenem Antrieb den ganzen Tag über Essen für die Neuankömmlinge brachte. Erst von dort aus wurden die einzelnen Familien in ihre Quartiere eingewiesen, was einige Tage dauerte. Die Ausgesiedelten waren fast ohne Geld angekommen, weshalb die Essensversorgung nach der Einquartierung zur wichtigsten Aufgabe wurde. Unverzüglich wurde mit dem Bau einer Volksküche für die Flüchtlinge begonnen. Leider fehlten entsprechende Geldmittel; die wachsenden finanziellen Schwierigkeiten der jüdischen Gemeinde standen der Durchführung dieser Aktion auf lange Sicht im Wege. So entstand der Plan, sich an das American Joint Distribution Committee um Hilfe zu wenden. Sofort wurde eine aus den Herren Dr. Chaim Fargel[3] und Josef Kochen[4] bestehende Delegation gebildet, die sich nach Warschau begab, um Subventionen für die Sozialfürsorge zu erhalten. Am 7. Januar 1940 kehrte die Delegation zurück,

3 Dr. Chaim Fargel war vermutlich der Vorsitzende des Judenrats; er wurde am 18.9.1942 während der Räumung des Gettos in Włoszczowa von einem Gendarmen erschossen.

4 Josef Kochen (*1906); Kaufmann; über sein weiteres Schicksal ist nur bekannt, dass er ermordet wurde.

brachte eine erste Unterstützung in Höhe von 2500 Zł. und eine recht ansehnliche Menge an Kleidung und Medikamenten von der T.O.Z. mit.
Die bis dahin von einigen freiwilligen Gruppen chaotisch und planlos durchgeführte Sozialfürsorge musste so organisiert werden, dass sie, gemessen an den finanziellen Möglichkeiten, den größtmöglichen Ertrag einbringen konnte.
Zu diesem Zweck entstand am 10. Januar 1940 das Vereinigte Hilfskomitee für Flüchtlinge und Arme beim Judenrat in Włoszczowa, das von nun an die schwere und verantwortungsvolle Pflicht der Fürsorge für Ausgesiedelte und Arme übernahm.
Sofort wurde damit begonnen, die Volksküche auszubauen und die erhaltene Kleidung zu verteilen, außerdem wurde eine große Zahl von Flüchtlingen mit Betten versorgt. In diesem Zeitraum strömten viele Flüchtlinge aus Lodz nach Włoszczowa. Es kamen Hunderte, für die in Form von Lebensmitteln und medizinischer Versorgung Hilfe geleistet werden musste. Die Einrichtung einer weiteren Volksküche war erforderlich, mit deren Aufbau umgehend begonnen wurde. Das Ausbleiben von Lebensmittel- und Brennstoffzuteilungen, der strenge Winter und die damit verbundenen Lieferausfälle erschwerten die Arbeit in einem solchen Maße, dass ihre Ausführung zeitweilig völlig unmöglich erschien. Zu allem Übel brach eine Fleckfieberepidemie aus, und die deutschen Behörden wiesen den Judenrat an, innerhalb von zwei Tagen ein Seuchenkrankenhaus einzurichten, auszurüsten und es auf eigene Kosten zu unterhalten, und zwar unter der Drohung, dass der Stadt ansonsten Kontributionen auferlegt würden. Durch übermenschliche Anstrengungen gelang es bis zum 27. Januar, innerhalb der festgesetzten Frist, das Krankenhaus in Betrieb zu nehmen, allerdings ohne Ausrüstung mit medizinischen Geräten und ohne Medikamente. Innerhalb von 48 Stunden wurde das als Krankenhaus vorgesehene Gebäude gründlich renoviert, innerhalb eines Tages waren 25 Betten hergestellt, 25 Decken genäht, einige hundert Stück Bett- und Leibwäsche gesammelt. Die Last der Arbeit und der Mühen war so gewaltig und der Zeitraum für die Durchführung war so kurz, dass man dies erst aus heutiger Sicht angemessen würdigen kann.
Angesichts der voranschreitenden Verarmung der jüdischen Bevölkerung und des Fehlens entsprechender Geldmittel konnte das Komitee nicht allen Aufgaben gerecht werden, vor allem, wenn man bedenkt, dass die monatlichen Ausgaben in diesem Zeitraum bis auf 15 000 Zł. anwuchsen. Zum zweiten Mal begab sich eine Delegation des Komitees nach Warschau und erhielt dieses Mal vom A.J.D.C. eine Hilfe in Höhe von 5000 Zł. und 1000 Zł. von der T.O.Z. Leider steigen die Ausgaben ganz unproportional zu den Einnahmen. Die seit dem 21. Januar [1940] betriebene zweite Volksküche musste die Zahl der ausgegebenen Mahlzeiten jeden Tag erhöhen, wobei die materielle Lage der Nutzer es nicht gestattete, ihnen auch nur wenige Groschen dafür abzunehmen. Die Fleckfieberepidemie zog immer weitere Kreise und betraf vor allem die Ärmsten, deren Behandlungskosten im Krankenhaus von der Sozialfürsorgeabteilung vollständig übernommen werden mussten. Trotz dieser unüberwindbar erscheinenden Schwierigkeiten wurde die Sozialfürsorge nicht für einen Augenblick unterbrochen. Im Januar und Februar wurde für 250 Familien mit insgesamt 735 Personen eine Brennstoffaktion durchgeführt. 150 000 kg Kohle wurden kostenlos verteilt.
Eine neue Aussiedlungswelle bürdete der Stadt eine große Last auf. Am 18. Februar traf nach zweitägigem Warten ein Transport von 440 aus Włocławek Ausgesiedelten am Bahnhof ein. Der Zustand der Ankömmlinge war in jeglicher Hinsicht entsetzlich: ohne einen Groschen, erschöpft bis zum Letzten, viele außerdem krank. Aufgrund des Woh-

nungsmangels konnten nicht alle in Włoszczowa untergebracht werden, deshalb leitete man die Ankömmlinge in die drei umliegenden Gemeinden Kurzelów, Kluczewsko und Dobromierz weiter. Nur einige Familien konnten in der Stadt bleiben, der Rest wurde bei Bauern einquartiert. Lediglich die Gruppe in Kurzelów bildete mit 275 Personen eine geschlossene Gruppe, der Rest wurde in etwa einem Dutzend Dörfer der genannten Gemeinden untergebracht, die bis zu 20 km von Włoszczowa entfernt sind. Die Lage dieser Menschen war einfach verzweifelt. Sie lebten bei Bauern in Dörfern, die mehrere Kilometer voneinander entfernt liegen, sie litten Hunger, und der damals herrschende Frost von minus 30 Grad sowie Schneestürme verhinderten die Kommunikation mit der Stadt. Trotz dieser Schwierigkeiten fuhren am Tag nach Ankunft des Transportes zwei Kommissionen mit einem Arzt durch alle Dörfer, um die Quartiere zu kontrollieren, ein Verzeichnis der Ausgesiedelten anzufertigen und sich ein Bild davon zu machen, in welche Richtung die erste Hilfe gehen sollte. Den Kommissionsberichten zufolge war es am wichtigsten, in Kurzelów eine Volksküche einzurichten, die Unterbringung vernünftig zu organisieren, die übrigen Ausgesiedelten in einer Ortschaft zu konzentrieren und sie mit Betten auszustatten, da fast alle auf dem Boden schlafen mussten. Überdies mussten sofort Medikamente bestellt und geliefert werden, da der Gesundheitszustand der Ankömmlinge sehr schlecht war. Dank der vom A.J.D.C. erhaltenen Finanzhilfe konnte die Aktion energisch begonnen werden. Leider stellte sich die Konzentrierung der in den Gemeinden Dobromierz und Kluczewsko untergebrachten Ausgesiedelten trotz aller Bemühungen als unmöglich heraus. Dank behördlicher Unterstützung wurde die ganze Gruppe, die Kurzelów zugeteilt worden war, trotz vielfachen Widerstands seitens der Einheimischen einquartiert. Zur gleichen Zeit wurde mit dem Aufbau einer Volksküche in Kurzelów begonnen, so dass schon am 10. März täglich 300 kostenlose Mahlzeiten ausgeteilt werden konnten. Die Versorgung der drei zu dieser Zeit in Betrieb befindlichen Volksküchen stieß auf immer größere Schwierigkeiten, da die Preise täglich stiegen und die Mittel fehlten. Infolge der voranschreitenden Verarmung der örtlichen Bevölkerung sanken die Einnahmen aus lokalen Quellen stetig, während gleichzeitig die Zahl jener, die die Sozialfürsorge in Anspruch nahmen, immer schneller anstieg. Die Volksküchen in Włoszczowa mussten die Zahl der ausgegebenen Mahlzeiten ständig erhöhen, wobei man nicht einmal 10 Groschen für die Mahlzeiten nehmen konnte, so schwierig war die materielle Lage der Hilfsbedürftigen. Aus Sparsamkeitsgründen wurden beide Küchen in Włoszczowa am 1. April zusammengelegt, und von nun an gab nur eine Küche mehr als 700 Mahlzeiten täglich aus. Die Fleckfieberepidemie breitete sich weiter aus und erfasste natürlich vor allem die Ärmsten, deren Behandlungskosten auf den Schultern der Sozialfürsorge lasteten. Wegen der ständig steigenden Krankenzahl forderte die Krankenhausdirektion immer neue Einrichtungsgegenstände und medizinische Geräte an, Investitionen, die große Summen verschlangen. So wurden im März 1940 für den Unterhalt des Krankenhauses über 4500 Zł. ausgegeben, und die Zahl der Kranken erhöhte sich auf 50 Personen.

Schon am 12. März nahm das Komitee die Versorgung der Flüchtlinge in den Dörfern der Gemeinden Dobromierz und Kluczewsko mit Trockenprodukten auf, die in wöchentlichen Transporten verteilt wurden. Das zog hohe Kosten und Lieferprobleme nach sich. Zur Orientierung erwähnen wir, dass vom 12. März bis Ende 1940 an die Flüchtlinge in den Gemeinden Dobromierz und Kluczewsko folgende Mengen an Trockenprodukten ausgegeben wurden:

3 052,50 kg Brot
15 600 kg Kartoffeln
1721,40 kg Roggenmehl
523,90 kg Weizenmehl
835,70 kg Grütze
und anderes.

In dieser Zeit gelang es nach beschwerlichen Anstrengungen auch, Holz zu kaufen, um Betten für die Flüchtlinge zu bauen. Mit der Arbeit wurden die Tischler unter den Flüchtlingen betraut. 75 Doppel- oder Dreierbetten wurden angefertigt und kostenlos verteilt, wodurch alle Ankömmlinge aus Włocławek versorgt werden konnten.

Auf Anweisung des A.J.D.C. führte das Komitee eine genaue Zählung aller Flüchtlinge durch, die den Stand vom 25. März 1940 wiedergibt. Das Flüchtlingsverzeichnis umfasste das Gebiet von Włoszczowa sowie alle umliegenden Dörfer und ergab 1455 registrierte Flüchtlinge, also rund 28 % der jüdischen Gesamtbevölkerung. Davon wiederum waren 75 % Fürsorgeempfänger. Wenn wir die Armen unter den Ortsansässigen noch hinzurechnen, haben wir ein vollständiges Bild von der gewaltigen Verantwortung, die auf dem Komitee lastete.

Leider gingen die vom A.J.D.C. und von der T.O.Z. erhaltenen Subventionen zurück, und immer häufiger musste auf lokale Quellen zurückgegriffen werden. Die sich von Tag zu Tag rascher verschlechternde materielle Lage der Bevölkerung verhinderte das Einsammeln freiwilliger Spenden und Gaben. Um die Hilfsaktion nicht einschränken zu müssen, wurde der einheimischen Bevölkerung eine ständige Steuer zugunsten der Sozialfürsorge auferlegt. Das Eintreiben dieser Abgabe stieß häufig auf große Schwierigkeiten, da sich ein erheblicher Teil der Gesellschaft der Pflichten, die heute auf jedem Juden lasten, nicht bewusst war und nicht bewusst ist.

Oft musste zu Zwangsmitteln gegriffen werden, um diesen ganzen gewaltigen Apparat der Armenhilfe aufrechtzuerhalten. Trotz enormer Ausgaben für den Unterhalt des Krankenhauses, den Betrieb der Volksküchen und die Ernährung der Flüchtlinge beschloss das Komitee eine breit angelegte Aktion zum Pessach-Fest. Zu diesem Zweck wurden alle finanziellen Mittel mobilisiert, und es wurde energisch mit der Arbeit begonnen, und zwar mit löblichem Ergebnis. Dank der vom A.J.D.C. erhaltenen Mazze und der am Ort gesammelten Mittel (die Subvention des A.J.D.C. in Höhe von 8000 Zł. ging am 19. April ein, also nach dem Kauf der Lebensmittel) wurden 595 Familien mit 2225 Personen versorgt, an welche die folgenden Produkte für eine Gesamtsumme von 8500 Zł. verteilt wurden:

2 579,5 kg Mazze
11 182 kg Kartoffeln
1 483 kg Rote Bete
909 kg Zwiebeln
5 416 Stück Eier
360 kg Salz
50 kg Fleisch
21 kg Seife

Die Pessach-Aktion war ein voller Erfolg, wenn man bedenkt, dass die Mehrheit der Flüchtlinge damals sogar mit [Pessach-]Geschirr versorgt wurde.

Die finanzielle Situation des Komitees verschlechterte sich zusehends, und dies wirkte sich wiederum auf die Fürsorgeempfänger aus. Mangels finanzieller Mittel passierte es immer häufiger, dass die Lieferung von Trockenprodukten an die in den umliegenden Dörfern untergebrachten Flüchtlinge unterbrochen, die Menge der ausgegebenen Mahlzeiten durch die Volksküchen reduziert und die Portionen verkleinert werden mussten. In dieser schwierigen Lage wandte man sich erneut an das A.J.D.C. um Hilfe. Dank der vom Delegierten des Komitees erwirkten Subvention, der Lebensmittel und einer ansehnlichen Zahl von Kleidungsstücken verbesserte sich die Situation vorübergehend, was in erster Linie den weiteren Betrieb der Küchen und die Krankenversorgung ermöglichte, die wegen der immer noch herrschenden Fleckfieberepidemie enorme Geldsummen verschlang. Die Subventionen von außen waren jedoch relativ gering im Vergleich zu den Summen, die aus örtlichen Quellen kamen. Die Volksküchen waren von der Schließung bedroht, wozu es nur durch eine bis zum Äußersten getriebene Anstrengung und Opferbereitschaft nicht kam.

Am 10. Juli 1940 wurde der jüdischen Gemeinschaft von Włoszczowa durch die Einrichtung des Gettos ein schwerer Schlag versetzt. Über 4000 Personen wurden in ein gutes Dutzend Gassen gepfercht, wo sie zu mehr als zehn Personen in kleinen Stuben hausen. Kaufleuten und Handwerkern wurden ihre Arbeitsstätten und einzigen Unterhaltsquellen genommen, und sie wurden augenblicklich in die Reihen jener gezwungen, denen sie bisher in bedeutendem Maße geholfen hatten. Die Lage war katastrophal, da die Komiteekasse ab sofort über keinerlei Einnahmen mehr verfügte. Die Lieferung von Trockenprodukten an die Flüchtlinge wurde unterbrochen, die noch zur Verfügung stehenden Mittel wurden dazu verwandt, die Armen bei der Umsiedlung zu unterstützen. Unseren Appellen und Hilferufen an auswärtige Institutionen war leider wenig Erfolg beschieden, da sich die finanzielle Lage des Joint damals sehr verschlechterte. Um trotz allem die Volksküchen in Betrieb zu halten, wurden teilweise kostenpflichtige Mahlzeiten eingeführt, was zu einem rapiden Besucherrückgang führte. Das war ein sichtbarer Ausdruck des herrschenden Elends. Die Einführung dieser kostenpflichtigen Mahlzeiten hielt die Küchen nur für eine sehr kurze Zeit am Leben. Da die Schulden bereits auf 7000 Zł. angewachsen waren, wurden weitere Kredite verweigert. Wir waren am Ende gezwungen, die Volksküche in Włoszczowa zum 1. September zu schließen.

Die Rekrutierung und Verschickung jüdischer Jugendlicher ins Arbeitslager in Cieszanów führte zu einer solchen Niedergeschlagenheit, vor allem unter den betroffenen Familien, dass die Hilfe darauf reduziert wurde, die Jugendlichen im Arbeitslager zu versorgen. Die meisten Verschickten, darunter auch Flüchtlinge, arbeiteten unter sehr schweren Bedingungen, ohne angemessene Ernährung, Kleidung und passendes Schuhwerk. Umso schneller wurde im Stadtgebiet eine Sammlung organisiert, und innerhalb von zwei Tagen wurden 9 Säcke und eine Kiste mit Kleidung und Lebensmitteln ins Lager gebracht. Darüber hinaus wurden durchschnittlich 15 bis 20 Lebensmittelpakete täglich mit Brot, Zucker, Marmelade u.Ä. per Post abgeschickt. Die Hilfsaktion für die Arbeiter im Lager verschlang innerhalb von 6 Wochen über 10 000 Zł.

Dies schlug sich natürlich auf die Aktion im Umland nieder und führte am Ende dazu, dass die noch in Betrieb befindliche Volksküche in Kurzelów geschlossen werden musste. Dies war ein schwerer Schlag für die Flüchtlinge, doch es fehlten die Mittel, die Küche weiter zu bewirtschaften. Die lokalen Einnahmen verringerten sich erheblich, das Eintreiben von Abgaben war sehr mühsam, da fast die gesamte Bevölkerung die Kosten für den Unterhalt der Arbeiter im Lager aufbringen musste. Diese nahmen die ganze Aufmerksamkeit der Bevölkerung und des Komitees in Anspruch, weshalb sich die Sozialfürsorge im Stadtgebiet in dieser Zeit ausschließlich darauf beschränkte, die Flüchtlinge

durch die Ausgabe von Trockenprodukten in sehr eingeschränktem Umfang zu ernähren sowie Bargeld als Soforthilfe zu gewähren. Angesichts der äußerst schwierigen Lage, in der sich das Komitee befand, fuhr wieder ein Delegierter nach Warschau, um beim A.J.D.C., bei der T.O.Z. und anderen Institutionen um Hilfe nachzusuchen. Die finanzielle Lage dieser Institutionen war nicht besser als unsere, und zu allem Übel konzentrierte sich infolge der Errichtung des Warschauer Gettos die Aufmerksamkeit aller Institutionen ausschließlich darauf, in Warschau Hilfe zu leisten. Abgesehen von einer kleinen Menge an Arzneimitteln von der T.O.Z. erhielten wir keinerlei Unterstützung.
In der Zwischenzeit kam es zur lange erwarteten Rückkehr der Arbeiter aus den Arbeitslagern, leider mit der traurigen Bilanz von sieben toten jungen Männern. Mit der Rückkehr der Arbeiter wurde der Sozialfürsorgeabteilung eine große Last genommen. Zwar stiegen die Kosten für ärztliche Hilfe unmittelbar an, da sich die Zurückgekehrten in einem sehr schlechten Gesundheitszustand befanden, auf jeden Fall aber ermöglichte ihre Rückkehr die erneute Durchführung einer umfangreicheren Hilfsaktion in der Umgebung. Das Fehlen auswärtiger Hilfe zwang uns wieder einmal, Mittel bei der örtlichen Bevölkerung zu sammeln.
Das zugeteilte Kartoffelkontingent musste wegen der fortgeschrittenen Jahreszeit und den bereits herrschenden Nachtfrösten rasch abgeholt werden. Die Flüchtlinge und Armen wurden zügig mit Kartoffeln versorgt. Wegen der unterbrochenen Kartoffellieferung konnte diese Aktion zwar nicht ganz abgeschlossen werden, doch wurden alle Flüchtlinge in Włoszczowa, Kurzelów und den anderen umliegenden Dörfern sowie fast alle ortsansässigen Armen mit einer kostenlosen Pro-Kopf-Zuteilung von 100 kg Kartoffeln bedacht. Im November erhielten wir vom A.J.D.C. durch Spenden aus der Schweiz 1000 kg Weizenmehl sowie eine gewisse Menge Lebensmittel, die unter allen Fürsorgeempfängern und Kindern verteilt wurden. All dies konnte jedoch den Flüchtlingen und Armen nur wenig helfen, deren Elend weiter zunahm. Aus Angst vor Ausbruch einer Fleckfieberepidemie wurde im November und Dezember 1940 eine Schutzimpfung durchgeführt, wobei 2000 Personen kostenlos geimpft wurden. Die räumliche Beengtheit und das Fehlen von Heizmaterial wirken sich natürlich auf die Hygiene aus, um deren Aufrechterhaltung wir ständig kämpfen. Auf Betreiben des Komitees wurden Propagandatafeln hergestellt und in Geschäften und Hauseingängen aufgehängt, auf denen zur Einhaltung der Sauberkeit aufgerufen wird, außerdem wurden einige Tausend Flugblätter verteilt, auf denen erklärt wird, wie sich ansteckende Krankheiten bekämpfen lassen.
Mit der mehrmals durchgeführten Verteilung von Kleidung wurden rund 550 Personen erreicht, an die über 1300 Kleidungsstücke ausgegeben wurden, von denen rund 400 in der Stadt gesammelt worden waren.
Ein Jahr Arbeit des Hilfskomitees für Flüchtlinge und Arme beim Judenrat, ein Jahr schwerer und anstrengender Arbeit war vor allem von der aufopferungsvollen Haltung aller Mitarbeiter sowie der ortsansässigen Bevölkerung geprägt, deren Anteil an der Finanzierung der ganzen Sozialfürsorgeaktion enorm war. Wenn die erteilte Hilfe nicht so war, wie wir sie uns gewünscht hätten, wenn sie für unsere Begriffe und in den Augen der Bedürftigen nicht groß genug war, so war dies nicht unsere Schuld. Am Fehlen entsprechender Geldmittel scheiterte so mancher Plan.
Reicher um die Erfahrungen eines ganzen Jahres, haben wir uns im neuen Jahr mit derselben Devise unter noch schwierigeren Bedingungen an die Arbeit gemacht:
*Mit vereinten Kräften helfen!*

## DOK. 217
## Jüdische Immobilienbesitzer in Chełm bitten am 3. Januar 1941 das Präsidium der Jüdischen Sozialen Selbsthilfe um Fürsprache bei den Besatzungsbehörden[1]

Handschriftl. Schreiben jüdischer Immobilienbesitzer aus Chełm an das Präsidium der JSS in Krakau (Eing. 13. 1. 1941) vom 3. 1. 1941

Die unterzeichneten jüdischen Immobilienbesitzer der Stadt Chełm Lubelski
*Bitte*
Mit dem 1. Dezember 1939 sind alle jüdischen Immobilien der Stadt Chełm der kommissarischen Verwaltung der Treuhandstelle[2] unterstellt worden.
Die Zahl der jüdischen Immobilien in Chełm beträgt rund 5000, die Bruttoeinnahmen belaufen sich auf rund 75 000 Zł. monatlich.
Fast 90 % der Immobilienbesitzer haben außer ihren Immobilien keine Einkünfte aus anderen Quellen, die Immobilien stellten ihre einzige und ausschließliche Unterhaltsquelle dar.
Aufgrund individueller Eingaben sowie von Bemühungen des hiesigen Judenrates gestand der Treuhänder[3] anfangs einigen Immobilienbesitzern Renten aus den Einkünften zu, einigen auch unterschiedlich hohe Mietnachlässe für Wohnungen in den eigenen Häusern, doch nach einer gewissen Zeit wurden alle Nachlässe gestrichen. Immobilienbesitzer erhalten seit über *6 Monaten* keine Rente mehr. Dagegen zahlen alle für sämtliche Räumlichkeiten in den eigenen Häusern für den gesamten Zeitraum seit dem 1. Dezember 1939 Miete.
Es ist klar, dass wir Immobilienbesitzer von der derzeitigen Situation sehr betroffen sind, da wir, wie oben erwähnt, außer unseren Häusern keine anderen Einkommensquellen haben, und Ersparnisse besaßen wir nicht, da die von der ehemaligen polnischen Regierung vor dem Krieg angeordnete Urbanisierung unsere Mittel vollständig aufgezehrt hat. Deshalb sind wir mit dem Übergang unserer Immobilien in treuhänderische Verwaltung völlig mittellos, zumal die meisten von uns in vorgerücktem Alter stehen, nicht arbeitsfähig sind und außerdem für eine große Zahl von Familienangehörigen zu sorgen haben. Der hiesige Judenrat hat sich bei den hiesigen Behörden oft dafür eingesetzt, dass uns die Mietnachlässe für die Wohnungen in unseren eigenen Häusern wieder gewährt sowie uns aus den Einkünften Renten ausbezahlt werden, doch alle Bemühungen blieben erfolglos.
Angesichts der *Streichung der Ermäßigungen bei der Zahlung* der Miete sind die meisten von uns mit der Miete für einen längeren Zeitraum im Rückstand, weshalb uns der Treuhänder mit der *Zwangsräumung* der Wohnungen droht.
Um uns in der gegenwärtigen schweren Zeit wenigstens ein Existenzminimum sowie ein Dach über dem Kopf zu sichern, wenden wir uns an das verehrte Präsidium der J.S.S. mit der allerhöflichsten und innigen Bitte, sich *bei den zuständigen Zentralbehörden* dafür einzusetzen:
a) unsere Immobilien mit Einnahmen von bis zu 200 Zł. monatlich von der treuhänderischen Verwaltung zu befreien;

1 AŻIH, 211/285, Bl. 8 – 10. Das Dokument wurde aus dem Polnischen übersetzt.
2 Im Original deutsch.
3 Hier und im Folgenden im Original deutsch.

b) uns Renten von einem Teil der Einkünfte zuzusprechen, die aus unseren Immobilien mit Einnahmen von monatlich mehr als 200 Zł. bezogen werden;
c) uns Mietnachlass für Wohnraum in unseren eigenen Häusern in Form einer gänzlichen Mietbefreiung dieser Wohnungen zu gewähren.
Ihre Antwort senden Sie bitte zu folgenden Händen: Chaskiel Szylkrot,[4] Chełm Lub.[elski], ulica Mały Rynek 1.
In der Hoffnung auf eine wohlwollende Gewährung unserer Bitte verbleiben wir hochachtungsvoll[5]

## DOK. 218
## Präsident Westerkamp notiert die Ergebnisse einer Besprechung im Reichssicherheitshauptamt über die Umsiedlung von etwa einer Million Menschen am 8. Januar 1941[1]

Anlage zu einer Besprechung über Fragen der Einsiedlung von Polen und Juden in das Generalgouvernement, gez. Westerkamp (W/Pi.),[2] Krakau, vom 13. 1. 1941[3]

*Bericht*
über die Besprechung betreffend *Umsiedlung von Polen und Juden* in das Generalgouvernement im Reichssicherheitshauptamt Berlin am 8. Januar 1941
1.
In dieser Besprechung waren außer den Vertretern des Generalgouvernements (SS-Obergruppenführer Krüger, Oberregierungsrat Dr. Schepers, Raumordnung, und dem unterzeichneten Präsident Westerkamp mit Dr. Föhl, Innere Verwaltung) alle an dieser Frage sonst beteiligten Stellen vertreten: Reichskommissar für die Festigung des deutschen Volkstums, O.K.W., O.K.H., Reichsverkehrsministerium, Reichswirtschaftsministerium, Reichsinnenministerium, die Inspekteure der Sicherheitspolizei der Ostgebiete, der Gaubeauftragte aus Wien. Den Vorsitz führte SS-Gruppenführer Heydrich.
Folgende Ergebnisse wurden erzielt:
1. Das Generalgouvernement verhandelt über Fragen der Umsiedlung ausschließlich mit dem Reichssicherheitshauptamt, das seinerseits Verbindung mit sämtlichen beteiligten Stellen im Reich hält. Einzelaktionen nachgeordneter Instanzen in den eingegliederten Ostgebieten gegenüber dem Generalgouvernement sind damit ausgeschlossen.

4 Über Chaskiel Szylkrot ist nur bekannt, dass er ermordet wurde.
5 Es folgen 21 meist unleserliche Unterschriften, darunter: H. Zylbercwajg, P.[inchas] Orensztejn (1890 – 1942, Kaufmann), L.[ipe] Herc (Kaufmann), E. Lewin, Nusyn Dawid Mandler, J.[icchak/Icchak] Cukierman (1884 – 1941, Kaufmann), Sz.[apse] Rozenblit.

1 AIPN, GK 95, Bd. 15. Kopie: IfZ/A, Fb 105, Bd. 11, Bl. 2498 – 2502.
2 Eberhard Westerkamp (1903 – 1980), Jurist; 1932 Reg.Rat im Preuß. Staatsministerium; 1937 NSDAP-Eintritt; bis 1939 Landrat in Osnabrück; Okt. 1940 bis Jan. 1942 Präsident der HA Innere Verwaltung in der Regierung des GG; danach Kriegsteilnahme; 1945 – 1948 Landwirt, 1949 – 1956 Verwaltungsrechtsrat, 1956 – 1959 StS im niedersächsischen Innenministerium, von 1960 an Rechtsanwalt.
3 Im Original handschriftl. Ergänzungen.

2. Im Jahre 1941 sind insgesamt 831 000 Menschen aus den reichsdeutschen Ostgebieten in das Generalgouvernement umzusiedeln; hierzu kommt die Umsiedlung innerhalb des Generalgouvernements insbesondere für Wehrmachtszwecke mit rund 180 000 Menschen.

Die Vertreter des Generalgouvernements haben gegen diese geplanten Umsiedlungen grundsätzlich keinen Einwand geltend gemacht, nachdem auf Grund der allgemeinen Führerrichtlinie und der vorangegangenen grundsätzlichen Ausführungen des Generalgouverneurs die Aufnahme der Menschen aus dem Reich als vordringlichste Aufgabe des Generalgouvernements für das Reich im Jahre 1941 festgelegt war.

3. Die Zahl von 831 000 ergibt sich aus

a) der Notwendigkeit, für die in das Reich zurückkehrenden Volksdeutschen Raum zu schaffen,

b) aus der Schaffung der Truppenübungsplätze,

c) aus der Aussiedlung von Juden.

Im einzelnen ergibt folgende Übersicht eine Erläuterung:

| | |
|---|---|
| *Für umzusiedelnde Volksdeutsche* | |
| in das Gebiet | |
| Danzig-Westpreußen | 100 000 |
| Warthegau | 148 000 |
| Ostoberschlesien | 150 000 |
| Ost Posen | 46 000 |
| | 444 000 |
| Zur Besserstellung bereits angesetzter Volksdeutscher | 50 000 |
| Kz. Auschwitz[4] | 20 000 |
| Wohnung für Beamtenfamilien | 50 000 |
| Vor der Evakuierung geflüchtete Polen | 5 000 |
| | 569 000 |
| *Wehrmachtsvorhaben* | |
| Konin-Pleschen | 80 000 |
| Sieradz | 40 000 |
| Warthelager (Oberneg) | 20 000 |
| Luft Nord (Ryppin)[5] | 22 000 |
| Heer Nord (Mlava) | 25 000 |
| Bizia b/Beuthen | 10 000 |
| Thorn | 5 000 |
| | 202 000 |
| *Aussiedlung der Wiener Juden* | 60 000 |
| | 831 000 |

4. Spezifiziert sind die bevorstehenden Umsiedlungen zunächst für den Zeitraum vom 1. Februar bis 30. April 1941 festgelegt worden, und zwar in folgender Weise:

4 Es geht hier um die Umsiedlung von Menschen, die dem Ausbau des Konzentrationslagers Auschwitz weichen sollten.

5 Richtig: Rypin.

| | Evakuierung für Volksdeutsche | Evakuierung für Truppenübungsplätze |
|---|---|---|
| Ostpreußen | 30 000 | 8 500 |
| Schlesien | 24 000 | 10 000 |
| Danzig-Westpreußen | 40 000 | 27 000 |
| Warthegau | 90 000 | 19 000 |
| | 184 000 | 64 500 |
| Wien | *Juden* | |
| | 10 000 | |

| Zusammenfassung (1.2. bis 30.4.1941) | |
|---|---|
| Evakuierung für Volksdeutsche | 184 000 |
| Evakuierung für Truppenübungsplätze | 64 500 |
| Juden aus Wien | 10 000 |
| | 258 500 |
| Davon sind abzusetzen 2000 Arbeiter für Truppenübungsplätze einschl. Familien | 10 000 |
| verbleiben | 248 500 |

5. Den Vertretern des Generalgouvernements ist zugesagt worden, daß die Umzusiedelnden bestmöglich mit Kleidung und mit Verpflegung für die ersten 14 Tage ausgestattet werden.
6. Offen geblieben ist die Frage des Handgeldes, das den Umzusiedelnden pro Kopf in der Währung des Generalgouvernements mitgegeben werden soll. Anzustreben ist ein Kopfbetrag von mindestens 60 Zloty.
7. Zugesagt ist ferner die Festlegung der Transporte nach Fahrplänen, auf die die Dienststellen des Generalgouvernements sich verlassen können; durch ein im einzelnen verabredetes Meldesystem seitens der Dienststellen des Reichssicherheitshauptamtes und der Ostbahn an die Regierung des Generalgouvernements (Innere Verwaltung) soll die Ankunft der Züge im einzelnen jeweils so frühzeitig angekündigt werden, daß alle notwendigen Vorbereitungen getroffen werden können.
8. Die für das Generalgouvernement durch die bevorstehende Aufgabe entstehenden Schwierigkeiten sind von den Vertretern des Generalgouvernements der Klarstellung halber betont worden. Sie fanden seitens des Reichssicherheitshauptamtes den Einwand, daß trotz der bevorstehenden Umsiedlungen die Besiedlungsdichte im Generalgouvernement kaum den Reichsdurchschnitt überschreite. Es bedarf keiner Erörterung, daß dieser Vergleich den Tatsachen nicht gerecht wird, denn die Fläche des Generalgouvernements wird durch die Abgabe von 2500 qkm für Wehrmachtsanlagen und durch die Notwendigkeit, den gesamten militärischen Schutzbereich entlang der Flüsse Narew, Weichsel und San freizumachen, in einer Ausdehnung von schätzungsweise 12 000 qkm so stark verringert, daß für den Restraum des Generalgouvernements eine Bevölkerungsdichte von 170 angenommen werden muß. Außerdem fehlen im Generalgouvernement alle natürlichen Voraussetzungen zur Aufnahme solcher Menschenmassen, die im Reich eher gegeben sind. Ein Vergleich der Bevölkerungsdichte muß daher zu Trugschlüssen führen.

II.
Gemeinschaftliche erste Stellungnahme der Abteilung Innere Verwaltung und der Abteilung Raumordnung zu Vorstehendem:
1. Eine Erfassung der hereinströmenden Menschenmassen und eine Kontrolle über ihren endgültigen Verbleib kann unter den derzeitigen Verhältnissen nicht gewährleistet werden. Schon jetzt wird z.B. aus dem Distrikt Radom gemeldet, daß Umgesiedelte dauernd in ost-westlicher Richtung zurückwandern. Diese Tatsache bestätigt eine im Reichssicherheitshauptamt erhaltene Information, wonach von den bisher Evakuierten schätzungsweise 50 000 bereits wieder im Warthegau aufgetaucht seien. Da eine Unterbringung in Barackenlagern und dergl. zurzeit nicht in Frage kommt, wird aber trotzdem auf eine Erfassung verzichtet werden müssen.
2. Zur Vermeidung von Katastrophen, die unter allen Umständen gegen die Interessen des Reiches ausschlagen würden, muß von den Kreis- und Stadthauptleuten für eine *Unterbringung* der in ihren Bezirk kommenden Evakuierten gesorgt werden. Freie Obdachgelegenheiten sind nach den vorliegenden Berichten aber nicht mehr vorhanden. Diese Schwierigkeiten werden vergrößert dadurch, daß nach einer Äußerung des Vertreters des O.K.W. mit einer verstärkten Belegung des Generalgouvernements zu rechnen ist. Die Obdachbeschaffung wird in der Hauptsache in der Form zu erfolgen haben, daß die neu hinzukommenden Menschen verteilt werden auf die allerdings schon überbelegten Quartiere der ansässigen Familien.
3. Aus der gleichen Erwägung muß unter allen Umständen die notwendigste *Verpflegung* der neu hinzukommenden Menschen sichergestellt werden.
4. Die arbeitsfähigen Evakuierten müssen sofort an die *Arbeit* gebracht werden. Während des Winters werden als Arbeitsprojekte in erster Linie nur Schneeräumungsarbeiten und einige vorbereitende Arbeiten für Bauvorhaben in Frage kommen. Zusätzlich müßten, am besten auf Grund eigenen Entschlusses der Kirchenbehörden, Kirchen und Klöster für die Unterbringung der Obdachlosen zur Verfügung gestellt werden. Die politischen Bedenken (erleichterte Einflußmöglichkeit seitens der feindlichen Geistlichkeit) müßten in Kauf genommen werden. Die lediglich zwecks Beschäftigung der Evakuierten durchgeführten Arbeitsvorhaben, deren produktiver Wert in vielen Fällen zweifelhaft ist, können nicht im wesentlichen aus Mitteln des Generalgouvernements oder der Gemeinden und Gemeindeverbände bestritten werden. Die *Hilfe des Reiches* hierfür muß angestrebt werden.[6]

6 Diese Umsiedlungen kamen wegen der Kriegsvorbereitungen gegen die Sowjetunion nur zum Teil zustande. Bis zum Abbruch der Umsiedlungen am 15.3.1941 wurden nur aus dem Warthegau Deportationen vorgenommen. Insgesamt waren davon 19 226 Personen betroffen, darunter 2140 Juden.

## DOK. 219
## Der Vorsitzende des Warschauer Judenrats berichtet am 8. Januar 1941 über die finanzielle Lage[1]

Bericht des Obmanns des Judenrates und Präsidenten des Ältestenrates der jüdischen Kultusgemeinde in Warschau (Nr. Tr 64/362), Czerniaków, an das Amt des Chefs des Distrikts Warschau, Abteilung Umsiedlung, Transferstelle,[2] Palais Brühl, vom 8. 1. 1941[3]

Durch die Umstände gezwungen, habe ich den Behörden bei verschiedenen Gelegenheiten die sehr schlechte Finanzlage des Judenrates dargestellt und habe gebeten, in diese Verhältnisse einsehen zu wollen. Ich habe auch ständig um die Schaffung desjenigen Zustandes gebeten, in dem es dem Judenrat möglich wäre, seine Ausgaben mit seinen Einnahmen zu bilanzieren und überhaupt auf Grund eines real konstruierten Budgetpräliminars zu arbeiten, was trotz der sich anhäufenden Schwierigkeiten erreichbar ist. Ich würde nicht meine Pflicht erfüllen, wenn ich nicht angeben würde, daß die gegenwärtig entstandene Finanzlage jegliche bisherigen Schwierigkeiten, mit denen der Judenrat zu kämpfen hatte, bei weitem überschreitet.
Zur Illustrierung gestatte ich mir, folgende Ziffern anzuführen:
Das Kassasaldo am 6. Januar 1941 betrug 132 Zl.
Das Kassasaldo am 7. Januar 1941 betrug 517 Zl.
Dies geschieht in einer Zeit, da die Ausgaben des Judenrates normal ca. 40 – 50 000 Zloty täglich betragen, während sich die Einnahmen auf durchschnittlich ca. 10 – 20 000 Zloty täglich belaufen.
Diese Sachlage voraussehend sowie im Zusammenhang mit den schwierigen, dem Judenrat erteilten Aufträgen und Anweisungen als auch mit Rücksicht auf die Verpflichtungen des Judenrates gegenüber 400 000 Menschen, die der Judenrat zu betreuen hat – habe ich, wie oben erwähnt, bereits vielfach über die bestehende Sachlage referiert und bin sowohl mit radikalen Projekten zur Abhilfe des schlechten Finanzstandes der Gemeinde als auch mit einem minimalen Programm, der wenigstens teilweise die rationelle und planmäßige Führung der Budgetwirtschaft ermöglichen würde, hervorgetreten.
Ohne jetzt das maximale Programm der Sanierung der Gemeindefinanzen, der – wie ich verstehe – auch von den Behörden erwogen wird und zu welchem die Anträge gegenwärtig von mir bearbeitet werden, zu berühren – werde ich mich jetzt auf eine fragmentarische Auffassung dieser Angelegenheit beschränken. Ich werde Ihnen daher im folgenden in kurzer Zusammenfassung die Projekte zur Sanierung der Gemeindefinanzen, mit welchen ich an die Behörden herangetreten bin, angeben.
So habe ich 1. gegen Ende Mai 1940 die Bestätigung der Satzung der Steuer zu Gunsten des Judenrates in Warschau beantragt, vor allem der ständigen Steuer, die bei Verteilung der Lebensmittelkarten durch Erhebung einer Mehrbezahlung in Höhe von beispiels-

1 APW, 485/340, Bl. 10 – 16.
2 Die Transferstelle unterstand Alexander Palfinger (1894 – 1961); von Frühjahr 1940 an stellv. Leiter der Gettoverwaltung in Litzmannstadt, nach Differenzen mit deren Leiter Biebow von Ende 1940 bis Mai 1941 Chef der Transferstelle des Warschauer Gettos und ab Sommer 1941 Judenreferent der Kreishauptmannschaft Tarnopol.
3 Im Original handschriftl. Unterstreichungen und Bearbeitungsvermerke. Grammatik wie im Original.

weise 1 Zloty monatlich eingezogen wird. Zweitens habe ich am 24. Juni 1940 das Projekt für die Erhebung eines Zusatzes zu den Gewerbesteuerkarten in Höhe von 100 % der Grundlage der jeweiligen Besteuerung eingereicht, und drittens habe ich schließlich desgleichen am 24. Juni 1940 den Entwurf einer Besteuerung des immobilen Eigentums der Juden in Höhe von 4 % der Besteuerungsgrundlage vorgelegt.[4]
Viertens bin ich mit Rücksicht auf die beklagenswerte Finanzlage der jüdischen Fürsorgeinstitutionen mit einem Projekt hervorgetreten, daß von den von der Stadtverwaltung zu Gunsten der sozialen Fürsorge erhobenen Summen, und zwar der Mehrbezahlung zu Straßenbahnfahrscheinen, Elektrizität und Gas sowie der Einwohnerabgabe, dem Judenrat entsprechende Zuschüsse erteilt werden.[5]
Fünftens habe ich mich endlich – um den Übergangsschwierigkeiten des Judenrates abzuhelfen – an die Behörden mit der Bitte gewandt, mir die Aufnahme einer Anleihe in einer Warschauer Bank in Höhe von mindestens Zloty 300 000 genehmigen zu wollen.
Von diesen Projekten wurde die erste Satzung bestätigt. Auf diese Weise wird die Kasse des Judenrates durch eine Summe in Höhe von über 300 000 Zloty monatlich, die bei der Verteilung der Lebensmittelkarten eingezogen wird, unterstützt. Dieser verhältnismäßig erhebliche Betrag hat es mir ermöglicht, das Budget auf einer entsprechenden Höhe zu halten. Hierdurch wurde das chronische Defizit des Judenrates, das sich aus der Tatsache ergibt, daß niemals bisher die Einnahmen des Judenrates die Ausgaben deckten, da nämlich allmonatlich die im Budgetpräliminar vorgesehenen Ausgaben durch gänzlich unvorhergesehene Ausgaben infolge fast täglich erteilter, unerwarteter Anweisungen beträchtlich vergrößert wurden – erheblich verkleinert.
Im vergangenen Monat ist die Summe aus dieser Quelle desgleichen eingeflossen, konnte jedoch nicht zur Deckung der normalen Bedürfnisse des Judenrates dienen, da sehr große Summen für die Aufstellung der Mauern und Zäune sowie für die Einrichtung der Transferstelle verausgabt werden mußten. Der hierfür verausgabte Betrag beläuft sich auf fast 300 000 Zloty. Diese Ausgabe hat eine Lücke in der Finanzlage des Judenrates verursacht und die Verschuldung gegenüber Lieferanten, Angestellten, Arbeitern usw. vergrößert. Diese Verschuldung beläuft sich auf insgesamt ca. 2 000 000 Zloty.
Das zweite Projekt betreffs Erhebung eines Zuschlags in Höhe von 100 % von den Gewerbesteuerkarten wurde durch Ihre Anordnung vom 5. Dezember 1940 genehmigt.[6] Seine Verwirklichung ist jedoch nicht erfolgt und dies – insofern es mir bekannt ist – weil die Stadtverwaltung nicht eine diesbezügliche Anweisung vom Herrn Beauftragten des Distriktschefs für die Stadt Warschau erhalten hat. Da die Gewerbesteuer während des laufenden Monats eingezahlt wird und von den Gewerbesteuerkarten einlösenden Juden keine zusätzliche Zahlungen für den Judenrat verlangt werden, ist es zu befürchten, daß nach Einlösung der Gewerbesteuerkarten die Eintreibung der Gebühren zu Gunsten des Judenrates sehr schwer sein wird.
Das dritte Projekt betreffend Belastung der jüdischen Liegenschaften wurde bisher nicht bestätigt. Allerdings haben wir zwar in der Zwischenzeit die Verwaltung der jüdischen Liegenschaften im Gebiet des jüdischen Wohnbezirks erhalten. Die Bedingungen jedoch,

4 APW, 485/341, Bl. 3 – 9; hier findet sich auch das auf Deutsch, Polnisch und Jiddisch abgefasste Plakat vom 2.7.1940 mit der Bekanntmachung über die Besteuerung der Lebensmittelkarten im Getto (Bl. 36f.).
5 Am linken Rand handschriftl. Anmerkung: „nein! h."
6 Nicht aufgefunden.

die übrigens nichts mit dem erwähnten Steuerprojekt zu tun haben, sondern mit der Verwaltung der Liegenschaften im Zusammenhang stehen, sind derartige, daß mit keinerlei Einnahmen gerechnet werden kann und [sie] eher eine überflüssige Belastung mit verschiedenen Ausgaben darstellten.
Das vierte Projekt betreffs Zuschüsse zu Gunsten der sozialen Fürsorge hat zwar bei den maßgebenden Persönlichkeiten der sozialen Fürsorge Verständnis gefunden, wurde aber im Bezug auf Juden bisher formell nicht erledigt.
Auf diese Weise kämpft die jüdische soziale Fürsorge mit unerhörten Schwierigkeiten. Ich könnte es nicht vor meinem Gewissen verantworten und würde nicht die Pflichten erfüllen, die mir von den Behörden übertragen wurden, wenn ich nicht an dieser Stelle auf den erschreckenden Stand der Fürsorgeinstitutionen hinweisen würde. Täglich zeugen Rapporte und Musterungen von Waisenheimen, Unterkunftsstätten usw., Tausende von Armen an den Toren der Gemeinde und ihrer Anstalten sowie der Fürsorgeinstitutionen – von der unbedingten Notwendigkeit, Mittel zwecks Linderung der entstandenen Lage auffindig zu machen. Von realer Grundlage ausgehend habe ich stets gesucht und suche ich weiterhin Einnahmequellen in der jüdischen Gemeinschaft. Alle meine Anträge haben nur diese Bevölkerung belastet. Im Namen der Gerechtigkeit war und bin ich bestrebt, eher die vermögende als die arme Bevölkerung zu belasten. Nach dieser Richtung zielen auch das zweite und dritte der oben angeführten Projekte. Um das erste Projekt betreffs Lebensmittelkarten zu lindern, habe ich angeordnet, daß ca. 70 000 Juden der Pflicht, den Zuschlag zu den Lebensmittelkarten zu zahlen, enthoben werden.
Obiges zusammenfassend bitte ich zwecks Vorbeugung dem drohenden Finanzzusammenbruch des Judenrates sowie zwecks Ermöglichung der Deckung der notwendigsten Ausgaben – um gütige Erwägung und event. Erlaß von Anordnungen in folgenden Angelegenheiten.
1) Feststellung des Grundsatzes, daß der Judenrat gemäß einem festgesetzten Budget zu arbeiten hat, d.h., daß die Ausgaben durch die Einnahmen ausgeglichen werden.
2) Angelegenheit der Zuschläge zu den Gewerbesteuerkarten in Höhe von 100 % zu Gunsten des Judenrates. Ich bitte Sie, sich in dieser Angelegenheit an den Herrn Beauftragten des Distriktschefs für die Stadt Warschau wenden zu wollen, damit der Stadtverwaltung eine diesbezügliche Anweisung erteilt wird. Diese Angelegenheit ist, wie ich mir im Obigen darzulegen gestattet habe, besonders dringend.
3) Bestätigung der Satzung über die Erhebung zu Gunsten des Judenrates eines Zuschlages zur Liegenschaftssteuer in Höhe von 4 % des Bruttoeinkommens.
4) Zuerkennung dem Judenrat eines entsprechenden Prozentanteiles an der von der Stadtverwaltung zu Gunsten der sozialen Fürsorge erhobenen Einwohnerabgabe sowie Mehrbezahlung zu den Preisen der Straßenbahnfahrscheine, den Gebühren für Elektrizität und Gas.
5) Aufnahme einer Bankanleihe in Höhe von 300 000 Zloty. Ich bitte Sie höflichst, sich an die Bankaufsichtstelle wenden zu wollen, damit sich diese mit der Aufnahme dieser Anleihe in Warschauer Banken einverstanden erklärt.
Im Zusammenhang mit dem Obigen habe ich die Ehre, noch darauf hinzuweisen, daß ich auf der Suche nach anderen Einkunftquellen angeordnet habe, daß von den angeordneten Aushängeschildern an den Türen jüdischer Wohnungen Gebühren in Höhe von Zl. 0,50 bzw. Zl. 1 erhoben werden. Desgleichen habe ich angeordnet, daß für die Bedürfnisse der Abteilung Gesundheitswesen, d.h. für die Seuchenbekämpfung, monatlich Zloty 0,50 je

Wohnraum erhoben werden. Darüber hinaus ist infolge einer Anregung der Behörden die Einführung jüdischer Kennkarten vorgesehen. Diese Dokumente könnten vermögenderen Personen gegen eine Gebühr verabfolgt werden. Hierdurch könnte ein Betrag erlangt werden, mit dem ein Teil der gegenwärtigen Bedürfnisse des Judenrates sowie ein Teil der Schulden gedeckt werden könnte. Bisher habe ich jedoch eine derartige Anordnung nicht erhalten.
Schließlich könnte man nach Übernahme durch den Judenrat der Post im jüdischen Wohnbezirk Einkommen durch den Verkauf besonderer Postwertzeichen (auch an Briefmarkensammler) erlangen. Ordnungshalber gestatte ich mir, darauf hinzuweisen, daß die Postverwaltung wie bisher kein positives Verhältnis zu dieser Idee hat.
Abschließend gestatte ich mir hinzuzufügen, daß die Regelung der Verhältnisse zwischen dem Judenrat und der Kommissarischen Verwaltung der jüdischen Liegenschaften höchst wünschenswert ist. Auf Grund Ihres Schreibens vom 26. November 1940 war ich berechtigt zu vermuten, daß die großen vom Judenrat auf diesen Arbeitsbereich eingesetzten Anstrengungen entsprechend honoriert werden. Die bisherige Praxis sowie die von der Kommissarischen Verwaltung vorgeschlagenen Tarife kollidieren mit Ihrer Anordnung vom 26. November 1940[7] und versprechen keinerlei entsprechende Einkünfte für den Judenrat.

## DOK. 220

## Der Vorsitzende des Warschauer Judenrats beantragt am 9. Januar 1941, die Belieferung mit kontingentierten Artikeln zu verbessern[1]

Schreiben des Obmanns des Judenrates und Präsidenten des Ältestenrates der jüdischen Kultusgemeinde in Warschau (Nr. Tr 64/369), Czerniaków, an das Amt des Chefs des Distrikts Warschau, Abteilung Umsiedlung, Transferstelle,[2] vom 9.1.1941

Die Flüssigmachung der für den Wirtschaftsumsatz des jüdischen Wohnbezirkes notwendigen Kapitalien ist mit sehr großen Schwierigkeiten verbunden: Einerseits verfügt der Judenrat selbst über keinerlei Fonds und hat stets mit großem Defizit zu kämpfen, andererseits ist es wegen des fast vollkommenen Stillstandes in der Lebensmittelversorgung des jüdischen Wohnbezirkes unmöglich, die bescheidenen Geldvorräte der Kaufleute zu mobilisieren. Darüber hinaus muß berücksichtigt werden, daß der Arbeitsmarkt vom Zeitpunkt der Schließung des jüdischen Wohnbezirkes außerordentlich verkleinert ist und die Arbeitslosigkeit schon jetzt erschreckende Ausmaße annimmt.
Um diesen Sachverhalt zu ändern, müßte man möglichst schnell unsere Mittelindustrie und Handwerk, deren Leistungsfähigkeit sehr beträchtlich ist, beschäftigen sowie den jüdischen Wohnbezirk mit Kontingent- und Außerkontingent-Artikeln, die zum freien Handel zugelassen sind, beliefern. Wenn ich darauf hinweise, daß im Dezember 1940 die

7 Es handelt sich vermutlich um die Übertragung der Lebensmittelkartenverwaltung an die Jüdische Gemeinde; Czerniaków, Im Warschauer Getto (wie Dok. 39, Anm. 1), S. 135.

1 APW, 485/340, Bl. 17f. Grammatik wie im Original.
2 Leiter der Transferstelle war Alexander Palfinger.

Bevölkerung des jüdischen Wohnbezirkes einzig Mehl für das Backen des Kartenbrotes in einer Menge von 3 ½ kg je Einwohner erhalten hat, daß es uns bis zum heutigen Tage, d.h. bis zum 9. Januar ds.Js., nicht gelungen ist, das im Dezember für die letzten 4 Abschnitte der Lebensmittelkarten (Abschnitt 9, 10, 11 und 12) zuerkannte Mehl in den jüdischen Wohnbezirk einzuführen, daß die Bevölkerung des jüdischen Wohnbezirkes im Dezember weder Seife noch Zucker, Marmelade, Heizmaterialien usw. usw. erhalten hat, daß noch nicht die Angelegenheit der Zuerkennung dem Judenrat des ausschließlichen Rechts für den Umsatz der Monopolartikel erledigt ist – so werden die Schwierigkeiten bei der Erlangung vom Verteilungsapparat[3] von Geldmitteln für die Belebung der Transaktionen mit der Transferstelle verständlich.
Bei dieser Sachlage habe ich die Ehre, Sie hierdurch höflichst zu bitten, gütigst veranlassen zu wollen, daß dem jüdischen Wohnbezirk im Wege der Kartenverteilung außer dem Brotmehl (ich gestatte mir, meine Bitte um Vergrößerung der Brotrationen – mein Schreiben Nr. Tr. 15/23112 vom 27. Dezember 1940 – zu wiederholen) andere Kontingentartikel wie Seife, Zucker, Kartoffeln, Kohlen, Brennholz, Marmelade, Makkaroni usw. zugeteilt werden.
Schließlich gestatte ich mir zu betonen, daß es unbedingt notwendig ist, den Leitern der Approvisationsabteilung[4] beim Judenrat die Verbindung mit den entsprechenden Referaten der Transferstelle zu ermöglichen, damit von diesen unmittelbar die Herstellungsmöglichkeiten des jüdischen Wohnbezirkes für die Außenwelt besprochen werden können. Weiterhin müßte die Angelegenheit der Einkaufsmöglichkeiten für zum freien Handel zugelassene Artikel wie Gemüse, Fische, manche Rohstoffe usw. besprochen werden, wobei seitens des Judenrates Einkaufsquellen angegeben werden könnten. Meine Wirtschafts-Sachverständigen sind der Ansicht, daß nur auf diese Weise der Umsatz vom jüdischen Wohnbezirk belebt und die Bevölkerung vor der Hungernot bewahrt werden kann.

## DOK. 221

## Der jüdische Kinderschutzbund in Krakau bittet den Stadthauptmann am 10. Januar 1941 um Zuteilung von Lebensmitteln[1]

Schreiben der JSS Krakau, Jüdisches Hilfskomitee Krakau-Stadt, Kinderschutz und Waisenfürsorge „CENTOS" (Zahl: 27/41), gez. Rachela Mahler[2] und Dr. Gizela Thon,[3] an den Stadthauptmann von Krakau, Abteilung Ernährung und Wirtschaft, vom 10.1.1941 (Abschrift)

3 Gemeint ist die Versorgungsanstalt beim Judenrat; siehe Dok. 285 vom 21.5.1941, Anm. 5.
4 Die Approvisationsabt. war für die Verteilung von Artikeln des täglichen Bedarfs zuständig.

1 YVA, O-21/14/1, Bl. 4. Grammatik wie im Original.
2 Rachela Mahler (gest. 1942) war in der jüdischen Armenfürsorge tätig. Die Vorsitzende der Krakauer Gruppe der Women's International Zionist Organisation (WIZO) wurde 1942 aus dem Krakauer Getto nach Bełżec deportiert. Ihr Sohn Zygmunt gehörte der Krakauer Gruppe der ŻOB an.
3 Dr. Gizela Thon (*1904), Gymnasiallehrerin; als Generalsekretärin von CENTOS leitete sie die Zweigstellen im Distrikt Krakau, gleichzeitig war sie im Präsidium der JSS in Krakau für die Kinderfürsorge zuständig.

*Betrifft:* die Bitte des Vorstandes des Waisenhauses Dajworstraße Nr. 21 in Krakau[4] und der Tagesheime in der Meiselsgasse Nr. 1[5] um Zuweisung von Lebensmitteln gegen Bezugscheine.
Die gefertigte Jüdische Soziale Selbsthilfe, Jüdisches Hilfskomitee Krakau-Stadt, Abteilung für Kinderschutz und Waisen-Fürsorge „*Centos*", [unt]erhält ein Waisenhaus in der Dajworstraße Nr. 21. 23 Kinder im Alter von 2–12 Jahren, darunter viele Findlinge, werden dort betreut und vollständig verpflegt. (Die Zahl der verpflegten Personen beträgt zusammen mit 2 Erzieherinnen – 25.)
Außerdem erhält die „Centos"-Abteilung 2 Tagesheime in der Meiselsgasse Nr. 17 und Podbrzeziegasse Nr. 1, wo circa 200 Kinder ein Mittagmahl, bestehend aus zwei Gängen, erhalten. (Die Anzahl der Kinder schwebt infolge des strengen Winters und Mangels an warmer Kleidung und Schuhen. Eine große Anzahl von Kindern erkrankte infolge der kläglichen Lebensbedingungen).
Da die Kinder aus den ärmsten Bevölkerungsschichten stammen und unterernährt sind und die Abteilung „Centos" in ungünstigen Finanzverhältnissen sich befindet, wenden wir uns mit der inständigen Bitte um eine gütige Zuweisung nachstehender Lebensmittel gegen Bezugscheine, und zwar:
Mehl, Bohnen, Zucker, dicke u. dünne Graupen, Milch, Marmelade, Waschpulver, Kernseife und Fett.

## DOK. 222
## Am 12. Januar 1941 beginnen Schriftsteller und Journalisten mit der Tageschronik des Gettos Litzmannstadt (Lodz)[1]

Tageschronik des Gettos Litzmannstadt,[2] Nr. 1 vom 12. 1. 1941

*Abteilung Archiv*
Tageschronik Nr. 1
12. Januar 1941
*Wetterlage.* 10 Grad unter Null. Windstilles, sonniges Wetter.

4 Das Ende 1940 eröffnete Waisenhaus im jüdischen Viertel Kazimierz in der Dajwór-Straße 21 wurde im Mai 1941 in die Krakus-Straße 8 im Getto verlegt.
5 Es geht offenbar um die unten genannten Tagesheime. Nach Kriegsbeginn richtete CENTOS zwei Waisenheime ein, die Ende Dez. 1940 in drei andere Gebäude verlegt wurden, darunter in die Podbrzezie-Straße 1 und die Meiselsgasse 17. Die Kinder verbrachten die Nacht bei Pflegeeltern und waren tagsüber im Heim. Sie wurden mit ihren Pflegeeltern aus Krakau vertrieben oder im März 1941 in das Getto gebracht.

1 APŁ, 278/1079, Bl. 1–7. Das Dokument wurde aus dem Polnischen übersetzt in enger Anlehnung an: Die Chronik des Gettos Lodz/Litzmannstadt, Bd. 1: 1941, hrsg. von Sascha Feuchert u.a., Göttingen 2007, S. 19–23.
2 Unter der Leitung von Julian Cukier (1904–1943) wurde im Archiv des Gettos Litzmannstadt das Geschehen für spätere Generationen in einer Chronik festgehalten. Die täglichen Aufzeichnungen folgten einem weitgehend festgelegten Schema und wurden durch Artikel zu bestimmten Themen ergänzt. Zunächst wurde die Chronik auf Polnisch geschrieben; als mit der Deportation von etwa 20 000 Juden aus dem Westen in das Getto auch deutschsprachige Autoren zum Archiv stießen, wurde sie von September bis Ende 1942 auf Polnisch und Deutsch verfasst, danach gänzlich auf Deutsch. Sie wurde bis zum Juli 1944 fortgeführt.

*Der Herr Präses inspizierte die Meldeabteilung.* In den Morgenstunden inspizierte Herr Präses *Rumkowski*, der Judenälteste, die sich in den Büros in der Miodowa-Straße 4 befindlichen Evidenzabteilungen. Während der Inspektion interessierte sich der Herr Präses lebhaft für die Arbeit der Beamten in den einzelnen [Unter-]Abteilungen, z.B. im Meldebüro, im Standesamt, in der Statistischen Abteilung und der Archivabteilung. Nach der Inspektion hatte der Herr Präses eine längere Unterredung mit dem Abteilungsleiter, Rechtsanwalt Neftalin.[3]
*Sterbefälle und Geburten.* Am heutigen Tage sind im Getto 52 Personen gestorben. Die Ursachen waren an 1. Stelle Herzkrankheiten, an 2. Stelle Erschöpfung vor Hunger und Kälte, an 3. Stelle Tuberkulose. Registriert wurden 14 Geburten (7 Jungen und 7 Mädchen).
*Forderungen der Mitglieder des Ordnungsdienstes.* Heute hat sich bei der Hauptkommandantur des Ordnungsdienstes eine Mitarbeiterdelegation mit einer Petition gemeldet, die Arbeitsbedingungen dadurch zu verbessern, dass Lebensmittel- und Heizmaterialzulagen wieder eingeführt und die Löhne erhöht werden. Diese Petition wurde von den Behörden[4] mit dem Hinweis abgelehnt, das Bestreben nach gleichmäßiger Verteilung der Lebensmittel unter der ganzen Bevölkerung schließe die Privilegierung bestimmter Gruppen aus, und zwar auch bei verantwortungsvollen öffentlichen Arbeiten. Um die Lebensbedingungen des Ordnungsdienstes zu erleichtern, versprach der Kommandant,[5] seine Anstrengungen für den Ausbau der Polizeikantinen zu verstärken, damit sie auch die Familien der Polizisten bedienen könnten. Zu diesem Zweck werden die Kantinen 3 Mal täglich Essen für über 2000 Personen ausgeben.
*Kriminalität.* Im Bericht der Ordnungsdienstreviere wurden heute 12 Diebstahlsfälle und 6 verschiedene andere Vergehen notiert.
*Selbstmordversuch.* Der 18-jährige Abram Nożycki (Zgierska-Straße 21) stürzte sich aus dem Treppenhausfenster im 3. Stock des Hauses an der Marynarska-Straße 2.[6] Der herbeigerufene Arzt der Rettungsbereitschaft stellte bei dem Genannten zahlreiche Wunden fest und brachte ihn, nachdem er ihm Erste Hilfe geleistet hatte, in kritischem Zustand ins Krankenhaus Nr. 1.
*Aus der Approvisationsabteilung.*[7] Die Approvisationsabteilung wird zur Zeit so reorganisiert, dass die einzelnen Abteilungen dezentralisiert werden, so z.B. die Abteilungen für den Verkauf von Kolonialwaren, Brot, Heizmaterial, Gemüse, Molkereiprodukten usw. Die mit dem 1. d.M. begonnene Reorganisationsarbeit wird zum Monatsende abgeschlossen sein. Sie wird zweifellos eine große Rationalisierung im Apparat der Lebensmitteldistribution mit sich bringen.
*Zweite Lebensmittelration auf Karte.* Heute ist eine Bekanntmachung des Judenältesten über die Erteilung der 2. Lebensmittelration auf Karte an den Mauern angeschlagen wor-

3 Henryk Neftalin (1908–1945), Jurist; Leiter u.a. der Evidenzabt. im Getto Litzmannstadt, die die Einwohner erfasste und ihnen Wohnungen zuwies; im Aug. 1944 wurde er nach Auschwitz deportiert und starb im KZ Dachau.
4 Gemeint ist die deutsche Gettoverwaltung.
5 Kommandant des Ordnungsdienstes war der Bankdirektor Leon Rozenblat (1892/94–1944), zugleich Mitglied des Bankrats und des Fach- und Kontrollrats; 1944 wurde er nach Auschwitz deportiert und dort ermordet.
6 Abram Nożycki (1922–1942), Schneider; im Getto gestorben.
7 Die Approvisationsabt. war für die Verteilung von Artikeln des täglichen Bedarfs zuständig.

den. Der Verkauf beginnt am 14.[8] d. M. Im Verhältnis zu der 1. Kartenration ist die jetzige Ration reichhaltiger, weil auch Gemüse zugeteilt wurde. Eine große Erleichterung stellt die Möglichkeit dar, dass (bis auf Widerruf) ein Einkauf auf die 1. Lebensmittelkarte gewährt wird. Die Bekanntmachung löste bei der Bevölkerung sehr positive Reaktionen aus.
*Marktpreise von Grundversorgungsartikeln.* Am heutigen Tag verkaufte man im Privathandel: Brot zum Preise von 6,50 RM pro kg, Kartoffeln 2,50, Grütze 12, Kohlenstaub 0,60, Kohle 1 – 2 (je nach Sorte), Holz 0,70, Streichhölzer 0,20 (1 Schachtel), Tabak 2,90 (50 g).[9]
*Versorgungsmängel.* Zu den gravierendsten Versorgungsmängeln der laufenden Woche gehört die fehlende Belieferung mit Grütze. Es muss betont werden, dass dieses nach Brot und Kartoffeln wichtigste Lebensmittel bis jetzt in verhältnismäßig großen Mengen geliefert worden ist; zum ersten Mal wurde jedoch in der laufenden Woche die Einstellung der Grützelieferung notiert. Die Nachfrage nach Grütze beträgt 50 000 kg wöchentlich für die tägliche Versorgung der Gettoeinwohner mit 50 g dieses Artikels. Der Privatmarkt hat schon mit einem Anstieg der Preise bis zu 12 RM für 1 kg reagiert, bei einem Zuckerpreis von 9 RM, wohingegen dieses Verhältnis bisher umgekehrt war.
*Erhöhung der Brotration?* Das diesbezügliche Gerücht hält sich hartnäckig. Die für die Gettoeinwohner höchst wichtige Angelegenheit ist in aller Munde.
*Chronik der Rettungsbereitschaft.* Am heutigen Tag wurde die Rettungsbereitschaft 59-mal gerufen. In 5 Fällen stellten die Ärzte den Tod fest, in den übrigen 54 Fällen leisteten sie dagegen Erste Hilfe. Die Ursache von 3 Todesfällen war Erschöpfung. Es wurden 35 Fälle von inneren Krankheiten festgestellt, 17 Verletzungen, 1 Tobsuchtsanfall und 1 Selbstmord.
*Straßendemonstrationen.* Die am gestrigen Tag begonnenen Demonstrationen vieler Gettobewohner, welche die Erhöhung der Lebensmittel- und Heizmaterialrationen forderten, fanden auch heute in den Vormittagsstunden statt. Es ist hervorzuheben, dass die Ruhe im Getto seit den Septembervorfällen[10] kein einziges Mal gestört worden ist. Man hat unwiderlegbar festgestellt, dass diese Aktion von unverantwortlichen Individuen organisiert wurde, die auf die Störung der Ordnung und des öffentlichen Friedens zielten, der durch die vereinten Kräfte jener Gettobehörden erreicht worden ist, die über die Ruhe, Sicherheit und Versorgung der Einwohner wachen. Bezeichnend ist die Tatsache, dass sich die Individuen, die die Menschenmenge aufgehetzt haben, aus dem Kreise jener Arbeiter rekrutierten, die aus zusätzlichen Lebensmittelzuteilungen Nutzen zogen, indem sie die für sich gewonnenen Rationen selbst zu Wucherpreisen weiterverkauften. Die Demonstrationen fanden vor dem Krankenhausgebäude an der Łagiewnicka-Straße und an einigen Stellen der Brzezińska-Straße statt. Die Menschenmenge versuchte mehrmals, die Lebensmittel von den Lastwagen zu rauben. Dank der tatkräftigen Haltung des Ordnungsdienstes wurden diese Versuche vereitelt. Polizeistreifen wachten den ganzen Tag lang über die Gettostraßen. In den Nachmittagsstunden war die Ordnung vollkommen wiederhergestellt.
*Trauriger Ausdruck der Verwilderung.* Eine Menschenmenge aus einigen hundert Personen demolierte einen Holzschuppen auf einem Grundstück an der Brzezińska-Straße 66.

8 Handschriftl. korrigiert, ursprünglich: 29.
9 Die bewirtschafteten Artikel wurden über Läden verteilt, die dem Judenältesten unterstanden. Daneben bestand der freie, deutlich teurere Markt.
10 Gemeint sind die Hungerdemonstrationen vom Aug. und Sept. 1940, die von der deutschen Polizei gewaltsam niedergeschlagen wurden; siehe auch Dok. 206 vom 4.12.1940 und Dok. 247 vom 28.2.1941, Anm. 5.

Während das Holz geraubt wurde, stürzte das Dach des Schuppens herab und begrub einige Leute unter seinem Gewicht. Trotz ihrer verzweifelten Schmerzensschreie leistete niemand Hilfe, und die Plünderung dauerte an. Die 36-jährige Frania Szabnek[11] erlag ihren Verletzungen, zwei weitere Personen wurden schwer verletzt. Dieser bedauerliche Ausdruck moralischer Verwilderung, die eine direkte Folge der frevelhaften Agitation verbrecherischer Elemente ist, illustriert deutlich die Notwendigkeit, das Schmarotzertum der Unterwelt radikal zu bekämpfen.

*Paradoxien aus dem Gettoleben.*

*Ein 8-jähriger Denunziant.* In einem Revier des Ordnungsdiensts hat sich ein 8-jähriger Junge gemeldet, um seine eigenen Eltern anzuzeigen, denen er vorwirft, dass sie ihm die zustehende Brotration nicht ausgäben. Der Junge verlangte die Durchführung von Ermittlungen und die Bestrafung der Schuldigen. Ohne Kommentar …

*Treppe gestohlen.*

In großer Verlegenheit befanden sich die Einwohner eines Hauses. Sie mussten nämlich nach dem Aufwachen feststellen, dass ihnen in der Nacht … die Treppe samt Balustrade und Geländer von unbekannten Tätern gestohlen worden war.

*Ankauf von Pelzen.* Vorgestern lief die Frist für den Ankauf von Pelzen ab. Zum Abschluss dieser Aktion, von der Tausende Gettoeinwohner betroffen waren, seien ihr Verlauf und die erzielten Resultate geschildert. Die Pflicht, jegliche Art von Pelzen anzumelden, wurde den Einwohnern durch den Hrn. Präses mit der Bekanntmachung Nr. 179 vom 17. Dezember des vergangenen Jahres mitgeteilt.[12] Die zunächst auf den 1. Januar d. J. festgelegte Frist wurde wegen der Masse von Anmeldungen bis zum 10. d. M. verlängert, wobei laut Bekanntmachung nach diesem Termin „alle im Privatbesitz befindlichen Pelze requiriert werden".[13] Die Durchführung des Pelzankaufs wurde der Bank des Judenältesten anvertraut, die ihren Sitz in der Ciesielska-Straße hat. Die Bank bezahlte bis zum 10. d. M. für die eingekauften Pelze den Betrag von 350 000 RM aus; die Zahl der Verkäufer betrug 3500 (annähernd). Barauszahlungen wurden am 9. d. M. teilweise eingestellt. Die Bank beschränkte sich zur Intensivierung der Aktion lediglich auf die Annahme der Anmeldungen und zahlte den Verkäufern Vorschüsse aus. Realisiert wurde nur der Ankauf von kleineren Objekten. Für den Verlauf der Aktion ist es charakteristisch, dass in der ersten Phase teure Pelze, in der Schlussetappe dagegen eher minderwertige Waren angemeldet wurden. Zumeist wurden Pelzfutter von Mänteln, Kragen und Damenpelzschmuck zum Ankauf angegeben. In Spitzenzeiten gingen über 5000 Stück Pelze durch die Hände der Sachverständigen. Die Schätzpreise überstiegen die Vorkriegspreise durchschnittlich um 25 % (im Verhältnis 1 RM – 2 Zł.). Fast 50 % der verkauften Pelze waren von sehr schlechter, 30 % von durchschnittlicher und kaum 20 % von guter Qualität. Es wurde eine ganz geringe Zahl von neuen Pelzen angeboten. Die Schätzungen wurden von Sachverständigen durchgeführt, danach gingen die Pelze zu einer Kommission, die die Höhe der Auszahlung bestimmte. Diese Kommission berücksichtigte, soweit ihr darüber Informationen vorlagen, bei der Festsetzung des Schätzpreises weitgehend die Situation des Bittstellers und erhöhte manchmal den Kaufpreis beträchtlich. So gesehen stellte der nach Richtlinien des Hrn. Präses durchgeführte Ankauf eine materielle Hilfe für die Bevölke-

11 Frania Szabnek (1905 – 1941), Büroangestellte.
12 YIVO, RG 241/301.
13 Bekanntmachung Nr. 188 vom 31.12.1940, YIVO, RG 241/309.

rung dar, die dazu gezwungen war, Pelze abzugeben. Obwohl die Aktion auf Anordnung der Behörden[14] durchgeführt wurde, ist festzustellen, dass sie für die betroffene Bevölkerung von großem Vorteil war. Dies ist dem Umstand zu verdanken, dass der Hr. Präses die Vollmacht erwirkt hatte, den Ankauf in seinem eigenen Bereich[15] durchführen zu dürfen. Im Hinblick auf die Bedürfnisse der Bevölkerung ist weiterhin als positiver Umstand zu werten, dass Personen, deren Arbeit für das öffentliche Wohl den Besitz besonders warmer Kleidung erfordert, von der Pflicht des Pelzverkaufs befreit werden. Dies betrifft Ärzte, Krankenschwestern, Polizisten und Hausmeister. Von dieser Pflicht hat der Präses im Rahmen der ihm zustehenden Befugnisse auch eine Zahl von kranken und betagten Personen befreit. Schließlich muss vermerkt werden, dass auch minderwertige Pelze von der Verkaufspflicht befreit worden sind. In all diesen Fällen bekamen die Betroffenen entsprechende Unterlagen, und ihre Pelze wurden mit einer Plombe versehen. Die Abfertigung einiger tausend Betroffener in einer so kurzen Zeit ist der überaus straffen technischen Organisation und der aufopfernden Arbeit des ganzen Personals zu verdanken, das sich seiner verantwortungsvollen Aufgabe bewusst war. Die Ergebnisse der heute abgeschlossenen Aktion resümierend, darf gesagt werden, dass die Arbeit im Sinne einer möglichst großen Befriedigung der Bedürfnisse aller Betroffenen und bei vollem Verständnis für ihre gesellschaftliche Position vor sich ging. Es ist leider äußerst bezeichnend, dass die Betroffenen diese guten Absichten in sehr vielen Fällen nicht zu schätzen wussten; sie gingen von der falschen Annahme aus, dass der Ankauf der Pelze ein gewöhnliches, gewinnorientiertes Handelsgeschäft sei.
Zunächst leitete der Hr. Präses, der während des ersten Tages mit den Kommissionen zusammenarbeitete, den Ankauf persönlich. Anschließend inspizierte er die Bank einige Male und erteilte den Kommissionsmitgliedern genaue Instruktionen. Die Aufgaben wurden folgendermaßen eingeteilt: Die Leitung blieb in Händen der Herren J. Szkólnik[16] und J. Izraelski.[17] Tätig waren 2 Kommissionen, in Spitzenzeiten waren es 3. Sie setzten sich aus Vorstandsmitgliedern der Bank in Person des Direktors H. Szyfer[18] und der Vorstandsmitglieder P. Blaugrund[19] und H. Fejn[20] sowie aus dem Mitglied der Schätzungskommission A. Englard[21] zusammen. Die Funktion der Sachverständigen übten die Herren J. Opatowski[22] und S. Brejtsztejn[23] aus.

*Not macht erfinderisch.*
*Sensationelle Ideen des Hrn. Wosk.*[24]

14 Gemeint sind die deutschen Behörden.
15 Gemeint ist vermutlich: in eigener Regie.
16 Jakub Szkólnik (*1893), Bankangestellter; Leiter der Bank des Judenältesten, Mitglied der Obersten Kontrollkammer, später Leiter der Hutabt.; 1944 nach Auschwitz deportiert.
17 Jehuda Nisen Izraelski (*1908), Kaufmann; in der Leitung der Bank des Judenältesten tätig; 1944 nach Auschwitz deportiert.
18 Herman Szyfer (*1884), Beamter; Vorstandsvorsitzender der Bank des Judenältesten, später Leiter der Tabakabt.
19 Perec Blaugrund (*1892), Unternehmer; Bankrat, Leiter der Kürschnerabt.
20 Richtig: Hersz (Henryk) Majer Fajner (1907–1944), Unternehmer, Bankrat; Leiter der Unterstützungsabt. im Getto, die für soziale Hilfe zuständig war; im Juli 1944 nach Kulmhof deportiert und dort ermordet.
21 Aron Józef Englard (1881–1944), im Getto gestorben.
22 Josef Opatowski (*1884), vor dem Krieg Pelzhändler in Lodz.
23 Szoel Rywen Brejtsztejn (*1889), vor dem Krieg Kaufmann in Lodz.
24 Henryk Wosk (*1908), Schlossermeister, Galvaniseur.

Die ungemein beschwerlichen Existenzbedingungen der Gettoeinwohner bieten ein außergewöhnlich weites Feld für den menschlichen Erfindergeist bei der Entwicklung von Neuheiten, die – in Anbetracht des Mangels an so vielen allernotwendigsten Gegenständen des täglichen Gebrauchs – im Leben die verschiedensten Schwierigkeiten lösen können. Bei den Gemeindebehörden meldete sich Hr. Henryk Wosk, ein bekannter Erfinder und Inhaber zahlreicher Patente, und schlug vor, nach dem Muster des ehemaligen Patentamts eine Abteilung für Ideen und Erfindungen ins Leben zu rufen. Das Projekt des Hrn. Wosk sieht die Anmeldung zweckdienlicher Ideen bei der erwähnten Abteilung durch die Gettoeinwohner gegen Rückerstattung von entstandenen Kosten vor. Die Gettobehörden werden ihrerseits die ungelösten Probleme an die Abteilung melden, was dann der Öffentlichkeit zur Kenntnis gegeben werden soll. Die Abteilung wird den Personen, die die Aufgaben am besten lösen, Preise zuerkennen. Darüber hinaus werden die Erfinder die Gelegenheit haben, bei der Verwirklichung ihrer Ideen Arbeit zu bekommen. Auf diese Weise gewinnt man zahlreiche Vorteile, so die Möglichkeit, bisher arbeitslose, aber arbeitsfähige Personen anzustellen, und man schafft Anreize für Erfindungen, deren Realisierung in der Folge dazu beitragen wird, das Dasein der Einwohner zu erleichtern. Folgende aktuelle Ideen des Hrn. Wosk sind erwähnenswert: 1) Verwendung von erfrorenen bzw. verdorbenen Kartoffeln, 2) vollständiges Ausnutzen des Kohlenstaubs, 3) Herstellung von Trockeneis auf billige und unter aktuellen Bedingungen machbare Art und Weise, 4) Ersatz von Glas, das überall fehlt, durch entsprechende Materialien. Die Vorschläge des Hrn. Wosk erweckten in maßgeblichen Kreisen des Gettos großes Interesse.

Die Realisierung der Pläne des Hrn. Wosk wird zweifellos ein Anstoß für produktive Ideen sein, während der Erfindungsgeist im Gettoleben bisher lediglich kommerziell übermäßig Blüten trieb – bei der Erzeugung von Produkten, deren Verkauf ausschließlich auf Gewinn ausgerichtet ist und die keinen Wert für die Konsumenten haben. Wir denken hier zum Beispiel an: die massenhafte Herstellung von „Süßwaren", die wertlos bzw. für die Gesundheit geradezu schädlich sind, die Produktion von verschiedenen Falsifikaten, angefangen bei Gold bis hin zu Heizmaterial.

## DOK. 223
## Die deutsche Besatzungsregierung erörtert am 15. Januar 1941, wie Hunderttausende Polen und Juden zusätzlich im Generalgouvernement untergebracht werden sollen[1]

Protokoll der Regierungssitzung in Krakau vom 15. 1. 1941[2]

Der Herr *Generalgouverneur* bezeichnet es in einleitenden Ausführungen als den Zweck der gegenwärtigen Besprechung, die mit der Einsiedlung von Polen und Juden in das Generalgouvernement zusammenhängenden Fragen in einer eingehenden Aussprache zu behandeln.

1 AIPN, GK 95, Bd. 10. Kopie: IfZ/A, Fb105, Bd. 14, Bl. 2480 – 2497.

2 Es nahmen teil: Frank, Bühler, Krüger, Wächter, Riege, Streckenbach, Westerkamp, Spindler, Emmerich, Körner, Frauendorfer, Schepers, vom Streit und Föhl.

In einem Zeitpunkt, in dem das Generalgouvernement unter den ungewöhnlichsten und schwierigsten wirtschaftlichen, transportmäßigen, allgemein politischen und wehrmäßigen Bedingungen sein Leben friste, stelle es eine kaum erträgliche Mehrbelastung dar, Hunderttausende eines fremdvölkischen und fremdrassigen Bereiches in das Gebiet des Generalgouvernements aufzunehmen. Diese Menschen werden in Deutschland enteignet und kommen als Enteignete hierher, in ein Gebiet, in dem sie an sich keinerlei Chance sehen können, ihr Leben irgendwie neu aufzubauen. Man dürfe jedoch bei der Betrachtung der ganzen Fragen von keinem anderen Gesichtspunkt ausgehen, als von dem reichspolitischen. Alles Kritisieren an solchen Maßnahmen aus irgendwelchen Rudimenten menschlicher Überlegungen oder Zweckmäßigkeitsbetrachtungen habe vollkommen auszuscheiden. Die Einsiedlung habe zu erfolgen, das Generalgouvernement müsse die Leute aufnehmen, denn es sei das eine der großen Aufgaben, die der Führer dem Generalgouvernement gestellt habe.
Es handle sich nun darum, die Möglichkeit der Verwirklichung dieses Ansinnens des Reiches zu erörtern und daraus die nötigen Schlußfolgerungen hinsichtlich der auf dem Gebiete der Verwaltung erforderlichen Maßnahmen zu ziehen. Wichtig sei ferner die Beschäftigung mit der Frage, was muß das Reich dazu tun, um dem Generalgouvernement zu helfen, den Reichsansprüchen zu genügen? Sowohl am 4. November als auch bei einer späteren Besprechung im Dezember habe der Führer dem Generalgouverneur erklärt, daß die Poleneinsiedlung in das Generalgouvernement in seiner Politik liege und daß die zur Durchführung dieser Einsiedlung notwendigen Maßnahmen noch während des Krieges ergriffen werden müssen, weil sie nach dem Kriege mit internationalen Schwierigkeiten verbunden wären. Der Führer habe versichert, daß er alles tun werde, damit dem Generalgouvernement das, was es an Nahrungsmitteln und sonstiger Unterstützung brauche, zur Verfügung gestellt werde.
*Obergruppenführer Krüger* berichtet über die am 8. Januar 1941 in Berlin stattgefundene Besprechung im Reichssicherheitshauptamt.[3] An der Besprechung [hätten] von seiten des Generalgouvernements Obergruppenführer Krüger, Präsident Westerkamp, Oberregierungsrat Dr. Schepers[4] und Dr. Föhl teilgenommen.
Der den Vorsitz führende SS-Gruppenführer Heydrich habe ausgeführt, daß für das Reich die Notwendigkeit vorliege, möglichst schnell die Polen und Juden aus den Ostgebieten auszusiedeln, damit nunmehr endgültig die Ansiedlung der Volksdeutschen aus Wolhynien, Litauen usw. durchgeführt werden könne. Nach einer Aufstellung, die Gruppenführer Heydrich gegeben habe, komme man auf eine Gesamtziffer der zu Evakuierenden von 831 000. Unabhängig davon ergebe sich die Notwendigkeit, wegen der zu errichtenden Truppenübungsplätze innerhalb des Generalgouvernements etwa 200 000 Menschen umzusiedeln, so daß man insgesamt auf eine Bewegung von 1 Million Menschen innerhalb eines Jahres komme. Die Lage sei insofern schwierig, als die Wehrmacht überraschenderweise mitteile, daß im Generalgouvernement noch eine Verstärkung der Truppen stattfinde und daß die Termine, die seinerzeit für die Räumung der Truppenübungsplätze festgesetzt wurden, vom 1. Mai auf den 1. April vorverlegt werden. Den Bemühungen, eine

3 Siehe Dok. 218 vom 8.1.1941.

4 Dr. Hansjulius Schepers (1909–1991), Diplom-Volkswirt; 1933 NSDAP- und SS-Eintritt; 1933–1935 Assistent an der Universität Göttingen, ab 1935 Abwehrreferent beim Leiter der Reichsstelle für Raumordnung, Hanns Kerrl; von Okt. 1939 an ORR und Leiter des Amts für Raumordnung im GG, 1940 Vertreter Franks als Reichsverteidigungskommissar.

Verschiebung dieses Termins mit dem Hinweis auf die Witterungsverhältnisse, den schlechten Zustand der Wege, die Schwierigkeit der Transporte usw. zu erreichen, sei leider kein Erfolg beschieden gewesen. Die Wehrmacht habe es abgelehnt, den Termin zu verschieben, da sie ihre Forderungen aus militärischen Gründen stelle.

Die Umsiedlung von einer Million Menschen bedeute praktisch, daß jeden Tag 2 Züge mit je Tausend Personen in das Generalgouvernement kommen. Bei der Besprechung sei von allen Seiten die Frage gestellt worden, ob das Reichsverkehrsministerium in der Lage sei, diesen außergewöhnlichen Anforderungen zu entsprechen. Der Vertreter des Reichsverkehrsministeriums habe zwar keine bindende Zusage gemacht, im großen Ganzen aber geglaubt, das Projekt durchführen zu können, vorausgesetzt, daß nicht durch irgendwelche Sonderwünsche der Wehrmacht irgendeine Störung eintrete.[5]

Im einzelnen sei festgelegt worden, daß bis zum 1. Mai dieses Jahres auszusiedeln sind: aus Ostpreußen 30 000, aus Schlesien 24 000, aus Danzig-Westpreußen 40 000, aus dem Warthegau 90 000, insgesamt also 184 000 Menschen. Im Rahmen der Evakuierung der Truppenplätze für die Wehrmacht seien auszusiedeln aus Ostpreußen 8500, aus Schlesien 10 000, aus Danzig-Westpreußen 27 000, aus dem Warthegau 19 000, insgesamt 64 500. Die Wehrmacht beabsichtige, hiervon 2000 Arbeiter mit ihren Familienangehörigen, zusammen 10 000 Menschen, zurückzubehalten für die Arbeit an den Truppenübungsplätzen. Es müßten also bis zum 1. Mai 1941 im Rahmen des sog. 3. Nahplanes evakuiert werden 184 000 + 54 500, zusammen 238 500 Personen, wozu dann noch 10 000 aus Wien auszusiedelnde Juden kämen.

Auf Grund der Erfahrungen des Vorjahres sei bei der Besprechung darauf hingewiesen worden, daß die geplante Form der Umsiedlung für das Generalgouvernement nicht tragbar sei. Es müsse Wert darauf gelegt werden, daß vor allem die umzusiedelnden Familien einigermaßen zureichend gekleidet und für die erste Zeit mit Nahrungsmitteln versehen seien. Es sei zugesagt worden, daß man beabsichtige, den Leuten Verpflegung für 14 Tage mitzugeben.

Auch die Frage nach Mitnahme von Geld durch die Umzusiedelnden sei besprochen worden. Dieser Punkt sei jedoch wohl kaum der wichtigste, denn es bestünden von seiten des Generalgouvernements wohl keine Bedenken dagegen, daß etwas mehr Zloty hereinkommen. Viel wichtiger sei es, daß das Generalgouvernement in anderer Beziehung nicht so belastet werde wie im Vorjahr.

Sowohl vom Präsident Westerkamp wie von ihm, Obergruppenführer Krüger, sei in Berlin gebeten worden, die Planung für das ganze Jahr festzulegen, und zwar so eingehend, daß die Distriktchefs und die verantwortlichen Kreishauptleute, denen die Durchführung der Aktion obliegt, genau Bescheid wissen, denn in dem Augenblick, wo die Transporte die Reichsgrenze überschritten haben, kümmere sich das Reich nicht mehr darum. Es sei beabsichtigt, in Zusammenarbeit mit der Reichsbahn Meldeköpfe und Meldestellen an der Grenze einzurichten, um sofort die Zentralstellen zu verständigen, wenn die Züge kommen, damit wilde Transporte unterbunden werden.

*Präsident Westerkamp* erklärt, daß er dem von Obergruppenführer Krüger erstatteten Bericht nichts hinzuzufügen habe. Bei den Verhandlungen in Berlin sei mit Nachdruck betont worden, daß die Einheitlichkeit der Durchführung der Einsiedlungsaktion gewährleistet sein müsse.

5 Der Vertreter des Reichsverkehrsministeriums, der an der Besprechung vom 8.1.1941 teilnahm, ist nicht namentlich bekannt.

*Dr. Föhl*[6] macht zunächst einige Mitteilungen über technische Einzelheiten, die bezüglich der Abwicklung der Transportzüge in Berlin besprochen wurden, und berichtet dann über die Verhandlungen bezüglich der Mitnahme eines Handgeldes. Am Anfang sei von 100 Zloty gesprochen worden. Bei der damaligen Währungssituation habe jedoch seitens des Generalgouvernements kein Interesse bestanden, möglichst viel Geld hereinzubekommen, und es sei deshalb der Betrag auf 20 Zloty festgesetzt worden. Heute jedoch sei nicht einzusehen, warum man nicht so viel Geld wie möglich hereinnehmen lassen solle. Der Betrag könne ruhig auf 80 oder 100 Zloty festgesetzt werden. Es wäre wirklich das mindeste, was das Reich tun könne, nachdem es nicht nur den Boden der Polen bekomme, sondern auch gewisse Vermögensteile der Volksdeutschen, die dort eingesiedelt werden.

*Der Herr Generalgouverneur* dankt den Herren, insbesondere Obergruppenführer Krüger, für ihre Ausführungen sowie dafür, daß sie in Berlin den Standpunkt des Generalgouvernements vertreten haben. Dieser Standpunkt des Generalgouvernements sei absolut reichstreu, aber es liege im Interesse des Reiches, daß das Generalgouvernement nicht zusammenbreche. Das Generalgouvernement weigere sich nicht, die ihm gestellte Aufgabe zu übernehmen. Die Dinge im Osten könnten sonst überhaupt nicht gelöst werden, wobei immer noch zweifelhaft sei, ob sie überhaupt auf diesem Weg einer Lösung zugeführt werden können.

Der Herr Generalgouverneur erkundigt sich sodann, wie im einzelnen die Übernahme der Einzusiedelnden vor sich gehe und welche Maßnahmen hierfür getroffen seien.

*Dr. Föhl* teilt hierzu mit, daß zunächst in einer Fahrplankonferenz Zahl, Zeitpunkt und Zielbahnhöfe der Transportzüge festgelegt werden. Im ganzen seien es 248 Zielbahnhöfe. Für die Verpflegung des Transportes seien gewisse Standardmengen von Lebensmitteln festgelegt, und jeder Zug bekomme ein entsprechendes Quantum mit. Auf sanitärem Gebiet sei zur Verhinderung von Seuchen vorgesehen, daß die Leute zunächst in Auffanglagern gesammelt werden. Schwierig sei natürlich die endgültige Unterbringung.

*Präsident Westerkamp* erwähnt, daß er an einer Sitzung in Lublin teilgenommen habe, wo die Unterbringung der bisher bereits Eingesiedelten zur Sprache gekommen sei. Es habe sich ein trostloses Bild von den Unterbringungsverhältnissen ergeben. Wenn überall das gleiche zutreffe, müßte eine reguläre Unterbringung der neuen Transporte auf die größten Schwierigkeiten stoßen. Es sei die Rede davon gewesen, daß 50 000 Evakuierte im Wege der wilden Rückwanderung wieder im Warthegau aufgetaucht seien und daß ein ständiger Völkerwanderungsstrom hin und her gehe.

*Obergruppenführer Krüger* bemerkt hierzu, daß eine solche wilde Rückwanderung naturgemäß zu weiteren Schwierigkeiten führe, da natürlich die örtlichen Behörden auf der anderen Seite die Leute fassen und wieder zurückschicken. Eine Stelle schiebe die Schuld auf die andere.

*Brigadeführer Streckenbach* bezweifelt, ob es überhaupt möglich sei, die Rückwanderung wirksam zu bekämpfen. Es gebe keine hermetisch abgeschlossene Grenze, und die Besetzung der Straße biete keine Gewähr dafür, daß nicht die Grenze außerhalb der Straße

6 Dr. Walther Föhl (1908 – 1975), Historiker; von 1931/32 Referent im Amt für Sippenforschung der NSDAP; 1933 SA- und 1935 SS-Eintritt; Dez. 1939 bis Sommer 1940 stellv., danach bis Ende Mai 1941 Leiter der Abt. BuF in der Regierung des GG; Juni bis Dez. 1941 Kriegsteilnahme; 1942 bis Jan. 1943 erneut stellv. Leiter der Abt. BuF; danach Kriegsteilnahme; nach 1945 Kreisarchivar in Kempen.

überschritten werde. Typisch sei, daß die Rückwanderer nicht im Warthegau erfaßt werden, sondern im Altreich. Da sie sich im Warthegau nicht genügend sicher fühlen, begeben sie sich weiter in das Reichsgebiet hinein. Die Gefahr der Verschleppung von Seuchen sei dadurch natürlich gegeben.
*Der Herr Generalgouverneur* erkundigt sich darnach, wie sich die Kreishauptleute zu der Einsiedlung stellen.
*Präsident Dr. Westerkamp* erwidert, daß die Lage für die Kreishauptleute natürlich sehr schwierig sei. Man brauche sich nur die Situation im Augenblick des Eintreffens eines Transportzuges vorstellen. Es komme darauf an, die Kreishauptleute nicht ohne Hilfe und Rat zu lassen. Die Kreishauptleute müßten dann ihrerseits den Wojts Weisungen geben, wie sie den Strom der Einzusiedelnden unterbringen müssen.
*Der Herr Generalgouverneur* hält es für geboten, allgemeine Richtlinien herauszugeben an die Distriktchefs. In diesen Richtlinien müsse mitgeteilt werden, welches Programm für die Abwicklung der ganzen Aktion vorgesehen sei, wie sich die Technik der Einsiedlung gestalte und welche Dienststellen zuständig seien.
*Präsident Westerkamp* ist der Ansicht, daß man die Einzelheiten der Findigkeit der Kreishauptmänner überlassen müsse, daß aber grundsätzliche Fragen – z. B. ob Errichtung von Baracken oder nicht – in den Richtlinien geklärt werden müssen. Man werde den Kreishauptleuten sagen, daß die Wojts für die Unterbringung zu sorgen haben, und zwar in der Form, daß pro Quartier noch 1 – 2 Menschen zusätzlich aufgenommen werden. Dabei lasse sich natürlich nicht vermeiden, daß Familien auseinandergerissen werden.
*Der Herr Generalgouverneur* gibt zu erwägen, ob es nicht zweckmäßig wäre, die Verteilung distriktsweise vorzunehmen und den Gouverneuren die Möglichkeit zu geben, die ihnen unterstellten Kreise unterschiedlich zu belasten.
*Dr. Föhl* erklärt hierzu, daß das bereits geschehen sei.
*Gouverneur Dr. Wächter* legt an Hand einer Karte dar, daß über ⅓ des Distrikts Krakau für die Aufnahme von Einzusiedelnden nicht in Frage komme. Es handle sich hierbei um die Grenzzone längs des San, um die Grenzzone gegen die Slowakei, um die Wehrmachtsübungsplätze und um das Ölgebiet.[7] In allen diesen Gebieten dürfe kein Zuzug von Evakuierten stattfinden. Ferner dürfen nach Krakau keine Juden kommen.
Daß die Kreishauptleute in heller Verzweiflung seien, brauche nicht besonders betont zu werden. Er, der Gouverneur, habe sich persönlich von den Schwierigkeiten der Unterbringung in den Kreisen überzeugt. Die Zustände seien schaurig, und er könne es sich praktisch nicht vorstellen, wie man die Leute, wenn man sie auch auf die Zielbahnhöfe bringe, halten solle. Die Bevölkerung nehme in handgreiflicher Weise dagegen Stellung, wenn versucht werde, Leute einzusiedeln, die traditionsmäßig in dieser Gegend nicht beliebt seien. Die Schwierigkeiten werden sich naturgemäß steigern, je größer die Zahl der Eingesiedelten werde.
Der Herr *Generalgouverneur* erkundigt sich darnach, welchen Arbeiterbedarf das Reich angemeldet habe.
*Präsident Dr. Frauendorfer* teilt mit, daß 120 – 150 000 zusätzliche landwirtschaftliche Arbeitskräfte vom Reich benötigt werden.
*Gouverneur Dr. Wächter* weist darauf hin, daß sich unter den Einzusiedelnden erfah-

7 Gemeint sind die Kreise Krosno und Jasło im Karpatenvorland, wo seit Mitte des 19. Jahrhunderts Erdöl gefördert wurde.

rungsgemäß in der Hauptsache nur Fürsorgeempfänger, kranke, schwache und überalterte Personen befinden.
*Präsident Dr. Frauendorfer* schlägt vor, die 120 bis 150 000 von der Gesamtziffer der Evakuierten in Abzug zu bringen.
Der Herr *Generalgouverneur* hält es für richtig, die Gesamtzahl hereinzulassen und dann die 120 – 150 000 wieder mit Sondertransporten zurückzuschicken. Es sei notwendig, daß sich die Abteilung Arbeit rechtzeitig einschalte und die Feststellung treffe, wieviel arbeitsfähige Personen jeder Transport habe.
*Obergruppenführer Krüger* bezeichnet eine solche Feststellung bei den gegebenen Verhältnissen als außerordentlich schwierig. Zu prüfen sei auch die Frage, inwieweit man die ausgesprochen ukrainischen Räume mit der Einsiedlung belasten solle.[8]
Der Herr *Generalgouverneur* erklärt hierzu, daß eine unterschiedliche Behandlung der einzelnen Kreise nicht stattfinden könne. Eine Bevorzugung ukrainischer Kreise würde die Einheitlichkeit des Generalgouvernements zerstören.
Brigadeführer *Streckenbach* bezeichnet es als illusorisch, zur Frage der Grenzzonen und der ukrainischen Gebiete irgendwelche Erwägungen anzustellen. Praktisch höre jede Einflußnahme auf die Transporte in dem Moment auf, in dem die Leute den Zug verlassen. Wenn ein polnischer Kreis mit Evakuierten stark belastet werde, so sei es klar, daß die in diesem Kreis zusammengedrängten Menschen in einen danebenliegenden, weniger belasteten ukrainischen Kreis abzuwandern beginnen.
*Gouverneur Dr. Wächter* beklagt sich darüber, daß den Evakuierten vom Reichssicherheitshauptamt in offiziöser oder offizieller Weise gesagt werde, daß man sie im Generalgouvernement entschädigen werde. Die Leute kommen zu den Kreishauptmännern und erklären ihnen, daß man ihnen eine Entschädigung versprochen habe.
*Brigadeführer Streckenbach* bestreitet, daß vom Reichssicherheitshauptamt den Leuten offiziell eine Entschädigung zugesagt worden sei. Man könne sich die Sache nur so erklären, daß einige Unterorgane, die es mit den verzweifelten Evakuierten zu tun hatten, diesen Leuten, um sie loszuwerden, diese Hoffnung auf eine Entschädigung eröffneten.
Der Herr *Generalgouverneur* wünscht eine genaue Feststellung, von wem diese Entschädigungsversprechen ausgegangen sind.
Was den Einfluß auf die Evakuierten anbelange, so höre natürlich der unmittelbare Einfluß auf die Leute in dem Augenblick auf, in dem sie den Zug verlassen haben. Der Einfluß der Polizeiorgane jedoch könne sich in den nächsten Tagen, in denen die Leute beschäftigungslos auf den Straßen herumlungern, geltend machen. Ebenso sei auch noch der Einfluß der Stadtverwaltung da, der die Ausgabe der Lebensmittelkarten obliege.
Im allgemeinen könne zweifellos gesagt werden, daß es sich bei der Einsiedlung um eine ganz ungewöhnliche, ungeheure und einmalige Aufgabe handle. Es sei eine gewaltige Aufgabe, deren Bewältigung hier von den deutschen Männern im Generalgouvernement verlangt werde.
*Staatssekretär Dr. Bühler*[9] erklärt, daß er es für unmöglich halte, 1 Million Menschen in

8 Im Kreis Chełm (Distrikt Lublin) und im Kreis Przemyśl (Distrikt Krakau) lebte eine große ukrainische Minderheit.

9 Dr. Josef Bühler (1904 – 1948), Jurist; 1930 – 1932 in der Anwaltskanzlei Hans Franks tätig; 1933 NSDAP-Eintritt; 1933 Amtsgerichtsrat, 1935 Oberstaatsanwalt am OLG in München, 1938 Leiter von Franks Ministerialbüro; 1939/40 – 1945 Amtschef, StS und Stellv. des Generalgouverneurs Frank, 1942 Teilnehmer der Wannsee-Konferenz; 1948 in Polen verurteilt und hingerichtet.

der beabsichtigten Weise auf das Gebiet des Generalgouvernements aufzuteilen. Die Belastung in sicherheitsmäßiger, seuchenpolizeilicher und ernährungspolitischer Beziehung sei derart groß, daß man auf die Dauer ohne Unruhen nicht auskommen werde. Er schlage vor, große Arbeitsvorhaben anzusetzen und die Evakuierten in Arbeitslagern unterzubringen.

Der Herr *Generalgouverneur* erwidert, daß gegen Unruhen mit den schärfsten Mitteln vorgegangen werde. Bei Ernährungsschwierigkeiten müßte das Reich helfen. Auf die Arbeitsvorhaben werde er noch zu sprechen kommen.

Die Distriktchefs bekommen die Richtlinien der Regierung übermittelt und es werde ihnen anheimgestellt, damit fertig zu werden. Es werde sich als notwendig erweisen, außerordentliche Mittel in den Etat einzusetzen. Den Distriktchefs müsse unbedingt in jeder Weise an die Hand gegangen werden.

*Dr. Föhl* schlägt vor, die Kirche zu veranlassen, die Räume von Klöstern und Kirchen für die Zwecke der Unterbringung der Evakuierten zur Verfügung zu stellen.

Der Herr *Generalgouverneur* beauftragt *Dr. Föhl*, über diese Frage mit Erzbischof Sapieha[10] zu sprechen. Allerdings bestehe das Bedenken, daß eine Unterbringung in Kirchen doch zu aufsehenerregend sei und wohl auch an der mangelnden Heizbarkeit dieser Räume scheitern werde.

*Gouverneur Dr. Wächter* kommt auf den Bau von Baracken zu sprechen. Im allgemeinen werde der Barackenbau wohl unzweckmäßig sein, dagegen könnte man in einzelnen Fällen, nämlich dort, wo Arbeitsvorhaben durchgeführt werden, an den Bau von Baracken denken.

Der Herr *Generalgouverneur* erklärt, daß diese Frage noch gesondert besprochen werde.

*Präsident Dr. Emmerich* teilt zur Entschädigungsfrage mit, daß die Haupttreuhandstelle Ost die Auffassung vertreten habe, daß die Ausgesiedelten entschädigt werden müssen. Man habe angedeutet, daß das Generalgouvernement hinsichtlich einer solchen Entschädigung zum mindesten Hilfestellung leisten müsse, indem es die Auszahlung in Zloty vornehme.

Der Herr *Generalgouverneur* stellt hierzu fest, daß der Leiter der Haupttreuhandstelle Ost[11] in einem Schreiben an den Generalgouverneur verlangt habe, daß das Generalgouvernement die Entschädigung übernehme. Dieses Verlangen sei abgelehnt worden, worauf die Haupttreuhandstelle Ost geschrieben habe, daß ihr Verlangen völlig falsch aufgefaßt worden sei, das Generalgouvernement solle bloß die Zahlstelle sein, die Entschädigung selbst würde vom Reich übernommen. Hierzu habe sich das Generalgouvernement bereit erklärt; die Haupttreuhandstelle Ost habe jedoch in dieser Angelegenheit nichts mehr von sich hören lassen.

*Präsident Dr. Schepers* erblickt in der Frage der Entschädigung die Gefahr politischer Unstimmigkeiten innerhalb der einzelnen Kreise. Die Wehrmacht habe nämlich sowohl für die Truppenübungsplätze im Reich wie für die Plätze im Generalgouvernement eine Entschädigung für die Evakuierten zugesagt. Das habe zur Folge, daß möglicherweise in einem Ort solche Evakuierte, die eine Entschädigung bekommen, und solche, die keine

10 Adam Stefan Sapieha (1867–1951), römisch-kath. Geistlicher; Studium in Wien und Krakau; von 1911 an Bischof, ab 1925 Erzbischof von Krakau, 1922/23 Senator; von 1939 an der bedeutendste in Polen verbliebene kirchliche Würdenträger, er unterstützte die RGO und intervenierte mehrmals bei der Besatzungsverwaltung gegen Gewalt und Terror; 1946 zum Kardinal ernannt.

11 Max Winkler.

bekommen, nebeneinander angesiedelt werden, was natürlich zu Schwierigkeiten führen könne.
Der Herr *Generalgouverneur* mißt diesen Bedenken keine Bedeutung bei.
Wichtig sei nunmehr die Frage, was das Generalgouvernement vom Reich verlangen müsse, um die Aktion durchführen zu können. Er müsse ausdrücklich feststellen, daß es dem Generalgouvernement unmöglich sei, ohne Gegenleistung des Reiches eine solche Last auf sich zu nehmen.
Zunächst müsse festgestellt werden, was für die örtliche Sicherstellung der Unterbringung der einzusiedelnden Polen zu geschehen habe. Sollen Barackenlager errichtet werden?
*Präsident Westerkamp* teilt mit, daß bei den Berliner Besprechungen Gruppenführer Heydrich Barackenlager für untunlich erklärt habe, weil er der Auffassung sei, daß eine solche Art der Unterbringung eine zu weit gehende Betreuung nach sich ziehe. Gruppenführer Heydrich habe aus diesem Grund sehr entschieden von der Errichtung von Baracken abgeraten. Er habe gemeint, daß man die Sache in der Weise machen könne, daß man jeder Familie einen der Neuankömmlinge zuteile. Dieses System sei aber wohl nicht mehr annehmbar, da man es schon bei früheren Transporten ähnlich gemacht habe.
Der Herr *Generalgouverneur* zeigt an dem Beispiel der Stadt Reichshof, die gegenwärtig etwa 20 000 Einwohner habe und vielleicht eine gleiche Zahl noch werde aufnehmen müssen, daß der Bau von Barackenlagern durchaus keinen polenfreundlichen oder von Mitleidserwägungen getragenen Charakter besitze, sondern lediglich eine Maßnahme darstelle, die dem Wachstum der Stadt entspreche. Wenn eine Stadt langsam im Laufe der Zeit größer werde, dann trage sie diesem Wachstum ja ebenfalls durch entsprechende Bauten Rechnung. Es sei daher nicht einzusehen, warum nicht auch dann gebaut werden soll, wenn das Wachstum schnell, plötzlich – um einen Ausdruck des Films zu gebrauchen: „gerafft" – vor sich gehe. Zum mindesten müsse daran gedacht werden, für den außergewöhnlichen Notbedarf zur Aufnahme von Kranken, Siechen und Seuchenverdächtigen sowie von Kindern und Arbeitsunfähigen Baracken zu erbauen. Selbstverständlich sei es unmöglich, alle 800 000 in Baracken unterzubringen. Der Barackenbau werde in 2 Abschnitte zu gliedern sein: a) Baracken für den sofortigen Notbedarf, b) Baracken zur dauernden Unterbringung für diejenigen, die anderweitig nicht unterzubringen sind. Natürlich sei das Barackensystem mit sehr hohen Kosten verbunden.
Der Herr *Generalgouverneur* gibt sodann dem inzwischen eingetroffenen Vertreter der Abteilung Forsten den Auftrag, Holz für 100 Baracken mit einem Fassungsvermögen von je 500 Personen bereitzustellen und, falls es notwendig sei, die erforderliche Holzmenge vom Kontingent der Wehrmacht abzuziehen. Ein solches Vorgehen liege durchaus im Sinne der Anweisungen des Führers, der am 4. November in der Reichskanzlei in Gegenwart des Generalgouverneurs und des Generals Jodl den Befehl erteilt habe, daß gegenüber derartigen Einsiedlungsnotwendigkeiten die Interessen der Wehrmacht zurückzustehen haben.
Neben der Unterbringung sei das wichtigste Problem die Ernährung. Die Arbeitsfähigen, die man ohne weiteres als solche erkennen werde, würden sofort in eine Art Sonderregister aufgenommen und vom Arbeitsamt betreut werden, von wo sie dann auch ihre

12 Hellmut Körner (1904–1966), Landwirt; 1930 NSDAP-Eintritt, 1933 Landesbauernführer in Sachsen; 1939 Leiter der HA Ernährung und Landwirtschaft im GG, von 1941 an im Reichskommissariat Ukraine, ab Ende 1944 im RuSHA tätig; nach 1945 Prokurist in Hamburg.

Lebensmittelkarten bekämen. Schwieriger sei es mit den übrigen, die nicht arbeitsfähig seien.
*Präsident Körner*[12] weist darauf hin, daß die Leute zunächst ihre Transportverpflegung hätten, die sie allerdings in wenigen Tagen nach der Ankunft aufgezehrt haben werden. Vorübergehend könne man dann an eine Verpflegung aus Feldküchen denken.
Der Herr *Generalgouverneur* bezeichnet es als erwägenswert, ob nicht durch die Abteilung Ernährung und Landwirtschaft jedem Kreishauptmann ein Lager zum Zwecke der Verpflegung der Eingesiedelten zur Verfügung gestellt werden solle. Der Führer habe die feste Zusage gegeben, daß er im Falle des Auftretens von Schwierigkeiten in der Ernährung helfend eingreifen werde. Wie stellt sich das Reichsernährungsministerium dazu?
*Präsident Körner* erklärt, daß er mit dem Reichsernährungsministerium noch nicht verhandelt habe, daß aber die Einleitung solcher Verhandlungen unerläßlich sei. Die Abteilung für Ernährung und Landwirtschaft sei nicht in der Lage, ihren ganzen Ernährungsplan umzuschmeißen. Er bitte Herrn Generalgouverneur, einen entsprechenden Brief an den Reichsernährungsminister vorbereiten zu dürfen.
Der Herr *Generalgouverneur* ist damit einverstanden; er werde durch Reichsleiter Bormann auch den Führer und durch Staatssekretär Körner den Reichsmarschall informieren.
*Präsident Westerkamp* erwähnt zur Frage der Unterbringung noch, daß man sich mit dem Gedanken trage, den nötigen Platz dadurch freizumachen, daß man die Juden enger zusammentreibe in Ghettos.
*Obergruppenführer Krüger* weist in diesem Zusammenhang auf den von Brigadeführer Globocznik[13] ausgearbeiteten Plan hin, der allerdings nur auf Lublin abgestellt sei. Man müsse sich überlegen, ob man nicht diese Sache auf das ganze Generalgouvernement ausdehnen könne.[14]
*Präsident Westerkamp* bemerkt, daß ihn der Amtschef des Distrikts Warschau[15] mit großem Ernst auf die Verhältnisse im Ghetto von Warschau hingewiesen habe. Die Nachrichten über die Zustände im Ghetto seien allerdings insofern widersprechend, daß von der einen Seite behauptet werde, es habe jegliche Lebensmittelzufuhr aufgehört, während nach anderen Meldungen noch genügend Lebensmittel vorhanden sein sollen.
Der Herr *Generalgouverneur* will die Entscheidung darüber, ob das Warschauer Ghetto beibehalten oder wieder aufgelöst werden soll, von dem Ergebnis seiner demnächst dort stattfindenden Besichtigung abhängig machen.[16] Auf keinen Fall könne er zulassen, daß eine Stadt wie Warschau völlig verpestet werde.
Sodann kommt der Herr Generalgouverneur auf das große Arbeitsvorhaben der Weichselregulierung zu sprechen. Es handle sich hierbei um eine Strecke von 900 km, an der zum Teil überhaupt noch nicht, zum Teil seit etwa 50 Jahren nicht mehr gearbeitet worden sei. Die Weichselregulierung gebe auf lange Zeit hinaus die Möglichkeit, eine gewaltige Zahl von Arbeitskräften in nutzbringender Weise zu beschäftigen. Insbesondere könne auf diese Weise auch das Problem einer Betätigung der heranwachsenden polni-

13 Richtig: Globocnik.
14 Es geht hier vermutlich um die Planungen für ein Getto in Lublin; siehe Dok. 257 vom 20.3.1941.
15 Dr. Herbert Hummel (1907–1944), Jurist; 1932 NSDAP- und 1933 SA-Eintritt; von 1933 an Staatsanwalt in München; ab 1935 Reichshauptstellenleiter im Reichsrechtsamt der NSDAP; von Dez. 1939 an Leiter der Präsidialabt. beim Chef des Distrikts Warschau, 1943/44 stellv. Gouverneur im Distrikt; während des Warschauer Aufstands getötet.
16 Frank hielt sich vom 17. bis 20.1.1941 in Warschau auf.

schen Jugend einigermaßen der Lösung zugeführt werden. Es bestehe sonst die Gefahr, daß sich aus den Reihen dieser Jugend das Hauptkontingent der polnischen Widerstandsbewegung rekrutierte.

*Brigadeführer Streckenbach* stellt fest, daß sich die Widerstandsbewegung sehr stark bemerkbar mache und zahlenmäßig noch mehr in Erscheinung trete als vor einem Jahr. Das gelte auch für die dem Reich eingegliederten Ostgebiete. Die Tätigkeit der Widerstandsbewegung habe sich bisher im wesentlichen auf die Erfassung Gleichgesinnter und auf Propaganda beschränkt. Allerdings seien auch schon einige Fälle aktiver Handlungen, wie z.B. in Lublin,[17] zu verzeichnen.

Der Herr *Generalgouverneur* warnt dringendst davor, die hierin liegenden Gefahren zu leicht zu nehmen. Man dürfe nicht vergessen, daß die Polen die erbitterten Feinde des Deutschtums seien. Es wäre völlig falsch, wenn man sich durch die objektive und loyale Haltung einzelner Polen täuschen ließe, denn diese loyalen Polen geben ja nur die Schutzwand ab, hinter der die Widerstandsbewegung ihre gefährliche Arbeit verrichtet. Niemals dürfe man sich durch die entgegenkommende Art und die Ergebenheitsbezeugungen von Polen dazu verleiten lassen, die wirkliche Gefahr zu unterschätzen.

*Brigadeführer Streckenbach* weist darauf hin, daß bezeichnenderweise meistens die in deutschem Dienst befindlichen Polen die Hauptstützen der Widerstandorganisation seien. Sobald man einen dieser Leute festnehme, komme der deutsche Dienststellenleiter und erkundige sich darnach, wieso man dazu komme, einen seiner besten Leute festzusetzen. Dieser Vorgang sei auch aus der Bekämpfung der illegalen kommunistischen Bewegung im Reich bekannt.

Der Herr *Generalgouverneur* richtet an den Leiter der Abteilung Finanzen, Präsidenten Spindler, die Frage, wie sich die Einsiedlung auf den Etat des Generalgouvernements auswirke.

*Präsident Spindler* erwidert, daß sich in den Ausgaben für Fürsorge eine gewisse Steigerung bemerkbar machen würde. Genaue Zahlen lassen sich hierüber allerdings nicht angeben. Die Fürsorgelasten werden von den Gemeinden und Kreisen getragen. Die Etatlage verschiedener Gemeinden habe sich in der abgelaufenen Zeit schon erheblich gebessert, aber viele Gemeinden seien noch stark im Druck.

*Der Herr Generalgouverneur* verfügt, daß in den die Einsiedlung betreffenden Fragen nicht kleinlich verfahren werden dürfe. Es handle sich um eine absolute Reichsnotwendigkeit. Den Kreisen und Gemeinden müsse geholfen werden.

*Brigadeführer Streckenbach* führt auf Wunsch des Herrn Generalgouverneurs über die Gründe der Umsiedlungsaktion folgendes aus:

Für die Aussiedlung der Polen und Juden aus den eingedeutschten Ostgebieten seien maßgebend die Rücksiedelung der Volksdeutschen aus Litauen, Wolhynien usw. in die dem Reiche eingegliederten Ostgebiete und ferner die Notwendigkeit der Schaffung von Truppenübungsplätzen. Die Errichtung großer Truppenübungsplätze im Osten sei eine aus der Entwicklung der Kriegstechnik sich zwangsläufig ergebende Maßnahme. Die Umsiedlung selbst sei eine schon oft diskutierte Angelegenheit. Es tauche oft die Frage auf, warum in Umsiedlungsabkommen so kurze Fristen festgesetzt und die Aktion in eine so ungünstige Jahreszeit gelegt werde. Die Notwendigkeit zum Abschluß von Umsiedlungsabkommen sei dadurch gegeben, daß das Schicksal der Volksdeutschen in den Ge-

17 Nicht ermittelt.

bieten, aus denen sie ausgesiedelt werden sollen, von der Schnelligkeit der Durchführung der Umsiedlung abhänge. Gewiß habe das Reich mit Sowjet-Rußland einen Freundschaftsvertrag und auch formell gute Beziehungen, aber praktisch sei es doch so, daß die Volksdeutschen in den von den Russen besetzten Gebieten außerordentlich schlecht behandelt worden seien. Dasselbe gelte für die Deutschen in Rumänien und auch in Ungarn, wo man allerdings die Deutschen aus bestimmten Gründen noch belasse. Nunmehr sei die Lage die, daß die ausgesiedelten Volksdeutschen seit Monaten sich in Lagern befinden, die über das ganze Reich verteilt sind, und als brachliegende deutsche Arbeitskräfte auf ihre Einsiedlung warten. Begreiflicherweise sei die Stimmung dieser Leute nicht sehr gut; ihre ursprüngliche Gläubigkeit und ihr Vertrauen drohen erschüttert zu werden, wenn ihre Ansiedlung nicht bald erfolgen könnte. Der ursprüngliche Plan der Ansiedlung Zug um Zug, d.h. in der Weise, daß man einen polnischen Hof räumt und einen Deutschen dort ansetzt, habe sich als nicht durchführbar erwiesen. Die Höfe seien zum Teil zu klein und bedürfen einer Abrundung, damit sie die Größe erreichen, die für die Schaffung eines neuen deutschen Bauerntums im Osten erwünscht sei. Wie bereits der Herr Generalgouverneur ausgeführt habe, sei es auch erforderlich, die Aktion noch während des Krieges durchzuführen, weil sich während des Krieges noch die Möglichkeit biete, ohne Rücksicht auf die Stimmung der Weltöffentlichkeit verhältnismäßig rigoros vorzugehen. Man dürfe auch nicht vergessen, daß die Aussiedlung der Polen aus den Ostgebieten – wie nebenbei gesagt auch die Evakuierungen aus Elsaß-Lothringen[18] – unter Einhaltung der Bedingungen erfolgen, die 1918/19 in beiden Gebieten für die Deutschen vorgesehen waren.[19] Die Deutschen, die damals aus den von Deutschland abgetrennten Gebieten ausgesiedelt wurden, seien zum Teil noch schlechter behandelt worden wie jetzt die Polen.

Der Herr *Generalgouverneur* bezeichnet den Vergleich insofern als nicht ganz zutreffend, als es ja eine polnische Republik, mit der man die auszusiedelnden Polen belasten könnte, nicht mehr gibt. Im Gebiet des Generalgouvernements leben Hunderttausende deutscher Soldaten und Angehörige der Zivilverwaltung, und es sei nicht gleichgültig, wenn hier Seuchen oder Unruhen ausbrechen.

*Präsident Schepers* schlägt vor, schon jetzt alle Bauvorhaben planmäßig vorzubereiten und zu erfassen, vor allem diejenigen Arbeiten, bei denen viele Handarbeiter so wie Frauen und Kinder eingesetzt werden können. Am geeignetsten hierfür sei die Arbeit in der Forstwirtschaft, wo man bei Aufforstung Kinder und weibliche Arbeitskräfte im größten Umfang beschäftigen könne.

Der Herr *Generalgouverneur* stellt abschließend die Frage, ob Aussicht bestehe, daß die Aktion der Einsiedlung bewältigt werden könne.

*Präsident Westerkamp* hält es für möglich, daß es bei den ersten Zügen, wenn auch mit großen Schwierigkeiten, gelingen werde. Später werde sich allerdings die Notwendigkeit ergeben, zeitweise den Zustrom abzustoppen und eine Pause von einigen Monaten eintreten zu lassen.

Der Herr *Generalgouverneur* äußert dagegen Bedenken, denn wenn ein Programm ab-

18 Nach der Niederlage Frankreichs 1940 annektierte das Reich faktisch Elsass-Lothringen, und die Besatzungsbehörden wiesen unerwünschte Franzosen in den unbesetzten Teil Frankreichs aus.

19 Nach Ende des Ersten Weltkriegs wurden Teile der deutschen Bevölkerung aus Gebieten, die unter poln. oder franz. Herrschaft kamen, ausgewiesen.

laufen soll und es werde dann plötzlich abgestoppt, so ergeben sich natürlich Schwierigkeiten. Jedenfalls müsse man bis an das äußerste der Leistungsfähigkeit gehen, denn erst dann könne man beweisen, daß die Durchführung unmöglich sei.
Der Herr Generalgouverneur dankt allen mit der Durchführung der schwierigen Aufgabe betrauten Mitarbeitern und ordnet die Abhaltung einer weiteren Besprechung, die nach der Warschauer Reise stattfinden solle, an.
Schluß der Sitzung um 13.15.

## DOK. 224
## Die polnische Untergrundzeitung Barykada Wolności wirbt am 19. Januar 1941 für den gemeinsamen Freiheitskampf von Juden und Polen[1]

*Hinter Gettomauern und Mauern aus Missverständnissen*

(Aus dem Getto eingesandt)
Im Getto, das von den Nazi-Besatzern verschämt als jüdischer Wohnbezirk bezeichnet wird, erhält die Bevölkerung eine Wochenration von 250 Gramm Brot und wird Tag für Tag von der Besatzer-Soldateska ihrer Lebensmittelvorräte, Kleidungsstücke und ihres Geldes beraubt, wird unterdrückt und misshandelt.
In der Isolation des Gettos ist die jüdische Bevölkerung von Klatsch und Gerüchten abhängig, die in verzerrter Form aus dem übrigen Warschau einsickern. Die Getto-Bevölkerung fühlt sich wie in einer Zelle gefangen und ist in eine Häftlingspsychose verfallen. Kommunistischer und zionistischer Propaganda ausgesetzt, die hier auf den fruchtbaren Boden von Verbitterung und Verzweiflung fällt, grollt sie der polnischen Bevölkerung, die ihr nicht hilft, sich heraushält und sie der nazistischen Gewalt ausliefert. In dieser Atmosphäre des Grolls vergisst die jüdische Bevölkerung, dass auch sie zur polnischen Bevölkerung gehört.
Die polnisch-jüdischen Missverständnisse haben nicht erst mit der deutschen Besatzung begonnen. Polnische Nationalisten von OZON,[2] Endecja[3] und Falanga[4] haben in der polnischen Bevölkerung einen ähnlichen Rassenhass geschürt wie die Nazis in der deutschen. Die deutsche Propaganda hat in den Vertretern von OZON und Falanga würdige faschistische Vorkämpfer gefunden – aber die polnischen Nationalisten machen nicht die ganze polnische Bevölkerung aus.
Die polnischen Juden sollten sich daran erinnern, dass sie zusammen mit dem polnischen Volk den ersten Widerstand gegen die nazistische Gewalt in diesem Krieg geleistet haben,

1 Barykada Wolności, Nr. 30 vom 19.1.1941, S. 4: Za murami ghetta i murami nieporozumień. Das Dokument wurde aus dem Polnischen übersetzt.
2 OZON oder OZN (Obóz Zjednoczenia Narodowego), Lager der Nationalen Einigung: in den letzten Vorkriegsjahren rechtsgerichtete Massenorganisation des Regierungslagers unter den autoritären Sanacja-Regierungen.
3 Bezeichnung der Nationaldemokratie nach den Anfangsbuchstaben der poln. Abkürzung ND (Narodowa Demokracja).
4 Rechtsradikale, von der Nationaldemokratie abgespaltene Teilgruppierung des nationalradikalen Lagers ONR: seit Mitte der 1930er-Jahre verboten, aber illegal weiterhin tätig.

dass sie im Kampf gegen den Faschismus, der sowohl ihr Feind als auch der Feind des polnischen Volkes ist, die ersten Schüsse abgaben.
Wenn sie sich nun von der polnischen Sache abwendet und glaubt, die polnische Bevölkerung habe die Menschen hinter den Gettomauern vergessen, erleichtert die jüdische Bevölkerung der deutschen Propaganda die Arbeit, die darauf zielt, einen Keil zwischen Polen und polnische Juden zu treiben.
Wir machen uns keine Illusionen und wollen niemanden täuschen. Die polnische Bourgeoisie wird den Kampf für die jüdische Sache nicht aufnehmen. Doch das polnische Proletariat kämpft gegen das Getto und wird in dem Augenblick, in dem es den Besatzer aus unserem Land vertreibt, die Schandmauern des Gettos niederreißen.
Den Warschauer Arbeitern kann es nicht gleichgültig sein, dass der jüdische Arbeiter an Hunger stirbt, unterdrückt und geschlagen wird, genauso wenig wie ihm das Elend irgendeines Proletariers gleichgültig sein kann. Über die Mauern des Gettos, über die Mauern aus Gleichgültigkeit und Abneigung streckt uns der polnische Arbeiter seine Hand zur Unterstützung und Verbrüderung entgegen.
Der Kampf des polnischen und des jüdischen Volkes ist der gemeinsame Kampf für die Freiheit.

## DOK. 225

## Der Kreishauptmann in Grójec weist am 21. Januar 1941 die polnischen Gemeindevorsteher an, die jüdische Landbevölkerung in sechs Kleinstädte umzusiedeln[1]

Schreiben des Leiters der Abt. Bevölkerungswesen und Fürsorge beim Kreishauptmann in Grójec,[2] Maurer,[3] an den Judenrat in Grójec[4] vom 21. 1. 1941

Sämtliche außerhalb der Städte: Blendow, Tarczyn, Mogielnica, Góra Kalwaria, Warka und Grójec wohnenden Juden sind sofort in die ihnen zunächst liegende Stadt umzusiedeln. Die Gemeindevorsteher der Landgemeinden sind mir persönlich dafür verantwortlich, daß am 27.1.1941 in ihrem Verwaltungsbereich keine Juden mehr wohnen. Die Juden sind durch die Gemeindevorsteher sofort hiervon zu verständigen und nach der nächstliegen-

1 AŻIH, Ring I/760 (881). Abdruck der poln. Fassung als Faksimile: Zdzisław Szeląg, Żydzi w Grójeckiem, Grójec 2007, Anhang.
2 Werner Zimmermann (1900–1994), Jurist; 1925 bei der Reichsfinanzverwaltung in Hamburg; 1932 NSDAP-Eintritt; 1934–1939 Landrat in Meppen; 1939 stellv. Landrat in Kattowitz, März 1940 bis Jan. 1945 Kreishauptmann in Grójec.
3 Ernst Maurer (1912–1989), Kaufmann; 1938 NSDAP-Eintritt; von Mai 1940 an Leiter der Abt. BuF im Kreis Grójec, ab Sept. 1941 Landkommissar in Buczacz, von Nov. 1941 an in Zaleszczyki und ab Anfang 1942 in Borszczów; von Juni 1942 an Kriegsteilnahme; Herbst 1943 bis Febr. 1944 Leiter der Wirtschaftsabt. im Kreis Grójec, dann Landkommissar in Głowno; nach 1945 Geschäftsführer einer Heizungsfirma in Freiburg i.Br.
4 Der Judenrat in Grójec wurde am 24.1.1940 gebildet und bestand aus zwölf Personen, vor allem früheren Mitarbeitern der Jüdischen Gemeinde. Das Getto für die knapp 6000 jüdischen Einwohner richteten die Behörden Ende Nov. 1940 ein. Es war nicht ummauert, aber an den Außengrenzen ständig bewacht.

den Stadtgemeinde unter persönlicher Überwachung durch den Gemeindevorsteher in Marsch zu setzen. Es ist ihnen eine Anweisung an den zuständigen Bürgermeister der betreffenden Stadt mitzugeben. Die Gemeindevorsteher melden mir zum 27.1.1941 namentlich die ausgesiedelten Juden und geben zugleich an, wohin diese verwiesen wurden. Ebenso geben mir die Bürgermeister der in Frage stehenden Stadtgemeinden bis zum 29.1.1941 namentliche Aufstellung der Juden, die sich bei ihnen angemeldet haben. Es ist verboten, Juden in eine andere Stadt aufzunehmen als in die von dem aussiedelnden Gemeindevorsteher angewiesene.[5]
Diese Maßnahme ist bedingt durch die Tatsache, daß die auf dem Land wohnenden Juden sich jeglicher Kontrolle ihres Gesundheitszustandes entziehen und sie schon verschiedentlich die Ursache von Seuchen waren.
Gleichzeitig verbiete ich ab dem 27.1.1941 allen Juden, sich außerhalb ihrer Wohngemeinde, in diesem Fall den oben angeführten Stellen, ohne Bescheinigung, die nur durch mich ausgestellt werden kann, aufzuhalten. Der Jude, der nach diesem Termin ohne gültige Bescheinigung außerhalb seines Wohnbezirkes angetroffen wird, kann sofort erschossen werden. Die Judenräte machen den Juden diese Anordnungen sofort bekannt, und sie haften mir für Übertretungen dieser Anordnungen persönlich.

## DOK. 226
## Generalgouverneur Frank fordert auf der NSDAP-Kundgebung vom 22. Januar 1941 in Lublin ein rücksichtsloses Vorgehen gegen die Juden[1]

Mitschrift der Ansprache Hans Franks auf der NSDAP-Kundgebung in Lublin vom 22.1.1941

[...][2]
Nun haben wir es noch mit jenen Restbeständen von Leuten zu tun, die da sagen: Mein Gott, wie rauh sind die Nationalsozialisten hier gegen die Polen und Juden! Diesen Leuten will ich sagen: wir werden hier hart, aber gerecht regieren und dafür sorgen, daß der Name des Deutschen hier in aller Ehrfurcht genannt wird, daß niemals wieder jenes Massenmorden beginnt, das das polnische Volk zu seiner eigenen Schande und zur Schande seiner Geschichte begangen hat. Wir werden es niemals vergessen, welche Schandtaten dieses Volk insgesamt und seine einzelnen Vertreter unserer Nation angetan haben. 60 000 Gräber ermordeter, zu Tode gequälter volksdeutscher Menschen in diesem Weichselgebiet klagen an.
Von den Juden rede ich nicht; sie sind nicht mehr interessant genug. Ob sie nach Madagaskar kommen oder sonstwohin, das alles interessiert uns nicht. Wir sind uns klar, daß dieser Mischmasch asiatischer Abkömmlinge am besten wieder nach Asien zurücklatschen soll, wo er hergekommen ist. (Heiterkeit)

5 Die Deutschen konzentrierten die Juden in den sechs Orten, ehe sie diese Ende Febr. 1941 in das Warschauer Getto abtransportierten.

1 AIPN, GK 95, Bd. 10. Kopie: IfZ/A, Fb105, Bd. 11, Bl. 2549 – 2559, hier 2558f. Abdruck in: Diensttagebuch des deutschen Generalgouverneurs (wie Dok. 104, Anm. 1), S. 330f.

2 Zuvor sprach Frank über die Geschichte der NSDAP und über die notwendige Einheit der deutschen Volksgemeinschaft.

Solange die Juden hier sind, sollen sie arbeiten, freilich nicht in dem Sinne, wie die Juden es früher getan haben. Hier appelliere ich an Ihre Entschlossenheit. Wir haben immer noch Reste von Humanitätsphantasten und solchen, die aus lauter echt deutscher Gutmütigkeit die Weltgeschichte zu verschlafen pflegen. Das kann man von uns nicht verlangen, die wir mit dem Führer seit 20 Jahren in diesem Kampfe stehen, daß wir noch irgendwelche Rücksicht auf die Juden nehmen. Das Generalgouvernement hat die gemessene Order, die Heimstätte der Polen zu sein. Möge angesichts unserer Behandlungsmethode, die wir den Polen gegenüber anwenden, der Rückblick auf ihre eigene Geschichte den Polen ein ernster Hinweis sein, um wieviel besser, gerechter und ausgleichender sie von der nationalsozialistischen Führung dieses Gebietes behandelt werden. Wenn heute die Juden in der Welt um Mitleid bitten, so läßt uns das kalt. Wir haben nur dafür zu sorgen, daß das, was wir mit dem Einsatz besten deutschen Blutes erkämpft haben, durch die würdige, geschlossene, weitschauende Haltung der nationalsozialistischen Führung gesichert bleibt.
[…][3]

## DOK. 227
## Der Stadthauptmann von Kielce plant am 23. Januar 1941 Gettos in Kielce und Chęciny[1]

Schreiben (vertraulich) des Stadthauptmanns von Kielce, Rotter (?), an den Kreishauptmann von Kielce-Land[2] (Eing. 25. 1. 1941) vom 23. 1. 1941[3]

Ich möchte, sobald die Witterungsverhältnisse es zulassen, das Ghetto in Kielce einrichten. Mir stehen in dem Ghetto-Bezirk in der Stadt Kielce 45 000 m² Wohnfläche zur Verfügung, die sich auf rund 2000 Räume verteilt. Ich bin bei größtmöglicher Ausnutzung des Raumes also in der Lage, im Kielcer Ghetto rund 20 000 Menschen unterzubringen. Es bleiben dann in Kielce noch 5000 Juden, die anderweitig untergebracht werden möchten.
Ich bitte Sie, untersuchen zu lassen, ob bei Anwendung gleicher Unterbringungsdichte diese 5000 Juden noch mit in Checiny untergebracht werden können. Ich bin selbstverständlich bereit, dafür eine entsprechende Anzahl von Polen aus Checiny in der Stadt Kielce aufzunehmen. Da Polen nicht so eng untergebracht werden können und ich außerdem noch mit rund 5000 Evakuierten zu rechnen habe, die man mir in die Stadt

3 Im Folgenden dankte Frank SS- und Polizeiführer Globocnik und Gouverneur Zörner für ihre Arbeit und forderte Gehorsam und unverbrüchliche Treue zu Hitler.

1 AIPN, GK 652/129, Bl. 1f. Kopie: USHMM, RG 15.031M, reel 13.
2 Eduard Jedamzik (1901–1966), Kaufmann, Jurist; 1919–1921 im Freikorps in Oberschlesien; 1932 NSDAP- und 1933 SS-Eintritt; 1935–1939 in verschied. Stapostellen tätig; Nov. 1939 bis Aug. 1941 Kreishauptmann von Kielce-Land, bis Juni 1942 in Drohobycz, Dez. 1942 bis Febr. 1943 Leiter des Einsatzkommandos 10 b der Einsatzgruppe D in Südrussland, danach Leiter der Gestapo Chemnitz, Nov. 1943 bis 1945 im Amt III des RSHA; Juni 1945 bis Okt. 1948 interniert, danach Rechtsanwalt in Nürnberg.
3 Im Original handschriftl. Unterstreichungen und Anmerkungen.

hineinpumpen will, bitte ich, die Zahl der aus Checiny nach Kielce abzugebenden Polen auf höchstens 2500 festzusetzen.
Ich wäre Ihnen dankbar, wenn von Ihrer Dienststelle aus die entsprechenden Vorarbeiten in Angriff genommen werden könnten, damit wir bald an die Verwirklichung des Ghettos herangehen können.
Heil Hitler![4]

## DOK. 228
## Der Sekretär der Jüdischen Gemeinde in Chlewiska schildert am 29. Januar 1941 die Entwicklung seit dem 1. November 1939[1]

Handschriftl. Schreiben (sehr eilig) des Sekretärs der Jüdischen Gemeinde in Chlewiska, Jakub Tenenbaum, an das Präsidium der JSS in Krakau (Eing. 3. 2. 1941) vom 29. 1. 1941

Sehr geehrte Herren!
Ihren vom 25. Januar 1941 datierten Brief hinsichtlich der uns zu gewährenden Hilfe haben wir am 29.1.41 erhalten.[2] Es liegt in unserem Interesse, Sie in einer ausführlichen Zusammenfassung wissen zu lassen, wie es um die Juden bestellt ist, die in der Gemeinde Chlewiska wohnen. Ehe wir zur eigentlichen Beschreibung übergehen, erlauben wir uns folgende Berichtigung: Gemeindevorsteher der jüdischen Einwohner in der Gemeinde Chlewiska ist nicht J. Tenenbaum – an den Sie Ihr Schreiben gerichtet haben –, sondern Herszek Broniewski. Dagegen versieht Jakub Tenenbaum die Aufgaben seines Sekretärs. Ihr Versehen ist dadurch entstanden, dass anstelle des schreibunkundigen Gemeindevorstehers Broniewski der als Sekretär fungierende J. Tenenbaum unterschrieben hat. In Zukunft bitten wir darum, in der Adresse Tenenbaum nicht als Gemeindevorsteher anzugeben, sondern als beauftragten Sekretär für die jüdischen Einwohner der Gemeinde Chlewiska. Im Folgenden gehen wir zur eigentlichen Beschreibung der Lage über, in der sich die hiesigen Juden befinden:
Am 1. November 1939 kam eine deutsche Polizeieinheit nach Chlewiska. In diesem Zusammenhang wurden Arbeitskräfte benötigt. Der Gemeindevorstand von Chlewiska bestimmte zu diesem Zweck Herszek Broniewski zum Ältesten, mit der Aufgabe, die jüdischen Einwohner dazu anzuhalten, zu der ihnen zugewiesenen Arbeit zu erscheinen. Von diesem erwähnten Zeitpunkt an wurde die Arbeit bei der deutschen Polizei aus-

4 Es folgt weiterer Schriftverkehr zur Gettoisierung bis Aug. 1941. Stadthauptmann Hans Drechsel erließ am 31.3.1941 die VO über die Bildung eines jüdischen Wohnviertels in der Stadt Kielce, Abdruck in: Faschismus – Getto – Massenmord (wie Dok. 4, Anm. 1), Dok. 79, S. 124f.; siehe auch Gustav Andraschko, Jüdisches Wohnviertel auch in Kielce, in: Krakauer Zeitung, Nr. 80 vom 8.4.1941, S. 6. In Chęciny sperrten die Deutschen am 10.7.1941 etwa 4000 Menschen in ein Getto.

1 AŻIH, 211/300, Bl. 3 – 5. Das Dokument wurde aus dem Polnischen übersetzt.
2 Das Präsidium der JSS hatte Tenenbaum am 25.1.1941 (Nr. 606/41, St./D.) mitgeteilt, es verfüge über keine Mittel für regelmäßige Geldzuweisungen, bemühe sich aber bei den Zentralbehörden darum, dass Chlewiska aus der Einwohnerabgabe für die Armenhilfe Mittel erhalte. Gegebenenfalls könnten diese Gelder dann gegen Vorlage von Originalrechnungen über Lebensmitteleinkäufe überwiesen werden; wie Anm. 1, Bl. 2

schließlich von Juden ausgeübt, die jedem Befehl Gehorsam leisten. Die jüdischen Arbeiter erhielten dafür keinerlei Bezahlung, keine Entlohnung. Es kam vor, dass die Juden bis in die Nachtstunden arbeiten mussten. Mit Sommerbeginn verdreifachte sich diese Arbeit: 1. Zwei deutsche Polizeieinheiten kamen nach Chlewiska – eine berittene und eine unberittene. 2. Der Inspektor des hiesigen Guts benötigte Arbeitskräfte auf dem Gutshof. 3. Die Gemeindeverwaltung rekrutierte ebenfalls Arbeiter für ihre Zwecke. Die Arbeit war schwer und mühselig. Der Vertreter der jüdischen Arbeiter, Herszek Broniewski, stand vor einer schwierigen Aufgabe. Vor allem war er gezwungen, die jüdischen Arbeiter zu versorgen, und zwar auf eigene Kosten sowie auf Kosten des kleinen jüdischen Geschäfts, dessen Besitzerin Chana Tenenbaum ist, eine arme Witwe, die 6 minderjährige Kinder unterhalten muss. Augenzeuge der über die Maßen schweren Arbeit der jüdischen Arbeiter bei den Pferden der deutschen Polizei oder bei der Arbeit auf dem Gut war der Inspektor des hiesigen Gutes, Herr Jan Wiener, und oft sogar der Herr Starost [Kreishauptmann] des Kreises Końskie, Dr. Albrecht, der sich oft auf Kreisinspektion in Chlewiska aufhielt. Als Beispiel dieser schweren Arbeit führen wir an:

Im Monat Oktober 1940 bestellte die Gemeindeverwaltung Herszek Broniewski ein, um den Juden aufzutragen, zur Arbeit zu kommen und Gänse einzuladen, die nach Końskie geliefert werden sollten. 800 Gänse waren es. Die Juden kamen zu dieser Arbeit aus zwei jeweils 8 km von Chlewiska entfernten Dörfern. Sie dauerte eine ganze Woche. Die Arbeit wurde gewissenhaft und ordnungsgemäß erledigt. In diesem Fall versprach der Gemeindevorsteher, Herr Stanisław Cios, für die oben erwähnte Arbeit eine Zuteilung von 2 Doppelzentnern Kartoffeln pro Person, Zucker und Brot auf Karten. So wie die jüdischen Arbeiter bis zum 1. Oktober 40 für die Arbeit keinen Groschen erhalten hatten, blieb es auch bei der Arbeit mit den Gänsen bei bloßen Versprechungen.

*Kartoffeln*:

Der Gemeindevorsteher gab diesbezüglich mehrfach eine positive Antwort, d.h., er versprach, wir würden Kartoffeln erhalten, während der Gemeindesekretär, Herr Knopiński, dies verneinte. Bis zum heutigen Tag hat der Gemeindesekretär Recht behalten. Es gab Fälle, in denen den ansässigen christlichen Landwirten, deren Ernte bis zu 30 Doppelzentner Kartoffeln betrug, noch 7–10 Doppelzentner Kontingent-Kartoffeln zusätzlich gegeben wurden. Den jüdischen Arbeitern, die über keine Ernteerträge verfügten und denen Kartoffeln ausschließlich für die Arbeit bei der deutschen Polizei, auf dem Gut in Chlewiska und bei der Gemeindeverwaltung zustanden, erhielten buchstäblich keine einzige Kartoffel.

*Zucker*:

Herszek Broniewski, der Vertreter der Juden aus der hiesigen Gemeinde, erhielt die Nachricht, aus Końskie seien Zuckerkontingente für Personen geschickt worden, die über keine Feldfrüchte, kein Vieh usw. verfügen. Mit dieser Nachricht begab er sich zum Herrn Gemeindesekretär, der aus dem Posener Land stammt, und erhielt wortwörtlich folgende Antwort: „Für Juden gibt es keinen Zucker." So steht es mit den Zuckerkontingenten bis heute.

*Brot auf Karten*:

Im November 1940 traf die Nachricht ein, in der Gemeinde Chlewiska werde Brot auf Karten ausgegeben. Der jüdische Älteste, der auch Besitzer einer Bäckerei ist, begab sich zur Gemeindeverwaltung und bat den Herrn Sekretär um Mehl, um für die 120 Personen der jüdischen Bevölkerung in der hiesigen Gemeinde Brot zu backen. Er erhielt folgende Antwort des Herrn Sekretärs: „Es wurden 50 Doppelzentner Mehl geliefert. Von dieser Menge kann ich der jüdischen Bevölkerung keine Ration Mehl zuteilen. Wenn eine größere Menge Mehl geliefert wird, erhalten auch Sie eine Zuteilung." Im Dezember 1940 wurden aus Końskie 130 Doppelzentner Mehl geliefert. Herszek Broniewski ging abermals zur Gemeindeverwaltung und erwartete eine wohlwollende Erledigung der Angelegenheit, wie es der Sekretär selbst versprochen hatte. Dieses Mal erhielt er die folgende Antwort: „Scher dich von hier fort!" Das Mehl zum Brotbacken (für die ganze Gemeinde) erhielt eine Bäckerei, deren Besitzer ein gewisser, *ebenfalls* aus dem Posener Land stammender Herr Kowalczyk ist. Die Einstellung dieses Herrn und seine Behandlung der Juden bei der Ausgabe von Brot auf Karten sind beklagenswert. Die Abmessung der täglichen Portion findet so statt, dass die einen 70, 40 oder bloß 35 g täglich pro Person erhalten, während die anderen überhaupt kein Brot bekommen. Dabei fand die Ausgabe der Rationen sehr unregelmäßig statt und hing von Herrn Kowalczyk selbst ab. Als Beispiel nenne ich: Herszek Broniewski, der um seine tägliche Portion bat, erhielt von Herrn Kowalczyk folgende Antwort: „Der braucht kein Brot." Bis zum heutigen Tag erhält der Gemeindevorsteher Broniewski kein Brot. Zwischen dem 1. Januar 1941 und dem 20. Januar haben die Juden überhaupt kein Brot bekommen. Seit dem 20. Januar erhalten von 120 jüdischen Personen 3 (drei) jeweils 40 g täglich.

Es sei noch erwähnt, dass bis zum heutigen Tag 5 jüdische Arbeiter täglich bei der deutschen Polizei arbeiten müssen, ohne dass sie dafür auch nur einen Groschen bekommen. Wegen Heizmaterial, beim derzeitigen Frost von besonderer Bedeutung, ging Herszek Broniewski zum Direktor des hiesigen Guts, worauf er die Antwort erhielt: „Bemühen Sie sich um eine Erlaubnis vom Starosten [Kreishauptmann], dann werden Sie Brennholz erhalten."

Hochedle Herren!

Die in der Gemeinde Chlewiska lebenden Juden befinden sich in einer bedauernswerten Lage! Die ganze Zeit müssen sie arbeiten und sich bei jeder Anforderung einfinden, ohne dafür von Seiten der polnischen Gemeinde auch nur einen Groschen zu erhalten. Sie haben bei dieser Arbeit ihre Kleidung verschlissen, ihre Gesundheit strapaziert und Zeit vergeudet. Von den 120 Personen der jüdischen Bevölkerung mussten alle Männer, 18 – 20 Personen, vom Gemeindevorsteher Herszek Broniewski und von der Witwe und Besitzerin des Lebensmittelgeschäfts unterhalten werden, die 6 minderjährige Kinder zu versorgen hat. Als Lohn dafür hat der Gemeindesekretär beiden Geschäften, d. h. der Bäckerei und dem Lebensmittelgeschäft, Gewerbebescheinigungen verwehrt, weshalb diese beiden Familien mit dem Hunger kämpfen. Der erwähnte Broniewski hat auch einen 82-jährigen Vater und eine Mutter zu versorgen. Mosiek Broniewski, der stumm und gelähmt ist, hat rein gar nichts, wovon er sich ernähren könnte. Aron Wassersztajn, der im Krankenhaus von Radom liegt und dessen rechtes Bein amputiert wurde, kann sich aufgrund materieller Schwierigkeiten nicht am Leben halten. Wir haben hier sehr viele derartige Beispiele. Wir haben deshalb zwei Mal an den Ältestenrat in Końskie geschrieben, aber bisher keine Antwort erhalten.

Angesichts dessen wenden wir uns an die Jüdische Soziale Selbsthilfe als diejenige Institution, die uns zu helfen imstande ist. Wir wissen einfach keinen anderen Ausweg. Wie Sie aus der Zusammenfassung über die Lage der in der hiesigen Gemeinde lebenden Juden sehen, ist ihr Schicksal beklagenswert.

Höflichst bitten wir im Namen der sich in einer verzweifelten Lage befindenden 22[3] Familien in Chlewiska um freundliche und rasche Hilfe:
1) Um gütige und rasche Lieferung jeder Art von Hilfe, seien es Lebensmittel, Kleidung oder auch die nötigen Summen für solche [Dinge] für die Ärmsten in Chlewiska.
2) Um gütige und rasche Hilfe bei der Ausstellung von Gewerbebescheinigungen, betr. das Jahr 1941, für das Lebensmittel- und Kontingentgeschäft und die Bäckerei, welche die in der hiesigen Gemeinde lebenden Juden mit erster Hilfe versorgen würden, um sie am Leben zu erhalten.
3) Um gütige materielle Hilfe zum Erhalt von Brennholz, das wegen des herrschenden Frosts lebensnotwendig ist. Wir bitten auch, im Rahmen der Möglichkeiten, um freundliche Unterstützung unseres Ersuchens bei dem Starosten [Kreishauptmann] in Końskie, Brennholz bekommen zu dürfen.
4) Um Ihre gütige Fürsprache dafür, möglichst Kontingentkartoffeln, Zucker, Brot usw. bekommen zu dürfen.
Bezüglich Ihrer Fragen zu den Lebensmittelpreisen teilen wir höflich mit, dass wir zu den folgenden Bedingungen in der Lage sind, unten angegebene Mengen zu kaufen:

| | | | |
|---|---|---|---|
| Mindestens 50 dz Kartoffeln | zum Preis von je | 25 Zł. | = 1250 Zł. |
| Mindestens 5 dz 80 %-iges Roggenmehl | » » » je | 250 Zł. | = 1250 Zł. |
| Mindestens 25 kg Zucker | » » » je | 8,50 Zł. | = 212,50 Zł. |
| Mindestens 25 l Petroleum | » » » je | 8 Zł. | = 200 Zł. |
| | | | 2912,50 Zł. |

Hochedle Herren!
Im Glauben, dass Sie unseren Appell nicht unbeantwortet lassen, und in einem Zustand, den nur der Herrgott kennt, verbleiben wir mit vorzüglicher Hochachtung
Für den schreibunkundigen Gemeindevorsteher Herszek Broniewski
P.S. Auf Ihre Anforderung hin sind wir bereit, Ihnen eine Namensliste der 25 Familien und 120 jüdischen Personen vorzulegen, die in der Gemeinde Chlewiska wohnen.[4]

3 Weiter unten heißt es: 25.

4 Das Präsidium der JSS überwies im März 200 Złoty, die sofort aufgebraucht waren. Am 14.7.1941 machte Gidala Broniewski, der Nachfolger von Herszek Broniewski, deutlich: Falls keine Hilfe eintreffe, müssten sie verhungern. Das Präsidium der JSS antwortete am 21.7.1941, man könne leider nicht helfen, die Mittel würden in erster Linie den Orten zugewiesen, in denen Volksküchen unterhalten wurden, zudem sei die Zahl der Hilfsbedürftigen in Chlewiska relativ klein. Broniewski möge sich an das Jüdische Hilfskomitee im Kreis Końskie wenden; wie Anm. 1, Bl. 6 – 24.

## DOK. 229
## Shlomo Frank schreibt am 30. Januar 1941 über den Streik in den Tischler-Werkstätten im Getto Litzmannstadt (Lodz)[1]

Tagebuch von Shlomo Frank,[2] Eintrag vom 30. 1. 1941

Den 30. Januar
Der Schneider- und Tischlerstreik ist heute völlig zusammengebrochen.[3] Der Vorsitzende[4] hat nicht nachgegeben, und die Arbeiter konnten nicht weiter durchhalten. Der große Hunger zwang sie zu kapitulieren. Massenweise erschienen sie zur Arbeit, teilweise zitternd vor Hunger. Die, die zurückkehrten, hatten keine Forderungen mehr. Sie sprachen mit niemandem ein Wort. Mit hängendem Kopf ging ein jeder wieder in seine Werkstatt. Als der Vorsitzende hörte, dass sich die Abteilungen mit zurückkehrenden Arbeitern füllten, ließ er an alle eine doppelte und gehaltvolle Ration Suppe ausgeben. Am Abend gaben die Anführer der Arbeiter einen Aufruf heraus, in dem es hieß: Genossen Arbeiter! Ausgehungerte jüdische Massen! Um nicht vor Hunger und Kälte zu sterben, mussten wir leider dem Vorsitzenden und seinen verfluchten Gefolgsleuten nachgeben. Was haben wir denn gefordert? Doch beileibe nichts Unmögliches. Wir haben verlangt:
1. die Löhne der Schwerarbeiter zu erhöhen;
2. den Arbeitern für einen Teil des Lohns Lebensmittel zu geben;
3. ein Stück Brot zu der Suppe, die man während der Arbeit bekommt;
4. bessere und menschlichere Behandlung.

Das waren unsere Forderungen. Leider haben unsere Herren da oben unsere Forderungen zurückgewiesen und zusätzlich gedroht, uns ins Gefängnis zu werfen. Wir konnten aber nicht mehr zusehen, wie unsere Kinder durch Hunger und Kälte sterben. Es gab keinen anderen Ausweg, keine andere Möglichkeit für uns. Tod den jüdischen Verrätern! Tod ihren Gefolgsleuten! Die Rache wird sie nicht verschonen.
Unterschrieben von allen Arbeiterabteilungen.

## DOK. 230
## Der Kreishauptmann im Kreis Sochaczew-Błonie ordnet am 31. Januar 1941 die Vertreibung der jüdischen Bevölkerung nach Warschau an[1]

Anordnung des Kreishauptmanns des Kreises Sochaczew-Blonie[2] (gez. Reimann, Assessor), Sochaczew, vom 31. 1. 1941 (Faksimile)

1 Das Original für diesen Eintrag ließ sich nicht ermitteln (ein Teil des Tagebuchs – von Dez. 1941 bis Okt. 1942 – befindet sich in AŻIH, 302/3). Das Dokument wurde aus dem Jiddischen übersetzt. Abdruck in: Shlomo Frank, Togbukh fun lodzer geto, Buenos Aires 1958, S. 28, und Tel Aviv 1958, S. 29.
2 Shlomo Frank, zuvor Frenkiel (1902–1966), Journalist; im Getto Litzmannstadt Angehöriger des Ordnungsdienstes, 1944/45 in verschied. Lagern; nach 1945 in Israel.
3 Im Getto Litzmannstadt kam es zwischen August 1940 und 1944 immer wieder zu Straßendemonstrationen und Hungerstreiks der Arbeiter in den Betrieben.
4 Gemeint ist der Vorsitzende des Ältestenrats, Chaim Rumkowski.

1 AAN, 1335/214/V-14, Bl. 25. Plakat auf Deutsch und auf Polnisch.
2 Karl Adolf Pott; Sochaczew gehörte zum Distrikt Warschau.

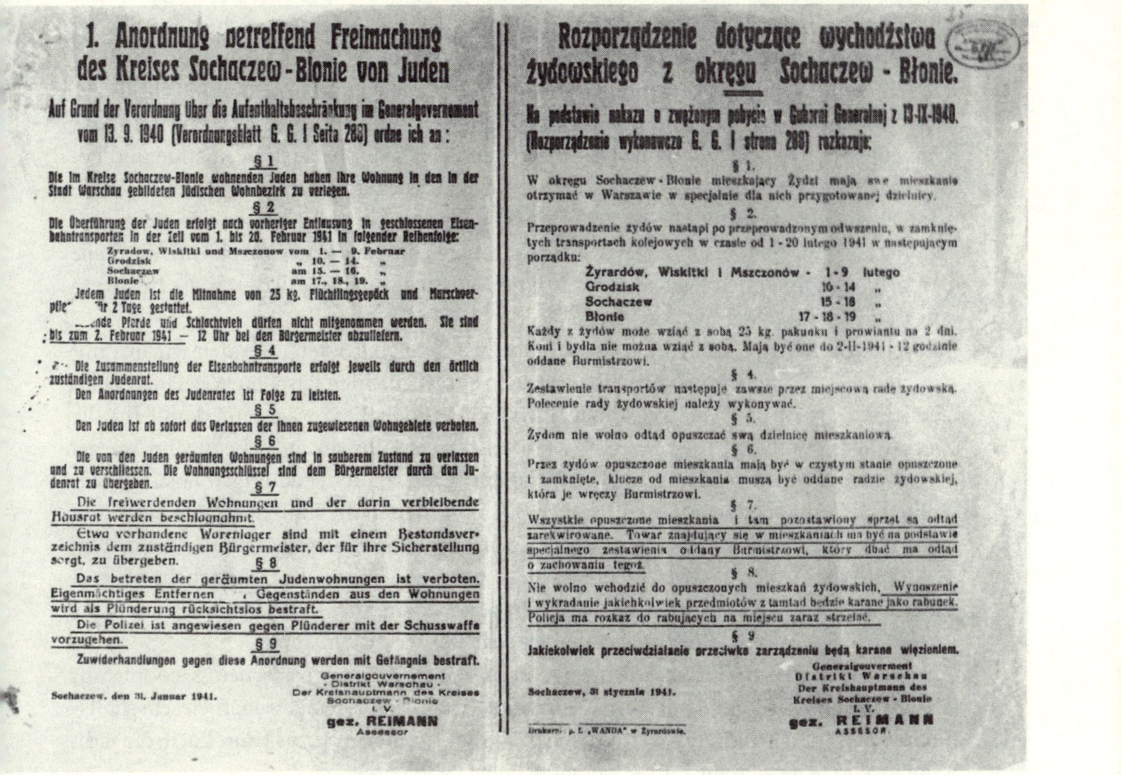

1. Anordnung betreffend Freimachung des Kreises Sochaczew-Blonie von Juden

Auf Grund der Verordnung über die Aufenthaltsbeschränkung im Generalgouvernement vom 13. 9. 1940 (Verordnungsblatt G. G. I Seite 288) ordne ich an:

§ 1

Die im Kreise Sochaczew-Blonie wohnenden Juden haben ihre Wohnung in den in der Stadt Warschau gebildeten jüdischen Wohnbezirk zu verlegen.

§ 2

Die Überführung der Juden erfolgt nach vorheriger Entlausung in geschlossenen Eisenbahntransporten in der Zeit vom 1. bis 20. Februar 1941 in folgender Reihenfolge:

| | | |
|---|---|---|
| Zyradow, Wiskitki und Mszczonow | vom 1. — 9. | Februar |
| Grodzisk | „ 10. — 14. | „ |
| Sochaczew | am 15. — 16. | „ |
| Blonie | am 17., 18., 19. | „ |

Jedem Juden ist die Mitnahme von 25 kg. Flüchtlingsgepäck und Marschverpflegung für 2 Tage gestattet.

Lebende Pferde und Schlachtvieh dürfen nicht mitgenommen werden. Sie sind bis zum 2. Februar 1941 — 12 Uhr bei den Bürgermeister abzuliefern.

§ 4

Die Zusammenstellung der Eisenbahntransporte erfolgt jeweils durch den örtlich zuständigen Judenrat.

Den Anordnungen des Judenrates ist Folge zu leisten.

§ 5

Den Juden ist ab sofort das Verlassen der ihnen zugewiesenen Wohngebiete verboten.

§ 6

Die von den Juden geräumten Wohnungen sind in sauberem Zustand zu verlassen und zu verschliessen. Die Wohnungsschlüssel sind dem Bürgermeister durch den Judenrat zu übergeben.

§ 7

Die freiwerdenden Wohnungen und der darin verbleibende Hausrat werden beschlagnahmt.

Etwa vorhandene Warenlager sind mit einem Bestandsverzeichnis dem zuständigen Bürgermeister, der für ihre Sicherstellung sorgt, zu übergeben.

§ 8

Das betreten der geräumten Judenwohnungen ist verboten. Eigenmächtiges Entfernen von Gegenständen aus den Wohnungen wird als Plünderung rücksichtslos bestraft.

Die Polizei ist angewiesen gegen Plünderer mit der Schusswaffe vorzugehen.

§ 9

Zuwiderhandlungen gegen diese Anordnung werden mit Gefängnis bestraft.

Sochaczew, den 31. Januar 1941.

Generalgouvernement
- Distrikt Warschau -
Der Kreishauptmann des Kreises
Sochaczew - Blonie
i. V.
gez. REIMANN
Assessor

Rozporządzenie dotyczące wychodźstwa żydowskiego z okręgu Sochaczew - Błonie.

Na podstawie nakazu o zwężonym pobycie w Guberni Generalnej z 13-IX-1940. (Rozporządzenie wykonawcze G. G. I strona 288) rozkazuje:

§ 1.

W okręgu Sochaczew - Błonie mieszkający Żydzi mają swe mieszkanie otrzymać w Warszawie w specjalnie dla nich przygotowanej dzielnicy.

§ 2.

Przeprowadzenie żydów nastąpi po przeprowadzonym odwszeniu, w zamkniętych transportach kolejowych w czasie od 1 - 20 lutego 1941 w następującym porządku:

| | | |
|---|---|---|
| Żyrardów, Wiskitki i Mszczonów - | 1 - 9 | lutego |
| Grodzisk | 10 - 14 | „ |
| Sochaczew | 15 - 16 | „ |
| Błonie | 17 - 18 - 19 | „ |

Każdy z żydów może wziąć z sobą 25 kg. pakunku i prowiantu na 2 dni. Koni i bydła nie można wziąć z sobą. Mają być one do 2-II-1941 - 12 godzinie oddane Burmistrzowi.

§ 4.

Zestawienie transportów następuje zawsze przez miejscową radę żydowską. Polecenie rady żydowskiej należy wykonywać.

§ 5.

Żydom nie wolno odtąd opuszczać swą dzielnicę mieszkaniową.

§ 6.

Przez żydów opuszczone mieszkania mają być w czystym stanie opuszczone i zamknięte, klucze od mieszkania muszą być oddane radzie żydowskiej, która je wręczy Burmistrzowi.

§ 7.

Wszystkie opuszczone mieszkania i tam pozostawiony sprzęt są odtąd zarekwirowane. Towar znajdujący się w mieszkaniach ma być na podstawie specjalnego zestawienia oddany Burmistrzowi, który dbać ma odtąd o zachowaniu tegoż.

§ 8.

Nie wolno wchodzić do opuszczonych mieszkań żydowskich. Wynoszenie i wykradanie jakichkolwiek przedmiotów z tamtąd będzie karane jako rabunek. Policja ma rozkaz do rabujących na miejscu zaraz strzelać.

§ 9

Jakiekolwiek przeciwdziałanie przeciwko zarządzeniu będą karane więzieniem.

Sochaczew, 31 stycznia 1941.

Generalgouverment
Distrikt Warschau
Der Kreishauptmann des
Kreises Sochaczew - Blonie
I. V.
gez. REIMANN
ASSESOR

Drukarnia p. f. „WANDA" w Żyrardowie.

DOK. 231

## Das jüdische Untergrundblatt Nasze Hasła ruft im Januar 1941 die jüdische Jugend auf, sich an der kommenden Revolution zu beteiligen[1]

*Jüdische Jugend!*

Der schon seit 17 Monaten andauernde Krieg zwischen den zwei kap.[italistisch]-imperialistischen Blöcken hat sein Vernichtungswerk vollbracht. Die entarteten faschistischen Regierungen, ihr grausamer Terror und ihre bestialische Willkür säen überall Grauen und Verwüstung. Wenn wir die Verluste, die die Gesellschaften erlitten haben, betrachten, stoßen wir auf eine ununterbrochene Folge von Entartung und Verrohung in jedem Lebensbereich. Wirtschaftlicher Ruin, erschreckende Verarmung breitester Kreise, nicht enden wollende systematische Folter der jüdischen Massen, so sieht das heutige Leben aus. Das Nazisystem strebt mit Faustrecht und Waffengewalt, mit seiner ganzen sozialen und ideologischen Geisteshaltung danach, das gesellschaftlich aktive Individuum zu erniedrigen und es ganz und gar auszuschalten. Nazideutschland hat seine schärfste Waffe gegen seinen gefährlichsten Feind gerichtet, gegen Freiheit und Fortschritt, gegen die Welt des Wissens und der Wissenschaft, der Gelehrten und der Lernenden.

1 Nasze Hasła, Januar 1941, S. 1f., AŻIH, Ring I/1319 (699). Der Artikel wurde aus dem Polnischen übersetzt. Nasze Hasła (Unsere Losungen) erschien 1940/41 monatlich in Warschau als Parteiblatt der Poale Zion-Linke.

Die jüdische Jugend, die sich in der Ausbildung befindet, steht am Scheideweg; ihrer Schulen, der Wissenschaft, ihrer Erzieher beraubt, vergeudet sie ihre Lebenschancen. Der größere Teil der Jugend ist geprägt von auffallender geistiger Leere, einem grundsätzlichen Mangel an Initiative und geistigem Nihilismus. Entsetzt über das Grauen unserer Zeit will sie entweder „leben und das Leben genießen" oder hat sich in Apathie und Lebensverneinung abgekapselt. Vergessen wir nicht, dass es sich hierbei um eine Psychose handelt, die dem Ernst der heutigen Zeit nicht angemessen ist. Vergessen wir nicht, dass der Tag kommt, an dem ein neuer „Oktober Europas und der ganzen Welt"[2] an die Stelle der sich bekämpfenden kap.-imperialistischen Blöcke treten wird, durch die heute ein Meer an Blut vergossen wird.
Jüdische Jugend! An Euch, die Ihr uns schon seit langem versteht, wenden wir uns mit diesen Zeilen, damit Ihr uns helft, jene zurückzuholen, die den falschen Weg eingeschlagen haben. Es ist Eure heilige Pflicht – wir helfen Euch. Seid wachsam, damit Ihr die Signale der heraufziehenden Ereignisse hört und erfasst. Ihr, die jüdische Jugend, werdet teilhaben an großen gesellschaftlichen Veränderungen, an der endgültigen Lösung einer Reihe von bedeutenden sozialen Problemen, unter denen die jüdische Frage bestimmt keinen untergeordneten Platz einnehmen wird. Auch an Euch liegt es, die erhabenen Ziele der Weltrevolution der Arbeiterklasse zu verwirklichen, unsere Wirtschaftsstruktur zu erneuern und eine strategische Basis zu schaffen, damit das jüdische Proletariat seine sozialistischen Ziele in einem Palästina der Arbeiter [erreichen kann].
Nur die Begeisterung für große Ideen kann die Jugend von prosaischem Hedonismus abhalten. Nur die Freude am Aufbau eines besseren Lebens, einer neuen Gesellschaftsordnung auf den Trümmern des brüchigen kapitalistischen Systems kann Euch, die jüdische Jugend, wirklich mit Zufriedenheit erfüllen. Seid bereit.

## DOK. 232
## Ein Gettoinsasse schildert Anfang 1941 die fortschreitende Isolierung der jüdischen Bevölkerung in Warschau seit dem Sommer 1940[1]

Handschriftl. Bericht von „Tilem"[2] für das Untergrundarchiv des Warschauer Gettos, aufgezeichnet nach Januar 1941 (Abschrift)[3]

*Die Schließung des Gettos*
Im Sommer 1940 verschärfte sich die Lage für die Juden infolge des Verbots, bestimmte Straßen wie z. B. die Ujazdowskie-Allee zu benutzen oder den Napoleon-Platz zu betreten, dann durch die Vorschriften über gesonderte Straßenbahnen für Juden und besondere Stadtteile, in denen sich Juden [polizeilich] anmelden können. – All diese Beschränkungen ließen aber nicht vermuten, dass ein geschlossenes Getto eingerichtet werden sollte, was

2 Anspielung auf die Oktoberrevolution in Russland.

1 AŻIH, Ring I/485 (I/361). Das Dokument wurde aus dem Polnischen übersetzt.
2 Wahrscheinlich Nechemia Titelman, auch Tytelman; Mitglied der Partei Poale Zion-Linke, Gründer des Sportvereins Shtern; im Sept. 1939 Flucht in die Sowjetunion, im Mai 1940 Rückkehr nach Warschau, im Warschauer Getto Mitarbeiter des Untergrundarchivs; er wurde 1943 ermordet.
3 Von zwei handschriftl. Fassungen ist dies die zweite und besser lesbare.

aber bald tatsächlich geschah. – Anfang Oktober [1940] gab es die ersten Gerüchte über die Aussiedlung von Juden aus bestimmten Häusern. So wurde am 2. Oktober die Nachricht verbreitet, dass alle Bewohner des Hauses am Żelazna-Brama-Platz 8 innerhalb weniger Stunden das Haus verlassen müssten. Es entstand ein fürchterliches Hin und Her, die Bewohner verließen in aller Eile ihre Wohnungen und zogen zu Verwandten und Bekannten. Die Panik griff damals auch auf alle Nachbarhäuser über. Die Menschen begannen, auf Teufel komm raus zu packen. Doch wohl schon am nächsten Tag stellte sich heraus, dass der Vorfall mit dem Haus am Żelazna-Brama-Platz 8 von einem Volksdeutschen angezettelt worden war, der dann angeblich verhaftet wurde. Die Menschen zogen wieder zurück in das Haus am Żelazna-Brama-Platz 8. Einige Tage später hörte man von einer ähnlichen Geschichte in der Graniczna-Straße 13. Hier drangen am Morgen einige Deutsche ein, schlugen auf die Bewohner ein und befahlen ihnen auszuziehen. Doch da sich auch dieser Vorfall als ungefährlich herausstellte, beruhigten sich die Leute wieder. –
Das jüdische Neujahr verlief friedlich.[4] Erst am Feiertag Jom Kippur[5] wurde etwa gegen 2 Uhr mit Megaphonen verkündet, dass ein polnischer, ein deutscher und ein jüdischer Wohnbezirk geschaffen würden. Die Grenzen des jüdischen und des deutschen Wohnbezirks wurden bekannt gegeben. Die Grenze des jüdischen Viertels sollte von der Ostseite der Graniczna-Straße über die Żabia-Straße, den Bankowy-Platz, die Rymarska-Straße usw. verlaufen. Wir waren überzeugt, dass wir an Ort und Stelle bleiben würden (Żelazna-Brama-Platz 8), und das beruhigte uns ein wenig. – Gerüchte verbreiteten sich, die immer größere Panik hervorriefen. Man sagte, Juden, die ins jüdische Viertel umziehen müssten, sei es verboten, Sachen mitzunehmen. – Dennoch bewahrten die Juden während der Feiertage Ruhe. Wie ich beobachten konnte, führte die Getto-Bekanntmachung in den Häusern, in denen man sich zum Beten traf, nicht zu Unterbrechungen der Gebete. In den folgenden Tagen wiederholten sich Bekanntmachungen zur Errichtung eines jüdischen Wohnbezirks, wobei sich die Verordnung über die Mitnahme von Gegenständen keineswegs als Gerücht erwies.[6] Die Grenzen waren nicht festgelegt, sie waren fließend – eigentlich wusste niemand, ob er seine Wohnung würde verlassen müssen; übrigens sprach man immer noch davon, dass der Plan, ein Getto zu errichten, aufgegeben würde und es nur darum gehe, von der jüdischen Bevölkerung ein Lösegeld zu erpressen. Auf jeden Fall packten die vom Verlust ihres Hab und Guts bedrohten Menschen ihre Sachen zusammen und stellten sie bei ihnen bekannten Christen unter. In einigen Häusern erlaubten die Hausmeister den Juden nicht, das Haus mit Koffern oder anderen Gegenständen zu verlassen. Einige Tage später wurde im Kurier Warszawski der Plan des jüdischen Wohnbezirks veröffentlicht.[7] Er unterschied sich erheblich von der ursprünglichen Bekanntmachung, insbesondere fielen der gesamte Żelazna-Brama-Platz und die Przechodnia-Straße heraus. Der Umzug der jüdischen Bevölkerung in den jüdischen Wohnbezirk sollte bis zum 30. Oktober erfolgen. In diesem Zeitraum, ja sogar noch später, nachdem der Umzugstermin bis zum 15. November verlängert worden war, wurde der Plan des Wohnbezirks weiter verändert. So war z. B. anfangs die Chłodna- bis zur Okopowa-Straße ins Getto einbezogen, später wurde die Chłodna-Straße herausgenommen, und schließlich wurde sie erneut teilweise einbezogen. So war es u. a. auch mit der Grzybowska- ober-

4 Das jüdische Neujahr fiel auf den 3.10.1940.
5 Jom Kippur fiel auf den 12.10.1940.
6 Siehe Dok. 180 vom 16.10.1940 und Dok. 193 vom 5.11.1940.
7 Nowy Kurier Warszawski, Nr. 243 vom 15.10.1941, S. 4.

halb der Żelazna-Straße. Gleichzeitig begann der in der Verordnung vorgesehene freiwillige Wohnungstausch. Wegen der ständigen Veränderungen des jüdischen Wohnbezirks mussten einige zwei oder drei Mal umziehen. Die Errichtung des Stadtteils sollte schließlich am 15. November erfolgen, aber niemand glaubte, dass das Getto geschlossen würde. Viele wunderten sich am 15. November über die Nachricht, an den Straßenmündungen des jüdischen Wohnbezirks hätte deutsche Polizei Stellung bezogen. Ich sage viele, weil im Grunde die Verordnung über die Errichtung eines jüdischen Wohnbezirks in dieser Hinsicht keinen Zweifel zuließ; dort war nämlich vom „geschlossenen Wohnbezirk"[8] die Rede. – Übrigens war die Abriegelung des Judenviertels nicht so streng; zumindest Polen hatten faktisch freien Zugang zum jüdischen Wohnbezirk, die [deutsche] Polizei ließ aber auch andere Personen durch, Juden, insbesondere Angehörige des Ordnungsdienstes, die entweder zur Długa-Straße oder zu den Markthallen gingen, um einzukaufen. An einigen Ausgängen aber, vor allem an der Einmündung der Żelazna- in die Chłodna-Straße, spielten sich grauenhafte Szenen ab.[9] Besonders deutsche Polizisten zwangen vorübergehende Juden zu grüßen; sie hielten Juden fest und befahlen ihnen, mit Backsteinen in der Hand Turnübungen zu machen, auf Mauern zu klettern, sich in den Schmutz zu legen u.Ä. Einmal hielten die deutschen Polizisten an der Żelazna-/Ecke Chłodna-Straße ein Straßenorchester an, befahlen ihm zu spielen und einer älteren Frau und einem Juden mit grauem Bart unter Androhung von Schlägen zu tanzen. Diese Szenen fotografierten sie.[10] An den Übergängen, speziell an diesem Ausgang, mussten die Juden rennen, doch trotz der Eile, mit der sie den Übergang passierten, ging es nicht ohne Verletzungen ab. All diese Schikanen schreckten die Juden nicht davon ab, jede Unaufmerksamkeit der Polizisten zu nutzen, um auf die andere Seite zu gelangen, wo man schließlich Lebensmittel für einen geringeren Preis erhalten konnte. – Insbesondere galt dies für die Scharen von Kindern sowie für Mittellose jeglicher Art. Noch schlimmer aber wurde es, als die Polizisten zu schießen begannen. Im Dezember und Januar, und sogar noch später, wurden alle paar Tage, manchmal sogar täglich, eine, ja sogar mehrere Personen von Polizisten niedergeschossen. Um der Selbsterhaltung willen, und vielleicht auch, um Geld zu verdienen, begann die jüdische Bevölkerung in großem Umfang zu schmuggeln. – Der Schmuggel lief über die Ausgänge, durch Mauern und durch Zäune, über Trümmerhaufen und durch einige Durchgangshäuser (die später vom Getto abgetrennt wurden). Diese Menschen transportierten oft unter Einsatz ihres Lebens Nahrungsmittel, die vielleicht Tausende Menschen vor dem Tod retteten, auf die jüdische Seite. – Rechtsanwalt Berenson[11] erklärte mehrmals – und das nicht im Scherz –, eines der ersten Denkmäler, das nach dem Krieg errichtet werden müsste, sollte ein Denkmal für den unbekannten Schmuggler sein.
Gegen Ende Januar [1941] kam es zur völligen Abriegelung des jüdischen Wohnbezirks. Doch auf verschiedene Weise, insbesondere durch das Gericht[12] und durch die [Lücken in den] Mauern, wechselten Juden [weiterhin] auf die sog. arische Seite über. –

8 Im Original deutsch.
9 An der Chłodna-Straße befand sich der Übergang zwischen dem größeren nördlichen und dem kleineren südlichen Teil des Gettos.
10 Siehe Dok. 213 vom 29.12.1940.
11 Leon Berenson (1882–1941), Jurist; vor dem Krieg verteidigte er in Polen Sozialisten in politischen Strafverfahren; im April 1941 starb er im Warschauer Getto.
12 Das Gerichtsgebäude war sowohl von der Seite des Gettos als auch von der „arischen Seite" her zugänglich.

## DOK. 233
## Das Jüdische Hilfskomitee für Kielce berichtet am 5. Februar 1941 über die Neuorganisation der Fürsorge und die anstehenden Aufgaben[1]

Monatsbericht für Januar 1941 der JSS, Jüdisches Hilfskomitee Kielce-Stadt (Nr. 510/41), der Vorsitzende des Jüdischen Sozialen Hilfskomitees Herman Lewi,[2] für die Zentrale der JSS (Eing. 16. 2. 1941) vom 5. 2. 1941[3]

*Tätigkeitsbericht des Jüdischen Sozialen Hilfskomitees in Kielce pro Jänner 1941.*
Mit 1. Jänner 1941 hat das Komitee der Jüdischen Sozialen Selbsthilfe Kielce-Stadt die bisherigen Agenden der Wohlfahrtsabteilung des Ältestenrates der Juden in Kielce übernommen.
Die Aufgaben des Jüdischen Sozialen Hilfskomitees sind:
1.) Die Beistellung von Mittagessen in Form von gekochten Speisen und teils in Form von Produkten in rohem Zustande für die arme jüdische Bevölkerung.
2.) Die Auszahlung von einmaligen Geldunterstützungen,
" " " Unterstützungen an durchreisende Flüchtlinge als Reisekosten,
" " " ständigen monatlichen Unterstützungen,
" " " Subventionen für das Waisenhaus und Greisenheim sowie Zuteilung von Lebensmitteln u.a. für obige Institutionen.
3.) Die Erteilung ärztlicher Hilfe.
4.) Die Zuteilung von Schuhen und Kleidungsstücken.
Ad 1.) Das Jüdische Soziale Hilfskomitee führt eine Volksküche, an der täglich 1500 Personen nutznießen. Infolge technischer Unmöglichkeit, die Küchen weiter auszubauen, und infolge Mangels an Heizmaterial war das Komitee gezwungen, die „Produkte in rohem Zustande" auszufolgen. Im Berichtsmonate wurde die Anzahl der von den „Produkten in rohem Zustande" nutznießenden um weitere 350 Personen vergrößert, so daß gegenwärtig 1100 Familien d.i. 5500 Personen beteilt werden. Von der Hilfe des Jüdischen Sozialen Hilfskomitees werden demnach täglich gegen 7000 Personen betreut.
Die Zuteilung der gekochten Mittage oder „Produkte in rohem Zustande" erfolgt auf nachstehende Weise: Der Bittsteller reicht ein Gesuch ein, welches systematisch bei den Sitzungen der Kommission des Jüdischen Sozialen Hilfskomitees entschieden wird. Kraft des Beschlusses der Mitglieder des Jüdischen Sozialen Hilfskomitees wird der Bittsteller durch das Büro verständigt, wird registriert und erhält eine entsprechende Legitimation. Die „Produkte in rohem Zustande" werden im Magazin der Wohlfahrtsküche durch 4 Tage in der Woche ausgefolgt.
Die Nutznießenden erhalten Brot und Mehl oder Brot und Graupen.
Ad. 2.) a. Die Auszahlung von einmaligen Geldunterstützungen ist individuellen Charakters.
b.) Durchreisenden Flüchtlingen wird eine Unterstützung in Form von Reisekosten

1 YVA, O-21/36, Bl. 288f.
2 Herman Lewi (1880–1942), Unternehmer; Gründer und Miteigentümer einer Möbelfabrik in Kielce, Vorsitzender der Jüdischen Gemeinde und Mitglied im Rat der Stadt; 1940–1942 Vorsitzender des Jüdischen Hilfskomitees für die Stadt Kielce, Dez. 1940 bis Aug. 1942 zugleich Vorsitzender des Judenrats; er wurde im Dez. 1942 erschossen.
3 Im Original handschriftl. Unterstreichungen.

gewährt, welche denselben ermöglichen, bis in den nächsten Ort zum nächst gelegenen Ältestenrate zu gelangen.
c.) Die Auszahlung ständiger monatlicher Unterstützungen erfolgt auf Grund eines Beschlusses der Kommission.
d.) Das Jüdische Soziale Selbsthilfskomitee zahlt dem Waisenhaus und Greisenheim ständige monatliche Subventionen aus, teilt Lebensmittel, Holz und Kleidungsstücke etc. aus.
Ad. 3.) Die Jüdische Soziale Selbsthilfe erteilt der armen jüdischen Bevölkerung ärztliche Hilfe. Das Komitee leitet die Kranken an das Ambulatorium des Ältestenrates, wo die Kranken ärztliche Hilfe erhalten. Alle ärztlichen Eingriffe werden im Ambulatorium selbst ausgeführt, und bei bettlägerigen Kranken wird der Arzt ins Haus angewiesen. Die Arzneien werden kostenlos ausgefolgt oder gegen eine geringe Gebühr aus der Apotheke der J.S.S. Schwerkranke werden auch in das Spital geleitet.
Ad. 4.) Das Komitee der Jüdischen Sozialen Selbsthilfe verteilt auch Kleidungsstücke unter der ärmsten jüdischen Bevölkerung.
Gegenwärtig organisiert das Komitee erstmalig eine Zusatzernährungsstelle für Kinder. Zu diesem Zwecke wird ein spezielles Lokal bestimmt, wo die Kinder, beginnend ab 6. Feber l. J., täglich ein Morgenbrot erhalten werden. Es wurde eine genaue Registrierung durchgeführt, und zwischen einigen Hundert Anmeldungen wurden die bedürftigsten Kinder ausgewählt, welche täglich ein Morgenbrot, bestehend aus Brot und Kaffee, erhalten werden. Trotzdem per 1. Feber l. J. bereits 7000 Personen von der Unterstützung des Jüdischen Sozialen Hilfskomitees nutznießen, wächst die Zahl der sich um Hilfe Bewerbenden dauernd, so daß das Komitee sich bemüht, seinen Wirkungsbereich zu vergrößern. Im letzten Monat hat sich das Komitee an den Herrn Stadthauptmann[4] mit der Bitte um Zuteilung von Lebensmitteln gewendet, was eine Realisierung der Hilfsaktion zu Gunsten der ärmsten jüdischen Bevölkerung ermöglichen würde.

## DOK. 234
## Hersz Wasser beschreibt zwischen dem 6. und 8. Februar 1941, wie die Bewohner des Warschauer Gettos terrorisiert werden[1]

Handschriftl. tägliche Aufzeichnungen von Hersz Wasser,[2] Einträge vom 6. bis zum 8. 2. 1941

Donnerstag, den 6. Februar 1941.
Eine neue Verordnung für die Stadt Warschau – Büros dürfen von 8.30 – 17.00 Uhr arbeiten, öffentliche Lokale und Geschäfte bis 18.00 Uhr.[3] Die Juden interpretieren das als stufenweise Einführung eines Belagerungszustands. Die Verordnung gilt für ganz Warschau. Gestern habe ich mich für den Einsatz in Arbeitslagern registrieren lassen.

4 Hans Drechsel (1904 – 1946), Kaufmann; 1924 – 1926 im Wikingbund, 1930 NSDAP- und SA-Eintritt; in verschiedenen Unternehmen tätig, 1934/35 Bürgermeister von Markranstädt, dann OB von Meißen; ab Sept. 1939 Stadtkommissar in Piotrków, spätestens von 1941 an Stadthauptmann von Kielce, ab Jahresmitte dort zugleich Kreishauptmann, Anfang 1945 wegen eines Dienststrafverfahrens inhaftiert; er starb 1946 im Internierungslager.

1 AŻIH, Ring I/467 (302), Bl. 41 – 43. Das Dokument wurde aus dem Jiddischen übersetzt. Wassers

Bei Herrn R. war heute Hausdurchsuchung. Überhaupt sind die unaufhörlichen Durchsuchungen in den jüdischen Wohngebieten eine Plage. Deutsche und polnische Agenten (jeweils auf eigene Rechnung handelnd) erscheinen meist infolge jüdischer Denunziationen. R. hat man 22 „lokshn"[4] abgenommen, die er von Plünderern für 800 [Zł.] gekauft hatte.[5]
Mitglieder der K.U.[6] werden durch die Krankenkasse versichert. Man erzählt folgende Begebenheit: Eine Frau von den aus Karczew Vertriebenen wurde nur drei Tage nach der Niederkunft gezwungen, sich mit ihrem drei Tage alten Söhnchen nach Warschau zu schleppen. Sie kam zu einem ihrer früheren Arbeitgeber und fand dort freundliche Aufnahme. Man organisierte eine freudenvolle Beschneidungszeremonie, bei der der anwesende Arzt und Geburtshelfer feststellte, dass Mutter und Kind die gesündesten in ganz Polen seien. Wenn dem so ist, dann bin ich überzeugt, dass wir alle Leiden überstehen werden. Auf jener Seite [der Gettomauern] wütet unter den Massen der Antisemitismus. Man sollte meinen, dass die erzwungene Trennung der beiden Völker zu ihren Gunsten[7] ausfällt. Sie aber behaupten tatsächlich, dass die hinter Mauern eingeschlossenen Juden das Maximum an Freiheit genössen und ein gutes Leben führten, wogegen sie, die Polen, in Kerkern schmachteten oder zur Zwangsarbeit bis in die hintersten Winkel Deutschlands verschickt würden. Uns Juden gehe es gut. Sie glauben, wir hätten was zu lachen.
Im Verlauf von 15 Minuten, die ich an der Ecke Orla-/Leszno-Straße stand, haben mich sieben Personen unterschiedlichen Stands angebettelt.
Eine Gruppe aus Kalisz wurde festgehalten.
Der Transfer [über die Transferstelle] funktioniert faktisch noch nicht – die Brotversorgung liegt weiter in den Händen des Magistrats.[8] In der Kommission für Arbeit und Produktion herrscht Hochsaison, weil dort eine Verordnung der Machthaber eingetroffen ist, es seien Schneidereien für 1800 Personen und große Schusterwerkstätten einzurichten. Interessierte Finanziers, Handwerker und Arbeiter laufen dorthin. Lizenzen für den ersten Abschnitt wurden bereits zugeteilt. Dazu eine Bemerkung: [Es ist] eine abstoßende, jüdisch-großhändlerische Eigenschaft, Bestechungsgelder zu zahlen. Der Leiter der Kommission, —n,[9] hat mir versichert, dass er, wenn er nur ein bisschen „einnehmend" wäre, ohne jede Schwierigkeit innerhalb weniger Tage 25 000 Złoty einnehmen könne. Da ist es leicht, sich vorzustellen, was in der Gemeinde vorgeht, wo das moralische Niveau gleich

Aufzeichnungen umfassen den Zeitraum vom 1.12.1940 bis 30.5.1942. Abdruck in englischer Übersetzung in: Hersh Wasser, Daily Entries of Hersh Wasser, hrsg. von Joseph Kermish, in: Yad Vashem Studies, Nr. 15 (1983), S. 201–282, hier S. 258–260.

2 Hersz Wasser (1912–1980), Volkswirt; Mitglied der Partei Poale Zion-Linke, von 1940 an Leiter der Zentralen Flüchtlingskommission (siehe Anm. 6) und Sekretär des Untergrundarchivs Oneg Schabbat im Warschauer Getto; lebte von 1950 an in Israel.

3 Mit der VO vom 6.2.1941 wurden die Öffnungszeiten verkürzt; Gazeta Żydowska, Nr. 13 vom 6.2.1941, S. 2.

4 Jiddisch: Nudeln, hier im umgangssprachl. Sinn für US-Dollar.

5 Es folgt ein unleserliches Wort.

6 Centralna Komisja Uchodźców (CKU): Zentrale Flüchtlingskommission, die sich im Auftrag des Jüdischen Hilfskomitees um die Vertriebenen und Flüchtlinge im Warschauer Getto kümmerte.

7 Zugunsten der Polen.

8 Gemeint ist die Warschauer Stadtverwaltung.

9 Vermutlich Chil Rozen, Ingenieur, Kaufmann; Lehrer und Miteigentümer des Gymnasiums Loar; 1940 Leiter des Arbeitsbataillons, dann der Arbeitsabt. des Judenrats; im Sept. 1942 im Warschauer Getto erschossen.

Null ist. Selbstverständlich muss und wird der prozentuale Anteil der Flüchtlinge unter den Handwerkern und Arbeitern gesichert sein.

Freitag, den 7. Februar 1941

Der heutige Tag stand ganz unter dem Zeichen, dass Juden geschlagen und für verschiedene Arbeiten festgenommen wurden. Falenty: Ziegel schleppen und Ähnliches.[10] Noch um acht Uhr abends wurde geschlagen und verhaftet. Schon früh um sieben drang man in etliche Häuser auf der Dzielna-Straße ein und verschleppte die Bewohner unter Schlägen zur Arbeit. Mein Bekannter N., der tüchtig Prügel auf den Rücken bekommen hatte, sagte mir, dass es noch schlimmer hätte kommen können, denn andere wurden ins Gesicht, auf den Kopf und in den Bauch geschlagen. Es ist gut zu wissen, dass wir leben. Womit hatten die anderen verdient, dass man sie auf den Kopf und ins Gesicht schlug? Oy, jüdische Geduld und Zuversicht!

Es wird erzählt: Einem Wachmann laufe ständig eine große Horde Kinder hinterher. Er sei ihr Hüter und Beschützer. Er lasse sie über die Gettogrenze und auf seine Weise liebe er sie.

In ein jüdisches Geschäft an der Muranowska-Straße 4 kam ein Soldat und sagte ganz freundlich, dass er hungrig sei. Voll Unterwürfigkeit brachte ihm der Jude einen Kuchen und einen weiteren. Als er aufgegessen hatte, griff er zum Geldbeutel, fand jedoch kein Geld, bedankte sich und verschwand.

Bei den heutigen Festnahmen hat man die Straßenbahnen nicht vergessen. Auf der Leszno-Straße belud man ein Lastauto nur mit Insassen der Straßenbahn.

Nachts sind die Straßen so dunkel (einen großen Teil Schuld daran hat die Verordnung, dass die Geschäfte [nur] bis 6.00 Uhr geöffnet sind), sodass unwillkürlich der Eindruck der Hölle entsteht. Man muss sich noch die Berge von Schnee, die Glätte und das große Gedränge der Menschen hinzudenken, um ein vollständiges Bild zu haben. Nur gut, dass es auf den Frühling zugeht.

Heute habe ich 400 [Zł.] Entschädigung für den gestohlenen Mantel von Blumtsche[11] bekommen.

Sonnabend, den 8. Februar 1941

Die Juden sagen, dass in Warschau der Belagerungszustand vorbereitet wird. Vielleicht ist etwas [Wahres] daran. Der Einfall eines Straßenhändlers: Lasst euch nicht[s] auf dem Kopf herumkriechen, kauft bei mir Kämme für 30 Groschen.[12]

Gestern wollte eine Polizeistreife im „Melody-Palace"[13] an der Rymarska-Straße 12 viele Gäste verhaften. Ein Anruf bei der Leszno-Straße 13 half.[14]

Heute sah ich mit eigenen Augen das grausame Spiel, wie Juden eingefangen und geschla-

10 In Falenty, einer Gemeinde südwestlich von Warschau, befand sich ein Gut der Sicherheitspolizei.

11 Vermutlich Hersz Wassers Frau Bluma.

12 Ein Wortspiel; eine andere Bedeutung der jidd.Wendung „lozt zikh nisht krikhn oyfn kop" lautet: „Lasst euch nicht verhöhnen".

13 Ein Revuetheater im Warschauer Getto; es gehörte Regina Judt, die über gute Beziehungen zur deutschen Verwaltung verfügte; siehe Czerniaków, Im Warschauer Getto (wie Dok. 39, Anm. 1), S. 97, 121.

14 In der Leszno-Straße 13 befand sich die Überwachungsstelle zur Bekämpfung des Schleichhandels und der Preiswucherei (Urząd do Walki z Lichwą i Spekulacją). Sie unterstand der Gestapo und sollte ein Gegengewicht zum Judenrat bilden. Bis zu ihrer Auflösung am 17.7.1941 wurde sie von Abraham Gancwajch und Dawid Szternfeld geleitet. Gettobewohner wandten sich an diese Stelle, wenn sie Kontakt zu deutschen Stellen suchten.

gen werden. Die Kopflosigkeit und Verwirrung der Juden illustrierten eindrücklich, wie ungeheuer aufgerieben ihre Nerven sind. Das Bild eines wild wütenden Deutschen mit einer langen Peitsche in der Hand und einer Gruppe Juden, die zu Tode erschrocken hin- und herlaufen, erteilt uns eine Lektion über den Terror und die Grausamkeit der Macht und die Befriedigung niedrigster Gelüste und Instinkte.
Auf der Gęsia-Straße wohnt ein Jude, dessen Einkünfte darin bestehen, abgelaufene Wechsel zu kassieren. Dabei ist die Art und Weise, wie er „arbeitet", interessant. Vor der Tür seines Opfers wird er plötzlich zum „Volksdeutschen" mit Hakenkreuz, der in perfektem Deutsch (als deutscher Flüchtling) seine bekannten Einschüchterungsmethoden gegen einen etwa widerständigen Hausherrn anwendet.
Oneg-Schabbat.[15]

## DOK. 235
## Die Chronik des Gettos Litzmannstadt (Lodz) verzeichnet am 8. Februar 1941 den Ausbau der gewerblichen Produktion[1]

Tageschronik des Gettos Litzmannstadt, Nr. 29 vom 8.2.1941

*Abteilung Archiv*
Tageschronik Nr. 29
Donnerstag, 8. Februar 1941
*Beeindruckende Entwicklung der Arbeitsressorts.*
*Das Getto als ein riesiges Zentrum für Herstellung und Handarbeit*
Heute ist genau ein Jahr seit dem Tag vergangen, an dem vom Polizeipräsidenten in Litzmannstadt die Verordnung unterzeichnet wurde, das Getto einzurichten und es mit Stacheldraht zu umgeben.[2] Niemand hätte – nicht einmal in seinen Träumen – damals voraussehen können, dass binnen eines Jahres im Getto ein Industriezentrum mit einem so universellen Produktionsbereich entstehen würde, dass es trotz enormer Schwierigkeiten gelingen würde, Werkstätten zu schaffen, die bis zu 10 000 Arbeiter beschäftigen.
Die Schaffung dieser Arbeitszentren war außerdem von enormer moralischer Bedeutung, bewahrte sie doch einige tausend Menschen vor dem völligen sozialen Abstieg, erlaubte ihnen, in ihren Beruf zurückzukehren, wieder produktive und für die Gesamtheit nützliche Menschen zu werden, indem sie dem Gemeinwohl dienen.
Die Werkstätten mussten buchstäblich aus dem Nichts geschaffen werden. Es gab keine Fabriken, keine Maschinen, keine geeigneten Räume, keine Anlagen, keine Rohstoffe und, am wichtigsten: keine Aufträge.
Es gab nichts an diesen Orten, wo heute eine 6000 Personen zählende Armee von Schneidern und eine große Anzahl von Fachleuten aus allen Sparten der verarbeitenden Indus-

15 Treffen der Gruppe Oneg Schabbat, deren Mitglieder immer samstags zusammenkamen.

1 APŁ, 278/1079, Bl. 41f. Das Dokument wurde aus dem Polnischen übersetzt in enger Anlehnung an: Chronik des Gettos Lodz/Litzmannstadt (wie Dok. 222, Anm. 1), S. 61 – 63.

2 Polizeiverordnung über die Wohn- und Aufenthaltsrechte der Juden und die folgenden Ausführungsbestimmungen vom 8.2.1940; Lodscher Zeitung, Nr. 40 vom 9.2.1940.

trie arbeitet wie z.B. Weber, Spinner, Wirker, Kettenscherer, Schuhmacher, Polsterer, Schreiner, Kürschner, Handschuhmacher, Hutmacher, Strumpfmacher, Pantoffelmacher, Elektrotechniker, Metallarbeiter, Gerber …

Das ist natürlich noch nicht alles. Die oben genannten Zahlen werden weiter ansteigen, weil, wie wir aus der am 1. d.M. gehaltenen Rede des Präses erfahren haben, groß angelegte Entwicklungspläne entworfen werden, die in die Richtung zielen, neue Produktionszweige zu erschließen und zu realisieren sowie alte, schon vorhandene Werkstätten beträchtlich auszubauen.[3]

Die Entstehung der Arbeitszentren im Getto datiert man grundsätzlich auf den 30. April 1940, also auf den Tag, welcher der Schließung des Gettos voranging. Damals traf der Herr Präses Rumkowski die Entscheidung, größte Anstrengungen zu unternehmen, um eigene Werkstätten einzurichten. Diese Initiative setzte er sofort in Gang, indem er alle verfügbaren Mittel für die Verwirklichung des großen Unterfangens mobilisierte. Heute, da dieses Werk, das auf tragfähigen Fundamenten ruht und Erträge bringt, vollbracht ist, kann man festhalten, dass sich all dieser Aufwand gelohnt hat, weil die Leistungen, die durch die Arbeit aller Ressorts erzielt werden, zur grundlegenden Einnahmequelle geworden sind, dank derer die Gettoeinwohner mit Lebensmitteln versorgt werden.

Das Hirn und das Zentrum für die Planung und die grundsätzlichen Dispositionen für alle Ressorts ist das Zentralbüro der Arbeitsressorts, das seinen Sitz am Baluter Ring hat. Der Leiter dieses Büros ist Hr. Aron Jakubowicz, der unmittelbar, nachdem man begonnen hatte, diesen Gedanken in die Tat umzusetzen, zur Leitung der Arbeitszentren berufen wurde.[4] Seine unermüdlichen Anstrengungen auf diesem Gebiet und seine schöpferische Initiative fanden besondere Anerkennung in den Worten, die der Präses in seiner Rede an ihn gerichtet hat.[5]

Wenn wir die Gesamtproduktion der Arbeitsressorts analysieren, muss man als bezeichnendsten Umstand hervorheben, dass die Gesamtproduktion zu 70 % der Initiative des Zentralbüros zu verdanken ist, während die restlichen 30 % der Bestellungen auf gemeldeten Bedarf zurückzuführen sind.

Die erste Etappe auf dem Weg zur Schaffung der Industriezentren war die sorgfältige Registrierung aller im Getto wohnhaften Fachleute. Gleichzeitig nahm man Verhandlungen mit den Behörden über mögliche Aufträge auf.

Am Anfang gab es sehr wenige Aufträge, es gingen nur in geringem Maße Bestellungen von Zivilpersonen ein. Doch mit dem Ausbau der Werkstätten begannen größere Aufträge über militärische Lieferungen einzugehen. In erster Linie wurden die Schneidereien ausgebaut, dann die Schuhmacherabteilung, die Schreinereien, die Werkstätten für die Herstellung von Haus- und Filzschuhen, die Gerbereien, die Hutmacherwerkstätten für die Produktion von Damenhüten, die Herstellungsbetriebe für Leibwäsche/Trikotagen

3 In seiner Ansprache „Arbeit und Ruhe – das unerschütterliche Motto für die Tätigkeit des Präses Rumkowski", hatte Rumkowski die Beschäftigung einer höheren Zahl von Arbeitern und Jugendlichen angekündigt; Chronik des Gettos Lodz/Litzmannstadt (wie Dok. 222, Anm. 1), S. 54 – 60.

4 Aron Jakubowicz (1910 – 1981), Kaufmann; Stellv. des Judenältesten und Leiter des Zentralbüros der Arbeitsressorts im Getto Litzmannstadt, 1944 zunächst nach Auschwitz, dann nach Sachsenhausen und Königs Wusterhausen deportiert; er lebte nach 1945 in Israel.

5 In seiner in Anm. 2 erwähnten Ansprache hatte Rumkowski den Chef des Arbeitsressorts „für seine initiativreiche Arbeit, hochgeschätzte Kreativität und Ausdauer" gelobt; Chronik des Gettos Lodz/Litzmannstadt (wie Dok. 222, Anm. 1), S. 59.

und das Metallressort (dessen Produktion hauptsächlich für die Bedürfnisse im Innern des Gettos bestimmt ist).

Zu den Aufgaben des Zentralbüros gehörten der Kontakt zu den Behörden, die in diesem Fall als Kunden fungieren, die Entgegennahme der Rohstoffe und ihr Versand an das entsprechende Ressort zur Verarbeitung, die Annahme der fertigen Waren und ihre Übergabe an die Auftraggeber und schließlich die Regelung aller Problemfälle, die bei einem so großen Apparat und unter zumindest unüblichen Arbeitsbedingungen entstehen.

Das größte Hindernis für die Produktion und die Bestrebungen, die Arbeit in einem größeren Maßstab zu leisten, besteht in der begrenzten Zahl von Aufträgen. Wenn Bestellungen in größerer Zahl eingingen, könnte man die Produktion im wichtigsten Ressort, den Schneidereien, um das Dreifache steigern. Gegenwärtig beschäftigt das Schneidereiressort 6050 Personen, während die Zahl der Beschäftigten, einschließlich der angelernten Schneider, auf 12 000 Personen vergrößert werden könnte. Ähnlich sieht die Situation in den anderen Ressorts aus.

Die Kunden sind offensichtlich mit der Arbeit der hiesigen Betriebe zufrieden, wofür der beste Beweis die Tatsache ist, dass der jeweilige Kunde mehrmals den gleichen Artikel bestellt. In einigen Abteilungen hat man festgestellt, dass bestimmte Artikel sogar in besserer Qualität als vor dem Krieg hergestellt werden, besonders wenn es um die Zivilkonfektion geht.

Man kann das damit erklären, dass viele hervorragende Fachleute, die früher eigene kleinere Betriebe führten, heute ihre Erfahrungen und ihr Wissen Tausenden von Gettoarbeitern zur Verfügung stellen, die davon profitieren.

Das ist umso erwähnenswerter, wenn wir bedenken, wie schlecht die Arbeits- und Lebensbedingungen sind.

In den letzten Wochen ist zum ersten Mal eine Bestellung über Kinder- und Frauenkonfektion in besserer Qualität (Damen- und Mädchenkleider, Pyjamas, Kinderbekleidung) von einem der größten Modehäuser Berlins eingegangen. Wenn die Probe zufriedenstellend ausfallen wird, werden solche Aufträge ständig eingehen.

Der beste Beweis für eine anständige und solide Verarbeitung ist die Tatsache, dass es nur ganz wenige Rücksendungen gibt (von einigen hunderttausend Militärhemden hat man kaum 700 zurückgegeben). Man muss hier hinzufügen, dass Abnahmekommissionen die versandten Waren sehr gründlich überprüfen.

Noch deutlicher wird das fachmännische Können unserer Arbeiter dadurch bewiesen, dass man bei einer ganzen Reihe von Aufträgen über Zivilkonfektion aus dem gesamten übersandten Stoff 5 bis 10 % mehr Waren hergestellt hat, als es der Kunde in seiner Bestellung vorgesehen hatte.

Was die Löhne der Arbeiter im Getto angeht, so sind sie höher als in den Kleinstädten der Umgebung, und dies ist ein spezielles Verdienst des Herrn Präses Rumkowski.

Den großen Arbeitsumfang in den einzelnen Ressorts belegen am besten die imposanten Zahlen über die Produktion im Januar.

Insgesamt gibt es 16 Arbeitsressorts. Im Januar stellten sie 170 000 Stück verschiedener Waren her, und zwar: das Schneiderressort 104 000 Stück, d.h. Konfektion aller Art für Militär- und Zivilzwecke; die Textilfabrik hat 2700 kg Garn hergestellt, die Weberei 5000 m verschiedener Stoffe usw. Die Gummimantelfabrik produzierte 3300 Stück, die Trikotagenfabrik 43 000 Stück, die Filzschuhfabrik fast 7000 Paar, die Bettdeckenfabrik

170 Stück, der Polstereibetrieb 97 Artikel, die Kürschnerei 143 Pelzmäntel und 68 Paar Pelzschuhe, die Hutfabrik fast 4500 Stück, die Schuhmacherwerkstätten über 6500 Paar Schuhe, die Fabrik für Wirkwaren beinahe 9000 Stück, die Schreinereien 133 Möbelgarnituren, die Wäschefabrik 3200 Stück, die Gerberei 221 Lederstücke und die Handschuhfabrik fast 2500 Dutzend [Paar].
Zusammen stellten die Fabriken also 170 000 Stück verschiedener Waren mit einem Gewicht von 10 500 kg her. Angesichts der Bedingungen, unter denen die Fabriken entstanden sind und arbeiten, muss man ihre Leistungen als einen Rekord anerkennen.

## DOK. 236
## Gouverneur Fischer berichtet am 10. Februar 1941 über die Vertreibung von 72 000 Juden in das Warschauer Getto[1]

Lagebericht von Gouverneur Fischer für den Monat Januar 1941, Warschau, vom 10. 2. 1941

[...][2]
*VII. Umsiedlung*
1. Bei der *Umsiedlung von Volksdeutschen* ist nach wie vor zu beobachten, daß zahlreiche Volksdeutsche von der Umsiedlung befreit werden wollen. Derartige Anträge werden nur genehmigt, wenn die Unabkömmlichkeit genau festgestellt wird, was im Einvernehmen mit dem Umsiedlungskommando der volksdeutschen Mittelstelle geschieht.
Zahlreiche Volksdeutsche haben sich für die Umsiedlung noch nicht einmal registrieren lassen. Um diesen Mißstand zu beseitigen, wird in Zukunft die Erteilung von Lebensmittelkarten an Volksdeutsche von der Vorlage der Registrierbescheinigung der volksdeutschen Mittelstelle abhängig gemacht werden.
2. Dem Distrikt sind weitere 62 000 Evakuierte[3] zugewiesen worden, obwohl die Wohnungs- und Ernährungslage im Distrikt Warschau nicht sehr günstig ist. Um einigermaßen Raum zu schaffen, müssen die im westlichen Teil des Distrikts wohnenden Juden ihren dortigen Wohnsitz verlassen und sich in den jüdischen Wohnbezirk nach Warschau begeben. Nach den bisherigen Schätzungen werden dadurch 72 000 Juden umgesiedelt, wodurch für etwa 62 000 Polen Raum freigemacht wird. Die Umsiedlung ist bereits in vollem Gange. Fast täglich treffen 1000 Juden in Warschau ein, die zunächst in einen Quarantänebezirk geleitet werden. Bei den Evakuierten aus dem Posener und Danziger Gebiet handelt es sich z.T. um politisch bedenkliche Elemente, so daß eine ständige sicherheitspolizeiliche Überwachung nötig ist.
3. Beim *jüdischen Wohnbezirk* wird z.Zt. an einer verstärkten Sicherung der Grenzen gearbeitet. Die anfangs aufgetretenen Mißstände sind zum großen Teil bereits beseitigt.

1 AIPN, GK 196/280 (NTN 280), Bl. 233–249, Auszug Bl. 245f. Kopie: IfZ/A, Fb 95/60. Abdruck in poln. Übersetzung in: Raporty Ludwiga Fischera Gubernatora Dystryktu Warszawskiego 1939–1944, hrsg. von Krzysztof Dunin-Wąsowicz u.a., Warszawa 1987, S. 249–263, hier S. 259f.
2 Der Monatsbericht umfasst 17 Seiten; Fischer berichtete zunächst über Franks Besuch in Warschau vom 17. bis 20.1.1941, über die politische und wirtschaftliche Lage und über einzelne Abteilungen der Distriktverwaltung.
3 Polen aus den annektierten Gebieten, die vertrieben wurden, um für deutsche Umsiedler aus dem Ausland Wohnungen und Bauernhöfe bereitzustellen.

Grenzänderungen des jüdischen Wohnbezirks werden im Interesse arischer Betriebe auch weiterhin nötig sein. Im übrigen ist die Umsiedlung der im jüdischen Wohnbezirk befindlichen arischen Betriebe noch im Gange.
Weiter wird für eine bessere Ausgestaltung der Durchlaßstellen gesorgt. Der Personenverkehr wird durch eine Drehtür, der Wagenverkehr durch Schlagbaum geregelt.
Ein großer Warenumschlagplatz im Norden des jüdischen Wohnbezirks steht vor der Vollendung. Ebenso sollen Vergasungskammern gebaut werden, um künftig die fertigen Produkte in einwandfreiem Zustand aus dem jüdischen Wohnbezirk ausführen zu können.[4]
Die Zahl der Personenpassierscheine ist für Arier auf 15 000 und für Juden auf 400 kontingentiert.
4. Im *deutschen Wohnbereich* werden Zuweisungen von Wohnungen an Deutsche fortlaufend getätigt. Für Polen wird vorläufig innerhalb des deutschen Wohnbezirks eine widerrufliche Wohnerlaubnis erteilt, sofern es sich um Wohnungen handelt, die für Deutsche wegen des Zustandes der Räume nicht in Frage kommen.
[...][5]

## DOK. 237

## Der Kreishauptmann in Janów Lubelski bittet am 11. Februar 1941 um die Genehmigung, Juden aus Kraśnik zu vertreiben[1]

Schreiben des Kreishauptmanns im Kreis Janow-Lubelski, gez. Asbach,[2] an das Amt des Chefs des Distrikts Lublin, Abteilung Innere Verwaltung, Bevölkerungswesen und Fürsorge (Eing. 14. 2. 1941),[3] vom 11. 2. 1941[4]

*Betrifft:* Teilweise Judenumsiedlung.
Ich bitte um Genehmigung zur teilweisen Umsiedlung von Juden aus Krasnik[5] nach

4 Diese Vergasungskammern dienten der Entlausung und dem Abtöten anderer Insekten und Insektenlarven in Textilien mittels Blausäure (Zyklon B). Das Verfahren war im Ersten Weltkrieg entwickelt worden. Zur Geschichte dieser Vergasungstechnik, mit deren Hilfe Deutsche seit 1941 Menschen ermordeten: Hermann Breymesser/Erich Bernfus, Blausäuregaskammern zur Fleckfieberabwehr. Grundlagen, Planung, Betrieb, Berlin 1943 (Sonderveröffentlichung des Reichsarbeitsblatts).
5 Es folgen Ausführungen zum Gesundheits-, Schul- und Justizwesen und zur Tätigkeit der Abt. Volksaufklärung und Propaganda.

1 APL, 498/892, Bl. 99f.
2 Hans-Adolf Asbach (1904 – 1976), Jurist; 1932 NSDAP-Eintritt; 1934 – 1939 in der Gauwaltung der Deutschen Arbeitsfront in Stettin; von Jan. 1940 an Gruppenleiter in der Innenverwaltung des GG, Okt. 1940 bis Aug. 1941 Kreishauptmann in Janów Lubelski, dann in Brzeżany, ab Febr. 1943 Kriegsteilnahme; 1950 Mitbegründer des Bunds der Heimatvertriebenen und Entrechteten (BHE), 1950 – 1957 MdL und Sozialminister in Schleswig-Holstein.
3 Die Abt. unterstand Richard Türk (1903 – 1984), Landwirt; 1925 NSDAP-Eintritt; 1934 – 1936 Bürgermeister von Schreiberhau; Jan. 1940 bis April 1942 Leiter der Abt. BuF im Distrikt Lublin, koordinierte die Judendeportationen von Lublin nach Bełżec, danach Leiter des Referats Fremdvölkische Fürsorge und Judenfragen bei der Regierung des GG; nach dem Krieg u. a. Landesgeschäftsführer des Bunds der Vertriebenen Rheinland-Pfalz.
4 Im Original handschriftl. Anmerkungen: „II R. erl[edigt] mit allen bisherigen Anordnungen über Judenaussiedlung, T. [ürk]."
5 Kraśnik war neben Janów, wo sich bis 1942 der Sitz der Kreisverwaltung befand, die einzige Stadtgemeinde in diesem ländlich geprägten Kreis.

Radomyśl, Kosin und Trzydnik. Diese Umsiedlung ist dringend notwendig, um 1. die sanitären Verhältnisse in Krasnik, das stark mit Wehrmacht belegt ist, zu bessern und 2. Wohnungen für die Wehrmacht und andere Dienststellen zu schaffen.
Es ist allgemein bekannt, daß der Jude, bedingt durch seine Unsauberkeit, Träger von Fleck- wie auch Bauchtyphus ist. Alle getroffenen Sicherheitsmaßnahmen wurden aber von den Juden ignoriert und sabotiert. Die Umsiedlung soll nun eine Strafmaßnahme darstellen, um den ergangenen Anordnungen mehr Nachdruck zu verleihen.
Auch werden dadurch eine Anzahl notwendiger Wohnungen frei. Die als Ungezieferherde bekannten Wohnungen werden beseitigt. Ein weiterer Teil von Wohnungen wird für die Wehrmacht benötigt, die zur Zeit einen großen Teil der Amtsräume der Stadtverwaltung Krasnik belegt hat, wodurch ein geregelter Amtsbetrieb unmöglich gemacht wird.
Weiter werden Wohnungen benötigt für die Reichsdeutschen der Post, der Polizei, der Kreisgenossenschaft u. a. m.
Auch die Beamten der polnischen Polizei sowie der Kriminalpolizei sind auf der Suche nach Wohnungen. Die Nichtzuteilung von Wohnungen an diese Beamten bedingt umfassende Zahlungen an diese an Trennungsgeldern.
Um alle diese Klagen zu beheben, war eine teilweise Aussiedlung von Juden aus Krasnik eine zwingende Notwendigkeit. Nach Rücksprache mit dem Bürgermeister in Radomyśl ist dort für Unterkunft der umgesiedelten Juden Sorge getragen, allerdings unter Druck.
Es ist auch leicht verständlich, daß die Juden aus Krasnik nicht weichen, denn dadurch wird ihnen auch der Boden zu jeglichem dunklem Geschäftemachen entzogen.
Zudem mache ich darauf aufmerksam, daß der Herr Gouverneur[6] in der letzten Tagung der Kreishauptleute diese ausdrücklich ermächtigt hat, die Juden mehr und mehr zu lokalisieren.

## DOK. 238

## Der Beauftragte des Distriktchefs für die Stadt Warschau verbietet am 13. Februar 1941 den Warenaustausch mit Juden außerhalb des Gettos[1]

*Anordnung über die Abgabe von Waren an Juden außerhalb des jüdischen Wohnbezirkes innerhalb der Stadt Warschau.*

Auf Grund der §§ 1–4 der Verordnung des Generalgouverneurs über Aufenthaltsbeschränkungen im Generalgouvernement vom 13.9.1940 (VBl. GG. I. S. 288), der §§ 4–6 der Ersten Durchführungsvorschrift zur Verordnung des Generalgouverneurs vom 26.10.1939 über die Einführung des Arbeitszwanges für die jüdische Bevölkerung des Generalgouvernements vom 11.12.1939 (VBl. GG. 1939 I. S. 231ff.),[2] der Verordnung

6 Ernst Zörner.

1 Mitteilungsblatt der Stadt Warschau, Nr. 8 vom 25.2.1941, S. 1f., auf Deutsch und Polnisch.
2 Siehe Dok. 55 vom 11.12.1939.

des Generalgouverneurs über die Preisbildung im Generalgouvernement vom 12.4.1940 (VBl. GGP. I. S. 131) und der Verordnung des Generalgouverneurs über das Verwaltungsstrafverfahren im Generalgouvernement vom 13.9.1940 (VBl. GGP. I. S. 300ff.)[3] ordne ich für den Bezirk der Stadt Warschau folgendes an:

1. Es ist verboten, Waren jeglicher Art außerhalb des jüdischen Wohnbezirkes der Stadt Warschau an Juden zu verkaufen, zu verschenken oder sonstwie abzugeben.

2. In jedem Falle machen sich beide Teile, d.h. derjenige, der die Ware abgibt, wie auch derjenige, der die Ware annimmt, strafbar.

3. Wer gegen diese Anordnung verstößt, wird mit Geldstrafe bis zu 1000 Zloty, im Nichtbeitreibungsfalle mit einer Haftstrafe bis zu 3 Monaten bestraft, sofern nicht nach anderen Strafbestimmungen eine höhere Strafe vorgesehen ist.

4. Jugendliche vom vollendeten 14. Lebensjahre ab bis zum vollendeten 21. Lebensjahre können mit der Einziehung zu Zwangsarbeit bestraft werden.

5. Bei Verstößen durch Jugendliche bis zu 14 Jahren erfolgt Bestrafung der Erziehungsberechtigten.

6. Diese Anordnung tritt mit dem Tage der Veröffentlichung in Kraft.

Warschau, den 13. Februar 1941.

*Der Beauftragte des Distriktschefs für die Stadt Warschau*
*Der Polizeiverwalter (gez.) Leist.*

## DOK. 239
## Die Schülerin Łaja Efrajmowicz schildert nach dem 16. Februar 1941 ihre Zwangsumsiedlung in das Getto in Warschau[1]

Schulaufsatz von Łaja Efrajmowicz,[2] nach dem 16. 2. 1941[3]

Wie bei uns die Aussiedlung aussah

Eine Aussiedlung ist eine schreckliche Sache. Zuerst haben sie uns ins Getto ausgesiedelt. Jeder musste seine eigene Wohnung aufgeben und sich irgendwo hineinzwängen. Da ließ sich nichts machen. Bald gaben wir uns damit zufrieden. Aber das dauerte nicht lange. Wir wohnten kaum zwei Wochen dort, als die Leute schon zu raunen begannen, es werde eine Aussiedlung nach Warschau geben. Wir wollten nicht daran glauben. Aber es dauerte nicht lang, und es gab Bekanntmachungen in den Straßen, dass die Stadt bis zum 16. Fe-

3 Siehe Dok. 180 vom 16.10.1940, Anm. 9.

1 AŻIH, Ring I/680 (305). Das Dokument wurde aus dem Polnischen übersetzt. Abdruck in: Dzieci – tajne nauczanie w getcie warszawskim, bearb. von Ruta Sakowska, Warszawa 2000, S. 117.

2 Łaja Efrajmowicz besuchte die Schule in der Nowolipki-Straße 68. Dort arbeitete Izrael Lichtensztejn, der ihren Schulaufsatz dem Untergrundarchiv übergab.

3 Das Dokument ist im Untergrundarchiv des Warschauer Gettos ohne Jahreszahl abgelegt worden. Die Datierung ergibt sich aus dem Inhalt: Zwischen Februar und April 1941 vertrieb die deutsche Verwaltung die jüdische Bevölkerung aus dem Westen des Distrikts Warschau in das bereits überfüllte Warschauer Getto; siehe Dok. 236 vom 10.2.1941 und Dok. 252 vom 10.3.1941.

bruar von Juden gesäubert sein soll, und man durfte nur 25 kg mit sich nehmen. Diese Nachricht ist ein schrecklicher Schlag für uns gewesen. Die Leute liefen wie verrückt hin und her und fragten sich nur, was wird noch werden? Was zuerst mitnehmen? Wer noch Geld hatte, mietete sich ein Fuhrwerk und fuhr weg, und wer keins hatte, lief zu Fuß los und ließ alles zurück.
Solange ich leben werde, wird unsere Aussiedlung mir immer vor Augen stehen.

## DOK. 240
## Ein Inspektor der Jüdischen Sozialen Selbsthilfe berichtet am 17. Februar 1941 über eine Ortsbesichtigung in Radoszyce[1]

Bericht des Inspektors der JSS, Józef Winer,[2] vom 17. 2. 1941 über seine Eindrücke in Radoszyce am 15. 2. 1941[3]

Gemäß der Anweisung des Herrn Vorsitzenden Diament[4] sowie im Zusammenhang mit dem Schreiben des Präsidiums der JSS in Krakau vom 11. Februar d. J., Nr. 1042/41,[5] begab ich mich am 14. Februar d. J. gemeinsam mit dem Arzt Dr. M. Sawicki[6] aus Końskie via Końskie nach Radoszyce. Nachdem ich mich mit der Situation am Ort vertraut gemacht hatte, stellte ich Folgendes fest:
Wir besuchten fast alle Wohnungen, in denen an Fleckfieber Erkrankte untergebracht sind, und wir konnten Folgendes herausfinden:
1) Die Krankheit wurde von jungen Männern in das Städtchen eingeschleppt, die seinerzeit im Zwangsarbeitslager beschäftigt waren. Es erkrankten bzw. erkranken vor allem Familienmitglieder dieser Jugendlichen bzw. Verwandte und die nächsten Nachbarn.
2) Bislang gab es rund 50 Erkrankungen, davon verliefen 7 tödlich.
3) Derzeit gibt es rund 20 Kranke, von denen sich 5 in einem kleinen provisorischen Krankenhaus befinden, das noch unvollständig eingerichtet und auf Initiative des örtlichen Ältestenrates auf Anordnung des Kreisarztes in Końskie entstanden ist. Die übrigen Kranken befinden sich in Wohnungen.
4) Da es keine Isolierstation gibt, halten sich die Familien der Kranken gemeinsam mit ihnen in den Privatwohnungen auf.

1 AŻIH, 211/159, Bl. 26f. Das Dokument wurde aus dem Polnischen übersetzt.
2 Józef Winer, wahrscheinlich Diplomingenieur; 1940/41 Mitarbeiter von Józef Diament (siehe Anm. 4).
3 Im Original Stempel: „Nr. 1127a".
4 Józef Diament (*1894), Buchhalter; stammte aus dem assimilierten Milieu in Radom, Teilhaber einer Eisengießerei; von Ende Sept. 1939 an Vorsitzender des Jüdischen Komitees für Soziale Selbsthilfe in Radom, das unter deutscher Besatzung in den „Ober-Ältestenrat der jüdischen Bevölkerung im Distrikt Radom" umgewandelt wurde, zugleich Berater für die jüdische Sozialfürsorge beim Chef des Distrikts Radom und Leiter des JSS-Stadtkomitees in Radom; er wurde Ende April 1942 verhaftet und nach Auschwitz deportiert.
5 Liegt nicht in der Akte.
6 Dr. Michał Sawicki, Arzt in der jüdischen Ambulanz, 1939/40 Mitglied eines Fürsorgekomitees in Końskie, dann des Hilfskomitees der JSS.

Nach diesen Feststellungen begaben wir uns zum örtlichen Arzt Dr. Fidler, der sich aufopferungsvoll für die Bekämpfung des Fleckfiebers unter der jüdischen Bevölkerung in Radoszyce einsetzt, und gemeinsam gelangten wir zu der Überzeugung, dass man die Epidemie ohne größere Schwierigkeiten in den Griff bekommen könnte, sofern Dr. Fidler ein eigens eingerichtetes Krankenhaus mit 15 bis 20 Betten sowie ein Haus zur Isolierung der Familien der Kranken zur Verfügung gestellt würde. Ich muss anmerken, dass Dr. Fidler im Gespräch mit uns betonte, es könnte zu einer erschreckenden Zunahme der Seuchenfälle und damit einhergehend zu einer Katastrophe für das Städtchen kommen, sollten diese Anforderungen nicht erfüllt werden.

Daraufhin führte ich eine Reihe von Gesprächen mit Vertretern der örtlichen Judenheit und beraumte auch eine Plenarsitzung des Ältestenrats an. Nach Anhörung verschiedener Meinungen berief ich unter Beteiligung der Bürgerschaft eine Sonderkommission zur Bekämpfung der Epidemie und zur Einrichtung eines Krankenhauses sowie eines Isolationshauses. Der Kommission gehören folgende Personen an:

*Aus den Reihen des Ältestenrats* die Herren Rutkowski, Mordka, Ratsvorsitzender, und Finkler, Icek, Sekretär des Rats. Von *außerhalb des Rats* die Herren Opatowski, Wolf, und Okowit, Lejzor.

Angesichts der Tatsache, dass – wie ich vor Ort feststellen konnte – der dortige Ältestenrat unter der Bevölkerung weder über allzu großes moralisches Ansehen verfügt noch über ausreichende Erfahrung in der Sozialarbeit, hielt ich es für angebracht, Herrn Sz. Edelist[7] zum Vorsitzenden des Komitees zu berufen. Er ist Mitglied des Jüdischen Hilfskomitees in Końskie, aktiv in der Sozialarbeit und besonders erfahren in der Seuchenbekämpfung. Herr Edelist war einverstanden, dieses Mandat zu übernehmen, und stellte umgehend Kontakt mit dem Komitee in Radoszyce her.

Ich beauftragte das Komitee, zunächst geeignete Räumlichkeiten für ein Seuchenkrankenhaus zu suchen, in dem man eine Männer- und eine Frauenabteilung sowie eine Krankenhausverwaltung einrichten kann, Räumlichkeiten für ein Isolationshaus zu suchen sowie eine Sanitärpolizei aus den Reihen der jüdischen Jugend zu bilden, welche die jüdischen Wohnungen inspizieren soll, deren sanitärer Zustand viel zu wünschen übrig lässt und in manchen Fällen den primitivsten Anforderungen nicht entspricht. Die vorgeschlagene Sanitärpolizei erhält vom dortigen Arzt Dr. Fidler spezielle Instruktionen und Hinweise. Dr. Fidler hat im Übrigen die Leitung der ganzen Sanitäraktion übernommen.

Ich bin der Auffassung, dass zur Umsetzung all dieser unabdingbaren Anordnungen umgehend Hilfe in Form von Bargeld und Naturalien geleistet werden muss. Die Unterstützung mit Barmitteln sollte sich auf die Summe von 3000 Zł. (dreitausend) belaufen, deren Übergabe an die Adresse des Jüdischen Hilfskomitees in Końskie zu Händen Herrn Edelist zu erfolgen hat.[8] Darüber hinaus schlage ich vor, Radoszyce mindestens 100 (hundert) yard Leintuch für Bettwäsche, Mäntel, Hauben u.Ä. sowie 15 Decken zuzuteilen. Ich betone nochmals, dass die Erteilung dieser Hilfe sofort erfolgen muss und dass nur eine blitzschnelle Aktion das Ende der Epidemie herbeiführen kann.

7 Szabsia Edelist (*1888), Handwerker; 1940/41 im Stadthilfskomitee der JSS in Końskie zuständig für wirtschaftliche Angelegenheiten.

8 Die Krakauer Zentrale der JSS teilte am 19.2.1941 mit, sie werde zunächst 1500 Złoty an Herrn Edelist überweisen und eine zweite Rate dann, wenn der Nachweis über die Verwendung des Geldes erfolgt sei; wie Anm. 1, Bl. 28.

## DOK. 241
## Am 18. Februar 1941 wird ein Jude aus Łuków wegen öffentlicher antideutscher Äußerungen denunziert[1]

Anonymes handschriftl. Schreiben aus Łuków an den Kreishauptmann[2] vom 18. 2. 1941

Ich bitte Sie höflichst, zur Kenntnis zu nehmen:
Der in Łuków wohnhafte Jude Lejbman Icek spricht auf der Straße jeden Tag über Politik, und das alles gegen die deutsche Regierung.
Insbesondere spricht er über die Bombardierung in Deutschland, über den Mangel an Essen usw.

## DOK. 242
## Lucjan Orenbach schreibt am 18. Februar 1941 über seine hoffnungslosen Lebensumstände in Tomaszów Mazowiecki[1]

Handschriftl. Brief von Lucjan (Lutek) Orenbach aus Tomaszów Mazowiecki an seine Freundin Edith Blau in Minden (Westf.) vom 18. 2. 1941

5.[2]
Meine geliebte Edith!
Gestern traf Dein allerteuerster Brief ein. In letzter Zeit sehne ich mich so sehr nach Deinen Briefen; alle Erinnerungen sind wie lebendig zurückgekehrt, schließlich bin ich Deiner Freundin aus Danzig, Frau Mira Ryczke, begegnet.[3] Sie wohnt seit einem Jahr hier, und bislang hatten wir uns nicht gekannt. Ich habe sie unlängst bei Roma[4] kennengelernt und – wir kamen ins Plaudern.
Alles ist zurückgekommen.[5] Wir sprachen über Dich, über alle, und wir konnten nicht aufhören. Ich habe ihr ein Bild gebracht. Sie schaute es voller Rührung an. Das ist doch eine Überraschung für Dich, oder?

1 AIPN, GK 106/161 (703/31, CA MSW 684), Akte 2, Bl. 7. Das Dokument wurde aus dem Polnischen übersetzt. Zur Überlieferungsgeschichte siehe Dok. 161 vom 27. 8. 1940, Anm. 1.
2 Dr. Fritz Schmige (1880 – 1974), Jurist; 1920 Landrat in Ostpreußen; 1933 NSDAP-Eintritt; 1933 – 1939 Landrat in Liegnitz; 1939 im Distrikt Lublin Leiter der Innenverwaltung, von Febr. 1940 an zusätzlich Amtschef, Juni 1940 bis Okt. 1941 Kreishauptmann in Radzyń, dann bis 1945 Landrat in Braunau/Sudetenland; von 1945 an in Wiesbaden, für mehrere Jahre im hessischen Finanzministerium tätig.

1 USHMM, RG 10.250*08, TM 060. Das Dokument wurde aus dem Polnischen übersetzt.
2 Orenbach nummerierte seine Briefe an Edith Blau. Links oben hinzugefügt: „Wer ist dieser Heinz? Herzlichen Dank für das Foto! Sehr lieb."
3 Mira Ryczke, verheiratete Kimmelman (*1923); wuchs in Danzig auf, war zu Beginn der Besatzung in Tomaszów, nach 1941 in den Lagern Majdanek, Auschwitz und Bergen-Belsen; nach 1945 in den USA. Sie veröffentlichte ihre Erinnerungen unter dem Titel: Echoes from the Holocaust. A Memoir, Knoxville 1997.
4 Vermutlich Roma Michlewicz (1923 – 1945), Schülerin aus Tomaszów, später im Lager Bliżyn, dann in Auschwitz und dort ermordet.
5 Dieser Satz bezieht sich auf den gemeinsam verlebten Sommer 1939 in Bromberg.

Abgesehen davon ist alles beim Alten. Ich war krank. Im Übrigen sind alle kränklich. Bei uns weht schon der erste Hauch des Frühlings. Die Straßen sind voll Wasser. Der Schnee schmilzt, und mir schmilzt das Herz. Erinnerungen … Erinnerungen …
Wir sind hier so halb noch am Leben und [halb] schon nicht mehr am Leben. Ich weiß manchmal selbst nicht, ob ich lebe oder nicht. Ob *ich* es bin, oder ob *ich* es nicht bin. Manchmal muss ich mir hundert Mal hintereinander sagen: ich lebe, du lebst, er lebt … Man vergisst, dass man *ist*.
Da ist die Gemeindeverwaltung. Die abscheuliche, widerliche Gemeindeverwaltung. Man arbeitet mechanisch, scherzt ein bisschen, aber alles, ohne dabei zu sein. Danach geht's nach Hause zum Mittagessen. Man liest ein Buch und versteht rein gar nichts. Dann erneut die Gemeindeverwaltung. Um 6 Uhr, nach der Arbeit, gehen wir zu Frau Sz., um zu proben. Musik ertönt in den Ohren und weckt nur eine ferne, traurige Erinnerung: dass ich *einmal gelebt habe*. Und so den ganzen Tag von morgens bis abends – ich weiß nicht: Bin ich das oder bin ich es nicht? Lebe ich oder nicht? Erst nachts, im Bett – Gewissensprüfung: Wer bin ich?! Was will ich?! Was tue ich?!
Die Antworten: Ich bin: ein elender Faulpelz, Trinker, Träumer.
Was will ich? – Ich will leben, aber wirklich *leben*; ich will *jemand* sein; ich will was können; ich will lieben und geliebt werden.
Was tue ich? – Nichts. Einfach gar nichts. Ich treibe mich herum. Vertrödle die Zeit. Laufe in der Gemeindeverwaltung herum. Rezitiere Gedichte. Trinke Wodka. Wodka, Likör, Wein, Cognac, Allasch … Ich rauche viele Zigaretten. Ich huste. Huste schrecklich. Ich pfeife (Umarł Maciek, umarł …").[6] Ich träume, träume viel und denke gar nichts. Ich warte, warte, aber warte nichts ab. Ich wachse, werde immer älter und ein immer größerer Idiot. Ich liebe … liebe eine Person, die es nicht gibt; eine Person, die irgendwo dort [draußen] ist, weiß der Kuckuck, wo, und die ein kurzes Näschen und einen schiefen, drolligen Zahn hat.
Manchmal schreibe ich Briefe. Verderbe das Papier. Viele Küsse gibt es dort und wenige Gedanken. Und das ist alles.
Manchmal höre ich, wie mich die Leute loben. Ganz Tomaszów redet davon, dass ich begabt sei, dass ich dieses und jenes könne. Aber die Menschen machen sich stets ein Bild über andere, entweder ein allzu düsteres oder ein allzu rosiges. Alle sind mit mir zufrieden, nur ich nicht. Die Zeit verfliegt. Ich werde immer älter. Die Zeit verstreicht. Was wird die Zukunft mir bringen? Was will ich im Leben erreichen?
Gegenwärtig gibt es gar nichts. Ich lebe jetzt nicht. Es gibt mich nicht. Es gibt da so ein Tomaszów. Es gibt da so einen dummen *Traum* von Tomaszów. Aber was wird sein, *wenn ich erwache*? Wohin gehe ich, was werde ich machen, wer werde ich einmal sein? Dies ist wichtig. Das „Heute" – ist nicht wichtig. Das „Heute" ist ein dummer, böser Traum. Aber das „Morgen".
Solche Gedanken kommen einem. Aber lassen wir das. Leeres Gerede. Der Frühling ist nicht mehr weit. Man muss den Kopf hochhalten und kräftig die Luft einatmen. Immerhin [werde ich] geliebt. Immerhin [habe ich] noch lange Jahre der Jugend [vor mir].
An Ruth[7] habe ich schon vor langer Zeit geschrieben und habe noch keine Antwort. Was

6 Wörtlich: „Maciek ist gestorben, ist gestorben." Beliebter Schlager in der Zweiten Polnischen Republik.
7 Ruth Goldbarth.

Auschwitz angeht, kannst Du genaue Informationen von dem Ehepaar Mehl erhalten, sie wohnen dort in der Nähe (*Adolf Mehl, Chelmek, Krs. Chrzanów, Obschl.* [Oberschlesien]). Wir haben schon seit langem nichts Neues über Auschwitz gehört.
Und jetzt: Bleib mir gesund. Schreib sofort! Grüße herzlich Deine Mutter von uns allen.
Die heißesten Küsse schickt für immer Dein
Lutek
Fredek lässt Dich grüßen. Er wird im nächsten Brief etwas dazuschreiben.

## DOK. 243
## Das Präsidium der Jüdischen Sozialen Selbsthilfe bittet den Hauptausschuss am 22. Februar 1941 um einen Sonderzuschuss[1]

Schreiben des Präsidiums der JSS (Nr. 1426/41), gez. Weichert, an den Haupthilfsausschuss vom 22. 2. 1941 (Durchschlag)

*Betrifft: Sonderzuschuss für das Jüdische Stadthilfskomitee Warschau*
Unter Bezugnahme auf das Gespräch unseres Vorsitzenden[2] mit dem Herrn Vorsitzenden Graf Ronikier am 20. d. M. möchten wir uns hiermit in folgender Angelegenheit an den Haupthilfsausschuss wenden:
Der auf der Grundlage von Verhandlungen mit der Jüdischen Sozialen Selbsthilfe gefasste Beschluss des Polnischen Hauptausschusses, den Anteil der J.S.S. an den vom N.R.O erhaltenen Geldern und Spenden auf 17 % zu verringern, sieht die Möglichkeit vor, der JSS in einigen Fällen, die der Berücksichtigung verdienen, eine einmalige Beihilfe zu gewähren.
Ein solcher Fall ist gegenwärtig in Warschau eingetreten. Schon seit längerer Zeit kämpfen die Einrichtungen der jüdischen Sozialfürsorge, und vor allem die Internate und Volksküchen, mit unüberwindlichen finanziellen Schwierigkeiten. Die Einnahmen aus eigenen Quellen sowie die ausländische Hilfe gehen mit jedem Tag zurück. Trotz unentwegter Bemühungen ist es uns bislang nicht gelungen, auch nur einen Groschen aus dem Titel Kommunale Beihilfen zu erhalten, aus denen die Küchen des SKSS[3] Unterstützung bekommen.[4] Auch haben wir seit Oktober 1939 keinerlei Zahlungen aus den z. T. freigegebenen Geldern erhalten, die dem SKSS *für die gesamte Bevölkerung* der Stadt Warschau überlassen worden waren. Die Volksküchen mussten ihre Tätigkeit mehrmals unterbrechen, zuletzt waren sie 3 Wochen lang geschlossen und konnten nur dank einer mit dem SKSS abgewickelten Transaktion, bei der Schinkenfleisch gegen Kartoffeln getauscht

1 YVA, O-21/17, Bl. 100. Das Dokument wurde aus dem Polnischen übersetzt.
2 Michał Weichert.
3 Der SKSS (Stołeczny Komitet Samopomocy Społecznej), das Hauptstädtische Komitee für soziale Selbsthilfe, war ein im Sept. 1939 gebildeter Hilfsausschuss, der unter der poln. Bevölkerung für soziale Zwecke Geld- und Sachspenden sammelte. Er unterhielt öffentliche, teils von Ordensschwestern betriebene Suppenküchen.
4 Weichert bemühte sich seit 1940 um Gelder aus dem Aufkommen der kommunalen Einwohnerabgabe für die JSS; siehe Dok. 164 vom 5.9.1940. Czerniaków unternahm gleichfalls solche Anstrengungen; siehe Dok. 219 vom 8.1.1941.

wurde, wieder in Betrieb genommen werden. Gegenwärtig droht ihnen erneut die Schließung.
Wie dem Haupthilfsausschuss bekannt ist, sollen auf Anordnung der Behörden in den kommenden Wochen mehr als 70 000 Juden nach Warschau umgesiedelt werden. Diese Aktion ist im Gange.[5] Eine Nothilfe für die Umsiedler, die ausreichte, um ihnen einmal täglich eine warme Mahlzeit und ein Dach über dem Kopf zu sichern, erfordert kurzfristig gewaltige Aufwendungen. Das Präsidium der J.S.S. hat für diesen Zweck aus den Geldern, die für die Winterhilfe vorgesehen sind, Zł. 100 000 angewiesen. 200 000 Zł. haben die lokalen Behörden versprochen aufgrund der Unterstützung, welche der J.S.S. von der Abteilung Bevölkerungswesen und Fürsorge[6] der Regierung des Generalgouvernements in Krakau zugebilligt wurde. Gemessen am Bedarf sind das allerdings nur Groschen.
In für uns so schwerer Zeit wenden wir uns [mit der Bitte] an den Haupthilfsausschuss, er möge gemäß dem oben genannten Beschluss einmalig eine größere Summe zum Zweck der Umsiedlerhilfe bereitstellen. Wir sind der Überzeugung, dass der Haupthilfsausschuss uns diese nicht abschlagen wird.[7]
Hochachtungsvoll

## DOK. 244

## Der Schriftsteller Jarosław Iwaszkiewicz beschreibt am 23. Februar 1941 eine Straßenbahnfahrt durch das Getto in Warschau[1]

Notizen von Jarosław Iwaszkiewicz[2] vom 23. 2. 1941

Warschau, den 23. Februar 41
Ich dachte mir, aus meinem gestern in Warschau verbrachten Tag könnte man eine sehr gute Erzählung oder eine Reportage mit dem Titel „Vierundzwanzig Stunden im besetzten Warschau" verfassen. Dieser Tag – Marysia feierte ihren 15. Geburtstag[3] – war ganz eigenartig, gewissermaßen ein Querschnitt durch unser ganzes Leben mit all seinen

5 Die jüdische Bevölkerung aus den Kleinstädten im Westen des Distrikts Warschau wurde in das Warschauer Getto vertrieben; siehe Dok. 236 vom 10.2.1941 und Dok. 252 vom 10.3.1941.
6 Der Abteilungsname im Original deutsch.
7 Der Haupthilfsausschuss entsprach dem Antrag; siehe Dok. 264 vom 5.4.1941, Punkt 6.

1 Das handschriftl. Original ist nicht erhalten. Das Dokument wurde aus dem Polnischen übersetzt. Abdruck in: Jaroslaw Iwaszkiewicz, Notatki 1939 – 1945, hrsg. von Andrzej Zawada, Wrocław 1991, S. 46 – 50. Diese Ausgabe beruht auf einer Mitte der 1940er-Jahre angefertigten maschinenschriftl. Abschrift der Notizen mit handschriftl. hinzugefügten Korrekturen und Ergänzungen des Verfassers.
2 Jarosław Iwaszkiewicz (1894 – 1980), Schriftsteller; aufgewachsen in der Ukraine, von 1920 an künstlerisch der Dichtergruppe Skamander verbunden, Zeitungsredakteur, dann bis 1939 für das Außenministerium tätig; nach 1945 Chefredakteur verschiedener literarischer Zeitschriften, Vorsitzender des Polnischen Schriftstellerverbands, von 1952 an Sejm-Abgeordneter, mehrfach mit dem Staatspreis ausgezeichnet.
3 Tatsächlich war es ihr 17. Geburtstag. Vermutlich ein absichtlicher Fehler, der die Tochter des Verfassers vor der Zwangsarbeit schützen sollte; siehe Dok. 167 vom 15.9.1940, Anm. 4.

Scheußlichkeiten und Quasi-Verlockungen. Nur das erotische Motiv fehlte, das man hineinkomponieren müsste, denn ich gehöre ganz entschieden zur alten Schule – und kann mir eine Erzählung oder auch nur eine Reportage ohne erotische Elemente nicht vorstellen. Heute übernachtete ich in Warschau,[4] um dem Krankenhaus und Marysia näher zu sein, die dort schon den dritten Monat liegt. Morgens kam Julek Krzyżewski[5] zu mir, derzeit Arbeiter in der Bata-Fabrik in Krenau, Oberschlesien – das heißt ganz einfach, in Chrzanów[6] – und erzählte mir von seinem Leben in diesem Nest. Natürlich nichts als Scheußlichkeiten – überdies droht ihnen in der nächsten Zeit die Aussiedlung, und dann werden sie sich irgendwo hier niederlassen müssen. Dort haben sie zumindest ein Haus, das der Mutter seiner Frau gehört. Ich konnte seinen Ausführungen nicht länger zuhören, weil ich zu einer Beerdigung musste. Der kleine Henio K. ist gestorben.[7] Eine schrecklich verzweifelte Mutter, aber auch bei uns große Trauer. Eine tragische Beerdigung. Wenige Menschen, aber eine Menge Blumen, die im gestrigen strengen Frost erfroren – und angesichts dieser Tragik die grässliche Rede einer Lehrerin, voller Phrasen, mehr davon hätte man beim besten Willen nicht hineinstopfen können. „Lieber Henio, du schaust uns an … und wir … Vaterland … Vaterland". Jedes zweite Wort – Vaterland. Henios kleine Kollegen schienen sie voller Hass und Verwunderung anzublicken: „Was führt sie ständig das Wort Vaterland im Mund?" In diesem Moment ein so schmerzliches Wort zu missbrauchen, das ist entsetzlich; das ist, als würde man auf einem öffentlichen Platz laut die intimsten Bekenntnisse verkünden. Diese Beerdigung machte einen sehr starken Eindruck auf mich – und von dort musste ich direkt zum Grundbuchamt fahren, um einen Bauplatz an einen gewissen Gerichtsdiener in der Leszno-Straße zu verkaufen. Das Grundbuchamt machte auf mich einen schrecklichen Eindruck. Die Atmosphäre ist hier nicht so diskret wie bei Bankschließfächern, wo sich die Menschen genieren, so als würden sie sich im Bordell begegnen, aber man sieht hier auch Typen, die einem anderswo nicht über den Weg laufen. Jetzt herrscht Hochbetrieb im Grundbuchamt, genau solche Leute wie mein Gerichtsdiener bringen es hier zu etwas und „sichern" ihr Kapital, indem sie Immobilien kaufen. Die deutschen Behörden haben gerade eine Klausel über die „rein arische" Herkunft in die Verträge eingefügt. Die Notare verlesen diese Klausel so wie auch eine andere neue – über die Geheimhaltung des tatsächlichen Kauf- und Verkaufspreises – mit einer gewissen Ironie in der Stimme, eher flüchtig. Unser Notar erläutert den Parteien, es handle sich um neu eingeführte Paragraphen, in einem Ton, der deren Bedeutungslosigkeit unterstellt. Zwar hat er angeblich kurz im Pawiak gesessen, weil er einen Vertrag ausgefertigt hatte, bei dem die Parteien nicht unbedingt dem Arierparagraphen genügten. So hört man zumindest. Nach Vertragsregistrierung – eine Überraschung. Mein Gerichtsdiener lädt mich zum Mittagessen zu sich nach Hause ein. Er macht das so, dass ich mich trotz aller Bemühungen nicht herausreden kann. Ich muss mit ihm fahren, und er wohnt weit draußen, in Koło.[8] Das passt mir gar nicht, aber was

4 Iwaszkiewicz wohnte meist ca. 20 km außerhalb von Warschau auf dem Gut Stawisko in Podkowa Leśna.

5 Juliusz Krzyżewski (1914–1944), Dichter; debütierte 1935, Sept. 1939 Kriegsteilnahme, lebte von 1939 an in Chełmek als Fabrikarbeiter; kam 1944 als Soldat der Heimatarmee beim Warschauer Aufstand um.

6 In der von den Besatzern in Krenau umbenannten Stadt befand sich eine Schuhfabrik der Firma Bata.

7 Pseudonym für Eryk Piątkowski, den Sohn einer Freundin der Familie Iwaszkiewicz.

8 Teil des Stadtteils Wola im Westen Warschaus.

tun, also fahren wir. Zum ersten Mal fahre ich mit der Straßenbahn, die durch das Getto führt. Sie hält auf dieser Seite der Mauer, dann fährt sie die gesamte Leszno-Straße entlang und hält erst hinter der dortigen Mauer wieder an. Ich stehe mit dem Gerichtsdiener auf der vorderen Straßenbahnplattform und schaue mich beklommen um. Vor allem fällt mir das wahnsinnige Gedränge einer schwarzen, dichten Menschenmenge in den Straßen auf. Diese Menge macht einen exotischen Eindruck, ganz anders sogar als das, was man in der Nalewki-Straße[9] gesehen hat. Viele Geschäfte, Straßenhandel. Auf der Straße, auf den Gehwegen sehe ich Bettler mit fürchterlichen, blassen Gesichtern liegen. Einige mit Zeitungen bedeckt: Das sind Leichen. Ich sehe einen Rikscha-Leichenwagen. Der Rikschafahrer schiebt einen schwarzen Kasten vor sich her, ich weiß nicht, ob bereits mit Leiche oder noch leer. Auf der Leszno-Straße gibt es einige schöne Cafés. Der Straßenbahnfahrer hat ein paar Pakete bei sich, wenn er an den Kurven abbremst, wirft er sie heraus, er versorgt nur ihm bekannte Leute. Die von geübten, gierigen Händen ergriffenen Pakete verschwinden in der schwarzen Menge. Ein Schaudern erfasst mich, hier wohnen meine Freunde, die Eltern meiner Freunde. Ich bekomme auch hin und wieder Nachrichten von ihnen, aber sie sind geschrieben, als kämen sie aus einer anderen Welt. Ich kann diese Eindrücke nicht abschütteln. Mit Mühe würge ich beim Gerichtsdiener das Essen hinunter, obwohl es ausgezeichnet ist: vorneweg Heringe zum Wodka, dann roter Borschtsch mit kleinen Piroggen, gebackener Truthahn und Kompott. Schwarzer Kaffee eo ipso, heutzutage eine Seltenheit. Bei mir habe ich das schon seit Langem nicht mehr getrunken. Nach dem Essen in dem winzigen, sauberen, behaglichen Zimmerchen verabschiede ich mich schnell und kehre zurück, erneut durch das Getto, das schon erstirbt, sich schlafen legt. Sie haben eine frühere Polizeistunde. Ich fahre jetzt ins Krankenhaus, zu Marysia, ich war seit gestern nicht dort und bin sehr unruhig. Im Spital finde ich alles so vor wie jeden Tag: blaues Linoleum, grüne Pflanzen und auf jedem Stockwerk auf den Tischchen blau bestickte Deckchen, stille und lächelnde Schwestern. Marysia leider unverändert. Henios Tod hat großen Eindruck auf sie gemacht, der Doktor, der ihn und sie behandelt, hat ihr davon erzählt: Sie liegt abgemagert und blass da, hat riesige, dunkel geränderte Augen. Sie schaut mich an wie an Heiligabend, damals, als sie mit einem Blick auf den kleinen Weihnachtsbaum, den ich ihr gebracht hatte, mit leiser, ergreifender Stimme Weihnachtslieder summte. Es ist schließlich ihr Geburtstag. Wie durch ein Wunder hatte ich für sie eine Orange bekommen. Sie freute sich sehr. Aber diese Fahrt durch Koło und die Leszno-Straße hat mich viel Zeit gekostet, ich kann also nicht lange im Krankenhaus bleiben; im Übrigen laufe ich von hier immer so schnell wie möglich fort, ich habe eine ungeheure Abneigung gegen alle Spitäler. Außerdem bin ich zu einem recht frühen Abendessen bei einer bezaubernden Schauspielerin eingeladen. Sie tritt zur Zeit nicht auf, macht aber dafür eine Gesangsausbildung. Sie soll für uns singen. Ich verabschiede mich also von meinem Kind und eile ans andere Ende Warschaus zu diesem verflixten Abendessen. Es ist aber sehr angenehm, einige nette und intelligente Leute sind da, Lulek Schiller[10] unter anderem. Das Menü ist hervorragend: vorneweg Heringe zum Wodka, dann roter Borschtsch mit kleinen Pastetchen, Truthahn und danach Kompott. Schwarzer Kaffee eo ipso. Die Gleichartigkeit von Mittag- und Abendessen in zwei so unterschiedlichen Milieus belustigt mich sehr. Wir trinken ziemlich viel, und als es Zeit

9 Straße im Warschauer Stadtteil Muranów, in der zahlreiche Juden lebten.
10 Leon Schiller (1887–1954), Theaterregisseur, Kritiker und Komponist.

ist zu gehen, wird mir klar, dass ich es aus dieser Entfernung vor der Sperrstunde nicht mehr zu mir in die Trębacka-Straße schaffe. Ich gehe also mit einem anderen Gast, es ist nicht weit. Wir sind ziemlich benebelt, gehen in seine Wohnung und trinken noch Wein. Es wird sehr spät. Und plötzlich taucht der Mieter meines Gastgebers auf, ein deutscher,[11] auch er benebelt, und beginnt ein grundsätzliches, prinzipielles Gespräch. Er spricht von so grundlegenden Dingen wie Recht, Ethik und dem Recht Deutschlands, die Welt zu regieren. Ich mag grundsätzlich keine derartigen Diskussionen, und erst recht nicht mit einem betrunkenen deutschen. Ich stehle mich also nach oben, entdecke dort das prächtige Schlafzimmer meines Gastgebers, ziehe seinen Schlafanzug an und lege mich unter die Atlasdecke. In einer Erzählung müsste man hier eine Frau in die Handlung einführen. Zum Beispiel eine Begegnung mit der Gattin des Gastgebers, die sich als jene Frau herausstellt, in die ich vor fünfzehn Jahren unsterblich verliebt war. Damals hätte ich mein halbes Leben für so ein Treffen wie heute gegeben. Doch heute hat das für mich keine Bedeutung. Das wäre ein guter Kniff für eine Erzählung. Aber leider war da keine Frau. Ich schlief ruhig ein und wachte früh auf. Ich zog mich an und ging hinaus. Es war frostig, aber schön. Ich ging vom Belvedere aus zu Fuß die Ujazdowskie-Allee entlang. Weißer Reif auf allen Zweigen. Ein heller, bereifter Himmel, knirschender Schnee unter den Füßen. Warschau erschien mir so schön, so ruhig an diesem Sonntagmorgen. Ich trat in die St. Alexander-Kirche ein und hörte hinter einem Pfeiler stehend die Messe an. In der Mitte der Kirche stand einer unserer berühmten Dichter und betete demonstrativ aus einem großen Gebetbuch. Er blickte mich mit einer gewissen Verachtung an. Ich wusste, dass er im Untergrund eine wichtige Rolle spielte. Trauer ergriff mich, dass ich den gestrigen Tag auf diese Weise verbracht hatte, und ich hatte Lust, mich wie der Zöllner an die Brust zu schlagen.[12] Verzeih mir, Herrgott, den gestrigen Tag.
Als ich mich zum Gehen wandte, stand der alte Kirchendiener am Haupteingang und hielt die Männer zurück. „Ein Lastwagen steht vor der Kirche, der Teufel weiß, was das bedeuten soll", sagte er, „Sie können, meine Herren, den Seitenausgang nehmen und dann gleich auf die Wspólna-Straße hinausgehen."

## DOK. 245
## Der Leiter des Gesundheitsamts in Litzmannstadt (Lodz) kritisiert am 27. Februar 1941 die Mängel bei der Seuchenprävention im Getto[1]

Schreiben des Leiters des Gesundheitsamts Litzmannstadt (500 Dr.N./F.), Amtsarzt und kommissar. Stadtmedizinalrat Nieberding,[2] an den Polizeipräsidenten in Litzmannstadt[3] vom 27. 2. 1941

*Betr.:* Getto.
Seit mehreren Monaten versuche ich, den Judenältesten zu veranlassen, reichlich von Chlorkalk Gebrauch zu machen. Er hat seit Anfang Januar von mir die Anordnung be-

11 Im Original hier und nachfolgend als Ausdruck der Verachtung in bewusster Kleinschreibung.
12 Anspielung auf das Neue Testament (Lk. 18, 13).

1 APŁ, 221/31866a, Bl. 20. Kopie USHMM, RG 05.008M, reel 6.
2 Dr. Karl Nieberding (1888–1966), Arzt; 1919 Amtsarzt in Varel, von 1937 an Kreisamtsleiter der

kommen, jedes Klosett, jeden Abtritt, jede Grube, jede Straßenrinne *täglich mehrfach reichlich* mit Chlorkalk zu versehen. Ich habe ausdrücklich angeordnet, daß dies auch während der Frostperiode zu geschehen hat, damit beim Auftauen gleich Chlorkalk in den Massen drin sei. Die von mir durchgeführten Kontrollen zeigten jedes Mal, daß der Judenälteste seinen Verpflichtungen entweder gar nicht oder nur höchst unzureichend nachkommt. Da Ruhr und Typhus trotz der kalten Jahreszeit noch immer reichlich im Getto vorhanden sind, ist zum Sommer mit einem ungeheuren Anwachsen dieser Seuchen zu rechnen, wenn er nicht jede der seuchenbekämpferischen Maßnahmen schon jetzt durchführt. Es könnte uns gleichgültig sein, wieviel Juden an diesen Seuchen zugrunde gehen; die Erreger machen aber leider nicht vor dem Gettozaun Halt. So gefährdet der Jude durch die Nichtbeachtung meiner Vorschriften die übrige Stadt.
Ich muß Sie deshalb bitten, Ihre ganze Autorität in die Waagschale zu werfen und den Juden zu zwingen, meine Anordnung bezw. die meiner Beamten (Dr. Misdorf[4] und Gesundheitsaufseher Benthin) streng und gewissenhaft durchzuführen.

## DOK. 246
## Die Zentrale der Jüdischen Sozialen Selbsthilfe vermerkt am 27. Februar 1941 ein Telefongespräch über die Aufnahme von Wiener Juden in Kielce[1]

Vermerk (St./Sch.) über ein Telefonat des Vorsitzenden der JSS, Weichert, mit dem Vorsitzenden des Jüdischen Stadthilfskomitees in Kielce, Herman Lewi,[2] vom 27. 2. 1941

*Betrifft: Aussiedler aus Wien.*
Herr Levi teilt mit, dass aus Wien 1000 Aussiedler ohne Gepäck, ohne Bettzeug eingetroffen sind, ein Teil hatte nur etwas Leibwäsche und Kleidung bei sich.[3] Die Mehrheit der Aussiedler befindet sich in einem sehr beklagenswerten Zustand. Etwa 70 Prozent sind Ältere und Kranke, überdies teilt Hr. Levi mit, dass sich unter den Aussiedlern 80 Geisteskranke sowie 30 Greise befinden.
Herr Dr. Weichert bat um schriftliche Übermittlung der Angaben.[4]
Die Aussiedler wurden in Privatwohnungen untergebracht, da es keine freien Räume gibt.

NSDAP für Volksgesundheit Oldenburg-Stadt; Jan. bis Sept. 1940 kommissar. Amtsarzt in Leslau, Medizinalrat, dann bis Aug. 1942 Leiter des Gesundheitsamts Litzmannstadt, danach in Bernburg a.d. Saale und in Dessau; 1945/46 in amerik. Gefangenschaft, später niedergelassener Arzt in Varel.

3 Karl-Wilhelm Albert (1898–1960), Elektroingenieur; 1919–1921 im Freikorps Epp; Betriebsingenieur in Würzburg, später in Frankfurt/M.; 1932 NSDAP- und SS-Eintritt; von 1933 an Mitarbeiter des SD, 1937–1939 im SD-Hauptamt; 1939/40 Polizeipräs. in Oppeln, von Juli 1940 bis 1944 in Litzmannstadt, zugleich Okt. 1940 bis Juli 1941 Leiter des SS-Abschnitts Litzmannstadt; 1945–1947 im Internierungslager, später lebte er in Erndtebrück.

4 Dr. Helmut Misdorf (1902–1943), Arzt; 1940 bis Herbst 1941 Obermedizinalrat und kommissar. Leiter der Abt. Hygiene bzw. Gesundheitsschutz im Gesundheitsamt Litzmannstadt; danach Kriegsteilnahme; in der Sowjetunion gefallen.

1 YVA, O-21/36, Bl. 277. Das Dokument wurde aus dem Polnischen übersetzt.

2 Schreibweise im Dokument: Levi.

3 Der Transport hatte Wien am 19.2.1941 mit 1004 jüdischen Männern, Frauen und Kindern verlassen und war am 20.2. in Kielce eingetroffen.

4 Diese Zeile handschriftl. eingefügt.

Auf die Frage von Hrn. Dr. Weichert, ob die Aussiedler Lebensmittelvorräte mit sich führten, antwortete Hr. Levi, dass die Vorräte bestenfalls für einige Tage ausreichen würden. Ein genaues Verzeichnis des mitgebrachten Proviants wird Hr. Levi morgen per Express nach Krakau schicken.
Herr Levi teilt mit, dass er in dieser Sache eine Unterredung mit dem Hrn. Stadthauptmann[5] gehabt habe, die morgen fortgesetzt werde.
Herr Dr. Weichert erklärte Hrn. Levi, dass er auf der Grundlage unseres Rundschreibens um die Zuteilung von Lebensmittelkontingenten für den Unterhalt der Aussiedler sowie um Geld bitten[6] und dass er uns über diese Unterredung telefonisch Bericht erstatten solle. Herr Dr. Weichert erläuterte, dass die zuzuteilenden Kontingente nicht kostenlos, sondern zu entgelten seien und dass der Hr. Stadthauptmann unabhängig von den Kontingenten für diesen Zweck Gelder in bar bereitstellen müsse. Hr. Dr. Weichert verwies dabei auf das Beispiel Warschau.
Darüber hinaus bemerkte Hr. Dr. Weichert, dass es notwendig sei, den Hrn. Stadthauptmann außer um Nahrungsmittelhilfe auch um Gelder für diese Zwecke sowie zur Seuchenbekämpfung, schließlich auch um Hilfe im Bereich des Gesundheitswesens zu bitten. Die Zuteilungen der Kontingentmengen würden zu den Kontingentpreisen erfolgen.
Herr Dr. Weichert erklärte, dass wir[7] uns bemühen würden, ihnen im Rahmen unserer Möglichkeiten finanzielle Unterstützung zu gewähren, und dass überdies das ŻKOM und der Judenrat ihrerseits alles versuchen müssten, um den Aussiedlern zu Hilfe zu kommen.
Herr Levi erklärt, dass er uns alle obigen Angaben schriftlich übersenden wird, und überdies wurde telefonisch vereinbart, dass am Sonntag, dem 2. d. M.,[8] Hr. Levi uns telefonisch über seine Unterredung mit dem Hrn. Stadthauptmann sowie über den gesamten Sachstand Bericht erstatten wird.[9]

## DOK. 247

## Der Kommandant des Ordnungsdienstes kommentiert am 28. Februar 1941 das einjährige Bestehen der jüdischen Polizei im Getto Litzmannstadt (Lodz)[1]

Tagesbefehl Nr. 35 des Kommandanten des Ordnungsdienstes[2] vom 28. Februar 1941 im Anhang der Tageschronik des Gettos Litzmannstadt, Nr. 49, vom 1. 3. 1941 (Durchschlag)

*Tagesbefehl Nr. 35*

Am 25. Februar 1940 wurde ich zu dem Herrn Judenältesten gerufen, der sein Amt zu diesem Zeitpunkt noch in der Południowa-Straße 19 in der Stadt ausübte.

5 Hier und im Folgenden im Original deutsch. Stadthauptmann von Kielce war Hans Drechsel.
6 Hier „fordern" (zażądał) durchgestrichen und handschriftlich überschieben mit „bitten" (prosił).
7 Die Zentrale der JSS in Krakau.
8 Gemeint ist: am 2. März.
9 Der Stadthauptmann sagte Lewi am 5.3.1941 einen Zuschuss von 6000 Złoty zu und stellte weitere 1000 bis 1500 Złoty in Aussicht, teilte aber mit, dass er Nahrungsmittel nicht bereitstellen könne, da er über keine Kontingente verfüge; wie Anm. 1, Bl. 274.

1 APŁ, 278/1079, Bl. 47f. Das Dokument wurde aus dem Polnischen übersetzt in enger Anlehnung an: Chronik des Gettos Lodz/Litzmannstadt (wie Dok. 222, Anm. 1), S. 70 – 72.
2 Leon Rozenblat.

Als ich ankam, wurde mir erklärt, dass der Herr Präses krank sei. Trotzdem wurde ich von ihm empfangen. Ich traf den Herrn Präses im Krankenbett an, kurz nachdem er Spritzen bekommen hatte.

Ich begriff, wie gewaltig seine Erlebnisse und wie schwer die Pflichten sind, die ihm auferlegt wurden. Aufgrund dieser Belastung holten ihn Überreiztheit und Müdigkeit von den Beinen, wenngleich er sich nicht ins Bett legen wollte.

Gleich nach meinem Eintritt kam der Herr Präses zur Sache, indem er mir den *Befehl der Deutschen Behörden darlegte, im Laufe von zwei Tagen,* d.h. am 27. und 28. Februar, *eine jüdische Polizei ins Leben zu rufen.*

*Mir wurde die Frage gestellt, ob ich diese Aufgabe übernehmen wolle.*

*Nach kurzer Überlegung erklärte ich mich einverstanden.*

*Und so ist am 1. März 1940 ein neues Gebilde entstanden – die sog. Polizei.*

*Heute ist ein Jahr vergangen, seitdem der Ordnungsdienst ins Leben gerufen wurde, der sich den Namen Polizei bereits verdient hat.*

Unter dem erdrückenden Übermaß der Pflichten wandte ich mich oft an den ehrwürdigen Herrn Präses, um seinen erhellenden Rat einzuholen, weil ich die sozialen oder rein lokalen Verhältnisse in der Gemeinde nicht kannte.

Die Anfangszeit des Ordnungsdienstes wird allen in Anbetracht der spezifischen Umstände, die mit unserer Existenz und unseren Arbeitsbedingungen verbunden sind, lange Zeit im Gedächtnis haften bleiben.

Das Gebäude unserer Organisation wurde in überaus schlichter Form errichtet. Die bescheidenen Raumverhältnisse ermöglichten es angesichts der Flut an Aufgaben und Pflichten, die damals auf uns gekommen sind, [zunächst] nicht, der Miliz den richtigen organisatorischen Rahmen zu verleihen.

Von Mal zu Mal jedoch ließ die ungeheure Menge an sich auftürmenden Schwierigkeiten, die wir bewältigten, den Ordnungsdienst wachsen.[3]

*Nachdem ich im Zusammenhang mit der Erweiterung der Grenzen des Gettos seine territorialen Bedürfnisse abgeschätzt hatte, rief ich 4 Reviere ins Leben* und wies jedem einen entsprechenden Sitz zu.

Um den Wachdienst zu organisieren, habe ich den „*HIOD*"[4] gegründet.

Gleichzeitig *entstanden für Sonderaufgaben:* die *Kommandantur,* die *Ermittlungsbehörde* als (bis zum Aufbau des Gerichts) einziges Rechtsprechungsorgan, das *Referat für Preisüberwachung* und das *Hygienereferat* sowie die *Reserveabteilung bei der Kommandantur.*

Im Herbst wurde eine Stoßtruppe gebildet, die „*Überfall-Kommando*"[5] genannt wird (heutiges Revier Baluter Ring).

Wegen der großen Entfernungen zwischen den aufgestellten Posten, besonders im Winter, wurde der „*HIOD*" aufgelöst.

Gleichzeitig wurde auf dem abgesonderten Gebiet von Marysin II, das gewissermaßen einen Bereich für Kultur- und Erziehung darstellt,[6] das V. Revier gebildet.[7]

3 Zum Jahresende 1940 zählte der Ordnungsdienst 700 Männer.

4 Der Hilfsordnungsdienst bestand von Mai bis Nov. 1940. Er sollte das Abtragen von Holzhäusern oder -zäunen sowie Diebstähle aus Geschäften und Küchen unterbinden.

5 Im Original deutsch. Mitte Sept. 1940 ordnete Rumkowski den Aufbau einer Sondereinheit an, die Protesten und Demonstrationen Einhalt gebieten sollte.

6 In diesem nordöstlichen, wenig bebauten Teil des Gettos waren Kinderkolonien und mehrere Kollektive, vor allem der zionistischen Jugendbünde, untergebracht.

7 Nachfolgender Absatz ist dem Lodzer Konvolut entnommen, in dem abweichende Fragmente und

Wenn man an die unvergessenen Tage und Nächte zurückdenkt, die die jüdische Bevölkerung während der Evakuierung aus der Stadt ins Getto erlebte, erinnern wir uns einer ungeheuren Menge an Pflichten, die unseren Schultern aufgebürdet wurde; einer Menge an Aufopferung und Selbstverleugnung, die die Milizionäre und ihre Vorgesetzten an den Tag gelegt haben, als sie ihren 24-stündigen und häufig auch 48-stündigen, schweren und sehr gefährlichen Dienst versahen.
In diesen besonderen Momenten, die von uns sehr viel Willenskraft erforderten, spornte uns nur der Gedanke an die Erleichterung an, die wir unseren Brüdern und Schwestern verschafften, denen das Dach über dem Kopf weggerissen worden war.[8]
Ein weiteres beachtenswertes Moment war die Schaffung der „*Milizkette*", die gebildet wurde, um die Stadt vom Getto abzutrennen.[9]
An dieser Stelle ist es nicht unangebracht zu erwähnen, dass die Bedingungen unserer Arbeit damals wie heute *weit von denen jeder anderen Polizei abweichen und unvergleichlich schwieriger sind.*
*Wir hatten alle Hände voll zu tun mit dem Kampf gegen den Schmuggel, der Eskortierung der Lebensmittellieferungen, den unablässig in dichten Reihen vor den Gemeindeküchen und Geschäften Schlange stehenden Menschen, den Demontagen verschiedener Holzobjekte – und das alles in einer Zeit, in der es Schwierigkeiten mit der Versorgung von 160 000 Menschen gab: Dies waren Aufgaben, die unsere Kraft und Energie in hohem Maße in Anspruch nahmen.*
Zu allem Übel trachteten *Unruhestifter danach, Bevölkerung und Miliz zueinander in den größtmöglichen Gegensatz* zu bringen.
Diese Verhältnisse zwangen uns ungewollt dazu, unseren Brüdern mehrmals entgegenzutreten, die sich in ihrer Naivität *durch die verderblichen Parolen von niederträchtigen Agitatoren mitreißen ließen*, welche sich hauptsächlich aus den alteingessenen Einwohnern des Viertels Bałuty[10] rekrutierten, das für seine verbrecherische Tradition bekannt ist.
*Unsere einjährige Tätigkeit* zusammenfassend, *kann ich mit Freude feststellen, dass wir mit unseren Kräften und begrenzten Möglichkeiten alle Schwierigkeiten überwunden haben.*
Was die Zukunft angeht, kann ich nur schwer etwas prophezeien – ich hoffe jedoch, dass ihr weiterhin eure Pflichten zugunsten des Gemeinwohls erfüllen werdet, indem ihr *fortwährend auf euren verantwortungsvollen Posten bleibt.*
Eingedenk der schwierigen allgemeinen Lage müssen wir selbst auf die bescheidenste Feierveranstaltung verzichten – deswegen muss ich mich beschränken und auf diesem Wege allen *Herren Offizieren, Unteroffizieren und den Mannschaften für ihren aufopferungsvollen Dienst meinen herzlichen Dank aussprechen.*
*Ich wünsche allen gute Gesundheit und weiterhin erfolgreiche Arbeit.*
*Zum Schluss wende ich mich jenen zu, die der unerbittliche Tod aus unseren Reihen gerissen hat, indem ich ihr seliges Andenken ehre. Ich bitte euch aus diesem Grunde um eine Schweigeminute.*

Zusatztexte zur Gettochronik enthalten sind; Anhang Nr. 49 der Gettochronik, APŁ, 278/1080, Bl. 30f.

8 Anspielung auf die im Febr. 1940 begonnene Vertreibung der jüdischen Bevölkerung aus ihren Wohnungen, an der der Ordnungsdienst im Auftrag der deutschen Machthaber mitwirken musste.

9 Die Überwachung der Gettogrenzen zählte von Anfang an zu den Hauptaufgaben des Ordnungsdienstes.

10 Das Arme-Leute-Viertel im Norden der Lodzer Innenstadt bildete den Kern des Gettos.

## DOK. 248
## Der Kreishauptmann von Sokolow-Wengrow (Sokołów-Węgrów) berichtet am 3. März 1941 über die Bildung von Gettos[1]

Bericht des Kreishauptmanns von Sokolow-Wengrow, gez. Gramß,[2] f.d.R.[3] stellv. Kreishauptmann Beau,[4] an die Abteilung Innere Verwaltung (Eing. 6. 3. 1941) vom 3. 3. 1941 (Durchschlag)

*Lagebericht* des Kreises Sokolow-Wengrow für den Monat Februar 1941.
*I. Allgemeines:*
*A.)* Im Berichtsmonat wurden sämtliche verfügbaren Kräfte auf die Durchführung von 3 wichtigen Sonderaufgaben konzentriert:
1.) Ottoprogramm.[5]
2.) Bildung jüdischer Wohnbezirke.
3.) Erfassung der Kontingente durch die Abteilung Ernährung und Landwirtschaft.
Diese Maßnahmen werden für die nächsten 3 Monate die Verwaltungsarbeit ausschlaggebend bestimmen.
*a.) Ottoprogramm.*
Das Straßenbauprogramm läuft jetzt auf vollen Touren. Verschiedene reichsdeutsche Straßenbauunternehmer sind auf den einzelnen Bauabschnitten tätig, der Einsatz von 3 Straßenbaubataillonen der Wehrmacht steht in Kürze bevor. Die größte Sorge macht die Unterbringung des reichsdeutschen Personals. Sokolow selbst ist, wie aus früheren Berichten bekannt, durch verschiedene Wehrmachteinheiten überaus stark belegt. Der weitaus größte Teil der brauchbaren Gebäude wird schon seit Monaten durch die Wehrmacht in Anspruch genommen. Eine weitere kaum noch tragbare Einengung der Unterbringungsverhältnisse trat ein, als vor 2 Monaten eine Feldkommandantur mit ihrem großen Stab nach hier verlegt wurde. Die optimale Grenze der Belegungsfähigkeit ist längst überschritten, gegenwärtig sind die Verhältnisse so, daß in Sokolow nicht ein einziges Zimmer aufzutreiben ist, das für die Unterbringung eines Reichsdeutschen geeignet wäre. Der größte Teil von nicht durch Wehrmacht und deutsche Dienststellen benützten Gebäuden befindet sich baulich in einem völlig heruntergewirtschafteten Zustand, so daß selbst bei einer weiteren Räumung dieser Gebäude von Polen erhebliche Geldmittel, Zeit und Baustoffe aufgewendet werden müßten, um die Gebäude auch nur notdürftig instandzusetzen. Vom Gesichtspunkt einer auf lange Sicht arbeitenden vernünftigen Wohnungspolitik und unter Berücksichtigung des plötzlich auftretenden Bedarfs an Wohn- und Unterbrin-

1 AIZ, I-151/27, Bl. 47 – 61. Kopie: YVA, MF JM 814.
2 Ernst Gramß (1899 – 1946?), Agronom; 1923 Teilnahme am Hitler-Putsch; 1923 NSDAP-, 1928 SA- und 1934 SS-Eintritt; 1933 – 1938 verschied. Ämter im Reichsnährstand, 1938 Reichslandwirtschaftsrat; 1939/40 Leiter der Landwirtschaftsabt. im Distrikt Warschau, von Juni 1940 bis Juli 1944 Kreishauptmann in Sokolow; Kriegsteilnahme; 1956 für tot erklärt.
3 Für die Richtigkeit.
4 Emil Beau (1910 – 1971), Drucker; 1932 NSDAP-Eintritt; 1936 – 1940 Führeranwärter der Ordensburg Vogelsang; 1940/41 stellv. Kreishauptmann in Sokolow, 1941/42 Stadtkommissar in Stanislau, 1942/43 Abteilungsleiter beim Kreishauptmann in Stryj, dann Polizeireferent beim Stadtkommissar in Reval; 1944 im Hauptorganisationsamt der NSDAP; lebte nach 1945 zeitweise unter falschem Namen.
5 Unter dem Decknamen Ottoprogramm war Ende Juli 1940 der Ausbau von 1700 Straßenkilometern in Gang gesetzt worden.

gungsraum, der sofort befriedigt werden muß, sind provisorische Instandsetzungsmaßnahmen weder durchführbar noch zu vertreten. Eine wesentliche Rolle spielt dabei der Umstand, daß ich weitere Massierungen der Polen, wegen der damit verbundenen Seuchengefahr, kategorisch ablehnen muß. Ähnlich wie in Sokolow liegen die Verhältnisse in Wengrow. Zudem ist bekannt, daß neben Kaluczin Wengrow der gefährlichste Fleckfieberherd im Distrikt Warschau ist.
Da nun der Einsatz von 3 Straßenbaubataillonen der Wehrmacht in Kürze bevorsteht, habe ich in Vorverhandlungen auf die Schwierigkeiten der Unterbringung die zuständigen Wehrmachtsdienststellen eindringlich hingewiesen.
Die Unterbringung der zahlreichen Stäbe und auch der Mannschaften kann nur dann erfolgen, wenn seitens der Wehrmacht die dazu benötigten Baracken bereitgestellt werden, da auch die größeren Güter meines Kreises durch Wehrmacht bereits belegt sind. Wenn nun, wie seitens der Wehrmacht angedeutet wurde, die Baracken zumindest nicht im erforderlichen Umfange zur Verfügung stehen, werde ich mich entschließen müssen, Kirchen als Notquartiere in Anspruch zu nehmen. Die Jahreszeit läßt eine derartige Unterbringung jetzt zu.
Ich habe des öfteren die Erfahrung machen müssen, daß durch schöngefärbte Berichte höheren Orts über die tatsächliche Lage zwangsläufig ein falsches Bild entstehen muß. Befehle und Dispositionen werden dann als von nicht vorhandenen Voraussetzungen ausgehend getroffen, die sich dann in der praktischen Arbeit zum Teil als undurchführbar erweisen, zumindest jedoch zu erheblichen Unzuträglichkeiten führen, die sich in ihren kaum vorauszusehenden, vielfältigen Einzelauswirkungen als beträchtliche Fehler bemerkbar machen. So wurde beispielsweise den in meinem Kreis eingesetzten Straßenbauunternehmern in einer Dienstbesprechung erklärt, daß die Frage der Unterbringung glänzend gelöst sei.
Wenn sich nun die Gefolgschaftsmitglieder dieser Unternehmer wochenlang mit den erbärmlichsten Notquartieren abfinden müssen, so geht das letzten Endes nur auf Kosten der Arbeitsleistung und der Einsatzwilligkeit, dem Ganzen aber ist damit nicht gedient. Auch die zuständigen Straßenbaudienststellen sind von mir über diese Mißstände eingehend unterrichtet. Die Beschaffung von geeigneten Baracken wurde mir zugesichert.
Zur Errichtung von Baubuden und Unterstellungsräumen entsteht ein Holzbedarf, der aus dem mir zugewiesenen Kontingent nicht gedeckt werden kann, da ich die relativ geringe Menge von Bauholz zur Instandsetzung von infolge der Kriegseinwirkung nicht fertiggestellten Rohbauten verwenden muß. Für das Otto-Programm muß daher unter allen Umständen ein zusätzliches Holz-Kontingent frei gemacht werden.
Die Steinzufuhr hat mit allem Nachdruck eingesetzt. Eine Überbelastung der Gespannhalter ist dabei nicht zu vermeiden.
Bei der Durchführung der Straßenbaumaßnahmen wirkt zur Zeit noch erschwerend der Umstand, daß die Straßen bis zu einer Breite von 6 Metern von aufgeschütteten Schneemassen geräumt werden müssen. Der Großeinsatz von Arbeitskräften hat begonnen, geht jedoch infolge eines fühlbaren Mangels an geeigneten Arbeitsgeräten nicht in dem gewünschten Tempo vor sich.
*b.) Judenfrage:*
Den Juden wurde auch innerhalb des Kreisgebietes die Freizügigkeit völlig untersagt; eine Maßnahme, die in der Unterbindung des Schleichhandels ihre Begründung hat. Die Juden sind in 6 Orten des Kreises konzentriert und zwar in

Sokolow,
Wengrow,
Sterdyn,
Kosow,
Stoczek,
und Lochow.

Die Einrichtung jüdischer Wohnbezirke in den genannten Orten findet in Kürze ihren Abschluß, wenige in den Dörfern des Kreises noch ansässige Juden werden nach einem der 6 Orte überführt. Nichtkreisansässigen Juden habe ich das Betreten des Kreises Sokolow-Wengrow bei Strafe untersagt, so daß in Kürze der gesamte Verkehr innerhalb des Kreises judenfrei sein wird.

Eine vollständige Erfassung aller kreisansässigen Juden wurde zum 15. Februar d. Js. durchgeführt. An rund 20 000 Juden wurden Aufenthaltsbewilligungen bis auf weiteres erteilt. Sobald es die Witterung erlaubt, werden die jüdischen Wohnviertel abgeschlossen. Im Einvernehmen mit dem Arbeitsamt ist der Arbeitseinsatz der Juden organisiert.

Die Eigenverwaltung innerhalb des jüdischen Wohnviertels wurde dem Judenrat übertragen, die Einrichtung von sanitären Anlagen, Quarantänestationen und Gefängnissen sind angeordnet und werden nächstens durchgeführt.

*c.) Erfassung von kontingentierten Lebensmitteln.*

Mit Hilfe des Sonderdienstes[6] wird nach und nach der kreiseigene Bedarf an Brotgetreide erfaßt. Da jedoch eine genügende Zahl Exekutivorgane noch nicht zur Verfügung steht, gestalten sich die Erfassungsarbeiten äußerst schwierig. Aus dem gleichen Grunde können auch die Schwarzschlachtungen, die einen erheblichen Umfang annehmen, nicht im erforderlichen Maße unterbunden werden. Zur weiteren Einengung des Schleichhandels habe ich in Gastwirtschaften die Verabreichung von Fleischspeisen jeglicher Art untersagt. Lediglich zur Versorgung der Reichsdeutschen, die auf Karten erfolgt, sind wenige Wirtschaften zugelassen.

*B.) Bauernschenke.*

Am 8. Februar 1941 konnte ich im Rahmen einer würdigen Kundgebung die erste deutsche Gaststätte des Kreises Sokolow-Wengrow, *die Deutsche Bauernschenke*, ihrer Bestimmung übergeben. Sie ist als Geschenk des Kreishauptmanns an die Wehrmacht und alle im Kreis tätigen Reichsdeutschen gedacht. Planung und Innenausstattung entsprechen unserem artgemäßen Stil, sie kann ohne Übertreibung als wohlgelungen bezeichnet werden. In den freundlichen, heimisch anmutenden Räumen fühlen sich alle Gäste sehr wohl, die Gaststätte erfreut sich eines außerordentlich regen Zuspruchs. Da sich hier eine gute Existenzmöglichkeit für einen Reichsdeutschen bietet, besteht die Absicht, die Gaststätte einem tüchtigen Fachmann zu verpachten. Für die Parteiarbeit, die jetzt erst in gewohnter Weise einsetzen konnte, ist mit der Errichtung der Deutschen Bauernschenke eine wichtige Voraussetzung gegeben. Das Lokal wurde zum Mittelpunkt des kulturellen und politischen Lebens der im Kreis ansässigen Deutschen.

[...][7]

6 Der Sonderdienst im GG war eine Hilfspolizei aus Volksdeutschen und unterstand, anders als die dem HSSPF zugeordnete Polizei, unmittelbar der Regierung des GG.

7 Im Folgenden handelt der Bericht von Personalfragen, von der Stimmung unter den Reichsdeutschen und der poln. Bevölkerung, von der Entwicklung in den Abteilungen Ernährung und Landwirtschaft und Gesundheits- und Veterinärwesen, von wirtschaftlichen Problemen und vom Einsatz der Abt. BuF für die Wohlfahrt der Volksdeutschen.

## DOK. 249
## Der Judenrat in Lublin bittet am 4. März 1941 darum, die Sperrstunden zu verkürzen, um die Seuchengefahr einzudämmen[1]

Schreiben des Judenrats bei der Jüdischen Kultusgemeinde in Lublin (Nr. 1195/41), Obmann,[2] i.A. Dr. Alten,[3] an den Stadthauptmann von Lublin[4] vom 4. 3. 1941

Betrifft: *Polizeistundenordnung für Juden.*
Auf Anordnung des Chefs des Distrikts Lublin vom 4. Juni 1940 wurde die Polizeistunde für Juden auf 19 Uhr festgesetzt.
Die erste Durchführungsvorschrift zur Verordnung vom 26. Oktober 1939 über die Einführung des Arbeitszwanges für die jüdische Bevölkerung des Generalgouvernements vom 11. Dezember 1939 ordnet im § 4 an: „Den im Gen.Gouv. befindlichen Juden ist das Betreten und [die] Benutzung von Wegen, Straßen und Plätzen in der Zeit von 21 Uhr bis 5 Uhr ohne Genehmigung untersagt, wobei Anordnungen örtlicher Deutscher Behörden, die eine weitergehende Aufenthaltsbeschränkung enthalten – hiervon unberührt bleiben."[5]
Der Judenrat in Lublin erlaubt sich, die höfliche Bitte zu unterbreiten, bei der Festsetzung der Polizeistunde für die Frühjahrs- bezw. Sommerzeit dieselbe für Juden auf 21 Uhr zu bestimmen.
Die jüdische Bevölkerung verteilte sich früher auf alle Wohnbezirke der Stadt, jetzt ist sie in dem von der Behörde angeordneten Judenviertel auf einem engen Wohnraum konzentriert. Ende 1939 bezw. Anfang 1940 mußte der Judenrat noch mehrere Tausend umgesiedelte Juden aufnehmen, so daß die Bevölkerungsdichte z.Z. unvergleichlich höher ist als früher.
In seiner Sorge um die Gesundheit der jüdischen Bevölkerung und in dem eifrigen Bestreben, alles zu unternehmen, was dem Entstehen von ansteckenden Krankheiten hinderlich sein könnte, erachtet es der Judenrat für wünschenswert, daß die jüdische Bevölkerung hauptsächlich im Frühjahr und Sommer in den frühen Abendstunden die Möglichkeit erhält, ihre recht dürftigen Wohnräume, die mit Rücksicht auf die enge Bebauung häufig ohne entsprechende Licht- und Luftzufuhr sind, nicht aufsuchen zu müssen. Wenn noch berücksichtigt wird, daß der größte Teil des Judenviertels nicht kanali-

1 APL, 891/2, Bl. 13f.
2 Henryk Bekker (1886 – 1942), Ausbildung zum Bauingenieur in München; in der jüdischen Folkspartei aktiv, ab 1929 Stadtverordneter in Lublin, von 1936 an Vorsitzender der Lubliner Jüdischen Gemeinde; 1939 – 1942 Vorsitzender des Judenrats; Ende März 1942 nach Bełżec deportiert und dort ermordet.
3 Dr. Marek Alten (1885 – 1942), Jurist; im Ersten Weltkrieg Offizier der österr.-ungar. Armee; bis 1939 Aktivist der Zionistischen Organisation in Lublin; 1939 – 1942 stellv. Vorsitzender des Judenrats in Lublin und Leiter der JSS im Distrikt Lublin, Ende März 1942 nach der Deportation des Judenratsvorsitzenden dessen Nachfolger; im Nov. 1942 erschossen.
4 Friedrich August (Fritz) Saurmann (1893 – 1973), Journalist; 1932 NSDAP-Eintritt; 1933 – 1935 Beigeordneter der Stadt Mainz, 1934 Vorsitzender des Mainzer Carneval-Vereins, 1935 Parteiausschluss wegen „Separatismus" und „Judenfreundschaft" (1936 rehabilitiert); von Juni 1940 an Stadthauptmann von Lublin, 1942 wegen Korruption suspendiert, 1943/44 Kreishauptmann in Biała Podlaska; nach 1945 Geschäftsführer des deutschen Fach- und Arbeitgeberverbands der Chemischen Industrie.
5 Siehe den Wortlaut in Dok. 55 vom 11.12.1939.

siert ist und die arbeitenden Juden erst um 19 Uhr ihre Tagesarbeit beenden, also erst nach 19 Uhr die Möglichkeit haben, außerhalb ihrer engen und dumpfigen Wohnstuben auszuruhen und die Wohnungen zu lüften, wird unsere Bitte um so mehr begründet erscheinen.
Die oben angeführten Momente gesundheitlicher und hygienischer Natur machen es uns zur Pflicht, diese Bitte zu unterbreiten, zumal die erwähnten Bestimmungen der Verordnung vom 26. Oktober 1939 grundsätzlich ein Verweilen der Juden auf den Straßen und Plätzen bis 21 Uhr zulassen, somit auch eine Festsetzung der Polizeistunde auf 21 Uhr den zuständigen Behörden ermöglichen.[6]

## DOK. 250
## Polnische Untergrundorganisationen rufen am 6. März 1941 zur Verweigerung des Wachdienstes in Lagern für Juden auf[1]

Biuletyn Informacyjny[2] vom 6. 3. 1941

Am 1. März d.J. ist an den Mauern der Hauptstadt und [anderer] polnischer Städte ein [deutscher] Aufruf an die militärisch ausgebildeten Polen erschienen, dem *freiwilligen* Hilfsdienst des Wachpersonals für die jüdischen Baracken beizutreten.
Da *jedoch*:
1. der *freiwillige* Dienst von Polen unter deutschem Kommando *Hochverrat* ist,
2. der Hilfsdienst für die Polizei (Gendarmerie) zu Handlungen zwingen kann, die den guten Namen der Polen entehren,
3. kein freiwillig diesem Dienst Beitretender die Gewähr hat, dass er nicht ins Innere Deutschlands oder in ein anderes Land *abtransportiert* wird, wodurch Polen Menschen mit militärischer Ausbildung verlöre, die nötig sein werden, wenn der Kampf gegen die Besatzungsmacht entbrennt,
4. jeder Pole, der in den deutschen Dienst eintritt, einen Deutschen für die Kriegsfront gegen unsere Verbündeten freistellt und dadurch unseren Sieg und den Wiederaufbau der Unabhängigkeit verzögert,
5. die sich im Ausland aufhaltende polnische Regierung schon im vorigen Jahr angeordnet hat, sich auch nur des Anscheins von Mitwirkung an dem von den Deutschen organisierten antijüdischen Vorgehen zu enthalten,[3]

6 Zum 1.5.1941 wurde die Sperrstunde im Lubliner Getto auf 21 Uhr festgesetzt; siehe auch Dok. 293 vom 3.6.1941.

1 Biuletyn Informacyjny, 6.3.1941, S. 1, Biblioteka Narodowa, MF 45816. Das Dokument wurde aus dem Polnischen übersetzt. Abdruck als Faksimile in: Polacy – Żydzi. Polen – Juden. Poles – Jews 1939 – 1945. Wybór źródeł. Quellenauswahl. Selection of documents, hrsg. von Andrzej Krzysztof Kunert, Warszawa 2001, S. 188f.
2 Das Biuletyn Informacyjny (Informationsbulletin) erschien seit Ende 1939 in Warschau als Untergrundblatt des ZWZ, aus dem 1942 die Heimatarmee hervorging. Es entwickelte sich zum einflussreichsten Untergrundblatt mit der höchsten Auflage (im Jahr 1944 über 40 000); die letzte Nummer erschien im Jan. 1945.
3 Nicht aufgefunden; womöglich handelt es sich um eine geheime Instruktion der poln. Regierung an führende Persönlichkeiten des Untergrunds.

6. der deutsche Feind diesen Hilfsdienst ausnutzen wird, um der ganzen Welt zu zeigen, dass wir bei der Vernichtung der Juden mit ihm zusammenarbeiten, und da er versuchen wird, uns gegenüber dem Ausland zu kompromittieren,
rufen die im Auftrag der Polnischen Exilregierung handelnden
militärisch-organisatorischen Kreise auf polnischem Territorium alle Polen auf, kategorisch jedem Gedanken abzuschwören, sich für die Reihen des Hilfsdienstes der deutschen Polizei (Gendarmerie) anwerben zu lassen.
Die Redaktionen der polnischen Untergrundblätter werden gebeten, diesen Aufruf abzudrucken.

## DOK. 251
## Salomea Cytryń beschreibt ihrem Mann am 6. März 1941 ihren Alltag im Warschauer Getto[1]

Handschriftl. Brief von Salomea Cytryń[2] aus Warschau an Nusyń (Natan) Cytryń[3] in Murnau vom 6.3.1941[4]

Geliebter Nusyń! Deinen Brief vom 15. habe ich zusammen mit der Überweisung von Zł. 65 vor einem Augenblick entgegengenommen. Warum nur hast Du mir Geld geschickt, da Du es für Pakete brauchst? Bei uns ist die Versendung von Paketen eingestellt worden. Mit den Hemden war ich einige Male auf der Post, und ich kann sie nicht abschicken. Alle Deine Briefe an mich kommen an. Die Zusätze für Deine Eltern und für Heniek kann ich nicht wegschicken, da ich nur Postkarten schreiben darf. Von Deinen Eltern und auch von Emilia habe ich keine Briefe erhalten, hingegen von Heniek 2 Lebensmittelpakete, und eines ist noch unterwegs, auch von Tosia haben wir Zł. 200 erhalten. Du wirst Dir vorstellen können, was für eine Last uns von der Seele fiel! Schweinefleisch, Gänsefett, Weizengrütze, Mehlklößchen, Tee! Trotz alledem habe ich mich am meisten über Dein Paket von Heniek gefreut. Heute schreibe ich an Deine Eltern und an Heniek. Moroluś,[5] und jetzt schildere ich Dir, womit ich mich beschäftige. 21 Frauen haben Konzessionen für 7 Imbissstuben des Ordnungsdienstes erhalten, ich bin eine von ihnen. Ich besitze mit zwei Frauen eine Imbissstube an der Twarda 15. Wir verkaufen Kuchen, Tee etc. Um 5 Uhr morgens muss ich aufstehen, um rechtzeitig Tee aufzubrühen, ich bin dort bis 4 Uhr nachmittags beschäftigt. Aber das ist noch nicht meine ganze Arbeit, denn später gehe ich mit Speiseöl von einem Laden zum nächsten. Ich danke Gott dafür, ich wäre glücklich, wenn Du bei uns wärest. Ich arbeite schwer! Ich habe aufgehört, eine Frau auf der Jagd nach einem Broterwerb zu sein! Fräulein Marysia, die Verlobte von

1 YVA, O-6/553, Bl. 1. Das Dokument wurde aus dem Polnischen übersetzt.
2 Salomea Cytryń (1902–1942), geb. Kazimierska, stammte aus Włocławek, von wo sie 1939 nach Warschau vertrieben wurde; sie wohnte in der Twarda-Straße 28/53. Der letzte Brief, den ihr Mann von ihr erhielt, wurde am 18.6.1942 abgeschickt.
3 Nusyń Cytryń, Leutnant der polnischen Armee, Kriegsgefangener im Oflag VII A (Block B IV, Gefangenennr. 186) in Murnau/ Oberbayern; er lebte nach 1945 in Kanada.
4 Im Original nachträglich hinzugefügte Unterstreichungen und Erklärungen.
5 Kosename für den Ehemann.

Hrn. Daniek, hat mich zu ihrem Auftritt (kostenlos) ins Theater eingeladen. Trotz Erschöpfung musste ich ihre Einladung annehmen. [...][6] Marysia ist die Zierde des Theaters, eine künftige Berühmtheit, sie spielt wunderbar! Ich schließe und küsse Dich, heiß Angebeteter. Kos[7]
Wir wünschen uns, Dich so bald als möglich wiederzusehen. Mutter und Vater.[8]
Geliebter und vergötterter Papi! Dein Hochzeitstag ist nicht mehr fern. Ich wünsche Dir, dass Du schon bei uns sein wirst, und sehne mich nach Dir. Janek.[9]

## DOK. 252
## Gouverneur Fischer berichtet am 10. März 1941 über die Zwangsarbeit und Vertreibung von Juden im Distrikt Warschau[1]

Lagebericht von Gouverneur Fischer für den Monat Februar 1941, Warschau, vom 10. 3. 1941

[...][2]
*IV. Abteilung Arbeit*
[...][3]
3. *Werbung von Landarbeitern in das Reich*
Die Vorarbeiten für die Landarbeiterwerbung in das Reich sind so gut wie abgeschlossen. Das Gesamtkontingent an Landarbeitern beträgt für das Generalgouvernement 220 000. Der Distrikt Warschau hat hiervon 17 % = 37 400 aufzubringen, die in der Hauptsache nach Pommern und Lothringen verschickt werden. Für die Werbung sind 250 Stützpunkte im Distrikt errichtet worden, so daß die Gewähr für die Erfüllung des Kontingents gegeben ist. [...][4]
4. *Arbeitseinsatz der Juden*
Der Arbeitseinsatz der Juden war auch im Monat Februar mäßig. Es sind bei den deutschen Dienststellen nur rund 1800 Juden beschäftigt worden, was in der Hauptsache auf die zu Beginn des Monats herrschende Schlechtwetterlage zurückzuführen ist. Der Distrikt Lublin hat für Anfang März 10 000 Juden für Meliorationsarbeiten angefordert, für einen späteren Zeitpunkt weitere 15 000 Juden. Im Distrikt Warschau sind für Deich- und Meliorationsarbeiten weitere 25 000 Juden vorgesehen, so daß mit einem Großeinsatz von insgesamt etwa 50 000 jüdischen Arbeitskräften zu rechnen ist. Da ein großer

6 Zwei Wörter unleserlich.
7 Salomea Cytryń.
8 Salomea Cytryńs Eltern.
9 Salomea und Nusyń Cytryńs Sohn. Die vier letzten Sätze in anderen Handschriften.

1 AIZ, Dok. I-151/27, Bl. 62 – 83, Zitate Bl. 72f. und 77 – 79. Kopie: IfZ/A, MA 158/3. Abdruck in poln. Übersetzung in: Raporty Ludwiga Fischera Gubernatora Dystryktu Warszawskiego 1939 – 1944, hrsg. von Krzysztof Dunin-Wąsowicz u. a., Warszawa 1987, S. 264 – 283, Zitate S. 272f. und 277 bis 279.
2 Der Monatsbericht umfasst 22 Seiten; Fischer berichtete zunächst über die politische und wirtschaftliche Lage im Distrikt, dann über die Entwicklung in den Kreisen und schließlich über einzelne Abteilungen.
3 Zunächst ging Fischer auf die Lohnentwicklung in Warschau ein, dann auf die Beschäftigungslage.
4 Hier folgen weitere Ausführungen zur Anwerbung von Landarbeitern für das Reichsgebiet.

Teil dieser Juden aus dem Warschauer jüdischen Wohnbezirk entnommen wird, ist mit einer fühlbaren Entlastung des jüdischen Wohnbezirks zu rechnen.

[...][5]

*VIII. Abteilung Umsiedlung*

1. Das *Einbürgerungsverfahren* für die von der Volksdeutschen Mittelstelle erfaßten Volksdeutschen wird nunmehr von der Einwandererzentrale vorbereitet.

2. Bei der Aufnahme der in 7 Transportzügen eingetroffenen *Evakuierten* hat das Fehlen von Baracken zu außerordentlichen Schwierigkeiten geführt. Die Aufnahme von insgesamt 62 000 Evakuierten, mit deren Eintreffen in der nächsten Zeit zu rechnen ist, wird überhaupt nur dadurch möglich, daß aus den westlich der Weichsel gelegenen Gebietsteilen des Distrikts Warschau sämtliche Juden herausgezogen werden, so daß die aus dem Reichsgebiet Evakuierten die freiwerdenden Wohnungen einnehmen können.[6]

3. Die *Umsiedlungsgesuche von Polen*, die aus dem Ostgebiet des Reiches in das Generalgouvernement umgesiedelt werden möchten, häufen sich. Grundsätzlich werden derartige Gesuche abgelehnt, es sei denn, daß es sich um Angehörige von Polen handelt, die entweder im Dienst der deutschen Verwaltung stehen oder die bereits aus den Ostgebieten des Reiches nach dem Generalgouvernement evakuiert worden sind.

4. Beim *jüdischen Wohnbezirk* sind weitere Grenzverbesserungen durch eine Grenzregulierungskommission vorgenommen worden, um dem gerade an den Grenzen auftretenden Schleichhandel und Schmuggel immer mehr Einhalt zu gebieten. Im Zusammenhang damit wurden die Aussparungen verschiedener arischer Großbetriebe, die an der Peripherie des jüdischen Wohnbezirks gelegen sind und sich jetzt noch innerhalb des jüdischen Wohnbezirks befinden, überprüft und ermöglicht.[7]

Die Paketausfuhr aus dem jüdischen Wohnbezirk ist mit Wirkung vom 24.2.41 gesperrt worden.[8]

5. Die *Transferstelle* hat in der Hauptsache die gesamte Versorgung der Judengemeinschaft mit Bedarfsmitteln bearbeitet. Auf Grund einer Bedarfsmeldung, die der Judenrat einzureichen hat, wird die betreffende Ware nach geleisteter Vorauszahlung in der ungefähren Höhe des Gegenwertes für die angeforderte Menge seitens des Judenrates bei leistungsfähigen Lieferanten auf Rechnung der Transferstelle eingekauft.

Für die in Aussicht stehenden Großaufträge können sofort 5000 Schneider, 3700 Mützenmacher und 1000 Schuhmacher in großen Werkstätten produktiv eingesetzt werden. Diesbezügliche Wehrmachtsaufträge vom Beschaffungsamt des OKW in Berlin sind bereits angekündigt.

Ferner sind Vorbereitungen getroffen, um etwa 30 000 jüdische Textilarbeiter einzusetzen.

Der Arbeitseinsatz der Juden außerhalb des jüdischen Wohnbezirks besteht in den Arbeiterkolonnen, die täglich in Stärke von etwa 2000 Mann bei den verschiedenen Dienststellen Hilfsarbeiten mannigfacher Art ausführen, und in dem kasernierten Außeneinsatz,

5 Im Weiteren geht es um die Sozialversicherung, den Wohnungsbau und die Entwicklung in den Abteilungen Ernährung und Landwirtschaft, Forsten und Innere Angelegenheiten.

6 Siehe Dok. 236 vom 10.2.1941.

7 Das heißt, diese Großbetriebe lagen nun jenseits der Gettogrenze.

8 Diese Regelung galt nur vorübergehend. Erst im Nov. 1941 untersagte der Leiter der HA Post in der Regierung des GG, Dr. Lauxmann, endgültig die Versendung von Paketen aus dem Warschauer Getto.

der zur Zeit noch vorbereitet wird. Im Einvernehmen mit dem Arbeitsamt werden augenblicklich etwa 40 000 Juden ausgemustert, die am Ende des Monats in verschiedene Teile des Generalgouvernements zu Meliorationsarbeiten und sonstigen Arbeiten abtransportiert werden.
Die Handelsbeziehungen zwischen dem jüdischen Wohnbezirk und der arischen Umwelt, deren Regelung ebenfalls der Transferstelle obliegt, vollziehen sich auf dem Warenumschlagplatz. Dabei ist beobachtet worden, daß die Beschaffungswünsche der arischen Wirtschaftswelt nicht immer den tatsächlichen Bedürfnissen entsprechen, sondern vielfach der Ausfluß einer ausgesprochenen Spekulationsabsicht sind. Unter den zahlreichen Abschlüssen ist vor allem der Ankauf einer großen Zahl von Werkzeugen in Höhe von 100 000 Zl. für das Rüstungskommando hervorzuheben.
Der Stand der Seuchen und ansteckenden Krankheiten im jüdischen Wohnbezirk ist verhältnismäßig gering. Im Februar 1941 wurden nur 110 Flecktyphusfälle, 26 Flecktyphusverdachtsfälle und 1 Bauchtyphusfall festgestellt.[9] Es wurden innerhalb des jüdischen Wohnbezirks 6 Gesundheitspunkte errichtet, an denen jüdische Ärzte ständig Dienst verrichten.
6. Im *deutschen Wohnbezirk* wird weiter an der Schaffung von Gemeinschaftswohnungen gearbeitet.
[...][10]

## DOK. 253

**Krakauer Zeitung vom 13. März 1941: Bericht über einen Vortrag von Reichsamtsleiter Schön über das bevölkerungspolitische Programm im Distrikt Warschau[1]**

*Die Volkstumsordnung im Distrikt Warschau. Verdrängung des Juden aus Handel und Handwerk. Förderung eines polnischen Mittelstandes. Aufschlüsse des vierten Vortragsabends der Volksbildungsstätte Warschau.*

*Eigener Bericht der Krakauer Zeitung*
e. Warschau, 13. März
Der vierte Vortragsabend der deutschen Volksbildungsstätte Warschau im Konzertsaal des Palais Brühl, der wiederum erfreulich gut besucht war, war dem Thema Volkstumsordnung im Distrikt Warschau gewidmet, über das der Leiter der Abteilung Umsiedlung im Amt des Distriktschefs Warschau, Reichsamtsleiter *Schön*, sprach.
Der Vortragende ging von dem großen deutschen Aufbauwerk im Osten aus, das beweise, daß die Deutschen wiederum, wie schon vor Jahrhunderten, als Kulturträger in diesen Raum gekommen seien, dem heute seine endgültige Ordnung gegeben werde. Das sei aber nur möglich, wenn mit dem staatlichen und wirtschaftlichen Aufbau eine sinnvolle

9 Im Winter 1940/41 führte Fleckfieber unter den übertragbaren Krankheiten zu den meisten Todesfällen. Viele Erkrankungen wurden jedoch nicht gemeldet, so dass der tatsächliche Krankenstand weit höher lag als von Fischer angegeben.
10 Es folgen Ausführungen zum Gesundheits-, Schul- und Justizwesen, zur Tätigkeit der Personal- und Propagandaabt.

1 Krakauer Zeitung, Nr. 58 vom 13.3.1941, S. 5.

Volkstumsordnung Hand in Hand gehe, die wiederum nur nach den Gesetzen des Blutes ausgerichtet werden könne.
In diesen größeren Zusammenhang stellte der Redner auch die Volkstumsordnung des Distrikts Warschau, wobei er die Umsiedlung der hier ansässigen Volksdeutschen erwähnte. Um klare Volkstumsgrenzen zu gewinnen und um wertvolles deutsches Blut dem deutschen Volk zu erhalten, seien diese Maßnahmen unerläßlich. Im Rahmen der künftigen Volkstumsordnung werde auch eine endgültige Lösung der Judenfrage vorbereitet.
Reichsamtsleiter Schön, der hier einen interessanten Rückblick über die Geschichte und Entwicklung des Judentums in Polen gab, bezeichnete dabei als unbedingt notwendig, daß der jüdische Einfluß gebrochen werden müsse, wenn aller Aufbau auf die Dauer nicht gefährdet sein sollte.
Die Bildung der jüdischen Wohnbezirke im Distrikt Warschau begründete er in politischer, sanitärer und wirtschaftlicher Hinsicht, wobei er hervorhob, daß durch die Ausschaltung des Judentums auf wirtschaftlichem Gebiet, das sich in Polen namentlich im Handel und im Handwerk festgesetzt hatte, auch die Entstehung einer gesünderen wirtschaftlichen Struktur innerhalb der polnischen Bevölkerung gefördert werde. Ein polnischer Mittelstand habe bisher immer gefehlt, da die Erwerbsquellen dieser Bevölkerungsschicht in jüdischen Händen lagen. Wenn bis jetzt zum Beispiel in Warschau 4[000] bis 5000 Geschäfte und Handwerksbetriebe bereits an Polen vergeben werden konnten, so sei das bereits ein bedeutsamer Ansatz zur Bildung eines polnischen Mittelstandes. Abschließend stellte Reichsamtsleiter Schön alle diese Einzelvorgänge in den großen geschichtlichen Zusammenhang der vom Führer angestrebten Neuordnung Europas.

## DOK. 254
## Der Bürgermeister von Staszów weist am 14. März 1941 den Judenrat an, Seuchen durch Baden und Entlausen zu bekämpfen[1]

Anordnung des kommissar. Bürgermeisters von Staszów (Nr. 19/41), Józef Suchan, an den Judenrat in Staszów (Eing. 14. 3. 1941)[2] vom 14. 3. 1941

Zur intensiven Bekämpfung des Fleckfiebers in Staszów ordne ich mit sofortiger Wirkung Folgendes an:
1) a) Die Badestunden im Jüdischen Bad werden bis 18 Uhr verlängert.
b) Das Bad ist für Männer von 8 bis 13 Uhr, für Frauen von 13 bis 18 Uhr geöffnet.
Während der Badezeit der Männer reinigen die Frauen zu Hause die Wohnungen und Haushaltsgeräte und kochen die Leibwäsche.
Vor dem Bad sollen alle Männer mit dem Rasiermesser, nicht mit dem Rasierapparat, rasiert werden; der Kopf dagegen ist mit dem Rasierapparat völlig kahl zu scheren.
c) In Anbetracht dessen, dass die Badeanstalt zu viel jüdisches Personal beschäftigt, das beim normalen Baden stört, ist das Personal zum Bedienen der Wannen und zum Feu-

1 AŻIH, 222/1, Bl. 2. Kopie: USHMM, RG 15.073M, reel 1. Das Dokument wurde aus dem Polnischen übersetzt.
2 Die Anordnung wurde zur Kenntnisnahme an Dr. Lamieszewski, Polnische Polizei, an Michał Jasiński, Sanitärkontrolle, und an W. Sawicki geschickt.

ermachen auf ein Minimum zu reduzieren. Schließlich erhöhen zu viele Personen in den engen Räumlichkeiten die Gefahr der Verlausung oder Ansteckung.
Die Leitung des Bades wird, soweit sie die Art und Weise des Badens (also nicht Verwaltung und allgemeine Leitung) betrifft, dem dort derzeit beschäftigten Herrn Wiktor Sawicki übertragen.
d) Da die Kapazität des Desinfektionsofens keine rasche Desinfektion mit Badebetrieb gestattet, ist gleichzeitig das Desinfektionsgerät des Krankenhauses in Betrieb zu nehmen.
2) Im Falle eines Verdachts auf Fleckfieber sind die Wohnungen mit Hilfe von Schwefel sofort systematisch zu desinfizieren.
3) Das Isolationshaus Nr. 2 (auf dem Jüdischen Friedhof) ist für Personen bestimmt, die wegen Fleckfieber isoliert werden, und Haus Nr. 1 (Górna Rytwianska) für Personen, die unter Quarantäne stehen, sowie für Personen, die bei Verdacht auf ansteckende Krankheiten bis zur Feststellung des Befundes isoliert werden.

## DOK. 255
## Das Jüdische Hilfskomitee in Kielce berichtet am 15. März 1941 über die Situation von Vertriebenen in Nowa Słupia[1]

Bericht des Jüdischen Hilfskomitees in Kielce, gez. Leon Sachnowicz,[2] an den Berater des Distriktchefs in Radom (Eing. 17. 3. 1941), Józef Diament, vom 15. 3. 1941 (Durchschlag)[3]

Aufgrund eines telefonischen Auftrags und der Bevollmächtigung durch den Vorsitzenden[4] vom 13. März 1941 begab ich mich am 14. März 1941 nach Słupia Nowa,[5] um den Zustand der aus Hohenburg (Wyszogród) und anderen Ortschaften Ausgesiedelten zu begutachten, wobei ich Folgendes festgestellt habe:
1. *Ankunft und Unterbringung*
Der Transport zählte auf dem Bahnhof in Kielce 1002 Personen. Dreizehn Kranke wurden dem Krankenhaus in Kielce überstellt. Der Rest kam auf Fuhrwerke. Unterwegs starb plötzlich eine Person. Im Ort kamen 988 Personen an. Teilweise waren es ganze Familien, vor allem aber einzelne Familienmitglieder, da die Übrigen vorerst nicht ausgewiesen worden waren. Unter den Ankömmlingen befindet sich eine erhebliche Zahl von Kindern. Ein genaues Verzeichnis der Familien wird in den nächsten Tagen vorgelegt.
Die Unterbringung stößt auf unüberwindliche Schwierigkeiten. Das Städtchen liegt hinter dem Heilig-Kreuz-Berg[6] und ist sehr schwer zu erreichen. Es zählt rund 2000 Seelen, die Hälfte Juden. Die Juden lebten dort schon vor dem Krieg sehr beengt, mit bis zu 7 Personen in einer Stube. Es gibt rund 200 jüdische Familien. In diesen 200 Wohnungen ist es kaum möglich, die Ausgesiedelten unterzubringen. Im Laufe des ersten Tages wurde mehr als ein Dutzend Personen in jede Stube eingewiesen. Ich habe diese Wohnungen

1 YVA, O-21/37, Bl. 202f. Das Dokument wurde aus dem Polnischen übersetzt.
2 Leon Sachnowicz war seit Ende 1940 Mitglied des Jüdischen Hilfskomitees in Kielce.
3 Im Original handschriftl. Unterstreichungen.
4 Gemeint ist der Vorsitzende der JSS, Michał Weichert.
5 Ältere Bezeichnung für die Gemeinde Nowa Słupia.
6 Święty Krzyż auf Polnisch oder auch: Łysa Góra.

besucht und in einigen engen, feuchten Stuben bis zu 25 Personen gezählt, zusammen mit den Einheimischen. Der sanitäre Zustand dieser Stuben ist geradezu katastrophal. Die Ausgesiedelten liegen auf dem Boden aufgereiht auf Stroh. Es gibt keinen einzigen Heusack. Die Menschen ziehen sich gar nicht aus. Die hilfsbereiteren Einwohner treten Frauen und Kindern ihre Betten ab und legen sich selbst auf den Boden. Ich habe Wohnungen besucht, in die bis zu 40 Menschen eingewiesen worden waren. Dabei reichten die Quartiere nicht für alle, rund 400 Ausgesiedelte wurden in der Synagoge untergebracht, wo Pritschen aufgestellt wurden. Der Zustand der Menschen, die sich in der Synagoge aufhalten, ist in sanitärer Hinsicht noch schlimmer.

2. *Zur Hygiene*

Die Ausgesiedelten wie auch die Einheimischen leben unter entsetzlichen sanitären Bedingungen. Die Menschen ziehen sich zum Schlafen nicht aus. Sie halten sich in feuchten und ungelüfteten Stuben auf. Ein Teil der Ankömmlinge ist verlaust, und es gibt keine Möglichkeit, sie zu entlausen und zu baden. Ich habe die Badeanstalt besucht. Es handelt sich um eine Mikwe, die aus einem Raum besteht. Die Menschen ziehen sich dort aus. Man geht über Stufen ins Badebecken, in dem gleichzeitig gerade mal 8 bis 10 Personen Platz haben. Es gibt keine einzige Brause. Das Wasser in der Mikwe ist schmutzig. Es wird sehr selten ausgetauscht, drei bis vier Mal im Jahr. Überhaupt herrscht in der Stadt Wassermangel. Man holt es von den Hängen des Heilig-Kreuz-Berges aus einem Bach, der dort fließt. Es wird sogar als Trinkwasser genutzt. Der Ältestenrat hat weder Seife noch Medikamente. Medikamente werden zu normalen Preisen in der Apotheke gekauft. Im Städtchen gibt es einen christlichen Arzt; unter den Ausgesiedelten sind zwei Sanitätshelfer. Es gibt auch Kranke unter den Ausgesiedelten, aber keinen Ort, um sie zu isolieren. In der Synagoge liegt z.B. oft ein Schwerkranker mit offener Tuberkulose zusammen mit gesunden Kindern auf der Pritsche.

3. *Zur Nahrungsmittelversorgung*

Zusammen mit dem Transport sind aus Kielce 900 Brotlaibe zu je einem Kilo, 675 kg Grütze, 690 kg Mehl und 300 kg Gerstengraupen eingetroffen. Außerdem hat das Kreishilfskomitee am Ankunftstag des Transports für die Ausgesiedelten eine Lebensmittelzuteilung erhalten, die sich wie folgt zusammensetzt: 1 Doppelzentner Grütze, 1 Doppelzentner Gerstengraupen, 2 ½ Doppelzentner Mehl, 100 kg Marmelade und 10 kg Zucker. Für diese Zuteilung hat der Ältestenrat in Słupia 816 Zł. bezahlt, wofür er von mir Geld bekam. Der Ältestenrat richtet im Gotteshaus eine Küche für 1000 Personen ein; sie wird in einigen Tagen fertig sein. Vorerst wurden alle Lebensmittel unter den Ausgesiedelten verteilt, die in ihren Quartieren selbst kochen. Außerdem ist zusammen mit den Ausgesiedelten ein Waggon Kartoffeln eingetroffen, die während meines Aufenthalts nach Nowa Słupia weitertransportiert wurden. Sie sind noch nicht gewogen. Ich schätze, es handelt sich um rund 100 Doppelzentner. Durch Fäulnis ist es aber sicher viel weniger. Nowa Słupia erhält normalerweise keine Lebensmittelzuteilungen und vor allem kein Mehl zum Brotbacken. Angesichts dessen ist damit zu rechnen, dass es schon am Montag, dem 17. d.M., kein Brot für die Ausgesiedelten mehr geben wird. Es gibt auch absolut kein Fett, weshalb die Inbetriebnahme der Küche infrage steht.

4. *Der Ältestenrat in Słupia Nowa*

Die finanzielle Situation des Ältestenrates ist sehr schlecht. Sie haben einen monatlichen Haushalt von rund 2000 Zł. und schließen ihn mit einem Defizit von 600 bis 700 Zł. ab. Ein Teil dieses Haushalts ist für die Sozialfürsorge bestimmt. Es ist undenkbar, dass sie aus eigenen Mitteln fast 1000 neu eingetroffene Personen unterhalten könnten. Die Menschen im Städtchen sind mit geringen Ausnahmen sehr arm. Sie leben überwiegend vom Hausiererhandel. Ich habe gehört, 80 % der Bevölkerung sollten eigentlich die Sozialfürsorge nutzen, doch es sind nur 10 %, weil es keine Mittel gibt. Zur Wirtschaftsweise des Ältestenrates habe ich persönlich kein Vertrauen. Einen sehr positiven Eindruck machte Chil Zylberman[7] auf mich, von Beruf Müller, der das im Rahmen der [Hilfs-]Aktion für die Ausgesiedelten eingerichtete Komitee leitet. Ich habe ihn beauftragt, die Lebensmittelversorgung selbst zu übernehmen. Die neu Eingetroffenen in ihren Berufen zu beschäftigen ist unmöglich. Es gibt z.B. im Städtchen nur einen jüdischen Friseur, der nur an einem Tag in der Woche verdient, am Freitag, und davon nicht leben kann. Ich erwähne das, weil ich einen ausgesiedelten Friseur unterbringen wollte und mir das nicht gelungen ist. Ebenso verhält es sich mit anderen Handwerkern. Ich kann nicht erkennen, dass einer von ihnen eine Anstellung finden könnte. – Im nahe gelegenen Bergwerk arbeiten 120 Juden, die 1,60 Zł. täglich erhalten.

*Empfehlungen*

1. Sofortiges Handeln ist erforderlich, um die Ausgesiedelten mit Lebensmitteln zu versorgen, weil sonst die Küche nicht in Betrieb genommen werden kann.
2. Sie müssen mit einigen hundert Heusäcken, Betten und mit Medikamenten versorgt werden.
3. Nötig ist sofortige finanzielle Unterstützung. Vorerst sollten bis zu 5000 Zł. übermittelt werden.
4. Es sind verstärkt Anstrengungen zu unternehmen, um mindestens 800 Aussiedler aus Słupia in nahe gelegenen Kleinstädten unterzubringen, also in Łagów (9 km), Raków (18 km) und Chęciny bei Kielce.

Hochachtungsvoll

## DOK. 256

## Der Gendarmerieposten Piaski meldet am 20. März 1941 den Rücktransport zwangsausgesiedelter Juden[1]

Schreiben des Gend.-Postens in Piaski (Tgb.-Nr. 336/41), Gend.-Meister u. stellv. Postenführer Strugat (?), an den Gendarmeriezug in Lublin vom 20. 3. 1941

*Betrifft:* Rücktransport evakuierter Juden.
*Bezug:* Funkspruch des Herrn Kreishauptmann-Lublin v. 17.3.1941.[2]
Anordnungsgemäß wurden die Streifen nach den von Krasnystaw auf dem Weg nach Lublin befindlichen evakuierten Juden durchgeführt. Es wurden insgesamt 136 Juden aufgegriffen und durch das Pol.-Batl. 306-Lublin wieder nach ihren Ausgangspunkten zurücktransportiert. An Bargeld wurde bei den Juden der Betrag von 2523 Zł. vorgefunden. Der Betrag ist am 20.3.1941 an den Herrn Kreishauptmann in Lublin abgeführt worden.

7 Chil Zylberman (1909 – 1941), in Auschwitz ermordet.

1 APL, 501/141, Bl. 25.
2 Nicht aufgefunden. Kreishauptmann war Emil Ziegenmeyer.

7 zu dem Transport verwendete Pferde wurden sichergestellt. Von diesen wurden bereits 3 Stück durch den Vertreter des Herrn Kreislandwirts – Referent *Dittert*[3] – an Landwirte verkauft, während 4 Stück zur Pflege an ein Gut abgegeben wurden.
Das Pol.-Batl. 306 ist am 17.3.1941 gegen 14.45 Uhr hier eingetroffen und gegen 23 Uhr wieder in den Standort zurückgefahren.

## DOK. 257
## Der Chef des Distrikts Lublin gibt am 20. März 1941 die Einrichtung des Gettos in Lublin bekannt[1]

*Bekanntmachung* betr. die Bildung eines geschlossenen jüdischen Wohnbezirkes in der Stadt Lublin.

Aus zwingenden öffentlichen Gründen wird mit sofortiger Wirkung in der Stadt Lublin ein geschlossener jüdischer Wohnbezirk (Ghetto) gebildet. Zur Durchführung dieser Maßnahme ordne ich an:
1. Das Ghetto der Stadt Lublin wird durch folgende Straßen abgegrenzt: Ecke Kowalska über Ulica Kowalska, Ulica Krawiecka an dem in der Skizze[2] bezeichneten Häuserblock entlang, über das freie Feld Ul. Sienna schneidend zur Ul. Kalinowszczyzna bis zur Ecke Franciszkanska, Ul. Franciszkanska bis zur Ecke Lubartowska, Lubartowska bis zur Ecke Kowalska.
2. In diesem jüdischen Wohnbezirk haben sämtliche in der Stadt Lublin ansässigen Juden zu wohnen. Außerhalb des Ghettos ist Juden der dauernde Aufenthalt verboten.
3. Die innerhalb des jüdischen Wohnbezirks wohnenden Nichtjuden haben bis zum 31. März 41 ihre Wohnungen [nach] außerhalb des Ghettos zu verlegen. Wohnungen werden durch das Städt. Wohnungsamt, Abt. Umsiedlung (Rynek, Tribunal)[3] nachgewiesen.
Nichtjuden, die bis zum 31. März 1941 ihre Wohnungen im jüdischen Wohnbezirk nicht verlassen haben, werden zwangsweise ausgesiedelt. Bei der zwangsweisen Aussiedlung darf nur Flüchtlingsgepäck bis zum Höchstgewicht von 25 kg pro Person mitgenommen werden. Sperrige Güter werden abgenommen.
4. Die noch außerhalb des Ghettos wohnenden Juden haben ihre Wohnungen bis zum 5. April 41 in den jüdischen Wohnbezirk zu verlegen.
Die in den Stadtteilen Kalinowszczyzna und Sierakowszczyzna wohnenden Juden haben ihre Wohnungen bis zum 20. April 41 zu räumen und in das Ghetto umzusiedeln.
Wohnungen im Ghetto werden durch das jüdische Quartieramt Lubartowska 10 zugeteilt. Einrichtungsgegenstände und die zum persönlichen Gebrauch bestimmten Sachen sowie Geschäftseinrichtungen und ordnungsgemäß erworbene Warenvorräte können dabei mitgenommen werden.

3 Paul Dittert (*1897).

1 APL, 498/892, Bl. 312–315.
2 Der Bekanntmachung war ein Lageplan des Gettogebiets beigefügt.
3 So lautete die Adresse.

Soweit Einrichtungsgegenstände und sonstige Güter nicht in der neuen Unterkunft im jüdischen Wohnbezirk untergebracht werden können, sind sie der Treuhandaußenstelle in Lublin anzubieten. Sie dürfen erst nach Freigabe durch diese im freien Verkehr veräußert werden.
Einrichtungsgegenstände in jüdischen Wohnungen, die verlassen wurden und von anderen Mietern benützt werden, sind der Treuhandaußenstelle in Lublin zu benennen. Über die Art und Weise der Verwertung oder die anderweitige Verwendung dieser Gegenstände ergehen von dort aus noch nähere Anweisungen.
5. Juden, die ihre Wohnungen innerhalb der gesetzten Fristen nicht in den jüdischen Wohnbezirk verlegt haben, werden zwangsweise aus der Stadt Lublin ausgesiedelt. Bei der zwangsweisen Aussiedlung darf nur Flüchtlingsgepäck bis zum Höchstgewicht von 25 kg pro Person mitgenommen werden. Juden, die bis zum Ablauf der Fristen freiwillig aus Lublin wegziehen, können ihr gesamtes Hab und Gut mitnehmen. Die für die Umsiedlung in Frage kommenden Gemeinden im Distrikt Lublin werden dem Judenrat besonders bekanntgegeben.
Anträge auf Umsiedlung sind über den Judenrat an das Städt. Wohnungsamt in Lublin vorzulegen.
6. Ladengeschäfte, Werkstätten und andere Unternehmen von Juden, die außerhalb des Ghettos liegen, bleiben von der Umsiedlung vorläufig ausgeschlossen; sie sind sofort schriftlich beim städt. Wohnungsamt anzumelden und dürfen keinesfalls als Unterkünfte benützt werden.
7. Innerhalb des Ghettos liegende nichtjüdische Dienststellen, Werke und Unternehmen sind bis zum 20.4.41 in andere Stadtbezirke zu verlegen. Ausnahmeanträge sind beim Stadthauptmann in Lublin zu stellen.
8. Nichtjuden ist das Wohnen und der unbefugte Aufenthalt im Ghetto verboten. Nichtjuden ist es untersagt, Juden Unterkunft zu gewähren. Bei Verstößen werden die Wohnungen der Nichtjuden eingezogen.
9. Mit der Durchführung der Maßnahmen zur Bildung des Ghettos[4] beauftrage ich den Stadthauptmann in Lublin.[5]
10. Die ordnungsmäßige Bildung des jüdischen Wohnviertels, die Aufrechterhaltung der Ordnung, die Unterhaltung der sanitären und sozialen Einrichtungen hat der Judenrat der Stadt Lublin zu besorgen. Er haftet dem Stadthauptmann für die reibungslose Durchführung der Maßnahmen.
11. Die Nichtbefolgung dieser und im Zuge der Umsiedlung weiter ergehenden Anordnungen und Durchführungsbestimmungen wird verfolgt und streng bestraft. Vermögenswerte werden eingezogen.
Lublin, den 20. März 1941
Der Chef des Distrikts Lublin
gez. Zörner
Gouverneur

4 Da eine viel benutzte Verkehrsader das Viertel durchschnitt, musste zunächst eine Umgehungsstraße gebaut werden.
5 Fritz Saurmann.

## DOK. 258
## Das Untergrundblatt Morgn-Fray ruft am 20. März 1941 die jüdische Jugend zur Solidarität mit der polnischen Bevölkerung auf[1]

*Wir schwören!*

Stumm, entblößten Hauptes haben wir die schreckliche Nachricht von einem neuerlichen Massenmord aufgenommen. Noch ist das letzte Stöhnen der über hunderttausend bisher Ermordeten nicht verstummt. Noch ist das Blut Zigtausender zerschossener, durchlöcherter Körper von Opfern, die das Unglück hatten, in die Hände der Henker zu fallen, nicht getrocknet, da sind zu den Tausenden Gräbern unserer Brüder schon neue hinzugekommen.
Die Fäuste ballen sich, [die Zähne] knirschen, im Herzen flackert eine Hoffnung auf ... Wir schwören. Wir schwören. –
Wenn wir von den jüdischen Massen Solidarität einfordern, [die Wahrung] allgemeiner Arbeiterinteressen, stoßen wir auf Ablehnung. Haben etwa die polnischen Arbeiter ihre Stimme erhoben, als man uns mit Armbinden gekennzeichnet hat, als man uns in geschlossene Gettos gesperrt hat, oder hat etwa jemand die Schandplakate abgerissen, mit denen kürzlich die Wände an den Straßen beklebt waren: Juden und Läuse ...[2] Im Gegenteil, die polnische Bevölkerung, die mit Juden in Kontakt kommt, zeigt auf Schritt und Tritt ihre Verachtung und ihren Hass gegenüber Juden und besonders gegenüber dem jüdischen Arbeiter.
Es ist überflüssig, hinzuzufügen, dass nur die sogenannten nationalistisch gestimmten Kreise so denken, die bloß einen Vorwand suchen für ihre schmutzige Arbeit, den Besatzern direkt oder indirekt zu helfen. Besonders ist hier hervorzuheben, dass die neuerdings auftretenden Pöbel-Händler,[3] die Schmuggler- und Straßenbanden, die die Besatzungsmacht unterstützen und von ihr unterstützt werden, zu keinem Zeitpunkt, weder früher noch jetzt, das polnische Volk repräsentieren. Die polnischen Volksmassen sind keine Verräter, die polnischen Arbeitermassen haben in goldenen Lettern: „Freiheit, Gleichheit, Brüderlichkeit" auf ihre Fahnen geschrieben. Darum ist uns ihre Freude oder Trauer nicht gleichgültig – ihr Schicksal ist mit dem unseren eng verbunden. Nicht der schmutzige Pöbel wird hingemordet oder in Gefängnissen gequält, sondern die Edlen und Ehrenhaften, das polnische Volk der Helden und Märtyrer, die Kämpfer für Menschenrecht und Befreiung.
Ähnlich wie im vergangenen Jahr wird auch jetzt eine neue, groß angelegte Jagd erwartet, eine Aktion von tragischen Ausmaßen. Wie im vorigen Jahr werden wieder Hunderttausende von Bauern und Arbeitern aus ihren Hütten und Häusern gezerrt und als Sklaven nach Deutschland geschickt, und es ist ungewiss, ob sie von dort zurückkehren werden.

1 Morgn-Fray, Nr. 2 vom 20.3.1941, S. 1: Mir shvern!, AŻIH, Ring I/1317 (692). Der Artikel wurde aus dem Jiddischen übersetzt. Morgn-Fray (Morgen-Freiheit) war das Untergrundblatt der kommunistischen Organisationen Sierp i młot (Sichel und Hammer) und Robotniczo-Chłopska Organizacja Bojowa (Kampforganisation der Arbeiter und Bauern). Es erschien von März bis Dez. 1941 in Warschau.

2 Zu dieser Zeit erschien ein deutsches Propagandaplakat mit einem als Totenschädel gestalteten Kopf eines Juden, dem eine überdimensionierte Laus über den Bart läuft. Das Plakat trug die Aufschrift: „Żydzi – wszy – tyfus plamisty" (Juden – Läuse – Fleckfieber). Abdruck in: Paul Julian Weindling, Epidemics and Genocide in Eastern Europe, 1890–1945, Oxford 2000, S. 2.

3 Es ist unklar, was diese Bezeichnung bedeutet.

Auch Zigtausende jüdische jugendliche Arbeiter wird man aus ihren Heimen herausreißen, die entweder in den Lagern zu Tode gequält werden oder für immer verkrüppelt zurückkehren.
Wie gefährliche Gangster haben die Gemeinde und ihre Helfer von der „Gazeta Żydowska“ dies ausgenutzt und den niederträchtigen Plan einer „Hachschara“[4] veröffentlicht, [die darauf hinausläuft,] freiwillig die vertriebenen Bauern und Arbeiter durch jüdische Arbeitskräfte zu ersetzen. Unter dem Deckmantel einer „Umsiedlung“ will diese Gruppe die übelste Schandtat begehen und damit unseren grausamsten Feinden helfen, einen Keil zwischen die polnischen und jüdischen Massen zu treiben. Auf diese Weise wird der [deutsche] Plan leichter [gelingen], das polnische Bauerntum von seiner Heimaterde wegzureißen.
Wir rufen die ganze jüdische Jugend auf: Verratet nicht die Interessen der jüdischen und polnischen Massen in ihrem gemeinsamen Kampf gegen den gemeinsamen Feind. Die Pläne der karriereversessenen Gemeindeleute, die auf Kosten der Volksmassen nur für ihr eigenes leibliches Wohl sorgen wollen, laufen darauf hinaus, den Besatzern die Stiefel zu lecken. Die jüdische Jugend, die die Hoffnung hegt, in einem befreiten, einem freien Polen zu leben, muss ihnen diese Pläne voller Abscheu vor die Füße werfen.
Und sie selbst[5] seien gewarnt: Das Spiel wird nicht mehr lange dauern, die Rechnung werdet ihr zu 100 Prozent begleichen.

## DOK. 259
## Die 17-jährige Halina Nelken schreibt am 20. und 25. März 1941 über ihre Beobachtungen und Empfindungen nach dem Umzug in das Getto in Krakau[1]

Handschriftl. Tagebuch von Halina Nelken,[2] Einträge vom 20. und 25. 3. 1941

20. März 1941[3]
Der Eintrag von vorgestern zeigt, wie durcheinander ich am Tag des Umzugs ins Getto war.[4] Ich kämpfte mit Wehmut und Tränen, und gleichzeitig rissen Felek[5] und ich voller

4 Hebr.: Vorbereitung, Tauglichmachung. In sog. Hachschara-Kursen bereitete insbesondere die zionistische Jugend in den 1920er- und 1930er-Jahren Juden auf die Auswanderung nach Palästina vor, indem sie ihnen landwirtschaftliche und handwerkliche Fähigkeiten sowie Hebräisch beibrachte.
5 Die Vertreter des Gemeindevorstands.

1 Das Tagebuch reicht von 1938 bis 1942 und befindet sich im Besitz der Familie Nelken. Das Dokument wurde nach dem polnischen Original neu übersetzt. Abdruck nach Bearbeitung durch die Verfasserin in: Halina Nelken, Pamiętnik z getta w Krakowie, Toronto 1987, S. 115–117; deutsche Übersetzung: Halina Nelken, Freiheit will ich noch erleben. Krakauer Tagebuch, Gerlingen 1996, S. 104–106.
2 Halina Nelken (1923–2009), Gymnasiastin in Krakau; 1942–1945 in verschiedenen Lagern; nach 1945 setzte sie ihre Schulausbildung fort, studierte Kunstgeschichte und Philosophie, 1959 Emigration in die USA.
3 Der Chef des Distrikts Krakau hatte am 3.3.1941 den Zwangsumzug der jüdischen Bevölkerung Krakaus bis zum 20.3.1941 in den zum Getto bestimmten Stadtteil Podgórze angeordnet.
4 Am 18.3. hatte Halina Nelken geschrieben: „Mein Gemütszustand stellt sich heute als eine perfekte Mischung aller möglichen Launen dar.“ Nelken, Pamiętnik (wie Anm. 1), S. 115.
5 Halina Nelkens älterer Bruder Felicjan.

Galgenhumor Witze angesichts der „Völkerwanderung". Offene Lastwagen und Möbelwagen, die mit Gerümpel überladen waren, zogen in die eine Richtung, und in der Gegenrichtung waren Polen unterwegs, denn die Bewohner dieses Teils von Podgórze mussten für uns ihre Wohnungen freimachen. Kazimierz[6] würde auf einmal voller „Arier" sein! Felek und ich fanden das Tohuwabohu des Umzugs irrsinnig komisch. Nachmittags musste ich in die Drogerie,[7] aber abends auf dem Heimweg bog ich automatisch nach Hause zur Długosz-Straße ab. Als ich mich umdrehte und auf den aus dem Abenddunst hervortretenden Bogen der Piłsudski-Brücke und die Baumgruppen unseres Parks blickte, traten mir Tränen der Wehmut in die Augen. Ich wollte die neue Wohnung nicht sehen, solange nicht unsere Möbel dort wären, so wie ich auch nicht zu unserem alten Haus gehe, das von ihnen entblößt ist. Ohnehin konnten wir nicht alle Möbel mitnehmen, denn im Getto haben wir nur ein Zimmer mit Küche, im Übrigen sind der Glasschrank und die Mahagonimöbel aus Omas Zimmer längst verkauft, und das Silber und das Porzellan sind bei Józka.[8] Der einzige Trost ist, dass wir durch die Verlegung des Krankenhauses ins Getto das Klavier wiederhaben.
Heute sollen sie das Getto abriegeln, ich weiß nicht, ob ich weiterhin arbeiten kann, vielleicht mit einem Passierschein. Falls nicht, würde ich ein Jahr verlieren. Ich spiele mit einem Finger Chopins Träumerei – und kämpfe gegen die Tränen an.

■

25. März 1941
Ich will nicht. Ich will nicht, dass mir der leere Magen knurrt, dass es im Zimmer so kalt ist, dass Vater so entsetzlich dünn ist, so übermüdet, dass die Haut nach den letzten Tagen wie an einem Skelett an ihm herunterhängt. Ich will nicht, dass Mama so abgezehrt ist, dass bei uns ständig Hunger, Kälte, tiefe Verbitterung und Mutlosigkeit herrschen. Gott, was kann ich dagegen tun? Es gibt keinen Ausweg. Aus unserer Lage gibt es wirklich keinen Ausweg. Wir haben kein Geld, keine Lebensmittelvorräte, keine Hoffnung auf eine geeignete besoldete Stellung. Was helfen da meine kümmerlichen 60 Zł., die kaum für meinen Kleinkram reichen – was kann dieses lächerliche Gehalt ausrichten angesichts der Masse kleiner Schulden und angesichts dessen, dass man leben muss?
Mama hält diese Sorgen bislang von Felek fern, aber das ist meiner Meinung nach ganz falsch. Felek ist ein Egoist. Warum soll er nicht wissen, was los ist, warum soll nur ich die Bürde der Mitverantwortung tragen und mich, wie die Eltern, damit abplagen, einen Ausweg aus dieser schrecklichen Situation zu finden, aus der es leider gar keinen Ausweg gibt? Was ist bloß zu tun? Wie hier helfen? Es ist zum Wahnsinnigwerden!
Heute Abend hat mir wirklich das Herz geblutet, als ich in die erschöpften, todmüden Gesichter meiner Eltern blickte, die schließlich noch nicht alt sind. In einer plötzlichen Regung wollte ich Vaters armen, ergrauenden Kopf umfassen und an mich drücken, wollte ich mich auf Mamas abgearbeitete, schwarz gewordene, früher so glatte Hände stürzen. Stattdessen warf ich ihnen harte, böse Worte an den Kopf, obwohl ich die Regung, loszuheulen, niederkämpfen musste und im Innersten wütend auf mich war. Ich bin gemein. Ich bin ratlos. Zur Vollständigkeit fehlt bloß noch die Entschuldigung, dass ich durch den Krieg so geworden bin.

6 Kazimierz war der bis zum März 1941 überwiegend von Juden bewohnte Stadtteil Krakaus.
7 Halina Nelken hatte Arbeit in einer Drogerie gefunden.
8 Die Familie Nelken hatte Teile des Hausrats ihrem Kindermädchen Józefa gegeben, um Beschlagnahmen zuvorzukommen.

## DOK. 260

## Generalgouverneur Frank informiert am 25. März 1941 über Hitlers Zusage, aus dem Generalgouvernement zuerst diejüdische Bevölkerung zu entfernen[1]

Protokoll der Regierungssitzung in Krakau vom 25. 3. 1941[2]

[…][3]
Punkt 2 der Tagesordnung: *Umsiedlungsfragen.*
Der Höhere SS- und Polizeiführer, SS-Obergruppenführer *Krüger,* teilt hierzu mit, daß die *Umsiedlung von Polen und Juden* ins Generalgouvernement zunächst unterbunden sei. Die Umsiedlung innerhalb des Generalgouvernements zum Zwecke der Freimachung von Truppenübungsplätzen nehme ihren Fortgang.
Generalgouverneur Reichsminister Dr. *Frank* gibt bekannt, daß ihm der Führer bei der Besprechung am 17. März mitgeteilt habe, daß künftig die *Einsiedlung* ins Generalgouvernement von den Möglichkeiten dieses Gebietes abhängig gemacht werde. Weiter habe der Führer zugesagt, daß das Generalgouvernement in Anerkennung seiner Leistungen als erstes Gebiet *judenfrei* gemacht werde. Im übrigen sei zu bedenken, daß die starke Inanspruchnahme des Generalgouvernements bei der Umsiedlung nicht etwa auf dem bösen Willen der beteiligten Stellen beruhe, sondern aus der Notwendigkeit der Rückführung deutscher Menschen aus dem Osten sich zwangsläufig ergeben habe.
[…][4]

## DOK. 261

## Eine Krankenschwester schildert am 20. und 28. März 1941 die Zustände in einem Kinderkrankenhaus im Warschauer Getto[1]

Handschriftl. Berichte für das Untergrundarchiv des Warschauer Gettos vom 20. und 28. 3. 1941 (Abschrift)[2]

20.3.1941
Szenen aus einem Kinderkrankenhaus
Mein Dienst dauert von 3.00 bis 11.00 Uhr. Ich komme in meine Abteilung: Die wahre

1 AIPN, GK 95, Bd. 16. Kopie: IfZ/A, Fb105, Bd. 12, Bl. 2704 – 2745, hier Bl. 2716f.
2 An der Sitzung nahmen teil: Frank, Bühler, Krüger, die Distriktgouverneure, der Bevollmächtigte des Generalgouverneurs und die Leiter der Hauptabteilungen.
3 Frank richtete den Teilnehmern zunächst Hitlers Dank und Anerkennung für die geleistete Arbeit aus und befasste sich dann mit der Verwaltung im GG.
4 Im Folgenden wurde über Transportprobleme im GG gesprochen. Am selben Tag hatte sich Frank in einer internen Ansprache schon einmal über Hitlers Pläne für die Zukunft des Generalgouvernements geäußert und mitgeteilt, dass neben den Juden auch die Polen das GG verlassen müssten. Hitler sei entschlossen, aus dem „Gebiet im Laufe von 15 bis 20 Jahren ein rein deutsches Land zu machen"; Diensttagebuch des deutschen Generalgouverneurs (wie Dok. 104, Anm. 1), S. 335.

1 AŻIH, Ring I/490 (989). Das Dokument wurde aus dem Jiddischen übersetzt. Abdruck in poln. Übersetzung und als Faksimile in: Dzieci – tajne nauczanie w getcie warszawskim, bearb. von Ruta Sakowska, Warszawa 2000, Dok. 12, S. 130 – 139.
2 Die Verfasserin Dora Wajnerman war aus Lodz geflohen und arbeitete 1941 als Krankenschwester im Kinderkrankenhaus des Gettos.

Hölle! An Masern erkrankte Kinder liegen zu dritt oder zu zweit auf den Bettchen, alle mit Masernpusteln. Hochrot, mit verweinten Augen, die geschorenen Köpfe mit Grind bedeckt, aus dem Läuse hervorkriechen. Vorsichtig, sagt meine Kollegin. Ich soll den Kindern nicht zu nahe kommen. Mit einer Gehilfin habe ich 50 Kinder zu versorgen. Wir werden verrückt vor Arbeit. Was zuerst? Die Medikamente austeilen, Spritzen geben, Essen verteilen, [Sebazil-]Verbände um die Köpfe legen, damit die Läuse ihr Tränklein bekommen. Es klingelt. Hallo! In der Aufnahme warten 10 Kinder. Es muss jemand zu ihnen hinaufgeschickt werden. Ich ringe zutiefst verbittert die Hände. Ich habe keine Betten, keine Wäsche, keine Decken, keine Bezüge. Ich rufe die Leiterin an: Schwester! Was soll ich mit den Kindern machen, die in der Aufnahme warten? Wohin soll ich sie legen? Was soll ich ihnen anziehen? Die Antwort ist kurz: Da, wo zwei im Bett liegen, kommen drei hinein und fertig. Ganz einfach! Ich schicke die Pflegerin hinunter, um die Kinder zu holen. Sie schleppt mir einen neuen Transport an. Ich schaue in die Papiere: Schon der dritte [Sammel-]Punkt,[3] an dem die Masern grassieren, diesmal aus Kałuszyn. Die Kinder sind alle nackt, und wir haben doch keine Wäsche. Die Wäscherin arbeitet nicht. Wir haben keine Kohlen. In den Zimmern ist es schrecklich kalt. Die Kinder schmiegen sich vom Fieber geschüttelt in die Decken. Müde und hungrig, blau vor Kälte schlafen sie ein. [Ich tue es] nicht gern, aber ich muss sie wecken. Die kleinen Geschöpfe schauen mich verwundert an, weil ich sie nicht schlafen lasse. Sie sehen die Nadel, eine Spritze. Schreie, Stimmen, eines schreit: Ich will nach Hause gehen! Wo ist dein Zuhause? Weit weg von hier. Woher kommst du? Aus Kałuszyn, man hat uns verjagt.[4] Ein zweites weint: Ich will meine Kleider. Ich will mich anziehen. Ich will nicht nackt sein. Ich schäme mich. Fräulein! Höre ein Geschrei aus einem anderen Zimmer: Ich werde gleich nach Hause gehen! Und wo ist dein Zuhause? Mein Zuhause ist dort. Na gut, wenn du hier ausgeschlafen hast, darfst du nach Hause gehen.[5] Ich gehe von Bett zu Bett, kontrolliere, ob sie sauber sind und mache sie zum Schlafengehen zurecht. Als ich die Decke eines Bettchens aufhebe, in dem drei zweijährige Kinder liegen, wird mir übel. Ich halte mir die Nase zu. Ich bekomme keine Luft. Das Bett ist vollgemacht. Alle drei Kinder weinen, und ich weiß nicht, wer es war. Solche Fälle haben wir häufiger. Im Flur liegt ein fünfjähriges Kind, aufgedunsen vom Hunger. Es stirbt vor Hunger. Gestern kam es ins Krankenhaus wegen geschwollener Augen, die Hände und Füße sind groß wie Kürbisse. Es wurden alle Untersuchungen gemacht. Ob es die Nieren oder das Herz sind? Das Kind bewegt die Lippen und bittet um ein Stück Brot. Ich versuche, ihm etwas zu essen zu geben. Vielleicht kann es etwas herunterbringen. Aber der Hals ist zu, es kann nicht mehr schlucken. Zu spät! Der Doktor fragt es: Hast du zu Hause zu essen bekommen? Nein. Und jetzt möchtest du essen? Ja! Nach ein paar Minuten gibt es das letzte Stückchen Brot wieder von sich. Und so schläft es ein mit „einem Stückchen Brot" auf den Lippen. Wegen eines Stückchen Brots ist es gestorben.

Ein zehnjähriger Flüchtling aus Piaseczno kam ins Krankenhaus,[6] verdreckt, verlassen und an Knochentuberkulose in den Fußgelenken erkrankt. Jetzt liegt er schon gewaschen und in sauberer Wäsche im Saal, zusammen mit 15 Kindern mit derselben Krankheit.

3 Punkt bedeutet hier und im Folgenden: Sammellager für in das Warschauer Getto Vertriebene.

4 Am 5. und 6.3.1941 wurden etwa 500 Juden aus Kałuszyn, Kreis Mińsk Mazowiecki, in das Warschauer Getto vertrieben.

5 Dieser Dialog im Original polnisch.

6 Die jüdische Bevölkerung von Piaseczno im Kreis Warschau-Land wurde zwischen dem 22. und 27.1.1941 in das Warschauer Getto vertrieben.

Ich übernehme den Dienst von einer früheren Schicht. Wir gehen von Bett zu Bett, und man berichtet mir über jedes einzelne Kind. Ich stehe schon am Bett des Flüchtlings aus Piaseczno. Es ist Ziegler Avromek, erkrankt an Gonitis TBC – Zugang aus dem Punkt der Flüchtlinge aus Piaseczno. Ich will ihn ansehen, aber das ist offenbar unmöglich. Er hat sich die Decke über den Kopf gezogen. Ich ziehe sie herunter, will ihn etwas fragen, da fängt er plötzlich an zu fluchen und zu schreien, als wolle man ihn umbringen. Was ist passiert? Ich habe nichts, wofür es sich zu leben lohnt, sagt er, ich will sterben! Warum? Weil mein Vater in einem Punkt ist, wo es nichts zu essen gibt. Lieber will auch ich hungern, wenn ich nur mit meinen Eltern zusammen bin. Es vergehen einige Tage. Nun, Unglückswurm, willst du zum Punkt zu deinem Vater, geht es dir [hier] zu schlecht? Nein, ich habe nur Mitleid mit Vater und Mutter, weil sie nichts zu essen haben. Und ich esse fünf Mal am Tag! Könnten Sie meiner Mutter nicht etwas von meinem Essen bringen? Es kam die Zeit und Avromek sollte entlassen werden. Na, Avromek, sage ich, morgen gehst du zu deinem Vater. Er rührt sich nicht und und zieht ein Gesicht, als mache es ihm gar keine Freude, in die bittere Not zurückzukehren.
An dem Tag, an dem Avromek das Krankenhaus verlassen soll, sehen wir auf seiner Temperaturkarte, dass er Fieber bekommen hat. Beim Fiebermessen war noch alles in Ordnung. Es stellt sich heraus, dass Avromek selbst seine Temperatur auf der Karte um ganze zwei Grad von 37 auf 39 verbessert hat, um nicht so bald entlassen zu werden. Es hat ihm aber nichts geholfen. Mit trauriger Miene musste er Abschied nehmen vom Krankenhaus.

*Fortsetzung* Szenen aus einem Kinderkrankenhaus
In der Aufnahme
Der diensthabende Arzt, der die Kinder ins Krankenhaus aufnimmt, ist schrecklich aufgeregt. Es geht um eine Mutter und ihr Kind, das nur noch Minuten zu leben hat. Die einzige Hoffnung ist, dass es hier gerettet werden kann. Sie müssen 15 Zł. Begräbniskosten bezahlen, denn das Kind ist sehr schwer krank, und das Krankenhaus hat kein Geld für Begräbnisse. Die Mutter ist eine Vertriebene, die in einem Punkt lebt und keinen Pfennig besitzt. „Ihr Kind kann nicht aufgenommen werden, wenn Sie keine 15 Zł. einzahlen können." Die verweinte Mutter springt erregt auf und lässt den ganzen Zorn und Schmerz, der sich seit Anfang des Kriegs in ihr angestaut hat, am Doktor aus. „Sie sind kein Arzt! Sie sind ein Mörder! Sie ermorden mein Kind! Sie haben kein Herz, kein Gefühl, keine Menschlichkeit, wenn mein Kind wegen 15 Zł. sterben muss. Schon zum vierten Ort schleppe ich mich mit dem Kind, [immer wieder] verjagt. Woher soll ich denn auch nur einen Groschen haben?" Das Herz der Mutter löst sich in Tränen auf. Das Kind liegt blau angelaufen auf dem Tisch, es röchelt, ringt nach Luft und tut seinen letzten Atemzug. Der Arzt kann die Szene nicht mit ansehen und läuft aus dem Zimmer. Die Mutter bleibt allein mit dem sterbenden Kind, hilflos wehklagend, bis der Amtsdiener kommt und sie auffordert, zu gehen. Sie nimmt das Kind, schimpft und flucht: „Dieses Krankenhaus soll verbrennen. Herzlose Ärzte, Mörder, Unholde!" Solche Szenen wiederholen sich häufig.

*28.3.1941*
In meiner Abteilung gibt es Fleckfieber (Typhus). Es ist 8.00 Uhr abends. Ich glaubte, ich könnte schon aufatmen, meine 60 Kinder haben sich schon etwas beruhigt. Sie haben zu

Abend gegessen, den Hunger gestillt, und nun schlummern sie schon ein und in den Sälen wird es still. Aber leider läutet es. Hallo! Was ist? Ich muss acht Betten für acht Kinder vom Punkt Niska-, Ecke Stawki-Straße vorbereiten. Die Epidemie breitet sich aus. Ich habe schon genug Arbeit. Die Kinder, die mit Fleckfieber zu uns kommen, werden im Aufnahmezimmer gründlich gebadet und entlaust und gleich danach zum zweiten Mal in der Abteilung. Ich habe die acht Kinder schon in der Abteilung und bin im Begriff, das zweite Bad vorzubereiten. Hallo! Der Arzt ruft nach mir. Schwester, seien Sie bitte achtsam, wenn Sie die Kinder baden, sie haben viele Läuse. An die Arbeit. Der erste kleine Patient, Avromek, ist fünf Jahre alt. Vorsichtig nehme ich ihn und setze ihn in die Wanne. Ich denke: Ein Biss von einer Laus, und ich bekomme auch Flecktyphus. Ich muss nicht lange suchen. Sein ganzer Kopf ist wie in einem Panzer. Und unter diesem Panzer kriechen die Läuse hervor, die so viele Menschen mit der Furcht erregenden Krankheit anstecken. Noch einmal gebadet und saubere Wäsche angezogen. Ich muss ihm aber noch den Kopf reinigen und sauber waschen. Mit der Maschine schneide ich den Grind ab. Er bäumt sich auf vor Schmerzen, aber ich muss gleichgültig sein, denn ich habe die Anweisung, den Nährboden, in dem sich die Läuse vermehren, zu entfernen. Der kleine Kopf ist schon blutüberströmt, der Panzer ist aufgelöst. Dann mache ich ihm den entsprechenden Verband mit Sebazil und lege meinen kleinen Patienten ins Bett. Ähnlich geht es mit den anderen. Danach beginne ich damit, sie einzutragen und für jedes Kind die zugehörige Karte auszufüllen. Bei dieser Gelegenheit erzählt mir jedes Kind, woher es kommt: Wir wurden schon fünf Mal vertrieben. Von Lodz nach Konstantynów, von Konstantynów nach Łowicz, von Łowicz nach Głowno, von Głowno nach Skierniewice, von Skierniewice nach Warschau.[7] Und jedes Mal hat man uns einige Dinge gestohlen. Und auf dem Weg ist mein Vater von den Deutschen so geschlagen worden, dass er in ein Krankenhaus musste, und er ist noch nicht wieder gesund. Und auf dem Weg von Skierniewice nach Warschau ist mein Schwesterchen vom Wagen gefallen und getötet worden. Jetzt wohnen wir seit ein paar Tagen in einem Punkt. Wir haben kein Bett zum Schlafen, und wir essen ein Stück Brot mit schwarzem Kaffee, und meine Mutter kann nichts zu Mittag kochen. Ich gebe ihnen zu essen, und die Händchen recken sich nach der Suppenschüssel: Ich möchte noch ein bisschen. Ich habe aber leider nichts mehr. Wir sind im Krankenhaus nicht in der Lage, den Hunger aller vertriebenen Kinder zu stillen, die sich schon viele Monate nicht satt essen konnten. Als sie das Brot und den Suppentopf sehen, strecken sich mir Dutzende Händchen entgegen, und angesichts der Speise zittern die kleinen Körper wie im Fieber.

7 Vermutlich waren die Stationen der Vertreibung: im Dez. 1939 von Lodz nach Konstantynów, von dort im Jan. 1940 nach Głowno (Distrikt Warschau), von dort nach Łowicz und zurück, dann von Głowno nach Skierniewice, schließlich im Febr. oder März 1941 von dort nach Warschau.

## DOK. 262
## Das Untergrundblatt Za naszą i waszą wolność setzt sich im März 1941 mit der antisemitischen Propaganda auseinander[1]

*Der Antisemitismus – ein Werkzeug der deutschen Propaganda*

Wir haben immer gesagt, dass der Antisemitismus ein Werkzeug der deutschen Propaganda ist. Mit dem Antisemitismus wollten die Nazis die Aufmerksamkeit der polnischen Massen von der Gefahr ablenken, die das nationalsozialistische Deutschland für Polen darstellte. Es ist ein offenes Geheimnis, dass die Nazis riesige Geldsummen gezahlt haben, um die antisemitischen Parteien in Polen zu stärken und zu subventionieren. Darüber könnte Priester Trzeciak so manches erzählen.[2] Die lautesten antisemitischen Schreihälse, die vor dem Krieg verkündeten, der größte Feind Polens seien die Juden und das Wichtigste sei der Kampf gegen die „Judenschwemme", erwiesen sich überwiegend als deutsche Spione, die gegenwärtig treu den deutschen[3] und der Gestapo dienen, sich zu Volksdeutschen[4] erklären und auf Schritt und Tritt Polen verraten, als dessen glühendste Patrioten sie sich einst bezeichneten.

Der Antisemitismus war nicht nur schädlich, weil er die Aufmerksamkeit der polnischen Massen vom wahren Feind ablenkte, weil er sie geistig und moralisch entwaffnete, sondern auch deswegen, weil er Polen um die Sympathien jener Staaten brachte, deren Unterstützung und Hilfe von größtem Gewicht waren.

So ist es auch heute. In „Głos Polski"[5] (22.2.1941) lesen wir: „Es gibt keine Demagogie und keine Verleumdung, welche die Deutschen in ihrer Propaganda nicht anwenden, wenn sie Polen denunzieren und kompromittieren wollen. Die zynischste Irreführung dieser Art besteht darin, die polnische Bevölkerung unter der deutschen Besatzung des aktiven und barbarischen Antisemitismus zu beschuldigen. Nach dieser Propaganda sollen die Deutschen die besten Schutzherren der jüdischen Bevölkerung sein, da sie sie vor polnischen Pogromen schützen, die Polen dagegen die größten Feinde der Juden, was England und Amerika wissen sollten. Man greift auf frühere Muster zurück, mit deren Hilfe in den Jahren 1918 – 1926 die jüdische Frage gegen Polen ausgespielt wurde, während das tatsächliche Verhältnis des zeitgenössischen Deutschlands zum Judentum ungeniert verschwiegen wird. Typisch für diese zynische und verlogene deutsche Propaganda ist das in Berlin von der N.S.D.A.P. unter dem Titel ‚Der Jude an der Ostgrenze'

1 Za naszą i waszą wolność, Nr. 2 vom März 1941, S. 7 – 9, AŻIH, Ring I/1340 (700). Der Artikel wurde aus dem Polnischen übersetzt. Za naszą i waszą wolność (Für unsere und eure Freiheit) war eine Monatsschrift des Bunds, die 1941/42 auf Polnisch erschien.

2 Dr. Stanisław Trzeciak (1873 – 1944), katholischer Priester; 1907 – 1918 Professor der Theolog. Akademie in St. Petersburg, von 1918 an in Polen, 1923 – 1928 Pfarrer in Przemyśl, dann in Warschau, 1926 – 1939 zudem Mitarbeiter des mit der Erforschung des Sowjetsystems befassten Instytut Wschodni (Ostinstitut); in den 1930er-Jahren einer der führenden intellektuellen Vertreter des Antisemitismus in Polen.

3 Als Ausdruck der Verachtung in bewusster Kleinschreibung.

4 Im Original deutsch.

5 Głos Polski, Nr. 3 (30) vom 22.2.1941, S. 4: Z kraju. [...] Wyrafinowane oszustwa propagandowe niemieckie, AAN, 1583, 256/2. Die von 1939 bis 1944 vierzehntägig erscheinende Untergrundzeitung Głos Polski (Stimme Polens) war eng mit dem Nachrichten- und Propagandaapparat des ZWZ-AK verbunden und wurde im GG und in Lodz vertrieben.

herausgegebene Buch Erick Seiferts,[6] in dem die These vertreten wird, die Polen wollten sich an den Juden für den Zusammenbruch des polnischen Staates rächen. Die schrecklichen Pogrome und Raubzüge, die die Deutschen an der jüdischen Bevölkerung begangen haben, sind bekannt. In Seiferts Buch werden diese Pogrome ausnahmslos den Polen zugeschrieben, angeblich sei deren Rachsucht von den deutschen Behörden gebremst worden, die ‚überall erfolgreich für Ordnung und Sicherheit gesorgt' hätten. Dies wiederum sei seitens der Juden mit herzlichster Dankbarkeit begrüßt worden. Wenn man diese Lügen liest, erinnert man sich an die finsteren Szenen, bei denen die Deutschen im Frühjahr 1940 in Warschau Regie führten, als Scharen gekaufter Gassenjungen über die Juden herfielen, während deutsche Soldaten sie verteidigten, was wiederum gefilmt wurde, ein gefälschtes, präpariertes Corpus Delicti.[7] Es muss damit gerechnet werden, dass die Deutschen ihre Aktivitäten noch verstärken, dass weitere ‚Dokumente' produziert werden, die Polen in den Augen Englands und Amerikas schaden sollen, weil man dort in Bezug auf jüdische Angelegenheiten sensibel reagiert. Wir könnten demnächst gar mit der Anschuldigung konfrontiert werden, selbst die Errichtung des Warschauer Gettos sei das Ergebnis einer polnischen Initiative und den deutschen Behörden, diesen besten und herzlichsten … Beschützern des jüdischen Volkes, hinterlistig aufgedrängt worden."

Wir zitieren speziell diese Zeilen aus „Głos Polski" ausführlich, weil „Głos Polski" eines der seriösesten Blätter der polnischen Untergrundpresse und nicht das Organ einer „Splitter"-Partei ist.

Mit dem Zitat aus „Głos Polski" stimmen wir voll und ganz überein. In jenen gespenstischen Tagen des Frühjahrs 1940, als *Scharen* – keineswegs nur Gassenjungen – in Warschau Juden überfielen und jüdische Geschäfte ausraubten, klärten wir unverzüglich über den wahren Charakter dieser traurigen Vorfälle auf und wiesen darauf hin, dass sie von den Deutschen gesteuert waren. Niemand in Amerika und England glaubt an diesen Unfug aus Seiferts Buch. Die Repräsentanten der jüdischen Arbeiter aus Polen stellen dort eindeutig klar, wie der deutsche Besatzer gegen die jüdischen Massen in Polen vorgeht. Da helfen auch keine Filme, die „unwiderlegbar" dokumentieren, wie deutsche Soldaten Juden vor Polen verteidigen oder wie gut es den Juden im Getto geht, welche Arbeitsmöglichkeiten ihnen die Deutschen gaben oder wie sie für ihre Ernährung Sorge tragen usw.

Aber man muss der Wahrheit – und zwar der ganzen Wahrheit – ins Gesicht sehen. Es ist selbstverständlich, dass die zynischen Lügen der Nazis, sie hätten die Juden vor den Polen verteidigt und die Juden hätten sich dafür dankbar gezeigt – bestenfalls die verkappten Hitler-Anhänger in Amerika und England überzeugen können. Nicht von diesem Unfug geht eine Gefahr für Polen aus. Die Gefahr einer Kompromittierung Polens liegt woanders, sie besteht darin, dass die Deutschen sich auf *polnische Dokumente, auf polnische Quellen* berufen werden.

Vor uns liegt eine Broschüre mit dem Titel „Die große Ideologie der Polnischen Volkes", hrsg. v. den „Zellen eines Großen Polen" (Warschau, 1940),[8] in der wir lesen:

6 Richtig: Hermann Erich Seifert (*1902), Journalist; Reporter der Gauzeitung der Berliner NSDAP Der Angriff; veröffentlichte 1940 in Berlin die offenbar in Lublin geschriebene Propagandaschrift „Der Jude an der Ostgrenze" (Schriftenreihe der NSDAP, Gruppe VII: Der Osten Europas, Bd. 3).

7 Siehe Dok. 98 vom 28.3.1940.

8 Die 23 Seiten lange Schrift „Wielka ideologia narodu polskiego" wurde von Bolesław Piasecki

„Das Ideal Polens ist die Schaffung einer geografischen Basis – polnischer Muttererde – in den westlichen und zentralen Gebieten der Republik Polen. Aus diesem Raum müssen alle fremden Nationalitäten entfernt werden, insbesondere die Juden, deren Aussiedlung aus diesem Gebiet die erste Etappe zur Lösung der jüdischen Frage sein muss."
Wir wissen, dass dies die Ansicht des ONR ist.[9] Wir könnten über einige Empfehlungen des ONR für den „Tag danach", [nach] dem Krieg, noch mehr sagen.
Aber nicht nur der ONR schürt in Polen weiterhin eifrig den Antisemitismus. Er wird auch in der von den Deutschen herausgegebenen polnischen Presse verbreitet. Man findet ihn in der Untergrundpresse sowie in zahllosen Denkschriften verschiedener Wirtschaftsvereinigungen, Handels- und Gewerbekammern, Innungen, größerer und kleinerer Gruppen von Bürgern, die sich an die deutschen Behörden wenden, um mit dem Segen des Besatzers den von den Nazis liquidierten jüdischen Besitz und jüdische Einrichtungen zu beerben.
Gewiss sind die Deutschen schon dabei, eben dieses Material entsprechend zu dokumentieren, um das zukünftige Polen als abscheulich zu schmähen.
Die Pflicht eines jeden echten polnischen Patrioten, eines jeden, der arbeitet und ein künftiges Freies Polen anstrebt, das soweit als möglich die Voraussetzungen für eine ungehinderte und volle wirtschaftliche und staatliche Entwicklung schafft – die Pflicht eines jeden ist es, dem Nazi-Besatzer den Einsatz dieser vergifteten Waffe unmöglich zu machen.
Nicht nur, weil England und Amerika auf „jüdische Angelegenheiten sensibel" reagieren, wie „Głos Polski" feststellt. England und Amerika sind doch wohl für die polnische Frage noch stärker sensibilisiert. Das bezeugen sie ständig.
Um Sensibilität geht es hier nicht.
Ende 1939 hat General Sikorski erklärt:
„... in diesem Kampf, der unerbittlich zwischen zwei Lagern ausgetragen wird, steht Polen auf der Seite des Lichts, neben den Völkern, die für Gerechtigkeit, für die Wiedergeburt der Menschheit kämpfen, und dies ist unsere Stärke."
Wer für solche Ideale kämpft, für ein solches Europa, kann kein Antisemit sein, darf sich nicht des Werkzeugs der Nazi-Propaganda bedienen und kann nicht an Nazi-Ideale glauben.
Und deswegen ist der „polnische" Antisemitismus *Verrat an Polen*, denn er liefert den Feinden Polens eine Waffe, er erlaubt es den Nazis, das künftige Freie und Gerechte Polen zu schmähen und ihm Schaden zuzufügen.

(1915–1979, Pseud. Leon Całka) verfasst, dem Führer der rechtsradikalen Gruppierung ONR-Falanga; sie erschien im Untergrund im Verlag Szczerbiec.
9 Siehe Dok. 98 vom 28.3.1940, Anm. 6.

## DOK. 263
## Führende deutsche Besatzungsfunktionäre erörtern am 3. April 1941 die Isolierung und ökonomische Ausbeutung der Insassen des Warschauer Gettos[1]

Protokoll einer Besprechung vom 3. 4. 1941[2]

Präsident Dr. *Emmerich* überreicht dem Herrn Generalgouverneur einen Bericht des *Reichskuratoriums für Wirtschaftlichkeit*, Dienststelle Generalgouvernement,[3] über die Wirtschaftsbilanz des jüdischen Wohnbezirks in Warschau.[4]
Gouverneur Dr. *Fischer* hebt die drei Gründe hervor, die zur Schaffung eines abgeschlossenen jüdischen Wohnbezirks Veranlassung gegeben hätten: Gründe politischer, wirtschaftlicher und hygienischer Natur. Politisch habe es sich darum gehandelt, den Einfluß der Juden auf die polnische Bevölkerung auszuschalten, der sich immer gegen die Deutschen gerichtet und alle Maßnahmen der deutschen Dienststellen sabotiert habe. So seien z. B. wirksame Preisüberwachungsmaßnahmen mit Aussicht auf Erfolg nicht durchführbar gewesen, weil die Juden diese Maßnahmen unmöglich machten. Auf wirtschaftlichem Gebiet sei der Aufbau einer geordneten Wirtschaft nur nach vorheriger völliger Entfernung des jüdischen Elementes möglich. Aus gesundheitlichen Gründen sei die Isolierung des jüdischen Bevölkerungsteiles die unerläßliche Voraussetzung für eine wirksame Seuchenbekämpfung, denn solange die Juden frei herumlaufen, bestehe immer die Gefahr der Verbreitung des Fleckfiebers. Es habe sich auch herausgestellt, daß seit der Schließung des Ghettos die Erkrankungen an Fleckfieber erheblich zurückgegangen seien. Durch geeignete Maßnahmen sei dafür gesorgt, daß sich im Ghetto niemals Seuchen größerer Natur ausbreiten können. Die jüdischen Ärzte im Ghetto seien

1 AIPN, GK 95, Bd. 10. Kopie: IfZ/A, Fb 105, Bd. 12, S. 2812 – 2818. Abdruck in: Diensttagebuch des deutschen Generalgouverneurs (wie Dok. 104, Anm. 1), S. 342 – 346.

2 An der Besprechung, die anlässlich einer Besichtigung der Abt. für Ernährung und Landwirtschaft im Distrikt Warschau erfolgte, nahmen teil: Emmerich, Fischer, Frank, Gater, Hummel, Leist, Moder, Schepers und Schön.

3 Die Dienststelle unterstand von 1940 bis 1944 Dr. Rudolf Gater (1905 – 1989), Volkswirt; 1931 Promotion in Zürich; von 1935 an für das Reichskuratorium für Wirtschaftlichkeit tätig, zunächst in Saarbrücken, ab 1938 in der Dienststelle Österreich mitverantwortlich für die Liquidierung und „Arisierung" jüdischer Betriebe; in der Bundesrepublik für das Rationalisierungskuratorium der deutschen Wirtschaft tätig.

4 Das Wirtschaftsgutachten wurde im Auftrag der HA Wirtschaft (Dr. Emmerich) von Dr. Gater und dessen Mitarbeiter Meder erstellt. Es umfasste 53 Seiten und führte zu dem Ergebnis, dass die etwa 450 000 Menschen im Warschauer Getto zur Deckung des Mindestbedarfs einen jährlichen Staatszuschuss von rund 100 Millionen Zł. benötigen würden. Wolle die deutsche Besatzungsverwaltung „diesen Zuschuss vermeiden oder wenigstens verkleinern", seien drei, miteinander kombinierbare Alternativen denkbar: 1. „Unterversorgung ... ohne Rücksicht auf die sich ergebenden Folgen"; 2. eine bessere „Ausnutzung der Jüdischen Arbeitskraft", um höhere Einnahmen zu erzielen; 3. eine Lockerung der Abriegelung, damit ein Teil der jüdischen Handwerker Aufträge hereinholen und so zum wirtschaftlichen Unterhalt der Gettoinsassen beitragen könne. Entsprechend erörterten Gater und Meder die Ernährung der Gettoisierten: Zunächst rechneten sie die Kosten für „eine einigermaßen ausreichende Ernährung" aller „Insassen bzw. besonders bevorzugter Teile" vor und nannten dann die Möglichkeit, das Getto „als ein Mittel" zu betrachten, um „das jüdische Volkstum zu liquidieren"; Abdruck in: Bevölkerungsstruktur und Massenmord. Neue Dokumente zur deutschen Politik der Jahre 1938 – 1945, hrsg. von Susanne Heim u. Götz Aly, Berlin 1991, S. 84 – 138, Zitate S. 87f., 113, 138.

organisiert und müssen für die Reinhaltung des Ghettos und alle sonst nötigen Vorkehrungen besorgt sein.
Die Entwicklung des Ghettos habe sich nach anfänglichen Schwierigkeiten über Erwarten gut gestaltet. Die Juden verfügten noch über erhebliche Mittel, was aus der anstandslosen Bezahlung der Mieten hervorgehe. Lebensmittel seien noch in genügender Menge im Ghetto vorhanden, so daß die nächsten Monate die Gefahr einer Hungersnot keineswegs gegeben sei.[5] Außerdem sei die Versorgung der jüdischen Bevölkerung in entsprechender Weise sichergestellt worden.
Täglich werden 25 000 Juden für Meliorationsarbeiten und weitere 15 000 für die Arbeit in verschiedenen Betrieben der Stadt beschäftigt. Im Ghetto selbst gehe noch Handel und Wirtschaft vor sich. Die polnischen Firmen arbeiten nach wie vor durch Vermittlung der Transfer-Stelle mit den jüdischen Firmen. Die jüdischen Handwerker werden in großem Umfang durch die polnischen Firmen weiter beschäftigt.
Die Vermittlung des Wirtschaftsverkehrs zwischen dem Ghetto und der Außenwelt vollziehe sich über die bereits erwähnte Transfer-Stelle. Es handelt sich bei dieser Stelle nicht um etwas Selbständiges, sondern um einen rein technischen Vermittlungsapparat, der die Befehle und Anordnungen von den zuständigen Fachabteilungen entgegennimmt und weiterleitet.
Präsident Dr. *Emmerich* bezeichnet es als die grundlegende Frage, ob der Verkehr, den die Transfer-Stelle über sich zu leiten habe, so organisiert werden könne, daß die Außenhandelsbilanz die Zahlungsbilanz des Ghettos ausgleicht. Ausgangspunkt für alle Maßnahmen auf wirtschaftlichem Gebiet gegenüber dem Ghetto sei der Gedanke gewesen, die Lebensfähigkeit der Judenschaft zu erhalten. Die Frage sei, ob es gelinge, dieses Problem in produktiver Weise zu lösen, d.h. soviel Arbeit in das Ghetto hineinzulegen bzw. soviel Arbeitserträge aus dem Ghetto herauszuziehen, daß der Ausgleich herbeigeführt wird.
Bei allen wirtschaftlichen Überlegungen bezüglich des Ghettos müsse man sich von dem Gedanken freimachen, daß es jetzt im Ghetto noch gut gehe und daß es dort noch Vorräte gebe. Das Ghetto sei keine Angelegenheit, die in einem Jahr bereits liquidiert werden könne, sondern es werde für einen größeren Zeitraum eingerichtet, und daher müßten auch die wirtschaftlichen Planungen für einen größeren Zeitraum erfolgen.
Präsident Dr. *Emmerich* nimmt dann im einzelnen auf den von ihm vorgelegten Bericht Bezug und bemerkt zur Transfer-Stelle, daß bei der Schaffung dieser Stelle natürlich auch die Persönlichkeitsfrage eine große Rolle spiele sowie auch die Frage, wie die Regierung mit diesem Gremium zusammenarbeiten solle.[6] Es bestehe die Gefahr, daß die Autonomie der Transfer-Stelle so weitgehend sein werde, daß ständig Konflikte zwischen den Zentralstellen der Regierung und der Transfer-Stelle sich ergeben. Ein schwieriges Problem sei auch die Zuteilung der Rohstoffe an das Ghetto. Es erhebe sich die Frage, ob den Betrieben im Ghetto bevorzugt Rohstoffe zugewiesen werden sollen, selbst auf die Gefahr hin, daß dadurch die Arbeiter in nichtjüdischen Betrieben beschäftigungslos werden.

5 Zu diesem Zeitpunkt grassierte unter einem großen Teil der jüdischen Bevölkerung des GG, insbesondere in den geschlossenen Gettos, bereits der Hunger. Die enorm gestiegenen Lebensmittelpreise führten dazu, dass vorhandene finanzielle Reserven rasch verbraucht waren; siehe auch Dok. 261 vom 20. und 28.3.1941.

6 Leiter der Transferstelle war Alexander Palfinger, der im Mai 1941 wegen politischer Differenzen abgelöst wurde.

Schwierig sei es auch, eine Regelung der Schuldenverpflichtungen der Juden gegenüber der arischen Umwelt zu finden; wenn man die Juden von der Umwelt abschließe und sie zwinge, ihr Kapital aufzuzehren, dann seien sie nicht mehr in der Lage, ihre Verpflichtungen gegenüber der arischen Außenwelt zu erfüllen, und es sei die Gefahr einer Schädigung der Gläubiger zu befürchten.

Dr. *Gate*[7] vom Reichskuratorium für Wirtschaftlichkeit, Dienststelle Generalgouvernement, berichtet über seine Tätigkeit, die sich hauptsächlich auf Fragen der Wirtschaftsplanung und der Betriebsrationalisierung erstrecke. Er bezeichnet als Zentralproblem des jüdischen Wohnbezirkes die Frage seiner Wirtschaftsbilanz. Das Ghetto sei ein Wirtschaftsbezirk für sich, der aber mit der Umwelt im Zusammenhang stehen müsse; Rohstoffe müßten in das Ghetto hinein- und fertige Waren herausgebracht werden. Man habe sich bemüht, die Bedarfsseite des Ghettos dadurch festzustellen, daß man den Minimalbedarf eines Juden errechnet habe. Diese Berechnung habe man vorgenommen nicht nach dem System der Existenzminimumberechnung, sondern nach einem Berechnungssystem, das nur den Außenbilanzwert in Betracht ziehe. Auf Grund dieser Berechnungen sei man zu einem Tagesbedarf von 93 Gr. für einen Juden gekommen. Dieser Betrag müsse von den Juden erarbeitet werden, um die Werte, die von außen hereinkommen, bezahlen zu können. Es handelt sich also um eine tägliche Summe von rd. 500 000 Zloty. Zu prüfen sei auch die Frage, was die außerhalb des Ghettos eingesetzten Juden für die Erhaltung des Ghettos erbringen. Das hänge von der Bezahlung in den Arbeitslagern ab; im Durchschnitt werde man mit 10 Zloty wöchentlich rechnen können. Unter Berücksichtigung der Tatsache, daß der einzelne Jude nur 7 bis 8 Monate im Jahr im Außendienst eingesetzt werden könne, ergebe sich die Berechnung, daß 3 Juden im Außendienst eingesetzt werden müssen, um den Außenbilanzwert von einem Juden im Ghetto zu erhalten. Wenn man eine günstigere Zahlung in den Lagern zugrunde lege, verbessere sich das Verhältnis vielleicht auf 2:1. Über die Frage, was der Jude bei seiner Arbeit im jüdischen Wohnbezirk erbringen könne, lägen noch keine richtigen Erfahrungen vor. Man dürfe schätzungsweise für die Betriebe im Ghetto mit 80 % Unkosten auf den Lohn rechnen. Unter Zugrundelegung einer Tagesproduktivität von 5 Zloty pro Kopf komme man zu dem Ergebnis, daß 60[000] bis 65 000 Juden produktiv beschäftigt werden müßten, um den erforderlichen Ausgleich herbeizuführen. Die zahlreichen Juden, die für polnische Firmen Heimarbeit verrichten, seien hierbei mitberücksichtigt.

Die Abteilung Wirtschaft habe sich weiter mit der Prüfung der Frage beschäftigt, welche Arbeitskräfte im jüdischen Wohnbezirk zur Verfügung stehen. Ausgehend von einer Statistik der Abteilung Arbeit, sei man hierbei auf eine Zahl von etwa 30 000 Handwerkern gekommen, die für die Außenbilanz eingesetzt werden können. Bezüglich der weiblichen Arbeitskräfte liege eine solche Statistik nicht vor. Man berechne das Verhältnis von Männern zu Frauen auf etwa 60:40. Es könne wohl angenommen werden, daß die nötigen Facharbeiter im jüdischen Wohnbezirk zur Verfügung stehen; übrigens habe der Judenrat gewisse Schulen eingerichtet, aus denen ein neuer Stamm von Arbeitskräften hervorgehe. Die Beschäftigung der Juden sei im wesentlichen ein Organisationsproblem, über dessen Lösung die Meinungen allerdings noch auseinandergehen. Von Präsident Emmerich sei vorgeschlagen, deutsche Großhandelsfirmen einzuschalten, weil diese Großhandelsfirmen über einen ausgebauten Apparat verfügen und in der Lage sind, Aufträge zu sam-

7 Richtig: Gater.

meln und in den jüdischen Wohnbezirk hineinzubringen. Es wäre zu erwarten, daß auf diesem Wege ein produktives Ergebnis erzielt werden könne. Den Firmen müßte auf die Organisation der jüdischen Arbeit ein gewisser Einfluß eingeräumt werden, damit die Gewähr bestehe, daß im jüdischen Wohnbezirk allen Ansprüchen in bezug auf Qualität, Liefertermine usw. Genüge geleistet werde.
Schwierige organisatorische Fragen ergeben sich auch hinsichtlich der Kreditbeschaffung. Ohne großen Krediteinsatz könne die Wirtschaft im Ghetto nicht in Gang gebracht werden. Es errechne sich ein Kreditbedarf von etwa 30 bis 40 Millionen Zloty. Diesem Kreditbedarf liege ein Verarbeitungsumsatz ohne Material in Höhe von 135 Millionen Zloty jährlich und ein Umsatz einschließlich Material von etwa 400 Millionen Zloty jährlich zugrunde. Aus diesen Zahlen gehe hervor, daß es sich bei den Betrieben im Ghetto um Verarbeitungsbetriebe sehr großen Ausmaßes handle.
Zusammenfassend könne gesagt werden, daß es im Interesse aller beteiligten Stellen liege, Wege zu finden, um 65[000] bis 70 000 Juden im Ghetto in eine produktive Arbeit hineinzubringen. Wenn das gelinge, dann könne die Bildung des jüdischen Wohnbezirks als gelungen angesehen werden.
Der Herr *Generalgouverneur* verweist auf die Bedenken, die ihm vom Leiter der Abteilung Finanzen[8] vorgetragen wurden und die darin gipfeln, daß es mit dem Warschauer Ghetto ähnlich gehe wie mit dem jüdischen Wohnbezirk in Litzmannstadt, wo das Reich die Juden erhalten müsse. Eine solche dauernde Fürsorge würde eine erhebliche Belastung für den Etat bedeuten. Im Hinblick auf die Wichtigkeit dieser Frage empfehle es sich, bei der Besprechung solcher Detailprobleme in Zukunft einen Vertreter der Finanzabteilung beizuziehen.
SS-Gruppenführer *Moder* berichtet über Fragen der polizeilichen Bewachung des jüdischen Wohnbezirks.[9] Die 15 Eingänge des Ghettos seien Tag und Nacht mit je einem polnischen und einem deutschen Posten besetzt. Für den Streifendienst im Ghetto werden täglich 75 deutsche und 400 polnische Polizisten eingesetzt. Die Aufrechterhaltung der Ordnung innerhalb des jüdischen Wohnbezirkes selbst obliege dem jüdischen Ordnungsdienst, der der polnischen Polizei unterstellt sei.
Vom polizeilichen Standpunkt aus werde das Ghetto für eine Notwendigkeit gehalten, um den jüdischen Einfluß auf die polnische Bevölkerung zu beseitigen und um die Seuchengefahr zu bekämpfen. Die Schaffung des jüdischen Wohnbezirkes sei von der polnischen Bevölkerung durchaus begrüßt worden.
SA-Oberführer *Leist* spricht sich gleichfalls für die Beibehaltung des jüdischen Wohnbezirks aus und bezeichnet ihn als eine große Entlastung für die Stadt, insbesondere auf personellem Gebiet. Alle Leistungen, die bisher die Stadt zu tätigen gehabt habe, werden jetzt auf die jüdische Gemeinschaft abgewälzt. Das Interesse der Stadt konzentriere sich heute lediglich darauf, daß die Gebühren für Gas, Wasser und Strom ordnungsgemäß eingehen. Zur Zeit werde erwogen, ob nicht eine Pauschalierung dieser Gebühren mög-

8 Dr. Alfred Spindler.
9 Paul Moder (1896 – 1942), Kaufmann; nach 1918 Freikorpsführer; 1922 NSDAP- und 1931 SS-Eintritt; 1933 Polizeisenator in Altona; 1934 – 1939 Führer des SS-OA Ost bzw. Spree in Berlin; von Nov. 1939 an SSPF im Distrikt Warschau; Juni 1940 Kriegsteilnahme in Frankreich; am 19.7.1941 von Himmler seines Amts enthoben und degradiert, weil er in den Tagen des Angriffs auf die Sowjetunion zu seiner Familie nach Berlin gereist war; anschließend an die Front geschickt und in der Sowjetunion gefallen.

lich sei. Man denke sich die Sache so, daß der Judenrat mit der Eintreibung beauftragt werde unter entsprechender Beteiligung an der von ihm eingetriebenen Summe. Eine solche Beteiligung biete für den Judenrat einen Anreiz für die Eintreibung des Geldes.
Reichsamtsleiter *Schön* hält die Betrachtungen des Herrn Dr. Gate für zu theoretisch. Dr. Gate gehe vor allem an der Erkenntnis vorbei, daß nicht der Arbeitseinsatz allein die Lebensbedingungen für die Bewohner des Ghettos schaffe, sondern vor allem auch die Aufrechterhaltung der Handelsbeziehungen. Die Handelsbeziehungen seien nach eingehender Prüfung aufrechterhalten worden, insbesondere auch deswegen, weil die Juden noch Rohstoffe und Fertigwaren besitzen, die für die Rüstungsindustrie wichtig sind.
Es wird dann noch ausführlich die Frage besprochen, wie die Abwicklung von Aufträgen zwischen dem jüdischen Wohnbezirk und den Firmen außerhalb desselben sich zu vollziehen habe und in welcher Weise hierbei der Judenrat, die Transfer-Stelle und ein noch zu bildendes besonderes Kuratorium einzuschalten seien. Eine Einigung konnte über diese Frage nicht erzielt werden. Der Herr *Generalgouverneur* verfügte, daß diese Frage zum Gegenstand eingehender Beratungen zu machen sei. In seinen abschließenden Ausführungen wies der Herr Generalgouverneur darauf hin, daß ein Weg gefunden werden müsse, der irgendwelche Rückschläge nach Möglichkeit ausschließe. Es empfehle sich, daß in der ersten Zeit des Aufbaues der wirtschaftlichen Beziehungen des jüdischen Wohnbezirks der Präsident der Abteilung Wirtschaft und der Chef des Distrikts Warschau sich persönlich [der] Angelegenheit annehmen. Die Verantwortung, die die Regierung mit der Schaffung des jüdischen Wohnbezirks für 500 000 Menschen übernehme, sei sehr groß, und ein Mißerfolg würde immer der Regierung des Generalgouvernements zur Last gelegt werden. Litzmannstadt sei in dieser Beziehung eine ernste Mahnung. Der wundeste Punkt in dem ganzen Fragenkomplex seien heute noch die Frage des Transfers, die Abgrenzung der Verantwortungsbereiche, die Beschaffung der Rohstoffe, der Ausgleich zwischen freier Wirtschaft und Ghettobetrieb und vor allem die Regelung der Auftragserteilung zwischen den Betrieben im Ghetto und den Auftraggebern außerhalb des Ghettos. Es sei zu hoffen, daß es den Bemühungen der beteiligten Stellen gelingen werde, diese Schwierigkeiten einer befriedigenden Lösung zuzuführen.

## DOK. 264

## Das Präsidium der Jüdischen Sozialen Selbsthilfe berichtet am 5. April 1941 über die Hilfe für vertriebene Juden[1]

Schreiben des Präsidiums der JSS (Nr. 2691/41 Sch.) an die Regierung des Generalgouvernements, Innere Verwaltung, Bevölkerungswesen und Fürsorge, in Krakau vom 5. 4. 1941 (Abschrift)[2]

*Tätigkeitsbericht* der Jüdischen Sozialen Selbsthilfe, Präsidium, für den Monat März 1941
2.[3] *Aussiedlerhilfe.*
Im vergangenen Monat mußten wir unsere Hauptaufmerksamkeit auf die Hilfe für Aus-

1 YVA, O-21/19, Bl. 4f. und 7.
2 Der Leiter des JSS, Weichert, übermittelte den Bericht in zwei Exemplaren.
3 Der erste Punkt fehlt in dieser Abschrift ebenso wie Textteile, die im Folgenden durch Auslassungszeichen gekennzeichnet sind.

gesiedelte lenken. Es sind – unseres Wissens – aus Wien über 4000 Aussiedler und aus den dem Reiche angegliederten Gebieten, insbesondere aus Płock und Umgebung, etwa 9[000] bis 10 000 Juden im Generalgouvernement eingetroffen. Überdies wurden aus Lublin plötzlich 9000 Juden ausgesiedelt, die Judenaussiedlung aus Krakau stand vor dem Abschluß, die Umsiedlung von ca. 45 000 Juden aus dem Distrikt Warschau in das jüdische Wohngebiet der Stadt Warschau wurde fortgesetzt. Während die aus Wien Ausgesiedelten einen Teil ihrer Wäsche und Kleidung mitnehmen durften und überdies mit Nahrungsmitteln versehen waren, trafen – den Berichten zufolge – die aus Płock und Umgebung Ausgesiedelten in kläglichem Zustand ein. …

Um die Hilfstätigkeit trotzdem zweckdienlich zu gestalten, beabsichtigten wir, unsere Delegierten in jene Ortschaften zu entsenden, wo die Ausgesiedelten eingetroffen waren. Dies konnte leider in ganz geringem Umfang geschehen, da es uns nicht gelungen ist, Fahrbescheinigungen für unsere Delegierten zu erwirken.

Den Meldungen zufolge mußten manche Transporte nach dem Eintreffen ihren ursprünglichen Bestimmungsort verlassen und anderweitig untergebracht werden. In vielen Fällen wurden den Ausgesiedelten übervölkerte Orte angewiesen, deren sanitäre Bedingungen auch den primitivsten Forderungen nicht entsprechen. Die Hilfe, die wir den Ausgesiedelten haben angedeihen lassen, bestand hauptsächlich in der Ernährung. In manchen Orten wurden die Ausgesiedelten an die existierenden Volksküchen geleitet, in anderen wurden neue Volksküchen errichtet, hie und da wurden ihnen Nahrungsmittel zur Verfügung gestellt. Leider gestattete es der Mangel an Geldmitteln und die begrenzte Fassungsmöglichkeit der Volksküchen nicht, allen Ausgesiedelten wenigstens eine warme Suppe täglich zu verabfolgen. Wir haben für die Aussiedler als Hilfe nach Warschau Zł. 200 000, nach Lublin Zł. 77 000, nach Radom Zł. 60 000 überwiesen und in Krakau Zł. 10 000 zur Verteilung bestimmt. Überdies erhielt die Stadt Warschau Zł. 200 000 von der Abteilung Bevölkerungswesen und Fürsorge durch die Vermittlung des Beauftragten des Distriktchefs Warschau. Dieser Betrag wurde der Transferstelle eingezahlt. …

Außer der für Ernährungszwecke bestimmten Geldhilfe konnten wir 1700 Papierstrohsäcke zur Verteilung bringen, 3400 Papierstrohsäcke wurden eingekauft und werden im nächsten Monat unter die Ausgesiedelten verteilt werden. Leider waren wir nicht imstande, die mehrfach geäußerten Wünsche der Hilfskomitees und Delegaturen um Zuteilung von Arzneimitteln, Verbandstoffen, Decken, Wäsche und Kleidern zu erfüllen. Die von uns eingekauften 990 Decken [sowie] Wäsche sind zur Verteilung gelangt, an allem Übrigen hat es uns gefehlt. …

*4. Bekleidungshilfe.*

Auch auf diesem Gebiet haben wir keinen großen Erfolg zu verzeichnen. Unsere Bemühungen, mit Unterstützung des Hauptihilfsausschusses[4] bei der zuständigen Dienststelle eine Lederzuteilung zur Anfertigung von Schuhen auf Holzsohlen durch Heimarbeiter in Warschau – die mit 50 % billiger als der durch den Haupthilfsausschuß gezahlte Preis kalkulierten – zu erlangen, blieben ergebnislos. Zur Zeit beabsichtigt der Haupthilfsausschuß, eine größere Anzahl von Schuhen auf Holzsohlen zu erwerben. Hie und da veranstaltete Sammlungen von Wäsche für Ausgesiedelte konnten keine anderen als ganz bescheidene Resultate zeitigen.

4 Siehe Dok. 156 vom 12.8.1940, Anm. 2.

*5. Gesundheitswesen.*
Auch auf diesem Gebiete ist im verflossenen Monat nichts Nennenswertes geschehen, was mit dem im Tätigkeitsbericht für die Monate Januar und Februar bereits erwähnten Umstande zusammenhängt, daß eine klare Abgrenzung der Wirkungskreise zwischen der Abteilung Gesundheit und Bevölkerungswesen und Fürsorge nicht erfolgt ist. Insbesondere konnte nichts zur Bekämpfung der an verschiedenen Orten in Erscheinung tretenden Seuchen unternommen werden. Vereinzelt gewährten wir einem Seuchenkrankenhaus in Radoszyce[5] eine Subvention von Zł. 3000 und einer in Krakau zu errichtenden Entlausungsanstalt Zł. 5000 – während wir für über Zł. 7000 Arzneimittel für unsere Arzneiverteilungsstelle einkauften. Von dem vom Haupthilfsausschuß eingekauften Seifenpulver erhielten wir auf unseren Anteil 1700 kg, die wir auf folgende Weise zur Verteilung brachten: Distrikt Krakau 650 kg, Distrikt Warschau 800 kg, Distrikt Radom 200 kg, Distrikt Lublin 250 kg, wobei 300 kg als Reserve verblieben.
*6. Einkünfte.*
Im Berichtsmonat erhielten wir vom Haupthilfsausschuß Zł. 200 000 als Teil der Sonderzuwendung von Zł. 500 000,[6] die auf unseren Antrag in der Sitzung des Haupthilfsausschusses vom 4. März 1941 mit behördlicher Genehmigung beschlossen wurde.[7] ...
Von der für das Jüdische Hilfskomitee Warschau-Stadt bestimmten Unterstützung konnten nur Zł. 100 000 überwiesen werden; eine Auszahlung weiterer Beträge konnte einer Anordnung der Abteilung Bevölkerungswesen und Fürsorge vom 27. März l. J. gemäß vorderhand nicht erfolgen und dürfte voraussichtlich in den ersten Tagen [des] Aprils vollzogen werden. ...
*7. Besprechungen und Korrespondenz.*
Im Berichtsmonate fanden außer der Monatssitzung des Präsidiums (am 10.III.) und der des Haupthilfsausschusses (am 4.III.) 10 Besprechungen in der Abteilung Bevölkerungswesen und Fürsorge [statt], darunter eine in Anwesenheit der Herren Meder[8] und Dr. Gepner[9] in Angelegenheiten der Beschäftigung der im Warschauer jüdischen Wohngebiet ansässigen Handwerker und eine gemeinsam mit dem American Joint Distribution Committee, 3 Besprechungen mit der Aussiedlungsstelle des Distriktchefs Krakau, 3 mit dem Haupthilfsausschuß, 2 mit dem American Joint Distribution Committee. ...
*9. Pläne für die nächste Zeit.*
Im nächsten Monat muß das Präsidium dem Problem der Aussiedlerhilfe nähertreten. Sie darf sich nicht auf ein Süppchen beschränken, man muß vielmehr an die Heranziehung der Arbeitsfähigen zur Arbeit denken und Mittel für eine Fürsorgetätigkeit zugunsten der Arbeitsfähigen ausfindig machen. Diese Frage wird in der Aprilsitzung des Präsidiums behandelt werden.
Der Übergang der primitiven Hilfe zur konstruktiven bildet ebenfalls einen Punkt der Tagesordnung der Aprilsitzung. Die fortschreitende Ausschaltung der Juden aus dem Wirtschafts- und Arbeitsprozeß erfüllt die JSS mit banger Sorge. ...

5 Siehe Dok. 240 vom 17.2.1941.
6 Handschriftl. verbessert aus: 600 000.
7 Siehe Dok. 243 vom 22.2.1941.
8 Meder, Kaufmann; stellv. Leiter der Dienststelle Generalgouvernement des Reichskuratoriums für Wirtschaftlichkeit.
9 Vermutlich Abraham Gepner; er hatte keinen Doktortitel.

Ferner müßten neue Einnahmequellen für die JSS erschlossen werden, insbesondere aus jüdischem Vermögen, d.i. aus den Sperrkonti und den treuhänderisch verwalteten Betrieben. Vorbesprechungen mit der Abteilung Bevölkerungswesen und Fürsorge in dieser Richtung haben bereits mehrmals stattgefunden; nun sollen die Bemühungen des Präsidiums, etwas Greifbares zu erreichen, fortgesetzt werden.
Die Auslandshilfe, insbesondere die Verwandtenhilfe, soll zweckdienlicher organisiert und nach Tunlichkeit vereinheitlicht werden.
Auch bleibt die Frage der kommunalen Zuschüsse für die jüdischen Hilfskomitees zu klären, denen nebst der freien Wohlfahrt auch die Fürsorge übertragen worden ist, die bis vor Kriegsausbruch aus staatlichen und kommunalen Mitteln bestritten wurde. …

## DOK. 265
## Der Reichsarbeitsminister widerruft am 7. April 1941 seinen kurz zuvor ergangenen Runderlass, polnisch-jüdische Zwangsarbeiter im Reichsgebiet einzusetzen[1]

Schnellbrief des Reichsarbeitsministers[2] (V a 5431/73), in Vertretung gez. Dr. Syrup,[3] an die Präsidenten der Landesarbeitsämter, außer an den Reichsstatthalter in Posen, vom 7. 4. 1941[4]

*Betr:* Arbeitseinsatz der Juden.
*Vorgang:* Mein Rderl. vom 14.3.1941-V a 5431/43.[5]
Nach meinem Rderl. vom 14.3.1941 sollten die im Warthegau vorhandenen Juden sofort geeigneten Beschäftigungsmöglichkeiten im Reichsgebiet zugeführt werden, damit andere Arbeitskräfte für den Arbeitseinsatz bei dringlicheren Arbeiten freigemacht werden können.
Der Führer hat nunmehr entschieden, daß Juden aus dem Generalgouvernement und dem Warthegau *nicht* im Reichsgebiet einzusetzen sind. Ich hebe daher meinen Erlaß vom 14.3.1941 mit sofortiger Wirkung auf.

1 BArch, R 43 II/548a.
2 Franz Seldte (1882–1947), Chemiker; Mitglied der DNVP, Mitbegründer des Stahlhelms, 1933 NSDAP- und SA-Eintritt; von 1933 an RArbM; 1945 interniert.
3 Dr. Friedrich Syrup (1881–1945), Ingenieur, Jurist; 1920–1927 Präsident des Reichsamts für Arbeitsvermittlung, dann der Nachfolgebehörde, 1932 im Kabinett Schleicher als Parteiloser kurzzeitig RArbM, 1936 im RArbM Leiter der Geschäftsgruppe Arbeitseinsatz, von 1938 an StS; 1938 NSDAP-Eintritt; ab 1941 aus gesundheitlichen Gründen kaum mehr im Dienst; er starb im sowjet. Speziallager Sachsenhausen.
4 Rechts oben handschriftl.: „Dr. Hölk (?)", links unten handschriftl.: „Ref. I (?) b 4".
5 Mit dem Runderlass vom 14.3.1941 „betr. Arbeitseinsatz der Juden" waren die Landesarbeitsämter aufgefordert worden, für 42187 männliche und 30936 weibliche jüdische Arbeitskräfte aus dem Warthegau Beschäftigungsmöglichkeiten im Reichsgebiet zu erschließen; BArch, R 41/193, Bl. 98RS–99RS.

## DOK. 266
## Ruth Goldbarth schreibt ihrer Freundin Edith Blau vom 10. bis 15. April 1941 über die Lebensumstände im Warschauer Getto[1]

Handschriftl. Brief von Ruth Goldbarth aus Warschau an ihre Freundin Edith Blau in Minden (Westf.) vom 15. 4. 1941

Mein Kleines,
ich habe schrecklich viel Zeit, Dir zu schreiben. Das Haus ist zu, die Eltern haben sich eben hingelegt, die Sonne scheint u. auf dem Hof ist ein furchtbarer Lärm. Eben hat man mich am Fenster bemerkt u. verlangt, ich solle auch erscheinen, aber je m'en fiche pas mal.[2] Ich will Dir heute mal ganz ausführlich Bericht erstatten, wenn ich auch noch nicht weiß, wann ich diesen Brief werde abschicken können. – Mir ist ganz komisch, ich weiß tatsächlich nicht, ob ich lachen oder weinen soll. An + für sich ist die Stimmung schrecklich gedrückt, es ist schrecklich, Kleines, was Onkel[3] sich wieder geleistet hat; was soll das bloß werden! Nun sah es schon fast so aus, als wenn Bertha doch recht behalten würde, und nun benimmt er sich wieder so u. macht mit einem Schlage all unsere Hoffnungen zunichte. Man darf gar nicht denken! Und dazu ist bei uns noch eine wahnsinnige Teuerung! Die Preise klettern von Stunde zu Stunde, seit ein paar Tagen gibt es keine Zufuhr, die Lebensmittel werden von Minute zu Minute knapper + teuerer. Brot kostet heute pro Kilo bereits 9,50 zł, weißes sogar 11 zł; Kartoffeln 3,50. Ist das noch menschenmöglich? Die Kartoffeln, die wir seit Anfang März auf Karten bekommen sollen, haben wir bis heute noch nicht, u. Brot gibt es auch sehr selten, wenig + unregelmäßig. Es ist unsagbar! Wenn Du auf die Straße gehst, siehst Du alle 100 Schritt einen Menschen liegen, der vor Hunger nicht mehr weiterkann. Die Klingel steht bei uns nicht mehr still, ein Bettler nach dem andern kommt. Heute sollen schon Läden ausgeraubt worden sein! Und es besteht keine Hoffnung, daß es in absehbarer Zeit besser wird. Bei Jurek[4] ist es auch nicht viel besser. Wir sind schon ganz verzweifelt. Was soll man bloß tun!! Und die vielen Tausend Armen, die nichts haben!! – Wenn es so weiter geht, ist es tatsächlich nur noch eine Frage von Wochen bei uns!
Wirklich, wenn man das hört, müßte man denken, wir sitzen alle + klagen! Aber Du solltest nur mal jetzt zu uns auf den Hof sehen. Ein Geschnatter u. Gelächter, als wäre alles in bester Ordnung. Und bis vor einer halben Stunde habe ich mit ihnen unten gestanden + Dummheiten gemacht. Die „parówka“[5] ist nämlich bis jetzt eine ganz amüsante Geschichte. Onkel Paru[6] hat natürlich feste mitgeholfen, so daß es eigentlich halb so schlimm ist. Gestern mittag wurde bekannt, daß das Haus geschlossen wird, u. als ich kurz vor 9h noch schnell zu Bekannten nebenan laufen wollte, kam ich nicht mehr raus. Heute vom frühen Morgen an erschien eine Kommission nach der andern. Die erste um ½ 8, ohne anzuklopfen fielen sie in unser Zimmer, als ich mir grade den Schlafanzug auszog. Sie sahen sich Betten, Wäsche usw. an, fanden alles in Ordnung u. erklärten,

1 USHMM, RG 10.250*03, WA 057.
2 Franz.: das ist mir egal.
3 Tarnbegriff für die Deutschen oder auch im engeren Sinn für die Wehrmacht, die am 6.4.1941 Jugoslawien angegriffen hatte.
4 Tarnbegriff für die Polen jenseits der Gettomauer.
5 Poln.: Dampfbad, hier im Sinne von Entlausungsprozedur.
6 Tarnbegriff für Bestechung.

wir brauchten nicht desinfiziert zu werden. Nach kaum 5 Minuten zogen sie wieder ab. Später wurden wir auch vom Baden befreit, so daß wir nur Hausarrest haben. Und das ist vorläufig noch ganz vergnüglich. Wenn's nur nicht lange dauerte! Mit sämtlichen Wachmannschaften (Kollegen von Boria[7]) sind wir gleich dick befreundet gewesen, u. ich fertige etwaige Patienten durchs Haustor ab;[8] glücklicherweise ist es ein schmiedeeisernes, durchbrochenes, so daß man sich gut mit „draußen" unterhalten kann. Allerdings, frei habe ich nicht gehabt. Den ganzen Vormittag wurden Haus-Patienten behandelt. Wie es nachmittags wird, weiß ich noch nicht. Auf jeden Fall läßt sich's ertragen! –

Jetzt muß ich Dir noch ein Abenteuer erzählen: Am letzten Sonntag war ich mit Dorli[9] + verschiedenen Bekannten ausgegangen, u. zwar in ein Konzert-Café mit Vorführungen. Es sollte dort eine sehr nette kleine Aufführung stattfinden. Und es war auch wirklich sehr hübsch, eine Groteske aus unserm Leben hier, ganz geistreich + sehr bezeichnend. Das Lokal ist ziemlich groß + hat außer dem Hauptraum noch eine Galerie. Und nun stell Dir vor: Plötzlich fliegt von der Galerie ein Stuhl mitten ins Publikum. Die Musik bricht ab, Geschrei, Geschirr klirrt, große Aufregung, die sich aber gleich wieder beruhigt. Alles geht weiter, bis 5 Minuten später ein 2. Stuhl von oben runterfliegt, gleich dahinter ein dritter, ein vierter, einer fliegt nach dem andern, immer in eine andere Richtung. Die Aufregung läßt sich nicht beschreiben. Alles rannte + schrie durcheinander, Tische + Stühle wurden umgerissen, Geschirr fiel runter, – kurz, ein furchtbares Durcheinander – wie immer sofort Panikstimmung. Und die Ursache der ganzen Aufregung? 2 Freunde von Adi[10] – total betrunken. Plötzlich erscheinen sie im Saal; mit einem Mal – weiß Gott wieso – ist Totenstille. Sie gehen durch's Lokal, alles atmet auf, denkt, sie gehen schon fort, plötzlich fängt der eine an, sich mit irgendwem zu zanken, schlägt wie ein Wilder nach rechts + links um sich, u. der zweite schmeißt zur Abwechslung wieder mit Stühlen. Raus konnte keiner mehr, da sie vorm Ausgang standen + überhaupt wurde jetzt die Geschichte ernstlich gefährlich; wir verzogen uns also in die Küche, um von dort aus den Verlauf der Angelegenheit abzuwarten. Glücklicherweise erschien endlich Gendarmerie[11] u. nahm die beiden mit. – Aber es war ganz hübsch aufregend. –

Am Sonnabend vorher mußten meine Eltern einen Besuch machen + die Assistentin hatte daher auch frei. Da war ich mit Alinka „na szaleństwa"[12] gegangen. Als dritter im Bunde gesellte sich Romek dazu, Nusia D.'s Freund aus Orłowo, mit dem sie später in Ciechocinek war. Wirklich ein netter Kerl, intelligent + witzig, u. vor allem das, was man einen guten Jungen nennt. Schade, daß er den Kontakt mit Nusia verloren hat. Er ist ein Mensch, wie ihn Nusia braucht, u. er spricht auch mit großer Herzlichkeit von ihr. Versprach auch, ihr gleich zu schreiben. Ich denke, sie wird sich sehr darüber freuen.

Ach ja, dann wollte ich Dir ja auch noch von dem Herrn erzählen, der damals bei Edith Ch. war. Er war damals, wie Bubi,[13] nicht mehr bei Onkel in Stellung[14] u. kam zu ihr, um

7 Ein im Jüdischen Ordnungsdienst tätiger Freund der Familie Goldbarth.

8 Ruth Goldbarth assistierte ihrem Vater in dessen Zahnarztpraxis.

9 Ruth Goldbarths jüngere Schwester Dorothea.

10 Tarnbegriff für SS-Männer.

11 Vermutlich Schutzpolizisten.

12 Poln.: ausgegangen, um mich zu amüsieren (sinngemäß).

13 Ediths Onkel Hermann (genannt Bubi) Bradtmüller (1897–1965), war 1940 als Soldat eine Zeit lang im GG stationiert; siehe Ruth Goldbarths Brief an Edith vom 8.9.1940 in: Edith Brandon, Ein Mindener Bürger. Hermann Bradtmüller und Familie, Minden 1994, S. 12–14.

14 Er diente nicht mehr in der Wehrmacht.

ihr zu sagen, daß ihr Mann in einem Sanatorium[15] bei Stolp i. Pommern als Arzt arbeitet; er hätte 1 ½ Zimmer für sich u. es ginge ihm gut. Der Herr hat ihn damals selbst hingebracht. Ob die andern dabei sind, wußte er nicht. Ich weiß nicht, was davon zu halten ist. Damals, als er das 1. Mal da war, sah die Sache eigentlich verdächtig aus. Du besinnst Dich sicher darauf. Aber schließlich: Aus welchem Grunde kam er das 2. Mal? Zu holen war doch da nichts, das wußte er doch sicher auch. Vielleicht ist da wirklich etwas dran. Edith, das Schaf (ich ärgere mich immer, daß so etwas den selben Namen trägt wie Du), hat mir das erst jetzt erzählt. Was hältst Du von der Angelegenheit? Sag mal, habt ihr eigentlich durch den Schwager Eures Mädchens u. durch den 2. Herrn noch nichts erfahren können?

11. IV.
Wir sind immer noch eingesperrt. Es sollte zwar bloß 24 Stunden dauern, aber nun sind's schon 48, u. wer weiß, ob wir nicht über die Feiertage festsitzen werden.[16] Irgendwer hat da Blödsinn mit den Karten aus der Bade- u. Desinfektions- (sprich Entlausungs-)anstalt gemacht, u. jetzt will die Kommission das Haus nicht freigeben. Es fehlten noch 16 Personen, die gebadet werden müssen. Ich hatte mich auch freiwillig gemeldet (schließlich kann's ja nichts schaden), aber das nützte alles nichts, u. heute ist hier große Aufregung. Onkel Paru wird noch mal helfend eingreifen müssen. Mich persönlich stört dieser Zustand eigentlich wenig. Vati geht ja öfter mal dringend zu Kranken u. die Assistentin geht auch von Zeit zu Zeit mit – u. an + für sich benimmt sich Adi neuerdings wieder so schlecht auf der Straße, daß es kein Vergnügen ist, auszugehen. Unten auf dem Hof versammelt sich das ganze Haus, da werden die neusten Ereignisse u. die Preise (bloß nicht daran denken) erörtert – u. überhaupt ist es ganz lustig. Aber für die Praxis ist das natürlich ein großer Ausfall. – Heute war Boria hier u. hat uns getröstet, u. von Zeit zu Zeit kommen Bekannte ans Tor u. lassen uns runterklingeln (vom Treppenhaus führen Klingeln in alle Wohnungen), also langweilig ist es nicht. Aber immerhin wäre es ganz schön, wenn sie uns zu den Feiertagen rausließen. Von Dir hatte ich eigentlich schon längst Post erwartet – in den nächsten 2 Tagen wird keine ausgetragen, also kann ich erst wieder Montag Nachricht haben – früher kann auch dieser Brief nicht abgehen. Heute sieht's hier recht traurig aus – keine Spur von Feststimmung, nicht mal Mazze- u. [Mazze]mehl (20 zł kann man doch dafür nicht ausgeben). Zu Wein + österlicher Torte bin ich zwar eingeladen, aber ich habe keine Lust hinzugehen. Früher bei den Großeltern in Samter – ach, Schwamm darüber, hat ja alles keinen Zweck! –

*12. IV.*
Hurra, wir sind frei. Eben haben wir feierlich das Schild: „Fleckfieber, Betreten verboten" von der Haustür entfernt u. die letzte Wachmannschaft verabschiedet. Und jetzt bin ich leicht beschwipst! Aber das macht weiter fast gar nichts. Das Ereignis mußte doch gefeiert werden. Und gleich werde ich spazieren gehen. Es ist schon ganz hübsch warm (bis jetzt war's saukalt), u. ich habe vormittags schon auf dem Balkon in der Sonne gesessen – es war so schön. Vielleicht wird's endlich Frühling! – Erst muß ich den Kaffeetisch decken, Georgies Eltern kommen u. morgen sind wir bei ihnen eingeladen.

15 Tarnbegriff für Lager oder Gefängnis.
16 Gemeint ist Pessach, das 1941 auf den 12. bis 19. April fiel.

*15. IV.*
Hurra! Ich freu mich schrecklich! Eben bekam ich das Paket-Avis u. Deinen Brief mit dem aus Krzemieniec! Ich will Dir das nur schnell bestätigen, denn Dein Brief ist Gott sei Dank seit dem 4. IV. unterwegs + Du wartest sicher schon sehr auf Antwort. Vielen herzl. Dank!!! Ich schreibe sehr bald wieder! Ich habe schon jemand aus dem [Sammel-]Punkt zur Post geschickt; wenn das Paket hier ist, bekommst Du genauen Bescheid, dann schreibe ich an Lolo + Dir ganz ausführlich. Heute laß Dir nur einen ganz ganz herzhaften Kuß geben von Deiner Ruth.
Der Brief mit dem Gürtel ist nicht angekommen. Pech! Trudno!!![17] Kleines, Du solltest mich mal sehen – mit Mittelscheitel u. Knoten, ganz ohne Locken + Rolle. Die ältere Generation ist begeistert, die jüngere findet's zu ernst + zu erwachsen. Ich bin zufrieden, denn das Kämmen geht schneller!

## DOK. 267
## Der Militärarzt in Międzyrzec warnt am 12. April 1941, durch den Zuzug jüdischer Zwangsumsiedler drohe eine Fleckfieberepidemie[1]

Schreiben des Standortarztes Miedzyrzec, Unterschrift unleserlich, an die Sicherheitspolizei, Außendienststelle Radzyn (Eing. 16. 4. 1941) vom 12. 4. 1941[2]

*Bezug:* Fernmündl. Rücksprache am 8. 4. 41.
*Betr.:* Fleckfiebergefahr durch Judenzuwanderung.
Nachdem in den letzten 6 Wochen über 1000 Juden erneut nach Miedzyrzec gekommen sind, davon in den letzten 8 Tagen allein mehrere hundert,[3] wird dringend gebeten, die Judenzuwanderung zu stoppen, da sonst mit einer Fleckfieberepidemie zu rechnen ist.
Am heutigen Tage sind im jüdischen und polnischen Krankenhaus 28 positive Fleckfieberfälle, und auch bei der Wehrmacht ist schon ein Fall von Fleckfieber aufgetreten.
Es ist alles Mögliche zur Verhinderung der Übertragung getan worden, sowohl von seiten des Stadtarztes als auch von seiten des Militärs, aber die Bevölkerung, d. h. die Juden, wohnen derartig eng aufeinander, und es ist auch keine strenge Isolierung zwischen Truppe und Bevölkerung möglich.
Es wird daher von seiten des Kommandeurs *dringendst* gebeten, jegliche weitere Zuwanderung von Juden zu unterbinden.

17 Poln.: Da kann man nichts machen.

1 APL, 498/273, Bl. 13.
2 Dem Bürgermeister von Międzyrzec (Kreis Radzyń im Norden des Distrikts Lublin) wurde zur Kenntnis ein Durchschlag übersandt; APL, 498/892, Bl. 359.
3 1940 musste die Jüdische Gemeinde in Międzyrzec mehrere große Transporte aus West- und Mittelpolen aufnehmen – aus Nasielsk, Pułtusk, Serock, Lodz und Gdingen. Dazu kamen Anfang 1941 weitere 740 Zwangsumsiedler aus Krakau und 1400 aus Mława.

## DOK. 268
## Ein Unteroffizier der Wehrmacht schreibt am 14. April 1941 über seine Eindrücke vom Osten des Generalgouvernements[1]

Feldpostbrief von Kurt Meisel[2] vom 14. 4. 1940

Seit etwa drei Wochen liegen wir in einer kleinen trostlosen Stadt nahe der russischen Grenze;[3] das Nest zählt 24 000 Einwohner, von denen 22 000 jüdischer Rasse sind. Eine große Anzahl von diesen sind aus Deutschland ausgewiesen oder aus dem Warthegau emigriert. Mit dem Geschäftemachen ist es aber hier ein für allemal vorbei. Wir haben den hiesigen deutschen Bürgermeister bei der Erfassung tüchtig unterstützt und die Faulenzer aus ihren verwahrlosten Unterschlüpfen herausgeholt, um sie einer geregelten Tätigkeit, insbesondere Straßenbau, Planierungsarbeiten usw. zuzuführen. Die Zustände in den jüdischen Häusern sind nicht wiederzugeben, soviel Verkommenheit, Dreck und Ungeziefer; Untermenschentum im wahrsten Sinne des Wortes! Dementsprechend wird sich das Schicksal dieser Landplage nicht gerade rosig gestalten.

## DOK. 269
## Gazeta Żydowska: Artikel vom 18. April 1941 über die Vertreibung der jüdischen Gemeinde aus Auschwitz nach Sosnowiec und Będzin[1]

*Umsiedlung der Auschwitzer Juden*

In der Woche vor dem Pessachfest[2] verließ die jüdische Bevölkerung, dem Willen der deutschen Behörden gehorchend, auf disziplinierte Weise Auschwitz und Umgebung und begab sich mit der Bahn, mit Autos und Fuhrwerken sowie zu Fuß in das Dombrowaer Kohlebecken, um sich dort mit ihren Familien niederzulassen.
Zur Durchführung dieser Umsiedlungsaktion kamen die wichtigsten Führer des Zentralen Komitees der Ältestenräte bei der Jüdischen Gemeinde in Sosnowiec[3] nach Auschwitz. Eine mehr als tausendköpfige Armee jüdischer Arbeiter wurde aus allen Gemeinden der Umgebung und denen des Dombrowaer Kohlebeckens nach Auschwitz geschafft, um auf Hunderten von der Stadtverwaltung und der Umsiedlungspolizei zur Verfügung gestellten Fuhrwerken die jüdische Habe, Haushaltsgeräte und Einrichtungen der liquidierten Werkstätten zum Bahnhof in Birkenau bei Auschwitz zu bringen und von dort in Güterwaggons nach Sosnowiec abzutransportieren.

1 Abdruck in: Der Arbeitskamerad. Werkzeitschrift für die Betriebsgemeinschaft Commerzbank 8 (1941), Nr. 6 (Juni), S. 51 (Rubrik: Aus Feldpostbriefen), HAC-S3/A102/1-6.
2 Kurt Meisel (1905 – 2000), Bankkaufmann; Angestellter der Commerzbank in Berlin; Kriegsteilnahme; nach 1945 bei der Commerzbank in Düsseldorf.
3 Möglicherweise ist Chełm gemeint.

1 Gazeta Żydowska, Nr. 31 vom 18.4.1941, S. 4: Przesiedlenie Żydów z Oświęcimia. Das Dokument wurde aus dem Polnischen übersetzt. Abdruck in: Marian Fuks, Małe Judenraty w świetle „Gazety Żydowskiej" 1940 – 1942, in: BŻIH 1983, Heft 2 – 3 (126/127), S. 169 – 199, hier S. 179f.
2 Die Woche vor dem 12.4.1941.
3 Offizielle deutsche Bezeichnung: Zentrale der Ältestenräte der jüdischen Kultusgemeinden in Ost-Oberschlesien.

Das organisierte Umsiedlungskomitee und die sog. Blockkommandanten arbeiteten pausenlos sieben Tage und Nächte und transportierten in einem riesigen, ununterbrochenen und schier unglaublichen Umzug das Hab und Gut von 5000 Juden …
Darüber hinaus arbeiteten auch umliegende Transportfirmen aus Bielsko, Cieszyn, Kattowitz, Breslau und Sosnowiec pausenlos, um in Lastwagen und großen Möbelwaggons Einrichtung und Haushaltsgeräte der jüdischen Bevölkerung von Auschwitz zu befördern.
Für den ordnungsgemäßen Ablauf sorgte die jüdische Miliz aus Sosnowiec, die zu diesem Zweck nach Auschwitz kam.
Im Laufe einiger Tage löste der Ältestenrat der jüdischen Gemeinde in Auschwitz alle jüdischen sozialen Einrichtungen, Werkstätten, Unternehmen, Altenheime, Volksküchen usw. auf. Die Schwerkranken wurden in Krankenhäusern der umliegenden Gemeinden, vor allem in Sosnowiec, untergebracht.
Als Letzte verließen der Ältestenrat und die Amtsträger der Jüdischen Gemeinde die Stadt.
Die Auschwitzer Juden kamen vorwiegend in organisierten Sammeltransporten mit der Bahn nach Sosnowiec und Będzin, in bequemen Personenwaggons und unter medizinisch-sanitärer Betreuung. Ihr Handgepäck wurde ihnen an der Bahnstation in Auschwitz abgenommen und dann am Ankunftsort ausgehändigt.
Das Dombrowaer Kohlebecken und besonders die Städte Sosnowiec und Będzin begrüßten die Umsiedler aus Auschwitz mit außergewöhnlicher Gastfreundschaft und Herzlichkeit. Dank der Bemühungen des Zentralen Komitees der Ältestenräte der Jüdischen Gemeinden wurden in Sosnowiec fünf Umsiedlerlager organisiert, in Schulen in der Mährischen Straße 6, der Modrowstraße 18, der Parkstraße 15, im Kino „Rialto" in der Warschauer Straße 18 und in der Böhmischen Straße 13. Die Umsiedler wurden in diesen Lagern medizinisch untersucht, bekamen bis zum Erhalt einer Wohnung kostenlose Verpflegung und wurden fürsorglich betreut.
Mit der Wohnungszuteilung befasste sich eigens die Wohnungsabteilung in der Modrowstr. 22.
Gleichzeitig mit den Umsiedlern kamen in Sosnowiec Hunderte Güterwaggons mit Möbeln und Haushaltsgeräten der Auschwitzer an. Zum Ausladen der Waggons und zur Unterbringung der Gegenstände in vier großen Möbellagern mussten alle arbeitsfähigen Männer in Sosnowiec eingesetzt werden. Abwechselnd erschwerten Frost und schlimmes Regenwetter die aufopferungsvolle Arbeit der jüdischen Jugend von Sosnowiec. Deutsche Verwaltung und Behörden taten sowohl in Sosnowiec als auch in Auschwitz alles, um die Umsiedlungsarbeit zu erleichtern. Darüber hinaus konnte man bei dieser Gelegenheit die ungewöhnlich leistungsfähige Organisation, den Fleiß, die Pünktlichkeit und die aufopferungsvolle Arbeit sowohl der Amtsträger des Zentralen Komitees als auch Hunderter jüdischer männlicher und weiblicher Freiwilliger kennenlernen, die während der Umsiedlungsaktion unermüdlich im Einsatz waren.
Das Zentrale Komitee der Ältestenräte der jüdischen Gemeinden in Sosnowiec sowie die gesamte jüdische Bevölkerung des Dombrowaer Kohlebeckens erfüllten ihre Aufgaben zur allergrößten Zufriedenheit der jüdischen Bevölkerung aus Auschwitz.
Dafür danken die Umsiedler herzlich mit einem „Vergelt's Gott".[4]

4 Die Juden aus Auschwitz, die 1941 nach Będzin und Sosnowiec vertrieben worden waren, wurden im Sommer und Herbst 1942 zusammen mit den dort beheimateten Juden in Vernichtungslager deportiert.

## DOK. 270
## Die Regierung des Generalgouvernements und die Verwaltungsspitzen des Distrikts Warschau besprechen am 19. April 1941 in Krakau die wirtschaftliche Lage im Warschauer Getto[1]

Protokoll der Arbeitssitzung der Regierung des Generalgouvernements, Krakau, vom 19. 4. 1941[2]

*Arbeitssitzung: Beratung der Verordnung über den Wirtschaftsverkehr des Warschauer Ghettos*
Unterstaatssekretär *Kundt* gibt zunächst einen Überblick über die *Entstehung der Verordnung.* Der ursprüngliche Entwurf habe, wie Unterstaatssekretär Kundt ausführt, einer Umarbeitung unterzogen werden müssen, weil in ihm dem Gouverneur Dr. Fischer für den Bezirk Warschau eine von der sonstigen Verwaltungsübung abweichende Sonderermächtigung gegeben worden sei. Gouverneur Dr. Fischer habe nun gegen die Fassung des § 1 *Einspruch* erhoben, nach welchem der Distriktchef nur ermächtigt sein solle, im Rahmen der allgemeinen Richtlinien der Regierung seine Maßnahmen für das Warschauer Ghetto zu treffen. Im vorliegenden Falle müsse aber die zuständige Hauptabteilung der Regierung gegebenenfalls Richtlinien grundsätzlicher Art zu erlassen befugt sein.[3]
Der zweite *Einspruch* sei von Bankdirigent Dr. Paersch[4] aus grundsätzlichen finanzpolitischen Erwägungen erhoben worden. Das sei auch der Grund gewesen, weshalb der Herr Generalgouverneur die Unterzeichnung der Verordnung hinausgeschoben habe.
Gouverneur Dr. *Fischer* erinnert daran, daß die ursprüngliche Fassung des § 1 mit Staatssekretär Dr. Bühler und Unterstaatssekretär Kundt besprochen worden sei. Damals sei in der Fassung des § 1 die Einschränkung „im Rahmen der allgemeinen Richtlinien der Regierung" nicht enthalten gewesen. Dieser Verordnungsentwurf sei auch bereits vom Herrn Generalgouverneur unterzeichnet worden. Es lasse sich nicht vermeiden, daß eine bestimmte Stelle die Verantwortung für das Ghetto übernehme. Er habe daraufhin entsprechende Vorbereitungen getroffen und sich auf Grund jenes § 1 eine Ermächtigung geben lassen. Es sei doch eigentlich selbstverständlich, und er könne auch dafür bürgen, daß er als Gouverneur mit dieser Ghettobildung nichts gegen die Interessen des Generalgouvernements bezw. der Regierung zu unternehmen gewillt sei. Wenn schon eine Ermächtigung erteilt werde, daneben aber noch jede einzelne Hauptabteilung der Regierung von sich aus Anordnungen für das Ghetto geben könne, dann sei für ihn nicht die Möglichkeit gegeben, erfolgreich zu arbeiten.
Bankdirigent Dr. *Paersch* hält es für geboten, die Sachlage auch grundsätzlich unter

1 AIPN, GK 95, Bd. 15. Kopie: IfZ/A, Fb 105, Bd. 12, Bl. 2901 – 2913.
2 Es nahmen teil: Frank, Kundt, Fischer, Wächter, Spindler, Emmerich, Paersch, Plodeck, Westerkamp, Weh, Pavlu, Gater, ORR Reetz (Abt. Arbeit).
3 Dem Einspruch Fischers wurde nicht stattgegeben. § 1 der VO vom 19. 4. 1941 ermächtigte den Distriktchef in Warschau, „im Rahmen der von der Regierung des Generalgouvernements gegebenen Richtlinien die zur Ordnung des jüdischen Wohnbezirks in Warschau erforderlichen Anordnungen und Maßnahmen zu treffen"; VOBl. GG 1941, Nr. 35 vom 28. 4. 1941, S. 211.
4 Dr. Dr. Fritz Paersch (1893 – 1974), Jurist; 1925 Reichsbankrat, 1934 Direktor bei der Reichsbank; 1940 – 1945 Bankdirigent der Emissionsbank von Polen und Leiter der Bankenaufsichtsstelle im GG; 1945 für den Magistrat von Berlin tätig, 1946 entlassen, 1948 Vorsitzender der Währungskommission in Berlin, von 1952 an im Vorstand der Landeszentralbank von Hessen.

finanzpolitischen Gesichtspunkten zu beurteilen. Die Ghettobildung in Warschau gehe auf das Ghetto Lodsch zurück. Zum Unterschiede zu dem Warschauer Ghetto werde das Lodscher Ghetto von der Stadt betrieben.[5] Die Zahl der Belegschaft des Lodscher Ghettos betrage 150 000 bei einer Gesamtbevölkerung von etwa 600 000. In Warschau seien die Schwierigkeiten noch dadurch größer geworden, daß ein geschlossenes Ghetto errichtet worden sei. In Lodsch sei man davon ausgegangen, daß es mit der Eingliederung der Ostgebiete möglich sein würde, die Polen und Juden sofort aus der Stadt zu entfernen. Auch in wirtschafts- und finanzpolitischer Beziehung seien die Verhältnisse des Lodscher Ghettos besser zu übersehen, da es zeitlich früher angelegt worden sei. Man habe in Lodsch versucht, die Möglichkeit einer Beschäftigung der Insassen des Ghettos zweckentsprechend zu organisieren, und zwar auf den beiden Wegen des Arbeitseinsatzes und der auftragsweisen Beschäftigung. Die auftragsweise Beschäftigung habe sich hauptsächlich auf den Gebieten der Textilwirtschaft und der Tischlerei vollzogen. Trotzdem habe sich herausgestellt, daß das Lodscher Ghetto einen monatlichen Zuschuß von 1 Million Reichsmark erfordere. In Lodsch habe man sich alle Mühe gegeben, die Juden entsprechend zu beschäftigen. Auch in Warschau werde man, nachdem die alten Vorräte aufgezehrt seien, eines Tages vor dem Problem der Kostendeckung stehen. In der Denkschrift des Reichskuratoriums für Wirtschaft[6] sei der Standpunkt vertreten, daß etwa 20 000 Ghettoinsassen in Arbeit gebracht werden könnten. Daraus könnte geschlossen werden, daß der tägliche Aufwand auf 100 000 Zloty zurückgehe. Man habe nochmals feststellen wollen, welche Erfahrungen in Lodsch vorlägen, um zu vermeiden, daß vor allem die Lebensmittelvorräte, die in großem Umfange vor der Bildung des Ghettos eingefahren worden seien, verbraucht würden. Im übrigen erkläre er sich mit dem Inhalt der Verordnung in großen Zügen einverstanden, wenn auch noch einige Angaben fehlten, derer es zu einer ausreichenden Beurteilung des Problems bedürfe. Feststellungen müßten allerdings noch getroffen werden über die Menge der im Warschauer Ghetto vorhandenen bezw. dort vorgefundenen Vorräte, ferner darüber, welche Aufträge bisher vom Ghetto hätten eingeholt und verrechnet werden können, endlich, welche Produktionsstätten in Warschau mittlerweile hätten errichtet werden können.

Der Herr *Generalgouverneur* stimmt der Bildung des Ghettos in Warschau zu und ist der Auffassung, daß gar nicht anders hätte gehandelt werden können. Zur Wahl stehe der geschlossene Wohnbezirk oder das geschlossene Ghetto. Wenn ein geschlossener Wohnbezirk mit stufenweiser Anpassung an das Vorbild in Lodsch geschaffen worden wäre, dann hätte man die Wirtschaftsbeziehungen der Juden mit den anderen Bewohnern nicht zerrissen. Jeder einzelne hätte für seinen Lebensunterhalt die Verantwortung gehabt und wäre nicht so der Allgemeinheit zur Last gefallen, wie es jetzt der Fall sei, wenn jeder wirtschaftliche Verkehr mit dem Ghetto weitgehend unterbunden werde. Man verlagere die Fürsorge, die der einzelne für seinen Lebensunterhalt habe, in der geschlossenen Ghettobildung auf die Gesamtheit.

Gouverneur Dr. *Fischer* weist darauf hin, daß man bemüht gewesen sei, aus den Lodscher Erfahrungen zu lernen. Man habe die dortigen Verhältnisse monatelang studiert, und er habe regelmäßig Sachbearbeiter hingeschickt, die die gesamte Entwicklung des Lodscher

5 Die Hans Biebow unterstehende Gettoverwaltung Litzmannstadt (Lodz) war eine städtische Verwaltungseinrichtung.

6 Richtig: Reichskuratorium für Wirtschaftlichkeit; siehe Dok. 263 vom 3.4.1941.

Ghettos beobachtet hätten. Das Lodscher Ghetto stehe insofern vor einer schwierigen Situation, weil man im Anfang sämtliche Vorräte und Produktionsmittel aus ihm herausgeholt habe. In Warschau sei man diesen Weg nicht gegangen; was seit November vorigen Jahres herausgeholt worden sei, spiele überhaupt, wirtschaftlich gesehen, keine Rolle. Überwiegend handle es sich um Devisen, Gold und ähnliche Werte. Textilien habe man sehr wenig erfaßt. Was aus dem Warschauer Ghetto herauskomme, gehe sofort an die Treuhandstelle und werde dann durch die Transfer-Stelle verwertet. Nach einer Aufstellung des Arbeitsamtes gebe es im Warschauer Ghetto 115 000 männliche und 60 000 weibliche arbeitsfähige Juden. Zur Zeit würden ungefähr 12 000 Juden laufend in der Stadt Warschau beschäftigt. 25 000 Juden seien für Meliorationsarbeiten herangezogen, und der Distrikt Lublin habe ebenfalls 25 000 Juden angefordert, die auch wohl schon zum größten Teil abtransportiert seien. An und für sich blieben also im Ghetto nicht viel Männer übrig, die noch in Arbeit gebracht werden müßten. Auch liefen jetzt Werkstätten an mit einem Anfangsbestand von 6000 bis 7000 Arbeitern. Nach alledem befürchte er eigentlich gar keine Schwierigkeiten für das Warschauer Ghetto. Würde man einen geschlossenen Wohnbezirk schaffen und die Juden frei herumlaufen lassen, dann sei die Gefahr noch viel größer: Dann würden nämlich die Juden alles, dessen sie außerhalb des Ghettos habhaft werden könnten, hamstern und in das Ghetto bringen. Dann könnte man die Juden ebenso gut außerhalb eines geschlossenen Wohnbezirkes wohnen lassen. Seiner Ansicht nach sei doch in Warschau schon eine grundsätzliche Einigung erzielt worden. Gerade die wirtschaftliche Seite habe man ganz eingehend geprüft. Über die von einigen Seiten geltend gemachten Einsprüche sei auch schon längst gesprochen worden, es sei Vorsorge getroffen, daß die ganze Ghettofrage absolut nach den Richtlinien der Abteilung Wirtschaft behandelt werde.

Bankdirigent Dr. *Paersch* sieht in diesen Hinweisen schon eine wesentliche Klarstellung der Verhältnisse, vermißt aber Angaben darüber, ob und in welchem Umfange seit der Schließung des Ghettos am 25. November 1940 Vorräte weggeschafft worden seien.

Gouverneur Dr. *Fischer* kann keine Zahlenangaben darüber machen, glaubt aber versichern zu können, daß die Menge dessen, was herausgeholt worden sei, nicht sehr groß sei.

Bankdirigent Dr. *Paersch* weist darauf hin, daß im Reich ein großer Mangel an Arbeitskräften bestehe, während hier genügend Arbeitskräfte zur Verfügung ständen. Angesichts des Problems der Beschaffung von Arbeitern stehe man vor gewissen Schwierigkeiten. Deshalb sei es auch nicht möglich gewesen, das Lodscher Ghetto ohne monatliche Zuschüsse in Höhe von 1 Million Reichsmark zu führen.

Gouverneur Dr. *Fischer* meint, daß man vielfach von falschen Voraussetzungen ausgehe. In Warschau habe man von Anfang an Wert darauf gelegt, daß die Geschäftsbeziehungen der Juden zu den Polen nach wie vor bestehen blieben. So finde denn auch noch heute ein starker Geschäftsverkehr statt.

Finanzpräsident *Spindler* hatte zunächst Bedenken gegen die Verordnung insofern gehabt, als auf Grund von Mitteilungen laufend ein jährlicher Zuschuß von 100 Millionen Zloty erforderlich wäre.[7] Das wäre für die Finanzverwaltung untragbar gewesen. Er habe aber seine Bedenken fallenlassen, nachdem Ministerialdirigent Dr. Emmerich erklärt habe, daß eine solche Summe nicht in Frage käme. Er bitte um Beantwortung der Frage,

7 Siehe Dok. 263 vom 3.4.1941, Anm. 4.

welche Sicherheit gegeben sei, daß ein jährlicher Zuschuß von 72 Millionen nicht notwendig sei.
Gouverneur Dr. *Fischer* kann sich auf eine bestimmte Summe nicht festlegen, betont aber, daß die Geschäftsbeziehungen zwischen den Insassen des Ghettos und der Außenwelt nicht abgebrochen, sondern im Gegenteil gepflegt werden sollen. Es sei auch eine deutsche Firmengemeinschaft in Warschau gebildet worden, die sich dieser Aufgabe widmen wolle. Zum anderen sei zu bedenken, daß man von der Wehrmacht bereits große Aufträge für das Ghetto habe. Im Gegensatz zu dem in Warschau eingeschlagenen Verfahren habe man in Lodsch alles irgendwie Verwertbare aus dem Ghetto herausgeholt, so daß die Juden überhaupt keine Möglichkeit gehabt haben, sich irgendwie zu betätigen. Man habe die Zeit benutzt, um das Ghetto wirtschaftlich aufzubauen. Mehr könne man zunächst nicht tun. Wenn auch nur 115 000 jüdische Arbeiter beschäftigt würden, dann sehe er überhaupt für das Ghetto keine Gefahr, und man werde bald auch dort Arbeitermangel haben.
Ministerialdirigent Dr. *Emmerich* sieht in der Bildung des Warschauer Ghettos kein nur rein kommunales, sondern ein Problem der Gesamtwirtschaft mit allen seinen Ausstrahlungen. Ob es sich nun um die Beschaffung von Rohstoffen oder Aufträgen aus dem Reich handle, es sei notwendig, daß sich die Zentralinstanzen mit der Frage beschäftigten und ein Ausgleich zwischen den Interessen der Gesamtwirtschaft und den besonderen Interessen des Ghettos gesucht werde. Die Zulassung des Verkehrs des Ghettos mit der Außenwelt sei eine Organisationsfrage. In dem Maße, wie man die nötige Breite für diesen Verkehr finde, könne man sich auch dem Zustand einer Abkapselung des jüdischen Wohnbezirks annähern, immer aber unter der Voraussetzung, daß die Verkehrsbehinderung praktisch durch entsprechende Maßnahmen überwunden werde. Daß man wirtschaftliche Gesichtspunkte immer berücksichtigt habe, davon sei er nicht ganz überzeugt. Offenbar hätten von Anfang an keine ganz klaren Vorstellungen über das Problem geherrscht.
Gouverneur Dr. *Fischer* wendet demgegenüber ein, daß diese klare Vorstellung von allem Anfang an bestanden habe. Er habe den nachdrücklichen Befehl gegeben, zu prüfen, wie der Wirtschaftsverkehr zwischen Ghetto und der übrigen Stadt aufrechterhalten werden könne. Sein Beauftragter Schön habe auf der gleichen Linie gearbeitet.
Ministerialdirigent Dr. *Emmerich* weist demgegenüber darauf hin, daß sich die zuständigen Sachbearbeiter offenbar das Wirken der Transfer-Stelle als einer wirtschaftlichen Organisation gedacht hätten. Wenn man den anfangs eingeschlagenen Weg mit der Abschneidung der Telefonleitungen usw. usw. weiter beibehalten hätte, dann wäre es zu einem bürokratischen Apparat ohnegleichen gekommen, der eingeschaltet hätte werden müssen, wenn irgendjemand das Ghetto auch nur besuchen wollte. Zugegeben, daß die Transfer-Stelle die Absicht gehabt habe, den Wirtschaftsverkehr aufrechtzuerhalten, bei den organisatorischen Voraussetzungen sei man aber zunächst einen taktisch falschen Weg gegangen. Deshalb habe er auch der ganzen Frage sein Interesse zugewendet, und darauf sei auch die Intervention des Dr. Gater zurückzuführen, der unter allgemein wirtschaftlichen Gesichtspunkten den Bestand der einzelnen Komplexe aufgenommen habe. Er habe seine Bedenken zurückgestellt, nachdem klargestellt worden sei, daß die Transfer-Stelle nicht etwa als haftendes Organ für Regressansprüche der Wehrmacht eintreten solle. Die Transfer-Stelle könnte ja auch solche Risiken nicht übernehmen. Bei den eingehenden Besprechungen in Warschau habe sich dann gezeigt, daß man es mit privatwirtschaftlichen Kontrahenten zu tun habe. Die Schneider würden z.B. zu Genossen-

schaften zusammengeschlossen, und andererseits ständen ihnen deutsche Firmen gegenüber, die mit der Transfer-Stelle ein Vertragsverhältnis hätten. Man solle im Ghetto nach kapitalistischen Methoden vorgehen, dürfe aber nicht eine amtliche Stelle in ein Engagement bringen, das sie nicht tragen kann. Eine Gegensätzlichkeit der Auffassung zwischen Gouverneur Dr. Fischer und der Abteilung Wirtschaft bestehe jetzt nicht mehr.
Gouverneur Dr. *Fischer* erinnert daran, daß er drei Wochen lang die Transfer-Stelle im einzelnen aufgebaut habe und von den Leistungen dieser Stelle überrascht gewesen sei. Er habe festgestellt, daß sie durchaus nach kaufmännischen Gesichtspunkten arbeitet.
Ministerialdirigent Dr. *Emmerich* nimmt vor allem Interesse an den Umsatzziffern und glaubt, daß man in Anbetracht der Tatsache, daß das Ghetto schon fünf Monate bestehe, zu sehr bescheidenen Zahlen kommen werde. Die Abteilung Wirtschaft habe das größte Interesse daran, den Warschauer Instanzen zu helfen.
Im weiteren Verlauf der Besprechung wird dann zu den Aufgaben der *Transfer-Stelle* Stellung genommen. Finanzpräsident *Spindler* legt großes Gewicht darauf, daß sich die Transferstelle nicht mit Risiken belaste, die sie nicht tragen könne. Bankdirigent Dr. *Paersch* will in ihr eine Stelle für die Überwachung der Durchführung der öffentlichen Aufträge sehen.
Abteilungspräsident *Westerkamp* hält es für richtig, die Aufsichtsführung über das Ghetto und die Stadt verwaltungsgemäß aufzuteilen. Der Beauftragte für die Stadt Warschau müßte dann insgesamt für die Dinge verantwortlich gemacht werden. Er könne einen Kommissar mit einer gewissen Selbständigkeit einsetzen. Andererseits müsse bedacht werden, daß gewisse Zusammenhänge eben nicht aus der Welt geschafft werden könnten.
Gouverneur Dr. *Fischer* gibt zu bedenken, daß die Stadtverwaltung allein diese Aufgabe nicht übernehmen könne. Außerdem bearbeite die Wirtschaftsabteilung des Distrikts auch die Fragen der Gesamtwirtschaft für die Stadt. Der Geschäftsgang würde sich wesentlich vereinfachen, wenn hier eine Einheitlichkeit geschaffen würde. Eine große Anzahl der für die Stadt zu bewältigenden Aufgaben werde ja sowieso vom Distrikt durchgeführt. Hier handle es sich um eine reine Zweckmäßigkeitsfrage.
Der Herr *Generalgouverneur* hält eine Regelung für möglich, nach welcher Maßnahmen im Einvernehmen mit dem Beauftragten des Distriktschefs getroffen würden.
Gouverneur Dr. *Fischer* betont, daß im Interesse der Stadtverwaltung bei der gegenwärtigen Regelung zahlreiche Angestellte und Arbeiter gespart würden.
Abteilungspräsident *Westerkamp* ist gleichwohl der Ansicht, daß der Distriktsbeauftragte Leist eine Oberverantwortung haben müßte. Im übrigen sei es ja praktisch so, daß das Ghetto gewissermaßen eine ausländische Stadt darstelle.
Gouverneur Dr. *Fischer* gibt zu bedenken, daß es sich bei der Ghettobildung um eine neue Erscheinung handle, auf die man allgemeine Verwaltungsgrundsätze nicht ohne weiteres anwenden könne. Von seiten des Distrikts würden seit fünf Monaten Maßnahmen hinsichtlich des Ghettos im Einvernehmen mit der Stadtverwaltung und niemals gegen die Stadtverwaltung getroffen.
Unterstaatssekretär *Kundt* erklärt, man habe sich durch die Darlegung überzeugen lassen, daß es zweckmäßig sei, diese Teilung vorzunehmen, wenn auch die Bildung des Ghettos vom Standpunkt der allgemeinen Verwaltungsordnung aus ein einmaliger Ausnahmefall bleiben sollte.
Die Transfer-Stelle solle der Förderung und Überwachung des Wirtschaftsverkehrs dienen. Dagegen habe sie mit der Durchführung des Geschäftsverkehrs nichts zu tun, sie sei also nicht ein Unternehmen. Über die grundsätzliche Frage, ob das Ghetto im Laufe der

Zeit Geld kosten werde, lasse sich streiten. Vor allem komme es darauf an, das Ghetto wirtschaftlich so zu führen, daß es den Staat fast nichts koste.
Finanzpräsident *Spindler* will sich damit abfinden, daß ein gewisses finanzielles Risiko übernommen werden muß.
Bankdirigent Dr. *Paersch* kann seine Bedenken durch die Darlegung des Gouverneurs Dr. Fischer nicht als widerlegt betrachten. Man stehe doch vor dem klaren Tatbestand, daß ein Ghetto schon mehrere Monate bestehe und sich jetzt das Ergebnis zeigt, daß allmonatlich eine Summe von 1 Million Reichsmark zugeschossen werden müsse. Diesen Zuschuß trage allerdings die Haupttreuhandstelle Ost.
Ministerialrat *Plodeck*[8] wünscht Aufklärung darüber, ob eventuell aus Mitteln seiner Verwaltung eine Unterbilanz gedeckt werden solle, die doch wohl allem Anschein nach befürchtet werde.
Der Herr *Generalgouverneur* ist der Auffassung, daß man, wenn man nicht ein Ghetto für die Juden in Warschau bilde, mit dem man den Schwierigkeiten einigermaßen begegnen könne, dann eben den Umstand in Kauf nehmen müßte, daß angesichts der freien wirtschaftlichen Betätigung der Juden die Wirtschaft völlig unkontrollierbar sei. Man werde hier wohl das kleinere Übel wählen müssen. Daß man das Ghetto nicht auflösen und die Juden sich frei betätigen lassen könne, darüber sei man [sich] doch wohl einig. Zudem habe ihm der Führer versprochen, daß das Generalgouvernement als erstes Gebiet von Juden völlig befreit werden solle. Es handle sich danach nicht um eine dauernde Belastung, sondern um eine typische Kriegserscheinung, vielleicht sogar um eine Reichsverteidigungsmaßnahme.[9] Selbst wenn diese Maßnahme Kosten verursachen sollte, so würde es für ihn doch ein beruhigendes Gefühl sein, eine halbe Million Juden unter Kontrolle zu haben. Er stimme dem Gouverneur Dr. Fischer darin bei, daß es sich hier um eine völlig neue Maßnahme handle. Andererseits mache er es ihm aber zur Pflicht, diese ganze Frage des Warschauer Ghettos als eine Angelegenheit des Generalgouvernements und nicht lediglich als eine solche des Distrikts aufzufassen. Gouverneur Dr. Fischer müsse sich, wenn irgendwelche Schwierigkeiten aufträten, auch hinsichtlich einer einzelnen Maßnahme unverzüglich immer mit der Regierung in Verbindung setzen. Bevor Gouverneur Dr. Fischer Maßnahmen ergreife, müsse er den interessierten Abteilungspräsidenten der Regierung Gelegenheit geben, sich zu beteiligen. Andererseits müsse auch von seiten der Regierung dem Gouverneur Dr. Fischer jegliche Unterstützung zuteil werden. Bei solchen Verhandlungen dürfe Gouverneur Dr. Fischer auch nicht einen Referenten mit seiner Vertretung beauftragen, sondern er müsse sich persönlich beteiligen.
Unterstaatssekretär *Kundt* will festgestellt sehen, daß die Bildung des Ghettos in Warschau einmalig sei und in anderen Distrikten nicht nachgeahmt werde.
Der Herr *Generalgouverneur* verfügt, daß das zu Protokoll festgelegt wird.
Im Anschluß an die Beratung berichtet der *Distriktsbeauftragte* für die Stadt Krakau[10]

8 Oskar Friedrich Plodeck (*1890); von Dez. 1939 an Leiter der Abt. Treuhandstelle im Amt des Generalgouverneurs, zudem 1939/40 als Ministerialrat Leiter der Abt. Wirtschaft, ab 1942 Leiter der Abt. S (Treuhandverwaltung und Sonderaufgaben der HA Wirtschaft des GG).

9 Hitler hatte Frank im Dez. 1939 zum Reichsverteidigungskommissar für das GG ernannt.

10 Rudolf Pavlu (1902–1949), Kaufmann; 1931 NSDAP- und 1938 SS-Eintritt; 1938 Stabsleiter des Staatskommissars Wächter in der Reichsstatthalterei in Wien; 1940 Leiter der Abt. Arbeit im Distrikt Krakau, 1941–1943 Stadthauptmann von Krakau; nach 1945 interniert, aus der Haft entflohen; nahm sich das Leben, als er seine Auslieferung nach Polen erwartete.

über die Bildung des *jüdischen Wohnbezirkes in Krakau*. Es handle sich hier um einen Wohnbezirk, in welchem etwa 15 000 Juden Unterkunft finden sollten.[11] Im übrigen seien die Krakauer Verhältnisse mit denen der Stadt Warschau nicht zu vergleichen.
Abteilungspräsident *Westerkamp* erklärt sich für eine scharfe Durchführung der Bestimmungen über die Aufenthaltsbeschränkung der Juden. Gegen Übertretungen des Verbots eines Verlassens des Ghettos müsse mit schärfsten Strafen, eventuell mit der Todesstrafe, vorgegangen werden.
Die *Verordnung* wird hierauf unterzeichnet.
Gouverneur Dr. *Fischer* macht sodann noch Mitteilung von einer beabsichtigten *Mietpreissenkung* in Warschau, gegen die von seiten der Abteilung Preisbildung keine Einwendungen erhoben würden.
Finanzpräsident *Spindler* bemerkt, daß er sich grundsätzlich dafür ausgesprochen habe, unter der Voraussetzung, daß die Abteilung „Innere Verwaltung" dieser Maßnahme zustimme.[12]
Gouverneur Dr. *Fischer* überreicht dem Herrn Generalgouverneur einen *Plan der Stadt Warschau* mit eingezeichneten Grenzen des Ghettos.

## DOK. 271
## Ein Beobachter schildert am 20. April 1941 hungernde und bettelnde Kinder im Warschauer Getto[1]

Handschriftl. Notiz für das Untergrundarchiv des Warschauer Gettos vom 20. 4. 1941

Momentaufnahmen aus dem Warschauer Getto
1941
1.) Auf der Grzybowska-Straße geht ein abgemagerter Junge. Er beugt sich hinunter, beschmiert sich die Hand mit Dreck und steckt sie in den Mund. Der Dreck war mit den Resten von schon gebrühtem Getreidekaffee vermischt. Er geht weiter und hebt etwas von der Erde auf und steckt es in den Mund. Er schreit nicht, er bettelt nicht, er geht weiter. Mit gesenktem Kopf sucht er, was die Erde ihm geben wird.
2.) Auf der Karmelicka-Straße sitzt ein Kind von ungefähr anderthalb Jahren auf einem Kissen. Es sitzt still. Weiter entfernt steht ein Mädchen. Es sieht aus, als hüte es das Kind. Frauen, Männer gehen vorbei, und keiner bemerkt es, keiner interessiert sich für den jüngsten Bettler Warschaus. Ein kleines, bettelndes Mädchen kommt mit einem Stück Fischgräte in der Hand vorbei („Stinte" kann man noch bekommen). Es bleibt vor dem Kind stehen, bricht ein Stück Fisch ab und schiebt es dem Kind in den Mund. Das Kind beißt gierig hinein.
3.) Auf dem Weg von der Orla- zur Zamenhofa-Straße fand ich Tote, die man mit Papier bedeckt hatte. Einen auf der Orla-Straße, einen anderen auf der Karmelicka-Straße.

11 Das Getto in Krakau wurde im März 1941 eingerichtet. Im Frühjahr 1941 lebten dort 16 000 bis 22 000 Personen.
12 Über die Durchführung dieses Vorhabens ist nichts bekannt.

1 AŻIH, Ring I/492 (1017). Das Dokument wurde aus dem Jiddischen übersetzt.

4.) An der Sienna-Straße 38 hängt am Tor folgende Meldung des Jugendkreises auf Polnisch:
Die Verwaltung des Jugendkreises ruft alle Mitglieder zu enger Mitarbeit bei der Anti-Bettler-Aktion auf. Jedes Mitglied des Kreises, das einen Bettler im Tor oder auf den Treppen antrifft, wird gebeten, diesen zu informieren, dass Almosen nur zu Beginn des Schabbat gegeben werden und es daher unnötig ist, durch das ganze Haus zu wandern. Dieselbe Bitte richtet sich auch an den Jugendkreis.
20.4.1941
Der Vorsitzende

## DOK. 272
## Der Stadthauptmann von Tschenstochau fordert am 25. April 1941 die Stadtkommandantur auf, deutschen Soldaten das Betreten des Gettos zu verbieten[1]

Schreiben des Stadthauptmanns Dr. Wendler (Tgb.-Nr. Dr. W./Br, 13. 3./41) an die Stadtkommandantur Tschenstochau vom 8. 4. 1941 (Durchschlag)

*Betr.:* Geschlossenen jüdischen Wohnraum.
Sowohl aus Polizeiberichten wie auch aus eigener Erfahrung weiß ich, daß sich die Soldaten aller hier liegenden Truppenteile ein Vergnügen daraus machen, sich im Ghetto umzusehen und in hellen Scharen dort spazieren [zu] gehen. Nun wurde der jüdische Wohnraum geschaffen, um eine Separierung der Juden von den Ariern durchzuführen und um vor allen Dingen Ansteckungsgefahren, insbesondere mit Flecktyphus, auf ein Minimum zu reduzieren. Durch das Verhalten der deutschen Soldaten wird aber nun gerade das Gegenteil erreicht. Die Möglichkeiten, sich zu infizieren, sind größer in dem geschlossenen Wohnraum als früher, und ich bitte daher in einem Standortbefehl das Betreten des jüdischen Wohnraumes für die deutsche Wehrmacht, die dort nichts verloren hat, zu verbieten. Die Grenzen sind Ihnen ja bekannt, denn ich habe Ihnen ja meine Verfügung gleichzeitig mit dem Erlaß zugeleitet.[2] Es werden in nächster Zeit auch die entsprechenden Tafeln aufgestellt, die nur bisher noch nicht zu beschaffen waren, aber schon jetzt ist es unbedingt notwendig, darauf hinzuweisen, daß ein Herumlaufen aus reiner Neugierde im Ghetto nicht nur unwürdig, sondern auch gefährlich und daher verboten ist.
Für die Übermittlung des entsprechenden Befehles wäre ich dankbar.[3]

1 APCz, 4/0/3, Bl. 29. Kopie: YVA, MF JM 1489.
2 Die Anlage enthält die Abschrift einer Bekanntmachung Wendlers vom 8.4.1941, der zufolge die Juden vom 9. bis 17.4.1941 in ein geschlossenes Viertel umgesiedelt und die Wehrmachtsangehörigen davon in Kenntnis gesetzt werden sollten, „damit den Umziehenden nicht von militärischer Seite irgendwelche Schwierigkeiten gemacht" würden"; wie Anm. 1, Bl. 22–28.
3 Die Ortskommandantur I/522 unterrichtete Wendler am 29.4.1941 (Tgb.-Nr. 453) über „den Kommandanturbefehl, in welchem der Aufenthalt im Ghetto verboten wird"; YVA, O-6/430, Bl. 36.

## DOK. 273
## Der Gesundheitsaufseher der Gettoverwaltung Litzmannstadt (Lodz) gibt am 25. April 1941 Beanstandungen eines Lagerleiters an den Judenrat weiter[1]

Schreiben des Oberbürgermeisters von Litzmannstadt,[2] Getto-Verwaltung, Schreiben Nr. 2815 (027/1/B/A), B.[Benthin], an den Ältesten der Juden in Litzmannstadt-Getto vom 25. 4. 1941[3]

*Betr.: Besichtigung der jüdischen Läger an der Reichsautobahn auf der Strecke Frankfurt/ Oder – Schwiebus.*

Der Lagerleiter hat folgende Beanstandungen vorgebracht:

1.) Die von Ihnen mit Lichtbild versehenen Ausweiskarten müssen sämtlich neu angefertigt werden, und es dürfen den Juden keinesfalls weitere Papiere mitgegeben werden, die mit alten Lichtbildern versehen sind und wo der Text in polnischer Sprache gehalten ist. Ein Teil der Bauarbeiter hat nämlich moderne und ein Teil ganz veraltete Ausweiskarten.

2.) Sie geben dem verantwortlichen Transportleiter sogenannte Transportlisten mit. Hier sind lediglich Angaben über Namen usw. gemacht, das, was sehr wichtig ist, fehlt gänzlich, nämlich die Angabe des Berufes der einzelnen Arbeiter. Sie können sich denken, daß bei dem Einsatz der Juden immer verschiedene herausgezogen werden, die mit der Betreuung des Lagers zu tun haben, andere wiederum sind notwendig, um Schneiderarbeiten zu verrichten, und es muß dann erst im Lager Nachfrage gehalten werden, wer sich für diese Aufgaben eignet. Bekanntlich melden sich dann alle, in der Hoffnung, von den Erdarbeiten befreit zu werden.

3.) Geldüberweisungen von Verwandten und Bekannten außerhalb des Gettos, also sogenannte Spenden, ferner Unterstützungen von Insassen des Gettos, sind nicht zulässig. Derartige Zahlungen dürfen nur mit Genehmigung der Gettoverwaltung an die auswärtig eingesetzten Arbeiter vorgenommen werden. Weiter empfangen eine ganze Reihe von Lagerinsassen Liebesgabenpakete, die, weil für gute Verpflegung gesorgt ist, gänzlich unnötig sind. Der Unterzeichnete hat sich selbst davon überzeugt, daß Waren, die leicht verderblich sind, zum Versand gelangten, und durch den Genuß verdorbener Lebensmittel droht dem Empfänger Krankheitsgefahr.

4.) Eine ganze Reihe von Arbeitern sind nach der Autobahn abtransportiert worden, die mit übertragbaren Krankheiten behaftet sind. Diese haben sich aber durch die Untersuchung der deutschen Behörden und bei Ihren Prüfungen nicht herausgestellt, weil es sich um inzwischen verheilte Leiden handelte, die jetzt aber beim Einsatz im Lager wieder ausbrechen. Solche Arbeitskräfte dürfen das Getto nicht verlassen. Sie müssen also streng darauf achten, daß der zu untersuchende Arbeiter gleich angibt, ob er früher von einem übertragbaren Leiden behaftet gewesen ist.

1 APŁ, 221/31866a, Bl. 37f. Kopie: USHMM, RG 05.008M, reel 6.

2 Werner Ventzki (1906 – 2004), Jurist; 1931 NSDAP-Eintritt; 1934 – 1939 Gauamtsleiter der NSV in Pommern, bis 1936 zudem Magistratsrat in Stettin, dann Leiter der Abt. Fürsorge beim Oberpräsidenten von Pommern; 1939/40 Leiter der Fürsorge für die volksdeutsche Bevölkerung in Posen (Warthegau), April 1941 bis Mitte 1943 OB von Litzmannstadt, dann in der Waffen-SS; nach 1945 Vertreter des Vertriebenenministeriums in Westberlin, später ORR in Bonn.

3 Am Ende handschriftl. Anmerkung: „z.d.A. Getto (Amtsarzt)". Eine Abschrift ging zur Kenntnisnahme an das Städtische Gesundheitsamt, Abtlg. 500/Amtsarzt (Eing. 26.4.1941).

5.) Vor dem Abtransport von Arbeitskräften, gleichgültig, wohin diese beordert werden, ist das Hauptaugenmerk auf einwandfreie Kleidung zu richten, denn es geht nicht an, wie es sich beim Einsatz an der Autobahn ergab, daß die Juden mit bereits vollkommen zerrissenen Kleidungsstücken und unbrauchbarem Schuhwerk eintreffen.
Die strikte Befolgung oben angegebener Punkte ist insbesondere deshalb für Sie wichtig, weil sonst für Sondermaßnahmen der Bauleitungen Abzüge von den Löhnen vor sich gehen, die sich dann nachteilig für die Ernährung der im Getto zurückgebliebenen Anverwandten auswirken.

## DOK. 274

## Jan Kapczan berichtet Ende April 1941 über „rassenpolitische Forschung" in Lodz und über die Aufnahme von Vertriebenen im Warschauer Getto[1]

Handschriftl. Bericht von Jan Kapczan[2] von Ende April 1941 (Abschrift in zwei Exemplaren von Mordechaj Szwarcbard)[3]

Material über die Finanzwirtschaft der jüd. Gemeinden im besetzten Gebiet während des Kriegs
Die Finanzwirtschaft der jüdischen Gemeinden unter der Besatzung wird später einmal Gegenstand sehr interessanter Forschungen sein. Wenn sich einst Historiker mit dem Phänomen des Nazismus beschäftigen werden, werden sich Ökonomen und Statistiker für die Budgets der jüdischen Selbstverwaltung begeistern, für die territoriale Selbstverwaltung innerhalb der durch Mauern oder Stacheldraht markierten Grenzen der jüdischen Quartiere.
Jedermann weiß, dass die Ausgaben der jüdischen Gemeinden ungeheuer groß sind, die Einkünfte aber aufgrund der allgemeinen Verarmung der jüdischen Bevölkerung immer weniger werden. Geld aufzutreiben ist daher der schwierigste Teil der Gemeindearbeit. Kein Wunder, dass die Suche nach neuen Einnahmequellen vornan stand, was dazu führte, dass die Gemeinden aus jedem Unglück, das die Juden traf, aus jeder neuen Verordnung, jedem Verbot, ein Geschäft machten.
Zweifellos ist an den allgemein erhobenen Vorwürfen viel Wahres. Zu ärgerlich sind die jüdischen „Obrigkeiten", bestimmte Machenschaften der Gemeinden.
Jedem sind aus eigener Erfahrung solche Fakten – solche Skandale – bekannt, und auch der sich abzeichnende größte Skandal wird keinem fremd sein: die Arbeitslager in Warschau (April 1941).[4] Um dies zu belegen, will ich zwei Fälle aus verschiedenen Gegenden und Zeiträumen vorstellen:

1 AŻIH, Ring I/65 (34). Das Dokument wurde aus dem Jiddischen übersetzt.
2 Jan Kapczan verfasste diesen Bericht für das Untergrundarchiv des Warschauer Gettos. Über den Autor ist nichts Genaueres bekannt.
3 Mordechaj Szwarcbard (1896–1942?); Mitglied der Partei Poale Zion-Linke, im Warschauer Getto Mitarbeiter der Volksküche für Flüchtlinge aus Lodz und des Untergrundarchivs; er wurde vermutlich in Treblinka ermordet.
4 Der Verfasser spielt auf Korruption und Amtsmissbrauch in der Organisation der Zwangsarbeit im Warschauer Getto an.

I. Lodz, Januar und Februar 1940

Unter der Menge an Verordnungen, die fast täglich von den unterschiedlichen Ämtern beim Judenältesten in Lodz eintrafen, befand sich eine Forderung des „Rassenpolitischen Amts der N.S.D.A.P.", täglich bis auf Widerruf eine bestimmte Anzahl saubere, entlauste Juden für Rassenforschungen bereitzustellen.[5] Da die Verordnung (wie alle anderen Verordnungen) sofort in Kraft trat, wurden am Tag darauf 20 Männer, die sich für jüdische Zwangsarbeit gemeldet hatten, dorthin geschickt. Im Rassenpolitischen Amt vermaßen sogenannte „Ärzte" in weißen Kitteln, unter denen, wie auf den trefflichen Bildern von Pawecki, gut gefüllte braune Hosen und S.A.-Militärstiefel zum Vorschein kamen, mit irgendwelchen Geräten die Köpfe und Nasen der Juden – die Nasen wurden überhaupt ganz genau erforscht. Nach den Messungen wurden sie fotografiert. All das ging nicht ohne Schikanen ab. Etlichen rasierte man mit einer Maschine ein Büschel Haare vom Kopf, anderen wurde der Bart ganz oder gar nur zur Hälfte abgeschnitten.[6] Beim Hinausgehen stellte man den Juden ein Bein oder traktierte sie auf ähnliche Weise. Verständlicherweise bereitete diese Art Forschung den „Forschern" großes Vergnügen, für die Erforschten war es dagegen unangenehm, ja unerträglich. Unter den Juden erzählte man sich, dass in dem Verwaltungsgebäude, in dem sich das Rassenpolitische Amt befand, schreckliche Dinge geschähen, neben dem Schlagen, dem Köpfescheren, dem Bärteschneiden – so das Gerücht – würden Davidsterne auf die Stirn gemalt oder gar eingebrannt. Die Menschen fürchteten sich vor dem Gebäude.

Derweil fuhren die „Ärzte" nach einer Woche oder zehn Tagen weg, ohne eine Meldung zu hinterlassen, dass die Bereitstellung weiterer Juden zu beenden sei. So lieferte die Gemeinde noch einige Tage weiter, hörte dann aber auf. Gleichzeitig vervielfältigte die Abteilung für Gemeindesteuern eine größere Anzahl offizieller Aufforderungen, sich für die Untersuchung im Rassenpolitischen Amt einzufinden. In diesen Aufforderungen wurden für den Fall des Nichterscheinens strenge Strafen angedroht, sie enthielten außerdem einen besonderen Stempel: „Ihr Name wurde der deutschen Besatzungsmacht zur Kenntnis gegeben." Diese Aufforderungen wurden an diejenigen verschickt, die aufgehört hatten, Gemeindesteuern zu zahlen.

Die säumigen Zahler bekamen es mit der Angst zu tun, sie erschienen umgehend in der Gemeindeverwaltung, wo man ihnen zur Abschreckung eine Komödie vorspielte, die wie eine Aischylos-Tragödie auf sie wirkte. Sie entledigten sich ihrer Schulden und – mussten nicht zur Untersuchung.

Man muss zugeben, dass – wie später festgestellt wurde – die Lodzer Gemeinde in den zwei Monaten nach der Abfahrt des ambulanten Büros für Rassenforschung überfällige Steuern in gewaltiger Höhe kassiert hat. In diesem Fall mit Hilfe des Rassismus. –

II. [Warschau] Ende Januar 1941

In Warschau treffen fortlaufend aus anderen, kleineren Städten der Umgebung ausgewiesene Juden ein, darunter ca. 1200 Personen aus Pruszków. Sie haben schreckliche Erlebnisse hinter sich, die an anderer Stelle speziell für das Gebiet von Pruszków dargestellt werden. Die Flüchtlinge kamen mit der Bahn. Vom Danziger Bahnhof [in Warschau] aus wurden sie zur Desinfektionsanstalt auf der Spokojna-Straße geschickt. Sie mussten eine ganze Reihe von Schikanen überstehen, die überhaupt nichts mit der Hygiene-Aktion zu

5 Nicht aufgefunden.

6 Das Entfernen des halben Bartes stellte eine besondere Verunglimpfung des Opfers dar.

tun hatten. Später, in der Nacht, bei Temperaturen bis minus 25 Grad, wurden sie in der Quarantänestation in der Leszno-Straße 109 untergebracht.[7] Schon die Ankunft war schrecklich. Das große Gebäude der Quarantänestation wurde während des ganzen Winters nicht beheizt. Die Rohre der Kanalisation und die Trinkwasserleitungen waren zugefroren, die Aborte voller Exkremente. Flure und Säle waren überfüllt mit Flüchtlingen aus anderen Orten ... nirgends war Platz, wo man hätte stehen oder sitzen können. Es war laut und muffig, das Weinen der Kinder und das Stöhnen der Alten und Krüppel verloren sich im allgemeinen Lärm. Jeder schafft sich irgendwie Platz, um bis zum Morgen auszuharren, um dann, wenn es möglich sein wird, in die Stadt zu Verwandten oder Bekannten zu gehen. Die Kinder können kein Auge zumachen. Der Lärm hört keinen Moment auf und schwillt gegen Morgen noch an. Die Menschen werden lebhafter, recken sich und machen Anstalten, hinauszugehen. Aber man kann nicht hinaus, nicht einmal, um Wasser zu holen, denn die Quarantänestation befindet sich im arischen Gebiet, und das heißt, dass man für ein Glas Wasser zwanzig Groschen zahlt.

Die Minuten erschienen wie Stunden, und die Stunden zogen sich hin. Man erfuhr nicht, wann man hinauskommen würde. Es gab niemanden, den man hätte fragen können. Der Leiter war nicht zu finden. Es wurde Mittag, und wir hatten das Gefühl, dass er sich absichtlich vor uns versteckte, wahrscheinlich, um die Insassen mürbe zu machen und so gründlich zu schwächen, dass sie keinen Widerstand mehr leisteten.

Nun erscheinen verdächtige Typen und reden mit aufgesetzter Unterwürfigkeit auf uns ein, wir sollten die Angelegenheit mit dem Leiter schneller erledigen, sonst könne man dort nämlich lange sitzen.

Wir beginnen ein Gespräch mit Juden aus Piaseczno, die uns berichten, dass es ihnen ebenso ergangen sei. Erst mussten sie bezahlen, dann wurden sie hinausgelassen. Uns war jetzt klar, dass wir in der Klemme saßen. Wir verteilten uns im Gebäude und kämpften den Reflex nieder, uns zu wehren. Eine Weile später bekamen wir den Leiter Halber zu fassen.[8] Wir wählten eine Abordnung, die mit ihm verhandelte. Der Herr Halber erklärte, er könne niemanden herauslassen, weil er nach einer Verordnung der deutschen Besatzungsmacht verpflichtet sei, uns vierzehn Tage lang in Quarantäne zu halten und unseren Gesundheitszustand zu beobachten. Die Verhandlungen zogen sich in die Länge. Schon nahte die Januardämmerung und mit ihr der Gedanke an eine weitere Nacht, so schrecklich wie die vorige. Man hat von uns 10 000 Złoty gefordert. Entsetzliche Wut erfüllte uns. Wir konnten nicht klar denken. Wieso sollten wir zahlen? Wir erzählten, wie man uns vertrieben, wie man uns vernichtet hat. Wir baten, wenigstens die Frauen und Kinder, die Alten und Kranken hinauszulassen. Wir jungen Männer wollten als Geiseln bleiben. Aber es half nichts.

Wir mussten einsehen, dass all dies nicht berücksichtigt wird. Es bleibt uns nichts übrig, als Geld zu zählen. Wir versammelten unsere Flüchtlinge und pressten die letzten Groschen aus ihnen heraus. Es wurden 1000 Zł. gesammelt, die wir als Anzahlung gaben.

Man ließ uns hinaus und behielt unsere Koffer, unser Bettzeug und die Wäsche als Kaution. Nachdem wir die Quarantänestation verlassen hatten, beschäftigten sich die entspre-

7 Siehe Dok. 298 von Mitte Juni 1941.

8 Maurycy Halber, 1940 stellv. Leiter des Arbeitsbataillons beim Warschauer Judenrat und Mitarbeiter der Sicherheitspolizei, 1941 Leiter der Quarantänestation in der Leszno-Straße 109 – 111.

chenden Organisationen der J.G.O.[9] mit unserer Situation, und wir fanden dort viel Herz und Verständnis. Präsidiumsmitglieder der J.G.O. intervenierten bei der Gemeinde, und nach langen Bemühungen erreichten sie endlich, dass wir nur noch weitere 4000 Zł. zahlen mussten.
Mehr als zehn Tage dauerte die Sammlung für unseren „Freikauf", und über zwei Wochen hatten die Juden aus Pruszków weder Bettzeug noch Kleidung.
Nachdem wir die Summe bezahlt hatten, gab man uns die Gepäckstücke heraus.
Ich habe hier zwei Fälle dokumentiert, die jeweils unterschiedliche Gefühle hervorrufen. Hinterlässt der erste Bericht einen üblen Beigeschmack, so ruft der zweite Ekel und Verachtung hervor.

## DOK. 275
## The Contemporary Jewish Record: Artikel zur Lage der jüdischen Flüchtlinge in Ostpolen bis zum April 1941[1]

*Die Lage in Sowjetpolen und in Litauen*[2]

*Von David Grodner*[3]
Darüber, was tatsächlich mit den Juden in Sowjetpolen und in Litauen passiert, kann sich der amerikanische Leser aufgrund der strengen Zensur und des Fehlens akkreditierter Nachrichtenkorrespondenten kein realistisches Bild machen. Dass die Flüchtlinge in diesen Gebieten eine freundliche Aufnahme gefunden hätten, wird vor allem von der kommunistischen Propaganda verbreitet. Man veröffentlicht Briefe von Menschen, die aus Nazi-Polen haben fliehen müssen und über ihre Rettung sehr froh sind, und von solchen, die das große Glück gehabt haben, sich gut an die neuen Lebensbedingungen anpassen zu können. Nachdem ich mindestens sechs Monate in Sowjetpolen und noch länger in Litauen zugebracht habe – ich habe auch die Phase der Besatzung erlebt –, betrachte ich es nun als meine Pflicht, über das religiöse, soziale und kulturelle Leben von Juden unter sowjetischer Herrschaft zu berichten, insbesondere über das Schicksal der mindestens

9 Jüdische Gemeindeorganisation (Yidishe Gemeynde-Organizatsye), die dem Judenrat unterstehende Verwaltung.

1 The Contemporary Jewish Record, Nr. 4/2 vom April 1941: In Soviet Poland and Lithuania. Das Dokument wurde aus dem Englischen übersetzt. Die Zeitschrift The Contemporary Jewish Record. Review of Events and Digest of Opinion wurde von 1938 bis 1945 in New York vom American Jewish Committee als Zweimonatsschrift herausgegeben. Druckfahnen des Artikels finden sich in den Akten des Department of State: Am 17.2.1941 fragte das Komitee an, ob angesichts der hier geäußerten Kritik an der sowjet. Politik Bedenken gegen eine Veröffentlichung bestünden. Ray Atherton, Acting Chief, Division of European Affairs, hatte keine Einwände; NARA, RG 59 Decimal File 860c.4016/630.
2 Zum Verständnis des Textes sei darauf hingewiesen, dass Ostpolen am 17.9.1939 von der Sowjetunion annektiert wurde, Litauen aber erst am 15.6.1940.
3 Pseudonym von Israel Stolarski (1900 – 1965), Lehrer; von 1925 an Redakteur der Zeitungen Hajnt und Lodzer Folksblat, Gewerkschafter, 1926 – 1939 Mitglied im ZK der Poale Zion-Linke, im Aug. 1939 Delegierter beim 21. Zionistischen Weltkongress in Genf; er kehrte nach Warschau zurück und floh über die Sowjetunion und Japan in die USA, von 1940 an lebte er in New York, dort als Schneider und Autor tätig.

100 000 polnisch-jüdischen Flüchtlinge, die Zuflucht vor den Nazi-Invasoren suchten und die man ohne Erbarmen in die eisige Tundra Sibiriens deportiert hat.[4]
Zeitungen in den Vereinigten Staaten bauschen die Anzahl der Juden in Sowjetpolen häufig auf. Insgesamt befinden sich 1,2 Millionen Juden in der West-Ukraine (ehemals Galizien) und in West-Bjelorussland (Weißrussland). Hinzu kommen ungefähr 500 000 Juden, die aus Nazi-Polen dorthin geflohen sind.[5] Man beachte, dass 60 Prozent dieser Flüchtlinge dort noch vor dem Einmarsch der Roten Armee eintrafen.
Am Abend des 6. September 1939 erklärte der Propagandachef der Polnischen Armee über den Rundfunk, Warschau müsse evakuiert werden. Er befahl allen Einwohnern im wehrpflichtigen Alter, die Stadt zu verlassen. (Später kursierte das Gerücht, es habe sich bei diesem Funktionär um einen deutschen Spion gehandelt, der Nazi-Befehle ausgeführt habe.) In dieser Nacht verließen etwa 200 000 Menschen Warschau in Richtung des Flusses Bug, wo sich die Polnische Armee dem Feind zum letzten Gefecht entgegenstellen wollte. Zweifelsohne wären die Deutschen an dieser strategischen Linie auf starken Widerstand gestoßen, wenn die Polen nicht von hinten von der Roten Armee attackiert worden wären.
Während es einer Reihe von Flüchtlingen gelang zu entkommen, bevor die Nazihorden ihre Städte besetzten, wurden die meisten von ihnen, darunter viele tschechische und österreichische Juden, von der Gestapo zusammengetrieben und zur Grenze abgeschoben.[6] Dort strömten sie von drei Stellen aus in die Sowjetunion: von Zaremb Koscielny,[7] einem Dorf in der Nähe von Białystok, von Drohiczyn, einem Dorf am Bug nahe Semiatycze,[8] und Przemyśl, wo Juden aus Galizien und jene, die aus der Tschechoslowakei deportiert worden waren, die Grenze zur Sowjetunion überquerten. In Zaremb Koscielny und Drohiczyn spielten sich die ergreifendsten Szenen ab. Was ich in Zaremb Koscielny miterlebt habe, werde ich nie vergessen.
Während der ersten Wochen dieses Massenexodus gestatteten die Wachposten der Roten Armee jedem, die Grenze zu passieren, und zeigten sich von ihrer freundlichen Seite. Um den 15. Oktober herum wurden die Grenzen jedoch auf einmal dichtgemacht. Die Wachposten waren nicht mehr freundlich, und die Städte und Dörfer in Grenznähe wurden oftmals nach Flüchtlingen durchsucht, denen es irgendwie gelungen war, sich auf die andere Seite durchzuschlagen. Diese Hetzjagd dehnte sich bis zum Bahnhof von Czyzew aus, einer neunzig *Werst*[9] von der Grenze entfernten Stadt. Man verfrachtete alle Aufgegriffenen zurück nach Nazi-Polen. Sowjetische Grenzposten schossen auf jeden, der versuchte, die Grenze zu überqueren. Nazi-Wachposten schossen wiederum auf jeden, der versuchte, zurück auf deutsches Gebiet zu gelangen. Die unglückseligen Flüchtlinge gerieten zwischen die Schusslinien und hatten keine andere Wahl, als sich auf dem Niemandsland entlang der Grenze niederzulassen.
Inzwischen war es bitterkalt geworden, und viele Menschen waren erfroren. Nur unter

4 Tatsächlich wurden fast alle der 65 799 jüdischen Flüchtlinge und Vertriebenen aus dem deutsch besetzten Teil Polens, die bis Anfang 1940 von sowjet. Stellen registriert worden waren, im Juni 1940 ins Landesinnere deportiert.

5 Diese Angabe ist stark übertrieben. Die Zahl der in das sowjet. besetzte Ostpolen geflohenen und abgeschobenen Juden wird heute auf 200 000 bis 300 000 geschätzt.

6 Grodner meint die von Eichmann organisierten Vertreibungen; siehe Dok. 18 vom 6.10.1939.

7 Richtig: Zaręby Kościelne.

8 Richtig: Siemiatycze.

9 Richtig: 19 Werst (= gut 20 km).

großen Schwierigkeiten bekamen die im Grenzgebiet lebenden Juden von den sowjetischen Behörden die Erlaubnis, die Toten und Erschossenen zu begraben. Ich selbst habe die tragische Beerdigung eines Siebzigjährigen, einer jungen Mutter und ihres drei Monate alten Babys miterlebt, die alle an den Folgen der Kälte gestorben waren.
Nach einiger Zeit waren mehrere tausend Flüchtlinge im Niemandsland hängen geblieben. Die Nazi-Grenzposten trieben ihren „Spaß" mit ihnen. Auf beiden Seiten der Grenze konnte man die Schreie der Geflohenen hören. Die Schauspielerin Ida Kaminsky[10] wurde dazu gezwungen, offene Latrinen mit ihren bloßen Händen zu säubern. Den Schauspieler Zisha Katz schlugen die Nazis so zusammen, dass er tagelang nicht mehr aufstehen konnte. Später beging er im „glücklichen" und „befreiten" Białystok Selbstmord.[11] Es ist unmöglich, den Anblick dieser Flüchtlinge zu beschreiben, die hungrig und abgezehrt, krank und in Lumpen gekleidet waren. Einheimische Juden taten alles, um ihnen zu helfen. Häufig teilten sie ihre beengten und überfüllten Quartiere sowie ihr letztes Stück Brot mit ihnen. Auf der anderen Seite standen finster und schweigend die Rotarmisten, das Gewehr im Anschlag. Auf dem Höhepunkt ihrer Verzweiflung überrannten die Flüchtlinge massenhaft die sowjetischen Wachen. Einige wurden dabei erschossen, doch die meisten schafften es auf die andere Seite. Wegen ihrer schieren Menge hatten die Wachposten sie nicht aufhalten können. Es kam auch vor, dass Rotarmisten die Befehle ihrer Vorgesetzten ignorierten, weil sie Mitleid mit den Unglückseligen hatten.
Ein jüdischer Kellner aus Warschau fand eine andere Möglichkeit des Grenzübertritts. Nachdem er zusammen mit Tausenden anderer Flüchtlinge acht Tage voller Hunger und Kälte im Niemandsland verbracht hatte, bastelte er aus einem Stück Stoff eine rote Fahne. Damit führte er einen Zug von Flüchtlingen zur Grenze an, wobei alle, so laut sie konnten, die Internationale sangen. Von dem ungewohnten Schauspiel verwirrt, ließen die sowjetischen Wachen ihre Gewehre sinken und gestatteten den meisten von ihnen, ins Land zu kommen.
Viel schlimmer stellte sich die Situation in Drohiczyn dar. Hier mussten die Flüchtlinge den Bug in Ruderbooten überqueren, häufig unter Beschuss sowohl der Nazis als auch der Sowjets. Diejenigen, die kein Glück hatten, wurden für gewöhnlich ein paar Tage später tot am Flussufer geborgen. Auf diese Weise fand der zionistische Arbeiterführer und ehemalige Stadtverordnete aus Puławy, Tarczyc,[12] zusammen mit seiner fünfköpfigen Familie die ewige Ruhe.
Es dauerte nicht lange, bis die größeren Städte in den gerade besetzten Ostprovinzen Polens mit Flüchtlingen überfüllt waren. Die Lage dort war katastrophal. Nur in Białystok, Wilna und Kowel ließ sich mit Hilfe des Joint Distribution Committee Unterstützung organisieren. In den anderen Orten waren die Flüchtlinge vollkommen auf sich gestellt.

10 Richtig: Ida Kamińska (1899 – 1980), Schauspielerin des jiddischen Theaters und Films, Regisseurin; 1939 Flucht nach Ostpolen, zeitweilig Leiterin des Jiddischen Staatstheaters in Lemberg; Juni 1941 Flucht nach Kirgistan; 1947 Rückkehr nach Polen, Direktorin jiddischer Theater, zuletzt in Warschau, zahlreiche Gastspiele im Ausland, 1968 Emigration nach Israel und dann in die USA; veröffentlichte 1973 „My Life, My Theater".

11 Zishe Katz, Schauspieler (Komiker) an jiddischsprachigen Bühnen in Polen; wirkte an verschiedenen Theatern und in Wandertruppen, 1938/39 Gastspiele in Frankreich und Nordamerika; im Sept. 1939 flüchtete er mit seinen beiden Söhnen nach Białystok, dort trat er bis März 1940 auf; seine Versuche, zu seiner Frau nach Warschau zurückzukehren, misslangen, im Juli 1940 nahm er sich das Leben.

12 Vermutlich Icchak Tarczyc.

Da sie nur über spärliche Reserven verfügten, fanden nur wenige eine feste Unterkunft oder konnten sich von allein ernähren. Zuerst schliefen sie auf den Feldern und in den Wäldern. Danach fanden sie vorübergehend Zuflucht auf Bahnhöfen, in leeren Güterwaggons, in *batej midraschim* (Lernhäusern),[13] Synagogen, Schulgebäuden und in den Gemeinschaftsräumen der Chaluzim (Pioniere, die für die Ansiedlung in Palästina ausgebildet werden). Dort lebten sie, zusammengepfercht wie Vieh, monatelang, hungrig und ohne die Möglichkeit, sich zu waschen.

Am meisten Glück hatten diejenigen, die in den Chaluz-Herbergen Aufnahme gefunden hatten, wo es sauber war und warmes Essen gab. In Kowel beispielsweise verteilte die Chaluz-Kooperative mehr kostenlose Mahlzeiten als die offiziellen sowjetischen Flüchtlingsküchen. Der Leiter des *Kibbuz* (Kooperative), ein junger, tatkräftiger Mann und Mitglied der Haschomer Hazair, hatte die unglaubliche Fähigkeit, aus dem Nichts Nahrungsmittel herbeizuzaubern. Seine Gruppe handelte nach der Maxime, die überall zum *Seder*mahl an Pessach gesprochen wird: „Alle, die Hunger haben, sollen kommen und mit uns essen!"[14]

Trotz ihrer unerträglichen Lebensbedingungen und der Angst um das Schicksal ihrer Familien auf der anderen Seite der Grenze wähnten die Flüchtlinge sich glücklich, der Nazi-Hölle entronnen zu sein. Sie gingen davon aus, dass ihre Schwierigkeiten nur vorübergehend seien, und waren überzeugt davon, dass die sowjetischen Behörden ihnen die Möglichkeit geben würden, eine neue Existenz zu gründen. Ehemalige Kaufleute, Angehörige des Mittelstands und Handwerker waren bereit, zu Arbeitern zu werden. Solange sie nur ihr tägliches Brot verdienen konnten, war ihnen die Politik egal. Die sowjetischen Behörden unterschieden jedoch streng zwischen Einheimischen und Flüchtlingen. Letztere behandelten sie wie Aussätzige. Für sie galt das Recht auf Arbeit nicht. Je mehr sich die Lage stabilisierte, desto schlimmer wurde die Lage der Flüchtlinge.

Das Problem dieser unglücklichen Flüchtlinge hätte auf anständige und humane Weise gelöst werden können, wenn die Regierung gewollt hätte. Alle Vorschläge des Joint Distribution Committee zur Verbesserung der Situation lehnten die Behörden ab. Sie selbst unternahmen in den meisten Fällen nichts. So mussten die etwa 500 000 Flüchtlinge selbst sehen, wie sie zurechtkamen. Nur in Kowel, Białystok, Lemberg, Rowno und Łuck richteten die Behörden Suppenküchen ein, wo sie unentgeltlich etwas zu essen bekamen, aber selbst das geschah eher widerwillig. Die einzige Suppenküche von Białystok, die man im November 1939 für die 33 000 Flüchtlinge, die dort offiziell registriert waren, und für die Hunderte, die täglich neu hinzukamen, eröffnet hatte, befand sich in einer Schule der Talmud-Tora in der Piękna-Straße. Die Bedürftigen mussten hier stundenlang für eine Schüssel wässriger Suppe und ein Stück Schwarzbrot anstehen.

Eine Reihe von amtlichen Verordnungen verschärfte die Situation weiter. Einheimische, die Flüchtlinge aufgenommen hatten, wurden häufig zusammen mit diesen vertrieben und ihre Wohnungen „umverteilt", üblicherweise an Armeeangehörige oder an sowjetische Beamte, die massenhaft in die besetzten Gebiete strömten. Selbst diejenigen, die in öffentlichen Räumen Unterkunft gefunden hatten, und die Mitarbeiter karitativer Organisationen lebten in der ständigen Angst vor dem Hinauswurf. Mehrere hunderte Flüchtlinge, die in der Hauptgeschäftsstelle der Handelskammer in Białystok untergekommen

13 Plur. von Beth-Hamidrasch.

14 Spruch aus der Haggada zum Festmahl am Vorabend des Pessach-Fests.

waren, wurden mitten in der Nacht auf die Straße gesetzt. Die Behörden hatten plötzlich beschlossen, die Räumlichkeiten für eine neue Schneiderkooperative zu nutzen.
Während der ersten Wochen der sowjetischen Besatzung merkte man kaum etwas von wirtschaftlichen Veränderungen. Zwar wies man die Fabrikbesitzer an, die Löhne ihrer Arbeiter zu verdoppeln, doch versprach man ihnen auch, dass es keine weiteren Einmischungen von Seiten der Behörden geben werde. Die Geschäfte blieben geöffnet, aber die Spekulation griff um sich. Alle Beschwerden bei den Behörden über die rasant steigenden Preise fruchteten nichts. Mit reichlich Rubeln ausgestattete russische Soldaten und Funktionäre, die sich nicht vor den Geschäften anzustellen brauchten, kauften bald alle verfügbaren Vorräte auf. Einige Kaufleute waren schlau und tauschten auf dem Schwarzmarkt – einer bis heute höchst wichtigen Einrichtung in der UdSSR – vorausschauend ihre Rubel in Dollar ein, um sich nach Litauen absetzen zu können. Bei meiner Abreise lag der Dollarkurs auf dem Schwarzmarkt zwischen 160 und 190 Rubel.
Nur wenig später wurde bekannt gegeben, dass die gesamte Wirtschaft möglichst schnell verstaatlicht werden solle. Die bereits verarmten Kaufleute und Handwerker wurden damit endgültig ihrer Existenz beraubt. Selbst die Fabrikarbeiter, denen die Sowjets zunächst noch zu Lohnerhöhungen verholfen hatten, büßten an Einkommen ein. Die Unzufriedenheit wuchs. Ende Dezember 1939 breiteten sich in den Fabriken von Białystok und anderen Städten erste Unruhen aus.
Die Sowjets eröffneten besondere Arbeitsämter, die in West-Bjelorussland „Abteilungen für Arbeit" und in der West-Ukraine „Arbeitsbörsen" hießen und bald von Arbeit suchenden Flüchtlingen überlaufen waren. Die Beamten verweigerten ihnen jedoch die Registrierung. Stattdessen drängte man die Flüchtlinge dazu, in das Landesinnere Russlands zu gehen. Funktionäre aus Fabriken im Donezbecken und aus anderen Regionen boten ihnen Beschäftigung, versprachen gute Arbeitsbedingungen und einen Vorschuss in Höhe von 50 Rubeln. Die Reaktion ließ nicht auf sich warten: Die Menschen standen Tag und Nacht Schlange, um sich für diese Stellen zu bewerben. Allein in Białystok meldeten sich in einer Woche 20 000, in Brest-Litowsk 10 000 Personen. Viele von ihnen wurden genommen, erhielten besondere Pässe und wurden in Güterzügen auf schnellstem Weg in das Landesinnere geschafft.
Zunächst schickten sie begeisterte Berichte über ihr neues Leben, doch kurze Zeit später kehrten sie in großer Zahl zurück. Wie sie erzählten, hatte man die meisten von ihnen als Hilfsarbeiter angestellt, in Holzbaracken untergebracht und mit einem Tagessatz von fünf Rubeln entlohnt, obwohl selbst eine einfache Mahlzeit acht Rubel kostete. Die Bewohner der dortigen Städte hätten jedoch Mitgefühl gezeigt und ihnen zur Flucht verholfen. Insbesondere Fachkräfte blieben. Ihnen ist es offenbar gelungen, sich einigermaßen gut einzugewöhnen.
Die Verstaatlichung der Industrie belebte den Schmuggel. In jeder Stadt und in jedem Dorf gab es plötzlich illegale Märkte, genannt „Tolčok"[15], wo die Menschen zusammenströmten, um Handel zu treiben. (Solche Orte gibt es auch 23 Jahre nach der Novemberrevolution[16] noch immer überall in der Sowjetunion.) Manchen Flüchtlingen ist es gelungen, sich mit dem illegalen Verkauf von Lebensmitteln und anderen Gütern des täglichen Bedarfs mühsam durchzuschlagen, doch schon bald kehrten viele von ihnen verzweifelt

15 Russ.: Anstoß, Impuls in der wörtlichen Bedeutung.
16 Gemeint ist die Oktoberrevolution, die nach dem Gregorianischen Kalender am 6./7.11.1917 begann.

nach Nazi-Polen zurück. Die unerwartete Entwertung des Złoty im Dezember 1939 war ein weiterer Grund für ihren Weggang.[17] Es klingt unglaublich, ist aber wahr: Die ersten, die sich nach Nazi-Polen zurückstahlen, waren die vormals radikalsten Arbeiter. Selbst Männer, die man zuvor in Polen wegen ihrer kommunistischen Tätigkeit eingesperrt hatte, darunter ein ehemaliges ZK-Mitglied der Kommunistischen Partei Polens, verließen den von den Sowjets besetzten Landesteil, um sich im Generalgouvernement einer ungewissen Zukunft zu stellen. Zu ihnen gesellten sich andere, die aus verschiedenen Gründen jegliche Hoffnung auf ein auskömmliches Leben unter der Sowjetherrschaft verloren hatten. Binnen weniger Wochen kehrten Tausende zurück.

Doch die Flüchtlinge waren nicht die Einzigen, die unter dem rasanten Umbau der Wirtschaft nach sowjetischem Muster litten. Die Einheimischen – allen voran die jüdischen Einwohner der Städte, die automatisch die sowjetische Staatsbürgerschaft erhalten hatten – traf es nicht minder schwer. Die mittellos Gewordenen und diejenigen, die keine Anstellung in den neuen staatlichen Betrieben fanden, lebten entweder von ihren Verwandten oder mussten ihr gesamtes Hab und Gut verscherbeln. Selbst jene, die das Glück gehabt hatten, eine Stelle zu bekommen, mussten wegen der niedrigen Löhne und gestiegenen Preise ihre Ansprüche radikal senken. Ein Weber in Białystok, der zum Beispiel als Stachanov-Arbeiter[18] 250 Rubel monatlich verdiente, lebte am Existenzminimum. Der offizielle Preis für Brot betrug einen Rubel das Kilo, für Fleisch acht und für Butter 20 Rubel. Neue Kleidung konnte sich der durchschnittliche Arbeiter nicht mehr leisten. Eine bescheidene Wagenladung Brennholz kostete 60 bis 70 Rubel.

Nach dem deutsch-sowjetischen Abkommen über den Bevölkerungsaustausch vom April 1940, von dem die Juden ausgenommen wurden, beschlossen die sowjetischen Behörden, das Flüchtlingsproblem auf ihre Weise zu lösen. Wer sich weigerte, nach Sibirien oder nach Kasachstan zu gehen, wurde vom NKVD (Geheimpolizei, zuvor OGPU) ebenso zusammengetrieben wie jene, welche die ihnen angebotene sowjetische Staatsbürgerschaft abgelehnt hatten – entweder, weil diese eine ständige Trennung von ihren Familien bedeutet oder die Hoffnungen auf Emigration zunichtegemacht hätte. Nacht für Nacht fanden Razzien statt. Die Aufgegriffenen verlud man in Güterzüge und transportierte sie nach Sibirien, Kasachstan, ins Gebiet Archangelsk oder gar auf die entlegene Kamtschatka-Halbinsel. Es wurde kein Unterschied zwischen Jung und Alt gemacht, auch Frauen und Kinder waren von den Deportationen betroffen. Häufig wurden Familien in dem Chaos auseinandergerissen, da den Flüchtlingen nur zwei Stunden Zeit gegeben wurde, um ihre Habseligkeiten zusammenzusuchen (maximal vierzig Kilo Gepäck waren erlaubt).

In Białystok wurden die Frau und der 13-jährige Sohn eines prominenten zionistischen Arbeiterführers, der alle seine Papiere für die Ausreise nach Palästina bereits beisammen hatte, während der Abwesenheit des Mannes um ein Uhr früh festgenommen und in ein sibirisches Arbeitslager deportiert, 150 km von der nächsten Eisenbahnstrecke entfernt. Obwohl der Mann – dessen Name hier aus verständlichen Gründen nicht genannt werden kann – wirklich alles unternahm, um seine Familie freizubekommen, musste er

17 Am 21.12.1939 schafften die sowjet. Behörden den Złoty als Zahlungsmittel ab, alle Bankguthaben über 300 Złoty wurden beschlagnahmt. Der Umtauschkurs gegenüber dem Rubel sank daraufhin auf bis zu 50 % des vorherigen Werts.

18 Eine nach dem Bergmann Aleksej Stachanov benannte, 1935 begonnene sowjet. Propagandakampagne, mit der die Arbeitsproduktivität gesteigert werden sollte, indem die Arbeiter die Norm übererfüllten. Die Bestarbeiter wurden mit Vergünstigungen und zusätzlichen Lebensmitteln belohnt.

schließlich ohne sie abreisen. In einem weiteren Fall sind Frau und Kinder eines herausragenden Gelehrten, der sich zurzeit in New York aufhält, in ein Arbeitslager nach Sibirien geschafft worden. Ironischerweise ist kein einziger jüdischer Flüchtling nach Birobidschan gebracht worden, dem angeblich jüdischen autonomen Gebiet der Sowjetunion. Man schätzt, dass insgesamt weit über 100 000 polnische Juden nach Sibirien und in ähnliche Regionen verbannt worden sind.

Die Willkür der sowjetischen Behörden rief selbst unter den Einheimischen, die den Einmarsch der Roten Armee zunächst begrüßt hatten, Ablehnung hervor. Bei Betriebsversammlungen oder Treffen kommunistischer Parteizellen waren keine Diskussionen gestattet. Im Wahlkampf um die Sitze in der Nationalversammlung[19] wurden die Reden, die jüdische und polnische Kommunisten hielten, von den russischen Parteiführern im Allgemeinen nicht beachtet. Es dauerte etwas, bis die einheimischen Kommunisten auf Moskauer Linie gebracht waren, und dieser Lernprozess verlief häufig überaus schmerzlich.

Auf dem Marktplatz von Zaremb Koscielny habe ich während einer Kundgebung einen bezeichnenden Vorfall miterlebt. 90 Prozent der Teilnehmer waren Juden, der Leiter war ein Hauptmann der Roten Armee. Ein polnisch-jüdischer Kommunist ergriff das Wort. Offenbar war ihm nicht bewusst, dass es verboten war, etwas gegen den Faschismus zu sagen. Er prangerte die Nazis und ihre Judenverfolgung an und hob die Befreiung vom Rassismus unter sowjetischer Herrschaft hervor. Der Versammlungsleiter versuchte mehrfach, dem Redner Einhalt zu gebieten, schließlich jagte er ihn von der Tribüne.

Ein anderer Vorfall macht die Situation noch deutlicher. Ein Jude aus Włocławek, einer jetzt dem Deutschen Reich angegliederten polnischen Stadt, suchte die Redaktionsräume der jiddischen Tageszeitung *Bialistoker Shtern* auf und zeigte dort eines der gelben Abzeichen, die die Juden im deutsch besetzten Teil Polens nun gezwungen sind zu tragen.[20] Die Redakteure hörten sich seine Geschichte aufmerksam an und bekundeten ihr Mitgefühl. Der Flüchtling erwiderte: „Ich bin nicht hierhergekommen, um mir euer Geseufze und Gejammer anzuhören. Ich will, dass ihr über diese Barbarei in eurer Zeitung schreibt." Daraufhin seufzte einer der Redakteure: „Es tut mir leid, aber das können wir nicht drucken. Es ist verboten."

Eine Zeit lang bemühte man sich um eine Wiederbelebung des jiddischen Kulturlebens in den besetzten Gebieten. Weißrussische, ukrainische und jiddische Schriftsteller reisten aus dem Landesinnern an, um ihre „befreiten" Kollegen zu besuchen. Die berühmten Dichter Itzik Fefer[21] und Itzik Platner[22] beehrten Białystok mit ihrem Besuch. Bei einem Treffen jiddischer Schriftsteller rief Fefer aus: „Zurück zur Vergangenheit! Gegenwärtig

19 Gemeint sind die von den Besatzungsbehörden am 22.10.1939 veranstalteten Wahlen zu einer sog. Westweißrussischen und Westukrainischen Nationalversammlung in den besetzten Gebieten Polens.

20 Nach Białystok, das im Sept. 1939 von der Roten Armee besetzt worden war, flüchteten zahlreiche jiddischsprachige Literaten aus den west- und mittelpoln. Landesteilen. Einige von ihnen arbeiteten für den Bialistoker Shtern, der von Sept. 1939 bis Juni 1941 erschien.

21 Itzik Fefer, auch Feffer (1900–1952), jiddischsprachiger Dichter in der Sowjetunion; von 1941 an Kriegsberichterstatter und stellv. Vorsitzender des Jüdischen Antifaschistischen Komitees, in dessen Auftrag er 1943 in die USA, nach Kanada und Mexiko reiste; geheimer Informant des NKVD; 1948 wegen Hochverrats angeklagt, 1952 hingerichtet.

22 Itzik, auch Ayzek, Platner (1895–1961), in Polen geborener jiddischsprachiger Dichter; er lebte von 1920 an in Kaunas (Litauen) und 1927–1932 in den USA, war dann in Minsk (Sowjetunion) Redakteur der Zeitung Oktjabr, von 1941 an in Saransk, später wieder in Minsk; 1948 verhaftet und bis 1956 im Zwangsarbeitslager inhaftiert.

begehen wir den 800. Geburtstag von Jehuda Halevi.[23] Judas Makkabäus und die Hasmonäer sind Nationalhelden und Revolutionäre."[24]
Viele Beobachter interpretierten dies als Beweis für den tief greifenden Wandel des jüdisch-nationalen Lebens unter sowjetischer Herrschaft. Viele von ihnen, darunter Moses Brodersohn,[25] der ehemalige Herausgeber einer Lodzer Zeitung, und Efroim Kaganowski[26] von der Warschauer *Hajnt*[27] leisteten öffentlich Abbitte für ihre reaktionäre Vergangenheit und versprachen, gute sowjetische Schriftsteller zu sein. Ihre Hoffnungen sollten sich jedoch bald zerschlagen. Der bekannte sowjetische Schriftsteller David Hoffstein,[28] der auf einer Kundgebung jiddischer Journalisten in Lemberg sprach, erklärte einer Gruppe von Kommunisten um Alter Kacyzne,[29] die um die Genehmigung gebeten hatte, eine jiddische Zeitung herauszubringen: „Ihr solltet dankbar sein, dass der große Stalin euch am Leben lässt. Eine jiddische Zeitung in Lemberg ist nicht notwendig, und es wird auch nie eine solche Zeitung herauskommen." Später stellte der *Bialistoker Shtern*, dessen Auflage nie die tausend überschritten hat, sein Erscheinen ein. Zurzeit gibt es nur drei jiddische Zeitungen: die *Emes*[30] in Wilna, das *Folksblat*[31] in Kaunas und eine Zeitung in Lettland.[32]

23 Gemeint ist der 800. Todestag von Jehuda Halevi (um 1075 – 1141), dem spanisch-jüdischen Philosophen und bedeutendsten jüdischen Dichter des europäischen Mittelalters.

24 Judas Makkabäus (hebr.: Jehuda haMakabi, gest. 160 v.d.Z.), aus der Familie der Hasmonäer: Anführer eines jüdischen Aufstands gegen die Seleukidenherrschaft, der 165 v.d.Z. zur Eroberung Jerusalems führte und 160 v.d.Z. mit der Niederlage der Aufständischen endete.

25 Moses Brodersohn, auch Moyshe Broderzon (1890 – 1956), jiddischsprachiger Dichter und Dramatiker; während des Ersten Weltkriegs in Russland; Mitbegründer und Repräsentant der avantgardistischen Lodzer Künstlergruppe Jung Idysz (Yung-yidish); 1939 floh er nach Białystok, 1941 – 1943 in Zentralasien, dann in Moskau; 1950 verhaftet und zu zehn Jahren Arbeitslager verurteilt, 1955 rehabilitiert, 1956 nach Polen ausgereist.

26 Efroim Kaganowski (1893 – 1958), jiddischsprachiger Schriftsteller; während des Ersten Weltkriegs in Russland, 1921 Rückkehr nach Polen, dort Mitarbeiter der Warschauer jiddischsprachigen Tagespresse (Hajnt, Der Moment u.a.); während des Zweiten Weltkriegs in der Sowjetunion, 1946 Rückkehr nach Polen, von 1949 an in Paris.

27 Hajnt (Heute) erschien 1908 – 1939 in Warschau und war mit einer Auflage von 100 000 Exemplaren vor dem Ersten Weltkrieg und etwa 50 000 danach die bedeutendste jiddischsprachige Tageszeitung in Polen; seit 1920 unter der politischen Redaktion von Icchak Grünbaum und der Chefredaktion von Abraham Goldberg zionistisch orientiert.

28 David Hoffstein (1889 – 1952), jiddisch- und hebräischsprachiger Schriftsteller aus der Ukraine; ging 1924 aus der Sowjetunion nach Deutschland, 1925 nach Palästina, lebte von 1926 an wieder in Kiew, ab 1941 Angehöriger des Jüdischen Antifaschistischen Komitees in der Sowjetunion; 1952 hingerichtet.

29 Alter Kacyzne (1885 – 1941), jiddischsprachiger Schriftsteller und Fotograf; seit 1910 in Warschau, dort in der jiddischen Literaturszene aktiv, Inhaber eines Fotoateliers, Fotograf für die New Yorker Tageszeitung Forverts (Jewish Daily Forward) in Polen und auf Reisen in Palästina und Südafrika; 1939 Flucht nach Lemberg, 1941 Flucht nach Tarnopol, dort von Ukrainern ermordet.

30 Die Vilner Emes (Wilnaer Wahrheit) erschien von Aug. 1940 bis Juni 1941 als sowjet. Tageszeitung in jiddischer Sprache; sie enthielt nahezu ausschließlich Übersetzungen von Beiträgen aus der Pravda und anderen zentralen sowjet. Tageszeitungen. Das Blatt wurde herausgegeben von Dovid Umru (1910 – 1941), jiddischsprachiger Schriftsteller aus Litauen; 1940/41 Direktor des Jiddischen Staatstheaters in Wilna; er wurde im Juli 1941 von der Gestapo ermordet.

31 Das Folksblat war in den 1930er-Jahren das Organ der an den Ideen Simon Dubnows orientierten Folkspartei. Nach der Besetzung durch die Rote Armee war es ein Sprachrohr der kommunistischen Behörden.

32 Gemeint ist wohl die in Riga von Okt. 1940 bis Juni 1941 erschienene Zeitschrift Oyfboy (Aufbau).

Das Jiddische Wissenschaftliche Institut in Wilna, zuvor ein Ort akademischer Betriebsamkeit, ist so gut wie ausgestorben.[33] Einer der führenden Köpfe, Zalman Reisen,[34] ist seit September 1939 inhaftiert. Andere, wie Kalmanovič,[35] wurden freigelassen. Der gegenwärtige Direktor, Moses Lehrer, ist ein ehemaliger Büroangestellter des Instituts und hat Stalin einst lauthals öffentlich verflucht. Seine Straffreiheit und Beförderung hat er sich damit erkauft, dass er Schriftsteller und andere Gruppen bespitzelte. Ein anderer Überläufer, Noah Prylucki,[36] wurde als Professor für Jiddisch an die Universität Wilna berufen. Hierbei erwies sich sein antizionistischer Ruf als nützlich.
Da Hebräisch von den Kommunisten als konterrevolutionäre Sprache betrachtet wird, wurden alle Hebräischschulen, sowohl die säkularen als auch die geistlichen, geschlossen. An ihre Stelle sind Schulen mit Jiddisch als Unterrichtssprache getreten. Gleichzeitig gab es jedoch Bemühungen, jüdische Kinder vermehrt auf russische Schulen zu schicken. Lehrern wurde es untersagt, jüdischen Eltern zu raten, ihre Kinder an jiddischen Schulen anzumelden. Und als einer von ihnen diese Anordnung auf einer Lehrerkonferenz kritisierte, wurde er in der Presse als Trotzkist, Nationalist und als „Zersetzer" gebrandmarkt und vor das NKVD gezerrt. Wäre nicht ein bedeutender Kommunist eingeschritten, hätte er wohl die Reise nach Sibirien antreten müssen.
Insbesondere in Litauen setzte man die sowjetische Nationalitätenpolitik auf Kosten der Polen und Juden um. In Kaunas gibt es statt der sechs hebräischen *Gymnasien* (Sekundarschulen), die dort vor der sowjetischen Besetzung noch existierten, heute drei jiddische Einrichtungen. Die Anzahl jiddischer Grundschulen ist ebenfalls zurückgegangen, denkt man an die zahlreichen hebräischen „Tarbut-"[37] und die anderen Schulen, die es zuvor gegeben hat. Viele Hebräisch- und Jiddischlehrer sind inzwischen arbeitslos.
In Wilna gaben 60 Prozent der Eltern bei der Schulanmeldung an, dass sie für ihre Kinder polnischsprachige Lehranstalten bevorzugten, 10 Prozent sprachen sich für jiddischsprachige und nur 3,5 Prozent für Schulen aus, in denen auf Litauisch gelehrt wird. Verärgert über diese Ergebnisse, brachen die Behörden die Anmeldeprozedur sofort ab. Das Kommissariat für Erziehung eröffnete fünfundsechzig Grundschulen, davon waren 36 polnisch, zwanzig jiddisch, drei russisch, eine weißrussisch und fünf litauisch. Der Unterricht des Litauischen, einer in Wilna unüblichen Sprache, wurde zum Pflichtfach

33 Das Jiddische Wissenschaftliche Institut wurde 1925 in Wilna gegründet, um die jiddische Sprache, Literatur und Kultur sowie die Geschichte der Juden Osteuropas zu erforschen. Es unterhielt Zweigstellen in Warschau, Berlin (bis 1933) und New York. Dort konnte es in den Kriegsjahren seine Tätigkeit unter dem Namen Yiddish Scientific Institute (YIVO) fortsetzen (heute: YIVO Institute for Jewish Research).

34 Zalman Reisen, auch Reyzen (1887 – 1941), jiddischer Sprachwissenschaftler; Mitarbeiter des Jiddischen Wissenschaftlichen Instituts in Wilna, Herausgeber der Tageszeitung Vilner Tog; unter sowjet. Besatzung 1939 inhaftiert und später erschossen.

35 Dr. Zelig Kalmanovič (1885 – 1944), jiddischer Sprachwissenschaftler und Übersetzer; studierte in Berlin und Königsberg, promovierte 1919 in Petrograd; er lebte von 1922 bis 1928 in Litauen und Lettland, danach in Wilna Mitbegründer und Mitarbeiter des Jiddischen Wissenschaftlichen Instituts; schrieb im Wilnaer Getto ein Tagebuch; im Sept. 1943 nach Estland deportiert und 1944 im Zwangsarbeitslager Narva ermordet.

36 Noach Pryłucki (1882 – 1941), Sprachwissenschaftler, Volkskundler; 1922 – 1929 Sejm-Abgeordneter, Mitbegründer der jüdischen Folkspartei und der Warschauer jiddischsprachigen Tageszeitung Der Moment, Sammler jiddischer Volkslieder und Sprüche; 1939 in Wilna Universitätsprofessor für Jiddisch; im Aug. 1941 von der Gestapo ermordet.

37 Siehe Dok. 159 vom 14.8.1940, Anm. 5.

für alle ersten Schuljahre. Zudem wurde Litauisch Unterrichtssprache an den Handelsschulen und an der Universität Wilna, wo die meisten Studenten Juden und Polen sind. Selbstverständlich wird an den jiddischen Schulen keine jüdische Geschichte unterrichtet.

Ohne Zweifel wird die jüdische Religion [hier] bald ein ähnliches Schicksal wie in der UdSSR ereilen. Direkt nach dem Einmarsch der Roten Armee war es im sowjetisch besetzten Polen mit den *Jeschiwot* vorbei. In der Synagoge und in den Lehrhäusern darf zwar weiter gebetet werden, an den Wänden hängen jetzt allerdings Bilder von Lenin, Stalin und Molotov. Vor der Besetzung Litauens konnten sich noch 2000 polnische *Jeschiwa*-Lehrer und -Studenten aufgrund der „grünen Eisenbahnlinie" über die zwischen den Sowjets und den Nazis vereinbarte Grenze nach Wilna retten,[38] wo das Joint Distribution Committee sie mit Unterkunft, Essen und Kleidung versorgte. Nach dem Einfall der Sowjets setzten die Studenten zwar ihre individuelle Ausbildung in den Gebetshäusern fort, aber alle Rabbiner, Gemeindediener, Religionslehrer und Kantoren haben ihre Arbeit verloren. Nur die Schächter (rituelle Schlachter) finden noch ihr Auskommen, weil koscheres Fleisch von den Kooperativen akzeptiert wird.

Parallel zur Auflösung der jüdischen Organisationen fand eine Säuberungsaktion statt, gerichtet gegen jüdische Honoratioren. Ihr erstes Opfer war Professor Moses Schorr aus Warschau, ein früherer polnischer Senator und führender Kopf beim Kampf gegen den Antisemitismus. Man nahm ihn in Ostróg nahe der russisch-polnischen Grenze fest und verurteilte ihn später zu fünfzehn Jahren Gefängnis. Dr. Joshua Gottlieb,[39] ein ehemaliger Sejm-Abgeordneter und tapferer Kämpfer für die Rechte der Juden in Polen, durfte zunächst in seiner Heimatstadt Pińsk bleiben. Zuvor hatte er eine Treueerklärung gegenüber dem sowjetischen Regime unterzeichnen müssen. Aber auch er wurde später verhaftet und nach Sibirien verbannt. Ein anderer früherer Sejm-Abgeordneter, Dr. Emil Sommerstein,[40] wurde in Lemberg verhaftet. Seine Frau, die mit ihrem Kind nach Sibirien deportiert worden war, soll nach Augenzeugenberichten Selbstmord begangen haben, nachdem die Wachen sie brutal vergewaltigt hatten.[41]

Es ist unmöglich, alle namentlich bekannten Persönlichkeiten der jüdischen Gemeinschaft, die man verhaftet hat, aufzuzählen. Unter ihnen waren der Anwalt Gorfinkel, das Oberhaupt der litauischen Keren Hajesod;[42] Itzkowitz, der Leiter der Agudas Jis-

38 Es existierte ein organisierter illegaler Personenverkehr über die grüne Grenze nach Litauen; die Sowjetregierung hatte das Wilna-Gebiet im Okt. 1939 an Litauen übergeben.

39 Dr. Jehoszua Gottlieb (1882 – 1940 oder 1941), Journalist; Jurastudium in Berlin, Mitarbeiter der Zeitungen Hajnt und Der Moment, 1936 – 1938 Sejm-Abgeordneter, stellv. Vorsitzender der Jüdischen Gemeinde Warschau; floh im Sept. 1939 nach Pińsk.

40 Dr. Emil Sommerstein (1883 – 1957), Jurist; Anwalt am poln. Verfassungsgericht, zionistischer Sejm-Abgeordneter, Gründer einer Gemeinschaftsbank für Kleinbetriebe in Lemberg; 1939 – 1941 in der Sowjetunion in Haft, danach in prosowjetischen Gremien tätig, 1944 Mitglied der ersten kommunistischen Regierung (Lubliner Komitee), zugleich Vorsitzender des Zentralkomitees der Juden in Polen; von 1946 an in den USA, Mitarbeiter des WJC.

41 Ida Sommerstein (geb. Durstenfeld) wurde im April 1940 nach Kasachstan deportiert. Sie beging dort nicht Selbstmord, sondern wurde Ende 1941 (aufgrund einer sowjet. Amnestie für poln. Staatsbürger vom 12.8.1941) freigelassen und im April 1942 mit der aus poln. Kriegsgefangenen rekrutierten Anders-Armee in den Iran evakuiert. Von dort gelangte sie nach Jerusalem.

42 1920 gegründete Organisation für die Finanzierung der Zionistischen Weltorganisation (World Zionist Organization).

roel;[43] Wachstein, ein prominenter Zionist, der in Lemberg festgenommen wurde; Shmoish aus Kolomyja, und Chmielnik aus Białystok, beide Aktivisten und führende Persönlichkeiten der Poale Zion; und eine große Anzahl von Kommunalpolitikern und Abgeordneten der Poale Zion. Ebenfalls inhaftiert wurden die führenden Revisionisten Biegun und Krol und der ehemalige polnische Konsul in Honduras, Sheskin.
Unter den festgenommenen Zeitungs- und Chefredakteuren befinden sich R. Rubinstein von der *Yidishe Shtimme* in Kaunas[44] und Hescheles von der Lemberger *Chwila*,[45] einer polnischsprachigen jüdischen Zeitung. Die Chefredakteure von *Nasz Przeglad*, einer polnischen Warschauer Tageszeitung,[46] deportierte man in die Uralregion, wo sie in einer Zuckerraffinerie Zwangsarbeit leisten müssen. Den Herausgeber von *Dos Wort*,[47] einer zionistischen Zeitung der Arbeiterbewegung in Kaunas, entließ man nur deswegen aus dem Gefängnis, weil er schwer erkrankt war. Zudem kam es zu Massenverhaftungen und manchmal auch -hinrichtungen jüdischer Händler und Industrieller, vor allem im Raum Białystok. Ihre Familien wurden nach Sibirien deportiert.
Die Hauptlast der Verfolgungen mussten allerdings die führenden Köpfe des Allgemeinen Jüdischen Arbeiterbunds, einer Mitgliedsorganisation der Zweiten Internationale, tragen, die bereits von der polnischen Regierung ständig drangsaliert worden waren. Wictor Alter[48] wurde in Kowel wenige Tage nach dem Einmarsch der Roten Armee verhaftet, als er gerade eine Loyalitätserklärung gegenüber der sowjetischen Regierung abgeben wollte. Henryk Ehrlich[49] wurde in Brest-Litowsk von einem kommunistischen Warschauer Tischler verhaftet. Anna Rosenthal,[50] die betagte Vorsitzende des Bunds in Wilna und

43 Die Agudas Jisroel (Vereinigung Israels) wurde 1912 in Kattowitz von orthodoxen Juden als nicht zionistische, konservative Partei gegründet. Als die größte religiös orientierte jüdische Partei vertrat sie in der Zweiten Polnischen Republik die Interessen eines bedeutenden Teils der jüdischen Bevölkerung.

44 Reuven Rubinstein, auch Ruvn Rubinshteyn (1891 – 1967), Jurist und Journalist; Studium in St. Petersburg; 1917 Sekretär des ZK der Zionistischen Organisation in Russland; 1920 in sowjet. Haft, lebte dann in Kaunas, dort von 1925 bis 1940 Herausgeber der den Allgemeinen Zionisten verbundenen Tageszeitung Yidishe Shtime; 1940 – 1943 in sowjet. Haft, amnestiert; 1945 reiste er nach Polen aus, 1946 – 1948 lebte er München, später in Israel.

45 Henryk Hescheles (1886 – 1942), Journalist; Studium in Wien; dann Stadtverordneter in Lemberg, 1920 – 1939 Chefredakteur der assimilatorischen Kreisen verbundenen Zeitung Chwila, die 1919 – 1939 in Lemberg erschien; dort wurde er 1942 von Deutschen ermordet.

46 Nasz Przegląd, die die Linie der Allgemeinen Zionisten vertrat, erschien von 1923 – 1939 in einer Auflage von etwa 20 000 Exemplaren.

47 Herausgeber der Zeitung Dos Wort war Berl Cohen.

48 Wiktor Alter (1890 – 1943), Ingenieur; führender Politiker des Bunds, Stadtverordneter in Warschau, Mitglied des Exekutivkomitees der Sozialistischen Internationale; im Sept. 1939 vom NKVD verhaftet, Okt. 1941 infolge des poln.-sowjet. Abkommens vom Juli 1941 und der damit verbundenen Amnestie aus der Haft entlassen, am 4.12.1941 abermals verhaftet, im Feb. 1943 ohne Prozess erschossen.

49 Henryk Ehrlich (1882 – 1942); führender Politiker des Bunds, Redakteur der jiddischsprachigen Tageszeitung Folks-Tsaytung, Stadverordneter in Warschau, Mitglied des Exekutivkomitees der Sozialistischen Internationale; im Sept. 1939 vom NKVD verhaftet, im Okt. 1941 infolge des poln.-sowjet. Abkommens vom Juli 1941 aus der Haft entlassen, am 4.12.1941 abermals verhaftet; in sowjet. Gefangenschaft gestorben.

50 Anna Rosenthal, geb. Heller (1872 – 1940), Zahnärztin; lehrte seit den 1920er-Jahren in Einrichtungen der jüdischen Schulorganisation CISzO in Wilna, Mitarbeiterin des YIVO, 1931 Delegierte des Bunds auf dem Kongress der Sozialistischen Internationale; 1940 unter der sowjet. Besatzung in Wilna verhaftet; im Gefängnis gestorben.

einst Gefangene im Zarenreich, beschuldigte man des Verrats an streikenden Arbeitern. Man warf ihr vor, Bestechungsgelder von Industriellen angenommen zu haben, obwohl sie nie in den Gewerkschaften aktiv gewesen ist. Sie sitzt noch immer im Gefängnis. Unter den verhafteten Führungspersönlichkeiten des Bunds in Wilna waren auch Zhelezniakov, Dr. Lipshitz, Leon Oler sowie Perez Guterman und viele andere. Der Anführer der polnischen Textilarbeiter, Hershel Himelfarb,[51] wurde im Winter 1939 in Wilna verhaftet, während der Bundist Shoel Goldman und der polnische Sozialist Kapitulka[52] später in Białystok zum Tode verurteilt wurden. Noch nicht einmal einer Handvoll Gewerkschaftsführer ist es gelungen, der sowjetischen Gerichtsbarkeit zu entkommen.[53]
Ein Beispiel für die heroische Hingabe und den Glauben an die jüdischen Ideale sind die Chaluzim, von denen sich etwa 2000 aus den von den Nazis und Sowjets besetzten Gebieten Polens nach Litauen durchschlagen konnten. Viele von ihnen durchquerten Polen zu Fuß, nur um den Nazis und auch den Kommunisten zu entkommen. Sie stammen aus so weit entlegenen Orten wie Posen im Westen und von der rumänischen Grenze im Süden des Landes. Die Untergrundeisenbahn, genannt die „grüne Eisenbahnlinie“, ist von ihnen ins Leben gerufen worden.
Unmittelbar nach der sowjetischen Besatzung erlaubten die Behörden den Chaluzim in Polen noch, ihre Bauernhöfe und die kollektive landwirtschaftliche Ausbildung weiter zu betreiben, doch nur sechs Wochen später wurde die Hechaluz-Bewegung aufgelöst: Man beschlagnahmte ihre Büros, Versammlungshäuser und Unterkünfte. Doch die Bewegung arbeitet im Untergrund weiter. Sie verbreitet ein Mitteilungsblatt, das heimlich vervielfältigt wird, und schickt sogar Sonderbeauftragte ins russische Landesinnere, um zu den dort lebenden Mitgliedern Kontakt aufzunehmen.
In Litauen existierten die Ausbildungsbetriebe der Chaluzim noch bis Oktober 1940. Als die Sowjetkommissare versuchten, deren Mitglieder zum Kommunismus zu bekehren und sie dazu zu bewegen, sich als Sowchosen[54] neu zu organisieren, lehnten die Chaluzim dies ab.
Insgesamt sind alle zionistischen Gruppen der Arbeiterbewegung weiterhin sehr aktiv, wenn auch im Geheimen. Die Allgemeinen Zionisten, die Orthodoxen und die Sozialisten (Bundisten) organisieren sich weniger im politischen Bereich, aber es heißt, dass die litauischen Revisionisten eine gut vernetzte Untergrundbewegung aufgebaut haben. Es bleibt noch zu ergänzen, dass es den auf der Flucht befindlichen Anführern der jüdischen Organisationen erlaubt ist, die UdSSR zu verlassen. Einige sind in die USA gegangen, andere nach Palästina. Allerdings dürfen nur Flüchtlinge emigrieren; Sowjetbürger können das Vaterland des Sozialismus nicht verlassen.

51 Hershel Himelfarb (1889 – 1964), Gewerkschafter.
52 Vermutlich Tomasz Kapitułka (1893 – 1939), kommunistischer Politiker.
53 Der folgende Textabschnitt findet sich nicht in den Druckfahnen, die an das State Department gesandt wurden; siehe Anm. 1.
54 Kollektivierte staatliche Landwirtschaftsbetriebe mit Lohnarbeitern.

## DOK. 276
## Das polnische Untergrundblatt Wolność polemisiert am 1. Mai 1941 gegen einen Artikel der Krakauer Zeitung[1]

*Juden, Deutsche und das Fleckfieber*

Die Krakauer Zeitung vom 23.4.41 greift in einem Artikel die Propaganda zur Bekämpfung des Fleckfiebers in Polen auf. Diese Propaganda soll die polnische Bevölkerung dazu aufrufen, jegliche Berührung mit Juden zu vermeiden, die nach nationalsozialistischer Behauptung Verbreiter von Fleckfieberbazillen sein sollen.[2] Dieser Unsinn wird mit Hilfe entsprechender Plakate,[3] mit Vorträgen in Schulen, im Rundfunk und im Film verbreitet.

Das deutsche Volk hat viele gelehrte Naturforscher, hervorragende Ärzte und Bakteriologen hervorgebracht. Wie müssen jene Deutschen, die nicht vom Rassenwahn befallen sind, sich schämen, dass ihre offiziellen Vertreter heute ohne Widerspruch aus der eigenen Ärzteschaft ganz offensichtliche Lügen zu politischen Zwecken verbreiten.

Das Fleckfieber breitet sich dort aus, wo Elend herrscht, denn dort gibt es Schmutz und Läuse. Der Laus aber ist der Rassismus egal, sie unterscheidet nicht zwischen arischem und nichtarischem Dreck. Die deutschen Behörden tragen mit den Umsiedlungsaktionen, mit der systematischen Ausraubung der Bevölkerung, mit der Beschlagnahme von Wohnungen und dem Zusammenpferchen von Menschen auf engstem Raum mehr als alles andere äußerst wirkungsvoll und erfolgreich dazu bei, die Epidemie zu schüren.

Die geschlossenen Gettos in den Städten und Kleinstädten mit ihren ungeheuerlichen Wohnbedingungen, mit der durch das Verbot eines normalen Broterwerbs verschärften Armut und den unablässigen Verfolgungen und Raubzügen werden leicht zu Keimzellen aller möglichen Krankheiten. Schuld an diesem Zustand tragen einzig und allein die Besatzer.

In Friedenszeiten gab es sowohl unter der arischen wie unter der jüdischen Bevölkerung Polens nur sporadisch Fälle von Fleckfieber. Die tiefe Kluft zwischen Juden und Polen wird allein aus politischen Beweggründen geschaffen.

In allen unterworfenen Ländern verfolgen die Besatzer das Ziel, die Gesellschaften zu zersetzen und zu zerschlagen – und der Antisemitismus ist das einzige Mittel, das sie zu diesem Ziel führt.

1 Wolność, [Nr. 21] vom 1.5.1941, S. 5: Żydzi, Niemcy i tyfus plamisty, AAN, 1583/1165/1. Der Artikel wurde aus dem Polnischen übersetzt. Wolność (Freiheit) war das Untergrundblatt einer Gruppierung poln. Sozialdemokraten in Krakau.

2 Siehe den Artikel von Robert Greiff über den Distrikt Warschau in der Krakauer Zeitung, Nr. 92 vom 23.4.1941, S. 6: Propaganda-Aktion gegen das Fleckfieber. Die lebensbedrohliche Fleckfieberinfektion wird von Läusen übertragen. Erreger sind Mikroorganismen, genannt Rickettsien.

3 Siehe Dok. 258 vom 20.3.1941, Anm. 2.

## DOK. 277
## Das Präsidium der Jüdischen Sozialen Selbsthilfe schildert am 5. Mai 1941 Missstände in Zwangsarbeitslagern für Juden[1]

Schreiben des Präsidiums der JSS (Nr. 3779/41 WT/Sch.)[2] an die Regierung des Generalgouvernements, Innere Verwaltung, Abteilung Bevölkerungswesen und Fürsorge,[3] Krakau, vom 5.5.1941

*Betrifft: Arbeitslager.*
Über[4] Wunsch des Herrn Leiters der Abteilung Innere Verwaltung, Bevölkerungswesen und Fürsorge, ihn über die Lage in den Arbeitslagern für die jüdische Bevölkerung dauernd auf dem laufenden zu halten, gestatten wir uns folgendes mitzuteilen:
In einem Schreiben vom 28. April l.J., Nr. 124, teilt uns unser stellv. Vorsitzender J. Jaszuński aus Warschau mit:
„Die Mitglieder des Lagerschutzes, deren Aufgabe die Überwachung der Lagerinsassen ist, verhalten sich den Einberufenen gegenüber aggressiv, was Panik hervorruft. Der Inspekteur des Deutschen Arbeitsamtes hat in einem Falle die Angelegenheit [von] 3 Mitgliedern des Lagerschutzes an die Behörden gerichtet, in einem anderen Falle, der vor einigen Tagen stattgefunden hatte, hat die Deutsche Gendarmerie auf der Straße Mitglieder des Lagerschutzes entwaffnet und festgenommen. Von den Lagern langen nach Warschau Nachrichten über Mißhandlungen der Lagerinsassen seitens des Lagerschutzes ein, was verständliche Aufregung hervorruft.
Aus den Lagern langen ferner Nachrichten ein, daß die Verpflegung den Arbeitsbedingungen nicht entspricht. Menschen vollziehen schwere Arbeit im Wasser und erhalten täglich 150-200 Gramm Brot, ½ Liter wäßriger Suppe und 2 Mal täglich schwarzen Kaffee. Der Anblick derjenigen, die krankheitshalber aus den Lagern zurückkehren, ist grauenerregend. Überdies langen Nachrichten von Todesfällen ein. Und so sind in Łęki im Laufe eines Tages 9 Personen gestorben.[5] Die jüdische Bevölkerung gewinnt angesichts obiger Vorfälle die Überzeugung, daß die Abreise in die Arbeitslager mit der Gefährdung nicht bloß der Gesundheit, sondern auch des Lebens verbunden ist. Es ist also eine offenkundige Sache, daß dies die sämtliche Inangriffnahme des Judenrates durchstreicht.
Die Vertreter der Abteilung Arbeit (sc.[6] des Judenrates), die mit den Einberufenen unmittelbar in Berührung kommen, haben mir gleichzeitig erklärt, daß, wenn in den Arbeitslagern erträgliche Bedingungen herrschen würden und die Verpflegung den Anforderungen der schweren physischen Arbeit angepaßt wäre, jeder Bedarf an arbeitenden Juden sofort, u.z. überwiegend durch Freiwillige, gedeckt werden würde."
Ferner teilt uns Dr. Wielikowski in einem Schreiben vom 29. v.Mts., Nr. 35, mit, der Kommissar für den jüdischen Wohnbezirk, Herr Mohns, habe in der Besprechung vom 29. April l.J., um weiteren Vorfällen vorzubeugen, angeordnet, daß im Lager Dąbrowice

1 YVA, O-21/15, Bl. 46f.
2 Das Kürzel WT steht für Michał Weichert.
3 Chef der Abt. BuF war Dr. Walther Föhl.
4 Gemeint ist: Zum.
5 In der Gemeinde Łęki im Osten des Distrikts Warschau befand sich von 1941 bis 1943 ein Arbeitslager für Juden mit etwa 350 Gefangenen; insgesamt durchliefen das Lager rund 1000 Personen, die Flussregulierungsarbeiten ausführten. Infolge einer Typhusepidemie starben 48 von ihnen.
6 Lat.: nämlich (silicet).

bei Skierniewice,[7] woher die Klagen über die Behandlung der Arbeiter herrührten, unverzüglich ein jüdischer Lagerschutz gebildet werde. Gleichzeitig habe er dem Judenrat befohlen, 10 Männer des Ordnungsdienstes dahin zu entsenden. Diese Maßnahme sei als Probe zu betrachten, und wenn sie sich bewähren sollte, würde in anderen Lagern der polnische und ukrainische Lagerschutz durch einen jüdischen ersetzt werden.
Ergänzend berichtet uns Dr. Wielikowski am 4. ds.[Monats] telefonisch, daß im Auftrage des Oberinspekteurs des Arbeitsamtes in Warschau, Herrn Ziegler,[8] 35 Personen, die nach 10-tägigem Aufenthalt in dem Lager Wilga bei Garwolin[9] entlassen worden waren, verhört wurden und übereinstimmend feststellten, daß die Schwerarbeiter 10 – 20 dkg.[10] Brot und 1 dünnes Süppchen täglich als Ernährung erhalten. Es seien Todesfälle vorgekommen. Der ukrainische Lagerschutz habe die Arbeiter mißhandelt. Eine Deutsche Kommission habe an Ort und Stelle festgestellt, daß die Ernährung unzureichend sei, während der Lagerschutz eine Lagerkantine errichtet hätte, in der 1 kg Brot – den Aussagen gemäß – gegen 12 Złoty und andere Lebensmittel zu bedeutend erhöhten Preisen verkauft worden seien.
Dr. Wielikowski bittet, die Abteilung Bevölkerungswesen und Fürsorge möge sich telefonisch mit dem Herrn Oberinspekteur Ziegler vom Arbeitsamt in Verbindung setzen, von dem sie genaue Angaben erfahren könnte.
Indem wir die obigen Mitteilungen der Mitglieder des Präsidiums der JSS zur gefl. Kenntnis bringen, erlauben wir uns, die ergebene Bitte zu unterbreiten, die Abteilung Bevölkerungswesen und Fürsorge möge veranlassen, daß in den Arbeitslagern für Juden für ausreichende Ernährung gesorgt und die Ausübung der Polizeitätigkeit an Stelle des polnischen und ukrainischen Lagerschutzes dem jüdischen Ordnungsdienst übertragen werde.

## DOK. 278
## Ein Unbekannter berichtet am 6. Mai 1941 über die Vertreibung der Juden aus Drobin[1]

Handschriftl. Bericht für das Untergrundarchiv des Warschauer Gettos vom 6. 5. 1941 (Abschrift von Bluma Wasser)[2]

Einzelheiten der Erlebnisse der Juden in Drobin vom Ausbruch des Kriegs bis zu ihrer teilweisen Auswanderung aus dem Städtchen.

7 In dem Dorf Dąbrowice (Distrikt Warschau) befand sich von 1941 bis 1944 ein Arbeitslager für Juden, in dem etwa 300 Personen Deichbauarbeiten verrichten mussten.
8 Friedrich Ziegler (1891 – 1978), Verwaltungsbeamter; von 1940 an erst im Arbeitsamt Warschau Leiter der Abt. Arbeitseinsatz Juden, dann im Arbeitsamt im Warschauer Getto (Leszno-Straße 77) mit 300 bis 400 jüdischen Mitarbeitern tätig, 1942 Regierungsinspektor; nach 1945 in Mannheim.
9 In dem Dorf Wilga (Distrikt Warschau) befand sich von April 1941 bis 1944 ein Arbeitslager für Juden, in dem ständig etwa 900 Personen Flussregulierungsarbeiten verrichten mussten.
10 Dekagramm, hier also 100 – 200 Gramm.

1 AŻIH, Ring I/725 (801). Das Dokument wurde aus dem Jiddischen übersetzt. Drobin gehörte zum Regierungsbezirk Zichenau (Ciechanów).
2 Bluma Wasser (1912 – 1990), Mitarbeiterin des Untergrundarchivs im Warschauer Getto, Ehefrau von Hersz Wasser; siehe Dok. 234 vom 6. und 8.2.1941, Anm. 2.

Vor dem Krieg lebten 300 Familien in Drobin, während des Kriegs kamen noch einmal 400 Familien hinzu, Flüchtlinge aus verschiedenen Städten. Am 2. September 1939 wurde das Städtchen bombardiert. Durch die Bomben wurden etliche Christen getötet und ein Teil der Kirche und benachbarte Regierungsgebäude beschädigt. Am 5. September erreichte das deutsche Militär Drobin. Deutsche Soldaten überfielen jüdische Geschäfte und warfen die Waren auf die Straße, wo sie sogleich von Polen geplündert wurden. Ein paar Tage vor Rosch Haschana[3] wurden 300 Christen und 300 jüdische Männer verhaftet und nach Sierpc in ein Lager geschickt. Vier Tage danach ließ man sie frei. An Jom Kippur[4] haben deutsche Soldaten alle jüdischen Männer *über 18* [Jahre] zusammengetrieben und sie vier Stunden lang grausam gequält. Sie schlugen sie, machten verschiedene *Übungen* mit ihnen, schnitten Bärte ab usw. Sie trieben Juden im Gebetsschal mit den Tora-Rollen aus den Synagogen und zwangen sie, auf der Straße auf den Tora-Rollen zu tanzen. Danach wurden die Rollen zerrissen. Bald nach Jom Kippur wurde der jüdischen Bevölkerung eine Kontribution in Höhe von einigen tausend Złoty auferlegt. Danach konfiszierten die Machthaber die jüdischen Geschäfte und nahmen sich die Waren. Auch Möbel, Geld, Wäsche, Anzüge, Bettwäsche und sogar Küchengeschirr aus Privatwohnungen wurden weggenommen. Die Machthaber erlaubten, dass in den Räumen der ehemaligen jüdischen Geschäfte nun polnische eröffnet wurden. Von da an verschlechterten sich die Beziehungen zwischen der polnischen und der jüdischen Bevölkerung zusehends. Die Polen wandten sich mit dem Plan an die Besatzungsmacht, die Juden nach dem Vorbild anderer Städte aus dem Städtchen zu vertreiben. Als Antwort darauf wurde die polnische Intelligenz in Lager deportiert.[5] Bald nach Jom Kippur verbreiteten sich Gerüchte, dass die Synagoge und das Lehrhaus in Brand gesetzt werden sollten. Da sie aber an polnische Häuser grenzten, intervenierten die Polen. Daraufhin wurden die Synagoge und das Lehrhaus abgerissen. Der alte Friedhof wurde umgepflügt und in einen Garten verwandelt. Auch dabei hatten Polen ihre Hand im Spiel. Schon vor dem Krieg hatten sie einen Weg über den Friedhof verlangt. Ebenfalls zu jener Zeit wurde im Gebäude der Feuerwehr ein Konzentrationslager geschaffen, in dem Juden und Christen wegen verschiedener Vergehen wie Warenbesitz in Privatwohnungen, Handel mit Juden usw. eingesperrt wurden. Da der Handel verboten war und dafür die Todesstrafe drohte, wurden die Juden von ihren christlichen Teilhabern schwer schikaniert. Auf Befehl der Besatzungsmacht konstituierte sich in Drobin ein Judenrat, der aus neuen Leuten bestand (die alten Gemeindevorsteher hatten sich der Mitarbeit im Judenrat verweigert). Der Rat richtete eine Armenküche ein. Zu diesem Zweck wurde die Bevölkerung mit einer Abgabe belegt. Der Rat bekam aber vom Joint finanzielle Unterstützung ebenso wie Wäsche und Kleidung. Auf Anforderung der Besatzer hatte der Judenrat täglich einige hundert Arbeiter (für Straßenbau oder Arbeit im Steinbruch usw.) zur Verfügung zu stellen. Für die Feldarbeit wurden auch Frauen und Kinder ab 7 Jahren angefordert.

Dafür zahlte die Besatzungsmacht 1,40 Mark täglich, wovon der Rat 40 Pfennige für seine Einrichtungen einbehielt. Gleichzeitig wurden auch Juden von der Straße gefangen genommen, sogar Mitglieder des Judenrats selbst, und in ein benachbartes Arbeitslager geschickt, wo sie sieben Wochen arbeiten mussten. Es kam auch vor, dass Gestapoleute

3 D.h. vor dem 14.9.1939.

4 Jom Kippur fiel auf den 23.9.1939.

5 Von Herbst 1939 bis Anfang 1940 wurden in der so bezeichneten Intelligenzaktion Angehörige der lokalen poln. Führungsschicht festgenommen und einzeln oder in Gruppen erschossen.

aus den benachbarten Städten die jüdische Bevölkerung überfielen und quälten. Nachdem die Mitglieder [des Judenrats] protestiert hatten, unterblieben die Überfälle. Im Monat Juli wurden viele Juden, die im Geschäftszentrum wohnten, aus ihren Wohnungen vertrieben, die dann von Volksdeutschen und Polen übernommen wurden. Vier Monate später wurden auch die Polen aus ihren Wohnungen vertrieben. Am 7. März bekam der Judenrat den Befehl, eine Liste mit 50 % der jüdischen Einwohner aufzustellen, die aus der Stadt deportiert werden sollten. Es wurden Kranke, Alte und Arme nach *Działdowo*[6] u.[nd] a.[nderswohin] deportiert. Acht Tage lang wurden sie schwer misshandelt (die Männer), von dort wurden sie nach Piątków deportiert. Am Morgen wurden die Juden aus der Stadt getrieben, dorthin, wo die armen Schichten der polnischen Bevölkerung wohnten. Dort bezogen sie kleine, enge Wohnungen. Jeweils vier bis fünf Familien in einer Wohnung. Im Gegenzug zogen die Christen in die jüdischen Wohnungen. Aus jenen Tagen sind Fälle bekannt geworden, dass Polen jüdische Wohnungen geplündert haben.

## DOK. 279
## Die zionistische Aktivistin Rywka Glanc schreibt am 11. Mai 1941 aus dem Ausbildungslager in Hrubieszów an Natan Szwalb[1]

Handschriftl. Brief von Rywka Glanc[2] aus Hrubieszów an Natan Szwalb[3] in Genf vom 11. 5. 1941[4]

Lieber Natan!
Endlich erhielt ich Deinen lange ersehnten Brief, und wie sich herausstellt, sind meine vorherigen Briefe aus Lublin bei Dir nicht angekommen. Bei uns gibt es eigentlich nichts Neues. Unsere Familie Galilu[5] ist wohlauf und zieht auf wunderbare Weise ihren Sohn Itonka[6] auf, der uns riesig Freude macht, da er uns das Leben in diesen schweren Zeiten versüßt. Wir verdanken dies Deinen Paketen, die wir von Zeit zu Zeit erhalten, denn sie

6 In Działdowo (Soldau) befand sich von Ende Sept. 1939 an ein Durchgangslager für poln. Kriegs- und Zivilgefangene und von Febr. bis Mai 1940 ein Durchgangslager für Vertriebene aus dem Bezirk Zichenau; im Mai und Juni 1940 ermordete die SS hier über 2000 behinderte Menschen in Gaswagen.

1 The Pinhas Lavon Institute for Labour Movement Research, Israel, Nathan Schwalb's collection, III-37A-1-18, Bl. 3+RS. Das Dokument wurde aus dem Polnischen übersetzt. Abdruck in hebräischer Übersetzung in: Mikhteve halutsim mi-Polin ha-kevushah [Briefe von Chaluzim aus dem besetzten Polen], 1940 – 1944, hrsg. von Rut Zariz, Ramat Ef'al 1994, S. 81f.

2 Rywka Glanc, auch Rivka Glanz (1915 – 1943); Aktivistin der Hechaluz-Jugendbewegung, Mitglied des Jugendbunds Dror, 1941 in Lublin und Umgebung, 1942 in Warschau, von dort nach Tschenstochau entsandt, wo sie als Kämpferin der ŻOB umkam.

3 Natan Szwalb, auch Nathan Schwalb (1908 – 2004), Gewerkschafter; Mitglied in zionistischen Jugendbünden, Jurastudium in Lemberg, 1929 Auswanderung nach Palästina, 1938/39 Mitarbeiter des Hechaluz in Prag und Wien, baute danach die Weltzentrale des Hechaluz in Genf mit auf, von dort aus Unterstützungs- und Rettungsbemühungen zusammen mit dem Joint und dem Schweizerischen Roten Kreuz; 1945 Rückkehr nach Palästina, von 1946 an Mitarbeiter der Histadrut-Gewerkschaft.

4 Als Absender ist die Anschrift von Bracha Kamm angegeben, bei der sich Rywka Glanc damals aufhielt. Kamm (*1923 oder 1924) war Aktivistin des Jugendbunds Dror in Hrubieszów, nahm 1941 an Schulungen in Warschau teil; sie wurde während der deutschen Besatzung ermordet.

5 Die Verfasserin verwendet Tarnbegriffe; die Anspielung auf galil (hebr.: Bezirk) meint hier vermutlich: im Bezirk.

ermöglichen uns seine angemessene Ernährung und Erziehung.[7] Oft nehme ich ihn mit mir zur Tante Bikusz,[8] die sich so riesig über uns freut. Wir bringen ihr viele Erinnerungen an die vergangenen Tage, in denen wir alle beisammen sein konnten. Wie sehr sehne ich mich nach dieser Zeit!

In den kommenden Tagen fahre ich mit der Familie Szloszim[9] auf einen Gutshof in der Nähe von Hrubieszów, um in der Landwirtschaft zu arbeiten. Ich erwarte zwar nicht, dass wir uns dort ausreichend ernähren können, doch im Moment ist dies die einzige Arbeitsmöglichkeit.

Du fragst, warum die Gemeinde uns keine Hilfe anbietet. Es fällt mir schwer, die Gründe ihres Verhaltens uns gegenüber zu erklären. Vielleicht könntest Du ihnen einen Brief schreiben und versuchen, auf diese Clique einzuwirken, denn all meine Bemühungen waren vergebens. Die Arbeit für unsere Familie bekam ich nur durch vollen Einsatz.

Cyla[10] und ihre Familie in Warschau bereiten uns viel Kummer, es fällt ihr schwer, unter den gegenwärtigen Bedingungen eine so zahlreiche Familie[11] zu ernähren. Viele von ihnen gingen zur Landarbeit nach Czerniaków bei Warschau,[12] andere fuhren nach Sokołów,[13] ebenfalls der Arbeit wegen, und der Rest blieb bei Cyla in Warschau. Sie beschwert sich, dass sie seit langem keine Nachricht von Dir bekommen hat.

Die von Dir verschickten Pakete erhalten wir.

Gute Möglichkeiten, Cegielnik zu besuchen, haben wir nicht, denn die Reise ist teuer, und wir können uns dies kaum leisten. Nur einzelne Mitglieder unserer Familie nehmen seine Gastfreundschaft in Anspruch.[14]

Mit Chedwa treffe ich mich häufig, Gordons[15] Familie traf ich in Lublin.

Was gibt es neues von Bendery,[16] schreib uns oft und ausführlich über ihn, wir sehnen uns nämlich alle nach ihm.

Wenn Du Dich darum bemühen könntest, uns Pakete mit Kleidung zu schicken, würde das unserer Familie viel nutzen, besonders jetzt bei der Arbeit, wenn alles restlos abgetragen wird.

Ich bitte Dich, Natan, schreib uns oft, Du kannst Dir nicht vorstellen, wie viel Freude uns Deine Briefe machen.

Schalom

6 Iton (hebr.): Zeitung, mit dem slawischem Diminutiv „-ka": kleine Zeitung.

7 Die Paketsendungen ermöglichten die Arbeit an der Untergrundzeitung.

8 Bikur (hebr.): Besuch.

9 Schloschim (hebr.): 30. Das bedeutet, sie reiste mit 30 Aktivisten.

10 Wahrscheinlich Cywia Lubetkin, die auch den poln. Vornamen Celina benutzte; Cyla ist eine Kurzform.

11 Gemeint sind ihre Genossen aus dem Warschauer Jugendbund.

12 Im Warschauer Vorort Czerniaków befand sich ein Gut, auf dem jüdische Jugendliche aus dem Warschauer Getto landwirtschaftliche Arbeiten verrichteten.

13 In der Gegend um Sokołów gab es mehrere Höfe, auf denen im Rahmen der zionistischen landwirtschaftlichen Schulung Saisonarbeit geleistet wurde.

14 Cegielnik steht vermutlich für Kontakte in die Slowakei. Szlomo Cegielnik (1916? – 1942) war zu Kriegsbeginn Leiter des Jugendbunds Dror in Białystok, von Frühjahr 1940 an in Warschau; er wurde am 15.11.1940 in die Slowakei geschickt, um Fluchtwege zu organisieren; im Frühjahr 1942 wurde er von der slowakischen Polizei festgenommen, ins Generalgouvernement deportiert und im Vernichtungslager Bełżec ermordet.

15 Gemeint ist vermutlich der Bund Gordonia.

16 Vermutlich handelt es sich um einen Decknamen für Palästina.

## DOK. 280

## Ein Mitarbeiter des Reichsfinanzministeriums spricht sich am 15. Mai 1941 dafür aus, die Haupttreuhandstelle Ost von Unterstützungszahlungen an Juden zu befreien[1]

Schreiben des RFM in Berlin, Referat Augustin (LG 4080 – 12 I A), gez. Augustin,[2] an den RMdI,[3] Berlin, vom 15. 5. 1941 (Abschrift)

*Betrifft:* Wohlfahrtsunterstützung an Polen und Juden in den eingegliederten Ostgebieten.
Die Haupttreuhandstelle Ost hat bisher für unterstützungsbedürftige Polen und Juden, deren Grundbesitz beschlagnahmt ist, Unterstützungen geleistet. Sie beabsichtigt, das in Zukunft nicht mehr zu tun (Hinweis auf das Schreiben der Haupttreuhandstelle Ost vom 7. April 1941 I 5 A 22333).[4]
Ich schließe mich den Ausführungen der Haupttreuhandstelle Ost an. Die Mittel für die Unterstützung von hilfsbedürftigen Polen müssen aus den dafür mit bestimmten Finanzzuweisungen entnommen werden. Die Juden müssen grundsätzlich selbst für die Unterstützung ihrer notleidenden Rassegenossen aufkommen (s. unten).
Die Haupttreuhandstelle Ost hat die Aufgabe, den beschlagnahmten Grundbesitz so zu verwalten und instandzusetzen, daß er durch Deutsche übernommen werden kann. Sie wird durch die Leistung von Unterstützungen in dieser Aufgabe behindert.
Ich bitte um Ihr Einverständnis mit der Aufhebung der Anordnung der Haupttreuhandstelle Ost vom 4. Mai 1940.[5]
Es werden im Warthegau von dem Lohn der jüdischen Arbeitnehmer 65 v.H. an Aufbaukonten der NSDAP und der Landräte abgeführt (Hinweis auf mein Schreiben vom 6. Februar 1941 LG 4006 – 254 I A).[6] Ich bitte, bei der Behandlung dieser Angelegenheit

1 BArch, R 2/56140,f.3, Bl. 127.

2 Karl Augustin (1877 – 1966), Verwaltungsbeamter; Mitglied der DVP; 1924 – 1936 Bürgermeister von Berlin-Charlottenburg, danach leitende Funktionen im Reichsfinanzministerium; 1941 Ministerialdirigent und als Leiter des Referats 17 mit Angelegenheiten des Finanzausgleichs der Gemeinden befasst; 1945 interniert, 1946 in Wiesbaden als entlastet eingestuft, danach im hessischen Finanzministerium, erhielt 1952 das Bundesverdienstkreuz.

3 Dr. Wilhelm Frick (1877 – 1946), Jurist; 1919 – 1921 Leiter der Politischen Polizei, 1923 Leiter der Kriminalpolizei München; im Nov. 1923 Beteiligung am Hitler-Putsch, anschließend inhaftiert, des Polizeidienstes enthoben und Ende 1924 wieder eingesetzt; 1925 NSDAP-Eintritt; 1930/31 Staatsminister für Inneres und Volksbildung in Thüringen, 1933 – 1943 Reichsinnenminister, 1943 – 1945 Reichsprotektor für Böhmen und Mähren; 1946 im Nürnberger Prozess zum Tode verurteilt und hingerichtet.

4 Am 7.4.1941 empfahl die HTO, die Unterstützung der jüdischen Bevölkerung den jüdischen Gemeinden zu übertragen; der entsprechende Beschluss des Reichsfinanzministeriums erfolgte am 8.11.1941; wie Anm. 1, Bl. 125, 134.

5 Wohlfahrtsunterstützung an Polen und Juden, deren Vermögen beschlagnahmt worden war, sollte nach einem Entscheid der HTO (Berlin) vom 4.5.1940 nur genehmigt werden, wenn deren Vermögenswerte die Kosten für eine Unterstützung abdeckten. Seither durfte die Unterstützung für Polen und Juden in diesen Fällen bis zum vollen Satz der öffentlichen Fürsorge gewährt werden; Mitteilungsblatt der Haupttreuhandstelle Ost, Nr. 6 vom 15.10.1940, S. 215f.

6 Liegt nicht in der Akte. Im Sept. 1940 ordnete Reichsstatthalter Greiser an, dass 65 % der mit Drittfirmen vereinbarten Stundenlöhne jüdischer Zwangsarbeiter auf sein Sonderkonto „Der Gauleiter, Aufbaukonto der NSDAP" bei der Deutschen Bank in Posen zu überweisen seien. Leisteten Juden aus Gettos Zwangsarbeit, sollte dieser Anteil an den zuständigen Landrat abgeführt werden; 35 % sollten den jüdischen Zwangsarbeitern und ihren Angehörigen zugutekommen.

auch die Frage zu prüfen, ob diese Beträge für die Unterstützung notleidender Juden verwendet werden können. Ich bitte um baldige Antwort auf mein oben bezeichnetes Schreiben vom 6. Februar 1941.[7]

## DOK. 281

## Der Leiter der Abteilung Gesundheitsschutz für das Getto Litzmannstadt (Lodz) fordert am 17. und 22. Mai 1941, die Gettoinsassen sollten ihre Abwässer im Getto entsorgen[1]

Bericht des Abteilungsleiters Dr. Misdorf (Stadtamt 500/1/4), Litzmannstadt, vom 17. und 22. 5. 1941

Die vom 6. Polizeirevier G genannte Gegend wurde von hier gründlich besichtigt.[2] Die Beschwerden sind nur allzu berechtigt. Aus dem Zentrum des Gettos kommen durch betonierte Kanäle Abwässer verschiedener Art, welche an der Ecke Telegrafenstr. und Schlüsselbundstr. in einen freien Lauf münden, dessen Ufer reguliert sind. Diese bisherigen Abwässer riechen zwar nicht angenehm, sind aber an sich wohl noch kein Grund zu größerer Besorgnis. An der genannten Ecke aber läßt der Jude den Inhalt seiner Jauchewagen durch eine improvisierte Einrichtung (Fotografien werden noch gemacht) zu diesen Abwässern dazufließen, so daß ein geradezu unglaublicher Gestank entsteht. Das Verhältnis der Menge der Abwässer aus den Betonröhren zu der Menge der Jauche ist etwa 5:1. Knapp ein Kilometer abwärts von dieser Stelle tritt der Graben auf nichtjüdisches Gebiet über, fließt ein Stück weit noch an der Grenze zwischen beiden und belästigt hier die Wachen und fließt noch weiter abwärts in die Lutka.[3] Die Lutka vereinigt sich etwa 1 km unterhalb davon mit der Balutka und fließt dann in westlicher Richtung nach Konstantinow und Lutomiersk. Sie ist aber derartig verjaucht und verunreinigt, daß z.B. an der Mörserstr. (Endhaltestelle der Linie 4) von irgendeiner Selbstreinigung absolut nichts zu merken ist. Dies kann man erst in Lutomiersk feststellen, also etwa 16 km abwärts. Man muß also damit rechnen, daß jedenfalls viele Kilometer lang auf nichtjüdischem Gebiet ein Wasser fließt, welches nicht nur die angenehmen Bestandteile jüdischer Jauche völlig unverarbeitet mit sich führt, sondern welches außerdem noch die sehr viel gefährlicheren Erreger von Darmerkrankungen wie Typhus und Ruhr mit sich führt. Erst dann, wenn der Selbstreinigungsprozeß eines Wassers unter eine gewisse Mindeststufe der Fäulnisfähigkeit hinuntergegangen ist, töten die Mikroorganismen des Wassers Erreger wie Typhus und Ruhr ab. Dann allerdings auch in ziemlich schnellem Tempo. Das Wasser tritt aber vom Getto aus auf das nichtjüdische Gebiet als regelrechte, nur ganz leicht verdünnte Jauche über.

Diese Verhältnisse können auf keinen Fall weiter so geduldet werden. Wir bekommen

7 Das RMdI gab erst im Frühjahr 1942 nach, und mit dem 1.4.1942 beendete die HTO die Zahlung von Wohlfahrtsunterstützungen; APŁ, 176/649, Bl. 121f.

1 APŁ, 221/31866a, Bl. 43 – 45. Kopie: USHMM, RG 05.008M, reel 6.

2 Ein Revierleutnant der Schutzpolizei im 6. Polizeirevier (G [Getto]) hatte am 5.5.1941 an das Schutzpolizeiabschnitts-Kommando Nord geschrieben, dass Wachposten, die an einem Abwassergraben ihren Dienst verrichteten, gesundheitsschädlichen Belastungen ausgesetzt seien, und um sofortige Abhilfe gebeten; wie Anm. 1, Bl. 42.

3 Richtig: Łódka, durch Lodz fließender Fluss.

sonst wahrscheinlich das Vielfache an Ruhr-Erkrankungen usw. im nichtjüdischen Gebiet wie voriges Jahr. Ein Zusatz von Chlorkalk oder ähnlichem ist gar nicht diskutabel. Es läßt sich nur in einer Flüssigkeit durchführen, die zum größten Teil aus Wasser besteht; und auch dann sind die Mengen schon bei stark verdünnter Jauche außerordentlich groß. Aber der Jude hat ja doch im Gettogebiet so manche schöne freie Fläche. U. a. befindet sich eine große Fläche mit Kiesgruben und Teichen darin in einem Gebiet, welches durch die M-Straße, Rüdigerstr., König-Marke-Str. und die Bleigasse etwa abgetrennt wird. Dort war früher eine Ziegelbrennerei, heute befinden sich noch mehrere tiefe Ausschachtungen dort von verschiedener Größe. Der Jude könnte aber, wenn er sehr viel Arbeitskräfte einsetzt, ohne besondere Apparate und besondere Hilfe von uns aus, Gruben ausschachten von etwa 100 m Länge, knapp 50 m Breite und 6-8 m Tiefe (die Tiefe richtet sich nach dem Stand des Grundwassers). Diese Grube könnte auch mit viel Holz, welches sich trotzdem noch im Getto befindet – ich denke an die vielen Gartenzäune und so manches andere überflüssige Holzwerk im Getto –, bedeckt werden. Das Holz müßte dann mit Karbolineum angestrichen werden, so daß wir keine allgemeine Fliegenplage bekommen. An einer [mehr] oder weniger genau umschriebenen Stelle füllt dann der Jude seine Jauche ein, bis eine Grube völlig gefüllt ist, was aber mehrere Monate dauern wird.
Es gibt natürlich auch hier Bedenken wie überall. Erstens wird der Jude sehr zögernd seine Ausschachtungsarbeiten und andere Arbeiten machen. Es ist Sache der Gettoverwaltung, ihn zu etwas schnellerem Tempo zu zwingen. Zweitens wird er behaupten, er habe kein Holz. Das stimmt aber nicht. Allerhöchstens einzelne solide Baumstämme und Planken müßten ihm geliefert werden. Drittens wird er vielleicht kein Karbolineum haben. Das allerdings müßten wir ihm liefern. Aber er könnte ja auch das Holz mit einem dicken Chlorkalkanstrich versehen. Ferner ist das genannte Gebiet allerdings leider ziemlich dicht an der Ost-Grenze des Gettos. Da aber östlich davon wohl nur Polen wohnen und auch nur recht zerstreut, können diese ja zusehen, wie sie fertig werden. Es muß ihnen allerdings verboten werden, überhaupt ungekochtes Wasser zu gebrauchen, denn das Grundwasser allerdings wird in einem Umkreis von mindestens 300 m in einem hyg. ziemlich üblen Zustand sein, wenn es auch wahrscheinlich keine Keime mit sich führen wird. Viertens kann der Jude vielleicht nicht aus seinem sog. Bezirk 2 über die Hohensteinerstr. mit seinem Jauchewagen in den östlichen Teil seines Gettos. Dann wird er eben in seinem westlichen Bezirk II eine kleinere Grube anlegen.
Vor allem tut höchste Eile not.

Litzmannstadt, den 22. Mai 1941.
*Zusatz zum Bericht vom 17. Mai 1941.*
Unterdessen sind die Möglichkeiten des Juden, seine Jauche irgendwie unterzubringen, weiter untersucht worden. Der Jude will jetzt biologische Kläranlagen in den 3 voneinander abgeschlossenen Gebieten des Gettos bauen und hofft, in 6 Wochen mit diesen Bauten fertig zu sein. Den Abfluß der Kläranlagen will er dann in die Baludka leiten, an einer Stelle auch in die Ludka. Biologische Kläranlagen sind natürlich an sich eine bedeutend bessere Lösung als einfache Jauchegruben. Jedoch dürfen sie erst dann endgültig in Betrieb genommen werden, wenn durch unsere Untersuchung (der Abfluß der Anlagen wird auf Fäulnisfähigkeit u. a. geprüft) festgestellt ist, daß man der Ludka und Baludka diese Zuflüsse auch zumuten kann. Bis dahin *muß der Jude auf jeden Fall, und zwar sofort*, die vorgeschlagenen Jauchegruben ausschachten und in Betrieb nehmen. Ich bitte aber

darum, daß das Gaswerk veranlaßt wird, dem Juden täglich etwa 150 bis 300 l eines billigen Teer-Rohprodukts (Destillat) zu liefern, das sich schnell und dünn über eine wässrige Oberfläche verteilt und diese hermetisch abschließt und dabei einen möglichst durchdringenden Geruch verbreitet, damit der Jude dieses Destillat täglich über seine Jauchegruben zur Verhinderung der Fliegenplage verteilt.

## DOK. 282
## Krakauer Zeitung: Bruno Hans Hirche propagiert am 18. Mai 1941 die Gettoisierung im Generalgouvernement und verweist auf geschichtliche Parallelen[1]

*Mauern des Eigenlebens. Neue Beobachtungen im Warschauer jüdischen Wohnbezirk. Neben dem schmierigen Kaftan der seriöse Paletot. Auch der Krakauer jüdische Wohnbezirk vollendet.*

*Eigener Bericht der Krakauer Zeitung*
B.H.H.[2] *Warschau*, 18. Mai
Himmel, welch ein Gewimmel! Das drängt und schiebt, stockt, stößt sich, gerät wieder in Bewegung, flutet die Straßen herauf und hinab und zieht sich als ein endloses Band an den grauen Häuserwänden entlang. Dabei spielt die Zeit keine Rolle; man kann früh, mittags oder abends kommen, stets bietet sich das gleiche Bild quirlender, brodelnder Lebhaftigkeit. Das ist der jüdische Wohnbezirk Warschaus, der in seiner Geschlossenheit außer dem Lubliner Ghetto gegenwärtig wohl das lückenloseste Bild jüdischer Lebensgewohnheit vermittelt.
Daß das Herumlungern bei den Juden das augenfälligste Merkmal ist, haben wir schon verschiedentlich herausgestellt. Daß Unsauberkeit, Schmutz und – Läuse ihre ureigensten Lebenselemente bilden, davon mußten wir uns unfreiwilligermaßen ebenso oft genug überzeugen. Und daß Schacher- und Schleichhandel als ihre Lieblingsbeschäftigungen gelten, hat nach vielfachen Erfahrungen mit zu der Notwendigkeit abgesonderter Wohngebiete geführt. Diese Züge der Schmierigkeit, des Schlendrians und der gesetzwidrigen Geschäftigkeit sind uns bestens bekannt. Neuerer Offenbarung ist – man möchte meinen – der etwas mondänere Lebensausdruck im Warschauer jüdischen Wohnbezirk. Neben dem schmutzigen Kaftan taucht hier – wie Tag und Nacht nebeneinander – ein seriöser Paletot über einem sauberen Anzug nach modernstem Schnitt oder ein flottes Kostüm und buntflatterndes Kleidchen auf, über dem auf kohlrabenschwarzem Haupt ein kesses Hütchen wippt. Zwischen gelblich hagere Gesichter mit zerfransten, speckig glänzenden Bärten schieben sich hier unvermittelt gepuderte, leuchtend rot bemalte Schönheitslärvchen, wobei man über den mit dem Lippenstift usw. marktschreierisch dick aufgetragenen Schönheitsbegriff noch durchaus verschiedener Ansicht sein kann. Hier gestikuliert aber auch neben der schmutzigen, feucht schimmernden Schacherhand

1 Krakauer Zeitung, Nr. 113 vom 18./19.5.1941, S. 5f.
2 Bruno Hans Hirche (*1911), Journalist; 1932 NSDAP-Eintritt, 1935 aus der SS ausgetreten; in den 1930er-Jahren in Weimar Lokal- und Bildredakteur beim Thüringer Gauorgan Der Nationalsozialist; von Nov. 1939 an Chefreporter der Krakauer Zeitung, verließ Krakau im Nov. 1942; Autor des Buches „Erlebtes Generalgouvernement" (Krakau 1941).

mit ihren dreckstrotzenden Fingernägeln ebenso stetig aufgeregt das fleischig wohlgenährtere und gepflegtere Händchen vornehmerer Lebensäußerung, dessen sorgfältig lackierte Nägel im Sonnenschein glitzern.
Ja, hier gibt es sogar ein rasseeigenes Hotel mit weltstädtischem Barbetrieb und ein weiträumiges Kabarett, das Abend für Abend von schillerndem, mondänem Leben erfüllt ist.
Diese Beobachtung bestätigt einmal mehr die Großzügigkeit deutscher Verwaltung, innerhalb des eigenen Wohnbereiches die Juden auch ihr arteigenes Leben leben zu lassen. Und jene kosten es weidlich und waidgerecht aus. Ist es nicht mehr der Deutsche und Pole, so muß eben jetzt der Artgenosse für die angeborenen Gaunereien herhalten. Geschäft ist Geschäft! Die Hauptsache bleibt, daß das Geld im Kasten klingt! Was kümmert ihre scheinheiligen Gemüter, daß darüber nun das eigene Gut und Blut übers Ohr gehauen und so mancher der eigenen Verwandtschaft zu Grunde gerichtet wird! Die Raffgier kennt auch innerhalb der eigenen Grenzen *keine* Grenzen. Es läßt die Juden vollkommen kalt, wenn einer der ihrigen sich unter Schmerzen auf der Straße wälzt. Keiner kümmert sich um ihn; mag er flugs verröcheln. Man weicht diesem Häuflein Unglück geflissentlich aus. Wie um eine Insel brandet dann die strömende Flut links und rechts vorüber. Skrupellos ist diese Menge. Von sozialem Empfinden keine Spur. Im eigenen Haushalt wird das nun nur zu deutlich offenbar.
Um wieviel skrupelloser haben sie erst die Polen und vor allem die Deutschen dieses Raumes ausgebeutet! Lassen wir einen Polen selbst das Wort dazu ergreifen. In einer Kampfschrift aus dem Jahre 1618 geißelt der Krakauer Astronom Sebastian Miczynski[3] die Juden als Parasiten im fremden Lande und als Räuber am fremden Eigentum (in der Bearbeitung und Übersetzung von J. Sommerfeldt[4] im Burgverlag Krakau GmbH., Verlag des Instituts für Deutsche Ostarbeit erschienen).[5] Am Beispiel der Tuchmacher deckt er treffend die jüdischen Machenschaften auf. Dieses Beispiel liegt uns im Augenblick besonders nahe, zumal wir erst kürzlich mit dem Generalgouverneur Dr. *Frank* bei den Tomaszower deutschen Tuchmachern weilten und uns an Ort und Stelle von deren Tüchtigkeit durch Generationen und über Jahrhunderte hinweg überzeugen konnten. Sie haben uns erzählt, wie sie auch von den Juden in rücksichtslosester Weise ausgenutzt worden sind. Miczynski schreibt bereits aus dem Jahre 1618 dazu:
„So haben die schändlichen Juden den Städten den Handel und die Kaufgeschäfte genommen und die Handwerksberufe, besonders die höher entwickelten, auf denen die Existenz der Städte überwiegend beruht, vernichtet. Ich erwähne hier kurz die Tuchmacher. Sie haben in ihrer ganzen Branche wegen der frechen Juden große Hindernisse, und zwar aus folgenden Gründen: 1. Die Juden führen verschiedene Tuchgattungen, z. B. holländische, englische, spanische und andere aus Übersee ein, sowohl im Ganzen als auch

3 Sebastian Miczyński, Professor an der Universität Krakau, veröffentlichte 1618 das antijüdische Pamphlet „Zwierciadło Korony Polskej" (Spiegel der polnischen Krone), das eine der Ursachen für antijüdische Unruhen in Krakau war. Zitate aus dieser Schrift wurden in der antijüdischen Plakatpropaganda verwendet; YVA, M-54/56.

4 Dr. Josef Sommerfeldt (1914–1992), Historiker; 1933 SA- und 1937 NSDAP-Eintritt; 1939 in der Abt. Gesetzgebung der Regierung des GG tätig, von 1940 an am IDO in der Sektion Rassen- und Volkstumsforschung Leiter des Referats Judenforschung; nach 1950 für den Johann-Gottfried-Herder-Forschungsrat tätig, ab 1953 Journalist in Straubing.

5 Hie Bürger hie Jude. Eine Krakauer Kampfschrift aus dem Jahre 1618, bearb. u. übers. von Josef Sommerfeldt, Krakau 1941.

in Ellen, entgegen allen mit den Städten geschlossenen Verträgen und entgegen den Privilegien der Könige. Sie legen das Tuch nicht zum Verkauf in der Stadt aus, sondern führen es nach Ungarn, Mähren und Schlesien aus. 2. Auch haben sie das mährische Tuch, das im allgemeinen am besten ist, aufgekauft, und was noch schlimmer ist, sie lassen das schlesische Tuch, das schlechter ist und um 10 Ellen kürzer als das mährische, ‚auf mährische Art' umarbeiten und verkaufen dasselbe als mährische Ware. Auf diese Weise betrügen sie die Bürger Polens und handeln dem Edikt des seligen Königs Stefan (1582) zuwider.[6] 3. Sie tragen das Tuch in Stücken von zwei, drei, vier Ellen Länge auf dem Markt herum. Wenn das nun einer vom Adel sieht oder einer, der das Tuch braucht, kauft er es gleich bei dem Juden; und wenn er mehr nötig hat, so führen sie ihn in die anderen jüdischen Geschäfte. 4. Sie tragen auch fertige Kleidungsstücke auf dem Marktplatz umher und verkaufen dieselben in den Gewölben. Diese Kleidungsstücke stellen sie mit Hilfe von Schneidergesellen, die sie dazu halten, selbst her. 5. Sie halten eifrig Ausschau, und wenn ein Adliger oder ein Fremder oder ein Krämer aus einem Städtchen nach Krakau kommt, um Tuch zu kaufen, oder wenn sie ihn vor der Stadt oder im Stadttor treffen und erfahren, daß er Tuch braucht, so locken sie ihn in die jüdischen Tuchgeschäfte, indem sie ihm einen guten und redlichen Kauf versprechen. Ein jeder sieht daraus, daß die Juden die Tuchmacher überall, besonders aber in Krakau, sehr schädigen."[7]

Nun – auch in Krakau ist man indessen zur Schaffung eines jüdischen Wohnbezirkes übergegangen. Rundum werden die Mauern aufgerichtet. Polizeiposten kontrollieren den Durchgangsverkehr. Daß neben Warschau vor allem auch Krakau schon zu damaliger Zeit schwerstens unter jüdischem Ausbeutertum zu leiden hatte, weist der Referent für Judenforschung am Institut für Deutsche Ostarbeit, J. Sommerfeldt, in der Zusammenstellung der erwähnten Kampfschrift in dem Kapitel „Die Juden in Krakau" nach:

„Besonders verheerend wirkte sich die Wirtschaftsentfaltung der Juden auf die deutsche Hansestadt Krakau aus. Krakau war deshalb die erste Stadt in Polen, die gegen Ende des 15. Jahrhunderts den Kampf gegen die polnischen Juden mit Entschiedenheit aufnahm. 1485 kam ein Vertrag zwischen der Krakauer Bürgerschaft und der Judengemeinde zustande, der den Juden nur den Handel mit verfallenen Pfändern und den Hausierhandel mit Kleidern und Kragen ließ, die bei Juden gefertigt wurden. Dieser Pakt rüttelte an den Existenzgrundlagen des polnischen Judentums und mußte in diesem heftigsten Widerstand hervorrufen, zumal das polnische Judentum in dieser Zeit durch ständigen Zuzug gewiegtester und erfahrenster Geschäftsleute aus Westeuropa ergänzt und verstärkt wurde. Aber in Krakau schien die Bürgerschaft anfangs mit ihren Forderungen durchdringen zu können. 1495 wurden die Krakauer Juden nach Kasimir[8] hinausgedrängt, das damals noch eine selbständige Stadt war. Aber 1521 mußte sich die Krakauer Bürgerschaft beim König beschweren, daß die Juden den Vertrag von 1485 nicht einhielten. 1533 folgte eine weitere Beschwerde. In den 30er und 40er Jahren des 16. Jahrhunderts kam es zu gemeinsamen Aktionen des Krakauer Patriziats, des Woiwoden und des Bischofs gegen die Juden, weil diese trotz der Abmachungen in Krakau Warenlager angelegt hatten. Sogar die Synode in Petrikau 1542 verlangte die Reduzierung der Juden und die Verminderung der jüdischen Warenlager in Krakau auf sechs.

6 Stefan Batory (1533 – 1586), von 1576 an König von Polen.

7 Der unwesentlich gekürzte Auszug findet sich in: Hie Bürger hie Jude (wie Anm. 5), S. 41f.

8 Gemeint ist die vor den Stadtmauern Krakaus gelegene Judenstadt Kazimierz, die später eingemeindet wurde.

Der Widerstand der Bürger gegen die Juden war jedoch zwecklos. Zwar hatten die Krakauer Bürger 1566 ein Edikt des Königs erwirkt, auf Grund dessen es den Juden verboten sein sollte, neue Plätze zu erwerben, 1576 aber gab Stefan Batory den Juden in Krakau das Recht, ohne jede Behinderung in der Stadt Läden und Lagerräume zu mieten und mit ihren Waren den Markt zu besuchen, und setzte sie hinsichtlich der Abgaben mit den Christen gleich. Damit war der 100jährige Kampf um die Wirtschaft der Stadt Krakau zugunsten der Juden entschieden. Die Privilegien von 1609, 1615 und 1619 bestätigten nur den Sieg des Krakauer Judentums.

Wo sind jetzt deine Bürger hin, die einst Kaiser Karl und die Könige Kasimir den Großen von Polen, Ludwig von Ungarn, Peter von Cypern, die Fürsten Otto von Bayern, Ziemowit von Masowien, Boleslaw von Schweidnitz, Ladislaw von Oppeln, Boguslaw von Stettin prachtvoll bewirteten und überreich beschenkten? Wo sind die Bürger, die in Zeiten der Not ihren Herren große Summen Geldes zur Verfügung stellten? Wo sind jene, die die Kirchen bauten, die Klöster und die Krankenhäuser gründeten und die Mönche unterhielten? Alle deine Güter, mein Krakau, und deine großen Reichtümer sind durch schurkische List in die Hände der Juden übergegangen. Der kümmerliche Rest der Kaufleute siedelte nach Nürnberg, nach Danzig und in verschiedene andere Städte über. Man findet in Krakau kein oder kaum ein Haus, das frei wäre vom ‚Wiederkauf'.[9] In kurzer Zeit ist deshalb in Krakau, wovor Gott dich bewahren möge, eine völlige Öde zu erwarten. Es gibt dafür keine andere Ursache, als einzig und allein die Juden. Sie brachten Krakau um seine Stellung als größtes Warenlager des Staates und vertreiben jetzt doch die verschiedensten Waren nach anderen Städten. Sie handeln mit allen Waren, indem sie dieselben auf den Wegen und an den Zollämtern aufkaufen, und beachten dabei nicht die Verträge, die sie mit der Stadt abgeschlossen haben, nicht einmal die Privilegien, welche von den seligen polnischen Königen seinerzeit dieser Stadt verliehen wurden. Dazu treiben sie die Preise in die Höhe, indem sie die verschiedensten Waren und Artikel nach Ungarn, Mähren, Schlesien und anderswohin ausführen. Sie handeln mit Gewürzen, mit allen Getreidearten, Honig, Zucker, Milch und was sonst noch zur Ernährung nötig ist. Mit einem Worte: es gibt keine noch so teure und keine noch so billige Ware, mit der sie in dieser Stadt (wie auch in anderen) nicht Handel trieben.

Und es genügt ihnen nicht, daß sie in den Läden sitzen und handeln; manche von ihnen gehen auf dem Markt umher sowie in den Häusern und auf den Höfen von Kasimir, Kleparz, Garbarz, Biskupie, Zwierzyniec,[10] tragen die Waren herum und verkaufen sie. Wenn die Leute etwas anderes brauchen, so locken sie dieselben in die jüdischen Geschäfte, indem sie ihnen eine gute und billige Ware versprechen. So kann ein armer Kaufmann wegen dieser verfluchten Juden etwas Gutes weder kaufen noch verkaufen. Ich möchte hierzu einige Einzelheiten anführen. Es lebt in Krakau u.a. auch ein Jude namens Bocian. Dieser hat hier außer den verschiedenen anderen Geschäften und außer dem Transportunternehmen nach Danzig noch 7 Läden und fast überall in Polen seine Mäkler. Er hat einen Umsatz von 3[00 000] – 400 000 Zloty; denn es gibt keinen Artikel, den er nicht kauft und verkauft. Da gibt es ferner einen Juden Moses, der verschiedene Waren aus Frankfurt, Leipzig und aus den Niederlanden einführt. Von dort bekamen die Krakauer Bürger früher die Waren unter besseren Bedingungen als jetzt von diesem

9 Kaufvertrag, der dem Verkäufer das Rückkaufrecht am Verkaufsgegenstand einräumt.
10 Damals Orte bei Krakau, heute Stadtteile.

Halunken. Da sind auch noch die beiden Israels, zwei Brüder. Sie fahren nach Lemberg, wohin verschiedene Waren aus der Türkei kommen, insbesondere ca. 2000 persische Luchse. Dort haben sie beinahe alle Pelzwaren mit Beschlag belegt. Swietlik Moses hat fast alle Zobelfelle in seiner Hand. Er schickt seine Agenten auf die Messen in Mähren, Wien, Ungarn, Prag. Sie kaufen die Waren auf und verkaufen sie an die vergrämten Kaufleute in Polen für doppeltes Geld. Faiwel betrog die Danziger und Elbinger Kaufleute und verdiente dabei gegen 300 000 Zloty. Auch er kauft beinahe alle Arten von Waren auf.

Auf diese Weise haben diese stinkenden Schufte mit noch anderen, die ich hier nicht erwähne, den Krakauer Bürgern den ganzen Handel und alle Gelegenheit zum Einkauf genommen und die Stadt arm gemacht.

Aber diese schurkischen Juden haben nicht genug daran, daß sie alle Pachten, alle Kaufmannschaft, den Handel, die Handwerkserzeugnisse und Waren und damit alle Lebensgrundlagen in ihre Hände gebracht haben; sie schädigen die Christen auch durch Aufkauf der Lebensmittel. Zwar besteht eine Konstitution (1588) unseres jetzigen Königs Sigismund III., daß die Juden Waren und Lebensmittel nicht in der Weise aufkaufen sollen, daß sie dieselben außerhalb der Städte abfangen. Aber wie andere Bestimmungen, so wird auch diese infolge Nachlässigkeit der Bürger nicht durchgeführt. Denn die Juden kaufen nicht nur in den Städten, besonders auf dem Markt in Krakau, die allerbesten Waren und Lebensmittel auf, sondern eilen dazu sogar vor die Tore der Städte. Hier erstehen die Juden die allerbesten Tiere, wie Enten, Gänse, Hühner, Birkhähne, Kälber, Hechte, Karpfen u.ä. Hier belegen sie die Wagen mit dem besten Gemüse mit Beschlag, und die Christen reißen sich um das, was den Juden vom Bart herunterfällt, und sammeln die Brocken, die die Juden übrig lassen, wie Brosamen vom Tische ihrer Herren. Wenn man nun dem Juden irgend etwas sagen oder ihn vom Kauf fortscheuchen will, dann wäre das ein furchtbares Unrecht, und der Jude würde bald eine Möglichkeit finden, sich dafür zu rächen."[11]

Das ist nun freilich anders geworden. Wozu die polnische Staatlichkeit in den vielen Jahrzehnten nicht imstande gewesen ist, das hat die energische deutsche Verwaltung innerhalb kürzester Jahresfrist vollbracht, der Judenmischpoke ernsthaft auf die Finger zu sehen und, wo es Not tat, auch zu klopfen. Die jüdischen Wohnbezirke sind ein Schritt auf dem Wege zur reinlichen Scheidung von israelitischer Unsauberkeit und Wucherei. Sie weisen ein Volk in seine Schranken zurück, das immer wieder bestrebt war, sich über diese Schranken und allen gesetzmäßigen Handel und Wandel der Welt in angeborener Unverschämtheit hinwegzusetzen. Über die hohen Mauern der jüdischen Wohnbezirke des Generalgouvernements ist das nicht mehr so ohne weiteres möglich, und an den steinernen Pforten stehen nun Posten einer harten, aber gerechten Ordnung.

11 Der Auszug findet sich in: Hie Bürger hie Jude (wie Anm. 5), S. 32–36.

## DOK. 283
## Die Abteilung Unterrichtsverwaltung im Distrikt Radom untersagt am 21. Mai 1941 die Durchführung von berufsbildenden Kursen für Juden[1]

Schreiben der Abteilung Wissenschaft und Unterricht beim Chef des Distrikts Radom (Nr. 9/B/IV 215/9) an die Abteilung Innere Verwaltung, Bevölkerungswesen und Fürsorge,[2] beim Chef des Distrikts Radom vom 21. 5. 1941

*Betr.:* Einführung von Berufskursen für Juden. – Az. I D 2 – D – 6 – 41.
Die Einführung von Berufskursen für Juden im Kreise Tomaschow[3] ist nicht erwünscht. Die deutsche Verwaltung hat die polnischen Jugendlichen für das Wirtschaftsleben des Generalgouvernements und des Großdeutschen Reiches vorzubereiten. Die jüdische Bevölkerung ist auf Grund unserer nationalsozialistischen Weltanschauung aus dem Wirtschaftsleben der Deutschen zu entfernen. Wenn im Augenblick noch Juden als Handwerker in unserem Gouvernement gebraucht werden, so ist das eine Übergangserscheinung. Für die Zukunft müssen wir Deutsche uns von den jüdischen Handwerkern freimachen, darum muß die Einführung von kurzfristigen Berufskursen für Juden verboten werden, denn ein Jude wird nie dem „produktiven Arbeitseinsatz zugeführt" werden können.
Von der Abt. Wissenschaft und Unterricht erhalten die Juden keinerlei Erlaubnis zur Durchführung solcher Berufskurse.[4]

## DOK. 284
## Ein Finanzinspektor in Busko kommentiert am 21. Mai 1941 den Preisanstieg für Lebensmittel[1]

Schreiben (persönlich) des Regierungsrats in Busko-Zdroj, Dr. Geigenmüller,[2] an den Finanzpräsidenten in Krakau, Spindler, vom 21. 5. 1941

*Betr.: Preisgestaltung, Lebensmittelversorgung, Gerüchtebildung usw.*
Innerhalb der letzten 8 – 10 Tage sind die Preise im sogenannten schwarzen Handel für Lebensmittel, aber auch für sonstige Artikel auffallend, teilweise weit über 100 % gestiegen.

1 APR, 209/1008, Bl. 6. Abdruck in: Schulpolitik als Volkstumspolitik. Quellen zur Schulpolitik der Besatzer in Polen 1939 – 1945, hrsg. von Georg Hansen, Münster 1994, Dok. 150, S. 307.
2 Die Abt. BuF unterstand Dr. Hans Gutt (1884 – 1967); Jurist; Studium in München, von 1920 an Anwalt des *Deutsch-Sächsischen Volksrats* für Siebenbürgen, 1936 Übersiedlung nach Deutschland; 1940 Reg.Rat in Radom; nach 1945 in München.
3 Tomaszów Mazowiecki.
4 Es folgen handschriftl. „Z.d.A." und „1 Anlage" (liegt nicht in der Akte) sowie die Paraphe „Jd".

1 AAN, 111/1020/3, Bl. 333 – 336.
2 Dr. Otto Geigenmüller (1906 – 1969), Jurist; 1933 NSDAP- und 1934 SS-Eintritt; 1934/35 Leiter der Stapostelle in Halle a.d. Saale und 1935/36 in Frankfurt/M., dann bei den Finanzverwaltungen in Würzburg und Hamburg, 1937 Promotion zum Thema „Politische Schutzhaft im nationalsozialistischen Deutschland"; 1939 – 1941 für den SD tätig, 1941 Finanzinspektor im Distrikt Radom, von 1943 an in Lublin; nach 1945 in Quickborn, dann im Finanzamt Köln-Land tätig.

| | vor 8 – 10 Tagen | jetzt |
|---|---|---|
| 1 kg Mehl | 2 – 3 Zloty | 10 – 11 Zloty |
| 1 dz Kartoffeln | 25 – 30 Zloty | – 200 Zloty |
| 1 kg weiße Bohnen | 3 Zloty | 7 Zloty |
| 1 kg Speck | 10 – 12 Zloty | 16 – 17 Zloty |
| 1 kg Butter | 13 – 15 Zloty | 24 – 25 Zloty |
| 1 dz Weizen | 250 – 400 Zl | 1000 – 1200 Zloty |
| 1 dz Roggen | 150 – 200 Zl | 700 Zloty |
| 2 kg Brot | 4 Zloty | 10 u. mehr Zloty |
| 1 kg Fleisch | | 3 – 4 Zloty |
| a) Kalbfleisch | | 4 Zloty |
| b) Rindfleisch | | angebl. nicht erhältl. |
| c) Schweinefleisch | | 9 – 11 Zloty |
| 1 Ei | 20 – 25 Gr. | 35 – 50 Gr. |
| 1 kg Zucker | 5 – 6 Zloty | 10 – 12 Zloty |
| 1 Liter Milch | 80 Gr. | 1 Zloty |

Die Preise, die von den verschiedensten, namentlich auch von polnischen Seiten mitgeteilt werden, gelten für den Kreis Busko. Auffallend ist dabei, daß auch auf den entlegensten Dörfern die gleiche Steigerung eingesetzt hat und daß überall die Preise so rapid steigen, daß man ihnen nicht mehr folgen kann, da sie sich täglich mehrmals ändern.

In Kielce sollen 2 kg Brot 15 Zl. kosten, 1 dz Kartoffeln 150 Zl., in Warschau sollen die Kartoffeln 400 Zl. kosten. Dort sollen schon Kartoffelschalen das kg für 1,50 Zl. verkauft werden. Ein Ei soll dort 1,50 Zl. kosten.

Zugleich mit dieser plötzlichen Preissteigerung hielten die Geschäftsleute ihre Waren zurück, so daß man auch auf Bezugscheine für Geld nichts mehr bekommen könne. Man wolle nur noch Ware gegen Ware tauschen. Die Bauern forderten als Gegenleistung für ihre Produkte Stoffe, Seife und drgl. Da die Lebensmittelzuteilungen für die Bevölkerung viel zu knapp seien, sei dort die Stimmung so schlecht wie noch nie. Besonders in Warschau, wo die Leute vor Hunger schon auf der Straße umfielen.

In polnischen Kreisen spricht man von einer geradezu panikartigen Erscheinung und sucht die Ursache dafür in folgendem:

Einmal kaufe die Wehrmacht sehr viel auf[3] und halte sich durchaus nicht an die Höchstpreise. So zahle der Soldat seit langem z.B. für ein Ei anstandslos 35 Gr. Außerdem sei durch die Kontingente[4] zu viel abgeschöpft worden. Es kämen nach wie vor sehr viele Aufkäufer aus Warschau und Krakau in den Kreis, die letztgenannten benutzten die Kleinbahn. Dann kauften die Juden in letzter Zeit auffallend viel auf. Die einen vermuten, daß sie Vorräte für etwaige Ghetto- oder sonstige Zwangsverschickung anlegen. Die anderen glauben, daß sie von der UdSSR, mit der sie laufend beste Verbindung hätten, entsprechende Anweisung hätten, um Unruhe zu stiften. Man wundere sich jedenfalls darüber, woher sie plötzlich soviel Geldmittel hätten und bringt diese Tatsache in Verbindung

3 Im Frühjahr 1941 wurden für den geplanten Angriff auf die Sowjetunion immer mehr Truppen in das GG verlegt.

4 Es handelt sich um landwirtschaftliche Erzeugnisse, welche die Bauern den Besatzungsbehörden zu festgesetzten Preisen und in festgesetzten Mengen abliefern mussten.

mit Falschgeldherstellung. So soll vor kurzem eine jüdische Falschmünzerwerkstatt in Kielce ausgehoben worden sein, die vornehmlich 50- und 10 Zl.-Scheine hergestellt habe. Mir liegen noch keine Meldungen über Falschgeld vor. Ich habe jedoch Kassen und Vollzieher anweisen lassen, die eingehenden Zahlungsmittel besonders aufmerksam zu prüfen. Ferner wird behauptet, daß sich die Juden der in allen größeren Städten bestehenden „schwarzen Börsen"[5] für ihre Machenschaften bedienen.
In der Hauptsache aber führt man diese panikartige Erscheinung auf den völlig überraschend eingetretenen Fall Rudolf Heß[6] und eine dadurch verursachte Erschütterung des Vertrauens der Bevölkerung in die Stabilität des Deutschen Regimes und damit der Währung zurück. Man schließe teilweise, daß Deutschlands Lage sehr ungünstig sein müsse, wenn der dritte Mann des Reiches nach England fliege. Entweder es bestünden in Deutschland ernstliche Meinungsverschiedenheiten unter den führenden Männern auf Grund verschiedener Beurteilung der Gesamtlage, oder es handele sich um einen „Trick" der Regierung, die Heß tatsächlich zu Verhandlungen nach England entsandt habe. Es seien im Anfange die verschiedensten und tollsten Gerüchte umgegangen: Revolution in Deutschland, Göring habe sich vergiftet, Einmarsch der Russen in das GG, Rudolf Heß habe über den englischen Rundfunk zum Deutschen Volke gesprochen und es gewarnt, dem Führer und der Regierung in den Abgrund zu folgen usw.
Die einsichtigen Polen hätten von Anfang an von diesen Gerüchten wenig gehalten, seien aber auch mit weniger besonnenen Elementen der Meinung, daß der Fall Heß auf jeden Fall kriegsverlängernd wirken müsse. Inzwischen seien Erregung und der erste Drang zu Unbesonnenheiten abgeklungen, zumal in Deutschland offenbar alles ruhig bleibe und man den Fall Heß als Einzelfall ansehen müsse. In diesem Zusammenhange ist erwähnenswert, daß dieser Tage auf dem Firmenschild der deutschen Einsatzfirma Gebr. Bieling in Busko (Zentrum) folgende Aufschrift in deutscher und polnischer Sprache zu lesen war: Heil Heß! Es lebe Polen!
Das Verhältnis zur UdSSR wird unterschiedlich beurteilt. Die einen rechnen nach wie vor mit Krieg, da sich Deutschland aus Ernährungsgründen die Ukraine sichern müsse. Ferner müsse Deutschland den Krieg aus Präventivgründen führen, da es nicht warten werde, bis ein stärkeres Rußland über ein durch den weiteren Kriegsverlauf geschwächtes Deutschland herfalle. Deutschland müsse sich mit der ihm stets gefährlich bleibenden Judenherrschaft, die stets auf Rache sinne, wie schon gesagt, aus strategischen, aber auch aus weltanschaulichen Gründen auseinandersetzen.
Andere wollen wissen, daß der Führer mit Rücksicht darauf, daß Heß alles oder doch sehr viel gewußt habe, seine Pläne geändert habe. Er wolle sich mit Abtretung der Ukraine, Pachtung der Ölgebiete Baku und Batum auf 25 Jahre und Einräumung der Flottenbasen der Baltenstaaten (andere sprechen von Abtretung der baltischen Staaten) begnügen. Der Russe habe eine nicht zu überbietende Angst vor den Deutschen und werde um den Preis des Friedens alle diese Forderungen erfüllen, zu denen als wichtiger Faktor noch ein Durchmarschrecht Richtung Türkei–Irak komme. Daß ein solcher Durchmarsch ein großes Risiko für die UdSSR darstellt, wird von niemandem bezweifelt. Rußland habe sich durch all die Jahre hermetisch abgeschlossen, und die Russen kämen dann erstmalig in

5 Schwarzmarkt.
6 Anspielung auf den Flug des Hitler-Stellvertreters Rudolf Heß (1894–1987) nach Großbritannien am 10.5.1941.

großem Ausmaß mit Ausländern und noch dazu mit wohlausgerüsteten, disziplinierten und zufriedenen deutschen Soldaten zusammen, die dem russischen Volke, vor allem der jungen Generation, die Augen über seine geradezu erbärmliche wirtschaftliche und soziale Lage öffnen könnten. Darüber ist man sich allgemein einig, daß der Russe ein nicht im entferntesten ebenbürtiger Gegner der deutschen Armeen wäre. – Über die Haltung der Türkei tappt man ziemlich im Dunkeln.
Hinsichtlich der Versorgung der Großstädte ist zu bemerken, daß die Bahnsperre[7] das Heer der Schwarzhändler stark dezimiert hat. Mit einer kritischen Entwicklung der Ernährungslage der Bevölkerung war zu rechnen. Allerdings kommt die jetzt einsetzende Panik verfrüht und dürfte auf die Agitation der Juden, die durch den Fall Heß starken Auftrieb bekommen haben sollen, und sonstiger unsicherer Elemente zurückzuführen sein. Es ist nicht von der Hand zu weisen, daß enge Bindungen der Juden zur UdSSR seit Anfang an bestehen. Im Zusammenhang mit Unruheerscheinungen unter der Arbeiterschaft berichte ich, daß heute eine Abordnung der Arbeiter des Staatsbades Busko mir die Trostlosigkeit der Ernährungslage geschildert und mich um Abhilfe gebeten hat. Auch von den Beamten der Steuerämter gehen mehr und mehr Klagen ein. Ein Amt hat mangelnde Arbeitsleistung mit Unterernährung entschuldigt.
Ich habe mich davon überzeugt, daß die Preise im Schwarzhandel in einem beängstigenden Tempo steigen.

## DOK. 285
## Der Vorsitzende des Judenrats in Warschau schreibt am 21. Mai 1941 über eine Unterredung mit führenden deutschen Funktionären[1]

Handschriftl. Tagebuch von Adam Czerniaków, Eintrag vom 21.5.1941

21.5.1941 – Morgens Gemeinde. Rozen ruft an. Sie sind in Łękno(?)[2] und in einem anderen Lager gewesen. Entsetzliche Zustände. Niemand hält es einen Monat aus. Die Firmen stehlen die Lebensmittel. Das Schlagen wird aufhören. Die Produktivität der übrigens harten Arbeit ist gering.
Um 9.30 war ich mit Wielikowski bei Auerswald.[3] Wir wurden von Gouverneur Fischer empfangen. Eingangs sagte er, es sei nicht sein Ziel, die Juden auszuhungern. Die Rationen würden vielleicht vergrößert, und es werde Arbeit bzw. Aufträge für die Arbeiter geben. Er wies darauf hin, dass die Leichen auf den Straßen einen schlechten Eindruck machten. Es liegen tatsächlich welche dort (das Gesicht mit einer Zeitung und einem

7 Zeitweises Verbot für Zivilisten, die Eisenbahn zu benutzen.

1 YVA, O-33/1090. Abdruck in: Czerniaków, Dziennik getta warszawskiego (wie Dok. 39, Anm. 1), S. 184f. Das Dokument wurde aus dem Polnischen übersetzt in Anlehnung an: Czerniaków, Im Warschauer Getto (wie Dok. 39, Anm. 1), S. 151f.
2 Vermutlich Łęki; siehe Dok. 277 vom 5.5.1941, Anm. 5.
3 Heinz Auerswald (1908–1970), Jurist; 1933 SS- und 1939 NSDAP-Eintritt; von 1934 an Rechtsreferent der SS, ab 1938 Rechtsanwalt beim Kammergericht Berlin; Sept. 1939 Offizier der Schutzpolizei in Polen, danach Leiter der Abt. BuF im Distrikt Warschau, vom 15.5.1941 an Kommissar für den jüdischen Wohnbezirk in Warschau, Nov. 1942 bis Jan. 1943 Kreishauptmann in Ostrów; danach Kriegsteilnahme; nach 1945 Rechtsanwalt in Düsseldorf.

Ziegel bedeckt). Die Leichen – sagte er – müssen rasch weggeschafft werden. Er meinte, vielleicht werde es Extrazuteilungen für die Polizei und die Angestellten geben.
Der Gouverneur ist ein relativ junger Mann, in Zivil und Stiefeln mit Sporen. Sein Benehmen war höflich. Zum Schluss sagte er, er erwarte die Erledigung, andernfalls …
Die Frage, ob es möglich sei, vorher ein Darlehen zu bekommen, bejahte er.
Am Nachmittag um 3 suchten mich Dr. Auerswald und Bischof[4] in der Gemeinde auf. Sie fragten nach der Versorgung mit Lebensmitteln und der Produktion. Zwischen den Zeilen las ich eine Abneigung gegen die Transfer[stelle] heraus und möglicherweise auch gegen die Gettogrenzen. Ich schnitt die Gettofrage an. In Krakau hat ein beträchtlicher Teil der Bevölkerung Passierscheine und Geschäfte außerhalb des Gettos. Auerswald sagt, Krakau sei eine Sache und Warschau eine ganz andere. Man müsse auf dem Boden der Verordnungen stehen. Der Plan des Gettos gefällt ihm nicht. Ich fragte, ob es möglich sei, einen Vorschlag einzubringen. Er erwiderte, das sei möglich, denn jede Grenzverschiebung müsse ihm vorgelegt werden.
Bischof stimmt der Ansicht zu, dass der Rat von der VA und der Produktion[5] getrennt sein sollte. Außerhalb des Gettos wird für Warenlieferungen ins Getto eine Gemeinschaft von Kaufleuten gegründet. Er fragte, ob wir Finanzfachleute im Rat hätten.
Sie wollen uns 500 t Hafer für Haferflocken geben.[6] Leider haben wir keine Mühlen. Außerhalb des Gettos gibt es eine Mühle in der Białostocka-Straße in Praga. 60 % Ertrag vom kg. Daraus kann man 14 Essensportionen gewinnen.
Von der Propaganda waren welche da und erklärten, Krakau wünsche nicht,[7] dass die Gemeinde eine Zeitung herausgibt. Dr. Auerswald ist dafür.

## DOK. 286

### Die Untergrundzeitung Biuletyn Informacyjny schildert am 23. Mai 1941 die Lage der jüdischen Bevölkerung unter der deutschen Besatzung[1]

*Die Juden*
Die Deutschen haben bei sich die Judenfrage auf dem Wege der sog. Nürnberger Gesetze gelöst, deren Hauptziel darin bestand, jeglichen jüdischen Einfluss auf die deutsche Kul-

4 Max Bischof (1898–1985), Bankier; Mitglied der Vaterländischen Front, die sich zu Dollfuß bekannte; von 1920 an bei der Österr. Länderbank, 1929–1935 in Warschau tätig, 1935–1939 bei der Länderbank in Wien; von 1939 an im GG Koordinator der poln. Banken, zudem 1940–1945 Beauftragter für die Aufsicht der öffentlichen und privaten Banken im GG, Mai 1941 bis 1943 Leiter der Transferstelle im Warschauer Getto; nach 1945 Personaldirektor der Länderbank in Wien. Bischof war mit einer Jüdin verheiratet und stand unter dem besonderen Schutz von Hans Frank.

5 VA: Versorgungsanstalt (Zakład Zaopatrzenia, Zakład Zaopatrywania) beim Judenrat; ihre Aufgabe war die Verteilung der legal ins Getto eingeführten Lebensmittel, während die Produktionsabt., die später mit privatem Kapital in die Jüdische Produktion GmbH umgewandelt wurde, für die Fertigung und den Verkauf von Waren an deutsche und poln. Abnehmer zuständig war.

6 Am 28.5.1941 notierte Czerniaków, das Getto werde nur 250 Tonnen Hafer und 125 Tonnen Mehl erhalten; Czerniaków, Im Warschauer Getto (wie Dok. 39, Anm. 1), S. 155.

7 Gemeint ist die Regierung des GG.

1 Biuletyn Informacyjny, 23.5.1941, S. 5–7: Żydzi, Biblioteka Narodowa, MF 45816. Der Artikel wurde aus dem Polnischen übersetzt in enger Anlehnung an: Polacy – Żydzi (wie Dok. 250, Anm. 1), S. 193–195.

tur zu unterbinden; die wirtschaftlichen Auswirkungen waren von geringerer Bedeutung. In Polen ist es anders. Das Generalgouvernement stellt nach den Worten eines deutschen Publizisten nicht umsonst „eines der großartigsten Versuchsfelder der deutschen Gestaltungsmacht dar", und der Schaffensdrang der Deutschen ist hier durch nichts behindert. Daher sind sie hier nicht nur anders an die Frage herangegangen als im Deutschen Reich, sondern bei ihrer Lösung auch um einiges weiter gegangen.

Bisher lassen sich in der Abwicklung der jüdischen Angelegenheiten in Polen durch die Deutschen zwei Zeiträume ausmachen: die Phase der Entmachtung und die Phase der Absonderung der Juden.

Es begann mit der Entmachtung der Juden, vor allem der wirtschaftlichen. Diesem Zweck dienten die Einsetzung von Treuhändern oder Kommissaren für das gesamte jüdische Vermögen (Fabriken, Werkstätten, Warenlager, Banken), die Sperrung der Bankkonten, das Verbot, die Bahn zu benutzen usw. Gleichzeitig wurden in riesigem Umfang Waren beschlagnahmt, und jüdische Angestellte wurden im nichtjüdischen Wirtschaftssektor entlassen. Schließlich mussten alle jüdischen Schulen schließen, und Juden bekamen keinen Zutritt mehr zu Bibliotheken, Theatern, Kinos und Cafes. Die jüdischen Gemeinden hatten Krankenhäuser, Asyle und Kinderheime, für die früher die Stadtverwaltungen aufgekommen waren, aus eigenen Mitteln zu unterhalten. Um die Juden auszuhungern, setzte man die auf Karten zugeteilten Brot- und Zuckerrationen herab. All diesen Anordnungen setzten äußere Brandmarkung und demonstrative Erniedrigung noch die Krone auf: Armbinden, gesonderte Straßenbahn- und Eisenbahnwagen, das Verbot, Grünanlagen zu betreten, die Anweisung, Deutschen den Weg frei zu machen und sich vor ihnen zu verbeugen.

Abgesehen von den sehr detaillierten offiziellen Anordnungen (von denen wir nur einen kleinen Teil angeführt haben) gab es tagtäglich Überfälle auf jüdische Wohnungen, die ungestraft blieben, unverhohlenen Raub und unterschiedlichste Formen öffentlicher Quälerei, überwiegend Schläge. All dies bereitete aber nur die völlige Isolierung der Juden vor: die Einschließung ins Getto. Das Getto wurde schrittweise eingeführt: Zuerst war Lodz an der Reihe (April vergangenen Jahres), dann folgten Warschau (November) und schließlich Krakau, Lublin, Radom (März, April diesen Jahres) sowie kleinere Städte. Es gibt drei Arten von Gettos: vollständig abgeriegelte (Lodz), teilweise offene (z. B. Warschau – Eingang und Ausgang mit Passierscheinen) und offene Gettos (in einigen kleineren Städten).

Die jüdischen Stadtviertel wurden in aller Eile errichtet. In Warschau mussten innerhalb nur eines Monats 80 000 Polen aus dem Getto ausziehen und 110 000 Juden dort einziehen.[2] Anderswo betrug die für den wechselseitigen Umzug genehmigte Zeit nur zwei Wochen.

Die Absonderung der Juden hatte viele Folgen, vor allem wirtschaftliche. Das Getto war dazu verurteilt, Handel nur im Kreis der Glaubensgenossen zu treiben, von denen die meisten mittellos sind und ein ungeheurer Prozentsatz aus ganz und gar Elenden besteht. Die Abschottung von der Außenwelt verhinderte, dass Lebensmittel hereingebracht werden konnten, und erschwerte den Schmuggel über alle Maßen. Die Not nahm rasant zu. Die Juden waren in dem meist am ärgsten heruntergekommenen Viertel zusammengepfercht, und das hatte hinsichtlich der Gesundheit katastrophale Folgen. Als Beispiel seien einige Einzelheiten aus dem Warschauer Getto angeführt:

Das Getto entstand in einem außergewöhnlich dicht bebauten Stadtteil. Das Gebiet war

2 Tatsächlich mussten etwa 30 000 Polen und 100 000 Juden umziehen.

so abgesteckt, dass es keinen einzigen Park besitzt, nicht an der Weichsel liegt und die einzige baumbestandene Fläche der Friedhof ist. Es herrscht dort eine unerhörte Enge. Auf einen Wohnraum entfallen im Schnitt 6 Personen, und manchmal sind es bis zu 20. Nach Berechnungen der Abteilung für die Einwohnererfassung kommen in ganz Warschau 70 Personen, im Getto hingegen 1110 auf 1 ha.

Die Isolierung von der Außenwelt hat einen beträchtlichen Teil der Juden ihrer Verdienstmöglichkeiten beraubt. Nur 10 – 20 % sind in Geschäften und Werkstätten auf dem Gettogelände beschäftigt. Der gesamte legale Handels- und Geldumsatz erfolgt über eine Vermittlungsbehörde (Transferstelle)[3]. Dabei geht es darum, von den reichsten Juden die noch in ihrem Besitz befindlichen Waren, Goldbestände und Brillanten zu erpressen. Außerdem fließt jüdisches Hab und Gut durch Schmuggel nach draußen. Das Getto ist ausschließlich auf den internen Handelsverkehr angewiesen. Es ist im Ausverkauf begriffen, denn darin besteht die einzige Möglichkeit, für das Überleben an Geld zu gelangen. Da keine Waren und Rohstoffe mehr hineinkommen, dezimieren sich die alten Vorräte mehr und mehr. Der Ausverkauf führt zu immer stärkerer Verarmung. Die Warenpreise sind im Getto nicht viel höher als vor dem Krieg, während die Lebensmittelpreise, die in ganz Warschau schon erschreckend hoch liegen, im Getto noch höher sind. Wenn man bedenkt, dass die Juden wöchentlich nur 750 Gramm Brot auf Karten bekommen und dass sie im Winter völlig ohne Heizmaterial dastehen, dann hat man das ganze Grauen vor Augen, [das die] Lage dieses Bevölkerungsteils [ausmacht].

Im Januar [1941] hat man begonnen, Juden aus Städten und Kleinstädten des Distrikts Warschau in das ohnehin schon überfüllte und Hunger leidende Warschauer Getto zu bringen. Die Einwohnerzahl ist auf fast 500 000 gestiegen. Infolge dieser verstärkten Konzentration verschlechterten sich die gesundheitlichen Bedingungen unbeschreiblich, grauenhafter Hunger und entsetzliche Not entstanden. In den überfüllten Straßen laufen meist untätige Massen blasser, abgemagerter Menschen umher, an den Mauern sitzen und liegen Bettler, häufig sieht man Menschen vor Hunger zusammenbrechen. Die Zahl der vor Kinderheimen ausgesetzten Säuglinge vergrößert sich tagtäglich um mehr als ein Dutzend, mehrere Menschen sterben jeden Tag auf offener Straße vor Hunger. Ansteckende Krankheiten, besonders Tuberkulose, breiten sich aus.

Gleichzeitig werden die wohlhabendsten Juden von den Deutschen unablässig weiter um ihr Vermögen gebracht. Deren Umgang mit den Juden ist nach wie vor absolut unmenschlich. Ständig begegnet man Quälereien und wilden, bestialischen Späßen.

Ein eigenes Kapitel des jüdischen Leidens sind die im Herbst vergangenen Jahres entstandenen Arbeitslager. Dort herrschten furchtbare Zustände. Kärgliche Verpflegung, unangemessene Unterbringung, schwere Arbeit und schlechte hygienische Verhältnisse verursachten eine ungeheure Sterberate. Gesteigert wurde diese noch dadurch, dass die Lagerwache mit den Juden grausam umging. In einem einzigen Lager, in Bełżec, wurden allein ungefähr 100 Juden erschossen.

Über die rechtliche Seite, die von den Deutschen erlassenen Verordnungen oder Anordnungen, braucht man kein Wort zu verlieren – sie entsprechen weder der Gesetzgebung Polens noch dem Völkerrecht, ebenso wenig dem göttlichen oder dem positiven Recht. Die Behandlung der Juden durch die Deutschen ist Beweis für eine wahrhaftig empörende tierische Entartung und Barbarei.

3 Im Original deutsch.

Die politischen, sozialen, wirtschaftlichen, kulturellen und religiösen Folgen der gegenwärtigen Lage der Juden in Polen sind nicht absehbar. Aus Platzgründen ist es hier nicht möglich, näher darauf einzugehen. Wir wollen nur Schlussfolgerungen daraus ziehen. Durch den Ruin der Juden und des jüdischen Handels haben die Deutschen den Handel des ganzen Landes in einem gewaltigen Ausmaß zugrunde gerichtet. Es wäre aber naiv anzunehmen, sie würden es zulassen, dass Polen die von den Juden verlassenen Plätze einnehmen. Im Gegenteil, die freien Stellen besetzen schon jetzt deutsche Einzelhandels- und vor allem Großhandelsfirmen mit monopolistischen Befugnissen sowohl für den Aufkauf landwirtschaftlicher Erzeugnisse als auch für den Verkauf der Produkte. Den Polen hat man nur die jüdischen Marktstände und einen Teil der schlechteren Einzelhandelsgeschäfte überlassen. Die „Lösung" der jüdischen Frage auf wirtschaftlichem Gebiet besteht im Kern darin, dass der jüdische Industrielle, Großhändler und sogar Einzelhändler durch einen deutschen Industriellen, Großhändler und Einzelhändler ersetzt wird.
Und wie soll die Lösung der jüdischen Frage in Polen generell aussehen? Wie wird es weitergehen? Auf diese Frage gibt es keine Antwort. Die Deutschen selbst sagen, dass die jüdische Frage im Generalgouvernement noch ihrer endgültigen Lösung harrt. Wir müssen feststellen, dass die jüdische Frage hier in eine Sackgasse geraten ist, aus der es keinen Ausweg gibt. Besser gesagt, gibt es nur einen: die allmähliche Ausrottung durch Elend, Hunger und ansteckende Krankheiten. Dies wird der dritte Akt der jüdischen Tragödie auf polnischem Boden sein.

## DOK. 287

## Der Jugendliche Chaim Gluzsztejn berichtet am 28. Mai 1941 über eine Festversammlung zu Ehren des Schriftstellers I. L. Peretz im Warschauer Getto[1]

Handschriftl. Bericht von Chaim Gluzsztejn vom 28. 5. 1941

3.[2] *Die Gedenkfeier zu Ehren von Peretz*[3] *am Schabbat*[4]
Die Gedenkfeier zu Ehren von Peretz fand am Schabbat in der Tłomackie-Straße 5 statt.[5] Als ich den Saal betrat, war dieser schon voll besetzt. Als Erstes trat der Kinderchor[6] auf

1 AŻIH, Ring I/673 (1064). Das Dokument wurde aus dem Jiddischen übersetzt. Abdruck als Faksimile und in poln. Übersetzung: Archiwum Ringelbluma, Bd. 2: Dzieci – tajne nauczanie w getcie warszawskim, bearb. von Ruta Sakowska, Warszawa 2000, Dok. 6, S. 83f., 86.

2 Vor Chaim Gluzsztejns Bericht sind unter der gleichen Signatur zwei von anderen Verfassern stammende Schilderungen der gleichen Veranstaltung abgelegt.

3 Isaak Leib Peretz, poln.: Icchok Lejb Perec (1852–1915), Jurist; einer der Begründer der modernen jiddischen Literatur aus Polen, schrieb auch auf Hebräisch. Anlass der Feierveranstaltung war Peretz' Geburtstag am 18. Mai. Sie wurde von der Kulturvereinigung IKOR organisiert, in der die Mitglieder der Arbeiterpartei Poale Zion-Linke führend tätig waren.

4 Das heißt am 24.5.1941.

5 Hier befand sich die Judaistische Hauptbibliothek (Główna Biblioteka Judaistyczna), in der sich ein Großteil des kulturellen Lebens im Warschauer Getto abspielte. Die Bücher hatten die Deutschen Ende 1939 abtransportiert.

6 Kinderchor aus der Schule an der Nowolipki-Straße 68, die der Schulorganisation CISzO unterstand.

und sang ein Lied von Peretz. Danach hielt der Genosse Zagan[7] einen Vortrag. Er erzählte, was I.L. Peretz bedeutete, was er geschaffen und was er für die jüdischen Kinder getan hat. Dann gab er den Menschen noch mit auf den Weg, dass man den Krieg überstehen werde. Nach dem Genossen Zagan sprach der Genosse Linder.[8] Auch er sprach viel über Peretz, sagte aber, dass er nicht ganz so sicher sei wie der Genosse Zagan, dass man den Krieg überstehen werde.
Nach dem Genossen Linder trug der Genosse Lehrer Lichtensztejn[9] viele Geschichten vor, die Peretz geschrieben hatte, und auch er erzählte, wer Peretz war und was er für das jüdische Volk getan hat. Nach allen Vorträgen waren die Menschen zufrieden und fühlten sich sehr frei, ihre Sorgen hatten sie ganz und gar vergessen. Anschließend wurden ein paar Tänze aufgeführt. Danach sang eine bedeutende jüdische Sängerin ein Peretz-Lied.[10] Nach ein paar Minuten betrat der großartige jüdische Künstler, der Genosse Samberg,[11] die Bühne und trug eine sehr schöne Erzählung vor, die Peretz verfasst hat. Er bekam sehr viel Applaus. Danach sang die Genossin Sorele[12] einige jiddische Lieder. Gesang des Kinderchors beschloss die Gedenkfeier. Das Publikum war sehr zufrieden.

7 Szachne Efroim Zagan, auch Sagan (1892 – 1942); in den 1930er-Jahren führend in der Poale Zion-Linke und in der Schulorganisation CISzO tätig, im Warschauer Getto Aktivist des politischen Untergrunds und der Gruppe Oneg Schabbat, Organisator von Schulen mit Jiddisch als Unterrichtssprache, Mitarbeiter der JSS und der IKOR; Anfang Aug. 1942 in Treblinka ermordet.

8 Menachem Linder (1911 – 1942), Volkswirt; in den 1930er-Jahren Mitarbeiter des Jiddischen Wissenschaftlichen Instituts, YIVO, im Warschauer Getto Aktivist des politischen Untergrunds und der Gruppe Oneg Schabbat, Organisator der Volksküchen, im Dez. 1941 Mitbegründer der IKOR; in der Nacht vom 17. auf den 18.4.1942 ermordet.

9 Israel Lichtensztejn, auch Lichtensztajn (1904 – 1943), Lehrer; in den 1930er-Jahren Aktivist der Poale Zion-Linke, Redakteur der jiddischen Wochenzeitung Literarishe Bleter, im Warschauer Getto Mitarbeiter in der Suppenküche für Kinder im Schulgebäude an der Nowolipki-Straße 68, Mitglied der Kulturvereinigung IKOR, der Gruppe Oneg Schabbat und Archivar des Untergrundarchivs; er kam 1943 kurz vor dem oder im Getto-Aufstand um.

10 Sabina Szyfman, Sopranistin. Im Programm der Veranstaltung war Diana Blumenfeld angekündigt, Schauspielerin und Sängerin jiddischer Lieder, Ehefrau des bekannten Schauspielers Jonas Turkow. Sie überlebte dank des Rats für Judenhilfe und insbesondere dank Irena Sendlerowas mit Mann und Tochter auf der „arischen Seite" und emigrierte nach 1945 in die USA; Archiwum Ringelbluma, Bd. 2: Dzieci – tajne nauczanie (wie Anm. 1), Dok. 31, S. 270. Der Rat für Judenhilfe war im Herbst 1942 unter Beteiligung der Delegatur der Londoner Exilregierung im besetzten Polen gebildet worden, um insbesondere assimilierten Juden zu helfen; zur Führungsspitze gehörte Irena Sendlerowa, auch Sendler (1910 – 2008), Polonistin; Mitglied der PPS; von 1939 an als Sozialarbeiterin tätig, ab Herbst 1942 Leiterin des Referats für Kinder im Rat für Judenhilfe. Sie brachte jüdische Kinder aus dem Warschauer Getto heraus und in polnischen Familien unter. 1943 wurde sie von der Gestapo verhaftet; nach 1945 Mitbegründerin von Kinder- und Altenheimen; 1965 in Yad Vashem als Gerechte unter den Völkern geehrt.

11 Ajzyk Samberg (1889 – 1943), Schauspieler; renommierter und beliebter Darsteller der jiddischsprachigen Bühne in Polen, im Warschauer Getto Mitarbeiter von CENTOS und der Suppenküche für Künstler, trat im Theater Nowy Azazel auf; im Nov. 1943 Opfer der Mordaktion „Erntefest" im Distrikt Lublin.

12 Wahrscheinlich Sara Grinberg, Schülerin an einer CISzO-Schule. Sie beteiligte sich im Getto an zahlreichen musikalischen und literarischen Veranstaltungen der IKOR.

## DOK. 288
## Der Judenrat in Bendzin (Będzin) gibt am 30. Mai 1941 bekannt, dass über Teile der Innenstadt ein „Judenbann" verhängt wird[1]

Bekanntmachung des kommissar. Leiters des Vorstands der Jüdischen Interessenvertretung in Bendzin, ungez., vom 30. 5. 1941[2]

Nachstehend gebe ich Kenntnis eines vom Herrn Polizeipräsidenten in Sosnowitz[3] an die Zentrale gerichteten Schreibens vom 28. Mai cr. mit dem Ersuchen, striktest danach zu verfahren.
An die Zentrale der Jüdischen Kultusgemeinden in Oberschlesien
*Sosnowitz*
*Betr.: Judenbann in Bendzin.*
Ab 1. VI. 1941 verhänge ich hiermit in Bendzin über die Kattowitzerstraße, Gartenstraße, Hallenstraße – und zwar von der Kattowitzer- bis zur Marktstraße und dem Hauptplatz – den Judenbann. Außerhalb der für die Juden festgesetzten Verkehrsstunden bei den Behörden *(8 – 10 Uhr)* dürfen zum Besuch der Behörden die obengenannten Straßen von Juden nur noch betreten werden:
1.) aufgrund einer amtlichen Vorladung einer Behörde, oder
2.) aufgrund einer von mir erteilten Bescheinigung.
Das Verbot des Betretens der zum Judenbann gehörenden Straßen ist allen Gemeindemitgliedern sofort bekanntzumachen. Für die strikte Innehaltung dieser Anordnung ist Sorge zu tragen.
M.d.W.k.b.[4]

## DOK. 289
## Der Bevollmächtigte der polnischen Exilregierung im besetzten Polen berichtet am 30. Mai 1941 über das jüdische Stadtviertel in Warschau[1]

Bericht des Bevollmächtigten im besetzten Land, Cyryl Ratajski,[2] für die polnische Regierung in London (Nr. O.VI. 2471/41) vom 30. 5. 1941 (Durchschlag)

1 AŻIH, 212/1, Bl. 3. Kopie USHMM, RG 15.060M, reel 1.
2 Im Original Stempel des Vorstands der Jüdischen Interessenvertretung in Bendzin.
3 Kommissar. Polizeipräs. in Sosnowitz war von Okt. 1940 an Alexander von Woedtke (*1889), Berufsoffizier; 1930 NSDAP- und 1931 SS-Eintritt; von 1936 an Inspekteur im SS-OA Nord; 1939 Stabsführer in Bromberg, danach in Breslau tätig, ab März 1940 kommissar. Polizeipräs. in Erfurt, Juli 1941 bis 1944 Polizeipräs. in Sosnowitz; er übte die Polizeiaufsicht über die Jüdischen Gemeinden aus.
4 Mit der Wahrnehmung kommissarisch beauftragt.

1 SPP, 3.1.1.13A. Das Dokument wurde aus dem Polnischen übersetzt.
2 Cyryl Ratajski (1875 – 1942), Jurist; Studium in Berlin, dann Referent in Torgau und Rechtsanwalt in Ratibor, 1919 Mitarbeit im poln. Nationalkomitee bei den Friedensverhandlungen in Paris, langjähriger Stadtpräsident von Posen, 1924/25 Innenminister, 1937 Mitglied der christdemokr. Partei der Arbeit (Stronnictwo Pracy, SP); 1940 verhaftet, von Dez. an in Warschau Bevollmächtigter der poln. Exilregierung (Delegat Rządu) für das GG, 1941 bis Aug. 1942 für das ganze besetzte Land; infolge einer Krankheit verstorben.

*Der jüdische Wohnbezirk in Warschau*

Der abgesonderte, geschlossene jüdische Wohnbezirk in Warschau, der im November 1940 errichtet wurde, erhielt erst unlängst eine gesetzliche Grundlage. Laut den erlassenen Verordnungen stellt er eine eigenständige kommunale Verwaltungseinheit dar, die einem deutschen Sonderkommissar, ausgestattet mit den Befugnissen eines Stadthauptmanns,[3] untersteht sowie in Fragen der Kommunalwirtschaft dem Judenrats-Vorsitzenden, der mit den Befugnissen eines Bürgermeisters ausgestattet ist. Die Judenratsbehörde ist in mehrere Abteilungen untergliedert und umfasst außerdem den Ordnungsdienst (die sog. jüdische Polizei) sowie den im Aufbau befindlichen Sonderbetrieb für Versorgung,[4] der eine GmbH werden soll. Im Wohnbezirk ist darüber hinaus ein Finanzamt tätig, das die staatlichen Steuern einzieht, außerdem der städtische Exekutivapparat, der vorerst weiterhin alle Einnahmen aus Kommunalabgaben an die Kasse der Stadtverwaltung der Stadt Warschau weiterleitet. Angeblich soll sich diese Situation ändern, aber vorerst erhält der Judenrat, der im Grunde die kommunalen Verwaltungspflichten übernommen hat, keine Einnahmen in Form von Steuern. Seinen Haushaltsbedarf deckt der Rat aus einer Pro-Kopf-Abgabe, die für alle Einwohner gleich ist, sowie aus einer Ausgleichsabgabe, deren Höhe vom Wohlstand der jeweiligen Person abhängt, aber auch aus einmaligen Abgaben, die unregelmäßig erhoben werden. Alle diese Einnahmen sind angesichts des gewaltigen Bedarfs der Jüdischen Gemeinde unzureichend. Die Bevölkerung des Wohnbezirks zählt gegenwärtig rund 510 000 bis 520 000 Personen, von denen 240 000 als arm eingestuft sind und aus Sozialhilfemitteln unterhalten werden müssen. Aber nicht alle erhalten Hilfe, denn die sehr bescheidenen Lebensmittelzuteilungen erlauben der Gemeinde nur, täglich ca. 120 000 Portionen Suppe auszugeben – also lediglich an die Hälfte der Bedürftigen. Die individuellen Lebensmittelzuteilungen auf Karten sind völlig ungenügend. Sie enthalten nur 2500 g Brot und 180 g Zucker im Monat. Alle anderen Lebensmittel müssen von der Bevölkerung auf dem freien Markt erworben werden, was ausschließlich durch Schmuggel möglich ist, da die Einfuhr von Lebensmitteln, Heizmaterial usw. in den jüdischen Wohnbezirk offiziell verboten ist. Unter diesen Bedingungen sind die Lebensmittelpreise im jüdischen Stadtteil im Vergleich zu den Preisen im arischen unerhört hoch. Ende Mai 1941 betrugen sie: Brot 32 Zł. das Kilo, Kartoffeln 8,50 Zł. das Kilo, Butter (in verschwindend geringen Mengen) 100 Zł. das Kilo, Speck 90 Zł. das Kilo usw. Für andere Waren sind die Preise nicht so außerordentlich emporgeschnellt, und da es im jüdischen Wohnbezirk die größten Großhandlungen verschiedener Branchen gibt, finden diese Waren im arischen Stadtteil leicht Käufer. Natürlich erfolgt der ganze Handel mit dem arischen Stadtteil illegal, d.h. auf dem Weg des Schmuggels, denn der legale Handelsverkehr zwischen Getto und Außenwelt (also der „Handel über die Mauer hinweg“ – so genannt wegen der Mauern, welche diesen Stadtteil eingrenzen)

3 In der VO über den jüdischen Wohnbezirk in Warschau vom 19.4.1941 war die Einsetzung eines Kommissars vorgesehen; VOBl. GG 1941, Nr. 35 vom 28.4.1941, S. 211f. Mit seiner Anordnung vom 14.5.1941 setzte der Distriktchef den Kommissar ein; Amtsblatt des Chefs des Distrikts Warschau, Nr. 5 vom 20.5.1941, S. 50. Der Kommissar unterstand unmittelbar Distriktchef Fischer und war zugleich für „die allgemeinen Judenangelegenheiten“ im Distrikt zuständig. Zum 15.5. übertrug Fischer außerdem dem „Obmann des Judenrates in Warschau für das Gebiet des jüdischen Wohnbezirks die Aufgaben und Befugnisse eines Bürgermeisters“; ebd., S. 52, und Krakauer Zeitung, Nr. 113 vom 18.5.1941, S. 6.

4 Gemeint ist die Versorgungsanstalt; siehe Dok. 285 vom 21.5.1941, Anm. 5.

darf lediglich durch Vermittlung eines besonderen deutschen Amts, der sogenannten „Transferstelle",[5] abgewickelt werden. Diese Verrechnungsstelle ist einzig und allein zum Zweck der Vermittlung beim Einkauf von Waren für die jüdische Bevölkerung und beim Verkauf von Waren aus dem jüdischen Wohnbezirk eingerichtet worden, [sie] kassiert für diese Vermittlung 10 bis 25 % und zahlt die zugunsten der Juden eingenommenen Summen diesen nicht individuell aus. Dieser Apparat ist außerdem seinem Wesen nach überhaupt nicht zu Handelszwecken geeignet, weshalb nicht nur Juden und Polen diese Vermittlung umgehen, sondern sogar die Deutschen und vor allem die Militärbehörden, die Aufträge direkt ins Getto vergeben und Einkäufe direkt hier tätigen, wobei sie dem Verkäufer die zustehenden Beträge bar auszahlen, auch wenn das von Rechts wegen verboten ist.

Die materielle Lage der jüdischen Bevölkerung ist ungemein schwierig, was dadurch zu erklären ist, dass nicht mehr als rund 4000 Arbeiter und Handwerker in Sammelwerkstätten der jüdischen Gemeinde an der Erledigung der Aufträge für die deutschen Behörden arbeiten (es handelt sich überwiegend um Schneider und Mützenmacher, teilweise auch um Schuster). Noch mal so viele arbeiten für den Armeebedarf. Rund 50 000 Menschen leben von illegalem Handel, d.h. vom Schmuggel. Die Übrigen gehen teilweise den verschiedensten Geschäften nach, etwa dem Handel für den örtlichen Bedarf, der Spekulation mit Devisen, Wertpapieren usw. – größtenteils haben sie aber überhaupt keine Arbeit. Die Reicheren verkaufen den Schmuck und die Wertgegenstände, die ihnen noch geblieben sind, doch sind das nur sehr wenige, während die arme Bevölkerung ganz einfach vor Hunger und an den um sich greifenden Krankheiten (vor allem von Herz und Lunge) stirbt. Sowohl der katastrophale Ernährungszustand als auch die fatalen Wohnverhältnisse und hygienischen Bedingungen führen zu einer enorm hohen Sterblichkeitsrate, die von Monat zu Monat ansteigt und sich im Mai auf bis zu 5000 Personen belief. Auf das Jahr gerechnet sind das 120 Promille, was im Vergleich zur Vorkriegszeit eine zwölffache Steigerung bedeutet. Da die Geburtenrate auf ein Minimum gesunken ist, gibt es nicht nur kein natürliches Bevölkerungswachstum, sondern sogar einen Rückgang. Dennoch vergrößert sich die Einwohnerzahl unaufhörlich wegen des Eintreffens von Juden, die aus jenen kleinen Provinzstädten zwangsausgesiedelt werden, in denen die Schaffung eigener jüdischer Stadtteile nicht vorgesehen ist. Zur Zwangsarbeit (meist Meliorationsarbeiten) wurden nur rund 8000 Menschen verschleppt. Die geringe Zahl erklärt sich daraus, dass es unter den Juden an für schwere körperliche Arbeit geeignetem Material mangelt. Täglich werden die Leichen der bei der Arbeit Verstorbenen hergebracht (täglich rund 20) und auch Schwerkranke zur Genesung. Die Arbeitsbedingungen bei diesen Einsätzen, vor allem die Unterbringung in Baracken und die Verpflegung, sind katastrophal. Auch die Behandlung durch die Lagerwache, die überwiegend aus Ukrainern besteht, ist sehr schlecht.

Im jüdischen Wohnbezirk versieht die Polnische Polizei Dienst, die allerdings aus Einheiten besteht, die eigens zu diesem Zweck – meist aus Einwohnern Posens und Pommerellens – zusammengestellt wurden. Der jüdische Ordnungsdienst befasst sich nicht mit der Verbrechensbekämpfung und übergibt solche Fälle der Polnischen Polizei. Die uniformierte deutsche Polizei ist im jüdischen Wohnbezirk nicht im Einsatz (sie bewacht lediglich seine Grenzen). Dagegen ist die Gestapo in diesem Gebiet mit jüdischen Geheim-

5 Im Original deutsch.

agenten sowie unter dem Deckmantel einer eigenen offiziellen Stelle zur Bekämpfung des Schleichhandels tätig.[6] Es ist unverkennbar, dass die deutschen Behörden danach streben, den jüdischen Wohnbezirk auch in politischer Hinsicht zu isolieren. Geplant ist z. B., den Juden ihre Personalausweise abzunehmen, die ihre polnische Staatsangehörigkeit dokumentieren, und sie durch jüdische Pässe zu ersetzen, sowie die Einführung einer Sonderwährung für das Getto. Dies wird, wie man hört, damit erklärt, dass das Warschauer Getto ein Experiment darstelle, das in Zukunft, nach der Einführung der „neuen nationalsozialistischen Ordnung", als Vorbild für die Gestaltung der jüdischen Verhältnisse in ganz Europa dienen solle. Anzumerken ist, dass im Generalgouvernement mit Ausnahme Warschaus nirgends ein geschlossener jüdischer Wohnbezirk geschaffen wurde. Dort, wo solche Wohnbezirke überhaupt entstanden sind, stellen sie nur eine Zone dar, die für die Ansiedlung jüdischer Einwohner freigegeben wurde, doch ist dort der Zutritt für Arier nicht wie in Warschau verboten; aber auch die Juden können sich entweder in der ganzen Stadt frei bewegen oder das Gettogebiet zumindest mit Passierscheinen verlassen. Auch in den an das Reich angegliederten Gebieten leben die Juden in einigen Ortschaften bislang unter viel besseren Bedingungen als in Warschau.

Daher verlassen täglich auch 400 bis 500 Personen heimlich das Warschauer Getto und versuchen, in die Provinz oder sogar über den Kordon[7] hinauszugelangen; sie kehren in jene Orte zurück, aus denen sie seinerzeit ausgesiedelt worden waren oder wo sie Verwandte haben usw. Der neben dem Warschauer einzige [weitere] geschlossene jüdische Wohnbezirk ist das Lodzer Getto. Es besteht bereits erheblich länger als das Warschauer [Getto], weshalb auch die Lebensbedingungen der Juden und ihre Folgen stärker zu spüren sind. Dies wird allein schon durch die Tatsache illustriert, dass in den ersten drei Maiwochen 1941 in Lodz 1080 Juden (bei einer Gesamtzahl von 150 000) gestorben sind, während es acht Geburten gab. Hervorgerufen wird diese enorm hohe Sterblichkeitsrate durch Entkräftung und daraus folgende mangelnde Widerstandsfähigkeit gegenüber Krankheiten, denn vor Hunger stirbt in Lodz niemand, da die ganze jüdische Bevölkerung aus allgemein zugänglichen Küchen versorgt wird. Nach diesem Vorbild schlug der Kommissar für den jüdischen Wohnbezirk in Warschau vor, Gemeinschaftsküchen einzurichten und die individuellen Familienhaushalte aufzulösen.

## DOK. 290
## Die Chronisten des Gettos Litzmannstadt (Lodz) beschreiben das alltägliche Geschehen vom 14. bis 31. Mai 1941[1]

Tageschronik des Gettos Litzmannstadt, Nr. 108 – 114 vom 14. bis 31. 5. 1941

6 Gemeint ist die Überwachungsstelle zur Bekämpfung des Schleichhandels und der Preiswucherei (Urząd do Walki z Lichwą i Spekulacją).

7 Vermutlich Kontrollen, Razzien und Absperraktionen im Umkreis von Warschau, mit denen deutsche und poln. Polizisten seit 1941 immer wieder gegen Schmuggler und Schwarzhändler vorgingen.

1 APŁ, 278/1079, Bl. 94 – 98. Das Dokument wurde aus dem Polnischen übersetzt in enger Anlehnung an: Chronik des Gettos Lodz/Litzmannstadt (wie Dok. 222, Anm. 1), S. 146 – 155.

*Abteilung Archiv*
Tageschronik Nr. 110
Mittwoch, 14. Mai 1941
*Wetterlage.* Bewölkt, warm.
*Festnahmen.* Wegen Diebstahls wurden heute 8 Personen verhaftet, wegen verschiedener anderer Vergehen 25.
*Sterbefälle.* Am heutigen Tag sind im Getto 32 Personen gestorben.
*Selbstmordversuch.* Um 2 Uhr nachmittags sprang die 51-jährige Ides Śmietanka[2] aus dem Fenster ihrer im 2. Stock befindlichen kleinen Wohnung in der Limanowski-Straße 48. Die Selbstmörderin brach sich ein Bein und verletzte sich am Kopf. Die Schwerverletzte wurde in das Krankenhaus Nr. 1 gebracht.
*Aufträge vom Militär.* Das Schneiderressort hat beträchtliche Bestellungen vom Militär erhalten. Es wurden vornehmlich Drillichuniformen[3] und Hosen in Auftrag gegeben. Die Unterwäscheabteilung erhielt Bestellungen über 50 000 Militärhemden.
Darüber hinaus gab es Bestellungen über mehrere tausend Damenkleider sowie Bestellungen über Damenwäsche.
Die *Kunstschneiderei* ist z.Zt. mit der Anfertigung von Handschuhen beschäftigt. Man rechnet demnächst mit größeren Bestellungen für Änderungsarbeiten an Militäruniformen. Dagegen sind die Auftragseingänge für zivile Herrenanzüge gering. Die Regenmantelfabrik bleibt wegen Mangels an Material und an Bestellungen weiterhin geschlossen.

*Abteilung Archiv*
Tageschronik Nr. 111
Donnerstag, 15. Mai 1941
*Wetterlage.* Bewölkt und warm.
*Festnahmen.* Wegen Diebstahls wurden 14 Personen verhaftet, wegen Widerstands 1, wegen verschiedener anderer Vergehen 16.
*Sterbefälle und Geburten.* Heute sind im Getto 21 Personen gestorben; es wurde 1 totes Kind geboren.
*Selbstmord.* Um 8 Uhr am Abend stürzte sich die 21-jährige geisteskranke Pesa Trop[4] aus dem 3. Stock des Hauses in der Żydowska-Straße 12. Die Selbstmörderin starb nach der Einlieferung ins Krankenhaus Nr. 1 um Mitternacht.
*Luftschutz.* Der Polizeipräsident hat dem Judenältesten Anordnungen über den Luftschutz zukommen lassen. Demnach müssen sich im höchstgelegenen Absatz eines jeden Treppenhauses ein Behälter mit 100-150 l Löschwasser sowie ein Kasten mit Sand befinden. Vor jeder Tür ein Eimer mit Wasser sowie 3 Säcke mit 5-10 kg Sand. Vor dem Eingang eines jeden Luftschutzbunkers müssen sich befinden: 1 Handfeuerwehrspritze, 1 Brandhaken, 1 Feuerwehrseil, 1 Leiter, 1 Verbandskasten, einige Eimer, kleine Schaufeln für den Sand, 1 große Schaufel, 1 Axt. Der Luftschutzdienst soll mit gelben Armbinden mit der Aufschrift L.S.-Wart[5] ausgerüstet werden. Für die Umsetzung dieser Anweisungen werden Versammlungen unter dem Vorsitz des Kommandanten des Ordnungsdienstes

2 Idesa (Ides) Śmietanka (1894 – 1941), Hausfrau; starb am 15.5.1941 im Getto.
3 Eine einfache Dienstuniform, wie sie z.B. während der militärischen Ausbildung getragen wurde.
4 Pesa Trop (1920 – 1941), Arbeiterin.
5 Luftschutzwart.

abgehalten. Am Rande sei vermerkt, dass – vom Mangel an diversen hier geforderten Gerätschaften im Getto einmal abgesehen – die Häuser in Bałuty über keine Luftschutzbunker verfügen.

*Abteilung Archiv*
Tageschronik Nr. 112
von Freitag, den 16. Mai, bis Dienstag, den 20. Mai 1941
*Wetterlage.* In den oben genannten 5 Tagen hielt das warme und meist sonnige Wetter an.
*Festnahmen.* Wegen Diebstahls wurden 50 Personen verhaftet, wegen Widerstands 20, wegen verschiedener anderer Vergehen 100.
*Sterbefälle und Geburten.* In den oben genannten 5 Tagen starben im Getto 194 Personen; es wurden 5 Geburten registriert, darunter 4 Jungen und 1 Mädchen.
*Niedergeschossen.* Am 17. Mai um 16 Uhr 15 wurde der 49-jährige Mordka Moszkowicz von der Kugel eines Wachtpostens tödlich getroffen.[6] Der Vorfall hat sich am Drahtzaun an der Ecke Smugowa-Straße und Franciszkańska-Straße abgespielt.
*Selbstmordversuche.* Am 16. Mai vergiftete sich die 22-jährige Łaja Ruchla Turko,[7] Stary Rynek 15, mit Salzsäure. Am selben Tag starb sie im Krankenhaus Nr. 1. Am 19. [Mai] um 7 Uhr abends versuchten sich die Eheleute Gliksman das Leben zu nehmen, indem sie Sublimat[8] zu sich nahmen. Es ist ein junges Ehepaar; der Ehemann, Elektromechaniker von Beruf, ist lediglich 23 Jahre alt, und seine 20-jährige Ehefrau ist Schneiderin. Sie wurden in kritischem Zustand in das Krankenhaus Nr. 1 eingeliefert.
*Brand.* Am 18. Mai um 4 Uhr morgens ist der Fußboden in einem Gebäude des Schneiderressorts in der Jakuba-Straße 16 in Brand geraten. Der Brand wurde noch vor dem Anrücken der Feuerwehr von den Nachtwächtern des Gemüselagers gelöscht, das sich in unmittelbarer Nachbarschaft befindet. Der Sachschaden ist nicht groß.
*Ankunft.* In der Zeitspanne vom 30. April bis zum 15. Mai wurden im Getto 10 Personen zum dauerhaften Aufenthalt angemeldet, 8 davon waren aus Gefängnissen freigelassen worden. 3 Gettoeinwohner fuhren mit einer Sondergenehmigung nach Warschau.

*Abteilung Archiv*
Tageschronik Nr. 113
von Mittwoch, den 21. Mai, bis Montag, den 26. Mai 1941
*Wetterlage.* Deutliche Erwärmung, die Temperaturen erreichten schon 25 Grad; überwiegend sonnig, am Sonntag ein kurzes Gewitter mit heftigem Platzregen.
*Festnahmen.* Wegen Diebstahls wurden in den oben genannten 6 Tagen 38 Personen verhaftet, wegen Widerstands 12, wegen verschiedener anderer Vergehen 71.
*Sterbefälle und Geburten.* In den oben genannten 6 Tagen starben im Getto 200 Personen; es wurde ein Mädchen geboren.
*Rückkehr des Präses.* Am 20. Mai kehrte der Vorsitzende des Ältestenrats der Juden, Präses Rumkowski, nach einem 8-tägigen Aufenthalt in Warschau ins Getto zurück. Während seines Aufenthalts in Warschau hat er mit 13 Fachärzten Verträge abgeschlossen. Sie kommen demnächst ins Getto. Die Ankunft der 13 Ärzte im Getto wird für das öffentliche Gesundheitswesen von großer Bedeutung sein.[9]

6 Mordka Moszkowicz (1892–1941), Weber.
7 Łaja Ruchla Turko (1918–1941), Hausfrau.
8 Gemeint ist Quecksilberchlorid, ein hochgiftiges Desinfektionsmittel.

*Selbstmorde.* Am 20. Mai war die Brücke am Kościelny-Platz erneut Schauplatz eines verzweifelten Sprungs. Der Vorfall ereignete sich kurz vor dem Ende der Polizeistunde. Die Verzweiflungstat wurde von dem 30-jährigen Schneider Icek Wajnblum begangen.[10] In kritischem Zustand wurde er in das Gefängnis Nr. 1[11] gebracht.
Am 25. [Mai] um 5 Uhr 30 am Morgen stürzte sich eine junge Frau aus einem Fenster im ersten Stock des Hauses in der Smugowa-Straße 12. Die Verzweifelte konnte gerettet werden.
*Suspendierung des stellvertretenden Gefängnisdirektors.* Der stellvertretende Gefängnisdirektor, Hr. Szternberg, wurde vom Dienst suspendiert. Die Suspendierung hängt mit einem Ermittlungsverfahren zusammen, das gegen ihn wegen seiner Tätigkeit vor dem Amtsantritt im Gefängnis eingeleitet wurde.
*Am helllichten Tag auf der Straße erschossen.* Im Zentrum des Gettos, weit entfernt von den Drahtzäunen, hat sich am 22. Mai ein Vorfall ereignet, der an Tragik seinesgleichen sucht. Bekanntlich kommt es meist an den Kontrollstellen zu Schüssen auf Gettoeinwohner, vornehmlich nach der Polizeistunde. Die Täter sind immer Wachmänner, die rund um die Judensiedlung ihren Dienst versehen. Schauplatz des erschütternden Vorfalls am Donnerstag war eine der belebtesten Straßenkreuzungen an der Franciszkańska-Straße und der Zawisza-Straße. Gegen halb zwei Uhr nachmittags gingen in der Nähe der Kreuzung 2 Männer ohne Flicken[12] vorbei und liefen die Franciszkańska-Straße auf der Seite mit den geraden Nummern entlang auf die Zawisza-Straße zu. An der Ecke holte einer von ihnen einen Revolver aus der Manteltasche hervor und gab, wie es scheint, blindlings zwei Schüsse ab. Das erste Geschoss verletzte einen gewissen Mordka Brygiel (Kielm-Straße 25) leicht an der Hand,[13] das zweite Geschoss dagegen traf den auf der gegenüberliegenden Seite der Franciszkańska-Straße stehenden Tauchen Bigeleisen, 55 Jahre alt, tödlich.[14] Der Getötete wohnte in dem nahe gelegenen Haus in der Zawisza-Straße 35. Nach den Schüssen brach auf der Straße eine unbeschreibliche Panik aus, und die Täter konnten sich ungehindert schnellen Schrittes, die Zawisza-Straße entlang, in Richtung Baluter Ring entfernen. Gleich darauf traf ein größerer Trupp des Ordnungsdienstes unter Leitung des Kommissars des I. Reviers, Hrn. Berkowicz, am Tatort ein.[15] Die Leiche lag im Rinnstein an der Ecke. Die Kugel hatte die Schläfe des Opfers durchschlagen, was den sofortigen Tod zur Folge hatte. Die Leiche lag in einer riesigen Blutlache. Der Ordnungsdienst stoppte den Straßenverkehr, riegelte im Umkreis von mehreren Dutzend Metern den Tatort ab und ließ niemand anderen als die zuständigen Vertreter der Obrigkeit an der errichteten Absperrung hindurch. In der Zwischenzeit

9 Rumkowski hielt sich vom 13. bis 20.5.1941 im Warschauer Getto auf, um für das Getto Litzmannstadt Fachärzte zu gewinnen. Er hatte mehrere Unterredungen mit Vertretern des Joint und der Jüdischen Gemeinde. Am Ende erreichte er, dass 12 Ärzte nach Litzmannstadt übersiedelten.

10 Icek Wajnblum (1911–1941), Schneider; am 28.8.1941 im Getto gestorben.

11 Gemeint ist vermutlich das Krankenhaus Nr. 1.

12 Ohne den gelben Stern. Der für die Stadt Lodz zuständige Reg.Präs. in Kalisch, Uebelhoer, hatte am 11.12.1939 die Kennzeichnung der jüdischen Bevölkerung durch einen 10 cm großen gelben Stern auf der Brust- und Rückenseite der Kleidung angeordnet; Dokumenty i materiały, Bd. 3: Getto Łódzkie (wie Dok. 54, Anm. 1), S. 23.

13 Mordka Brygiel (1904–1942), Bäcker; im Febr. 1942 nach Kulmhof deportiert und dort ermordet.

14 Tauchen Bigeleisen, auch Bigelajzen (1886–1941), Nachtwächter.

15 Samuel Berkowicz (*1900), Kaufmann; Kommissar und stellv. Kommandant des Ordnungsdienstes im Getto Litzmannstadt.

hatte ein Krankenwagen den verletzten Brygiel ins Krankenhaus gebracht. Die zuständigen deutschen Behörden wurden über den Vorfall sofort informiert, und gleich darauf kam der Chef der im Getto stationierten Deutschen Kriminalpolizei[16] mit zwei Untersuchungsbeamten und einem Polizeihund. Sie leiteten am Tatort detaillierte Ermittlungen ein: verhörten die Augenzeugen, führten Messungen durch, nahmen die Personalien des Getöteten auf u.a.m. Der Chef der Kriminalpolizei erklärte gegenüber einem Mitglied des Ordnungsdienstes, dass die Milizionäre verpflichtet gewesen wären, die Täter trotz der bestehenden Lebensgefahr zu stellen. Laut der Beschreibung eines Augenzeugen, eines Mitglieds des Ordnungsdienstes, trug einer der Täter einen hellen Mantel und einen hellen Hut und benutzte einen Gehstock; der andere Mann, kleiner von Wuchs, habe einen grauen Mantel angehabt. Kaum hatten die Vertreter der deutschen Behörden ihre Ermittlungen beendet, transportierte ein Leichenwagen den Erschossenen ab, das blutbefleckte Pflaster wurde gesäubert, der normale Straßenverkehr am Ort des tragischen Geschehens wieder freigegeben. Dieser Vorfall hat im Getto eine erschütternde Wirkung gehabt.

*Bürger aus Pabianice im Getto.* Am 23. Mai ist ein Transport von 200 Männern aus Pabianice im Getto angekommen, die zur Zwangsarbeit nach Deutschland verschickt werden. Bis zum Tag ihres Weitertransports wurden sie im hiesigen Gefängnis in der Czarniecki-Straße untergebracht.

*Aus den Gefängnissen* kehrten in der Zeit vom 17. bis zum 22. [Mai] 3 Personen ins Getto zurück.

*Brände.* Am 23. [Mai] gegen 9 Uhr abends geriet der Fußboden in dem eingeschossigen Haus in der Pieprzowa-Straße 20 in Brand. Die Ursache des Brands war ein fehlerhafter Bau des Kamins. Der Brand wurde von der hiesigen Feuerwehr gelöscht. Am 24. [Mai] gegen 10 Uhr abends fing in der Rybna-Straße 11 Ruß im Schornstein Feuer. Die Feuerwehr beseitigte sofort den Brandherd.

*Handel mit Gemeindeartikeln verboten.* Heute wurde die Bekanntmachung Nr. 273 des Judenältesten veröffentlicht, die ein Handelsverbot für die aus der Gemeindezuteilung kommenden Lebensmittel einführt.[17] Grundlage des Lebensmittelhandels war der Verkauf der Artikel aus den Zuteilungen. Das betrifft den Straßen- und Markthandel ebenso wie die Läden. Mit dem eingetretenen Verbot wird legaler Handel nunmehr lediglich mit Lebensmitteln möglich sein, die nachweislich aus ausländischen Paketen kommen.

Die am selben Tag angeschlagene Bekanntmachung Nr. 272 regelt die Nahrungsmittelzuteilung für den Zeitraum bis einschließlich 4. Juni.[18]

Am Tag nach Erscheinen der Bekanntmachung Nr. 273 wurden die Funktionäre des Ordnungsdienstes angewiesen, den dagegen verstoßenden Lebensmittelhandel zu unterbinden. In diesem Zusammenhang führten die OD-Männer am Montag ab den frühen Morgenstunden auf Straßen, öffentlichen Plätzen und in den Läden Beschlagnahmen von Lebensmitteln durch. Zur gleichen Zeit wurden auch Waagen und Gewichte beschlag-

16 Dr. Walter Zirpins (1901–1976), Bankkaufmann, Jurist; nach 1918 im Freikorps in Oberschlesien; 1928 Kriminalkommissar; 1939 SS-Eintritt; 1939 im Amt IV (Gestapo) des RSHA tätig, Stabsführer der Führerschule der Sicherheitspolizei; 1940 bis Ende 1941 Chef der Kriminalpolizei im Getto Litzmannstadt; 1951 Referent für die Kriminalpolizei im niedersächsischen Innenministerium, von 1956 an Leiter der Kripo Hannover, führender Wirtschaftskriminalist der Bundesrepublik.

17 Die Bekanntmachung Nr. 273 stammt vom 25. Mai 1941; YIVO, RG 241/389.

18 YIVO, RG 241/388.

nahmt. Im Laufe eines einzigen Tages gelang es durch dieses tatkräftige Vorgehen, den sonst so regen Handel gänzlich zum Erliegen zu bringen.
Im Gegenzug entstand im Zeichen eines starken Preisanstiegs unverzüglich Schleichhandel. So schnellte z. B. nach der Beseitigung des legalen Handels der unter der Hand gezahlte Preis für Brot nach den getroffenen Maßnahmen plötzlich von 10 auf 12 Mk. empor, und der Preis für Kohlrüben von 0,90 auf 1,20 Mk. Desgleichen verteuerten sich alle anderen Lebensmittel.
*Außerordentliche Maßnahmen im Ordnungsdienst.* Am 26. [Mai] wurden im Ordnungsdienst außerordentliche Maßnahmen verfügt, um die zunehmenden Übertretungen der Polizeistunde zu unterbinden. Pünktlich um 21 Uhr begann der Ordnungsdienst mit häufigen Streifengängen auf allen Straßen des Gettos; er trieb die Bevölkerung in die Häuser, und diejenigen Fußgänger, die dabei trödelten, brachte er auf die Reviere, wo ihnen Geldbußen auferlegt bzw. Gefängnisstrafen über sie verhängt wurden, weil sie nach 9 Uhr noch auf der Straße waren.
*Die Bürger aus Pabianice* wurden am 26. Mai nach 3-tägigem Aufenthalt im Gefängnis den deutschen Behörden für die weitere Verschickung zum Arbeitseinsatz überstellt.

*Abteilung Archiv*
Tageschronik Nr. 114
von Dienstag, den 27. Mai, bis Samstag, den 31. Mai 1941
*Wetterlage.* Die letzten Maitage standen im Zeichen schönen, sonnigen und warmen Wetters.
*Festnahmen.*
*Sterbefälle und Geburten.*[19]
*Lebensmittelversorgung im Getto.* Dem Bericht des Empfangsbüros am Baluter Ring zufolge stimmen die Versorgungslieferungen in das Getto mit dem angemeldeten Bedarf überein. Kürzlich ist das erste Frühgemüse, bestehend aus Rhabarber und Schnittlauch, eingetroffen. Angefordert werden demnächst weitere Lieferungen an Frühgemüse. Das Angebot an Rote Bete und Kohlrüben als Nachtrag für eine frühere, nicht vollständig ausgeführte Bestellung ist groß. Die Zufuhr von Kartoffeln ist dagegen unzureichend und liegt unter 80 000 kg täglich. Statt Grütze erhält das Getto Gerstenflocken. Kohle wird kontingentgemäß angeliefert, wie zuletzt von der Gettoverwaltung zugeteilt. Die Milchzufuhr ist beträchtlich gestiegen und beträgt bis zu 7000 l täglich in verschiedener Art. Es mangelt an einer ausreichenden Zufuhr von Butter und Margarine. Brennspiritus wird das Getto nicht mehr erhalten. Nur für technische Anwendungszwecke wird dieser noch angeliefert. Kürzlich wurde bestellungsgemäß eine große Menge Medikamente jeglicher Art angeliefert. Die Zündholzkrise wurde nach Eintreffen eines großen Transports von Streichhölzern überwunden, der aus 50 Kisten mit je 5000 Schachteln bestand.
*Aufträge für die Arbeitsressorts.* Die Ressorts haben neue umfangreiche Aufträge für die Anfertigung aller Arten von Leibwäsche, Damenkleidern und ziviler Herrenkonfektion bekommen. Der beachtliche Auftragseingang sorgte für eine Produktionssteigerung in den Schneiderbetrieben. Am 29. Mai wurde den deutschen Behörden eine Partie von 2500 Paar Militärschuhen übergeben, die vorher aufgrund festgestellter Fehler zurückgewiesen worden war. Die Mützenschneiderei läuft bei der Ausführung einer militärischen

19 Zu den Punkten „Festnahmen" und „Sterbefälle und Geburten" folgt kein weiterer Text.

Bestellung auf vollen Touren. Die Herstellung von gummierten Regenmänteln ruht nach wie vor. Eine neue Abteilung wurde in Betrieb genommen, die Bürstenfabrik, die auf Bestellung der deutschen Behörden Kehrbürsten und Malerpinsel herstellt. Für die Bedürfnisse dieser Fabrik wurde eine neue Abteilung bei der Gerberei in Betrieb genommen, die sich mit der Veredelung von Borsten befasst.
*Mangel an Baumaterialien.* Wegen der völligen Ausschöpfung grundlegender Baumaterialien, in erster Linie Zement und Teer, wurde der größte Teil der von der hiesigen Bauabteilung durchgeführten Bauarbeiten eingestellt. Zu den wichtigsten Baumaßnahmen, die kurz vor der Vollendung stehen, gehört der Umbau der Räumlichkeiten des Trikotagenressorts in der Brzezińska-Straße 50, des Mützenressorts in der Brzezińska-Straße 47, des Wäscheressorts in der Dworska-Straße 14 und des Schusterressorts in der Franciszkańska-Straße 79.
*Welche Ärzte kommen aus Warschau?* Wie die Tageschronik bereits berichtete, hat der Hr. Präses während seines Aufenthalts in Warschau 12 (meist aus Lodz gebürtige) Ärzte für die Arbeit im Getto angestellt.[20] Nachstehend die Liste dieser Ärzte: Es handelt sich um die Doktoren Michał Eliasberg[21] und Arno Kleszczelski,[22] Chirurgen; Abram Mazur,[23] HNO-Arzt; Salomon Rubinstein, Röntgenologe; Janina Hartglas[24] und Benedykt Moszkowicz,[25] Kinderärzte; Józef Goldwasser,[26] Alfred Lewi,[27] Izak Ser,[28] Nekrycz,[29] Alicja Czarnożyłówna[30] sowie Izrael Geist,[31] Internisten.
*Verhaftung des Vorsitzenden des Schnellgerichts.* In diesen Tagen sorgte die auf unmittelbare Anordnung des Hrn. Präses vorgenommene Verhaftung des Vorsitzenden des Schnellgerichts,[32] (des ehemaligen Gerichtsanwärters) Bronowski,[33] für großes Aufsehen. Er wurde in der Nacht vom 12. auf den 13. Mai in seiner Wohnung, die einer strengen Durchsuchung unterzogen wurde, verhaftet. Angeblich sollen rund 1000 Mk. im Besitz des Verhafteten gewesen sein, also eine an seinem Gehalt gemessen sehr beträchtliche Summe. Bronowski ist in einer Arrestzelle des Ordnungsdienstreviers untergebracht worden. Er steht unter Verdacht, Bestechungsgelder von Angeklagten angenommen zu haben. Bekanntlich fanden die Sitzungen des Schnellgerichts mehrheitlich unter Bronowskis Vorsitz statt, so dass er die Urteile maßgeblich beeinflussen konnte. Die am 30. Mai erschienene Nummer 11 – 12 der Geto-Cajtung brachte die Nachricht über die besagte Verhaftung.[34] Über das Schicksal des Inhaftierten wird der Vorsitzende des

20 Zuvor ist in der Tageschronik Nr. 113 von 13 Fachärzten die Rede.
21 Dr. Michał Eliasberg (1891 – 1973).
22 Arno Kleszczelski (*1899).
23 Dr. Albert Abram Mazur (1893 – 1976), 1945 nach Schweden ausgewandert.
24 Dr. Janina Hartglas (1888 – 1943).
25 Benedykt Moszkowicz (*1893) stammte aus Warschau.
26 Dr. Józef Goldwasser (*1886), 1944 nach Auschwitz deportiert.
27 Dr. Alfred Lewi (*1899).
28 Dr. Izak Ser (*1908).
29 Dr. Izak Majer Nekrycz (*1908).
30 Dr. Alicja Paulina Czarnożył (*1912).
31 Dr. Izrael Geist, auch Gaist (*1892).
32 Im Aug. 1940 hatte Rumkowski die Bildung eines Gerichts angeordnet, das ab Sept. tätig war. Am 15.3.1941 rief er außerdem ein Schnellgericht ins Leben, das gegen Amtsmissbrauch, Betrug und Diebstahl vorgehen sollte.
33 Samuel Bronowski (*1907), Büroangestellter; März bis Mai 1941 Vorsitzender des Schnellgerichts.
34 Die Geto-Cajtung erschien als offizielles Organ des Judenältesten wöchentlich vom 7.3. bis 21.9.1941

Ältestenrats der Juden nach einer detaillierten Untersuchung des Falles persönlich entscheiden.
*Der Präses wird höchstpersönlich* die Urteile im Falle von Amtsmissbrauch, Betrug und Diebstahl zum Schaden der Gemeinde sprechen. Bislang oblagen diese Kompetenzen bekanntlich dem Schnellgericht.
*Die Bekanntmachung Nr. 275*, die am 30. Mai plakatiert wurde,[35] informiert darüber, dass der Vorsitzende des Ältestenrats der Juden den Rechtsanwalt Henryk Neftalin damit betraut hat, jeglichen Anzeigen, Berichten und Beschwerden in Bezug auf Missbrauch bzw. Diebstahl in Ämtern, Institutionen und Betrieben nachzugehen. Seine Meldeberichte werden die Grundlage für die durch den Hrn. Präses gefällten Urteile bilden. Dies [geschieht] gemäß dem Verfahren, von dem in der vorherigen Nachricht die Rede war.
*Bekämpfung des Nahrungsmittelhandels.* Aufgrund des Verbots, mit Lebensmittelerzeugnissen aus der Gemeindezuteilung Handel zu treiben, sind 80 Funktionäre des Ordnungsdienstes zu einem besonderen Kontrolldienst eingeteilt worden. Wie die letzte Nummer der Geto-Cajtung berichtet, kam es zur Abschaffung des besagten Handels, weil sich unter den Händlern Schmarotzertum breitmachte.[36] Sie nähren sich vom Elend jener Verbraucher, welche die erhaltenen Lebensmittelzuteilungen zu Spottpreisen losschlagen, während die Händler diese Produkte zu gesalzenen Preisen weiterverkaufen.
*Berufliche Weiterbildung.* Die Aktion zur beruflichen Weiterbildung weitet sich immer mehr aus. In ihrem Ergebnis wird es zu einer Umschichtung von großen Teilen der Bevölkerung im mittleren Alter kommen, deren Kräfte zielgerichtet eingesetzt werden. Die Aktion soll dazu führen, dass alle Arbeitsfähigen zu nützlichen Mitgliedern der Gettogesellschaft werden.
*Pfingsten.*[37] Anlässlich dieses Festes, das auf die ersten beiden Junitage fällt, hat die Bevölkerung eine erhöhte Lebensmittelzuteilung bekommen. Was die aktuellen Probleme mit der Lebensmittelversorgung anbetrifft, so muss man den Mangel an Kartoffeln erwähnen, der durch die letzten Unterbrechungen im Eisenbahnverkehr verursacht wurde.
*Revuepremiere.* Am Samstag, dem 31. Mai, wurde im Kulturhaus eine Revue aufgeführt. Sie bestand aus Sketchen, aktuellen Genrebildern,[38] Monologen und Tanzeinlagen. Die Revue hat in Anbetracht der schwierigen Gettobedingungen, darunter in erster Linie dem Mangel an professionellen Revuekünstlern, alle Erwartungen übertroffen. Die Veranstaltung kann man ohne Abstriche mit dem Niveau eines guten Theaters der Vorkriegszeit vergleichen. Ihren Erfolg verdankt die Revue dem Regisseur, Hrn. Puławer,[39] dem Autor vieler gelungener Texte, Janowski,[40] sowie der meisterhaften Bühnenausstattung des

auf Jiddisch (APŁ, PSŻ 278/1075). Für die deutschen Behörden wurden die Beiträge ins Deutsche übersetzt, darunter auch diese Nachricht: Getto-Zeitung für Informationen, Verordnungen und Bekanntmachungen, Nr. 11 – 12 vom 30.5.1941, S. 6, APŁ, 278/1076, Bl. 156.

35 YIVO, RG 241/390.

36 Getto-Zeitung für Informationen, Verordnungen und Bekanntmachungen, Nr. 11 – 12 vom 30.5.1941, S. 4f., APŁ, 278/1076, Bl. 154f.

37 Gemeint ist das jüdische Schawuot-Fest (Wochenfest), das sieben Wochen nach dem Pessach-Fest gefeiert wird. Es erinnert an den Empfang der Zehn Gebote am Berg Sinai.

38 Vermutlich nachgestellte, „typische" Szenen aus dem Gettoalltag.

39 Mojżesz Puławer (*1903), Schauspieler, Regisseur; Leiter der Schauspieltruppe Avantgarde in Lodz; im Aug. 1944 nach Auschwitz deportiert; lebte nach 1945 in Israel.

40 Szymon Janowski (1912 – 1944), Schriftsteller, Dramaturg; im Getto Litzmannstadt Hausmeister eines Krankenhauses; im Aug. 1944 nach Auschwitz deportiert und dort ermordet.

Kunstmalers Szwarc.[41] Die Revue wurde komplett auf Jiddisch aufgeführt. Das Publikum verlangte in der Premierenvorstellung am Samstag mit donnerndem Applaus bei einer Reihe von Nummern Zugaben.
Nach der Aufführung hielt Präses Rumkowski eine längere Ansprache, in der er dem Publikum seine Eindrücke von der kürzlich unternommenen Reise nach Warschau mitteilte. Im Warschauer Getto springe einem der Kontrast zwischen der tragischen Not der überwiegenden Mehrheit der Bevölkerung und dem Wohlstand einer kleinen Handvoll noch wohlhabender Juden ins Auge, die sich alle Restaurants, Konditoreien und Läden mit ihren ganz und gar Schwindel erregenden Preisen leisten können. Neben diesem falschen Glanz und dem Anblick einiger weniger Glückspilze, die nach der Mode gekleidet und wohlgenährt seien, sehe man endlose Scharen von Arbeitslosen, deren Aussehen geradezu Entsetzen hervorruft. Völlige Desorganisation und Chaos prägten das Bild des Warschauer Gettos. Die Schlusspassage seiner Ansprache widmete das Oberhaupt des Gettos dem von ihm geführten unerbittlichen Kampf gegen die sich ausbreitende Hydra des Verbrechens und der Korruption, welche die Harmonie bei der Arbeit stört.

## DOK. 291
## Die Commission for Polish Jewry berichtet im Mai 1941 über die Lage im deutsch besetzten Polen[1]

Bericht (nur für den internen Umlauf) der Commission for Polish Jewry[2] in Jerusalem für das US-Außenministerium (Department of State) vom Mai 1941

Sehr geehrter Herr,
hiermit übersenden wir Ihnen einige Unterlagen, die das Leiden der jüdischen Bevölkerung unter deutscher und sowjetischer Besatzung dokumentieren. Dieses Material stützt sich auf schriftlich belegte Zeugenaussagen von Menschen, die aus Polen hierher entkommen konnten.
Aufgrund der historischen Bedeutung dieses Materials, das wir für die Zukunft bewahren wollen, bemühen wir uns, alle verfügbaren Informationen zusammenzutragen.
*Sollten Sie beabsichtigen, dieses Material zu verwenden, werden Sie freundlich gebeten, die Quelle anzugeben.*
Hochachtungsvoll
Commission for Polish Jewry

*Die Lage im deutsch besetzten Polen*
(im Februar 1941 vorgelegter Bericht)
Die Einstellung der deutschen Behörden gegenüber den Juden im Gebiet des „Generalgouvernements" könnte man im großen und ganzen mit ihrer Haltung gegenüber der

41 Alter Pinchas Szwarc, später: Pinchas Shaar (1923 – 1996), Maler, Bildhauer; lebte nach 1945 in Israel, München und New York.

1 NARA, RG 59, Decimal File 860c.4016/635. Das Dokument wurde aus dem Englischen übersetzt.
2 Siehe Dok. 13 vom Sept. 1939, Anm. 2.

polnischen Bevölkerung in den vom Reich annektierten Gebieten vergleichen. So werden beispielsweise die Juden im „Generalgouvernement“ und die Polen in den angegliederten Gebieten dazu gezwungen, ihre Häuser binnen einer halben Stunde zu verlassen, um sie in abgetrennten Vierteln zusammenzupferchen. Man kann allerdings dagegenhalten, dass ein großer Unterschied darin besteht, dass die Deutschen die Juden im Unterschied zu den Polen als eine minderwertige Volksgruppe betrachten. Daher achten die Deutschen auch stets sorgfältig darauf, bei der Verfolgung der Juden und der Polen unterschiedlich vorzugehen. Demzufolge denken sowohl viele Juden als auch Polen, dass die jeweils andere Gruppe besser als sie selbst behandelt würde. Die Polen behaupten gelegentlich, dass die Lage der Juden besser sei als ihre eigene, da die Deutschen bislang nur polnische[3] Jugendliche in größerem Umfang zur Zwangsarbeit ins Reichsgebiet deportiert hätten. Außerdem behaupten sie, dass es unter den Juden bislang zu weniger Verhaftungen und politischen Hinrichtungen gekommen sei als unter der polnischen Bevölkerung. Betrachtet man die ökonomische Lage beider Gruppen, so ist die der Polen allerdings eindeutig besser. Die Polen werden als Bürger mit gewissen Rechten betrachtet, und ihr Privatleben ist bisher praktisch nicht beeinträchtigt worden. Natürlich ist ihre wirtschaftliche Position aufgrund der allgemeinen Umstände, die in Polen herrschen, schwierig. Gleichwohl ist es Polen weiterhin möglich, einer Arbeit nachzugehen und ihren Lebensunterhalt zu verdienen. Erst mit den jüngsten Verordnungen der Deutschen, die zur Errichtung des jüdischen Gettos geführt haben, kam es zu einer Reihe von Maßnahmen, mit denen Juden und Polen mehr oder minder gleichgesetzt werden. Dadurch, könnte man sagen, sind aber auch die Beziehungen zwischen Juden und Polen enger geworden.

Innerhalb der polnischen Bevölkerung variiert die Haltung gegenüber den Juden. Die polnische Intelligenz hat es zum Beispiel schwerer als andere getroffen, sowohl in moralischer als auch in materieller Hinsicht. Ihnen ist inzwischen der Zugang zu vielen Berufen verwehrt. So ist z.B. die Lage der Professoren, Lehrer und Regierungsbeamten besonders schlecht. Auch psychisch leiden sie sehr. Es ist jedoch bewundernswert, wie sie sich trotzdem in ihrer Lage behaupten. Sie glauben fest daran, dass Großbritannien am Ende den Krieg gewinnen wird, und sie haben den Mut, auch den widrigsten Umständen zu trotzen. Diese Menschen stehen an der Spitze der im Untergrund wirkenden polnischen Nationalbewegung, die von Tag zu Tag wächst. Im Allgemeinen ist die Haltung der polnischen Intelligenz gegenüber den Juden fair und anständig. Polnische Freunde helfen den Juden im ganzen Land und zeigen ihnen ihr Mitgefühl. Sie verstecken jüdischen Besitz in ihren Wohnungen, obwohl dies mit einem erheblichen Risiko verbunden ist. Sie helfen Juden, die ihre Berufe offiziell nicht mehr ausüben dürfen, und ermöglichen es so einem großen Teil der jüdischen Intelligenz, ihren Lebensunterhalt zu verdienen. Sogar der oberste Funktionär der Anwaltsvereinigung, Novodovski,[4] ein bekannter Nationaldemokrat und führender Kopf der antisemitischen Bewegung, hat sich als Vorsitzender der Anwaltskammer geweigert, eine Verordnung zu unterschreiben, die einen Arierparagraphen gegen jüdische Anwälte in Kraft gesetzt hätte. Daraufhin

3 Im Original versehentlich: „jüdische“.

4 Richtig: Leon Nowodworski (1889–1941), Jurist; Dekan des Anwaltsrats, 1928–1930 im Vorstand der Nationalpartei (Stronnictwo Narodowe, SN); im Sept. 1939 Mitorganisator der Zivilverteidigung Warschaus, dann Mitglied des Hauptrats für die Nationale Verteidigung (Rada Główna Obrony Narodowej) und Mitbegründer der Untergrundorganisation SZP, 1940/41 Direktor der Justizabt. in der Regierungsdelegatur.

wurde er zu mehreren Monaten Haft verurteilt. (Anm. des Redakteurs: Diese Information stimmt nicht.)[5]
Bei den jüngeren Juristen jedoch verhält es sich anders. Die meisten von ihnen fungieren als Verwalter jüdischen Vermögens, und sie tragen ihren extremen Antisemitismus ganz offen zur Schau. Die meisten von ihnen sind Mitglieder des Naara,[6] einer radikalen antisemitischen polnischen Partei. Im polnischen Polizeiapparat kam es zu Säuberungen, so dass die besseren Beamten entfernt wurden. Man hat alle Polizisten dazu gezwungen, einen Treueschwur auf die deutsche Regierung zu leisten. Heute ist die Polizei von zahlreichen kriminellen Elementen durchsetzt, die einen Großteil aller Informanten und Spitzel stellen.
Dagegen sind die polnischen Arbeiter mehrheitlich erklärte Feinde Deutschlands und sympathisieren infolgedessen mit den Juden.
Die Straßenbahnfahrer tun sich durch ihren Patriotismus und demokratischen Geist hervor. Die meisten von ihnen sind Mitglieder der Polnischen Sozialistischen Partei. Bei Razzien und Polizeifahndungen in den Straßen waren sie sowohl Juden als auch Polen eine große Stütze. Als die Deutschen speziell für die Juden einen eigenen Straßenbahndienst einführten,[7] halfen sie den Juden dabei, diesen zu organisieren. Auch die Bauern, deren wirtschaftliche Situation besser ist als die der übrigen Bevölkerung, haben eine antideutsche Haltung eingenommen und spielen nach dem, was man hört, eine wichtige Rolle in der nationalen Untergrundbewegung.
Zu den Teilen der Bevölkerung, deren Haltung gegenüber den Deutschen von reinem Opportunismus geprägt ist und die den Juden eindeutig feindselig gegenüberstehen, gehören der Mittelstand und das Lumpenproletariat. Diese Elemente gerieten schnell unter den Einfluss der deutschen Propaganda, und sie waren auch verantwortlich für die antijüdischen Übergriffe während des Pessach-Festes.[8]
[...][9]
*Migration*: Der einzige Wunsch, den die Juden und viele Mitglieder der polnischen Intelligenz haben, ist, das Land zu verlassen. Seit dem Frühjahr gibt es dazu jedoch keine Möglichkeit mehr. Nur wenigen Menschen gelingt es noch, mit Hilfe von Beziehungen und massiver Bestechung auszureisen. Selbst die Fortbewegung innerhalb des Reichs ist mit vielen Schwierigkeiten verbunden.
*Die wirtschaftliche Position der Juden*: Juden sind keine polnischen Staatsbürger mehr. Ein Jude kann weder Häuser noch Land kaufen. Er kann sein Eigentum nur noch mit Sondergenehmigung veräußern, und dies auch nur, wenn die Verkaufssumme auf ein Sperrkonto eingezahlt wird, von dem er monatlich maximal 500 Złoty abheben darf. In den Großstädten unterstehen die meisten Häuser der Zwangsverwaltung, überwiegend durch polnische Anwälte, Volksdeutsche oder Ukrainer. Der Leiter der entsprechenden Behörde ist ein Ukrainer. Von den Deutschen eingesetzte Verwalter leiten nun auch enteignete

5 Nowodworski war von den Besatzern im Nov. 1939 inhaftiert und einen Monat später wieder freigelassen worden; er starb im Dez. 1941 in Warschau nach einem Herzanfall.
6 Gemeint ist offenbar das Nationalradikale Lager (ONR).
7 Siehe unten in diesem Dokument.
8 Im März 1940 war es zu antijüdischen Ausschreitungen gekommen; siehe Dok. 98 vom 28.3.1940.
9 Es folgen Abschnitte über die Zerstörung des poln. Kulturlebens, über Zwangsarbeit der Polen, die Verfolgung der Polen in den vom Deutschen Reich annektierten Gebieten und über die wirtschaftliche Lage der poln. Bevölkerung.

jüdische Handelshäuser und Fabriken. Jüdische Hausbesitzer in Krakau erhalten pro Monat eine geringfügige Summe, während diejenigen in Warschau gar nichts bekommen. Auch jüdischen Eigentümern von großen Fabriken gestehen die Deutschen eine kleine monatliche Vergütung zu. Alle Betriebsleiter und Arbeiter wurden entlassen. Ganz selten findet man noch einen Juden, der in der Industrie oder im Handel tätig ist. Jüdischen Anwälten ist es untersagt, ihren Beruf auszuüben. Vor kurzem wurden jüdische Zahnärzte verpflichtet, einen Fragebogen auszufüllen – ein Hinweis darauf, dass auch hier die Arisierung bevorsteht. Einigen jüdischen Ingenieuren ist es gelungen, eine Anstellung zu bekommen. Ärzte finden nur aufgrund des allgemeinen Medizinermangels im Land noch Arbeit. Kleine Ladenbesitzer verdienen noch ein bisschen, und es geht ihnen vergleichsweise gut. Der Straßenhandel floriert sowohl unter Juden als auch unter Polen. Alle jüdischen Ladenbesitzer wurden dazu verpflichtet, ihre gesamten Warenbestände zu verkaufen. Die Praxis sieht so aus, dass die meisten jüdischen Geschäfte von den Deutschen geplündert worden sind (jüdische Geschäfte werden durch den Davidstern gekennzeichnet und tragen Ladenschilder in Jiddisch und Polnisch, die polnischen Läden haben Schilder in Polnisch und Deutsch). Eine ganze Reihe von Waren ist nicht mehr erhältlich. Handwerker werden sehr gut behandelt, aber sie verdienen aufgrund der allgemein angespannten wirtschaftlichen Lage sehr wenig. Die Einzigen, die wirklich gut verdienen, sind die Gepäckträger, da die Menschen ständig in Bewegung sind (unter den Polen verdienen die Transportunternehmen ähnlich gut). Die Einschränkungen der Bewegungsfreiheit von Juden in den Städten sowie die Vorschriften zum Tragen spezieller Armbinden tragen zur weiteren Verschlechterung ihrer wirtschaftlichen Lage bei. Die Juden leben von der Hand in den Mund. Wie sie es überhaupt schaffen zu überleben, ist ein Rätsel! Die Lage der Intelligenz ist erwartungsgemäß am schlimmsten. Juden dürfen nicht mehr als 2000 Złoty in bar besitzen.[10] Der Wert von 2000 Złoty entspricht heute dem von 400 Złoty vor dem Krieg. Banken dürfen Juden nicht mehr als 500 Złoty monatlich auszahlen. Die Bankkonten der Juden sind gesperrt. Natürlich finden sie Mittel und Wege, diese Beschränkungen zu umgehen, da die Menschen sonst nicht überleben könnten.

Juden dürfen ohne eine schwer erhältliche Sondergenehmigung (die oft erst nach wochenlangem Warten gewährt wird) nicht mit der Eisenbahn reisen.[11] Vor zwei Monaten wurde mit dem Aufbau eines jüdischen Straßenbahnbetriebs begonnen. Es sind drei bis vier polnische Straßenbahnen in Betrieb und eine jüdische, die mit einem gelben Zeichen versehen ist. Die Straßenbahnen fahren halbstündlich. Abgesehen von diesen Straßenbahnen gibt es auch solche, die für alle Bevölkerungsgruppen zugelassen sind. Diese haben weiß-gelbe Markierungen. In diesen Straßenbahnen ist das erste Abteil für Deutsche und Polen reserviert. Die Deutschen betreten die Bahn durch den vorderen Einstieg, und ein paar Sitzreihen sind ihnen vorbehalten. Die Polen müssen hinten einsteigen. Das zweite Abteil ist für Juden reserviert. Häufig kommt es vor, dass das erste Abteil überfüllt ist, während das zweite leer bleibt. Den Polen ist es jedoch untersagt, das zweite Abteil zu benutzen, und das führt häufig zu Ärger. Einmal betrat ein polnischer Priester das jüdische Abteil mit den Worten, dass er immer zusammen mit Juden gefahren sei und dies auch künftig zu tun gedenke. Niemand wagte, gegen ihn vorzugehen.

10 Siehe Dok. 13 vom Sept. 1939, Anm. 6, und Dok. 40 vom 18.11.1939.

11 Siehe Dok. 130 vom 1.7.1940, Anm. 15.

Zunächst war die Sperrstunde für die gesamte Bevölkerung auf 5 Uhr nachmittags festgesetzt. (Anm. d. Redakteurs: In Warschau begann die Sperrstunde um 7.) Als Nächstes wurde die Sperrstunde auf 7 Uhr und schließlich auf 9 Uhr verschoben. Jetzt beginnt die Sperrstunde für Polen um 10 Uhr und für Juden um 9 Uhr. Kürzlich wurde es Polen gestattet, bis 11 Uhr auf der Straße zu sein. Juden dürfen sich außerhalb des Gettos bis 7 Uhr auf der Straße aufhalten und innerhalb des Gettos bis 9 Uhr.[12] Infolge der Verkehrsprobleme sind Juden nunmehr gezwungen, um 6 Uhr im Getto zu sein. Bei Nichtbeachtung dieser Bestimmungen drohen harte Strafen. In den Eisenbahnen werden gesonderte Abteile für Juden bereitgehalten, und Juden müssen sich für jede Reise eine Sondergenehmigung beschaffen. Diese Genehmigungen sind sehr teuer und nur für kurze Zeit gültig. Daher sind jüdische Kaufleute gezwungen, entweder die Schaffner zu bestechen oder den Waggon an jedem Bahnhof zu verlassen und sich vor den Schaffnern zu verstecken. Im Oktober 1940 wurde es Juden verboten, die Ujazdowskie-Allee zu überqueren, die nun Siegesallee heißt. Außerdem ist es Juden verboten, den Hitlerplatz (früher Piłsudskiplatz) zu betreten. Ähnliche Einschränkungen wurden für weitere Orte angekündigt.

In vielen Straßenbahnen gibt es keine Abteile für Juden, und infolgedessen ist es für sie schwierig geworden, bestimmte Teile der Stadt zu erreichen. Mit Beginn des Winters müssen die Juden nun besondere Armbinden tragen.[13] So können sie besser kontrolliert werden. Es ist den Juden verboten, bessere Cafés zu betreten. Der Verkauf jüdischer Armbinden ist in vielen Geschäften verboten. Es ist den Juden zudem untersagt worden, Bücher oder andere Publikationen zu erwerben. Da die Juden anhand ihrer Armbinden eindeutig zu identifizieren sind, ist es deutschen und polnischen Antisemiten nun ein Leichtes, sich auf ihre Kosten einen Spaß zu machen und sie zu quälen. Im Herbst 1940 wurde angeordnet, dass sich Juden nun vor allen Deutschen in Uniform zu verbeugen und ihnen den Bürgersteig frei zu machen haben. Häufig werden Juden gezwungen, vor deutschen Soldaten den Hut zu ziehen. Diese Verordnung ist schon vor einiger Zeit in Lodz und anderen Städten in Kraft getreten. Dementsprechend haben Juden in diesen Städten während des Sommers darauf verzichtet, Hüte zu tragen. Wenn ein Jude auf einen Deutschen trifft und ihn grüßt, bleiben die Deutschen häufig stehen, halten den Grüßenden an und fragen: „Woher kennst du mich, Jude?" – und schlagen ihn ins Gesicht.[14] Auf das Nichttragen der Armbinde stehen inzwischen hohe Strafen. Am Anfang ließen die deutschen oder polnischen Polizisten sich noch bestechen, aber mittlerweile kann man für das Fehlen der Armbinde mit bis zu neun Monaten Gefängnis und einer Geldstrafe von mehreren tausend Złoty bestraft werden. Auch gebürtige Christen waren von diesen Strafen bereits betroffen.[15]

12 Seit dem Dez. 1939 galt laut VO vom 11.12.1939 eine generelle Ausgangssperre für Juden von 21 Uhr bis 5 Uhr, regional und lokal durften andere Regelungen gelten; siehe Dok. 55 vom 11.12.1939.

13 Seit dem 1.12.1939 bestand für die jüdische Bevölkerung im GG die Kennzeichnungspflicht; VOBl. GG 1939, Nr. 8 vom 30.11.1939, S. 61; siehe auch Dok. 49, zweite Novemberhälfte 1939.

14 Die Grußpflicht der männlichen jüdischen Bevölkerung gegenüber Deutschen bzw. deutschen Uniformträgern war 1940 verschiedentlich auf lokaler Ebene eingeführt worden. Der HSSPF Ost setzte solche Anordnungen am 5.12.1940 für die Angehörigen der Waffen-SS außer Kraft, nachdem bereits Einvernehmen mit der Wehrmacht erzielt worden war; enthalten im Tagesbefehl Nr. 4, Krakau, vom 9.12.1940, BArch, MF 41503. Die Innenverwaltung des GG wies bald darauf die Distriktchefs an, gegen eine eventuell noch bestehende Grußpflicht vorzugehen; Rundschreiben von Westerkamp (I 5754/40), gez. Westerkamp, vom 15.1.1941, BArch, R 52/II/252, Bl. 8.

15 Die VO über die Kennzeichnung von Juden vom 23.11.1939 enthielt keine genaue Festlegung des

*Postverbindung*: Mit dem Erlass vom April 1940[16] ist die Postverbindung ins Ausland sehr stark eingeschränkt worden. Jeder, der einen Brief aufgeben will, muss vor dem Postamt stundenlang Schlange stehen. Es gibt genaue Vorschriften bezüglich der erlaubten Größe und des Inhalts von Briefen. Die Anschrift des Absenders wird immer anhand des Passes überprüft. Es ist für Juden praktisch nicht mehr möglich, Briefe ins Ausland zu schicken. Es sei denn, sie nehmen die Dienste von polnischen Freunden oder von Leuten in Anspruch, die sie dafür bezahlen. Viele Menschen sind aufgrund des Inhalts von Briefen, die sie erhalten oder abgeschickt haben, verhaftet worden. Juden dürfen Telegramme ins Ausland nur noch über die jüdische Gemeinde verschicken. Jedes Telegramm muss den Stempel der Gestapo tragen. Diese letzte Bestimmung gilt für die gesamte Bevölkerung.
Juden ist es verboten, zur Schule zu gehen. Im Herbst haben die Juden daher mit dem Aufbau eigener Grundschulen begonnen. Das kulturelle Leben der Juden ist völlig zum Stillstand gekommen. Es gibt noch eine jüdische Zeitung, die in polnischer Sprache erscheint. Es handelt sich dabei um die *Gazette Jidovska*,[17] die in Krakau herauskommt. Die Zeitung untersteht selbstverständlich deutscher Kontrolle, und sie ist Woche für Woche gezwungen, Artikel zu veröffentlichen, die zeigen, wie gut die Lage der Juden unter der deutschen Herrschaft sei.
*Das Getto:* Schlimmer als alles andere an der aktuellen Verfolgung ist, dass ein Jude noch nicht einmal in seinem eigenen Heim mehr sicher ist. In Lodz und in vielen Städten der von Deutschland annektierten Gebiete sind bereits vor geraumer Zeit gesonderte Viertel für Juden eingerichtet worden. Seit Monaten leben zahlreiche Juden im Freien in mit Stacheldraht umzäunten Lagern. Diese Juden werden von einem Ort zum anderen getrieben. In Litzmannstadt (Lodz) leben die Juden in einem Getto unter schrecklichen hygienischen Bedingungen. Die medizinische Versorgung von Kindern unter drei und von Erwachsenen über 50 Jahren ist verboten worden.[18] Während des Sommers 1940 gab es, ausgelöst durch Ruhr und andere Krankheiten, viele Todesfälle.
Mittlerweile existieren solche Gettos in allen Städten des Generalgouvernements. So hat man in Warschau etwa 150 000 Polen und 100 000 Juden zusammengetrieben und eingesperrt.[19] Die Stadt wurde in drei Bezirke aufgeteilt: einen deutschen,[20] einen polnischen und einen jüdischen. Einigen Polen wurde es gestattet, im deutschen Bezirk zu verbleiben, wahrscheinlich, um diesen vor feindlichen Luftangriffen zu schützen. Die Deutschen haben sich die besten Häuser angeeignet, während die Polen dazu gezwungen wurden, den jüdischen Bezirk zu verlassen. Ihnen wurde eine Frist gesetzt, innerhalb derer sie ihr Hab und Gut herausschaffen sollten. Aus dem polnischen Bezirk wurden alle Juden vertrieben. Sie durften noch nicht einmal ihre Möbel mitnehmen. Am Tag der Bekanntgabe

Personenkreises; dieser ergab sich aus der VO über die Bestimmung des Begriffs „Jude" im GG vom 24.7.1940, wonach die Kennzeichnungspflicht für Personen bestand, die mindestens zwei Großeltern hatten, die einer jüdischen Gemeinde angehört hatten; VOBl. GG 1940 I, Nr. 48 vom 1.8.1940, S. 231f.

16 Laut VO über den Nachrichtenverkehr vom 2.4.1940 war es dem OKW überlassen festzulegen, welche Länder als „nichtfeindliches Ausland" zu betrachten seien; RGBl. 1940 I, S. 823.

17 Richtig: Gazeta Żydowska.

18 Ein offizielles Verbot gab es nicht. In den Krankenhäusern im Getto Litzmannstadt wurden alte Menschen behandelt, und auch die Waisen- und Altersheime wurden – vor allem anfangs – noch medizinisch versorgt.

19 Zu den tatsächlichen Zahlen siehe Dok. 193 vom 5.11.1940, Anm. 3.

20 Ein den Deutschen vorbehaltener Wohnbezirk war zwar geplant, doch wurde dieser Plan aus Sicherheitsgründen erst gegen Ende der Besatzung teilweise umgesetzt; siehe Dok. 180 vom 16.10.1940.

dieser Verordnungen waren viele Polen und Juden so verzweifelt, dass sie in aller Öffentlichkeit weinten. Das Gettogesetz hat die wirtschaftliche Existenz von Polen und Juden gleichermaßen ruiniert und ihre Moral sowie ihren stoischen alltäglichen Widerstand erschüttert. Es gab zahlreiche Selbstmorde. Viele Juden und Polen hielten jedoch auf bewundernswerte Weise zusammen und halfen einander, so gut sie konnten. Sie tauschten ihre Wohnungen mit dem Versprechen, auf das Mobiliar und Eigentum des anderen aufzupassen. Die Gesetze haben der wirtschaftlichen Situation der Polen in mehrfacher Hinsicht geschadet. Zum einen haben viele ihren Lebensunterhalt verloren, zum anderen sind sie nun auch noch dazu gezwungen, viel Geld für die sehr hohen Mieten in den besseren Bezirken aufzubringen. Auch die ökonomischen Grundlagen jüdischen Lebens sind nachhaltig zerstört worden. Die jüdische Intelligenz lebte zum Teil von der Untervermietung von Zimmern und der Bewirtung privater Pensionsgäste, manchmal erhielten sie dabei sogar Unterstützung von ihren polnischen Nachbarn. Die wirtschaftlichen Folgen der neuen Gesetze verblassen jedoch, stellt man ihnen die sadistischen Grausamkeiten gegenüber, die den Juden angetan werden, mit all ihren Auswirkungen auf ihre Seele und Moral. Die Juden wurden mit gewissenloser Gründlichkeit verfolgt und gejagt. Es heißt, ein Professor der Universität Heidelberg habe eine besondere Auszeichnung dafür erhalten, dass er ein wissenschaftliches Konzept ausgearbeitet habe, um die Moral der Bevölkerung in den deutsch besetzten Gebieten zu brechen.

*Wer ist ein „Jude"?* Man unterscheidet zwischen drei Kategorien von Juden: a) Juden, deren jüdische Vorfahren mindestens drei Generationen zurückreichen; b) Juden, deren Eltern Juden sind; c) Juden mosaischen Glaubens. Die erste Kategorie unterliegt gewissen Einschränkungen, die beiden anderen Kategorien unterschiedlichen Einschränkungen.

*Verhaftung und Verfolgung jüdischer Jugendlicher*: Wir haben weiter oben kurz angemerkt, dass Polen von Verhaftungen und Verfolgungen stärker betroffen sind als Juden. Inzwischen sind jedoch Tausende von Juden, insbesondere jüdische Intellektuelle, als Geiseln oder wegen unterschiedlicher Beschuldigungen verhaftet worden. Nur sehr wenige von ihnen kamen wieder frei. Einige sind schon seit einem ganzen Jahr in Haft. Als im Januar ein geheimer Rundfunksender entdeckt wurde, verhafteten die Deutschen daraufhin mehrere hundert Künstler, Journalisten und Selbstständige, die meisten von ihnen Juden. Man hat nie wieder etwas von ihnen gehört. Nach zahlreichen Bemühungen konnte der Judenrat lediglich die Aushändigung der Listen mit den Namen der „Verstorbenen" durchsetzen. Allerdings kann man nicht sicher sein, dass diese Listen stimmen. Sadistisch, wie die Deutschen sind, erklären sie Menschen oftmals für tot, die in Wirklichkeit noch leben. Die jüdischen Jugendlichen in den Städten sind gezwungen, jede Arbeit anzunehmen, darunter auch menschenunwürdige Tätigkeiten. Inzwischen hat sich die Situation etwas verbessert. Wohlhabendere Juden können sich mit einer monatlichen Zahlung von 60 Złoty an den Judenrat von der Zwangsarbeit freistellen lassen. Dieses Geld wird zugunsten derjenigen verwendet, die nicht in der Lage sind, sich nicht von der Zwangsarbeit freizukaufen. Im Sommer 1940 wurden die ersten Jugendlichen zu Arbeitsdiensten auf dem Land verpflichtet. Man schickte sie von Warschau aus in ein Arbeitslager in der Nähe von Lublin. Die Bedingungen in diesem Lager sind furchtbar.[21] Die Jugendlichen werden

21 Im Distrikt Lublin befanden sich im Sommer und Herbst 1940 zahlreiche Zwangsarbeitslager für Juden, in denen meist katastrophale Bedingungen herrschten. In diese Lager wurden 5253 junge jüdische Männer aus dem Distrikt Warschau deportiert.

gezwungen, tagelang ohne Schutzkleidung im Wasser zu stehen und zu schuften. Sie schlafen auf faulendem Stroh. Die Sterblichkeitsrate hat 10 Prozent erreicht. Diese Arbeitslager werden von Nazis geleitet, die ihr sadistisches Handwerk in Konzentrationslagern gelernt haben.

## DOK. 292
## Das jüdische Untergrundblatt Biuletin kommentiert im Mai 1941 die antijüdischen Nachkriegsziele der Nationaldemokratie[1]

*Gespenster*

Man hätte glauben sollen, dass das schreckliche Schicksal, das über Polen hereingebrochen ist, alle ernüchtern würde, zumindest die wichtigsten polnischen Parteien. Dass sie die Torheit und den schrecklichen Schaden begreifen würden, den sie dem Land mit ihrer wilden antisemitischen Propaganda zugefügt haben. Es stellt sich aber heraus, dass alles beim Alten geblieben ist. Die Zeit und die schrecklichen Ereignisse haben die polnische Reaktion überhaupt nichts gelehrt.
Uns liegt eine illegale Broschüre vor, die die Nationaldemokratische Partei[2] herausgegeben hat.[3] Sie befasst sich mit der Zukunft Polens.
Wir können uns hier nicht mit allen Einzelheiten dieser Broschüre beschäftigen, sondern nur damit, wie die Nationaldemokraten die Judenfrage im zukünftigen Polen lösen wollen. Zunächst stellen sie nämlich fest, dass „die deutsche Judenpolitik zumindest rätselhaft ist, jedenfalls werden die Juden von den Deutschen heute besser behandelt als die Polen".
Wie viel Zynismus, wie viel Gemeinheit muss man besitzen, um so etwas zu behaupten? Von der ersten Minute an haben die Deutschen das Ziel verfolgt, die zwei Millionen polnischen Juden, die unglücklicherweise in ihre Klauen geraten waren, umzubringen. Von besserer Behandlung der Juden durch die Deutschen kann nur ein Mensch ohne Moral sprechen. Wir wollen die Leiden des polnischen Volks und die der jüdischen Massen unter der Hitler-Okkupation nicht auf die Waagschale legen und gegeneinander aufwiegen. Das überlassen wir der Krämerseele der Nationaldemokraten. Wir erinnern nur an das eine Wort: „Getto" – und das wird schon genügen, um die „bessere" Behandlung zu charakterisieren, die die Juden von den Deutschen erfahren. Wie also wollen die Nationaldemokraten die jüdische Frage lösen, in dem neuen Polen, das sie aufbauen wollen?

1 Biuletin, Nr. 6 (16) vom Mai 1941, S. 4f.: Geshpenster, AŻIH, Ring I/1300 (682). Der Artikel wurde aus dem Jiddischen übersetzt. Biuletin war die Untergrundzeitschrift des Bunds, die 1940/41 in Warschau erschien.

2 Richtig: Nationalpartei (Stronnictwo Narodowe, SN).

3 Im Original steht für nationaldemokratisch „endekisch" und für die Nationaldemokraten „Endekes"; von dem poln. Kürzel N.D. bzw. Endecja abgeleitete Begriffe, die bereits in der Zwischenkriegszeit pejorativ gebraucht wurden. Bei der hier angeführten Broschüre handelt es sich vermutlich um eine mit Quo vadis betitelte Schrift von L. Podolski; siehe Wolność. WRN, Nr. 15 vom Okt. 1941, S. 7f.: Dyktatura grupy narodowej [Diktatur der Nationalisten], AAN, 1583/1164/2.

„Nur eine nationale Regierung wird die jüdische Frage lösen. Als Jude zählt jeder, der nach dem 1. Januar 1941 dem mosaischen Glauben angehört hat. Die Juden, die vor dem 1. Januar 1941 konvertiert sind, werden als Polen anerkannt. Lässt sich aber nachweisen, dass ein solcher konvertierter Pole Nation oder Staat schädigt, wird man diesen Polen wiederum als Juden zählen und ihn mit einem Bann belegen."
Wir haben es hier also mit einer exakten Kopie von Hitlers Nürnberger Gesetzen zu tun. Der Vorschlag ist nur ein bisschen toleranter formuliert, und er verlangt keine „arische" Großmutter. Ansonsten aber entspricht er in allem Hitlers Gesetzen.
Aber lassen wir die Konvertiten beiseite, denen man erlauben will, Polen zu sein, und schauen wir, was man denn mit den Juden vorhat.
Das Leben der Juden „wird von einem Statut geregelt, das so beschaffen sein wird, dass schon das Leben unter diesem Statut die Juden zur Emigration zwingen soll" (Seite 62). Dieses „Rechtsstatut" führt der Verfasser der Broschüre nicht aus, aber einen Vorgeschmack seiner Phantasien gewinnen wir aus der Broschüre schon.
„Man muss alle alltäglichen Beziehungen zwischen Juden und Nichtjuden abbrechen, und dies nicht nur auf wirtschaftlichem Gebiet, sondern auch im kulturellen und privaten Bereich. Die Juden werden, solange sie nicht emigrieren, in völliger Isolation leben müssen."
„Eheschließungen zwischen Juden und Nichtjuden werden streng verboten."
„Die nationalpolnische Bewegung und die polnische nationale Regierung sind sich über die Wichtigkeit der Emigration der Juden im Klaren. Deshalb werden sie dafür Sorge tragen, dass die Juden von Polen nach Palästina, Syrien oder Abessinien auswandern" (Seite 66).
Hier haben wir unverstellt das nationaldemokratische Programm zur jüdischen Frage, es deckt sich mit dem, was im alten Polen der ONR gefordert hat, verbessert auf der Grundlage der jetzigen Hitlerschen Praxis in Polen, d.h. am Ende: „Getto".
Die Nationaldemokraten umschreiben es ein bisschen verschämt als „völlige Isolation".
Gut, dass die Broschüre nun erschienen ist. Die Maske ist gefallen, und alle haben die hässliche Hitlersche Fratze der Nationaldemokraten gesehen. Die Wirkung hat die Nationaldemokraten selbst erschreckt, und so haben sie aufgehört, die Broschüre zu verbreiten, und sie zurückgezogen.
Aber zu spät: Sie ist da, und wir wissen nun, was die Nationaldemokraten im zukünftigen Polen mit uns vorhaben.
Wir werden nicht gegen sie polemisieren: Es lohnt die Mühe nicht. Eine Sache wollen wir aber diesen treuen Wahlverwandten Hitlers noch sagen, die ihm die Stiefel selbst dann noch lecken, wenn diese Stiefel schon das eigene Vaterland treten:
Nicht ihr, Nationaldemokraten, werdet das neue Polen aufbauen. Das Polen, von dem ihr träumt, ist für immer untergegangen. Es war ein Polen der Kapitalisten und Grundbesitzer, ein Polen der Unterdrückung und Not, des Reichtums und der Privilegierung einer kleinen Gruppe und des Leids und der Sorgen für die Mehrheit der polnischen Bevölkerung. Dieses Polen ist schon untergegangen.
Das neue Polen aber werden andere aufbauen, und in diesem sozialistischen Polen werdet ihr gar nichts zu sagen haben.
Die jüdischen Massen in Polen werden standhalten und Hitler überleben, ebenso wie sie auch alle ohnmächtigen Begierden der Gespenster der Vergangenheit, von Nationaldemokraten und ONR, überleben werden.

## DOK. 293
## Der Amtschef im Distrikt Lublin plant am 3. Juni 1941, die jüdische Bevölkerung hinter einer hohen Mauer zu isolieren[1]

Vermerk des Amtschefs im Distrikt Lublin, gez. Losacker,[2] für SS- und Polizeiführer Globocnik, Landrat Dr. Kipke,[3] Unterabteilungsleiter Türk, Dr. Becher,[4] Abteilungsleiter Schöller,[5] Stadthauptmann Saurmann, Regierungsrat Dr. Bausenhardt[6] vom 3. 6. 1941[7]

*Betr.:* Ghetto in Lublin.[8]
Trotz des Verbotes, die Krakauerstr.[9] zu betreten, sieht man sehr häufig Juden in der Krakauerstr. Es erweist sich immer mehr als eine dringende Notwendigkeit, die Juden in Lublin im Ghetto zusammen- und von der übrigen Stadt abzuschließen. Dies ist nur möglich, wenn das Ghetto ringsum mit einer mindestens 3 m hohen Mauer versehen wird. Es dürfen höchstens 4 Ausgänge zur Stadt bestehen. Diese Tore, die nachts zu schließen sind, müssen bewacht werden. In erster Linie ist der jüdische Ordnungsdienst zur Kontrolle einzusetzen, der aber von Polizeibeamten im einzelnen überwacht werden muß. Die noch außerhalb des Ghettos wohnenden Juden müssen nach und nach ins Ghetto übersiedeln. Ein Verlassen des jüdischen Wohnbezirkes ist nur aufgrund eines vom Stadthauptmann – Polizeidirektor – ausgestellten Ausweises möglich. Solche Ausweise erhalten nur die Juden, die einer Beschäftigung nachgehen, die vorwiegend im deutschen Interesse liegt. Auf die Bequemlichkeit und den üblen Brauch einzelner Stellen, sich jüdische Bedienstete zu halten, darf keine Rücksicht genommen werden. 19 Uhr abends haben die Juden wieder im Ghetto zu sein. In besonderen Ausnahmefällen können Juden erst um 21 Uhr, dem Zeitpunkt, zu dem Juden auch innerhalb des Ghettos die Straßen zu verlassen haben, ins Ghetto zurückkehren.

1 APL, 498/892, Bl. 493f.
2 Dr. Ludwig Losacker (1907–1994), Jurist; 1931 NSDAP- und 1933 SS-Eintritt; 1936/37 im SD, danach Funktionen im RMdI und in verschied. Firmen; 1939/40 Kreishauptmann in Jasło, Jan. bis Juli 1941 Amtschef im Distrikt Lublin, dann in Galizien, von Jan. 1943 an Leiter der Innenverwaltung des GG, Mai bis Okt. 1943 Gouverneur des Distrikts Krakau, danach in der Waffen-SS; nach 1945 Verbandsfunktionär bei den Arbeitgebern der chemischen Industrie und Direktor des Deutschen Industrieinstituts in Köln.
3 Dr. Alfred Kipke (1898–1953), Jurist; Mitglied der DVP; 1933 NSDAP-Eintritt; von 1936 an Landrat in Wolmirstedt; 1939 Landkommissar in Thorn, Juni 1940 bis Sept. 1941 Leiter der Innenverwaltung im Distrikt Lublin, danach in der HA Innere Verwaltung des GG, von 1942 an Kreishauptmann in Tarnów.
4 Vermutlich Dr. Hans Becher (*1908), Jurist; 1929 NSDAP-Eintritt; 1931 Promotion an der Universität Leipzig (Finanzrecht), Rechtsanwalt; 1943 in der HA Justiz der Regierung des GG tätig.
5 Fritz Schöller (1909–1973), Lehrer; 1928 NSDAP- und SA-Eintritt, später SS; für das RMfVuP tätig, 1936 Gauamtsleiter und Gauschulungsleiter in Franken, Ratsherr in Nürnberg; 1939–1941 für die Abt. Propaganda im Distrikt Warschau tätig, ORR, Mai 1941 bis mind. Ende 1943 Leiter der Abt. Propaganda im Distrikt Lublin; nach 1945 Lehrer in Mittelfranken.
6 Richtig: Dr. Walter Bausenhart (1907–1994), Jurist; 1933 NSDAP-Eintritt; von 1937 an in der Kommunalabt. des württ. MdI und von 1939 an in der Kommunalabt. des RMdI tätig, Reg.Rat; Juni 1940 bis Aug. 1941 Polizeidirektor in Warschau; später Kriegsteilnahme; nach der Kriegsgefangenschaft im Landesdienst von Schleswig-Holstein, 1963–1971 im Sozialministerium stellv. Amtschef und Leiter der Abt. für Vertriebene, Flüchtlinge und Kriegsbeschädigte.
7 Im Orginal handschriftl. Bearbeitungsvermerke.
8 Zur Errichtung des Gettos in Lublin siehe Dok. 257 vom 20.3.1941.
9 Lublins Hauptstraße Krakowskie Przedmieście.

Eine beschleunigte Überführung der noch im jüdischen Besitz befindlichen, außerhalb des Ghettos gelegenen Geschäfte in arischen Besitz ist erforderlich. Grundsätzlich soll dabei aber so vorgegangen werden, daß der betreffende Jude ein gleichartiges und gleichwertiges Geschäft im Ghetto eröffnet bekommt. Eine Überführung der Warenvorräte solcher außerhalb des Ghettos gelegenen jüdischen Geschäfte in den jüdischen Wohnbezirk ist grundsätzlich zuzulassen, sofern es sich nicht um Waren handelt, die von Juden grundsätzlich nicht gekauft werden dürfen (z.B. bezugsscheinpflichtige Textilien).
Zur Gewährleistung des notwendigen Lebensunterhaltes der Juden müssen im Ghetto Arbeitsbetriebe errichtet werden. Die Abteilung Wirtschaft wird unter Einschaltung des Stadthauptmannes solche jüdischen Werkstätten einrichten und auch für Heimarbeit der Juden sorgen.
Das Zumauern des Ghettos hat zweckmäßigerweise durch die Juden selbst zu erfolgen.

## DOK. 294

## Der nach Kielce verschleppte Bernhard Deutsch bittet am 8. Juni 1941 das Flüchtlingskomitee des Weltkirchenrats um Hilfe[1]

Brief von Bernhard Deutsch,[2] Kielce, Al. Sw. Wojciecha 3 I., Distrikt Radom, G.G. Polen, an den Sekretär des Flüchtlingskomitees[3] des Weltkirchenrats[4] in Genf vom 8.6.1941[5]

Sehr verehrter Herr Sekretär!
Endesgefertigte erlauben sich hiemit, mit der Bitte um Hilfe an Sie, verehrter Herr Sekretär, heran zu treten und begründen diese Bitte wie folgt: Wir sind mit einem Transport aus Wien hierher gebracht worden, wo wir, obwohl wir Protestanten sind, in einem „geschlossenen jüdischen Wohnviertel" untergebracht wurden. Wir sind aller Mittel entblöst, mußten alles in Wien zurück lassen und gibt es hier keinerlei Arbeits- und Verdienstmöglichkeit. Wir bekommen hier von der jüd. Kultusgemeinde täglich einmal Suppe mit 6 dkg.[6] Brot. Im übrigen sind wir nur auf die Mildthätigkeit unserer Freunde, auf Packetsendungen angewiesen. Not, Hunger und Tod nehmen täglich zu. Da aus der Schweiz

1 Archives of the International Committee of the Red Cross (AICRC), G59/2/106-16 Relief to Poland. 26 June 1941 – 10 Dec. 1946. Kopie: USHMM, RG 19.045M, reel 2, Aufn. 1772f.
2 Bernhard Deutsch (1881–1942?) wurde am 19.2.1941 von Wien nach Kielce deportiert.
3 Der damals in Gründung befindliche Vorläufige Ökumenische Rat der Kirchen in Genf richtete im März 1939 in Zusammenarbeit mit den Hilfsorganisationen im Bloomsbury House in London einen Ausschuss für Flüchtlingshilfe ein, der im Sept. nach Genf verlegt wurde. Eine seiner Hauptaufgaben war es, die Ausreise christlicher Flüchtlinge aus dem nationalsozialistischen Machtbereich zu fördern.
4 Geschäftsführer des Flüchtlingsausschusses war der Pastor der Bekennenden Kirche Dr. Adolf Freudenberg (1894–1977), Jurist; 1935 schied er wegen der jüdischen Herkunft seiner Frau als Legationsrat aus dem AA aus, studierte dann Theologie in Bethel und Berlin-Dahlem, im Juni 1937 kurzzeitig inhaftiert und vom Studium ausgeschlossen, danach in Basel; 1947 kehrte er nach Deutschland zurück. Neben Freudenberg war in Genf Dr. Adolf Keller (1872–1963) als Generalsekretär der Europäischen Zentralstelle für kirchliche Hilfsaktionen tätig, die unter dem Patronat des Schweizerischen Evangelischen Kirchenbunds stand.
5 Rechtschreibung wie im Original.
6 Dekagramm, hier also 60 Gramm Brot.

Sendungen gestattet sind, während alle Sendungen aus Wien verboten, erlauben wir uns innigst zu bitten, uns zu helfen, sei es durch Lebensmittelpackete oder auch Sendungen von alten Kleidern (Herren- und Damen-) ganz gleich in welchem Zustand, da wir hier gute Verwertungsmöglichkeiten haben. Bitte über unsere offene Sprache nicht ungehalten zu sein, aber unsere Not zwingt uns dazu.
Indem wir hoffen, dass unser Notruf erhört wird, danken wir im Voraus innigst und verbleiben in Dankbarkeit ergeben
Bernhard Deutsch und Familie (Frau u. Sohn)
Alfrida Spitzer[7]

## DOK. 295
## Die Buchhalterin Fela Kamelgarn ersucht den Ältesten der Juden im Getto Litzmannstadt (Lodz) am 8. Juni 1941 um Vermittlung einer Arbeitsstelle[1]

Brief von Fela Kamelgarn,[2] Sulzfelder Str. 23, Wohnung 23, an den Ältesten der Juden in Litzmannstadt-Getto, Rumkowski (Eing. im Sekretariat Dworska-Straße 1: 9. 6. 1941),[3] vom 8. 6. 1941

*Gesuch*
Angesichts der ablehnenden Antwort, die ich auf meine Bitte, in mein Elternhaus in Pabianice zurückkehren zu dürfen, erhalten habe, bin ich erneut gezwungen, mich an Sie, sehr geehrter Herr Präses, zu wenden und um die Zuweisung irgendeiner Arbeit zu bitten. Durch einen Zufall des Schicksals befinde ich mich schon über ein Jahr im Getto bei Verwandten und erhalte von ihnen Hilfe. Gegenwärtig jedoch haben meine Verwandten mir jegliche Unterstützung entzogen, denn sie befinden sich materiell selbst in einer sehr kritischen Lage. Arbeitslosenunterstützung habe ich bis jetzt nicht bezogen, und ich beziehe sie nicht. Infolgedessen bin ich ohne Mittel zum Lebensunterhalt, ohne elterliche Fürsorge und ganz allein in einer fremden Stadt. Und ich bin noch jung und zu jeglicher Arbeit in der Lage, und ich will für meine Verwandten keine Last sein bzw. Unterstützung beziehen. Ich habe erst das 17. Lebensjahr vollendet. Ich habe einen einjährigen Kurs für Buchhaltung bei I. Mantinband[4] in Litzmannstadt hinter mir sowie ein zweijähriges Praktikum und Arbeit im Büro (im Handel) in Pabianice.
In Anbetracht meiner Minderjährigkeit, meiner moralisch und materiell kritischen Lage und meines glühenden Wunsches zu arbeiten, denke ich, dass Sie, gnädiger Herr Präses, der Sie durch Ihre Genialität allen Unglücklichen Hilfe bringen, auch meiner Bitte um Zuweisung irgendeiner Arbeit stattgeben und [sie] unverzüglich erledigen werden, wofür ich im Voraus danke, ich aber werde mich meinerseits anstrengen, gewissenhaft und zur Zufriedenheit meiner Vorgesetzten zu arbeiten.

7 Alfrida Spitzer (1883 – 1942) stammte aus Bukarest und lebte vor dem Krieg in Wien; sie wurde am 19. 2. 1941 von Wien nach Kielce deportiert und in Auschwitz ermordet.

1 YVA, O-34/568. Das Dokument wurde aus dem Polnischen übersetzt.
2 Vermutlich Fajga Kamelgarn (*1923), Buchhalterin aus Pabianice, die im Getto Litzmannstadt war; sie kam unter der deutschen Besatzung um.
3 Sekretariat, an das die Menschen im Getto Bittschriften und Beschwerden richten konnten.
4 Vermutlich Israel Mantinband (1864? – 1942), Lehrer in Lodz, der ins Warschauer Getto deportiert wurde und dort ums Leben kam.

## DOK. 296
## Die Jugendliche Miriam Chaszczewacka beschreibt ihre Erlebnisse vom 21. April bis 12. Juni 1941 in Radomsko[1]

Handschriftl. Tagebuch von Miriam Chaszczewacka,[2] Einträge vom 21. 4. bis 12. 6. 1941

Montag, 21.4.1941
Mit allen habe ich mich ausgesöhnt, nur auf Irka bin ich richtig böse, obwohl wir einander gegenüber wohnen, aber ich vergesse das völlig, und es ist kein Wunder, so viele Dinge haben mich beschäftigt.
Dass die Schläge aber auch so kurz nacheinander kommen. 1. hat man unseren kleinen Auftritt verboten. 2. haben wir den Sederabend veranstaltet, und obwohl wir uns so viel Mühe gegeben hatten, ist er nicht gelungen. Zum 3. Punkt möchte ich nicht so schnell kommen.
Wir haben beschlossen, uns an die Arbeit zu machen. Wir haben zwei Nummern eines Blättchens veröffentlicht, voller Hoffnung und gespickt mit Losungen wie „Kopf hoch", „Wir halten durch". Das war uns nicht genug, wir suchten Arbeitsmaterial, teilten uns in zwei Gruppen auf, und jetzt das Wichtigste – ich und I. sollten den anderen Hebräisch beibringen. Wir freuten uns riesig. Uns kümmerte die Verkleinerung des Gettos nicht und auch nicht, dass man uns völlig vom Umland abgeschnitten hat, wir interessierten uns nicht für Politik, für die Tatsache, dass die Deutschen Jugoslawien erobern.[3] Nichts davon kümmerte uns. Wenn man so sagen kann, so waren wir den schrecklichen Bedingungen zum Trotz glücklich. Und da traf uns der 3. und schwerste Schlag. Die Versammlungen waren zu bekannt geworden und man begann, uns dezent zu warnen. Heute, wo wir die erste Hebräischstunde abhalten sollten, haben wir die Organisation ganz aufgelöst.
Es ist so schwer für uns, obwohl wir uns geschworen haben, immer daran zu denken und selbst so viel wie möglich zu lernen und zu arbeiten. Und obwohl wir die kraftvollen Worte hebräischer Lieder wiederholen, ist es so furchtbar schlimm.
Ich habe Różka, Frania und Fela versprochen, dass ich sie trotzdem unterrichten werde. Gut, dass ich beschäftigt sein werde, das wird mir Kraft geben. Wir werden in diesen Tagen bei Fräulein N. Unterricht haben; ich häkele mir einen Pulli, und die völlig vergessenen Kurse fielen mir wieder ein, denn am 10. Mai ist Prüfung, also muss man lernen.
Bei dieser traurigen Versammlung haben wir nicht mehr gesungen, nur I. übersetzte leise die Worte des Liedes „Jamim bochim": Die Tage weinen. Ich wiederhole immerzu „W af al pi chen, w lamrot hakol Erec Israel": Und allem zum Trotz – Erez Israel.

Dienstag, 29.4.1941
Was für ein abscheuliches Wetter, als wäre es November, ständig Regen und Matsch, so dass einem trübe zumute wird.
Uns, Estusia, Marek und mich, unterrichtet Fräulein H., und wie verhext ist sie krank, und wir haben keinen Unterricht, nur noch größere Langeweile.

1 YVA, O-3/3382, handschriftl. Original Bl. 3–10, maschinenschriftl. Abschrift Bl. 10–16. Das Dokument wurde aus dem Polnischen übersetzt.
2 Miriam Chaszczewacka (1924–1942), Schülerin, Mitglied in der zionistischen Jugendbewegung.
3 Der Angriff der Wehrmacht auf Jugoslawien begann am 6.4.1941. Am 17. April unterschrieben die jugoslawischen Befehlshaber die bedingungslose Kapitulation.

Mit den Mädchen Bronka, Klara, Ala und auch Irka sind wir immer noch auf Kriegsfuß, weil sie unter sich ständig Tänze organisieren und uns nicht mitmachen lassen, und zudem tun sie noch so, als sei nichts. Klara stand uns nahe, solange wir unsere Versammlungen hatten, aber jetzt ist es so, als würde sie uns nicht kennen. Estusia, Frania, Różka und ich haben uns völlig von ihnen abgesondert. Ich wünsche mir sogar, dass es zu einer Auseinandersetzung kommt, aber bei solchem Wetter geht selten jemand nach draußen. Wir lernen für die Kurse, obwohl sie mich schon langweilen und ich nicht weiß, ob das überhaupt einen Sinn hat.
Und jetzt werden obendrein noch Brot und Kartoffeln knapp, in der Stadt herrscht Durcheinander, und wer weiß, ob nicht Hunger ausbrechen wird.
Ich glaube langsam, doch eigentlich weiß ich es seit Langem, dass die Jugend ein Schatz ist, auch wenn sie unter so elenden Bedingungen vergeht. Besitzt noch jemand einen solchen Glauben an das Morgen und wiederholt unverdrossen, dass bessere Zeiten kommen werden? Jetzt haben wir das deutsche „Hab Sonne im Herzen"[4] gelernt, das so endet:
Hab ein Lied auf den Lippen
verlier nie den Mut
Hab Sonne im Herzen
und alles wird gut.[5]
Am Freitag habe ich das ganze Haus mit der Äußerung belustigt: „Ich bin 16 Jahre alt und ‚Er'[6] 50 oder gar noch älter, also werde ich ihn überleben."
Es ist leicht gesagt, aber in Wirklichkeit ist die Hauptsache, man macht sich keine Gedanken.

Dienstag, 13.5.1941
Die Prüfungen sind schon vorbei. Wir haben glänzend bestanden. Alle haben ein insgesamt sehr gutes Ergebnis, außer den Dreien, die „ausreichend" haben, und Estusia, die „gut" bekam. Am Samstag sollen wir unsere Zeugnisse bekommen.
Ich werde Frania, Rózia und Fela Hebräisch beibringen. Sie wollen mich unbedingt bezahlen, also habe ich ausgemacht, dass sie mir so viel geben, wie ich für Fräulein H. brauche, vielleicht sogar etwas mehr.
Wieder ist es fürchterlich mit dem Brot. Vater isst fast nichts. Kartoffeln sind teuer und knapp. Überhaupt sind Nahrungsmittel schrecklich teuer, und obendrein wird jeden Tag noch eine Menge Pakete in andere Städte verschickt. Von überall her kommen schreckliche Briefe. Warschau ist jeden Tag voller Leichen.[7] Es tut sich ein immer tieferer Abgrund auf. Erst heute gibt es schöneres Wetter, ein wahrhaftiger Mai, nur sind unsere Herzen nicht auf Mai eingestimmt.

Donnerstag, 22.5.1941
Gestern hielt Mama den Kindergarten in der neuen Wohnung bei Frau B. ab, und wie verhext wurde der kleine Sohn von Frau B. krank; heute weiß ich nicht, wie es weitergehen wird.

4 Im Original deutsch.
5 Im Original deutsch. Es handelt sich um die letzten vier Zeilen des Gedichts „Hab Sonne im Herzen" von Cäsar Flaischlen (1864–1920), zu Beginn des 20. Jahrhunderts ein bekannter Stuttgarter Lyriker und Mundartdichter.
6 Gemeint ist Hitler.
7 Im Warschauer Getto starben zu dieser Zeit jeden Monat mehrere tausend Menschen.

Die Zeugnisse haben wir noch nicht, aber sie haben ohnehin keine Bedeutung.
Ala soll bei Wanda G. Schneidern lernen, sie sagt, dass sie zwar von etwas anderem geträumt hat, aber da kann man nichts machen. Ihre ältere Schwester wird heiraten, ihre Eltern sind alt, und irgendwer muss Geld verdienen.
Wegen des Kindergartens bin ich so besorgt, dass ich keinen klaren Gedanken fassen kann.
Ich sollte öfter schreiben, um etwas Politik einzuflechten.
Also, Heß ist nach England geflohen, was man in der polnischen Zeitung damit erklärt, dass er nicht ganz bei Sinnen war,[8] und jetzt das Neueste: In ihrer eigenen[9] Verlautbarung heißt es, dass ein Krieg mit Amerika unvermeidbar sei. Amerika fordert nämlich, dass Frankreich ihnen die Stützpunkte in Syrien nicht überlässt.
Nun gibt es viele Lebensmittel, aber sie sind so furchtbar teuer.

Donnerstag, 12.6.1941
Im Nachhinein bedauere ich immer, dass ich so wenig geschrieben habe, denn nie habe ich Lust, so viele Vorfälle auf einmal zu beschreiben. Andererseits sind all diese Vorfälle nicht so ungeheuer wichtig, denn was die politischen Nachrichten betrifft, so wird man erst nach dem Krieg eine feste Meinung darüber haben.
Also, soweit ich mich an alles erinnere, haben die Deutschen auf Kreta gesiegt, und England hat Syrien, die französische Kolonie, besetzt. Was jedoch Russland angeht, so ist es ruhig, aber viele motorisierte Wagen fahren in diese Richtung.
Mit der Teuerung war es schrecklich (ich schreibe schrecklich, als sei es schon vorbei, denn heute ist es ein wenig billiger geworden, aber für wie lange wohl). Die Mark war furchtbar teuer, und das Schwarzbrot kostete 30 Zł., Kartoffeln 3 Zł. das Kilo, aber heute 2,80 und weniger. Das Brot wird aufgeteilt wie der köstlichste Kuchen, und Vater wollte manchmal gar nicht essen. Morgens wird Grütze aus Hirse oder Gerste gekocht (sie stand auch schon bei 20 – 21 Zł. das Kilo), abends eine wässrige Suppe oder umgekehrt. Zum Mittagessen Pellkartoffeln mit Kefir oder weißem Borschtsch, da wir 1 ½ Liter Milch am Tag bekommen.
Ich habe jetzt schrecklich viel zu tun, da ich Mutter vormittags im Kindergarten helfe. Deshalb habe ich den Unterricht mit Heniek auf 5 Uhr nach dem Unterricht bei Fräulein Hala verlegt.
Różka, Frania und ich sind jetzt eine unzertrennliche Troika. Und obwohl wir wenig Zeit haben, sehen wir uns wenigstens für eine halbe Stunde täglich. Wir lesen auch zusammen mit Felek und Lolek jiddische Novellen aus der Jubiläumsausgabe des „Hajnt".[10] Dies soll unsere Arbeit außerhalb der Organisation sein.
In der vergangenen Woche hat Vater an seine Schwester in Russland geschrieben, ich wünsche mir so sehr, dass sie endlich antwortet.

8 Siehe Dok. 284 vom 21.5.1941, Anm. 6.
9 Gemeint ist: der Deutschen.
10 Vermutlich Haynt, yoyvl bukh, das 1938 zum 30-jährigen Bestehen der Zeitung unter der Redaktion von Abraham Goldberg in Warschau erschien (poln. Titel: Księga jubileuszowa dziennika „Hajnt" w Warszawie).

## DOK. 297
## Ein Regierungsinspektor der Kreishauptmannschaft Lublin-Land zeigt am 14. Juni 1941 einen Bestechungsversuch durch Juden an[1]

Aktenvermerk des Regierungsinspektors der Abteilung VIII, Krumbiegel (?), an die Abteilung IV[2] vom 14. 6. 1941

*1.):* Anläßlich einer Besichtigung am 9.6.1941 in Piaski wurde mir vom Kraftfahrer Guja mitgeteilt, daß von einem Mitglied der dortigen Judengemeinschaft das Ansinnen an ihn gestellt worden sei, der Unterzeichnete möchte einen beliebigen Betrag dem Judenrat nennen, der von diesem zu zahlen sei, falls der Bau des Ghettos in Piaski um mehrere Monate verzögert werden könnte. Über diesen Bestechungsversuch erstatte ich pflichtgemäß Vortrag.
*2.):* An Abteilung IV zur Erledigung des Weiteren in strafrechtlicher Hinsicht.[3]

## DOK. 298
## Ein Mitarbeiter der Jüdischen Gesellschaft für Landwirtschaft berichtet etwa Mitte Juni 1941 über die Torturen der Zwangsarbeit[1]

Handschriftl. Bericht des Mitarbeiters von ToPoRol,[2] Stefan Cukierman,[3] für das Untergrundarchiv des Warschauer Gettos, Mitte Juni 1941 oder später

*Eindrücke aus dem Arbeitslager*
Am 14.5.1941 ging ich durch die Nalewki-Straße. Da der Tag unruhig war – es fanden Razzien für die Lager statt –, trat ich in einen Hauseingang zurück. Ich wartete eine halbe Stunde im Hauseingang. Als ich aus dem Tor heraustrat, kam ein Ordnungsdienstmann

1 APL, 501/139, Bl. 38.
2 Abt. IV bezeichnete die Polizeiabt.
3 Kreishauptmann Emil Ziegenmeyer stellte am 16.6.1941 dem Judenrat in Piaski einen Strafbescheid über 2000 Złoty zu. Der Vorsitzende des Judenrats, Kaufmann Mendel Polisecki (1895 – 1942), bestritt, etwas mit dem Bestechungsversuch zu tun zu haben, wies auf seine „sehr schwere finanzielle Lage" hin und bat darum, die „festgesetzte Strafe im Gnadenwege erlassen zu wollen"; wie Anm. 1, Bl. 37.

1 AŻIH, Ring I/1126 (397). Das Dokument wurde aus dem Polnischen übersetzt.
2 Die Organisation ToPoRol (Towarzystwo Popierania Rolnictwa wśród Żydów), die Gesellschaft für die Förderung der Landwirtschaft unter den Juden, war 1933 vom Joint gegründet worden. Im Warschauer Getto ließ sie unter der Leitung von Israel Sudewicz Flächen kultivieren, auf denen Gemüse angebaut wurde. Die JSS und die Hauskomitees sollten die Ernte den Ärmsten überlassen. In Zusammenarbeit mit CENTOS kümmerten sich etwa 20 Agronomen um die Pflege kleiner Gärten, die Kindern zur Erholung dienten.
3 Stefan Cukierman wurde am 15.5.1941 in Warschau festgenommen und in ein Zwangsarbeitslager nach Frysztak (nordöstlich von Jasło) im Distrikt Krakau deportiert, wo er sich bis Anfang Juni 1941 aufhielt. Nach seiner Rückkehr nach Warschau verfasste er einen Bericht, den er dem Untergrundarchiv übergab. Das Lager bestand bis Nov. 1941, hatte etwa 2000 Insassen, die u.a. in zwei jüdischen Gotteshäusern untergebracht wurden und Straßen-, Tunnelbau- und Steinbrucharbeiten verrichten mussten.

auf mich zu und verlangte meinen Ausweis. Da ich in der landwirtschaftlichen Gesellschaft „ToPoRol“ arbeitete, fühlte ich mich sicher und zeigte ihm den Ausweis. Der Ordnungsdienstmann bat mich, mit ihm aufs Kommissariat zu gehen, wo er mich nach der Prüfung meines Ausweises sicher freilassen werde. Im Kommissariat wartete ich, bis mein Ausweis geprüft wurde. Das dauerte ziemlich lange, und am Ende begriff ich, dass ich hereingefallen war. Ich wandte mich an alle Anwesenden und erklärte, als ToPoRol-Schüler sei ich doch unabkömmlich, aber ich richtete nichts aus. Da ich nicht mehr weiterwusste, gab ich auf, bat aber zugleich, man möge mir erlauben, einen Zettel nach Hause zu senden und meine Eltern zu benachrichtigen. Leider wollten die Ordnungsdienstmänner sich gar nicht darauf einlassen; auf meine hartnäckigen Bitten sagte einer der Ordnungsdienstmänner, dass ich aus dem Lager würde schreiben können, nicht nur einen Zettel, sondern sogar einen ganzen Brief. Um 7.30 Uhr abends kamen sie, um uns zu holen, und sie fuhren uns zur Quarantäne in die Leszno-Straße 109.[4] Im Auto gelang es mir nach langer Überredung, einem Polizisten gegen Bezahlung einen Zettel für daheim zu geben. Wie ich später erfuhr, haben meine Eltern diesen Brief nicht erhalten. Nach Ankunft in der Quarantäne stellten wir uns in einer Reihe vor dem Arzt auf. Die Untersuchung ging schnell. Nach der Untersuchung und einem Bad erhielten wir etwas Suppe (es war schon 1.30 Uhr nachts). Wir schliefen zu zweit auf einer Pritsche. Am nächsten Tag standen wir mit schrecklichem Hunger auf. Wir forderten Essen, bis wir schließlich um 3 Uhr nachmittags jeweils ein Viertel Brot bekamen. An diesem Tag um 5 Uhr nachmittags brachen wir zum Danziger Bahnhof[5] auf. Für den Weg gab man uns ein Viertel Brot mit. Um 8 Uhr abends fuhr der Zug los; bis dahin hatten wir schon unser letztes Viertel Brot gegessen. Unsere Leitung schätzte, dass wir anderntags um 9 Uhr morgens an Ort und Stelle, d.h. in Frysztak, sein würden, doch die Reise dauerte zwei Tage und zwei Nächte, ohne Essen und Trinken in Güterwaggons. Wir kamen nach zwei Tagen gegen 4 Uhr so hungrig und erschöpft im Lager an, dass wir uns kaum auf den Beinen halten konnten. Die Bevölkerung des Städtchens Frysztak, die ausschließlich aus Juden besteht, empfing uns sehr freundlich (wir wurden mit Tee bewirtet). Um 6 Uhr erhielten wir das Abendessen gemeinsam mit dem Frühstück, es bestand aus 600 g Brot, 30 g Butter, 50 g Emmentaler Käse sowie einem halben Liter Suppe mit Fleisch. Das sollte bis zum nächsten Tag um 12 Uhr Mittags reichen. Am nächsten Tag um 4 Uhr morgens Wecken. Wir erhielten Kaffee, und um 5 Uhr gingen wir zur Arbeit. Am ersten Tag war die Arbeit nicht schwer. Bei der Arbeit waren ein Vorarbeiter, ein Sanitäter sowie ein jüdischer Ordnungsdienstmann anwesend. Um 12 Uhr brachte man uns eine sehr fette Suppe mit Fleisch sowie 150 g Brot. Wir beendeten die Arbeit um 6 Uhr abends, danach kehrten wir ins Lager zurück. Um 7 Uhr gab man uns Abendessen. Die Nacht verbrachten wir in der Synagoge auf mit Stroh bedecktem Boden. Es war dort sehr schmutzig. In der Nacht krochen Läuse von unglaublicher Größe herum. Ich erfuhr, dass ich mit weiteren 150 Personen zu einer anderen Firma verlegt worden war.

Das Wecken fand ½ Stunde früher statt als am Tag zuvor. Zur Arbeit gingen wir 8 km zu Fuß. Wir kehrten um 9 Uhr, manchmal um 10 Uhr von der Arbeit zurück. Die Arbeit war sehr schwer. Wir kamen so übermüdet ins Lager zurück, dass wir oft noch nicht einmal das Abendessen zu uns nehmen konnten, sondern auf das Lager fielen und sofort ein-

4 Das Quarantänegebäude lag außerhalb des Gettogebiets.
5 Poln.: Dworzec Gdański, großer Bahnhof im Norden Warschaus.

schliefen. Nach drei Wochen Arbeit hatte ich einen Unfall. Eine Eisenschiene fiel mir auf die Schulter und brach mir das Schlüsselbein. Die Ärzte entließen mich. Ich fuhr mit einer Gruppe Kranker, die aus fast 80 Personen bestand. Für die Fahrt hatten wir von der Wehrmacht 600 g Brot, Käse, Butter und Suppe bekommen. Die Rückfahrt war viel schlimmer als die Hinfahrt. Wir fuhren 2 Tage und 3 Nächte. Unterwegs erhielten wir nichts zu essen. Wir trafen um 6 Uhr morgens in Warschau ein. Unterwegs waren 3 Kranke gestorben, teils vor Hunger, teils vor Erschöpfung. Wir waren alle benommen und nur halb bei Bewusstsein. In der Quarantäne gab man uns kein Brot, aber um 4 Uhr nachmittags erhielten wir etwas Borschtsch und Rote Bete. Das Personal der Quarantäne verhielt sich skandalös. Sie antworteten nicht auf unsere Fragen und schrieen uns an, als wären wir Häftlinge und nicht aus dem Lager. Schließlich wurden wir nach zwei Tagen Qual halb verhungert und völlig erschöpft freigelassen und zum jüdischen Wohnbezirk eskortiert.

## DOK. 299
## Der Schüler Dawid Rubinowicz schildert die Entwicklung in Krajno vom 16. bis 22. Juni 1941[1]

Tagebuch von Dawid Rubinowicz,[2] Einträge vom 16. bis 22. 6. 1941

*16. Juni*: Heute früh ist Vater zur Gendarmerie gegangen, Mutter ist auch mitgegangen. Als der Vater aus dem Hause ging, waren wir sehr traurig, stundenlang habe ich aus dem Fenster geguckt und gedacht, vielleicht kommen sie, aber eine Stunde nach der anderen verging, und sie waren nicht zu sehen, und ich habe mir allerlei Gedanken gemacht, ob sie verhaftet worden sind, ob es diese Gendarmen überhaupt gibt, ich wusste selbst nicht mehr, was ich denken sollte. Ich habe die Holzsohlen genommen und bin zum Schuster gegangen, dass er mir Riemen dranmacht. Ich saß beim Schuster, um darauf zu warten, da kam ein Junge aus Bieliny angelaufen und zum Schuster rein, weil er nicht wusste, wo wir wohnen, und sagte, der Onkel soll zur Gendarmerie gehen und sagen, wessen Getreide das war, weil sie Vater vorläufig verhaftet haben.[3] Sofort sind wir nach Hause gelaufen mit dieser schlimmen Nachricht. Alle erschraken darüber. Der Onkel ging gleich zur Gendarmerie, und die Tante ging auch mit. Und wir Kinder sind allein geblieben, nur mit der Großmutter. Abendbrot haben wir gar nicht gegessen, um 12 Uhr habe ich mich schlafen gelegt.

1 Das Original des Tagebuchs wurde Ende der 1950er-Jahre in Bodzentyn aufgefunden und von der Journalistin Maria Jarochowska erworben, die es 1960 in Warschau und 1961 in deutscher Übersetzung in Berlin veröffentlichte. Das Original ist seitdem verschollen. Abdruck in: Dawid Rubinowicz, Pamiętnik Dawida Rubinowicza, Warszawa 1960, S. 15 – 19. Das Dokument wurde aus dem Polnischen übersetzt in Anlehnung an: Das Tagebuch des Dawid Rubinowicz. Aus dem Poln. v. Stanisław Żyliński, Berlin 1961, S. 15 – 18.

2 Dawid Rubinowicz (1927 – 1942) lebte in dem Dorf Krajno bei Kielce; im März 1942 sperrten die Besatzungsbehörden ihn, seine Eltern und Geschwister in Bodzentyn in ein Getto; vermutlich wurden sie alle ein halbes Jahr später nach Treblinka deportiert und dort ermordet.

3 Die jüdische Bevölkerung durfte keine Lebensmittel bevorraten.

*17. Juni*: Aus der Południowa-Straße ist Zelman zu uns gekommen, wir waren sehr neugierig, warum er kommt. Er sagte, dass aus Bieliny einer mit dem Fahrrad gekommen ist und gesagt hat, dass wir alle besseren Sachen, Kleidung und Wäsche verstecken müssen, weil die Gendarmerie noch mal herkommen wird. Noch als er da war, haben wir alle besseren Sachen versteckt. Ich bin öfter rausgegangen, um zu sehen, ob sie kommen, aber sie waren nicht zu sehen. Im Dorf herrschte furchtbare Panik, so, als ob Banditen im Anmarsch wären. Und dann sind sie gekommen, zuerst haben sie Haussuchung bei einem Bauern gemacht und sind dann weggefahren. Als sie schon nah bei uns waren, habe ich geglaubt, dass mein Herz rausspringt, so hat es geschlagen; aber, Gott sei Dank, die Gendarmen sind nicht zu uns gekommen, denn sicher wollten sie zu uns kommen. Aber ich habe gesagt, wenn sie zurückkehren, dann kommen sie zu uns rein. Wir hatten solche Angst, dass wir nicht wussten, was mit uns geschieht; als die Gendarmen dann noch mal kamen, waren sie wieder nicht bei uns. Ich bin gleich hinterhergegangen, um zu sehen, ob sie nicht noch irgendwo hingehen. Sie gingen dahin, wo sie schon morgens gewesen waren. Ob sie da was beschlagnahmt haben, kann ich nicht sagen, weil ich es nicht weiß. Ich bin gleich zum Vetter gelaufen, er sollte mit dem Fahrrad nach Bieliny fahren und ihnen Essen hinbringen, denn sie haben für eine so lange Zeit doch nichts mitgenommen. Ich habe ihm dann ein Päckchen gebracht, und er fuhr gleich los. Als ich nach Hause kam, habe ich was gegessen, der Bruder hat die Kuh rausgeführt, er hat gar nicht essen können. Ich bin zum Bruder gegangen, damit er essen kommt. Als ich die Kuh hütete, kam die Schwester zu mir gerannt und sagte, unsere kommen schon. Ich freute mich sehr, als sie mir das sagte. Der Vetter war schon da, weil er sie unterwegs getroffen hatte. Ich bin gleich nach Hause gerannt, ob sie schon da sind. Vielleicht nach einer ½ Stunde kamen sie. Man kann sich vorstellen, wie groß die Freude war, als wir sie sahen. Vater erzählte, wie es ihnen im Gefängnis ergangen ist, wer ihnen Essen gegeben hat, alles hat er uns genau erzählt.

*18. Juni*: Gestern habe ich vergessen aufzuschreiben, wie Zelman zu uns kam und sagte, dass alle verhaftet wurden, aber dass sie, Gott sei Dank, zurück sind. Nach dem Gestrigen fühle ich mich irgendwie gestärkt. In diesen paar Tagen habe ich so viel Kraft verloren, dass ich nicht weiß, ob ich sie in 3 Monaten wiederbekomme.

*20. Juni*: Wir waren im Wald Holz holen. Angenehm war es im Wald, ich habe drei Pilze gefunden, und jeder nahm ein Bündel Reisig mit.

*22. Juni*: Es war noch dunkel, als Vater uns alle weckte und sagte, wir sollen horchen, was für ein furchtbares Getöse von Nordosten kommt. Das war so ein Getöse, dass die Erde bebte. Den ganzen Tag war das Donnern zu hören. Gegen Abend kamen Juden aus Kielce vorbei und sagten, dass Sowjetrussland mit den Deutschen Krieg führt, und da erst habe ich das Getöse vom ganzen Tag verstanden.

## DOK. 300
## Das nationaldemokratische Untergrundblatt Walka hetzt am 20. Juni 1941 gegen die gettoisierten Juden[1]

*Das Getto und Auschwitz*

Die stets hervorragende jüdische Propaganda war in der letzten Zeit noch erheblich aktiver, und die Folgen sieht man sofort. Schreckliche Beschreibungen des Leidens [im Getto], Berichte über Dutzende von Leichen, die dort täglich auf den Straßen herumliegen, und das Bezeugen von – im Übrigen edlem – Mitleid sind gegenwärtig in weiten Kreisen unserer Gesellschaft auf Schritt und Tritt anzutreffen.
Zweifellos erleiden die Juden sehr bittere Verfolgungen. Nazi-Deutschland hat ihnen gnadenlos den Kampf angesagt und plant ihre vollständige Isolierung bis zu dem Zeitpunkt, wenn Gebiete erobert sind, in die man sie als einen im Volksorganismus schädlichen Fremdkörper zwangsweise fortschaffen könnte.
Indes hat sich ein derartiges provisorisches Territorium gefunden – die besetzten Provinzen Polens –, in denen ständig neue Transporte aus Deutschland eintreffen. Hier wird die Politik der Verfolgung und Absonderung fortgeführt. Zunächst wurden die Juden mit Armbinden „gebrandmarkt“, die zudem mit einem der für sie heiligsten Symbole versehen waren – mit dem Stern des Davidschilds. Anschließend verbot man ihnen den Besuch von Kinos, Theatern, Cafés und sogar Parks. Auch kleine Demütigungen wurden ihnen nicht erspart, da diese Maßnahmen für die innenpolitische Propaganda genutzt und mit allergrößtem Aufwand betrieben wurden. Schließlich wurden die Juden in ein eigens errichtetes Getto gesperrt. Natürlich ist das Leben dort ganz und gar nicht lustig. Die ungeheure Beengtheit der Wohnverhältnisse, die Einschließung auf kleinem Raum, den man nicht verlassen darf, schließlich der Hunger, der von diesen Einschränkungen, von Zufuhrschwierigkeiten und einem Mangel an Menschlichkeit seitens der Jüdischen Gemeinde verursacht wird, die sich um die graue Menge, um die armen Kaftanjuden, wenig kümmert. Todesfälle durch Hungertyphus sind tatsächlich immer häufiger.
Auf der anderen Seite aber darf man nicht vergessen, dass in den deutschen Plänen die Phase, in der die Juden sich jetzt befinden, eindeutig als Übergangsstadium bezeichnet wird. Sie sollen aus dem gesamten „Lebensraum“ Deutschlands, zu dem das „Generalgouvernement“ gehört, entfernt werden. Sie wurden abgesondert, werden zu verschiedenen Arbeiten herangezogen, sind aber so vollständig isoliert, dass sie nicht mehr den alltäglichen mehr oder weniger großen Demütigungen von Seiten der Deutschen ausgesetzt sind. Die Deutschen mischen sich nicht in die den Juden überlassene kommunale Selbstverwaltung ein. Da Juden vor dem Krieg das polnische Wirtschaftsleben beherrschten, kommen die Deutschen heute nur schwer ohne sie aus, weshalb auch jüdische Lieferungen und Auftragsarbeiten für das Heer prosperieren und den Unternehmern gewaltige Einnahmen bringen. Ihr großer Einfluss im Finanzleben des Landes hat es ihnen ermöglicht, im Getto ein enormes Kapital anzuhäufen, und täglich fahren unter dem wachsamen Auge des deutschen Polizisten, der sich auf diese humanitäre Weise bereichert, ganze Fuhrwerke mit Lebensmitteln ins Getto. Die Preise im Getto sind um nicht mehr als 20 bis 30 Prozent höher, während eine Reihe von Gegenständen sogar billiger ist.

1 Walka, Nr. 25 vom 20.6.1941, S. 6. Der Artikel wurde aus dem Polnischen übersetzt.

Auschwitz, Oranienburg, Mauthausen; Razzien, Folterungen Unschuldiger, um Geständnisse von Menschen zu erzwingen, die keine Ahnung von „politischer Arbeit“ haben – all diese schrecklichen Begriffe sind im Getto nur vom Hörensagen bekannt.
Man darf nicht vergessen, dass nicht die Juden „Deutschlands Feind Nummer 1“ sind, sondern wir. Da wir als junges, gesundes und dynamisches Volk der Ausdehnung des „Lebensraums“[2] im Wege stehen, sollen wir von hier entfernt werden. Weil aber Polen unser Vaterland ist, kann man uns schwer aussiedeln; der deutschen Ausdrucksweise zufolge sollen wir „entwurzelt“ werden.
Die Ausrottungspolitik uns gegenüber wird mit aller Grausamkeit und Rücksichtslosigkeit umgesetzt, eine Eigenschaft, die die Deutschen vom Rest der Welt unterscheidet. Man hat uns zwar nicht mit Armbinden, auf denen der weiße Adler zu sehen ist, „entehrt“, die wir mit geringerem Schmerz getragen hätten als die Juden ihre Davidschilde; aber dafür tauchen immer öfter Aufschriften „nur für Deutsche“[3] auf, und das Beispiel Krakau zeigt, wohin uns dieser Prozess führen kann.[4] Wir werden in der Propaganda nicht so erniedrigt wie die Juden, doch das Verhältnis eines Polen mit einer Deutschen wird im Reich als „Rassenschande“ mit dem Tod bestraft. Es handelt sich nicht um belanglose Demütigungen, sondern sie sind grundsätzlicher Natur, und Tausende unserer Mitbrüder verlassen unaufhaltsam, ob mit oder ohne Bündel, jene „urgermanischen Lande“, in denen sie seit undenklichen Zeiten ansässig sind.
Nicht eingehen muss man wohl auf die Verfolgungen, Razzien, die Verhaftung und Erschießung von „Geiseln“, auf den Tod Hunderter von Kindern in den Lagern für Ausgesiedelte, auf die Urnen mit der Aufschrift „Heil Hitler“,[5] die die Asche von Vätern, Brüdern und Söhnen enthalten, auf die an Schwindsucht sterbenden Offiziere in den Oflags,[6] auf die Landsleute, die beim „Arbeitseinsatz“ an Entkräftung oder durch englische Bomben umkommen, auf die Bauern, die misshandelt werden, weil sie das „Kontingent“ nicht abliefern.
Und das Getto? Ohne viel Aufhebens und unbemerkt schließt es sich auch um uns, vor allem seitdem uns der Eisenbahnverkehr verschlossen ist und wir uns nur mit Passierscheinen wie denen im Land bewegen können, mit denen Hunderte Juden weiterhin in Warschau herumlaufen. Wir haben kein Geld, um Lebensmittel zu kaufen, und langsam werden wir aus den besseren Häusern herausgeworfen und in die Randbezirke getrieben. In Krakau dürfen sich neu zuziehende Polen nur in Kazimierz niederlassen.[7]
Wen der Anblick eines im Getto auf der Straße liegenden Juden erschüttert, dem ist zu raten, nach Annopol[8] zu gehen und bei der RGO nach der Statistik der Todesfälle infolge von Hungertyphus[9] unter der notleidenden polnischen Bevölkerung zu fragen, oder nach der Statistik über die Tuberkulose, die jeden Monat Hunderte von Kindern und Jugendlichen tötet.

2 Im Original deutsch.
3 Im Original deutsch.
4 Krakau stand als Hauptstadt des GG im Mittelpunkt von Eindeutschungsbemühungen, die sowohl das Stadt- und Straßenbild als auch das Kulturleben betrafen.
5 Im Original deutsch.
6 Offizierslager; deutsche Kriegsgefangenenlager, in denen nur Offiziere festgehalten wurden.
7 Aus dem traditionell jüdischen Krakauer Stadtteil Kazimierz war die jüdische Bevölkerung im März 1941 in das Viertel Podgórze vertrieben worden, wo ein Getto gebildet wurde.
8 Vermutlich der heute eingemeindete Vorort von Warschau.
9 Synonym für Fleckfieber.

Und schließlich noch eines: Betrachten wir das ganze Polen, nicht nur das „Generalgouvernement". Wenn der Verfasser dieser Zeilen im Namen des Kampfs gegen den gemeinsamen Feind und im Namen des gemeinsamen Leidens sogar jenen Augenblick im September 1939 vergessen könnte, als er von Juden entwaffnet wurde, bleibt doch die objektive Tatsache bestehen, dass die Polen jenseits des Bugs[10] so wie bei uns hier „entwurzelt" werden, während die Juden privilegiert sind.

Es geht nicht darum, sich gegenseitig zu überbieten, wer mehr leidet und wer stärker verfolgt wird. Es geht darum, das eigene Volk zu retten und zu bewahren. Wir unterliegen nicht nur der jüdischen, sondern auch der deutschen Propaganda, welche die Verfolgung von Juden nicht verheimlicht, [der zufolge man] uns jedoch Schutz und Fürsorge angedeihen lässt, unser Wirtschaftsleben „organisiert", billige Ernährung gewährleistet – während ständig Tausende von uns infolge der geschickten und eigens zu diesem Zweck erdachten amtlichen Verordnungen umkommen.

*Das Getto und Auschwitz.* Genügt es denn nicht, einfach diese beiden Wörter gegenüberzustellen, die das Verhältnis der Besatzer zu den Juden und den Polen symbolisieren?

Wir dürfen uns dem Mitleid für die verfolgten Juden nicht verschließen. Dies ist eine christliche Tugend. *Aber die Verfolgung der Brüder zu vergessen ist ein Verbrechen.*

## DOK. 301

## Krakauer Zeitung: Mitteilung vom 21. Juni 1941 über neue Beschränkungen für die jüdische Bevölkerung im Distrikt Warschau[1]

*Aufenthaltsbeschränkung für Juden. Aufruf des Warschauer Distriktschefs an die Bevölkerung zur Gesundheitssicherung.*

*Warschau*, 21. Juni

In einer Anordnung, die am 17. Juni in Kraft trat, hat der Chef des Distrikts Warschau den Juden verboten,[2] sich in den Kreisen Grojec, Lowitsch und Sochaczew-Blonie sowie in dem westlich der Weichsel gelegenen Teil des Kreises Warschau-Land aufzuhalten. Ferner ist es den Juden verboten, die Gemeinde ihres Wohnsitzes oder gewöhnlichen Aufenthaltsorts bzw. den ihnen zugewiesenen jüdischen Wohnbezirk zu verlassen. Ausnahmen genehmigt der jeweils zuständige Kreishauptmann. Im Zusammenhang damit ist es verboten, Juden, die gegen diese Bestimmungen verstoßen, Unterkunft, Verpflegung oder sonstige Unterstützungen zu gewähren.

In einem Aufruf, den der Distriktschef gleichzeitig an die Bevölkerung des Distrikts Warschau gerichtet hat, weist er darauf hin, daß es durch die Schaffung der jüdischen Wohn-

10 Gemeint ist: im sowjet. Besatzungsgebiet in Ostpolen.

1 Krakauer Zeitung, Nr. 141 vom 21.6.1941, S. 5. Abdruck in: Documenta Occupationis, Bd. 6/2 (wie Dok. 76, Anm. 1), S. 546f.

2 Die VO Fischers vom 17.6.1941 ist als Anordnung von Dr. Schönhals vom 24.6.1941 auf Polnisch abgedruckt in: Gazeta Żydowska, Nr. 51 vom 27.6.1941, S. 7. Dr. Heinrich Schönhals (1901–1981), Jurist; 1933 NSDAP-Eintritt; 1933/34 OB von Offenbach, 1937 Landrat in Alsfeld, von April 1941 an in der Innenverwaltung des GG Leiter der Abt. III (Polizeiangelegenheiten), ab Mai 1942 der Abt. Ia (Beamtenrecht und Organisationen).

bezirke gelungen sei, die Zahl der Fleckfieber-Erkrankungen im Distrikt überaus herabzudrücken. In letzter Zeit seien aber erneut einige Fleckfieberfälle außerhalb der jüdischen Wohnbezirke aufgetreten, die nachweislich auf umherziehende Juden zurückzuführen sind. Aus diesem Grunde sei diese Verordnung erlassen worden. Wer ihr zuwiderhandelt, könne mit Gefängnis- oder Geldstrafen bis zu 10 000 Zloty, in schweren Fällen sogar mit Zuchthaus bestraft werden. Der Distriktschef spricht in seinem Aufruf ferner die Erwartung aus, daß die Bevölkerung des Distrikts diese im Interesse ihrer eigenen Gesundheit angeordneten Maßnahmen unterstützt und jeden Juden, der sich ohne Erlaubnis außerhalb des jüdischen Wohnbezirks herumtreibt, der Polizei übergibt. Nur so kann es gelingen, die deutsche und polnische Bevölkerung des Distrikts vor den durch die Berührung mit dem Judentum [drohenden] gesundheitlichen Gefahren wirksam zu schützen.

## DOK. 302
## Der deutsche Bürgermeister von Poddębice beschreibt am 25. Juni 1941 die Lage der jüdischen Bevölkerung[1]

Tagebuch des Bürgermeisters von Poddębice, Franz Heinrich Bock,[2] Eintrag vom 25. 6. 1941[3]

25. Juni 1941 Mittwoch
Ernstere Schwierigkeiten bereitet jetzt die Versorgung der 3000 Juden. Diese armen Menschen erhalten keine Lebensmittelkarten, nur gelegentliche Zuteilung minderwertigen Mehles, Kleie, Kohlrüben und Pferdefleisch. Diese Naturalzuteilungen erfolgen vom Landratsamt völlig unregelmäßig, je nach Anfall beanstandeter Mengen. Die Kopfquoten, die der Judenälteste verteilen kann, reichen kaum hin, die Leute vor dem Verhungern zu bewahren.

Jetzt dankt es sich, wenn ein Jude sich einen Polen zum Freund gemacht hat. Dann bekommt er auch zusätzliche Nahrungsmittel. Wie ich immer wieder erfahre, helfen die Polen den Juden sehr fühlbar. Aber durchaus nicht allgemein. Ein großer Teil der Juden hat sich früher herzlich unbeliebt gemacht. Die Polen sind keine Judenfreunde. Im Gegenteil, die Grundeinstellung ist durchaus antisemitisch. Mir fiel schon immer auf, daß es in meiner Stadt keine Mischehen zwischen Juden und Polen gibt, und daß die Polen dem Schicksal der im Ghetto eingezwängten Juden so gut wie teilnahmslos gegenüberstehen. Es ist schon so, Hilfe von draußen haben nur die Juden zu erhoffen, die sich Freunde geschaffen haben, als sie noch in Freiheit lebten. Den anderen zahlen die Polen jetzt jeden Wucher mit gleicher Münze heim. Was sie früher errafft haben, müssen die Juden jetzt

1 IfZ/A, Ms 95/2, Bl. 208f. Es handelt sich hier um eine maschinenschriftl. Abschrift aus den späten 1940er-Jahren, die laut Aussage des Autors nach den (anschließend verbrannten) originalen Stenogrammen gefertigt wurde; Abdruck in: Alexander Hohenstein (Pseudonym für Franz Heinrich Bock), Wartheländisches Tagebuch aus den Jahren 1941/42, Stuttgart 1961, S. 152f.

2 Franz Heinrich Bock (1901–1964), Berufsvermittler; 1934 NSDAP-Eintritt; von Jan. 1941 an Bürgermeister von Poddębice (im östlichen Warthegau), 1942 wegen duldsamen Verhaltens gegenüber Juden und Polen Disziplinarverfahren, daraufhin Amtsniederlegung und Parteiausschluss; 1944 Kriegsteilnahme; 1945 in amerik. Kriegsgefangenschaft, danach als Wohnraumvermittler in Braunschweig.

3 Im Original handschriftl. und maschinenschriftl. Verbesserungen.

den polnischen Lieferanten wieder zurückgeben. Die Schwarzmarktpreise sollen erbarmungslos hoch sein.
„Wovon sollen denn die Juden jetzt leben?" fragte ich Landrat Dumpf,[4] als er heute hier war. „Sie sollen im eigenen Fett schmoren", antwortete er. „Darum haben Sie sich nicht zu kümmern."
Seine eigenen Fragen zielten auf die hiesigen Fleischereien, doch ließ er die Ursache dazu nicht erkennen. Er wünscht es nicht, befragt zu werden. – Etwas Gutes steckt hinter solchen Interessenbekundungen gewöhnlich nicht. Wir werden ja sehen.
Als Dumpf aufkreuzte, ließ ich mich zunächst verleugnen, verließ durch Steinemanns[5] Zimmer das Haus und eilte hinüber zu meinen Schutzhäftlingen. Die informierte ich kurz und ließ alle Zellen hinter ihnen verschließen und verriegeln. Dann war ich wieder da. Wehe mir, wenn der Landrat die Zellen offen und die Männer außerhalb angetroffen hätte![6] Jedoch fragte er gar nicht nach den Russen, nahm Einsicht in den Kassenrapport und fuhr von dannen.

## DOK. 303
## Der Politiker Ignacy Schwarzbart ruft am 30. Juni 1941 die polnischen Juden auf, alles zu unternehmen, um die polnische Armee zu stärken[1]

Aufruf von Ignacy Schwarzbart, London, vom 30. 6. 1941[2]

An die Polnischen[3] Juden
Seit 22 Monaten kämpft Polen unbeugsam um seine nationale Unabhängigkeit und Freiheit. Nicht einen Moment lang hat es kapituliert. Die polnische Armee bekräftigt in Frankreich, bei Narvik und im Nahen Osten und mit ihrem Bereitschaftsdienst in Großbritannien[4] vor aller Welt – und symbolisiert gemeinsam mit der Regierung der Republik

4 Für die 1961 erfolgte Veröffentlichung wurden die Namen der erwähnten Personen und Orte geändert und im Typoskript überklebt. Nach dem Namensschlüssel im IfZ/A, Ms 95/3, handelt es sich hier um Willi Madré (1908–2002), Metzgergeselle; 1926 NSDAP-Eintritt; 1934–1936 Bürgermeister von Eberstadt (Hessen); Absolvent eines einjährigen Lehrgangs auf der Ordensburg Vogelsang, Stammführer auf der Ordensburg Krössinsee; von Mai 1940 an kommissar. Landrat des Kreises Lentschütz; lebte nach 1945 zunächst in Italien, dann bei Detmold und schließlich in Bad Nauheim.
5 Das ist Waldemar Ziegelmann, volksdeutscher Assistent des Bürgermeisters; er geriet 1943 in Nordafrika in US-amerik. Kriegsgefangenschaft; 1951 Rückkehr nach Deutschland.
6 Laut Befehl vom 21.6.1941 hatte Bock alle sowjet. Staatsangehörigen im Ort festzunehmen. Da sie dem Bürgermeister versprochen hatten, nicht zu fliehen, wurden die Zellentüren nicht abgesperrt.

1 YVA, M-2/123, Bl. 39. Das Dokument wurde aus dem Polnischen übersetzt.
2 Im Original handschriftl. Korrekturen. Schwarzbart verfasste den Aufruf am 19.6.1941 und überarbeitete ihn elf Tage später. Seine Worte richteten sich auch an die Juden in Nordamerika, die der poln. Exilregierung kritisch gegenüberstanden, nun aber die Mission von General Bronisław Duch unterstützen sollten, der sich bemühte, in Kanada eine poln. Armee zu organisieren. Der Oberbefehlshaber der polnischen Armee, Sikorski, bedankte sich bei Schwarzbart am 3.7.1941 für den „überaus patriotischen Aufruf"; wie Anm. 1, Bl. 40 und 38.
3 Zum Zeichen der Wertschätzung auch im Original großgeschrieben.
4 Handschriftl. durchgestrichen „und mit ihrem Bereitschaftsdienst in Großbritannien" und dafür handschriftl. eingefügt: „mit den heldenhaften Taten ihrer Luftwaffe und ihrer Marine wie auch mit der Kampfbereitschaft ihres Heeres in Großbritannien".

Polen – ihren ungebrochenen Willen, den Kampf um den Sieg an der Seite Großbritanniens und seiner Verbündeten fortzusetzen.
Die polnischen Juden haben an allen bewaffneten Anstrengungen und Kämpfen der Republik Polen teilgenommen und beteiligen sich weiterhin, sie erfüllen ihre selbstverständliche patriotische Bürgerpflicht.
Gegenwärtig bereiten unsere Regierung und das Oberkommando die Vergrößerung der polnischen Kampftruppen außerhalb Großbritanniens vor. Ungeachtet der Unterschiede von Bekenntnis und Nationalität wissen die polnischen Bürger sicher die Bedeutung dieser Anstrengungen zu schätzen. Wo immer sich die polnischen Juden aufhalten, bekräftigen sie in Wort und Tat, dass sie die gemeinsame Sorge teilen und sich für das Schicksal und die Zukunft der Republik Polen mitverantwortlich fühlen und deren vollkommen gleichberechtigte Staatsbürger sein werden.[5]
Die Judenheit als Ganzes steht auf der Seite der kämpfenden Demokratien. Ihr Schicksal und ihre Zukunft sind Teil des gegenwärtigen gigantischen Kampfes der Demokratien gegen die Flut der Barbarei und Gewalt. Polens Ringen um die Freiheit ist auch unser Kampf – der Kampf der polnischen Juden.
Aus dem gemeinsamen Leid erwachsen das gemeinsame Schicksal, die gemeinsame Hoffnung und die gemeinsame Zukunft von uns allen.
In diesem Krieg geht es um etwas Großes. In der gemeinsamen Tat wird unsere Zukunft geschmiedet.
Als Vertreter der polnischen Judenheit im Nationalrat der Republik Polen wende ich mich mit diesem Aufruf aus tiefster Überzeugung an Euch,[6] polnische Juden, wo immer Ihr Euch aufhalten möget, damit alle Bemühungen des Oberkommandos zur Vergrößerung und Stärkung der polnischen Armee Eure unbedingte, aus vollem Herzen kommende Unterstützung für den gemeinsamen Sieg finden.

## DOK. 304
## Die Gesundheitsbehörden warnen Mitte 1941 vor dem Kontakt mit Juden und Obdachlosen[1]

Öffentlicher Aushang von Mitte 1941

*Hüte dich vor dem Fleckfieber*
Fleckfieber ist eine Krankheit, die *durch Unreinheit und Schmutz* bedingt ist.
Der alleinige Überträger des Fleckfiebers ist die *Laus.*
Die Laus steckt sich erst selbst an, indem sie das Blut eines Fleckfieberkranken saugt, und überträgt dann die Fleckfiebererreger auf den Gesunden.
*Der Kampf gegen das Fleckfieber ist ein Kampf gegen die Laus.*
1. Meide verlauste Menschen und Personen, in deren Umfeld es Fleckfieberkranke gibt.

5 Siehe Dok. 192 vom 3.11.1940.
6 Zum Zeichen der Wertschätzung hier und nachfolgend auch im Original groß geschrieben.

1 AAN, 1335/214/I-17, Bl. 36. Kopie: USHMM, RG 15.008M, reel 2. Das Dokument wurde aus dem Polnischen übersetzt.

2. Gewähre Bettlern, Landstreichern und anderen verlausten Personen keine Unterkunft.
3. Wahre äußerste körperliche Reinlichkeit.
4. Vernichte Läuse am Körper, in Kleidung und Unterwäsche.
5. Melde jede ungeklärte fieberhafte Erkrankung umgehend einem Arzt.
6. Meide die Juden, denn sie sind am meisten verlaust. 90 % der Fleckfieberkranken sind Juden.

*Bekämpfe also die Laus – und du schützt dich vor dem Fleckfieber.*[2]

## DOK. 305
## Gazeta Żydowska: Der Vorsitzende des Warschauer Judenrats fordert am 2. Juli 1941 von der jüdischen Bevölkerung Gehorsam und Disziplin[1]

*Aufruf des Vorsitzenden des Judenrats*[2]

Der Vorsitzende des Judenrats in Warschau, Ing. Czerniaków, wandte sich mit einem Aufruf folgenden Inhalts an die jüdische Bevölkerung:

Die Zeiten, die wir gegenwärtig durchleben, verlangen von uns Selbstbeherrschung, Ruhe und seelisches Gleichgewicht. Angesichts der Geschehnisse müssen wir ruhig Blut bewahren und den Beweis erbringen, dass wir den Ernst der geschichtlichen Stunde verstehen und in der Lage sind, uns vollkommen darauf einzustellen. Die Befolgung sämtlicher Verfügungen der Behörden und des Ordnungsdienstes ist ein Gebot, das jedermann genauestens einhalten muss. Die Weisungen sind von der Bevölkerung unverzüglich auszuführen, damit keine Zwangsmaßnahmen ergriffen werden müssen. Jeder soll sich klarmachen, dass er nicht nur für sich persönlich verantwortlich ist, sondern dass sein Leichtsinn und seine Nichtbefolgung von Vorschriften und Verordnungen die Gesamtheit bedrohen. Dies betrifft insbesondere den *Luftschutz*. Dabei ist voller, rückhaltloser Gehorsam zu leisten, weil er das Wohl der Bevölkerung bezweckt.

Von der jüdischen *Kaufmannschaft* erwarte ich, dass sie Schwierigkeiten nicht zum eigenen Vorteil ausnutzt. Wer das dennoch tut, bedroht die Lebensinteressen der Gesamtheit – ein Verbrechen, das gebrandmarkt und mit größter Strenge verfolgt werden muss. Jedes Horten von Waren wie auch jeder unbegründete Preisaufschlag werden bestraft. Wer so handelt, stellt sich selbst außerhalb der Gemeinschaft.

Von der gesamten jüdischen Bevölkerung verlange ich Gehorsam und Disziplin, und von der Kaufmannschaft ein Verhalten, das der wirtschaftlichen Notwendigkeit entspricht und die bestehenden Schwierigkeiten in keiner Weise verschärft.

2 Verbreitet wurde das mit einfachen Handzeichnungen illustrierte Plakat vermutlich von der Gesundheitsabt. des Distrikts Warschau. In den Dörfern wurden amtliche Mitteilungen an Wandzeitungen angeschlagen. Hatten sich Fleckfieberfälle bis dahin in der kühlen Jahreszeit gehäuft, so erreichte die Epidemie im Warschauer Getto Mitte 1941 einen Höhepunkt und ging erst im Herbst zurück.

1 Gazeta Żydowska, Nr. 53 vom 2.7.1941, S. 3: Odezwa Przewodniczącego Rady Żyd. Der Artikel wurde aus dem Polnischen übersetzt.

2 Anlass der Stellungnahme war der Beginn des Kriegs gegen die Sowjetunion und dessen Rückwirkungen auf die Verhältnisse in Warschau.

## DOK. 306
## Die Gymnasiastin Wanda Lubelska schreibt am 3. Juli 1941 über ihre Lage im Warschauer Getto[1]

Handschriftl. Brief von Wanda Lubelska[2] an ihre Freundin Halina Grabowska[3] vom 3. 7. 1941[4]

Liebe Zeta!
Ich habe auf die von Dir versprochenen Nachrichten gewartet; da ich aber sehe, dass sie nicht eintreffen, schreibe ich Dir, denn die Sache ist dringlich.
In einem Deiner Briefe hast Du von unserer Bibliothek geschrieben und darüber, dass, wenn es nur menschenmöglich ist, sie zu verkaufen, Du Dich darum bemühen wirst.[5] Verzeih mir, liebe Zeta, dass ich Dir darüber schreibe, aber leider ist das Thema Bibliothek für uns eine sehr wichtige Sache geworden. Der Krieg wirkt sich auf unser Leben mit immer stärkerem Druck aus, wir stehen auf Schritt und Tritt völlig ratlos vor sich auftürmenden Schwierigkeiten. Hier ist es ganz und gar utopisch, sich durch eigene Arbeit zu unterhalten, die Menschen kommen einer nach dem anderen um, in unserem Haus starb schon der Siebte seit Vatis Tod. Wir haben schon fast alles verkauft, es sind nur die allernotwendigsten Dinge geblieben, aber auch die werden bald verschwinden. Rysio[6] hat schon mit dem Rikschafahren aufgehört, denn er hat von über einem Dutzend Stunden Scheuern eine Eiterbeule am Fuß davongetragen. Die Kinder haben schon fast alle aufgehört zu lernen, mir sind nur zwei Lehrstunden verblieben. Die Aushänge sind abgerissen, die Konkurrenz ist groß, und meine Konkurrenten haben leider mehr Übung und Technik, von der ich gar nichts weiß. Tag um Tag vergeht, einer schlimmer und hoffnungsloser als der andere. Als der Krieg mit Russland ausbrach, glaubten wir, dass es sich von einem Tag auf den anderen ändern wird, dass sie uns vielleicht aus diesem schrecklichsten aller Gefängnisse herauslassen, wo auf der Straße der eine über den anderen herfällt, wenn dieser Brot isst, wo täglich 400 Leute auf den Friedhof gelangen, wo kleine Kinder den Geschmack von Milch nicht kennen. Fleckfieber breitet sich hier furchtbar aus, jedes zweite Haus ist aus diesem Grund geschlossen.[7] Fünf Minuten, nachdem eine Mitteilung übers Radio gesendet worden ist, dass die Lage an der Front sich geändert hat, steigt der Preis aller Lebensmittel um 100 %. Inmitten dieser entfesselten Elemente aus Wucherern, Kaufleuten und unseren Polizisten erleidet unsere Troika[8] Schiffbruch, wie

1 Biblioteka Narodowa, Zakład Rękopisów, Akc. 8261. Das Dokument wurde aus dem Polnischen übersetzt. Abdruck als Faksimile in: Wanda Lubelska, Listy z getta, Warszawa 2000, S. 52 – 54.
2 Wanda Lubelska (1923 – 1942), Gymnasiastin; Tochter einer Geigerin und eines Prokuristen, Pfadfinderin; von 1939 an in einer illegalen Schulklasse, zugleich Nachhilfelehrerin, seit Nov. 1940 im Warschauer Getto, von ehemaligen nicht-jüdischen Mitschülerinnen materiell unterstützt; im Juli 1942 zusammen mit Mutter und Bruder mit dem ersten Transport nach Treblinka deportiert und dort ermordet.
3 Halina Grabowska, genannt Zeta (1923 – 1944); Gymnasiastin, Pfadfinderin; 1939 in illegaler Fachhochschulausbildung, war gemeinsam mit Freundinnen um Hilfe für die Familie Lubelska bemüht, im poln. Widerstand aktiv; im Juni 1944 nach einem fehlgeschlagenen Anschlag auf den HSSPF im GG, Koppe, verhaftet und Ende Juli von der Gestapo erschossen.
4 Im Original handschriftl. Streichungen.
5 Ihre Bibliothek hatte die Familie Lubelska auf der „arischen Seite" Warschaus zurückgelassen.
6 Ryszard, der Bruder der Verfasserin.
7 Von Seuchen betroffene Häuser wurden verschlossen und häufig strenger Quarantäne unterworfen.
8 Die Verfasserin, ihr Bruder und ihre Mutter.

ein Schiff ohne Steuermann, ein Schiff, das durch mehrere Stürme gegangen ist und durch den letzten Orkan, der ihm den Steuermann nahm, völlig zerschmettert wurde.
Liebe Zeta! Wenn Du nur dazu in der Lage bist, so verkaufe diese Bücher; es ist mir peinlich, dass ich Dich damit belästigen muss; Du hast es mir selber vorgeschlagen, ich aber war lange unschlüssig, ehe ich mich entschied, Dich darum zu bitten, weil es mir so peinlich ist, überhaupt um irgendetwas zu bitten, und besonders Dich, die Du schon so viel für uns getan hast. Verzeih mir all das bitte. Ich würde Dir gerne etwas über mich schreiben, doch ich kann mich zu nichts dergleichen aufraffen, ich bin den ganzen Tag so getrieben, aber schlussendlich mache ich eigentlich nichts. Ich fühle mich sehr schlecht, und manchmal verlassen mich leider die physischen Kräfte. Ich lebe jetzt nur noch von einem Gedanken, dass es auf der Welt einmal wieder gut sein wird, so wie vor dem Krieg, dass man nicht mehr täglich diese makabren Straßen betrachten wird, dass ich in diesem Eurem wunderbaren Żoliborz[9] herumlaufen und lernen können werde. Leider wird schon einer von uns vieren[10] diesen Tag nicht erleben.
Liebe Zeta! Noch einmal bitte ich Dich um Verzeihung, gib all den lieben Freundinnen vom Gymnasium einen Kuss. Es tut mir leid, dass ich Zosia Cz.[11] nicht zurückgeschrieben habe. Sobald ich dazu in der Lage sein werde, werde ich es tun. Ich habe Elszka[12] in der Straßenbahn gesehen, sie hat sich in nichts verändert. Manchmal huscht jemand vor dem Fenster an mir vorbei, aber ich habe die Vornamen vergessen, und die Nachnamen … Acht Monate Gefängnis! Ich küsse Dich herzlich. Grüße von Mutti und Rysio.
Deine Wanda

## DOK. 307
## Der Judenrat in Lublin berät am 7. Juli 1941 über die Bekämpfung einer Fleckfieberepidemie[1]

Niederschrift der Vollversammlung des Judenrats in Lublin, gez. H. Bekker, vom 7. Juli 1941[2]

*Protokoll* Nr. 36 (97)
Der Vorsitzende Ing. Bekker referierte über die Bekämpfung der Fleckfieberepidemie, die sich im jüdischen Viertel ausbreitet. Diese Aktion wurde mit den Sänitärbehörden

9 Stadtteil im Norden Warschaus mit einer modernen Wohnsiedlung.
10 Hier ein Wort gelöscht (möglicherweise: Vater).
11 Vermutlich Zofia Czechowska, eine frühere Schulfreundin von Wanda Lubelska.
12 Elżbieta Maykowska, eine frühere Schulfreundin von Wanda Lubelska.

1 APL, 891/3, Bl. 169. Das Dokument wurde aus dem Polnischen übersetzt. Abdruck als Faksimile in: Te'udot mi-geto lublin – yudenrat le-lo derekh. Documents from Lublin Ghetto. Judenrat without direction, hrsg. von Nachman Blumental, Jerusalem 1967, S. 176.
2 Anwesend waren der Ratsvorsitzende Bekker, sein Stellv. Alten, die Ratsmitglieder Kestenberg, Halberszt adt, Schlaf, Kerszenblum, Lerner, Hochgemein, Kerszman, Lewinsohn, Siegfried, Bursztyn, Hufnagiel, Rechtman, Tenenbaum, Kelner, Lewi, Kantor, Dawidsohn, Edelsztajn, Cymerman, Goldsztern und der Schöffe der Lubliner Stadtverwaltung Kacenelenbogen. Nicht anwesend waren die Ratsmitglieder Goldsobel und Wajselfisz. Das Protokoll führte der Sekretär des Rats, Rechtsanwalt Dawid Hochgemein.

koordiniert. Die Quarantäne für die Isolationshäuser wird verschärft. Es wird ein Gesundheitsdienst geschaffen, der sich aus 400 Personen zusammensetzt. Die Leitung der ganzen Aktion übernimmt die Gesundheitsabteilung. Zu besprechen bleibt die Frage der Lebensmittelversorgung der Isolationshäuser und der dazu nötigen Finanzmittel. Das Versorgungsamt hat versprochen, 15 000 kg Kartoffeln und 1800 kg Fleisch zuzuteilen. Ratsmitglied Tenenbaum[3] schlug vor, der Bevölkerung eine Abgabe aufzuerlegen.
Der Rat hat beschlossen: Der jüdischen Bevölkerung wird die Pflicht auferlegt, zum Zweck der Seuchenbekämpfung eine einmalige Abgabe zu zahlen. Diese Abgabe wird zwischen 8 und 20 Złoty je Familie betragen. Die Frage der Einziehung und technischen Umsetzung wird der Gesundheitsabteilung überlassen.
Fürs Erste wurde beschlossen, der Gesundheitskommission aus den Reservemitteln der Gemeinde 3000 Złoty zu leihen.

## DOK. 308
## Ostdeutscher Beobachter: Artikel vom 7. Juli 1941 über die Judenpolitik im Generalgouvernement[1]

*Lösung eines wichtigen Problems. Die verwaltungsmäßige Regelung der Judenfrage im Gouvernement.*

Aus sanitären wie aus politischen Gründen war eine scharfe Trennung der jüdischen Elemente von der übrigen Bevölkerung im Generalgouvernement erforderlich. Die deutsche Verwaltung hat dieses Problem in sehr interessanter Weise gelöst.
Die Isolierung ist in der Weise geschehen, daß die Juden in den Städten in eigenen, nur für sie bestimmten Wohnbezirken zusammengefaßt werden. So wurde bisher verfahren in den bedeutendsten Judenstädten wie Warschau, Krakau, Radom, Kielce usw. Ohne besondere Genehmigung darf kein Jude den Wohnbezirk dauernd oder auch nur vorübergehend verlassen; umgekehrt erhalten Nichtjuden ebenfalls nur auf Grund besonderer, von den zuständigen deutschen Stellen angefertigter Ausweise Zutritt zu den Judenbezirken. Die Trennung erstreckt sich in Warschau z. B. auch auf den Straßenbahnverkehr. Straßenbahnwagen, die auf der Fahrt von einem Teil des jüdischen Wohnbezirks zu einem anderen nichtjüdische Bezirke zu durchfahren haben, müssen diese Stadtteile ohne Aufenthalt passieren.[2] In den ihnen zugewiesenen Bezirken sind die Juden ganz unter sich. Die Beziehungen zur Außenwelt sind nach Möglichkeit zentralisiert. In Warschau z. B. obliegt die Ordnung und Beaufsichtigung im jüdischen Wohnbezirk einem vom deutschen Distriktchef ernannten Kommissar,[3] der sich zur Durchführung seiner Aufgabe der „Transferstelle Warschau" und des Obmanns des Warschauer Judenrats bedient. Die Transferstelle vermittelt die Lebensmittelversorgung und die Verwertung der im jü-

3 Bencjon Tenenbaum (1886 – 1942?), Schneider aus Lublin.

1 Ostdeutscher Beobachter, Nr. 186 vom 7.7.1941, S. 2.
2 Für einige Zeit führten in Warschau Straßenbahnen durch das Getto, die dort nicht anhalten durften; siehe Dok. 244 vom 23.2.1941. Außerdem gab es eine mit dem Davidstern gekennzeichnete Linie für Fahrten innerhalb des Gettos.
3 Heinz Auerswald.

dischen Wohnbezirk hergestellten Industrie-Erzeugnisse, während der jüdische Obmann, der von den Insassen des jüdischen Wohnbezirks gewählt wird,[4] die höchste Instanz der jüdischen Selbstverwaltung bildet. Ein durch besondere Armbinde und Mütze gekennzeichneter und mit Gummiknüppeln bewaffneter jüdischer Ordnungsdienst sorgt für die Aufrechterhaltung der Ruhe und Ordnung im jüdischen Wohnbezirk.
Diese jüdischen Wohnviertel haben ihre eigenen Krankenhäuser, Seuchenisolieranstalten, ferner soziale Einrichtungen wie Volksküchen, Alters- und Kinderheime. An jüdischen Ärzten herrscht im ehemaligen Polen ja auch kein Mangel. Wie die Mittel für die öffentlichen und sozialen Ausgaben des Judenbezirks aufgebracht werden, ist Sache des Judenrats, der die erforderlichen Abgaben erheben kann. Die Judenkinder sind nach Maßgabe der allgemeinen Vorschriften zum Schulbesuch verpflichtet.[5] Angesichts des Reichtums der größeren Judenbezirke und der im ehemaligen Polen stark gewesenen jüdischen Intelligenzschicht herrscht dort an Bildungsstätten, Büchereien und Theatern kein Mangel.[6]
Nachdem die Juden nun nicht mehr die Ausbeutung der nichtjüdischen Bevölkerung betreiben können, sind sie zu produktiver Arbeit gezwungen. Die jüdischen Selbstverwaltungsorgane sind sehr bedacht, ihre Rassegenossen zu dieser Arbeit anzuhalten. Gegenwärtig werden auch 30 000 Juden bei Regulierungsarbeiten an der Weichsel eingesetzt und dafür entlohnt.[7]

## DOK. 309
## In einem Bericht der deutschen Verwaltung werden die Zustände im Lager in Trawniki am 9. Juli 1941 geschildert[1]

Bericht der Unterabteilung Bevölkerungswesen und Fürsorge,[2] Unterschrift unleserlich, an die Innenverwaltung im Distrikt Lublin, Dr. Kipke, Lublin, vom 14. 7. 1941 (Abschrift)[3]

Bericht über die Besichtigung des Auffanglagers in *Trawnicki*[4]
Das Auffanglager für Flüchtlinge und von der Wehrmacht festgenommene verdächtige Personen befindet sich in Trawnicki auf einem Dominium. Das Lager selbst ist abseits

4 Adam Czerniaków wurde Ende Sept. 1939, nachdem der bisherige Amtsinhaber Maurycy Meisel (1872–1941/42) geflohen war, vom Warschauer Stadtpräsidenten Stefan Starzyński zum Vorsitzenden der Jüdischen Gemeinde ernannt.
5 Kindern im Warschauer Getto wurde der Schulbesuch erst im Sept. 1941 wieder erlaubt.
6 Tatsächlich waren die Gettos in den ärmsten Vierteln eingerichtet und die repräsentativen Straßen jenen Wohngebieten einverleibt worden, die den deutschen Besatzern vorbehalten waren.
7 In zahlreichen Zwangsarbeitsprojekten und -lagern mussten Juden Meliorations- und Flussregulierungsarbeiten durchführen.

1 APL, 498/892, Bl. 554. Abdruck in: Dokumenty i materiały z czasów okupacji niemieckiej w Polsce, Bd. 1: Obozy, hrsg. von N. Blumental, Łódź 1946, S. 259.
2 Leiter der Abt. BuF im Distrikt Lublin war Richard Türk.
3 Im Original handschriftl. Anstreichungen.
4 In Trawniki (im Dokument falsch geschrieben) südöstlich von Lublin errichtete die Wehrmacht im Herbst 1939 ein Auffanglager für poln. Kriegsgefangene, im Sommer 1941 wurden dort sowjet. Kriegsgefangene gesammelt. Später diente es als Arbeitslager für Juden und als Ausbildungslager für so bezeichnete fremdvölkische Hilfskräfte, die auch bei den Mordaktionen eingesetzt wurden.

gelegen und im besonderen abgegrenzt. Die überwiegende Mehrzahl der Lagerinsassen besteht aus Juden, darunter russische politische Kommissare und Antreiber, für welche ein besonderer, durch Stacheldraht begrenzter Raum abgeteilt ist.
Im übrigen Teil des Lagers sind, wieder getrennt voneinander, Russen, Polen und auch ca. 140 Ukrainer. Z.Zt. sind [es] insgesamt 676 Lagerinsassen.
Das Lager wird von der SS geführt, zur Bewachung sind Polizeibeamte abgestellt. Die an Ort und Stelle sofort durchzuführenden Vernehmungen werden von der Gestapo geleitet. Für die Bewachung der Juden sind Kasaks (Ostsibirier), welche von den Lagerinsassen[5] ausgesucht wurden, bestimmt.
Die im Lager befindlichen Juden machen einen fürchterlichen, fast tierischen Eindruck und sind vollkommen verkommene Menschen.
Insbesondere pfleglich werden die Ukrainer behandelt, darunter ein Rittmeister, welcher 18 Monate im Gefängnis gesessen hat. Derselbe ist krank und soll sofort nach erfolgter Vernehmung dem ukrainischen Hilfskomitee übergeben werden.
Die Lagerverwaltung ist dabei, Kochkessel einzubauen und die Räume für die einzelnen Gruppen der Insassen abzutrennen. Z.Zt. erfolgt die Verpflegung aus einer Feldküche.
Über den Umfang des Lagers in der Zukunft kann bis jetzt keine genaue Angabe, auch nicht schätzungsweise, gemacht werden, da dies von der Möglichkeit, Transportmittel zur Verfügung zu stellen, abhängt. Jedoch wird in den nächsten Tagen mit einem Zugang von ca. 1500 Neuzugängen gerechnet, welche z.Zt. noch in Zamocz sind.
Die Verpflegungskosten werden pro Kopf und Tag mit 80 – 90 Gr. geschätzt, für die Ukrainer auf ca. 1,20 Zl.; Kartoffeln und Grütze sind z.T. eingeschafft,[6] und diese bilden neben Brot das Hauptnahrungsmittel.
Ganz dringend werden Arzneimittel benötigt, welche gar nicht vorhanden sind. Als Lagerarzt fungiert ein Pole, welcher aus dem Gefängnis in Lemberg befreit wurde. Er meldete heute bereits den ersten Fall von Ruhr.

## DOK. 310

### Der Vorsitzende des Judenrats in Chęciny bittet am 14. Juli 1941 den Kreishauptmann in Kielce um Unterstützung gegen Aufrührer[1]

Handschriftl. Schreiben des Vorsitzenden des Ältestenrats der jüdischen Bevölkerung in Chęciny, J. W. Rajz,[2] an den Kreishauptmann in Kielce[3] (Eing. 16. 7. 1941) vom 14. 7. 1941[4]

Entsprechend der Verordnung des Herrn Kreishauptmanns vom 5. Juli 1941, Punkt 6,[5] erlauben wir uns hiermit höfl. folgendes mitzuteilen:
Der hier, Bóżnicznastr. 25b wohnhafte Jude Jankiel Gnat, welcher bereits seit langer Zeit

5 Gemeint ist: unter den Lagerinsassen.
6 Bevorratet.

1 AIPN, GK 652/129, Bl. 58+RS.

mit seiner Frau als Aufrührer und Störer der öffentlichen Ruhe und Ordnung wie auch Hetzer gegen die Anordnungen des Ältestenrates bekannt ist, verursachte am 12. d. Mts. um 13.30 Uhr wiederum einen schweren, ordnungsstörenden Vorfall.
Er wie auch seine Frau beschuldigten im Büro des Herrn Bürgermeisters (ungeachtet der Amtsstunden) den Herrn Vorsitzenden des Ältestenrates J. W. Rajz, daß er bei dem Juden

| | | | | | |
|---|---|---|---|---|---|
| Jankiel Naifeld | die | Summe | von | Zloty | 500, |
| bei dem Josek Liberman | " | " | " | " | 500, |
| und bei dem Chil Gertler | " | " | " | " | 200 |

angenommen habe.
[Die] Summen wurden von den Genannten nur unter Anwesenheit von Beamten des Ältestenrates gegen nummerierte Quittung als Steuer erhoben und dienten zur Deckung der Ausgaben, welche mit der Errichtung des jüd. Wohnviertels verbunden sind (z. B. Umzäunung, Umsiedlung, Einordnung der Küche u. a. mehr). Zeugen für diesen Vorfall sind Herr Kommandant des poln. Polizeipostens Jasinski wie auch die Mitglieder des Ältestenrates Chil Manela und H. Gotlib (Leiter des Ordnungsdienstes in Checiny).
In Anbetracht dessen, daß es sich hierbei um Menschen von übelstem Charakter handelt, deren Tätigkeit in hohem Maße gefährlich für die Ordnung innerhalb des Wohnviertels ist, bittet der Ältestenrat u. besonders Herr Vorsitzender J. W. Rajz um gesch.[6] *strengste* und sofortige Bestrafung der genannten 2 Personen. *Wenn möglich bitten* wir um dessen sofortige Evakuierung aus Checiny.[7]
Mit Hochachtung

2 Joel Wolf Rajz, auch Reiz.

3 Hans Drechsel.

4 Im Original Anstreichungen und Unterstreichungen; handschriftl. Anmerkung: „I Fr (z.d.A.)". Rechtschreibung wie im Original.

5 Der Kreishauptmann in Kielce hatte den poln. Bürgermeister von Chęciny am 3.7.1941 angewiesen, ein jüdisches Wohnviertel zu errichten. Die Anordnungen des Bürgermeisters und des Judenrates seien unbedingt zu befolgen und Personen, die ihnen zuwiderhandelten, zu melden; wie Anm. 1, Bl. 52+RS; siehe auch Dok. 227 vom 23.1.1941.

6 Unleserliche Abkürzung.

7 Handschriftl. Anmerkung: „Großartig!"

## DOK. 311
## Das Präsidium der Jüdischen Sozialen Selbsthilfe berichtet über seine Tätigkeit im Mai und Juni 1941[1]

Bericht des Präsidiums der JSS (Wt/Sch.),[2] ungez., vor dem 15. 7. 1941[3]

*Tätigkeitsbericht* des Präsidiums der Jüdischen Sozialen Selbsthilfe für die Monate Mai und Juni 1941.

Die Berichtszeit umfaßt die Monate Mai und Juni. In dieser Zeit wurde die Organisation weiter ausgebaut. Zur Zeit bestehen 34 Jüdische Hilfskomitees in den Kreisstädten, 6 in den kreisfreien Städten und 222 Delegaturen. Von den Kreishilfskomitees entfallen je 10 auf die Distrikte Krakau und Lublin, 9 auf den Distrikt Radom und 5 auf den Distrikt Warschau, von den Delegaturen 68 auf den Distrikt Krakau, 65 auf den Distrikt Radom, 81 auf den Distrikt Lublin, 8 auf den Distrikt Warschau. Überdies steht das Präsidium der JSS in 53 Ortschaften, die weder Hilfskomitees noch Delegaturen besitzen, mit den Judenräten in Verbindung. An alle diese Orte wurden die von der Abteilung Bevölkerungswesen und Fürsorge genehmigten Fragebogen versandt. Aus 125 Orten liegen bereits Antworten vor.[4] Zusammen mit der aus anderen 190 Ortschaften einlaufenden Korrespondenz ergeben sie von ungefähr ein Bild über die Lage der jüdischen Bevölkerung im Generalgouvernement und [den] ungeheure[n] Disproporz zwischen den Möglichkeiten der Jüdischen Sozialen Selbsthilfe und den tatsächlichen Bedürfnissen.

Wie aus den Berichten hervorgeht, schreitet der Verelendungsprozeß der jüdischen Bevölkerung unaufhaltsam fort. Die seit Ende 1939 dauernde Ausschaltung der Juden aus dem Wirtschaftsleben ist fast völlig abgeschlossen. Die Bildung geschlossener jüdischer Wohnbezirke hat den Austausch von Waren und Dienstleistungen mit der nichtjüdischen Bevölkerung fast völlig unterbunden und den Arbeitseinsatz der Juden beinahe unmöglich gemacht. Die Entlohnung der wenigen beschäftigten jüdischen Handwerker und Arbeiter ist – an den Preisen der Lebensmittel gemessen – so niedrig, daß sie nicht einmal für die Ernährung des Beschäftigten reicht, geschweige für die der Familie.

Kein Wunder daher, daß die Zahl der Hilfsbedürftigen mit erschreckender Geschwindigkeit wächst. Bis zur Stunde erhielten wir 50 Berichte aus dem Distrikt Krakau, 35 aus dem Distrikt Radom und 38 aus dem Distrikt Lublin. Diesen Berichten zufolge sind im Distrikt Krakau auf 75 967 jüdische Einwohner 29 507, also 38,9 %, hilfebedürftig, im Distrikt Lublin auf 57 703 – 26 701, also 46,4 %, im Distrikt Radom auf 101 830 – 48 611, also 47,7 %. Dabei werden gegenwärtig als hilfebedürftig nur solche Juden betrachtet, die entweder auf die ausschließliche Ernährung in den Volksküchen oder auf Unterkunft in Massenquartieren angewiesen sind. Darüber hinaus vermögen breite Kreise ihren Lebensunterhalt nicht zu bestreiten und sind auf Unterstützungen seitens der sozialen Fürsorgeanstalten angewiesen. Die Massenquartiere sind überwiegend in ehemaligen Bethäusern oder verfallenen Wohnungen notdürftig hergerichtet, wobei es an Pritschen, Decken und Strohsäcken mangelt. Die Volksküchen sind in der Lage, nur dünne Suppen einmal täglich zu verabfolgen. Aus Mangel an Geldmitteln und Nahrungsmittelkontingenten muß-

1 YVA, O-21/32, Bl. 958 – 961.
2 Das Kürzel Wt steht für Michał Weichert.
3 Der Tätigkeitsbericht wurde vermutlich für die Abt. BuF verfasst.
4 Diese sind im Bestand der JSS überliefert: AŻIH, 211.

ten in den letzten 2 Monaten in mehreren Orten die Küchen geschlossen werden, und die Betreuten verloren das Süppchen, das oft ihre einzige Tagesnahrung bildete (Białaczew, Biłgoraj, Gielniów, Kamionka, Koluszki, Legionowo, Odrzywół, Przygłow-Włodzimierzów, Radomyśl, Tomaszów Mazowiecki, Tschenstochau, Zarnów u.a.). Die allgemeine Zuteilung von Lebensmitteln ist für die Juden bedeutend geringer als für die polnische Bevölkerung. Während die Polen Brot, Mehl, Zucker, Fleisch, Fett, Eier und Marmelade erhalten, bekommen die Juden nur etwa 100 Gramm Brot täglich und ab und zu ca. 200 Gramm Zucker im Monat, nur ganz selten etwas Marmelade. Es gibt viele Orte, wo die Juden überhaupt keine Lebensmittelkarten erhalten.

Die Errichtung der jüdischen Wohnbezirke hatte eine bedrohliche Verschlimmerung der Wohnverhältnisse zur Folge. Infolge enger Umgrenzung dieser Bezirke waren Tausende ortsansässiger und im Kriege zugewanderter Juden gezwungen, ihre Aufenthaltsorte zu verlassen, ohne andere zugewiesen zu bekommen, wobei manche zum zweiten oder dritten und sogar zum vierten und fünften Mal umgesiedelt wurden. Die verbliebene jüdische Bevölkerung wurde zum Teil in engen, nichtkanalisierten, aller hygienischen Einrichtungen entbehrenden Wohnungen untergebracht, in denen im besten Falle 3–4 Personen auf 1 kleinen Raum entfallen. Es gibt Orte, wo die Zahl der auf 1 Raum entfallenden Personen von 10–20 beträgt.

Die infolge der Unterernährung verminderte Widerstandsfähigkeit und die schlechten Wohnverhältnisse in den engen Räumen und Massenquartieren mußten zwangsläufig die Seuchengefahr heraufbeschwören, zumal der normale Bedarf an Wäsche und Kleidern keineswegs gedeckt werden kann und die Reinigung und Instandsetzung der gänzlich verbrauchten Kleidungs- und Wäschestücke auf fast unüberwindliche Schwierigkeiten stößt. Aus verschiedenen Orten laufen immerzu Nachrichten über den Ausbruch und die Verbreitung von Seuchen, insbesondere von Flecktyphus, ein. Die notwendigen, mit aller Strenge behördlicherseits durchgeführten Maßnahmen, insbesondere die Errichtung von epidemischen Krankenhäusern und Entlausungsanstalten sowie die Isolierung der krankheitsverdächtigen Personen, zieht enorme Ausgaben nach sich, die die Juden außerstande sind zu tragen. In manchen Orten geht die Absperrung soweit, daß der Bevölkerung keine Nahrungsmittel und nicht einmal Post- und Geldsendungen zugestellt werden. Die Sterblichkeit wächst enorm an. Genaue Ziffern aus den einzelnen Ortschaften fehlen, nur aus Warschau liegt das statistische Material vor. Dort betrug die Zahl der Todesfälle im Monat November 1940 – 445, im Mai 1941 – 3811, im Juni – 4290, im Monat Mai gab es 366, im Juni 837 Fleckfiebererkrankungen. Von den in 55 Asylen für Ausgesiedelte mit 6000 Personen im Monat Mai verzeichneten 402 Todesfällen entfallen auf Hungertod 278 u. zw. 62 in der ersten Dekade, 95 in der zweiten und 121 in der dritten.

Besonders traurig ist die Lage der Kinder. Infolge Mangels an Milch, Mehlprodukten und vitaminreichen Nahrungsmitteln ist ihre Unterernährung erschreckend. So wurde in einem Waisenheim in Otwock bei 60 % Kindern ein bedeutender, bei 20 % ein geringerer Gewichtsverlust und bei 70 % wurden Hautkrankheiten infolge Mangels an Vitaminen festgestellt.

Die normale Tätigkeit der jüdischen Krankenhäuser und Heilanstalten wird von Tag zu Tag schwieriger. Mit der Errichtung der jüdischen Wohnbezirke mußten viele Anstalten ihre gut eingerichteten Gebäudekomplexe verlassen und konnten nur notdürftig in Privathäusern untergebracht werden. Auch in Städten, wo noch keine jüdischen Wohnbezirke bestehen, wurden hie und da Räumlichkeiten jüdischer Krankenhäuser für andere

Zwecke verwendet. Vor dem Kriege waren die jüdischen Krankenhäuser mit ganz geringen Ausnahmen in das Netz der kommunalen Fürsorgeanstalten einbezogen, nunmehr müssen sie von den Juden selbst unterhalten werden. Der stets steigende Mangel an Arzneimitteln und Verbandstoffen, die Verknappung der Lebensmittel macht oft die Heilung in einem Krankenhaus ganz unmöglich.

Die geschilderten Zustände stellen die JSS vor Aufgaben, denen sie bei der Beschränkung ihrer Mittel keineswegs gewachsen ist, zumal sie nicht nur die freie Wohlfahrt, sondern auch die Fürsorge zu treiben hat, die vor dem Kriege dem Staat und den Munizipalanstalten oblag. Wenn man – die vorhandenen Ermittlungen zugrunde legend – die Zahl der Juden im Generalgouvernement nach Prof. Seraphim mit 1 700 000[5] und der zu Betreuenden mit 45 %, also mit 765 000, beziffert, bei der im freien Handel herrschenden Teuerung den Aufwand für einen Betreuten mit nur 1 Złoty pro Tag für Ernährung, Wohnung und ärztliche Hilfe ansetzt, ergibt sich ein Betrag von 22 950 000 Złoty im Monat, der aufzuwenden wäre, um nur dem Hungernden eine Suppe und eine Tasse Kaffee, dem Obdachlosen ein Dach über dem Haupt zu geben, dem Kranken über das Allerschlimmste hinwegzuhelfen. Diesem Betrag stehen nur verhältnismäßig ganz geringe Summen gegenüber. So erhielt die JSS vom American Joint Distribution Committee im Mai 450 000, im Juni 520 000 Złoty, die Zuwendungen seitens der Abteilung Bevölkerungswesen und Fürsorge, die noch im April Zł. 221 000 und im Mai Zł. 225 000 betragen hatten, sanken im Juni auf 45 900, und genau derselbe Betrag wurde für Juli in Aussicht gestellt. So waren wir gezwungen, zu den Reserven zu greifen, um im Mai 969 000 und im Juni Zł. 798 024 zur Verteilung zu bringen. Nun sind wir auch am Ende unserer Mittel.

Wir haben unsere Hilfskomitees und Delegaturen aufgefordert, die jüdische Bevölkerung zur weitestgehenden Opferwilligkeit anzueifern. Es wurden freiwillige Sammlungen von Geld- und Sachspenden veranstaltet, es wurden mit behördlicher Genehmigung verschiedene Abgaben für Fürsorgezwecke eingeführt. Im Vergleich mit den Bedürfnissen war jedoch der Ertrag lächerlich gering. Ein Beweis mehr, wie sehr die jüdische Bevölkerung wirtschaftlich herabgekommen ist.

Es muß festgestellt werden, daß die meisten der hier angeführten Tatsachen, die gelegentlich der Abteilung Bevölkerungswesen und Fürsorge in Eingaben, Denkschriften, Vermerken und bei Besprechungen mitgeteilt worden sind, volles Verständnis gefunden haben. Es wurden behördlicherseits Maßnahmen in Aussicht gestellt und zum Teil auch getroffen, um den allergrößten Übeln abzuhelfen. Den Bemühungen der Abteilung Bevölkerungswesen und Fürsorge ist es gelungen, eine bedeutende Verbesserung der Unterkunftsbedingungen und der sanitären Betreuung in den Arbeitslagern im Vergleich mit den Verhältnissen im Vorjahr herbeizuführen. Ihrer Verfügung gemäß haben manche Kreishauptmänner aus dem Aufkommen aus der Einwohnerabgabe, aus den Fonds für Aussiedlerhilfe und letztens auch aus speziellen Fonds den Jüdischen Hilfskomitees gewisse Beträge zur Verfügung gestellt. Ihrem Zutun ist auch zu verdanken, daß die Abteilung „Wirtschaft" der Regierung des Generalgouvernements besondere Aufmerksamkeit der Beschäftigung von jüdischen Handwerkern in den jüdischen Wohnbezirken schenkt, daß ferner der Kommissar für den jüdischen Wohnbezirk in Warschau eine großzügige

5 In der im März 1941 erschienenen Broschüre „Die Wirtschaftsstruktur des Generalgouvernements" hatte Peter Heinz Seraphim festgestellt, „die Judenzahl" im GG habe am 1.7.1940 rund 1,7 Millionen betragen (S. 27).

Aktion zur Verspeisung in den Volksküchen eingeleitet hat, in deren Zuge zurzeit bereits über 117 000 Mittage täglich verabfolgt werden, daß schließlich die Vergrößerung der Lebensmittelrationen für die jüdische Bevölkerung in einzelnen Orten in Aussicht gestellt wurde. Manche Kreishauptmänner haben den Jüdischen Hilfskomitees kontingentierte Nahrungsmittel (Biała Podlaska, Busko, Dębica, Kielce, Końskie, Lublin, Miechów, Neu-Sandez, Opatów, Radom, Radzyń, Reichshof),[6] hie und da sogar Bezugscheine (Busko, Dębica, Krasnistaw, Miechów, Opatów, Radom, Radzyń, Reichshof) zugeteilt. Die Geldzuwendungen und die zugeteilten Mengen an Nahrungsmitteln sind viel zu gering, um der großen Not [gegen]steuern zu können. Die Liebesgaben aus dem Auslande, die die JSS in den letzten 2 Monaten erhalten hat, sind wohl zu begrüßen, aber die 16 728 kg Bacons, die 8864 kg Fett und der auf die Juden entfallende Anteil an der Kleidersendung sind nicht mehr als ein Tropfen im Meer von Elend und Not.

Nur die weitere wohlwollende Unterstützung der Abteilung Bevölkerungswesen und Fürsorge könnte uns ermöglichen, auch nur im geringen Teile unseren Aufgaben gerecht zu werden. Es käme in erster Reihe eine bedeutende Vergrößerung der zentralen Zuwendungen in Betracht, ferner müßten die Kreishauptmänner zur Auszahlung des auf die Jüdischen Hilfskomitees entfallenden Anteiles aus der Einwohnerabgabe und zur Beitreibung der Kultussteuern der treuhänderisch verwalteten Betriebe angewiesen werden. Es wäre die Freistellung der jüdischen Altguthaben und die Erschließung neuer Einnahmequellen für die Zwecke der Fürsorge der Verwirklichung näherzubringen.

In erster Reihe aber wäre die Lockerung der jüdischen Wohnbezirke einer wohlwollenden Erwägung zu unterziehen und die Heranziehung der brachliegenden jüdischen Arbeitskräfte und ihre Eingliederung in den Wirtschaftsprozeß zu beschleunigen. Dies scheint uns im gegenwärtigen Augenblick das Allerwichtigste zu sein. Die Änderungen, die uns in dieser Richtung von der Abteilung Wirtschaft der Regierung in Aussicht gestellt werden,[7] veranlassen uns, diese Frage in den Vordergrund der heutigen Beratungen zu rücken. Wir hoffen, daß es uns gelingen wird, bei tätiger Unterstützung der Abteilung Bevölkerungswesen und Fürsorge auf dem Wege der Entlastung der Fürsorge einerseits, andererseits auf dem der Hilfeleistung für die bedürftigsten Juden, schon in der allernächsten Zeit einen weiteren entscheidenden Schritt zu tun.

Im Monat Mai sind 1211 Briefe eingelaufen und 1153, darunter 5 Rundschreiben, ausgegangen, im Juni sind 1343 Briefe eingegangen und 1350, darunter 6 Rundschreiben, ausgegangen.

Der Kassabericht liegt bei.

*1 Anlage.*[8]

6 Neu-Sandez: Nowy Sącz; Reichshof: Rzeszów.

7 Die Abt. Wirtschaft der Regierung des GG hatte Überlegungen angeregt, die Gettos effektiver in den Produktionskreislauf einzubeziehen und zu diesem Zweck deren Isolierung zu lockern; siehe Dok. 263 vom 3.4.1941.

8 Liegt nicht in der Akte.

## DOK. 312
## Das Präsidium der Jüdischen Sozialen Selbsthilfe bespricht sich am 15. Juli 1941 mit Vertretern der Regierung des Generalgouvernements[1]

Protokoll der 8. Sitzung des Präsidiums der JSS in Krakau am 15. Juli 1941, weitergeleitet vom Präsidium (Nr. 7580/41 – I. 1 Sch.), ungez., an die Abteilung BuF des GG, Krakau, am 25.7.1941 (Durchschlag)[2]

*Protokoll*
der VIII. Sitzung des Präsidiums der Jüdischen Sozialen Selbsthilfe am 15. Juli 1941.
1. *Tätigkeitsbericht.*
Dr. Weichert verliest den in der Beilage beigefügten Tätigkeitsbericht für die Monate Mai und Juni 1941[3] und weist darauf hin, daß bis nun kaum 130 000 Złoty aus dem Aufkommen aus der Einwohnerabgabe eingeflossen sind.[4] Der Betrag, der bloß in einer Stadt (Tarnów) aus der Kultussteuer der treuhänderisch verwalteten Betriebe eingezahlt wurde – 16 200 Zł. –, zeigt, was für beträchtliche Beträge für die soziale Fürsorge zur Verfügung stehen würden, wenn die von uns angegebenen Beträge aus dieser Einnahmequelle regelrecht einfließen würden.
Herr Assessor Heinrich ersucht um eine Aufstellung der aus dem Aufkommen der Einwohnerabgabe erhaltenen Beträge sowie um Angabe der Begründung von etwaigen Ablehnungen.
Dr. Alten bemerkt, daß der JSS in Lublin der Anteil an der Einwohnerabgabe mit der Begründung verweigert wurde, daß der Stadthauptmann[5] über keine Mittel verfüge.
Dr. Wielikowski fügt hinzu, daß die Kultussteuer der treuhänderisch verwalteten Betriebe in Warschau auf 330 000 Złoty errechnet worden sei und daß bezüglich der Einwohnerabgabe der Kommissar für den jüdischen Wohnbezirk[6] auf dem Standpunkt stehe, daß für die Stadt Warschau eine Sonderregelung erfolgen und die Einwohnerabgabe in den Haushalt des jüdischen Wohnbezirkes einbezogen würde.
2. *Wirtschaftshilfe.*
Dir. Jaszuński stellt fest, daß der Prozeß der Ausschaltung der Juden aus dem Wirtschaftsleben beendet ist.
Gegenwärtig lasse sich ein Arbeitseinsatz von Juden nur im geringen Ausmaß verzeichnen. Zunächst käme der Arbeitseinsatz der Juden außerhalb ihrer Wohnstätten in den Arbeitslagern in Frage, was eine passive Position im Haushalt der jüdischen Wohnbezirke bilde. Die Lage der Arbeiter sei auf der vorigen Sitzung geschildert worden, die Lagerinsassen bekämen keine ausreichende Verpflegung und Entlohnung, so daß die jüdischen Gemeinden zu ihrer Erhaltung und [zur] Erhaltung der Familien beitragen müßten.
Auf die Frage des Herrn Oberverwaltungsrat Weirauch,[7] wer denn die Betreuung der

1 YVA, O-21/18, Bl. 23 – 26.
2 Es nahmen teil: seitens der Regierung des GG Weirauch, Heinrich und Hexel und seitens des Präsidiums der JSS Weichert, Jaszuński, Hilfstein, Tisch, Alten, Wielikowski, Zabłudowski und der Berater beim Chef des Distrikts Radom, Diament.
3 Siehe Dok. 311 von Mitte Juli 1941.
4 Zur Einwohnerabgabe siehe Dok. 164 vom 5.9.1940.
5 Fritz Saurmann.
6 Heinz Auerswald.
7 Lothar Weirauch (1908 – 1983), Jurist; 1930 SA-, 1932 NSDAP-Eintritt, stellv. Kampfgruppenführer des NS-Studentenbunds; 1934 – 1940 Leiter der HA Berufsbetreuung im NS-Rechtswahrerbund

Arbeitslager seitens der jüdischen Gemeinden angeordnet hätte, erwiderte Jaszuński, daß es keine solche Anordnung gebe, daß man aber trotzdem den Arbeitern helfen müsse, die hungern.
Auf die weitere Frage des Herrn Oberverwaltungsrat Weirauch nach der gegenwärtigen Lage in den Arbeitslagern erklärte Dr. Wielikowski, daß sämtliche Arbeitslager im Distrikt Warschau aufgelöst, dagegen auf Veranlassung des Herrn Gouverneurs[8] zwei neue Musterarbeitslager aus lauter Freiwilligen errichtet worden seien und noch weitere zwei in Aussicht gestellt seien.
Jaszuński fährt in seinen Ausführungen über den Arbeitseinsatz in den jüdischen Wohnbezirken fort, die in zwei Kategorien zerfallen. Zur ersten Kategorie gehören die geschlossenen jüdischen Wohnbezirke, in denen die Absperrung liberal gehandhabt werde, wie Krakau, Radom, Tschenstochau, wo vielleicht 20-25 % der jüdischen Bevölkerung außerhalb der jüdischen Wohnbezirke beschäftigt seien. Zur zweiten Kategorie gehören die hermetisch abgeschlossenen jüdischen Wohnbezirke wie Warschau. Wenn man die Experimente in diesem Wohnbezirk betrachte, müßten zwei Perioden unterschieden werden: die erste, als die Transferstelle noch keine selbständige Institution gewesen sei, und die zweite Periode, wo die Transferstelle bereits selbständig sei. In dem ersten Zeitabschnitt sei behördlicherseits bürokratisch verfahren worden. So z.B. sei im Januar l.J. ein Befehl ergangen, Tausende jüdische Schneider, Schuster und Strumpferzeuger bereitzustellen, die Werkstätten seien hergerichtet worden, aber es habe keine Bestellungen und keine Arbeit gegeben. Dies sei eine große Vergeudung von Geldmitteln gewesen, denn manche Arbeiter hatten noch früher irgendwelche Beschäftigung, die sie in der Überzeugung verlassen hätten, jetzt die richtige gefunden zu haben. Erst Ende März und im April seien die ersten Aufträge eingelaufen, und nachher seien die Rohstoffe angekommen. Wie es sich dann herausgestellt habe, seien die Werkstätten nicht zweckmäßig eingerichtet worden, da man nicht gewußt hatte, was produziert werden sollte. Die Strumpfwerkstätten hätten bis nun keine Bestellungen erhalten. Im Mai sei die große Änderung eingetreten. Herr Präsident Emmerich habe unserem Vorsitzenden erklärt, daß die bisherige Politik der Transferstelle geändert werden müsse und daß die Zeit für die Förderung der privaten Initiative gekommen sei. Im Juni habe die Transferstelle einen neuen Leiter bekommen, Herrn Dir. Bischof, welcher einen jüdischen Wirtschaftsrat ins Leben gerufen habe.[9] In einer Sitzung des Herrn Dir. Bischof mit diesem Wirtschaftsrat am 18. Juni, an der auch der Referent teilgenommen habe, sei angekündigt worden, daß Beschlagnahmen nicht mehr stattfinden würden und daß jeder arbeitswillige Jude auf Erleichterungen rechnen dürfe. Trotzdem dauerten die Beschlagnahmen im jüdischen Wohnbezirk an. Einzelne Abteilungen des Judenrates hatten am 30.6., 1.7 und 3.7. l.J. 4 Fälle von Beschlagnahme und Wegschaffung von Waren im jüdischen Wohnbezirk registriert, wobei es sich um Kaufleute gehandelt habe, die Genehmigung zur Führung ihrer Geschäfte besessen hätten, und um Waren, die in den Handelsbüchern eingetragen worden seien. Es sei nicht

Gau Schlesien; von Sept. 1940 an stellv. Leiter und von Mai 1941 an Leiter der Abt. BuF im GG; nach 1945 FDP-Politiker, Ministerialdirektor in verschied. Bundesministerien und Informant östlicher Geheimdienste.

8 Ludwig Fischer.

9 Der Wirtschaftsrat für den jüdischen Wohnbezirk sollte die wirtschaftlichen Aktivitäten im Getto gemäß den Weisungen der Transferstelle mit den deutschen Behörden koordinieren; ihm gehörten u.a. die Vorsitzenden des Verbands der Handwerker und Kaufleute an.

ausgeschlossen, daß andere Beschlagnahmen stattgefunden hätten, die nicht zur Kenntnis des Judenrates gelangt wären.
Für Arbeitskosten seien in den Werkstätten viel zu geringe Beträge erzielt worden, die bei weitem den Bedürfnissen des jüdischen Wohnbezirkes nicht entsprechen, zumal es in Warschau 100 000 erwerbstätige Juden und Jüdinnen gäbe. Die Schwierigkeiten beständen aber darin, daß kein direkter Kontakt mit den Arbeitgebern vorhanden sei. Ebenso hemmend wirkten auf die Bildung des Wirtschaftslebens folgende Momente:
daß keine Anordnung ergangen sei, daß Maschinen und Waren nicht beschlagnahmt werden dürften, daß Beschränkungen für Juden im Bargeldverkehr nicht aufgehoben seien, ungeachtet dessen, daß diese Beschränkungen nach der Eliminierung der Juden aus dem Wirtschaftsleben gegenstandslos geworden seien; ferner fielen hier weiter Um- und Aussiedlungen der Juden schwer ins Gewicht, die ein Gefühl der Sicherheit und Stabilität nicht aufkommen ließen. Laut genau durchgeführter Errechnungen, die im einzelnen in der überreichten Denkschrift[10] angeführt seien, benötige der Arbeiter, um nur das Notdürftigste bestreiten zu können, einen Betrag von 865 Złoty monatlich. Es sei daher klar, daß ein Arbeiter, der nur 6 Złoty täglich verdiene und dessen Familie hungern müsse, sich nicht ruhig seiner Arbeit widmen könne. Da gäbe es zwei Auswege: entweder müßten die Arbeiter zusätzliche Nahrungsmittel auch für ihre Familien zugeteilt bekommen oder aber eine derartige Entlohnung erhalten, um ihren primitivsten Lebensunterhalt zu bestreiten.
Dr. Weichert fügt noch hinzu, daß er letztens von der Abteilung Bevölkerungswesen und Fürsorge zu einer Besprechung in der Abteilung Wirtschaft herangezogen worden sei, an der die Herren Präsident Emmerich, Dr. Gater, Dir. Bischof und Dr. Schlosser teilgenommen hätten. Herr Dir. Bischof habe mitgeteilt, daß er sich bemühe, für die jüdischen Arbeiter erhöhte Lebensmittelrationen [wie] für Rüstungsarbeiter zugeteilt zu bekommen.
Dr. Wielikowski bemerkt, daß seines Wissens Umsiedlungen von Juden im Distrikt Warschau aus kleineren Ortschaften in größere sowie die Abschließung aller jüdischen Wohnbezirke bevorstehen.
Herr Assessor Heinrich erklärt, daß landwirtschaftliche Fachkurse gemäß unserem Rundschreiben Nr. 16[11] nicht mehr zu errichten seien, da jede Bodenfläche angesichts der Ernährungslage ausgenützt werden müsse. Auf den Hinweis von Jaszuński, daß landwirtschaftliche Arbeiter sogar gesucht würden, erwiderte Herr Assessor Heinrich, daß gegen landwirtschaftliche Beschäftigung der Juden nichts einzuwenden wäre. Jaszuński hebt hervor, daß die landwirtschaftlichen Kurse in Warschau mit großem Erfolg geführt würden, worauf Herr Assessor Heinrich erklärt, daß die schon bestehenden Kurse weitergeführt werden, nur neue nicht errichtet werden dürften.
*3. Varia.*
*a.) Seuchenbekämpfung.*
Dr. Hilfstein führt aus:
In den Ländern, die als Brutstätten der Seuchen bekannt waren, wie etwa Serbien, Montenegro u.a., waren die Seuchen schon im Mai eines jeden Jahres im Ablaufen begriffen. Ebenso ließ sich früher auf dem Gebiete des gegenwärtigen Generalgouvernements die Erlöschung der etwa auftretenden Seuchen um dieselbe Zeit verzeichnen. Dagegen trete gegenwärtig noch im Juli l.J. das Fleckfieber auf. Ursachen dieser Erscheinung seien in

10 Liegt nicht in der Akte.
11 Die poln. Fassung des Rundschreibens vom 28.1.1940 ist überliefert in: YVA, O-21/14-1, Bl. 20.

der verminderten Widerstandsfähigkeit infolge Unterernährung, in den schlechten Wohnverhältnissen, im Mangel an Seife und Wäsche sowie darin zu suchen, daß im Falle der Feststellung einer Seuchenerkrankung ganze Häuser, Häuserblocks oder Straßen abgesperrt würden. Aus diesem Grunde könne die Zufuhr von Lebensmitteln nicht erfolgen, und infolge der Unterernährung werde die Widerstandsfähigkeit der gesunden isolierten Bevölkerung herabgesetzt, was neue Opfer nach sich ziehe.
Viele Ortschaften hätten den Auftrag erhalten, Krankenhäuser und Badeanstalten zu errichten. Diese Ortschaften, nicht wenige an der Zahl, hatten von uns außer Medikamenten auch noch Geldmittel für diese Zwecke erhalten. Bei den heutigen Verhältnissen verschlängen solche Einrichtungen große Summen, die die Juden außerstande sind zu decken.
Dr. Hilfstein hebt ferner hervor, daß wir von einer neuen Serie epidemischer Krankheiten bedroht seien wie Bauchtyphus, Ruhr und Cholera. Um unsere Aufgaben erfüllen zu können, müßten wir über ein genügendes Quantum von Heilmitteln sowie über entsprechende Geldmittel verfügen. Daher schließt er mit der Bitte an die Abteilung Bevölkerungswesen und Fürsorge, sie möge größere Beträge für die sanitäre Betreuung und für die Seuchenbekämpfung uns zur Verfügung stellen.
Diament aus Radom berichtet, daß es im jüdischen Wohnbezirk keine jüdische Apotheke gebe.
*b.) Ernährung.*
Dr. Alten schildert die Ernährungslage im Distrikt Lublin, wo weder die jüdischen Schwerarbeiter noch die sonstige jüdische Bevölkerung etwas außer Brot und 200 Gramm Zucker pro Kopf monatlich zugeteilt bekämen. In manchen Orten bekämen Aussiedler nicht einmal Lebensmittelkarten. Ferner weist er darauf hin, daß Geldsammlungen unsere Tätigkeit sehr erleichtern könnten, wenn sie gestattet wären. Er bittet daher, auf dem Gebiete der Ernährung Abhilfe zu schaffen, ferner veranlassen zu wollen, daß Geldsammlungen für die JSS in Lublin gestattet würden.
*c.) Genehmigung zur Führung von Handwerkerwerkstätten.*
Dr. Alten teilt mit, daß in Lublin viele Handwerker, die Aufträge für Deutsche ausführen, keine Gewerbegenehmigung erhalten hatten. Deshalb z.B. erhielten die Schuster keine Lederzuteilung für Reparaturen. Außerdem seien diese Handwerker jederzeit der Gefahr ausgesetzt, bestraft zu werden. Er bittet daher um Regelung dieser Angelegenheit.

## DOK. 313

## Jewish News Bulletin: Der Rat der Polnischen Orthodoxen Juden nimmt am 15. Juli 1941 Stellung zur aktuellen Lage in Polen[1]

*Die Polnische[2] Agudas Jisroel*

Die Geschichte war und ist Zeuge verschiedener Veränderungen. Im Laufe der Jahrhunderte und Jahrzehnte hat sich die Bedeutung zahlreicher Ideale und Probleme – von Namen ganz zu schweigen – grundlegend gewandelt.

1 Jewish News Bulletin, Nr. 1 vom 15.7.1941, S. 7 (Rubrik: The Council of Polish Agudists Speaks), YVA, O-55, Box 24. Das Dokument wurde aus dem Polnischen übersetzt. Das Jewish News Bulletin erschien seit Juli 1941 als Organ des Rats der Polnischen Orthodoxen Juden in London.
2 Im Original durch Großschreibung hervorgehoben.

Die Polnische Agudas Jisroel: Wer [kennt] nicht die Bedeutung dieses Namens? Wenn es gestattet ist, die internationale Organisation Agudas Jisroel mit einer Krone zu vergleichen, so kann man ganz gewiss die Polnische Agudas Jisroel als größten Brillanten in dieser Krone betrachten. Es erübrigt sich, die Leiden der orthodoxen Massen – sowohl Männer als auch Frauen – zu beschreiben, die unter dem Banner, dem wahren Banner[3] der Agudas Jisroel in Polen versammelt sind. Es erübrigt sich auch, über Zehntausende jüdischer Opfer unter dem Naziregime zu schreiben, die infolge des jetzigen Kampfes zwischen dem Bösen und den Verteidigern der Freiheit gefallen sind. Und welche Bedeutung hat dann die Polnische Agudas Jisroel im gegenwärtigen Augenblick, einem Augenblick, in dem sich sieben Millionen unserer Brüder im Feuer des Schlachtfelds befinden?
Vor rund acht Monaten wurde auf britischem Boden ein Repräsentativrat der Polnischen Agudas Jisroel geschaffen. Er soll die unter der deutschen oder der russischen Okkupation verstreuten wie auch die in Großbritannien befindlichen polnischen Mitglieder der Agudas Jisroel vertreten und in ihrem Namen sprechen.
Es ist klar, dass diese Agudas Jisroel im Vergleich mit der eigentlichen Agudas Jisroel in Polen nur eine Miniaturausgabe ist, aber man muss betonen, dass ihr Feuereifer und ihre Ideale sich nicht geändert haben.
Noch einmal geht die Agudas Jisroel gemeinsam mit anderen Organisationen, die auf dieser Insel entstanden sind, in den Kampf für ihr Programm. Diese Publikation ist ein offizielles Organ der neu organisierten Agudas Jisroel in Polen, und sie beginnt ihre Tätigkeit im Exil im Sinne der Losung der Agudas Jisroel:
*Die Regelung aller Fragen, die sich im jüdischen Alltagsleben Tag für Tag ergeben, muss im Geist der Tora erfolgen.*

## DOK. 314
## Der Leiter der Umwandererzentralstelle Posen berichtet am 16. Juli 1941 von Erwägungen, die nicht arbeitsfähigen Juden mit „einem schnell wirkenden Mittel" zu ermorden[1]

Vermerk des Leiters der Umwandererzentralstelle Posen (L Hö/S), gez. SS-Sturmbannführer Höppner,[2] für RSHA Amt IV B 4, Eichmann, 16. 7. 1941 (Durchschlag)[3]

Lieber Kamerad *Eichmann!*
In der Anlage übersende ich einen Aktenvermerk, in dem verschiedene Besprechungen in der hiesigen Reichsstatthalterei zusammengefaßt sind. Ich wäre Ihnen gelegentlich für eine Stellungnahme dazu dankbar. Die Dinge klingen teilweise phantastisch, wären aber meiner Ansicht nach durchaus durchzuführen.
*1 Anlage*

3 Im Original durch Großschreibung hervorgehoben.

1 AIPN, GK 196/36 (NTN 36), Bl. 567. Abdruck als Faksimile in: Szymon Datner, Janusz Gumkowski, Kazimierz Leszczyński, Wysiedlanie ludności z ziem polskich wcielonych do Rzeszy, in: Biuletyn Głównej Komisji Badania Zbrodni Hitlerowskich w Polsce 12 (1960), S. 27 F-29f.

*Aktenvermerk*
*Betr.:* Lösung der Judenfrage
Bei Besprechungen in der Reichsstatthalterei wurde von verschiedenen Stellen die Lösung der Judenfrage im Reichsgau Wartheland angeschnitten. Man schlägt dort folgende Lösung vor:
1. Sämtliche Juden des Warthegaues werden in ein Lager für 300 000 Juden genommen, das in möglichster Nähe der Kohlenmagistrale[4] in Barackenform errichtet wird und in dem barackenmäßige Einrichtungen für Wirtschaftsbetriebe, Schneidereien, Schustereien usw. enthalten sind.
2. In dieses Lager werden sämtliche Juden des Warthegaues verbracht. Arbeitsfähige Juden können nach Bedarf zu Arbeitskommandos zusammengestellt und aus dem Lager herausgezogen werden.
3. Ein derartiges Lager läßt sich nach Meinung von SS-Brigadeführer *Albert* mit bedeutend weniger Polizeikräften bewachen, als dies jetzt der Fall ist. Außerdem ist die Seuchengefahr, die in Litzmannstadt und in anderen Ghettos für die umliegende Bevölkerung immer wieder besteht, auf ein Mindestmaß beschränkt.
4. Es besteht in diesem Winter die Gefahr, daß die Juden nicht mehr sämtlich ernährt werden können. Es ist ernsthaft zu erwägen, ob es nicht die humanste Lösung ist, die Juden, soweit sie nicht arbeitseinsatzfähig sind, durch irgendein schnellwirkendes Mittel zu erledigen. Auf jeden Fall wäre dies angenehmer, als sie verhungern zu lassen.
5. Im übrigen wurde der Vorschlag gemacht, in diesem Lager sämtliche Jüdinnen, von denen noch Kinder zu erwarten sind, zu sterilisieren, damit mit dieser Generation tatsächlich das Judenproblem restlos gelöst wird.
6. Der Reichsstatthalter[5] hat sich zu dieser Angelegenheit noch nicht geäußert. Es besteht der Eindruck, daß Regierungspräsident *Uebelhoer* nicht wünscht, daß das Ghetto in Litzmannstadt verschwindet, da er mit ihm ganz gut zu verdienen scheint. Als Beispiel, wie man an Juden verdienen kann, wurde mir mitgeteilt, daß das Reichsarbeitsministerium aus einem Sonderfonds für jeden in der Arbeit eingesetzten Juden RM 6 bezahlt, der Jude aber nur 80 Pfg. kostet.

2 Rolf-Heinz Höppner (1910–1998), Jurist; 1930 NSDAP-, 1931 SA- und 1934 SS-Eintritt; von 1939 an Leiter des Volkstumsreferats in der Reichsstatthalterei in Posen, 1940–1944 zugleich Leiter des SD-Leitabschnitts und der UWZ Posen, von Mitte 1942 an Gauamtsleiter für Volkstumsfragen, Juli 1944 Amtschef in der Reichsstatthalterei; 1945–1947 in britischer Gefangenschaft, nach Polen ausgeliefert, 1949 in Posen zu lebenslanger Haft verurteilt, 1957 entlassen, danach ORR im Wohnungsbauministerium.

3 Am oberen Rand handschriftl.: „V/3". Der Durchschlag stammt aus den Unterlagen des Leiters der UWZ Litzmannstadt, Hermann Krumey (1905–1981), Drogist; 1935 SdP-, 1938 NSDAP- und SS-Eintritt; von Nov. 1939 an im Evakuierungsstab beim HSSPF Koppe in Posen, ab Frühjahr 1940 Leiter der UWZ Litzmannstadt, 1944 in Budapest zusammen mit Eichmann zuständig für die Deportation der ungarischen Juden nach Auschwitz; nach 1945 Inhaber einer Drogerie in Korbach und Kreistagsabgeordneter des BHE, 1965 vom LG Frankfurt/M. zu fünf Jahren, 1969 in zweiter Instanz zu lebenslanger Haft verurteilt.

4 Mit Kohlenmagistrale ist die Bahnlinie gemeint, die vom oberschlesischen Kohlerevier durch den Warthegau nach Gdingen verlief. Sie kreuzte östlich von Koło die Strecke Warschau-Posen. In der Nähe dieser Kreuzung wurde im Nov. 1941 das Vernichtungslager Kulmhof (Chełmno nad Nerem) errichtet.

5 Arthur Greiser.

## DOK. 315
## Gazeta Żydowska: Artikel vom 21. Juli 1941 über die Bemühungen des Warschauer Judenrats zur wirtschaftlichen Produktionssteigerung des Gettos[1]

*Die Handelsbilanz des jüdischen Wohnbezirks*

H.S., Warschau, 19. Juli 1941
Die Frage nach der wirtschaftlichen Existenz des jüdischen Wohnbezirks in Warschau ist derzeit in den *Vordergrund* getreten. Es handelt sich hierbei um das aktuell entscheidende Problem, das mit eigenen Kräften äußerst schwer zu lösen ist.
Der jüdische Wohnbezirk in Warschau besitzt weder Rohstoffe noch ausreichendes Kapital und auch keine Industrie im weiteren Sinne. Das Einzige, worüber er verfügt, ist *Arbeit*: die Arbeit von qualifizierten und unqualifizierten Arbeitern. Diese Arbeit kann, wenn sie genutzt wird, zum einzigen *Exportgut* werden, das zumindest zu einem gewissen Grad den Import ausgleichen kann.
Die vollständige Lebensmittelversorgung der Bevölkerung des jüdischen Wohnbezirks erfordert monatlich im Durchschnitt 12 600 000 Zł. Wie kann der Wohnbezirk, der schließlich keine Kapitalreserven besitzt, diese Summe aufbringen? Ausschließlich durch den *Import von Arbeit*. Um so die Handelsbilanz des Stadtteils zumindest teilweise auszugleichen, müssen nicht weniger als 63 000 *Arbeiter* beschäftigt werden, zu einem Durchschnittslohn von 8 Zł. am Tag, wenn man von 25 Arbeitstagen im Monat ausgeht. Nur dann kann die oben genannte Summe von 12 600 000 Zł. monatlich aufgebracht werden, die zur Ernährung der jüdischen Bevölkerung nötig ist.
Der Vorsitzende des Judenrats in Warschau, der sich über die entscheidende Bedeutung dieser Frage im Klaren ist, lässt nichts unversucht, um *Beschäftigungsmöglichkeiten* zu schaffen: vorrangig für Handwerker und qualifizierte Arbeitskräfte, aber auch für unqualifizierte Arbeiter. Trotz Schwierigkeiten bei der Suche nach Räumen konnten viele *Sammelwerkstätten* eingerichtet werden. Bislang hat in diesen Werkstätten nur eine relativ kleine Zahl von Handwerkern eine Beschäftigung gefunden. Erst knapp zehn Prozent der Arbeitskräfte, die zur Deckung des Imports an Lebensmitteln genutzt werden sollen, sind beschäftigt worden. Es besteht jedoch Hoffnung, dass sich die Beschäftigtenzahl nach und nach vergrößert, bis sie jene Höhe erreicht, die für den Ernährungsbedarf des Wohnbezirks erforderlich ist.
Derweil wird das Problem der Lebensmittelversorgung des Wohnbezirks immer *brennender*, so dass es konzentrierter Bemühungen und planmäßigen Vorgehens aller gesellschaftlichen Kräfte bedarf. Auch ŻTOS[2] darf sich nicht mit den bisherigen Arbeitsmethoden zufrieden geben. ŻTOS sollte die ausgetretenen Pfade verlassen und sich an die bestehenden Verhältnisse anpassen, die eine *außerordentliche* Anstrengung erfordern.
Bisweilen hat man nämlich den Eindruck, als ob sich eine Unmenge von Papieren, Plänen, Rundschreiben und Beschlüssen sowie eine Flut von Sitzungen, Beratungen, Bespre-

1 Gazeta Żydowska, Nr. 61 vom 21.7.1941, S. 3: Bilans handlowy dzielnicy żydowskiej. Der Artikel wurde aus dem Polnischen übersetzt.

2 Żydowskie Towarzystwo Opieki Społecznej (Jüdischer Verein für Wohlfahrtspflege), dessen Fürsorgetätigkeit auf Veranlassung der Besatzungsbehörden in die Strukturen der JSS integriert worden war.

chungen, Inspektionen u.ä. über die Mitarbeiter der Hilfsinstitutionen ergieße, die ihre ganze Kraft und Aufmerksamkeit beanspruchen und ihnen den Blick auf die *Wirklichkeit* verstellen. Routine und die Macht der Gewohnheit lassen sie in ihrer althergebrachten Vorgehensweise verharren und verhindern den frischen Wind, den neuen Elan, den der Ernst der Stunde verlangt.
Man muss sich der Wirklichkeit stellen! Die Hilfe an die bestehenden Verhältnisse anpassen. Es wurde genug beraten – nun ist es Zeit, zu *handeln*! – Alle Anstrengungen und Mittel müssen für die große Hilfsaktion mobilisiert werden!

## DOK. 316
## Generalgouverneur Frank informiert am 22. Juli 1941 deutsche Führungskräfte über Hitlers Ankündigung, die Juden so schnell wie möglich aus dem Generalgouvernement zu entfernen[1]

Protokoll der Wirtschaftstagung der Regierung des Generalgouvernements in Krakau vom 22.7.1941

[...][2]
Der Führer hat mir in einer Besprechung, die ich drei Tage vor dem Einmarsch[3] bei ihm in der Reichskanzlei pflegen konnte, unter anderem auch gesagt, daß die Juden als erste aus dem Generalgouvernement abziehen werden. Ich werde in den nächsten Tagen schon den Befehl zur Vorbereitung der Ausräumung des Warschauer Ghettos geben. Wir müssen unter allen Umständen so schnell wie möglich dafür sorgen, daß wir die Juden aus dem Generalgouvernement entfernen. Denn nach einem eigenen Worte des Führers wird das Generalgouvernement künftig kein Aufnahmeplatz mehr sein, sondern ausschließlich Durchgangslager werden. Mit dem fortschreitenden Sieg unserer herrlichen Wehrmacht im Osten in einer Zeit großartiger Tapferkeit und hervorragendster Bewährung deutschen Soldatentums verbindet sich für uns, die wir die Ehre haben, vom Führer so ausgezeichnet zu sein, daß wir nunmehr die Brücke zwischen dem gigantischen Ostraum, der sich auftut, und dem geschlossenen Reich unseres Volkes darstellen, die hohe Pflicht, nur an dieses Aufgabenwerk zu denken.
[...][4]

1 AIPN, GK 95, Bd. 15. Kopie: IfZ/A, Fb105, Bd. 14, Bl. 3369 – 3462, hier 3372f.
2 Zunächst begrüßte Frank die Angliederung Ostgaliziens an das GG. Er bemerkte, dass Hitler ihm für die Politik im GG seine Anerkennung ausgesprochen und ihm mitgeteilt habe, dass die neue Stellung des GG innerhalb des nationalsozialistischen Weltreichs für Warschau und andere Städte eine Entlastung mit sich bringen werde.
3 Gemeint ist der Angriff auf die Sowjetunion am 22.6.1941.
4 Im Weiteren malte Frank die Zukunft des GG in rosigen Farben und begrüßte, dass Hitler dessen Stellung als eigenständige Verwaltungseinheit bekräftigt habe. Danach wurde der „Ernährungs- und Bestellungsplan für das Jahr 1941/42" erörtert.

## DOK. 317
## Die Jüdische Soziale Selbsthilfe und das Joint Distribution Committee fassen am 30. Juli 1941 Beschlüsse über die Fürsorge[1]

Vermerk des Joint über eine gemeinsame Konferenz mit dem Präsidium der JSS, Krakau, vom 30. 7. 1941

| Tagesordnungspunkte: | Beschlüsse: |
|---|---|
| 1. Finanzplan über die der JSS am 1. 7. 41 zugeteilten Mittel. | Die Buchhaltung wurde angewiesen, einen solchen Finanzplan aufzustellen. |
| 2. Die Angelegenheit mit den Quittungen für die bislang angewiesenen Unterstützungszahlungen. | Es wurde Anweisung erteilt, dem Joint innerhalb von zwei Tagen die fehlenden Belege für die bereits angewiesenen Unterstützungszahlungen zu schicken. |
| 3. Die letzte Aufteilung der Unterstützungszahlung. | Der Joint verlangt, dass die Beihilfen künftig nicht mehr ohne seine Zustimmung aufgeteilt und zugewiesen werden, wie dies zuletzt der Fall war. Diese Forderung wurde zur Kenntnis genommen. |
| 4. Der Haushalt und die Verwaltungskosten der JSS. | Dr. Weichert trägt folgende Vorschläge vor:<br>1. soll der Joint vom 1. Februar 1941 die Verwaltungskosten der JSS tragen.<br>2. dass der Joint 50 Prozent der Verwaltungsausgaben der JSS trägt. Der Verwaltungshaushalt der JSS beträgt monatlich rund 12.000 Złoty.<br>3. Der Joint zahlt für sein Lokal 30 Prozent Miete (ca. 800 Złoty monatlich).<br>4. Die JSS wird dem Joint monatliche Kassenberichte vorlegen.<br>5. Dr. Weichert bittet um Reservemittel in Höhe der Verwaltungsausgaben für einen Monat.<br>Die Vertreter des Joint erklären, dass sie in den kommenden Tagen über die genannten Wünsche mit der Leitung des Joint beraten und entscheiden würden. |
| 5. Zu den Halbjahresberichten für das Jahr 1941. | Die Zentrale des Joint fordert einen statistischen Bericht für das erste Halbjahr 1941. Da grundlegende Materialien |

1 YVA, M-28/2, Bl. 102 – 104. Das Dokument wurde aus dem Polnischen übersetzt.

fehlen, müssten an die einzelnen Komitees Formulare für die Halbjahresberichte verschickt werden.

Dr. Weichert erklärt, dass diese Materialien sich in den Stellen der JSS finden könnten, sollte es solche Materialien aber nicht geben, dann müsste man Überlegungen über die Form der Versendung eines Sonderformulars anstellen. Diese Angelegenheit soll in den allernächsten Tagen geklärt werden.

6. Distriktkonferenzen mit Vertretern der JSS, des Joint und der „KOPs“[2] mit der folgenden Tagesordnung:
a) Nahrungsmittelvorräte
b) Seuchenbekämpfung – Gesundheitszustand
c) konstruktive Hilfe (Kassen, Berufsschulwesen)
d) Selbsthilfeaktion vor Ort
e) Einwohnerabgabe[3] und andere Einnahmen
f) blockierte und gesperrte Konten

Dr. Weichert ist mit diesen Vorschlägen einverstanden und beschließt, die erste Konferenz in dieser Angelegenheit in der zweiten Augusthälfte abzuhalten.

7. Gründung einer Zentralen Einkaufsabteilung:
a) eigene Einkäufe (auf dem freien Markt)
b) Einkäufe von kontingentierten Artikeln (Lebensmittelartikeln)
c) Erwirkung einer Kohlezuteilung in den Fürsorgeeinrichtungen des GG
d) gemeinsame Einkäufe mit der NRO
e) das Problem, eine Rohstoffzuteilung zu erwirken.

Dr. Weichert stimmte dem Plan, eine Einkaufsabteilung zu gründen, grundsätzlich zu, er muss sich jedoch in dieser Angelegenheit mit Hrn. Jaszuński abstimmen. Er bat, dass auch wir uns in dieser Angelegenheit mit Hrn. Jaszuński persönlich in Warschau verständigen. In einigen Tagen werden wir auf dieses Thema wieder zurückkommen.

8. Erstellung eines Quartalsbudgets der Jüdischen Sozialen Fürsorge im GG:
a) ständige Zuwendungen (NRO, Joint)
b) gelegentliche Zuwendungen (Sonderfonds)
c) eventuelle Darlehen blockierter (eingefrorener) Summen
d) lokale Sammlungen
e) Unterstützungszahlungen der Jüdischen Gemeinden

Grundsätzlich ist ein solcher Plan auszuarbeiten, fürs Erste für interne Zwecke.

2 Kreishilfskomitees (Komitety Opiekuńcze Powiatowe).
3 Hier und im Folgenden im Original deutsch.

| | |
|---|---|
| f) Einwohnerabgabe<br>g) Zuwendungen der Kreischefs[4]<br>h) Finanzmittel der Jüdischen Gemeinde in Wien für die Wiener Flüchtlinge | |
| 9. das monatliche Mitteilungsblatt Fürsorge der JSS (Opieka ŻSS). | Die Sache wird bearbeitet, und im August wird wahrscheinlich die erste Nummer erscheinen. |
| 10. Zusammensetzung der Zweigstellen (KOPs). | Es geht um die Berücksichtigung von Delegierten kleinerer Städte in den betreffenden KOPs. Es wurde beschlossen, diese Sache in jedem einzelnen Fall individuell zu behandeln. |
| 11. Runderlass betreffend zinslose Darlehenskassen. | In den allernächsten Tagen wird ein Runderlass versandt betreffend die Möglichkeit, Abteilungen für zinslose Darlehenskassen zu eröffnen, sofern die Initiative von der örtlichen Gesellschaft ausgeht. |
| 12. Landgüter. | Nach der Erarbeitung der Materialien wird man an die Behörden herantreten, damit sie Juden ermöglichen, einige Landwirtschaftsbetriebe nach dem Bedarf der jüdischen Sozialfürsorge in Betrieb zu nehmen. |
| 13. Handapotheken für kleine Ambulanzen. | Im Einvernehmen mit Dr. Hilfstein werden Handapotheken in Kleinstädten bei der Arzneimittelzuteilung berücksichtigt. |
| 14. Kielce – Chęciny, im Zusammenhang mit der Umsiedlung der Juden von Kielce nach Chęciny.[5] | Es sind in allernächster Zukunft Vertreter der JSS nach Chęciny zu entsenden, um die Hilfe vor Ort zu organisieren. |
| 15. Der Plan für Inspektionsreisen (Palk – Reinberg[6] – Tisch etc.). | Man muss sich mit Dr. Tisch in der Frage des Plans für Inspektionsreisen im August verständigen. Anzustreben ist die Besichtigung von mehreren Dutzend Orten. |
| 16. Projekt Dr. Hilfsteins betr. die Sammlung von Materialien. | Hr. Bornstein[7] soll einen Plan für die Sammlung von Materialien ausarbeiten und ihn nach Abstimmung mit Dr. Hilfstein realisieren. |

4 Im Original deutsch.

5 Siehe Dok. 227 vom 23.1.1941.

6 A. Reinberg, Ingenieur, war 1941 im Auftrag des Präsidiums der JSS in Kielce als Inspektor tätig.

7 Icchak (Isaak) Bornstein war Leiter der Joint-Vertretung in Warschau; er wurde nach der Flucht aus dem Warschauer Getto Ende 1942 in Będzin ermordet.

| | |
|---|---|
| 17. Thema Pfandleihe für die Wiener Flüchtlinge. | Versuchsweise wird in einer der Ortschaften, wo sich Flüchtlinge aus Wien aufhalten, die Summe von 2000 Złoty für Sonderkredite für diese Flüchtlinge bereitgestellt. |
| 18. Unterstützungszahlung des Joint für die ORT. | Der ORT ist eine genaue Kalkulation der angewiesenen und ausgezahlten Summen vorzulegen. |
| 19. Weitere Finanzmittel des Joint für soziale […][8]. | Nachrichten zufolge, die wir aus Berlin, Prag und Wien erhalten haben, kann in den ersten Augusttagen mit etwa 700 000 Złoty gerechnet werden. |
| 20. Organisation von Hilfe in Form von Sendungen mit Arzneimitteln und Kleidung aus verschiedenen Ländern des Auslands. | Es wurde auf die Notwendigkeit hingewiesen, einen Beauftragten der JSS nach Wien und Prag zu schicken, um die Sendungen, insbesondere für die Wiener Flüchtlinge im Gen.Gouvernement, zu besprechen und zu organisieren. Dr. Weichert sagte zu, über diese Angelegenheit mit den Behörden zu reden. |

## DOK. 318
## Das polnische Untergrundblatt Placówka warnt am 31. Juli 1941 vor der Rückkehr der Juden nach dem Krieg[1]

*Die Juden*

Schon vor dem Krieg hatte sich infolge einer mehrjährigen Aktion das Bewusstsein von der jüdischen Gefahr im [polnischen] Volk[2] allgemein verbreitet. Die Polen verstanden den für sie verderblichen Einfluss jüdischer Tätigkeit und die talmudische Unmoral immer besser. In berechtigter Selbstverteidigung und wohlverstandenem nationalem Interesse begannen wir, die Juden aus dem polnischen Wirtschaftsleben zu drängen. Wir konnten ihnen ihre Spitzenpositionen nicht nehmen, wir konnten ihre Herrschaft nicht brechen, wir konnten die Anwaltschaft und die medizinischen Berufe nicht entjuden, aber dafür haben wir ihnen mehr und mehr den Handel in Stadt und Land aus den Händen genommen, sozusagen die Wurzeln ihrer Macht und ihres Einflusses gekappt. Für das Judentum war der Kramladen eines Bauernsohns eine größere Bedrohung als die Entfernung einiger Minister, sog. Schabbesgojim[3] (Judenknechte).

8 Ein Wort unleserlich (möglicherweise: „Aufgaben").

1 Placówka, Nr. 12 (22) vom 31.7.1941, S. 1f.: Żydzi, Biblioteka Narodowa, MF 50774. Der Artikel wurde aus dem Polnischen übersetzt.

2 Im Original hier und nachfolgend durch Großschreibung hervorgehoben.

3 Plur. von (hebr.) Schabbesgoi: ein Nicht-Jude, der am Schabbat zur Verrichtung jener Tätigkeiten angestellt wurde, die Juden an diesem Tag verboten waren.

Die Deutschen haben das Judentum mit außerordentlich harten Schlägen traktiert. Wir haben jedoch bereits mehrfach in „Placówka“ darüber geschrieben, dass wir ihnen gegenüber nicht die geringste Dankbarkeit empfinden können, da ihre ganze antijüdische Aktion bloß ein gewöhnlicher Raubzug ist, der unser Nationaleigentum schrecklich vermindert, und für diese unerbetene Hilfe müssen wir überdies mit dem schrecklichen Leid der Knechtschaft bezahlen, die grausamer ist als das, was die Juden seitens der Deutschen erleiden.
Heute sind die Juden schwach und ohne Einfluss. Aber wenn Polen befreit sein wird, wollen sie sofort die Gettomauern niederreißen, uns ihre durch Ausbeutung erworbenen Fabriken und Häuser wieder entwenden, uns die von polnischen Kaufleuten aus dem Nichts aufgebauten Läden wegnehmen, indem sie sich überall hineindrängen und Seuchen, Betrügereien und Wucher verbreiten. Erneut wollen sie ihr Finanzimperium errichten und weiterschreiten auf ihrem Marsch zur Herrschaft über Polen, zur Herrschaft über die Welt und die verachteten Gojim. Das können wir in Polen nicht zulassen, wir müssen sie loswerden. Um dies zu erreichen, braucht man keine Sondergesetze (man kann sogar auf sie verzichten), keine Gettos und keine Pogrome. Nötig ist hingegen der unumstößliche Wille des ganzen Volkes, ist der Wirtschaftsboykott. Treibt mit dem Juden keinen Handel! All jene [Polen], die jetzt Handel treiben, sollen im Handel tätig bleiben, und es müssen sogar noch neue hinzukommen, damit der Jude nichts kaufen und nichts verkaufen kann. Das ist die Voraussetzung für unseren Sieg. Die Juden werden jedoch all ihre Schläue aufbieten, ihren Einfluss entfalten, nicht vor Betrug, Bestechung und Verbrechen zurückschrecken, um nicht zu unterliegen, um zu obsiegen.
Der Jude ist ein machtvoller und gefährlicher Gegner – machtvoll, weil er in unser Volk tief eingedrungen ist, und gefährlich, weil er heimtückisch, aus dem Hinterhalt agiert. Daher ist es gut, die Grundlagen seiner Stärke schon heute zu erkennen.
Die Macht des Judentums ruht auf zwei Fundamenten: Geld und Organisation.
Indem sie die arischen Völker geschickt moralisch ruinierten, strebten die Juden danach, für Geld nicht nur Waren, sondern auch Menschen zu kaufen, deren Hilfe, Gewissen und Seelen. So haben die Schabbesgojim, die sie für sich gewonnen hatten, die Juden unterstützt, wo sie nur konnten, ihnen den Weg geebnet, ihre Geschäftsinteressen getarnt und heimlich verfolgt – zum Schaden des eigenen Volks. Ganze Generationen werden dahingehen müssen, ehe diese verhängnisvolle Saat der jüdischen Verderber ausgerottet sein wird. Bilden wir uns nicht ein, die Juden würden dann so arm und deswegen nicht in der Lage sein, erneut die Hilfe von Verrätern des eigenen Volks zu kaufen. Sie waren allzu reich, als dass selbst ein mehrjähriger deutscher Raubzug sie vernichten könnte. Zur Bestechung von Polen reicht es allemal, und nachher sichern sie sich den üppigen Zufluss neuer Einnahmen. Und genau dies müssen wir ihnen auf Dauer unmöglich machen, auch wenn ihnen das Gold des internationalen Judentums zu Hilfe kommen sollte. Eine wirksame Kampfmethode haben wir oben schon aufgezeigt.
Als zweite Grundlage der jüdischen Macht haben wir bislang ihre hervorragende innere Organisation angesehen, gestützt auf eine außerordentliche nationale Solidarität, auf die Fähigkeit, eine starke Macht im Verborgenen auszuüben, und auf rücksichtslose Herrschaftsmethoden. Und die Juden haben dies nicht nur nicht bestritten, sondern haben – wie heute offensichtlich – uns sogar gezielt in der Überzeugung bestärkt, dass ihre geheime Organisation außerordentlich bedrohlich sei. Unterdessen war – wie wir immer klarer erkennen, wenn wir das Judengetto beobachten – die [Rede von der] jüdische[n]

Solidarität bloß eine weitere Lüge dieses seltsamen Volkes, das unfähig ist zu allem, was in normalen Gesellschaften gesund, natürlich und angeboren ist. Die Judenältesten stützten ihre Herrschaft auf unglaubliche Rücksichtslosigkeit und Terror, dem sich die Gesamtheit der Juden einzig und allein aus Angst ergeben hat. Von einer wie auch immer gearteten Solidarität konnte keine Rede sein. Unter den schwierigen Bedingungen der Isolation, als der Hunger ausnahmslos alle Juden in seinen Klauen hatte, brach zwischen ihnen ein wilder Kampf ums Brot aus, der keine Schranken, keine moralischen Regeln und keine menschlichen Gefühle kannte. Die Judenältesten stehlen und betrügen bei der Verteilung der kontingentierten Lebensmittel ohne die geringsten Skrupel, und die betrogene Menge hasst ihre Machthaber, verflucht sie und nutzt (selbstverständlich im Verborgenen) jede Gelegenheit, sie bei der deutschen Polizei zu denunzieren. Der jüdische Ordnungsdienst, das Organ der Judenältesten, lässt in punkto Rücksichtslosigkeit alle Polizeien der Welt weit hinter sich, außer vielleicht die sowjetische, die sich ebenfalls aus Juden zusammensetzt. Diese Beobachtungen erlauben uns, zuversichtlich in die Zukunft zu blicken, wenn es zwischen unserer und der jüdischen Solidarität zum Kampf kommen wird. Auf diesem Feld muss man sich über das Ergebnis keine Sorgen machen.

Und noch etwas Wertvolles lehrt uns der genaue Blick hinter die Gettomauern. Die Juden verhalten sich gegenüber den Deutschen außerordentlich demütig, ergeben, loyal. Beinahe küssen sie den Stiefel, der sie tritt. Ihren Hass über die Einsperrung im Getto richten sie nicht gegen die Deutschen, sondern ausschließlich gegen uns, wobei sie uns blutige Rache für die gegenwärtigen Leiden schwören. Dieses Phänomen ist allein durch die geistige Deformation der Juden zu erklären, die dazu führt, dass sie dem Stärkeren Achtung, Loyalität und sogar Liebe entgegenbringen. Ihr Hochmut kennt jedoch keine Grenzen, wenn sie einem Schwächeren begegnen oder einem, der ihnen schwächer erscheint. Lasst uns das nicht vergessen und *lasst uns stark sein*!

## DOK. 319
## Ein Vertreter der römisch-katholischen Kirche in Polen unterstreicht im Sommer 1941 die dringliche Notwendigkeit einer „Lösung der Judenfrage"[1]

Bericht eines Vertreters der römisch-katholischen Kirche in Polen, ungez., nach Mitte Juli 1941[2]

Kirchlicher Bericht aus Polen über den Zeitraum Juni bis Mitte Juli 1941

Die Haltung der Besatzungsbehörden gegenüber Kirche und Religion ist merkwürdig inkonsequent und uneindeutig. Einerseits möchten die Deutschen, insbesondere wegen des Kriegs mit dem bolschewistischen Russland, als Verteidiger der Christenheit gelten – sowohl im Rundfunk als auch auf Plakaten und in Zeitungen erklärten sie sich

1 SPP, MSW, teka 46, L.p. 8/Kośc., Bl. 1 – 10 [Blatt 4 fehlt] (Sprawozdanie kościelne z Polski za czerwiec i połowę lipca 1941go roku). Das Dokument wurde aus dem Polnischen übersetzt. Abdruck als Faksimile in: Krzysztof Jasiewicz, Pierwsi po diable. Elity sowieckie w okupowanej Polsce 1939 – 1941, Warszawa 2001, S. 1195 – 1203.

2 Der Autor ist nicht namentlich bekannt. Die Datierung ergibt sich aus der Überschrift. Der Bericht gehörte zu den Materialien, die aus dem besetzten Polen laufend an die Organe der Exilregierung übermittelt wurden.

selbst zu neuen Kreuzrittern –, andererseits wollen sie ihr System der Unterdrückung alles Katholischen und Kirchlichen im Prinzip nicht ändern. Zwei hinterlistige Versuche, vor allem den höheren Klerus für sich zu gewinnen, sollen [hier] erwähnt werden. Zuerst wurde einem der Bischöfe zugeredet, er solle sich mit einem Hirtenbrief gegen die Bolschewiken wenden, um so das deutsche Vorgehen im Osten mit kirchlicher Autorität auszustatten; erst vor kurzem wurde dann ein bekannter „Vertrauensmann" in Kirchenfragen, Pater Odilo Reformata,[3] zum Episkopat geschickt, um den Bischöfen vorzuschlagen, im Generalgouvernement eine Art Regentschaft nicht nur im kirchlichen, sondern auch im zivilen und öffentlichen Bereich zu übernehmen. Diese übrigens wenig glaubwürdige Nachricht geht auf Pater Odilo selbst zurück, der in den letzten Tagen einem der Bischöfe eben diesen Vorschlag machte und behauptete, er sei beauftragt, den Oberhirten einen solchen Gedanken seitens der deutschen Behörden nahezulegen. Wenn diese ganze Sache auch nur ein Körnchen Wahrheit enthält, wäre die dem Episkopat vorgeschlagene Tätigkeit doch mit Sicherheit darauf beschränkt, einen Modus Vivendi mit den Besatzungsbehörden in einem unterworfenen Polen festzulegen – natürlich nicht zum Wohle der Polen, sondern dem der Deutschen. Da sich unter den weltlichen Persönlichkeiten in Polen weder ein Darlan[4] noch ein Kissling[5] fand, der bereit gewesen wäre, mit den Besatzern offen zusammenzuarbeiten, haben sie vielleicht mit Blick auf den überaus katholischen Charakter der Nation einen Versuchsballon in Richtung Geistlichkeit steigen lassen. Ob Pater Odilo diesen Plan tatsächlich auch anderen Mitgliedern des Episkopats vorgelegt hat, ist mir bislang nicht bekannt. Jener Bischof antwortete ihm kurz, es gebe im geistlichen Bereich schon Unglück und Schwierigkeiten genug, eine neue Last wie Aktivitäten in der uns fremden zivilen und öffentlichen Sphäre könnten wir uns nicht aufbürden.

Beispielhaft für den konsequenten Druck auf die Kirche ist eine neue Bedrohung: Es wird im beginnenden Schuljahr nicht erlaubt sein, einen Erstsemesterkurs an den Priesterseminaren zu eröffnen. Darüber hinaus gibt es eine Reihe neuer, bedauerlicher Verhaftungen unter Priestern und Ordensgeistlichen. Diese an verschiedenen Orten sporadisch vorgenommenen Verhaftungen – zuletzt in Krakau – wurden in Warschau auf die Spitze getrieben. Das ganze Kapuzinerkloster (22 Personen) ist verhaftet und ins Gefängnis gesteckt worden, mit Ausnahme von zwei Ordensbrüdern, die fliehen konnten. Mehr als zehn Pallottiner aus Ołtarzew waren schon vorher verhaftet worden.[6] Anderswo hatte es strenge Durchsuchungen gegeben, oder es waren weitere Verhaftungen angedroht worden. Die Anlässe waren angeblich politischer Natur, z. B. Lesen und Verteilen der Unter-

3 Odilo (Taufname: Joseph) Gerhard (1902–1978), Franziskanermönch aus Salmünster und Fulda, lebte 1931/32 in Wieluń in Polen, um die poln. Sprache zu erlernen, 1935–1938 in Krakau Pfarrer der Deutschen; 1938 als deutscher Spion verdächtigt, in Lagerhaft genommen und später von den deutschen Eroberern befreit, von Febr. 1940 an abermals in Krakau als Seelsorger für Deutsche tätig, von polnischer Seite für einen Spitzel gehalten, 1942 wegen illegaler Geschäfte von der Gestapo verhaftet und in das KZ Dachau eingeliefert; nach 1945 u. a. in Ulm als Volksmissionar tätig.

4 François Darlan (1881–1942), Admiral und Politiker; von 1940 an Befürworter der Kollaboration mit NS-Deutschland, militärischer Oberbefehlshaber Vichy-Frankreichs.

5 Richtig: Vidkun Quisling (1887–1945); Führer der norwegischen faschistischen Nasional Samling, von 1942 bis 1945 Ministerpräsident im deutsch besetzten Norwegen.

6 Die Pallottiner sind eine religiöse bzw. apostolische Gemeinschaft innerhalb der römisch-kath. Kirche, die 1835 von Vincenzo Pallotti (1795–1850) in Rom gegründet wurde. In der masowischen Gemeinde Ołtarzew bei Ożarów Mazowiecki unterhalten die Pallottiner seit 1927 ein Priesterseminar.

grundpresse, Weitergabe von für die Deutschen ungünstigen Nachrichten, Unterstützung von Geheimorganisationen usw. Es lässt sich jedoch keine klare Grenze zwischen der noch religiösen und der schon nationalen Betätigung ziehen. Die Deutschen, die überall einen politischen Katholizismus[7] wittern, möchten die Geistlichen gerne auf die Sphäre irgendeiner absoluten religiösen Abstraktion festlegen. Doch ein Priester, der sich inmitten seines eigenen, furchtbar gepeinigten Volks aufhält, kann nicht umhin, auf Dinge einzugehen, die seine Gläubigen schmerzen und empören, er kann nicht umhin, jenen zu helfen, die sich aufopfern oder leiden, weil sie die Nation verteidigen. Darum ist in den katholischen Gebieten wie dem Elsass, Belgien, den katholischen Provinzen der Niederlande, vor allem aber in Polen die nationale Unterdrückung stets mit der religiösen Unterdrückung eng verflochten.

Abgesehen von den Verhaftungen ist festzustellen, dass Ordensgeistliche zu militärischen Zwecken aus ihren eigenen Häusern herausgeworfen werden. So wurde unter anderem den Jesuiten in Krakau der verbliebene Rest ihres großen dortigen Seminargebäudes an der Kopernikus-Straße weggenommen, ohne sich im Geringsten darum zu kümmern, wo die ausgesiedelten Ordensleute einen Platz finden. Ähnliche Beispiele gab es an anderen Orten zu Dutzenden. In Krakau wurden auch die Magazine jesuitischer Verlage durchsucht und verschiedenste rein religiöse Publikationen vernichtet, hauptsächlich solche zu Ehren des hl. Andrzej Bobola[8] oder solche, in denen sich auch nur die kleinste Erwähnung der Muttergottes, Königin der Krone Polens, fand.

Aus Posen, Pommerellen und überhaupt aus den an das Reich angeschlossenen Gebieten kommen Hiobsbotschaften. Gottesdienst wird nur in einem kleinen Teil der Kirchen abgehalten; die letzten Reste des Ordenslebens werden beseitigt, sogar die Krankenpflege der Schwestern. Die Vernichtung der katholischen Religion, im Generalgouvernement noch halbwegs kaschiert, kommt hier in ihrer ganzen, brutalen Selbstverständlichkeit zum Vorschein. Hinzuzufügen ist, dass die Besatzungsbehörden bei diesen Verfolgungsaktionen streng geheim vorgehen, so dass es sehr schwer ist, die Wahrheit zu erfahren. Der Tod von Erzbischof Nowowiejski[9] und das Schicksal seines Suffragans Wetmański[10] wurden z.B. lange geheim gehalten. Aus anderen vergleichbaren Fällen geht hervor, dass es seit 22 Monaten nicht die geringsten Nachrichten über das Schicksal von 15 Jesuiten gibt, die vom Kriegsausbruch in Gdingen und Graudenz überrascht wurden. Vermutlich wurden sie erschossen oder in Gefängnisse gesteckt.

Wenden wir uns nun der positiven Seite zu: Mit Freude können wir feststellen, dass eine immer größere Zahl bedeutender Organisationen, die sich schon heute auf den militärischen, politischen oder ideellen Dienst für ein künftiges, wiedergeborenes Vaterland vorbereiten, einen entschieden katholischen Standpunkt einnimmt und sich auf dieser gemeinsamen Plattform zusammenfindet. Es gibt begründete Hoffnungen, dass das neue Polen, das nach der Zerschlagung Deutschlands aus dem Kriegschaos entsteht, wirklich

7 Die drei voranstehenden Worte im Original deutsch.

8 Andrzej Bobola (1591 – 1657), römisch-kath. Priester und Jesuit aus einer ostpolnischen Adelsfamilie, der während des Chmielnicki-Aufstands von Kosaken ermordet wurde und deshalb als poln. Märtyrer gilt.

9 Antoni Julian Nowowiejski (1858 – 1941), Bischof von Płock, wurde im Februar 1940 verhaftet und kam im Mai 1941 im Lager Soldau um.

10 Leon Wetmański (1886 – 1941), Suffraganbischof in der Diözese Płock; er wurde im Februar 1940 verhaftet und kam im Oktober 1941 im Lager Soldau um.

und von Grund auf katholisch sein wird. Vorhersehbar sind große Schwierigkeiten in den ersten Augenblicken der Wiedergeburt, weil es noch unterschiedliche Ansichten und Vorgehensweisen innerhalb der für die Unabhängigkeit eintretenden Organisationen gibt und es zu Zusammenstößen zwischen dem Land und der Regierung in London kommen könnte.[11] Es wird jedoch darauf hingearbeitet, dass im Moment des Zusammenbruchs Deutschlands ein tatkräftiger und kluger Mensch, ein anerkannter Katholik zudem, hier an der Spitze des Landes stehen wird. Wenn der richtige Zeitpunkt gekommen ist, würden die kirchlichen Organe der katholischen und polnischen Sache einen großen Dienst erweisen, wenn sie diesem Menschen die größtmögliche Unterstützung gewährten.

Wenn man den Blick in die Zukunft richtet, wie es in diesem Augenblick verschiedene wichtige Personengruppen tun, die Programme für die öffentliche Arbeit im – so gebe Gott! – wiedergeborenen Polen ausarbeiten,

[...][12]

inkonsequent und unsachgemäß. Die zum großen Teil linken Organisationen angehörende Lehrerschaft hatte einen eher unheilvollen Einfluss. Die Großgrundbesitzer waren nur mit sich selbst beschäftigt und den Belangen der Landbevölkerung gegenüber nahezu gleichgültig. Die Regierung hat während der 20 Jahre Unabhängigkeit zwar verschiedene Schritte unternommen, doch folgten diese entweder keinem Plan, waren unsystematisch oder ließen – und zwar in den meisten Fällen – gesundes, katholisches, soziales Denken völlig vermissen. Schließlich muss auch gesagt werden, dass unserem Volk nicht genügend gute Hirten zur Verfügung standen. Unter den Priestern war zwar der Anteil derer klein, die ganz und gar schlecht waren und Anstoß erregten, doch war der Anteil der echten, tüchtigen und gewissenhaften Priester noch geringer. Die allermeisten waren eigentlich Handwerker in ihrem Beruf, die ihren Pflichten ohne Berufung nachkamen, ohne Hingabe, ohne wahre Liebe zu Gott und den ihnen anvertrauten Seelen. Bemerkenswert oft brachten sie die Gläubigen durch eine gewisse materialistische Einstellung zum Priesteramt gegen sich auf sowie durch Mangel an Liebenswürdigkeit und ehrlichem Wohlwollen gegenüber den Gemeindemitgliedern. Selbst Ordenspriester, die von Zeit zu Zeit die Dörfer missionarisch beackerten, verfielen zu sehr dem alten Schlendrian (Trunksucht, Unsauberkeit, Diebstahl) und kümmerten sich zu wenig darum, eine wahre geistige Kultur aufzubauen. Als Konsequenz verbreitete sich unter unserer Landbevölkerung während der Besatzung die Niederträchtigkeit, sich gegenseitig bei den deutschen Behörden zu denunzieren, weniger aus Boshaftigkeit denn aus Mangel an Intelligenz und Charakter.

Aus all diesen miteinander zusammenhängenden Gründen wurde unser gutes, armes Volk schon vor dem Krieg für kommunistische oder mit dem Kommunismus sympathisierende oder zumindest stark linkslastige Parolen empfänglich – und ist es bis heute. Es fing an, sich selbst in Vereinigungen zu organisieren, ohne Beteiligung der Intelligenz, um auf eigenen Wegen ein besseres Schicksal und jenen sozialen Aufstieg zu erreichen, den es leidenschaftlich herbeisehnt. Trotz seiner ganzen Bindung an Kirche und Glauben begann es, unwillig auf seine Hirten zu blicken, und bezog leider auch das Haupt der Christenheit in diese Ablehnung ein, über das in den Dörfern unsinnige Verleumdungen verbreitet wurden. Diese volkstümlichen Bewegungen sind bislang weder tief verankert

11 Gemeint ist die poln. Regierung im Londoner Exil.
12 Im Original fehlt die nächste Seite.

noch weit verbreitet, und die angerichteten Schäden ließen sich ohne größere Schwierigkeiten beheben. Hierzu sind jedoch einige Dinge vonnöten:
Zunächst bedarf es einer verständigen und wahrhaft katholischen Regierung, die wirklich den Bedürfnissen des Volkes entgegenkommt, die die nötigen Reformen in Wirtschaft und Bildungswesen umsetzt, und zwar nicht um kurzfristiger parteilicher oder demagogischer Ziele, sondern um des tatsächlichen Wohls des Landes willen. Ferner bedarf es einer gewaltigen Arbeit, um das Niveau der Geistlichkeit anzuheben. Wir brauchen viel mehr Priester aus Berufung, die wirklich nur Gottes Reich suchen. Drittens besteht ein akutes Bedürfnis, die jüdische Frage zu lösen, die nirgendwo auf der Welt so zugespitzt ist wie in Polen, denn bei uns leben – oder besser: schmarotzen – rund 4 Millionen dieses höchst schädlichen und in jeder Hinsicht gefährlichen Elements.
Bezüglich der beiden letzten Thesen fügen wir einige wichtige Bemerkungen hinzu.
Die Geistlichkeit in Polen ist, absolut gesehen, nicht reich, doch im Vergleich mit dem armen Landvolk und dem Stadtproletariat eher wohlhabend. Dies ist einerseits den Armen ein Dorn im Auge, und andererseits führt es dazu, dass die überwältigende Mehrheit der Priesteramtskandidaten die Seminare im Grunde eher wegen materieller denn geistlicher Ziele besucht. Vielleicht wäre es deshalb aus beiden Gründen günstig, wenn die polnische Kirche – natürlich gegen angemessene und gut abgesicherte Entschädigung – dem Staat zur Versorgung der Kleinbauern jene Gebiete von immerhin beträchtlicher Größe übergibt, die bislang im Besitz einiger lateinischer und ruthenischer Bistümer,[13] Domkapitel, Klöster und überaus zahlreicher Pfarreien sind, welche insbesondere in den Regionen Posen, Pommerellen und im östlichen Kleinpolen[14] über Benefizien von 100, 200, 300, 500 und mehr Hektar verfügen. Der damit anfallende Flächenbestand würde selbstverständlich nicht die gesamte Agrarfrage lösen (verständige Leute denken auch über andere Lösungen nach), wohl aber zu ihrer Regelung beitragen, und er würde eine ständige Ursache von Missverständnissen und Neidgefühlen zwischen dem Landvolk und seinen Hirten beseitigen. Ich denke, dass es der Kirche genügen würde, je ein Vorwerk pro Bischofssitz und je eines pro Priesterseminar zu behalten; die Domkapitel könnten sich mit Stadthäusern oder gut angelegtem Kapital absichern. Den Pfarrern verblieben dann – so, wie es im ehemaligen russischen Teilungsgebiet überwiegend der Fall ist – je 6 Morgen, also je 3 Hektar, was, wenn sie gut bewirtschaftet werden, dem Priester zusammen mit der Pension und dem ius stolae[15] einen auskömmlichen Lebensunterhalt bescheren würde. Vielleicht gäbe es dann in den Pfarreien weniger „Wirte" und mehr „Geistliche", und das Volk hätte weniger Anlässe zu Groll und Missgunst.
Was die jüdische Frage angeht, so ist es als eigentümliche Fügung Göttlicher[16] Vorsehung zu betrachten, dass die Deutschen – neben dem vielen Unrecht, das sie unserem Land angetan haben und weiterhin antun – in dieser einen Hinsicht einen guten Anfang ge-

13 Vor allem im damaligen östlichen Polen gab es einerseits römisch-kath. Bistümer und andererseits unierte Diözesen der griechisch-kath. Kirche, deren Mitglieder der ruthenischen Bevölkerung Ostgaliziens entstammten. Diese Diözesen hatten sich unter Beibehaltung der orthodoxen Liturgie in Polen-Litauen mit der Kirchenunion von Brest (1596) dem Papst unterstellt.

14 Gemeint ist: Ostgalizien.

15 Einnahmen aus den Gebühren, die für die Verrichtung der Sakramente (wie Taufen oder Eheschließungen) erhoben wurden.

16 Im Original durch Großschreibung hervorgehoben.

macht haben, indem sie eine Möglichkeit aufzeigten, die polnische Bevölkerung von der jüdischen Plage zu befreien und uns den Weg vorzeichneten, der – natürlich weniger grausam und weniger brutal, doch konsequent – einzuschlagen ist. Es ist eindeutig Gottes Fügung, dass die Besatzer die Lösung dieser brennenden Frage selbst in die Hände nahmen, denn das polnische Volk ist zu weich und zu unsystematisch und hätte sich niemals zu den tatkräftigen Schritten entschlossen, die in dieser Angelegenheit notwendig sind. Dass es sich bei dieser um eine brennende Frage handelt, ist klar, denn die Juden fügen unserem ganzen religiösen und nationalen Leben unabsehbare Schäden zu. Sie saugen das Volk wirtschaftlich aus, sie verhindern, dass sich der polnische Handel entwickeln kann und dass ein Teil der überschüssigen ländlichen Bevölkerung zum Handel stößt, sie rauben unseren Städten und Kleinstädten ihren katholischen Charakter, aber das ist nicht alles, denn sie demoralisieren die gesamte Gesellschaft in vielfältiger Hinsicht. Von ihnen gehen Korruption und Bestechung aus, durch ihre geheime Beeinflussung von Regierungs- und Verwaltungsorganen verderben sie unser öffentliches Leben; sie vor allem sind es, die Freudenhäuser und Handel mit Menschen und pornografischer Literatur betreiben; sie verführen das Volk zur Trunksucht, verderben die Jugend und zersetzen Literatur, Kunst und die öffentliche Meinung mit unmoralischen und unkatholischen Ansichten; schließlich verbünden sie sich stets mit allem, was der Kirche und Polen schaden, beide schwächen und herabwürdigen kann. Merkwürdigerweise hassen sie noch heute, obwohl sie von den Deutschen so rücksichtslos verfolgt werden, aufgrund irgendeines eigentümlichen psychologischen Vorgangs die Polen mehr als die Deutschen und geloben, sich an den Polen für das erlittene Unrecht zu rächen.

Nach Meinung der wichtigsten Leute im Land muss in einem wiedererstandenen Polen die Judenfrage anders gestellt werden. Ein weiteres Ziel, das jedoch auch auf internationaler Bühne konsequent angestrebt werden muss, ist die Emigration der Juden in irgendeinen eigenen Staat in Übersee. Solange sich dies aber nicht durchführen lässt, wird es notwendig sein, für eine weitgehende Isolierung der Juden von unserer Gesellschaft zu sorgen. Sie müssen die Dörfer und Kleinstädte restlos verlassen und in den größeren Städten eigene, geschlossene Siedlungszonen haben; sie müssen ihre eigenen konfessionellen Grund- und Sekundarschulen haben, und in den Hochschulen muss ihre Anzahl durch einen strengen Numerus clausus beschränkt werden; sie müssen aus der Armee, von öffentlichen Ämtern und mit Rücksicht auf die katholische Jugend aus dem Lehramt ausgeschlossen werden; durch unterschiedliche Methoden muss schließlich ihr Anteil an den gesetzgebenden Kammern, mit Rücksicht auf die Christen bei der Ausübung der freien Berufe und in bestimmten Handelszweigen sowie der Industrie gedrückt werden. All dies wird sehr schwierig sein und sicherlich ein Punkt, über den es zwischen der Exilregierung, die ziemlich starken freimaurerischen und jüdischen Einflüssen ausgesetzt ist, und dem sich heute schon organisierenden Land zu Reibungen kommen wird, doch sind dies Dinge, von denen die Gesundheit des – so gebe Gott – wiedererstandenen Vaterlands abhängen wird.

Die letzte Angelegenheit von gewaltiger Bedeutung ist schließlich das Verhältnis der polnischen Gesellschaft zu den innerhalb der Landesgrenzen existierenden klein- und weißrussischen Minderheiten.[17]

17 Mit „kleinrussisch" ist die ukrain. Minderheit gemeint.

Diese gesamte Frage, die äußerst verwickelt und kompliziert ist und zudem letztlich von den Ergebnissen des gegenwärtigen Kriegs abhängt, können wir hier nicht entfalten. Wir wollen nur auf ihre religiöse Seite eingehen. Die bedeutenderen Geister im Lande sind sich darüber im Klaren, dass Polen die Mission hat, im näheren und weiteren Osten jene katholische Kultur zu verbreiten, die es vor tausend Jahren von Rom als wertvollsten religiösen und nationalen Schatz erhalten hat. Es fehlt bei uns auch nicht an geistlichen und weltlichen Persönlichkeiten, die bereit sind, sich diesem großartigen Ziel zu widmen. Es gibt jedoch einen wunden Punkt, der schon zu gewissen Missverständnissen geführt hat und dies in der Zukunft wohl noch tun wird. Einige Pfarrer ausländischer Herkunft waren mit der ganzen komplizierten Frage nicht vertraut. Um Anhänger des östlichen Schisma für Rom zu gewinnen, waren sie vor allem in der ersten Phase der sog. unierten Bewegung bereit, die ohnedies schon überzogenen Volkstums- und geografischen Ansprüche der ruthenischen Bevölkerung anzuerkennen. Zudem übertrieben sie mit immer demselben Ziel, den Osten in Richtung Rom zu ziehen, die Bedeutung und den Erfolg der Missionierung durch den östlichen Ritus – zu Ungunsten des lateinischen Ritus. Dieselben engagierten Unierten hielten den Polen bisweilen vor, prinzipiell nicht zur Bekehrung der ruthenischen Völker geeignet zu sein, und bezichtigten sie engstirniger und national-chauvinistischer Tendenzen.

Um nun mit dem letztgenannten Vorwurf zu beginnen, so ist wohl eindeutig, dass die Polen wegen der Verwandtschaft von Blut und Sprache, wegen der genauen, Jahrhunderte zurückreichenden Kenntnis des Terrains und wegen der in dieser Hinsicht schon vollbrachten Leistungen älteren und jüngeren Datums mehr als irgendjemand sonst dazu berufen und geeignet sind, die katholische Kultur unter den Ostslawen zu verbreiten. Auch wäre die Auffassung zutiefst ungerecht, dass sich in einem durch und durch katholischen Volk keine Menschen mehr finden, die frei genug von nationalen Vorurteilen und Gegensätzen sind, um für solche objektiven und rein katholischen Tätigkeiten geeignet zu sein. Selbstverständlich ist es ausgeschlossen, von den Polen zu verlangen, sie sollten wegen der Bekehrung der Rus[18] ihre bestens begründeten, uralten nationalen Ansprüche opfern. Polen, der Kirche seit tausend Jahren treu ergeben, kann hinsichtlich dieser Bekehrung keine Quantité négligeable sein, auf deren Kosten man die Ruthenen oder Russen gewinnen könnte. Was nun den östlichen Ritus angeht, so ist klar, dass er bei der Bekehrung der Rus eine große Aufgabe zu erfüllen hat, doch kann man die Augen ebenso wenig vor der tausendfach bestätigten Tatsache verschließen, dass der lateinische Ritus eine zumindest gleich große Aufgabe vor sich hat. Die beste Zeit in ihrer Geschichte hatte die Union, als sie unter starkem lateinischen Einfluss stand und von lateinischem Geist durchdrungen war. Wo man sich von diesen lateinischen Einflüssen jedoch abwandte, wurde sie entweder zum Instrument nationalistischen Kampfes und Hasses, so wie dies bei einem großen Teil der sog. Ukrainer im östlichen Kleinpolen der Fall ist, oder sie erzielte unbedeutende und oberflächliche Erfolge, wie bei der gegenwärtig durchgeführten unierten Aktion. Was nun ganz speziell die Russen betrifft, so stellen gute Kenner des Ostens und der besonderen östlichen Psyche fest, dass der Russe sich erst dann wirklich bekehrt, wenn er den lateinischen Ritus annimmt. Die Richtigkeit dieser Ansicht wird dadurch bestätigt, dass es unter Russen, selbst unter Geistlichen, die zur Union bekehrt

18 Gemeint sind die griechisch-orthodoxen Gläubigen in den von Weißrussen und Ukrainern bewohnten Regionen Polens.

wurden, eine ganze Reihe von erneuten Hinwendungen zum Schisma gab. Es scheint also angebracht zu sein, das große Werk der Gewinnung des Ostens für Christus nicht ausschließlich auf die Union zu stützen, sondern dabei dem lateinischen Ritus eine große Rolle vorzubehalten.

## DOK. 320
## Das jüdische Untergrundblatt Yunge Gvardie kommentiert im Juli 1941 die Stellung der Juden im Krieg[1]

*Der Krieg und die Juden*

Jeder Krieg erschüttert das gesamte politische, wirtschaftliche und kulturelle Leben eines Landes. Von dem Unglück, den ungeheuren Schäden und den Strömen menschlichen Bluts abgesehen, brechen verschiedene Epidemien aus, und die Verarmung der Arbeiterschaft nimmt die tragischsten Ausmaße an.
Wir wissen, dass in der kapitalistischen Gesellschaft Kriege die natürlichen Auswüchse der sozialen Ordnung sind. Es ist wahr: Jede Generation kann von Versklavung und Unterdrückung erzählen, von Mord und Ausrottung. Mögen die offiziellen Geschichtsschreiber Monarchen oder militärische Helden in den Vordergrund stellen und jeden von ihnen als göttlichen Heroen besingen, der auf die Erde niedergeschickt wurde; faktisch verbirgt sich dahinter derselbe Leidensweg, wie ihn heute Millionen durchmachen.
Man hat schon vor vielen Jahren gewusst, dass der jetzige Krieg viel schrecklicher sein wird als alles Vorherige. Alles, was das menschliche Hirn zum Wohle dieser Welt erdacht hat, wird jetzt in den Dienst des Teufels gestellt.
Der Nazismus ist ein natürlicher Auswuchs des Kapitalismus, er ist an sich nichts Neues, nur grausam in seiner Brutalität und neu in Form und Dynamik. Heute, da ganz Europa unter Hitlers Stiefel schmachtet, betrifft die Frage der Befreiung nicht mehr einzelne Länder oder Völker, sondern die ganze Welt.
In der jüdischen Bourgeoisie hinter den Gettomauern haben sich die Formen verändert, doch vom alten Inhalt ist viel geblieben. Die vermögenden Juden hat der Nazismus hart getroffen, weil er sie als Juden bestraft. Sonst hätten sie ihm dienen können, so wie sie früheren Reaktionären gedient haben. Sie hätten sich ihm ebenso verkauft, wie es Teile der polnischen Reaktion tun.
In allen schweren Zeiten der jüdischen Gemeinschaft, wenn die Reaktion antisemitische Angriffe gegen die Freiheit der Arbeiterbewegung führte, keimte der jüdische Nationalismus auf und verbreitete Misstrauen, um die kämpferische Energie der jüdischen Massen zu bremsen, die sich dem allgemeinen Kampf gegen die Reaktion anschlossen – für die Freiheit. Der jüdische Nationalismus klagt: Wir sind im Exil, und solange wir es sind, müssen wir leiden. Man will nicht verstehen, dass nicht nur wir Juden im Exil sind – un-

1 Yunge Gvardie, Juli 1941, S. 12–14: Di milkhome un di yidn, AŻIH, Ring I/1311 (687). Der Artikel wurde aus dem Jiddischen übersetzt. Yunge Gvardie (Junge Garde) war das jiddische Untergrundblatt, das von der Jugendorganisation Tsukunft des Bunds herausgegeben wurde. Es ist nur eine Ausgabe überliefert.

ter Hitler sind heute alle Völker, die er beherrscht, im Exil. Die Österreicher und Tschechen, die Polen und die Holländer werden verfolgt und unterdrückt. Ihnen allen ist ein ähnliches Schicksal wie das der Juden nicht erspart geblieben, obwohl sie ein eigenes Land besitzen. Die illegale sozialistische Presse gibt schauderhafte Beschreibungen der Rache, die der Faschismus verübt. Die Antisemiten reden der Welt ein, dass die Juden eine Einheit bildeten. Das täten sie in der finsteren Absicht, den nationalen Hass zu vertiefen. Der jüdischen Bourgeoisie hat das geschmeichelt, das Kompliment [, eine Einheit zu bilden,] gefiel ihr, und bald übernahmen es „nationale" Schreiberlinge.

Wir wissen: Dies [Gerede von nationaler Einheit] war schon vor dem Krieg eine Lüge, und es ist heute im Getto immer noch eine. In diesem schrecklichen Hitlerschen Gefängnis herrscht keine Gleichheit unter den Opfern der Rassentheorie. Die jüdische Bourgeoisie hat keine Möglichkeit zu freier wirtschaftlicher Betätigung, aber in dem eingeschränkten, von den Besatzern festgelegten Rahmen folgt sie ihrem Klasseninteresse mit dem rücksichtslosesten Egoismus, sei es durch heimlichen illegalen Handel oder durch Kooperation, sei es durch das Ausnutzen von Protektion und Beziehungen. Mit dem Segen des Besatzers beherrscht sie die Institutionen und verteidigt ihre Interessen auf Kosten von Gesundheit und Leben der breiten Masse.

Die jüdische bürgerliche Jugend erlebt eine tiefe Krise sowohl in materieller wie in ideologischer Hinsicht. Vor dem Krieg stand sie den Interessen der jüdischen Masse fremd und feindlich gegenüber. Sie strebte mit aller Kraft nach Karriere, und wenn Reaktion und Antisemitismus tobten und wüste Orgien feierten, antworteten sie: „Weg von hier in ein eigenes Land. Dort werden wir unter uns und Gleiche unter Gleichen sein." Inzwischen hat das Leben Schläge ausgeteilt.

Der bessere Teil der Jugend sieht sich enttäuscht, nähert sich den jüdischen Massen und setzt seine Hoffnungen auf die sozialistisch eingestellte Arbeiterklasse.

Ein erheblicher Teil aber wehrt sich und will keinen Frieden schließen mit den kolossalen Veränderungen des gesellschaftlichen Lebens. Sie sind sich selbst gegenüber nicht aufrichtig und moralisch verwirrt. Gegen ihren Willen kommen gerade diese Jugendlichen heute mit der leidenden und gepeinigten jüdischen Masse in Berührung. Bis heute war ihnen die jiddische Kultur, Literatur und Sprache fremd geblieben. Sie hatten keine Beziehung zum Leben der jüdischen Massen, waren ihnen gegenüber gleichgültig wie ein Stein. Heute sprechen sie davon, dass sie Jiddisch als die Sprache der jüdischen Massen lernen wollen. Das sind aber nur leere Phrasen, die nicht ernst gemeint sind und zu gar nichts verpflichten, und sie [die jungen Leute] bleiben weiterhin taub und stumm. Sie füllen die Leere der Tage mit privatem Englischunterricht. Sie träumen von Flucht, von Emigration, oder leben in den Tag hinein, spielen Karten, flirten oder treiben billige Philanthropie, überhören jedoch den Kampfesruf der jüdischen und polnischen Massen. Ihnen fehlen Willen und Glaube, den Kampf für ein neues, menschenwürdiges Leben aufzunehmen – hier in Polen, Seite an Seite mit Millionen geknechteter und verfolgter Brüder.

Diejenigen jüdischen Jugendlichen aber, die den Geschmack der Not schon vor dem Krieg gekostet haben, lassen sich nicht betäuben. Zu schwer und zu hart ist das Leben. Diese Jugend, die am Rande des Untergangs um ein Stück Brot kämpft, glaubt an das große Morgen der Befreiung dieser Welt. Mit der Arbeiterschaft und den unterdrückten europäischen Völkern, die gegen den Nazismus für eine sozialistische Neuordnung Europas kämpfen, teilt sie die Leiden, die Hoffnungen und den Kampfeswillen.

Ja, der jüdische Nationalismus unterscheidet sich in nichts von anderen Nationalismen. Heute setzt „das Judentum" auf die englische Karte: Churchill soll siegen und wird uns ein großes Land geben.
Die jüdische sozialistische Jugend folgt solchen Illusionen nicht. Am Ende des jetzigen Kriegs wird es Freiheit und Gleichberechtigung für alle geben, in einem sozialistischen Europa. Dieser Messias wird auch die Juden erlösen.

## DOK. 321
## Repräsentanten der polnischen Regierung beschreiben in Warschau das Verhältnis der deutschen Besatzungsmacht zur jüdischen Bevölkerung seit September 1939[1]

Bericht der Vertretung der polnischen Regierung im besetzten Polen über die Nationalitätenpolitik der deutschen Besatzer, Warschau, Dezember 1941[2]

[...][3]
*V. Das Verhältnis zur jüdischen Bevölkerung*
I.
Das Verhältnis der deutschen Besatzungsbehörden zur jüdischen Bevölkerung ist in seinen Grundzügen von dem gleichen politischen Egoismus gekennzeichnet wie das zu anderen Nationalitäten in den beherrschten Gebieten, unterscheidet sich allerdings wesentlich hinsichtlich seiner Ziele und Methoden.
Die Deutschen haben immerhin die Absicht, für die arischen Nationalitäten, im vorliegenden Fall Slawen (Polen, Ukrainer, Weißrussen, selbst das sog. Goralenvolk[4] oder Masuren und Kaschuben),[5] die territoriale Lage, ihre Rolle und Aufgaben *innerhalb Europas* zu regeln: Selbst wenn sie die polnische Bevölkerung mit Gewalt und massenhaft aus den Westgebieten ins Einzugsgebiet der Weichsel umsiedeln, stellen die Deutschen doch nicht in Frage, dass das polnische Volk (übrigens unbestreitbar!) in Europa zu Hause ist. Ideen zur Aussiedlung der Polen aus Europa tauchen allenfalls mit propagandistischer Absicht auf. Das deutsche Programm sieht vor, dass sich diese Völker der neuen Lage anpassen und sich in das neue, auf der Hegemonie der germanischen Rasse beruhende europäische

1 AAN, 1325/202/I-45, Bl. 793 – 885, hier Bl. 855 – 872. Das Dokument wurde aus dem Polnischen übersetzt.
2 Im Original Unterstreichungen, handschriftl. Änderungen und Anstreichungen. Ursprüngliche Überschrift: Die Nationalitätenfrage (Zagadnienie narodowościowe) durchgestrichen und überschrieben mit 38. Die Nationalitätenpolitik des dt. Besatzers (38. Polityka narodowościowa okupanta niem.).
3 Im Untergrund agierende Repräsentanten der polnischen Regierung (Delegatura Rządu R.P. na Kraj) sammelten Nachrichten aus dem besetzten Gebiet und stellten regelmäßig Berichte zusammen, die von Kurieren übermittelt wurden. Ihre Verfasser waren frühere höhere Beamte, Politiker und Wissenschaftler. Es ist nicht bekannt, ob dieser insgesamt 93 Seiten umfassende Bericht die poln. Regierung in London erreichte. Er besteht aus einer Einleitung und mehreren Abschnitten: I. Die neue Rechtsordnung in den Gebieten Polens, II. Das Verhältnis zur deutschen Bevölkerung, III. Die ukrainische Frage, IV. Künstliche Nationalitätengruppen (1. Deutsche Nationalitätentheorien, 2. Das eigentliche Ziel der deutschen Politik, 3. Kaschuben, 4. Masuren, 5. Oberschlesier).
4 Im Original deutsch.
5 Siehe Dok. 82 vom 30.1.1940.

System integrieren. Sie sollen die führende Rolle des germanischen Elements anerkennen, verbleiben aber bei all dem in Europa, in der Familie der europäischen Völker. In ihrem Verhältnis zu den Juden gehen die Deutschen hingegen von der grundsätzlichen These aus, dass diese Bevölkerungsgruppe in Europa vollkommen fremd, überflüssig und schädlich sei, woraus sich das grundlegende politische Verfahren ergibt: *die Juden aus Europa zu entfernen*. Sie sollen aus rassischen, politischen, kulturellen und wirtschaftlichen Gründen ganz aus dem Umfeld der arischen Völker eliminiert werden. Dieser Leitsatz findet sich vielfach in Äußerungen der führenden und einflussreichsten Vertreter des Nationalsozialismus: U.a. wurde er während des Kriegs bereits mehrmals von Hitler vertreten, z.B. in der Berliner Rede vom Januar 1941[6] sowie von Gouverneur Frank in einer Rede vom August 1940.[7] Nach Vorstellung der Deutschen soll Europa oder jedenfalls die deutsche Einflusszone ganz vom semitischen Einfluss gesäubert werden, was nach einem siegreichen Krieg auf dem Wege einer gewaltigen, in ihren Einzelheiten übrigens nicht präzisierten Umsiedlung der Judenheit in ein Gebiet außerhalb des europäischen Kontinents erfolgen soll, oder gar durch die direkte Vernichtung der Juden.

Es kann hier nicht darum gehen, die ideologischen Grundlagen dieses Konzepts zu erläutern oder zu analysieren: Es basiert zweifelsfrei sowohl auf einfacher rassischer Antipathie gegenüber Semiten als auch auf den politischen Erfahrungen, welche die Nationalsozialisten vor allem während der Kriegszeit machten. Sie sind der Meinung, dass der Krieg gegen das wieder aufstrebende Deutschland vom internationalen Judentum angezettelt und beschleunigt worden sei und gegenwärtig durch die jüdische Finanzwelt, die als anonyme Macht agiere, finanziert und politisch angeführt werde. Vor allem in Hitlers letzten Äußerungen (vom Herbst 1940) wurde dieser Aspekt immer stärker betont, was sowohl die gesellschaftlichen Hintergründe des Kriegs als auch seine letztendlichen Ziele außergewöhnlich deutlich beleuchtet. Darum ist die emotionale Haltung der Nationalsozialisten (vor allem in Partei, Presse und Verwaltung) in jüdischen Angelegenheiten stets sehr radikal und ostentativ: Auf diesem Feld tobt sich der Nationalsozialismus mit seiner ganzen Kraft aus, hier entlädt sich pausenlos ein rücksichtsloser, brutaler Radikalismus, sowohl in Bezug auf die Methoden als auch auf die Ziele.

Die Radikalität der Methoden gegenüber den Juden in den besetzten Gebieten der Republik Polen hat auch lokale Gründe: die hohe jüdische Bevölkerungsdichte und die große Bedeutung der Juden vor allem im Wirtschaftsleben dieser Gebiete. Die junge nationalsozialistische deutsche Verwaltung war in den besetzten polnischen Gebieten mit einem jüdischen Poblem in einer Größenordnung konfrontiert, die allein sie schon zum Handeln zwingen musste. In dem von Deutschland besetzten Gebiet leben etwa 2 000 000 Juden, davon z.B. allein in Warschau über 400 000. Die Besatzer sahen mit eigenen Augen und ganz konkret die allgemeine, unerhörte Verjudung der polnischen Städte und speziell die der Anwaltschaft, des Ärztestands, des Handels, des Handwerks, des Bankwesens, der Industrie, selbst der Literatur usw. Dabei wurde ihnen klar, wie schwierig es trotz aller

6 Am 30.1.1941 hatte Hitler in der Rede im Berliner Sportpalast an seine Drohung erinnert, die er auf den 1.9.1939 datierte: Sollte es erneut zu einem Weltkrieg kommen, werde dies zur Vernichtung der jüdischen Bevölkerung in Europa führen. Tatsächlich hatte Hitler die öffentliche Vernichtungsdrohung in seiner Reichstagsrede zum 30.1.1939 zum ersten Mal ausgesprochen; siehe VEJ 2/248.

7 Vermutlich ist Franks Ansprache vor Vertretern des Distrikts Lublin am 25.7.1940 gemeint, in der er eine Massenvertreibung der Juden nach Übersee ankündigte; Diensttagebuch des deutschen Generalgouverneurs (wie Dok. 104, Anm. 1), S. 258.

Anstrengungen werden würde, dieses Element in das reglementierte und totalitäre Wirtschaftssystem zu integrieren, das die Besatzung in diese Gebiete mitgebracht hatte. Die Ideen von Preisstabilität, kontrolliertem Warenumsatz, Aufhebung des freien Valuta- und Devisenkurses, Offenlegung der Warenvorräte, Produktions- und Austauschdisziplin – alles fiktive Vorstellungen, die die deutsche Verwaltung jedoch kategorisch verfolgte – vertrugen sich nach deutschem Verständnis nicht mit einer herausragenden wirtschaftlichen Vorherrschaft der Juden im polnischen Wirtschaftsleben. Schon dies allein hätte den Kampf gegen die Juden begründen können, um ihre Rolle im Wirtschaftskreislauf einzuschränken und ihre Kontakte mit der übrigen Bevölkerung der Besatzungsgebiete sowie mit der deutschen Verwaltung zu erschweren. Gleichzeitig aber gab es noch andere Motive: das Verlangen, sich den jüdischen Großbesitz – Banken, Fabriken und Geschäfte, Immobilien und sogar Hausrat – anzueignen, sowie die Absicht, zumindest in einem gewissen Maß die Aufmerksamkeit der polnischen Bevölkerung in für die Deutschen sichere *Bahnen einer antijüdischen Front* zu lenken. Hier hat die deutsche Propaganda nichts unversucht gelassen, um das Interesse und die Emotionen der polnischen Bevölkerung zu manipulieren: Die Politik der polnischen Regierungen wurde entsprechend analysiert (Verjudung der Behörden, Mischehen polnischer Würdenträger, freimaurerisch-jüdische Einflüsse im polnischen Leben, das Anwachsen der jüdischen Finanzmacht in Polen zu Ungunsten der polnischen Bevölkerung), man stellte den demoralisierenden Einfluss des Judentums auf die polnische Kultur und die Jugend heraus, zeigte die für Polen vorteilhaften Perspektiven eines von Juden befreiten Arbeitssektors auf usw. Die deutsche Verwaltung war grundsätzlich gut darüber informiert, dass es in breiten Gesellschaftsschichten (in Handwerk und Kleinhandel, in der Schuljugend und unter Studenten, in der Landbevölkerung, im Umfeld der Staatsbeamten und sogar in Arbeiterkreisen) infolge der starken Konzentration der Juden auf polnischem Gebiet einen gewissen, sozusagen natürlichen Nährboden für die Saat des Antisemitismus gibt: Die Bedingungen für die Besatzer waren günstig, diese Stimmungen anzuheizen und es gewissen polnischen Kreisen zu ermöglichen, sich [hier] politisch zu engagieren, während sie auf anderen Gebieten schweigen und resignieren sollten. Schon zu Beginn des Frühjahrs 1940 tauchten in den Schaufenstern christlicher Geschäfte in Warschau rätselhafte, in schlechtem Polnisch geschriebene Aushänge mit verdächtiger Symbolik (einem Beilkreuz)[8] auf, die sie als arische Geschäfte[9] hervorheben sollten. Diese zweisprachig – auf Deutsch und Polnisch – verfassten Aushänge wurden selbstverständlich unter deutscher Anleitung verteilt und waren Teil einer organisierten publizistischen antijüdischen Aktion,[10] die später übrigens in Vergessenheit geriet und durch direkte deutsche Verwaltungsakte ersetzt wurde, die bessere, raschere Ergebnisse versprachen. In dieser Zeit (Frühjahr 1940) versuchten Banden von Halbwüchsigen in Warschau in der Umgebung des Żelazna-Brama-Platzes, der Leszno- und der Elektoralna-Straße, jüdische Geschäfte zu plündern. Die Polizeiorgane hielten sich dabei auffallend zurück: In der öffentlichen Meinung wurden diese Exzesse ausdrücklich mit Anstiftung durch die Deutschen in Verbindung gebracht und als besatzungspolitischer Akt einhellig verurteilt. In polnischen Industrieunternehmen vertrieben die Deutschen mit Nachdruck das Judenfresser-Blatt „Der

8 Im Original polnisch und deutsch; zum Symbol siehe Dok. 98 vom 28.3.1940, Anm. 4.

9 Im Original polnisch und deutsch.

10 Hinter diesen antisemitischen Initiativen stand die Gruppierung Atak (Angriff), die mit dem gleichnamigen Warschauer Verlag verbunden war; siehe Dok. 98 vom 28.3.1940, Anm. 4.

Stürmer", um es unter den Arbeitern und Angestellten zu streuen. Die Manöver der Besatzungsinstitutionen, die darauf zielten, polnische Gruppierungen in das antijüdische Vorgehen einzubeziehen, hatten jedoch überhaupt keinen Erfolg: Der Warschauer Anwaltsrat widersetzte sich dem Ausschluss der Juden aus der Anwaltschaft, wofür übrigens einige führende christliche Rechtsanwälte schwerwiegende Konsequenzen tragen mussten;[11] die polnische Bevölkerung verteidigte in vielen Fällen jüdischen Besitz vor Diebstahl, z. B. während der Vertreibung aus den Wohnungen, sie verurteilte die barbarischen Verordnungen der Besatzungsbehörden, z. B. das Verbot, Medikamente für jüdische Kinder bis zu 3 Jahren und an alte Menschen über 60 Jahre abzugeben u. Ä.[12] Diese Haltung der polnischen Öffentlichkeit änderte sich im Allgemeinen auch dann nicht, als im deutschen Besatzungsgebiet konkretere Informationen über das Verhalten der jüdischen Bevölkerung im sowjetisch besetzten Gebiet bekannt wurden, wo die Juden sich leicht bolschewisieren ließen und eine unfreundliche Haltung gegenüber der polnischen Bevölkerung und dem polnischen Staat einnahmen.

II.

Das Schicksal der jüdischen Bevölkerung in den besetzten Gebieten seit den ersten Septembertagen bis zum gegenwärtigen Zeitpunkt besteht aus einer einzigen Abfolge von Herabwürdigungen, Verfolgungen, Gewalttaten und Enteignungen. Es handelt sich dabei sowohl um eine systematische Ausnahmegesetzgebung, die Behörden unterschiedlicher Hierarchieebenen erließen, als auch um faktisch unkontrollierte, straffreie Übergriffe der Verwaltung, der Gestapo, der deutschen Bevölkerung selbst und auch der Armee. *Die Juden werden de jure Ausnahmegesetzen unterworfen, stehen aber de facto hinsichtlich einer ganzen Reihe zivilisatorischer Grundsätze ohnehin außerhalb des Rechts.* Das ähnelt weitgehend der Situation der polnischen Bevölkerung in den sog. dem Reich angegliederten Gebieten; jüdischer Besitz, die persönliche Würde der Juden, Bewegungsfreiheit, das Recht auf ein Dach über dem Kopf, auf Befriedigung der elementaren Existenzbedürfnisse, Religionsausübung, Schulwesen, Erwerbstätigkeit, Sozialversicherungsansprüche und schließlich die persönliche Sicherheit der jüdischen Bevölkerung – all dies ist (ähnlich wie bei der dortigen polnischen Bevölkerung) abhängig vom Willen der Verwaltung, von der Laune einzelner Beamter oder Volksdeutscher, von mit leichter Hand verordneten und rigoros angewendeten Rechten und Vorschriften.

Das der jüdischen Bevölkerung auferlegte System aus Gewalttaten, Enteignungen und Einschränkungen wird in der deutschen Propaganda so dargestellt, als ginge es dabei um die Einführung grundlegender deutscher Ordnung in das jüdische Dasein, um den Grundsatz jüdischer nationaler und religiöser Autonomie verwirklichen zu können. So schrieb Dr. Dietrich Redeker („Warschauer Zeitung" vom 13.3.40)[13] – in einem Ton, der deutsche Verlautbarungen immer wieder färbt –, die Gettos dienten nur dazu, den Grundsatz *„Juden für sich"*[14] umzusetzen, stellten also gewissermaßen die technischen Rahmenbedingungen für die jüdische Autonomie dar. Redeker, der offensichtlich keine Ahnung von den tatsächlichen Methoden zur Verwirklichung dieser „Autonomie" hatte, [nicht wusste,] dass jüdischer Besitz auf offener Straße geraubt wird, Juden mit Peitschen geschlagen, mit Gewehrkolben traktiert und selbst jüdische Frauen geohrfeigt werden –

11 Siehe Dok. 291 vom Mai 1941.

12 Ein solches offizielles Verbot ist nicht nachgewiesen; siehe auch Dok. 291 vom Mai 1941, Anm. 18.

13 Siehe Dok. 94 vom 13.3.1940.

14 Im Original deutsch.

Redeker hatte die Dreistigkeit zu behaupten, die Deutschen würden bei der Umsetzung ihrer Absichten in Bezug auf die Juden keine Gewalttaten auf der Straße verüben, sie nicht quälen und misshandeln, keine Pogrome anzetteln und keinen Raub begehen, wie dies gegenüber den Juden zu … polnischer Zeit der Fall gewesen sei.[15] Und so streben die Deutschen angeblich danach, die Selbstverwaltung der jüdischen Bevölkerung unter angemessenen Rahmenbedingungen zu verwirklichen. Diese Selbstverwaltung ist, was die Grundlinien der deutschen Politik angeht, natürlich bloß als Übergangsphase gedacht, die der Auslöschung der Juden in Europa vorangeht und sie vorbereitet: Aber selbst in dieser Form, in dieser Übergangszeit, ist die jüdische Autonomie ein reines Hirngespinst. Es handelt sich um eine administrative Maßnahme, die die vollständige Verelendung der jüdischen Bevölkerung herbeiführen, die Enteignung ihres Eigentums erleichtern, ihre wirtschaftliche Expansion beseitigen und sie in einem Massengefängnis einsperren soll, bedroht von Hunger, Seuchen, kultureller Rückständigkeit und direkter Aggression der Besatzer. Den Kultusgemeinden werden weitreichende, erheblich erweiterte Verwaltungs-, Wirtschafts- und Fürsorgeaufgaben aufgebürdet, während ihnen zugleich die Möglichkeit genommen wird, dafür finanzielle Mittel zu bekommen, bzw. der Eingang dieser Mittel unkalkulierbar ist, weil er von verschiedensten Umständen abhängig gemacht wird, auf die die Gemeinden keinerlei Einfluss nehmen können (z.B. Zuteilungen von Sozialfürsorgekrediten aus dem Haushalt des GG, Anteile an Gemeindesteuern, Anteile an Geldern der Sozialversicherungen usw.).

Das wesentliche Ziel – ohne die Möglichkeiten, die es nach dem Krieg gäbe, einzubeziehen – lautet, *die Juden aus dem Leben der Allgemeinheit herauszureißen, sie zu isolieren und zwischen ihnen und der polnischen Bevölkerung Zwietracht zu säen, die Juden mit den fatalen Fermenten* einer spezifischen Psychologie der Absonderung *zu vergiften.*

Schon jetzt zeitigt dieses Vorgehens spürbar Resultate. In der jüdischen Bevölkerung keimen – objektiv zu Unrecht, aber subjektiv sehr verständlich – diverse Vorwürfe gegenüber der polnischen Bevölkerung: Die Juden beklagen das Fehlen einer entschiedeneren polnischen Reaktion auf die Unterdrückung der Juden, es beginnt sich eine Vereinsamungspsychose herauszubilden; oft kommt es zur gegenseitigen Aufrechnung von erlittenem Unglück usw. Die Stacheldrähte, die die jüdischen Wohnbezirke begrenzen, erschweren die Kommunikation. Zudem lassen die Deutschen keine Gelegenheit aus, um die Verstimmungen zu vertiefen (z.B. wurde im Februar 1941 unter der polnischen Bevölkerung um Freiwillige für die Wachmannschaften in den Lagern für Juden geworben, die demnächst in einer Reihe von Ortschaften des GG gebildet werden sollen;[16] im März 1941 wurden Plakate ausgehängt, auf denen der Jude mit der Laus und dem Fleckfieber gleichgesetzt wurde;[17] die Gettoisierung der Juden in Warschau wurde damit begründet, es gelte, die konkurrierende jüdische Nachfrage auf dem Lebensmittelmarkt zu beseitigen usw.). *Somit vergrößert sich die Gefahr einer schwerwiegenden Vertiefung der polnisch-jüdischen Konflikte*, was noch im Verlauf des gegenwärtigen Kriegs für die Deutschen von Bedeutung sein kann – als ein Aspekt, der die britische und amerikanische öffentliche Meinung in der Frage des künftigen Schicksals der polnischen Gebiete verwirrt.

15 Auslassungszeichen im Original.
16 Siehe Dok. 250 vom 6.3.1941.
17 Siehe Dok. 258 vom 20.3.1941, Anm. 2.

Mit Blick auf die nichtsemitische Bevölkerung wiederholen und unterstreichen die Besatzer ständig den Grundsatz: Keine Berührung mit den Juden![18] Dieser Maxime dienen bzw. dienten im ganzen Okkupationsgebiet eigene Abteile oder Waggons für Juden in Straßenbahnen und Eisenbahnen, das Verbot [für Juden], Cafés, Kinos und Restaurants zu betreten, das Verbot [für Nichtjuden], sich von jüdischen Ärzten und Zahnärzten behandeln zu lassen, die Kennzeichnung der Juden mit Armbinden und schließlich die Errichtung abgetrennter jüdischer Wohngebiete (der sog. Gettos) bzw. Barackenlager für die jüdische Bevölkerung. Maßnahmen zwecks Unterbindung unmittelbarer Kontakte zwischen der polnischen und der jüdischen Bevölkerung sind auf Schritt und Tritt wahrzunehmen: Nach der Schließung des jüdischen Wohnbezirks wurde in Warschau zum 1. Februar 1941 ein eigenes Amt (eine Vertretung der Gouvernementsbehörde in Warschau) geschaffen, die sog. *Transferstelle*,[19] deren Aufgabe es war, alle Aspekte der arisch-jüdischen Beziehungen in deutsche Hand zu bringen. Es kam so weit, dass selbst Forderungen von Wäscherinnen, Hausmeistern, Handwerkern usw. (die nicht selten wenig mehr als zehn Złoty betrugen) nicht direkt von den polnischen Gläubigern eingetrieben werden konnten, weil ihnen Passierscheine für das Getto verweigert wurden. Stattdessen mussten sie den behördlichen Weg der Rückforderung über den Apparat der Transferstelle gehen (überwiegend mit Reichsdeutschen besetzt, die zu diesem Zweck aus dem Reich hergeholt wurden). Ein extremes Beispiel für dieses Unterfangen, jede direkte Berührung[20] des arischen Elements mit der jüdischen Bevölkerung zu unterbinden, waren Bekanntmachungen (ohne klaren Bezug auf eine Rechtsverordnung und ohne jeglichen Hinweis auf die anordnende Behörde), die jedoch z.B. in Warschau nur an einigen Stellen aushingen (an städtischen Polikliniken, Krankenhäusern usw.), in denen Jüdinnen …[21] die Prostitution untersagt und Strafen für den Geschlechtsverkehr zwischen Ariern und Jüdinnen angekündigt wurden.[22] Im Herbst 1941 wurde in Warschau amtlich verkündet, das illegale Verlassen des Gettos werde mit dem Tode bestraft,[23] acht Personen wurden daraufhin umgebracht.

Die deutschen Behörden sparten nicht mit Argumenten, um diese Anweisungen, die die Kontakte zwischen der arischen Bevölkerung und der Judenheit unterbinden sollten, zu begründen. Hier spielten vor allem *sanitäre Motive* eine Rolle: Die deutsche Presse, amtliche Bekanntmachungen usw. suchten beharrlich zu beweisen, dass die jüdische Bevölkerung Träger von Bakterien sei, insbesondere von Fleckfieberbakterien, die, ohne die jüdische Bevölkerung selbst zu gefährden, Arier mit Epidemien bedrohen.[24] Damit begründete z.B. kein anderer als der Abteilungsleiter im Distriktamt Warschau, Schön, das Warschauer Getto. Im Zusammenhang mit diesen Erklärungen entwickelte sich eine für die jüdische Bevölkerung sehr belastende Form der Unterdrückung: die Zwangsisolierung infizierter Häuser und Zwangsbadungen ganzer Mietergemeinschaften unter Bedingungen, die jeder Hygiene Hohn sprachen; manchmal kam es zu massenhaften Aus-

18 Die voranstehenden fünf Wörter im Original deutsch.
19 Hier und im Folgenden im Original deutsch.
20 Im Original deutsch.
21 Auslassungszeichen im Original.
22 Siehe Dok. 37 vom 15.11.1939.
23 Dritte VO über Aufenthaltsbeschränkungen im Generalgouvernement vom 15.10.1941, VOBl. GG 1941, Nr. 99 vom 25.10.1941, S. 595; siehe auch Dok. 211 vom 12.12.1940.
24 Zur Übertragung des Fleckfiebers siehe Dok. 276 vom 1.5.1941, Anm. 2.

siedlungen (z.B. in Kałuszyn).[25] Es wurden auch *wirtschaftliche Argumente* vorgebracht: Die „Warschauer" und die „Krakauer Zeitung" berichteten wiederholt über Beschuldigungen wegen sog. Schleichhandels.[26] Die Einrichtung des Gettos in Warschau wurde damit begründet, „da[ss] es sich als notwendig erweist, den jüdischen Einfluss, der sich zumeist im Schleichhandel und Preistreiberei ausreicht,[27] ein für allemal aus der Wirtschaft auszumerzen, weil nur dann, durchaus im Interesse der polnischen Bevölkerung, eine durchgreifende Sicherung der Ernährung möglich ist"[28] (Warschauer Zeitung, Nr. 251 vom 23.1.40, Kommentar des genannten Reichsamtsleiters Schön).[29] Diese Argumentation war natürlich eine heuchlerische Manipulation: Der Kampf gegen das Judentum verbesserte die Situation der christlichen Bevölkerung in keiner Weise, das eine Problem hatte mit dem anderen nichts zu tun. Noch nach der Abriegelung des jüdischen Wohnbezirks in Warschau wurden die Brotrationen für die Bevölkerung gekürzt (März 1941), die Preise auf dem freien Markt für Fett, Fleisch, Mehl usw. stiegen ununterbrochen, der Handel konnte sich wegen ständiger Beschlagnahmungen und der Plünderung von Vorräten nicht an die deutsche Preispolitik anpassen; doch nach außen hin wurde die Behauptung der deutschen Propaganda aufrechterhalten, der antijüdische Terror verfolge das Ziel, die Interessen des arischen Konsumenten zu wahren. In der polnischen Öffentlichkeit wurden diese Manöver der Besatzungspropaganda ganz richtig eingeschätzt.

III.

Die feindliche Haltung der deutschen Behörden gegenüber der jüdischen Bevölkerung zeichnete sich schon in den ersten Tagen nach dem Einmarsch der deutschen Truppen in polnisches Territorium ab. Die Juden werden[30] (gleichermaßen übrigens wie die Polen) sofort zum Objekt mannigfaltiger Schikanen, Einschränkungen und Verfolgungen: Typisch für diese Zeit sind der ständige Straßenterror, Überfälle auf Wohnungen, bei denen in der Regel Hab und Gut geraubt werden (Pelze, Wertsachen, wertvollere Möbel, Bettzeug, sogar Seife, Lebensmittelvorräte, Bargeld u.Ä.). Besonders die Plünderung von Wohnungen wird zur Seuche: Der Jude ist eigentlich nicht Herr seiner Habe. Es kommt vor, dass die Deutschen wiederholt eindringen und konfiszieren, was ihnen gefällt, auch noch nach der Umsiedlung der Juden in gesonderte Wohnviertel: Auch dort dringt der Plünderer ein und nimmt skrupellos jeden wertvolleren Gegenstand mit. Von Beginn an herrscht völlige Willkür: Die jüdische Bevölkerung wird gewissermaßen ex improviso[31] terrorisiert, muss Ohrfeigen, Peitschenschläge, Beschimpfungen und primitivste Plünderungen über sich ergehen lassen. Ein Recht zur Verteidigung steht ihr nicht zu, keine Behörde nimmt sie in Schutz, aus den Hosentaschen der Juden nimmt man sich Bargeld, von den Schultern der Jüdinnen Pelze und Mäntel, aus den Wohnungen Haushaltsgeräte und Bettzeug. Juden werden auf den Straßen zur Arbeit aufgegriffen, wobei Jüdinnen z.B. befohlen wird, die Fußböden in den Kasernen mit ihren eigenen Kleidern und Mänteln als Scheuer- und Putzlappen zu reinigen. Juden werden aufgegriffen, um Kohlen zu

25 Siehe Dok. 33 vom 6.11.1939.

26 Im Original deutsch.

27 Richtig: auswirkt.

28 Zitat im Original deutsch.

29 Artikel „Warum Judenwohnbezirk in Warschau?"; siehe Dok. 185 vom 23.10.1940.

30 Der Tempuswechsel könnte darauf hindeuten, dass der folgende Abschnitt aus einem früheren Bericht übernommen wurde.

31 Lat.: unvermutet, aus heiterem Himmel.

schleppen, Gegenstände aus jüdischen Wohnungen zu tragen, Schnee von Straßen und Plätzen zu entfernen usw. Niemand weiß, welche Behörde das Recht hat, jemanden für diese Arbeiten zu rekrutieren: Jeder uniformierte Deutsche nimmt es sich nach eigenem Gutdünken, beschlagnahmt und zwingt Menschen zu bestimmten Leistungen. Alte Männer, minderjährige jüdische Jugendliche, seltener Mädchen und Frauen werden für diese Arbeiten aufgegriffen. Sie werden bei der „Arbeit" schikaniert und verhöhnt: zum Tanzen und zynischer Gymnastik gezwungen, sie werden getreten, beschimpft und verspottet. Die Dauer dieser Arbeit ist völlig willkürlich, natürlich ohne Entlohnung, Verpflegung – nach Lust und Laune. Gelegentlich gibt es bessere Behandlung (durch ältere Unteroffiziere, österreichische Soldaten usw.): warmes Essen, menschliches Verhalten.
Besonders bitter waren jedoch die Beschlagnahmen von Waren in Geschäften, Lagern, Fabriken usw.[32] Dabei handelte es sich in der Regel um gewöhnlichen Raub: Verschiedene Behörden erließen zwar Verordnungen über die Konfiszierung oder Enteignung, doch sehr häufig nahmen deutsche Polizisten, Armeeangehörige, Volksdeutsche bzw. Reichsdeutsche die Waren auf eigene Faust mit. Das geschah höchst brutal und willkürlich: Es wurden weder Verzeichnisse der mitgenommenen Waren angelegt noch Quittungen ausgestellt. Die Waren wurden entweder fortgebracht oder an Ort und Stelle sichergestellt. Mit Schmiergeldern gelang es gelegentlich, einen Großteil der Waren zu retten; aus Warschau und Lodz wurden Fälle bekannt, in denen man den Besitzern anbot, die requirierten Waren los- oder freizukaufen. Diejenigen, die die Waren beschlagnahmt hatten, verkauften sie bisweilen auf eigene Faust und brachten so ihre Schäfchen ins Trockene. Die geschädigten Juden (wie übrigens in ähnlichen Fällen auch Polen) wagten es für gewöhnlich nicht, zu prüfen, ob die Beschlagnahme angeordnet war, weil alle Nachforschungen, vor allem, wenn es sich um den Verdacht auf Raub handelte, mit Prügeln oder Festnahmen endeten. Dieser Raub war für die jüdische Bevölkerung noch schmerzlicher als der von Möbeln oder Pelzen usw., denn die dadurch angerichteten Schäden waren oft sehr groß und ruinierten bisweilen sogar sehr wohlhabende Kaufleute, die sich nur begrenzt vor diesen Verlusten hatten schützen können, indem sie Waren versteckten, sie zum Schein an Arier verkauften, dienstbare und käufliche Volksdeutsche vorschickten usw.
Diese Plünderungen und Misshandlungen waren weit verbreitet. Die jüdische Bevölkerung begriff rasch, dass sie vollkommen wehrlos war, und versuchte sich dadurch zu schützen, dass sie entweder ihre Wohnungen nicht mehr verließ, ohne Geld und Wertsachen auf die Straße ging oder aber wertvolle Gegenstände in arischen Wohnungen unterbrachte. Die Polen leisteten hierbei in sehr vielen Fällen große Hilfe, obwohl dafür strenge Strafen und Repressionen drohten.
Gleich zu Beginn zeichnete sich ein wesentlicher Unterschied in der Behandlung von Juden im Vergleich zur arischen Bevölkerung ab, insbesondere zu den Polen. *Die jüdische Bevölkerung leidet im Allgemeinen nicht unter blutigen Verfolgungen, sie wird nicht so drakonisch und nicht in dem Ausmaß politisch verfolgt.* Die Juden sind nicht intensiv politisch tätig, sie stellen keine illegale Presse her,[33] bereiten keine politischen Verschwörungen vor: Die Gestapo findet – von wenigen Ausnahmen abgesehen – in jüdischen Kreisen keinen Grund zu massivem Eingreifen. Es gibt keine größeren Verhaftungen von Juden, sie werden nicht in Konzentrationslager geschickt, man hört nichts von massen-

32 Tempuswechsel im Original.
33 Tatsächlich erschienen seit März 1940 in Warschau jüdische Untergrundzeitungen.

haften Massakern an der jüdischen Bevölkerung, und Juden werden nicht zur Arbeit ins Reich gebracht. Die Verfolgungen beschränken sich, wie oben dargestellt, auf Plünderungen, Schikanen auf offener Straße, auf Herabwürdigung und Ausbeutung durch Zwangsarbeit, doch wird kein jüdisches Blut vergossen, die jüdische Intelligenz [wird] nicht massenhaft ausgerottet (wie z. B. die polnischen Rechtsanwälte, Priester, politischen Aktivisten, Großgrundbesitzer im Posener Land usw.). *Die jüdische Bevölkerung blieb am polnischen Septemberdrama* [1939] *im Allgemeinen unbeteiligt*: Der Schock der Niederlage und die unmittelbaren Folgen waren für Juden auf einer anderen Ebene von Belang als für Polen. Die jüdische Bevölkerung war ab sofort nur mit den eigenen Problemen befasst, bemüht, unabhängig von der allgemeinen Sorge um die polnische Nation, das eigene Überleben zu sichern. Sie tendierte nicht zu politischer Unruhe, [wenn doch, ] drückte diese sich oft in der Sehnsucht … nach einer Intervention der Bolschewisten aus;[34] es gab keine intensivere Zusammenarbeit mit den polnischen Gruppierungen. Darum waren auch im Pawiak, in Auschwitz, Dachau oder dem blutgetränkten Palmiry (einer Hinrichtungsstätte für Polen in der Kampinos-Heide) keine Juden unter den Opfern.[35] Zwar gab es Opfer (in Warschau in der Nalewki-Straße, die Geiseln für den geflohenen Kot,[36] das Judenmassaker in Ostrów Mazowiecka nach dem Niederbrennen von Magazinen),[37] doch waren sie eher zufällig und eine Ausnahme. Tritte, Ohrfeigen, erzwungenes Tanzen auf den Straßen, Raub von Pelzen, Waren, Schmuck und Bargeld, Beschränkung der Bewegungsfreiheit auf den Straßen, Verbot des Besuchs von Parks oder Cafés, ostentativ demonstrierte Verachtung, schließlich die Zwangsarbeiten vor Ort (sogar in Zwangsarbeitslagern), die eingeschränkte Lebensmittelversorgung und eine Reihe rechtlicher Einschränkungen, die hauptsächlich auf die Enteignung des Vermögens zielten – das waren eigentlich alle direkten Übergriffe, denen die Juden im Vergleich zu den Polen ausgesetzt waren. Es ist ein interessantes Detail, dass in den ans Reich[38] angegliederten Gebieten die jüdische Bevölkerung bis zum Frühjahr 1941 im Grunde weder territorial ausgegrenzt noch (außer in Lodz und einigen anderen Orten) gettoisiert wurde. Zwar soll es der deutschen Presse zufolge z. B. in Pommerellen schon im Herbst 1940 keinen einzigen Juden mehr gegeben haben, doch erstens wies Pommerellen (mit Ausnahme von Gdingen) insgesamt den geringsten jüdischen Bevölkerungsanteil auf, und zweitens gab es noch 1941 z. B. im Dąbrowa-Revier[39] keine streng abgeriegelten jüdischen Wohnbezirke und [erst recht] keine Massenaussiedlungen von Juden. Außer in Lodz, wo die antijüdische Repression (Getto) sehr große Ausmaße angenommen hatte, erlitten die Juden im Gebiet des sog. Neureichs,[40] sofern sie überhaupt an

34 Auslassungszeichen im Original.

35 Bei Palmiry westlich von Warschau fand am 27.12.1939 eine der ersten Massenerschießungen statt, der 106 Warschauer zum Opfer fielen. In der Folgezeit wurden an diesem Ort bis Juli 1941 christliche und jüdische Gefangene hingerichtet.

36 Siehe Dok. 39 vom 17. bis 20.11.1939.

37 In der Kleinstadt Ostrów Mazowiecka im Osten des Distrikts Warschau ermordeten deutsche Reservepolizisten am 11.11.1939 die gesamte jüdische Bevölkerung, insgesamt 159 Männer und 196 Frauen und Kinder. An den Verbrechen waren die Angehörigen der Reserve-Polizeibataillone 11 und 91 beteiligt; das Kommando führte Karl Brenner (1895 – 1954), Oberst der Schutzpolizei und SS-Standartenführer.

38 Im Original deutsch.

39 Ein Teil des dem Reichsgebiet angeschlossenen „Oststreifens" Ost-Oberschlesiens.

40 Hier und weiter unten im Original deutsch. Gemeint sind die dem Reichsgebiet angeschlossenen poln. Gebiete.

ihren Wohnorten geblieben waren, keine Verfolgungen wie die dortige polnische Bevölkerung. Das mag im relativ geringen zahlenmäßigen Anteil des jüdischen Elements sowie in dessen passiver politischer Rolle in diesen Gebieten begründet gewesen sein. Zudem sind die Juden aus den sog. Westgebieten überwiegend gleich nach Ende der Kampfhandlungen und teilweise sogar schon vor Kriegsausbruch fortgezogen (Posen, Bromberg, Thorn, Gdingen,[41] Danzig usw.).

Die ersten Bekanntmachungen der deutschen Besatzungsorgane bezüglich jüdischer Angelegenheiten hatten sozusagen technischen und vorbereitenden Charakter. Abgesehen von den oben beschriebenen improvisierten Übergriffen, Gewalttaten und Herabwürdigungen muss festgestellt werden, dass die erste Verordnung die ab dem 1.12.39 geltende Einführung der *Pflicht zum Tragen einer Binde am rechten Arm* (weiße Armbinde mit Davidstern) war.[42] In einigen Gebieten des sog. Neureichs müssen die Juden gelbe Flecken auf Brust und Rücken tragen.[43] Die Pflicht, Armbinden zu tragen, betrifft Männer und Frauen (ab dem 12. Lebensjahr). Jüdische Unternehmen (Geschäfte, Betriebe, Fabriken, aber nicht Privatwohnungen) mussten eine kleine Tafel mit dem Davidstern anbringen. Es ist bezeichnend, dass diese Verordnung ziemlich oberflächlich festlegte, wer sich als Jude anzusehen hat: Die eigentliche Regelung dieser Angelegenheiten erfolgte erst im August 1940, also acht Monate später, durch eine Anordnung von Gouverneur Frank.[44]

Die nächste Verordnung der Besatzungsbehörden, die ebenfalls vorbereitende Bedeutung hatte, war die Verfügung vom 1.2.1940 über die Pflicht, jüdischen Besitz anzumelden.[45] Die Anmeldung musste bis Ende Februar 1940 erfolgt sein, der Verordnung vorausgegangen waren die Sperrung der jüdischen Bankkonten, die noch im Herbst 1939 durchgeführt worden war (übrigens ohne allgemeine Verordnung), sowie der Zwang, Banknoten der Polnischen Bank in Verwahrung zu geben oder umzutauschen. Die Pflicht zur Anmeldung des Besitzes schloss alle möglichen Vermögensarten ein: Bankkonten, Forderungen z.B. durch Wechsel, Rechnungen usw., erbrechtliche Ansprüche, Immobilienbesitz, Aktien, Beteiligungen, Hypothekenrechte, Renten und Leibrenten, Industriebetriebe, Warenvorräte, Transportmittel, Bargeldvorräte, Schmuck, Hausrat, selbst Kleidung und Bettzeug, Pelze, Bilder und Teppiche, Spenden u.Ä., und zwar unabhängig davon, wo sich der Gegenstand befindet oder ob ein Rechtsanspruch gilt (im Ausland oder im Inland, im Eigenbesitz oder nur in Verwahrung, als Pfandstück, bei einem Spediteur usw.). Dieser Registrierung, die übrigens – vor allem hinsichtlich Bargelds, beweglichen Vermögens usw. – fehlschlug, war eine Verordnung vorausgegangen, dass eine jüdische Familie nicht mehr als 2000 Zł. Bargeld aufbewahren und bei jedem Inkasso nicht mehr als 500 Zł. erhalten darf,[46] sowie eine Verfügung, die es Juden untersagte, Vermögensgegenstände aus ihrem Besitz zu verkaufen, zu verpachten, zu belasten bzw. zu tauschen.[47]

Die materielle Seite der jüdischen Geschäftsinteressen war von den oben genannten Verordnungen, vor allem der Registrierung des Besitzes und dem Verbot, die Eigentumsver-

41 Siehe Dok. 30 vom Okt. 1939.
42 Siehe Dok. 130 vom 1.7.1940, Anm. 9.
43 Siehe Dok. 35 vom 12. bis 18.11.1939, Anm. 4.
44 Siehe Dok. 130 vom 1.7.1940, Anm. 17.
45 Richtig: 24.1.1940; siehe Dok. 81 vom 24.1.1940.
46 Siehe Dok. 40 vom 18.11.1939.
47 Diese Einschränkungen hatte im Sept. 1939 der Chef der Zivilverwaltung bei den Armeeoberkommandos angeordnet.

hältnisse zu ändern, schwer betroffen, welche die Grundlage für die Einrichtung von Treuhandverwaltungen, Enteignungen, für die Entlassung jüdischer Arbeiter usw. schufen. Die jüdische Bevölkerung wehrte sich mit großem Erfindungsreichtum gegen die Umsetzung: [Es kam zu] fiktiven Aneignungen, deutsche Strohmänner, vor allem Volksdeutsche, wurden in Vorstände oder Aufsichtsräte aufgenommen, Waren und Vorräte versteckt, Konten auf Christen überschrieben – all dies sind nur einige wenige Beispiele für die jüdische Abwehr der wirtschaftlichen Angriffe durch die Besatzer. In einigen Bereichen waren diese Bemühungen erfolgreich: Bestimmte jüdische Vermögensbestandteile, natürlich vor allem jene, die relativ leicht geheim zu halten waren (also z. B. keine Immobilien), wurden gerettet und sicherten den Besitzern über Monate die Existenz. Selbst nach der Abriegelung der Gettos verfügten reichere Juden noch über beträchtliche Geldmittel, hatten Wege gefunden, ihre Bankkonten aufzulösen, versteckte Waren zu verkaufen u. Ä. Aus dem Getto oder aus der vorstädtischen Umgebung heraus leiteten Juden [weiterhin] ihre Fabriken und Unternehmen, obschon diese nach außen hin bereits arisiert waren.

IV.

Ungezählt sind die Verordnungen der deutschen Behörden, die darauf zielen, das jüdische Element auf verschiedenste Weise einzuschränken bzw. auszuschalten oder herabzuwürdigen: Sie alle leugnen das Grundprinzip der polnischen Verfassung und der europäischen Zivilisation über die Gleichheit der bürgerlichen Rechte, insbesondere der privatrechtlichen, und treten es mit Füßen. In vielen Fällen handelt es sich nicht um allgemeingültige, im gesamten Besatzungsgebiet geltende Regelungen, sondern um lokale Verordnungen, die bisweilen nur in einer Stadt gelten und auf die Initiative bzw. die Laune einer Person, des örtlichen Polizeichefs, Kreishauptmanns oder eines Parteimitglieds, zurückgehen. Auch in dieser Hinsicht ähnelt das Schicksal der Juden der Lage der Polen in den Westgebieten.

So wurde z. B. von Dezember 1939 an die Auszahlung von Invalidenrenten und Arbeitslosenunterstützung für Juden eingestellt[48] und ihnen empfohlen, sich an jüdische Fürsorgeeinrichtungen oder an die jüdischen Kultusgemeinden zu wenden. Diesen wurde allerdings kein einziger Groschen aus den Mitteln der Sozialversicherungen überwiesen, obschon diese über viele Jahre Einzahlungen von jüdischen Arbeitnehmern erhalten hatten. Die Versicherungen gewährten den Juden noch für eine gewisse Zeit ärztliche Hilfe, die dann z. B. in Warschau nach der Einrichtung des Gettos im Herbst 1940 eingestellt wurde. Diese Negierung der Sozialversicherungsansprüche ist im Grunde nichts anderes als eine direkte Konfiskation von Eigentumsansprüchen.

Die Pfandleihhäuser in Warschau erhielten die Anweisung, Transaktionen mit Juden einzuschränken, so konnte ein Jude u. a. seine eigenen verpfändeten Gegenstände nur mit Einverständnis der Devisenbehörden zurückkaufen, angeblich wegen des Goldhandels, der den Juden untersagt war. Juden dürfen nicht im Buchhandel und im Verlagswesen tätig sein; die jüdische Bevölkerung darf keine öffentlichen Bibliotheken und Leihbüchereien nutzen. Die Werke jüdischer Autoren (Wissenschaft und Literatur, polnische und ausländische Werke) wurden aus Buchhandlungen, Bibliotheken und Leihbüchereien entfernt, wenngleich diese Säuberung nicht konsequent durchgeführt wurde.

Jüdischen Ärzten und Zahnärzten wurde inoffiziell verboten, arische Patienten zu behan-

48 Siehe Dok. 214 vom 31.12.1940, Anm. 8.

deln (und zwar noch bevor die Juden in eigene Wohnbezirke gesperrt wurden). Die Wohnungen jüdischer Ärzte und Zahnärzte müssen mit dem Zionsstern gekennzeichnet sein. Juden dürfen sich nicht von arischen Ärzten behandeln lassen. Juden dürfen keine Apotheken betreiben. In den Apotheken unterliegt die Medikamentenausgabe an Juden verschiedenen Einschränkungen (z.B. gab es ein – offiziell allerdings nicht verkündetes – Verbot, Medikamente für jüdische Kinder unter 3 Jahren und an alte Menschen über 60 Jahren auszugeben).

Der Anwalts- und der Richterberuf sind Juden generell versperrt, jene des Journalisten, Lehrers, Schauspielers und Künstlers dann, wenn sie dazu dienen, Bedürfnisse der arischen Bevölkerung zu befriedigen. Juden sind selbstverständlich von allen Stellungen in der Staatsverwaltung, der Kommunalverwaltung und in öffentlichen Einrichtungen ausgeschlossen, selbst von privaten arischen bzw. treuhänderisch geführten Unternehmen. Vor diesem Hintergrund kam es schon 1939, vor allem aber Anfang 1940 zu zahlreichen Entlassungen, wobei nicht nur die erworbenen Rentenansprüche verfielen, sondern auch weder Kündigungsfristen eingehalten noch Abfindungen ausbezahlt wurden. Vom Herbst 1940 an mussten alle, die bei einer öffentlichen Einrichtung arbeiteten oder angestellt waren, ihre arische Abstammung nachweisen, was gewaltige technische Schwierigkeiten und Kosten zur Folge hatte und im Falle von Mischehen zu moralisch schwierigen Situationen führte. Bezeichnenderweise wurde die Beschäftigung arischer Hausangestellter durch Juden untersagt.[49]

Die oben genannten Anschläge auf die Persönlichkeitsrechte der Juden führten zwangsläufig dazu, dass man definieren musste, wer Jude ist. Dies geschah in der oben bereits genannten Verordnung von Gouverneur Frank vom 1.8.40, nach der das Merkmal der Rasse, nicht jenes der Religion ausschlaggebend ist, wobei jedoch trotzdem die Zugehörigkeit zur Glaubensgemeinschaft als Kriterium des Semitismus gilt:

a) wenn von vier Großvätern drei Juden waren, d.h. jüdischen Glaubensgemeinschaften angehörten (selbst wenn sie später getauft wurden), so *ist* der Betreffende *ein Jude*,

b) wenn zwei Großväter nach obigem Verständnis Juden waren, so *gilt* der Betreffende *als Jude*,

c) wenn nun im Fall b) der Betreffende am 1.9.39 der jüdischen Gemeinde angehörte oder mit einem Juden oder einer Jüdin verheiratet war, so ist er Jude,

d) wenn aber der Betreffende mit zwei jüdischen Großvätern selbst (vor dem 1.9.1939) Christ ist, *so ist er Mischling.*

Die Juden und alle, die als Juden angesehen werden, unterliegen allen sich aus den antijüdischen Vorschriften ergebenden Diskriminierungen; Mischlinge werden nachsichtiger behandelt, z.B. müssen sie keine Armbinden tragen und nicht im Getto leben, aber auch sie werden zur Arbeit im öffentlichen Dienst, zu juristischen Berufen usw. nicht zugelassen. Das Verheimlichen der jüdischen Abstammung bzw. der Zugehörigkeit zur semitischen Rasse wird streng bestraft, und bestraft wird auch die Verletzung der Vorschriften über die sichtbar anzubringenden Abzeichen (Armbinden, Schilder). Aufgrund dieser Reglementierungen ist die jüdische Bevölkerung verschiedenen Verfolgungen und Schikanen ausgesetzt. Berufene und Unberufene prüfen ständig, ob die semitische Abstammung nicht verheimlicht oder geleugnet wird. Es kommt immer häufiger zu Denunziationen, Nötigungsversuchen und Erpressungen. Viele Personen sind nicht in die jüdischen

49 Siehe Dok. 130 vom 1.7.1940, Anm. 16.

Stadtteile gezogen: Sie werden erpresst, tarnen sich durch Namens- und Adressänderungen. Der bekannte Schriftsteller und Pädagoge Korczak wurde wegen seiner Weigerung, die Armbinde zu tragen, verhaftet usw.[50]
Die Organe der deutschen Lokalverwaltung geben sich selbst mit bisweilen kleinen Schikanen und Diskriminierungen gegen die jüdische Bevölkerung viel Mühe, die wegen ihrer Unvorhersehbarkeit, Boshaftigkeit und chaotischen Durchführung den Alltag dieser Bevölkerungsgruppe sehr beschwerlich machten. Verordnungen zur Einschränkung des Rechts auf Telefonanschlüsse z. B., Aufenthaltsverbote für bestimmte Straßen oder Plätze, das Verbot, die Bänke in Alleen und Parks zu benutzen, die Pflicht, sich vor uniformierten Deutschen zu verbeugen oder deutsche Einrichtungen nur mit entblößtem Haupt zu passieren. Im Sommer 1940 wurde in Warschau eine Verordnung erlassen, nach der ein Jude, der auf der Straße einem Deutschen begegnet, ihm sichtbar aus dem Weg gehen und auf Verlangen auf die Fahrbahn treten muss. Es kam soweit, dass viele Warschauer Juden zeitweise (im August und September 1940) auf der Straße gar keinen Hut mehr trugen, um nicht gemaßregelt und verfolgt zu werden, was seinerseits Übergriffe und Verfolgungen hervorrief. Zu Beginn (im Herbst 1939), ehe für Juden besondere Kontingentgeschäfte eingerichtet wurden, vertrieben die Deutschen Juden aus Warteschlangen, in denen alle anstanden, oder zwangen sie dazu, sich ans Ende zu stellen. Auf der Warschauer Post gab es bis zur Einrichtung des Gettos für Juden separate Schlangen. Die Gastronomen- und die Konditorenvereinigung wurden dazu gezwungen, Aufschriften „Juden Eintritt verboten" oder „Nicht für Juden"[51] anzubringen. In Zügen und Straßenbahnen wurden eigene Waggons oder Abteile für Juden eingerichtet, gewisse Straßenbahnlinien (in Warschau die Nr. 9) waren für Juden gesperrt. Aber selbst in den für sie bestimmten Abteilen waren die Juden nicht vor Verfolgungen sicher: Wenn Platzmangel herrschte, warfen Soldaten oder [deutsche] Polizisten die Juden skrupellos hinaus (das galt übrigens auch für die polnische Bevölkerung). Seit dem 1.1.40 galt für Juden ein von Gouverneur Frank erlassenes allgemeines Bahnreiseverbot;[52] in Ausnahmefällen konnten sie Genehmigungen für Bahnfahrten erhalten, doch kaum jemand bemühte sich darum, da den Kreisverwaltungen vertrauliche Instruktionen vorlagen, derartige Genehmigungen nicht zu erteilen. Solche Verbote gab es im sog. Neureich nicht. In Krakau wurde Juden sogar die Benutzung von Droschken verboten. In Lodz wurden nach Errichtung des Gettos alle Pferde aus dem jüdischen Wohnbezirk entfernt, von Kraftwagen ganz zu schweigen; es fehlte selbst für den Warenverkehr an Zugkraft.
Unerhört schikanös waren die Diskriminierungen der jüdischen Bevölkerung bei der Lebensmittelversorgung (Kontingentzuteilungen). Auch die polnische Bevölkerung wurde hier stiefmütterlich behandelt (kleine, unzureichende Rationen, unregelmäßige Belieferung und Verteilung, schlechte Qualität, schließlich einige erhebliche Lücken auf der Liste der [angeblich] gelieferten Produkte); die jüdische Bevölkerung wurde noch schlechter

50 Janusz Korczak, Pseudonym von Henryk Goldszmit (1878/79 – 1942), Kinderarzt und Pädagoge; einjähriger Fortbildungsaufenthalt in Berlin, von 1911 an Leiter eines jüdischen Waisenhauses in Warschau; im Ersten Weltkrieg Divisionsarzt in der russ. Armee; Autor zahlreicher Kinderbücher und Schriften über seine pädagogischen Erfahrungen und Ideen; 1934 und 1936 Reisen nach Palästina; er wurde im Aug. 1942 zusammen mit den Kindern seines Waisenhauses nach Treblinka deportiert und dort ermordet.

51 Im Original deutsch.

52 Das Verbot wurde am 26.1.1940 verhängt; siehe Dok. 130 vom 1.7.1940, Anm. 15.

behandelt. Die Ration an Brot – eigentlich der einzige Artikel, der überhaupt einigermaßen [regelmäßig] zugeteilt wurde – war nur halb so groß wie die polnischen Rationen (so betrug z.B. die jüdische Brotration im Herbst 1940 alle zwei Tage 250 Gramm, gegenwärtig ist sie auf 100 g täglich reduziert worden). Bei vielen anderen Lebensmitteln (z.B. Fleisch, Zucker, Nudeln u.ä.), die der polnischen Bevölkerung in sehr geringen Mengen zugeteilt wurden, blieben Juden völlig unberücksichtigt. Jüdische Restaurants erhielten nie Fleischzuteilungen. Die jüdische Bevölkerung musste für die Lebensmittelkarten hohe Verwaltungsgebühren bezahlen (bis zu 2 Zł. pro Person). Die Juden hatten nur wenige über die Stadt verstreute, besondere (jüdische) Geschäfte, was ihnen das Einkaufen erschwerte.
Erheblich diskriminiert wurden die Juden bei der Einhaltung der sog. Polizeistunde. Seit dem Sommer 1940 begann sie z.B. in Warschau in der Regel für die Juden früher als für die Polen. Im Grunde fiel für die Juden die Polizeistunde auf 21 Uhr,[53] für die Polen auf 23 Uhr (und für die Deutschen auf 24 Uhr oder es gab keine Begrenzung). Nach der Einrichtung des Gettos, aber noch vor seiner Abriegelung (im Oktober 1940) durften sich Juden nur bis 19 Uhr außerhalb des Gettos aufhalten. Hinzu kamen weitere Beschränkungen: Zum Jahrestag der Gründung des Generalgouvernements (im Oktober 1940) wurde in Krakau z.B. eine Verordnung erlassen, dass sich die Juden an den Jubiläumstagen (25.–27.10.40) nur zwischen 5 und 9 Uhr morgens (Samstag, 26.10.40) bzw. zwischen 5 und 10 Uhr morgens (Sonntag, 27.10.40) auf der Straße aufhalten durften. Bei Übertretung drohte eine Strafe von bis zu 1000 Zł. oder 3 Monaten Haft.[54]
Eine bezeichnende, für die Juden sehr einschneidende Beschränkung ist das (im Übrigen nicht veröffentlichte) Verbot, sich zum gemeinsamen Gebet zu versammeln, das in der jüdischen Religion vorgesehen ist. Die Gebetshäuser wurden geschlossen, und die Gebete werden konspirativ abgehalten.[55] Die Ritualbäder wurden geschlossen, und es gibt Fälle, in denen Synagogen niedergebrannt (Tschenstochau,[56] Ciechanów u.a.) oder in Elektrizitätswerke (z.B. in Przemyśl), Lagerräume, Garagen usw. umgewandelt wurden. An hohen jüdischen Feiertagen werden Juden zum Arbeitseinsatz aufgegriffen.
V.
Eine besonders schwere und zum gegenwärtigen Zeitpunkt bereits sehr verbreitete Form, die jüdische Bevölkerung zu peinigen, ist die Errichtung gesonderter, in der Regel *geschlossener Wohnbezirke für Juden (sog. Gettos)* in den Städten. Dies ist gewissermaßen der Höhepunkt des Prozesses, die Juden vom gesamtgesellschaftlichen Leben zu isolieren, das jüdische Element zu umzingeln und es in wirtschaftlicher, politischer und sozialer Hinsicht zu unterjochen. Die Perfidie der Besatzungspolitik kommt besonders krass darin zum Ausdruck, dass diese Versklavung der Juden in den öffentlichen Verlautbarungen der Besatzungsorgane als Verwirklichung einer … jüdischen Autonomie bezeichnet wird.[57]
Zum gegenwärtigen Zeitpunkt existieren gesonderte jüdische Wohnbezirke bereits in den meisten Städten des besetzten Gebiets. Das erste Getto entstand in Lodz (Anfang 1940), die nächsten Gettos entstanden in Łowicz, Warschau (November 1940), Krakau (März

53 Siehe Dok. 55 vom 11.12.1939.
54 Siehe auch Dok. 108 vom 17.4.1940.
55 In Warschau gestatteten die Besatzungsbehörden dem Judenrat erst im April 1941, drei Synagogen zu öffnen; Gazeta Żydowska, Nr. 34 vom 29.4.1941.
56 Siehe Dok. 67 vom 26.12.1939.
57 Auslassungszeichen im Original.

1941), Lublin (Ende März 1941), Radom, Kielce, Tschenstochau usw. Oft gingen der Gettoisierung chaotische Wohnungsräumungen und Umsiedlungen von Juden aus einer Straße in eine andere oder aus einem Stadtteil in einen anderen voraus. In Krakau wurde anfänglich (im August 1940) die vollständige Aussiedlung der Juden aus der Stadt angeordnet, verbunden mit einem Niederlassungsverbot für bestimmte Gebiete (u. a. Zakopane und Umgebung); im Rahmen dieser Aktion wurden über 35 000 Personen aus Krakau ausgesiedelt. Später (Anfang März 1941) wurde in Krakau ein geschlossenes Getto eingerichtet. Anfang Dezember 1940 wurden z. B. aus Radom etwa 2000 Juden ausgesiedelt, die vor dem Krieg noch nicht dort gewohnt hatten. Sie wurden in der Provinz verstreut (bei Sandomierz, Busko usw.), ohne dass man ihnen geholfen oder Arbeit gegeben hätte. Neben den gesonderten jüdischen Wohnbezirken in den größeren Städten tauchte die Frage auf, wie die Juden, die in Dörfern und Kleinstädten verstreut lebten, zu isolieren seien: Die deutsche Presse kündigte auf der einen Seite die Errichtung von Barackenlagern „hinter Stacheldraht" in jedem Kreis an und begann im Februar 1941 sogar schon Polen, Ukrainer u. a. für die Wachmannschaften der Lager für die Juden zu werben;[58] auf der anderen Seite wurden Juden massenhaft aus den Kreisgebieten in die bereits bestehenden jüdischen Wohnbezirke in den Städten umgesiedelt (so wurden z. B. in das überfüllte und von Hunger sowie ansteckenden Krankheiten bedrohte Getto in Warschau einige tausend Juden aus Piaseczno, Kałuszyn, Grójec, Mszczonów, Karczew[59] usw. umgesiedelt). Abgesehen von kleinen Bündeln, [die sie mitnehmen durften,] wurde ihr ganzer Besitz geraubt. Ihre Ankunft ließ die Zahl der Arbeitslosen im Warschauer Getto anwachsen.

Die genaue Zahl der Juden, die gegenwärtig (im Dezember 1941) gezwungen sind, in isolierten, abgeriegelten jüdischen Wohnbezirken zu leben, lässt sich schwer schätzen. Allein in Warschau übersteigt diese Zahl 400 000, in Lodz erreicht sie 200 000, in Krakau liegt sie (nach den anfänglichen Aussiedlungen) nicht unter 50 000. Man kann davon ausgehen, dass derzeit etwa 1 500 000 Juden „hinter den Mauern" eingeschlossen sind, etwa 75 % der jüdischen Gesamtbevölkerung im deutschen Besatzungsgebiet. Diese Zahlen sprechen für sich.

Die Organisationsmethoden dieser „Hausgefängnisse" für große Menschenmassen sind in jeder Stadt ähnlich. In Warschau war die zahlenmäßig größte Menschenmasse davon betroffen, und so soll hier Einsperrung der Warschauer Juden in das Getto kurz rekonstruiert werden.

Schon im November 1939 teilten die deutschen Behörden der Warschauer Kultusgemeinde mit, dass die jüdische Bevölkerung die Innenstadt und eine Reihe anderer Stadtteile Warschaus werde räumen müssen, wobei man Geiseln nehmen werde, um die Umsetzung dieser Verordnung zu gewährleisten.[60] Viele Juden, vor allem aus den gebildeten Kreisen, und junge Leute, flohen nach dieser Nachricht aus Warschau (u. a. auf die sowjetische Seite). Aufgrund des Widerstands vonseiten des Militärs und der deutschen Sanitätsbehörden wurde der Plan damals aufgegeben, und erst ein Jahr später, im Herbst 1940, umgesetzt. Das ganze Jahr hindurch lebte die jüdische Bevölkerung von Warschau

58 Siehe Dok. 250 vom 6. 3. 1941.

59 Kleinstädte in der Umgebung Warschaus, aus denen die jüdische Bevölkerung 1941 vertrieben wurde.

60 Siehe Czerniaków, Im Warschauer Ghetto (wie Dok. 39, Anm. 1), S. 13f.

unter der Androhung des Gettos. Zu Beginn des Frühjahrs 1940 begannen die Deutschen, das sog. Seuchensperrgebiet[61] abzustecken, das in seinen Grundzügen dem späteren Getto entsprach, und grenzten den Bereich mit Mauern und Warnschildern ab. Im Juli 1940 erließen sie eine Verordnung, dass sich bei Wohnungswechseln Juden nicht außerhalb dieses „Seuchensperrgebiets" und die arische Bevölkerung nicht innerhalb seiner Grenzen ansiedeln durften. Bei Wohnungsausweisungen (z. B. aus modernen Häusern, aus Häusern in bestimmten Straßen usw.) – und diese waren an der Tagesordnung – durften die Juden nur noch in das Gebiet hinter den sog. Mäuerchen[62] ziehen (die, nebenbei gesagt, auf Kosten der jüdischen Gemeinde errichtet worden waren und auf deren Kosten ständig umgebaut werden usw.). In der Regel verloren sie ihr ganzes Hab und Gut, da sie fast nichts aus den Wohnungen mitnehmen durften.
Die jüdische Bevölkerung „reifte" somit für das Getto heran. Wer konnte, versteckte Möbel, brachte die Vorräte weg, mietete oder sicherte sich zumindest eine Wohnung im künftigen Getto. Am 12. Oktober 1940 wurde die definitive Verordnung über die Bildung eines gesonderten jüdischen Wohnbezirks erlassen. Die Umzugsfrist wurde anfangs auf 13 Tage festgelegt, später, unter dem Druck der gegebenen Umstände, um weitere zwei Wochen verlängert.[63] Diese Verordnung löste eine riesige, einzigartige Verschiebung von Menschenmassen aus: Etwa 100 000 Juden und 90 000 Polen bzw. Arier waren zum Umzug gezwungen.[64] In über 50 000 Wohnungen wechselten die Mieter, in einigen zwei oder drei Mal. Der Wohnungshandel, die Spekulation mit Transportmitteln, die Jagd nach Lebensmittel- und Brennstoffvorräten, die der Furcht entsprang, das Getto könne abgeriegelt werden, schließlich die Auflösung diverser Kredit- und Handelsbeziehungen usw., das Losschlagen von beweglichem Besitz – all dies nahm enorme Ausmaße an. Zudem wurden die Grenzen des Gettos – obwohl es ein Jahr lang vorbereitet worden war – noch während der Umzugsphase drei Mal geändert, was neuerliche Umsiedlungen, Kosten und Durcheinander bedeutete. Aufgrund einer dieser Änderungen wurde fast ein Drittel des ursprünglich vorgesehenen Gebiets vom Getto abgetrennt. Alle Verwaltungsapparate versagten: Die Wohnungsvermittlung, die Regulierung der Transportkosten – das gab es alles nur auf dem Papier. Die Reicheren, Findigeren, Rücksichtsloseren gewannen, die Armen ruinierten sich zum Teil vollständig, wurden obdachlos oder ließen sich in Kellern, Treppenhäusern, Küchen, auf Dachböden usw. nieder. Allein die Kosten dieser Umsiedlung können (von anderen Verlusten abgesehen) mit ca. 10 000 000 Zł. veranschlagt werden.
Letztlich bekam Warschau ein Getto, das der Zivilisation Hohn spricht. In einen Stadtteil, der durch die Belagerung vom September 1939 stark zerstört war, der weder über moderne Bausubstanz noch über Gärten und Grünanlagen verfügte, wurden fast 400 000 Menschen gepfercht, denen man obendrein die Grundlagen ihrer Erwerbstätigkeit und Existenz entzogen hatte. Von dieser Zahl sind über 200 000 Personen direkte oder indi-

61 Im Original polnisch und deutsch.

62 Das Zwangswohnviertel für Juden war bis Mitte 1940 durch rund 50 einzelne Mauerabschnitte vom übrigen Stadtgebiet abgetrennt.

63 Anordnung des Chefs des Distrikts Warschau, Fischer, über die Bildung eines jüdischen Wohnbezirks in der Stadt Warschau vom 2.10.1940 sowie 2. Anordnung über die Bildung des jüdischen Wohnbezirks vom 31.10.1940, Amtsblatt des Gouverneurs des Distrikts Warschau, Nr. 10 vom 11.11.1940, S. 145 – 148; siehe auch Dok. 180 vom 16.10.1940, Anm. 6 und 7.

64 Tatsächlich zogen 30 000 Polen zwangsweise um.

rekte Opfer des Kriegs. Es handelt sich um Umsiedler aus anderen Ortschaften (über 100 000 Personen), Brandgeschädigte und Beraubte, um Menschen, die ihre Arbeit verloren haben usw. Mehr als 250 000 Personen kommen ohne jegliches Kapital oder Mittel für ihren Lebensunterhalt im Getto an und fallen der Sozialfürsorge zur Last. Die – schon vor der Errichtung des Gettos erhebliche – Wohndichte liegt derzeit bei durchschnittlich 5 – 6 Personen pro Raum. Bei den weniger wohlhabenden Gesellschaftsschichten wohnen jeweils mehr als zehn Menschen in einem Raum, darunter einander fremde Familien, Kinder neben Greisen, Gesunde neben Kranken. Im Getto herrschen entsetzliche hygienische Bedingungen: Aus dem Warschauer Getto wurde monatelang der Müll nicht herausgebracht, Krankenhäuser gibt es nicht, oder sie sind nur provisorisch eingerichtet, die Medikamentenversorgung ist begrenzt. Genaue Daten über die Sterblichkeit im Getto sind nicht bekannt, doch besteht kein Zweifel, dass sie erheblich sein dürfte (Krankheiten, Hunger). Man hört außerdem von Fällen von Selbstmord aufgrund moralischer Erschütterungen und vollständiger Mittellosigkeit. Die Dürre vor der Ernte im Jahr 1941 führte zu weiteren Engpässen bei der Lebensmittelversorgung und hatte dramatische Folgen. So wurden z. B. im April 1941 auf dem jüdischen Friedhof 2060 Personen bestattet, darunter 1998 kostenlos (Besitzlose aus Armenhäusern, auf der Straße Gestorbene usw.). Im Mai starben über 3800 Personen, im Juni 4300, im Herbst mehr als 5000 Menschen monatlich, was die enorm hohe Sterberate von 15 % im Jahr ergibt. In einigen Häusern, z. B. in der Lubecki-Straße 12, sind ganze Familien gestorben. In der Krochmalna-Straße 3 ist innerhalb von drei Monaten ein Drittel der Bewohner gestorben. Es gibt keine Möglichkeit, das Getto zu verlassen: Selbst Arier erhalten nur mit großer Mühe und nur in Ausnahmefällen Passierscheine, um das Getto zu betreten. Von den Juden bekommen nur Angestellte der Kultusgemeinde und Mitglieder der jüdischen Miliz (Ordnungsdienst) sowie sporadisch einige andere Personen Passierscheine. In letzter Zeit gehen Gerüchte um, dass die Post für das Getto in der Transferstelle eigens zensiert werden soll. Diese Transferstelle wird zur einzigen legalen Verbindung im Verkehr mit dem abgeriegelten jüdischen Wohnbezirk. Illegale Kommunikation gedeiht allenthalben, ist aber sehr riskant, weil an den Gettogrenzen ständig Polizei patrouilliert: die deutsche (Ordnungspolizei[65] – brutal und rücksichtslos), die polnische Polizei (ratlos) und die jüdische (ängstlich und übereifrig). Diese Polizeiverbände sind käuflich, demoralisiert und bei der gesamten Bevölkerung verhasst.

Wirtschaftlich ist das Getto tot. Die vorhandenen Waren- und Rohstoffvorräte wurden entweder beschlagnahmt und fortgebracht oder werden illegal gehandelt, was immer schwerer aufzudecken ist. Neue Rohstoffe und Heizmaterial werden legal nicht hineingelassen. Der Absatzmarkt (z. B. der ländliche Raum und andere Städte) ist nur für die deutschen Kontroll- und Verwaltungseinrichtungen (die sog. Transferstellen) zugänglich, ist de facto also nicht von Bedeutung. Die verordnete Preisregulierung erstickt jede Handelsinitiative im Keim. Zudem behalten Beamte der Transferstelle aus dem Getto ausgeführte Waren ganz einfach ein: Sie kaufen z. B. die mit Transitzügen beförderten Waren (zu minimalen Preisen) auf und verkaufen sie mit gewaltigem Gewinn weiter. Maschinen und Werkzeuge werden nicht repariert, ein großer Teil wurde [ohnehin] beschlagnahmt. Die Kreditwirtschaft ist zum Erliegen gekommen, denn sie wurde mit einer Reihe von Restriktionen belegt, der Bankverkehr wurde komplett ausgesetzt. Die Transferstelle wird

65 Im Original deutsch.

völlig von Reichsdeutschen beherrscht (Parteimitgliedern, SA-Männern), die nach der Maxime vorgehen, dass das Getto für alles bezahlen muss, aber keine Forderungen eintreiben darf. Neben der Industrie, die – soweit sie sich in jüdischer Hand befand – gänzlich liquidiert wurde, und dem Handel haben auch Handwerk und Heimarbeit sehr gelitten. Die jüdischen Schuhmacher bekommen z. B. kein Leder, die treuhänderischen Verwalter jüdischer Häuser beschäftigen keine jüdischen Klempner, Ofensetzer, Tischler etc. Jüdischen Statistiken zufolge wurden im Zuge der Gettoeinrichtung über 50 % der jüdischen Unternehmen ruiniert, und die Zahl der Beschäftigten ist allgemein auf ca. 10 % des Vorkriegsniveaus zurückgegangen. Die Situation verschlechtert sich immer weiter: Allgemeine Schwierigkeiten, die daraus resultieren, dass Krieg geführt wird, wirken sich im Getto stärker aus (Kohlemangel, Transportprobleme, keine Bankkredite, Folgen der wirtschaftlichen Reglementierung usw.). Wohlhabendere Juden machen ihre Reserven flüssig, teilweise durch „Schmuggel" auf die arische Seite, doch eine echte Wirtschaftstätigkeit gibt es nicht. Im Getto sind einige neue Cafés und kleine Varietétheater entstanden. Zwar wurden einige aus arischen Stadtteilen transferierte Handelsfirmen wiederbelebt, doch die Angst vor Beschlagnahmungen und Wirtschaftsterror lähmt jede umfassender angelegte Tätigkeit. Es gibt Bemühungen, eine jüdische Bank zu eröffnen, Handwerker schließen sich zu Genossenschaften zusammen, hauptsächlich, um Lebensmittel zu erwerben. Die jüdische Gemeinde hat eine Kommission eingerichtet, die sich um die Verteilung von Aufträgen und um die Verhandlungen bei größeren Liefermengen kümmert.

Hauptsorge der Juden im Getto ist die Lebensmittelversorgung. Die Kontingentartikel (auf Karten) decken – vor allem im derzeit gelieferten Umfang – nicht einmal ein Viertel des allernotwendigsten Minimums an Kalorien ab, die der menschliche Organismus benötigt. Es handelt sich schließlich de facto um 100 Gramm miserables Brot am Tag, und selbst diese Brotmengen wurden zu gewissen Zeiten nicht ins Getto geliefert (Auseinandersetzungen um Passierscheine für die Fuhrleute!).[66] Der Nährwert der erlaubten Lebensmittelversorgung im Getto betrug z. B. Mitte 1941 ca. 400 Kalorien pro Kopf und Tag, d. h. ca. 10 – 15 % des eigentlichen Tagesbedarfs. Der Rest, vor allem Fett, Fleisch, Zucker, Kartoffeln, Kohle, Milchprodukte und Gemüse, muss auf dem freien Markt erworben werden. So gelangten z. B. Fette zu 100 % durch Schmuggel ins Getto. Der freie Markt ist heute ein illegaler Warenverkehr, und das Getto steht dabei vor einer doppelten Schwierigkeit: die Waren einerseits nach Warschau zu bringen und andererseits in das Getto einzuführen. Die Besatzungsbehörden machen keine Anstalten, dieses Problem zu lösen: Über die Frage der Kontingentartikel hinaus existiert für sie mit Blick auf die Lebensmittelversorgung der Menschen im Getto und auch der übrigen Bevölkerung in den Städten (mit Ausnahme der Volksdeutschen) kein Problem. Die Deutschen wissen allerdings, dass das Getto mit Schmuggelware versorgt wird. Viele Deutsche verdienen hervorragend daran, wobei es sowohl um enorme Schmiergelder geht als auch um gewaltige Mengen, die auf deutschen Kraftwagen und durch deutsche Lieferanten bewegt werden. Einige Lebensmittel (hauptsächlich Gemüse) gelangen mehr oder weniger legal ins Getto, der Rest kommt nur durch Schmuggel hinein, der in Polen zu einer Art Schwarzhandel geworden ist. Die deutsche Polizei verfolgt diesen Handel: An den Gettogrenzen spielen sich erschütternde Szenen ab, junge Schmuggler, in der Regel Christen, werden geschlagen, es kommt

66 Siehe Dok. 213 vom 29.12.1940.

zu Verfolgungsjagden mit Schusswechseln usw. Schon in den ersten Wochen nach der Abriegelung des Warschauer Gettos wurden – jüdischen Quellen zufolge – rund 30 Lebensmittelschmuggler getötet, die meisten davon Polen. Die Preise im jüdischen Wohnbezirk steigen und schwanken. Eine Tonne Kohlen kostete z.B. bis zu 1000 – 1500 Zł., ein Kilogramm Brot bis zu 25 Zł., was in Einzelfällen einen Preisunterschied von 25 – 30 % zu Ungunsten des Gettos bedeutete. Die polnische Bevölkerung verwünscht die Schmuggler und beschuldigt das Getto des übergroßen Lebensmittelbedarfs. Angesichts dieser Lage versucht die Jüdische Gemeinde, den zentralen Lebensmitteleinkauf und die Versorgung der Bevölkerung aus Suppenküchen (für jeweils ein Haus bzw. einen Häuserblock) selbst in die Hand zu nehmen. Diese Aktion ist weit gediehen und hat bei der armen Bevölkerung des Gettos Anerkennung gefunden, wurde aber lahmgelegt, weil die Deutschen es ablehnten, Lebensmittel für die Volksküchen zu liefern. Die Gemeinde wirbt dafür, Schrebergärten anzulegen, Ziegen und Kaninchen zu halten, Gemeinschaftsküchen einzurichten usw. Diese Fakten vermitteln ein Bild von der grauenhaften Lebensmittelsituation im Getto. Ein Beleg sind die Hungertoten im August 1941, über 1500 Fälle. Lediglich die über Besitz verfügenden Kreise im Getto erreichen Ende 1941 ein zufriedenstellendes Ernährungsniveau.

VI.

Eine der unerträglichsten Unterdrückungsmethoden der Besatzungsmacht gegenüber den Juden ist die Einführung und Organisierung des sog. Arbeitszwangs.

Seit den ersten Tagen des deutschen Einmarsches in Polen müssen Juden für Armee und Zivilverwaltung Arbeiten verrichten, die gar nicht oder miserabel bezahlt werden. Die Städte wurden systematisch durchsucht und Menschen ohne Rücksicht auf ihr Alter, ihren Beruf, ihre Beschäftigung, ihren Gesundheitszustand usw. auf der Straße aufgegriffen. Da diese Arbeit nicht bezahlt werden musste, war die Versuchung für die Firmen groß, [Zwangsarbeiter] anzufordern, zumal niemand sich wirkungsvoll wehren oder Einspruch erheben konnte. Gegenüber Beschwerden waren die deutschen Ämter bzw. Behörden taub und unempfänglich. Die jüdischen Arbeitskräfte wurde sehr vielfältig eingesetzt: [Das reichte] von Straßenarbeiten, der Reparatur von Bahngleisen, der Beseitigung von Trümmern oder Schnee auf den Straßen bis hin zum Tragen privater Koffer oder Möbel aus geplünderten jüdischen Wohnungen.

Neben der wilden „Mobilisierung" von Arbeitskräften von der Straße weg ging man rasch zu einer planmäßigeren Ausnutzung des jüdischen Arbeitskräftereservoirs über. Die deutschen Behörden und Ämter forderten von den Jüdischen Gemeinden täglich (oder für andere Zeiträume berechnete) Arbeiterkontingente an, in Warschau z.B. rund 12 000 Personen am Tag; es handelte sich also um ein sehr beträchtliches Niveau. Bezeichnenderweise sank die Bedarfszahl, nachdem die Arbeitsämter (im Einvernehmen mit der Jüdischen Gemeinde) im September 1940 eine Entlohnung für die jüdischen Arbeitskräfte eingeführt hatten, auf 500 – 600 Personen am Tag. Stattdessen tauchte eine neue Form der Arbeitskräftebeschaffung auf: Die Gestapo verhaftete Juden auf der Straße oder in Gebäuden zum Schein, um sie, nachdem sie (natürlich gratis) hatten arbeiten müssen, wieder nach Hause zu entlassen. Gegen Ende 1940 hörte auch dies auf, vor allem in Krakau.

Gleichzeitig wurde, gestützt auf eine Verordnung von Gouverneur Frank vom 20.11.39,[67]

67 Richtig: 26.10.1939; siehe Dok. 27 vom 26.10.1939.

der sog. *Arbeitszwang*[68] systematisiert. Juden im Alter zwischen 14 und 60 Jahren wurden zu mindestens zwei Jahren Sonderarbeitslager verpflichtet, um die Judenheit an körperliche Arbeit zu gewöhnen. Dieses erzieherische Ziel sollte unter der Leitung von SS und Polizei erreicht werden. Im Dezember 1939 wurden [dahingehende] Ausführungsbestimmungen zu dem Gesetz erlassen, die männliche jüdische Bevölkerung (bei den Kultusgemeinden) zu registrieren und es Juden zu untersagen, ohne Erlaubnis der deutschen Behörden umzuziehen.[69] Es kam zu einer Panik, eine massenhafte Auswanderung in die sowjetische Besatzungszone setzte ein. Doch vorerst wurden, mit Ausnahme von sog. Arbeitsbataillonen, die das Menschenmaterial für Arbeiten vor Ort stellten (z.B. bei Straßenarbeiten, Baumaßnahmen der Armee usw.), keine Arbeitslager errichtet. Erst im späten Frühjahr und im Sommer 1940 begann man in einigen Orten (Warschau, Łowicz, Międzyrzec, Lublin u.a.), Juden zur Arbeit außerhalb der Städte, meist im Lubliner Land, einzuberufen. Es handelte sich teils um landwirtschaftliche Arbeiten, teils um spezielle Bauvorhaben (Wege, Militärbauten, Flussregulierungen usw.). Über das Ausmaß dieser Einberufungen ist nicht viel bekannt, sie scheinen nicht sehr bedeutend gewesen zu sein, das Ganze war offenbar eher ein Versuch. Aus Warschau wurden ca. 4000 Personen eingezogen (bei einem Registrierungsergebnis von über 115000 Personen). Die Jüdischen Gemeinden bestimmten die Arbeitspflichtigen, und es gelang ihnen, die Situation etwas zu entschärfen, indem sie z.B. die Ernährer ganzer Familien, Kranke oder qualifizierte Handwerker zurückhielten. Es gab auch Freikäufe, vor allem seitens wohlhabender Juden. In einigen Ortschaften verlief die Rekrutierung vollkommen chaotisch (in Otwock wurde z.B. auf Fliehende geschossen), doch auch hier handelte es sich nicht um große Kontingente.

Unterbringung, Ernährung und die Arbeit selbst wurden als sehr schlecht bewertet. Die Einberufenen hatten selbst für ihre Ausrüstung zu sorgen (Kleidung, Decken, bestimmte Werkzeuge), zum Teil übernahmen dies die jüdischen Gemeinden, die Spenden unter der Bevölkerung sammelten. Die Einquartierung erfolgte in Scheunen, heruntergekommenen Häusern und verlassenen Fabrikgebäuden. Hier herrschten Schmutz und Verlausung, es gab keine Bäder; Ruhr und andere Krankheiten griffen um sich. Die Ernährung war knapp bemessen und von schlechter Qualität. Die Jüdischen Gemeinden organisierten Lebensmittelhilfen bzw. übernahmen es gänzlich, diese Pseudolager mit Nahrungsmitteln zu versorgen. Krankheiten breiteten sich aus, die Zahl der Entlassenen und für untauglich Befundenen war hoch. Zu Desertionen kam es – angesichts strenger Strafen – selten. Die Juden betrachten diese Lager als eine Abart von Auschwitz oder Mauthausen – natürlich zu Unrecht.

Bis jetzt ist diese ganze Lageraktion nicht sehr groß; ob sie erweitert wird, ist schwer abzusehen. Im Frühjahr 1941 begann sie etwas größere Ausmaße anzunehmen. Die deutsche Presse meldete, dass allein im Distrikt Warschau 25000 Juden in Zwangsarbeitslagern zusammengeführt werden sollten, um bei landwirtschaftlichen und Meliorationsarbeiten,[70] beim Straßenbau und bei groß angelegten Regulierungsarbeiten an der Weichsel eingesetzt zu werden. Dies wäre ein Hinweis darauf, dass Zwangsarbeit in größerem Umfang stattfinden soll. In jüdischen Kreisen wurden Gerüchte kolportiert, dass die Heran-

68 Im Original deutsch.
69 Siehe Dok. 55 vom 11.12.1939.
70 Siehe Dok. 263 vom 3.4.1941.

ziehung von Juden zu öffentlichen Arbeiten 1941 im Generalgouvernement stark ausgeweitet werden solle, während alle polnischen Arbeitskräfte zur Arbeit ins Reich gebracht würden. Gleichzeitig wurden einige Arbeitslager (z.B. in Józefów bei Lublin) aufgelöst. Theoretisch könnten ca. 500 000 Personen jüdischer Nationalität vom Arbeitszwang erfasst werden; dies übersteigt jedoch die Kräfte wie den Bedarf der deutschen Verwaltung. Darum scheint die Aktion relativ beschränkt zu sein. Juden sind somit von der Arbeit im Reich befreit, Schmiergeldzahlungen werden möglich, manche Brutalitäten abgemildert (indem z.B. die Haupternährer von Familien [ausgenommen] werden). Es ist klar, dass die sog. erzieherische Bedeutung der gesamten Aktion, die in den Verlautbarungen der Besatzer so nachdrücklich verkündet wurde, haltlos ist. Vor allem arme Menschen, Tagelöhner, das jüdische Lumpenproletariat, [jene also,] denen körperliche, oft auch schwere und schlecht bezahlte Arbeit, nie fremd war, werden zur Arbeit herangezogen – bzw. arbeiten tatsächlich. Angehörige wohlhabenderer Schichten, die Jugend der jüdischen Plutokratie usw. verstehen es im Allgemeinen freizukommen, in der Regel dadurch, dass sie Schmiergelder zahlen oder einen Vertreter stellen. Auf das Nichterscheinen stehen zwar strenge Strafen (bis zu 10 Jahre Gefängnis), doch gilt diese Strafandrohung teilweise nur auf dem Papier. Die Organisation und die Praxis der Zwangsarbeit tragen alle Merkmale von Quälerei und Verfolgung, zu Schulungs- und erzieherischen Zwecken taugen sie hingegen nicht. Es ist typisch für das Vorgehen der Besatzungsbehörden, dass es außer einer Idee bzw. einem Anfangsimpuls keine Konsequenz bei der Umsetzung gibt, keinen Plan und keine klaren Ziele.

VII.

Das kulturelle und intellektuelle Leben jüdischer Kreise wird (ähnlich wie das der polnischen) vom Besatzungsterror zerstört. Destruktion und Negation sind hier die Leitlinien der Besatzungspolitik.

Das jüdische Schulwesen, inklusive der Volksschulen, wurde bereits in den allerersten Monaten vollständig beseitigt. Als die polnischen Schulen (Volks- und Berufsschulen) [wieder] geöffnet wurden, waren jüdische Kinder nicht zugelassen. Auch die Lehrer jüdischer Abstammung wurden entlassen.[71] Die Rabbinerschulen wurden geschlossen. Im September 1940 verpflichteten die Deutschen die Kultusgemeinden, ein jüdisches Volks- und Berufsschulwesen einzurichten, was gewisse Ergebnisse zeitigte: In Warschau gab es einige berufsbildende Kurse (für Schlosser bzw. Mechaniker, Fotografen, Elektrotechniker, Buchbinder, für Mädchen: Schneidern, Wirken, Herstellung dekorativer Stoffblumen für Kleidungsstücke u.Ä.). Die Volksschulen funktionierten nur teilweise (es fehlte an Räumen und Schulbüchern), da die deutschen Behörden die Erlaubnis mit der Begründung, es bestehe Seuchengefahr, mittlerweile wieder zurückgezogen hatten. Erst im April 1941 genehmigten sie die Eröffnung von Volksschulen für ca. 5000 jüdische Kinder (mit Hebräisch als Unterrichtssprache).

Ein jüdisches Theater gibt es nicht, Schauspieler jüdischer Abstammung dürfen nicht mehr vor arischem Publikum auftreten; in den Kaffeehäusern und Bars der jüdischen Wohnbezirke von Warschau, Lodz, Krakau usw. debütieren Künstler der leichten Muse. Polnische Künstler dürfen keine jüdischen Werke interpretieren (Musik, Dichtung, dramatische Werke).

Die einzige jüdische Publikation war die von der Abteilung für Volksaufklärung und

71 Siehe Dok. 56 vom 11.12.1939.

Propaganda[72] kontrollierte, in Warschau (in polnischer Sprache) herausgegebene „Gazeta Żydowska".[73] Dieses Blatt (das übrigens im Allgemeinen besser redigiert ist als der Nowy Kurier Warszawski für die Polen) hatte ein schlechtes Renommee und konnte sich weder Vertrauen noch Anerkennung erwerben. Darüber hinaus wird für Juden nichts gedruckt. Jüdische Bücher und Bücher jüdischer Autoren (auch wenn sie auf Polnisch geschrieben oder übersetzt sind) wurden ohne Rücksicht auf ihren Inhalt und ihre geistige Richtung verboten: In Buchhandlungen und Leihbüchereien wurden diese Werke aus den Katalogen gestrichen und entweder entfernt oder an Ort und Stelle zerstört. Die große judaistische Bibliothek in Warschau wurde beschlagnahmt und abtransportiert; dort wurden auch [die Bestände] des reich ausgestatteten Berson-Museums[74] geplündert und abtransportiert (alte Werke der jüdischen Kultur, antike Gegenstände und Manuskripte).

Das gesellschaftliche Leben der Juden ist zerschlagen und lahmgelegt. Alle politischen Organisationen wie z.B. der Verband der jüdischen Kriegsteilnehmer,[75] der Verband der jüdischen Unabhängigkeitskämpfer,[76] die Organisation der jüdischen Studentenschaft, die politischen Parteien, zionistischen Organisationen usw. sind aufgelöst worden bzw. vegetieren im Untergrund dahin. Wirtschaftliche Zusammenschlüsse haben Treuhänder[77] erhalten. Es gibt lediglich einige wenige Wohltätigkeits- und Wohlfahrtsorganisationen, doch stößt auch diese Arbeit auf große und wachsende Schwierigkeiten.

Die jüdische Intelligenz teilt das tragische Schicksal der polnischen, jedoch mit dem wesentlichen Unterschied, dass blutige Opfer unter den Juden eher die Ausnahme sind. Jüdische Anwälte, Ingenieure, selbst Ärzte sind entlassen und ihrer Ämter enthoben worden, doch eine Katastrophe, wie sie der polnische Anwaltsstand erlebte, haben die jüdischen Anwälte nicht einmal ansatzweise erlebt. Ein Jude darf kein öffentliches Amt ausüben. Dass Juden in Aufsichtsräten und Vorständen von Industriebetrieben, Banken u.Ä. sitzen, ist derzeit undenkbar: Sie wurden schon Anfang 1940 ausgeschlossen. Nach Einrichtung des Gettos wurde die große Gruppe der jüdischen Intelligenz, die nicht nur dem mosaischen Glauben, sondern auch der jüdischen Kultur entfremdet war, im Gettomilieu eingepfercht, unter moralisch sehr leidvollen Existenzbedingungen: Sie findet hier kein Betätigungsfeld und stößt zudem allenthalben auf Misstrauen und Ablehnung. In der jüdischen Intelligenz, die als solche nicht über eine allzu große geistige Widerstandskraft verfügt, gärt es. Sie durchlebt tiefgreifende moralische und ideologische Wandlungsprozesse: Verbitterung, politische Erregung und Ablehnung der Polen und des Polentums breiten sich aus, oft sehnt man sich nach dem Kommunismus.

Untergrundtätigkeit, die stets von der Arbeit der Intelligenz ausgeht, war und ist in den jüdischen Kreisen schwach ausgeprägt. Die jüdischen Aktivisten fürchten Provokation und Denunziation und erklären, die Gestapo unterhalte unter den Juden ein sehr dichtes Netz von Informanten. Die jüdische Jugend stürzte sich nach der Errichtung des Gettos

72 Der Abteilungsname im Original deutsch.

73 Tatsächlich erschien die Gazeta Żydowska in Krakau.

74 Das mit Judaica-Sammlungen von Mathias Berson bestückte Muzeum im. Bersonów wurde 1905 gegründet und bestand bis 1939. Die Bestände lagerten bei Kriegsende in Niederschlesien und gelangten von dort in Museen in Israel, den USA und anderswo.

75 Poln.: Związek Kombatantów Żydów.

76 Poln.: Związek Żydów Niepodległościowców.

77 Im Original deutsch.

auf den Ordnungsdienst,[78] tobt sich derzeit in ihrer scheinbaren Macht aus und arbeitet eifrig mit der deutschen Polizei zusammen. Die jüdische Bevölkerung insgesamt verhält sich ihrer eigenen Miliz gegenüber sehr ablehnend; ihr werden insbesondere Korruption, Egoismus und ein Mangel an nationaler Gesinnung vorgeworfen.
Charakteristisch für das jüdische Kulturleben – und mit der Existenz des Gettos eng verbunden – sind der wachsende Einfluss des Rabbinats, das mit den Gemeinden eng zusammenarbeitet, sowie die Ausbreitung der jiddischen Sprache im Getto. Die Jüdische Gemeinde in Warschau hat ihre Angestellten zu einem Jiddischkurs verpflichtet; auch von Anwärtern des Ordnungsdienstes wird die Kenntnis dieser Pseudo-Sprache verlangt. Es besteht die Neigung, das Jiddische im Getto sowie auf Schildern als interne Amtssprache einzuführen. Man hat vorgeschlagen, für das ganze Generalgouvernement eine Institution ins Leben zu rufen, die unter Beteiligung jüdischer Gelehrter und mit Zustimmung der Besatzer das Hebräische propagieren und jüdische Fragen erforschen soll. Die Rabbiner bekommen weitreichende Rechte zur Kontrolle des familiären und häuslichen Lebens. Sie werden dabei von der Gemeinde unterstützt, die die vorherrschenden Stimmungen unter ihre Kontrolle bringen und die Kritik ersticken will, die weithin an ihr geübt wird. Die Gemeinde, reiche jüdische Kreise und das Rabbinat sind die drei Säulen der jüdischen Autonomie. Sie arbeiten eng und bewusst zusammen. Es ist ein Block, der sich der proletarischen Masse sowie der Enklave der christlichen Juden, die ins Getto geraten sind, entgegenstellt. Das Schicksal dieser Letzteren ist sehr traurig: Die Gemeinde erkennt sie nicht an und schürt die Stimmung der Massen gegen die Assimilierten; die Abriegelung des Gettos und der rigoros angewendete „Arierparagraph" machen ihnen die Rückkehr in das polnische Umfeld unmöglich. Sie leben also gewissermaßen am Rande des Geschehens, ihnen droht die völlige Abschottung von Arbeitsmarkt und Sozialeinkommen. Resignation und Verbitterung greifen um sich und werden noch durch die zahlreichen Tragödien in diesen Kreisen verstärkt, wenn Mischehen durch den Zwangsumzug ins Getto auseinandergerissen wurden. Die deutschen Behörden haben schon vor der Gettoisierung der Juden (bisweilen sehr hartnäckig) auf Trennung bzw. Scheidung von Mischehen hingewirkt, z.B. bei polnischen Staatsbediensteten, die mit Jüdinnen verheiratet sind. Aus Warschau sind zahlreiche Fälle bekannt, dass Partner aus Mischehen sich freiwillig getrennt haben und Ehegatten semitischer Herkunft versteckt werden, um Verfolgungen oder Demütigungen zu entgehen. Betroffen ist vor allem die Gruppe der Intellektuellen, die solche schmerzlichen Erfahrungen machen muss.
Auf der anderen Seite sind zahlreiche Personen jüdischer Herkunft gewissermaßen in den Untergrund gegangen: Sie sind nicht in das Getto übergesiedelt, verstecken sich in der Provinz, tarnen sich mit polnischen Namen usw. Gelegentlich fallen sie Intrigen und Erpressungen zum Opfer, sie kaufen sich durch Geldzahlungen an Polizeispitzel los und leben in einem Zustand ständiger nervlicher Anspannung. [...][79]

78 Der Jüdische Ordnungsdienst im Warschauer Getto verfügte über maximal 2000 Angehörige.
79 Es folgt hier der abschließende Abschnitt VIII: Die Verhältnisse in Ostpolen.

# Glossar

Akcja Katolicka

Die Katholische Aktion war eine in den 1930er-Jahren vom Erzbistum Krakau ausgehende missionarische Bewegung katholischer Laien.

„Aktion Reinhardt“

Tarnname für die Deportation und Ermordung von mehr als zwei Millionen Juden aus dem Generalgouvernement und dem Bezirk Białystok in den Vernichtungslagern Bełżec, Sobibór und Treblinka in der Zeit vom Frühjahr 1942 bis zum Sommer/Herbst 1943. Der Name sollte an Reinhardt Heydrich erinnern, der am 27.4.1942 einem Attentat zur Opfer fiel.

Alija (hebr.):

Aufstieg; jüdische Einwanderung nach Palästina. Die Jugendalija wurde als Abteilung der Jewish Agency 1933 gegründet, um jüdische Kinder und Jugendliche aus Deutschland zu retten. Nach dem Zweiten Weltkrieg betreute sie Kinder, die überlebt hatten.

Beth-Hamidrasch (hebr.)

Haus des Lernens. Lehr- und Studienhaus, das dem Gebet und dem Studium der Tora und des Talmud dient.

Bricha (hebr.)

Flucht. Untergrund- und Rettungsorganisation, die von 1944 bis unmittelbar vor Gründung des Staates Israel Juden aus Ostmitteleuropa Flucht und die illegale Einreise nach Palästina ermöglichte.

Bundisten

Mitglieder der 1897 in Wilna gegründeten sozialistischen Partei Allgemeiner Jüdischer Arbeiterbund in Polen, Litauen und Russland, Bund (Algemeyner Yidisher Arbeter Bund in Lite, Poyln un Rusland).

Chaluz, Plur.: Chaluzim (hebr.)

Pionier. Angehöriger der zionistischen Jugendbewegung.

Chanukka

Das jüdische Lichterfest. Es erinnert an die Wiedereinweihung des zweiten jüdischen Tempels in Jerusalem im Jahr 164 v. Chr. nach dem Makkabäeraufstand. Laut der Überlieferung war aufgrund der Eroberung durch die Syrer nur noch ein Krug geweihtes Öl vorzufinden, um das ewige Licht der Menora zu speisen. Durch ein Wunder habe dieses Öl acht Tage gebrannt, bis neues hergestellt wurde.

Dror-Frayhayt

1926 gegründeter zionistischer sozialistischer Jugendbund, der Kinder und Jugendliche aus dem Arbeitermilieu auf die Auswanderung nach Palästina vorbereitete; organisatorisch verbunden mit der Partei Poale Zion (Rechte) und der Mapai in Palästina; von 1931 an Teil der internationalen Hechaluz-Bewegung, wurde Dror-Frayhayt Teil der 1934 gegründeten Weltorganisation Dror; er hatte 1936 in Polen 18 000 Mitglieder. 1939 nach Vereinigung mit Hechaluz Hazair: Dror-Hechaluz Hazair, abgekürzt: Dror.

Erez Israel (hebr.)

Das Land Israel, das die Zionisten im Mandatsgebiet Palästina errichten wollten.

Dort sollte ein jüdischer Staat als Zielland und Zuflucht für die in der Diaspora lebenden, von Verfolgung und Assimilation bedrohten Juden erschaffen werden.

Goralen
: Bewohner der südpolnischen Bergregionen an der Grenze zur Slowakei, die von den deutschen Besatzern als eigene Volksgruppe betrachtet und begünstigt wurden.

Gordonia
: 1923 in Galizien gegründete und nach ihrem Begründer Aaron David Gordon (1856 – 1922) benannte Jugendbewegung, die mit der sozialistisch-zionistischen Partei Hitachduth verbunden war. Ziele der Bewegung waren die Gründung einer jüdischen Heimstätte in Palästina, die Erziehung ihrer Mitglieder nach humanistischen Werten, die Schaffung einer Arbeitergesellschaft und die Belebung der hebräischen Kultur.

Haggada (hebr.)
: Erzählung. Neben der Halacha (hebr. Weg), den Schriften zu den jüdischen Gesetzen, ist die Haggada die zweite Grundlagensammlung in der rabbinischen Tradition. In den Geschichten der Halacha werden Verhaltensweisen im gesellschaftlichen Zusammenleben kategorisiert, in denen der Haggada Bedeutungen und Werte untersucht und hinterfragt. Die bekannteste ist die Pessach-Haggada, in der an den Auszug aus Ägypten erinnert wird.

Haschomer Hazair (hebr.)
: Junge Wächter. Ziele der vor dem Ersten Weltkrieg gegründeten, ältesten jüdischen, sozialistisch-zionistischen Jugendorganisation waren die Auswanderung nach Palästina und die Gründung von Kibbuzim. Die Bewegung war von der Pfadfinder- und Wanderbewegung beeinflusst und propagierte einen kollektiven Lebensstil.

Hechaluz (hebr.)
: Der Pionier. 1917 gegründeter internationaler Zusammenschluss zionistischer Jugendorganisationen, die Chaluzim (Pioniere) auf das Leben in Palästina vorbereitete. Ein deutscher Landesverband bestand seit 1922.

Hitachduth (hebr.)
: Vereinigte Zionistische Arbeiterpartei. Internationaler Zusammenschluss verschiedener zionistischer Arbeiterparteien, der die Schaffung eines jüdischen Arbeitergemeinwesens in Palästina propagierte und die Pionierbewegung unterstützte. Die Bewegung war auf dem Zionistischen Weltkongress vertreten, in den 1920-er Jahren waren einige Mitglieder in nationalen Parlamenten.

Jeschiwa, Plur.: Jeschiwot (hebr.)
: Höhere jüdische theologische Lehranstalt (Talmudschule) zur Ausbildung von Rabbinern und jüdischen Religionsgelehrten.

Joint
: American Jewish Joint Distribution Committee (JDC). US-amerikanische Hilfsorganisation, die Juden in Osteuropa bis zum Beginn des Kriegs zwischen Deutschland und den USA finanziell und materiell unterstützte.

Jom Kippur
: Versöhnungsfest, höchster jüdischer Feiertag. Mit ihm enden die zehn Tage der Reue und Umkehr, die am Neujahrstag, an Rosch Haschana, beginnen.

Mazze
: Ungesäuertes Brot, das anlässlich des jüdischen Passah-Fests verzehrt wird.

Mikwe

Von fließendem Grund- oder Quellwasser gespeistes Tauchbad, das religiösen Juden zur rituellen Reinigung dient.

ORT

Russische Abkürzung für Gesellschaft zur Förderung des Handwerks, der Industrie und Landwirtschaft unter den Juden, gegründet 1880 in Russland. Nach dem Ersten Weltkrieg war sie u.a. in Polen tätig, wo sie 49 berufsbildende Schulen unterhielt, die Versorgung der Werkstätten mit Material und Werkzeug organisierte und landwirtschaftliche Siedlungen betreute. Unter der deutschen Besatzung setzte sie ihre Bemühungen zunächst fort.

Rosch Haschana (hebr.)

Haupt des Jahres. Das jüdische Neujahrsfest findet im September oder Anfang Oktober des gregorianischen Kalenders statt.

Sanacja (poln.)

Gesundung: Schlagwort, unter dem nach Józef Piłsudskis Mai-Umsturz 1926 in Polen ein autoritäres Regime etabliert wurde, das die instabile parlamentarische Parteiendemokratie zu „sanieren" vorgab./ODER: Sanacja (nationale Heilung) bezeichnete die von General Piłsudski an die Macht gebrachte Regierungskoalition zwischen 1926 und 1939.

Seder (hebr.)

Ordnung. Mit dem Sedermahl beginnt das jüdische Pessach-Fest. Er erinnert im Zusammensein im Kreis der Familie und einem gemeinsamen, ritualisierten Festmahl an den Auszug der Juden aus Ägypten.

Simchat-Tora (hebr.)

Tora-Freude. Jüdischer Feiertag, an dem der jährliche Tora-Lesezyklus zu Ende geht und neu beginnt. Mit einer feierlichen Prozession in der Synagoge werden die Liebe zur Tora und die Freude über die jüdische Gesetzgebung gefeiert.

Starost

In der Verwaltung der Republik Polen bezeichnete Starost (starosta) einen Landrat, der der Starostei (Kreisleitung) vorstand und einen Landkreis verwaltete. Im Generalgouvernement wurde die Bezeichnung mitunter auch synonym für Kreis- bzw. Stadthauptmann gebraucht.

Sukkot

Laubhütten-Fest, das fünf Tage nach Jom Kippur beginnt und eine Woche dauert. Es wird anlässlich der Obst- und Weinernte gefeiert, und ein wichtiges Ritual ist dabei das Wohnen in einer eigens errichteten Laubhütte.

Talmud-Tora-Schule

Orthodoxe Gemeindeschule.

TOZ

Polnische Abkürzung für die Gesellschaft für Gesundheitsschutz der jüdischen Bevölkerung. Sie wurde 1921 gegründet und unterhielt Anfang 1939 mehr als 300 medizinische und gesundheitsfördernde Einrichtungen in 50 Orten. Nach Kriegsbeginn half TOZ – unterstützt vom Joint – den Opfern von Hunger und Seuchen, ehe die deutschen Behörden 1942 die Einstellung der Arbeit erzwangen.

Wojt

Begriff der polnischen Kommunalverwaltung (von *wójt*): Vorsteher ländlicher Gemeinden (oft auch als Vögte bezeichnet).

# Abkürzungsverzeichnis

Die Archivkürzel finden sich im Archivverzeichnis.

| | |
|---|---|
| AA | Auswärtiges Amt |
| Abt. | Abteilung |
| a.c. | anno currente, d.h. im laufenden Jahr |
| AJDC/A.J.D.C. | American Jewish Joint Distribution Committee |
| AK/AK./A.K. | Abschnittskommando |
| Anl. | Anlage(n) |
| AOK | Armeeoberkommando |
| Batl. | Bataillon |
| Bd. | Band |
| BdS | Befehlshaber der Sicherheitspolizei und des SD |
| BdV | Bund der Vertriebenen |
| BHE | Bund der Heimatvertriebenen und Entrechteten |
| BuF | Bevölkerungswesen und Fürsorge |
| BŻIH | Biuletyn Żydowskiego Instytutu Historycznego |
| CdS | Chef der Sicherheitspolizei |
| CdZ/C.d.Z. | Chef der Zivilverwaltung |
| CeKaBe | Centrala Kas Bezprocentowych (Zentrale der zinslosen Darlehenskassen) |
| CENTOS | Centralne Towarzystwo Opieki nad Sierotami i Dziećmi Opuszczonymi (Zentralverband der jüdischen Waisen- und Kinderfürsorgevereine) |
| CISzO (auch: Tsysho) | Tsentrale Yidishe Shul Organizatsye (Zentrale Jüdische Schulorganisation) |
| C.K.U. | Centralna Komisja Uchodźców (Zentrale Flüchtlingskommission) |
| cr. | currentis, d.h. des laufenden Jahres |
| DNVP | Deutschnationale Volkspartei |
| DRK | Deutsches Rotes Kreuz |
| d.Js./ds.Js. | dieses Jahres |
| d.M./des Mts./ds.Mts. | des/dieses Monats |
| DVP | Deutsche Volkspartei |
| Eing. | Eingang |
| EWZ | Einwandererzentralstelle |
| FSB | Federalnaja Služba Bezopasnosti Rossijskoj Federacii |
| gefl. | gefällig/geflissentlich |
| geh. | geheim |
| Gestapa | Geheimes Staatspolizeiamt |
| Gestapo | Geheime Staatspolizei |
| GG/G.G. | Generalgouvernement, Generalgouverneur |
| GGP./G.G.P. | Generalgouvernement Polen |
| GmbH | Gesellschaft mit beschränkter Haftung |
| GPU/G.P.U. | Gosudarstvennoe političeskoe upravlenie (Staatliche Politische Verwaltung) |
| gr/Gr. | Groschen (grosze, polnische Währungseinheit unterhalb des Złoty) |
| GV SS | Generalreferent der SS für die Festigung deutschen Volkstums |
| G.Z. | Geschäftszeichen |
| HA | Hauptabteilung |
| HIAS | Hebrew Sheltering and Immigrant Aid Society of America |
| HSSPF | Höherer SS- und Polizeiführer |
| HTO | Haupttreuhandstelle Ost |
| IDO | Institut für Deutsche Ostarbeit |
| IHK | Industrie- und Handelskammer |
| IKOR | Yidishe Kultur Organizatsye (Jüdische Kulturorganisation) |
| IKRK | Internationales Komitee vom Roten Kreuz |
| JDC | American Jewish Joint Distribution Committee |
| JHK | Jüdisches Hilfskomitee |
| Joint | American Jewish Joint Distribution Committee |
| JSS/JSS. | Jüdische Soziale Selbsthilfe |
| JUS | Jüdische Unterstützungsstelle |
| KdS | Kommandeur der Sicherheitspolizei und des SD |
| KGB | Komitet Gosudarstvennoj Bezopasnosti (Komitee für Staatssicherheit) |
| komm./kommissar. | kommissarische/en/er |
| Komp. | Kompanie |
| KP | Kommunistische Partei |
| KZ/K.Z. | Konzentrationslager |
| LFA | Landesfinanzamt |

LG Landgericht
l.J. [des] laufenden Jahres
MdI Ministerium des Innern
MdL Mitglied des Landtags
MF Mikrofilm
Min.Präs. Ministerpräsident
Mk. Mark (Reichsmark)
NKVD Narodnyj komissariat vnutrennych del (Volkskommissariat für Innere Angelegenheiten)
NRO Naczelna Rada Opiekuńcza (Haupthilfsausschuss)
NSDAP Nationalsozialistische Deutsche Arbeiterpartei
NSKK Nationalsozialistisches Kraftfahrzeugkorps
NSV Nationalsozialistische Volkswohlfahrt
OA Oberabschnitt
OB Oberbürgermeister
Oberreg. Oberregierungsrat
Obltn. Oberleutnant
Oflag Offizierslager
OFP Oberfinanzpräsident
OKH/O.K.H. Oberkommando des Heeres
OKW/O.K.W. Oberkommando der Wehrmacht
ONR Obóz Narodowo-Radykalny (Nationalradikales Lager)
ORR Oberregierungsrat
ORT Organizacija Razprostranenija Truda sredi Evreev v Rossii/ Organizacja Rozwoju Twórczości Przemysłowej, Rzemieślniczej i Rolniczej wśród Ludności Żydowskiej (Verein zur Förderung des Handwerks und der Landwirtschaft unter den Juden)
O/S. Oberschlesien
Pf/Pfg. Pfennig
Pol. Batl. Polizeibataillon
pp/pp. und so fort
PP Polnische Polizei
PPS/P.P.S. Polska Partia Socjalistyczna (Polnische Sozialistische Partei)
ProMi Ministerium für Volksaufklärung und Propaganda
RArbM Reichsarbeitsminister, -ministerium
Rderl./Rd.-Erl. Runderlass
Reg.Bez. Regierungsbezirk
Reg.Präs. Regierungspräsident, -präsidium
Reg.Rat Regierungsrat
Relico Committee for the Relief of the War-Stricken Jewish Population
RFSS Reichsführer-SS
RFSSuChDtPol/RFSSuChdDtPol. Reichsführer-SS und Chef der Deutschen Polizei
RG Record Group
RGBl. Reichsgesetzblatt
RGO Rada Główna Opiekuńcza (Polnischer Hauptausschuss)
RKF Reichskommissar für die Festigung deutschen Volkstums
RM/Rmk. Reichsmark
RMdI Reichsminister/-ium des Innern
RMfVuP Reichsministerium für Volksaufklärung und Propaganda
RS Rückseite
RSHA Reichssicherheitshauptamt
RuSHA Rasse- und Siedlungshauptamt der SS
RWM Reichswirtschaftsministerium
SD/SD. Sicherheitsdienst der SS
SdP Sudetendeutsche Partei
Sipo Sicherheitspolizei
SKSS Stołeczny Komitet Samopomocy Społecznej (Hauptstädtisches Komitee für soziale Selbsthilfe)
SS/SS./S.S. Schutzstaffel
SS-Hstuf SS-Hauptsturmführer
SS-Obf. SS-Oberführer
SS-Ostubaf SS-Obersturmbannführer
SSR Sozialistische Sowjetrepublik
Stapo Staatspolizei
St.P.O., StPO Strafprozessordnung
StS Staatssekretär
SZP Służba Zwycięstwu Polski (Dienst am Sieg Polens)
s.Zt. seiner Zeit
TH Technische Hochschule
TOZ/T.O.Z. Towarzystwo Ochrony Zdrowia Ludności Żydowskiej (Gesellschaft für Gesundheitsschutz der jüdischen Bevölkerung)
UdSSR Union der Sozialistischen Sowjetrepubliken
Ul./ul. ulica (Straße)
UWZ Umwandererzentralstelle
u.z./u.zw. und zwar
VB Völkischer Beobachter
VBl. GG/VOBl. GG Verordnungsblatt des Generalgouvernements

| | |
|---|---|
| v.H. | von Hundert |
| v.J. | vergangenen Jahres |
| VO | Verordnung |
| VOBl. | Verordnungsblatt |
| VoMi | Volksdeutsche Mittelstelle |
| WJC | World Jewish Congress |
| WVHA | Wirtschaftsverwaltungs-Hauptamt der SS |
| z.d.A. | zu den Akten |
| ZK | Zentralkomitee |
| ŻKO | Żydowski Komitet Opiekuńczy (Jüdisches Hilfskomitee) |
| ŻKOM | Żydowski Komitet Opiekuńczy Miejski (Jüdisches Stadthilfskomitee) |
| ŻKOP | Żydowski Komitet Opiekuńczy Powiatowy (Jüdisches Kreishilfskomitee) |
| zl/Zl./Zł. | Zloty/Złoty |
| ŻOB | Żydowska Organizacja Bojowa (Jüdische Kampforganisation) |
| ŻTOS | Żydowskie Towarzystwo Opieki Społecznej (Jüdischer Verein für Wohlfahrtspflege) |
| ZUS | Zakład Ubezpieczeń Społecznych (Sozialversicherungsanstalt) |
| ZWZ | Związek Walki Zbrojnej (Bund für den Bewaffneten Kampf) |
| ZWZ-AK | Związek Walki Zbrojnej – Armia Krajowa (Bund für den Bewaffneten Kampf – Heimatarmee) |

# Verzeichnis der im Dokumententeil genannten Archive

Archiv vnešnej politiki Rossijskoj Federacii (AVP RF, Archiv des Außenministeriums der Russischen Föderation), Moskau
Archives of the International Committee of the Red Cross/Archiv des Internationalen Komitees vom Roten Kreuz (AICRC), Genf
Archiwum Akt Nowych (AAN, Archiv Neuer Akten), Warschau
Archiwum Instytutu Polskiego (AIP, Archiv des Polnischen Instituts), London
Archiwum Instytutu Pamięci Narodowej (AIPN, Archiv des Instituts für das Nationale Gedenken), Warschau
Archiwum Instytutu Zachodniego (AIZ, Archiv des West-Instituts), Posen
Archiwum Państwowe miasta stołecznego Warszawy (APW, Staatsarchiv der Hauptstadt Warschau)
Archiwum Państwowe w Częstochowie (APCz, Staatsarchiv Tschenstochau)
Archiwum Państwowe w Katowicach (APK, Staatsarchiv Kattowitz)
Archiwum Państwowe w Krakowie (APKr, Staatsarchiv Krakau)
Archiwum Państwowe w Lublinie (APL, Staatsarchiv Lublin)
Archiwum Państwowe w Łodzi (APŁ, Staatsarchiv Lodz)
Archiwum Państwowe w Poznaniu (APP, Staatsarchiv Posen)
Archiwum Państwowe w Radomiu (APR, Staatsarchiv Radom)
Archiwum Państwowe w Tarnowie (APT, Staatsarchiv Tarnów)
Archiwum Żydowskiego Instytutu Historycznego (AŻIH, Archiv des Jüdischen Historischen Instituts), Warschau
Biblioteka Narodowa (Nationalbibliothek), Warschau
Biblioteka Uniwersytecka Katolickiego Uniwersytetu Lubelskiego (Bibliothek der Katholischen Universität Lublin)
Bundesarchiv Berlin (BArch)
Bundesarchiv-Militärarchiv Freiburg i. B.
Central Zionist Archives (CZA), Jerusalem
Central'nij archiv Federalnoj Služby Besopasnosti Rossijskoj Federacii (CA FSB, Zentralarchiv des Föderalen Sicherheitsdienstes der Russischen Föderation), Moskau
Central'nyj Deržavnyj Archiv Vyščych Orhaniv Ukraïny (CDA VOU, Zentrales Staatsarchiv der Obersten Organe der Ukraine), Kiew
Dokumentationsarchiv des österreichischen Widerstands, Wien
Geheimes Staatsarchiv Preußischer Kulturbesitz (GStAPK), Berlin
Gosudarstvennyj archiv Rossijskoj Federacii (GARF, Staatsarchiv der Russischen Föderation), Moskau
Historisches Archiv der Commerzbank AG (HAC), Frankfurt/M.
Hoover Institution Archives (HIA), Stanford/California
Institut für Zeitgeschichte/Archiv (IfZ/A), München
Lavon Institute for Labour Research, Tel Aviv
Moreshet Mordechai Anielevich Memorial Holocaust Study and Research Center, Givat Haviva
Muzeum Okręgowe w Rzeszowie (Kreismuseum Rzeszów)
Národní archiv (Nationalarchiv der Tschechischen Republik), Prag
Rossijskij gosudarstvennyj voennyj archiv (RGVA, Russisches Staatliches Militärarchiv), Moskau
Studium Polski Podziemnej – Polish Underground Movement Study Trust (SPP), London
United States Holocaust Memorial Museum (USHMM), Washington, D.C.
US National Archives and Records Administration (NARA), College Park/Maryland
Yad Vashem Archive (YVA), Jerusalem
YIVO Institute for Jewish Research, New York

# Systematischer Dokumentenindex

Die angegebenen Zahlen beziehen sich auf die Nummern der Dokumente.

# Register der Institutionen, Firmen und Zeitschriften

Firmen werden unter ihren Namen aufgeführt, wenn sie als Unternehmen erkennbar sind, sonst durch den Zusatz „Fa." als solche kenntlich gemacht. Zeitungen und Zeitschriften sind ins Register nur aufgenommen, wenn der Text Informationen über die Zeitung/Zeitschrift als Institution enthält (z. B. Erscheinungszeitraum, Herausgeber), nicht, wenn sie lediglich erwähnt oder aber als Quelle genannt werden.

# Ortsregister

Orte, Regionen und Länder sind i.d.R. nur verzeichnet, wenn sie Schauplätze historischen Geschehens sind, jedoch nicht, wenn sie nur als Wohnorte erwähnt werden.
(Polnische Namen von größeren Orten, bei denen auch eine deutsche Form gebräuchlich ist, werden auf Deutsch verzeichnet und die poln. Schreibung in Klammern angegeben. Ebenso wird bei Orten verfahren, die vor 1939 Teil der Polnischen Republik waren, in dem Band aber nur deutsch bezeichnet werden. Sofern in dem Band beide Namensformen auftauchen, wird von dem in deutschen Dokumenten benutzten Ortsnamen jeweils auf den in Polen üblichen Namen verwiesen; ebenso wird von einer älteren Namensform auf die heutige verwiesen. Von Ortsnamen, die in deutschen Dokumenten falsch geschrieben wurden, wird hier bloß der richtige Name angegeben. Die poln. Sonderzeichen werden den betreffenden Buchstaben des Alphabets untergeordnet (also steht ą bei a, ł bei l, ó bei o usw.)

# Personenregister

In Fällen, in denen der Vorname unbekannt ist, folgt in Klammern eine Angabe zum Beruf bzw. Funktion oder zum Rang, wenn diese nicht bekannt sind, eine Ortsangabe.